中華大藏經編輯局編

中華大藏經

漢文部分

二三

中華書局

圖書在版編目(CIP)數據

中華大藏經:漢文部分.第23册/《中華大藏經》編輯局編.
—北京:中華書局,1987.1(2023.6重印)
ISBN 978-7-101-00031-3

Ⅰ.中…　Ⅱ.中…　Ⅲ.大藏經　Ⅳ.B941

中國國家版本館CIP數據核字(2023)第044328號

內封題簽:李一氓
裝幀設計:伍端端

中華大藏經(漢文部分)
第二三册
《中華大藏經》編輯局 編
*
中華書局出版發行
(北京市豐臺區太平橋西里38號　100073)
http://www.zhbc.com.cn
E-mail:zhbc@zhbc.com.cn
北京虎彩文化傳播有限公司印刷
*
787×1092毫米 1/16 · 63¼印張 · 2插頁
1987年1月第1版　2023年6月第4次印刷
定價:600.00元

ISBN 978-7-101-00031-3

中華大藏經（漢文部分）

第二十三册目録

千字文編次　難——贊

難

中華大藏經（漢文部分）

第二十三冊目録

千字文編次 難——贊

中華大藏經（漢文部分）

第二十三册目録

千字文編次 難——贊

目録

目録

綵

四五七 大佛頂如來密因修證了義諸菩薩萬行首楞嚴經十卷

唐天竺沙門般剌密帝譯

無所有菩薩經卷第一　難

隋天竺三藏闍那崛多等譯

如是我聞一時婆伽婆住王舍城毗富羅山中與大比丘衆滿足百千人俱復有百千諸菩薩衆及比丘尼諸優婆塞及優婆夷天龍夜叉乾闥婆緊那羅摩睺羅伽迦樓羅等復有欲界諸天子色界淨居諸天子等圍遶在前而為說法

尒時衆中有一菩薩名無所有在彼會坐然彼衆中有諸菩薩心懷疑惑悔作惡者住顛倒者有業障者有法障者及諸衆生為障所障不能問佛然彼欲為彼等衆生淨業障故欲問世尊觀此諸衆多有菩薩欲悔先惡而心燋惱不能聽法復見菩薩心不悔惱能一心聽觀彼心行多有苦惱多有憂患多有穢雜多生老死憂悲苦惱多愁憎會多愛別離當欲成就阿耨多羅三藐三菩提而為如是等無量經縛云何當於阿僧祇劫行菩薩行既自有縛云何當能解衆生縛

尒時無所有菩薩如是念已即自思惟若世尊教聽我請問為於此衆一切衆生作惡疑悔令遠離故

尒時世尊知無所有菩薩摩訶薩并及彼等諸菩薩衆心所念已告無所有菩薩摩訶薩言汝無所有我亦不為諸菩薩說有染有着有縛有繫有犯犯處所以者何一切着處一切染處一切縛處一切障處一切犯處欲令超越遠離諸相行不和合諸法不雜不可得故證阿耨多羅三藐三菩提如是一切諸法不縛諸法不染諸法不着不繫不障不犯不得是故當成一切種智善男子有一切智發心之處不得衆生於彼處中無法可縛可染可着可繫可障可犯可得可知處所汝無所有汝應當為諸菩薩問如諸菩薩摩訶薩等不勸不汙無着無縛無障虛空離虛空想無有障㝵於阿耨多羅三藐三菩提速成就故於一切處當為開顯

尒時無所有菩薩既為如來教請加持及已智力於多佛所種善根故能

於般若波羅蜜中無有疑惑隱身不
現而無所着欲為攝化諸菩薩故而
復欲顯諸福德故復為着心諸衆生
等為取着覆行在於相違善知識為
惡知識之所攝取諸菩薩輩知一切
法皆不可得欲令無着欲令覺故即
以無量種種名花或水陸生或金銀
花普散佛上以精誠意歡喜勝妙無
有缺減令諸衆生生歡喜故讚歎世
尊以偈問曰
菩薩遊何處　何者是父母　住止於何處
何等為眷屬
尒時世尊即以偈頌報彼無所有菩
薩言
勇猛空遊處　般若母佛父　佛塔為住處
諸菩薩眷屬　遊六波羅蜜　菩提心父母
三昧為住處　諸福為眷屬
尒時無所有菩薩從佛世尊聞此偈
已歡喜隨順復以偈頌問世尊曰
善能說此言　一切智無㝵　隨喜於此言
復問人中上　以何為因緣　用何方便智
觸證於何法　當覺智云何
尒時世尊以偈報彼無所有菩薩言

勇猛菩提緣　方便攝衆生　證諸法空已
智者覺菩提
尒時無所有菩薩聞此偈已歡喜隨
順以偈稱讚而復問曰
善能說此言　一切智無㝵　隨喜於此言
復問人中上　何故不墮惡　大熾可畏處
捨一切惡處　速至於善處
尒時世尊以偈報言
不造一切罪　是故捨惡處　恒常為法行
是故至善處
尒時無所有菩薩聞此偈已隨喜稱
讚而復問曰
善說此語言　一切智無㝵　隨喜於此言
復問人中上　云何彼多罪　無智處造作
一切能速滅　盡滅無遺餘
尒時世尊復以偈頌報彼無所有菩
薩言
衆生求解脫　此等願菩提　菩提不得故
諸罪皆滅盡
尒時無所有菩薩聞此偈已隨順歡
喜復以偈頌而復問曰
善能說此言　一切智無㝵　隨喜於此言
復問人中上　云何諸愛着　流轉煩惱苦

成就菩提時　皆盡無有餘
尒時世尊以偈報言
常樂我淨處　顛倒取虛空　如實真覺已
渴愛皆當盡　無我愓渴愛　取等如虛空
不住於內外　彼等無得處
尒時無所有菩薩隨喜此偈而復稱
讚以偈問曰
善能說此言　一切智無㝵　隨喜於此言
復問人中上　當作何業已　彼種子云何
彼等多有財　恒常無有盡　復能施一切
捨施無慳悋　身內財頭等　彼皆悉能捨
尒時世尊聞此問已為無所有而為
解釋復說偈言
恒常於三寶　供養不疲勸　若復斷世間
彼智者供養　所發菩提心　為樂衆生故
彼荷擔菩提　為他說受用　一切一切智
為與衆生說　是故彼有財　一切時無盡
作如是業已　種如是子已　一切所生處
福饒多有財　若麁若細食　飲已淨如法
若得新衣服　先他後自着　是故生生中
一切具是勝　不加用功力　而得無盡財
是故一切施　捨施無慳悋　身肉及與頭
彼等無不施

尒時無所有菩薩聞此偈已隨喜稱歎復以偈問

善說此語言　諸智具足體　隨喜於此言
復問人中上　云何離熱惱　身口及與意
云何有上色　無垢衷清淨

尒時世尊復為敷演而說偈言

受齋戒無闕　常說空無缺　知一切皆空
忍諸打罵辱　身口及與意　是故無熱惱
當得最上色　一切衆生愛
略說一切善語中　一切諸問解釋中
彼等云何堅精進　於一切處不違背
彼云何得有諸乘　若在世間及出世

尒時世尊以偈報言

作事不怯弱　分別心行中　故精進及智
所生中常有

尒時無所有菩薩復如偈頌問世尊曰

善說此語言　諸智具足體　隨喜於此言
復問人中上　彼云何有智　世間中決定
彼云何有力　衆生無能伏

尒時世尊以偈報言

常問諸佛法　不誹謗諸法　求諸巧方便
故彼有上智　五種味常施　施衆生無畏
是故彼有力　衆生無能伏

尒時無所有菩薩以偈問曰

善說此語言　諸智具足體　隨喜於此言
復問人中上　彼云何勝色　於世間最上
云何得長壽　多百億數歲

尒時世尊以偈報言

若聞虛實過　不傳向他說　常讚歎三寶
名聞至十方　不惱諸衆生　不隨喜煞者
是故得長壽　多百億數歲

尒時無所有菩薩復以偈問於世尊曰

善說此語言　諸智具足體　隨喜於此言
復問人中上　云何得梵音　迦陵頻伽聲
若有得聞者　聞已得歡喜

尒時世尊以偈報言

說法時讚歎　無復毀呰言　不破壞和合
是故得上音　護四種口過　常說利益言
自過能發路　是故得上音　螺鼓等音聲
和合衆伎樂　供養諸佛已　是故得上音

尒時無所有菩薩以偈問曰

善說此語言　諸智具足體　隨喜於此言
復問人中上　云何彼身腹　而得於平正
所有諸眷屬　而得相隨順

尒時世尊以偈報言

毒藥及非樂　不與不教他　應病施湯藥

是故腹平正　善友及怨讎　平等於光明
於彼等心已　是故腹平正　所有衆生界
無有數量者　愛念如自身　是故腹平正
父母於一子　常起憐愍意　於衆生如是
故得腹平正　菩薩及父母　供養不疲勸
是故彼眷屬　常修如自身　世尊諸長宿
及有尊上者　若承事彼等　調柔心謙下
是故彼眷屬　隨順如自身　彼無有分別
一切平等心　以四攝攝他　能攝多衆生
是故彼眷屬　當得如自身　教行諸善利
於不思衆生　是故彼眷屬　隨順如自身
和合菩提心　於不思衆生　是故彼眷屬
隨順如自身　彼等無不捨　於諸衆生所
故彼眷屬等　隨順如自身　於諸衆生等
當共同一事　是故諸衆生　常共為眷屬
己所有愛物　能以施於他　不念失分別
是故多眷屬

尒時無所有復以偈頌問世尊曰

善說此語言　諸智具足體　隨喜於此言
後問人中上　云何彼念淨　當有趣無邊
云何彼樂法　亦不離正法

尒時世尊以偈報曰

樂法者為說　失法者令念　不惱於衆生

故彼正念行

尒時無所有菩薩復以偈問於世尊曰

善說此語言　諸智具足體　隨喜於此言
復問人中上　云何聞法已　常無有疑惑
若得五通已　云何當不失

尒時世尊以偈報言

令衆生無惑　寂上佛法中　彼等聞無疑
當得不失通

尒時無所有菩薩復以偈頌問世尊曰

善說此語言　諸智具足體　隨喜於此言
復問人中上　云何諸菩薩　常在諸佛前
貪瞋一切種　亦不能降伏　云何生煩惱
依何而對治　復能有慙愧　生已能寂靜

尒時世尊以偈報言

恒常念諸佛　亦無有所念　不得於衆生
彼等言菩提　是故名菩薩　恒常在佛前
亦不壞煩惱　亦不離諸佛　猶如智慧人
仰觀上虛空　於中無身心　彼無有別處
何時彼智人　觀看上虛空　彼時無餘念
若身若心中　如是護菩提　彼於諸佛所
不動身心等　亦不遠諸佛　無物妄分別
發起欲等患　無物不分別　是故不可破
有念現前生　無念故無障　捨已無實故

覺已此等捨

尒時無所有菩薩復以偈頌問世尊曰

善說此語言　諸智具足體　隨喜於此言
復問人中上　何緣當化生　菩薩常有樂
諸佛說法時　生諸蓮花中

尒時世尊以偈報言

所有諸功德　生死中有樂　衆生於中生
教諸佛法中　所有波羅蜜　於中一切教
世間及出世　令覺一切法　一切諸法相
無相無持者　諸法如是住　於中教衆生
於空及無相　無生中亦然　世間無行處
於中教衆生　是故彼化生　菩薩常有樂
諸佛說法時　生諸蓮花中　如是修功德
菩薩不毀者　彼等不為難　諸樂不思議
修是功德已　無能毀菩薩　諸法中巧智
彼無所不知　於諸法自在　决定見無疑
為於衆生說　攝取衆生故

尒時無所有菩薩聞此偈已隨喜此言稱歎世尊以偈問曰

善說此語言　諸智具足體　隨喜於此言
復問人中上　何緣婦人見　變身為丈夫
端正人意見　衆生皆愛樂

尒時世尊以偈報言

所有婦人念　婦人攀緣處　婦人歌詠聲
於彼不共住　皆不憙見聞　不觸如毒器
遠離如毒虵　常恐怖婦人　不觸於諸女
不勸受女身　教轉女身故　彼見成男身
如是行行已　正住於此行　是故婦人見
即變身為男

尒時無所有菩薩聞說此已隨喜此言復以偈問

善說此語言　諸智具足體　隨喜於此言
復問人中上　何緣衆生見　能發菩提心
而得不退轉　乃至菩提座

尒時世尊以偈報言

不說於小處　唯說勝菩提　是故衆生見
即發菩提心　若少分所有　想行中衆苦
如實無有處　為諸衆生說

尒時無所有復以偈頌問世尊曰

善說此語言　諸智具足體　隨喜於此言
復問人中上　何緣見病者　於此發慈心

尒時世尊復以偈報

觀身是虛妄　於中無所著　此是世間樂
是故脫衆患　由此病者見　須臾得除差
於彼起慈心　是故除諸患

尒時無所有菩薩復問世尊而說偈言

善說此語言　諸智具足體　隨喜於此言
復問人中上　何緣衆生見　所有諸飢渴
皆悉能除愈　飽滿身充悅
尒時世尊以偈報曰
常施多飲食　復為說上法　是故衆生見
飢虛自然滅
尒時無所有菩薩復問世尊以偈頌曰
善說此語言　諸智具足體　隨喜於此言
復問人中上　何緣能離著　断滅及常等
彼於中邊中　亦復無依住
尒時世尊以偈報言
不攀緣分別　超越世語言　知諸法平等
彼得無染著
尒時無所有菩薩復以偈頌問世尊
善說此語言　諸智具足體　隨喜於此言
復問人中上　何緣見惡行　能縛此世間
捨一切諸趣　能淨業思報
尒時世尊以偈報曰
當近善知識　若發菩提心　是故離惡行
當淨於佛智
尒時無所有菩薩復以偈讃問世尊曰
善說此語言　諸智具足體　隨喜於此言
復問人中上　何緣想行智　一切皆無有

真實空中法　彼當得無疑　何緣得辯才
能分別諸句　知於衆生行　如是為說法
云何四輪中　常得於彼住　彼不墮八難
當得此閑處　當取何頭陁　當行何苦行
彼無有悪悔　又復無煩惱
尒時世尊以偈報曰
衆生著想行　說如陽焰義　覺空無我已
當解諸辯才　覺實最勝義　彼當離八難
當滿四種輪　菩薩善巧智　斗藪諸有得
不得上苦行　知自我空已　無復有疑悔
諸法如虛空　知已不著世　覺顛倒義已
當成佛菩提
尒時無所有菩薩隨喜此言復問世
尊以偈頌曰
善說此語言　諸智具足體　隨喜於此言
復問人中上　聞已到閑處　當無所可住
云何發菩提　而名為最上
尒時世尊復為解釋而說偈言
如是聞已發　發已而不住　彼上勝衆生
當行勝菩提　若行如是行　彼無處可住
當速覺菩提　如人上射箭　此是三行說
若當覺如實　如本性寂静　彼不行菩提
若有為聲中　所說於世間　一切聲無故

當知不為實　無實中無發　行亦不可得
若能如是知　彼行菩提行　無行以行取
亦不淺閑數　無所覺知已　彼行不可得
尒時無所有菩薩以偈問曰
善說此語言　諸智具足體　隨喜於此言
復問人中上　何緣捨諸身　當無一切苦
平等到諸界　當捨壽命行　若復右脇卧
若結加趺坐　或復起立住　或復當合掌
說其深法時　般若波羅蜜　一切諸佛法
不住寂諸法　或見成佛時　或讃歎諸法
所有說諸法　定意於彼聽　當捨故身體
後生新身體　從家至於家　生發菩提心
不迷調伏念　一念正住定　云何當捨命
當復現神通　為我解此問　無邊智聚者
於中略當知　如調伏所說　所有諸功德
無量不思議　一切勝具足　彼等當成就
教師為我說　如有實如相　若聞是功德
一切當供養　當護十善已　無疑於空法
具四種梵行　一切皆成就　不得於六根
及一切三界　一切得自在　所聞不生疑
所有有為法　當知皆如影　應當如是知
其影無有為　無有為無影　無說無分別
無思無言說　無慳無有施　無為無影中

無說無分別　無思無言中　無持戒破戒
無為無影中　無說無分別　無思無言中
無諍無忍者　無為無影中　無說無分別
無思無言中　無懈無精進　無為無影中
無說無分別　無思無言中　無乱無禪定
無為無影中　無說無分別　無思無言中
無愚無智慧　於時無影已　更無有所見
彼無所見已　故言為無影　亦非無有眼
其眼淨無垢　彼中無有物　無物盲不見
清淨當無物　無名無清淨　如是淨眼者
清淨無所見　所有影無有　無有亦無有
其空於空中　於諸煩惱等　現無當亦無
若男若女二　今無當亦無　此等如虛空
無思無分別　若知如此者　彼無有所著
離諸身有住　當求諸佛法　如虛空無邊
彼無所可住　無住無攀緣　隨意去而去
如是摩訶薩　當覺此方便　不著於三界
當行菩提行　心及與身口　常行為衆生
不知體空虛　猶如壓油輪　彼等見行時
不得於邊際　令住不動法　無所有住處
數數見衆生　受諸苦惱時　於彼起悲心
當行菩提行　為諸衆生說　如實真如相
汝等離有為　應覺於真實　顛倒無智故

無牢起牢思　無牢身體中　愚癡等味著
此身常日別　以飲食買贖　彼不為自他
虛妄受疲勸　常與受樂時　亦無念恩德
無恩念羸弱　宜應速捨去　生死中受苦
處所無有邊　今亦不可得　當亦不可得
生死中多飲　處所無有邊　今亦不可得
當亦不可得　生死受戲樂　處所無有邊
今亦不可得　當亦不可得　生死多受喜
處所無有邊　今亦不可得　當亦不可得
承事此身已　處所無有邊　今亦不可得
當亦不可得　生死流轉中　處所無有邊
今亦不可得　當亦不可得　生死中多睡
處所無有邊　今亦不可得　當亦不可得
令此身受樂　處所無有邊　今亦不可得
當亦不可得　令此身受苦　處所無有邊
今亦不可得　當亦不可得　養育於此身
處所無有邊　今亦不可得　當亦不可得
此身起我所　處所無有邊　今亦不可得
當亦不可得　受欲等流轉　處所無有邊
今亦不可得　當亦不可得　如無實無物
顛倒常欺誑　癡惑諸有為　如是誑癡世
猶如癡小兒　為他所欺誑　如是愚無智
以虛事所誑　無實誑愚蒙　不知無實故

當受虛妄苦　癡意起毒想　自然於自身
自然自合苦　猶如惡行故　後自受形首
心思已出言　身作非善事　其思無所有
言說亦無事　其聲無過去　過去亦復無
過去我何說　亦無有實相　若有如是知
身心如是觸　彼即戒行具　不生諸惡道
此等四種偈　舊作十億數　往昔別生中
求勝菩提故　我聞此等偈　未曾墮惡道
當逢事諸佛　無量人中雄　我過去次第
值遇然燈佛　彼時觸如是　於後我得記
我為衆生說　於後住佛智　我無所可取
愚癡不受教　嗚呼衆生鈍　盲冥癡無智
能盡苦因緣　授之不肯欲　無智不肯取
樂小法衆生　不取於大法　若得世間樂
及解脫世間　當生世間眼　授彼而不取
得聞於此偈　若如是住已　於世無分別
我於世間中　寂靜無所著　當脫一切苦
而得不動樂

尒時衆中有不調伏怨仇害人者在彼衆中從坐而起偏袒右邊整衣服已作如是念當以何事供養世尊其世尊者具足法身不可少物而用供養如是大德具足法身然我今者於

世間中先有暗障今見世尊及無所有菩薩所問世尊解釋得聞法要我已得於一切法中無有障㝵已滅黑暗照曜世間我今自見已生天眼已得五通我今已得脱諸苦惱我見自身所著衣服皆有血汙我於今者若以此衣覆世尊上唯恐不任如來所受願佛威神令我更得勝物奉施供養世尊當用奉事如是冣勝大德法身如此衆生具足難有是悪心難調怨仇害人者起如是願欲信入佛如來大德神通念時彼左手中自然而有一篋天花柔軟潤澤過於諸天衆香自燒於右手中上衣下衣自然而生歡喜踊躍遍滿其身更於諸佛大德神通更求信入彼時即見十方無量世界諸佛皆放光明尒時彼復作如是念嗚呼諸佛不可思議大德神通不可稱量無有等等願諸衆生信佛大德自身觸已皆得行願即以上衣及以下衣而覆佛上以彼天花如是再三散於佛上於虚空中並上蘂下而成花盖然彼復生第二花篋亦

生第二上衣下衣彼復歡喜踊躍無量遍滿其身即作是念若佛聽我以此花散此無量佛及以此等上衣下衣覆諸佛上願我生信諸佛世尊願勿令我當有悔意而不成施則聞空中如是聲言汝善男子汝應普散此諸如来善男子一切諸佛同一法身諸佛世尊於諸法中於諸物中無嫉妬意善男子諸佛世尊受用果報於諸物中無染著故彼作是念今者世尊已聽許我即以諸花及上下衣遥散無量諸佛世尊見彼花衣於諸佛上在虚空中作盖而生及見彼衣在諸佛前即生愛樂歡喜踊躍四支投地礼世尊足舐世尊足而為頂礼彼復見身頂礼諸佛及釋迦牟尼佛時彼諸世尊及釋迦牟尼佛皆以右手摩其頭言起善男子汝今已生無量福聚彼則起已唯見釋迦牟尼如来彼則問言世尊彼等無量諸佛世尊今何所在我不復見佛言善男子此是諸佛大德法身具足無所得故汝今應信彼作是念嗚呼諸佛不可思

議有如是色見大法體頂礼佛足右逵三帀在一面住合掌向佛白言世尊我是悪心難調怨仇煞人害者唯然世尊如我先作令此衆知世尊我為此衆生等故如是説此等聞已當起猒離如是等悪如先所有毒害嚴熾若諸衆生有見我時恐怖馳走世尊我於今朝取合死者十丈夫煞嚙壊彼項即飲彼血世尊我時以人血酔悪心更增更求害人然我求時在王舍城漸漸遊行至東北分于時我見王舍城中有多人衆遊行在路我則背面在遠而住恐彼見我生怖迴還世尊時彼人衆出王舍城皆共往詣毗富羅山到已上山我時復見多有俱致那由他百千諸天遍滿不得邊際世尊我於彼時不見有一能於世尊功德光明衆相諸色形貌長短若寬廣等能有勝者世尊我自見身冣為畀賤我於尒時即於自身生穢悪想生輕弱想不如物想我於尒時毀厭自身我今無利我今悪活我於如是多人衆中冣為下賤冣為穢悪冣

為不如寂為嚴熾世尊我於尒時默惡自身如是羞愧若此大地容受我者即便入中唯然世尊我於尒時則聞空中如是聲言汝善男子但信諸佛大德法身汝當得離此下類身我於尒時如是思惟正念根中念於諸佛大德法身如是念時復聞虛空如是聲言善男子汝當莫瞬諦觀世尊汝觀察時即當得入諸佛體中當信當得世尊我於彼時合掌不瞬瞻仰世尊即見世尊諸毛孔中出大蓮花衆寶所成有無量色金色無邊色諸蓮花等大如車輪從身中出彼花臺中皆有諸佛如釋迦如來諸相具足皆於中坐遍滿虛空無有衆生能障㝵者於日光明亦無能障世尊我於彼時即生寂勝歡喜踊躍此是諸佛神通之力我於彼時生清淨已見佛世尊如是觀時即見所有諸世界中無佛出處即住彼間而為說法攝諸菩薩無著無作無有熱惱空無所有無言無說無有所住于彼時中多有俱致那由他等百千衆生發菩薩心

離顛倒法信無言空於多億刧住菩提中我如是知亦不知晝亦不知夜不知半月一月年節我如是知於彼時中我聞般若波羅蜜法無染著處無言無說我於彼時聞如是法所有法相無有染著無有言說聞是法已不見自身無知無得亦無處所當於彼時有如來像出現我前於彼時間即自見身及見諸佛還復來入於世尊身不見世尊身不見世尊身有增減不見世尊住處有暗佛告彼言汝善男子此是彼等諸佛如來大神通力彼難調者而白佛言唯然世尊我今於佛大神通力更無有疑我無疑故見於無量諸菩薩等身皆金色有三十二大人之相持諸音樂種種香花甚可悅樂礼拜世尊奉獻供養以彼香花散佛上已聞無所有所問法已歡喜踊躍遍滿其身即自稱歎欣慶而去世尊我於彼時作如是念此是諸佛神通之力無有衆生得邊際者我於彼時還入思惟諸佛神通思求此時見此聽衆比丘比丘尼優婆塞優婆夷天龍夜义乾闥婆阿脩羅緊那羅摩睺羅伽等一切大衆而說偈言

無比知寂已　處所無染著　當脫一切苦

而得不動樂

無所有菩薩經卷第一

壬寅歲高麗國大藏都監奉

勑雕造

無所有菩薩經卷第一

校勘記

一　底本，金藏廣勝寺本。八頁下原版漫漶缺字，以麗藏本换。

一　一頁中一六行末字「不」，磧作「亦」。

一　二頁上一六行「諸菩薩」，磧、普、南、徑、清作「菩薩爲」。

一　二頁上二二行第八字「智」，麗作「知」。

一　二頁下一一行第七字「内」，磧、普、南、徑、清、麗作「肉」。

一　三頁上一六行第九字「如」，諸本(不包括資，下同)作「以」。

一　三頁下六行第七字「修」，諸本作「順」。

一　三頁下一一行第一四字「自」，徑作「是」。

一　三頁下二〇行首字「後」，諸本作「復」。

一　四頁上二〇行第八字「護」，磧、普、南、徑、清作「獲」。

一　四頁下二〇行末字「樂」，諸本作「藥」。

一　五頁上一四行末字「尊」，諸本作「尊曰」。

一　五頁中一行「中法」，石、麗作「法中」。

一　五頁中五行第四字「惡」，石作「怨」。

一　五頁下九行第二字「其」，磧、普、南、徑、清、麗作「甚」。

一　六頁上九行第一三字「盲」，磧、普、南、徑、清作「目」。

一　六頁上一〇行第三字「當」，磧、普、南、徑、清作「常」。

一　六頁上一六行第三字「所」，磧、普、南、徑、清作「有」。

一　六頁中六行第五字「飲」，磧、普、南、徑、清作「欲」。

一　六頁中一九行第六字「受」，石、麗作「愛」。

一　六頁下二行第一四字「形」，磧、普、南、徑、清作「刑」。

一　六頁下一五行第六字「當」，麗作「常」。

一　六頁下二〇行第一一字「邊」，磧、南、徑、清作「肩」。

一　六頁下末行第三字「是」，石作「來」。

一　七頁下三行「人害」，磧、普、南、徑、清作「害人」。

一　八頁上二行第八字「若」，磧、普、南、徑、清作「者」。

一　八頁上末行第一三字「薩」，諸本作「提」。

一　八頁中一一行第九字「暗」，磧、普、南、徑、清作「明闇」。

無所有菩薩經卷第二　　難

隋天竺三藏闍那崛多等譯

世尊我於彼時復見彼諸聽法大衆以天人花及衆寶物而散佛上及諸菩薩而聽法已復更出生種種音樂雜色衣服供養世尊以諸衣服覆世尊上還坐本處而共聽法世尊我於彼時復作是念嗚呼諸佛神通無㝵思惟信入隨順而行世尊我聞此說無㝵法聲即入覺知而說偈言

我覺寂靜時　無有障㝵處　即脫一切苦
而得不動樂

世尊我於彼時復於空中見如来身聞說是言汝善男子汝莫捨意汝應更信諸佛神通勤求信入汝善男子汝於長夜無智愚癡恒為欺誑受苦惱故世尊我於彼時聞是語已復生恐怖身毛皆竪一心思惟求佛神通我思惟時即見三千大千世界所有草木樹林花果皆悉開敷好色香㶷甚可愛樂世間天人阿修羅等以花散佛而供養已還沒不現復有諸果香㶷無比復見世尊左手執鉢以取諸果滿於鉢中又見世尊於臍中出諸化菩薩從於鉢中而取果已遍至十方阿僧祇等諸世界中授與無量諸佛世尊彼世尊鉢皆悉盈滿我見彼佛世尊食時臍中復出諸化菩薩身皆金色衆相莊嚴從身出已我復見彼諸世界中有諸菩薩及諸衆生以彼諸果奉獻供養既奉獻已見彼食時彼等食已皆悉得成如来形相至餘世界無佛之處於彼演說般若波羅蜜法要教化成熟無量衆生住於菩提諸佛法中勤脩不斷為說法故彼等還沒如来鉢中果還盈滿復見此果從鉢出已供養一切世間衆生充潤自身皆至佛所頂礼佛足右繞三帀合掌恭敬却住一面從世尊所聞無所有解釋法相一心聽受更無所見更無有智世尊我亦如是聽入隨順如所說行我如是知我身與佛及此大衆空無可說如是念時有一佛像起語我言汝善男子此是諸佛大德神通我於彼時所得諸想我想

不行亦無歡喜亦不怯弱我唯信入諸佛神通如是思惟願諸衆生未入者入未度者度我發是心願諸衆生於佛神通圓滿無缺我時亦復無衆生想然我於佛大神通不可破壞為諸衆生及此大衆令成熟故作如是言嗚呼諸佛大德神通如是希有我今乃見然佛神通亦無增減彼時復見空中有佛作如是言汝善男子更求信入諸佛神通世尊我於彼時一心信入諸佛神通一心念時即見諸佛神通力故一切衆生即一衆生一衆生即一切衆生然彼一切我亦不見世尊我於彼時作如是念諸佛神通不可思議如我見佛大神通等我於彼時更求諸佛大德神通亦無猒足我求彼時更轉信入更復專念思惟觸證令增廣故世尊我於彼時見此三千大千世界四方所有毗富羅山佛及四衆天人脩羅諸世界等皆成大海清淨無濁更無餘相世尊我於彼時復作是念嗚呼諸佛神通如是世尊我念佛神通時即見世尊坐彼水中而水不著我復見有菴摩羅果及菩提果無所缺壞繞佛三帀住在佛前佛為說法復說諸佛大神通等為說法時成菩薩形頂礼佛已即沒不現復見世尊在毗富羅山為衆說法如是略說乃至成火又成螢火又復成風大毗羅果是則成地如大母指一切世間即一世間一世間即一切世間彼諸世間復成無智彼則真體我於彼時於佛神通如是觸證思惟是已不生疑惑亦不恐怖心慮不行尒時有一如來形像在我前住而謂我言汝善男子於幾時行六波羅蜜而能信此佛大神通廣思惟證世尊我於彼時白彼佛言如所言六波羅蜜者為是何謂彼告我言所謂檀波羅蜜尸波羅蜜羼提波羅蜜毗梨耶波羅蜜禪波羅蜜般若波羅蜜汝善男子如是名為六波羅蜜行已當行證入諸佛大神通中汝已成佛大神通已我時白言是故世間諸天及人阿脩羅等聽我今說現今世尊為我證明於諸法中得無㝵智世尊現知如我今說我未曾行六波羅蜜而得證於佛大神通我今始聞六波羅蜜我本前際墮黑闇中不可得知今見世尊及無所有菩薩所問世尊解釋我既聞已於諸法中無復黑闇於諸陰聚分別法中得無所著而說偈言

我得寂靜智　無復有所著　今已脫諸苦
現得不動樂　寂靜無比智　寂無有所寂
為何事布施　多百尒所劫　我無布施行
已證無比寂　布施中何作　彼施不為寂
寂靜無比智　寂無有寂處　為何事持戒
多百尒所劫　我今不持戒　已證無比寂
寂中無持戒　戒亦不為寂　已知無比寂
所寂無寂處　為何事脩忍　多百尒所劫
我今不脩忍　已證無比寂　寂中何所忍
忍亦不為寂　已知無比寂　所寂無寂處
為何而精進　多百尒所劫　我不行精進
已證無比寂　寂中用進為　寂滅無精進
已知無比寂　所寂無寂處　為何而脩禪
多百尒所劫　我今不脩禪　已證無比寂
於中用禪為　寂中無禪定　已知無比寂
所寂無寂處　為何脩智慧　多百尒所劫
我未脩智慧　已知無比寂　於中用智為

寂中無智慧　何用施戒忍　精進及禪定
智慧等諸度　何用多所行　我以無智故
已知寂無比　於中智何作　寂中無用智
顧為我解釋　所有諸法中　一切智自在
尊無不智者　彼問此義已　兩足尊為釋
如實真如等　不散亦不合　不取亦不捨
汝今應當知　於中及自他　當更無有疑
知佛神通已　則離於我想　亦復無言說
自身捨無上　覺佛神通已　一切罪皆滅
滅已無熱惱　故名持戒者　聞佛神通已
彼言大神通　如實無思慮　彼名忍辱者
覺佛神通已　彼心無怯弱　更復生精進
故名精進者　覺佛神通已　彼心不散乱
捨一切諸相　故名禪定者　覺佛神通已
彼不著三界　超越諸障㝵　故名智度者
是行一切處　諸度調伏者　覺知一切佛
是名佛神通

尒時惡心難調害人者白佛言世尊一一諸佛法教難覺微少智者更深思惟而說偈言

若有聞觸證　云何覺神通　彼當能滿足
是等諸六度　及助菩提法　何謂佛神通
有何實體相　彼有何色住　云何而得證

尒時世尊以偈報彼惡心難調害人者言

若有自覺知　自已無衆生　一切法中智
彼是佛神通　衆生有著心　教於空法中
如是教衆生　當得佛神通　衆生有著心
當一心普覺　亦不當發心　此是佛神通
所有諸佛刹　即知一佛刹　彼此不相入
此是佛神通　知諸法不生　能發菩提心
諸衆生一生　故言佛神通　忍言為神通
忍法體亦盡　入於一切法　亦無有所住
彼住佛神通　一切法無疑　無疑無生法
故彼得授記　成熟衆生故　當清淨佛刹
於多劫脩行　當得佛智故　覺知諸佛空
一切㝡為上　度佛法行岸　成熟衆生故
佛聲及神通　文義皆能證　於秘密教中
即得度彼岸　無邊不可取　亦無遍知者
如是佛神通　無復有邊際　若自此證已
即是勝布施　一切施中上　更不生惡處
能行一切施　彼常行施時　無有分別知
亦無有所住　覺知是教已　彼無物不捨
於一切生中　是故捨一切　若聞此法已
能捨於我想　取已無所著　是為㝡上檀
悶已無熱惱　身心得寂靜　是為㝡上戒

更無有勝者　於一空法中　無忍無諍覺
是為㝡勝忍　於中無上者　知諸法空已
無有怯弱心　是為勝精進　於中無過者
於空常不乱　一切心發覺　此是使禪定
唯聲中示現　若於空不怖　一切智無想
離睡眠無知　是知為㝡上　是等諸度行
入於是教中　若知無言說　彼即度諸度
不壞於諸法　亦無有逼惱　能即知正法
無切用智定　不壞於諸法　亦無有逼迫
無知寂靜故　度於施彼岸　若不壞諸法
亦不過諸法　此是㝡勝戒　一切戒中上
若不破壞物　於非法亦然　如是無疑已
更不墮惡道　若忍無盡故　覺一切有為
此是㝡勝忍　斷一切闘諍　常習近是忍
晝夜不休息　如是身觸證　當得可喜色
若脩習空時　不生勞惓意　是即上精進
捨一切懈怠　如是彼精進　若能身觸已
即名上精進　一切無過者　不著於空法
及與禪寂滅　此是㝡勝空　遠離諸覺觀
是中禪喜者　彼捨諸煩惱　如是身觸已
即無有輕躁　若於內外法　無所有依著
此是㝡勝智　無有智能散　當觀一切法
若無有智處　如是觸知已　不染著諸世

如是如實知　常能一切施　亦無一切施
彼無有所取　諸法無所有　即是諸法體
彼無所觸已　名為財富者　若思能清涼
善修於平等　無有諸怯弱　斷疑遍普照
清淨住戒中　彼無有熱惱　若無有所證
彼戒無所轉　解脫如虛空　更無有所見
如虛空清涼　故彼無思作　無所見諸法
而求無上道　為諸衆生故　所起煩惱處
不見彼彼身　不見彼身時　煩惱無縛處
解脫皆如夢　更無所復見　彼無亦不見
是故名如夢　如是諸言說　有無等差別
聲覺觀分別　如空不可取　持戒與破戒
善趣及惡趣　癡虛妄分別　是處無真實
猶如鏡中像　分別故見彼　於彼無所有
色體實如是　如是內計我　士夫不可得
內既無所有　外亦不可得　此是如如教
是故言為空　若能知空者　彼當證寂滅
色從因緣生　彼色無實體　若緣彼無有
彼無無有因　無因故不生　本性空寂靜
無取亦無捨　無棄亦無似　若證是無二
一切損能忍　若得如是忍　彼當速成佛
我如是知已　得見然燈佛　於彼授我記
汝往當成佛　若有善男子　及以善女人

彼覺如是等　則亦當不難　若有善女人
欲轉於女身　應如是知身　即得具足願
好色甚端正　見者生歡喜　丈夫富伽羅
覺知如是教　正行正念者　聞持已能思
名智慧丈夫　為衆決疑網　若有多衆生
疑惑無定意　欲求於智慧　彼能為斷疑
若住不正道　令彼住正路　幽冥諸衆生
能為彼照明　所有受生處　一切處得明
為衆生愛樂　覺知此教故　壽命得長遠
諸根悉具足　常生應族姓　眷屬皆隨順
隨何等生處　為一切利益　并餘衆生等
悉令住菩提　若聞是等法　能速自證見
諸衆生應當　常恭敬奉事　應當作福田
堪受一切施　常為善丈夫　為世間支提
住於諸佛前　於一切勝施　無上世尊邊
彼等堪施主　降伏諸世間　當為作福田
若聞如是法　能勤修速證　一切諸佛教
此修多羅說　如是覺菩提　如如無分別
為此益法教　當行菩提行　阿僧祇刧數
聞是教法故　若於人天中　欲受諸果報
而能聞是法　應勤修速證　彼無能降伏
調御諸衆生　能於諸餘衆　彼恒有威德
彼智善得利　善得於壽命　得值佛出世

能聞此教故　所有諸佛法　彼知不思議
彼為作聲聞　復得僧功德　捨於一切法
復捨內自身　應聽修多羅　聞已應覺知
此法無不說　是處無所說　如是等諸法
此中如是說　不取亦不捨　亦無有得失
無處可持来　是法無住處　所有過去佛
彼如是說法　若有當来佛　彼當如是說
於十方世界　現在兩足尊　彼所說法教
亦如是無二　若有衆生故　能說是法者
當如我所說　如是當覺知　若不覺此法
而當得涅槃　終不能觸證　及當住菩提
此彼皆具足　此是諸佛見　所有如是法
及如是見處　衆生界求時　難得於出現
若覺此諸法　真實體空寂　諸法無有實
諸法亦無有　若無有法想　一切有寂靜
此彼如實知　諸法無得處　無所有所問
無所有所說　時彼摩訶薩　名曰無所有
以念於如来　復問人中上　所說如是法
不可見而說　誰能覺知是　不可覺知者
是等多億天　及諸四部衆　合十指爪掌
寂意而聽聞　彼聞已欣慶　而無有所得
無智及得處　多衆住是意　若有未知者
彼等起欲樂　發勤精進意　當得聞已知

如是聞真義　真智無分別　如已無不如
真復如是說　聞諸佛妙法　所見大神通
皆發歡喜意　當得上菩提　多有俱致天
及百那由他　已覺自證知　如我之所說
今我此衆中　所有聞法者　倍有百千數
已觸證真法　皆已共和合　昔恒沙佛所
已聞覺是法　彼聞今觸證　彼此當作佛
如我今所在　當如是說法　無有於增减
是煞害人者　於往昔生處　曾聞如是法
昔所未曾有　彼於今得聞　無所有解釋
已入佛神通　今知於聞義　見是等大衆
即猒於自身　自見寂下類　知佛神通故
復更信深入　不可思議等　彼入已即得
非法非非法　此是佛神通　諸世間無上
覺無分別已　無所無不得　此害人利根
如所聞聞已　利根向我說　諸佛之法體
衆生心頑鈍　為癡網所覆　雖復多時聞
不知佛神通　我昔曾見佛　證作人中上
覺是大神通　於後得授記　過去八十四
阿僧祇劫中　我值然燈佛　以知有為法
以有所得故　為得之所覆　而著於我想
為諸煩惱惑　不覺佛神通　以有於執著
流轉生死中　數不得邊際　自餘若不覺

如是佛神通　菩薩摩訶薩　彼著亦多時
是諸菩薩等　欲速證菩提　寂靜佛神通
應速願覺人　如是難調伏　名為害人者
還得利智根　故彼得不難
尒時衆中無煩天子即以諸天曼陁羅花而散佛上合掌恭敬而白佛言世尊以何因緣是惡心難調煞害人者如是利根智慧微妙乃能如是速疾决了說是語已尒時佛告無煩天子言天子諦聽是惡心難調煞害人者於過去世曾五百生受毒虵身見即害物受彼身已於日夜中多有衆生為彼所害以飢惱故皆食彼盡猶不能足食已消滅皆成灰燼彼以求食不得眠睡身不安隱惡心更增或經日夜半月一月或經年歲因惡心故而取命終即便墮於阿鼻地獄生彼處已受大苦惱百千俱致那由他歲若捨彼身還復生於見毒虵中如是次第經五百世常當受於見毒虵身若捨彼身還復生於阿鼻地獄以彼惡集如是起故於寂後生彼毒虵母愛所縛故煞若干虫與被令食食已

飽滿身得安樂便得睡眠晝夜不覺彼睡眠時其母即為多煞諸虫或至千數斷其命已置其左右周帀圍繞復置口邊皆成大聚彼睡覺已食彼諸虫潤身飽滿還得安隱尋復睡眠經七日夜彼母復於七日夜中煞百千虫置其口邊而為大聚彼睡覺已食彼虫聚而猶未盡即見其母更煞諸虫持来聚集更為一聚彼即生念奇哉我母能為難事為愛我故求尒許虫與我令食然我於今不知猒足然不食盡不知邊際我今不應如是求食而令我母為愛我故為我求食我今於母能作何報彼於母所起慈愛心知有益處知有恩義即生愛心生饒益心彼資潤身復以於母生慈念心稍有柔潤於即睡眠身心安樂彼時遇有取薪草人皆共見之即以利斧断其命根彼命終已有旃陁羅名曰氣蜃生彼子家還有惡心彼時祖父氣蜃死後氣蜃之子復當刑煞復於後時彼氣蜃子身復命終既命終已遂絶此業有合死者無人刑煞

尒時大臣啓白王言大王當知其主
刑者名曰氣嘘其命已終其彼有子
身亦命終大王當知今無有人煞合
死者
尒時彼王告大臣言彼氣嘘門頗有
種族受彼世業資生已不臣白王言
彼氣嘘門現有孫子受其世業王勑
臣言汝等可往將彼孫子而来見我
大臣受勑將来見王王勑之言童子
汝今既受氣嘘世業資生云何而不
習於刑煞合死之人彼荅王言敬如王
教我有親屬不聽我煞王今若遣伏
從来命我蹔還家須臾復来王言童
子汝可知時宜應速来彼至家已所
有妻子及諸眷屬皆断命已還至王
所而白王言大王當知我之親屬皆
已煞盡更無有人遮我煞者唯願大
王勑我所作於是即付刀杖煞具彼
仍不受王復勑言汝今何故不受刀
杖彼報王言大王我今既名知刑煞
害之人自有牙齒不假刀杖大王當
知若無齒力彼須刀杖我有牙齒有
合死者我用齒齧而断彼命飲彼血

已資潤我身增益氣力於是即取合
死之人以齒齧項而断其命即飲其
血飲其血已倍增氣力嚴熾威勢倍
更增惡善男子彼難調伏煞害人者
於彼時間多煞衆生皆飲其血惡心
嚴熾心智猛利如是利智得聞菩薩
名無所有請問世尊空義断漏不起
煩惱顛倒分别断瞋恚意慳貪妬嫉
無恩義處悉能破除得無言說從佛
所聞解說之時聞已更復增益利智
復入諸佛大神通事故得如是勝利
功德
尒時復有教示菩薩摩訶薩從坐而
起整理衣服偏袒右邊右膝著地合
掌向佛欲有所問彼合掌時佛神力
故水陸所生種種妙花有開敷者色
香微妙滿其手中即生歡喜踊躍無
量以歡喜意用彼諸花而散佛上再
三散已而白佛言世尊今此難調煞
害人者已曾發於菩提心耶時佛告
言汝善男子宜應還問此難調伏煞
害人者是善男子當為汝說
尒時教示菩薩還復合掌而問之言

汝善男子已曾發於菩提心耶彼即
荅言善男子知我今即是發菩提心
清淨無濁如我聞佛大神通已即断
諸惡而復得聞此無所有菩薩所問
世尊解釋聞已信受念持觀察無有
疑網於世尊說一切諸法空無有我
無生無滅無有境界無境界處無盡
空處汝善男子於如此處欲起何心
而有所聞教示菩薩復問彼言汝善
男子汝於衆生幾所成熟於菩提耶
彼即荅言善男子我於無量不思議
等不可瞋恚諸衆生者成熟安置菩
提種子於無邊劫當更成熟所有衆
生善男子辟如虚空多所容受佛法
亦尒容受無量若有信受彼能成熟
亦可成熟一切衆生不著邪徑當作
惡業善男子我已為一切衆生利益
安樂而為攀緣今向汝說無有虚妄
佛自證知若佛世尊不授記者我於
菩提我即自記所以者何我已信入
菩薩種子已住信忍無疑無惑於此
諸佛大神通中此是一切諸菩薩等
無有所着發菩提心而為根本若增

長已次第能證菩提之果及一切智一切佛法當覺當知次第成熟無量衆生於菩提道亦當成就住於菩薩不動法中善男子如是如如無異無別能如是者願生諸相然諸衆生有猒離想得無疑惑願當入佛大神通處自見於我少分所以者何其佛神通有無量故善男子諸佛世尊於大神通能决了見諸菩薩等若未得忍唯以信行若諸菩薩有得忍者於佛神通少分已入尒時以佛神通力故於此大地六種震動安樂潤澤無一衆生有驚怖者一切音樂不鼓自鳴上虛空雨優波羅花鉢頭摩花拘勿頭花分陁利花於虛空中自然而有種種天衣懸垂而現燒衆天人所有諸香彼一切衆所有三千大千世界彼菩薩等不知邊際彼等皆悉擲於此花以散佛上如是再三及散此衆於時復有十六俱致百千那由他等蓮花猶如車輪從地踊出彼花臺中有菩薩坐皆悉具足三十二相彼諸菩薩各從花下還以此花而散佛上

花供養已合掌礼敬向佛而住

尒時教示菩薩承佛威神而問彼等諸菩薩言善男子等汝從何来彼菩薩言我從十方阿僧祇等諸世界中奉侍礼敬阿僧祇佛聽聞法已而来至此教示菩薩復問之言善男子等汝聞何法彼荅之言我等亦聞有菩薩名無所有問佛為解釋亦如此問釋迦如来所解說法亦復如是無有增減彼菩薩亦名無所有於問彼佛彼佛世尊亦如是說不起煩惱令斷疑惑令作光明令近諸佛及一切智無等等法

尒時大衆生希有心皆作是念彼諸人等善得人身善得壽命值佛出世隨順諸佛聞無所有菩薩所問如是等法信入奉行無相無得不起煩惱世尊我今善得大利善得人身善得壽命我等今者聞無所有菩薩所問佛解釋時聞於耳根如聞信解無有疑惑有所觸證我今得知一切智已亦當如是為衆生而作利益得善普覆我等今者假使能以一切珎寳

滿此三千大千世界持用布施以如是等猶不能報是無所有菩薩之德而不現身能問如来寂静之法能斷無量衆生疑惑顛倒之意我等於今當以何事而供養此不現身者尒時無所有菩薩作如是言諸善男子汝等若聞如是等法能信解者即為已作上妙供養一切諸佛及諸菩薩我今所問佛為解釋汝等若得無疑惑處無熱惱處成菩提時為諸衆生作利益故衆生執者令解脫故亦為化彼悪心怨讎害人者故唯若干事以是故問勸請如来我今已顯諸佛法教已照一切無明黒闇

尒時悪心難調怨讎煞害人者見於如是大神通已如彼所知不取上下心得調順無有喜怒說此語時難調怨讎即於彼處踊身虛空而作是言諸善男子一切諸法猶如幻化無有真實分別所作諸法實體如如不動無有顛倒是故汝等所有諸想住持建立如是等想無有實想是顛倒想非有實想是故汝今已得至於無疑

惑處亦當得於無㝵辯才汝等已脫諸疑惑故求菩提時不由於他常當自體一切開悟時世尊言汝善男子善哉善哉如汝所說尒時難調惡慾鞞而白佛言世尊我今即是授記以蒙世尊稱歎善哉雖然世尊但與我記為此大衆令得踊躍心意歡喜更發勝心不怯弱故世尊我今不見彼法歡喜踊躍世尊一切諸法無有思念無有真實分別所起以分別故而有莊嚴猶如幻化如夢所見如旋火輪我於彼等如實覺知如佛世尊為無所有菩薩解釋我亦隨順　無隨順故

無所有菩薩經卷第二

無所有菩薩經卷第二

校勘記

一　底本，金藏廣勝寺本。

一　一〇頁中二行第一〇字「等」，磧、普、南、徑、清無。

一　一〇頁下一九行第六字「智」，磧、普、南、徑、清作「知」。

一　一一頁上五行第七字「大」，磧、普、南、徑、清作「大德」。

一　一一頁中二〇行首字「行」，諸本（不包括資，下同）作「得」。

一　一二頁上五行第四字「智」，諸本作「知」。

一　一二頁中九行第一二字「言」，磧、普、南、徑、清作「心」。

一　一二頁中一四行第九字「行」，磧、普、南、徑、清、麗作「彼」。

一　一二頁中一九行第七字「常」，磧、普、南、徑、清作「當」。

一　一二頁中末行首字「問」，磧、普、南、徑、清、麗作「聞」。

一　一二頁下六行第七字「知」，磧、普、南、徑、清、麗作「智」。

一　一二頁下八行第一一字「能」，磧、普、南、徑、清、麗作「彼」。

一　一二頁下九行第二字「切」，磧、普、南、徑、清、麗作「功」。

一　一二頁下一一行末字「上」，南作「生」。

一　一二頁下一五行首字「盡」，磧、普、南、徑、清、麗作「晝」。

一　一二頁下一六行首字「若」，磧、普、南、徑、清作「常」。

一　一三頁上五行第二字「淨」，磧、普、南、徑、清作「涼」。

一　一三頁上一六行第五字「轉」，磧、普、南、徑、清作「縛」。

一　一三頁上七行第五字「涼」，磧、普、南、徑、清、麗作「淨」。第九字「思」，磧、普、南、徑、清、麗作「惡」。

一　一三頁上二二行第一二字「彼」，磧、普、南、徑、清、麗作「後」。

一　一三頁中一行第一三字「善」，石

作「諸」。

一　三頁中一〇行第八字「應」，諸本作「勝」。

一　三頁中一三行第一二字「當」，磧、普、南、徑、清作「常」。

一　三頁下九行第一〇字「故」，石、麗作「欲」。

一　四頁上二行第七字「諸」，石作「說」。

一　四頁中三行第五字「人」，磧、普、南、徑、清、麗作「入」。

一　四頁中一〇行首字「子」，磧、普、南、徑、清無。

一　六頁上四行第一一字「如」，磧、普、南、徑、清、麗作「是」。

一　六頁中一〇行「於問」，磧、普、南、徑、清作「問於」。

一　六頁中二二行第六字「爲」，磧、普、南、徑、清、麗作「爲諸」。

一　七頁上二行「常當」，磧、普、南、徑、清作「當能」。

難

無所有菩薩經卷第三

隋天竺三藏闍那崛多等譯

尒時世尊即便微笑有金色光從佛口出上至梵世遍照三千大千世界遶佛三帀還從頂入尒時衆中有一菩薩名曰不染從坐而起整理衣服偏袒右邊右膝着地合掌向佛白言世尊以何因緣今現微笑諸佛如来若微笑者非無因緣唯願解說令衆歡喜尒時佛告不染菩薩善男子是難調怨讎煞害人者於未来世過八十九百千阿僧祇劫巳後當得作佛号曰利上功德如来阿羅訶三藐三佛陁當出於世明行足善逝世間解無上士調御丈夫天人師佛世尊善男子而此難調悪心怨讎前害人者於此命終巳後當生兜率天上弥勒菩薩所隨彼住壽弥勒菩薩當下生時彼於尒時作大長者財福無量一切果報悉皆開現即於二十晝夜供養弥勒世尊及聲聞衆彼見弥勒世尊佛刹莊嚴之事即生願求為欲成就莊嚴佛刹故與諸眷屬請彼弥勒如来世尊及聲聞衆前後圍遶以諸供養一切樂具三月奉獻恭敬尊重承事供養即以素衣長八十肘用畫弥勒如来形像及彼佛刹莊嚴之相既畫畫巳奉彼弥勒如来世尊即發願言藉此功德願我當得如是佛刹莊嚴之事亦如今者弥勒世尊阿羅訶三藐三佛陁所有具足莊嚴之相願我佛刹諸聲聞衆智慧具足願我佛刹諸菩薩等無量智慧皆悉具足作是願巳以金銀華散於弥勒如来世尊復作是言我等當作如是精進亦當成就如是佛刹莊嚴之事如昔釋迦牟尼世尊釋種勝王為我示現光明顯照而於彼時成熟無量多數衆生於菩提中亦如弥勒如来世尊多菩薩衆彼利上功德如来於初會時菩薩無量於授記中皆悉得忍於第二會諸菩薩衆復倍無量於第三會復倍無量如是方便彼利上功德如来阿羅訶三藐三佛陁當有如是諸菩薩衆而彼利上功德如来示教

利喜諸菩薩衆令行菩願得初心已
皆令成就於一切智乃至菩提善男
子此難調怨讎先害人者值弥勒佛
出世已後一切生處壽命無量唯除
一生補處時中壽二十歲而於彼處
於一日中自身具受一切惡業無量
苦惱從是已後乃至菩提當更修習
覺菩提已壽命無量佛滅度後正法
住世於無量時無有惡世如我今日
諂惡衆生有惡口者無智慧者難人
道者魔所持者我今於中說法教化
此等衆生難解難入此善男子無有
如是諸患難事善男子彼佛剎中無
有諸魔及魔事者所有利根通敏衆
生皆集於彼是故彼佛利上功德如
來說法少用功力而得開解
尒時衆中有菩薩名無障淨月即從
坐起整理衣服右膝着地合掌向佛
欲自決疑及為此衆令斷疑故即以
偈頌問世尊曰

我問世間燈　智聚無導者　為欲自斷疑
及於此衆故　何緣此衆見　然今利根者
於先煞害人　復得記菩提　大龍願為說
彼往昔行業　既為億數劫　常作惡趣地
多劫數積聚　為癡盲覆故　於多百億劫
常受多種苦　流轉生死中　地獄火熾然
大呼阿毗支　觀彼業如是　復倍生死中
受惡毒虵身　見即能煞害　多百億生死
受多種苦已　多百億數劫　得生人道中
復作煞害人　今得見世尊　即生於利根
速斷諸煩惱　發意向菩提　蒙佛為授記
於阿僧祇劫　當成世間燈　名利上功德
彼往昔之事　人上為解說　如是作業事
苦惡之果報　以是億數劫　已受多種苦
若所有善業　教師亦為說　昔所行諸行
惡業與不善　世燈悉照知　唯願為我說
斷疑大丈夫　為我及衆生　及與未來等
能聞此教者　若有懷疑惑　於此法有疑
教師今為斷　現在兩足尊　攝受衆生故
於是善男子　如此往昔行　大名稱願說

尒時佛告無障淨月菩薩言善哉善
哉善男子汝今欲為一切大衆斷除
疑故能問如來如是之義汝善男子
諦聽諦聽善思念之當為汝說彼善
男子如彼往昔所作諸業如此多數
經於百千那由他劫受諸苦惱汝等
聞已當信如來勿生恐怖一向奉持
如教而說
尒時無障淨月菩薩而白佛言唯願
世尊為我解說佛言善男子我念往
昔然燈如來阿羅訶三藐三佛陁滅
度之後過九十億那由他劫有佛出
世名曰法意喜王如來應供正遍知
明行足乃至佛世尊彼佛壽命六十
八千歲初會聲聞衆有六十二俱致
百千菩薩摩訶薩其數復倍彼佛世
界名曰梵主劫名淨意彼法意喜王
如來生於彼劫何故彼劫名清淨意
彼劫常有如來出世及諸菩薩是故
彼劫名清淨意善男子於彼法意喜
王如來住世劫中此難調怨讎善男
子尒時為王名曰降怨請彼如來及
比丘僧諸菩薩衆以一切樂具二月
供養於彼如來從其聞法發阿耨多
羅三藐三菩提心彼殖善根復得值
遇十千諸佛於一切處常修梵行常
得多聞發勤精進得四禪定由此善
根復值如來名金剛焰光於彼佛所出
家修道行於梵行發勤精進行頭陁

法常在蘭若空閑之處誦修多羅滿十千部皆是大乘亦得四禪及五神通四無色定善男子彼金剛焰如來阿羅訶三藐三佛陁有十俱致諸比丘衆皆阿羅漢復有八十四俱致那由他百千諸菩薩衆常隨世尊皆得等忍及陁羅尼轉不退輪善解深法已入無邊陁羅尼門已能巧入無邊法界海印三昧遊戲神通心得決定顯現諸佛住持身體於諸衆生常行慈悲善男子尒時彼佛菩薩衆中有一菩薩比丘上首法師名利益上善說法義示教利喜令諸菩薩得不思議具足功德為彼世尊而作侍者恒隨遊止猶如今日阿難比丘皆能受持諸修多羅善男子如是彼利益上菩薩於自在王如來所說那由他百千修多羅悉能受持能為彼諸那由他等百千菩薩解說其義善男子尒時自在王如來阿羅訶三藐三佛陁於二万歲為諸菩薩諸聲聞衆及諸衆生說法教化滿二万歲然後乃於一切菩薩及比丘衆諸天魔梵沙門

婆羅門等大衆之中告彼利益上菩薩言善男子汝當受持此不思議那由他等百千俱致所修阿耨多羅三藐三菩提法於後末世為諸天人增長善根獲持此法光顯如來菩提教法令久住故受持解說善男子是夜過半諸佛如來當般涅槃

尒時彼利益上菩薩聞佛涅槃悲泣雨淚從坐而起整理衣服偏袒右邊右膝著地合掌向佛而說偈言

願兩足尊住一劫　利益世間天人等
我今勸請世間眼　願說妙法以教示
深智無惱之導師　勝行住於諸功德
普眼調伏天人者　大神通尊願久住
若聞導師入涅槃　諸天人等心憂惱
導師願愍彼等故　唯願住世見教示
我及百千諸衆生　衆苦逼切生憂惱
皆由導師唱滅度　世親今欲入涅槃
能調於人調御者　唯願普眼尊久住
利益世間天人故　我今勸請佛世尊

尒時世尊為欲利益諸天世人以偈報彼利益上菩薩言

我已為世作利益　說如是等諸法教

我已充滿諸菩薩　令住諸佛無漏中
即於此夜後分時　我當入般於涅槃
我今付汝此法教　世尊滅後令久住
彼衆聞作是語已　彼諸菩薩皆合掌
咸共瞻仰彼如来　悲泣雨淚作是言
唯願兩足尊慰喻　我及百千衆生等
尊滅度後誰作佛　世尊於諸世間士
哀愍軟語而告言　慰喻世間天人等
我滅比丘莫懷怖　我後復當佛出世
有菩薩名功德分　修行得至無漏智
於未来世當作佛　名曰智焰兩足尊
我今勸請汝當知　為欲攝持此法故
如此法教廣開顯　為於世間天人等
聞於世尊如是說　即時安慰復發言
大神通力此甚難　無攝受法攝受故
我為導師尊重故　我今攝受於正法
我當廣宣此法教　我當捨身及壽命
不護已身壽命等　乃可守護如来法
若不嗜愛已身者　彼即能護教師法

善男子尒時彼佛慰喻彼諸一切大衆令歡喜已說法教悔與威力已於夜後分入於涅槃善男子彼時世尊入涅槃後彼菩薩說滿足八十千數

法門如是隨順成就衆生多那由他百千衆生當得成熟於阿耨多羅三藐三菩提中況復住於聲聞乘者辟支佛乘者況復流轉於生死中種善根者善男子彼佛如来般涅槃後正法滅已於像法中多有比丘說有可得說有可滅彼等於是諸修多羅不樂受持復生誹謗善男子於彼時中此閻浮提有一人王名勇健力果報廣大尒時彼利益上菩薩比丘至彼王所為說佛法說於如来秘密之教彼王聞已即於上利益比丘生敬重心即發阿耨多羅三藐三菩提心供養比丘而彼比丘欲教化彼諸衆生故於一切處受諸供養不生猒悔不生倦心彼王供養彼比丘已滿足三月及於八万四千釆女各自莊嚴持諸香華及諸音樂衆寶瓔珞塗香衣服如是等事供養比丘及彼比丘所有門徒八千五百常相隨順一切皆得不退轉於阿耨多羅三藐三菩提善男子於彼之時難調怨讎煞害人者而為比丘名曰寂定威儀善說法要多聞惣持滿足十千修多羅等誦持通利能廣分別諸修多羅常說少欲知足法義而彼比丘已得四禪復得五通四無色定而彼寂定威儀比丘多有徒衆其數五百共相隨逐亦有如是威儀勝行

尒時寂定威儀比丘見彼利益上菩薩比丘不憙不悅生於惡心發瞋恚意現於惡色在衆人前說如是言如此比丘何處有於菩提之行何處有於諸佛之法如是雜行於世間行威儀尚無況復當有證於勝智而彼衆人一向唯信利益上菩薩比丘無能壞者尒時寂定威儀比丘復增瞋恨轉更增上從彼地方背面去我不復憙見是惡事若此比丘行於邪見令諸人衆皆行顛倒至蘭若處欲入三昧以有瞋恨彼彼三昧不能順入況復能定彼有如是強力行故所有禪定三摩拔提及五神通一切皆失彼以如是恚惡心故得大重病尒時彼利益上菩薩比丘作如是念希有乃至如此比丘生大不善瞋恚濁意我於今者應生憐愍為作利益闡深法故

尒時利益上菩薩比丘及五千菩薩諸眷屬衆飛騰虛空於彼住已而說偈言

居家自性說菩提　欲無分別無破壞
若覺此行演說者　彼覺菩提無上安
瞋行自性如菩提　世師智者已為說
若覺如是法行者　彼覺菩提二足上
愚癡示現菩提等　菩提愚癡無異性
此示現癡以一行　當覺菩提無上道
若有已說諸見行　及彼菩提勝上覺
於此二行中說者　見行不得於菩提
諸佛之法甚深妙　不以有得能知見
離於分別有所依　善巧智者覺菩提
若能捨離諸分別　及以持戒我慢見
依恃多聞而自矜　捨是等已覺菩提
寧處居家樂貪欲　若聞此法不驚疑
信解導師所說法　能於一行廣演說
不用此教中出家　有所得見在閑處
於我想中常繫著　起念我當證菩提
所有動念所演說　彼等皆是魔羅網
若知諸法如虛空　彼則無有於動念
諸如来有如是法　諸普眼等說一行
煩惱菩提二無二　不得煩惱及菩提

若不分別欲及瞋　亦不分別於癡等
捨離彼此於二者　彼覺菩提諸導師
若不住於有所得　亦不有念及不動
不起我想無依處　彼覺菩提無上安
若捨分別於分別　諂曲幻偽與嫉妬
樂行頭陁戒福德　彼覺菩提無量眼
若聞此法無所捨　於廣說時亦不疑
彼當速成兩足尊　世間無上智自在
甚深諸法寂妙勝　不可思量寂無流
若不開發我見者　難覺於多俱致劫

善男子尒時彼利益上菩薩比丘說此偈時於上空中六十六那由他諸天得無生法忍復有六十二千衆生發阿耨多羅三藐三菩提心尒時寂定威儀比丘聞是偈已無喜樂意心生熱惱遍身皆腫於是人所反生慈心思惟於此一慈心故餘皆瞋恨於彼時間大地開裂彼現身墮阿鼻地獄住於彼中億那由他百千歲數受大極苦於彼命終即受生於見毒虵中如是次第經於多億那由他等百千生中二惡處行大阿鼻獄大叫喚獄還復生彼見毒虵中以彼如是不

善根故滿足經於六十二億那由他等百千劫數以彼往昔於上利益菩薩生一慈心以眼觀視以彼善根從彼處終得受人身由彼慈心有熏習故又復以彼見毒虵母而於彼所起慈心故復聞如是深妙法故今得如是利智神通善男子於意云何彼時寂定威儀比丘豈異人乎今此難調怨讎是也此於往昔有是業障善男子於意云何彼時利益上菩薩比丘者莫作異見我身是也諸善男子彼時有王勇健力者今無所有菩薩是也諸善男子此由往昔於菩薩邊生如是等瞋恨心故受如是等難知可畏業障惱患諸善男子以如是故若有菩薩當欲淨於諸業障者於諸菩薩恭敬尊重如教師想諸善男子若當欲得不害自身住菩提者應如是學說此往昔出法品時有九十二那由他等百千衆生得無生忍三十六億那由等諸菩薩得淨業障尒時難調怨讎先害人者聞佛授記歡喜踊躍飛住虛空高七多羅樹而說偈言

若欲住淨土　應如導師說　應信於諸佛
㝡上大神通　覺佛神通已　知無分別處
於世間無有　而難可得者　若聞無所有
所問經法者　能信能觸證　則供養諸佛
若學此經已　能除諸有想　得捨已作惡
當見諸導師　若學於此經　是則見諸佛
親侍諸如来　如此經廣說　此則是施度
淨戒所依住　忍辱及精進　智慧等本處
若無有所得　是處不說著　如世尊所說
學如是調伏　若聞於此經　令諸義示現
種種諸供養　力盡無能報　不可數多劫
闇面無所見　若聞此經者　得到諸佛地
彼瘖於愚癡　以破無明闇　以得一切空
由聞此經故　多種煩惱盡　少有未盡者
猶如於大海　取於一滴水　成熟衆生故
煩惱滴不盡　悲慜衆生故　不盡彼煩惱
為清淨佛刹　不滿於一切　彼成熟衆生
彼彼處不滅　亦可彼滿時　如授記菩提
是故諸水滴　於瓶中不盡　若一切開現
彼當有佛刹　彼即當滿足　無有餘熏習
如是如是處　聞有如是經　能善解說者
諸功德具足

尒時彼難調怨讎說此偈已從空而

下住於佛前頂礼佛足合掌而住尒時世尊而歎彼言善哉善哉汝善男子快說此偈合於義理無有虛妄無有別異如是如来神通威力一切菩薩於中當學如是學已得衆生空

尒時難調怨讎善男子如是思念今者世尊稱我善哉我今稱慶當以何事供養世尊彼即聞於空中聲曰汝可以身供養世尊即問空言云何供養復聞空聲汝善男子汝今宜可飛騰虛空令此大衆皆悉知見住於虛空說如是偈

所有諸慳者　皆由住自身　我已捨一切
今供養導師

尒時彼善男子聞此偈已生歡喜心以佛神力飛騰虛空一多羅樹而說此偈即自捨身供養如来於虛空中自捨身已有千數華柔軟香潔未曾見聞光明香氣滿一由旬猶如日光或經一時或經半時彼諸華等遶佛三帀而供養已佛神力故於虛空中而成華蓋而於彼中說如是偈

我已捨自身　供養諸教師　我不知自身
亦不知世尊

彼於彼時於一切處不知身心不知如来不知衆生不知住處彼於彼時涅槃平等亦無是念我已得證於彼時中有一化佛自然現身而作是言汝善男子汝已成就佛剎種子一切開現於彼佛前合掌而住心生歡喜踊躍無量礼敬彼佛而作是言我今礼佛大神通已令各種相生善根已還住涅槃平等法中離罪福德如是不住近於善根諸佛法中彼能親近無所乏短勸請令住於菩提中復說偈言

衆生覺如是　當脫於大苦　生死大險道
所有苦衆生　彼亦不成就　所有言苦者
彼亦受彼苦　不覺此教故

說此偈已默然而住

尒時無名菩薩告彼善男子言善男子汝今已能行一切施若持自身供養於佛善男子汝更不得言我自在汝以此身已用施佛善男子辟如有人施他財已後不得言還是我物彼於彼財不得自在如是善男子汝今以身已施於佛汝今既作如是之言我當来世當得作佛得忍授記善男子汝於今者更欲何作彼聞此已即生疑念我今云何我今云何如是思念彼時即復聞無所有菩薩聲言善男子汝今莫住善男子汝應還念諸佛神通如汝信解應如是報彼向無名菩薩所問聞此言聲即生辯才明見前来無有身心無言無說無施無戒無忍無進無禪無智無斷無常無聲聞無菩薩無發菩提心無如来無如来法無涅槃無涅槃聲無有信者無有所住無有所取無有所言無有縛者無有所聞無所聞者無有所有無所有者無所承攬無所承望一切勝相皆悉具足教化衆生開現具足成就佛剎與涅槃等平等無二無有名說如無可說亦不欲生如無言中如如是住如是如如亦無所行彼於諸佛大神通中無復疑惑

尒時無名菩薩讚彼善男子言善哉善哉善男子汝今善住佛大神通汝今如是辯才成就辯說如是彼即荅

言善男子我亦不住佛神通中其佛神通無能作者一切諸法真體無名不可得故彼無可入無可出處無可知處如是信已無有住處其佛神通無住處故彼無有人能說名字但無名中我今問汝莫生疲倦其有智者難可承事彼即荅言善男子汝今但問我所知者當為解釋彼難調言摩訶薩埵汝今何故名為無名彼即荅言我於是處不得言說亦如汝所名字亦現彼即荅言善哉善哉汝善男子汝今以度佛大神通離於名字彼無名言善男子於平等中無法可離無有可斷無可建立無去無來無平等相善男子若一切法彼平等者無有別離其平等處亦無處所去何斷離若平等法而別有者乃可斷離

尒時衆中有一菩薩名不自在而白佛言世尊何因何縁是無所有菩薩名為無所有佛告彼言善男子汝應還問是無所有菩薩因縁彼當報汝

尒時不自在菩薩摩訶薩問無所有菩薩摩訶薩言善男子汝今去何名

無所有彼即荅言善男子我今不見自身能為一切衆生作利安故能問如来如是等處彼不自在菩薩問言彼所問處與身合耶為不合耶無所有言我所問處不與身合彼復問言善男子汝今去何不與身合成就所問無所有言善男子我以三處發問如来何等為三謂身口意此等三處我問如来善男子是身口意無和合義彼復問言善男子汝見何意而不現身彼則荅言我今亦汝當信我言我為安樂諸衆生故而不現身彼菩薩言我以肉眼故不能見無所有言以天眼看彼言天眼亦復不見無所有言以法眼看彼菩薩言善男子所有有法行彼亦不離於一切眼於彼處中無法可見無所有言汝去何聞彼復荅言彼處無有和合可聞善男子我見如如無所有言善男子於如如中無有三眼不自在言汝去何見時無所有默然而住不自在言善男子於無能見一切法中何故默住其於虛空豈無容受虛空悉能容受諸法

無所染着所入無身於一切法無有假借彼處不着應有解說善男子汝以何縁默無有說彼即荅言我今来彼所有語言能解釋處皆不可得我以是故默而不荅然善男子汝聽我說以何因縁名不自在善男子我念億劫已曾知為諸衆生等離無益語為諸衆生所作利益柔軟生樂皆悉美妙歡喜踊躍無有厭澁依時利益不生瞋恨說如是言無有衆生忿恨於我善男子以是因縁我得無畏善男子一切衆生無有所畏所以者何諸有語言無有自在善男子汝今觀是諸語言法無有自在我今所說此語言中有成就者彼於三界所不容受所有一切衆生言說若合若散有益無益若雜不雜若念若起若為衆生令淨煩惱令捨煩惱我見彼等皆悉平等若智若愚皆得一名彼言善哉善哉善男子如汝往昔曾供諸佛得是合實語言解釋善男子汝見何利而不現身彼即荅言汝今應當問於世尊

佘時無畏菩薩而白佛言世尊是無所
有菩薩見何等利而不現身佛告彼
言善男子唯除我身於此三界無有
衆生如是身相與其等者唯除神通
所化勝身成就如是業果報故勿令
一切諸婦人見必於此處染著亂意
不能聽法不作諸事棄捨本夫飲食
無歡染愛迷著多受苦惱是無所有
見如是等諸過患故而不現身
佘時無畏菩薩及彼大衆皆生疑惑
咸作是念是無所有菩薩身相何如
而今世尊作如是說
佘時衆中有諸女人一名解染二名
寶瓔三名解華四名寶華五名普香
六名香自在七名金華八名作愛九
名不染十名善住意十一名作光明
十二名甜味十三名阿耨羅梨耶十
四名住持十五名無垢十六名海十
七名功德上十八名無過夫十九名
調順二十名諸天供養二十一名壞
上二十二名普照明二十三名不皆
二十四名善住持精進二十五名善
住二十六名安樂二十七名王二十

八名悲

張靖施一枚

如是等類二十八女與姉妹俱從坐
而起脫身瓔珞供養世尊右膝著地
皆共合掌而白佛言世尊所說無所
有菩薩功德如是願於我等承佛威
神得見其身成就如是實業果報莫
以別身而示我等我今欲見菩薩實身
佘時佛告善女人等汝今欲見無所
有菩薩成就色身今欲見耶彼等答
言唯然世尊我等有疑願為開解佛
言諸女汝等今者見彼身已有何利
益汝今勿有還家之意當捨眷屬若
見彼身安住具足一切功德彼諸女
言我等今者一切能捨決定當見彼
菩薩身佘時世尊告彼菩薩無所有
言汝無所有此等諸女欲見汝身彼
言世尊已言許可彼姉妹等示現我
身佛言善男子我已許之多人意喜
欲見汝身當有利益得勝身心得妙
身心得淨身心若見汝身即當決定
於阿耨多羅三藐三菩提得轉女身
成丈夫身汝今已有如是淨願於多
諸佛以百千身種諸善根住是願中

於三界中願我當得寂勝佛身所有
衆生見我身者彼等決定住於菩提
所有女人悉轉女身若於我所種善
根已思惟如是甚深法已得忍本性
願當入於真如法中願當具足諸菩
薩法開現親近於諸佛法彼無所有
菩薩聞佛此說作如是言如是世尊
如世尊教即於手中一一指端皆放
光明一一光明至王舍城於彼人家
皆悉出現彼諸光明有諸衆生見於
彼等從地踊出化成諸華縱廣一尺
昔所未見色香具足

無所有菩薩經卷第三

無所有菩薩經卷第三

校勘記

一　底本，金藏廣勝寺本。二六頁上原版漫漶缺字，以麗藏本換。

一　二〇頁上一〇行末字「人」，磧、普、南、徑、清、麗作「入」。

一　二〇頁上一四行「魔事」，磧、普、南、徑、清作「事魔」。

一　二〇頁下一七行第一三字「二」，磧、普、南、徑、清、麗作「三」。

一　二一頁上九行第三字「海」，磧、普作「法」。

一　二一頁下二行「般於」，磧、普、南、徑、清作「於般」。

一　二一頁下七行末字「土」，磧、普、南、徑、清、麗作「上」。

一　二一頁下二一行第九字「悔」，磧、普、南、徑、清、麗作「誨」。

一　二二頁中一五行第一一字「去」，磧、普、南、徑、清、麗作「而去」。

一　二三頁上二行第六字「二」，普、南、徑、清作「三」。

一　二三頁上九行末字「流」，磧、普、南、徑、清作「說」。

一　二三頁中六行第一二字「令」，諸本（不包括資，下同）作「今」。

一　二三頁中二一行第三字「由」，諸本作「由他」。

一　二三頁下一〇行首字「學」，磧、普、南、徑、清作「覺」。

一　二三頁下一七行首字「爲」，磧、普、南、徑、清作「不」。

一　二四頁下六行第六字「住」，磧、普、南、徑、清、麗作「作」。

一　二四頁下一〇行「無禪無智」，普、南、徑、清作「無智無禪」。

一　二五頁中一六行首字「有」，磧、普、南、徑、清、麗無。

一　二五頁中一八行第一一字「聞」，磧、普、南作「問」。

一　二五頁下三行末字「來」，磧、普、南、徑、清作「於」；麗作「求」。

一　二六頁上一九行第一一字「夫」，石、磧、普、南、徑、清作「失」。

無所有菩薩經卷第四

隋天竺三藏闍那崛多等譯

尒時王舍城中頻婆娑羅王而有一女欲出遊時頻婆娑羅王勑諸侍女其數一千汝等已為我女眷屬共相圍遶於彼之處王所飲食汝等常食汝等常飲彼王舍城多有婦女其數一千聞此語已種種瓔珞莊嚴自身彼諸婦女見是希有可喜諸花身心喜悅不能自勝欲取彼華遂不能取不能遠離申手欲取去華一尺而不能及見彼諸華皆悉向於毗福羅山去而不住

尒時衆人及千婦女及與頻婆婆王女從王舍城次第而出彼諸華等在衆人前微行而進衆亦不知行與不行彼諸人衆作如是念此華近手而不能取時彼諸華一切皆上毗福羅山彼諸男女亦上彼山詵上山已見於如來阿羅訶三藐三佛陁無量百千大衆圍遶而為說法

尒時二十八女姊妹合掌佛前勸請世尊時頻婆娑羅王女及見彼等一切諸女亦見彼等諸女姊妹勸請世尊作如是言此諸婦女何故合掌在世尊前何所求請欲求何願即聞空聲而語之曰此等欲見無所有菩薩身惟除佛身於三界中無能勝者彼等同聲咸作是言我等願見彼菩薩身詵是語已彼諸華等即便在彼衆人手中即以此華散如来上作如是言唯願世尊示於我等無所有菩薩身尒時世尊告無所有菩薩言善男子汝可亦現圓滿自身令多衆生見汝身已種善提因亦當如汝於多百千諸如来所當種善根

尒時無所有菩薩即現其身尒時大地皆悉震動安隱潤澤無有衆生恐怖毛竪一切音樂不鼓自鳴於虛空中雨衆天華於一切處天香人香皆自然燒尒時無所有菩薩示現如是具足色身彼現身時諸女人衆皆生愛樂一一婦人皆作是念是無所有菩薩唯與於我共相娛樂各現於前亦復不知彼神通化各稱其願於毗

福羅山藂林樹下我於此處歡喜受樂我等未曾得聞如是諸妙音聲諸色香等我等今者荷世尊恩彼諸女等各一樹下七寶輦轝一切果報皆悉具足歡喜受樂一切所須悉皆備足不復更念歸還之想彼等如是受歡喜樂七日七夜

尒時世尊為諸衆生更說法要若有不見彼菩薩身皆由善根未得成熟雖望欲見終不可得莫知何事彼等見者過七日已見彼菩薩身漸毀壞無有精光受用果報皆没不現唯見一樹彼等菩薩漸漸不現亦無住處彼即聞於空中聲言諸善男子此是諸行真實體性汝等不應起常有想汝等可捨女人身想應當願求丈夫之身無等等身諸佛之身汝等可發阿耨多羅三藐三菩提心受丈夫身彼諸女人聞是聲已於刹那時心住寂靜見如來像具三十二大人之相彼等見已皆作是言願我當得如是妙身無有染著無染著處如此佛身寂靜無惱彼諸女人說是語時彼諸女人悉轉女身得丈夫身唯除往昔發願供養是無所有菩薩等者乃至道場然後我當轉於女身以如是故不轉女身所有轉身得男身者端正可憙世間天人皆悉愛敬

尒時佛像忽然不現唯見世尊釋迦牟尼尒時諸女得男身者而白佛言希有世尊甚奇甚特乃有如是幻化戲者昔未曾聞諸凡夫等心意迷惑未曾安定如壓油輪彼不能住近善知識世尊若有親近於善知識供養承事以善知識威神力故我於今者轉離女身得五神通世尊我今憶念往多千佛所與善知識同種善根自捨身命為令我等生諸善根復示彼等諸佛世尊為說在家諸過患事方便讚歎出家功德諸勝妙事我等已經尒許多時近善知識從尒已來未曾復生諸惡趣中我於過去未逢教師教示我故恒常流轉人天馳逐受諸苦惱世尊我今假使能以恒河沙等諸世界中用滿七寶或已自身具足滿已施善知識雖作是事猶不能報善知識恩所以者何由是神力而令我等當於世間而得作佛開現成就我等佛刹皆因此等善知識故教示我等詣諸佛所種諸善根教行種種疾利方便教我等入深法行中或出愛語或示訶責或言清涼或說熱惱或有逼迫如是教示一切樂具一切利養皆悉捨已彼等衆生難得值遇彼等衆生未有所辯若不得是善知識者唯除如來我等無有別善知識如無所有菩薩摩訶薩者

尒時無所有菩薩摩訶薩告諸女人轉男身者善男子等我今非但獨為汝等作善知識我亦為於一切衆生作善知識善男子等若有衆生能知無所有菩薩為衆生作利益成就彼等衆生更不承事諸餘師友彼等衆生即忘飲食不生疑退無有愛欲而於我所晝夜親近所以者何我今教於一切衆生和合善根令住一切世間出世具足事中令入無量波羅蜜中令入一切諸功德中令住無濁無障淨處無顛倒處不現一切諸有相中住無

無所有菩薩經卷第四　第六張

行處樂修一切身心薰習具足法中我已曾令無量衆生住如是法善巧智中我今實語無有異言佛自證知諸天世人而作證明佛言善男子如是如是如汝所言尒時大衆佛神力故即見東方南西北方有千諸佛

尒時世尊告諸大衆作如是言諸善男子汝今見此諸佛已不彼言世尊我等皆見佛復告言此等已令此善男子成熟如是阿耨多羅三藐三菩提彼等更復歡喜踊躍作如是言世尊我等今世現轉女身已得男身世尊是故我今深信此事解知此事念持此事無有疑惑世尊我今已得入於佛大神通漸次少分皆由於是無所有菩薩神通力故願我當得諸佛神通皆悉開現願當共此於諸佛所種諸善根當得一切功德具足

尒時彼諸菩薩摩訶薩心作是念所有身者五陰聚合不可得以名字所說而有可聞我等云何而能共彼種於善根

尒時世尊知彼菩薩心之所念告無

無所有菩薩經卷第四　第七張

所有菩薩摩訶薩言善男子汝今應為此諸菩薩摩訶薩等說五陰聚和合身事汝今應為此等菩薩顯示五陰和合之身此等聞已當壞我見更復當近於佛菩提

尒時衆中有一菩薩名曰愛語而白佛言世尊今者見何事故如來阿羅訶三藐三佛陁自不解釋而當勸彼無所有菩薩解釋佛言善男子此衆如是於無所有長夜隨順流注歸向是故我今勸此菩薩摩訶薩說

尒時無所有菩薩白佛言世尊我今欲說如我所見如佛色空我色亦尒如佛色一切衆生色亦尒如衆生色一切樹林藥草色亦尒如一切樹林藥草色彼一切界和合聚色亦尒所有空色及我色如來色一切衆生色一切樹林藥草等色一切界和合聚色無有二相無知無動無生無等無有等等無行無說非法非非法非法界非不法界所攝非空非非空衆生愚癡不知不覺虛妄貪著慳悋嫉妬不能拔出虛妄毒箭於慳妬中忘失

無所有菩薩經卷第四　第八張

恩義無明網覆遠善知識多有疑惑於如此法不能聽受當作障㝵不能受持讀誦修行而有觸證有諸菩薩智慧善巧猶如虛空無所著者於諸世間所有法中不得法想况復餘想彼等能入於此法行諸少智者於無色中或作是想悕望欲入此法行中於無色中妄起行想略說乃至受想行識中如是作如色所作如虛空識我識亦尒如彼識如來識亦尒如如來識彼識一切衆生識亦尒如一切衆生識彼識一切樹林藥草識亦尒如一切樹林藥草識一切界和合識亦尒其虛空識及以我識如來識一切衆生識一切樹林藥草識一切界和合識無二相不可知不可分別不生無等等無行不可作名字非法非非法非法界非非法界所攝非虛空非非虛空衆生愚癡不覺不知無知少智少聞嫉妬慳貪或著妬嫉結縛無明網覆為惡知識之所攝者各自迷惑欲聞是法而作障㝵不能受持讀誦修行而有解證有諸菩薩善巧智

慧無所住著於一切法不得法想何
況餘想彼等能於此行中行諸小智
等於此法行所不能知說此五種色
等平等出離諸行無有壞散無別法
時大地震動虛空雨華
尒時難調菩薩摩訶薩白佛言世尊
何因何緣大地震動虛空雨華佛告
難調菩薩摩訶薩言善男子此是由
彼說五陰空無二無別無有所住無
可言說無有藏積無有散壞無有邊
量不樂顛倒說是諸佛自在處時有
百千億那由他數諸天皆得無生法
忍於此衆中諸比丘比丘尼優婆塞
優婆夷五千人等皆亦得於無生法
忍於未來世當得作佛号曰不可說陰
聚所生如來如來應供正當出於世
劫名無住以此因緣大地震動而雨
衆華
尒時女人得男身者皆共同聲而說
偈言
虛妄非虛妄　虛妄虛妄愛　如實知此等
是故皆授記　我等知如是　一切皆虛妄
今得丈夫身　我等皆具足　我聞虛妄已

知解不生疑　如是還虛妄　實無有知說
無實無實中　謗誑諸衆生　不知無實故
無所有教說　於中無所減　亦無有增益
於中無示現　但以假名說　平等無危嶮
說無有散處　既無有等等　何況有勝者
其色似色形　其色色色故　若知色虛妄
無有可實者　受似於觸形　以受故為受
知受虛妄已　彼無有可實　想為欲想者
其識以想現　知想虛妄已　彼無真實處
諸行無自在　假名示現行　知諸行虛妄
彼無有真實　識以了知義　是故示現識
若知識虛妄　恒常如虛空　如是皆虛妄
所有世憂愁　彼愚葦不知　以住我見故
彼等無所安　彼等無所遣　彼無有住處
愚葦而不知　此法不易知　寂滅句難解
住懈怠我想　為惡作所覆　不見無所有
不聞彼所說　無所可說處　於中無所置
尒時諸女轉男身者說此偈已供養
佛故五體投地頂礼佛足而說偈言
南無敢大力　一切世無上　世尊有大恩
其等無所著
說是偈已礼敬世尊合掌而住尒時
世尊告長老阿難汝受持此無所有

所問我今說法廣為人說光顯此法
阿難汝為何等衆生當令聞此法本
之者彼等聞已能廣解義文句莊嚴
彼等皆當決定阿耨多羅三藐三菩
提若雖得聞而不解義於後漸次亦
當如是解其義趣修行觸證於多百
千那由他數諸如來所種諸善根所
以者何其無所有菩薩有如是願
尒時衆中有諸女等住於大乘而白
佛言世尊何用勸請阿難受持此
法所以者何我今已受如此法本習
誦通利世尊我今聞此法本於未來
世當為他說於阿僧祇百千那由他
劫中光顯此法
尒時衆中有百比丘六百比丘尼二
百優婆塞優婆夷復有那由他數諸
天子等以諸雜華散世尊已作如是
言世尊此脩多羅而能照明一切諸
法如實顯示世尊我今得聞此法本
已即能受持讀誦通利猶如明鏡見
其面像如是如是我等受持此法本
已是故世尊我等於今及未來世如
此法本於阿僧祇那由他劫廣為人

說光顯是行當令證覺為諸衆生令知我等如是利益我住菩提去何當作為諸衆生一切利益具佛法故世尊我等不貪利養及名聞等而受此法為衆生說亦復不為巳自身命但為一切諸衆生等欲與衆生諸樂具故欲令近於諸佛法故為於無量諸衆生等除滅愛著諸煩惱故佛言善哉善哉善男子等汝今一切善說此法

尒時海姉妹白佛言世尊此無所有菩薩不起亦不說如此等善男子善女人等說此法本當光顯故世尊彼當受持正法亦為一切過去未来現在諸佛所有法行彼亦受持讀誦通利亦教他人讀誦通利若教令知

尒時無所有菩薩摩訶薩告海姉妹言過阿僧祇百千刧中彼時有刧名曰法寶開敷於彼刧中滿足五百諸佛出世時有一佛寂初出世名難降幢如来應供正遍知明行足善逝世間解無上士調御丈夫天人師佛世尊於彼時中亦復多有衆生住於煩惱濁中業障所覆煩惱增上貪欲恚癡諸惱增上合毒所惱善女人尒時彼難降幢佛如来應供正遍知我於尒時亦如是問彼佛如来亦如是解釋如今世尊釋迦牟尼如来應正遍知之所解釋善女人如是次第五千諸佛亦如是問如此法本彼諸世尊亦復為我如是解說如今世尊釋迦牟尼諸釋中王為我解說善姉汝今安意善姉我從今巳於未来世當於無量阿僧祇數諸佛世尊亦當如是問此法本所有如是諸佛刹中亦有諸濁煩惱衆生或有少者或復倍多有煩惱者

尒時無所有菩薩摩訶薩說此語時於刹那頃彼摩伽陁主頻婆娑羅王有大勢力四兵圍遶次第漸行尋彼諸女所行之處来詣佛所到佛所巳頂礼佛足却住一面佛慰勞巳隨所敷具而就其坐彼諸大衆亦皆而坐時頻婆娑羅王白佛言世尊我有小女與衆侍女出遊園林久乃不還後於園中求覔不得又聞有說向世尊所今於此衆我復不見佛告大王今會當見王言世尊我今未見佛言大王汝今可問無所有菩薩當示王處王言世尊其無所有菩薩何者是也於時世尊告無所有菩薩言汝無所有汝今應報頻婆娑羅王所問諸女行来之處令此衆知

尒時無所有菩薩以不現身告頻婆娑羅王及大衆言大王當知彼諸女等在此衆中王言大士我但聞聲不見汝形菩薩告言大王今者所有諸女聞我名巳一一婦女至於樹下皆取我身隨意娛樂取我身巳皆捨女身受丈夫身彼等諸女既取我身成丈夫身我則無身然無所有菩薩告彼諸女丈夫身者言汝善男子各各示現自身之德尒時諸女得男身者共集一處具丈夫相端正可憙作如是言我等今者捨於女身巳成如是丈夫之身尒時頻婆娑羅王及諸大衆生疑不信

尒時無所有菩薩復作是言大王何故及諸人衆猶懷疑惑王今於佛豈不可信若可信者如来現前王今宜

聞此善男子如是所說有異不耶

尒時頻婆娑羅王白佛言世尊如是如是如虛空聲所說以不而不見身

尒時佛告頻婆娑羅王言如是如是大王皆悉如此菩薩所說大王今者宜信此語莫生疑惑王聞是語即起合掌三稱善哉自言世尊是誰神力為是菩薩無所有力為當是佛威神之力佛告王言大王當知此是諸女往昔願力彼於往昔於多千佛教此諸女種諸善根發菩提心諸佛法中而得成就故令我所得滿其願大王有諸女人於未來世亦更教化無量諸女得轉女身

尒時佛告無所有菩薩言善男子汝今可為於此眾人令此諸女各復本身

尒時無所有菩薩作如是言如我實說我於無量無邊婦女令轉女身得丈夫身皆是實故此等眾生還復女身說是語時多有婦女於彼丈夫前有如是形有如是色如是行住還復如先所向來者彼等各各相共言說如前無異彼時諸女及頻婆娑羅王

等生希有心云何諸女已轉女身今已還復女人身耶此諸女人為是實身為當化起佛言大王此等婦女非實非化所以者何大王此善男子於往昔時有如是願若諸婦人見我身者彼見我身即發是願求轉女身彼諸婦人所有夫主更取餘婦還復如是不增不減如前婦身可愛端正不相離別

尒時頻婆娑羅王而白佛言希有世尊諸菩薩摩訶薩等能有如是神通善根世尊一切諸法不可思議眾生果報不可思議得禪定者定之境界不可思議佛言如是如是大王如是如是大王此有三種不可思議何者為三業幻量幻（梵本少一句）此善男子已覺諸幻已證已觸此善男子即是幻師是故此等不可取量

尒時世尊令彼大眾以無所有和合法義教化言說令得歡喜令得威神增長教化令歡喜已勸言汝等各自知時還其所至時諸人眾各還本處其去未久尒時一菩薩名曰生疑而白

佛言世尊其無所有菩薩能為此等眾生以神通化還令如舊而不令彼諸眾生等有愛別離世尊此等當作何等利益佛告生疑菩薩言善男子此諸人等所在之處共此諸女曾轉形者語言飲食共相娛樂遊行戲樂種種諸事種種方便於彼時處令此眾人於菩提中令得發心近佛法中何以故善男子此無所有菩薩已於往昔諸如來所以一切樂具供養尊重種諸善根皆已具足發如是願是故滿願滿分別意此善男子如是教化成熟眾生教令入於義文字中所有法體無生之處無成就處令入令覺如是教中不令有失令得成就於佛法故善男子此無所有菩薩教化眾生於彼中者無一眾生當向惡趣無一切生於所教師過去佛土而不中生善男子彼諸眾生還當如是成就菩提亦如今者無所有菩薩所成就者

尒時生疑菩薩從佛世尊聞善說已除諸疑惑而說偈言

衆生聞以得於中方便學如是健修習
名無所有者純直心柔和軟意無嫉妬
亦無有怯弱名無所有者多文字和合
復説如是義所有無可見亦當無所觸
無二不可取無餘不可見不可説而説
法教無有比
尒時闍鄉鄉修多女告生疑菩薩言
善男子汝承誰力能説此偈彼即荅
言我身如是知無所有菩薩身中從
出是聲善姉當知今此偈聲非我身出
尒時闍鄉鄉修多女而白佛言希有
世尊是無所有菩薩乃至能得不思
議法皆已具足能以種種方便開示
彼無所有之處説法佛告彼言如是
如是善女人如汝所説
尒時兩時無有出生菩薩而白佛言
世尊我能辯説無所有所問修多羅
佛言兩時無有出生菩薩汝今辯為
説諸菩薩摩訶薩境界廣境界無㝵
無可得無邊無畔際發起多聞與利
益故以善巧智如諸菩薩摩訶薩為
自境界增長無著無可得處無邊無
畔際處諸多聞利益欲於善巧方便

法中教令建立開現處故當速成就
菩提道故
尒時兩時無有出生菩薩摩訶薩而
説偈言
善説此經已　正念入禪定　當覺一切法
顯示此經典　令覺一切義　及如文字等
所有修多羅　諸佛之所説　顯現一切義
彼此皆相見　无量不思議　皆經善説處
此經法知已　莊嚴義文字　諸法無缺少
一切不思議　陰界諸入等　當得方便智
隨順十二緣　一切聲一聲　一聲一切聲
諸聲等和合　於此經覺悟　所有諸心者
衆生所思覺　計我所思者　一切心所因
一切皆能知　是等諸思覺　彼無有思處
於此經覺悟　亦無有思者　於自及與他
一切悉能知　如心所轉行　照諸法如鏡
説此修多羅　於彼此等見　彼等還覺此
一切非為一　不見别多説　一切文句離
若見於此經　彼為衆生説　衆生非此彼
令彼衆生脱　住著不動處　知一切虚妄
以虚妄為説　既知虚妄已　不著虚妄中
無有所生道　諸佛見一切　於此無不覺
能覺此經者　一切切業處　呪術醫方智

及時智所生　皆此經覺悟　一切一切智
所有不可數　彼一切次第　於此經悉知
一切見捨已　衆生所迷惑　若知於此經
不著彼名字　衆生着令脱　彼相所覆者
此經威力故　於中得實證　若學此經者
彼得一切報　天上及人中　一切功德具
此是教師法　此即是父母　和上阿闍梨
亦是善知識　此知足少欲　具足諸頭陁
此所修資財　皆為彼當作　若有大衆生
欲説多種法　應當學此經　學一切法處
若有大衆生　欲説多種法　彼應學此經
一切法持處　生處皆當得　少病長壽命
常得諸禪定　隨順此經已　身常受安樂
心亦得常樂　若能證此經　口業悉具足
如是差别法　彼當得隨順　若能證此經
即揔持諸經　若能如是證　如此經中説
彼等皆知經　諸佛有所説　所有諸文字
所説諸法者　若聞於此經　則離於文字
諸法離文字　以文字説法　文字非是法
文字亦非法　彼等於此經　住於菩提中
彼等於此求　世間㝡名聞
尒時兩時無有出生菩薩説此偈已
頂礼世尊右遶三帀即於佛前没而

不現
尒時衆中有一菩薩名無所續而白
佛言世尊此兩時無有出生菩薩從
何而来佛言從如所來還如是去彼
菩薩言世尊彼去何來復去何去佛
言如影幻夢焰響虛空及與空無相
無願無作離欲寂滅無實無像如是
等聚分别遣来汝今語我生於一切
一切衆生一切菩薩一切諸佛亦如
影如夢陽焰響虛空及空無相無願
無作離欲寂滅涅槃無實彼等所有
一切果報及彼名字彼等皆是我等
所為彼等及我一切非一非二非多
非少亦非有物不可聞不共具足無
有能見者無能知者無能聞者是故
汝等從我等聽信解思惟歡喜稱善
彼等無量阿僧祇數行無實已皆不
可得汝等亦不可得汝等莫以虛妄
誹謗我等莫毀呰我我等既無有物
無相無有處所為他何假須說寧不
說勝若有說者彼還是如彼此還是
如此如是遣如遣如是說已如是来
尒時大衆得聞如是句義已無色心

無出入息無物染着彼等於世尊所
一切樂具皆悉遍滿彼等得本念已
作如是言此是本性體真實無所有
無可諂無所識如是知已無知故如
是如是彼從何處有不可作名字
尒時於上虛空有無價寶遍滿其間
有菩薩名滅及無出生菩薩白佛言
世尊是何瑞相此無價寶遍滿虛空
佛言善男子等有若干菩薩等聞此
無所可諂法門得出離已皆悉已得
無生法忍故現此相
尒時彼諸一切大衆皆白佛言希有
世尊善巧能學巧方便智為欲解脫
諸衆生故世尊乃能知此一切無動
空無所有無有衆生本性寂靜然今
如來為諸衆生辯說諸法一切如影
而能勤勞教化衆生佛言如是如是
諸善男子如汝所說諸善男子若無
辯說云何能知影像幻夢陽焰響聲
及與虛空無相無願無作離欲涅槃
之法而為虛妄影像等法
尒時以佛威神力故於上虛空聞如
是聲世尊何者是彼影形為影世尊

何者是彼乃至虛妄而為影形世尊
此一切莊嚴已具足法本不假莊嚴
世尊辟如畫師若畫弟子善學伎能
畫如来像具足衆相無所缺少更有
金巧師取最勝金作其金驢而著頂
上然彼形像倍更端正為一切衆瞻
之無猒世尊如是如是如此法本具
足諸相瞻之無猒世尊今者更倍莊
嚴說是語已時佛告彼虛空聲言辟
如巧學幻化之師若幻弟子善於幻
化幻作男女端正可喜諸根具足皆
共和合而生子息為作名字影像幻
夢陽焰響聲太虛空等不自在也無
相無願無作離欲寂滅涅槃彼虛妄
等增長成就所有作事入深山谷多
有人衆各發大聲呼諸影像乃至虛
空彼出聲已沒而不現於彼空谷無
所染着彼時衆人求是聲處了不可
得如是一切諸煩惱等如實求之亦
不可得如彼陽焰動摇似水而不可
飲如是響聲陽焰無形像
尒時衆中未證法者聞此說已皆得
證法有二十億那由他等諸天及人

悉得於一切法中無所染著
介時虛空還復出聲諸天人衆皆悉
見聞此唯名字所謂影等乃至虛妄
影像等也影像幻化其有所問如來
解釋於先作證有二十億諸天人等
聞此法已皆得決定住於阿耨多羅
三藐三菩提中當為成熟諸衆生故
而為之友
介時聞持菩薩白佛言世尊當何名
此法本我等云何受持佛言此法本
名諸罪無相無捨如是受持如來自
調怨讎悔過如是名持無所有法可
示現者如是名持非不見一切諸法
如是名持佛說此經時其無所有菩
薩及難調怨讎聞持菩薩及彼大衆
天人阿修羅乾闥婆等聞佛所說歡
喜奉行

無所有菩薩經卷第四

無所有菩薩經卷第四

校勘記

一　底本，金藏廣勝寺本。
一　二八頁中一二行第一二字「福」，磧、徑、清作「富」，下同。
一　二八頁中一四行「婆娑」，磧、普、南、徑、清作「婆娑羅」；麗作「婆羅」。
一　二八頁中一九行第一〇字「說」，諸本（不包括資，下同）作「既」。
一　二八頁下一行第八字「王」，磧、普、南、徑、清無。
一　二九頁上五行末字「備」，磧、普、南、徑、清作「具」。
一　二九頁中一四行首字「往」，磧、普、南、徑、清、麗作「往昔」。
一　二九頁下三行第一三字「故」，磧、普、南、徑、清作「教」。
一　二九頁下六行第六字「訶」，磧、普作「可」。
一　三〇頁上一〇行第四字「熟」，磧、普、南、徑、清作「就」。
一　三〇頁上一二行第五字「世」，南、徑、清作「出」。
一　三〇頁中二二行「虛妄」，磧、普、南、徑、清作「妄生」。
一　三〇頁下一九行第一三字「知」，磧、普、南、徑、清、麗作「智」。
一　三〇頁下二〇行第八字「或」，磧、普、南、徑、清作「惑」。
一　三〇頁下末行第六字「解」，磧、普、南、徑、清作「觸」。
一　三一頁上一六行「如來應供正」，磧、普、南、徑、清、麗作「應供正遍知」。
一　三一頁中九行第六字「知」，清作「如」。
一　三一頁下一行「我今」，磧、普、南、徑、清作「和合」。
一　三二頁中一五行第九字「主」，磧作「王」。
一　三二頁中二一行第一〇字「夕」，諸本作「久」。

一　三二頁下九行第九字「士」，磧、普、南、徑、清作「德」。
一　三三頁中一〇行第八字「而」，磧、普、南、徑、清無。
一　三三頁下一八行第三字「切」，磧、普、南、徑、清、麗作「衆」。第九字「過」，磧、普、南、徑、清作「遍」。
一　三四頁上四行末字「觸」，磧、普、南、徑、清作「攝」。
一　三四頁上一八行「辯爲」，磧、普、南、徑、清、麗作「爲辯」。
一　三四頁中八行第一一字「皆」，磧、普、南、徑、清作「諸」。
一　三四頁中末行第二字「覺」，南、徑、清作「學」。
一　三四頁下二〇行「文字亦」，磧、普、南、徑、清作「亦復非」；麗作「文字非」。
一　三五頁上一〇行第二字「如」，諸本作「幻」。
一　三五頁上二二行第七至八字「遣如」，磧、普、南、徑、清無。

一　三五頁下三行第八字「晝」，磧、普、南、徑、清作「畫師」。第一三字「伎」，磧、普、南、徑、清作「技」。
一　三五頁下六行第三字「彼」，徑、清作「後」。
一　三五頁下一一行第五字「女」，磧、普、南、徑、清作「子」。
一　三五頁下一四行末字「妄」，磧、普、南、徑、清作「空」。
一　三五頁下二一行第八字「無」，磧、普、南、徑、清作「俱無」。
一　三五頁下末行第四字「二」，磧、普、南、徑、清作「三」。末字「人」，諸本作「人皆」。
一　三六頁上一一行末字「自」至一二行首字「調」之間，諸本有「在如是名持無所有菩薩所問如是名持說佛大神通如是名持惡心難」二十八字。

央掘魔羅經卷第一　難

宋天竺三藏求那跋陀羅譯

如是我聞一時佛住舍衛國祇樹給
孤獨園尒時世尊與無量菩薩摩訶
薩俱及四部衆無量諸天龍神夜义
乹闥婆迦樓羅緊那羅摩睺羅伽毗
舍遮富多伽那阿磋羅檀那婆王日
月天子阿修羅及諸羅刹護世主四
天王魔天等俱尒時世尊廣演說妙
法度脫衆生名曰執劒大方廣經初
中後善究竟顯示善義善味純一滿
淨具足清白梵行之相說斯經已舍
衛城北去城不遠彼處有村村名薩
那有一貧窮婆羅門女名跋陀羅女
生一子名一切世間現少失其父厥
年十二色力人相具足第一聰明辯
慧微言善說復有異村名頗羅呵私
有一舊住婆羅門師名摩尼跋陀羅
善能通達四毗陁經時世間現從其
受學謙順恭敬盡心供養諸根純熟
所受奉持尒時彼師蹔受王請留世
間現守舍而去婆羅門婦年少端正
見世間現即生染心忽忘儀軌前執
其衣時世間現白彼婦言仁今便為
是我之母如何尊處而行非法内懷
愧悚捨衣遠避尒時彼婦欲心熾盛
泣涙念言彼見断絶不隨我意若不
見從要斷其命不使是人更餘婚娶
即以指爪自畫其體婬乱㢱熾自燒
成病行女人諂狂嚴其身以繩自繫
足不離地時摩尼跋陁事畢還家見
婦自懸以刀截繩高聲大叫而問之
言誰為此事時婦荅言是世間現欲
行非法強見陵逼作如是事摩尼跋
陁先知其人有大德力即思惟言彼
初生日一切刹利所有刀劒悉自拔
出利劒卷屈墮落于地令諸刹利皆
大恐怖其生之日有如此異當知是
人有大德力思惟是已語世間現汝
是惡人毀辱所尊汝今非復真婆羅
門當煞千人可得除罪世間現禀性
恭順尊重師教即白師言嗚呼和上
煞害千人非我所應師即謂言汝是
惡人不樂生天作婆羅門耶荅言和
上善哉奉命即煞千人還礼師足師

聞見已生希有心汝大惡人故不死耶復作念言今當令死而告之言煞一一人一一取指煞千人已取指作鬘冠首而還然後得成婆羅門耳以是因緣名央掘魔羅即白師言善哉和上受教即煞千人少一尒時央掘魔母念子當飢自持四種美食送往與之子見母已作是思惟當令我母得生天上即便執劒欲前斷命去舍衛國十由旬少一丈於彼有樹名阿輸迦尒時世尊以一切智如是知時如鴈王來央掘魔羅見世尊來執劒疾往作是念言我今復當煞是沙門瞿曇尒時世尊亦現避去時央掘魔羅而說偈言

住住大沙門　白淨王太子　我是央掘魔
今當稅一指　住住大沙門　無負染衣士
我是央掘魔　今當稅一指　住住大沙門
毀形剃鬚士　我是央掘魔　今當稅一指
住住大沙門　知足持鉢士　我是央掘魔
今當稅一指　住住大沙門　無畏師子遊
我是央掘魔　今當稅一指　住住大沙門
雄健猛虎步　我是央掘魔　今當稅一指
住住大沙門　儀雅鵝王趍　我是央掘魔
今當稅一指　住住大沙門　安詳龍象行
我是央掘魔　今當稅一指　住住大沙門
明朗日初出　我是央掘魔　今當稅一指
住住大沙門　明朗盛滿月　我是央掘魔
今當稅一指　住住大沙門　莊嚴真金山
我是央掘魔　今當稅一指　住住大沙門
千柰蓮花眼　我是央掘魔　今當稅一指
住住大沙門　素齒白蓮華　我是央掘魔
今當稅一指　住住大沙門　善說真言舌
我是央掘魔　今當稅一指　住住大沙門
眉間白毫相　我是央掘魔　今當稅一指
住住大沙門　光澤紺青鬚　我是央掘魔
今當稅一指　住住大沙門　過膝臃長臂
我是央掘魔　今當稅一指　住住大沙門
離欲馬王藏　我是央掘魔　今當稅一指
住住大沙門　膝骨密不現　我是央掘魔
今當稅一指　住住大沙門　手足赤銅甲
我是央掘魔　今當稅一指　住住大沙門
輕舉踊虛足　我是央掘魔　今當稅一指
住住大沙門　迦陵頻伽聲　我是央掘魔
今當稅一指　住住大沙門　憍吉羅妙音
我是央掘魔　今當稅一指　住住大沙門
百億勝光曜　我是央掘魔　今當稅一指
住住大沙門　諸根善調伏　我是央掘魔
今當稅一指　住住大沙門　十力悉具足
我是央掘魔　今當稅一指　住住大沙門
善持四真諦　我是央掘魔　今當稅一指
住住大沙門　說八道饒益　我是央掘魔
今當稅一指　住住大沙門　三十二相具
我是央掘魔　今當稅一指　住住大沙門
八十種妙好　我是央掘魔　今當稅一指
住住大沙門　永滅諸愛欲　我是央掘魔
今當稅一指　住住大沙門　莫令我起瞋
我是央掘魔　今當稅一指　住住大沙門
未曾見奇特　我是央掘魔　今當稅一指
住住大沙門　脩羅因陀羅　及與諸羅剎
降是三憍慢　汝是何等人　如是極疾行
及我未下刀　知時宜速住　住住大沙門
不聞我名耶　我是央掘魔　今當速輸指
住住大沙門　其諸衆生類　若有聞我名
一切皆怖死　何況面見我　而得全身命
住住大沙門　汝是誰速說　為天為風耶
於我前疾去　住住大沙門　我今已疲乏
終不能及汝　今當稅一指　住住大沙門
汝善持淨戒　宜速輸一指　莫度我境界

尒時世尊猶如鵝王庠行七步師子顧視為央掘魔羅而說偈言

住住央掘魔　汝當住淨戒　我是等正覺
輸汝慧劒稅　我住無生際　而汝不覺知
汝央掘魔羅　我是等正覺　令當輸汝稅
無上善法水　汝今當速飲　永除生死渴
住住央掘魔　汝當住淨戒　我是等正覺
輸汝慧劒稅　我住於實際　而汝不覺知
汝央掘魔羅　我是等正覺　令當輸汝稅
無上善法水　汝今當速飲　永除生死渴
住住央掘魔　汝當住淨戒　我是等正覺
輸汝慧劒稅　我住無上際　而汝不覺知
汝央掘魔羅　我是等正覺　令當輸汝稅
無上善法水　汝今當速飲　永除生死渴
住住央掘魔　汝當住淨戒　我是等正覺
輸汝慧劒稅　我住無為際　而汝不覺知
汝央掘魔羅　我是等正覺　令當輸汝稅
無上善法水　汝今當速飲　永除生死渴
住住央掘魔　汝當住淨戒　我是等正覺
輸汝慧劒稅　我住無老際　而汝不覺知
汝央掘魔羅　我是等正覺　令當輸汝稅
無上善法水　汝今當速飲　永除生死渴
住住央掘魔　汝當住淨戒　我是等正覺

輸汝慧劒稅　我住無病際　而汝不覺知
汝央掘魔羅　我是等正覺　令當輸汝稅
無上善法水　汝今當速飲　永除生死渴
住住央掘魔　汝當住淨戒　我是等正覺
輸汝慧劒稅　我住不死際　而汝不覺知
汝央掘魔羅　我是等正覺　令當輸汝稅
無上善法水　汝今當速飲　永除生死渴
住住央掘魔　汝當住淨戒　我是等正覺
輸汝慧劒稅　我住無染際　而汝不覺知
汝央掘魔羅　我是等正覺　令當輸汝稅
無上善法水　汝今當速飲　永除生死渴
住住央掘魔　汝當住淨戒　我是等正覺
輸汝慧劒稅　我住無漏際　而汝不覺知
汝央掘魔羅　我是等正覺　令當輸汝稅
無上善法水　汝今當速飲　永除生死渴
住住央掘魔　汝當住淨戒　我是等正覺
輸汝慧劒稅　我住無罪際　而汝不覺知
汝央掘魔羅　我是等正覺　令當輸汝稅
無上善法水　汝今當速飲　永除生死渴
住住央掘魔　汝當住淨戒　我是等正覺
輸汝慧劒稅　我住於諦際　而汝不覺知
汝央掘魔羅　我是等正覺　令當輸汝稅
無上善法水　汝今當速飲　永除生死渴

住住央掘魔　汝當住淨戒　我是等正覺
輸汝慧劒稅　我住於法際　而汝不覺知
汝央掘魔羅　我是等正覺　令當輸汝稅
無上善法水　汝今當速飲　永除生死渴
住住央掘魔　汝當住淨戒　我是等正覺
輸汝慧劒稅　我住於法際　而汝不覺知
汝央掘魔羅　我是等正覺　令當輸汝稅
無上善法水　汝今當速飲　永除生死渴
住住央掘魔　汝當住淨戒　我是等正覺
輸汝慧劒稅　我住寂靜際　而汝不覺知
汝央掘魔羅　我是等正覺　令當輸汝稅
無上善法水　汝今當速飲　永除生死渴
住住央掘魔　汝當住淨戒　我是等正覺
輸汝慧劒稅　我住安隱際　而汝不覺知
汝央掘魔羅　我是等正覺　令當輸汝稅
無上善法水　汝今當速飲　永除生死渴
住住央掘魔　汝當住淨戒　我是等正覺
輸汝慧劒稅　我住無憂際　而汝不覺知
汝央掘魔羅　我是等正覺　令當輸汝稅
無上善法水　汝今當速飲　永除生死渴
住住央掘魔　汝當住淨戒　我是等正覺
輸汝慧劒稅　我住離憂際　而汝不覺知
汝央掘魔羅　我是等正覺　令當輸汝稅

無上善法水 汝今當速飲 永除生死渴
住住央掘魔 汝當住淨戒 我是等正覺
輸汝慧劒稅 我住無塵際 而汝不覺知
汝央掘魔羅 我是等正覺 今當輸汝稅
無上善法水 汝今當速飲 永除生死渴
住住央掘魔 汝當住淨戒 我是等正覺
輸汝慧劒稅 我住離塵際 而汝不覺知
汝央掘魔羅 我是等正覺 今當輸汝稅
無上善法水 汝今當速飲 永除生死渴
住住央掘魔 汝當住淨戒 我是等正覺
輸汝慧劒稅 我住無羸際 而汝不覺知
汝央掘魔羅 我是等正覺 今當輸汝稅
無上善法水 汝今當速飲 永除生死渴
住住央掘魔 汝當住淨戒 我是等正覺
輸汝慧劒稅 我住無災際 而汝不覺知
汝央掘魔羅 我是等正覺 今當輸汝稅
無上善法水 汝今當速飲 永除生死渴
住住央掘魔 汝當住淨戒 我是等正覺
輸汝慧劒稅 我住無惱際 而汝不覺知
汝央掘魔羅 我是等正覺 今當輸汝稅
無上善法水 汝今當速飲 永除生死渴
住住央掘魔 汝當住淨戒 我是等正覺
輸汝慧劒稅 我住無患際 而汝不覺知

汝央掘魔羅 我是等正覺 今當輸汝稅
無上善法水 汝今當速飲 永除生死渴
住住央掘魔 汝當住淨戒 我是等正覺
輸汝慧劒稅 我住離患際 而汝不覺知
汝央掘魔羅 我是等正覺 今當輸汝稅
無上善法水 汝今當速飲 永除生死渴
住住央掘魔 汝當住淨戒 我是等正覺
輸汝慧劒稅 我住無有際 而汝不覺知
汝央掘魔羅 我是等正覺 今當輸汝稅
無上善法水 汝今當速飲 永除生死渴
住住央掘魔 汝當住淨戒 我是等正覺
輸汝慧劒稅 我住無量際 而汝不覺知
汝央掘魔羅 我是等正覺 今當輸汝稅
無上善法水 汝今當速飲 永除生死渴
住住央掘魔 汝當住淨戒 我是等正覺
輸汝慧劒稅 我住無上際 而汝不覺知
汝央掘魔羅 我是等正覺 今當輸汝稅
無上善法水 汝今當速飲 永除生死渴
住住央掘魔 汝當住淨戒 我是等正覺
輸汝慧劒稅 我住寂勝際 而汝不覺知
汝央掘魔羅 我是等正覺 今當輸汝稅
無上善法水 汝今當速飲 永除生死渴
住住央掘魔 汝當住淨戒 我是等正覺

輸汝慧劒稅 我住於恒際 而汝不覺知
汝央掘魔羅 我是等正覺 今當輸汝稅
無上善法水 汝今當速飲 永除生死渴
住住央掘魔 汝當住淨戒 我是等正覺
輸汝慧劒稅 我住等高際 而汝不覺知
汝央掘魔羅 我是等正覺 今當輸汝稅
無上善法水 汝今當速飲 永除生死渴
住住央掘魔 汝當住淨戒 我是等正覺
輸汝慧劒稅 我住於上際 而汝不覺知
汝央掘魔羅 我是等正覺 今當輸汝稅
無上善法水 汝今當速飲 永除生死渴
住住央掘魔 汝當住淨戒 我是等正覺
輸汝慧劒稅 我住不壞際 而汝不覺知
汝央掘魔羅 我是等正覺 今當輸汝稅
無上善法水 汝今當速飲 永除生死渴
住住央掘魔 汝當住淨戒 我是等正覺
輸汝慧劒稅 我住不崩際 而汝不覺知
汝央掘魔羅 我是等正覺 今當輸汝稅
無上善法水 汝今當速飲 永除生死渴
住住央掘魔 汝當住淨戒 我是等正覺
輸汝慧劒稅 我住無邊際 而汝不覺知
汝央掘魔羅 我是等正覺 今當輸汝稅
無上善法水 汝今當速飲 永除生死渴

住住央掘魔 汝當住淨戒 我是等正覺
輸汝慧劍稅 我住不可見 而汝不覺知
汝央掘魔羅 我是等正覺 今當輸汝稅
無上善法水 汝今當速飲 永除生死渴
住住央掘魔 汝當住淨戒 我是等正覺
輸汝慧劍稅 我住深法際 而汝不覺知
汝央掘魔羅 我是等正覺 今當輸汝稅
無上善法水 汝今當速飲 永除生死渴
住住央掘魔 汝當住淨戒 我是等正覺
輸汝慧劍稅 我住難見際 而汝不覺知
汝央掘魔羅 我是等正覺 今當輸汝稅
無上善法水 汝今當速飲 永除生死渴
住住央掘魔 汝當住淨戒 我是等正覺
輸汝慧劍稅 我住微細法 而汝不覺知
汝央掘魔羅 我是等正覺 今當輸汝稅
無上善法水 汝今當速飲 永除生死渴
住住央掘魔 汝當住淨戒 我是等正覺
輸汝慧劍稅 我住滿法際 而汝不覺知
汝央掘魔羅 我是等正覺 今當輸汝稅
無上善法水 汝今當速飲 永除生死渴
住住央掘魔 汝當住淨戒 我是等正覺
輸汝慧劍稅 我住極難見 而汝不覺知
汝央掘魔羅 我是等正覺 今當輸汝稅
無上善法水 汝今當速飲 永除生死渴
住住央掘魔 汝當住淨戒 我是等正覺
輸汝慧劍稅 我住無定法 而汝不覺知
汝央掘魔羅 我是等正覺 今當輸汝稅
無上善法水 汝今當速飲 永除生死渴
住住央掘魔 汝當住淨戒 我是等正覺
輸汝慧劍稅 我住無諍際 而汝不覺知
汝央掘魔羅 我是等正覺 今當輸汝稅
無上善法水 汝今當速飲 永除生死渴
住住央掘魔 汝當住淨戒 我是等正覺
輸汝慧劍稅 我住無分別 而汝不覺知
汝央掘魔羅 我是等正覺 今當輸汝稅
無上善法水 汝今當速飲 永除生死渴
住住央掘魔 汝當住淨戒 我是等正覺
輸汝慧劍稅 我住於無際 而汝不覺知
汝央掘魔羅 我是等正覺 今當輸汝稅
無上善法水 汝今當速飲 永除生死渴
住住央掘魔 汝當住淨戒 我是等正覺
輸汝慧劍稅 我住解脫際 而汝不覺知
汝央掘魔羅 我是等正覺 今當輸汝稅
無上善法水 汝今當速飲 永除生死渴
住住央掘魔 汝當住淨戒 我是等正覺
輸汝慧劍稅 我住寂靜際 而汝不覺知
汝央掘魔羅 我是等正覺 今當輸汝稅
無上善法水 汝今當速飲 永除生死渴
住住央掘魔 汝當住淨戒 我是等正覺
輸汝慧劍稅 我住寂止際 而汝不覺知
汝央掘魔羅 我是等正覺 今當輸汝稅
無上善法水 汝今當速飲 永除生死渴
住住央掘魔 汝當住淨戒 我是等正覺
輸汝慧劍稅 我住上止際 而汝不覺知
汝央掘魔羅 我是等正覺 今當輸汝稅
無上善法水 汝今當速飲 永除生死渴
住住央掘魔 汝當住淨戒 我是等正覺
輸汝慧劍稅 我住無斷際 而汝不覺知
汝央掘魔羅 我是等正覺 今當輸汝稅
無上善法水 汝今當速飲 永除生死渴
住住央掘魔 汝當住淨戒 我是等正覺
輸汝慧劍稅 我住彼岸際 而汝不覺知
汝央掘魔羅 我是等正覺 今當輸汝稅
無上善法水 汝今當速飲 永除生死渴
住住央掘魔 汝當住淨戒 我是等正覺
輸汝慧劍稅 我住於美際 而汝不覺知
汝央掘魔羅 我是等正覺 今當輸汝稅
無上善法水 汝今當速飲 永除生死渴
住住央掘魔 汝當住淨戒 我是等正覺

輸汝慧劍稅　我住離歷僞　而汝不覺知
汝央掘魔羅　我是等正覺　今當輸汝稅
無上善法水　汝今當速飲　永除生死渴
住住央掘魔　汝當住淨戒　我是等正覺
輸汝慧劍稅　我住破宅際　而汝不覺知
汝央掘魔羅　我是等正覺　今當輸汝稅
無上善法水　汝今當速飲　永除生死渴
住住央掘魔　汝當住淨戒　我是等正覺
輸汝慧劍稅　我住伏慢際　而汝不覺知
汝央掘魔羅　我是等正覺　今當輸汝稅
無上善法水　汝今當速飲　永除生死渴
住住央掘魔　汝當住淨戒　我是等正覺
輸汝慧劍稅　我住伏幻際　而汝不覺知
汝央掘魔羅　我是等正覺　今當輸汝稅
無上善法水　汝今當速飲　永除生死渴
住住央掘魔　汝當住淨戒　我是等正覺
輸汝慧劍稅　我住伏癡際　而汝不覺知
汝央掘魔羅　我是等正覺　今當輸汝稅
無上善法水　汝今當速飲　永除生死渴
住住央掘魔　汝當住淨戒　我是等正覺
輸汝慧劍稅　我住於捨際　而汝不覺知
汝央掘魔羅　我是等正覺　今當輸汝稅
無上善法水　汝今當速飲　永除生死渴

住住央掘魔　汝當住淨戒　我是等正覺
輸汝慧劍稅　我住法界際　而汝不覺知
汝央掘魔羅　我是等正覺　今當輸汝稅
無上善法水　汝今當速飲　永除生死渴
住住央掘魔　汝當住淨戒　我是等正覺
輸汝慧劍稅　我住無入際　而汝不覺知
汝央掘魔羅　我是等正覺　今當輸汝稅
無上善法水　汝今當速飲　永除生死渴
住住央掘魔　汝當住淨戒　我是等正覺
輸汝慧劍稅　我住純善際　而汝不覺知
汝央掘魔羅　我是等正覺　今當輸汝稅
無上善法水　汝今當速飲　永除生死渴
住住央掘魔　汝當住淨戒　我是等正覺
輸汝慧劍稅　我住出世際　而汝不覺知
汝央掘魔羅　我是等正覺　今當輸汝稅
無上善法水　汝今當速飲　永除生死渴
住住央掘魔　汝當住淨戒　我是等正覺
輸汝慧劍稅　我住無動際　而汝不覺知
汝央掘魔羅　我是等正覺　今當輸汝稅
無上善法水　汝今當速飲　永除生死渴
住住央掘魔　汝當住淨戒　我是等正覺
輸汝慧劍稅　我住殿堂際　而汝不覺知
汝央掘魔羅　我是等正覺　今當輸汝稅

無上善法水　汝今當速飲　永除生死渴
住住央掘魔　汝當住淨戒　我是等正覺
輸汝慧劍稅　我住不悔際　而汝不覺知
汝央掘魔羅　我是等正覺　今當輸汝稅
無上善法水　汝今當速飲　永除生死渴
住住央掘魔　汝當住淨戒　我是等正覺
輸汝慧劍稅　我住伏息際　而汝不覺知
汝央掘魔羅　我是等正覺　今當輸汝稅
無上善法水　汝今當速飲　永除生死渴
住住央掘魔　汝當住淨戒　我是等正覺
輸汝慧劍稅　我住究竟際　而汝不覺知
汝央掘魔羅　我是等正覺　今當輸汝稅
無上善法水　汝今當速飲　永除生死渴
住住央掘魔　汝當住淨戒　我是等正覺
輸汝慧劍稅　我住三毒斷　而汝不覺知
汝央掘魔羅　我是等正覺　今當輸汝稅
無上善法水　汝今當速飲　永除生死渴
住住央掘魔　汝當住淨戒　我是等正覺
輸汝慧劍稅　我住煩惱斷　而汝不覺知
汝央掘魔羅　我是等正覺　今當輸汝稅
無上善法水　汝今當速飲　永除生死渴
住住央掘魔　汝當住淨戒　我是等正覺
輸汝慧劍稅　我住有餘斷　而汝不覺知

汝央掘魔羅　我是等正覺　今當輸汝稅
無上善法水　汝今當速飲　永除生死渴
住住央掘魔　汝當住淨戒　我是等正覺
輸汝慧劍稅　我住三毒盡　而汝不覺知
汝央掘魔羅　我是等正覺　今當輸汝稅
無上善法水　汝今當速飲　永除生死渴
住住央掘魔　汝當住淨戒　我是等正覺
輸汝慧劍稅　我住於滅際　而汝不覺知
汝央掘魔羅　我是等正覺　今當輸汝稅
無上善法水　汝今當速飲　永除生死渴
住住央掘魔　汝當住淨戒　我是等正覺
輸汝慧劍稅　我住於捨際　而汝不覺知
汝央掘魔羅　我是等正覺　今當輸汝稅
無上善法水　汝今當速飲　永除生死渴
住住央掘魔　汝當住淨戒　我是等正覺
輸汝慧劍稅　我住覆護際　而汝不覺知
汝央掘魔羅　我是等正覺　今當輸汝稅
無上善法水　汝今當速飲　永除生死渴
住住央掘魔　汝當住淨戒　我是等正覺
輸汝慧劍稅　我住依怙際　而汝不覺知
汝央掘魔羅　我是等正覺　今當輸汝稅
無上善法水　汝今當速飲　永除生死渴
住住央掘魔　汝當住淨戒　我是等正覺

輸汝慧劍稅　我住趣向際　而汝不覺知
汝央掘魔羅　我是等正覺　今當輸汝稅
無上善法水　汝今當速飲　永除生死渴
住住央掘魔　汝當住淨戒　我是等正覺
輸汝慧劍稅　我住洲渚際　而汝不覺知
汝央掘魔羅　我是等正覺　今當輸汝稅
無上善法水　汝今當速飲　永除生死渴
住住央掘魔　汝當住淨戒　我是等正覺
輸汝慧劍稅　我住容受際　而汝不覺知
汝央掘魔羅　我是等正覺　今當輸汝稅
無上善法水　汝今當速飲　永除生死渴
住住央掘魔　汝當住淨戒　我是等正覺
輸汝慧劍稅　我住伏慳嫉　而汝不覺知
汝央掘魔羅　我是等正覺　今當輸汝稅
無上善法水　汝今當速飲　永除生死渴
住住央掘魔　汝當住淨戒　我是等正覺
輸汝慧劍稅　我住離渴際　而汝不覺知
汝央掘魔羅　我是等正覺　今當輸汝稅
無上善法水　汝今當速飲　永除生死渴
住住央掘魔　汝當住淨戒　我是等正覺
輸汝慧劍稅　我住捨一切　而汝不覺知
汝央掘魔羅　我是等正覺　今當輸汝稅
無上善法水　汝今當速飲　永除生死渴

住住央掘魔　汝當住淨戒　我是等正覺
輸汝慧劍稅　我住離一切　而汝不覺知
汝央掘魔羅　我是等正覺　今當輸汝稅
無上善法水　汝今當速飲　永除生死渴
住住央掘魔　汝當住淨戒　我是等正覺
輸汝慧劍稅　我住一切止　而汝不覺知
汝央掘魔羅　我是等正覺　今當輸汝稅
無上善法水　汝今當速飲　永除生死渴
住住央掘魔　汝當住淨戒　我是等正覺
輸汝慧劍稅　我住斷道際　而汝不覺知
汝央掘魔羅　我是等正覺　今當輸汝稅
無上善法水　汝今當速飲　永除生死渴
住住央掘魔　汝當住淨戒　我是等正覺
輸汝慧劍稅　我住空樂際　而汝不覺知
汝央掘魔羅　我是等正覺　今當輸汝稅
無上善法水　汝今當速飲　永除生死渴
住住央掘魔　汝當住淨戒　我是等正覺
輸汝慧劍稅　我住結斷際　而汝不覺知
汝央掘魔羅　我是等正覺　今當輸汝稅
無上善法水　汝今當速飲　永除生死渴
住住央掘魔　汝當住淨戒　我是等正覺
輸汝慧劍稅　我住愛盡際　而汝不覺知
汝央掘魔羅　我是等正覺　今當輸汝稅

無上善法水　汝今當遠飲　永除生死渴
住住央掘魔　汝當住淨戒　我是等正覺
輸汝慧劒稅　我住離欲滅　而汝不覺知
汝央掘魔羅　我是等正覺　今當輸汝稅
無上善法水　汝今當遠飲　永除生死渴
住住央掘魔　汝當住淨戒　我是等正覺
輸汝慧劒稅　我住涅槃際　而汝不覺知
汝央掘魔羅　我是等正覺　今當輸汝稅
無上善法水　汝今當遠飲　永除生死渴
住住央掘魔　汝當住淨戒　我是等正覺
輸汝慧劒稅　汝當捨利刀　疾来歸明智
莫隨惡師慧　非法謂為法　應當至藥味
然後深自覺　一切畏杖痛　莫不愛壽命
取已可為辟　勿煞勿教煞　如他已不異
如已他亦然　取已可為辟　勿煞勿教煞
莫作羅剎形　人血常塗身　人血塗利劒
不宜恒在手　速捨首指鬘　離是二生業
二生非法求　是則惡羅剎　羔羊於母所
猶尚知孝養　哀哉汝可愍　為惡師所誤
揮手奮利劒　而欲害所生　汝今所造業
惡逆過禽獸　煞害甚羅剎　咒暴踰脩羅
永入獘魔黨　長與人類分　咄哉惡逆者
母恩世難報　懷任十二月　將護盡胎養

既生常鞠育　長夜忍苦織　今且觀汝母
血淚盈目流　忘身愛念汝　躬自持食来
風吹鬚蓬乱　塵土坌汙身　手足巻龜坼
衆苦集朽形　久受飢渴惱　寒暑亦備經
逼切心狂乱　愁毒恒怨嗟
尒時彼母見佛世尊與央掘魔羅往
反苦論子心降伏繼身毋辟念其子
故說偈白佛
久失寶藏今還得　塵翳壞眼今明淨
哀哉我子心迷乱　常以人血自塗身
搵利刀劒恒在手　多煞人衆成屍聚
當令此子隨順我　令敬稽首等正覺
多人見罵難聽聞　汝子如是切責我
尒時世尊告央掘魔羅此樹下者是
汝之母生育之恩深重難報云何欲
害令其生天央掘魔羅非法謂法如
春時焰渴鹿迷惑汝亦如是隨惡師
教而生迷惑若諸衆生非法謂法命
終當墮無擇地獄央掘魔羅汝今疾
来歸依如来央掘魔羅莫怖莫畏如
来大慈是無畏處等視衆生如羅睺
羅救療衆疾無依作依如来安隱是
穌息處諸無親者為作親善諸貧乞

者為作寶藏失佛道者示無上道為
諸恐怖而作覆護為諸漂溺而作舟
梁汝當疾捨利劒出家學道頂礼母
足悔過自洗至誠啓請求聽出家濟
度汝母離三有苦今輸稅汝出家具
足汝今當飲甘露法水汝久遊惡道
迷乱疲倦今當休息汝是稅主我亦
稅主為守道王於一切衆生常受其
稅今得越渡生死有海尒時央掘魔
羅即捨利劒如一歲嬰兒捉火即放
振手啼泣時央掘魔羅捨鬘振手發
聲呼叫亦復如是如人熟眠虵卒齧
脚即時驚起振手遠擲央掘魔羅遠
捨指鬘亦復如是尒時央掘魔羅如
離非人所持自知慚愧血出遍身淚
流如雨辟如有人為虵所螫良醫為
呪令作虵行央掘魔羅宛轉腹行三
十九旋亦復如是然後進前頂礼佛
足而說偈言
奇哉正覺第一慈　調御人師為我来
令我得度無智海　愚癡闇冥濤波感
奇哉正覺無上悲　調御人師為我来
度脫生死曠野難　種種煩惱棘刺林

奇哉正覺第一喜　調御人師為我来
令我得度諸迷惑　邪見庯狼貪獸難
奇哉正覺第一捨　調御人師為我来
令我得度無擇獄　永離熾然無量苦
無依怙者為作依　無親厚者為作親
集衆惡業趣大苦　今為我来作歸依
尒時世尊告央掘魔羅汝今可起速往母所至誠悔過求聽出家尒時央掘魔羅從佛足起往至母所圍旋多帀五體投地至誠懺悔悲感大叫即向其母而說偈言
嗚呼慈母我大過　集諸惡業成罪積
隨惡師教行暴害　殺人一千唯少一
我於今日歸依母　亦復歸依佛世尊
我今稽首礼母足　唯願哀愍聽出家
尒時彼母說偈荅言
我今已聽汝　出家為後世　我亦求如来
出家受具足　奇哉難思議　如来無有辟
佛今度我子　普哀諸世間　如来妙色身
功德無倫疋　我今少稱歎　最勝天中天
尒時世尊以偈荅言
善哉善女人　當得無間樂　今可聽汝子
於我前出家　汝今年衰老　出家時已過

但當深信樂　以法自穌息　汝今且小待
波斯匿王至
尒時天帝釋将諸天衆綵女眷屬放身光明照舍衛國見央掘魔羅與佛相抗力屈心變摧伏歸悔發大歡喜而說偈言
奇哉十力雄　調御無與等　降伏央掘魔
常血塗身過　檀那因陁羅　阿脩羅羅刹
兇暴夜叉鬼　及餘諸惡人　那伽緊那羅
大力迦樓羅　彼聞央掘魔　恐怖皆閉目
何況人中王　見而不恐怖　彼初出生時
龍神咸振懼　一切諸刹利　鎧解刀劒落
何況人中王　見而不恐懼　如是兇惡業
如来悉調伏　佛力不思議　智慧境亦然
奇哉央掘魔　善住無涤戒　梵行甚清淨
猶如真金山　奇哉我今日　快得善法利
我今當施與　央掘魔羅衣　唯願為我受
世尊哀愍故　今施央掘魔　沙門隨法服
是大丈士王　世尊善觀察
尒時帝釋白央掘魔羅言唯願大士受此天衣以為法服時央掘魔羅謂帝釋言汝是何等蚊蚋小蟲我豈當受不信之施汝是何等貪欲之驢未

度生死衆苦長流自性裸形何能施衣當知汝是自性裸形何能施人無價之衣辟如國王有千力士未見怨時便已躃地何能與彼敵國大王千力士戰如是我受無價衣者何能降伏億煩惱魔及自性魔我當斷除無量煩惱如佛所歎十二頭陁沙門行法我應當學汝非天王無異生盲汝天帝釋不知差別何等名為兇暴惡業汝是蚊蚋安能知我是兇惡人耶嗚呼帝釋汝知央掘魔羅是兇惡人又能解知佛法正義何等沙門初始出家習無價衣耶汝都不知出家淨法嗚呼帝釋汝是如来正法外人如来長子上座迦葉有摩尼等八万寶庫及餘寶藏其數無量并餘種種無價寶衣棄之如唾出家學道行沙門法受行十二頭陁苦行何故不習無價之衣為放逸耶上座迦葉棄捨種種甘饍之食捨肉味食受持脩行不食肉法家家乞食不惡惡想始終常一苦樂無變其所乞處有種種人或言無者或罵辱者荅言安樂然後捨去

央掘魔羅經卷第一　第二十七張

心不傾動若言有者不生貪喜荅言安樂受之而去心不傾動若以大財施衆僧者於未來世衆僧受用一一寶藏無有窮盡以何等故不奉施僧而自分付餓鬼貧窮孤獨乞丐帝釋沙門法者不多積聚乃至塩油亦不受畜是沙門法奴婢田宅若賣若買諸不淨物非沙門法是在家法若施若受諸不淨物悉皆如是汝大愚癡聚如是等輩今當調伏如治稊稗害善苗者我之所然作指歸者彼等悉是壞法衆生無有一人是比丘比丘尼優婆塞優婆夷者

尒時帝釋謂央掘魔羅不害相者是則為法如來等視一切衆生如羅睺羅云何聽許調伏惡人央掘魔羅言害與不害差別之相汝云何知如幻士方便他所不知如是菩薩知幻境界汝佛法外人云何能知害與不害各有二種有聲聞不害有菩薩不害汝小蚊蚋云何能知二種不害汝之境界及菩薩境界差別之相猶如蚊翼覆於虛空辟如沙門非人所持尒

央掘魔羅經卷第一　第二十八張

時大衆應守護不帝釋荅言應當守護問言若因護死誰應得罪帝釋荅言淨除害心無得罪者央掘魔羅言如是調伏諸惡象類若令彼死守護之人無得罪者當得無量殊勝功德如是害不害相差別難知是名菩薩不害問言辟如良醫療治病人以鈎鈎舌彼若死者醫有罪不荅言無也如是調伏諸惡象類若令彼死為有罪不荅言無也當得無量殊勝功德除有害心問言辟如弟子從師受學因教而死師有罪不荅言無也除有害心問言如是德衆生明顯衆生惡象類者見之而死有遮罪不荅言無也除有害心是故帝釋汝不知善業惡業差別之相不知沙門非沙門差別之相諸惡象類壞正法者應當調伏如上座迦葉等八十大聲聞乃至億耳一切皆捨諸大寶藏出家學道於正法中少欲知足比丘何須習無價衣是等一切剃髮除慢孤遊持鉢乞食活命著壞色衣如是比丘云何

央掘魔羅經卷第一　第二十九張

放逸常為寒暑飢渴所逼足蹈塵土恒如野鹿不越小戒如犛牛愛尾守護不捨如烏伏子如折牙象無復形好彼復何須習無價衣汝正法外人慎勿復語如彼外道旃陀羅輩畢竟不入二生衆中汝亦如是是正法外旃陀羅也汝小蚊蚋默然無聲

央掘魔羅經卷第一

央掘魔羅經卷第一

校勘記

一　底本，金藏廣勝寺本。

一　三八頁中二行「宋天竺三藏」，資作「宋天竺三藏法師」；磧、普、南、徑、清作「劉宋天竺三藏法師」。以下各卷同。

一　三八頁中九行第一二字「演」，諸本無。
一　三八頁中一一行末字「滿」，麗作「清」。
一　三八頁中一七行第九字「村」，磧、普、南、徑、清作「材」。
一　三八頁中一七行末字「松」，諸本作「私」。
一　三八頁中二〇行末字「熟」，資、磧、普、南、徑、清作「淑」。
一　三八頁下七行第六字「晝」，資、磧、普、南、徑、清作「攫」。
一　三八頁下八行末字「繫」，資、磧、普、南、徑、清作「縊」。
一　三八頁下一五行第一〇字「令」，資、磧、普、南、徑、清作「時」。
一　三八頁下一五行末字「皆」，資、磧、普、南、徑、清作「咸」。
一　三八頁下一六行第一一字「異」，資、磧、普、南、徑、清作「相」。
一　三九頁上七行首字「魔」，資、磧、普、南、徑、清作「魔羅」。

一　三九頁中五行第七字「朗」，資、磧、普、南、徑、清作「淨」。
一　三九頁中九行第一〇字「華」，資、磧、普作「葉」。
一　四〇頁上一二行第九字「上」，諸本作「作」。
一　四〇頁上一六行第六字「我」，石作「住」。
一　四〇頁下六行「於法」，資、磧、普、南、徑、清作「寂静」；麗作「如法」。
一　四〇頁下六行第六字至一〇行第五字「我……稅」，石無。
一　四〇頁下一〇行「寂静」，資、磧、普、南、徑、清作「安隱」。
一　四〇頁下一四行「安隱」，資、磧、普、南、徑、清作「無憂」。
一　四〇頁下一八行「無憂」，資、磧、普、南、徑、清作「離憂」。
一　四〇頁下二一行「離憂」，資、磧、普、南、徑、清作「無塵」。
一　四一頁上三行「無塵」，資、磧、普、南、徑、清作「離塵」。

一　四一頁上七行「離塵」，資、磧、普、南、徑、清作「無羸」。
一　四一頁上一一行「無羸」，資、磧、普、南、徑、清作「無災」。
一　四一頁上一五行「無災」，資、磧、普、南、徑、清作「無惱」。
一　四一頁上一九行「無惱」，資、磧、普、南、徑、清作「無患」。
一　四一頁上末行「無患」，資、磧、普、南、徑、清作「無有」。
一　四一頁中四行「離患」，資、磧、普、南、徑、清作「無量」。
一　四一頁中八行「無有」，資、磧、普、南、徑、清作「無上」。
一　四一頁中一二行「無量」，資、磧、普、南、徑、清作「最勝」。
一　四一頁中一六行「無上」，資、磧、普、南、徑、清作「於高」。
一　四一頁中二〇行「最勝」，資、磧、普、南、徑、清作「等高」。
一　四一頁下一行「於恒」，資、磧、普、南、徑、清作「於上」。

一　四一頁下五行「等高」，資作「無上」；磧、普、南、徑、清作「無壞」。

一　四一頁下九行「於上」，資、磧、普、南、徑、清作「於恒」。

一　四二頁中三行「無定」，資、磧、普、南、徑、清作「無宅」。

一　四二頁中一一行「分別」，資、磧、普、南、徑、清作「分際」。

一　四二頁中一三行第二字「土」，資、磧、普、南、徑、清、麗作「上」。

一　四二頁中末行第八字「寂」，石作「真」。

一　四二頁下二〇行「於美」，資、磧、普、南、徑、清、麗作「美妙」。

一　四三頁下七行「伏息」，資、磧、普、南、徑、清、麗作「休息」。

一　四五頁上三行「欲滅」，資、磧、普、南、徑、清作「欲際」。

一　四五頁上一二行「藥味」，資、磧、普、南、徑、清作「樂味」。

一　四五頁上末行「懷住」，諸本作「懷妊」。

一　四五頁中二行第六字「忘」，資、磧、普、南、徑、清作「亡」。

一　四五頁中九行第一二字「今」，資、磧、普、南、徑、清作「令」。

一　四五頁下九行第二字「今」，諸本作「令」。

一　四五頁下一二行第二字「呼」，資、普作「呺」；磧、南、徑、清作「號」。

一　四五頁下末行「度脫」，諸本作「度我」。

一　四六頁上九行第一二字「圍」，石、資、磧、普、南、徑、清作「遶」。

一　四六頁上一〇行第四字「投」，石、資、磧、普、南、徑、清作「布」。

一　四六頁中五行第二字「抗」，資作「亢」。

一　四六頁中八行第五字「過」，資、磧、普、南、徑、清作「遍」。

一　四六頁中一三行第一〇字「懼」，石、資、磧、普、南、徑、清作「怖」。

一　四六頁下一行「裸形」，麗作「羸形」，下同。

一　四六頁下四行首字「時」，資、磧、普、南、徑、清作「賊」。

一　四六頁下一三行「習無」，磧、普、南、徑、清作「襲無」，下同。

一　四六頁下二一行「惡惡」，資、磧、普作「瘂瘂」。

一　四七頁上一六行「聽許調伏」，徑作「聽調伏許」。

一　四七頁上一六行第一三字「羅」，資、磧、普、南、徑、清無。

一　四七頁上一八行第一二字「知」，資、磧、普、南、徑、清、麗作「如」。

一　四七頁中一四行第七字「德」，諸本作「威德」。

一　四七頁中二二行第一〇字「慢」，資、磧、普、南、徑、清作「鬘」。

一　四七頁下二行第一〇字「犛」，石作「氂」；麗作「犛」。

央掘魔羅經卷第二　　難

宋天竺三藏求那跋陁羅譯

尒時娑婆世界主梵天王放大光明
照舍衛國一心合掌頂礼佛足供養
如來及央掘魔羅已而說偈言

奇哉我今見大戰　如二雄猛師子鬪
奇哉調御天人師　如來善調央掘魔
辟如毒虵見呪師　吹氣放毒不怖畏
師即調伏令寂靜　三界大師亦如是
調伏兇惡央掘魔　我今稽首三界醫
大神通力不思議　我今稽首自在王
大天所建甚奇特　以法建立央掘魔
所為最勝無可譬　是故名曰無譬尊
央掘魔今為勝業　住戒調伏極寂靜
身心安隱無所畏　獨如自性真金色
純淨極妙閻浮金　唯願如來哀受施
令央掘魔服天衣　當令我得大菩提
彼服此衣護梵行　究竟清淨心不動

尒時央掘魔羅謂梵王言汝是何人
多言兩舌言央掘魔羅習近惡衣久
持梵行而見毀辱汝是惡梵非梵梵
像汝蚊蚋來所言梵者梵有何義云

央掘魔羅經卷第二　第二張　莫字號

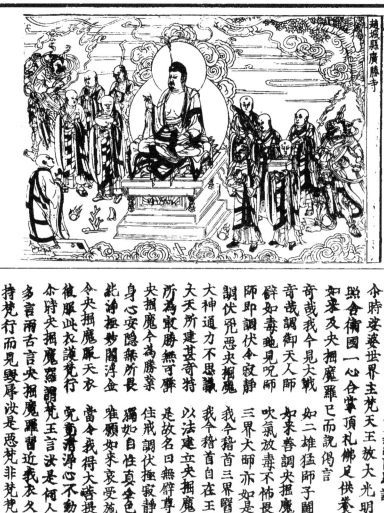

何名為世間梵業我豈服習蚊蚋之
衣而修梵行我亦不作傭作之人我
亦不能隨他所欲我亦不為負債之
人如申頭羅（中頭羅者外國懸人作飛人滅令空中来去往返至速）速
往速反汝小蚊蚋亦復如是往受梵
樂還來墮此不知菩薩受生真實功
德非法為法如汝等輩不覺生死迷
惑輪轉嗚呼梵天汝真知善惡言央
掘魔羅大作惡業汝蚊蚋惡梵為何
所知應當修學菩薩所行尒時梵王
荅央掘魔羅言汝現煞人一千少一
今猶見汝強梁不息乃至鵰鷲不敢
近汝此非強梁者何處更有真強梁
耶此非惡魔者何處更有真惡魔耶
央掘魔羅汝莫放逸所作惡業方便
除滅善哉如來真為大悲乃能度此
央掘魔羅等兇暴衆生
尒時央掘魔羅謂梵王言惡梵蚊蚋
汝將何去汝復當於何處迷轉不知
善惡衆生死墮惡道辟如有人行至
蘩林夜見樹上有螢火虫驚怖而還
語城中人言彼林被燒時有衆入㑹
往視之見是螢火知非林燒今汝惡

梵亦復如是唱言我癡而自欺誑及斯餘人汝及餘人後自當知是幻積聚辟如癡人行至蘗林見無憂樹華謂呼是火恐怖而歸還入城中告衆人言彼林被燒衆人往見知非是火汝小蚊蚋亦復如是汝及餘人後自當知善及不善亦自當知是幻積聚莫復更出此不實言汝當嘿然勿學妄語

介時護世四王來詣佛所大供養佛及央掘魔設供養已即向如来及央掘魔羅而說偈言

奇哉甚希有　世雄今大戰　問答第一義
慧光除癡冥　奇哉善調御　無上天人師
是故無量力　号名為如来　第一鉢曇摩
清淨柔軟足　塵水所不汙　是故稽首礼
我今歸依佛　一心請所願　當令央掘魔
受用我等鉢　央掘魔今好　猶如空中月
央掘魔莊嚴　淨戒光圓滿

介時央掘魔羅謂四天王言汝是何等蚊蚋小王護世護世而自貢高唱言我當施汝天鉢而見毀辱汝等且待觀我難事須臾自見執持瓦器何用是放逸鉢為而以護世高自稱舉

名護世者謂能調伏諸惡象類非護世間護真實法名為護世辟如有人聞俱耆羅聲又見其形尋復見烏而生迷惑作是說言俱耆羅俱耆羅汝等如是非法為汝守護非法如彼見烏謂俱耆羅汝應護法莫護世間蚊蚋四王且各默然

介時惡魔波旬來詣佛所供養佛已却住一面向央掘魔羅而說偈言

汝今速出家　欺誑入我城　我亦不念汝
且令出泥犁

介時央掘魔羅以偈荅曰

遠去賊狗魔　蚊蚋無畏說　及未被五繫
波旬宜速去　莫令我須臾　左脚蹴弊狗
若空無我時　自恣遊宮城　如金翅鳥王
處在須弥頂　下觀大海中　諸龍共遊戲
菩薩金翅王　遊戲泥犁上　快飲解脫水
俯觀苦衆生　賊狗魔默然　諦聽甘露法
然後還天上　隨意恣所欲

介時摩醯首羅神為如来及央掘魔羅設大供養已却住一面欣敬交至以偈歎言

我今礼尊足　欣敬說伽陁　如来妙色身
辟如優鉢羅　齒白拘牟頭　白淨千葉華
智慧無染汙　淨踰分陁利　奇哉央掘魔
殊勝甚希有　住在凡夫地　而能降伏魔
當速成正覺　普救諸世間

介時央掘魔羅以偈荅言

如是何卑趣　妄稱摩醯羅　假名為自在
非真自在王　汝今云何知　我住凡夫地
長牙毗舍遮　宜速荅所問　形色尚醜陋
猶如癩病人　而為諸世間　魔說治癩方
自病不能救　安能療他疾　今汝小蚊蚋
癡惑亦復然　不知自趣性　云何知他心
而言央掘魔　住在凡夫地　汝不應灌頂
副他自在王　無知且默然　須臾自當見

介時如来所依坐樹其樹有神見央掘魔羅心生敬信以偈歎言

疾来央掘魔　勇慧堅固士　今請服法衣
供施汝初飯　施汝及如来　當得第一果

介時央掘魔羅以偈荅言

如来未曾食　聲聞亦復然　汝今為施誰
速說決所疑

介時樹神以偈難言

如来常飯食　聲聞亦復然　堅固欲出家

不應作妄語　應當捨虛偽　諂曲非清淨
若人越一法　是故為妄語　不度於他世
無惡而不造
尒時央掘魔羅以偈荅言
如是卑下姓　今欲何所說　汝且自觀察
女人佛所毀　世間誰妄語　誰為真實說
誰世間貪食　誰世間病死　如來悉具足
大我實功德　衆生不能知　是則為妄語
不食而言食　是則為妄語　彼尚無出家
況復受具足　不知隱覆說　是則為妄語
彼尚無出家　況復受具足　我不越一法
而汝越無量　速向天中天　悔除虛妄語
尒時樹神以偈難言
汝以何因緣　說我是卑趣　未離呲舍遮
何能知男女
尒時央掘魔羅以偈難言
譬如轉輪王　珎寶莊嚴坐　臭狗鬘卧上
還至不淨處　汝以卑陋性　鬘遊方便法
還復處女身　縱心五欲樂　汝今應方便
速捨女狗身　莫取男女相　當修空寂法
修習空法已　疾得男子性
尒時尊者舍利弗大目揵連猶如鵝
王以神通力乘虛而來來至佛所頂
礼佛足却住一面見央掘魔羅心生
隨喜時大目連以偈歎言
善哉勇慧士　善修殊勝業　宜速隨佛去
出家修淨戒　與諸梵行者　乘虛至祇園
願佛時哀許　出家受具足　普令諸世間
一切共瞻仰　陵虛猶鵝王　明淨如滿月
尒時央掘魔羅以偈問曰
云何世神通　云何神通本　神力第一尊
速說斷我疑
尒時大目揵連以偈荅言
若人修淨捨　常施履屣乘　比丘持淨戒
遠離不習近　如是二因緣　疾獲神通力
尒時央掘魔羅復說偈言
嗚呼大目連　修習蚊蚋行　不能分別知
第一真實通　蚊蚋乘虛來　無知宜默然
常行自他利　願速安衆生　如是修方便
疾獲上神通　安慰說法者　或時遭苦難
捨身為救護　疾獲上神通　我今當速行
廣度諸群生　至于祇陁林　當得大神通
如是無限量　所謂摩訶衍　無量復無量
所謂諸如來
尒時央掘魔羅說此偈已即復說偈
問舍利弗言
云何舍利弗　世間大智慧　智慧從何生
速說決所疑
尒時舍利弗以偈荅言
善護持五戒　能成大智慧　命終更受身
智慧常俱生　名聞速流布　智慧不傾動
尒時央掘魔羅復說偈言
佛說常不滅　從是生大慧　佛說大智慧
從是說法生　嗚呼舍利弗　修習蚊蚋行
不能分別智　真實智慧義　陋哉蚊蚋慧
無智宜默然
尒時尊者阿難來詣佛所頂礼佛足
却住一面見央掘魔羅心生隨喜以
偈歎言
善哉央掘魔　已修殊勝業　我今發隨喜
速通九部經
尒時央掘魔羅以偈問言
如來稱歎汝　多聞衆第一　云何世多聞
多聞從何生
尒時阿難以偈荅言
誦習九部經　離慳為人說　從是獲多聞
總持不思議
尒時央掘魔羅復說偈言
歎說諸如來　畢竟常不滅　是名為世間

第一冣多聞　嗚呼阿難陁　修習致勤行
不能分別知　多聞所入聞　陋哉致勤持
無知宜默然

尒時尊者羅睺羅來詣佛所頂礼佛足却住一面見央掘魔羅心生隨喜以偈歎言

善哉央掘魔　已修勝功德　我今發隨喜
敬戒速受持

尒時央掘魔羅以偈問言

如來稱歎汝　恭敬戒第一　云何為世間
恭敬於淨戒　如是佛愛子　速說決我疑

尒時羅睺羅以偈答言

一切佛所說　專心恭敬持　是則為世間
第一恭敬戒

尒時央掘魔羅復說偈言

若說諸如來　世間第一常　是名為世間
冣上恭敬戒　嗚呼羅睺羅　修習致勤行
不能知第一　真實恭敬戒　陋哉致勤敬
無知宜默然

尒時尊者阿那律來詣佛所頂礼佛足却住一面見央掘魔羅心生隨喜以偈歎言

奇哉央掘魔　善修殊勝業　我今發隨喜
不久得天眼

尒時央掘魔羅以偈問言

如來稱歎汝　天眼冣第一　云何世天眼
天眼云何生　汝今當速說　決斷我所疑

尒時阿那律以偈答言

常好施燈明　說法開化人　由是獲天眼
洞視無障礙

尒時央掘魔羅復說偈言

如來深法藏　精勤方便說　顯示不隱覆
究竟冣勝眼　嗚呼阿那律　修習致勤行
不能知出生　天眼勝方便　陋哉致勤眼
無知宜默然

尒時尊者沙門陁娑來詣佛所頂礼佛足却住一面見央掘魔羅心生隨喜以偈歎言

奇哉央掘魔　善修殊勝業　我今發隨喜
宜應修忍辱

尒時央掘魔羅以偈問言

云何為世間　成就第一忍　云何生忍辱
速說決所疑

尒時沙門陁娑以偈答言

栴檀塗右臂　利刀斬左手　等心不傾動
能生冣上忍　是則名世間　堪忍上調伏

尒時央掘魔羅復說偈言

若說如來藏　顯示諸世間　無智惡邪見
捨我須無我　言是佛正法　聞彼說不怖
離惕捨身命　廣說如來藏　是名為世間
堪忍上調伏　嗚呼沙門陁　修習致勤行
不能知出生　冣上忍方便　致勤亦堪耐
飢渴寒熱苦　陋哉致勤行　無知宜默然

尒時尊者滿願子來詣佛所頂礼佛足却住一面見央掘魔羅心大歡喜以偈歎言

善哉修勝業　我今發隨喜　為一切衆生
安慰演說法

尒時央掘魔羅以偈問言

如來稱歎汝　說法中第一　云何說法者
云何為知義　唯願說法上　時為決所疑

尒時滿願子以偈答言

諸佛及聲聞　聖所不得法　正覺善通達
廣為衆生說

此說有何義　謂過去一切諸佛於一切法中極方便求不得衆生界及我人壽命現在未來一切諸佛及三世一切聲聞緣覺於一切法中極方便求亦悉不得我亦如是為衆生說離

衆生界我人壽命說無我法說空法如是說法

尒時央掘魔羅謂滿願子言嗚呼滿願修敎納行不知說法哀哉敎納無知默然不知如來隱覆之說謂法無我墮愚癡燈如蛾投火諸佛如來所不得者謂過去一切諸佛世尊於一切衆生所方便求如來藏不可得現在一切諸佛世尊於一切衆生所極方便求無我性不可得未來一切諸佛世尊於一切衆生所極方便求無自性不可得三世一切聲聞緣覺於一切衆生所極方便求無如來藏亦不可得此是如是如來得之正義

復次諸佛如來所不得者謂過去一切諸佛世尊於一切法極方便求世間之我如拇指粳米麻麦芥子青黄赤白方圓長短如是等比種種相貌或言在心或臍上下或言頭目及諸身分或言遍身猶如津液如是無量種種妄想如世俗修我亦言常住安樂稱息如是比我一切諸佛及聲聞緣覺悉皆不得正覺彼法為衆生說此是如來偈之正義非如汝向妄想所說

復次諸佛如來所不得者謂過去一切諸佛世尊極方便求如來之藏作不可得如來性是無作於一切衆生中無量相好清淨莊嚴現在一切諸佛世尊極方便求如來之藏作不可得如來性是無作於一切衆生中無量相好清淨莊嚴未來一切諸佛世尊極方便求如來之藏作不可得無作是如來性於一切衆生中無量相好清淨莊嚴三世一切聲聞緣學有如來藏而眼無見應說因緣如羅睺羅敬重戒故極視淨水見虫不了為是虫為非虫為是微塵耶久久諦觀漸見細虫十地菩薩亦復如是於自身中觀察自性起如是如是無量諸性種種異見如來之藏如是難入安慰說者亦復甚難謂於惡世極熾然時不惜身命而為衆生說如來藏是故我說諸菩薩摩訶薩人中之雄即是如來如阿那律天眼第一真實明見空中鳥跡與肉眼者俱共遊行彼肉眼者所不能見信阿那律知有鳥跡肉眼愚夫聲聞緣覺信解經說有如來藏云何能見佛境界性聲聞緣覺尚由他信云何生盲凡夫而能自知不從他受

我聞先佛稱說此地於劫初時有四種味彼時衆生食四味者于今食土以久習故今猶不捨曾於過去諸如來所修如來藏者亦復如是久修習故今猶信樂長夜修習報如來恩又於未來說法者所謂如來藏聞已信樂如彼食土非餘衆生彼信樂者是如來子報如來恩辟如鷄鳥從久遠來無有慚愧不報恩養以宿習故今猶不捨彼諸衆生亦復如是過去世時無有慚愧已無慚愧今無慚愧當無慚愧聞如來藏不生信樂已不信樂今不信樂當不信樂辟如猨猴形極醜陋常多驚怖其心躁動如水涌波以宿習故今猶不息彼諸衆生亦復如是去來現在心常輕躁聞如來藏不生信樂如鵄鵂鳥晝盲夜見好闇德明彼諸衆生亦復如是好邪德

正不樂見佛及如来藏去来現在不
生信樂如彼鵄鵂好闇偭明如人長
夜修習邪見染諸外道不正之説以
循習故今猶不捨彼諸衆生亦復如
是久習無我隱覆之教如彼凡愚染
諸邪説去来現在不解密教聞如来
藏不生信樂非餘衆生若人過去曾
值諸佛供養奉事聞如来藏於彈指
頃蹔得聽受緣是善業諸根純熟所
生殊勝富貴自在是諸衆生今猶純
熟所生殊勝富貴自在由彼往昔曾
值諸佛蹔得聽聞如来藏故於未来
世聞如来藏當復信樂如説修行諸
根純熟富貴自在色力具足智慧明
達梵音清淨莫不愛樂或作轉輪聖
王或為王子或為大臣賢德具足離
諸憍恣降伏睡眠精勤修學無諸放
逸及餘功德悉皆成就或為釋梵護
世四王斯由曾聞如来之藏功德所
致身常安隱無病無惱壽命延長人
所愛敬具足聽聞如来常住大般涅
槃甘露之法堅固安隱久住世間隨
順世間而共娛樂知諸如来不從欲

生廣為世間開示演説以此智慧功
德利益在所生處子孫衆多父母長
壽常受人天一切快樂族姓殊勝悉
皆具足斯由聞知一切衆生悉有如
来常住藏故未来現在天上人中
一切快樂常得具足由聞如来常住
藏故若彼衆生去来現在於五趣中
支節不具轉輪生死受一切苦斯由
輕慢如来藏故若諸衆生歷事諸佛
親近供養乃能得聞如来之藏信樂
聽受不起誹謗若能如實安慰説者
當知是人即是如来若諸衆生多皆
諸佛者聞如来藏則生誹謗彼諸衆
生自燒種子嗚呼苦哉苦哉不信之
人於三世中甚可哀愍諸説法者應
如是説稱揚如来常住真實若説法
者不如是説是則棄捨如来之藏是
人不應處師子座如栴陁羅不應服
乘大王御爲一切諸佛極方便求如
是之藏生不可得不生是佛性於一
切衆生所無量相好清淨莊嚴一切
諸佛極方便求自性不實不可得真
實性是佛性於一切衆生所無量相

好清淨莊嚴一切諸佛極方便求自
性無常不可得常性是佛性於一切
衆生所無量相好清淨莊嚴一切諸
佛極方便求如来之藏無恒不可得
恒性是佛性於一切衆生所無量相
好清淨莊嚴一切諸佛極方便求如
来之藏變易不可得不變易性是佛
性於一切衆生所無量相好清淨莊
嚴一切諸佛極方便求如来之藏
不寂靜不可得寂靜性是佛性於一
切衆生所無量相好清淨莊嚴一切
諸佛極方便求如来之藏壞不可
得不壞性是佛性於一切衆生所無
量相好清淨莊嚴一切諸佛極方
便求如来之藏破不可得不破性是
佛性於一切衆生所無量相好清
淨莊嚴一切諸佛極方便求如来之
藏病不可得無病性是佛性於一切
衆生所無量相好清淨莊嚴一切諸
佛極方便求如来之藏老死不可得
不老死性是佛性於一切衆生所無
量相好清淨莊嚴一切諸佛極方便
求如来之藏垢不可得無垢性是佛

性於一切衆生所無量相好清淨莊嚴如油雜水不可得如是無量煩惱覆如来性佛性雜煩惱者無有是處而是佛性煩惱中住如穀中燈穀破則現穀者謂煩惱燈者謂如来藏說如来藏者或所如来或是菩薩或是聲聞能演說者隨其所堪或有煩惱或無煩惱滿願當知我說是人即是正學能破受者億煩惱穀然後則能自見其性猶如掌中見阿摩勒果辟如日月密雲所覆光明不現雲翳既除光明顯照如来之藏亦復如是煩惱所覆性不明顯出離煩惱大明普照佛性明淨猶如日月哀哉滿願脩致納行不知說法宜嘿疾去

尒時孫陁羅難陁来詣佛所稽首佛足却住一面見央掘魔羅心生隨喜以偈嘆言

善哉央掘魔　已修殊勝業　宜應方便求
如来妙色身

尒時央掘魔羅以偈問言

世尊稱嘆汝　端政最第一　云何為世間
端政最殊特　何因得端政　時說決所疑

尒時孫陁羅難陁以偈答言

叉手合十指　頂禮佛舍利　常供養病人
從是致端政

尒時央掘魔羅復說偈言

佛身無筋骨　云何有舍利　如来離舍利
勝方便法身　如来不思議　未信令信樂
故以巧方便　亦現有舍利　方便留舍利
是則諸佛法　世間從本来　供養梵自在
天子及天女　種種諸形像　以彼非歸依
建立舍利塔　若有諸衆生　解知是方便
因此方便智　獲致端政色　非如汝先說
妄想端政因　嗚呼孫陁羅　不知妙色門
致納色具足　無知宜默然

尒時尊者優波離来詣佛所稽首佛足却住一面見央掘魔羅心生隨喜以偈歎言

奇哉央掘魔　已修殊勝業　我今發隨喜
汝當修淨律

尒時央掘摩羅以偈問言

如来稱歎汝　持律中第一　云何善持律
速說決所疑

尒時優波離以偈答言

一切惡莫作　諸善恭奉行　方便修淨心
是則善持律

尒時央掘魔羅復說偈言

壞法毀禁戒　非律惡比丘　應當奪六物
一切資生具　逼迫加罰黙　方便令調伏
梵行所應用　斯非破戒物　辟如大國王
所寶護身刀　若在屠膾舍　法應強奪取
帝王所珎器　不應屬惡人　如是梵行者
所應受畜物　不屬壞法人　是故還攝取
是則名世間　第一善持律　不犯突吉羅
亦非非威儀　如是持律者　具足如来教
如来視一切　猶如羅睺羅　嗚呼優波離
修習致納行　不解善持律　無知宜默然

尒時文殊師利法王子来詣佛所稽首佛足却住一面見央掘魔羅心生隨喜以偈歎言

善哉央掘魔　已修殊勝業　今當修大空
諸法無所有

尒時央掘魔羅以偈問言

文殊法王子　汝見空第一　云何為世間
善見空寂法　空空有何義　時說決所疑

尒時文殊師利以偈答言

諸佛如虛空　虛空無有相　諸佛如虛空
虛空無生相　諸佛如虛空　虛空無色相

法猶如虛空　如来妙法身　智慧如虛空
如来大智身　如来無㝵智　不執不可觸
解脫如虛空　虛空無有相　解脫則如来
空寂無所有　汝央掘魔羅　云何能了知
尒時央掘魔羅復說偈言
譬如有愚夫　見雹生妄想　謂是琉璃珠
取已執持歸　置之瓶器中　守護如真寶
不久悉融消　空想默然住　於餘真琉璃
亦復作空想　文殊亦如是　修習極空寂
常作空思惟　破壞一切法　解脫實不空
而作極空想　猶如見雹消　濫壞餘真寶
汝今亦如是　濫起極空想　見於空法已
不空亦謂空　有異法是空　有異法不空
一切諸煩惱　譬如彼雨雹　一切不善壞
猶如雹融消　如真琉璃寶　謂如来常住
如真琉璃寶　謂是佛解脫　虛空色是佛
非色是二乘　解脫色是佛　非色是二乘
云何極空相　而言真解脫　文殊宜諦思
莫不分別想　譬如空聚落　川竭瓶無水
非無彼諸器　中虛故名空　如来真解脫
不空亦如是　出離一切過　故說解脫空
如来實不空　離一切煩惱　及諸天人陰
是故說名空　嗚呼蚊納行　不知真空義

央掘魔羅經卷第二　第二十一張　肆

外道亦修空　尼乾宜默然
尒時文殊師利以偈問言
汝央掘魔羅　以何因緣故　恐追聲聞衆
輕蔑諸佛子　縱意肆兇暴　嘯譀如猛虎
誰是蚊納行　出是惡音聲
尒時央掘魔羅以偈荅曰
譬如貧怯士　遊行曠野中　卒聞猛虎氣
恐怖急馳走　聲聞緣覺人　不知摩訶衍
趣聞菩薩香　恐怖亦如是　譬如師子王
處在山巖中　遊步縱鳴吼　餘獸悉恐怖
如是人中雄　菩薩師子吼　一切聲聞衆
及諸緣覺獸　長夜習無我　迷於隱覆教
設我野干鳴　一切莫能報　況復能聽聞
無等師子吼
尒時文殊師利以偈問言
汝是小蚊納　興造諸惡行　如汝是菩薩
何處更有魔　嗚呼世間人　不能自覺知
不自省已過　但見他人惡　汝央掘魔羅
為作數許罪
尒時央掘魔羅以偈荅言
嗚呼今世人　二人壞正法　謂說唯極空
或復說有我　如是二種人　傾覆佛正法
嗚呼汝文殊　不知惡非惡　不知菩薩行

央掘魔羅經卷第二　第二十二張　肆

蚊納師子異　奇哉我能知　無畏諸菩薩
文殊今諦聽　佛歎菩薩行　譬如善幻師
造作諸幻蕃　斷截食衆生　以示諸大衆
諸佛及菩薩　所作皆如幻　亦現變自身
若生若涅槃　或於疾疫劫　施食令服食
或見作火劫　大地悉洞然　衆生有常想
示令知無常　或於刀兵劫　示現加師㧞
殘賊斷衆命　其數不可量　而實無惱害
猶如幻所作　一切三千界　令入芥子中
而無一衆生　惱逼不安隱　四海須弥山
同入一毛孔　一切無惱逼　現已還本處
或以一足指　震動十方界　而不惱衆生
是則諸佛法　或為梵釋王　護世四天王
無量衆像類　安慰諸群生　王子若大臣
聚落商人主　長者及居士　和合安衆生
或為諸天人　轉化衆邪見　現生一切生
故名為本生　譬如造幻師　見煞幻衆生
曾不起悲歎　嗚呼是大惡　以彼工幻師
解是幻性故　我今亦如是　現教化衆生
為調諸毀害　而實無所傷　如彼佛世尊
化現刀兵劫　我今亦如是　善修菩薩行
嗚呼汝文殊　修習蚊蚋行　而不志龍象
世雄大智慧

央掘魔羅經卷第二　第二十三張　[illegible]

尒時世尊以一切智一切見向文殊師
利以偈歎言
如央掘魔說　菩薩行如是　當知彼非凡
為度衆生故　彼則大菩薩　雄猛如汝等
善哉汝文殊　當知彼功德
佛說是已以偈歎言
善哉巧方便　殊勝人中雄　安慰衆生故
現大精進力　我今當演說　欲成阿羅漢
如是諸功德　善業及精進　令一切衆生
究竟永安樂
尒時舍利弗白佛言世尊唯願哀愍
一切衆生為我演說將欲疾成阿羅
漢者以何功德何業何精進饒益安
樂一切衆生尒時世尊以偈荅言
父母和合時　子來入母胎　父母心歡喜
得隨順功德　異精進光澤　世間極豐壤
王得極快樂　母致殊勝夢　子生家巨富
怨敵悉慈心　七歲入學堂　師徒無違諍
僕使皆歡喜　各勤修家業　至年滿二十
六畜悉無諍　相視如父母　香乳皆盈滿
大哉賢明子　無貪瞋嫉慢　諂曲及虛偽
過言如惱害　小兒不威儀　衆惡不善業
慈孝供二親　諸尊及師保　若見諸耆長
合掌致恭敬　懷納諸中年　幼則同遊戲
施敬善周急　子受諸苦人　誠恧知慚愧
常慕修正法　不習戲幻術　常樂見諸佛
務誦諸經律　善學諸明處　遠酒離博弈
恭敬諸最勝　眠食知止足　不樂諸不淨
天人所愛念　一切悉欣敬　如是大功德
無量不可辭　是將成正覺　功德業精進
舍利弗當知　是央掘魔羅　有如是像類
當疾成正覺　云何如是人　當復有諸惡
彼更有無量　奇特諸功德　雄傑如文殊
超絕非常類　視一切衆生　猶如一子想
當知央掘魔　菩薩摩訶薩　誓願諸未來
世間是我有　常欲發勝願　普濟諸世間
而作不善行　則無有是處
尒時世尊復說偈言
現作日月天　梵王衆生主　地水火風空
如是無量德　菩薩人中雄　以此度衆生
尒時大目揵連以偈歎言
奇哉央掘魔　如是大功德　暫見佛世尊
超度一切有
尒時央掘魔羅以偈荅言
云何大目連　頗有諸衆生　不見佛世尊
能知正法耶
尒時大目揵連以偈荅言
如佛世尊說　病人有三種　云何名為三
邪正定不定　云何為邪定　謂佛不能化
云何為正定　謂大迦葉等　如來未出世
依佛入實法
尒時央掘魔羅復說偈言
汝莫作是說　上座大迦葉　如來未出世
能入真實法　所以然者何　如來常住世
若人依正法　佛常住其舍　譬如雨河流
無雨亦水流　智者巧方便　應當善觀察
無雨河水流　終無有是處　當知上有雨
是故流不絕　如是大目連　世間出世間
一切諸勝法　斯皆從佛流　是故大迦葉依佛得出家
尒時大目連以偈問言
若有諸如來　常住於世間　我及餘衆生
何故此不見
尒時央掘魔羅以偈荅言
但令迦葉知　猶如餘處雨　是故世無佛
衆生不自度　而覩諸如來　然後得解脫
譬如有士夫　入於闇室樿　日月光來照
而彼不覩見　如是大目連　莫言世無佛
一切諸如來　常住於世間　濟度諸群生
出家受具足　是故唯邪正　無有不定聚

尒時大目連以偈問言
世間有五戒 佛出世亦然
尒時央掘魔羅以偈荅言
乃至世間有 隨順戒威儀 世間出世間
當知皆佛說
尒時大目連以偈問言
云何世間病 分別說三種 或有醫治差
或不得醫差 或復有病人 雖得醫不差
是故諸病人 分別有三種
尒時央掘魔羅以偈荅言
是義則不然 不應說三種 可治不可治
唯二無有三 若作三分別 亦是聲聞乘
若諸聲聞乘 佛說蚊蚋乘 以彼無知故
分別有三種 所言邪定者 謂彼一闡提
正定謂如來 菩薩及二乘 目連應當知
二種甚希有 所謂佛世尊 及與一闡提
如來最上處 於上更無餘 第一極卑鄙
所謂一闡提 譬如大菩薩 滿十波羅蜜
闡提亦如是 具足十惡行 菩薩捨身施
頭目血髓腦 積骨踰須弥 過是不可數
闡提亦如是 具足惡行施 生於餓鬼趣
貪欲極熾然 念念貪欲心 衆多女人應
亦生衆多子 長夜不得樂 飢渴苦所逼

還自食其子 復有餘餓鬼 變作婆羅門
宿世惡業緣 來從索子食 即施恣所欲
或復自食身 如是一闡提 惡行得滿足
是故佛世尊 無上處希有 極下處希有
所謂一闡提 邪定是闡提 正定是如來
住地諸菩薩 及聲聞緣覺
尒時世尊向央掘魔羅而說偈言
汝來央掘魔 出家受三歸 尒時央掘魔
羅以偈荅言 此乘是大乘 說名无㝵智
一乘一歸依 佛第一義依
佛法是一義 如來妙法身 僧者說如來
如來即是僧 法及比丘僧 二是方便依
如來非方便 是第一義依 是故我今日
歸依於如來 於諸歸依中 如來真實依
如欲食果菓 應當取真實 捨真食虛偽
自他無利益 如是愚癡人 千醫莫能救
如是捨一依 修習方便依 是則群癡衆
千佛不能救
尒時世尊告央掘魔羅汝當受持童真淨戒（童真是沙門別名梵本云式叉式叉摩言學亦隨順無違）
尒時央掘魔以偈問言
云何為童真 云何具足戒 云何真沙門
云何為福田
尒時世尊默然而住

央掘魔羅復說偈言
若不知一依 是第一義依 不能知二依
方便所建立 當知如是人 是世間童真
未受具足戒 云何是沙門 不知一歸依
云何淨歸依 若不知如來 是第一義依
不清淨歸依 云何為沙門 不知真實依
云何為福田 於是二歸依 真實及方便
不善知差別 是則世童真
尒時世尊告央掘魔羅汝當受持不煞生戒央掘羅以偈荅言
我今定不能 受持不煞戒 我當常受持
斷絕衆生命 所言衆生者 無量諸煩惱
若能常害彼 是名持煞戒
尒時世尊復告之言汝當受持不妄語戒
央掘魔羅以偈荅言
我今定不能 受持不妄語 常於一切法
受持妄說句 受持虛妄說 是則說佛法
所言為妄者 一切諸法空 復有虛妄法
聲聞及緣覺 菩薩之所行 隨順世間事
復有虛妄法 我出於世間 受持具足戒
得成阿羅漢 我受諸飲食 建立他施事
或往來經行 九道流諸漏 我受 用麤

揚枝及服藥 飢渴或睡眠 剪抓剃鬚髮
身中種種患 隨病服諸藥 我當般涅槃
如新盡火滅 如是等一切 諸餘虛偽法
乃至我方便 周行於世間 常於尒所時
不淨此妄語 今說實及諦 目連宜善聽
若實若諦者 所謂如來藏 第一義常身
佛不思議身 第一不變易 恒身亦復然
第一義淨身 妙法身真實 如是不思議
彼身云何現 是故為法王 則是諸佛教
離一切虛偽 是故說名佛 辟如牧牛人
犢子若死時 取皮覆餘犢 悅母令歡喜
如來亦如是 隨順世間行 若於體人中
示現作體像 而為彼說法 如彼牧牛者
衆生作是念 如來同世間 如是牧牛等
無量諸像類 種種巧方便 引導諸群生
若彼牧牛人 示餘真犢子 彼乳則不下
是故設方便 如來亦如是 若現自性身
一切諸世間 其誰堪任見 故以巧方便
示現隨世間 普令得解脫 是則諸佛法
是故我從今 常行虛偽事 乃至煞衆生
一切虛妄除 不受離虛妄 則我戒清淨

尒時世尊告央掘魔羅 汝今當受不飲酒戒 央掘魔羅以偈荅言

我今亦不能 受持不飲酒 常受飲酒戒
長夜恒縱逸 由是大叫呼 宛轉遍五道
一向極快樂 是則名為酒 從彼大乘生
無上佛藏酒 是酒我今飲 自足勸衆生
常住不變易 歡喜歎善哉 八聲大宣唱
酣醉無終極

尒時世尊告央掘魔羅 汝今當受不婬淨戒 央掘魔羅以偈荅言

我今亦不能 受持不婬戒 我當常受持
貪著他所愛 恒遊婬女舍 與彼相娛樂
三昧樂為妻 真諦法為子 慈悲心為女
以空為舍宅 無量波羅蜜 以為高廣牀
侍衛諸煩惱 隱覆說為食 捴持為園苑
七覺花莊嚴 法語為林樹 解脫智為菓
是等名世間 第一勝娛樂 慧者自性法
非是愚境界

尒時世尊告央掘魔羅 汝今當受離不與取戒

央掘魔羅以偈荅言

我今亦不能 受持不盜戒 常受不與取
刼盜他財物 不與者菩薩 無有授與者
不與而自取 故我不與取 佛坐菩提樹
不得亦不失 此是自性法 最勝無有上

尒時佛告央掘魔羅 汝今當受不歌儛戒

央掘魔羅以偈荅言

我常習儛樂 歌乾闥婆偈 宣示如來藏
嗟歎稱善哉 於彼諸佛所 聞如來常住
恒以妙音誦 大乘修多羅 猶如緊郁羅
乾闥婆伎樂 無量衆妙音 供養諸經卷
若彼諸衆生 常興是供養 諸佛悉受記
未來同一号

央掘魔羅經卷第二

央掘魔羅經卷第二

校勘記

一　底本，金藏廣勝寺本。五六頁下至次頁中，原版漫漶，以麗藏本换。

一　五〇頁中一五行第八字「獨」，諸本作「猶」。

一　五〇頁下二行第一〇字「傭」，諸本作「傭」。

一　五〇頁下四行夾註「懸人」，諸本作「幻人」。

一　五一頁上二行首字「斯」，資、磧、普、南、徑、清、麗作「欺」。

一　五一頁中一行第二字「是」，諸本作「如是」。

一　五一頁中一行末字「舉」，南、徑、清作「譽」。

一　五一頁中六行第七字「汝」，諸本作「法」。

一　五一頁中一六行第一〇字「城」，麗作「殿」。

一　五一頁下二行第一一字「白」，諸本作「目」。

一　五一頁下七行首字「如」，資、磧、普、南、徑、清、麗作「汝」。

一　五一頁下七行第三字「何」，磧、普、南、徑、清作「阿」。

一　五一頁下一〇行第一一字「魔」，諸本作「廣」。

一　五一頁下一四行第二字「他」，石作「地」。

一　五二頁上二行第七字「故」，石、資、磧、普、南、徑、清作「則」；麗作「即」。

一　五二頁上五行第五字「姓」，資、磧、普、南、徑、清作「性」。

一　五二頁上一二行末字「語」，資、磧、普、南、徑、清作「過」。

一　五二頁上一六行第九字「難」，資、磧、普、南、徑、清、麗作「答」。

一　五二頁中一五行「虛來」，資作「空去」；磧、普、南、徑、清作「空來」。

一　五二頁中二〇行末字「量」，石、麗作「邊」。

一　五二頁下七行「佛說」，資、磧、普、南、徑、清作「說佛」。

一　五二頁下九行第五字「智」，資、磧、普、南、徑、清、麗作「知」。

一　五二頁下一五行第二字「通」，磧、普、南、徑、清作「誦」。

一　五三頁上二行第一〇字「聞」，資、磧、普、南、徑、清作「門」。

一　五三頁上一八行末字「敬」，徑作「行」。

一　五三頁下三行第三字「須」，資、磧、普、南、徑、清作「修」。

一　五三頁下七行第一〇字「行」，諸本作「忍」。

一　五三頁下八行第九字「詣」，徑作「諸」。

一　五四頁上八行「方便」，諸本作「極方便」。

一　五四頁上八行「如来」，資、磧、普、南、徑、清、麗作「無如来」。

一　五四頁上一四行「如是如来得」，資、磧、普、南、徑、清、麗作「如

来偈」。

一 五四頁上二〇行第一〇字「液」，資、磧、普、南、徑、清作「膩」。

一 五四頁中一二行「緣學」，諸本作「緣覺」。

一 五四頁中一三行「無見」，資、磧、普、南、徑、清、麗作「不見」。

一 五四頁中一四行第二字「敬」，徑無。

一 五四頁下二行第一一字「解」，資、磧、普、南、徑、清、麗作「佛」。

一 五四頁下一一行第八字「謂」，資、磧、普、南、徑、清、麗作「聞」。

一 五四頁下一三行第一〇字「鵄」，資、磧、普、南、徑、清作「梟」。

一 五五頁中五行第六字「未」，資、磧、普、南、徑、清作「去」。

一 五五頁中八行「轉輪」，資、磧、普、南、徑、清、麗作「輪轉」。

一 五五頁中二〇行首字「是」，資、磧、普、南、徑、清、麗作「来」。

一 五六頁上六行第六字「所」，資、磧、普、南、徑、清、麗作「是」。

一 五六頁上九行「正學」，諸本作「正覺」。

一 五六頁上一六行末字「佛」，資、磧、普、南、徑、清作「禮」。

一 五六頁中一二行末字「門」，資、普、南、徑、清作「相」。

一 五七頁上七行末字「寶」，資、普作「實」；南、徑、清作「珠」。

一 五七頁上一三行第六字「有」，資作「真」。

一 五七頁上一八行第三字「極」，資、磧、普、南、徑、清作「於」。

一 五七頁上二二行第五字「空」，資作「然」。

一 五七頁中四行第一二字「識」，資、磧、普、南、徑、清作「闕」。

一 五七頁中二一行第五字「人」，資、磧、普、南、徑、清作「間」。

一 五七頁下一行第一二字「畏」，資、磧、普、南、徑、清作「異」。

一 五七頁下五行「施食」，石、麗作「施身」；資、磧、普、南、徑、清作「捨身」。

一 五七頁下六行第二字「見」，石、資、磧、南、清作「現」。

一 五七頁下七行末字「挔」，諸本作「旅」。

一 五七頁下一〇行第二字「無」，徑作「爲」。

一 五七頁下一三行第一〇字「王」，諸本作「主」。

一 五七頁下一六行第五字「人」，資、磧、普、南、徑、清作「神」。

一 五七頁下一九行「見教」，麗作「現殺」。

一 五八頁上二〇行末字「滿」，資、磧、普、南、徑、清、麗作「溢」。

一 五八頁上二一行第八字「瞋」，石、資、磧、普、南、徑、清作「恚」。

一 五八頁上二二行第三字「如」，諸本作「加」。

一 五八頁中二行第五字「急」，石、資、磧、普、南、徑、清作「給」。

一　五八頁中二行第七字「受」，諸本作「愛」。

一　五八頁中五行第六字「眠」，磧、普、南、徑、清作「服」。

一　五八頁中一二行第一二字「願」，資、磧、普、南、徑、清、麗作「度」。

一　五八頁中一二行末字「來」，諸本作「度」。

一　五八頁中一三行「常欲」，資、磧、普、南、徑、清作「若常」，麗作「若欲」。

一　五八頁下一行第五字「揵」，資、磧、普、南、徑、清無。

一　五八頁下一〇行第三字「亦」，磧、普、南、徑、清作「無」。

一　五八頁下一三行第一〇字「流」，南、徑、清作「說」。

一　五九頁上末行末字「逼」，資、磧、普、南、徑、清作「迫」。

一　五九頁中二〇行夾註右「沙門」，資、磧、普、南、徑、清作「沙彌」。「式叉式叉」，徑、清作「式叉」。左第七字「亦」，資、磧、普、南、麗作「亦言」；徑、清作「亦云」。

一　五九頁中二一行第五字「魔」，資、磧、普、南、徑、清、麗作「魔羅」。

一　五九頁下一〇行第六字「羅」，資、磧、普、南、徑、清、麗作「魔羅」。

一　五九頁下一八行第一三字「說」，資、磧、普、南、徑、清、麗作「諸」。

一　六〇頁上一行第四字「服」，資作「眼」。

一　六〇頁上九行「爲法王」，麗作「偽法生」。

一　六〇頁上一四行「如是牧牛等」，麗作「如彼牧牛者」。

一　六〇頁上二〇行第一三字「煞」，資、磧、普、南、徑、清作「極」。

一　六〇頁上二一行第五字「除」，資、磧、普、南、徑、清、麗作「際」。

一　六〇頁上二二行第一一字「今」，資、磧、普、南、徑、清無。

一　六〇頁中一二行首字「以」，資、磧、普、南、徑、清作「法」。

一　六〇頁中二一行「菩薩」，諸本作「菩提」。

一　六〇頁下八行第一四字「受」，資、磧、普、南、徑、清作「授」。

央掘魔羅經卷第三　難

宋天竺三藏求那跋陀羅譯

尒時佛告央掘魔羅云何為一學央
掘魔羅以偈荅言（學梵本云式叉式叉譯言隨順無違亦云學即今所謂戒也）
一切衆生命　皆由飲食住　是則聲聞乘
斯非摩訶衍　所謂摩訶衍　離食常堅固
云何名為一　謂一切衆生　皆以如來藏
畢竟恒安住　云何名為二　所謂名與色
是則聲聞乘　斯非摩訶衍　名及色異種
聲聞緣覺乘　解脱唯有名　不説有妙色
一切諸如來　解脱有妙色　猶如於掌中
觀察菴羅果　云何名為三　所謂三種受
是則聲聞乘　斯非摩訶衍　如來第一常
聞無常生受　若聞法僧滅　是二俱受生
是名摩訶衍　所説三受義
云何名為四　所謂四聖諦　是則聲聞乘
斯非摩訶衍　一切諸如來　第一畢竟常
是則大乘諦　非苦是真諦　一切諸如來
第一畢竟恒　是則大乘諦　非集是真諦
一切諸如來　第一不變易　是則大乘諦
非滅是真諦　一切諸如來　第一畢竟靜
是則大乘諦　非道是真諦　是大乘四諦
非苦事是諦　若苦事是諦　四趣應有諦
謂地獄畜生　餓鬼阿脩羅　云何名為五
所謂彼五根　是則聲聞乘　斯非摩訶衍
所謂彼眼根　於諸如來常　決定分別見
具足無減損　所謂彼耳根　於諸如來常
決定分明聞　具足無減損　所謂彼鼻根
於諸如來常　決定分明齅　具足無減損
所謂彼舌根　於諸如來常　決定分明嘗
具足無減損　所謂彼身根　於諸如來常
決定分明觸　具足無減損　云何名為六
所謂六入處　是則聲聞乘　斯非摩訶衍
所謂眼入處　於諸如來常　明見來入門
具足無減損　所謂耳入處　於諸如來常
明聞來入門　具足無減損　所謂鼻入處
於諸如來常　明齅來入門　具足無減損
所謂舌入處　於諸如來常　明嘗來入門
具足無減損　所謂身入處　於諸如來常
明觸來入門　具足無減損　所謂意入處
明説如來藏　不起違逆心　淨信來入門
云何名為七　所謂七覺分　是則聲聞乘
斯非摩訶衍　大乘七覺分　猶如優曇鉢
於如來常住　七覺妙花開　云何名為八
所謂八聖道　是則聲聞乘　斯非摩訶衍

大乘八聖道　聞説如來常　經耳因緣力
終到涅槃城　如來常及恒　第一不變易
清淨極寂靜　正覺妙法身　甚深如來藏
畢竟無衰老　是則摩訶衍　具足八聖道
云何名為九　所謂九部經　是則聲聞乘
斯非摩訶衍　摩訶衍一乘　如來無礙智
云何名為十　所謂十種力　是則聲聞乘
斯非摩訶衍　大乘無量力　故佛不思議
方便隱覆説　無量脩多羅　云何為一道
一乘及一歸　一諦與一依　一界亦一生
一色謂如來　是故説一乘　唯一究竟乘
餘悉是方便
尒時世尊歎言善哉善哉央掘魔羅
汝來比丘即成沙門威儀具足如舊
比丘尒時央掘魔羅稽首佛足白佛
言世尊我今已來尋聲即得阿羅漢
果佛又告言汝來祇陁林廣度衆生也
尒時世尊猶如鴈王與央掘魔羅舍
利弗大目連文殊師利等大衆翼從
如盛滿月衆星圍繞從無憂樹下上
昇虚空去地七多羅樹至舍衛城四
十牛鳴尒時央掘魔羅母與諸天龍
夜叉乹闥婆緊那羅摩睺羅伽與大

供養到祇陁林尒時世尊猶如鴈王
入祇陁林給孤獨園外師子座三千
大千世界地平如掌生柔軟草妙安
樂國
尒時一切諸方諸大菩薩悉皆欲来
見央掘魔羅諸佛即遣而告之曰汝
等應去今釋迦牟尼佛興大法戰降
大師子度無量衆今於祇樹給孤獨
園當為大衆說無上法汝等佛子應
往聽受并復瞻覩央掘魔羅彼諸菩
薩從諸方来者皆雨蓮華大如車輪
此諸衆生聞蓮華香悉離煩惱尒時
天龍夜叉乾闥婆阿脩羅緊𨐮羅摩
睺羅伽及諸天女設天供養雨種種
寶一心同聲而說偈言
我今稽首礼　四八大人相　無量諸功德
如淨蓮花數　眉間白毫相　明淨踰月光
我今稽首礼　牟尼上妙色　勝慈安慰德
如淨蓮花數　眉間白毫相　明淨踰月光
我今稽首礼　第一常住身　寂勝牟尼主
無上天人尊　安慰衆生上　如淨蓮花數
眉間白毫相　明淨踰月光　我今稽首礼
第一恒功德　寂勝牟尼主　無上天人尊

央掘魔羅經卷第三　第四張

安慰衆生上　如淨蓮花數　眉間白毫相
明淨踰月光　我今稽首礼　不變易功德
寂勝牟尼主　無上天人尊　安慰衆生上
如淨蓮花數　眉間白毫相　明淨踰月光
我今稽首礼　寂靜殊勝德　寂勝牟尼主
無上天人尊　安慰衆生上　如淨蓮花數
眉間白毫相　明淨踰月光　南無央掘魔
忍辱脩淨戒　及諸無量德　是故稽首礼
南無央掘魔　執持一乘道　大乘慈功德
是故稽首礼　南無央掘魔　持無量身口
持無量秘密　是故稽首礼　南無央掘魔
持無量慧光　說無量隱覆　是故稽首礼
南無央掘魔　執持無量幻　降伏無量魔
是故稽首礼　南無央掘魔　持無量涅槃
順世無量生　是故稽首礼
尒時央掘魔羅白佛言世尊世尊說言
我住無生際此說有何義云何世尊住
無生際住解脫地而復住此誰能信
者願說因緣佛告央掘魔羅汝今當
與文殊師利俱至北方過一恒河沙
剎有國名無量樂佛名無量慧功德
積聚地自在王如来應供等正覺在
世教化汝等俱往問彼佛言釋迦牟

央掘魔羅經卷第三　第五張

尼如来云何住無生際而復住於娑
婆世界尒時文殊師利央掘魔羅俱
白佛言唯然受教猶如鴈王乘神通
力往詣北方無量樂國至無量慧功
德積聚地自在王如来所頂礼佛足
白言世尊我等二人為釋迦牟尼世
尊所使從娑婆世界来詣此土啓問
世尊云何釋迦牟尼如来住無生際
住解脫地不般涅槃而住於彼
尒時彼佛告二人言善男子釋迦牟
尼如来即是我身汝等還去語彼佛
言無量慧佛遣我等還去彼如来當
為汝說尒時文殊師利等猶如鴈王
從彼而来頂礼佛足合掌恭敬白言
世尊奇哉如来無量如来無量身如
来無量德我等二人今見如来奇特功
德彼無量慧自在王如来作是說言
我即彼佛當為汝說唯願世尊哀愍數
演云何住無生際而復住此佛告文
殊師利等言我云何住無量樂世界
為無量慧功德積聚地自在王佛而復
住此莫作是說住無生際云何住彼
而復住此如来身無邊所為亦無邊如

央掘魔羅經卷第三　第六張

来不可稱所為亦不可稱如来身無量所為亦無量央掘魔羅去何而生不生之身以如是義諮問如来如来今當為汝解說尒時央掘魔羅白佛言善哉世尊唯願為說哀愍安樂一切衆生佛告央掘魔羅我於無量百千億劫具足修行十波羅蜜攝取衆生無量衆生未發菩提心者開化令發我於無量阿僧祇劫具足修行無量波羅蜜諸善根故生不生身

尒時央掘魔羅復白佛言世尊去何如来身住實際而復生耶佛告央掘魔羅汝與文殊師利俱至北方過二恒河沙刹有國名不實電光鬘佛名毗樓遮那如来應供等正覺在世教化汝與文殊師利俱往問言釋迦牟尼佛去何住於實際而住娑婆世界尒時二人受教即行猶如鴈王陵虛而去往詣不實電光鬘刹毗樓遮那佛所稽首礼足具以上事諮問彼佛廣說如上文殊師利央掘魔羅復白佛言世尊唯願為說去何如来住於實際

佛告文殊師利等言我於無量百千億劫具足修行十波羅蜜攝取衆生建立令住未曾有樂我從彼無量百千億劫阿僧祇波羅蜜生實際身

尒時央掘魔羅復白佛言世尊去何如来住無為際佛告央掘魔羅汝與文殊師利俱至北方過三恒河沙刹有國名意取佛名無量意如来應供等正覺在世教化汝往問言去何釋迦牟尼佛住無為際如上廣說北方去此過四恒河沙刹有國名衆色莊嚴佛名寂勝降伏餘如上說北方去此過五恒河沙刹有國名深塵佛名深上餘如上說北方去此過六恒河沙刹有國名風佛名如風餘如上說北方去此過七恒河沙刹有國名金剛意佛名金剛上餘如上說北方去此過八恒河沙刹有國名離垢光佛名離垢上餘如上說北方去此過九恒河沙刹有國名月主佛名月上餘如上說北方去此過十恒河沙刹有國名日初出佛名日初出餘如上說東方去此過一恒河沙刹有國名善

味佛名善味上餘如上說東方去此過二恒河沙刹有國名睺頭耆婆佛名睺頭耆婆光餘如上說東方去此過三恒河沙刹有國名鬘熏佛名鬘香餘如上說東方去此過四恒河沙刹有國名多摩羅鉢多羅佛名多摩羅鉢多羅清涼香餘如上說東方去此過五恒河沙刹有國名月主佛名月藏餘如上說東方去此過六恒河沙刹有國名沉香主佛名沉香上餘如上說東方去此過七恒河沙刹有國名末香熏佛名末香餘如上說東方去此過八恒河沙刹有國名明照佛名光明餘如上說東方去此過九恒河沙刹有國名海主佛名海德餘如上說東方去此過十恒河沙刹有國名龍主佛名龍藏餘如上說南方去此過一恒河沙刹有國名朱沙佛名朱沙光餘如上說南方去此過二恒河沙刹有國名大雲佛名大雲藏餘如上說南方去此過三恒河沙刹有國名電鬘佛名電得餘如上說南方去此過四恒河沙刹有國名金剛

慧佛名金剛藏餘如上説南方去此
過五恒河沙剎有國名輪轉佛名持
輪轉餘如上説南方去此過六恒河
沙剎有國名寶地佛名寶地持餘如
上説南方去此過七恒河沙剎有國
名虚空慧佛名虚空等餘如上説南
方去此過八恒河沙剎有國名調伏
佛名調伏上餘如上説南方去此過
九恒河沙剎有國名勝鬘佛名勝藏
餘如上説南方去此過十恒河沙剎
有國名師子慧佛名師子藏餘如上説
西方去此過一恒河沙剎有國名恬
佛名恬味餘如上説西方去此過二
恒河沙剎有國名恒鬘佛名恒德餘
如上説西方去此過三恒河沙剎有
國名普賢佛名普賢慧餘如上説西
方去此過四恒河沙剎有國名華鬘
佛名華鬘上餘如上説西方去此過
五恒河沙剎有國名無邊佛名無邊
華鬘餘如上説西方去此過六恒河
沙剎有國名賢主佛名賢藏餘如上
説西方去此過七恒河沙剎有國名
眼佛名眼王餘如上説西方去此過

八恒河沙剎有國名幢主佛名幢藏
餘如上説西方去此過九恒河沙剎
有國名鼓音佛名鼓自在餘如上説
西方去此過十恒河沙剎有國名樂
見佛名樂見上餘如上説西北方去
此過一恒河沙剎有國名歡喜進佛
名歡喜進餘如上説西北方去此過
二恒河沙剎有國名嚴飾佛名嚴飾
藏餘如上説西北方去此過三恒河
沙剎有國名因慧佛名因慧藏餘如
上説西北方去此過四恒河沙剎有
國名行意樂佛名行意樂上餘如上
説西北方去此過五恒河沙剎有國
名衆生聚佛名衆生上餘如上説西
北方去此過六恒河沙剎有國名聦
明佛名明上餘如上説西北方去此
過七恒河沙剎有國名意樂佛名意
樂聲餘如上説西北方去此過八恒
河沙剎有國名無量佛名無量壽餘
如上説西北方去此過九恒河沙剎
有國名住佛名安住上餘如上説西
北方去此過十恒河沙剎有國名水
佛名水味上餘如上説東北方去此

過一恒河沙剎有國名寶主佛名寶
幢餘如上説東北方去此過二恒河
沙剎有國名摩尼施佛名摩尼清涼
藏餘如上説東北方去此過三恒河
沙剎有國名寶慧佛名寶慧上餘如
上説東北方去此過四恒河沙剎有
國名金色佛名金色光音餘如上説
東北方去此過五恒河沙剎有國名
網佛名網光餘如上説東北方去此
過六恒河沙剎有國名金主佛名閻
浮檀上餘如上説東北方去此過七
恒河沙剎有國名網佛名網光餘如
上説東北方去此過八恒河沙剎有
國名淨水佛名水王餘如上説東北
方去此過九恒河沙剎有國名玉洲
佛名玉藏餘如上説東北方去此過
十恒河沙剎有國名寶洲佛名寶地
餘如上説東南方去此過一恒河沙
剎有國名金剛積佛名金剛慧餘如
上説東南方去此過二恒河沙剎有
國名一切覺佛名一切覺慧幢餘如
上説東南方去此過三恒河沙剎有
國名恚檀主佛名恚檀義勝餘如上

說東南方去此過四恒河沙刹有國名無垢佛名無垢琉璃餘如上說東南方去此過五恒河沙刹有國名不鄉味佛名不鄉聚餘如上說東南方去此過六恒河沙刹有國名香味佛名香嚴餘如上說東南方去此過七恒河沙刹有國名香主佛名香藏餘如上說東南方去此過八恒河沙刹有國名直行佛名直勝餘如上說東南方去此過九恒河沙刹有國名無價佛名無價上餘如上說東南方去此過十恒河沙刹有國名無邊周羅佛名無邊王餘如上說西南方去此過一恒河沙刹有國名無量光佛名無量壽餘如上說西南方去此過二恒河沙刹有國名無量眼佛名無量自在餘如上說西南方去此過三恒河沙刹有國名火炎佛名火炎光餘如上說西南方去此過四恒河沙刹有國名壞闇佛名壞闇王餘如上說西南方去此過五恒河沙刹有國名調伏主佛名調伏藏餘如上說西南方去此過六恒河沙刹有國名無生佛名

央掘魔羅經卷第三　第十三張　讓

無生自在餘如上說西南方去此過七恒河沙刹有國名香主佛名香烏遊戲餘如上說西南方去此過八恒河沙刹有國名香蓮佛名香蓮王餘如上說西南方去此過九恒河沙刹有國名樂讚佛名龍樂餘如上說西南方去此過十恒河沙刹有國名勝驍佛名勝調伏上餘如上說上方去此過一恒河沙刹有國名忍見佛名一切世間樂見高顯王神力嚴淨大誓莊嚴地自在王一切光明積聚門餘如上說上方去此過二恒河沙刹有國名分陁利佛名妙法分陁利餘如上說上方去此過三恒河沙刹有國名木笑華佛名笑華王餘如上說上方去此過四恒河沙刹有國名無憂佛名離一切憂餘如上說上方去此過五恒河沙刹有國名青蓮華佛名寶華勝餘如上說上方去此過六恒河沙刹有國名波頭摩主佛名波頭摩藏餘如上說上方去此過七恒河沙刹有國名鳩牟陁佛名鳩牟陁藏餘如上說上方去此過八恒河沙

央掘魔羅經卷第三　第十四張　讓

刹有國名竹佛名竹香餘如上說上方去此過九恒河沙刹有國名拘迦尼佛名一切勝王餘如上說上方去此過十恒河沙刹有國名功德河佛名一切世間河王自在餘如上說下方去此過一恒河沙刹有國名師子積聚佛名師子遊戲餘如上說下方去此過二恒河沙刹有國名師子窟佛名師子吼餘如上說下方去此過三恒河沙刹有國名忍作佛名忍作華餘如上說下方去此過四恒河沙刹有國名勝佛名一切生勝餘如上說下方去此過五恒河沙刹有國名無㝵積聚佛號大乘遊戲王餘如上說下方去此過六恒河沙刹有國名頻陁佛名頻陁山頂餘如上說下方去此過七恒河沙刹有國名尊重難見佛名一切恭敬王餘如上說下方去此過八恒河沙刹有國名持慧佛名持慧王餘如上說下方去此過九恒河沙刹有國名地慧佛名地慧王餘如上說下方去此十恒河沙刹有國名常歡喜王佛名斷一切疑在

央掘魔羅經卷第三　第十五張　讓

世教化汝等當往問彼佛言去何釋迦牟尼佛住廣説莊嚴際而住娑婆世界不般涅槃汝央掘魔羅與文殊師利俱往詣彼問如是義彼决一切疑如来當為汝說以能决斷一切疑故名斷一切疑佛

尒時文殊師利与央掘魔羅俱白佛言世尊善哉善哉唯然受教頂礼佛足猶如鴈王淩虚而去至常歡喜王刹礼斷一切疑如来足却坐一面白彼佛言我等從娑婆世界釋迦牟尼佛所普詣十方各十世界諸如来所問如是義去何釋迦牟尼佛住娑婆世界不般涅槃解脫之際彼諸如来悉荅我言釋迦牟尼佛即我等身彼佛自當决汝所疑釋迦牟尼佛復遣我来至世尊所言斷一切疑如来當為汝說是故我今諮問所疑去何釋迦牟尼佛住娑婆世界而不般涅槃彼佛荅言汝等還去彼佛自當决斷汝等一切所疑如是無量釋迦牟尼如来所使尒時二人俱發聲言善哉善哉唯然受教礼彼佛足奉辞而

還至釋迦牟尼佛所稽首作礼如是歎言奇哉世尊釋迦牟尼如来持無量阿僧祇身悉告我言汝等還去釋迦牟尼佛當决汝疑彼佛世尊即是我身尒時世尊告文殊等言彼諸如来告汝等言我即是彼如来身耶文殊等言如是世尊一切如来皆作是說尒時世尊告文殊等言彼諸如来世界去何文殊等言彼諸世界無諸沙礫平如澄水柔軟樂觸猶如綿纊如安樂國無諸五濁亦無女人聲聞緣覺唯有一乘無有餘乘佛告文殊等言若善男子善女人稱彼一切諸佛名号若讀若書若聞乃至戲笑言說或順他人或欲自顯若有一切恐怖事至悉皆消滅一切諸天龍夜叉乾闥婆阿脩羅迦樓羅緊那羅摩睺羅伽等不能惱乱聞則擁護問四趣門我說未發心者得菩提因況清淨心若讀若誦若書若聞央掘魔羅如来復有奇特大威德力方廣揔持大脩多羅說八十億佛皆是一佛即是我身如是廣說如是無量佛刹如是無

量如来如是如来色身無量無邊如来成就如是無量功德去何當有若無常若疾病如来常住無邊之身我今當復廣說有根本有因有緣一切佛一切因悉皆不樂生此世界以此衆生不可治故以是義故我於此世界治不可治衆生數數捨身故生不生身次應實際身無作身我於無量阿僧祇劫為護法故捨恒河沙身一一身若傷若打若壞故生此不壞無為之身我於無量阿僧祇劫衆多住處精進捨身恒河沙數一一身住無量劫精進苦行故生不老身我於無量阿僧祇劫生疾疫劫為作良藥一一身趣恒河沙劫故生無病身我於無量阿僧祇劫恒河沙生為斷無量衆生飢餓之病施大乘味故生不死身我於無量阿僧祇劫恒河沙生除無量衆生煩惱垢汙為諸難事示如来藏故生無染汙身我於無量阿僧祇劫恒河沙生為除無量餓鬼飢渴之病以一乘味令其飽滿故生無漏身我於無量阿僧祇劫恒河沙生於一切衆生等心愛念如父

如母如子如兄如弟故生無罪身我於無量阿僧祇劫恒河沙生無量衆生諸天及人不實語者安立大乘諦故生諦常身我於無量阿僧祇劫恒河沙生無量衆生諸天及人諸非法衆安立出世間法故生此法身我於無量阿僧祇劫恒河沙生無量衆生諸天及人隨邪見者安立正見故生此第一寂靜之身

我於無量阿僧祇劫恒河沙生無量衆生諸天及人有恐怖者安立無畏故生安隱身我於無量阿僧祇劫恒河沙生無量衆生諸天及人多憂惱者安立無憂惱法故生此無憂離憂之身我於無量阿僧祇劫恒河沙生一切天人樂他婬者安立大尸羅威儀故生此無塵離塵之身我於無量阿僧祇劫恒河沙生無量衆生惡像類者攝令清淨安立正法故生此無羸離羸法身我於無量阿僧祇劫恒河沙生無量衆生諸天及人諸貧窮者施財法二藏安立菩提故生無災法身我於無量阿僧祇劫恒河沙生無量衆生諸天及人隨愛欲者安立離

欲故生此無量無惱之身我於無量阿僧祇劫恒河沙生拂除無量衆生諸天及人一切煩惱如除虵毒故生此無患離患法身我於無量阿僧祇劫恒河沙生與無量衆生諸天及人結法親屬世間親厚無過法親故生無作法明顯妙身我於無量阿僧祇劫恒河沙生為無量衆生諸天及人如法演說清淨如來藏法故生此無所有身我於無量阿僧祇劫恒河沙生安立一切諸天世人令住如來希有秘密故生希有身我於無量阿僧祇劫恒河沙生以佛成就無量衆生諸天及人故生無量無邊尊勝之身我於無量阿僧祇劫恒河沙生為度無量衆生於處處雜姓亦現受生故生此高身我於無量阿僧祇劫恒河沙生令無量衆生度一切有安立菩提故生無上身我於無量阿僧祇劫恒河沙生現隨世間支節不具令無量衆生安立菩提故生無上法身我於無量阿僧祇劫恒河沙生不隱恒性如來之藏為一切衆生安慰說故生此恒身我於無量阿僧祇劫恒河

沙生護持淨戒見天女魔女及世間女不起染心故生不危脆身我於無量阿僧祇劫恒河沙生一切世間尊長女人所不起染心故生不崩墜身我於無量阿僧祇劫恒河沙生為無量衆生諸天及人除諸病患故生此無邊無比之身我於無量阿僧祇劫恒河沙生令無量衆生乃至畜生安立深法故生深遠身我於無量阿僧祇劫恒河沙生為一切天人說如來藏如虛空鳥跡令佛性顯現故生不可見身我於無量阿僧祇劫恒河沙生轉無量衆生諸天及人執無我見亦以難見如來藏故生一切衆生難見之身我於無量阿僧祇劫恒河沙生令一切天人不害衆生安立正法故生微細身我於無量阿僧祇劫恒河沙生令一切天人生法樂故生圓滿身我於無量阿僧祇劫恒河沙生普亦天人如來之藏如今所見文殊師利故生不難見身我於無量阿僧祇劫恒河沙生解一切衆生縛安立解脫故生極難見身我於無量阿僧

祇劫恒河沙生天人惡趣一切諸有普於中住悉令安立真實解脫故生無分身我於無量阿僧祇劫恒河沙生令一切天人淨持五戒故生無筋骨身我於無量阿僧祇劫恒河沙生善發大願度一切衆生故生一切處解脫之身我於無量阿僧祇劫恒河沙生拔一切衆生諸惡見箭安立真實法故生此寂靜不變易身我於無量阿僧祇劫恒河沙生等視一切衆生如羅睺羅亦令他等故生寂止身我於無量阿僧祇劫恒河沙生自修知足令他知足故生上止身我於無量阿僧祇劫恒河沙生為諸聲聞說離食知足故生斷一切求波羅蜜身我於無量阿僧祇劫恒河沙生捨離一切魚肉美食亦教衆生令捨離故生美妙身我於無量阿僧祇劫恒河沙生令無量衆生諸天及人吐一切煩惱故生離虛偽身我於無量阿僧祇劫恒河沙生無量衆生惡像類者壞其住處驅出人衆猶如火雹故生破宅身我於無量阿僧祇劫恒河沙

生無量衆生迷惑四倒飲以法味故生離憍梵身我於無量阿僧祇劫恒河沙生無量衆生如來之藏寂靜恒道離乱過惡極令正真故生寂靜捨身我於無量阿僧祇劫恒河沙生無量衆生無我佛語者建立有我如指指月故生捨離身我於無量阿僧祇劫恒河沙生無量般涅槃般涅槃而不般涅槃般涅槃故生如法法身我於無量阿僧祇劫恒河沙生盡無量衆生際極方便求如來藏垢不可得故生此界身一切衆生悉有此界我於無量阿僧祇劫恒河沙生演說大乘無㝵智無我我所真實門故生無入處身我於無量阿僧祇劫恒河沙生成就無量衆生令畏煩惱故生善出世間上上之身我於無量阿僧祇劫恒河沙生為一切衆生而作歸趣無依作依無親作親故生如万流趣大海身我於無量阿僧祇劫恒河沙生以無畏心說如來藏經故生安住身我於無量阿僧祇劫恒河沙生捨上宮殿轉輪王位無量使樂入山

學道故生宮殿身安樂不動我於無量阿僧祇劫恒河沙生離憍緩衆如避栴陁羅於淨戒者乃至不同水器故生不悔身我於無量阿僧祇劫恒河沙生輕無量衆生煩惱重擔故生休息身照然明顯我於無量阿僧祇劫恒河沙生毀呰在家如處牢獄故生一切衆生所求之身我於無量阿僧祇劫恒河沙生令無量衆生斷貪恚癡故生無病無畏無我所身我於無量阿僧祇劫恒河沙生令無量衆生諸天及人毀呰女人婬樂煩惱猶如毒虵故生此滅身我於無量阿僧祇劫恒河沙生於燈光如來所修菩薩行聞自受記隨順於如不謗經故生舍宅身我於無量阿僧祇劫恒河沙生聞如來藏一切衆生斷諸煩惱便得成佛因其信樂覆護衆生故生覆護身我為菩薩時無量阿僧祇劫恒河沙生作忍辱仙人行四無量故生一切衆生依怙之身我於無量阿僧祇劫恒河沙生常為無量諸天世人演說大乘一乘無上乘無㝵之

智極大照明一切衆生所趣向乘彼聞說已以是大乘破阿僧祇惡故生趣向身我於無量阿僧祇刧恒河沙生讚嘆界安隱界一切衆生第一界無垢如來藏無合會故生無合會身我於無量阿僧祇刧恒河沙生令無量衆生諸天及人入白淨解脫天舍宅故生虛曠無限容受勝身我於無量阿僧祇刧恒河沙生無量衆生若男若女作父母兄弟姊妹想故生一切處無上父身我於無量阿僧祇刧恒河沙生於飢饉刧以無量身施彼食故生一切處離飢渴病身我於無量阿僧祇刧恒河沙生為無量衆生毀呰一闡提惡令生怖畏故生此捨離一切有身我於無量阿僧祇刧恒河沙生亦現無量方便身法身勝藥樹身不增不善因故生一切無行寂止之身我於無量阿僧祇刧恒河沙生度無量衆生令滅煩惱亦其自性如於掌中現菴羅果故生斷道身我於無量阿僧祇刧恒河沙生為無量衆生毀呰一切有如四毒虵如空瓶

央掘魔羅經卷第三　第二十五張

故生離津溜筋脉之身我於無量阿僧祇刧恒河沙生為無量衆生滅一切有無量煩惱離欲滅盡涅槃故生涅槃不動快樂之身央掘魔羅我於無量阿僧祇刧一切無際處住而復住此央掘魔羅涅槃即是解脫解脫即是如來

央掘魔羅經卷第三

壬寅歲高麗國大藏都監奉
勑雕造

央掘魔羅經卷第三　第二十六張　雅

央掘魔羅經卷第三

校勘記

一　底本，麗藏本。

一　六四頁上四行夾註「學……也」，南、徑、清無。

一　六四頁上一〇行第一四字「妙」，諸本作「形」。

一　六四頁上一二行第二字「察」，諸本作「視」。

一　六四頁上一三行第二字「則」，石作「謂」。

一　六四頁中四行第一四字「別」，諸本作「明」。

一　六四頁中五行「滅損」，資、磧、普、南、徑、清作「滅修」，下同。

一　六四頁下一〇行末字「生」，磧、普、南、徑、清作「至」。

一　六五頁上一四行第九字「天」，磧、普、南、徑、清作「大」。

一　六五頁下七行第一三字「啟」，資、磧、普、南、徑、清作「令」。

一　六五頁下九行末字「彼」，資、磧、普、南、徑、清作「生」。

一　六六頁上一〇行末字「身」後，資、磧、普、南、徑、清有夾註「應次無作身」。

一　六六頁上一八行第一三字「陵」，清作「時」。

一　六六頁中八行第九字「量」，諸本

作「盡」。

一　六六頁中一三行第一一字「深」，諸本作「滦」。

一　六六頁中末行第一二字「有」，資、磧、普、南、徑、清無。

一　六六頁下七行第五字「凉」，磧、普、南、徑、清作「淨」。

一　六六頁下八行第一〇字「月」，石作「多月」。

一　六六頁下一三行「明照」，諸本作「照明」。

一　六六頁下一四行「光明」，資、磧、普、南、徑、清作「明光」。

一　六七頁中六行第一三字「進」，磧、普、南、徑、清無。

一　六七頁下一五行第一三字「玉」，石作「王」。

一　六八頁上六行第三字「嚴」，石、資、磧、普、南、徑、清作「巖」。

一　六八頁上二〇行第九字「王」，石無。

一　六八頁下三行首字「尼」，資、磧、普、南、徑、清作「尸」。

一　六八頁下三行第七字「王」，石作「主」。

一　六八頁下一四行第七字「号」，諸本作「名」。

一　六八頁下二二行第一〇字「十」，諸本作「過十」。

一　六九頁上一〇行第一一字「坐」，磧、普、南、徑、清作「住」。

一　六九頁中二行第一三字「持」，南、徑作「奇特」。

一　六九頁中五行「文殊」，石作「文殊師利」。

一　六九頁中七行第一一字「来」，磧、普、南、徑作「是」。

一　六九頁中一〇行第一三字「綿」，資、磧、普、南、徑、清作「緍」。

一　六九頁中二一行第一〇字「方」，資、磧、普、南、徑、清無。

一　六九頁下一四行「生無」，磧、普作「無量」。

一　六九頁下一六行第八字「餓」，石、磧、普、南、徑、清作「餒」；資作「餧」。

一　七〇頁上二〇行第二字「離」，諸本作「無」。本頁中四行第四字同。

一　七〇頁中一行第六字「量」，資、磧、普、南、徑、清作「惱」。

一　七一頁上一三行第一〇字「止」，石作「上」。

一　七一頁上一七行第八字「教」，清作「數」。

一　七一頁上二二行第一一字「火」，諸本作「大」。

一　七一頁中四行第九字「真」，資、磧、普、南、徑、清作「直」。

一　七一頁下四行第六字「我」，徑作「殺」。

一　七二頁上七行第一三字「天」，資作「無」。

一　七二頁上二〇行首字「生」，磧、普、南、徑作「法」。

央掘魔羅經卷第四

宋天竺三藏求那跋陀羅譯

佘時央掘魔羅白佛言世尊奇哉如来哀愍一切衆生為第一難事佛告央掘魔羅非是如來為第一難事更有第一難事謂於未来正法住世餘八十年安慰說此摩訶衍經常恒不變如来之藏是為甚難若有衆生持諸同類是亦甚難若有衆生聞說如来常恒不變如来之藏隨順如實是亦甚難央掘魔羅白佛言世尊何如為難佛告央掘魔羅辟如大地荷四重擔何等為四一者大水二者大山三者草木四者衆生如是大地荷此四擔央掘魔羅白佛言如是世尊佛告央掘魔羅非是大地荷四重擔所以者何餘復更有荷重擔者央掘魔羅白佛言誰耶世尊佛告央掘魔羅正法住世餘八十年菩薩摩訶薩為一切衆生演說如来常恒不變如来之藏當荷四擔何等為四謂兇惡像類常欲加害而不顧存亡棄捨身命要說如来常恒不變如来之藏是名初擔重於一切衆山積聚兇惡像類非優婆塞以一闡提而毀罵之闡提能忍是第二擔重於一切大水積聚無緣得為國王大臣大力勇將及其眷屬說如来藏唯為下劣形残貧乞堪忍演說是第三擔重於一切衆生大聚窮守邊地多惱之處衣食湯藥衆具麁弊一切苦觸無一可樂男悲邪謗女人少信城郭丘聚豊樂之處不得止住是第四擔重於一切草木積聚若能荷此四重擔者是名能荷大擔菩薩摩訶薩若菩薩摩訶薩於正法欲滅餘八十年棄捨身命演說如来常恒不變如来之藏是為甚難若能維持彼諸衆生是亦甚難彼諸衆生聞說如来常恒不變如来之藏能起信樂是亦甚難

復次央掘魔羅非是如来為第一難事今當更說復有難事辟如士夫其壽無量過無量百千億歲以一毛端渧大海水復過是數以一毛渧乃至將竭餘如牛跡為甚難不央掘魔羅

言甚難世尊不可稱說佛告央掘魔羅此不為難更有甚難央掘魔羅言誰耶世尊佛告央掘魔羅正法住世餘八十年若有菩薩摩訶薩棄捨身命演說如來常恒不變如來之藏是為甚難

復次央掘魔羅非是如來為第一難事更有難事央掘魔羅譬如士夫擔須弥山王及大地大海經百億歲此為大力第一難不央掘魔羅白佛言如是如來境界非彼聲聞緣覺所及佛告央掘魔羅彼非大力非為甚難若以大海一塵為百千億分百千億劫持一塵去乃至枯竭餘如牛跡復能擔負須弥山王大地河海百千億劫而彼不能於正法住世餘八十年時演說如來常恒不變如來之藏唯有菩薩人中之雄能說如來常恒不變如來之藏護持正法我說此人第一甚難

復次央掘魔羅譬如士夫能以水滅三千大千世界熾然盛火如是士夫為甚難不央掘魔羅白佛言世尊滅

一天下火尚為極難況復三千大千世界是為甚難佛言如是央掘魔羅未來世中持戒衆減犯戒衆增正法住世餘八十年菩薩摩訶薩棄捨身命奴婢牛羊非法財物種種清淨宣說正法演說如來常恒不變如來之藏此何士夫央掘魔羅白佛言唯佛能知非聲聞緣覺尒時護持世間淨法猶尚為難何況出世間上上如來常恒不變如來之藏如彼士夫能以水滅三千大千世界熾然盛火極為甚難若於未來正法住世餘八十年菩薩摩訶薩棄捨身命演說如來常恒不變如來之藏當知彼人即是如來佛告央掘魔羅善哉善哉善男子我亦如是說一切如來說彼士夫所為難事不得邊際復次善男子譬如百川入于大海別流不現如是士夫所得智慧一切士夫來入其中悉皆不現

復次善男子譬如大海不受死屍如是士夫無諸戲行家愛家病雜亂非法謗如來藏者不與同止如是士夫

極為甚難維持彼衆及聽法者是亦甚難

央掘魔羅白佛言世尊菩薩摩訶薩成就幾相名非新學佛告央掘魔羅言善男子菩薩摩訶薩成就八相非為新學何等為八一者知法二者知恩量持三者供養父母四者知師恩五者猒諸惡見六者離一切相輕慢不調伏不善不淨之物七者不思欲乃至夢中亦不起想八者敬重於戒如是菩薩摩訶薩成就八相非為新學

復次菩薩摩訶薩成就八相非為新學何等為八一者說摩訶衍二者分明演說如來之藏而不猒捨三者不貪財物四者慈悲喜捨五者視一切衆生猶如一子六者近善知識七者離惡知識八者世利知足菩薩成就如是八相非為新學復次菩薩成就八相非為新學何等為八一者安慰知量美說二者不嫉戲三者煩惱微薄忍四者聞一切經忍五者降伏睡眠六者不懶墮七者精勤不放逸

八者常樂求戒菩薩成就如是八相非為新學復次菩薩成就八相非為新學何等為八一者真實二者解淨樂習淨事三者光澤四者端政五者遠離女人六者遠離親族七者闘惡恐怖彼彼惱乱身毛皆竪八者慈念衆生菩薩成就如是八相非為新學復次菩薩成就八相非為新學何等為八一者善知佛說魔說差別二者恭敬知經者三者知律非律差別不隱覆四者善知如來隱覆之說五者知如來秘密六者善知隨順世間事七者善知如來常恒不變八者善知菩薩惡非惡事善知時方自能菩薩成就如是八相非為新學成就如是四十相身念法是菩薩非為新學若無四十功德若半減半當知善男子善女人不住摩訶衍亦不入諸菩薩數是故菩薩行則為甚難彼何等勝功德謂無欲相乃至夢中亦不起心當知是人有一切覺支殊勝功德

尒時文殊師利語央掘魔羅言如來藏者有何義若一切衆生悉有如來藏者一切衆生皆當作佛一切衆生皆當煞盜邪婬妄語飲酒等不善業跡何以故一切衆生悉有佛性當一時得度若有佛性者當作逆罪及一闡提若有我者我界當度一切有是故世間無有我無有界一切法無我是諸佛教佛告文殊師利一切衆生有如來藏為無量煩惱覆如瓶中燈復次文殊師利辟如有一調伏子迦葉如來為受記言却後七年當為轉輪聖王正法治化我亦却後七日當般涅槃時調伏子聞受記已歡喜踊躍作是念言一切智記我當得轉輪聖王我今不疑即白毋言與我魚宍乳酪麻豆種種美食我當有力彼并食雜皮食故不能自活非時而死云何文殊師利彼佛為妄語耶為非一切智耶為彼實無轉輪聖王善根果報耶文殊師利白佛言世尊彼本惡業故致此死佛告文殊師利勿作是說彼非時死耳非本惡業報也文殊師利彼佛不知先惡業報而記之耶無先惡業今自作過以致失命耳如是文殊師利若男子女人作是念言我身中有如來之藏自當得度我當作惡若如是作惡者為佛性得度耶不得度耶如上所說彼調伏子實有王性而不得度所以者何以多放逸故佛性不度亦復如是以彼衆生多放逸故一切衆生為無佛性耶實有佛性如轉輪王報為佛妄語耶衆生妄語作諸放逸以聞法放逸故自過惡故不得成佛文殊師利白佛言世尊一切衆生無本業耶佛告文殊師利彼有本業但少聞此經無量阿僧祇罪皆悉除滅所以者何如來無量阿僧祇劫發大誓言一切衆生未度令度未脫令脫以此誓願善根如來慧日光明所照無量阿僧祇罪皆悉除滅復次文殊師利辟如一切雲霧覆過日未出時皆悉障蔽一切世間日光少出一切世間闇障悉滅如是阿僧祇大罪積聚乃至此經日未出時一切衆生輪迴生死此經日出阿僧祇惡大闇積聚一彈指頃於如來常恒不變如來之藏若戲笑說若隨順

他此及道外若波羅夷無間惡業阿僧祇罪須臾悉滅所以者何若聞釋迦牟尼如来名号雖未發心已是菩薩所以者何以如来勝願一切世間是我有故諸未度者當令得度化以正法卷令覺悟是故文殊師利聞如来名者皆為菩薩非但自能速除煩惱亦復當得我所得身文殊師利如我說偈

我已稱說道　憂悲毒剌拔　汝等應當作
如来之所說

我說道者說何等道道有二種謂聲聞道及菩薩道彼聲聞道者謂八聖道菩薩道者謂一切衆生皆有如来藏我次第斷諸煩惱得佛性不動快樂甚可愛樂若不斷者恒輪轉生死我已稱說道憂悲毒剌拔憂悲者謂煩惱義拔剌者謂如来我斷除無量煩惱為大醫王汝等當從我受我當示汝如来之藏汝等應當作者隱覆說義如来之所說者此生欺誑汝欺誑汝佛出世間如優曇鉢華得信猶如恒沙金粟亦如盲龜值浮木孔

如是遇如来應供等正覺如是藏經不以生死壽界欺誑汝等自度一切有及一切煩惱病是故言如来之所說

精勤諸菩薩　折伏諸惡心　修福遲緩者
意樂著諸惡

此偈我為聲聞說又如来藏者極為難得世間無有如是難得辟類如来之藏當疾觀察如是如是意樂著諸惡者比丘自性淨心心習惡知識過五垢為首衆多煩惱前後圍繞去何五垢為本諸煩惱圍遶所謂貪欲瞋恚睡眠掉疑此五垢壞心欲淨除五垢本及諸煩惱者當勤方便自性清淨心力當勤方便及未諦修多羅未成一闡提當勤方便修習自度以是義故說彼心無量客塵煩惱應當疾疾拔其根本

意法前行　意勝意生　意法淨信
若說若作　快樂自追　如影隨形

我為聲聞乘說此得意者謂如来藏義若自性清淨意是如来藏勝一切法一切法是如来藏所作及淨信意法斷一切煩惱故見我界故若自淨

信有如来藏然後若說若作得成佛時若說若作度一切世間如人見影見如来藏亦復如是是故說如影隨形

意法前行　意勝意生　意法為惡
若說若作　衆苦自追　如輪隨跡

（謂一轅兩輪二牛牽之故輪隨跡）

此偈說煩惱義意法惡者為無量煩惱所覆造作諸惡故名為惡不自性心如来藏入無量煩惱義如是躁濁不息故若說若作一切衆苦常隨不絕如輪隨跡者諸惡積聚生死輪迴轉一切衆生於三惡趣中如輪隨跡足故說於福遲緩者心樂於惡法復次文殊師利如知乳有酥故方便攢求而不攢水以無酥故如是文殊師利衆生知有如来藏故精勤持戒淨修梵行復次文殊師利如知山有金故鑿山求金而不鑿樹以無金故如是文殊師利衆生知有如来藏故精勤持戒淨修梵行言我必當得成佛道復次文殊師利若無如来藏者空修梵行如窮劫鑽水終不得酥文殊師利白佛言世尊梵行有何義何

故如来捨五欲樂央掘魔羅謂文殊
師利言無量天人常知隨法故離諸
欲想
佛告央掘魔羅勿作是說一切衆生
有如来藏一切男子皆為兄弟一切
女人皆為姊妹央掘魔羅白佛言世
尊云何淨飯王摩耶夫人兄弟姊妹
而作父母佛告央掘魔羅是方便示
現度脫衆生若不如是則不能度辟
如大王有二千力士二人方便現相
折伏以悅王心娛樂衆人唯彼自知餘
无能覺佛亦如是示因父母現同人事
然後得度无量衆生令出生死无邊
大海而彼衆生莫能知者辟如伎兒
於大衆中種種變現以悅衆心諸佛
世尊亦復如是種種變現以度衆生
而彼衆生莫能知者辟如幻師於大
衆中自斷身分以悅衆人而實於身
無所傷損諸佛世尊亦復如是如彼
幻師種種變現以度衆生文殊師利
如来一切智知一切觀察世間一切
衆生無始已來無非父母兄弟姊妹
昇降無常迭為尊卑如彼伎兒數
數轉變是故如来淨修梵行

復次文殊師利彼此自界共相娛樂
如何受樂自餘身分云何不得不成
界報當知是樂是大苦聚女有佛藏
男亦如是云何一性而自染著以一
性故是故如来淨修梵行住於自地
不退轉地得如来地
文殊師利白佛言世尊何故如来不
以一切梵行建立優婆塞優婆夷何
故世尊說比丘比丘尼優婆塞優婆
夷正法因故如堂四柱而今優婆塞
優婆夷現有大惡何故建立於正法
律中佛告文殊師利此異想名世俗
想如来視一切衆生如羅睺羅常立
安立令住佛地無此階漸佛想異此
俗想異此名非間論
文殊師利白佛言世尊以一切衆生
界是一界故諸佛離煞生耶佛言如
是世間煞生如人自煞煞自界故自
文殊師利白佛言世尊何故視一切
衆生如羅睺羅而復教人調伏煞罰
有界諸惡修類者佛告文殊師利善
男子莫作是說如来如是視一切衆
生如羅睺羅辟如士夫常日再食愛

樂法故日進食則煞八万戶虫如是
者應名煞生而非煞生不淨復次文
殊師利無邊欲樂聖所背捨聖人為
害欲故自害若如是者聖人則有自
害過惡謂愛欲心盛至他所害我起
欲心願見教誡令生慚愧我存亡無
在則方便自害如是者為害自界耶
文殊師利白佛言不也世尊彼乃因
是功德增積佛告文殊師利如是文
殊師利何故諸聖自害以是煩惱毒蛇
因故而況他身佛所說法諸惡豫類
壞正法者如自煩惱盛而教誡彼為
作諸難則為供養自界如自求畢竟
樂棄捨欲樂丧食命樂如自害身而調
伏彼是名善知如来之藏
文殊師利白佛言世尊因如来藏故
諸佛不食宍耶佛言如是一切衆生
無始生死生生輪轉無非父母兄弟
姊妹猶如伎兒變易無常自宍他宍
則是一宍是故諸佛悉不食宍復次
文殊師利一切衆生界我界即是一
界所食之宍即是一宍是故諸佛悉
不食宍

文殊師利白佛言世尊珂貝髆蜜皮革繒綿非自界宍耶佛告文殊師利勿作是語如来遠離一切世間如来不食若言習近世間物者無有是處若習近者是方便法若物展轉来者則可習近若物所出處不可習近若展轉来離煞者手則可習近文殊師利白佛言今此城中有一皮師能作革屣有人買施是展轉来佛當受不復次世尊若自死牛牛主從旃陁羅取皮持付皮師師作革屣施持戒人此展轉来可習近不佛告文殊師利若自死牛牛主持皮用作革屣施持戒人為應受不若不受者是比丘法若受者非悲煞不破戒

文殊師利白佛言世尊亦不得用不淨水熟食比丘不應受若如是者如是現佛告文殊師利此名世間想若有優婆塞者以淨水作食而不得作用若無優婆塞者諸佛其如之何陸虫水虫虛空亦虫若如是者於淨宍為惡世間云何得修淨宍此名非問論文殊師利白佛言世尊世間久來亦自立不食宍佛告文殊師利若世間又隨順佛語者當知皆是佛語文殊師利白佛言世尊世間亦說有解脫然彼解脫非解脫唯佛法是解脫亦有出家而非出家唯有佛法是出家世尊世間亦說我不食宍彼等無我亦無不食宍唯世尊法中有我决定不食宍佛告文殊師利汝欲聞世間建立外道因不當為汝說

文殊師利白佛言唯然世尊願樂欲聞佛告文殊師利乃往過去無量阿僧祇劫時世有佛名拘孫陁跋陁羅出興于世在此城中時彼世界無諸沙礫無外道名唯一大乘彼諸衆生一向快樂尒時如来久住於世乃般涅槃般涅槃後正法久住法欲滅時持戒者減非法者增有一阿蘭若比丘名曰佛慧有一善人施無價衣比丘愍彼即為受之比丘受已示諸獦師諸獦師衆見此好衣生劫盜心即於其夜將是比丘至深山中壞身裸形懸手繫樹尒時其夜有採花婆羅門至阿蘭若處見虎恐怖向山馳走見彼比丘壞身裸形懸手繫樹見已驚歎嗚呼沙門先著袈裟而今裸形必知袈裟非解脫因自懸苦行是真學道彼人豈當捨離善法當知分明是解脫道因壞正法故即捨衣拔鬚作裸形沙門裸形沙門從是而起尒時比丘自得解縛已即取樹皮赤石塗染以自障蔽結草作拂用拂蚊虫更有採花婆羅門見已念言是比丘捨先好衣着如是衣捉如是拂彼人豈當捨離善法當知分明是解脫道即學彼法出家婆羅門從是而起時彼比丘暮入水浴因洗頭瘡即取水衣以覆瘡上取牧牛人所棄弊衣以自覆身時有樵者見已念言是比丘先著袈裟而今悉捨必知袈裟非解脫因故被鬚弊衣日夜三浴修習苦行彼人豈當捨離善法當知分明是解脫道即學彼法若行婆羅門從是而起比丘浴已身體多瘡蠅蜂唼食即以白灰處處塗瘡以水衣覆身時有見者謂言是道即學彼法灰塗婆羅門從是而起時彼比丘然火炙

央掘魔羅經卷第四　第十七張　雜

瘡瘡轉苦痛不能堪忍投巖自害時有見者作是念言是比丘先著好衣今乃如是彼人豈當捨離善法當知投巖是解脫道投巖事火從是而起如是九十六種皆因是比丘種種形類起諸妄想各自生見辟如有國一一相視而起嫉想嫉想生巳各各相煞九十六種道各生異想亦復如是猶如鹿渴於炎水想追逐走死正法滅時因彼比丘非法法想亦復如是如是文殊師利世間一切所作之上尸羅威儀種種所作一切悉是如來化現法滅盡時如是事生若如是者正法則滅如是文殊師利於真實我世間如是如是邪見諸異妄想謂解脫如是謂我如是出世間者亦不知如來隱覆之教謂言無我是佛所說彼隨說思量如外道因起彼諸世間隨順愚癡出世間者亦復迷失隱覆說智是故如來說一乘中道離於二邊我真實佛真實法真實僧真實是故說中道名摩訶衍

尒時央掘魔羅白佛言世尊衆生不

知中道妄想說餘中道佛告央掘魔羅少有衆生聞此經信未來衆生多謗此經央掘魔羅白佛言世尊唯願為說何方幾所衆生誹謗此經幾一閻提何方有能廣為衆生安慰說者唯願如來哀愍為說佛告央掘魔羅未來世中中國當有九十八百千億衆生謗毀此經七十億衆生作一閻提東方九十八千億衆生謗毀此經六十億衆生作一閻提西方九十八百億衆生謗毀此經五十億衆生作一閻提南方九十八億衆生謗毀此經四十億衆生作一閻提罽賓國中有我餘法婆樓迦車國餘名不滅頻陁山國亦復如是罽賓比丘半半行摩訶衍半半樂摩訶衍說摩訶衍南方當有行堅固道行如來行離八大事說如來常恒不變如來之藏菩薩摩訶薩比丘比丘尼優婆塞優婆夷行堅固道任荷我法

尒時文殊師利白佛言世尊奇哉佛法當任南方佛告文殊師利如是如是我法當住南方少時如汝等苦行菩薩摩訶薩不惜身命安慰一切衆生故說如來常恒不變如來之藏如一切諸佛悉皆不樂至此世界荷負三千大千世界無量衆生而我獨能於此度脫我菩薩摩訶薩正法欲滅餘八十年尒時不樂任持正法亦復如是如汝等文殊師利正法欲滅餘八十年當於尒時任荷正法一切閻浮提及諸洲間不惜身命演說如來常恒不變如來之藏彼時衆生或信或不信彼諸菩薩作是念言若斷截我身作種種分我當由此得常住身如汝文殊師利等無量菩薩摩訶薩於彼南方任荷正法第一最難是故我常讚歎南方最後說法由彼菩薩威德力故一切閻浮提及諸洲間彼諸衆生聞名迴向或因慚愧或因恐怖故辟如有王聞餘王法而自治國罽賓國及伽樓迦車城慚愧恐怖故說摩訶衍甚深之藏亦復如是然不說如來常恒不變如來之藏文殊師利辟如放火草中唯燒中間不燒邊際我初生地堅固道滅餘法住於南方

邊際諸菩薩於彼任荷正法亦復如是當知彼中則有如来

尒時釋提桓因與三十三天諸眷屬俱稽首佛足與大供養巳白佛言世尊我等當共護持此經願見付授唯願哀愍一切衆生說此經名佛告天帝釋言憍尸迦此經名為央掘魔羅如是受持憍尸迦此經難得如優曇鉢華時帝釋長子名阿毗湯柔頂礼佛足白佛言世尊如我父王與阿脩羅戰時告馭者言汝當荘嚴伏阿脩羅車馭者白王願勿憂慮我要先死然後及王今當畢命堅意决戰餘人亦當捨身盡力如是世尊於未来世正法欲滅八十年時菩薩摩訶薩說如来常恒不變如来之藏復作是念我說法時多有衆生不能堪忍我當不說尒時莫令諸善男子聞彼諸難生退轉心當知善馭荘嚴法乘如如来藏如来常恒寂静不變廣宣世間復善男子說如来常恒不變如来之藏我於尒時當作比丘棄捨身命而為作護尒時衆多帝釋子若男若

女及餘諸天頂礼佛足而發誓言我當作比丘比丘尼優婆塞優婆夷棄捨身命而為作護時佛歎言善哉善哉善男子汝等皆是求正法者我亦當為諸樂法者而作覆護我亦常當於彼前行如善馭者汝等常當堅固知恩於如来常處恒處寂静處不變易處如来藏處當廣宣說

尒時波斯匿王具四種兵告諸大臣言今有人像羅刹煞害多人一千少一以指為鬘以血塗身勇健驍捷縱暴此境今去此城減四十牛鳴或能害我及諸臣子以充其數今當共行剪除煞鬼今此城中一切男女欲求取者悉不敢出一切鳥獸聞其惡名亦所不至汝等今當宣令内外波斯匿王今興四兵罰彼羅刹央掘魔羅一切皆當持器仗来若能與彼盡力共戰若傷不傷隨功賞賜象馬珎寶城邑土田隨其所欲悉當與之聞彼惡名莫不震慴如是宣召無一應命唯王左右不得自在抑逼威顏俛仰拉順時諸妃后啼泣上諫寧失國位

願勿自征即名太卜問其吉凶今當能制央掘魔羅不卜筮咸曰彼今當滅雖聞是語王猶不信將四種兵往詣佛所稽首佛足有怖畏色額上流汗却坐一面

尒時世尊一切智知一切知而故問大王今日何故流汗王白佛言今有羅刹名央掘魔羅煞害人民一千少一以指作鬘以血塗身恐其不息與我共戰舉國人民悉皆怖畏杜門不出事業斯廢一切鳥獸悉不敢近嚴此四兵欲往罰之佛告王曰今大王欲罰彼耶王白佛言今唯一心取信佛足佛告大王若央掘魔羅来至此者王當云何尒時四兵悉大恐怖唯王不畏恃佛威德故王白佛言若彼来者如是為一尒時世尊指示王言此即常勝央掘魔羅王見央掘魔羅瞪矚不瞬觀其形相赤眼雄姿心驚毛竪如非人所持勇猛心退刀劒自落漸近如来師子之座一心至誠歸依如来當視我等如羅睺羅于時四兵倍增惶怖迷乱顛沛奔馳逃竄尒時

世尊放安慰衆生無畏光明照彼衆
生令身安樂尒時波斯匿王内外眷
屬城邑人民咸作是念令央掘魔羅
為世尊所伏
波斯匿王作是歎言奇哉世尊真為
第一調御之軛真為無上天人之師
如是兇暴大惡業者乃能方便安立
正法
尒時世尊說偈歎言
人前放逸　後止不犯　是照世間
如月雲消
若菩薩摩訶薩先現放逸後現功德
是照世間如月雲消度無量衆生現
如來功德大王當知彼非惡人是則
菩薩善方便耳王白佛言以何義故
言非惡人先辱師婦受行惡師毗舍
遮行佛告大王彼不辱師婦彼亦非
師現為彼師及婦色像變易其心習
樂師法言常清淨大王當知是大奇
特辟如龍象衛擊非驢所堪如是大
王如來人中大龍為王隱覆言教秘
密說耳聲聞緣覺皆所不堪唯佛與
佛乃能堪任大王南方去此過六十

二恒河沙剎有國名一切寶莊嚴佛
名一切世間樂見上大精進如來應
供等正覺在世教化無有聲聞緣覺
之乘純一大乘無餘乘名彼諸衆生
無有老病及不可意苦純一快樂壽
命無量光明無量純一妙色一切世
間無可為辟故國名一切寶莊嚴佛
名一切世間樂見大上精進王當隨
喜合掌恭敬彼如來者豈異人乎央
掘魔羅即是彼佛諸佛境界不可
思議
尒時波斯匿王語諸占師汝等一切
悉皆妄語汝速遠去勿復妄說尒時
諸天世人及諸龍神聲聞菩薩波斯
匿王一切城邑聚落人民承佛威神
悉皆来集稽首敬礼央掘魔羅足一
心同聲說偈歎言
南無如來無邊身　南無方便央掘魔
我今頂礼聖足下　懺悔天尊柔軟足
我今懺悔如来尊　央掘魔羅二生身
為我等故来至此　現佛色像勝光焰
照諸衆生堪能說　我數懺謝無量身
無依作依等正覺　無親怙者為作親

奇哉二佛出于世　未曾有法行世間
猶如火中生蓮華　世間希有見二佛
尒時世尊告波斯匿王言比方去此
過四十二恒河沙剎有國名常喜佛
名歡喜藏摩尼寶積如來應供等正
覺在世教化彼土無有聲聞緣覺純
一大乘無餘乘名亦無老病衆苦之
名純一快樂壽命無量光明無量無
有辟類故國名常喜佛名歡喜藏
摩尼寶積如來應供等正覺王當隨
喜合掌恭敬彼如來者豈異人乎文
殊師利即是彼佛若有衆生向央掘
魔羅文殊師利恭敬作礼若復聞是
二人名者見歡喜國如見自家聞彼
名故常閉四趣或以戲笑或隨順他
或為名利此及外道或犯重禁五無
間罪亦閉四趣若善男子善女人為
二名所護者若今現在及未來世曠
野嶮難諸恐怖處皆悉蒙護於一切
處恐怖悉滅若天龍夜叉乾闥婆阿
脩羅緊那羅摩睺羅伽毗舍闍衆悉
不能干
尒時世尊告波斯匿王如來所說有

如是大威德菩薩所行有如是大威
德文殊師利及央掘魔羅有如是大
威德於此二龍發隨喜心能起菩薩
無量之行大王汝當給養央掘魔母
勿得遺忘此央掘魔羅母是我方便
之所守護
尒時央掘魔羅母身昇虛空高七多
羅樹而說偈言
如来所變化　衆生悉不知　如来所作幻
衆幻中之王　大身方便身　是則為如来
說此偈已即沒不現尒時波斯匿王
白佛言世尊此為幻耶佛告大王此
是化母如化母所說菩薩行亦如是
尒時央掘魔羅師摩尼跋陀羅身昇
虛空高七多羅樹而說偈言
辟如野干獸　常與師子遊　雖久相習近
其聲不相類　聞彼聲怖死　况能師子乳
我如彼小獸　雖久為彼師　不能堪任發
人雄無畏聲　若彼非方便　我則必當死
我如野干獸　豈堪受彼供　我行愚癡法
菩薩悉遠離　於一切衆生　等視如一子
佛化無量幻　衆生不能知　設化百千億
婆羅門師長　衆生悉不知　唯佛知佛幻

當知佛世尊　一切幻中王
尒時彼師摩尼跋陀羅婦而說偈言
嗚呼諸衆生　不知佛功德　謂實婬遮女
不知如来化　示現作我身　幻化亦如是
大王應當知　佛身不思議　彼諸旃陁羅
尚不得近王　恐怖常畏死　何况對言說
此人彼亦人　不敢相習近　况復諸天人
親近轉佛心　無量天龍神　常供養如来
惡心向佛者　彼即斷其命　佛以巧方便
示現種種幻　制未来衆生　無量諸非法
佛幻為大幻　如来方便身
說是語已即沒不現尒時波斯匿王
聞見如是諸希有事歡喜踊躍白佛
言世尊為是幻耶佛言大王如彼師
及師婦央掘魔羅母彼三人者悉是
我幻我亦幻化不可思議因我教化
央掘魔羅更無量衆生時波斯匿王
白佛言世尊我當七日修行大施央
掘魔羅如来在福田方今為福田佛告
王言如是如是尒時諸天龍神共說
偈言
南無幻化王　具足大精進　如来方便身
方便相具足　方便般涅槃　示現捨舍利

如来無邊身　智慧亦無邊　無邊善名稱
無邊明力士　如来無邊身　密迹無有邊
言說亦無邊　隱覆亦無邊　無邊照世間
光明亦無邊　功德過數量　無稱不可量
虛空無身智　如来虛空身　安慰文殊事
及與我等類　為央掘魔羅　故佛世尊来
若来及不来　非我等所知　如来視一切
猶如羅睺羅
尒時世尊說是經已諸天龍神聲聞
菩薩及波斯匿王一切衆會皆慕央
掘魔羅行及文殊師利菩薩行願生
彼國皆發阿耨多羅三藐三菩提心
踊躍歡喜

央掘魔羅經卷第四

央掘魔羅經卷第四

校勘記

— 底本，金藏廣勝寺本。七九頁下及次頁上、下，八一頁上至次頁上共七版，原版殘缺，以麗藏本换。

— 七四頁下一〇行首字「謗」，資作「諦」。

— 七四頁下一三行末字「正」，徑作「四」。

— 七五頁上一六行「八十」，資、磧、普、南、徑、清作「於八十」。

— 七五頁中五行末字至六行第三字「宣説正法」，資、磧、普、南、清作「廣宣正法」；徑作「廣宣王法」。

— 七五頁中七行第二字「此」，磧作「比」。

— 七五頁下二一行第四字「美」，磧、普、南、徑、清作「善」。

— 七五頁下二一行「嬉戲」，資作「嬉謔」；磧、普、南、徑、清作「戲謔」。

— 七六頁上一〇行末字「不」，麗作「二」。

— 七六頁上一二行第一三字「聞」，資、磧、南、徑、清作「間」。

— 七六頁上二〇行第六字「相」，資、磧、普、南、徑、清、麗作「想」。

— 七六頁中二行第六字「婬」，資、磧、普、南、徑、清作「淫」；麗作「婬」。

— 七六頁中一〇行第四字「受」，諸本作「授」。

— 七六頁中一六行「皮食」，資、磧、普、南、徑、清作「食」；麗作「食肉」。

— 七六頁下一九行第八字「闇」，諸本作「闇」。

— 七六頁下二二行第五字「積」，徑作「廣」。

— 七七頁上一行「道外」，石、資、磧、普、南、徑、清作「外道」。

— 七七頁上九行「説偈」，資、磧、普、南、徑、清、麗作「偈説」。

— 七七頁中二行第三字「遇」，資、磧、普、南、徑、清作「値遇」。

— 七七頁中一行第一二字「是」，資、磧、普、南、徑、清、麗作「来」。

— 七七頁中四行「菩薩」，資、磧、普、南、徑、清、麗作「善法」。

— 七七頁中一八行第七字「意」，石、麗作「法」。

— 七七頁中二〇行第八字「得」，諸本作「偈」。

— 七七頁下正文七行第一二字「不」，麗作「不知」。

— 七七頁下正文一二行首字「足」，諸本作「是」。

— 七八頁上七行第五字「飯」，石作「飰」。

— 七八頁上一二行第九字「因」，資、磧、普、南、徑、清作「現」。

— 七八頁上二三行首字「昪」，諸本作「昇」。

— 七八頁中一行第一〇字「界」，磧、普、南、徑、清作「果」。

— 七八頁中一三行末字「立」，諸本

作「欲」。
一七八頁中一四行末字「此」，資、磧、普、南、徑、清作「世」。
一七八頁中二一行「界諸」，石、資、磧、普、南、徑、清作「自界」；麗作「自界諸」。
一七八頁下一行第五字「唯」，資、磧、普、南、徑、清無。
一七八頁下一一行第一三字「[犭+象]」，諸本作「像」。
一七八頁下二二行第三字「食」，麗作「宅」。
一七九頁上一行第一二字「臈」，石、磧、南、徑、清作「蝋」；麗作「蠟」。
一七九頁下一〇行第六字「自」，石作「見」。
一七九頁上一一行「師師」，資、磧、普、南、徑、清、麗作「師使」。
一七九頁上二〇行首字「用」，資、磧、普、南、徑、清作「田」。
一七九頁上二一行末字及二二行第一〇字「宍」，麗作「宗」。

一七九頁中二行首字「又」，資、磧、普、南、徑、清、麗作「有」。
一七九頁中一七行第五字「滅」，資作「減」。
一七九頁下七行第一〇字「巳」，資、磧、普、南、徑、清無。
一七九頁下一五行第七字「樵」，石作「見」。
一七九頁下一六行第六字「而」，石作「如」。
一八〇頁上八行第五字「道」，資、磧、普、南、徑、清無。
一八〇頁上一八行第一〇字「起」，資、磧、普、南、徑、清無。
一八〇頁中八行「七十」，資、磧、普、南、徑、清作「七十千」。
一八〇頁下三行第九字「至」，磧、普、南、徑、清作「生」。
一八〇頁下八行「八十」，磧、普、南、徑作「八千」。
一八〇頁下二二行第三字「放」，磧、普作「於」。

一八一頁上一一行第五字「馭」，資、磧、普、南、徑、清作「御」，下同。
一八一頁上一二行第二字「[illegible]」，資、磧、普、南、徑、清作「軍」。
一八一頁上一六行第一一字「復」，資、磧、普、南、徑、清作「後」。
一八一頁上一九行第七字「知」，清作「如」。
一八一頁中一七行第七字、下一二行第六字、一三行第二字「罸」，磧、普、南、徑、清作「伐」。
一八一頁中二一行第六字「慴」，資作「疊」。
一八一頁中二二行第九字「抑」，資、磧、普、南、徑、清作「仰」。
一八一頁下二行第六字「羅」，資、磧、普、南、徑、清無。
一八一頁下一二行第一二字「今」，資、磧、普、南、徑、清作「今日」。
一八二頁上六行第六字「軛」，資、磧、普、南、徑、清作「轅」。
一八二頁上一六行第五字「先」，石

作「故先」。

一　八二頁中八行「大上」，諸本作「上大」。

一　八二頁中一三行第七字「逮」，徑作「速」。

一　八二頁下二一行第二字「羅」，麗作「羅迦樓羅」。

一　八三頁上四行末字「魔」，資、磧、普、南、徑、清作「魔羅」。

一　八三頁上一〇行第五字「王」，資、磧、普、南、徑、清作「主」。

一　八三頁中一六行第四字「亦」，資、磧、普、南、徑、清、麗作「示」。

一　八三頁下二行第一二字「迹」，資、磧、普、南、徑、清作「亦」。

佛說明度五十挍計經卷上　難

後漢安息三藏安世高譯

佛在王舍國法清淨處時自然師子座交絡帳佛時坐現三十二相光影表現十方諸菩薩皆來謁問佛菩薩何因緣有癡者有黠者有慧者有能飛者有能坐行三昧禪者有能徹視者有不能飛者有不能坐行禪行三昧得定意不能久者智慧有厚薄者同菩薩行何因緣有薄厚同有心意識同眼耳鼻口身何因緣得行異佛言善哉善哉十方過去佛現在佛諸當来佛皆說人能計心意識眼耳鼻口身皆說為同法佛言人能校計六情為一切得十方佛智慧

佛告諸菩薩言諸菩薩有薄厚諸菩薩問佛何等為薄厚佛言菩薩厚者謂菩薩得道隨道行深菩薩薄者行道不能悉隨行謂行有多少隨道少是為菩薩薄諸菩薩問佛何等為菩薩常隨道不失行佛言謂菩薩常守心意識令不動歸滅盡種道栽謂菩薩能守眼

令色不著歸滅盡種道栽謂菩薩能守耳令聲不著歸滅盡種道栽謂菩薩能守鼻令香不著歸滅盡種道栽謂菩薩能守口令味不著歸滅盡種道栽謂菩薩守身令細滑不著歸滅盡種道栽菩薩如是能守六情得好惡不動常守滅盡是為厚隨道深菩薩復問何等為菩薩行薄佛言謂菩薩失行有時得行有時不得行有時菩薩能守心意識隨道有時眼不能守便失行不隨道有時守眼不能守耳有時能守耳不能守鼻有時守鼻不能守口有時能守口不能守身有時能守身不能坐禪有時能坐禪不能挍計有時能挍計不能行有時能行不能分別有時能分別不能知細軟微意用是故菩薩隨道有失行有得行用是故菩薩行道有薄厚不等菩薩問佛如是當作何等行佛言要菩薩當自行挍計當自知墮挍計不隨挍計墮挍計者菩薩為黠不知挍計為癡問曰當挍計黠當挍計癡者云何佛言已挍計癡便能挍計黠佛

言人有百八愛令癡欲挍計得黠苦有五十挍計知五十挍計中細微罪便得黠諸菩薩問佛何等為五十挍計佛言五十挍計者謂從心本起欲知者第一當挍計百八癡第二當挍計百八疑第三當挍計百八顛倒第四當挍計百八欲第五當挍計百八墮第六當挍計百八愛第七當挍計百八裁第八當挍計百八識第九當挍計百八因緣著第十當挍計百八種是為十挍計佛言菩薩復有十挍計第一當挍計百八閑生第二當挍計百八止行第三當挍計百八斷生死第四當挍計百八滅不滅第五當挍計百八罪入空不見第六當挍計百八不捨盡第七當挍計百八不捨淨入淨第八當挍計百八精進戒第九當挍計百八進入道第十當挍計百八忍戒是為菩薩十挍計

菩薩復有十挍計第一當挍計百八辱道第二當挍計百八合道願第三當挍計百八本信入道第四當挍計百八出癡入慧第五當挍計百八歡喜滅第六當挍計百八未得佛悲第七當挍計百八未得佛愁第八當挍計百八未得佛惱第九當挍計百八未得佛經黠未得佛泥洹要第十當挍計百八出罪要未得入泥洹要是為菩薩十挍計

佛言菩薩復有十挍計第一當挍計百八求入慧出罪法第二當挍計百八求入空法度出空第三當挍計百八罪法起空時當知滅時歸空第四當挍計百八持空法解盡法第五當挍計百八盡法不復生第六當挍計百八泥洹長生不滅第七當挍計百八應相念第八當挍計百八捨相念第九當挍計百八雜相念當知雜相第十當挍計百八受相長生不滅是為菩薩十挍計

佛言菩薩復有十挍計第一當挍計百八十方生死万物本末成敗第二當挍計百八十方成敗作證第三當挍計百八十方人所有皆癡第四當挍計百八牽十方癡作證第五當挍計百八十方阿羅漢泥洹去無所有作證第六當挍計百八牽十方辟支佛涅槃去作證第七當挍計百八牽十方過去若師泥洹去當牽作證第八當挍計百八十方今現在佛亦當泥洹去今我作釋迦文佛所主天地自在變化要當復泥洹去若當牽我用作證第九當挍計百八十方當來佛亦當泥洹去當牽作證第十當挍計百八盡力劫貪求佛如我亦當般泥洹去是為合菩薩五十挍計諸菩薩皆稽首受教

諸菩薩問佛言當挍計百八癡從心本起者云何佛告諸菩薩言若有菩薩心有所念不自知心生心滅中有五陰中有習不知為癡轉入意意有所念不自知意生意滅中有五陰中有習不自知為癡轉入識有所識不自知識生識滅中有五陰中有習不知為癡轉入眼眼見好色不自知著不自知滅中有五陰中有習不知為癡眼所見中色不自知著不自知滅中有五陰中有習不知為癡眼所見惡色不自知著不自知滅中有五陰中

有習不知為癡轉入耳耳聞好聲不
自知著不自知滅中有五陰中有習
不知為癡耳所聞中聲不自知著不
自知滅中有五陰中有習不知為癡
耳所聞惡聲不自知著不自知滅中
有五陰中有習不知為癡轉入鼻鼻
所聞好香不自知著不自知滅中有
五陰中有習不知為癡鼻所聞中香
不自知著不自知滅中有五陰中有
習不知為癡鼻所聞惡臭不自知著
不自知滅中有五陰中有習不知為
癡轉入口口所得美味好語言不自
知著不自知滅中有五陰中有習不
知為癡口所得中味中語言不自知
著不自知滅中有五陰中有習不知
為癡口所得惡味惡語言不自知著
不自知滅中有五陰中有習不知為
癡轉入身身所得好細軟可身不自
知著不自知滅中有五陰中有習不
知為癡身所得中細軟不自知著不
自知滅中有五陰中有習不知為癡
身所得惡堅苦痛不可身不自知著
不自知滅中有五陰中有習不知為

癡菩薩行道要當數息校計如是菩
薩即稽首受行諸菩薩言佛雖為我
說癡我未解諸菩薩問佛言設我知
百八癡著知滅滅當癡為黠佛報諸
菩薩言雖知著知滅續尚癡未解諸
菩薩復問佛我未聞佛說數息時癡
我聞佛說巳知何以故為癡佛告諸
菩薩譬喻如新學菩薩未能飛但耳
聞十方佛欲願往要未能飛如是為
見十方佛未諸菩薩報言如是為
但有　願　要為不見十方佛佛告諸
菩薩言若曹今雖聞我說百八癡著
滅譬如新學菩薩但願欲到十方佛
國不能飛往佛復問諸菩薩言新學
菩薩何以故願到十方佛國不能飛
往諸菩薩報佛言用不能壞癡未滅
罪故未能飛行至十方佛國佛言譬
喻諸菩薩但能說著說滅但說不行
名為癡諸菩薩問佛何從當得黠佛
告諸菩薩言所著為癡要當滅不著
乃為不癡要為未黠諸菩薩問佛言
何以故復未為黠佛告諸菩薩言復
有百八癡不解故諸菩薩問佛言何

等為百八癡佛言菩薩不自知心生
心滅中有五陰中有習不知為癡不
自知意生意滅中有五陰中有習不
知為癡不自知識生識滅中有五陰
中有習不知為癡轉入眼眼所見好
色不自知生滅中有五陰中有習不
知為癡眼所見中色不自知生滅中
有五陰中有習不知為癡眼所見惡
色不自知生滅中有五陰中有習不
知為癡轉入耳耳所聞好聲不自知
生滅中有五陰中有習不知為癡耳
所聞中聲不自知生滅中有五陰中
有習不知為癡耳所聞惡聲不自知
生滅中有五陰中有習不知為癡轉
入鼻鼻所聞好香不自知生滅中有
五陰中有習不知為癡鼻所聞中香
不自知生滅中有五陰中有習不知
為癡鼻所聞惡臭不自知生滅中有
五陰中有習不知為癡轉入口口所
得美味好語言不自知生滅中有五
陰中有習不知為癡口所得中味中
語言不自知生滅中有五陰中有習
不知為癡口所得惡味惡語言不自

知生滅中有五陰中有習不知為疑轉入身身所得好細軟可身不自知生滅中有五陰中有習不知為疑身所得中細軟不自知生滅中有五陰中有習不知為疑身所得惡麁堅苦痛不可身不自知生滅中有五陰中有習不知為疑佛言菩薩不去是未應為菩薩諸菩薩問佛何以故不應為菩薩佛言用不行安般守意不挍計百八顛倒故諸菩薩問佛何等為百八顛倒佛言謂菩薩心所多念為生死罪中有五陰中有習自言我無罪如是生死無數劫為顛倒轉作意意所多念生死罪中有五陰中有習自言我無罪如是生死無數劫是顛倒意轉作識所多識生死罪中有五陰中有習自言我無罪如是生死無數劫為顛倒轉入眼眼所多視好色生死罪中有五陰中有習自言我無罪如是生死無數劫為顛倒眼所多視中色生死罪中有五陰中有習自言我無罪如是生死無數劫為顛倒眼所多視惡色生死罪中有五陰中有

習自言我無罪如是生死無數劫為顛倒轉入耳耳所多聞好聲生死罪中有五陰中有習自言我無罪如是生死無數劫為顛倒耳所多聞中聲生死罪中有五陰中有習自言我無罪如是生死無數劫為顛倒耳所多聞惡聲生死罪中有五陰中有習自言我無罪如是生死無數劫是為顛倒轉入鼻鼻所多聞好香生死罪中有五陰中有習自言我無罪如是生死無數劫是為顛倒鼻所多聞中香生死罪中有五陰中有習自言我無罪如是生死無數劫是為顛倒鼻所多聞惡臭生死罪中有五陰中有習自言我無罪如是生死無數劫是為顛倒轉入口口所多得美味好語言生死罪中有五陰中有習自言我無罪如是生死無數劫是為顛倒口所多得中味中語言生死罪中有五陰中有習自言我無罪如是生死無數劫是為顛倒口所多得惡味惡語言生死罪中有五陰中有習自言我無罪如是生死無數劫是為顛倒轉入

身身所多得好細軟可身生死罪中有五陰中有習自言我無罪如是生死無數劫是為顛倒身所多得中細軟生死罪中有五陰中有習自言我無罪如是生死無數劫是為顛倒身所多得惡麁堅苦痛不可身生死罪中有五陰中有習自言我無罪如是生死無數劫是為顛倒佛言是為百八顛倒如是菩薩為不得諸菩薩報佛言我雖生死顛倒我欲依經法度人佛問諸菩薩言汝度人欲求使人作何等道諸菩薩報佛言我欲使人悉得佛道佛言若曹輩衆多何以故不自取佛但群輩相隨諸菩薩言我雖相隨不離經行佛問諸菩薩言若曹輩寧能一日俱得佛不諸菩薩報佛言我不能俱得佛佛問諸菩薩何以故諸菩薩報佛言我輩中有相未具者我曹輩中有功福未滿者我曹輩有生死罪未盡者佛告諸菩薩若曹輩有相未具者有功福未滿者有罪未盡者如若曹言相未具者自不能得佛何能使他人得佛若曹功福

未滿不能自得佛何能使他人得佛
佛言若曹生死罪意未盡不能自得
佛何能使他人得佛諸菩薩皆稽首歎
諸菩薩復問佛言如是我何因緣不
得佛佛報諸菩薩言若曹坐不行安
般若守意挍計百八欲欲不捨故諸
菩薩言行安般守意挍計捨百八欲
欲者云何佛報諸菩薩言若曹心所
念念復念為欲欲中有五陰中有習
是為欲欲轉入意意復念為欲欲中
有五陰中有習為欲欲轉入識識為
欲欲中有五陰中有習為欲欲轉入
眼眼所見好色為欲欲中有五陰中
有習為欲欲眼所見中色為欲欲中
有五陰中有習為欲欲眼所見惡色
為欲欲中有五陰中有習為欲欲轉
入耳耳所聞好聲為欲欲中有五陰
中有習為欲欲耳所聞中聲為欲欲
中有五陰中有習為欲欲耳所聞惡
聲為欲欲中有五陰中有習為欲欲
轉入鼻鼻所聞好香為欲欲中有五
陰中有習為欲欲鼻所聞中香為欲
欲中有五陰中有習為欲欲鼻所聞

惡臭為欲欲中有五陰中有習為欲
欲轉入口口所得美味語言為欲欲中
有五陰中有習為欲欲口所得中味
語言為欲欲中有五陰中有習為欲
欲口所得惡味惡語言為欲欲中有
五陰中有習為欲欲轉入身身所得
好細軟可身為欲欲中有五陰中有
習為欲欲身所得中細軟可身為欲
欲中有五陰中有習為欲欲身所得
惡麁堅痛不可身為欲欲中有五陰
中有習為欲欲佛言諸菩薩若曹但
坐不解欲欲諸菩薩報佛言我曹無
有欲欲佛問諸菩薩若曹欲求佛度
十方人不諸菩薩言然我曹欲求佛
度十方人佛報諸菩薩言如是為欲
欲何以故言無欲佛問諸菩薩若意
寧念十方勤苦人不諸菩薩言然我
曹念勤苦人佛言若念諸勤苦人為
欲何以故言無欲佛問諸菩薩言若
曹至十方佛所問經若今為忘不諸
菩薩報言我所問經我皆識不忘佛
問諸菩薩汝識十方佛說經寧傳為
人說經不諸菩薩言然我日行為人

說經佛言若為人說經寧欲使人解
不諸菩薩言然欲使人解佛言如若
為人說經為欲使人解如是為欲欲
何以故言無欲佛復問菩薩若為說
經寧教人布施不諸菩薩言然我曹
教人布施佛問諸菩薩若教人布施
持何等與佛諸菩薩報言我第一欲
使人持好色華佛言汝曹不欲色何
以故使人持五色好華可眼與佛如
是汝為欲色何以故言我曹不欲色
佛復問諸菩薩若寧聞十方佛說經
為可耳不諸菩薩報言十方佛為我
說經可耳我曹皆歡喜佛言如汝聞
經歡喜為欲何以故言無欲佛復問
諸菩薩言若欲教人為佛燒香不諸
菩薩報佛我日自行採衆華名香持
用上佛佛言知汝行採衆華香欲得
可鼻持行上佛佛言如若欲得香華
可鼻如是為欲何以故言無欲佛復
問諸菩薩言若曹為人說經寧欲可
口不諸菩薩言我曹為人說經欲分
別可口欲使人意解佛言如若可口
為欲何以故言不欲佛復問諸菩薩

言汝寧欲具三十二相可身不諸菩
薩言我勤苦具相但欲可身身佛言
如若可身為欲何以故言不欲諸菩
薩稽首各自慙
佛言如是菩薩尚未有所怙諸菩薩
稽首言願佛哀我當為說佛因為說
行菩薩道若數息行禪若自怙定意
當校計百八墮滅者應禪不滅者不
應禪諸菩薩問佛言禪為棄惡百八
墮滅者為棄惡不滅者不為棄惡若
從禪覺起若行步坐起得因緣為人
說經所見万物能自校計百八墮能
使不書能使不墮罪是為菩薩校計
行諸菩薩問佛言校計百八墮當從
何所起佛告諸菩薩校計百八墮者
菩薩心所念中有五陰中有習是為
墮心轉作意中有五陰中有習是為
墮意轉作識中有五陰中有習是為
墮轉入眼眼所見好色中有五陰中
有習是為墮眼所見中色中有五陰
中有習是為墮眼見惡色中有五陰
中有習是為墮轉入耳耳所聞好聲
中有五陰中有習是為墮耳所聞中

聲中有五陰中有習是為墮耳所聞
惡聲中有五陰中有習是為墮轉入
鼻鼻所聞好香中有五陰中有習是
為墮鼻所聞中香中有五陰中有習
是為墮鼻所聞惡臭中有五陰中有
習是為墮轉入口口所得美味好語
言中有五陰中有習是為墮口所得
中味中語言中有五陰中有習是為
墮口所得惡味惡語言中有五陰中
有習是為墮轉入身身所得好細軟
可身中有五陰中有習是為墮身所
得中細軟中有五陰中有習是為墮
身所得惡麤堅苦痛不可身中有五
陰中有習是為墮是為百八墮行佛
告諸菩薩言校計百八墮不自知墮
罪苦痛當在後亦不知著慙自說言
能斷百八墮道行佛言是人辟如淫
泆姤女上頭淫泆自可已任身不知
胞胎兒在腹中曰大幾所淫泆姤女
為復淫泆自可至兒成就十月當生
兒當轉未轉當生未生其母腹痛自
慙自悔當墮痛時姤女啼聲聞第七
天兒生已後其母痛愈便復念淫泆

便不念慙不念痛便復淫泆如故如
是苦不可言姤女亦不能自覺苦痛
佛言菩薩行道不校計百八墮辟如
淫泆姤女不自知罪多少亦不猒苦
痛亦不自校計還慙罪不知生死五
道苦痛不自知墮三惡道不自慙行
言我墮道如是世世自受死還自慙
欺無有利學道弟子諦學是諸菩薩
皆歡喜稽首受行
佛言菩薩如是尚未應為解諸菩薩
問佛言何以故為未解佛言謂菩薩
不能校計百八愛故諸菩薩問佛校
計百八愛者去何佛告菩薩行禪不
能一意一心令滅但坐着百八故一
者菩薩心有所念不能滅為愛中有
五陰中有習是為愛心轉作意不能
滅為愛中有五陰中有習是為愛意
轉作識不能滅為愛中有五陰中有
習是為愛轉入眼眼所見好色不能
滅為愛中有五陰中有習是為愛眼
所見中色不能滅為愛中有五陰中
有習是為愛眼所見惡色不能滅為
愛中有五陰中有習是為愛轉入耳

耳聞好聲不能滅為愛中有五陰中
有習是為愛耳所聞中聲不能滅是
為愛中有五陰中有習是為愛耳所
聞惡聲不能滅為愛中有五陰中有
習是為愛轉入鼻鼻所聞好香不能
滅為愛中有五陰中有習是為愛鼻
所聞中香不能滅為愛中有五陰中
有習是為愛鼻所聞惡臭不能滅為
愛中有五陰中有習是為愛轉入口
口所得美味好語言不能滅為愛中
有五陰中有習是為愛口所得中味
中語言不能滅為愛中有五陰中有
習是為愛口所得惡味惡語言不能
滅為愛中有五陰中有習是為愛轉
入身身所得好細軟可身不能滅為
愛中有五陰中有習是為愛身所得
中細軟不能滅為愛中有五陰中有
習是為愛身所得惡麁堅苦痛痒不
可身不能滅為愛中有五陰中有習
是為愛佛言菩薩行道不挍計却百
八愛不自知百八愛墮罪辟如新生
小兒從小至大不能自知日增幾所
大菩薩行道不能覺罪多少辟如是

若菩薩行道覺百八愛墮罪便當自
懟便當因斷便當自離便當自滅如
是愛斷為應菩薩佛說如是諸菩薩
皆稽首受行

佛言菩薩行道當挍計百八栽行道
不挍計百八栽不應為菩薩行去栽
者乃應菩薩行諸菩薩問佛言當去
栽者去何佛告諸菩薩言菩薩獨處
一處當坐行禪數息相隨止觀還淨
得淨為除栽不淨者為不除栽如是
從禪起若在人中當行挍計當斷去
栽諸菩薩問佛言當挍計去栽者去
何佛言行道不得一心定意為不滅
栽佛言不得一心定意者心有所念
中有五陰中有習便生栽轉入意意
中有五陰中有習便生栽轉入識識
中有五陰中有習便生栽轉入眼眼
見好色中有五陰中有習便生栽眼
所見中色中有五陰中有習便生
栽眼所見惡色中有五陰中有習便
生栽轉入耳耳所聞好聲中有五陰
中有習便生栽耳所聞中聲中有
五陰中有習便生栽耳所聞惡聲中

有五陰中有習便生栽轉入鼻鼻所
聞好香中有五陰中有習便生栽鼻
所聞中香中有五陰中有習便生栽
鼻所聞惡臭中有五陰中有習便生
栽轉入口口所得美味好語言中有
五陰中有習便生栽口所得中味中
語言中有五陰中有習便生栽口所
得惡味惡語言中有五陰中有習便
生栽轉入身身所得好細軟可身中
有五陰中有習便生栽身所得中細
軟中有五陰中有習便生栽身所得
惡麁堅苦痛不可身中有五陰中有
習便生栽如是為栽不斷佛言若有
菩薩行道言我無是栽如是為貢高
為自種栽便不能自度脫便無有黠
意不能知栽罪多少辟如身生毛其
人亦不能自挍計一一數不能自知
毛多少諸菩薩行道不能自知陰罪
反言我求佛道欲度十方如是尚不
能自度何能度十方菩薩行道能去
栽者便能度十方不去栽便不能度
十方佛說如是諸菩薩皆歡喜受行
佛言如是菩薩尚未應解諸菩薩復

稽首言如是未解願佛為我解佛言
菩薩有百八罪識不滅者不應為菩
薩諸菩薩問佛言何等為百八罪識
佛言謂菩薩心所念為罪中有五陰
中有習為識是為罪識轉入意意復
念為罪中有五陰中有習為識是為
罪識轉入識識所念不忘為罪中有
五陰中有習為識是為罪識轉入眼
眼所見好色為罪中有五陰中有習
為識是為罪識眼所見中色為罪中
有五陰中有習為識是為罪識眼所
見惡色為罪中有五陰中有習為識
是為罪識轉入耳耳所聞好聲為罪
中有五陰中有習為識是為罪識耳
所聞中聲為罪中有五陰中有習為
識是為罪識耳所聞惡聲為罪中有
五陰中有習為識是為罪識轉入鼻
鼻所聞好香為罪中有五陰中有習
為識是為罪識鼻所聞中香為罪中
有五陰中有習為識是為罪識鼻所
聞惡臭為罪中有五陰中有習為識
是為罪識轉入口口所得美味好語
音為罪中有五陰中有習為識是為

罪識口所得中味中語言為罪中有
五陰中有習為識是為罪識口所得
惡味惡語言為罪中有五陰中有習
為識是為罪識轉入身身所得好細
軟可身為罪中有五陰中有習為識
是為罪識身所得中細軟為罪中有
五陰中有習為識是為罪識身所得
惡麁堅苦痛不可身為罪中有五陰
中有習為識是為罪識佛問諸菩薩
若曾有是罪不諸菩薩言我但有五
陰無有罪佛復問諸菩薩言天下何
等為使人有罪不得道者諸菩薩報
佛言天下人皆坐貪不得道佛言天
下人貪生死為有五陰習不諸菩薩
言有罪佛問諸菩薩言若曾持見身
取佛當復生死諸菩薩報佛言我曾
當復生死不從是見在身得佛佛問
諸菩薩若曾要當更幾生死當得佛
諸菩薩報佛言我曾生死尚未有要
佛復問諸菩薩何以故無有要諸菩
薩言我不自知罪福多少用是故我不
知要佛告諸菩薩如是若曾與天下人
有何等異諸菩薩報佛言我能飛到十

方佛國我能曉佛所語佛言若曹能
飛到十方佛國能曉十方佛所語若
曹何以不應時取佛何以故復生死
要諸菩薩報佛言我曹尚有大罪未
盡故用本願功德未滿故用是故我
曹不應時得佛佛言若曹言天下人
但坐五陰生死習故有罪今若曹亦
當復生死習有罪若曹何以故語我
言無罪諸菩薩皆慙稽首受行
佛言我雖說是菩薩尚未解諸菩薩
稽首言願佛當復為我解佛言菩薩
有百入因緣着痛諸菩薩問佛何等
為百入因緣着痛佛言菩薩心有所
念為因緣着痛中有五陰中有習當
坐因緣生死痛轉入意意有所念為
因緣着痛中有五陰中有習當坐因
緣生死痛轉入識識有所識為因緣
着痛中有五陰中有習當坐因緣生死
痛轉入眼眼所見好色為因緣着痛
中有五陰中有習當坐因緣生死痛
眼所見中色為因緣着痛中有五陰
中有習當坐因緣生死痛眼所見惡
色為因緣着痛中有五陰中有習當

坐因緣生死痛轉入耳耳聞好聲為因緣着痛中有五陰中有習當坐因緣生死痛耳所聞中聲為因緣着痛中有五陰中有習當坐因緣生死痛耳所聞惡聲為因緣着痛中有五陰中有習當坐因緣生死痛轉入鼻鼻所聞好香為因緣着痛中有五陰中有習當坐因緣生死痛鼻所聞中香為因緣着痛中有五陰中有習當坐因緣生死痛鼻所聞惡臭為因緣着痛中有五陰中有習當坐因緣生死痛轉入口口所得美味好語言為因緣着痛中有五陰中有習當坐因緣生死痛口所得中味中語言為因緣着痛中有五陰中有習當坐因緣生死痛口所得惡味惡語言為因緣痛中有五陰中有習當坐因緣生死痛轉入身身所得好細軟可身為因緣着痛中有五陰中有習當坐因緣生死痛身所得中細軟為因緣着痛中有五陰中有習當坐因緣生死痛身所得惡麁堅苦痛不可身為因緣着痛中有五陰中有習當坐因緣生死痛

佛言諸菩薩尚未厭因緣生死痛諸菩薩言我用厭因緣生死痛故作菩薩耳佛言汝曹厭生死痛何以故不種道栽何以故種因緣生死痛罪罪栽諸菩薩報佛言我曰種道栽佛言如若種道栽何以故有因緣生死百八痛諸菩薩即默稽首受行

諸菩薩皆稽首問佛言佛雖為我說經我不解是佛言我見若曹種百八痛我知汝曹不解諸菩薩復稽首言願佛解我佛言菩薩心有所念欲得心不能以時得坐痛中有五陰中有習是為種痛轉入意有所念復念可意不可意為種痛中有五陰中有習是為種痛轉入識識有所識不可我為痛中有五陰中有習是為種痛轉入眼眼所見好色為痛中有五陰中有習是為種痛眼所見中色為痛中有五陰中有習是為種痛眼所見惡色為痛中有五陰中有習是為種痛轉入耳耳所聞好聲為痛中有五陰中有習是為種痛耳所聞中聲為痛中有五陰中有習是為種痛耳所聞

惡聲為痛中有五陰中有習是為種痛轉入鼻鼻所聞好香為痛中有五陰中有習是為種痛鼻所聞中香為痛中有五陰中有習是為種痛鼻所聞惡臭為痛中有五陰中有習是為種痛轉入口口所得美味好語言為痛中有五陰中有習是為種痛口所得中味中語言為痛中有五陰中有習是為種痛口所得惡味惡語言為痛中有五陰中有習是為種痛轉入身身所得細軟可身為痛中有五陰中有習是為種痛身所得中細軟為痛中有五陰中有習是為種痛身所得惡麁堅苦痛不可身為痛中有五陰中有習是種痛佛言菩薩斷是百八痛乃應為菩薩行不斷痛者不應為菩薩行是為菩薩十挍計

佛言諸菩薩如是尚未解當復挍計諸菩薩問佛當復挍計何等佛言菩薩當挍計百八關生諸菩薩問佛何等為百八關生佛言菩薩心所貫痛痒思想生死識中有五陰中有習是為貫生佛言關心不使入痛痒思想

生死識便無五陰無有習佛言閑五陰習令心不動為斷生死痛閑者為貫地水火風空痛痒思想生死識中有五陰中有習是為貫生關意便不動不受地水火風空痛痒思想生死識中有五陰中有習是為貫生關意便不動不受地水火風空痛痒思想生死識不受五陰習不關者墮罪關意不動者墮道是為關生轉入識識亦貫地水火風空色痛痒思想生死識便有五陰習便貫生死不關者墮生死痛關者為墮道不為生死轉入眼眼所貫好色中有五陰中有習是為貫生死關令不動者墮道不關者墮罪眼所貫中色中有五陰中有習是為貫生死關令不動者墮道不關墮罪眼所貫惡色中有五陰中有習是為貫生死關令不動者墮道不關者墮罪轉入耳耳所貫好聲中有五陰中有習是為貫生死關令不動者墮道不關者墮罪耳所貫中聲中有五陰中有習是為貫生死關令不動者墮道不關者墮罪耳所關惡聲中

有五陰中有習是為貫生死關令不動者墮道不關者墮罪轉入鼻鼻所貫好香中有五陰中有習是為貫生死關令不動者墮道不關者墮罪鼻所貫中香中有五陰中有習是為貫生死關令不動者墮道不關者墮罪鼻所貫惡臭中有五陰中有習是為貫生死關令不動者墮道不關者墮罪轉入口口所貫美味好語言中有五陰中有習是為貫生死關令不動者墮道不關者墮罪口所貫中味中語言中有五陰中有習是為貫生死關令不動者墮道不關者墮罪口所貫惡味惡語言中有五陰中有習是為貫生死關令不動者墮道不關者墮罪轉入身身所貫好細軟可身中有五陰中有習是為貫生死關令不動者墮道不關者墮罪身所貫中細軟中有五陰中有習是為貫生死關令不動者墮道不關者墮罪身所貫惡麤堅苦痛不可身中有五陰中有習是為貫生死關令不動者墮道不關者墮罪佛言菩薩行要當關令不動動

者為未解諸菩薩報佛言我曹當坐禪令不動佛問諸菩薩言禪已復動不諸菩薩白佛言禪覺復動佛問諸菩薩何以故復動諸菩薩言自然動佛問諸菩薩何以故自然動諸菩薩言我不解不知從何因緣動佛言如是諸菩薩尚未解諸菩薩願佛當復為我解佛言菩薩所以禪自然動覺者菩薩有百八關生動不動不止故佛說如是諸菩薩皆稽首受行佛言菩薩如是尚未應解諸菩薩言何以故復未解佛言但坐菩薩有本不止守百八行故諸菩薩皆稽首言願佛當復為我解佛言菩薩心本多所念不止守故心本罪百八行轉入意意本多所念不止守故意本罪百八行轉入識識本多所念不止守故識本罪百八行轉入眼眼本多見好色不止守故眼本罪百八行眼本多見中色不止守故眼本罪百八行眼本多見惡色不止守故眼本罪百八行轉入耳耳本多聞好聲不止守故耳本罪百八行耳本多所聞中聲不止守

故耳本罪百八行耳本所聞惡聲不止守故耳本罪百八行轉入鼻鼻多所聞好香不止守故鼻本罪百八行鼻本多所聞中香不止守故鼻本罪百八行鼻本多聞惡臭不息止守故鼻本罪百八行轉入口口本多所得美味好語言不止守故口罪百八行口本多所得中味中語言不止守故口本罪百八行口本多所得惡味惡語言不止守故口本罪百八行轉入身身本多所得好細軟可身不止守故身本罪百八行身本多所得中細軟不止守故身本罪百八行身本多所得惡麁堅苦痛不可身不止守故身本罪百八行佛說如是諸菩薩皆大歡喜奉行

明度五十校計經卷上

佛說明度五十校計經卷上

校勘記

一 底本，金藏廣勝寺本。九〇頁下一行、二行原版殘缺，以麗藏本換。

一 八七頁中二行「安息三藏」，資、磧作「天竺三藏法師」；普、南、徑、清作「安息三藏法師」。卷下同。

一 八七頁中一七行「佛言菩薩」，資、磧、普、南、徑、清無。

一 八七頁中二一行第五字「謂」，磧作「諸」。

一 八七頁中末行第八字、八八頁上九行第三字「裁」，資、磧、普、南、徑、清、麗作「栽」。

一 八七頁下五行第六字「守」，資、磧、普、南、徑、清作「能守」。

一 八七頁下八行第三字「問」，資、磧、普、南、徑、清、麗作「問佛」。

一 八七頁下二〇行「墮校」，資、磧、普、南、徑、清、麗作「修校」，下同。

一 八七頁下二一行首字「隨」，資、磧、普、南、徑、清作「修」；麗作「墮」。

一 八八頁上一三行第四字「止」，石作「正」。

一 八八頁上一七行第一二字「進」，資、磧、徑、清、麗作「還」。

一 八八頁中一〇行「起空時」，資、磧、普、南、徑、清作「初起時空」；麗作「起時空」。

一 八八頁中一三行「泥洹」，資、磧、普、南、徑、清作「當得泥洹」。

一 八八頁下一七行第九字「識」，諸本作「識識」，下同。

一 八八頁下二二行第八字「知」，石作「自知」。

一 八九頁中三行「癡我」，資、磧、普、南、徑、清作「我癡」。

一 八九頁中四行第九字「癡」，諸本作「爲癡」。

一 八九頁中二一行「爲未」，諸本作「未爲」。

一 八九頁下一九行第七字「知」，諸本作「自知」。

一九〇頁上九行第八字「行」，資、磧、普、南、徑、清作「行爲」。

一九〇頁上一五行第一三字「是」，資、磧、南、徑、清無。

一九〇頁上二〇行第一二字「所」，資、磧、南、徑、清無。

一九〇頁上二一行首字「中」，資、磧、普、南作「惡」。

一九〇頁中六行「所多」，資、磧、普、南、清作「多所」。

一九〇頁下九行第一〇字「得」，諸本作「解」。

一九〇頁下一八行第九字「我」，徑作「我曹」。

一九〇頁下一九行「功福」，石、磧、普、南、徑、清作「功德」。以下各本間錯互用，不出校。

一九〇頁下二〇行首字「葷」，資、磧、普、南、徑、清作「葷中」。

一九一頁上一行第二字「滿」，資、磧、普、南、徑、清作「滿者」。

一九一頁上三行末字「慙」，資、磧、普、南、徑、清作「慚愧」。

一九一頁上六行第二字「若」，徑無。

一九一頁上一八行第一〇字「中」，資、普、南、徑、清、麗作「惡」。

一九一頁中二行「語言」，麗作「好語言」。

一九一頁中四行首字「語」，麗作「中語」。

一九一頁中一〇行第四字「痛」，資、磧、普、南、清、麗作「苦痛」。

一九一頁中一九行首字「欲」，資、磧、普、南、徑、清作「欲欲」。

一九一頁中二〇行第一〇字「今」，資、磧、普、南、徑、清作「念」。

一九一頁下四行第一三字「爲」，諸本作「爲人」。

一九一頁下一七行「知汝」，資、磧、普、南、徑、清作「如法」。

一九二頁上二行「身身」，諸本作「身耳」。

一九二頁上九行第一〇字「爲」，資、磧、普作「名」。

一九二頁上一九行第五字「眼」，資、磧、普無。

一九二頁上二〇行第六字「眼」，資、磧、普作「眼眼」。

一九二頁上二一行第八字「見」，普、麗作「所見」。

一九二頁中九行第七字「惡」，資、磧、普、南、徑、清無。

一九二頁中一二行第四字「軟」，麗作「軟可身」。

一九二頁中一九行第一三字「妬」，石作「婬」。

一九二頁下七行第一一字「死」，諸本作「殃」。

一九二頁下八行首字「欺」，資、磧、普、南、徑、清作「愧」。第四字「利」，資、磧、普、南、徑、清作「我」。

一九二頁下一三行第九字「告」，諸本作「言」。

一九二頁下一七行第一二、一三字「爲愛」，資、磧、普、南作「愛爲」。

一九三頁上一行第二字「聞」，資、

磧、普、南、徑、清、麗作「所聞」。

一　九三頁上二〇行第八字「行」，石作「所」。

一　九三頁中九行第一一字「上」，諸本作「止」。

一　九三頁下一八行「知陰」，石、麗作「除」。

一　九四頁上四行第三字「謂」，資、磧、普、南、徑、清作「諸」。

一　九四頁上五行末字「復」，資、磧、普、南、徑、清作「念復」。

一　九四頁中一〇行第二字、一五行第一一字、一六行末字、一八行第五字、一九行第八字及二二行第一一字「曾」，諸本作「曹」。

一　九四頁下四行第一二字「大」，麗作「本」。

一　九四頁下一二行第三字及一三行第三字「入」，諸本作「八」。

一　九四頁下一五行「有所」，資、磧、普、南、徑、清作「所有」。

一　九五頁上一六行第一四字「痛」，資、磧、普、南、徑、清、麗作「著痛」。

一　九五頁中一一行「解我」，資、磧、普、南、徑、清、麗作「爲我解」。

一　九五頁中一三行第八字「意」，資、磧、普、南、徑、清、麗作「意意」。

一　九五頁中一四行第六字「種」，徑無。

一　九五頁中一五行「不可」，徑作「可不可」。

一　九五頁下一五行第五字「是」，諸本作「是爲」。

一　九六頁上一六行末字「關」，資、磧、普、南、徑、清作「關者」。

一　九六頁上末行第一一字「關」，石、麗作「貫」；資、磧、普、南、徑、清作「聞」。

一　九六頁下三行第五字「白」，石、資、磧、普、南、徑、清作「報」。

一　九六頁下七行第九字及一〇字「菩薩」，諸本作「菩薩言」。

一　九六頁下一四行第五字「解」，資、磧、普、南、徑、清作「解説」。

一　九六頁下一八行第一〇字、一九行第一二字、二〇行末字、二二行第五字及次頁上五行第六字「多」，諸本作「多所」。

一　九七頁上一行第一〇字「所」，諸本作「多所」。

一　九七頁上二行末字「多」，諸本作「本多」。

一　九七頁上五行第一一字「息」，諸本無。

一　九七頁上七行第一一字「罪」，諸本作「本罪」。

一　九七頁上九行第九字「多」，資、磧、普、南、徑、清無。

一　九七頁上一一行「可身」，普作「語言」。

一　九七頁上一六行首字「大」，石、資、磧、普、南、徑、清無。第四字「奉」，石、資、磧、普、南、徑、清作「受」。

一　九七頁上末行「明度」，資、磧、普、清、徑、清有「佛説明度」。

佛說明度五十挍計經卷下

後漢安息三藏安世高譯　英

佛言菩薩坐禪數息不得定意得定意不久但坐不斷本罪故使禪不安菩薩自言我何因緣本罪不斷佛言用菩薩坐不挍計斷生死故令本罪不斷佛言欲斷本罪者當斷當来生死意當滅本罪生死意諸菩薩問佛言何等當斷當来生死意當滅本罪生死意佛言心所動為本罪轉得因緣為當来生死罪要當斷當来生死乃應菩薩諸菩薩皆稽首言願佛當復為我解當来生死罪佛告諸菩薩心所動得因緣合中有盛百八生死菩薩要當斷是盛百八生死菩薩意所動得因緣不能遠意中有盛百八生死菩薩要當斷是盛百八生死菩薩為本識動復次識中有盛百八生死菩薩要當斷是盛百八生死轉入眼菩薩眼所見好色為本好色動欲分別中有盛百八生死菩薩要當斷是盛百八生死眼所見中色為本中色動欲分別中有盛百八生死菩薩要當斷是盛百八生死眼所見惡色為本惡色動欲分別中有盛百八生死菩薩要當斷是盛百八生死轉入耳菩薩所聞好聲為本好聲動欲分別中有盛百八生死菩薩要當斷是盛百八生死耳所聞中聲為本中聲動欲分別中有盛百八生死菩薩要當斷是盛百八生死耳所聞惡聲為本惡聲動欲分別中有盛百八生死菩薩要當斷是盛百八生死轉入鼻菩薩鼻所聞好香為本好香動欲分別中有盛百八生死菩薩要當斷是盛百八生死鼻所聞中香為本中香動欲分別中有盛百八生死菩薩要當斷是盛百八生死鼻所聞惡臭為本惡臭動欲分別中有盛百八生死菩薩要當斷是盛百八生死轉入口菩薩口所得美味好語言為本美味好語言動欲分別中有盛百八生死菩薩要當斷是盛百八生死口所得中味中語言為本中味中語言動欲分別中有盛百八生死菩薩要

當断是臧百八生死口所得悪味悪語言為本悪味悪語言動欲分別中有臧百八生死菩薩要當断是臧百八生死轉入身身所得好細軟可身為本細軟動欲分別中有臧百八生死菩薩要當断是臧百八生死身所得中細軟為本中細軟動欲分別中有臧百八生死菩薩要當断是臧百八生死身所得悪麁堅苦痛不可身為本悪麁堅苦痛不可身動欲分別中有臧百八生死菩薩要當断是臧百八生死佛言菩薩要當断是乃應菩薩不断者不應為菩薩如是尚未解諸菩薩報佛言我巳解因緣諸菩薩言我聞佛所說我一切不墮罪中佛問諸菩薩汝寧見菩薩髡頭剔鬚作沙門者不諸菩薩言然見作沙門佛問諸菩薩沙門當髡頭剔鬚時沙門頭鬚了盡賜不諸菩薩言盡賜佛言當盡賜時沙門寧願復欲使頭鬚生不諸菩薩言沙門不願使生佛問諸菩薩頭鬚髮何以故復生諸菩薩言自然生沙門亦不使生佛言沙門

頭鬚髮生寧能自知日長幾分諸菩薩報佛言沙門頭鬚生不能自知日長幾分佛告菩薩不能自覺微臧百八罪行辟如沙門自有頭鬚生不知日長幾分如是菩薩罪坐不能自知言我無罪者云何佛問諸菩薩寧有是不諸菩薩即稽首懃受行

諸菩薩報佛言願佛當復為我解佛言菩薩不可自怙言我無罪罪滅佛言要挍計百八本罪滅不滅菩薩問佛何等為百八本罪滅不滅佛言菩薩心生轉便滅滅中有百八後世當復生受不滅轉入意意生轉復滅滅中有百八後世當復生受不滅轉入識識生轉復滅滅中有百八後世當復生受不滅轉入眼眼所見好色生轉便滅滅中有百八後世當復受不滅眼所見中色生轉便滅滅中有百八後世當復生受不滅眼所見悪色生轉便滅滅中有百八後世當復生受不滅轉入耳耳所聞好聲生轉便滅滅中有百八後世當復生受不滅耳所聞中聲生轉便滅滅中有百八

後世當復生受不滅耳所聞悪聲生轉便滅滅中有百八後世當復生受不滅轉入鼻鼻所聞好香生便轉滅滅中有百八後世當復生受不滅鼻所聞中香生轉便滅滅中有百八後世當復生受不滅鼻所聞悪臭生轉便滅滅中有百八後世當復生受不滅轉入口口所得美味好語言生轉便滅滅中有百八後世當復生受不滅口所得中味中語言生轉便滅滅中有百八後世當復受不滅口所得悪味悪語言生轉便滅滅中有百八後世當復生受不滅轉入身身所得好細軟可身生轉便滅滅中有百八後世當復生受不滅身所得中細軟生轉便滅滅中有百八後世當復生受不滅身所得悪麁堅苦痛不可身生轉便滅滅中有百八後世復生受不滅菩薩言我何以故罪生復滅何以故我了不見佛問諸菩薩汝曹心寧轉不諸菩薩報佛言我心轉生設我心不轉生亦不能與佛共語佛問諸菩薩言若心生時寧還自覺心生不諸菩

薩言我但識見因緣時不覺初起生
時佛言如汝所說尚不能知心初生
時何能無罪佛說如是諸菩薩皆慙
稽首受行
諸菩薩報佛言為我解微大從願佛
更復為我解佛問諸菩薩言汝曹生
以来寧能覺身中温温有幾所火覺
身中寒寒有幾所風合身中有幾所
水諸菩薩言我不能還自具分別知
多少佛言若不知多少寧知寒熱為
水火不諸菩薩報佛言我知寒熱有
水火佛言汝尚知寒熱水火何以故
不知多少諸菩薩言我但能覺寒熱
不能知多少佛言菩薩不自覺心生
正受罪百八罪多少辟如不覺寒熱
水火不知火生以来多少菩薩不自
知心轉生以来多少如是菩薩但能
覺枝不能覺根如是菩薩罪入空中
尚未解諸菩薩皆稽首問佛願更為
我解罪入空中佛言菩薩有百八罪
入空中不可見何等為百八罪若善
薩心有所念生空中復滅空中中有
百八罪不可見心生滅辟如人語有

聲不可見要為有聲在空中但不可
見轉入意意生空中復滅空中中有
百八罪不可見轉入識識生空中復
滅空中中有百八罪不可見轉入眼
眼所見好色生空中復滅空中中有
百八罪不可見眼所見中色生空中
復滅空中中有百八罪不可見眼所
見惡色生空中復滅空中中有百八
罪不可見轉入耳耳所聞好聲生空
中復滅空中中有百八罪不可見耳
所聞中聲生空中復滅空中中有百
八罪不可見耳所聞惡聲生空中復
滅空中中有百八罪不可見轉入鼻
鼻所聞好香生空中復滅空中中有
百八罪不可見鼻所聞中香生空中
復滅空中中有百八罪不可見鼻所
聞惡臭生空中復滅空中中有百八
罪不可見轉入口口所得美味好語
言生空中復滅空中中有百八罪不
可見口所得中味中語言生空中復
滅空中中有百八罪不可見口所得
惡味惡語言生空中復滅空中中有
百八罪不可見轉入身身所得好細

軟可身生空中滅空中中有百八罪
不可見身所得中細滑生空中滅空
中中有百八罪不可見身所得惡麁
堅苦痛不可身生空中滅空中中有
百八罪不可見佛告諸菩薩若不可
見罪生空中亦不見滅空中如是諸
菩薩尚未應解諸菩薩言如是我為
覺知解佛問諸菩薩若何因緣覺諸
菩薩何以故不常坐禪何以故復飛
行到十方佛所菩薩言用我有本願
故不得不行耳佛言如若有本願到
十方佛所何因緣坐禪棄罪設令汝
坐禪棄罪本願當滅諸菩薩言我坐
禪但滅當来罪耳我未滅本願罪佛
問諸菩薩若曹從無數劫以来所作
過去生死罪當滅不諸菩薩言我當
滅過去無數劫本罪佛言若尚能滅
無數劫本罪何以故獨不滅本願罪
諸菩薩言佛問我是我不能卒解佛
言如是若曹為未解何以故言我解
諸菩薩皆稽首慙受行
諸菩薩報佛言雖為我解我尚未
解願佛當復為我解當復何等行佛

言諸菩薩行道無數劫以来億生死本願辟如果實種著土中生大樹已成大樹樹上生百種億億枝枝生億億万葉枝枝生億億万實一實者當復轉生一樹菩薩坐禪棄我本罪辟如取樹葉一一滅之取實一一滅之便不復種生取枝一一滅之如是葉實枝滅盡了斷但有根者為辟如本願一意所起本罪意辟如樹根葉葉生當復滅之不滅者當長養實復生滅者不復生菩薩守意辟如守樹根不得使樹枝葉實生生為增當来罪滅者為不增當来罪為滅本罪如是菩薩本罪未盡者當念百八不捨盡諸菩薩稽首言願佛為我解我不解佛言不捨盡心有所念生念還盡百八便盡是為不捨盡轉入意意生念還盡百八便盡是為不捨盡轉入識識生念還盡百八便盡是為不捨盡轉入眼眼所見好色念還盡百八便盡是為不捨盡眼所見中色念還盡百八便盡是為不捨盡眼所見惡色念還盡百八便盡是為不捨盡轉入

耳耳所聞好聲念還盡百八便盡是為不捨盡耳所聞中聲念還盡百八便盡是為不捨盡耳所聞惡聲念還盡百八便盡是為不捨盡轉入鼻鼻所聞好香念還盡百八便盡是為不捨盡鼻所聞中香念還盡百八便盡是為不捨盡鼻所聞惡臭念還盡百八便盡是為不捨盡轉入口口所得美味好語言念還盡百八便盡是為不捨盡口所得中味中語言念還盡百八便盡是為不捨盡口所得惡味惡語言念還盡百八便盡是為不捨盡轉入身身所得好細軟可身念還盡百八便盡是為不捨盡身所得中細軟念還盡百八便盡是為不捨盡身所得惡麁堅苦痛不可身念還盡百八便盡是為不捨盡如是菩薩不捨盡便入百八淨佛說如是諸菩薩皆歡喜稽首受行

諸菩薩復稽首問佛言為何等為百八淨佛言若有菩薩心起生出念即還入滅為入淨為滅百八不捨淨轉入意意生出即還入滅淨為滅百八

不捨淨轉入識識生出即還入滅淨為滅百八不捨淨轉入眼眼所見好色生出即還入滅淨為滅百八不捨淨眼所見中色生出即還入滅為入淨為滅百八不捨淨眼所見惡色生出即還入滅為入淨為滅百八不捨淨轉入耳耳所聞好聲生出即還入滅為入淨為滅百八不捨淨耳所聞中聲生出即還入滅為入淨為滅百八不捨淨耳所聞惡聲生出即還入滅為入淨為滅百八不捨淨轉入鼻鼻所聞好香生出即還入滅為入淨為滅百八不捨淨鼻所得中香生出即還入滅為入淨為滅百八不捨淨鼻所聞惡臭生出即還入滅為入淨為滅百八不捨淨轉入口口所得美味好語言生出即還入滅為入淨為滅百八不捨淨口所得中味中語言生出即還入滅為入淨為滅百八不捨淨口所得惡味惡語言生出即還入滅為入淨為滅百八不捨淨轉入身身所得好細軟可身生出即還入滅為入淨為滅百八不捨淨身所得中細軟

生出即還入滅為入淨為滅百八不捨淨身所得惡麁堅苦痛不可身生即還入滅為入淨為滅百八不捨淨菩薩行如是不捨淨便能精還百八應戒佛說如是諸菩薩皆歡喜受行諸菩薩復稽首問佛言何等精還百八應戒佛言諸菩薩行道心起即精還滅百八為還應戒麁轉入意意生即精還滅百八為還應戒轉入識識生即精還滅百八為還應戒轉入眼眼所見好色生即精還滅百八為還應戒眼所見中色生即精還滅百八為還應戒眼所見惡色生即精還滅百八為還應戒轉入耳耳所聞好聲生即精還滅百八為還應戒耳所聞中聲生即精還滅百八為還應戒耳所聞惡聲生即精還滅百八為還應戒轉入鼻鼻所聞好香生即精還滅百八為還應戒鼻所聞中香生即精還滅百八為還應戒鼻所聞惡臭生即精還滅百八為還應戒轉入口口所得美味好語言生即精還滅百八為還應戒口所得中味中語言生即精

還滅百八為還應戒口所得惡味惡語言生即精還滅百八為還應戒轉入身身所得好細軟可身生即精還滅百八為還應戒身所得中細軟生即精還滅百八為還應戒身所得惡麁堅苦痛不可身生即精還滅百八為還應戒佛說如是諸菩薩皆歡喜受行佛言諸菩薩以精還應戒便進行入道諸菩薩問佛言何等為精還戒便進行入道佛言菩薩心有所念從心盡力盡所念滅百八是為進行入道轉入意意有所念從意盡力盡所念滅百八是為進行入道轉入識識有所識從識盡力盡所識滅百八是為進行入道轉入眼眼所見好色從好色盡力盡好色滅百八是為進行入道眼所見中色從中色盡力盡中色滅百八是為進行入道眼所見惡色從惡色盡力盡惡色滅百八是為進行入道轉入耳耳所聞好聲從好聲盡力盡好聲滅百八是為進行入道耳所聞中聲從中聲盡力盡中聲滅百八是為進行入道耳所聞惡聲從惡聲盡力盡惡聲滅百八是為進

行入道轉入鼻鼻所聞好香從好香盡力盡好香滅百八是為進行入道鼻所聞中香從中香盡力盡中香滅百八是為進行入道鼻所聞惡臭從惡臭盡力盡惡臭滅百八是為進行入道轉入口口所得美味好語言從美味好語言盡美味好語言滅百八是為進行入道口所得中味中語言從中味中語言盡力盡中味中語言滅百八是為進行入道口所得惡味惡語言從惡味惡語言盡力盡惡味惡語言滅百八是為進行入道轉入身身所得好細軟可身從好細軟可身盡力盡好細軟可身滅百八是為進行入道身所得中細軟從中細軟盡力盡中細軟滅百八是為進行入道身所得惡麁堅苦痛不可身從惡麁堅苦痛不可身盡力盡惡麁堅苦痛不可身滅百八是為進行入道佛言進行入道便能忍持行戒諸菩薩問佛言何等為忍持行戒佛言菩薩已能當能忍戒不離戒如是乃應菩薩行菩薩心動當忍百八不

得令轉是為忍心忍行戒轉入意意有所念當從意忍不得令轉百八便不得行是為忍行戒轉入識識有所識當從識忍不令得轉百八便不得行是為忍識忍行戒轉入眼眼所見好色從好色當忍不得令轉百八便不得行是為忍好色忍行戒眼所見中色從中色當忍不得令轉百八便不得行是為忍中色忍行戒眼所見惡色從惡色當忍不得令轉百八便不得行是為忍惡色忍行戒轉入耳耳所聞好聲從好聲當忍不得令轉百八便不得行是為忍好聲忍行戒耳所聞中聲從中聲當忍不得令轉百八便不得行是為忍中聲忍行戒耳所聞惡聲從惡聲當忍不得令轉百八便不得行是為忍惡聲忍行戒轉入鼻鼻所聞好香從好香當忍不得令轉百八便不得行是為忍好香忍行戒鼻所聞中香從中香當忍不得令轉百八便不得行是為忍中香忍行戒鼻所聞惡臭從惡臭當忍不得令轉百八便不得行是為忍惡臭忍行

戒轉入口口所得美味好語言當忍不得令轉百八便不得行是為美味好語言忍行戒口所得中味中語言從中味中語言當忍不得令轉百八便不得行是為忍中味中語言忍行戒口所得惡味惡語言當忍不得令轉百八便不得行是為忍惡味惡語言忍行戒轉入身身所得好細軟可身從好細軟可身當忍不得令轉百八便不得行是為忍好細軟可身忍行戒身所得中細軟從中細軟當忍不得令轉百八便不得行是為忍中細軟忍行戒身所得惡麁堅苦痛不可身從惡麁堅苦痛不可身當忍不得令轉百八便不得行是為惡麁堅苦痛不可身忍行戒佛言是為菩薩十校計

佛言菩薩復有十校計諸菩薩稽首問佛何等為十校計佛言菩薩當能耐辱能耐辱便入道諸菩薩問佛何等為耐辱入道佛言菩薩心有所念當辱心不得令念便辱百八罪不得勝是為辱心入道轉入意有所念當

辱意不得令念便辱百八罪不得勝是為辱意入道轉入識識有所念當辱識不得令念便辱百八不得勝是為辱識入道轉入眼眼所見好色當辱好色不得令念便辱百八不得勝是為辱好色入道眼所見中色當辱中色不得令念便辱百八不得勝是為辱中色入道眼所見惡色當辱惡色不得令念便辱百八不得勝是為辱惡色入道轉入耳耳所聞好聲當辱好聲不得令念便辱百八不得勝是為辱好聲入道耳所聞中聲當辱中聲不得令念便辱百八不得勝是為辱中聲入道耳所聞惡聲當辱惡聲不得令念便辱百八不得勝是為辱惡聲入道轉入鼻鼻所聞好香當辱好香不得令念便辱百八不得勝是為辱好香入道鼻所聞中香當辱中香不得令念便辱百八不得勝是為辱中香入道鼻所聞惡臭當辱惡臭不得令念便辱百八不得勝是為辱惡臭入道轉入口口所得美味好語言當辱美味好語言不得令念便

辱百八不得勝是為辱美味好語言入道口所得中味中語言當辱中味中語言不得令念便辱百八不得勝是為辱中味中語言入道口所得惡味惡語言不得令念便辱百八不得勝是為辱惡味惡語言入道轉入身身所得好細軟可身當辱好細軟可身不得令念便辱百八不得勝是為辱細軟可身入道身所得中細軟當辱中細軟不得令念便辱百八不得勝是為辱中細軟入道所得惡麁堅苦痛不可身當辱惡麁堅苦痛不可身不得令念便辱百八不得勝是為辱惡麁堅苦痛不可身入道佛言菩薩行如是為應菩薩忍戒行菩薩已忍辱得百八合道願便得百八本信入道便得百八出癡入慧便得百八歡喜還滅便得百八佛悲心便得百八未得佛道愁何等為佛百八悲心何等為百八未得佛道愁謂菩薩得佛悲心念十方泥犁中人難得度脫謂菩薩得佛悲心念禽狩蜎飛蠕動難得度脫謂菩薩得佛悲心念薜荔

中餓鬼難得度脫謂菩薩得佛悲心念二十八天及諸天長壽驕樂不知苦習難得度脫菩薩得佛悲心念世間帝王豪貴難得度脫謂菩薩得佛悲心念世間癡人不解難得度脫謂菩薩得佛悲心念世間人多癡難得度脫謂菩薩得佛悲心念十方五道一切五道一切同法難得度脫如是菩薩為得佛悲心便得佛愁謂菩薩念十方五道勤苦難得度脫愁菩薩已悲已愁百八愛復增多如是菩薩不可用百八愛增多故不悲愁佛言我但用十方五道勤苦悲愁故得佛是為菩薩未得佛百八悲是為菩薩未得佛百八愁佛言復有菩薩未得佛百八惱諸菩薩問佛言何等為菩薩百八惱佛言謂菩薩未得佛見十方泥犁中人拷掠毒痛欲度脫不能度脫便生惱謂菩薩未得佛見禽狩蜎蜚蠕動及人民轉相拷掠毒痛相殺菩薩欲度不能度便生惱謂菩薩未得佛見薜荔餓鬼饑所食欲度不能度便生惱謂菩薩未得作佛見世

間人所作惡貪淫瞋恚意殺祠祀會利強盜快心恣意見是曹人死生五道苦痛無有斷絕雖上為諸天無有別異要五道死生苦痛便不時得佛便生惱便增感百八愛行是為菩薩未得佛百八惱謂菩薩未得佛經要百八黠未得佛泥洹要諸菩薩復問佛何等為菩入得佛經黠佛言謂菩薩能自護六情目不行為得佛經黠等為未得佛泥洹要佛言謂菩薩未得佛未得泥洹要佛言菩薩當校計百八出罪要便得入泥洹要菩薩復問佛言何等為出罪要便得入泥洹要佛言謂菩薩所念為罪出要當滅滅者為得入泥洹要一切六情百八滅亦為入泥洹要是為菩薩出百八罪入泥洹要是為菩薩十校計

佛言菩薩復有十校計第一菩薩相聚會但當校計百八當令盡當求入慧出罪便應菩薩法二者當校計菩薩百八求入空法便出罪空法是為菩薩百八校計出罪入道空三者菩薩當校計百八罪法初起空生時當知校計滅端空時是為菩薩校計百

八生滅為合空以知生滅是為菩薩諦校計四者菩薩當校計百八持空法解盡法諸菩薩復問佛何等為持空法解盡法佛言菩薩一切知十方所有本末皆空已知空知所有當復滅盡菩薩知盡以為諦即不復貪百八不復行者欲菩薩能自解常知盡是為菩薩校計持空法解盡法是為菩薩校計百八解盡應法五者菩薩當校計百八盡法不復生已知不復生是為菩薩校計盡法不復生已知不復生法六者菩薩當校計百八盡當得泥洹長生不復滅不死菩薩得是校計自知苦是為菩薩法知泥洹樂校計法七者菩薩當校計知百八盡泥洹念是為菩薩知泥洹校計相念八者菩薩當校計百盡捨相念不復念是為菩薩百八捨相念不復念校計九者菩薩當校計所念不盡便生雜相念以知雜相念當校計泥洹無所有何以復有雜相念當復滅是為菩薩知雜相念校計十者菩薩當校計自知滅無所有長愛泥洹相泥洹長生不復滅是為菩薩校計受泥洹相是為菩薩十校計

佛言菩薩復有十校計諸菩薩問佛何等為菩薩十校計佛言一者菩薩自知百八罪亦當為十方人說百八罪亦當為十方人說十方生死五道苦痛常當為十方人說万物成敗本末生死無所有是為菩薩一校計二者菩薩當校計十方成敗牽證用示人是為菩薩牽證校計解人法三者菩薩當校計十方人所有皆坐貪故著以貪著皆為癡菩薩常當為人解貪著解人癡菩薩亦當持貪癡還自冤我未知菩薩道時貪癡亦劇是菩薩得是校計常當慈心解人貪癡是為菩薩校計四者菩薩常當校計百八牽十方癡人作證諸菩薩復問佛何等為牽十方癡人作證佛言十方人所念皆坐百八癡故菩薩去百八乃為不癡菩薩失行百八行便為癡常當牽十方癡人作證不得失行是為菩薩校計法五者菩薩當復校計百八牽十方阿羅漢作證者諸菩薩言復校計百八牽阿羅漢作證云何佛言菩薩失行但坐貪著故當牽阿羅漢泥洹去無所有我何為所念失行何為當坐是苦所念牽阿羅漢泥洹常作證是為菩薩校計法六者若復失行當校計百八牽辟支佛泥洹無所有作證是為菩薩校計法七者菩薩若失行當復校計百八無所有當牽十方過去佛泥洹無所有十方過去佛皆我師皆取泥洹去我何為失行行在世間菩薩已牽證便還攝行是為菩薩牽證校計法八者菩薩復失行當復牽現在十方佛亦當泥洹去常當牽自證已自證當即還行是為菩薩百八牽證還行校計法九者菩薩當校計百八復失行佛言我今作釋迦文佛我所主天地帝王人民皆屬我自在飛行人大威神我要般泥洹去歸無所有常當牽我作證常當堅意求佛持我作證意不轉轉者為失行便隨惑百八愛行中是為菩薩校計十者菩薩常當盡力却貪令不得受求受求者為不應菩薩菩薩諦分別思惟我校計是為菩薩五十校計

佛言諸菩薩行安般守意常苦失行無有不失行時諸菩薩問佛何以故我曹作菩薩常苦失行佛言菩薩不厭生死苦習故不自覺生死習故不諦知生死盡無所有不諦知有佛泥洹道故佛言諸菩薩不可自用作菩薩道故貢高勝十方人佛言未得佛生死苦習未與盡合未與道合常有身體苦痛亦有寒熱苦亦有飢渴苦惱不能斷如是菩薩未可自怙其善佛言我未得佛時自謂智慧無能及者自謂知禪無能及者自謂知細微滅心無有及者佛言我已立身作釋迦文佛還自校計作菩薩時所知辟如一菩薩智今已作佛有所知辟如十方佛國中所有万物菩薩佛言十方佛所有菩薩智慧未能得一方佛一小塵智菩薩即稽首佛言我曹癡何以多不能及佛一塵智佛言用汝不厭生死苦習故不早取佛故不知細微意故不知滅本斷根故汝曹盡力精進行亦當知十方佛智慧諸菩薩問佛我何因緣生死多如是佛

言汝曹不諦行安般守意三十七品經十二門三向中微意不知分別校計生死百八中細微意故使生死多難得佛佛語汝心未起時中有五百四十百八愛行心轉作意中有五百四十百八愛行意轉作識中有五百四十百八愛行轉入眼眼所見好色中有五百四十百八愛行眼所見中色中有五百四十百八愛行眼所見惡色中有五百四十百八愛行轉入耳耳所聞好聲中有五百四十百八愛行耳所聞中聲中有五百四十百八愛行耳所聞惡聲中有五百四十百八愛行轉入鼻鼻所聞好香中有五百四十百八愛行鼻所聞中香中有五百四十百八愛行鼻所聞惡臭中有五百四十百八愛行轉入口口所得好味美好語言中有五百四十百八愛行口所得中味中語言中有五百四十百八愛行口所得惡味惡語言中有五百四十百八愛行轉入身身所得好細軟可身中有五百四十百八愛行身所得中細軟中有五

百四十百八愛行身所得惡麁堅苦痛不可身中有五百四十百八愛行佛言一心中有五百四十百八愛行五百四十百八愛行中一愛者當受一生死一愛者當受一身如是不盡五百四十爲愛五百四十生死身意亦尒識亦尒好色亦尒中色亦尒惡色亦尒好聲亦尒中聲亦尒惡聲亦尒好香亦尒中香亦尒惡臭亦尒美味好語言亦尒中味中語言亦尒惡味惡語言亦尒好細軟可身亦尒中細軟亦尒惡麁堅苦痛不可身亦尒佛問諸菩薩寧知是不諸菩薩言聞佛說皆知佛言諸菩薩汝曹寧信有是無諸菩薩言信有是衆不疑但不解佛問諸菩薩汝曹發起来至我所寧知汝意中幾轉汝聞我造說經以来知汝意幾轉諸菩薩報佛言不知幾轉佛問諸菩薩何以故不知幾轉諸菩薩言聞佛說經歡喜不知覺幾轉佛言汝曹未至今不覺意轉墮生死辟如是摩竭國中塵不知多少菩薩但坐失行不自知覺生死多如是

明度五十校計經卷下　第二十七張　難字号

故不即時得佛諸菩薩各各稽首歡喜受行

諸菩薩各各稽首言未聞佛五十挍計時自用不失行聞佛解五十挍計自知失行佛言汝亦失行亦不失行菩薩復問何以失行亦不失行佛言汝至十方佛前自貢高自譽言我解無有是五十挍計罪便墮罪失行是為亦失行佛言不失行者菩薩至十方佛前常當自慙身體自慙生死自慙意墮罪不能挍計知常持五十挍計還自慙是為菩薩不失行不自慙者常失行佛說如是諸菩薩各各自慙各各自悔各各自念滅盡非常苦空非身諸菩薩聞經皆大歡喜前為佛作礼頭面著佛足受行而去

佛說明度五十挍計經卷下

佛說明度五十校計經卷下

校勘記

一　底本，金藏廣勝寺本。

一　一〇〇頁中五行第三字「自」，麗作「白」。

一　一〇〇頁中六行第一二字「令」，磧作「今」。

一　一〇〇頁中一八行第七字「次」，資、磧、普、南、徑、清、麗作「欲」。

一　一〇〇頁下五行第四字「所」，石、麗作「耳所」。

一　一〇〇頁下八行首字「動」，資、磧無。

一　一〇〇頁下一二行「菩薩」，資、磧、普、南、徑、清無。

一　一〇一頁上一六行「剔鬚」，資、磧、普、南、徑、清作「剃鬚」，下同。

一　一〇一頁上一九行「盡賜」，石、麗作「盡㵒」，下同。

一　一〇一頁中二行第八字「鬚」，石、麗作「鬚髮」；普、南、徑、清作「髮」。

一　一〇一頁中三行「佛告」，諸本作「佛言」。

一　一〇一頁中四行第一一字「鬚」，石、資、磧、普、南、徑、清作「髮」。

一　一〇一頁中七行第二字「不」，資、磧、普、南、徑、清作「無」。

一　一〇一頁中七行第九字「慙」，資、磧、普、南、徑、清作「慚愧」。

一　一〇一頁中一五行第四字「轉」，資、磧、普、南、徑、清無。

一　一〇一頁中一七行第一二字及同頁下一一行第八字「復」，石、資、磧、普、南、徑、清作「復生」。

一　一〇一頁下三行「便轉」，徑、清作「轉便」。

一　一〇一頁下一八行第九字「復」，諸本作「當復」。

一　一〇一頁下二〇行第一三字「轉」，徑作「轉生」。

一　一〇二頁上三行「皆慙」，資、磧無。

一　一〇二頁上五行「大從」，石作「太

促」；資、磧、普、南、徑、清、麗作「大促」。

— 一〇二頁上七行「温温」，石、資、磧、普、南、徑、清作「温熱」。

— 一〇二頁下一行第七字「滅」，諸本作「復滅」。

— 一〇二頁下二行第九字「滑」，石、南、徑、清、麗作「軟」。

— 一〇二頁下二行第一三字及四行第一〇字「滅」，石、南、徑、清、麗作「復滅」。

— 一〇二頁下五行末字「可」，諸本無。

— 一〇二頁下八行第一三字「覺」，普、南、徑、清作「覺知諸菩薩言坐禪棄罪便不復有念佛言」。

— 一〇三頁上二行第二字「願」，麗作「意」。

— 一〇三頁上三行「億億枝枝」，資、磧作「億枝億枝」。

— 一〇三頁上八行第五字「㱜」，資、磧、普、南、徑、清作「賜」。

— 一〇三頁上八行第八字「根」，諸本作「根根」。

— 一〇三頁上九行第一二字「葉」，徑作「枝」。

— 一〇三頁上一八行第五字「便」，資、磧、普、南、清無。

— 一〇三頁中末行第九字及同頁下一行第一三字、三行第七字「滅」後，徑有夾註「爲入」。

— 一〇三頁下四行第一二字「滅」，資、磧、普、南、徑、清作「滅淨」。

— 一〇三頁下一五行「爲入」，資無。

— 一〇四頁上二行末字「生」，徑、麗作「生出」。

— 一〇四頁上八行第九字「麁」，資、磧、普、南、徑、清、麗無。

— 一〇四頁中八行第一二字「還」，徑作「還應」。

— 一〇四頁下二行第九字「戒」，資、磧、普、南、徑、清、麗作「持戒」。

— 一〇五頁上三行「忍行」，徑作「忍意忍行」。

— 一〇五頁上四行「令得」，資、磧、普、南、徑、清作「得令」。

— 一〇五頁中一五行第一一字「爲」，徑作「爲忍」。

— 一〇五頁中一七行首字「十」，資、磧作「五十」；普、南、徑、清作「二十」。

— 一〇五頁中末行第一〇字「意」，諸本作「意意」。

— 一〇五頁下三行第一〇字「八」，資、磧、普、南、徑、清、麗作「八罪」。

— 一〇六頁上一一行第九字「道」，諸本作「道身」。

— 一〇六頁上一五行第九字「忍」，資、磧、普、南、徑、清作「忍辱」。

— 一〇六頁上一六行第三字「得」，諸本作「便得」。

— 一〇六頁上一九行「佛百八」，資、磧、普、南、徑、清作「百八佛」。

— 一〇六頁中三行第二字「習」，普、南、徑、清作「集」，下同。

— 一〇六頁中三行「菩薩」，麗作「謂

菩薩」。

一 一〇六頁中一八行第一〇字「欲」，資、磧無。

一 一〇六頁中二〇行第二字「蜚」，諸本作「飛」。

一 一〇六頁中二二行第一三字「度」，麗作「度脱」。

一 一〇六頁下一〇行第三字「得」，資、磧、普、南、徑、清作「得入」。

一 一〇六頁下一六行第九字「十」，普、南、徑、清作「三十」。

一 一〇七頁上七行第一二字「常」，麗作「當」。

一 一〇七頁上一四行第六字「苦」，普、南、徑、清作「若」。

一 一〇七頁上一七行第一一字「盡」，資、磧、普、南、徑、清作「滅盡」；麗無。

一 一〇七頁上二〇行「何以」，資、磧、普、南、徑、清作「何以故」。

一 一〇七頁中一行第九字「十」，普、南、徑、清作「四十」。

一 一〇七頁中一八行第一一字「八」，資、磧、普、南、徑、清、麗作「八癡」。

一 一〇七頁下一行第一〇字「當」，資、磧、普、南、徑、清作「常」。

一 一〇七頁下一七行第七字「人」，資、磧、普、南、徑、清無。

一 一〇七頁下二〇行第四字「隨」，資、磧、普、南、徑、清作「墮」。

一 一〇七頁下二二行第二字「受」，南作「便」。

一 一〇七頁下末行首字「分」，石、麗作「求分」。

一 一〇七頁下末行第五字「我」，諸本作「我所」。

一 一〇八頁上七行第四字「貢」，石、資、磧、普、南、徑、清作「功」。

一 一〇八頁上一八行「菩薩」，諸本作「諸菩薩」。

一 一〇八頁上一八行第一一字「佛」，諸本作「問佛」。

一 一〇八頁下五行第五字及六行第六字「愛」，資、磧、普、南、徑、清作「受」。

一 一〇八頁下一六行第八字「曹」，資、磧、普、南、徑、清作「造」。

一 一〇八頁下二〇行第五字「聞」，諸本作「我聞」。

一 一〇八頁下二一行「汝曹未至」，石、麗作「汝曹來至」；資、磧、普、南、徑、清作「汝造來至」。

一 一〇八頁下末行第一三字「少」，資、磧、普作「坐」。

一 一〇九頁上一四行末字「苦」，普、南、徑、清作「若」。

文殊師利問經卷上　量

梁扶南國三藏僧伽婆羅譯

序品第一

如是我聞一時佛住王舍城耆闍崛山中與大比丘衆一千三百五十俱皆是阿羅漢諸漏已盡無復煩惱身心自在心善解脫慧善解脫調伏諸根摩訶那伽所作已辦可作已辦捨於重擔已到自事義有使已盡正智善解脫到一切自在其名曰長老阿若憍陳如（此言已知陳如姓也）舍利弗大目揵連（此言羅扶根其父好敬此物因以為名）摩訶迦葉離婆多（此言常作聲）須婆吼（此言善腳）阿難陀（此言大歡喜）如是等一千三百五十阿羅漢復有一千三百凡夫比丘衆

復有金剛菩薩大菩薩觀世音菩薩大德勇猛菩薩无盡意菩薩大意菩薩文殊師利童子菩薩如是等無數菩薩摩訶薩

菩薩戒品第二

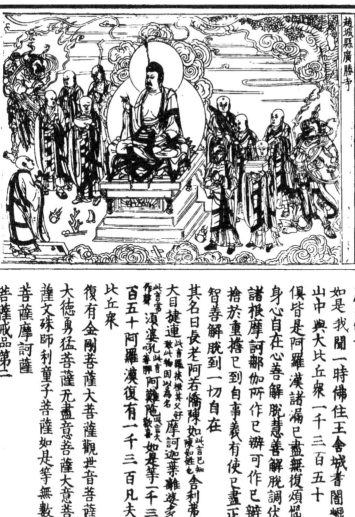

文殊師利白佛言世尊我今欲問世尊勝語世間菩薩戒願為我說我當諦聽佛告文殊師利我今當說汝善諦聽不煞衆生不盜他財物不非梵行不起妄語不飲酒如是當憶不歌儛倡伎不著花香持天冠等不坐卧高廣大牀不過中食若行此事不成就三乘何以故以有犯故鬚長二指當剃或二月日若短而剃是無學菩薩若過二指亦是无學菩薩尒不得長得如一麵麦何以故為搔癢故若如此者是分別菩薩為供養佛法僧并般若波羅蜜及父母兄弟得畜財物為起寺舍為造像為布施若有此因緣得受金銀財物无有罪過若食摶當如雞卵大正食時無因緣不得看他是分別菩薩不得賣買受他施物不得貨賣若施至億万亦皆應受何以故有因緣故不以自身作惡亦不教他不得為利養故讚嘆他人若為已煞不得噉若肉如材木已自腐爛欲食得食文殊師利若欲噉肉者當說此呪多姪他（此言如是）阿捺摩（此言无我無我）阿捺摩阿視婆多（此言无壽命無壽命）阿視婆多那舍那舍（此言失失）陁呵陁呵（此言燒燒）婆弗婆弗（此言破破）僧柯慓

多弭此言有為莎呵此言除煞去
此呪三說乃得噉肉飯亦不應食何
以故若無患惟飯不應食故何況當
噉肉
尒時文殊師利復白佛言世尊若得
食肉者為龜經大雲經指鬘經楞伽
經等諸經何故悉斷佛告文殊師利
如深廣江不見彼岸若无因緣則不
得渡若有因緣汝當渡不文殊師利
白佛言世尊我當渡我當渡或以舩
或以筏或以餘物佛復告文殊師利
以衆生無慈悲力懐煞害意為此因
緣故斷食肉文殊師利有衆生樂糞
掃衣我說糞掃衣如是乞食樹下坐
露地坐阿蘭若塚間一食過時不食
遇得得住處三衣等為教化彼我說
頭陁如是文殊師利若衆生有殺害
心為彼心故當生无數罪過是故我
斷肉若能不懐害心大慈悲心為教
化一切衆生故無有過罪
不得噉蒜若有因緣得噉若合藥治
病則得用不得飲酒若合藥醫師所
說多藥相和少酒多藥得用不得服

油及塗身等若有因緣得用得用乳
酪生穌熟穌醍醐我先噉乳糜為風
痰冷故佛說此衹夜
若身覆是善　心口覆亦然　一切處所覆
菩薩所應行
佛告文殊師利有三十五大供養是
菩薩摩訶薩應知然燒燒香塗身塗
地香末香袈裟及繖若龍子幡并諸
餘幡螺鼓大鼓鈴賝儛歌以卧具或
三節鼓腰鼓節鼓并及截鼓舁陁羅
花持地灑地貫花懸繒飯水漿飲可
食可敢及以可味香和檳榔楊枝浴
香并及澡豆此謂大供養
佛告文殊師利有二十六邪見是菩
薩摩訶薩應離殺馬祠火煞人祠火
一時射四方殺馬四千頭去除五藏
內以七寶施婆羅門煞人內寶亦如
是箭射四方齊箭至處布滿七寶施
婆羅門走馬四方窮其所至布以七
寶施婆羅門隨此箭馬所極之處滿
中衆生皆悉敎害聚積雜物一切燒
盡一切天神悉皆當礼一切林樹悉
皆當礼一切山神悉皆當礼古昔居

處悉皆當礼諸有大樹悉皆當礼諸
雜神像悉皆當礼摩醯首羅毗紐拘
摩勒梵天閻羅王龍毗沙門因陁羅
酒天女割多耶尼獨伽舌陁遮文持
優摩羅與邪見相似是等可捨不應
礼拜文殊師利我不說此以為功德
佛說此衹夜
如上二十六　悉是邪歸依　非勝非安隱
不得脫衆苦　若依佛法僧　及以四聖諦
勝安隱歸依　一切苦解脫
彼先邪見相傳說此功德煞馬功德
教人功德射方功德走馬功德教一
切衆生功德實非功德若生一念慈
悲心功德廣大不可思議文殊師利
此是菩薩所行
尒時文殊師利白佛言世尊我欲問
如來應供正遍知未來諸菩薩諸行
如來若許我今當問佛告文殊師利
隨意所問文殊師利白佛言四衆於
何時中不得作聲或身口木石及諸
餘聲佛告文殊師利於六時不得礼
佛時聽法時衆和合時乞食時正食
時大小便時文殊師利白佛何故於

是時不得作聲佛告文殊師利於是
時有諸天来彼諸天常清淨心無涤
心空心隨波羅蜜心觀佛法心以彼
聲故令心不定以不定故悉皆還去
以諸天去故諸惡鬼来作不饒益不
安隱事彼人於此生諸灾患人民飢
饑更相侵犯是故文殊師利應寂靜
礼佛應供正遍知佛說此袛夜
不作身口聲　木石餘音聲　寂靜礼佛者
如来所讃嘆

不可思議品第三

尒時文殊師利白佛言世尊我當更
問願佛解說佛告文殊隨意所問文
殊師利白佛言世尊如来何故入於
涅槃佛告文殊師利我不入涅槃何
以故由衆生故文殊師利如琉璃珠
清淨無垢若值白物青黄赤物此琉
璃珠則隨物色琉璃无心令見異色
文殊師利如来亦尒或有衆生見佛
涅槃轉法輪見降衆魔見並現神通
大小便利或食或眠或行或笑如衆
生意悉見如来如是文殊師利如虛
空無色而色於中現虛空无取亦取

諸色虛空無意而生憶想虛空无憂
為衆生處虛空無墮而墮依虛空如
来法身非是織身非血肉身是金剛
身是不破身不可破身无譬喻身而
能示現一切諸色以智慧金剛身現
為碎身文殊師利若佛不涅槃世間
不知佛是法身非金剛是碎是金剛
不碎何以故如来慧身示現涅槃非
真涅槃以方便故說入涅槃文殊師
利涅槃者多義大者非涅槃名涅槃
者無識大乗涅槃是說大般涅槃小
涅槃者如緣覺聲聞涅槃大者非涅
槃涅槃如虛空故小者是自業非他
業是故說小涅槃涅槃者下義我說
死名涅槃如来不死何以故聲聞尚
不生老死不憂悲苦惱何況如来法
身不可思議身不生身不滅身不燒
身彼長壽諸天見如来入涅槃悲傷
戀慕堪種般若波羅蜜亦堪種聲聞
緣覺菩薩因緣佛說此袛夜
如来金剛身　今日巳破壞　此身尚破碎
何況羸力者　以此生悲戀　疾當得法身
以是故如来　示現涅槃相　如来妙法身

非可見聞法　不生亦不滅　不可得思議
於此衆中大意菩薩說此袛夜
如来不涅槃　涅槃非如来　亦非心意識
離有无相故　若人見牟尼　永離於生死
得成無所執　不著彼此故
文殊師利白佛言世尊若如来无心
意識云何當作衆生事未来衆生當
有此疑佛告文殊師利如虛空無心
意識亦為一切衆生處四大无心意
識為一切衆生所依日月無心意識
光照一切衆生樹木无心意識能與
衆生花果如是文殊師利有摩尼珠
名隨一切衆生意生於海中安置幢
上隨人所樂金銀琉璃真珠等物從
摩尼珠出能長養壽命摩尼珠者无
心意識隨衆生意而無損減若此世
間一切消盡當從餘方珠若未墮大
海不乾文殊師利如来如是作一切
衆生事如来不滅何以故如来無心
意識故佛說此袛夜
佛無心意識　作一切衆事　如来不思議
能信者亦然
尒時文殊師利讚嘆如来說此袛夜

我礼一切佛　調御無等雙　丈六身法身
亦礼於佛塔　生處得道處　法輪涅槃處
行住坐卧處　一切皆悉礼　諸佛不思議
妙法亦如是　能信及果報　亦不可思議
能以此祇夜　讚嘆如来者　於千万億劫
不墮諸惡趣

佛言文殊師利善哉善哉如来不可量不可思議即說祇夜言

佛生甘蔗姓　滅已不更生　若人歸依佛
不畏地獄苦

無我品第四

文殊師利白佛言世尊未来衆生當說有我遍一切處何以故一切行故出過三世苦樂瞋愛悉是我相世尊外道計我其意如是佛告文殊師利辟如礠石吸一切鐵屑為鐵屑是我礠石是我若汝當說鐵屑非我礠石非我是則非遍若礠石鐵屑悉是我者云何以我而自吸我又亦不遍何以故自吸其身故所有色一切是四大一切无常若無常不真實若不真實不諦若不諦无處無處故无我文殊師利猶如老人於夜中坐自捉兩

膝說如是言那得有此兩小兒耶若此老人身中有我云何不識自膝謂是小兒以是事故實无有我是邪見人於無處攝執辟如見焰而生水想實无有水以眼乱故如是非我攝生我想是闇惑邪見非正見也

若我遍一切處則遍行五道人天是樂地獄餓鬼畜生是苦若我遍一切處我受地獄苦則人天亦應苦樂者由善業得苦者由惡業得樂者生染苦者生瞋或有勇健或有怖畏如是異相故知不遍我不說此是真實思惟若我過三世者過去已沒如燈已滅未来未到如未来燈現在不停猶如流水我非過去非未来非現在无時節何以故過時節故若無時則无數以無數故亦無有我何以故以可分故阿者離我聲多者不破壞者滅憍慢又阿者真實離我真實離我故兩過說阿是故文殊師利分別字故定无有我佛說此祇夜

礠石吸鐵屑　二種誰是我　不遍及自吸
決定無我故　如渴人見焰　非水生水想

邪見攝執我　其事亦復然　分別於阿字
定知无有我

涅槃品第五

介時文殊師利白佛言世尊涅槃者聲聞緣覺凡夫不能分別惟如来正遍知之所能說佛言文殊師利涅槃不滅何以故無斷煩惱故无所到處何以故以無處故到者得義无到故無得何以故无苦樂故無斷不斷无常不常佛說此祇夜

不斷不滅　不生不起　不墮不落
不行不住

常住涅槃不斷不常相何以故無生死故文殊師利我尚不見生死何況當見生死過患文殊師利我尚不見涅槃何況見涅槃功德佛說此祇夜

若見有一法　餘法悉應見　以一法空故
一切法亦空

文殊師利當知諸法空若不滅則不生若不斷則不滅若不常則不生無煩惱可斷故是故不滅无煩惱處故是故不生

佛復告文殊師利无障礙故不滅不

滅故無障㝵生善不善无記故术障
㝵文殊師利是說涅槃佛說此祇夜
不滅不到　不断不常　不障不㝵
是說涅槃
佛告文殊師利常住涅槃無日月星
宿地水火風无晝夜數量無色无形
無老病死无年歲無所作是常是恒
離衆苦業如是涅槃善人所說佛說
此祇夜
彼无有日月　星宿及四大　晝夜與量數
形色及虛空　亦無老病死　年歲諸所作
已断生死本　是常亦是恒　如是涅槃相
善人之所說
文殊師利白佛言世尊有諸外道說
世間空又說不空此是外道邪意分
別佛告文殊師利此外道意不真實
思惟若世間空則无生死何以故以
空故生死若空涅槃亦空若涅槃無
則无神通若世間不空生死亦无何
以故以不空故以生死不空涅槃亦
無若无涅槃亦無神通文殊師利若
世間不生不壞何用涅槃若生死無
失壞不名生死何以故以无失故若

生死无失即生死為涅槃是故文殊
師利不應說世間空與不空亦不應
說世間應断及以不断何以故以無
有故断者是断煩惱不断者非断煩
惱亦无煩惱及非煩惱亦無解脫若
无解脫則无涅槃文殊師利滅亦無
何以故生死空不空故是故无滅若
生死如此誰樂得涅槃佛說此祇夜
若諸世間空　則無有生死　以生死无故
涅槃亦不有　世間若不空　亦無有生死
生死若无者　涅槃亦非有　生死若如是
誰當樂涅槃

般若波羅蜜品第六

尒時文殊師利白佛言世尊般若波
羅蜜一切聲聞緣覺從般若波羅蜜
出不一切佛一切法從般若波羅蜜
出不佛告文殊師利如是如是一切
聲聞緣覺一切佛一切法從般若波
羅蜜出菩薩於色行行於相於色壞
行行於相若於色滅行行於相若行
色空行於相如是菩薩無方便修行
般若波羅蜜文殊師利般若波羅蜜
不以心意識修行世尊若般若波羅

蜜不可取去何修行般若波羅蜜佛
告文殊師利是修行非修行不以心
意識故文殊師利心者聚義意者憶
義識者現知義不以此心意識修行
般若波羅蜜不以此修行是修行以
無處是修行修行者不依欲界色界
无色界非過去非未来非現在非内
外非中間如此修行是修行般若波
羅蜜不修形色是修行般若非地水
火風是修行般若非有非無非聲聞
緣覺非善不善无記非十二因緣非
男非女非非男非非女非常非智非
滅非生非可數不可思議不可言說
无可依無名字无相無異相无增無
減自性清淨真實不可覺普遍等虛
空無色无作出過三世不苦不樂無
日月星宿如此修行是修行般若波
羅蜜真實非般若波羅蜜般若波羅
蜜非真實文殊師利如此修行名修
行般若波羅蜜佛說此祇夜
此法不思議　離於心意識　一切言語断
是修行般若

有餘氣品第七

尒時文殊師利白佛言世尊一切聲聞緣覺有起煩惱不起幾種煩惱佛告文殊師利有餘故名起者辟如香氣所言氣者有二十四種業氣見處氣染氣色染氣有染氣無明染氣行氣識處氣名色氣六入氣觸氣受氣愛氣取氣有氣生氣老氣病氣死氣憂氣悲氣苦氣惱氣疲極氣依氣此謂二十四氣身口意餘此謂業氣斷見常見謂見處氣著衣鉢等此謂染氣十種色意此謂色染氣無色界此謂无明氣若身口意種種覺此謂行氣憶一切色有苦樂不苦不樂想如是分別此謂識處氣堅濕熱輕動一切悉有此謂名色氣眼色耳聲鼻香舌味身觸意法此謂六入氣冷熱堅濕飢渴暖滑此謂觸氣苦樂不苦不樂受此謂受氣姓名國土欲界色界無色界苦惱飢渴等於彼不知足此謂愛氣欲取見取戒取此謂取氣欲有色有无色有此謂有氣於後苦地必當生此謂生氣諸根衰壞此謂老氣種種疾患此謂病氣涅槃想死想此謂死氣身體枯燥此謂憂氣號叫啼泣此謂悲氣體煩熱故此謂苦氣過苦故此謂惱氣身心困弊謂疲極氣有怖畏無所歸此謂依氣文殊師利此謂二十四氣文殊師利諸佛世尊无歸依氣是歸依處何以故惟有如来為衆生所依一切衆生非歸依處世尊非有相無思量无積因聲聞聞法佛不聞法何以故無所不知故佛說此祇夜

阿羅漢有氣 以有過患故 惟佛獨能度
為衆生歸依

来去品第八

尒時文殊師利白佛言世尊来者何義去者何義佛告文殊師利来者向義去者背義若無向背不来不去是聖行處来者癡義去者不癡義非癡非不癡是聖行處来者有為去者無為无有為無无為是聖行處来者識義去者非識義非識非非識是聖行處来者名色義去者非名色義非名色非不名色是聖行處来者六入義去者非六入義非入非非入是聖行處乃至憂悲疲極亦如是文殊師利来者我義去者无我義非我非無我无来無去是聖行處来者常義去者非常義非常非不常是聖行處来者斷義去者非斷義非斷非不斷是聖行處来者有義去者無義非有非无是聖行處文殊師利來去義如是佛說此祇夜

來去義無相 諸法亦如是 非知非可說
是名来去義

中道品第九

尒時文殊師利白佛言世尊佛說无二法故一切聲聞緣覺菩薩並無疑惑悉知中道乃至凡夫亦能生信佛告文殊師利明无明無二以无二故成無三智文殊師利此謂中道具足真實觀諸法行无行無二以无二故成無三智文殊師利此謂中道具足真實觀諸法識非識乃至老死非老死无二亦如是文殊師利若無明有者是一邊若无明無者是一邊此二邊中間無有色不可見无有處無相无相待無標相文殊師利此謂中道

行識乃至老死亦如是文殊師利此中道具足真實觀諸法諸法無二无二有何義謂末陁摩末者莫義陁摩者中義莫者中與謂末陁摩何以故不取常見有見故是故名末陁摩佛說此祇夜

諸法無有二　亦復无有三　此中道具足
名為真實道

世間戒品第十

尒時文殊師利白佛言世尊菩薩有幾種色衣云何歸依碩為廣說為饒益諸菩薩故佛告文殊師利不大赤色不大黃不大黑不大白清淨如法色三法服及以餘衣皆如是色若自染若令他染如法擣成隨時浣濯常使淨潔如是臥具得用青黃雜色文殊師利菩薩衣色如是菩薩內心寂靜如法被著與大乘相應著涅槃僧離踝二指若諸菩薩欲與國王大臣共語隨彼問此亦一荅勿令差異當如實說若彼多問此亦多荅如是餘婆羅門剎利毗舍首陁沙門闍梨和上及父母妻子僕使及餘眾族貧窮乞人隨其尊卑各隨問荅或餘天龍

夜叉羅剎毗舍闍阿修羅迦樓羅緊那羅摩睺羅伽若人若鬼佛及緣覺聲聞菩薩凡夫隨有所問當如法荅不為利養不為自身不邪命不戲笑如是應念尒時文殊師利白佛言世尊云何歸依佛告文殊師利歸依者應如是言大德我某甲乃至菩提歸依佛乃至菩提歸依法乃至菩提歸依僧第二第三亦如是說復言我某甲已歸依佛已歸依法已歸依僧竟如是三說次言大德我持菩薩戒我某甲乃至菩提不煞眾生離煞生想乃至菩提不盜亦離盜想乃至菩提不非梵行離非梵行想乃至菩提不妄語離妄語想乃至菩提不飲諸酒離飲酒想乃至菩提不著香花亦不生想乃至菩提不歌儛作樂離歌儛想乃至菩提不坐卧高廣大床離大床想乃至菩提不過中食離過中食想乃至菩提不捉金銀生像離捉金銀想乃至當具六波羅蜜大慈大悲佛說此祇夜

發誓至菩提　歸依於三寶　受持十種戒

亦誓至菩提　六度及四等　皆當令具足
如是修行者　與大乘相應

出世間戒品第十一

尒時文殊師利白佛言世尊菩薩出世間戒有幾種佛告文殊師利若以心分別男女非男非女等是菩薩犯波羅夷若以心分別畜生餓鬼男女非男非女諸天神男女非男非女是菩薩波羅夷若以身口行不堪得三乘若受出世間菩薩戒而不起慈悲心是菩薩犯波羅夷若以身口行不堪得三乘若他物若小若大若長若短若有色若有形若住若動若覆藏若殺處若有封印若盛貯若以心起盜想犯波羅夷若以身口行不堪得三乘若起妄語心犯波羅夷若以身口行不堪得三乘若樹葉若皮若汁若以心欲取犯菩薩僧伽婆尸沙若以身口取不堪得三乘若起歌儛作樂花香瓔珞想是犯菩薩僧伽婆尸沙若以身口行不堪得三乘若起廣大床想是犯菩薩僧伽婆尸沙若以身口行不堪得三乘若起過中食想是犯菩薩僧伽婆尸沙若以身口行不堪得

三乘若起捉金銀珎寶想是菩薩僧伽婆尸沙若以身口行不堪得三乘若剃身毛若剪爪如初月形若起此想是菩薩偷蘭遮若以身口行不堪得三乘若起斬斫草木想犯偷蘭遮若以身口行不堪得三乘若起毀他名譽若色若姓若財物若伎術若車乘若身力等想是犯偷蘭遮若以身口行不堪得三乘

佛法僧物若花香塗香衣服若珎寶若菩薩以脚踐蹋犯波夜提若佛塔若佛所行處及菩提樹轉法輪處若以脚踐蹋犯波夜提若不信者不堪得三乘

若吐舌動眼毀諸威儀起此想者犯突吉羅若以身口行不堪得三乘

若見他物他樂種種服𩜾詐現求利及說人罪過若起此想犯波羅提舍若以身口行不堪得三乘

若未犯前罪逆守護令不生是菩薩僧突伽陁尼（僧突最遮守義伽陁尼是令不生義）眼耳鼻舌身意令無異是菩薩應當學此謂具出世間菩薩戒

上出世間戒品第十二

介時文殊師利白佛言世尊云何上出世間戒無漏不可思議无處無所著文殊師利戒者於彼衆生无我非無我无事無因无教化人無行无不行無行處无名無色无色相無无色相無寂无不寂無可取无不可取無真實无不真實無身无言無說无心無世間无非世間非世法非不世法不自歎戒不毀他戒不求他過不以持戒輕慢他人不覺戒不思惟戒無所思惟无所覺故文殊師利此謂上出世間聖戒無漏无生無所著出三界離一切依佛說此祇夜

有出世戒人　無垢无所有　憍慢及所依
無明與繫縛　如是諸過患　一切皆无有
無內寂外寂　亦无內外寂　內外覺亦無
智者得解脫

文殊師利是有戒人於佛法不自觀身不著壽命不著一切生得正行是正住文殊師利是謂有戒於佛法不著世間不依世間得光明無明闇无所有無自想无他想不著想清淨戒

不此岸不彼岸不中流無所著无所縛無罪過无漏文殊師利此有戒人於佛法及名色心不執著常平等饒益常寂靜心無我无我所是人如所說戒住無所學无解脫無所作是得上道是清淨戒相无勝戒無定戒无智慧戒是聖人性不可得是佛所歎戒是空無與我等戒能安聖定若清淨定成脩行慧以慧得智以智得解脫

菩薩受戒品第十三

介時文殊師利白佛言世尊若善男子善女人受菩薩所受戒法當云何佛告文殊師利應於佛前至誠礼拜作如是言我某甲願諸佛憶念我如諸佛世尊正知以佛智慧无所著我當發菩薩心為利益一切衆生令得安樂發無上道心如過去未來現在諸菩薩發无上菩提心於一切衆生如父母兄弟姉妹男女親友等為彼解脫得出生死乃至令發三菩提心勤起精進隨諸衆生所須財法一切施與以此財法攝受一切衆生漸漸隨宜為解脫衆生出生死故乃至令

安住無上菩提我當起精進我當不放逸如是再三是名菩薩摩訶薩初發菩提心文殊師利此諸菩薩所受所行為化菩薩不為聲聞縁覺不為凡夫諸不善者

字母品第十四

尒時文殊師利白佛言世尊一切諸字母云何說一切諸法入於此及陁羅尼字佛告文殊師利一切諸法入於字母及陁羅尼字文殊師利如說阿字是出無常聲說長阿字是出離我聲說伊字出諸根聲說長伊字出疾疫聲說憂字出荒乱聲說長憂字出下衆生聲說釐字出直軟相續聲說長釐字出斷染遊戲聲說梨字出相生法聲說長梨字出三有染相聲說翳字出所起過患聲說翳字出聖道勝聲說烏字出取聲說炮字出化生等聲說菴字出無我所聲說阿字出没滅盡聲說迦字出度業果報聲說佉字出虛空等一切諸法聲說伽字出深法聲說恒字出除堅重无明癡闇冥聲說誐字出預知行聲說遮

字出四聖諦聲說車字出斷欲染聲說闍字出度老死聲說禪字出攝伏惡語言聲說若字出說安住聲說多字出斷結聲說他字出置荅聲說陁字出攝伏魔賊聲說檀字出滅諸境界聲說那字出除諸煩惱聲說輕多字出如是無異不破聲說輕他字出勇猛力速无畏聲說輕他字出施静字護安隱聲說輕檀字出聖七財聲說輕那字出分別名色聲說波字出第一義聲說頗字出作證得果聲說婆字出解脫縛聲說梵字出生三有聲說磨字出斷憍慢聲說耶字出如法分別聲說囉字出樂不樂第一義聲說邏字出斷愛聲說婆字出勝乘聲說捨字出信精進念定慧聲說屣字出攝伏六入不得不知六通聲說娑字出覺一切智聲說訶字出正煞煩惱聲說攞字出取後字過此諸法不可說聲文殊師利此謂字母義一切諸字入於此中

佛告文殊師利我當說八字云何入字跋字第一義一切諸法无我悉入

此中羅字以此相好無相好入如来法身義婆字悉入法慧入法如法度无愚無慧義闍字度生老病死令入不生不老不病不死義伽字度業果報令入无業果報義他字摠持諸法衆語言空無相无作令入法界義捨字奢摩他毗婆舍那令如實觀諸法義沙字一切諸法念念生滅亦無滅不滅本来寂静一切諸法悉入涅槃文殊師利此謂八字是可受持入一切諸法

尒時文殊師利白佛言世尊云何說无常聲佛告文殊師利无常聲者一切有為法無常如眼入無常耳鼻舌身意入亦无常色入無常聲香味觸法入亦无常如眼界色界眼識界乃至意界法界意識界亦無常色陰无常乃至識陰亦如是謂无常聲

無我聲者一切諸法无有我說我人作者使作者等或斷或常此謂我想我覺是外道語言若過去已滅若未来未至若現在不停十二入十八界五陰悉無有我是長阿義

諸根聲者謂大聲如眼根名大聲耳根乃至意根名大聲此謂伊字是名大聲

多疾疫聲者眼多疾疫乃至意亦如是衆生身心種種病苦此謂多疾疫聲

荒乱聲者國土不安人民相逼賊抄竟起米穀不登此謂荒乱聲

下衆生聲者下劣衆生貧窮困苦无善根諸禽獸虫蚋等此謂下衆生聲

直軟相續聲者直者不諂不諂者不曲不曲者真實真實者如說行如說行者如佛語行此謂為直軟者有六種眼軟乃至意軟此謂為軟相續者不離一切諸善法是謂直軟相續聲

斷染遊戲聲者斷欲界染三十六使思惟所斷四使斷者除滅義遊戲者五欲衆具衆生於此遊戲如是應斷此謂斷染遊戲聲

出相生法聲者一切諸法無我為相念念生滅寂靜相无我為相者色陰無常乃至識亦如是此謂无我為相念念生滅者一切諸行念念生生者必滅此謂一切諸法念念生滅寂靜者空無處所无色無體與虛空等此謂寂靜相者過去未来現在无常此謂相生法聲

出三有染相聲者相者五欲衆具欲界相色染色界相無色染无色界相此謂相三有者欲有色有無色有云何欲有地獄乃至他化自在天云何色有梵身乃至色究竟云何无色有空處乃至非想非非想處染者三界九十八使此謂出三有染相聲

所起過患聲者三求欲求有求梵行求欲求者求色聲香味觸云何色求色有二種一謂色二謂形色色有十二種謂青黃赤白煙雲塵霧光影明闇形色有八種謂長短方圓高下平不平此謂欲色云何欲聲聲有七種謂螺聲鼓聲小鼓聲大鼓聲歌聲男聲女聲此謂欲聲云何欲香香有七種根香心香皮香糖香𦶜香花香果香或男香女香此謂欲香云何欲味味有七種甜味酢味醎味苦味澁味淡味辛味或男味或女味此謂欲味云何欲觸觸有八種冷熱輕重澁滑飢渴或男觸或女觸此謂欲觸此謂欲求云何有求欲有色有無色有此謂有求云何梵行求出家苦行欲求天堂欲求涅槃此謂梵行求求者何義謂樂著義

云何所起過患聲衆生諸有患名過患除天堂及涅槃餘處求一切有過患此謂所起過患聲

聖道勝聲者謂八正道正見乃至正定無過患无所著故謂聖道此謂聖道勝聲

取聲者執捉諸法此謂取聲

化生聲者四除受想行識此謂化生復說胎生卵生濕生化生胎生四種東弗于逮南閻浮提西拘耶尼北欝單越卵生一切衆鳥濕生蚊虻等化生諸天也此謂化生聲

無我所聲者一切諸法非是我所無我起故无我所者無我所慺此謂无我所聲

没滅盡聲者無明滅故行滅乃至生滅故憂悲苦惱滅没盡者泥洹寂靜不復更生此謂没滅盡聲

度業果報聲者業者三業謂身三口
四及意三業果報者三業清淨此謂
度業果報聲虛空等諸法聲者諸法
與虛空等云何與虛空等一切法惟
有名惟有想無有相无分別無體不
動不揺不可思議不起不滅无所作
隨無相无所造無相皃无形色無行
處等虛空住平等不老不死無憂悲
苦惱色者虛空等受想行識亦如是
過去已没未來未至現在不停此謂
虛空等諸法聲
深法聲者无明緣行乃至生緣老死
憂悲苦惱無明滅則行滅乃至生滅
憂悲苦惱滅彼理真實是名為深深
者十二因緣一切語言道斷无邊無處
无時節斷丈夫斷世性入平等破自
他執此謂深法聲
除堅重無明癡闇冥聲者堅者身見
等五見重者五陰无明者不知前後
際及有罪無罪不識佛法僧不知施
戒天不知陰界入此謂无明癡者忘
失覺念此謂癡闇者入胎苦惱一切
不淨而生樂受迷惑去來此謂闇冥

者於三世無知无方便不明了此謂
冥除者真實諦開示光明除自果除
煩惱除非煩惱除餘習入平等不可
思議為主此謂除義此謂除堅重無
明癡闇冥聲
豫知行聲者八種豫知行謂正見乃
至正定此謂菩薩豫知行除斷五見
謂正見不思惟貪瞋癡謂正思惟身
意業清淨此謂正業口業清淨此謂
正語欺諂離諛詐現少欲以利求利
五種販賣酤酒賣肉賣毒藥賣刀劒
賣女色除此惡業此謂正命善身行
善意行謂正精進念四念處此謂正
念以定心無染者寂靜相滅相空相
此謂正定此謂預知行聲四聖諦聲
者謂苦集滅道諦云何苦諦能斷十
使云何集諦能斷七使云何滅諦能
斷七使云何道諦能斷八使四思惟
斷乃至斷色无色結此謂四聖諦聲
斷欲染聲者欲者染樂不猒欲莊嚴
著姿態思惟欲思惟觸待習近染著
繫縛樂者樂彼六塵不猒者專心著
緣無有異想欲者歡喜莊嚴者為深

意著者遊戲姿態者作種種容儀思
惟欲者著五欲思惟觸者欲相習近
侍者以香花相引習近者欲染心遂
斷者悉除前不善法此謂斷欲染聲
度老死聲者老者身體消減柱杖羸
步諸根衰耗此謂老死者諸根敗壞
何故名死更覓受生處彼行業熟此
謂為死云何老死差別諸根熟名老
諸根壞名死先老後死此謂老死度
此老死此謂為度度有何義過度義到
彼岸自在不更生義此謂度老死聲
攝伏惡語言聲者攝伏者攝伏語言
攝伏身體云何攝伏語言以同類語
破異類語以異類語破同類語以真
實語伏不真實語以不真實語伏真
實語以非語言伏語言以語言伏非
語言以第一義伏非第一義以非第
一義伏第一義以決定語伏不決定
語以不決定語伏決定語以一伏多
以多伏一以無犯伏有犯以有犯伏
无犯以現證伏不現證以不現證伏
現證以失伏不失以不失伏失以種
類不得伏種類以非種類不得伏非

種類惡者說不實不諦不分別伏者斷義遮義陰義此謂攝伏惡語言聲

說安住聲者說令分明開示分別說不覆障道隨法說此謂說安住者置在一處說泥洹說出世間述成所說無相語言无良語言無異語言无作語言覺語言空語言寂靜語言此謂說安住聲

說斷結聲者無明滅乃至老死滅滅一切陰滅者失沒斷无有生此謂滅斷者斷一切諸使斷煩惱根無有遺餘此謂斷結聲

置荅聲者隨問荅分別荅反問荅置荅云何隨問荅如問即荅云何分別荅隨彼所問廣為分別云何反問荅若人有問反問令荅云何置荅如問我斷我常置而不荅以分別問問隨問荅以反質問問分別荅以置荅問問反質荅以隨問荅問問置荅此謂置荅聲攝伏魔賊聲者魔者四魔色受想行識此謂陰魔賊從此有度彼有息一切事此謂死魔賊無明愛取此謂煩惱魔賊五欲衆具為天魔體

此謂天魔賊此謂攝伏魔賊聲滅諸境界聲者滅色乃至滅觸境界者色聲香味觸此謂滅諸境界聲

除諸煩惱聲者斷滅煩惱除煩惱者淤欲大毒不淨觀為藥瞋恚大毒慈悲為藥无明大毒十二因緣觀為其藥此謂除諸煩惱聲无異不破聲者無異者无破無異第一義實諦空无相無形平等不動不可思議此謂无異不破者無異形平等无相不動不破不斷純一無過患无心無前後此謂无異不破聲勇猛力速無畏聲者勇猛者精進力者十力速者駃也无畏者一切處不怖畏此謂勇猛力速無畏聲

施寂靜守護安隱聲者施者二種內施外施云何內施說真四諦云何外施施肌肉皮血國城妻子男女財物穀米等寂靜三種謂身口意云何身寂靜不作三過口寂靜者無口四過意寂靜者不貪不瞋不癡守護者守護六根安隱者同止和合不覔彼過知足少欲不求長短不覔他過者不

相覔過不以此語彼此謂施寂靜守護安隱聲

七聖財聲者一信二慚三愧四施五戒六聞七慧此謂七聖財聲

分別名色聲者名者四陰色者四大分別者分別名色此謂分別名色聲

第一義聲者分別五陰此謂第一義聲

作證得果聲者果者四果須陁洹乃至羅漢及緣覺果得者入我也證者現證也作者造作也此謂作證得果聲

解脫縛聲者縛三縛貪瞋癡縛解脫者離此三縛此謂解脫縛聲

生三有聲者所謂生有現有後有此謂出生三有聲

斷憍慠聲者憍者色憍威法憍富憍自在憍姓憍行善憍壽命憍聰明憍此謂八憍慠者慠慠慠增上慠我慠不如慠勝慠耶慠此謂七慠斷者斷憍慠此謂斷憍慠聲

通達諸法聲者通達者如境而知諸法者善不善法五欲衆具謂不善法除斷五欲此謂善法此謂通達諸法聲

如法分別聲者如者等義法者善法

不善法不善法者不斷五欲衆具善法者斷五欲衆具斷者破滅義此謂如法分別聲

樂不樂第一義聲者樂者五欲境界不樂者不著五欲第一義者空無相此謂樂不樂第一義聲

斷愛聲者愛者色愛乃至觸愛斷者滅除此謂斷愛聲

勝乘聲者所謂三乘佛乘緣覺乘聲聞乘般若波羅蜜十地此謂佛乘調伏自身寂靜自身令自身入涅槃此謂緣覺乘軟根衆生怖畏衆生欲出生死此謂聲聞乘此謂勝乘聲信精進念定意慧聲者隨逐不異思惟觀此謂信勇猛勤傑行事持事此謂精進專攝一心此謂念諸事不動此謂定意般若純一平等此謂慧此謂信精進念定意慧聲攝伏六入不得不知六通聲者六入者眼入乃至意入攝伏者攝伏色乃至攝伏法六通者天眼天耳他心智宿命智身通漏盡通不知者無明不得不知者除彼无明此謂攝伏六入不得不知六通聲

覺一切智聲者一切智者一切世法皆悉知世者念念生滅復次世者謂陰界入復次世者二種一衆生世二者行世衆生世者一切諸衆生行世者衆生住處一切世界可知悉知智者二種聲聞智一切智此謂智覺者覺自身覺他身此謂覺一切智聲

正救煩惱聲者煞者除斷義煩惱者九十八使欲界苦所斷十使習滅七使道諦八使思惟四使色苦所斷九使習滅六使道七使思惟三使無色亦如是正者分明除斷无餘垢此謂正救煩惱聲

是最後字過此法不可說聲者若无有字此謂涅槃若有字者則是生死最後者更無有字惟除羅字不可說者不可得不可分別无色故不可說諸法者謂陰界入三十七品此謂最後字過此不可說聲

文殊師利問經卷上

文殊師利問經卷上

校勘記

一 底本，金藏廣勝寺本。

一 一一二頁中二行「扶南國」，資無；磧、普、南、徑、清作「扶南」。卷下同。

一 一一二頁中五行第一〇字及一三行末字「三」，磧、普、南、徑、清作「二」。

一 一一二頁中一〇行「一切」，資、磧、普、南、徑、清、麗作「一切心」。

一 一一二頁中一三行夾註「善脾」，磧、普、南、徑、清作「善解」。

一 一一二頁中一六行第七字「大」，資、磧、普、南、徑、清、麗作「大勢至」。

一 一一二頁下九行第二字「鑽」，石、磧、普、南、徑、清作「積」。

一 一一二頁下一三行末字「如」，資作「知」。

一 一一二頁下一七行第八字「身」，

資、磧、普、南、徑、清作「身意」。

一一二頁下末行末字「慊」，諸本作「慄」。

一一三頁上一六行「得得住」，資作「住得」；磧、普、南、徑、清、麗作「得住」。

一一三頁上二〇行「過罪」，石、磧、普、南、徑、清作「罪過」。

一一三頁中七行第九字「燒」，諸本作「燈」。

一一三頁中九行第八字「槃」，資、磧、普、南、徑、清作「鈸」。

一一三頁下一行第一三字「祀」，資、磧、普、南、徑、清、麗作「禮」。

一一三頁下二行第一三字「紉」，資、磧、普、南、徑、清、麗作「紐」。

一一四頁上六行第五字「人」，資、磧、普、南、徑、清作「入」。

一一四頁上二〇行第一一字「並」，磧、普、南、徑、清作「普」。

一一五頁上六行第五字「趣」，石作「道」。

一一五頁上一〇行末字「苦」後，資、磧、普、南、徑、清、麗有「佛生甘蔗姓　滅已不更生　若人歸依佛(資作法)不畏餓鬼(資作地獄)苦　佛生甘蔗姓　滅已不更生　若人歸依佛(資作僧)　不畏畜生(資作地獄)苦」。

一一五頁上一六行第三字「[illegible]」，徑、清、麗作「磁」，下同。

一一五頁中一四行第一三字「停」，磧、普、南、徑、清作「住」。

一一五頁中一八行第一二字「麼」，資、磧、普、南、徑、清作「魔」。

一一五頁中末行末字「想」，麗作「相」。

一一六頁中一九行「菩薩」，資、磧、普、南、徑、清作「若菩薩」。

一一六頁中二一行第三字「行」，資、磧、普、南、徑、清作「行行」。

一一七頁上一〇行第四字「謂」，麗作「此謂」。

一一七頁上一一行第一三字「界」，資、磧、普、南、徑、清、麗作「界此謂有染氣不清淨智有障礙智不遍知智」。

一一七頁中三行第一二字「謂」，磧、普、南、徑、清、麗作「此謂」。

一一八頁上四行夾註「末陁摩」，資、磧、普、南、徑、清作「末陁摩義」。

一一八頁上六行「無有」，資作「有無」。

一一八頁上六行第九字「有」，資作「者」。

一一八頁上一九行第五字「問」，諸本作「一問」。

一一八頁上二二行第一〇字「餘」，資、磧、普、南、徑、清作「諸」。

一一八頁中二行第二字「羅」，資、磧、普、南、徑、清無。

一一八頁中一二行第九字「衆」，資、磧、普、南、徑、清無。

一一八頁下七行第六字「心」，資、磧、普、南、徑、清無。

一一八頁下九行第三字「波」，麗

作「犯波」。

一一八頁下二一行第一一字「廣」，資、磧、普、南、徑、清作「高廣」。

一一九頁上三行「剪爪」，徑、清作「翦爪」。

一一九頁上一〇行第一〇字「衣」，諸本作「若衣」。

一一九頁上一七行第一〇字「翫」，磧、普、南、徑、清作「玩」。

一一九頁上二一行夾註「不生」，資作「不坐」。

一一九頁下九行末字「脱」，磧、普、南、徑、清無。

一一九頁下一六行第四字「薩」，磧、普、南、徑、清作「提」。

一二〇頁上八行第五字「説」，資、磧、普、南、徑、清無。

一二〇頁上一七行第二字「醫」，石、麗作「堅」；資作「堅」；磧、普、南、徑、清作「翳」。

一二〇頁上一七行第一〇字「説」，磧、普、南、徑、清作「説長」。

一二〇頁上一八行第一一字「炮」，麗作「煥」。

一二〇頁上一九行第一三字「阿」，資、磧、普、南、徑、清作「痾」。

一二〇頁上二一行第二字「佉」，資、磧、普、南、徑、清作「法」。

一二〇頁上二二行第七字「恒」，石、磧、普、南、徑、清作「啞」。

一二〇頁中八行第一〇字「他」，石、資、磧、普、南、徑、清作「陀」。

一二〇頁中九行第二字「字」，諸本作「守」。

一二〇頁中二二行末字「入」，諸本作「八」。

一二〇頁下五行第三字「人」，資、磧、普、南、徑、清作「入」。

一二〇頁下七行首字「捨」，資、磧、普、南、徑、清作「沙」。

一二〇頁下八行第三字「沙」，資、磧、普、南、徑、清作「捨」。

一二〇頁下一六行「入亦」，資作「亦入」。

一二〇頁下一八行第九字「謂」，諸本作「此謂」。

一二〇頁下一九行「有我」，資、磧、普、南、徑、清、麗作「我有」。

一二一頁上一二行第一三字「有」，資、磧、普、南、徑、清無。

一二一頁上一五行第一三字「六」，資、磧、普、南、徑、清作「天」。

一二一頁上一八行第五字「遊」，資、磧、普、南、徑、清無。

一二一頁中二二行第三字「辛」，石、麗作「辛」；資、磧、普、南、徑、清作「辣」。

一二一頁下一三行第六字「除」，資、磧、普、南、徑、清、麗作「陰」。

一二二頁上一五行首字「者」，諸本作「者是」。

一二二頁中二行第一二字「自」，資、磧、普、南、徑、清作「因」。

一二二頁中一〇行「謟誑」，諸本作「誑謟」。

一二二頁中二一行末字「著」，諸

一 本作「者」。

一 一二二頁中末行末字「深」，諸本作「染」。

一 一二二頁下三行首字「侍」，石、磧、普、南、徑、清、麗作「待」。

一 一二三頁上二行第五字「陰」，磧、普、南、徑、清作「除」。

一 一二三頁上三行第七字及一六行第七字「令」，磧作「今」。

一 一二三頁上五行「述成」，南作「迷惑」。

一 一二三頁中一行第一一字「賊」，資無。

一 一二三頁中一三行第一二字「駃」，資、磧、普、南、徑、清作「駛」。

一 一二三頁中一八行第二字「施」，資、磧、普、南、徑、清無。

一 一二三頁下九行第一一字「我」，麗作「義」。

一 一二三頁下一一行第六字「縛」，諸本作「縛者」。

一 一二三頁下一四行第二字「出」，石、資、磧、普、南、徑、清無。

一 一二三頁下一五行第一一字「法」，資、磧、普、南、徑、清、麗作「壯」。

一 一二三頁下一七行「慢慢慢」，資、磧、普、南、徑、清作「憍慢慢慢」；麗作「慢慢大慢」。

一 一二四頁上五行末字「相」，磧、普、南、徑、清作「相願」。

一 一二四頁上一七行末字「精」，資、磧、普、南、徑、清無。

一 一二四頁中二行末字「謂」，麗作「諸」。

一 一二四頁中九行「習滅」，磧、普、南、徑、清作「集滅」，下同。

一 一二四頁中一〇行第一〇字「色」，諸本作「色界」。

一 一二四頁中一二行第一二字「垢」，石無。

一 一二四頁中末行經名「問經」，資、磧、普、清作「所問經」。

文殊師利問經卷下　　量

梁扶南國三藏僧伽婆羅譯

分部品第十五

尒時文殊師利白佛言世尊佛入涅槃後未來弟子云何諸部分別云何根本部佛告文殊師利未來我弟子有二十部能令諸法住二十部者並得四果三藏平等無下中上譬如海水味無有異如人有二十子真實如來所說文殊師利根本二部從大乘出從般若波羅蜜出聲聞緣覺諸佛悉從般若波羅蜜出文殊師利如地水火風虛空是一切衆生所住處如是般若波羅蜜及大乘是一切聲聞緣覺諸佛出處文殊師利白佛言世尊云何名部佛告文殊師利初二部者一摩訶僧祇此言大衆老少同會共集律部也二體毗履此言老宿淳老宿人同會共出律部也我入涅槃後一百歲此二部當起從摩訶僧祇出七部於此百歲內出一部名執一語言所執與僧祇同故云一也於百歲內從執一語言部復出一部名出世間語言稱讚辭也於百歲內從出世間語言出一部名高拘梨柯是出律主姓也於百歲內從高拘梨柯出一部名多聞出律主有多聞智也於百歲內從多聞出一部名只底舸此山名出律主居之也於百歲內從只底舸出一部名東山亦律主居也於百歲內從東山出一部名北山亦律主居也此謂從摩訶僧祇部出於七部及本僧祇是為八部於百歲內從體毗履部出十一部於百歲內出一部名一切語言律主執三世有故一切可語言也於百歲內從一切語言出一部名雪山亦律主居也於百歲內從雪山出一部名犢子律主姓也於百歲內從犢子出一部名法勝律主名也於百歲內從法勝出一部名賢律主名也於百歲內從賢部出一部名一切所貴律主為通人所重也於百歲內從一切所貴出一部名芿山律主居也於百歲內從芿山出一部名大不可弃律主初生母弃之於井父追尋之雖墜不死故云不可弃也又名能射於百歲內從大不可弃出一部名法護律主名也於百歲內從法護出一部名迦葉比律主姓也於百歲內從迦葉比出一部名修妬路句律主執修妬路義也此謂體毗履部出十一部及體毗履成二十部佛

說此祇夜

摩訶僧祇部　分別出有七　體毗履十一
是謂二十部　十八及本二　悉從大乘出
無是亦无非　我說未來起

雜問品第十六

尒時文殊師利白佛言世尊未來外道說如是語世尊往昔說大聚經六十比丘死六十比丘休道六十比丘解脫外道當如是說世尊非一切智何以故不見此事故當云何荅佛告文殊師利如人然燈不為殺虫文殊師利如來如是隨衆生所堪則為彼說如來說法無非因緣若有衆生有殺生業必受果報彼衆生不堪受法是故休道彼衆生堪受法則得解脫皆隨其因緣非如來所作何以故佛從世間生佛不說佛造世間若人煞生自得短命若人不煞自得長壽及解脫果此諸衆生雖復休道如來未來必當化度是故文殊師利如來無過文殊師利如日月光照拘牟頭分陀利欝波羅花等或有合者或有開者或墮落者非是日月有分別心何

以故日月无心故以無心故自開自落非日月過文殊師利如來說法亦復如是有衆生長壽短壽无病有病多病少病可憎可愛有下中上貧富貴賤生閻浮提生欝單越生拘耶尼生弗于逮生四天王處乃至非想非非想處有生地獄餓鬼畜生阿修羅等自業為財自業為分業為生處唯業所造非餘物造有上中下非我所造何以故一切諸衆生自業為財故尒時文殊師利白佛言世尊菩薩摩訶薩事施有婦兒施等如須達拏以二子施醜婆羅門此婆羅門打此二兒世尊何故無平等慈心若菩薩无慈悲心不名菩薩世尊諸菩薩有平等心不若有等心云何以兒與人打拍有人此問當云何荅佛告文殊師利如人有兩兒以其小兒施於大兒文殊師利此父母是平等心不大兒打拍小兒遂死文殊師利誰當得罪文殊師利白佛言世尊父母等心無有罪過大兒自得此罪佛告文殊師利我於衆生常平等心如羅睺羅可愛可

念提婆達多亦可愛可念文殊師利是故菩薩無有罪過復次文殊師利如有一人日日施食有人来乞此人即施因得食故劫盗他財文殊師利是誰得罪文殊師利白佛言世尊非施主得罪施主惟有施意不令作盗佛告文殊師利如是諸菩薩惟有施意无有殺心是故菩薩成無害想有人殺害自得煞罪佛說此祇夜

常行平等心　施時无害想　彼自有煞罪
我平等無過　有壽有壽想　復有殺害心
命斷於此時　害者得殺罪　若無有壽命
而作壽命心　於此起害想　亦得言有罪
提婆及羅睺　愛念無有二　如是慈悲心
是菩薩平等

文殊師利白佛言世尊如是如是誠如聖言尒時文殊師利白佛言世尊未来有人當難如来世尊常言若人能說二十四處便生二十四處二十四處者一洲王二洲王三洲王四洲王四天王乃至他化自在天王梵身梵冨樓大梵得須陁洹乃至阿羅漢有大智慧有諸善行不動不放逸此

謂二十四處如來今既能説亦應得此處彼邪見難當去何荅佛告文殊師利如來説法不為此因緣文殊師利如日月光利益諸花雖有此力不求恩報何以故日月無心故文殊師利如來如是不求報故為人説法何以故如來无心故文殊師利如來於諸法中無有染著是故文殊師利我所説法无為我義何以故昔於三阿僧祇劫施頭目髓腦手足支節國城妻子奴婢象馬種種布施如來於彼無求報心如來不求世間果報何以故我所説法无為我義不為自身不為他身不為自他身若為自身他身及自他身如來便有所著

佛告文殊師利猶如日月不作是思惟花當報我恩不報我恩日月無心故如來亦无心何以故如來無可取既无可取去何當得報於是夜雖言我得阿耨多羅三藐三菩提道我亦不説一字何以故無可取故如來不可取如來无得果何以故離苦樂故我先思惟是時得菩提一切所求悉

得亦無所得无形無相佛説是祇夜

日月照諸花　无有恩報想　如來不可取
不求報亦然

尒時文殊師利白佛言世尊先説無有衆生非時節死何以故雖必當死非時不死故諸邪見人當作是説至其死時我乃得殺是故殺者无有罪過何以故是其死時故是故我殺無有罪過當去何荅佛告文殊師利譬如有人造作宮殿既已成就樂欲住止問占相者何日好住何日不好彼人荅言汝不宜入何以故必當為火之所燒故若人故燒亦必被燒若不故燒亦被燒故主人又言若有此事作何方計相師荅言當勤守護主人即便勤加守護有人將火來燒此宮文殊師利此持火人有罪過不文殊師利言世尊有罪有罪如是文殊師利若死時若非死時有殺害者必得殺罪當入地獄如燒宮殿佛説此祇夜

至時不至時　若人殺害彼　必當入地獄
譬如燒宮殿

尒時文殊師利白佛言世尊未來邪

見當説此言有人殺人不得殺罪何以故殺身不殺命若身是命如父母死其子燒身應得殺罪何以故身是命故故知身非壽命壽命非身何以故身異命異故若身即是命若命即是身燒身即燒命若壽命往後世身亦應往若身被燒命不被燒是故知身非即是命何以故命不可燒故是故身非是命命非是身是故殺身不得殺罪何以故以異故如人問路彼直動身如是世尊別燒別得罪何以故命往後世身猶在故是故知身非壽命世尊有人能殺命不若人能殺命者不應更生若命已被殺不須涅槃若身是壽命身被殺時命亦被殺若身是壽命殺身則得涅槃何以故以無異故是故无殺生果

世尊若身被殺壽命更生受別異姓是故此人不得殺罪何以故壽命更生故更生者地獄畜生餓鬼阿脩羅等是謂更生是故殺身不名殺命如坐禪師教諸弟子除心意識若除心意識不更生若不更生則無復身若

无復身則亦無命若无有命則不更生是為禪師殺入壽命世尊云何當荅彼邪見人佛告文殊師利戒有二種所謂身口非心意識戒若心意識是戒則无持戒人何以故心攀緣難制故無住處故辟如駛水亦如獼猴動轉不停不可守護是故文殊師利無心意識戒雖身口有戒心意識非殺罪處何以故非戒處故若以心樂則能得定若心不樂則不得定是故學者以定殺心非人能殺是故文殊師利定得殺罪非心得罪又若煞自身无有罪報何以故如菩薩殺身惟得功德我身由我故若身由我得罪果者剪爪傷指便當得罪何以故自傷身故若身自死衆生得食本無施心既不得福亦无有罪何以故諸菩薩捨身非是無記惟得福德是故煩惱滅故心則滅心滅故意滅意滅故識滅識滅故身滅身滅故壽滅壽滅故命滅命滅故諸根滅諸根滅故諸入滅諸入滅故諸界滅諸界滅故諸陰滅諸陰滅故不相續不相續故心

意識無處心意識无處故得清淨如是文殊師利辟如垢衣以灰汁澣濯垢滅衣在何以故垢已去故以垢去故衣得清淨如是文殊師利諸過為垢以智慧水洗除心垢以除心垢故成清淨佛說此袯夜

辟如垢汙衣　澣治以灰汁　以灰汁澣治
是衣得清淨　如是以過患　染汙於心識
澣以智慧灰　心即得清淨

尒時文殊師利白佛言世尊外道隨其邪見復當說言若世尊是一切智何故不先記外道女人孫陀利及栴遮摩尼應謗如來故知如來非一切智以不逆遮彼誹謗故令無數劫入惡道中乃至入於无間地獄世尊當云何荅

佛告文殊我今問汝如有醫師明識衆生有風痰熱病其病未起為逆治不不也世尊文殊師利是師知病不如是世尊文殊師利我亦如是知諸衆生多貪多瞋有多愚癡長壽短壽惡業善業佛雖先知非時不說文殊師利此女人孫陀利及栴遮摩尼過

去世時常煞衆生起不善業當誹謗聖人入阿鼻獄文殊師利衆生惡業不由我造若衆生堪聞法我為彼說若不堪聞我則不說文殊師利如人病重不可療治醫師捨去不與少藥如來亦介知此二人不可教化是故默然不逆記說文殊師利若可記者我則為記如我記弟子得聲聞獨覺及得菩薩或不記說當得三乘何以故以不定故文殊師利於汝意云何若人誹謗虛空虛空當云何荅文殊師利言虛空無語言何以故虛空无故如是文殊師利如來與虛空等虛空無語言如來亦无語言文殊師利有五濁惡世云何為五劫濁衆生濁命濁煩惱濁見濁云何劫濁三災起時更相煞害衆生飢饉種種疾病此謂劫濁云何衆生濁惡衆生善衆生下中上衆生勝劣衆生第一衆生不第一衆生此謂衆生濁云何命濁十歲衆生二十三十四十五十六十七十八十九十歲百歲二百歲四百歲八百歲乃至千歲有長短故此謂命

濁云何煩惱濁多貪多瞋多癡此謂煩惱濁云何見濁邪見戒取見取常見斷見有見無見我見衆生見此謂見濁如是五濁如来悉无佛說此祇夜

如来如虛空　云何有言語　如来無五濁　是故不逆記

尒時文殊師利白佛言世尊未来邪見人當誹謗佛說如是言若使如来是一切智何故待衆生作罪然後制戒佛告文殊師利如此即是一切智相若我逆　制戒人當謗我何以故我不作罪云何强說此非一切智何以故我無罪過故如来无慈悲心不饒益不攝受衆生如人無子而說有子某時當生空有此言云何可信何以故不真實故若真見生子則生信心如是文殊師利所未作罪人天不見云何逆制戒要須見罪然後乃制文殊師利辟如醫師知風痰熱等發起所由亦知有藥對治此病有人勇健身无疾病如此之人須師治不文殊白佛彼不須治彼若病生師即為治世間讃說是第一師如是文殊師

利一切聲聞一切衆生有宜制戒有不宜者我知一切衆生心之所行未作罪者我則不制若巳作過我則制戒我若如此則世間不讃文殊師利衆生之中有下中上如来制戒亦復如是文殊師利如種大麦及麻豆等牙始生時巳堪用不文殊師利言不堪用也何以故以未熟故佛告文殊師利一切衆生善根未熟亦如是不堪制戒文殊師利如拘物頭花優鉢羅花始生之時日光照能令開不文殊師利言不能開也何以故以新生故佛告文殊師利善根未熟亦如是如来如是不得制戒何以故非時節故若非時制戒衆生不受言我無罪何故制戒文殊師利如種穀未熟為可取不文殊師利言不可取也世尊非時尚未有花何况得米及以糠糩文殊師利我未制戒亦復如是諸弟子無所犯无犯戒果是故文殊師利我不逆制戒佛說此祇夜

無罪逆制戒　衆生不信受　是故見有罪　尒時乃制戒

辟如牙莖時　未便有果實　諸比丘無罪　不制戒亦然

尒時文殊師利白佛言世尊邪見人說如是言摩醯首羅天造此世間如是邪說當云何破佛告文殊師利此是虛妄非真實語又餘外道言非首羅造若由首羅不應自謗何以故自由故若自由者則一切世間以首羅為師更无餘師若一切世間各自有師則諸世外道言非首羅造若由首羅不應自謗何以故自由故若自由者則一切世間以首羅為師更无餘師若一切世間各自有師則諸世外道言非首羅造若由首羅不應自謗何以故自由故若自由者則一切世間以首羅為師更無餘師若一切世間各自有師則諸世間非首羅造若一切事由首羅者若事首羅則應无疑又摩醯首羅經不作是說若有此說衆生不應生疑是故文殊師利知此世間非首羅所造當知不實是虛妄言佛說此祇夜

若諸善惡業　摩醯首羅造　世間無事證　无人决斷說　如此不真語　雖說不成就

尒時文殊師利白佛言世尊如来應供正遍知法身世尊為於法中有身為以法為身一切諸法云何與虛空等佛告文殊師利不於法中有身何以

故如虛空故如不於虛空有虛空何以故虛空者無處无處故名虛空虛空無意樂當取虛空復次虛空无體無作故名虛空文殊師利虛空者非有非无何以故無處有无處無故何以故若初有故後成無若初無故後成有若初有後當有若後无則初無如是文殊師利八種語言通一切諸法佛告文殊師利我不說有色為身何以故一切佛與虛空等普遍故無思故无心意識故無處故无內外故是故文殊師利說名世尊文殊師利謂為佛者不以身口意覺故謂為佛何以故虛空不以身口意覺虛空故佛告文殊師利若无心意是處為有為無若有便定有若无便定無文殊師利白佛言无有世尊亦無善逝何以故不可取故與虛空等故若等虛空去何有色相若有色相便是无常若是無常去何與虛空等佛告文殊師利辟如兩手和合能出音聲為從左手生為從右手生若從左手生常應有聲右手亦然何以故二手常有

故一手無聲合故有聲如是佛從世間出不著世間如蓮華從水生不為水所著如手合有聲亦有亦无亦現不現可取不可取如水中月如來正遍知亦復如是

囑累品第十七

文殊師利若有人受持此法若說此法若誦若書若教他所得功德不可限量能生一切種智如是善男子善女人入佛境界住佛境界隨佛所學成滿此願我若以七寶滿此世界及種種衣服日日施彼所得功德無量无邊若有善男子善女人受持讀誦書寫此經所得功德取百分之一分為百分如是展轉百過分之取後一分猶勝万倍何以故生一切智故經所住處應當供養是地清淨能除諸惡是清淨處是寂靜處是諸天行處是諸佛所念處是人天所貴是如來地住

介時阿難白佛言世尊去何名此經去何奉持佛告阿難此經名為文殊師利所問汝當受持亦名種種樂說

汝當受持亦名断一切疑汝當受持亦名菩薩諸行修姤路汝當受持

介時文殊師利白佛言世尊如來應供正遍知所作巳辦可作巳辦捨於重擔已断一切諸結巳除一切煩惱巳洗煩惱垢巳伏諸魔巳得諸佛法一切智者一切見者成就十力四無畏十八不共法五眼具足佛眼无障見一切世間如是思惟我初得道先為誰說法去何衆生清淨善行何人易教少貪瞋癡何人能現證智慧彼若不聞此法必當退轉是故我當先為說法彼能堪受无有疑謗世尊阿羅漢正遍知等有何義佛告文殊師利阿羅漢多者得正遍知名阿羅漢多復次阿者何義過凡夫地名為阿羅者何義從染得无染名為羅義呵者何義以煞煩惱得光明義郝者何義到於醍醐道不為生死所縛義多者何義求覓真實義三藐三佛陁者何義自覺覺彼正遍覓義婆者何義諸法平等如虛空義摩者何義能滅憍慢義耶者何義如法分別義奄

者何義知後邊身義迦者何義失業非業義婆者何義知生死輪轉邊義婆者何義解脫　繫縛義優者何義能隨問荅義隨者何義得寂靜義他者何義受持法性无體相義所作已辦者捨身肉手足事已畢竟謂所作已辦迦蠆者已捨不更捨迦者見諸法如觀其掌蠆者軟直心相續迦者斷諸業行蠆者除三業性多者覺真義耶者滅没聲如法成就義所作已辦者諸善根已辦捨於重擔者无復生死可擔已斷一切諸結者斷一切貪瞋癡結斷一切煩惱者拔三界諸煩惱已洗煩惱垢者無業煩惱氣故已伏諸魔者除諸死魔故已得諸佛法者度一切般若波羅蜜到一切般若波羅蜜此謂已得諸佛法一切智者无所不知一切見者現證一切諸法義成就十力者如法神力等稱量佛力勝一切衆生力百倍千倍百千万億倍不可思議不可數佛成就無邊力從佛十力出无量力成就一切諸力名成就十力十力者謂是處非處力業力定力根力欲力性力至處道力宿命力天眼力漏盡力四無畏者一切智无畏一切漏盡無畏能說障道无畏說盡苦道無畏十力四无畏大慈大悲大喜大捨謂十八不共法十八不共成滿故五眼亦滿所謂天眼佛眼法眼慧眼肉眼佛有无量眼何以故境界無量故是故佛成就五眼无障㝵所見無餘等虛空故以此眼見一切世間以无障㝵眼見世間以障㝵眼亦見一切世間見已如是思惟為何等人我當先為說法文殊師利我說此言有何義文殊師利白佛我未解世尊意佛告文殊師利於此佛境界有無窮衆生惟阿羅羅欝頭藍弗可先為說法除此二人更無餘人而此二人死已七日我先以佛智語十地菩薩我以世間智為衆生說法此二人不聞我法故成退轉壽命惟餘七日諸天聞此言即白佛言如是世尊阿羅羅欝頭藍弗死已七日文殊師利云何衆生清淨善行可化易教衆生者謂多功德人清淨者清淨心也善行者自行諸善根可化者聞略說得度易教者能分別諸法善滅一切身口意垢不為愛見之所繫縛若有如此衆生我當先為說法我當令其得解不誹謗我佛說此祇夜

欝頭藍弗　阿羅羅仙　死已七日
我先已記　後有諸天　而来報我
如是世尊　如是善逝　二人並死
已經七日

文殊師利无有餘人速疾智慧惟除如来善逝世尊

介時文殊師利白佛言世尊一切諸功德不與出家心等何以故住家無量過患故出家无量功德故佛告文殊師利如是如是如汝所說一切諸功德不與出家心等何以故住家無量過患故出家无量功德故住家者有障㝵出家者無障㝵住家者攝受諸垢出家者離諸垢住家者行諸惡出家者離諸惡住家者是塵垢處出家者除塵垢處住家者溺欲淤泥出家者離欲淤泥住家者隨愚人法出

家者遠愚人法住家者不得正命出家者得正命住家者多怨家出家者無怨家住家者多苦出家者少苦住家者是憂悲惱處出家者歡喜處住家者是惡趣梯出家者是解脫道住家者是結縛處出家者是解脫處住家者有怖畏出家者无怖畏住家者有彈罰出家者無彈罰住家者是傷害處出家者非傷害處住家者有熱惱出家者无熱惱住家者有貪利苦出家者無貪利苦住家者是憒閙處出家者是寂靜處住家者是慳悋處出家者非慳悋處住家者是下賤處出家者是高勝處住家者為煩惱所燒出家者滅煩惱火住家者常為他出家者常為自住家者小心行出家者大心行住家者以苦為樂出家者出離為樂住家者增長蘇刺出家者能滅蘇刺住家者成就小法出家者成就大法住家者無法用出家者有法用住家者多悔悋出家者无悔悋住家者增長血淚乳出家者無血淚乳住家者三乘毀呰出家者三乘稱

嘆住家者不知足出家者常知足住家者魔王愛念出家者令魔恐怖住家者多放逸出家者無放逸住家者是輕蔑處出家者非輕蔑處住家者為人僕使出家者為僕使主住家者是生死邊出家者是涅槃邊住家者是墜墮處出家者无墜墮處住家者是黑闇出家者是光明住家者繼諸根出家者攝諸根住家者長憍慠出家者滅憍慠住家者是伭下處出家者是清高處住家者多事務出家者無所住住家者少果報出家者多果報住家者多諂曲出家者心質直住家者常有憂出家者常懷喜住家者如刺入身出家者无有刺住家者是疾病處出家者無疾病住家者是衰老法出家者是少壯法住家者為放逸死出家者慧為命住家者是欺誑法出家者是真實法住家者多所作出家者少所作住家者多飲毒出家者飲醍醐住家者多散亂出家者无散亂住家者是流轉處出家者非流轉處住家者如毒藥出家者如甘露

住家者愛別離出家者無別離住家者多重癡出家者深智慧住家者樂塵穢法出家者樂清淨法住家者失內思惟出家者得內思惟住家者无歸依出家者有歸依住家者無尊勝出家者有尊勝住家者无定住處出家者有定住處住家者不能作依出家者能作依住家者多瞋恚出家者多慈悲住家者有重擔出家者捨重擔住家者無究竟事出家者有究竟事住家者有罪過出家者无罪過住家者有過患出家者無過患住家者有苦難出家者无苦難住家者流轉生死出家者有齊限住家者有織汙出家者無織汙住家者有愓出家者无愓住家者以財物為寶出家者以功德為寶住家者多災疫出家者離災疫住家者常有退出家者常增長住家者易可得出家者難可得住家者可作出家者不可作住家者隨流出家者逆流住家者是煩惱海出家者是舟航住家者是此岸出家者是彼岸住家者自纏所纏出家者離纏縛

住家者作怨家出家者滅怨家住家者國王所敎誡出家者佛法所敎誡住家者有犯罪出家者无犯罪住家者是苦生出家者是樂生住家者是淺出家者是深住家者伴易得出家者伴難得住家者婦為伴出家者定為伴住家者是罾網出家者破罾網住家者傷害為勝出家者攝受為勝住家者持魔王幢幡出家者持佛幢幡住家者是此住出家者彼住住家者增長煩惱出家者出離煩惱住家者如剌林出家者出剌林文殊師利若我毀呰住家讚嘆出家言滿虛空說猶無盡文殊師利此謂住家過患出家功德

尒時文殊師利白佛言世尊諸菩薩摩訶薩常有幾種心念佛告文殊師利菩薩自念我當何時出家住僧坊中我當何時自恣和合我當何時修行戒定慧解脫解脫知見我當何時著衣如大牟尼尊我當何時得仙師相好我當何時住空閑處得處便住我當何時乞食於好惡少多不生增滅或得或不得或寒或熱次第行乞為治饑瘡如油膏車為持壽命以少自活我當何時離世八法不為八法之所動轉何時猒離國城愛樂林藪於十二入不著不樂我當何時能守護六根令得禪定我當何時調伏六根如制僕使我當何時坐禪精進讀誦經書常樂斷諸結使具修諸行我當何時知足我當何時不樂先戲樂事我當何時為自他勤行精進我當何時行諸菩薩所行之道我當何時為世間第一貴我當何時解脫愛奴我當何時解脫居家文殊師利此謂菩薩心之所念佛說此祇夜

若人思惟菩薩心　我知彼有諸功德
其數无量不可極　堪得清淨佛法身
不入惡趣受諸苦　具足成就佛智慧

尒時文殊師利白佛言世尊餘佛世界諸佛現在有人於此欲見彼佛當云何得見佛告文殊師利若能專念如來十号佛於彼久常在不滅亦得當聞諸佛說法并見彼佛現在四衆增長壽命無諸疾病云何十号謂如来應供正遍知明行足善逝世間解无上士調御丈夫天人師佛世尊文殊師利念十号者先念佛色身具足相好又念法身壽命無盡當作是念佛非色身佛是法身以執取以堅取見佛如虛空樂虛空故知一切法義文殊師利如須弥山由乾陁山伊沙陁山須陁梨山珂羅底迦山阿輸迦羅山毗那多山尼民陁羅山斫迦羅山如是等山悉是障导若人一心念佛十号此等諸山不能為障何以故以正念故佛威神故復次文殊念佛十号猶如虛空以知如虛空故无有罪失以不失故得無生忍如是依名字增長正念見佛相好正定具足具足定已見彼諸佛如照水鏡自見其形彼見諸佛亦復如是此謂初定復次如一佛像現鏡中分明見十方諸佛亦如是分明從此以後常正念思惟必有相起以相起故常樂見佛作此念時諸佛即現亦不得神通亦不往彼世界惟住此處見彼諸佛聞佛說法得如實義

文殊師利白佛言以何法故起此定寶佛告文殊師利當近善知識供養善知識常起精進不捨精進不捨智慧不動智慧堅智慧利智慧常入信心令精進根堅固不為天魔沙門婆羅門所壞由此四法能生此定文殊師利白佛言復有何法能生此定佛告文殊師利慙愧懺悔恭敬供養事說法人如供養佛以此四法能生禪定復於九十日修无我想端坐專念不雜思惟除食及經行大小便時悉不得起復有四法能起此定見諸佛勸人聽法不疾發菩提心人行諸菩薩所行復有四法一者造像二施有信人三教化衆生令離欺慢使得菩提四為守護攝受諸佛正法復有四法少語言不與在家出家人和合不著諸法相樂寂靜處復有諸法謂无生忍猒一切諸行一切生處一切邪見一切五欲亦不思惟修无量定行不起瞋恚於四攝法常憶不忘成就慈悲喜捨不譏他過常聞說法質直修行清淨三業樂歎財施不起慳心樂

讚法施不起法慳修忍辱行同土安樂若人輕罵誹謗打縛等是我本業得此果報於他不瞋隨聞受持廣為人說令他思惟修行正行不生嫉妬不自讚毀他離睡眠懈怠信佛法僧恭敬上中下座見他少德常憶不忘語言真諦無餘虛說復次文殊師利如出家人能修此定在家之人亦能修習如在家人能修此定出家之人亦能修習為他廣說令彼修行云何在家人能修此定以信業果報捨一切財歸依三寶受持五戒不穿不破不汙不缺受十善道令起諸善修行梵行毀呰五欲不生嫉妬不愛妻子常樂出家受持八戒常往僧坊有慚愧心於出家人常生敬心不秘悋法常樂化人愛念恭敬和上闍梨及說法人於父母善知識所心如佛想安止父母及善知識令得住於安隱之處此是在家之人修此定法云何出家人當修此定不破戒不汙戒无毀點戒清淨戒不穢戒不雜邪戒無所依戒无所得戒不墮戒聖所嘆戒慧

人所嘆戒於波羅提木叉善能守護成就一切諸行處常畏小罪淨業淨命樂深無生法忍於空无相無作不生怖畏常勤精進正念現前有信從心成就慙愧不著世法不懷嫉妬常行頭陁功德猒世語言不樂綺語知恩知報恩敬畏和上阿闍梨无憍慢心常樂勝師及樂近善友若有善友我當問法既聞法已如說修行若依經書若依師說於說法人父母善友常懷佛想樂阿蘭若處不樂人間於身命財心不繫著思念死想不依利養無所觸犯无渴愛心攝受正法愛敬尊長不長畜衣鉢不受宿食恒樂乞食行次第乞常懷慙愧自省已罪不捉金銀珎寶於真實法不生驚疑常修慈心能斷瞋怒常修悲心能斷煞害饒益一切世間慈悲一切衆生常樂經行無睡眠懈怠若住如是功德則能修此禪定復次文殊師利當具足諸善常念如来專心思惟不起乱想守護諸根於食知足初夜後夜損於睡眠離諸煩惱令生禪定不著

禪味分別色相得不淨想不著陰界入不自稱譽无有憍慢於一切法作阿蘭若想於一切衆生生親友想不為名聞而持禁戒常行禪定不猒多聞以多聞故不生憍慢於法無疑不謗佛不毀法不破僧常近善人離不善人樂佛所説出世言語愛念六法修五解脫處能滅九種瞋恚斷八懈怠修八精進行九想定修八大人覺成就諸禪解脫三昧三摩跋提一切諸見所不能動攝耳聽法分別諸陰无有住相怖畏生死如拔刀賊於十二入如空聚想於十八界如毒虵想於泥洹處生寂靜想觀於五欲如蕀刺想樂出生死無有諍訟教化衆生修諸功德能如是者得深禪定文殊師利若人修行此定所得功德永不退轉文殊師利如三千大千世界盡末為塵世界多少如微塵數盡布七寶持用布施於汝意云何是人能如是施功德多不文殊師利言甚多世尊佛言我今告汝若善男子女人直聞此定無怖畏心所得功德於彼為

多何況信心思惟修行受持讀誦況復為人廣説何況修習得此定者彼功德數我不能説是故文殊師利善男子善女人應當修習此定憶持此定兼為他人廣説此定文殊師利劫燒之時若有菩薩持此定者為火所逼无有是處若值王難及惡鬼神種種惡毒不能為難除惡業深重決定受報復次文殊師利若菩薩摩訶薩持此定者无有疾病六根清淨無諸攢惱復次文殊師利若持此定者諸天龍神悉皆守護諸天所嘆乃至諸佛亦常讚嘆諸天常樂見乃至諸佛亦常樂見復次文殊師利若受此定者所未聞法助皆得聞乃至眠時夢得此定文殊師利我説此定功德若一劫若過一劫亦不能盡无有邊際何況菩薩能得此定文殊師利辟如有人身强多力若向東行經百千歲南西北方上下亦尒於汝意云何有人能稱數此人所行之處若一由旬二由旬乃至百千由旬不文殊師利言除佛一切種智及大智舍利弗并

不退菩薩餘無能數佛告文殊師利若有善男子善女人彼所行處滿中珎寶悉以布施若復有人聞此定聞已隨喜發願欲得三菩提欲得多聞以此隨喜功德比布施功德百分千分乃至百千万億分不可為比此人為過去諸佛所隨喜現在未來諸佛亦隨喜我亦隨喜文殊師利白佛言世尊如是如是此定功德果報實不可思量佛告文殊師利若菩薩一日修行此定過去未來現在衆生所修功德不及此定百千万分之一佛説此祇夜

念如來十号　及以無邊德　如此諸功德
不可得稱量　珎寶廣布施　如上之所説
聞定隨喜心　過此不可數

尒時文殊師利白佛言世尊諸供養餘花用治衆病或消惡毒其法云何若供養佛餘花般若波羅蜜花佛足下花菩提樹花轉法輪處花塔花菩薩花衆僧花佛像花其法云何世尊用此花有幾種呪法世尊一切諸花云何入佛花中世尊用此花法為有

一種為有多種此呪為有一種為有
多種佛告文殊師利各各花各各呪
一一花呪一百八遍
誦佛花呪曰
南無佛闍冩冶莎呵
般若波羅蜜花呪曰
鄯末柯盧履反民盲波若波羅蜜多褭
莎呵
佛足花呪曰
鄁莫波陁制黙躭塩莎呵
善提樹花呪曰
南无菩提逼力龕嵐莎呵
轉法輪處花呪曰
南無達摩斫柯羅夜莎呵
塔花呪曰
鄁莫踰跛耶莎呵
菩薩花呪曰
南无菩提薩埵冶莎呵
衆僧花呪曰
鄯莫僧伽冶莎呵
佛像花呪曰
鄁莫波羅底耶莎呵
文殊師利呪經如是汝當受持復告

文殊師利用此花法若比丘比丘尼優婆塞優婆夷若能信修行應當早起清淨澡漱念佛功德恭敬此花不以足蹈及跨花上如法執取安置淨器若人寒熱冷水摩花以用塗身若頭額痛亦皆以塗若吐利出血或腹內煩痛以漿飲摩花當服此花飲若口患瘡以暖水摩花啥此花汁若人多瞋或以冷水或以沙糖以摩此花飲服花汁若多貪湊以灰汁摩花塗其隱處復次以冷水摩花塗其頂上貪結漸消常為一切人所愛敬若天雨不止於空閑處以火燒花令雨即止若天旱在空閑處以花置水中復呪冷水更灑花上天即降雨若牛馬爲等本性不調以花飴之即便調伏若諸果樹花實不茂以冷水牛糞摩取花汁以灌其根不得踐蹋花實即多若田中多以苗稼損減擣花為末以散田中即得滋長若高原陸地無有水處請四比丘於其處布花一日之中百八遍誦呪次復一日更以新花布先花上又誦呪一百八遍如是乃至七日掘便得水若國多疾病以冷水摩花塗螺鼓等吹擊出聲聞者即愈若敵國怨家欲来侵境以水摩花在於彼處用灑散之即得退散若於高山有盤石處衆多比丘於石上摩花摩花既竟相與礼拜久後石上自生珎寶若人愚癡取所供養花數有百種下至七種擣以為末以㯃牛酥先誦呪百八遍和以為丸如彈丸大日服一丸服丸之時亦誦呪百八遍漸得聦明利根一日之中能誦百偈若人有所作取優鉢羅花拘物頭花分陁利花欝波羅花等若水陸生花花有百種先以供養後以水摩隨其所須或塗或散悉皆有果若得百種花末以為散水和為丸若惡重病摩其瘡上其病即愈若癰若疽若有諸毒或服此丸或以塗傅病即得除若人常患水氣身體消減以大小麦汁摩於此花塗其身上即便充悅復以末利花汁和花散為丸塗其額上一切怨家見生愛念

文殊師利此花呪法

南無佛闍寫冶莎呵一那末柯䕯㑃〈民百反〉般若波羅蜜多㝹莎呵二那莫波祂制點躭塩莎呵三南无善提通力龕嵐莎呵四南無筵摩斫柯羅夜莎呵五那莫鍮跋耶莎呵六南无善提薩提野莎呵七那莫僧伽野莎呵八那莫波羅底耶莎呵九

文殊師利問經卷下 第十九張 且字

一一呪誦百八遍此呪章句汝於處處當說如佛花法餘花亦如是佛說此祇夜

善人足下塵 勝上衆第一 於諸世界中
善人足下塵 勝上衆第一 於諸世界中
金山不能踰 彼足下微塵 除斷憂悲苦
不如彼金山 增長諸怖畏 佛般若脚足
菩提法輪處 塔及諸菩薩 衆僧與佛像
此處有九種 應當修供養 是於世間中
可礼可恭敬 能斷一切惡 滅除三界惱
功德自增長 壽命亦復然 顏色常悅豫
端正有身力 所作恒吉祥 諸佛咸讚歎

尒時文殊師利等諸菩薩阿若憍陳如等諸聲聞天龍夜乂揵闥婆阿修羅迦樓羅緊那羅摩睺羅伽人非人等一切大衆聞佛所說歡喜奉行

文殊師利問經卷下

文殊師利問經卷下 第二十張 且字

文殊師利問經卷下

校勘記

一 底本，金藏廣勝寺本。一二八頁中至次頁中共四版，原版殘缺，以麗藏本換。

一 一二八頁中三行首字「分」，資、磧、普、南、徑、清作「分別」。

一 一二八頁中一三行第一一字「所」，資、磧、普、南、徑、清無。

一 一二八頁中末行首字「部」，資作「部名出一部」。

一 一二八頁下末行及次頁上三行「二十」，資、磧、普、南、徑、清作「十二」。

一 一二九頁中一二行第三字「施」，資、磧、普、南、徑、清無。

一 一二九頁中一六行末字「有」，資、磧、普、南、徑、清作「若」。

一 一二九頁下一三行第一〇字「想」，資、磧、普、南、徑、清作「意」。

一 一二九頁下二〇行第三字「者」，磧、南作「有」；普無。

一 一三〇頁上一三行「所說」，資、磧、普、南、徑、清、麗作「說諸」。

一 一三〇頁上一九行第一二字「夜」，磧、普、南、徑、清作「耶」。

一 一三〇頁上二二行第七字「果」，磧、普、南、徑、清作「果報」。

一 一三〇頁中二行第一三字「不」，諸本作「無」。

一 一三〇頁中一六行第九字「將」，資、磧、普、南、徑、清作「持」。

一 一三〇頁下一〇行第八字「異」，資、磧、普、南、徑、清作「異命」。

一 一三一頁上三行「答彼」，磧、普、南作「彼答」。

一一三一頁上六行第九字「駃」，資、南、徑、清作「駛」。

一一三一頁上八行第六字「雖」，資、磧、普、南、徑、清作「唯」。

一一三一頁中八行第一四字「心」，資、磧、普、南、徑、清作「正」。

一一三一頁中一七行第一〇字「有」，磧、普、南、徑、清作「世」。

一一三一頁下五行第八字「師」，石、資、磧、普、南、徑、清作「即」。

一一三一頁下八行第一三字「獨」，石、資、磧、普、南、徑、清作「緣」。

一一三一頁下一一行第七、八字「虛空」，資、磧、普、南、徑、清無。

一一三二頁上一九行第九字「知」，資、普作「如」。

一一三二頁上二〇行末字「勇」，資、磧、普、南、徑、清作「爽」。

一一三二頁中四行第九字「不」，磧作「誹」。

一一三二頁中一八行末字至一九行首字「糠糩」，石作「糟糠」；資作「糟糩」。

一一三二頁中二二行第一三字「見」，資、磧、普、南、徑、清作「現」。

一一三二頁下七行至一三行「則諸世外道……各自有師」共一〇二字，諸本無。

一一三二頁下二〇行第九字「真」，石、資、磧、普、南、徑、清作「實」。

一一三三頁中一一行第八字「七」，清作「此」。

一一三三頁下末行末字「奄」，資、磧、普、南、徑、清作「菴」。

一一三四頁上一行第四字「知」，資、磧、普、南、徑、清作「如」。

一一三四頁上二行第八字「知」，資作「如」。

一一三四頁上三行首字「婆」，磧、普作「娑」。

一一三四頁上三行「解脫」，麗作「解脫解脫」。

一一三四頁下末行第三字「離」，石、資、磧、普、南、徑、清作「出」。

一一三五頁上八行第二字「彈」，資、磧、普、南、徑、清作「撣」，下同。

一一三五頁上一一行第七字「苦」，石作「樂」。

一一三五頁中一二行第三字「住」，石、磧、普、南、徑、清、麗作「作」。

一一三五頁中一四行第一一字「喜」，磧、普作「善」。

一一三五頁中一八行「慧爲命」，磧、普、南、徑、清作「爲慧命生」。

一一三五頁下二行第三字「重」，磧、普、南、徑、清作「愚」。

一一三五頁下末行第八字「纏」，諸本作「縛」。

一一三六頁上一行「作怨家」，石作「多作怨家」。

一一三六頁上一〇行「是此住」，石作「此住」；資、磧、普、南、徑、清作「是住」。

一一三六頁上一〇行第一一字「彼」，資、磧、普、南、徑、清作「破」。

一一三六頁上一二行第三字及第九

字「刾」，磧、普、南、徑、清作「棘」。

一三六頁中三行第二字「活」，資作「治」。

一三六頁中七行末字「讀」，資作「讃」。

一三六頁中一二行第六字「貴」，石、資、磧、普、南、徑、清作「所貴」。

一三六頁中二一行第九字「常」，磧作「當」。

一三六頁中二二行首字「當」，資、磧、普、南、徑、清作「常」。

一三六頁下一三行末字「罪」，諸本作「過」。

一三六頁下二一行末字「往」，清作「住」。

一三七頁中一行第一三字「土」，諸本作「止」。

一三七頁下五行末字「常」，資作「當」。

一三七頁下一四行「長畜」，資、磧、普、南、徑、清作「畜長」。

一三七頁下末行首字「損」，磧、普、南、徑、清、麗作「捐」。

一三八頁上三行第五字「於」，資、磧、普、南、徑、清無。

一三八頁上七行第一一字「愛」，麗作「受」。

一三八頁上二〇行第一一字「是」，資、磧、普、南、徑、清作「若」。

一三八頁上二二行「女人」，石、麗作「善女人」。

一三八頁下一五行第一二字「上」，資、磧、普作「此」。

一三九頁上三行第二字「一」，資、磧、普、南、徑、清無。

一三九頁中六行第一〇字「利」，磧、普、南、徑、清作「痢」。

一三九頁中一一行第五字「次」，諸本無。

一三九頁中一六行第一〇字「飴」，石、磧、普、南、徑、清、麗作「飼」。

一三九頁中一九行第七字「以」，諸本作「水」。

一三九頁中末行第四字「先」，資作「光」。

一三九頁下一七行第一三字「疽」，資、麗作「癤」。

一三九頁下一九行「水氣」，資作「氣嗽」；磧、普、南、徑、清作「氣嗽」；麗作「氣瘷」。

一三九頁下一九行第一一字「減」，資、磧、普、南、徑、清作「滅」。

一三九頁下二一行末字「額」，資作「頭」。

一四〇頁上一二行「善人足下塵勝上最第一　於諸世界中」，資、磧、普、南、徑、清、麗無。

一四〇頁上一三行第六字「彼」，麗作「佛」。

一四〇頁上一九行末字「歎」，麗作「護」。

一四〇頁中一行「問經」，資、磧、普、南、清作「所問經」。

大方廣如來秘密藏經卷上

失譯人名附三秦錄　量

如是我聞一時佛住王舍城祇闍崛山與大比丘僧八千人俱菩薩摩訶薩三万二千衆所知識得陁羅尼無㝵辯才得无生法忍降伏魔怨一切法中快得自在善能種種神通變化善知一切禪定三昧入出自在爲諸衆生作不請友永離盖纏善能了知諸衆生根善知依止於了義法淨修六度到於彼岸遊戲五通教化衆生心無猒倦无量無邊百千万億那由他劫久修諸行已曾供養無量諸佛善爲諸佛之所護持護正法城不斷佛種常以聖德悅樂一切轉妙法輪善能往來無邊佛土奉覲諸佛大師子吼洽大法船擊大法鼓吹大法蠡善集一切福德莊嚴相好嚴身念慧堅進善知慚愧法喜自娛具足成就大慈大悲能隱蔽日月所有光明利衰毀譽稱譏苦樂是世八法所不能汙不高不下善斷愛恚常與方便智慧

相應隨衆生根善開化之救无救者有所爲作善觀察之身口意業無諸過患善能集於定慧莊嚴其心調柔猶如大龍如大師子降伏外道善能進趣大丈夫行離諸佈畏善能決斷諸衆生疑善能勸請无量諸佛轉於法輪善住大願永離二見常勤度脫一切衆生善知垢淨所起因緣善修正念不起聲聞緣覺之念不捨一切智寶之心其心清淨猶如虛空其身柔軟心無染汙志意无壞隨所王處心無染著妙音和雅有所言說顯露易解其言清白說无染法句常觀他德勇猛無侶志欲道場其名曰山剛菩薩大山菩薩持山巖菩薩山積王菩薩石山王菩薩大進菩薩信進菩薩極進菩薩喜手菩薩寶印手菩薩寶手菩薩德手菩薩燈手菩薩常舉手菩薩常下手菩薩常喜根菩薩常思念菩薩常勤菩薩常觀菩薩法勇王菩薩淨寶光明威德王菩薩摩尼光王菩薩過諸盖菩薩総持自在王菩薩發心轉法輪菩薩法勇菩薩淨衆

生寶勇菩薩道分味菩薩摠辯菩薩無㝵辯菩薩不動足進菩薩金剛足進菩薩金剛志菩薩虛空藏菩薩相好積嚴菩薩壞魔網菩薩勝志菩薩導師菩薩喜見菩薩賢護等十六大士弥勒等賢劫菩薩兜率陁天㬰陁羅華香等而為上首他化自在天王等三万二千如是天子及餘趣向於大乘者三千大千世界之中釋梵護世欲界色界淨居諸天一切来集恭敬供養礼拜如来尒時世尊為於無量百千大衆恭敬圍繞而演說法是時東方去此佛土七十二億刹彼有佛土名曰常出大法之音其國有佛号曰寶杖如来應供正遍覺今者現在如是常出大法音國一切江河池泉諸水一切樹林一切衆華一切諸菓一切華果一切臺觀常出法寶无上法音彼土衆生常聞如是勝妙法音是寶杖佛常出大法音國有菩薩名無量志莊嚴王是菩薩觀寶杖佛已猶如壯士屈申臂頃沒是常出大法音國一念之頃而来至此娑婆世界時無量志莊嚴王菩薩化作八万四千寶臺妙寶所成四方四柱縱廣正等莊嚴極妙一一寶臺化作八万四千寶樹華果茂盛一一樹下皆悉化作寶師子座衆寶廁填皆悉敷置百千妙衣是諸座上皆見佛坐形色相貌如釋迦牟尼是无量志莊嚴王菩薩現是化已於虛空中化作寶蓋縱廣正等百千由旬垂懸繒綵鈴網莊飾風吹鈴網出柔和微妙可愛軟音其音遍告三千大千佛之世界時此三千大千世界平坦如掌生寶蓮華供養如来時無量志莊嚴王菩薩以八万四千臺而自圍繞来詣佛所是時大衆見是化已得未曾有而作是言如今所見此大士来莊嚴事相必說大法及此三千大千世界諸莊嚴事又上空中垂懸寶蓋於如来上一切天宮悉皆隱蔽是時大德摩訶迦葉承佛神力從座而起整衣服偏相右肩右膝著地向佛合掌而說偈言

無垢淨光從空出　隱蔽釋梵諸光明
及蔽日月珠火光　惟願人尊說此相

此空中現妙寶蓋　遍覆百千由旬地
幢幡鈴網以莊嚴　世尊今將雨法雨
鈴網所出妙聲音　其音遍告此佛界
有聞音者煩惱息　為何利益說此事
三千世界平等掌　百千蓮華從地出
華香適意悅身心　是何威德之所為
東方遍放金色光　八万四千妙寶臺
臺內寶樹師子座　見如導師釋師子
導師此是何利事　見此事者何增益
此是何種欲佛智　現此無量諸神變

尒時佛告摩訶迦葉東方去此七十二億佛土有國名常出大法音彼中有佛号曰寶杖今者現在彼有菩薩名無量志莊嚴王来至此土見我礼拜諮受聽法為諸菩薩生大法欲生大法力集大法智欲顯常出大法音國所有功德及寶杖佛所有功德以此緣故是无量志莊嚴王菩薩而来至此娑婆世界一日一夜所利衆生多於汝等滿此三千大千世界諸大聲聞法利衆生假令汝等數如稻麻竹葦甘蔗叢林壽命一劫所利衆生猶尚不等大德迦葉白言世尊閻浮提人

若得聞是善丈夫名尚得大利況有信心復聞說法時無量志莊嚴王菩薩及諸寶臺住如來前頂礼佛足當礼佛時令是三千大千世界六種震動百千伎樂不鼓自鳴一切大衆礼如来足介時无量志莊嚴王菩薩繞佛三匝及與八万四千寶臺亦繞三匝繞三匝已向佛合掌以偈讚佛

善能柔軟微妙語　無錯无雜淨無垢
善名威德慧中勝　我今稽首最勝仙
多百千億功德滿　施安隱樂滅百苦
仁大悲喜等三界　而演說法除塵垢
十方諸佛歎仁德　善逝悪時得菩提
度悪衆生无疲倦　度一衆生尚為難
一切諸佛悉平等　智慧通等号人尊
成佛無等白淨法　示現卑劣調衆生
尊若悉示佛境界　一切衆生心迷乱
大悲為利是等故　修彼所行演說法
人尊智勝衆所樂　常先和顏柔軟語
筭數人天得無等　是故歡喜頂礼尊
一切智等諸衆生　盡諸法除降外道
一切智見伏魔怨　稽首十力降諸力
常樂真實誠諦語　善知如說如所行
苦樂不動如山王　我今稽首施世樂

如来秘密藏經卷上　第七張　量字号

介時無量志莊嚴王菩薩偈讚佛已而白佛言世尊寶杖如来問訊世尊少病少惱起居輕利安樂行不世尊我今欲少請問如来應供正遍覺若佛聽者乃敢諮啓佛告无量志莊嚴王菩薩善男子如来常聽隨所有疑恣汝所問吾當隨汝所問演說悅可汝心如是世尊願樂欲聞時無量志莊嚴王菩薩白言世尊我從先佛如来應供正遍覺聞有法名如来秘密藏若有菩薩住是秘藏得无盡法得無盡辯見佛无盡善能獲得無盡神通為諸衆生作實依止善哉世尊願為演說如来密藏法介時佛告无量志莊嚴王菩薩善哉善哉善男子乃能問佛如是之法善男子汝已曾於恒河沙佛所殖諸善根諮受請問善男子汝今諦聽善思念之吾當少說如来密藏法無量志莊嚴王菩薩即白佛言如是世尊受教而聽佛言善男子如来密藏法謂一切智心發是心已堅固守護不退不捨無有嬈乱

如来秘密藏經卷上　第八張　量字号

善好憶念熾然勸導顯示教誨善根先首喜樂守護常恒堅造應作之業為是布施為是持戒為是忍辱為是精進為是禪定為是方便是心為柱不怯不弱不羸不壊无有懶墮不背不捨順向是心而覺了之善業為首質直無曲正住端直无幻無偽作已无疑未作者作如所應作勤修行之捨不正行勤修正行善男子是名如来秘密藏法所入法門所謂堅固一切智心好堅守護不弃捨之善男子何等一切智心堅固善男子一切智心堅固有四何等四不念餘乘不礼餘天不發餘心志意無轉是為四而說頌曰

不生念餘乘　礼佛不礼天　不生餘欲心
不礼外凡夫　修行是法時　一切智心堅
非魔及外道　得便如毛髮

善男子復有四法護一切智心何等四不為色醉及財封醉非眷屬醉及自在醉是為四而說頌曰

非色財封醉　眷屬及自在　色財封自在
眷屬不放逸　觀諸有為法　皆悉是无常

不放逸離惕　守護菩提心　斯行法功德
趣菩提不退
善男子復有四法不退菩提心何等
四集諸波羅蜜親近實菩薩修大悲
心以四攝法攝諸衆生是為四而說
頌曰
常修六度無滿足　生聞聞已心柔軟
生於大欲離惡友　親近善友隨所欲
常修勝道近向者　常修悲心住四攝
常好堅住善提心　佛功德聚不難得
善男子菩薩具足四法不捨一切智
心何等四信佛功德修集佛智見佛
神通不斷佛種是名為四而說頌曰
信解佛德已　勤修集佛智　見佛神通已
勤守護佛種　修行如是法　不捨菩提心
隨所見諸佛　倍生精進力
善男子菩薩具足四法終不撓乱菩
提之心何等四給侍諸佛面前從於
如來聞法常歎佛德依止寂靜緣念
於佛是為四而說頌曰
給侍於如來　好尊重恭敬　若有所聞法
聞已如說行　常讚歎如來　信敬愛樂之
面聞勝法已　智者依於義　常讚歎功德

調御世所有　彼常勤依止　正念於諸佛
數數讚佛德　常勤觀已行　常樂獨靜處
思念於如來　善攝如是法　修行心不乱
斯人有三昧　不忘菩提心
善男子菩薩具足四法憶菩提心何
等四我要當為一切衆生良福田我
當說道我當隨趣如來所趣我當實
知諸衆生行是為四而說偈曰
我當為世勝福田　趣邪道者示正路
善逝所趣我當趣　我當常知衆生行
菩薩大士念此德　常念菩提勝道心
彼當速疾成法王　得神通智世无等
善男子菩薩具足四法念一切智心
何等四專志念意是諸法本當念法
本發一切智心是世實塔當念實塔是
為四而說頌曰
當專志念意　極好專念意　此是諸法本
一切世間塔　常念菩提心　住意好善住
此是十力本　當為天世塔
善男子菩薩具足四法然一切智心
何等四勢力通集不失本行滿五根
力身心精進而无有我勤行精進為
利益他是為四而說頌曰

所演說四法　熾然菩提心　若熾然智慧
得止息煩惱　勢力及通進　如是勤精進
安住服是已　莊嚴無解怠　斯不失本誓
善安住根力　身心无疲倦　勤進求實身
住如是熾然　增長菩提心　彼智慧如是
猶日月增長
善男子菩薩有四法勸菩提心何等
四在大衆中稱楊讚歎菩提之心令
其開解菩提之心善受教誨隨順師
長發清淨心一切煩惱不得自在是
為四而說頌曰
勸導唱道心　先住此為本　當有一切智
是名知恩者　是一切智心　清淨常照明
常住於是中　世間所頂札　常出柔軟語
速疾受教誨　諮問諸師長　一切智勝心
本性常清淨　守護菩提心　白淨離煩惱
寂勝不相違
善男子菩薩有四法顯示菩提心何
等四此是我住處住是處已開示顯
說知於是心有無量德亦為他說如
是之事是為四而說頌曰
善住於所住　菩薩住是已　稱楊如是法
菩提之妙心　道心德無量　發及稱楊等

稱揚已便行　稱揚者所得
善男子菩薩有四法教修菩提心何
等四謂不麁獷言說柔軟无有麁澁
顏色和悅是爲四而說偈言
柔軟解說義　常無有麁獷　和顏住是法
彼教菩提心
善男子菩薩有四法菩提之心善根
爲首何等四成滿相好開門大施修淨
佛土行種種施淨於智慧常伏憍慢
滿足智慧修集多聞是名爲四而說頌曰
常開門大施　彼到相好岸　善好種種施
斯當有淨土　常无有憍慢　恒求集佛智
集聞無滿足　斯有利智慧　如是勝妙相
方便起道根　是巧心所轉　集先諸功德
善男子菩薩有四法常喜樂何等四
喜樂見佛見餘菩薩勝精進者生於
喜樂作如是言我當何時滿足受記
受於無上菩提道記我當何時諸衆
生前作諸佛事於佛智慧生喜樂心
是爲四而說頌曰
我當何時現見佛　彼生喜樂欲見佛
見餘菩薩勝進者　生喜欲修是精進
我當何時滿德聚　得授勝記證菩提

勝智某方作法王　菩薩常生是喜欲
我何時世作佛事　得神通智到彼岸
名聞普遍十方供　菩薩常生此喜欲
善男子菩薩有四法不憍何等四不
憍稱譽不實功德得諸利養不憍得
諸釋梵護世人天富樂不憍一切聲
聞緣覺不憍一切外道所得勝供養
事是爲四法不憍而說頌曰
不憍名稱大利養　於身命財亦如是
不憍釋梵及護世　是諸邪有悉无常
不憍聲聞及緣覺　惟除起何勝乘心
不憍世禪及外道　不憍身見及邊見
善男子菩薩有四法護一切智心何
等四如說如住如作而說於諸衆生
其心平等生極欲心謂於善法是爲
四而說頌曰
如說如住如作說　等心衆生極欲道
善住於是四勝法　常護道心不忘失
善男子菩薩有四法是所應作何等
四修集多聞思念多聞說於所聞不
退寂靜是爲四而說頌曰
常斯勤集於未聞　是常修念思多聞
是常勤說於多聞　是常勤修爲得禪

善男子菩薩有二法定一切智心而
行布施何等二尊意念定捨不望果
報是爲二而說頌曰
以歡喜心而施與　施已生喜不望報
一切悉捨向菩提　定心施已證菩提
善男子菩薩有二法一切智爲首修
持淨戒何等二於諸衆生無侵害心
毀戒者所生大悲心是爲二而說頌曰
不生毀害心　等施上中下　倍增生悲心
於惡逆衆生
善男子菩薩有二法一切智爲首修
行忍辱何等二自捨已樂施與他樂
是爲二而說頌曰
不求於自樂　常爲利樂他　斯有如是忍
佛菩提爲道
善男子菩薩有二法一切智爲首修
行精進何等二菩提心爲首不捨諸
衆生是爲二而說頌曰
行一切白淨　上道心爲首　不見我衆生
精進無毀減
善男子菩薩成就二法一切智爲首
修行禪定何等二方便入禪本願力
出是爲二而說頌曰

勇健者常起　智者行禪定　降伏諸結使
恒常欲得禪　本願力持出　當爲世導師
斯有如是德　獲得於禪定
善男子菩薩成就二法一切智爲首
有於智慧何等二自離諸見爲斷一
切衆生見故修行智慧是爲二而說
頌曰
彼離於諸見　修利爲衆生　有勝智現前
智安隱行道
善男子菩薩成就四法有於方便何
等四慈愍衆生而爲作救大悲真實
无有疲倦喜樂於法生歡喜故捨離
煩惱無有怯弱是爲四而說頌曰
修慈無瞋恚　起悲无疲倦　以法生歡喜
捨煩惱無難
善男子菩薩有四法无猒何等四多
聞無猒集德无滿阿練兒處無滿迴
向无滿足是爲四而說頌曰
求聞無滿集福尒　阿練兒處无滿足
福德迴向無滿足　菩薩如是四无猒
善男子菩薩有四法無足何等四是
菩薩念過去佛作如是念是諸佛等
皆悉修集寂勝菩提我今云何而不
修集念未來佛我亦入在是等數中

念現在佛念是佛時而作是念此諸
佛等現悉了知一切諸法是諸念中
无有怯弱是爲四而說頌曰
憶念過去佛　無怯心增長　彼佛得勝道
我云何不得　念未來善逝　我在是數中
无怯倍精進　我定在是數　念現在導師
本行菩薩時　我當除諸結　證寂滅菩提
解了一切法　所住如所欲　終不生怯心
倍生好勝進
善男子菩薩有四法不退大乘何等
四其心如地其心如水其心如火其
心如風是爲四而說頌曰
其心如地水　心亦如風火　作不作同等
不得道不退
善男子菩薩有四法解知无我何等
四而是菩薩作如是念諸衆生界我
當悉知是等心行諸衆生界我當悉
知是等諸根而爲說法諸衆生界我
當除斷一切煩惱而爲說法無量佛
智我等覺了實非我身能覺此法亦
非我心我諸善根能覺此法无有我
者名爲菩薩是爲四而說頌曰
衆生界諸心　所行叵思議　煩惱妄分别

妄想生是非　佛智亦如是　無量叵思議
非我之所能　解了於佛智　諸結使相違
无色不可見　我應悉除斷　顯示解脫道
善男子菩薩有四法無有怯弱何等
四願諸善根修方便慧修信進念力
信无上道是爲四而說頌曰
善喜悅充潤　慧方便衆香　信精進念力
斯有解脫道　如是四慧法　持法無有猒
爲猒倦者依　亦爲世作救
大方廣如來秘密藏經卷上

大方廣如來秘密藏經卷上

校勘記

一　底本，金藏廣勝寺本。

一　一四三頁中二行譯者，石作「秦録失譯」；資作「失譯附二秦録」；磧作「失譯師名附三秦録」；普、南、徑、清作「失譯師名附二秦録」。卷下同。

一　一四三頁中一一行第一〇字「通」，磧、普、南、徑、清作「道」。

一　一四三頁中一三行第八字「曾」，資作「當」。

一　一四三頁中二〇行第五字「能」，資、磧、普、南、徑、清、麗無。

一　一四三頁下三行首字「過」，資、磧、普作「愚」。

一　一四三頁下一一行第一一字「隨」，資、磧、普、南、徑、清作「心」。

一　一四三頁下一二行第八字「雅」，資、磧、普、南、徑、清、麗作「輭」。

一　一四三頁下一四行第一四字「剛」，資、磧、普無。

一　一四三頁下一六行第七字「大」，資、磧、普、南、徑、清作「天」。

一　一四四頁上八行「三万」，麗作「二万」。

一　一四四頁上一五行第一一字「覺」，石、麗作「知覺」。

一　一四四頁上一六行第二字「如」，石、磧、普、南、徑、清作「而」。

一　一四四頁中一〇行首字「莊」，磧、普、南、徑、清作「裝」。

一　一四四頁中一四行「千臺」，石、南、徑、清、麗作「千寶臺」；資、磧、普作「千寶」。

一　一四四頁下五行第六字「等」，資、磧、普、南、徑、清作「如」。

一　一四四頁下一〇行第七字「智」，麗作「知」。

一　一四四頁下一一行第一二字「此」，資、磧、普、南、徑、清無。

一　一四四頁下二一行第六字「假」，資無。

一　一四五頁上一一行「滅百苦」，石、磧、普、南、徑、清作「無諸苦」。

一　一四五頁上一八行第八字「修」，資、磧、普、南、徑、清作「隨」。

一　一四五頁上一九行「所樂」，資作「生所」。

一　一四五頁上二〇行第五字「得」，資、磧、普、南、徑、清、麗作「德」。

一　一四五頁上二一行第一一字「除」，資、磧、普、麗作「降」；南、徑、清作「際」。

一　一四五頁上二二行「十力」，資、磧、麗作「百力」；徑、清作「十方」。

一　一四五頁中七行第九字「常」，南、徑、清作「當」。

一　一四五頁中一五行第六字「密」，石、麗作「秘密」。

一　一四五頁中一八行第二字「河」，石無。

一　一四五頁下五行第一二字「墮」，資、磧、普、南、徑、清、麗作「憜」。

一　一四五頁下一七行「智心」，徑作

「志心」。

一　一四五頁下二二行至末行「色財封自在眷屬不放逸」，石、磧、普、南、徑、清無。

一　一四六頁上二行「趣菩提不退」，資、麗作「趣菩提不退　初偈是行半」。

一　一四六頁上四行第一二字「修」，石、麗作「修集」。

一　一四六頁上一五行「如是」，石作「如來」。

一　一四六頁中六行第一一字「良」，磧、普、南、徑、清作「良厚」。

一　一四六頁中八行第一一字、一四七頁上四行第一〇字「偈」，石作「頌」。

一　一四六頁中一〇行第二字「逝」，諸本作「逝」。

一　一四六頁下二行第六字「勢」，資、磧、普、南、徑、清作「慧」。

一　一四六頁下二行第一〇字「進」，諸本作「達」。

一　一四六頁下一二行第四字「道」，石作「導」。

一　一四六頁下一三行第四字「恩」，資、磧、普、南、徑、清、麗作「因」。

一　一四七頁上三行第六字「犢」，石、磧、普、南、徑、清作「獖」。

一　一四七頁上一七行末字「記」，資作「已」。

一　一四七頁上末行第九字「授」，資、磧、普、南、徑、清作「受」。

一　一四七頁中四行第一〇字「憘」，石作「嬉」，下同。

一　一四七頁中一一行「起何」，石、資、磧、普、南、徑、清作「趣向」。

一　一四七頁中一五行第九字「謂」，資、磧、普、南、徑、清作「護」。

一　一四七頁中二二行「常斯」，資、磧、普、南、徑、清、麗作「斯常」。

一　一四七頁下八行首字「毀」，石作「於毀」。

一　一四七頁下一五行第五字「道」，磧、普、南、徑、清作「首」。

一　一四七頁下二〇行「毀滅」，徑作「毀滅」。

一　一四八頁中五行第九字「增」，石、徑作「憎」。

一　一四八頁下四行末字「道」，徑作「途」。

一　一四八頁下四行末字「道」後石換卷，爲卷下。

一　一四八頁下末行經名卷次，石無。未換卷。

大方廣如来秘密藏經卷下
失譯人名附三秦録
善男子菩薩有四障法應當覺知何
等四毀謗正法秘悋惜法悽增上慢
修無色定是為四而說頌曰
菩提心有四　說示名障导　菩薩應覺知
應數數遠離　毀謗於正法　多聞懷悋惜
增上慢貢高　不善起禪定　是故護正法
聞已廣流布　捨慢无貢高　遠離不禪定
善男子菩薩有四法所造速疾何等
四所作以智不以憍慢所有善根迴
向菩提不趣下乘一切諸趣不生染
著若生染著一向專為化於衆生晝
夜三時常修三分滅過惡業未來不
造是為四而說頌曰
所造以智不以慢　迴善上道非下乘
慧者不信於諸有　發心為利諸衆生
晝日三時夜亦尔　三分懺過滅先惡
不造衆惡集諸善　慧者如是集善業
善男子菩薩有四法極好何等四不
自稱舉不輕於他遠離諸惡捨除諸
慢是為四而說頌曰

不自稱舉不輕他　所造諸惡悔不作
不生憍慢及慢慢　其心端直修善行
善男子菩薩有二法端直速疾何等
二若有所問如實而荅先所見事無
所覆藏是為二而說頌曰
如問而演說　不藏先所見　寧捨於身命
終不說妄語　正直於是法　是為賢善根
彼得於質直　疾覺勝菩提
善男子菩薩有二法無有諂僞何等
二雖多獲利不欲歎德不得利養不
自稱舉是為二而說頌曰
雖多獲利養　不歎示已德　大智所不欲
是不諂者得　設不得利養　此是我本業
不欲他有過　勿令彼業熟
善男子菩薩有二法不望他報何等
二我應當利一切衆生非諸衆生而
利於我我當覺知而為菩提是為二
而說頌曰
我應利衆生　我荷擔彼等　我求無為道
不觀望他報　我不求有為　我求无為道
我攝護世間　不望報得道
善男子菩薩有二法作於不作何等
二不知恩者而常供給於知恩者作

於重任是為二而說頌曰
不知恩衆生　於彼不望報　諸陰界入等
皆為作菩提
善男子菩薩有二法是所應處何等
二常值諸佛亦常值遇菩薩乘者是
為二而說頌曰
一種所應處　是處增名稱　得值諸如来
菩薩所識知
善男子菩薩有二種所不應修何等二
不與願行聲聞乘者而共同止不驚
畏諸有獨處宴默是為二而說頌曰
不與修行者　而共同止住　不驚畏諸趣
依止宴寂處
善男子是名初入如来密藏根本句
也菩薩若入是初根本句是菩薩能
成就如来秘密藏法世尊說入如来
密藏初句法時六万衆生及天與人
發於無上正真道心十千菩薩得无
生法忍五百比丘不受諸法永盡諸
漏心得解脫時此三千大千世界六
種震動大光普照人天伎樂不鼓自
鳴人天阿脩羅等同聲三唱作如是
言其有衆生得聞於是如来密藏法

快得善利若有書寫受持讀誦如說
修行是等衆生皆當不失如是如来
秘密藏法
尒時無量志莊嚴王菩薩聞是如来
密藏法已即作是念我今當以何等
供具供養如来應供正遍覺復作是
念外物易捨内事難捨我今當以自
身奉供如来世尊即昇虛空而說偈言
我今奉獨覺　以自身供養　以此無上捨
願令如導師　財供二足尊　此事不為難
云何為希有　所謂身供養　我今供无等
自身奉遍眼　為世人天供　如大智師子
尒時无量志莊嚴王菩薩即便放身
投如来上當于尒時以佛神力未曾
有華異華異色甚為鮮淨極妙端嚴
散如来上是菩薩身又不墜地亦不
現空此諸華等至佛身上即復還勇
住虛空中成大華蓋覆四天下是華
蓋中垂懸華貫出大光明是光明中
現妙蓮華是蓮華上有菩薩坐如無
量志莊嚴王是菩薩等從華臺起頂
礼佛足同聲請言惟願世尊說如来
秘密藏法無令斷絶及護如来密藏

眷屬
尒時大德摩訶迦葉生希有心歎未
曽有白言世尊是無量志莊嚴王菩
薩以身莊嚴供養如来以身供養於
如来已現是菩薩諸莊嚴事世尊願
令一切諸衆生等得於如是莊嚴之
身願使如来常壽住世世尊我等今
者快得大利乃得見是善大丈夫聞
其說法尒時佛告摩訶迦葉汝今見
是无量志莊嚴王菩薩不已見世尊
迦葉是善男子於恒河沙等佛所恒得
諮請如是如来秘密藏法賢劫諸佛
所亦當請問如是如来秘密藏法
尒時大德摩訶迦葉復白佛言善哉
世尊惟願敷演說是如来秘密藏法
如此菩薩所啓請者尒時世尊告大
迦葉汝今善聽如来密藏少許法分
何以故若於一劫演說此法不可窮盡
迦葉白言如是世尊尒時迦葉及諸
大衆受教而聽佛言迦葉於意云何
汝謂我行菩薩道時所捨手足頭目
耳鼻皮肉骨髓血及妻子略說乃至
一切財物處處遍惱於菩薩者是諸

衆生不墮地獄畜生餓鬼及諸惡趣何以故本菩薩時志意淨故及大誓願淨戒聚故於諸衆生大悲純至及堅忍故以大慈故大功德法故牢强精進定向大乘故自心淨故大願豈饒故不嬈自樂故其有衆生觸嬈菩薩毁罵之者菩薩德故不墮惡道迦葉我今引喻以明斯義迦葉猶如病人良醫授藥而是病人毁罵是藥及與良醫先毁已後乃服藥迦葉汝意云何藥以罵故不為藥耶病不除耶不也世尊雖復毁罵不失藥勢而能除病如是迦葉菩薩如彼藥及良醫雖不恭敬種種觸惱然是菩薩純淨志意無有缺減迦葉如大寶珠衆德所成其性純淨除諸瑕穢若有人天毁罵是寶而不恭敬迦葉於意云何是大寶珠是毁罵故失寶力耶不也世尊佛言迦葉是淨寶珠猶彼菩薩志意清淨一切衆生雖不恭敬所有功德无有折減迦葉如大油燈假令人天而毁罵之以毁罵故便闇冥耶不也世尊

佛言迦葉菩薩志意純淨如是雖復觸惱不失其性迦葉以是事故當知衆生雖有觸嬈於菩薩者不墮惡道何以故由是菩薩本願淨故所願皆成

尒時大德摩訶迦葉白言世尊如我解佛所說義趣若於如來起不善業是衆生等亦復不畏墮於惡道佛言如是迦葉若有衆生於大悲如來生信敬心解入進趣若佛現在若滅度後若有奉施如來及塔若幢幡蓋華鬘塗香及與末香若寶若衣及諸飲食隨於種種所有諸物若取若食若自取若教取迦葉我說是人無有所犯迦葉貧為寂苦不恭敬故作劫奪故无畏懼故不信敬故不解業故不慮報故以貪求故難調伏故貪瞋癡故無慚愧故句攬惡故不思如來有大慈悲不信如來多利衆生取如來塔物乃至一綖若自取若使人取我說是人不名少犯我不說彼不墮惡道迦葉若有衆生於如來物及佛塔物若自取若教人取如來今者悉知是人悉見是人當墮惡趣又以此緣

當得斷結何以故是人心行為佛護故迦葉若於如來若如來塔生心緣念乃至起於少許悔心迦葉是衆生心自當致悔以緣如來生悔心故背弃生死一切之罪結使微緩迦葉假有人天墜墮于地蹎大地已還依大地而得起住如是迦葉是衆生等於如來所生不善故墮在惡道墮惡道已還緣如來速得出離云何名為緣於如來於如來所生憎重心尒時大德迦葉白言世尊是人以是惡賊之心若能生心緣念如來尚得大利況淨心者

佛言迦葉如汝所言若有衆生起念如來思憶如來觀緣如來是等一切悉皆當得涅槃果證大德迦葉白言世尊如我解知佛所說義穿於如來起不善業非於外道邪見者所施作供養何以故若於如來所起不善業當有悔心究竟必得至於涅槃隨外道見當墮地獄餓鬼畜生

佛言迦葉如汝所言迦葉設有人天罵赤栴檀以手打搥違逆弃地迦葉

於意云何如是人者有何等香迦葉白言而是人者有栴檀香如是迦葉若有衆生眼見耳聞及口宣說於如来者當知是人有解脫香迦葉有人執抱於糞汙已以諸伎樂一切衆華而供養之如是人者有何等香迦葉白言世尊是人惟有糞穢臭惡如是迦葉其有親近恭敬供養諸外道者當知是人亦復如是有諸見畏地獄畜生餓鬼等畏迦葉若善男子善女人信於如来有大慈悲殷重敬信除惕不憍無有貪瞋及與愚癡意志决定解知業報質直無諂无有幻偽於如来所得淨信心諸根無貪无有諂曲志意不壞淨信成就信佛大悲多利衆生信佛本行信於如来不捨一切諸衆生等有如是心有如是意設乏於食病藥所須未得道果未入正位若得所須能得道果入於正位若其不得飢渴羸劣不能修善不得道果是人若取如来佛物衣服飲食病藥所須自服食之迦葉我不說是有惡道果迦葉是名如来秘密藏法應

當密持善好守護不應在彼見著者前開示演說多令是人重增所見迦葉云何為解謂解如来說一切法云何為縛迦葉所言縛者所謂貪著云何為解謂不貪著不分別二迦葉我今不說是無著者名之為犯何以故迦葉羸劣煩惱從虛妄生迦葉若其不實不以生故名之為實迦葉我今引喻為示不實妄想事故迦葉猶如人天持芥子火吹令增長漸燒諸物成大火聚如是迦葉愚小凡夫起少不正思惟妄念堅著諸見隨所妄想隨是諸處增長結使迦葉若有火聚如須弥山無有所依迦葉於意云何而是火者為當增長為當漸滅迦葉白言是火當滅更不增長佛言迦葉不實妄想諸煩惱等若更不起若更不著更不妄想更不嬉樂更不分別此當漸滅而不增長迦葉以是事故應當解知羸劣不實妄想煩惱是不真實迦葉猶如有人至毒家舍竟不服毒自生驚怖受大苦痛發聲大呼我今遇毒我今遇毒有善良醫持不實藥令是病人除不實

病得離衆苦迦葉於意云何若是良醫持於實藥與是人者是人活不不也世尊是人實不服食於毒自生毒想須不實藥以療治之佛言如是迦葉諸小凡夫為於不實煩惱所惱是故如来說不實法介時迦葉白言世尊如来說法不真實耶佛言迦葉汝所解說為是真實為不真實迦葉白言我所解說無有真實何以故世尊所貪欲以不淨對瞋恚慈對愚因緣對世尊若不淨是實則不能除不實貪欲亦非貪欲生不淨觀若愚癡是實起愚癡已非因緣對亦非因緣能除愚癡是故世尊一切結使及斷結法二俱不實無物无定無有成就是故不實諸煩惱等習近不實便得除去世尊結使无去何以故若有除去則為有去若已有去則便有来是故世尊一切結使無去无来是故知諸一切有為無来无去名雖煩惱佛言迦葉此如来密藏說一切法本性清淨介時大德摩訶迦葉白言世尊是十惡道如佛所說其性無垢本性淨耶

佛言如是如是迦葉何以故無有自
在而犯於煞無可親信而犯於盜非
無主无護而犯邪婬非為護他而犯
妄語非為調伏而犯惡口非為破壞
外道邪增而犯兩舌無隨應器而犯
綺語無麁惡教而犯瞋恚无有悕望
增上善根名之為貪無有將護自在者
意少不正言而犯邪見迦葉是十惡
道若不堅著我不說彼名之有過迦
葉是十惡道若不堅著名為不犯如
是迦葉一切煩惱若不堅著我說無
犯迦葉諸不著者名曰離見迦葉白
言世尊十惡業道何者㝡重佛言迦
葉是十惡業道煞及邪見名為㝡重
迦葉隨在在處諸惡不善若不堅住
若不堅執若不堅著一切我說名為
不犯迦葉若少不善若其堅住堅執
堅著一切我說名之為犯迦葉五無
間罪若不堅住堅執堅著生於見者
我不說彼名曰為犯況復餘小不善
業道迦葉我不以不善法而得菩提亦
不以善法而得菩提迦葉若以不善
得於菩提諸小凡夫亦得菩提若以

善法得菩提者一切被燒草木藥林
應還生長迦葉我今問汝如來云何
得於菩提迦葉白言佛是法本世尊
是眼世尊是依如世尊說當共奉行
佛言迦葉解知煩惱從因緣生名得
菩提迦葉云何為解知從因緣所生
煩惱解知是無自性起法是无生法
如是解知名得菩提迦葉但假名字
名得菩提而是菩提不以文字言說
而得若无文字無言无說無得菩提
是第一義迦葉如汝所問十惡業道
何者為重迦葉如人有父得緣覺道
子斷父命名為中重奪三寶物名為
中重若復有人其母出家得羅漢道
共為不淨是婬中重若以不實謗毀
如來是妄語中重若兩舌語壞賢聖
僧是兩舌中重若罵聖人是惡口中
重言說壞乱求法之人是綺語中重
若五逆初業是瞋恚中重若欲劫奪
持淨戒人物是貪中重邪見中重謂
之邊見迦葉此十惡道是為㝡重迦
葉如來知是十惡業道是為㝡重迦葉
若有一人具是十惡迦葉是惡衆生

若解知如來說因緣法是中无有衆
生壽命無人无丈夫無我无年少無
作業者无受者起者無知者見者无
福伽羅無生无滅無行是為盡法无
染無著无善不善本性清淨一切諸
法本性常淨解知信入迦葉我不說
彼趣向惡道無惡道果何以故迦葉
法无積聚法無集无惱迦葉一切諸
法生滅不住因緣和合而得生起起
已還滅迦葉若以生滅一切結使亦
生已滅若如是解無犯犯處迦葉若
犯有住无有是處迦葉如百千歲極
大闇室不然燈明是極闇室無門窓
牖乃至无有如針鼻孔日月珠火所
有光明無能得入迦葉若闇室中然
火燈明是闇頓能作如是說我百千
歲住今不應去迦葉白言不也世尊
當然燈時是闇已去
佛言如是迦葉百千万劫所造業障
信如來語解知緣法修觀察行修於
定慧觀無我无命無人无丈夫等我
說是人名為無犯无處無集迦葉以
是事故當知羸劣諸煩惱等智慧燈

照勢不能住
迦葉是說如来密藏住處無上大師
子吼轉淨法輪天人魔梵所不能轉
迦葉若有衆生信是如来秘密藏法
如是受持如是觀察彼當如是大師
子吼是時大德阿難白言世尊是无
量志莊嚴王菩薩自以其身供養如
来當以何身覺菩提道時華臺中諸
菩薩等問阿難言於意云何可以身
覺於菩提耶阿難勿作斯觀當以身
心覺於菩提阿難報言諸善丈夫若
非身心覺於菩提當用何等而覺菩
提諸菩薩言大德阿難身之實性是
菩提實性菩提實性是心實性心之
實性即是一切法之實性覺是一切
諸實性故名覺菩提時諸華臺所有
菩薩頂礼佛足說如是言世尊我等
若至此大地時是無量志莊嚴王菩
薩乃當得成阿耨多羅三藐三菩提
是時阿難白言世尊是諸華臺衆菩
薩等幾時當至於此大地
佛告阿難是諸菩薩於下方界分恒
河沙等諸佛如来所諮受請問於是

如来秘密藏法聞已解義阿難白言
世尊是无量志莊嚴王菩薩幾時當
成阿耨多羅三藐三菩提佛告阿難
是賢劫中千佛已出當出阿難寂後
如来号名盧志阿難盧志如来應正
遍覺諸聲聞衆多先諸佛所有聲聞
僧阿難是盧志如来乃當授是無量
志莊嚴王菩薩无上道記云無量志
莊嚴王菩薩過九十八劫當得成佛
号莊嚴王亦於是界得无上道是莊
嚴王如来坐此地時是華臺中諸菩
薩等尒乃至地復當聞此如来密藏
法阿難尒時是莊嚴王如来世界名
作無量功德莊嚴阿難一切欲界諸
天宮殿等彼莊嚴王佛國土中一寶
臺耳是娑婆界尒時當名妙好色土
阿難莊嚴王如来壽命百劫佛滅度
後正法住世滿足十劫然菩薩僧說
是莊嚴王如来記已佛上華蓋便没
不現無量志莊嚴王菩薩現佛前住
是時阿難白言世尊護持此法令得
久住於閻浮提增廣流布令善丈夫
能持如来密藏法者成滿功德乃得

是法尒時世尊告阿難言假令四大
變易其性終不令是善丈夫等不聞
是法而取命終阿難若有書寫受持
讀誦當知是人即是如来所持阿難若
有人能右手執持恒沙佛界滿中七
寶左手復持恒沙世界滿中七寶若
晝三時夜三時持用布施是人不解
經恒沙劫阿難是布施德若有書寫
受持讀誦是經典者所得功德復過
於是是故阿難汝今受持讀誦是經
令諸法器普得聞知是諸人等則為
受持如来秘密藏法
佛說此經已無量志莊嚴王菩薩大
德阿難大德迦葉一切大衆天人阿
修羅等聞佛所說皆大歡喜

大方廣如来秘密藏經卷下

大方廣如來秘密藏經卷下

校勘記

一　底本，金藏廣勝寺本。

一　一五一頁中一行經名、二行譯者，石無，未換卷。

一　一五一頁中六行第七字「示」，徑、清作「是」。

一　一五一頁中一九行第七字「善」，資、磧、普、南、徑、清作「惡」。

一　一五一頁中二一行「稱舉」，石、磧、普、南、徑、清作「稱譽」，下同。

一　一五二頁上七行首字「一」，諸本作「二」。

一　一五二頁上七行第一〇字「稱」，資作「種」。

一　一五二頁上九行第八字「法」，資、磧、普、南、徑、清無。

一　一五二頁中九行第四字「獨」，磧、普、南、徑、清作「偏」。

一　一五二頁中一四行第六字「干」，諸本作「于」。

一　一五二頁中一七行末字「勇」，磧、南作「涌」；普、徑、清作「湧」；麗作「踊」。

一　一五二頁下一八行第四字「若」，資、普無。

一　一五二頁下末行第七字「遍」，磧、普、南、徑、清作「逼」。

一　一五三頁上六行第四字、一五四頁中一七行末字「嬉」，磧、普、南、徑、清作「喜」。

一　一五三頁上一〇行第五字「毀」，資、磧、普、南、徑、清作「毀罵」。

一　一五三頁上一〇行第一〇字「藥」，麗作「此藥」。

一　一五三頁下五行第五字「刼」，麗作「切」。

一　一五三頁下一九行第七字「於」，資、磧、普、南、徑、清、麗無。

一　一五三頁下末行「打搥」，石作「搥打」；磧、普、南、徑、清作「椎打」。

一　一五三頁下末行第一〇字「逯」，石、磧、普、南、徑、清、麗作「摝」。

一　一五四頁上五行「抱於」，石、麗作「把於」；資、磧、普、南、徑、清作「於抱」。

一　一五四頁中八行「迦葉我今引喻爲示不實」，資無。

一　一五四頁中九行第八字「持」，資作「持齋」。

一　一五四頁中一一行第一〇字「妄」，資、磧、普、南、徑、清作「想」。

一　一五四頁中一四行第六字「而」，磧、普、南、徑、清作「如」。

一　一五四頁中末行首字「善」，磧、普、南、徑、清作「義」。

一　一五四頁下一〇行首字「所」，石、磧、普、南、徑、清、麗作「所有」。

一　一五四頁下一〇行第一二字「愚」，石作「愚癡」；資、磧、普、南、徑、清、麗作「癡」。

一　一五四頁下一二行第一〇字「觀」，資、磧、普、南、徑、清作「觀若慈是實即不能除不實瞋恚亦非瞋恚生於慈觀」。

一 一五五頁上五行第四字「增」後，麗有夾註「恐慢」。

一 一五五頁上七行第七字「爲」，資、磧、普、南、徑、清無。

一 一五五頁中二二行第九字「道」，資、磧、普、南、徑、清、麗無。

一 一五五頁下一行首字「若」，清作「者」。

一 一五五頁下五行第五字「善」，資作「着」。

一 一五五頁下一〇行第七字「以」，資、磧、普、南、徑、清、麗作「心」。

一 一五六頁上四行第七字「信」，資作「住」。

一 一五六頁上八行「華臺」，資作「華室」，下同。

一 一五六頁上末行第一一字「請」，石無。

一 一五六頁中一九行第一〇字「上」，資、麗作「土」。

一 一五六頁下四行第一一字「所」，資無。

一 一五六頁下六行第二字「左」，資、磧、普、南、徑、清作「右」。

一 一五六頁下七行末字「解」，石、磧、普、南、徑、清、麗作「懈」。

一 一五六頁下八行第一〇字「德」，石、麗作「功德」。

一 一五六頁下末行經名卷次，石無。

中陰經卷上

後秦涼州沙門竺佛念譯　畢

如来五弘誓入中陰教化品第一

如是我聞一時佛在迦毗羅婆兜雙樹北四十九步耶維處八日夜半明星出時尒時如来忽然離碎身舍利如諸佛五弘誓法當生之時天地六反震動十方諸佛皆来扶助是謂一弘誓法云何為六反震動東踊西没西踊東没北踊南没南踊北没四面都踊則中央没中踊則四面没當其如来初擧一足行七步天下大動十方諸佛皆来扶助是謂二弘誓法如来往詣菩提樹下結跏趺坐吾不成佛不起于坐尒時天地大動十方諸佛皆来扶助是謂三弘誓法如来之名波旬雖閙心不怯弱誓願力故天地大動十方諸佛皆来扶助是謂四弘誓法如来捨身壽命現取滅度入於中陰教化衆生尒時天地大動十方諸佛皆来勸讃是謂五弘誓法尒時世尊入火炎三昧離碎身舍利去地七刃坐寶蓮華使無量无限那由他衆生天龍鬼神阿修羅甄陁羅乹闥婆迦留羅鳩槃荼富單那人非人皆見如来坐寶蓮華尒時世尊向舍利而説頌曰

於無數刧中　養汝地種界　吾今離汝去
如虵脱皮樂　五道生死中　无處不有汝
摧時得相離　寂滅無所著　威神接地種
非汝不得度　咄嗟別離苦　生死牽連者
諸佛威神接　所度阿僧祇

尒時世尊説此頌已從脚心上至内髻放八十四千億光普照三千大千世界上至虚空界其中衆生皆見光明或有尋光来者或有諸佛遣諸菩薩来至忍界者尒時世尊内自思惟此中陰形極為微細惟佛世尊獨能覩見然此衆生有學无學一住二住乃至九住非彼境界所能覩見吾今以佛威神入照明三昧令四部衆比丘比丘尼優婆塞優婆夷覩此微形尒時世尊次入無尋定觀此空界衆生生者滅者如諸如来所行禁戒虚無寂寞觀不淨想百七十行苦本因縁乃至生死十二縛著尒時世尊復

說頌曰
今當入微妙　極細中陰形　化彼衆生類
倍於閻浮提　常相無所著　樂相空无定
建立道德根　捨壽無所染　本從阿僧祇
濟彼難度人　吼此微妙形　无過此寂難
吾今弘誓心　無雜无所染　闡揚道德根
梵行究竟法
尒時世尊說此頌已復放眉間白毛相光普照東方无量無限那由他世界南方西方北方亦尒尒時世尊還攝光明繞佛七匝從頂上入尒時弥勒菩薩即從坐起偏露右髀右膝著地合掌叉手前白佛言快哉世尊昔所未聞昔所未見中陰衆生形質極細壽命長短飲食好醜為何等類願樂欲聞世尊告曰諦聽諦聽善思念之吾當與汝一一分別云何弥勒閻浮提兒生墮地乃至三歲母之懷抱為飲幾乳弥勒荅曰飲乳一百八十斛除母腹中所食血分東弗于逮兒生墮地乃至三歲飲乳一千八百斛西拘耶尼兒生墮地乃至三歲飲乳八百八十斛北欝單曰兒生墮地坐

著陌頭行人授指啑指七日成人彼土無乳中陰衆生飲吸於風閻浮提衆生壽命百歲東弗于逮壽命五百歲西拘耶尼壽命二百五十歲北欝單曰壽命千歲中陰衆生壽命七日閻浮提人面上廣下狹弗于逮人面正圓拘耶尼人面上狹下廣欝單曰人面正方中陰衆生面狀如化自在天自此以還釋迦牟尼名号已滅妙覺如來出現於世如來應供正遍知明行足善逝世間解无上士調御丈夫天人師佛世尊在虛空中坐寶蓮花放舌相光明照東方八十七億恒河沙數彼國名化佛名堅固十号具足一乘教化見此光明告諸菩薩諸族姓子汝等見此光明不乎對曰唯然已見世尊不審此光何佛光明照此世界彼佛告曰西方去此八十七億恒河沙數世界名娑呵佛号釋迦牟尼今取滅度捨身舍利欲入中陰教化是妙覺如來光明汝等欲往今正是時尒時彼土菩薩百三十億受佛教戒來至忍界佛告之曰汝到彼

土礼事供養勿懷懈惕持吾名号問訊妙覺如來起居輕利遊步强耶菩薩受教礼彼佛足右繞七匝忽然不現來至娑呵世界南方去此八十七億恒河沙數世界名解脫佛号真淨如來十号具足告諸菩薩汝等見此光明不乎對曰唯然見之不審此光是何佛光照此世界彼佛告曰北方去此八十七億恒河沙數世界名娑呵佛号釋迦牟尼今取滅度捨身舍利欲入中陰教化是妙覺如來光明汝等欲往今正是時尒時彼土菩薩百三十億受佛教戒來至忍界佛告之曰汝到彼土親事供養勿懷懈惕持吾名号問訊妙覺如來興居輕利遊步强耶菩薩受教礼彼佛足繞七匝忽然不見來至娑呵世界北方去此八十七億恒河沙數世界名琉璃佛号雷音如來十号具足告諸菩薩汝等見此光明不乎對曰唯然已見不審此光是何佛光明照此世界彼佛告曰南方去此八十七億恒河沙數世界名娑呵佛号釋迦牟尼今取滅度捨身舍利欲入中陰教化是妙覺如來光

明汝等欲往今正是時尒時彼土菩

薩百三十億受佛教戒来至忍界佛
告之曰汝到彼土礼事供養勿懷懈
慢持吾名号問訊妙覺如来興居輕
利遊步强耶菩薩受教礼彼佛足繞
七匝忽然不現来至娑呵世界東北
方去此八十七億恒河沙數世界名
空淨佛号虚空藏十号具足菩薩百
三十億東南方去此八十七億恒河
沙數世界名熾然佛号廣顯如来十
号具足菩薩百三十億西南方去此
八十七億恒河沙數世界名星宿佛
号月光如来十号具足菩薩百三十
億西北方去此八十七億恒河沙數
世界名壞魔佛号勇猛伏如来十号
具足菩薩百三十億上方去此八十
七億恒河沙數世界名海跡佛号上
妙如来十号具足菩薩百三十億下
方去此八十七億恒河沙數世界名
通達佛号无畏如来應供正遍知明
行足善逝世間解無上士調御丈夫
天人師佛世尊告諸菩薩汝等見此
光明不乎對曰唯然已見不審此光

明是何佛光明照此世界彼佛告曰

上方八十七億恒河沙數世界名娑
呵佛号釋迦牟尼今取滅度捨身舍
利欲入中陰教化是妙覺如来光明
御等欲往今正是時彼佛土菩薩百
三十億受佛教戒来至忍界佛告之
曰汝到彼土礼事供養勿懷懈慢持
吾名号問訊妙覺如来興居輕利遊
步强耶菩薩受教礼彼佛足繞七匝
忽然不現来至娑呵世界礼事供養
妙覺如来頭面礼足各一面坐尒時
妙覺如来出廣長舌左右過耳如優
鉢赤蓮花色吾從无數阿僧祇劫行
至清淨無有虚妄吾所度衆生因緣
已畢如弃屍骸在曠野中今復造緣
更始立行令此菩薩有立根得力有
初發意者復有四衆来戢跡者當以
佛力威神接引令彼大衆如過去當
来今現在佛不可思議難有之法尒
時世尊即說頌曰

世多愚惑人　不入無漏撿　還在五道中
涂汙不淨行　我雖於忍界　拔濟五欲苦
善哉昔所願　今日已成辦　如人唾於地
智者誰能飲　吾從無數劫　修佛清淨行

捨身復受身　非一劫二劫　若有明智者
把土盡舍利　況復覩我形　有不解脱者
生死晝夜長　愚在五道長　斷滅无道長
求佛泥洹長　本号釋迦文　留身舍利化
今當入空界　中陰度萌類

尒時世尊說是頌時八萬四千那由
他衆生猒患生死皆發无上正真道
意復有七十億衆生諸塵垢盡得法
眼淨魔界菩薩七千萬衆即從坐起
収攝衣服摩訶而去

中陰經妙覺如来將諸菩薩入中陰教化品第二

尒時妙覺如来至真等正覺察衆坐
定純一無雜應入中陰受禁戒法多
所饒益所度无量建立弘誓施行佛
事尒時妙覺如来入無見頂三昧使
諸大衆无數億千那由他恒河沙數
諸菩薩衆皆同一色如妙覺如来無
有差別尒時閻浮提大迦葉諸比丘
比丘尼優婆塞優婆夷天龍鬼神迦
留羅甄陁羅摩睺羅乾闥婆鳩槃荼
富單那人非人八國王八億百千衆
生以神足力將入中陰尒時世尊於

其中間而說頌曰

中陰迷惑等　迷荒無三尊　轉身向五道
隨行所牽往　或墮三善道　或入三惡趣
善哉可愍傷　今日如来至　此類既得度
我類亦成辦　无形受形教　斷想斷滅本
三世諸佛等　無不行此法　色法自熾然
滅以定意道　如来真實相　无生無起滅
觀身內外空　解知非常法　行由癡愛本
如灰覆火上　愚者謂為滅　火本猶常存
心為人毒本　善惡隨其形　行善即趣善
行惡即趣惡　自謂後无報　臨其報至時
非親所能代　犯戒无法行　如人作惡行
自稱世无雙　裸形食果蓏　奉事日月神
自墮三惡趣　不慮劫數期　此等非佛子　雖近離我遠

尒時妙覺如来說此頌已即以神力入中陰中化作七寶講堂七寶高座懸繒幡蓋金銀梯陛琉璃為地後園浴池皆七寶成鳧鴈鴛鴦異類奇鳥悲鳴相和尒時世尊復以神力使彼衆生應七日終者六日五日四日三日二日一日終者盡令住壽尒時世尊觀彼衆生心所趣向欲得分別各住在一面四向四得各在一面初發意九住各在一面向辟支佛得辟支

佛各住一面尒時世尊化作七百億那由他七寶高座一一高座盡有化佛一一化佛盡說四非常偈

一切行無常　識為外塵法　起者必有盡
彼滅寂為樂　不生老病死　亦不處三有
永處虛无界　諸佛之堂室　無畏无沾添
不為欲愛染　香勳及五欲　永盡無有餘
若斷百八愛　集法亦復然　前滅後不生
及生道果證　佛法總要之　三十七道品
无願無相空　諸佛之徑路　利根衆生等
一閉不再受　斷以智慧劒　如火焚山野
難覺衆生類　億佛在前立　罪根深堅固
雖怒而難濟　中陰受身等　將導隨言教
雖非本發心　聞法則得度

尒時化佛說此頌時七十八億百千那由他中陰衆生起无上正真道意發菩提心尒時妙覺如来寂在中央果無畏座十方諸神通菩薩在左面坐閻浮提摩訶迦葉并四部衆比丘比丘尼優婆塞優婆夷在右面坐諸天龍鬼神及大國王在佛後坐從四天王忉利天王炎天兜術天盧天波利陁天盧波魔那天阿會亘修天首

呵天波利陁首呵天須滯天須滯祇穊天乃至阿迦膩吒天在虛空中散華供養作天伎樂中陰衆生在如来前聽受法教尒時世尊以佛威神令衆生等心自念言惟佛為我說法不為餘者尒時世尊而說頌曰

如来無量覺　神變不可量　出入山石壁
如鳥遊虛空　本我阿僧祇　積行累功德
屢被不自為　使發菩提心　泥洹无去来
亦不見受者　本我雙樹間　轉身来適此
我初發道心　誓度衆生類　一人不度者
吾要終不捨　觀此中陰人　各有上中下
但以三句義　四諦真如法　婬怒癡雖薄
要須禪定除　八百癈痟病　八万四千垢
施惠持戒忍　精進禪智慧　善權巧方便
拔斷三毒根　色本非我有　誰造此色本
了知色無形　可謂梵志行　吾本未成佛
為色之所惑　墮四顛倒法　沒陷生死海
今方究色本　觀色非真實　受想行識法
纖汙非真道　陰入十八界　二十二根法
一一悉分別　寂然无所著　欲界中陰入
塵垢悉微薄　猶如新成衣　塵土所汙染
有目智慧人　抖擻塵悉去　中陰衆生類

辟之亦如是　婬怒癡微薄　聞法即得悟
一向心不移　即得須陀洹　三轉十二法
復得斯陀含　坐上下分滅　即得不還道
苦盡癡愛滅　得成阿羅漢　道跡八十億
頻來得道人　八万四千億　不還得道人
百万二千億　羅漢二恒沙　六通身清徹
趣向各佛者　八万四千億　趣向菩薩心
其數如微塵　吾本閻浮提　苦行不可數
國財妻子施　頭目血髓骨　意堅如金剛
不為魔所動　快哉大福報　何願而不成

尒時座上衆生作是念言佛獨為我說法不為餘者趣聲聞道者得聲聞道者趣辟支佛道者得辟支佛道者趣菩提道者得菩提道者

中陰經妙覺如來入中陰分身品第三

尒時座上有菩薩名定化王即從坐起偏露右辟右膝着地長跪叉手前白佛言善哉世尊快說斯義曉了衆生音響所趣聞法易度復有難度者觀見衆生有婬怒癡薄者无婬怒癡薄者或在有對法者或在無對法者或在可見法者或在不可見法者或在有漏法者或在无漏法者或在有

為法者或在无為法者或在可記法者或在不可記法者或在欲界法者或在不可解法者或在色界法者或在無色界法者或在中陰微形法者或在中陰非微形法者或在五色識法者或在五色非識法者或在非想非不想識法者或不在非想非不想識法者或在一住至九住者有在一住非一住者有在九住非九住者惟願世尊一一敷演令諸菩薩永无猶豫衆生之類聞法解脫尒時世尊以梵淨柔濡之音讚定化王菩薩曰善哉善哉族姓子乃能於如來前作師子吼今當與汝一一分別諦聽諦聽善思念之汝所問者可見法不可見法者為眼見色為色入眼定化王菩薩言亦不眼見色亦不離眼亦不色入眼亦不離色佛告定化王菩薩族姓子眼非色色非眼何者是觀定化王菩薩白佛言識法實住觀法乃起佛告定化王菩薩六何族姓子識為有法識為無法定化王菩薩白佛言識非有為不離有為識非无為不離

無為佛告定化王菩薩何謂有為何謂無為定化王菩薩白佛言起者有為住者无為於第一義法不見有起不見在住法性清淨無色无識於泥洹法無所染著眼非色色非眼无可見法無不可見法過去眼過去色過去識未来眼未来色未来識現在眼現在色現在識非有眼色識非無眼色識是謂泥洹清淨法尒時定化王菩薩今欲聞如来說有對无對法佛告定化王菩薩曰族姓子聲為有對耶無對耶定化王菩薩白佛言聲亦有對亦無對佛告定化王菩薩聲亦不有對亦不无對六何族姓子此聲彼應為有為無為虛為實六何族姓子虛空可畫得成字不對曰唯然世尊不可得也何以故如来習行於阿僧祇劫亦不見有亦不見無亦不見有三世亦不見无三世乃至非想非不想亦復如是尒時定化王菩薩白佛言上諸法觀一一悉知惟願如来至真應供正遍知明行足善逝世間解無上士調御丈夫天人師佛世尊

說三微妙法何者寂妙中陰形耶五色識形耶非想非不想識耶尒時世尊知衆會心皆有疑即於座上而說頌曰

吾受三界苦　愚惑癡愛心　經歷阿僧祇
在有亦在無　破壞生死劫　今乃得成佛
以本弘誓願　度於不度者　佛力无等倫
三界無比尊　一向无二心　自誓得成佛
吾從政姓佛　初發無等心　欲縛所纏褁
堅固難可拔　空定无相願　分別三三昧
先念出入息　分別善惡道　執心擎油鉢
行步不失儀　猶人見刦燒　焚燒重罪者
福界光音天　輕者於他方　三品衆生類
中陰受形者　受化不思議　非我誰能說
五色識衆生　不同於三界　如來最勝尊
入彼識教化　一一分別說　不違百八愛
應成須陁洹　為說須陁洹　應成斯陁含
為說斯陁含　應成阿那含　為說阿那含
應成阿羅漢　為說阿羅漢　應成辟支佛
為說辟支佛　應菩薩道者　為說菩薩法
得須陁洹者　三十二億人　得斯陁含者
四十二億人　得阿那含者　五十二億人
得阿羅漢者　六十二億人　得辟支佛者
七十二億人　得菩薩道者八十二意人

尒時世尊重說頌曰

本我無心法　現以教化衆　見煙知有火
見雲知有雨　行步知君子　見星知有月
吾我心盡斷　不有我无我　經歷刧數期
非月非目數　佛以思惟得　非凡夫所及
善哉大聖尊　普照諸十方　去離欲界法
處中陰教化　此諸佛教法　處陰不見陰
此等衆生類　發願各各異　吾我自縛者
我本彼亦尒　佛以思惟本　思惟本末觀
一意一念頃　斷垢不為難　垢本勝於我
墜我於三趣　今我勝於垢　滅汝入涅槃
善哉大聖尊　獨步無二跡　見我一跡者
閻浮人得度　身行有三事　口行有四事
意行有三事　塵垢生死海　九衆生居處
識之所經歷　分別我无我　無我亦无彼
諸佛世尊等　心普無有邊　一意念衆生
所受不可限　身淨不行惡　口言常清淨
心淨如佛心　是諸佛之法　身為苦器法
此非三世有　非我誰能知　誰知免此苦
如來之功德　諸相牖腨等　師子胸臆相
一一毛孔光　掌相千輻理　示以善惡道
舌齒齧光清　濟度阿僧祇　眼耳鼻及髮

肉髻頂無見　虛空猶可窮　佛相不可量

尒時世尊說此頌已八十億中陰衆生於无餘泥洹界發金剛心一一成佛與妙覺如来皆同一号佛告定化王菩薩所問有漏無漏有對无對可見不可見當来過去現在法當與汝說定化王菩薩白言世尊願樂欲聞佛告定化王菩薩諦聽諦聽善思念之吾當與汝一一分別云何定化王何者是緣盡何者非緣盡六入塵垢重染我癡愛法觀内外出入息法八萬四千度无極生生不可滅念念成其形有漏八萬四千無漏三十七有為无為法此非泥洹道身淨不犯惡口言無有失心淨與定合四等遍一切是謂菩薩行

中陰經賢護菩薩問事品第四

尒時賢護菩薩即從坐起偏袒右髀右膝著地長跪义手前白佛言善哉世尊欲色无色三分衆生其識難量何者有漏量何者無漏量何者有為量何者无為量何者有色無色量何者有欲無欲量何者有記无記量尒

時世尊聞賢護菩薩所問事即說頌曰

處在胞胎中　受形多種類　前滅後已生
其如恒沙數　三分識衆生　塵垢非一等
或聞聲而度　或見形得道　今我妙覺佛
降神入中陰　一一分別了　有漏无漏法
得道成果證　五色識易度　斯等一部界
不在有無漏　衆生在中陰　如我身无異
苦痛五陰形　如轉輪無量　吾我本无定
聲響音亦無名　觀身三十六　欲界有量法
三分留二分　此中陰衆生　五色識衆生
不涂三界苦　无明癡愛惑　陰相非不相
有漏苦諦本　斷結不及色　集諦二十八
寂然塵垢除　三十七道品　道諦為實果
賢護汝今知　有漏无漏法　記法無記法
今當與汝說　有記善惡行　无記癡盲法
墜墮於生死　非我無能濟

當佛世尊說此語時九十一億衆生皆發无上道意四十七億那由他衆生盡得阿羅漢果

中陰經道樹品第五

尒時座上有菩薩名曰樹王即從坐起偏露右辟右膝著地長跪义手前白佛言善哉世尊如来所說甚奇甚

特未知如来欲說有漏耶無漏耶惟願世尊句句說之何者有漏何者无漏佛告之曰有生有滅是謂有漏無生无滅是謂無漏有我有身是謂有漏无我無身是謂无漏眼是色對是謂有漏無眼无色是謂無漏有識有想有形是謂有漏无識無相无形是謂無漏三識處所住有身者是謂有漏一識一處有一形者是謂无漏有形非想非非想是量法有用不用處三禪地猒患生死故名不用有願不願始發初禪快哉斯樂心不傾動念淨喜安自守五行成就有想有滅斯出入法喜行百八愛一念一億行中間想想不可盡況彼現在身無彼无我想吾從無數劫捨此就此三識所經處非有亦无我甚哉三界苦受身生死難辟如工幻法以拳誑小兒識神無形法起滅无常定我則無我身況有識形法想亦无想法亦不見有識四陰竟何在由識而分別苦陰有五行非我非汝有吾從無數劫經歷三識處除天鬼神龍何處无妙覺我

行衆善法普度阿僧祇隨形而教化受化不可量如来清淨行廣普無邊崖神通內外照觀察於三世有形无形類思惟十想結無復塵垢患虛空无邊際不見有往来心無中間念忍辱功德成積一成佛道寂滅泥洹樂起亦不見起生亦不見生況有起滅者諸天世人民能斷至彼岸縛著涂三界經歷生死海貪欲自纏褁為色之所惑求處三有中佛力無所畏威神接得度為彼不自為功德不可量恒以四意止五根五力七覺意寶華三十七助道法空无相願三昧善權化生死六度至彼岸不以劫數期周旋虛空界度脫未脫者得道如微塵無我无彼想一音演微法受化無邊崖道心觀察法不見起滅者分別內外身繫於安般息息長亦知長息短亦知短乱想亦知乱定想亦知定一向无乱想清淨行正法尒時世尊即說頌曰

佛力之所行　普潤天世人　學無學衆生
下及凡夫人　心念斷衆相　皆到无畏處

分別空無相　清淨修道場　莊嚴佛道樹

中陰經卷上　第二十一張　量字号

皆令同一色　轉无上法輪　闡揚法鼓音
非魔部界分　之所能轉者　甘露法藏開
普潤一切衆　濟度阿僧祇　無量无等類
寂勝所拔度　無能量度者　善哉不思議
所度不可量　我本所造行　惟佛能稱量
不見吾我法　法利利益人　功勲過三界
得入泥洹界　清淨无塵穢　如月星中眼

尒時世尊說此頌時，八十四億那由他百千億中陰衆生諸塵垢盡得法眼淨，復有十千億五色識衆生發心向菩提不退轉道。

中陰經卷上

中陰經卷上

校勘記

一　底本，金藏廣勝寺本。

一　一五九頁中二行「後秦」，石、資、南、徑、清作「姚秦」；磧、普作「秦」。除磧外，各本卷下同。

一　一五九頁中九行第一二字「踊」，磧、普、南、徑、清作「涌」，下同。

一　一五九頁中一一行第七字「中」，諸本作「中央」。

一　一五九頁中一二行「行七步」，資作「七步行」。

一　一五九頁中一六行第一二字至一七行第九字「如來之名波旬雖聞心不怯弱誓願力故」，資、磧、普、南、清作「召魔波旬心不怯弱」。

一　一五九頁中二〇行第一三字「讚」，資、普、南、徑、清作「請」；磧作「謂」。

一　一五九頁下六行第三字「脱」，磧、普、南、徑、清作「蜕」。

一　一五九頁下七行末字「種」，資作「動」。

一　一五九頁下一一行第四字「十」，資、磧、普、南、徑、清作「萬」。

一　一六〇頁上二行第一二字「彼」，資作「被」。

一　一六〇頁上四行「本從」，石作「從本」。

一　一六〇頁上五行第六字「呪」，資、磧、普、南、徑、清、麗作「况」。

一　一六〇頁上六行「闡揚」，麗作「菩提」。

一　一六〇頁上一二行第一一字「臂」，徑作「肩」，下同。

一　一六〇頁上末行第九字「曰」，石、徑、清作「越」。

一　一六〇頁中四行末字至五行第二字「欝單曰」，石、資、磧、普、南、徑、清作「欝單越」，下同。

一　一六〇頁中一六行「汝等」，資、磧、普、南、徑、清作「等汝」。

一　一六〇頁中二一行「教化」，資、

— 磧、普、南、徑、清作「教化衆生」。

— 一六〇頁下二行第六字「起」，資、磧、普、南、徑、清、麗作「興」。

— 一六〇頁下一三行第三字「親」，資、磧、普、南、徑、清作「禮」。

— 一六〇頁下一五行「繞七匝」，諸本作「右繞七匝」，下同。

— 一六〇頁下一六行首字「見」，資、磧、普、南、徑、清、麗作「現」。

— 一六一頁上四行「興居」，石作「起居」，下同。

— 一六一頁中一六行末字「有」，石、資、磧、普、南、徑、清作「或有」。

— 一六一頁中一七行第九字「来」，石、麗作「未」。

— 一六一頁中一八行第一一字「如」，諸本作「知」。

— 一六一頁中二二行第七字「雖」，資、磧、普、南、徑、清作「離」。

— 一六一頁下三行第三字「畫」，磧、普、南、徑、清作「盡」。

— 一六一頁下一二行品名上經名「中陰經」，徑、清無。下同此例。

— 一六二頁上一一行第五字「惡」後，資、磧、普、南、徑、清、麗有「如人作惡行」五字。

— 一六二頁上一二行「如人作惡行」，資、磧、普、南、徑、清、麗無。

— 一六二頁上一四行第二字「墜」，石、資、磧、普、南、徑、清作「墮」。

— 一六二頁上一七行第八字「梐」，資、磧、普、南、徑、清作「陛」。

— 一六二頁上一八行第七字「鳧」，磧、普作「鳬」。

— 一六二頁上二三行首字「住」，石、資、磧、普、南、徑、清無。

— 一六二頁中一行第三字「住」，石、資、磧、普、南、徑、清作「在」。

— 一六二頁中四行第一〇字「法」，資、磧、普、南、徑、清作「垢」。

— 一六二頁中六行第四字「无」，資、磧、普、南、徑、清、麗作「空」。

— 一六二頁中六行「沾沫」，石、磧、普、南、徑、清、麗作「點汗」；資作「沾汗」。

— 一六二頁中七行第一〇字「欲」，資、磧、普、南、徑、清作「樂」。

— 一六二頁中九行第一〇字「之」，資、磧、普、南、徑、清作「定」。

— 一六二頁中末行第一一字「豆」，資、磧、普、南、徑、清作「亘」。

— 一六二頁下六行首字「爲」，資、磧、普、南、徑、清作「説」。

— 一六二頁下一三行「如法」，資、磧、普、南、徑、清作「妙門」。

— 一六二頁下一四行第九字「痡」，資、磧、普、南、徑、清作「疣」。

— 一六二頁下二一行末字「入」，諸本作「人」。

— 一六三頁上七行「趣向各」，磧、普、南、徑、清作「各趣向」。

— 一六三頁上七行「菩薩」，資、磧、普、南、徑、清作「菩提」。

— 一六三頁中一二行第二字「淨」，資、磧、普、南、徑、清作「清淨」。

— 一六三頁下四行第三字「在」，資、

磧、普、南、徑、清作「有」。

一　一六三頁下一〇行第五字「聞」，資、磧、普、南、徑、清作「問」。

一　一六四頁上九行第六字「初」，石作「所」。

一　一六四頁上一〇行第九字「相」，資作「想」。

一　一六四頁上一二行第九字「却」，資、磧、普、南、徑、清、麗作「劫」。

一　一六四頁中六行第四字「目」，資、磧、普、南、徑、清、麗作「日」。

一　一六四頁中七行第七字「照」，麗作「服」。

一　一六四頁中九行首字「此」，清作「彼」。

一　一六四頁中一〇行第一四字「末」，磧作「未」。

一　一六四頁中一一行「爲難」，資、磧、普、南、徑、清作「自爲」。

一　一六四頁中一二行第六字「今」，資、磧、普、南、徑、清作「令」。

一　一六四頁中一六行末字「彼」，資、磧、普、南、徑、清作「我」。

一　一六四頁中二一行「牖髆」，石作「牖髀」；資、磧、普、南、徑、清作「腫脞」；麗作「牖脞」。

一　一六四頁中二二行第一〇字「理」，清作「輪」。

一　一六四頁中末行第五字「清」，資、磧、普、南、徑、清作「淨」。

一　一六四頁下七行第七字「白」，石、資、磧、普、南、徑、清作「白佛」。

一　一六五頁上八行第一〇字「量」，磧、普、南、徑、清、麗作「盡」。

一　一六五頁上八行末字「定」，磧、普、南、徑、清、麗作「字」。

一　一六五頁上一一行第一一字「陰」，資、磧、普、南、徑、清、麗作「隱」。

一　一六五頁中七行第一一字「相」，資、磧、普、南、徑、清、麗作「想」。

一　一六五頁中一三行第一三字「滅」，磧、普、南、徑、清作「識」。

一　一六五頁中一四行「出入」，資、磧、普、南、徑、清作「出入息」。

一　一六五頁中一四行「喜行」，石作「苦行」。

一　一六五頁下一二行「五力」，資、磧、普、南、徑、清作「及五力」。

一　一六五頁下一三行「三昧」，資、磧、普、南、徑、清作「及諸三昧門」。

一　一六五頁下末行第一〇字「相」，資、磧、普、南、徑、清作「想」。

一　一六六頁上三行「部界分」，資、磧、普、南、徑、清作「魔部衆」。

一　一六六頁上六行首字「所」，磧、普、南、徑、清作「不」。

一　一六六頁上八行第九字「塵」，石作「垢」。

中陰經卷下

後秦涼州沙門竺佛念譯

神足品第六

尒時妙覺如來即以神足化此三千大千刹土上至非想非非想天下至無救地獄皆悉金色皆如妙覺如來而无有異三十二相八十種好圓光七尺皆坐寶蓮華高座上並演出梵音聲聞三千大千刹土一一諸佛說八万四千雜行其覩光明者淫怒癡病皆自消滅異口同音而說頌曰

經法本無體　滅已今復興　斷除有漏法
獨步於三界　生死无數劫　遭遇良福田
金色普遍照　蒙光得解脫　神力不可盡
觀了本無形　大慈大悲心　拔濟無明等
五陰苦本源　流浪得濟度　四使生死河
法船渡彼岸　善權无量道　入彼無為境
吾昔發誓願　要度未度者　修身清淨行
口言无虛妄　心念濟八難　諸惡何由生

尒時有菩薩即從坐起偏露右髀右膝著地長跪合掌叉手前白佛言快哉世尊神足無量不可思議今欲所

問若見聽者乃敢陳啓妙覺如來告彼菩薩善哉善哉族姓子恣尒所問吾當一一分別說之時彼菩薩白佛言世尊如來神足不可究暢今此三千大千世界炯然金色是何三昧有此神變佛告菩薩此神變者是三昧王三昧惟有諸佛乃能變現非聲聞辟支佛所能修行此三昧王三昧將從八万四千或有三昧名虛空藏或有三昧名昇法堂或有三昧名月光清淨或有三昧名破有入無或有三昧名一意不亂或有三昧名除去塵霧或有三昧名拔三毒根本或有三昧名滅過去當來今現在病或有三昧名開甘露法門尒時世尊欲解斯義宜說頌曰

道力清淨行　身口意不犯　誓願阿僧祇
沒溺生死者　金剛難敗壞　非二乘所及
觀身苦根本　思惟四果證　積行不退轉
閑靜坐道場　一切入定意　二三至七劫
地燋過劫燒　其心亦不動　壞破魔部界
悉成無上道　三昧定意力　福報不可量
令三聚眾生　得成无上道　觀察眾生心

難度易度者　不令在没溺　流滯生死海
我本無此色　紫磨金光體　歷劫勤苦行
修定成此形
尒時妙覺如來說此頌時諸佛世尊
同時舉手讚妙覺如來以偈頌曰
丈夫二足尊　世雄不可量　拔離三界苦
淡然為一色　今聞如來說　定意神足道
其聞法性相　相相不可量　八種清淨音
十六特勝法　三十二行業　利益一切人
天人尊无比　光明照衆生　久在飢渴道
飲以八解脫　無欲清淨池　化以七覺花
不著五陰本　猶如青蓮花　香熏遠普聞
如來五分身　無處不流布　吾昔求佛道
誓願同一時　今日得果證　不違昔所願
一相無相道　分别微妙慧　曉了善權道
當時世尊說此頌時有百億希望中
陰衆生求佛身色紫磨金形如我今
日神變無量要當來世皆當成佛悉
同一号号妙覺如來應供正遍知明
行足善逝世間解無上士調御大夫
天人師佛世尊

中陰經破愛網品第七

尒時妙覺如來將欲破愛結使欲使

四衆自見證驗即入不動三昧欲令
彼衆知欲愛色愛无色愛尒時世尊
重自思惟此欲界衆生亦愛非愛亦
有漏無漏亦有為无為亦可記不可
記色界衆生非有非無非想非不想
識可見法三界欲最重滓者不可離
中陰衆生等要須聖教五識衆生有
前有後非想非非想識衆生有取涅
槃無取涅槃者云何中陰衆生遇聖
得證彼有一病計无我命恒計無常
前生非後生後生非前生此聖人語
非本發心意要須聖人如聲聞法五
色識者根本未成見佛識佛一一所
著多受福地墮者非一不計吾我身
是法非法行三界為網所覆欲出難
得脫猶如蝍蜒丸緒在猶復還三界
衆生等捨此復還此尒時世尊即說
頌曰

三界為大宅　火炎極熾盛　愛心所滓著
將入三惡道　前生非後生　愛有輕重法
五色識法者　今世後易度　生死八難道
與泥洹對門　無彼无此法　最勝無等侶
神足接衆生　見者无不度　當來過去人

乾闥阿須倫　天龍鬼神等　無不得濟度
善哉三界尊　善說微妙法　令受苦衆生
得至无為岸　去身口意病　寂然無移動
如飢者得食　如渴者得飲　上觀除愛結
三脫甘露門　我發无上道　除愛無渴想
於火炎拔濟　得成於世雄　過去无數佛
當来現在等　如我今日化　不計彼我想
正法除邪法　塵垢永已除　無导揔持法
思惟分别觀　於億百千劫　遊戲諸三昧
四空定意法　往来不疲極　諸佛所遊處
多益無減損　舉足下足須　所度不可量
當我下足處　有幾衆生等　隨類而得度
遍滿三界中　隨心得三道　如是无窮已
八解無导法　離捨壽命根　不計三界想
害彼五逆結　汝生知汝生　汝滅知汝滅
汝上知汝上　汝下知汝下　中間無脫處
過者何處去　當知佛力大　遍入揔持法
由本誓願故　未度者令度　四等慈悲捨
遍滿諸十方　佛指出甘露　如慈母愛子
又母非父慈　又父非母慈　三界四顛倒
難化如金剛　如物初入爐　塵垢先燋滅
真者不移動　如汙生蓮華　佛道實真正
無畏无所著　不有想念累　心亦无往来

尒時座上有一菩薩名曰炎光即從坐起偏露右髀右膝著地長跪合掌叉手前白佛言如今世尊說真實之法或言有法或言无法或言有為或言無為或言有記或言无記今衆生受化者以何法化而得度脫尒時世尊以頌報曰

諸法正有一　無二亦无三　愛識非愛識
永離於胞胎　破一縛著愛　使衆生愛盡
如来神德力　自識宿命本　或在王天宮
轉輪王治處　或在貧賤處　下至無救獄
一一分別了　衆生掚著心

尒時世尊說此頌時六十八億那由他中陰衆生即從坐起偏露右髀右膝著地長跪合掌叉手前白佛言咄嗟此苦乃是大苦於衆苦中此愛㝡苦惟願世尊聽為出家尒時世尊默然聽之尒時中陰衆生聞佛說法即得阿羅漢果

中陰經三世平品第八

尒時座上有菩薩名不厭患劫即從坐起偏露右髀右膝著地合掌叉手前白佛言善哉㝡勝如来神力極微

妙不可思議如来神德廣長舌不犯衆生過今此三聚衆生過去當来今現在為過去耶未来現在耶尒時世尊告不厭患劫菩薩曰善哉善哉汝之所問於三聚衆生多所饒益多所潤及斷無明本身業得清淨非一佛所說尒時世尊即說頌曰

人本在胎時　自識本宿命　捨彼今就此
三世炳然定　前識非今識　前身非今身
但為愚惑迷　不知趣道門　念此在四使
發起若干想　咄嗟老病死　墜墮在三世

尒時世尊欲解斯義即說頌曰

本我无此色　受想識亦然　我處彼亦無
豈有識想受　无色名色法　衆生乱想法
九品有差別　分別三世道　上上㝡妙道
非去非未来　上中㝡微細　上下無覺觀
中上斷三結　中中滅三垢　中下豁然悟
此名為佛子　下上雖為重　如彼水上泡
一生而一滅　下中衆生類　苦本㝡為深
非我誰能知　下下衆生類　經歷於劫數
吾亦就彼化　不見漏失者　人心有若干
坐上心不悟　或願當来佛　或願現在者
此等衆生類　難可濟度者　人本无形生

還入虛空中　生死相牽連　何者名泥洹
若言有衆生　身口意行業　寂然入滅度
無有老病患　弘普發一心　亦不自為己
虛空不可獲　何者名虛實　如来梵天音
分別實相法　解了空无慧　三界獨步尊
有覺空意法　觀身不戀著　無覺在三禪
進取不退道　自我成佛来　以此為本業
成佛亦由此　泥洹亦復然　所以積功勤
未獲於實相　聞四不離四　此是諸佛印

尒時世尊說此頌已无量無限那由衆生及中陰五色識非想非非想衆生欲得法離不樂三世尒時世尊重說頌曰

過去非今有　現在亦復然　當来弥勒身
教化無老別　我今說少少　如人爪上塵
欲說世界盡　誰能究盡者　今雖處中陰
移坐無想天　地獄對門人　聞法乃得悟

尒時世尊即以神力接中陰衆生至非想非非想識天尒時世尊復以神力到彼至非想非非想識界施設莊嚴七寶高座皆有化佛一一化佛皆有四衆一一衆者威儀法則悉皆成就此衆生中或有誦經說義賢聖默

然或有入定出定尒時妙覺如来復以神足十力接彼非想非非想識衆生如中陰形無有差別尒時世尊如諸佛常法威儀法則令无量化佛合為一佛或以一身變為無量或在樹下演說法教或入初禪定意不乱或住高巖閑靜寂處或坐處空作十八變身下出火身上出水履水若空无有罣㝵或取滅度亦無滅度或現無常身體膖脹爛臭如白鴿色或現手足各在異處尒時非想非非想識衆生見此變易心懷恐怖我本生心謂呼定是泥洹无病無老无諸痛苦今覩此法有生有老有病死痛今遇如来降神在此若不順者無擇地獄即我舍宅吾本宿世同要之人先生彼識阿難陁迦蘭陁見佛礼拜善哉世尊尊中无此降神此界如過優曇鉢華若佛不降神此者我等永處邊地然容無量迦蘭陁身復自宣白今遭大聖如日消雪若不遭聖彼當墮墜作飛狸身飛走盡容无有脫者以此本誓願得脫苦際虛空無量界神德

三界尊辟支聲聞等眼之所能見尒時迦蘭陁作是念我等同生生此識界罪福未分或墮邪見受飛狸身我本造身不獨三界中陰五色及無色形已生此念非想識衆皆生苦心我等諸人雖生此處非得泥洹非安隱處今遇如來說真實法斷拔千万門不去亦不來貪欲本生我我今還滅汝為過所覆非今世後世生有老病苦如影重有影如月樹葉影現於水野干飲之終竟無獲我今三世尊有實无實法化不變易生者非有生善哉世微法難度而度世間愚癡人計我為身實當其捨壽時鈎瑣骨相連分別彼身中何者命與壽生死纏裹終捨復受此處胎冷熱苦出有生滅憂毋雖樂育我不生誰有患落漠如水泡識神依其形輪轉五趣中所生无脫處生死五道海無往而不經心為然身本汝滅我何患虛空无本末誰知常無常彼无想之識見阿蘭迦蘭陁一為邊地王一為著翅虫三界取為苦本處非泥洹如遊曠野指東謂東為西今遭大聖於一切衆苦都得解

脫尒時非想非無想識衆生即於佛前尋聲而說頌曰

吾本事五火　燒炙身體爛　卧在荊棘上
身被髑髏衣　翹足向日月　無神不奉事
今生非非想　得見如来身　自耻本所行
在此無勝處　特知正法化　如来自降神
得脫无擇門　永在安隱處　五欲生死垢
纏縛四流中　心或著三有　燒以智慧火
四起五道人　不見生本末　著識吾我者
如我今無異

尒時妙覺如来復以頌報曰。

卿等本謂真　八万四千劫　無常生死本
彼死還生此　汝爭衆生類　未曾老病死
守一求泥洹　此非真實法　垢盡識不成
還在三惡中　非我汝不悟　誰能脫此難
吾從无量劫　誓度生老死　非我前身造
亦非後身受　本得金剛定　今乃教化汝
地不可作空　空不可作地　水不可作火
火不可作水　一切愚惑人　万物皆我有
愚癡無明法　謂為正真道　如彼疲倦人
蹔息須臾間　雖居八万四　視之如一日
為五苦衆生　何處不有我　分別身法相
分別空无法　生者不見生　死亦不見死

附生根本道　由行之所造　三惡之重者
凝病是其源　名色六入法　此是世之常
觸入更色法　受入更樂樂　一切衆生惑
不識十二緣　如蛾投火死　妙覺如来說
由汝垢重故　則我心垢重　如我成佛身
經歷不度界　破壞心垢相　識別想非想
結使之根源　无常謂為常　以苦言是樂
計空以為有　無我以為我　此想非想類
習顛倒来久　如蛾貪火光　不避滅身難
迷惑墮六趣　生此非想天　辟如斫伐樹
根在由復生　迷惑四顛倒　无明之所裹
令開甘露門　聖諦真如有　拔苦之根本
永盡無有餘　四使長流海　生生生不斷
我今破三界　將到至彼岸　安隱無畏處

尒時世尊說此頌時非想非非想識衆生皆發无上正真道意於無餘泥洹而不般泥洹或有應生天者與說十善法應生人中為說五戒或趣三惡道者與說刀山劒樹火車爐炭如此等類三百三十六億𨚗由他獸患劫壽聞清淨法即成道果尒時世尊復以神足十力無畏接彼非想非非想識衆生將至五色識界衆生修治

道樹莊嚴剎土放大光明一一光明皆有化佛一一化佛皆坐七寶高座三十二大人之相說六度無極彼五色衆生見如来變化心垢縛著捐然除盡不復願樂染著生死尒時世尊以清淨梵音而說頌曰

苦本生死怨　除之以善權　四等大慈心
超越無量界　今此利根人　一聞不再受
覩佛色形相　普入寂滅處　乃知賢聖道
無量難思議　滅垢不復生　盡同聖賢道

當其世尊說此頌時无限無量五色識衆生盡同一号於當来世号普廣如来應供正遍知明行足善逝世間解無上士調御丈夫天人師佛世尊

中陰經无生滅品第九

尒時妙覺如来將欲移到諸佛剎土告三聚衆生發心趣向求泥洹道今我現在與汝說法若有所疑即来問我泥洹有生有滅不耶尒時三聚衆生聞如来語前白佛言從欲界上至非想非非想發意趣大乘不思議法未曾聞有有為無為法何者有餘何者无餘何者是上人法何者非上人

法尒時世尊與三聚衆生分別句義字義及无相義如来神力有三十二法何者為三十二億本宿命中根本所生知本所從一一所生彼死生此此死生彼以眼識通觀察如掌中觀珠以耳通蠅行蟻步及微細聲皆悉聞之本有三界今无三界汝等受道證發心各各異中間等變易何者是三界何者非三界尒時世尊說此語時三聚衆生重生狐疑尒時世尊知彼衆生心之所念欲得與說無相法觀以頌說曰

何者名為頭　何者名為足　何者名為華
何者名為果　人命在於頭　滅如灰土塵
百草樹木根　拔去不復生　觀此衆相法
无頭亦無足　有餘无餘法　等此而可知
若言有泥洹　我身今現在　若言無泥洹
何處有三聚　佛以神力故　令汝知有无
我觀三界苦　此亦有亦無　前念非後念
前形非後形　吾從无數劫　舉足及中間
其中趣大悲　非二乘所及　當我起大悲
三塗受苦者　如慈母乳子　無不飽滿者
吾本一把施　今得隨所願　七寶衆琦珎

隨念即時得　何況四等具　六度濟衆生
此者誰能別　惟佛佛知之　今當與汝說
分別有餘無　欲得觀我界　吾以神足從
到彼逮作佛　名曰釋迦文　七十二恒沙
西南土莊嚴　盡以一道化　無辟支聲聞
其土甚快樂　所念即在前　不似此土界
為婬怒癡縛　一音遍四方　聞者尋得度
彼土七寶樹　風吹樹葉時　葉葉共相向
皆說度无極　我彼剎土中　住壽阿僧祇
現取滅度時　遺法十二劫　欲知劫長短
賢劫為一日　計此日月數　以成十二劫
汝等三聚人　知我功德不　適彼東方土
八十億由他　其土名不終　佛号名滅界
我現弟子學　剃除被袈裟　長跪受聖法
彼佛知我心　彼等衆生類　見我著法服
不樂於世欲　同心樂出家　威儀札節具
不失禁戒法　當我屈申時　見者衣毛竪
此皆本宿命　同共誓願者　離欲無所著
無有生滅相　盡脩於梵行　以我佛神力
於死得脫死　念此無記等　不能生以滅
輪轉於五道　四聖甘露法　充飽一切人
當其世尊說此頌時見此初學弟子
剃除鬚髮受聖教百七十億衆生願

樂欲得思惟法觀不樂在家出為沙
門佛告三聚衆生我今東北方無限
无量恒河沙數彼有剎土名曰清明
佛名明月彼土人民無婬怒癡亦無
憍慢我慢不如慢彼土衆生恒樂安
靜獨坐无為繫念在前初無亂想雷
電霹靂心无傾動尒時妙覺如來適
彼剎土遇地而坐彼衆生見坐禪者
悉共效之佛以神力以無想法觀迴
衆生心如手轉物令彼衆生知有常
无常知生老病死苦或有衆生令知
有念或有衆生令知有持或有衆生
令知有安或有衆生令知自守佛將
欲現四禪功德即於三聚衆生前從
初禪出入二禪三禪四禪從四禪起
入三禪二禪初禪從初至三禪從第
四至第二禪此名師子奮迅三昧尒
時世尊現此神足三昧定意度無限
无量那由他衆生皆共同發無上正
真道有願樂須陁洹斯陁含阿那含
阿羅漢法眼淨得辟支佛道當於尒
時妙覺如來忽然不見

中陰經空無形教化品第十

尒時妙覺如來捨中陰形入虛空藏
三昧以佛吼而吼出八種音聲何謂
為八非男聲非女聲非長聲非短聲
非豪貴聲非卑賤聲非苦聲非甘露
聲尒時世尊隱形不現演出八万四
千諸度無極何謂八万四千度无極
想非想有愛入結使患本如月雲覆
一切衆生為欲所牽有四百病一生
而一滅人犯五逆欲離泥犁去見八
地獄衣毛皆竪南西方北東亦尒以
聞響衆生故演此諸法當於尒時三
聚衆生聞虛空語聲無色无形於其
中間演出諸法善哉諸佛教無色形
難可思議尒時三聚衆生異形同音
以頌仰問虛空曰
如來本在此　三十二相具　慈悲愍一切
所潤難可量　為我說微妙　八等聖道支
隱形聞聖音　万物皆無常　如來黃金色
本有今不見　但聞音響聲　佛无我豈有
計我生死本　流轉而不住　但為色所惑
福滅而罪生　如來大聖尊　示人行諸法
忽然離形相　音響來教化　以本宿緣故
形逝音接我　老病生憂悲　四鮑唼我身

第十八張

地種骨肉是　水種潤澤是　火種枯燥是
風種散法是　無著三乘法　離有故在有
心垢久已離　四種故存在　如來大聖尊
无彼此四大　正言有四種　亦復無四種
止言无四種　亦復有四種　此是不定法
誰能究竟者
尒時如來荅彼音聲即說頌曰
佛子知空不　一切法無常　人生非本生
豈有本生緣　我音及汝音　可得不可得
吾從无數劫　不為一衆生　一念一息頃
度少不以愁　所度阿僧祇　亦不以喜悅
我本為一人　閑靜不度人　後緣而對至
不失本誓願　處此閻浮提　四姓刹利勝
除彼婆羅門　餘姓寂不如　以本法界觀
生老病死苦　我無彼亦空　何者有生死
生者言有本　生者從何生　設知生死本
泥洹在我前　解知泥洹法　无佛亦無我
法從何處生　去至何處滅　佛以真實法
現以有無相　此生此滅處　愚惑得見正
言有亦非有　言无亦非無　輪轉生死海
為五欲所縛　無聰无轉業　自墜生死淵
尒乃知罪福　知悔不悔者
尒時世尊說此頌時八十七億那由

他三聚衆生解無形相法發无上正
真道意
中陰經有色無色品第十一
尒時座上有菩薩聞空中有如來聲
仰觀空中歎曰甚哉但聞其聲不見
其形此色非本色餘陰亦復尒此欲
界衆生難可免度要須智劒剔除令
无餘我本修梵行非身口意造非一
非二欲我從汝生由汝墮三塗一念
欲滅衆想亦無去來今過去諸如來
教化群生類說過去不說今未來說
未來不說過去現在說現在不說過
去未來或言有三世或言无三世尒
時世尊欲重解斯義而說頌曰
生老病死本　諸如來塵垢　要入中拔濟
何為地獄人　不似妙覺尊
如人持鉢乞　隨彼所施與　持鉢者思惟
是有是无耶　未證自謂證　邪見之根本
正法言非法　流轉五道淵　正法分別法
不失於法性　若不失法性　此是諸佛教
法性無三事　亦无去來今　若言是現在
現在何者是　若言是過去　過去何者是
若言是未來　未來何者是　人能解此法

中陰經卷下　第三張　呈字号

曉了三世事　解本無雜想　順一大乘行
有緣衆生善　濟此无不度　猶如負債人
償畢欲歡喜　內外悉通達　周旋不怯弱
尒時大勢至觀世音菩薩承佛威神
音響教化即以神口而說頌曰
生老病死本　諸如來塵垢　要入中拔濟
何處不往反　我師無量壽　永劫不滅盡
本我所誓願　何為地獄人　不似妙覺尊
在中陰教化　於妙妙中寂　下劣所不及
願我後成佛　如妙覺无異
尒時觀世音說此頌時三億衆生發
無上正真道意
中陰經歡喜品第十二
尒時妙覺如來入寂滅三昧將欲遊
行他方世界頓見所度不可計衆生
心懷踊躍猶如比丘入四禪法心意
淡然無飢无渴善哉教化不失本願
心懷自慶而說頌曰
如來神足力　離苦不著有　處處分身化
要度有緣者　賢劫千佛等　所度无有異
亦在三聚中　正法除非法　甘露法門開
掩閉三惡道　播揚大智慧　拔出愚癡根
諸法自瓔珞　內外悉清淨　慈悲四等心

無方不遍滿　攝持身口意　超越生老死 中陰經卷下 [illegible]

介時世尊說此頌時辟方三千大千世界滿中三聚眾生承虛空中教皆發無上正真道意歡喜奉行作禮而去

中陰經卷下

中陰經卷下

校勘記

一　底本，金藏廣勝寺本。

一　一六九頁中二行「後秦」，磧作「姚秦」。

一　一六九頁中三行品名，資、磧、普、南冠以經名。

一　一六九頁中六行第六字「悉」，石、資、磧、普、南、徑、清作「紫」。

一　一六九頁中一六行第一二字「使」，普、南、徑、清作「駛」。

一　一六九頁下二行第一二字「介」，磧、普、南、徑、清作「汝」。

一　一六九頁下四行第一二字「今」，麗作「令」。

一　一六九頁下一六行第二字「宣」，石、資、磧、普、南、徑、清作「重」。

一　一六九頁下二〇行第七字「切」，資、磧、普、南、徑、清作「刧」。

一　一七〇頁上一一行第一〇字「池」，資作「地」。

一　一七〇頁上一九行第四字「号」，資、磧、普、南、徑、清無。

一　一七〇頁上二二行品名上，徑、清無經名，下同。

一　一七〇頁上末行第一二字「使」，石作「法」。

一　一七〇頁下四行第一一字「上」，資、普、徑作「正」；磧、南、清、麗作「止」。

一　一七〇頁下一二行第七字「幾」，資、磧、普、南、徑、清作「識」。

一　一七〇頁下一七行第一四字「持」，磧、普、南、徑、清作「行」。

一　一七〇頁下二一行第一一字「塵」，磧、普、南、徑、清作「麁」。

一　一七〇頁下二二行第八字「生」，磧、普、南、徑、清作「金」。

一　一七一頁上六行「度脫」，石作「齋度」；資、磧、普、南、徑、清作「濟度」。

一　一七一頁上一〇行「王天」，磧、普、南、徑、清作「天王」。

一　一七一頁上二〇行第六字「平」，資、磧、普、南、徑、清、麗作「平等」。

一　一七一頁中一行第一〇字「廣」，資、磧、普、南、徑、清作「出廣」。

一　一七一頁中二行末字「今」，資、磧、普、南、徑、清無。

一　一七一頁中三行第八字「来」，資、磧、普、南、徑、清作「来耶」。

一　一七一頁中一三行第一二字「處」，資、磧、普、南、徑、清、麗作「虛」。

一　一七一頁中一七行第一三字「豁」，資、磧、普、南、徑、清作「霍」。

一　一七一頁中一九行末字「深」，資、磧、普、南、徑、清作「染」。

一　一七一頁下二行第一〇字「業」，資、磧、普、南、徑、清、麗作「淨」。

一　一七一頁下一〇行末字「由」，麗作「由他」。

一　一七一頁下一二行第四字「法」，諸本作「去」。

一　一七一頁下一六行第五字「盡」，石、資、磧、普、南、徑、清作「塵」。

一　一七一頁下一七行第二字「坐」，磧、普、南、清作「生」。

一　一七二頁上七行第一〇字「處」，資、磧、普、南、徑、清作「虛」。

一　一七二頁上八行第九字「水」，石、麗作「水身上出火身下出水」。第一一字「水」，麗作「地」。

一　一七二頁上一〇行「體膖」，石作「體胮」；磧、普、南、徑作「膖體」；清作「胮體」。

一　一七二頁上一一行第二字「各」，資作「又」。

一　一七二頁上一八行第二至五字「尊中无比」，徑作「中無比之」。

一　一七二頁上一九行第六字「神」，資、磧、普、南、徑、清無。

一　一七二頁中一四行第一一字「瓔」，資、磧、普、南、徑、清、麗作「鑠」。

一　一七二頁中一八行第八字「往」，磧、普、南、徑、清作「住」。

一　一七二頁中二〇行「阿蘭」，資、磧、普、南、徑、清作「阿難陀」。

一　一七二頁中二二行末字「東」，資、磧、普、南、徑、清、麗無。

一　一七二頁下六行第四字「勝」，資、磧、普、南、徑、清、麗作「脫」。

一　一七二頁下七行第七字「在」，資、磧、普、南、徑、清作「住」。

一　一七二頁下八行第二字「縛」，石作「綿」。

一　一七二頁下九行第二字「起」，資、磧、普、南、徑、清作「趣」。

一　一七三頁上三行第三字「更」，資作「受」。第六字「受」，麗作「愛」。

一　一七三頁上四行第一〇字「死」，磧、普、南、徑、清、麗作「光」。

一　一七三頁上六行第一〇字「相」，麗作「重」。

一　一七三頁上一三行「生不斷」，資、磧、普、南、徑、清作「不斷絕」。

一　一七三頁中九行第一〇字「處」，麗作「度」。

一　一七三頁下八行第八字「閒」，資、磧、普、南、徑、清作「聞」。

一　一七三頁下一七行第八字「今」，麗作「命」。

一　一七三頁下二一行第三字「趣」，諸本作「起」。

一　一七三頁下末行第一三字「衆」，資作「聚」。

一　一七四頁上三行末字「從」，資、磧、普、南、徑、清作「徙」。

一　一七四頁上四行第三字「逮」，資作「還」。

一七四頁上一四行第二字「現」，石作「見」。

一七四頁上一七行第七字「我」，資、磧、普、南、徑、清作「其」。

一七四頁上二〇行第一二字「能」，諸本作「解」。

一七四頁中一行第一二字「出」，資、磧、普、南、徑、清作「出家」。

一七四頁中一二行第一〇字「持」，資、磧、普、南、徑、清作「待」。

一七四頁中一六行第九字「初」，磧、普、南、徑、清、麗作「初禪」。

一七四頁中二二行末字「見」，資、磧、普、南、徑、清、麗作「現」。

一七四頁下七行第五字「愛」，資、磧、普、南、徑、清作「受」。

一七四頁下九行末字「八」，磧、普、南、徑、清作「入」。

一七四頁下一二行「虛空」，石作「空中」。

一七四頁下一四行第一二字「形」，資、磧、普、南、徑、清作「口」。

一七四頁下二一行第五字「生」，石、資、磧、普、南、徑、清作「至」。第一三、一四字「行諸」，資、磧、普、南、徑、清作「代謝」。

一七五頁上二行第四字「法」，資、磧、普、南、徑、清作「壞」。

一七五頁上一〇行末字「須」，資、磧、普、南、徑、清、麗作「頃」。

一七五頁上一二行末字「至」，資、麗作「人」。

一七五頁上一六行第一〇字「生」，資、麗作「至」。

一七五頁上一九行第五字「相」，資、磧、普、南、徑、清作「法」。第九、一〇字「滅處」，磧、普、南、徑、清作「處滅」。末二字「見正」，資、磧、普、南、徑、清作「正見」。

一七五頁中五行第二字「觀」，石、資、磧、普、南、徑、清作「視」。

一七五頁中七行第一二字「剔」，資、磧、普、南、徑、清作「刎」。

一七五頁中九行首字「非」，資、磧、普、南、徑、清作「亦非」。

一七五頁中一一行第四字「生」，石作「盲」；資、磧、普、南、徑、清作「萌」。末字「說」，資、磧、普、南、徑、清作「今說」。

一七五頁中一六行第一〇字「尊」，資、磧、普、南、徑、清、麗有「在中陰教化　於妙妙中最　下劣所不及」三句。

一七五頁中二二行第一二字「云」，諸本作「去」。

一七五頁下一行第五字「事」，麗作「尊」。

一七五頁下三行第三字「欲」，資、磧、普、南、徑、清作「大」。

一七五頁下一九行第九字「著」，麗作「善」。

一七六頁上二行第九字「辟」，麗作「群」。

一七六頁上四行「而去」，徑無。

佛說月上女經卷上　量

隋天竺三藏法師闍那崛多譯

如是我聞一時佛在毗耶離國大樹林中草茅精舍與大比丘五百人俱皆阿羅漢復有菩薩八千人俱皆是大德有大威力有大神通悉皆受持諸陁羅尼得無㝵辯得諸禪定得无生忍具足五通所言真實無有虛妄離諸譽毀於已眷屬及以利養悉不染著不求報故為人說法得深法忍能度彼岸具足无畏已過魔事無有業結於諸法性无有疑滯無量百千那由他劫修行成就恒以悅色慰喻行者終无嚬蹙善巧辭句心不變改辯說無窮亦皆成就平等忍法能於大衆說法无畏說一法句過百千億那由他劫得巧方便無盡智慧知諸三世猶如幻化亦如陽焰如水中月如夢如星如空谷響知諸法性空无相願心常寂滅住真如法離諸取捨既得無量智巧方便亦知衆心所行智巧方便之事隨所化處悉皆能為

演說諸法於衆生心無有損害離諸愛染无復煩惱具足忍行於諸法性皆悉了知已得成於諸佛刹土莊嚴之事恒常成就念佛三昧亦能成就勸請佛智能斷種種煩惱諸使於諸三昧三摩鉢帝遊戲其中亦悉能得智巧方便

其名曰文殊師利童子菩薩摩訶薩觀世音菩薩大勢至菩薩難有菩薩香象菩薩不捨擔菩薩日藏菩薩陁羅尼菩薩放香光菩薩雷音菩薩分別金光明决定王菩薩那羅延菩薩寶才菩薩寶印手菩薩虛空藏菩薩慧王菩薩慧見菩薩度衆生菩薩常精進菩薩常喜根菩薩破惡道菩薩金剛遊步菩薩三界遊步菩薩行不動菩薩不空見菩薩功德藏菩薩蓮華德菩薩如香象菩薩得深智辯菩薩大辯菩薩法上生菩薩諸法無疑德菩薩師子遊步菩薩散諸恐怖菩薩蔽塞諸障菩薩師子吼音菩薩非不言菩薩辯聚菩薩弥勒菩薩摩訶薩等而為上首復有如是百千菩薩

摩訶薩俱

尒時世尊在毗耶離大樹林中草茅精舍時諸國王大臣百官大富長者婆羅門等居士人民遠来商客皆悉尊重恭敬奉侍

尒時彼城有離車名毗摩羅詰其家巨富資財無量倉庫豐盈不可稱數四足二足諸畜生等悉皆充溢其人有妻名曰无垢可憙端正形貌姝美女相具足然彼婦人於時懐妊滿足九月便生一女姿容端正身體圓足觀者無猒其女生時有大光明照其家内處處充滿如是生時大地震動其家門外所有樹木並出穌油自然流溢毗耶離城一切大鼓及諸小鼓種種音樂不作自鳴上徹虚空天雨衆華於其宅内四角各有伏藏自開微密雜寶皆悉出現其女當生不曾啼哭即便舉手合十指掌而說偈言

由昔不造諸惡業　今得如是清淨身
若當造作惡業者　不生在此大豪貴
故由昔斷諸惡行　好施調順不放逸
恭敬嚴重所尊故　方得生此賢善家

我念往昔迦葉佛　乞食来入毗耶離
我在樓上見彼尊　如是見已心清淨
我心既得清淨已　供養尊重彼如来
尒時現在無香華　塗香末香飲食等
遂即聞於空中聲　佛於世間不求報
慈愍一切諸衆生　是故遊行来乞食
汝欲供養彼尊者　當發无上菩提心
比於三界設供養　不如信發道心者
我聞如是空聲已　復見諸佛微妙相
遂發不動菩提心　從於樓上墜身下
住空高一多羅樹　復見十方一切佛
猶如雜寶須弥山　迦葉佛身亦復尒
是時諸佛神力故　曼陁羅花滿我手
我時散於迦葉上　即成清淨妙花盖
所見十方諸佛者　微妙相好莊嚴身
我見曼陁羅華盖　亦復同如迦葉上
我時空中說是語　願作兩足寂勝尊
修行乃至塵數刼　不獲菩提誓不退
天龍乃至非人等　八部其數有二千
聞我如是師子吼　亦發無上菩提意
我捨三十三天已　還来生於閻浮提
恒常不失賢善行　故勸汝等修福業
我在三十三天時　供養釋迦牟尼佛

今生不為五欲故　惟還供養此如来
我念宿世諸業報　凡經八十九處生
所受福德皆如今　智者宜應供養佛

尒時彼女說此偈已黙然而住其女往昔造諸善根業因緣故其身自然著諸天服妙寶衣裳於其身上出妙光明勝於月照猶如金色耀其家内然其父母見彼光故即為立名稱為月上

尒時月上生未幾時其身忽然如八歲大彼女行住坐立之所其地皆悉光明晃耀身諸毛孔出栴檀香口氣香如優鉢羅花毗耶離城所有刹利王公子弟及諸大臣居士長者婆羅門等及餘大家豪姓種族所有童子遊閑彼女月上名聲端正可憙世無雙比聞是事已彼等悉皆欲火熾然心懐熱惱遍滿身體一一皆作如是思惟願得彼女月上為婦尒時一切諸童子等作是念已皆悉往至毗摩羅詰離車之家通傳意趣進止參承各各皆許无量珎寶駝驢象馬諸財物等或有共彼離車相見口怯赫去

我當抑奪或有呵喝作如是言汝今
若不與我女者我必刧汝床褥卧具
財物衣裳身諸瓔珞一切服飾悉皆
將去或言打者或言縛者將如是等
恐怖之事而以告之
尒時離車毗摩羅詰心生恐怖舉身
毛竪憂愁不樂作如是念彼等或有
以其勢力將欲抑奪我女月上而將
去者或有欲來奪我命者然彼離車
失其本念煩寃懊惱嚬眉皺頬眼目
不瞬而向其女遂即舉聲啼呼涕泣
淚下如雨尒時月上見父如是憂愁
啼哭而問之言父於今者何故懊惱
啼哭如此
尒時離車毗摩羅詰告其女言汝於
今日可不知乎為汝身故城內一切
所有人民悉皆共我身為惡結是故
各各欲來爭汝我今將恐被其勢力
刧汝將去損我身命及諸財寶並皆
喪失
尒時月上即以偈頌報其父言
假使閻浮大地內　所有一切諸衆生
悉各力如那羅延　人人手執利刀仗

盡其身力趂逐我　彼終不能害得我
慈心毒仗所不害　水火亦復不漂然
不畏死屍諸鬼便　及以呪咀言說者
慈心決定無瞋恨　慈心畢竟不畏他
我今起此慈心念　護世猶如護身已
現亦不與他人苦　是故誰當能害我
厭欲自无有欲想　成慈亦無恚怒癡
我无欲瞋及癡恚　是故無能害我者
我觀一切諸衆生　皆悉猶如父母想
世間但有此慈者　他人决定不能欺
假使虛空没於地　及以須弥入芥子
四大海水處牛跡　亦復無能降我身
尒時月上說此偈已白父母言尊者
父母若必定有如此事者願於此處
毗耶離城四衢道頭振其鈴鐸号令
城內一切人民作如是言從今七日
我女月上定當出外自求婚嫁選擇
夫主汝等一切諸男子等未婚娶者
應當各各好自嚴飾衣服瓔珞亦須
掃除城內街巷布散香華燒香末香
及花鬘等悉各備辦竪立寶幢張懸
幡蓋如是種種好自莊嚴以如是等
諸種法用諮請父母令作是事尒時

父母聞女語已即取其言從家而出
依女所說即便振鈴遍告城內一切
人民作如是言我女月上從今日後
至於七日當從家出自求婚嫁選擇
夫主汝等應當各自怒力莊嚴衣服
掃治街巷布散香華燒香末香悉各
備辦竪立寶幢及諸幡蓋如是種種
好自嚴飾
尒時城內一切人民聞此語已心生
踊躍各自於當家門庭及以街巷嚴
飾壯麗過上所陳
尒時城內刹利大臣及婆羅門居士
長者乃至工巧所有童男皆悉沐髮
澡浴身體塗治妙香各各爭競嚴飾
衣服及諸瓔珞作如是已方始復告
左右眷屬作如是言汝等心意不得
傾動莫生餘念其女月上若不來向
於我邊者汝等必須强力助我而奪
取之
尒時月上至後六日是月十五圓滿
之時受八關齋其夜明靜在於樓上
徃来經行佛神力故於其右手忽然
有一蓮華自出黃金為莖白銀為葉

琉璃為藥馬瑙為莖其花各有一百
千葉光明曄曄妙麗精華華內有一
如來形像結加趺坐身如金色自然
顯現威光赫弈明照彼樓具三十二
丈夫之相八十種好莊嚴其身彼如
來像所出光明亦復遍照月上家內
尒時月上於自右手忽見華已瞻仰
覩彼如來形像歡喜踊躍遍滿其體
不能自勝即便以偈問彼所化如來
形像作如是言
不審仁者為天龍　為緊那羅夜叉等
為是鬼神阿脩羅　惟願德聚為我說
尊者此身不思議　猶如金色日天等
或復變化黃色身　忽似頗梨紅縹色
我於身心無有想　見尊功德大歡喜
仁者今為誰所使　未審又從何方來
不知來意為何緣　來已還欲至何所
尊嚴顯赫如大聚　功德巍巍似須弥
尒時彼化如來形像復以偈報月上
女言
我今非天亦非龍　又非夜叉乾闥婆
師子釋種佛世尊　今遣我來至你所
故非天龍及夜叉　非人亦非緊那羅

非須輪等八部衆　我真釋種佛使者
尒時月上復以偈頌白彼所化如來
形像作如是言
仁今所言佛世尊　彼形色體何所似
願為我說彼形相　我得聞已如是思
又自言我佛法使　而不為我說佛相
我觀仁威及神力　世間無比即如佛
尒時彼化如來形像復以偈荅月上
女言
彼尊形體真金色　具三十二大人相
能為衆生作福田　是故其名号為佛
自能覺知一切法　又復了別衆生心
若上若中若下者　是故其名号為佛
於世間事悉知解　及以了知一切法
知諸法已達彼岸　是故其名号為佛
於諸一切衆生心　自心一一能知見
而於衆生及與心　二屬俱亦不染著
彼因行施得作佛　及能常持清淨戒
又復忍辱及精進　禪定智慧等成佛
於世事無不知者　所謂一切諸伎藝
常懷慈悲喜捨心　是故其名号為佛
降伏一切諸魔等　名聞震動千万界
自能覺悟无上道　是故其名号為佛

彼昔恒常能輪轉　一切諸法無上輪
光明普照千万剎　常說苦空及无我
諸佛剎土有千數　百數億數那由他
廣大舌根能遍覆　是故其名号為佛
諸佛剎土有千數　其數又如恒河沙
彼出大聲悉遍滿　是故其名号為佛
諸佛剎土千億數　彼尊以手能執持
一住不動千万劫　是故其名号為佛
諸佛剎土千億數　其剎所有諸須弥
彼尊一毛繫縛已　能持行至數億剎
聞徃諸佛上妙句　於法自在度彼岸
自覺證已能度衆　是故其名号為佛
自在十力皆具足　又能成就四無畏
於諸佛法无有疑　是故其名号為佛
佛無能作灌頂者　五眼成就悉具足
五根五力等圓備　七覺分道無染著
善持禁戒善共住　寂定調伏寂无比
无諂無幽心調順　是故其名号為佛
佛者恒入諸禪定　心無散乱亦无畏
利益衆生說知時　是故其名号為佛
一切功德悉具足　為諸衆生等供養
具一切智見諸法　是故其名号為佛
我若經由一劫說　或經百數千万劫

何故其名号佛者　說不可盡故名佛
尒時月上聞此偈已歡喜踊躍遍滿
其體不能自勝心生渴仰欲見如来
復以偈頌白彼化像作如是言
尊者如是說功德　我今欲見可得不
智者若聞如此法　決應不樂在家住
我今若不見佛者　必定不飲不食噉
亦復不樂著睡眠　及以不坐本床鋪
我見尊者已歡喜　復聞彼德獲淨意
若對見彼佛體相　當更發大歡喜心
佛大丈夫世難聞　經由刧數百千億
我已聞斯漏盡名　彼尊今在何方所
所化如来即報言　法王今在大林内
其有徒衆數百千　清淨離垢悉勇猛
一一能負三千界　手擎經刧不疲勞
得定智慧辯無导　具獲多聞如大海
神通能至數億刹　一須遍禮彼諸佛
供養千万諸佛已　於一時頃還復来
无有我想及佛想　無有刹想及法想
一切諸想悉无染　於諸衆生作利益
汝若欲見彼世尊　及大菩薩聲聞衆
聽於微妙諸佛法　速往彼大導師邊
尒時月上執彼蓮華及以化佛從樓

閣上下来往至父母之邊到已說偈
白其父母作如是言
父母觀我所執華　微妙莖桿金剛色
又觀無上華中者　諸相莊嚴如山王
如是微妙寂勝尊　何人當可不供養
我今見於遍家内　金色光曜母應知
其身不可遍度量　須臾變成種種色
赤白黃紫及頗梨　我等今須設供養
大聖瞿曇在大林　速執華香及末香
父母同往設供養　應獲无量諸功德
父母聞已唱善哉　月上此言大利益
遂辦種種諸香等　寶幢幡盖及花鬘
月上父母及親眷　悉著微妙上衣服
無價珎寶及音聲　種種莊嚴悉充備
既嚴備已從家出　欲往大林世尊邊
尒時月上所期之日六日已過至第
七日時有無量千數大衆集會俱来
看彼月上於時衆内或有諸人以欲
惱心而来會者或有因看毗耶離城
觀其城上所有莊嚴却敵樓櫓雀墮
邊窻欄楯藻梲諸雕飾事而来會者
時有無量男夫婦女因涉彼城而看
月上尒時月上仍執彼華其女父母

及其眷屬賫諸花鬘塗香末香種種
燒香上妙衣服寶幢幡蓋種種音聲
左右侍從周匝圍遶從家而出在於
街巷
尒時月上諸眷屬等出至街巷如是
行時無量无邊千數人衆見彼月上
在於街巷進止行時即詣其所而口
悉各唱如是言此是我妻此是我妻
尒時毗耶離大城之内或有諸人一
時走来出聲大叫向月上女是時彼
女見其大衆速疾来故遂即飛騰在
於虛空高一多羅仍執彼華在空而
住以偈白彼諸大衆言
汝等觀我此妙身　猶如真金帶火色
非因昔發欲心故　能得如是微妙身
弃捨婬欲如火坑　及諸世事不染著
能行苦行調六根　及行清淨諸梵行
見他妻妾不貪欲　皆生姊妹及母想
如是當生可意身　衆人樂見無厭足
我身毛孔出妙香　汝豈不聞滿此城
此非欲心所熏得　皆由布施調伏果
我今本无婬欲心　汝於無欲莫生欲
今此尊像證明我　如我實語无有盡

汝等昔或作我父　我或於汝昔為母
互作父母及兄弟　云何於此生欲心
我或往昔煞汝等　汝等或復煞我来
各作怨讎互相煞　云何於此生欲想
非因有欲得端正　有欲定當生不善
有欲心者無解脫　是故今須捨欲心
若墮地獄及餓鬼　及以畜生種類中
鳩槃夜叉阿修羅　卑舍遮等皆因欲
眼暗無舌跛與聵　身體形容悉醜陋
一切種種諸過惡　皆由往業多欲心
若於来世作輪王　帝釋三十三天主
大梵自在諸天等　皆由廣行淨梵行
生盲喑啞失本性　猪狗馬驢及駱駝
為牛虎蠅蚊虻等　皆由多欲獲此報
生大地主喜樂家　豪富長者及居士
如此皆因行梵行　現得歡喜常受樂
負重煮炙煙熏鼻　枷鎖杻械撾辱身
斬截刖鼻及挑眼　為人僕使皆因欲
欲作緣覺及羅漢　衆相莊嚴諸佛身
自覺覺他廣利益　皆由捨離有欲想
行欲非惟一種患　多諸過惡無利益
速望解脫諸欲者　共我往詣如来邊
更无歸依能拔罪　惟有諸佛天人尊

汝等速往彼尊邊　無量劫數佛難覩

尒時月上說此偈句語諸人已是時大地皆悉震動於虛空內而有无量諸天子等揚聲大叫俳拃身衣詠歌嘯調無量无數雨諸天華百數千數作諸音樂不可具宣

尒時大衆見聞是已遂生厭離諸欲等想生希有想未曾有想當於尒時舉身毛竪更無欲惱无瞋無恚无貪無癡无怒無妬无嫉無諍无復煩惱無有諸使皆以歡悅潤澤其身各各互生父母兄弟姊妹諸親尊長等想既捨一切諸煩惱訖各各頭面礼月上女

尒時大衆所執香華末香塗香華鬘衣服諸瓔珞等悉將散擲向於月上既散擲已佛神力故其物在彼化如来上成一繖蓋廣半由旬

尒時月上還從空下去地四指足步虛空經行来往須臾即出毗耶離城欲向釋迦如来之所尒時月上安足之處地皆震動而彼大衆其數八万四千人俱隨從月上次第而去

尒時長老舍利弗共五百比丘於晨朝時整衣持鉢為乞食故便来向於毗耶離城時彼聲聞諸徒衆等遥見月上與其大衆前後圍遶相向而来時舍利弗遂白長老摩訶迦葉作如是言長老迦葉彼所来者是月上女欲向佛邊我等且可逆問彼女隨意義趣驗試其女得忍已不

尒時長老舍利弗等五百比丘前行既至月上女邊到已告言汝於今者欲何所去其月上女即報長老舍利弗言尊舍利弗今既問我作如是言汝今欲向何所去者我今亦如舍利弗去如是去耳

尒時舍利弗復報月上作如是言我今欲入毗耶離城汝於今者乃從彼出云何報言我今亦如舍利弗去作如是去

尒時月上復報長老舍利弗言然舍利弗舉足下足凡依何處舍利弗言我今舉足及以下足並依虛空其女復報舍利弗言我亦如是舉足安足悉依虛空而虛空界不作分別是故

我言亦如尊者舍利弗去如是去耳尊舍利弗此事且然今舍利弗行何行也舍利弗言我向涅槃如是行也其女復白舍利弗言尊舍利弗一切諸法豈不向於涅槃行也我於今者亦向彼行

尒時長老舍利弗復問月上作如是言若一切法向涅槃者汝今云何而不滅度其女報言尊舍利弗若向涅槃即不滅度何以故其涅槃行不生滅故涅槃行者不可得見體無分別无可滅者以是義故行涅槃者即是涅槃尒時舍利弗復問月上作如是言汝於今者行何乘也為行聲聞乘為行辟支佛乘為行大乘

尒時月上報舍利弗作如是言尊舍利弗今既問我行何乘者我今還問尊舍利弗惟願如是隨意荅我如舍利弗所證法者為行聲聞乘為行辟支佛乘為行大乘

尒時舍利弗復報彼女作如是言非也月上所以者何然彼法者无可分别亦無言說非别非一亦非衆多

尒時月上報彼尊者舍利弗言是故不應分別諸法一相異相無別異相於諸相中無有可住故涅槃者實无可滅

尒時長老舍利弗復告月上作如是言希有希有汝今乃能如此辯才無有滞㝵是故汝昔曾更奉侍幾許佛來

尒時月上報舍利弗作如是言尊舍利弗今問於我汝昔曾更奉侍幾許諸佛來者猶如實際與法界也

時舍利弗復問女言所言實際及與法界有幾許也女復荅言如無明有及以愛等无有異也

時舍利弗復問女言無明有愛復有幾許其女報言如衆生界无有異也

時舍利弗復問女言衆生界者復有幾許其女報言如彼過去未來現在諸佛境界舍利弗言若如此者汝說何事是何解釋其女報言依尊者問我還依荅

時舍利弗復問女言我問何義其女荅言問文字也舍利弗言彼文字滅無有足跡其女荅言尊舍利弗如是

滅相一切法中如有問者如有荅者二俱滅相不可得也

佛說月上女經卷上

米

亰

佛說月上女經卷上

校勘記

一　底本，金藏廣勝寺本。

一　一七九頁中一行「佛說」，石、資、磧、普、南、徑、清無。卷下同。

一　一七九頁中二行「天竺三藏法師」，石作「天竺三藏」；資、磧、普、南、徑、清作「三藏法師」。卷下同。

一　一七九頁下一〇行第七字「擔」，資作「簷」。

一　一七九頁下一三行第二字「才」，資、磧、普、南、徑、清作「手」。

一　一八〇頁上九行第一三字「姝」，資、磧、普、南、徑、清作「殊」。

一　一八〇頁中四行「未香」，諸本作「末香」。

一　一八〇頁下末行「怯赫」，諸本作「惰嚇」。

一　一八一頁上一〇行第六字「寃」，磧、普、南、徑、清作「惋」。

一　一八一頁上一〇行第一二字「頒」，資作「額」；磧、普、南、徑、清作「頞」。

一　一八一頁上一七行第一一字「惡」，資、磧、普、南、徑、清作「怨」。

一　一八一頁中一行「得我」，資、磧、普、南、清作「我得」。

一　一八一頁中二行首字「慈」，資、磧、普、南、徑、清作「怨」。

一　一八一頁中三行第七字「便」，資、磧、普、南、徑、清作「使」。

一　一八一頁下五行第九字「怒」，資、磧、普、南、徑、清作「努」。

一　一八一頁下一〇行第三字「各」，諸本作「各各」。

一　一八一頁下一一行「壯麗」，資、磧、普、南、徑、清作「莊嚴」。

一　一八二頁上一行第一一字「各」，資、磧、普、南、徑、清、麗作「合」。

一　一八二頁中四行末字「似」，資作「以」。

一　一八二頁中一二行「了別」，石、南、徑、清作「了知」。

一　一八三頁中二〇行末字「墮」，資、磧、普、南、徑、清作「垛」。

一　一八三頁中二一行首字「遂」，資、磧、普、南、徑、清、麗作「寮」。

一　一八三頁中二一行第三字「構」，資作「鉤」；磧、普、南、清作「枸」。

一　一八三頁中二二行第一〇字「涉」，資、磧、普、南、徑、清作「陟」。

一　一八四頁上一八行第四字「鼻」，諸本作「劓」。

一　一八四頁中一六行「永服」，諸本作「衣服」。

一　一八四頁下一二行第三字「尊」，南、徑、清作「尊者」。

一　一八四頁下一九行第一一字「弗」，資、磧、普、南、徑、清無。

一　一八五頁上二行首字「尊」，資、磧、普、南、徑、清作「尊者」。

佛說月上女經卷下

隋天竺三藏法師闍那崛多譯　上

尒時長老舍利弗復問月上作如是言汝於今者在菩薩地有是忍相汝當不久得成阿耨多羅三藐三菩提

尒時月上作如是言尊舍利弗夫菩提者無有言說但以假名文字說耳所言成者亦假名說若久若近俱是名字尊者云何作如是言汝當不久得成阿耨多羅三藐三菩提也尊舍利弗夫阿耨多羅三藐三菩提者彼无生處亦不可說無有體性其間亦復无可成者何以故菩提之體無有二相是故菩提無二離一

尒時舍利弗告月上女作如是言汝今但當先向佛所我等須臾為聽法故不久當還向於彼處而來聽法

尒時月上復白長老舍利弗言尊舍利弗如來不為聽法者說亦復不為樂法者說舍利弗言如來若尒為誰說法彼女荅言尊舍利弗若有所聞不生著想無欣樂想如來乃為如是說法

尒時舍利弗復語月上作如是言若有衆生詣佛聽法為聞法故如來尒時豈不為彼而說法也

尒時月上復荅彼言若有衆生作如是想此是如來為我說法如是衆生住於我想若有真洞入法性者則無是念終不云佛為我等故說如是法

尒時尊者摩訶迦葉告於長老舍利弗言尊舍利弗此女今既詣向佛邊今日必當有大法義我等亦可迴還而去今日寧可不食為善莫使我等身在於外而不得聞如是法義是故彼等諸聲聞衆遂即迴還隨逐月上向於佛所

尒時月上漸行至彼大林之內草茅精舍詣於佛所頂礼佛足右遶三匝所持香華末香塗香衣服資財寶幢幡蓋所奉佛者以散佛上散已復散彼時大衆所持香華華鬘塗香及以末香亦散佛上散已復散所散諸華於佛頂上成一華蓋縱廣遍覆滿上由旬

尒時童子文殊師利告月上女作如
是言汝於往昔從何捨身而來生此
當捨此身復生何處其女荅言文殊
師利於意云何我今所執如來形像
坐蓮華者從何捨身而來生此今捨
此身當生何處文殊師利復言月上
此是化耳夫言化者无處捨身後亦
無生其女報言如是如是文殊師利
一切諸法本體是化我於彼法不見
捨時不見生時
尒時不空見菩薩告月上女作如是
言如是月上既不可以女身成佛汝
今何故不轉女身其女荅言善男子
夫空體者無迴无轉一切諸法亦復
如是云何令我而轉女身尒時持地
菩薩復告月上作如是言汝頗曾見如
來已不其女荅言善男子我見如來如
我手中所執化佛如是如來等无有異
尒時辯聚菩薩復告月上作如是言
汝今能辯法義已不時女荅言善男
子法界之體不可言說亦不可以文
字筭數之所攝受
尒時無㝵辯菩薩復告月上作如是

言汝於過去諸如來所聞何等法其
女荅言善男子今可仰觀如上虛空
如來說法與此虛空等無有異其所
聽者亦復如是善男子而彼法相等
如虛空无異無別
尒時虛空藏菩薩告彼女言汝於往
昔所施諸佛云何奉施云何迴向其
女報言善男子如我於此所化佛像
施彼佛僧所獲功德其事云何時虛
空藏菩薩報月上言此佛是化若於
彼施无功德相其女荅言善男子我
亦如是往於昔日諸如來前所行布
施及以迴向亦作是相亦作如是迴向
尒時不損他心菩薩復作是言汝今
云何能於一切諸衆生等得以慈心
而普遍也其女荅言善男子如彼衆
生等無有異菩薩復言彼諸衆生其
事云何女復荅言衆生之事非是過
去亦非未來亦非現在而彼慈心亦
復如是非是過去非是未來非是現
在之所攝也亦復不可以言說也善
男子而彼慈心其事如是
尒時喜王菩薩復問彼女作如是言

汝於今者得法眼不其女荅言善男
子我今肉眼猶尚不得況得法眼
尒時堅意菩薩復告彼女作如是言
汝行菩提經今幾時其女荅言善男
子如彼陽焰經今幾時我發菩提亦
復如是
尒時弥勒菩薩告彼女言汝於何時
當得成就阿耨多羅三藐三菩提其
女荅言亦如弥勒菩薩何時得超凡
夫行地
尒時長老舍利弗復白佛言世尊希
有此女如是辯才云何乃能與如是
等鎧甲大龍共相問荅卓立不坐復
不屈身禮諸菩薩
尒時月上白舍利弗作如是言尊舍
利弗辟如小火體能燒故所有諸物
悉皆能燒如是如是尊舍利弗諸菩
薩等與於諸佛亦无有異於諸行中
欲燒一切諸煩惱時所有燒惱或自
或他莫不能燒
尒時舍利弗復問女言汝當成就阿
耨多羅三藐三菩提時而彼佛剎當
如之何其女荅言尊舍利弗我於當

来佛剎之中無有如是小行小智多
字狹劣猶如今日舍利弗者我必當
取如是佛剎
尒時舍利弗復言月上汝既說言一
切法界與如来體等无有異今者所
見云何勝負月上女言尊舍利弗辟
如大海與於牛跡然彼二水等無有
異而彼牛跡不受无量無邊衆生如
大海者如是如是尊舍利弗諸佛聲
聞雖同法界而諸聲聞不能為於无
量無邊諸衆生輩作大利益如諸佛
者又舍利弗辟如芥子内有虛空十
方世界亦有虛空彼二虛空雖无有
異然芥子空不能容受聚落城邑金
能建立須弥巨海似如十方世界空
者如是如是尊舍利弗雖於一空無
相无願而有諸佛與聲聞同然彼聲
聞不能與彼無量无邊諸衆生輩作
大利益如似諸佛多他伽多阿羅訶
三藐三佛陁者
尒時長老舍利弗言如是月上佛與
聲聞所得解脫生不等也月上荅言
尊舍利弗勿作是說乃言諸佛與彼

聲聞解脫同等
時舍利弗復問汝言如是之輩其相
云何女復荅言尊舍利弗我於今者
欲有所問如尊者意為我說之尊者
證得心解脫時頗能令此三千大千
如是世界平如掌不頗有樹木及以
諸山悉各傾低向汝已不頗或能有
除滅一切諸惡已不頗有悉除一切
衆生煩惱已不頗有能得一切諸天
頂礼已不頗有魔衆聚集遍滿三十
由旬而来已不頗有一念起智慧心
得解脫已不頗復能降一切諸魔眷
屬已不
時舍利弗荅月上女作如是言我於
如是一切諸事悉无有一其女復言
尊舍利弗菩薩在於菩提道場能有
如是勝妙諸事復有無量无邊勝事
尊舍利弗聲聞解脫諸佛解脫乃有
如是勝負優劣差別之事尊者云何
作如是念謂佛如来與於聲聞解脫
等也
尒時世尊讚月上女作如是言善哉
善哉月上汝今乃能如是無导辯說

尒時所化如来形像在月上女右手
之中即從華起至世尊所圍遶世尊
滿三匝已從臍而入佛神力故大地
震動
尒時世尊一一毛孔出一蓮華色如
真金白銀為葉功德藏寶以為蓮臺
彼諸華内自然各各復出一佛結跏
趺坐彼諸如来所化形像衆相莊嚴
遍至十方無佛剎土自然顯現為彼
說法彼諸佛剎所說法句以佛神力
聲還聞此如来剎土
尒時月上見如是等妙勝神通歡喜
踊躍遍滿其體不能自勝其女右手
所執蓮華遂投擲如来身上其華
到已在於佛頂成一花帳其帳方整
下有四柱縱廣正等如依繩墨帳中
自然化出一座衆寶莊嚴無量天衣
以覆座上其座尒時忽復有一化佛
形像如釋迦者坐彼座上結加趺坐
分明顯著爾月上女擲彼華時作是
願言世尊願我藉此善根因緣力故
於未来世若諸衆生住我相者為說
其法令除我相

月上女經卷下　第九張　畳字号

尒時彼女以佛神力忽然復有第二
蓮華現其右手彼女於是復以其華
擲向如来其華至巳在如来上為第
二花帳衆寶莊嚴如上所說於時彼女
復言世尊願我藉此善根因緣於未
来世若有衆生住我見者為說其法
得除我見
尒時彼女以佛神力忽然復有第三
蓮華現其右手其女尒時復以此華
擲向如来於即化成第三華帳衆寶
莊嚴如上所說是時彼女復言世尊
願我藉此善根因緣於未来世若有
衆生住於一切分別相者我為說法
除其分別及除貪欲瞋恚癡等
尒時彼女忽然復有第四蓮華現其
右手其女亦復以彼蓮華投擲如来
至於佛頂尋復化成第四華帳其所
莊嚴如上所說復言世尊願我藉此
善根因緣於未来世若有衆生住四
顛倒我為說法令除四倒
尒時彼女復以如来神通力故忽有
蓮華現其右手其女尒時復以其華
向如来擲其華至巳在於佛頂亦即

月上女經卷下　第十張　畳字号

成其第五華帳其帳莊嚴亦如上說
其女於時復言世尊願我藉此善根
因緣於當来世若有衆生五蓋覆者
為說其法令除五蓋
尒時彼女以佛神力忽然復有第
蓮華現其右手其女亦復持彼蓮華
擲向如来其華至巳在於佛頂亦復
化成第六華帳其所莊嚴如上所說
是時彼女復言世尊願我藉此善根
因緣未来世中若有衆生著六入者
我為說法令離彼者
尒時彼女以佛神力於其右手忽然
復有第七蓮華自然顯現其女尒時復
以彼華擲向如来至佛頂巳即復變
成第七華帳形狀大小如上所說其
女尒時復言世尊願我藉此善根因
緣於當来世若有衆生住著七識我
為說法令其除斷
尒時彼女以佛神力忽然復有第八
蓮華現其右手其女復持向佛而擲
其華至巳次第成其第八華帳形狀
縱廣亦如上說其女於是復言世尊
願我来世藉此善因若有衆生著八

月上女經卷下　第十一張　畳字号

顛倒為說其法令悉除滅
尒時彼女以佛神力忽然復有第九
蓮華現其右手其女復將遥擲佛頂
其華至巳次第復成第九華帳其帳
縱廣如上所說其女於是復言世尊
願我藉此善根因緣於當来世若有
衆生住九使者我為說法令除九使
尒時彼女以佛神力忽然復有第十
蓮華現其右毛其女於是復以彼華
擲如来頂其華至巳次第復成第十
華帳莊嚴縱廣如上所說其女尒時
復言世尊願我藉此善根因緣於當
来世具足十力如今世尊放大光明
照十方剎等無有異
尒時彼等所化華帳高至梵宮是以
地居乃至大梵諸天子等因彼華帳
復與无量千万天衆同来集會
尒時世尊便有微笑然諸佛等有如
是法微笑之時從其口出種種色光
其光所謂青黄赤白頗梨等色及以
金銀如是等色而彼光照至於無量
无邊佛土普至梵天覆蔽日月光明
威力勝盛無比晃耀顯赫還入佛頂

尒時衆中長老阿難從坐而起整理
衣服偏袒右髆右膝著地合十指掌
以偈問佛微笑放光因緣之事
一切諸智非無眼　於一切法无有疑
普照世間光平等　及以微笑有何緣
往昔劫數尊行施　清淨戒行如寶珠
住忍不動如須弥　尊今光笑有何緣
常修精進及禪定　得免諸有生死等
意行深遠猶如海　微笑放光有何緣
常行慈悲無休息　及以喜捨亦復尒
迷失路者能濟拔　尊笑放光有何緣
尊一毛孔出光明　遍至十方无量剎
忽然覆蔽日月光　奪彼威力併他眼
所出音聲妙清淨　具六十種世獨尊
所有聞者無厭足　復能除滅諸煩惱
於十方剎无量衆　一切心有所行者
世尊知已決疑網　尊笑放光有何緣
誰今決定發道意　誰今乘佛廣大乘
誰今如是滿心願　世尊微笑而放光
誰今降伏四種魔　謂煩惱魔及死魔
陰魔及以天魔等　微笑放光有何緣
世尊今誰證大利　誰作法豊人師子
名聞誰至十方剎　如是微笑及放光

一切智者滅不善　諸慈行中最勝慈
於諸分別皆已斷　微笑放光有何緣
何誰今得廣大利　誰復今得滿願心
和合十力今是誰　如是放光及微笑
千万諸天在虛空　夜叉金翅摩呼羅
及諸天女合掌礼　瞻仰世尊歡喜心
聚集無量諸菩薩　十方剎土悉瞻仰
深智如海欲聽法　淨意光笑有何緣
尒時世尊即以偈句報阿難言
阿難汝觀此童女　合十指掌在我前
彼見諸佛妙神通　即發无上菩提意
過去曾見三百佛　生生世世所見者
恒生恭敬而尊重　常願云何證菩提
願不生於惡道裏　惟願生天及人中
生處不忘菩提心　命終已後知宿命
昔見如来名迦葉　在於樓上墜下身
供養彼尊迦葉故　現得無生及順忍
復有佛號鉤婁村　奉施一具妙衣服
是故現得金色體　清淨顯赫如月天
有佛迦尼迦牟尼　香華塗末供養彼
以是口出妙香氣　猶如栴檀優鉢羅
佛名尸弃兩足尊　瞻仰彼尊滿七日
是故兩目青蓮色　諸類看者不知厭

厭離諸欲五百世　常行清淨諸梵行
若人起欲来觀者　乃得清淨無欲心
是故三十三天生　從彼来生離車種
一切生處知宿緣　巧說諸偈微妙句
教化父母及諸親　利益无量衆生等
為欲教化發菩提　故生豪貴大離車
童女男夫婦人等　教化令入佛乘中
二万三千諸人類　成熟无量菩提道
其女轉此女人身　不久出家在我法
廣行清淨大梵行　此處命終還生天
從天命終復生此　於後惡世護我法
興此衆類作利益　捨命還生兜率陁
當来弥勒下生時　像佉輪王家作子
其於彼衆多才藝　可喜端正備諸德
供養彼尊三月日　及諸左右衆圍遶
於彼佛邊得出家　六千三百衆隨逐
受持彼佛正法已　然後往生安樂土
既得往見阿弥陁　礼拜尊重而供養
當於賢劫諸佛剎　十方所有諸世界
及以恒河沙如来　悉為彼衆作利益
精進智慧禪定力　供養如是諸世尊
劫數諸佛供養已　教化無量千万衆
於後八万俱致劫　當得作佛名月上

彼尊名号月上者　眉閒白豪出妙光
其光金色甚耀麗　顯赫遍照彼佛刹
日月火光及摩尼　星宿諸光悉不現
晝夜歲月及四時　皆由彼光更無別
彼刹當无辟支弗　聲聞羅漢亦無名
清淨勇猛菩薩衆　彼尊唯當有如是
彼衆身並黃金色　百種諸具以莊嚴
志名為人妙可喜　彼刹无欲胎生者
蓮華臺中自化生　生已即有大威德
於筭數中不可量　無量神通至諸刹
无生忍法無障㝵　彼刹天魔及外道
亦無破戒惡朋友　受淨報如兜率陁
若有彼刹所生者　諸受果報悉平等
金銀真珠微妙網　廣大遍覆彼世閒
彼大世尊壽命長　住世七十三千劫
壽盡涅槃滅度後　正法住世滿一劫
彼尊在世及滅度　法教一住無有殊
我若一劫讚歎彼　世尊剎土諸功德
今日所說諸譬喻　如海取於一滴水
尒時月上從佛對聞與已授記聞已歡喜踊躍无量飛騰虛空去地高至七多羅樹既住於彼七多羅已其女於即轉彼女身變為男子即時大地

皆悉震動出大音聲雨天花雨出大光明遍照世界尒時月上菩薩即住彼空以偈嘆佛作如是言
假動須弥空倒地　修羅住處皆悉滅
大海枯涸月天墜　如来終不出妄言
假使十方衆同心　或火成水水成火
無量功德寂大尊　利益衆生无異說
大地虛空成混沌　百刹同入芥子中
羅網可用縛猛風　如来終不有妄語
世尊如是真實言　故我决住菩提道
今既大地遍震動　我證菩提定無疑
我今既得菩提記　即轉法輪无有別
猶如世尊所說法　我百數劫已得聞
利益天人八部輩　及諸比丘四衆等
又為無量諸菩薩　汝等於佛莫生疑
當来悉成无分別　是故决發菩提心
諸法皆悉如幻化　諸佛所說如夢想
是處無人无養育　衆生命及富伽羅
如是諸法本性者　喻如虛空无有異
我先所有女人身　彼身空體亦無實
既无實體是為空　空體無物无可取
彼身顛倒分別生　分別猶如鳥飛空
意欲成就佛菩提　復欲降伏四魔衆

復欲三千大千界　轉於微妙大法輪
汝等猛發菩提意　尊重供養婆伽婆
不久當成功德尊　同於真體無有別
善利丈夫尊沙門　二足中尊我頂礼
能施愛物常得愛　能施法財得自在
佛是樂本能與樂　能伏怨讎及諸魔
我嘆應嘆寂勝尊　又嘆自在无羨者
我意所觀諸方處　願見諸佛不思議
放光如今釋師二　我亦當知十方佛
皆悉同體覺一法　於真如法悉無二
无量衆生同實際　有此忍者當作佛
尒時月上菩薩說此偈已從空而下頭面作礼彼作礼時頭未離地而有無量百千數佛現其目前彼等諸佛同音授彼月上之記當成阿耨多羅三藐三菩提月上菩薩眼自對見彼百千佛授其記已歡喜踊躍遍滿其體不能自勝即從如来求請出家白言善哉惟願世尊自說法中與我出家佛即告彼月上菩薩若必然者當問父母聽汝已不
尒時童子所生父母對見如是變化神通復從佛聞為彼授記而白佛言

如是世尊我等已許惟願世尊放彼出家又願我等於未來世會如此法介時世尊即放童子而出家也時彼童子當出家時即有一万二千人俱發阿耨多羅三藐三菩提佛說如此法本之時復有七十那由他諸天人等遠塵離垢於諸法中獲得淨眼復有五百諸比丘等於無為法獲得漏盡心得解脫復有二百比丘尼等與其同類二万人俱其中或有未曾發於阿耨多羅三藐三菩提者亦得發於菩提之中佛說此經已月上菩薩長老阿難諸菩薩衆及彼大會天人修羅乹闥婆等八部之類歡喜奉行

佛說月上女經卷下

佛說月上女經卷下

校勘記

一 底本，金藏廣勝寺本。一八七頁中至次頁中共四版，原版漫漶，以麗藏本換。

一 一八七頁中二行末字「譯」，石作「等譯」。

一 一八七頁中一四行末字「一」，石、資、磧、普、南、徑、清作「二」。

一 一八七頁中末行第八字「想」，資、磧、普、南、徑、清作「相」。

一 一八八頁上一七行第二字「已」，資、磧、普、南、徑、清作「以」，下同。

一 一八八頁中一二行第四字「往」，資、磧、普、南、徑、清作「在」。

一 一八八頁下九行第一三字「超」，資作「起」。

一 一八八頁下一九行第一一字「燒」，石、資、磧、普、南、徑、清、麗作「煩」。

一 一八九頁上一七行首字「相」，石、麗作「想」。

一 一八九頁上一九行「多他伽多」，資、磧、普、南、徑、清、麗作「多陀阿伽度」。

一 一八九頁中二行第七字「汝」，資、磧、普、南、徑、清、麗作「女」。

一 一八九頁中二行第一二字「草」，資、磧、普、南、徑、清、麗作「事」。

一 一八九頁中一二行第六字「頗」，資、磧、普、南、徑、清作「頗有」。

一 一八九頁下九行第五字「無」，資、磧、普、南、徑、清、麗作「諸」。

一 一九〇頁上四行「花悵」，資、磧、普、南、徑、清、麗作「帳」。

一 一九〇頁上二一行「忽有」，資、磧、普、南、徑、清作「忽有第五」；麗作「忽然復有第五」。

一 一九〇頁下一八行第六字「有」，資、磧、普、南、徑、清作「則」。

一 一九一頁上一四行「六十」，石作「十六」。

一 一九一頁上二二行第三字「今」，資、磧、普、南、徑、清作「令」。

一　一九一頁上二二行第一一字「豊」，資作「體」；磧、普、南、徑、清作「禮」。

一　一九一頁中三行首字「何」，磧、普、南、徑、清作「阿」。

一　一九一頁中一四行第七字「裹」，資、磧、普、南、徑、清作「中」。

一　一九一頁中一四行「生天及人」，石作「生於人天」。

一　一九一頁中二〇行第八字「香」，資、磧、普、南、徑、清作「熏」。

一　一九二頁上一行第一一字「豪」，資、磧、普、南、徑、清、麗作「毫」。

一　一九二頁上二行第六字「耀」，石、資、磧、普、南、徑、清作「輝」。

一　一九二頁上七行「具以」，諸本作「相具」。

一　一九二頁上一一行「忍法」，資、磧、普、南、徑、清作「法忍」。

一　一九二頁上一一行第一〇字「天」，諸本作「無」。

一　一九二頁上一四行第七字「綱」，諸本作「網」。

一　一九二頁上一五行末字「劫」，資、磧、普、南、徑、清作「萬」。

一　一九二頁上一七行末字「殊」，資作「餘」。

一　一九二頁上末行首字「於」，資、磧、普、南、徑、清作「於是」。

一　一九三頁上五行第一〇字「提」，資、磧、普、南、徑、清作「提心」。

一　一九三頁上一二行第五字「中」，資、磧、普、南、徑、清、麗作「心」。

一　一九三頁上一四行「修羅」，諸本作「阿修羅」。

大法鼓經卷上　量

宋天竺三藏求那跋陀羅譯

如是我聞一時佛住舍衛國祇樹給孤獨園與大比丘衆五百人俱復有百千大菩薩衆復有衆多天龍夜叉健闥婆衆復有百千諸優婆塞優婆夷衆復有娑婆世界主梵天王及天帝釋四天王衆復有十方世界無量比丘比丘尼優婆塞優婆夷諸菩薩俱尒時如来於彼四衆說如是法有有則有苦樂无有則無苦樂是故離苦樂則是涅槃第一之樂彼五百聲聞比丘一切皆是阿羅漢諸漏已盡無復煩惱心得自在譬如大龍心得好解脫慧得好解脫所作已辦已捨重擔逮得己利盡諸有結正智心解脫得一切心自在第一波羅蜜有無量學人皆得須陁洹斯陁含阿那含果有成就有漏法无量比丘衆有成就無量阿僧祇功德菩薩摩訶薩從十方来筭數譬喻所不能及亦非一切聲聞縁覺之所能知除文殊師利菩薩及大力菩薩觀世音菩薩弥勒菩薩摩訶薩如是上首菩薩摩訶薩无量阿僧祇衆譬如大地所生草木從諸方来諸菩薩衆亦復如是不可稱數復有老摩比丘尼與比丘尼衆俱毗舍佉鹿子母及末利夫人各與無量大眷屬俱須達長者與諸優婆塞俱尒時世尊於大衆中說有非有法門尒時波斯匿王從卧而起作是思惟我今應往至世尊所念已即行擊鼓吹貝往詣佛所尒時世尊知而故問阿難以何等故有鼓貝聲阿難白佛言波斯匿王来詣佛所是其擊鼓吹貝之聲佛告阿難汝今亦應擊大法鼓我今當說大法鼓經阿難白佛言世尊是大法鼓經名我未曾聞以何等故名大法鼓經佛告阿難汝何由知是諸来會大菩薩等悉不能知此大法鼓經六字名号何况於汝而得聞知阿難白佛言世尊未曾有也此法名号真實難知如是阿難實尒不異阿難此大法鼓經世間希有如優曇鉢華阿難白佛言非一切諸佛有

此法耶佛告阿難三世諸佛悉有此法阿難白佛言若然者彼諸菩薩人中之雄何故悉来普集於此彼諸如来何故自於其國不演說耶佛告阿難如有一阿練比丘隱居山窟至時入村方欲乞食道見人獸諸雜死屍見已生猒斷食而還嗚呼苦哉吾亦當然彼於異時心得快樂作是思惟我當更往觀察死屍令增猒離復向聚落求見死屍修不淨想見已觀察得阿羅漢果如是他方諸佛不說无常苦空不淨所以者何諸佛國土法應如是彼諸如来為諸菩薩作如是說奇哉難行釋迦牟尼世尊於五濁國土出興于世為苦惱衆生種種方便說大法鼓經是故諸善男子當如是學彼諸菩薩咸欲見我恭敬礼拜故来會此既来會已或得初住乃至十住是故大法鼓經甚難值遇是故十方大菩薩衆為聞法故普皆来集阿難白佛言善哉善哉一切善来彼悉得此難得經法佛告阿難如是深經非一切共是故不應說言一切善

來阿難白佛言何故彼非一切善来佛告阿難此經典者是諸如来秘密法藏甚深微妙難解難信是故阿難不應說言一切善来阿難白佛言非如波斯匿王臨陣鬬時擊大戰鼓其聞聲者一切箭落耶佛告阿難波斯匿王擊鼓戰時非彼一切聞鼓聲喜有怯弱者聞而恐怖若死近死如是阿難此大法鼓經名是二乘之人不信法門是故阿難辟如彼王至鬬戰時擊王大鼓此大法鼓諸佛秘密佛出世時尒乃演說

尒時世尊告大迦葉此諸比丘清淨純一真實强力離諸糟糠堪任聞此大法鼓經不迦葉白佛言若有比丘犯戒違律是大目連之所呵責有如是比我不同行況復世尊今此會衆如栴檀林清淨純一佛告迦葉今此會衆雖復一切清淨純一然於隱覆之說有不善解迦葉白佛言云何名為隱覆之說佛告迦葉隱覆說者謂言如来畢竟涅槃而實如来常住不滅般涅槃者非毀壞法此修多羅離

覆清淨明顯音聲百千因緣分別開示是故迦葉當更觀察此諸大衆時大迦葉即復觀察彼諸来者去何而来時剎那須下信衆生及聲聞緣覺初業菩薩自惟不堪生退捨心辟如王家力士衆中有名千力士者從座而起擊鼓唱言誰能堪任與我鬬力其不堪者嘿然而住心自念言我不堪任與彼鬬力或能傷損以致失命於彼衆中無敢敵者乃名勇健難伏力士建大勝幡如是下劣衆生及聲聞緣覺初業菩薩作是念言我不堪任聽受如来已般涅槃而復說言常住不滅於大衆中鬬所未聞從坐而去所以者何彼人長夜於般涅槃修習空見聞離隱覆清淨經故從坐而去彼十方来聲聞緣覺初業菩薩百千万億阿僧祇分餘一分住謂彼菩薩摩訶薩信解法身常住不變者尒乃安住受持一切如来藏經亦能解說安慰世間解知一切隱覆之說善觀一切了義不了義經悉能降伏毀禁衆生尊敬承順清淨有德於摩訶

衍得大淨信不於二乘起奇特想除如是等方廣大經不說餘經唯說如来常住及有如来藏而不捨空亦非身見空空彼一切有為自性

佛告迦葉汝更問大衆咸欲得聞此大法鼓方廣一乘所謂大乘難信經不如是至三迦葉白佛言善哉世尊即從坐起偏袒右肩右膝著地頂礼佛足右遶三匝已告諸大衆咸欲聞此大法鼓經不如来今當普為汝等演說一乘所謂大乘過一切聲聞緣覺境界如是三說彼悉荅言願樂欲聞唯大迦葉我等悉為聞法故来善哉哀愍當為我說大法鼓經迦葉復言汝等去何信彼即荅言辟如士夫年甫二十有百歲子若佛如是說者我等亦當如是隨信況說正法而不信受所以者何如来如說而行如来淨眼圓照无閡以佛眼觀知我等心迦葉嘆言善哉善哉諸賢汝等堪任聽大法鼓經若持若說佛告迦葉辟如士夫年甫二十有百歲子大法鼓經亦復如是所以者何如来涅槃而

復常住一切無我而復說我彼即白
言唯佛能知如世尊所說我等如是
受持
迦葉白佛唯願世尊說大法鼓經擊
大法鼓吹大法蠡佛言善哉善哉迦
葉汝今聽說大法鼓經迦葉白佛言
唯然受教何以故是我境界故是故
如來大見敬待云何為敬曾告我言
汝來共坐以是因緣我應知恩佛言
善哉迦葉以是義故我敬待汝迦葉
辟如波斯匿王善養四兵若鬪戰時
擊大戰鼓吹大戰蠡對敵堅住緣斯
恩養戰无遺力能勝怨敵國境安寧
如是比丘我般涅槃後摩訶迦葉當
護持此大法鼓經以是義故我分半
坐是故彼當行我所行於我滅後堪
任廣宣大法鼓經迦葉白佛言我是
世尊口生長子佛告比丘辟如波斯
匿王教諸王子學諸明處彼於後世
堪紹王種如是比丘於我滅後迦葉
比丘護持此經亦復如是
復次迦葉如波斯匿王多與諸王共
為怨敵更相攻伐於彼彼時其諸戰

士為馬車步四種兵衆聞大鼓聲心
不恐怖堅持甲仗時王恩邮多所賜
賚及當戰時加賜珎寶及以城邑若
能尅敵冠以素繒封以為王如是迦
葉我諸聲聞比丘比丘尼優婆塞優
婆夷如戒隨學波羅提木叉成就善
住律儀如來則與人天安樂其有大
功降四魔者以四真諦解脫素繒而
冠其首若有增上信解求佛藏大我
常住法身者如來尒時以薩婆若水
而灌其頂以大乘素繒而冠其首大
迦葉我今亦復如是以大乘素繒用
冠汝首汝於未來無量佛所當護持
此經迦葉當知汝於我滅後堪任護
持如是經典迦葉白佛言當如尊教
復白佛言我從今日及滅度後常當
護持廣說此經
佛告迦葉善哉善哉今當為汝說大
法鼓經時虛空中諸天龍衆同聲嘆
言善哉善哉迦葉今日諸天大雨天
華諸龍王衆雨甘露水及細末香安
慰悅樂一切衆生應為世尊之所建
立為法長子時天龍衆同聲說偈

王於舍衛城　伐鼓吹戰蠡　法王祇洹林
擊于大法鼓
佛告迦葉汝今當以問難之桴擊大
法鼓如來法王當為汝說天中之天
當決汝疑
尒時世尊告大迦葉有比丘名信大
方廣若有四衆聞其名者貪恚癡箭
悉皆拔出所以者何迦葉辟如波斯
匿王有耆婆子名曰上藥若彼波斯匿
王與敵國戰時告上藥言汝今速持
能為衆生拔箭藥來尒時上藥即持
消毒藥王以塗戰鼓若塗若熏若打
若彼衆生被毒箭者聞其鼓聲若一
由旬若二由旬箭悉拔出如是迦葉
若有聞信方廣比丘名者貪恚癡箭
悉皆拔出所以者何彼因此經增廣
正法以彼現法成就故得此大果大
迦葉汝當觀彼無心凡鼓以无心藥
若塗若熏若打有如是力饒益衆生
況復聞彼菩薩摩訶薩信方廣比丘
名而不能除衆生三毒迦葉白佛言
若聞菩薩名者能除衆生三種毒箭
況稱世尊名号功德言南無釋迦牟

尼若稱嘆釋迦牟尼名号功德能拔
衆生三種毒箭況復聞此大法鼓經
安慰演說若偈若句況復廣說而不
能拔三種毒箭
佛告迦葉如我先說淨戒比丘隨心
所欲以本願故一切諸佛皆有是法
所謂不作不起不滅大法鼓經是故
迦葉汝於來世亦當如我所以者何
若有四衆聞汝名者三種毒箭悉得
拔出是故迦葉汝今當問大法鼓經
於我滅後久於世間護持宣布迦葉
白佛言善哉世尊今當為我說大法
鼓經佛告迦葉汝於大法鼓經應少
諮問尒時迦葉即白佛言善哉世尊
當請所疑如世尊所說若有有則有
苦樂無有則无苦樂此有何義佛告
迦葉若無有者謂般涅槃第一之樂
是故離苦樂得般涅槃第一之樂若
苦若樂彼則是有若无有者則無苦樂
是故欲得般涅槃者當求断有尒時
世尊欲重宣此義而說偈言
一切有無常　亦无不變異　彼有有苦樂
無有无苦樂　不為無苦樂　為則有苦樂

莫樂諸有為　亦勿更習近　若人得安樂
還復墮於苦　若不到涅槃　不住安樂處
尒時迦葉以偈荅言
衆生不為有　涅槃第一樂　彼則名字樂
無有受樂者
尒時世尊復說偈言
常解脫非名　妙色湛然住　非聲聞緣覺
菩薩之境界
迦葉白佛言世尊云何言色而復常
住佛告迦葉今當說辟辟如士夫從
南方摩頭邏來有人問彼汝從何來
士夫荅言從摩頭邏來即復問言摩
頭邏為在何方時彼士夫即指南方
迦葉非為彼人於此得信耶所以者
何以是士夫自見彼来故如是迦葉
以我見故汝當信我尒時世尊即說
偈言
辟如有士夫　以手指虛空　我今亦如是
名字說解脫　辟如彼士夫　遠自南方来
今我亦如是　從彼涅槃出
然彼迦葉若見義者則不須因緣若
不見義則須因緣如是迦葉諸佛世
尊常以無量因緣顯示解脫迦葉白

佛言云何為因佛告迦葉因者是事
迦葉白佛言云何為緣佛告迦葉緣
者是依迦葉白佛言願更顯示其辟
云何佛告迦葉如由父母而生其子
母則是因父則是緣是故父母因緣
生子如是說因緣生法是名為成迦
葉白佛言成者有何義佛告迦葉成
者世間成迦葉白佛言云何世間佛
告迦葉衆生和合施設迦葉白佛言
云何衆生佛告迦葉法集施設迦葉
白佛言云何為法
佛告迦葉非法亦法法亦非法法者
復有二種何等為二有為及无為色
及非色亦無第三法迦葉白佛言法
何像類佛告迦葉法者非色迦葉白
佛言非法何類佛告迦葉非法者亦
非色迦葉白佛言若法非法非色无
相云何是法云何非法佛告迦葉法
者是涅槃非法者是有迦葉白佛言若
法非法非色無相者彼慧者云何知
何所知何故知彼相耶佛告迦葉衆
生生生死中習種種福德清淨善根
是其正行若彼行如是法一切淨相

生若行此法者是法衆生衆生生
死中行種種非福惡不善業若彼行
如是非法一切惡不淨相生若行此
非法者是非法衆生
迦葉白佛言世尊云何衆生佛告迦
葉衆生者四界攝施設謂内地界水
界火界風界及入處五根乃至十三
緣起支（無盡意經中云從不正思惟生无明故十三支）受想思心
意識是名衆生法迦葉當知是名一
切法迦葉白佛言是中何等法是衆
生佛告迦葉是中非一法名為衆生
所以者何迦葉譬如波斯匿王鼓何
等為鼓迦葉白佛言所言鼓者皮木
及捊此三法和合是名為鼓佛告迦
葉如是和合施設名為衆生迦葉白
佛言聲鼓者非鼓耶佛告迦葉離聲
鼓者鼓亦有聲以風動故迦葉白佛
言鼓若為是法為是非法耶佛告迦
葉鼓者非法非非法迦葉白佛言名
為何等佛告迦葉非法非非法者名
為無記迦葉白佛言有无記法者世
間應有三法佛告迦葉無記相者如
非男非女非男非女名為不男彼亦

如是迦葉白佛言如世尊說父母和
合而生其子若父母無衆生種子者
不為父母因緣佛告迦葉彼无衆生
種子者名為涅槃大常不男亦復如是
所以者何譬如波斯匿王與敵國戰
時彼諸戰士食丈夫祿不勇猛者不
名丈夫如是無衆生種子者不名父
母常不男者亦復如是
迦葉白佛言世尊善法不善法无記
法何者善法何者不善法何者無記
法佛告迦葉樂受是善法苦受是不
善法不苦不樂受是无記法此三法
衆生常觸樂受者謂天人五欲功德
苦受者謂地獄畜生餓鬼阿修羅不
苦不樂受者謂白癡等迦葉白佛言
此則不然佛告迦葉從樂生苦從苦
生苦彼為無記迦葉白佛言其譬如
何佛告迦葉因食生病食則是樂病
則是苦彼白癡等名為無記迦葉白佛
言若苦樂名无記者父母子亦無記
佛告迦葉此則不然迦葉白佛言其
譬如何佛告迦葉如非想非非想等
天乃至无想則恒住子法善亦如是

迦葉白佛言世尊如佛所說受想是
衆生是故非想非非想處應非衆生
佛告迦葉彼有行分我說此衆生法
者除無想天迦葉白佛言衆生為是
色為非色耶佛告迦葉衆生亦非色
亦非非色然成就彼法名為衆生迦
葉白佛言若如是非衆生成就法更
有異衆生者不應有無色天若然者
无二法世間色及無色
佛告迦葉法亦非色非法亦非色迦
葉白佛言云何為法與解脫俱為非
法與解脫俱無色天亦有解脫佛告
迦葉不然唯有為法无為法是故無
色天是有為數解脫是无為無色天
有色性耳
迦葉白佛言世尊一切有為是色非
色是无為無色天有色者是佛境界
非我等境界佛告迦葉善哉善哉是
我境界非汝等境界如是諸佛世尊
到解脫者彼悉有色解脫亦有色
佛告迦葉云何無色天天處所作汝
知不迦葉云何有色天名无色數不
迦葉白佛言非我等境界佛告迦葉

如是諸佛世尊到解脱者皆有色汝
當觀察
迦葉白佛言世尊若如是得解脱者
復應受苦樂佛告迦葉如有病衆生
服藥離病已還復病耶迦葉白佛言
若有業者則必有病佛告迦葉无業
者彼有病耶迦葉白佛言不也世尊
佛告迦葉如是離苦樂是解脱當知
苦樂是病如丈夫是得涅槃者迦葉白
佛言若離苦樂是解脱者無業病盡
耶佛告迦葉世間樂者彼則是苦於
彼出離如是業盡得解脱迦葉白佛
言不復終盡耶佛告迦葉辟虚空如
海虚空如海耶虚空無辟解脱无辟
亦復如是如無色天有色而不可知
亦不可知似此似彼如是住如是遊
戲非是聲聞緣覺境界解脱亦如是
迦葉白佛言世尊一切衆生誰之所
作佛告迦葉衆生自作迦葉白佛言
此義云何佛告迦葉作福者佛作悪
者衆生迦葉白佛言冣初衆生誰之
所作佛告迦葉非想非非想等无色
天誰之所作云何活云何住迦葉白

大法鼓經卷上　第十六張　量

佛言於彼諸業所不能知然唯業作
如是衆生生死黒及涅槃白誰之所
作佛告迦葉業之所作業起无量法
善起無量法迦葉白佛言何者業起
何者善起佛告迦葉業起者有善起
者解脱迦葉白佛言無生處云何善
起佛告迦葉如如不異迦葉白佛言
若善起者云何到无生處佛告迦
葉行善業迦葉白佛言誰之所教佛
告迦葉無始佛教迦葉白佛言一切
无始佛誰化誰教佛告迦葉無始者
非一切聲聞緣覺思量所知若有士
夫出於世間智慧多聞如舍利弗長
夜思惟終不能知佛之無始誰冣為
先乃至涅槃中間亦不能知復次迦
葉如大目連以神通力求冣初佛世
界无始終不能得如是一切聲聞緣
覺十地菩薩如弥勒等悉不能知如
佛九起難可得知衆生无起亦復如
是迦葉白佛言是故世尊無有作者
无有受者佛告迦葉因是作者受者
迦葉白佛言世間為有盡耶為無盡
乎佛告迦葉世間未曾盡无所盡無

大法鼓經卷上　第十七張　量

盡時佛告迦葉如以一毛滴大海水
能令盡不迦葉白佛言唯然能盡佛
告迦葉乃往過去無量阿僧祇大劫
時有佛名鷄羅婆出興於世廣說法
教尒時城中有離車童子名一切世
間樂見作轉輪聖王正法治化王與
百千大眷屬俱往詣佛所頂礼佛足
右遶三匝供養畢已而白佛言我當
大如得菩薩道佛告大王轉輪聖王
即是菩薩更無有異所以者何无有
餘人作帝釋梵王及轉輪聖王若菩
薩者即是釋梵轉輪聖王先作衆多
帝釋梵王然後乃作轉輪聖王正法
治化汝已曾作恒沙阿僧祇帝釋梵
王今作轉輪聖王時王白言帝釋梵
王何所像類佛告大王釋梵天王亦
如汝今首著天冠而彼端嚴則不及
汝如佛色像端嚴殊特非聲聞緣覺
菩薩所及如佛端嚴汝亦如是迦葉
尒時聖王復問佛言我於久如當得
成佛佛言大王凡得佛者時大久遠
所以者何假令大王捨其福德還為
凡人而以一毛滴大海水乃至將竭

大法鼓經卷上　第十八張　量

餘如牛跡當有如来出興于世名曰
燈光如来應供等正覺時有國王名
地自在燈光如来為王授記當得作
佛汝於尒時當為彼王第一長子亦
俱授記時彼如来當如是說大王汝
此長子從昔曁今大海將盡生為汝
子於其中間不為小王或為釋梵轉
輪聖王正法治化汝此長子勇猛精
進如是地自在菩提難得以是因緣
故說此辟地自在汝此長子有六万
婇女端正姝好瓔珞莊嚴狀如天女
弃之如唾知欲無常危脆不堅我當
出家作是語已信家非家捨家學道
是故彼佛記此童子當来有佛名釋
迦牟尼世界名忍汝童子名一切世
間樂見離車童子佛涅槃後正法欲
滅餘八十年作比丘持佛名宣揚此
經不顧身命百年壽終生安樂國得
大神力住第八地一身住兜率天一
身住安樂國復化一身問阿逸多佛
此修多羅時地自在王聞子授記歡
喜踊躍今日如来記說我子得八住
地時彼童子聞授記聲勤加精進迦

葉白佛言是故世尊毛渧大海猶尚
可盡佛告迦葉此義云何迦葉白佛
言世尊辟如商人計數金錢置一器
中其子啼時授與一錢彼器中錢日
日損減如是菩薩摩訶薩於大海水
渧渧損減悉能知之亦知餘在況復
世尊於衆生大聚盡而不知但諸衆
生无有減盡一切聲聞緣覺所不能
知唯佛世尊乃能知耳佛告迦葉善
哉善哉如汝所說衆生大聚無有盡
時迦葉白佛言衆生般涅槃者為有
盡耶為无盡耶佛告迦葉衆生無有
盡也迦葉白佛言云何衆生不盡佛
告迦葉若衆生盡者應有損減此修
多羅則為无義是故迦葉諸佛世尊
般涅槃者悉皆常住以是義故諸佛
世尊般涅槃者然不磨滅迦葉白佛
言云何諸佛般涅槃不畢竟滅佛告
迦葉如是如是舍壞則為虛空如是
如是諸佛涅槃即是解脫

大法鼓經卷上

壬寅歲高麗國大藏都監奉
勅雕造

尒時世尊告大迦葉辟如有王能行
布施彼王國中多出伏藏所以者何
以彼國王種種周給貧苦衆生是故
伏藏自然發出如是迦葉大方便菩
薩廣為衆生說甚深法寶故得此甚
深離非法經謂空無相無作相應經
復得如是如来常住及有如来藏經
迦葉如欝單越自然之食衆共取之
無有損減所以者何以彼盡壽無我
所想及慳貪想如是迦葉此閻浮提
比丘比丘尼優婆塞優婆夷得此深
經書持讀誦究竟通利廣為人說終
不疲猒不疑不謗以佛神力常得自
然如意供養乃至菩提無乏無盡除
定報業如持戒比丘不緩持戒終身
天神隨侍供養若彼能於如是深經
乃至不起一念謗想當得如来藏如
来常住常見諸佛親近供養如轉輪
聖王凡所遊行七寶常隨如是安慰
說者所住之處如是比經常與彼俱
如轉輪聖王所住之處七寶隨住不

住餘處其非真寶住於餘處如是安慰說者現在所住如是比經悉從他方來至其所諸不了義空相應經於餘處住如是安慰說者所住至方此經常隨如轉輪聖王所遊之處諸餘衆生隨順王者作如是念彼王所住我亦應去如是安慰說者所住之處如是比經亦復常隨如轉輪聖王出於世時七寶隨出如是安慰說者出于世間如是比經亦隨出現如轉輪聖王所有七寶若失一寶彼王尋求必至實所如是安慰說者為聞此經處處尋求要至經所

復次如轉輪聖王不出世時諸餘小王力轉輪王和合諸王各現於世如是諸方無人演說此深經處餘雜說者說諸雜經所謂正不正雜經彼諸衆生亦如是隨學彼隨學時聞此如來藏如來常住究竟深經心生疑惑於安慰說者生恚害心輕賤嗤笑不生受念罵辱不忍作如是說此將文筆魔之所說謂為毀法恚棄捨去各還本處更相破壞犯戒邪見終不能得

如是比經所以者何安慰說者所住之處此經隨住故尒時世間多有衆生見聞摩訶衍經而生誹謗莫生恐畏所以者何五濁世時正法損減多有衆生謗摩訶衍如七家村中必出荼夷尼鬼如是比經所行之處七人衆中必有謗者迦葉辟如同戒之人相見歡喜彼亦如是各各毀戒於說法衆中聞是經時更相瞻視作戲笑言何者衆生界何者為常瞻彼顏色作是思惟彼是我伴更相慈愍如是作已守性而住守性而去如婆羅門長者種性生子習惡父母訓誡曾不改悔捨家而去隨逐惡友鬪諸鳥獸以為戲樂如是展轉乃至他國要結同類共為非法是為同行不樂此經者亦復如是見他誦說而反戲笑所以者何尒時衆生並多懈怠持戒究緩為法留難彼諸同行相隨誹謗迦葉白佛言嗚呼真是惡時

佛告迦葉至於尒時安慰說者當如之何迦葉譬如城邑邊近路之田為諸人衆象馬侵食彼時田主使一人監視監視之人不勤守護復更增足二三四五若十二十乃至百人守者逾多取者弥衆最後一人作是思惟如此守視非一切護當善方便令無侵害即取田苗手自惠施彼生慚愧田苗得全迦葉若能如是善方便者於我滅後能護此經

大法鼓經卷上

校勘記

一　底本，麗藏本。

一　一九五頁上二行首字「宋」，磧、普、南、徑、清作「劉宋」。卷下同。

一　一九五頁上二〇行第一三字「徒」，石、資、磧、普、南、徑、清作「從」。

一　一九五頁中一四行第一一字「應」，石作「當」。

一　一九五頁中一九行第五字「六」，清作「四」。

一　一九五頁下一〇行第四字「見」，石作「覓」。

一　一九五頁下一五行第二字「土」，石無。

一　一九五頁下一九行「十住」，資作「行住」。

一　一九六頁上一一行第一〇字「鼓」，資、磧、普、南、徑、清作「鼓經」。

一　一九六頁下一六行及二二行「年甫」，石作「年滿」。

一　一九七頁上八行第一一字「曾」，資、磧、普、南、徑、清作「嘗」。

一　一九七頁上一三行第五字「遺」，石作「匱」。

一　一九七頁中三行首字「賚」，石作「賞」。

一　一九七頁中九行「佛藏大」，石作「佛大藏」。

一　一九七頁中一一行第五字「以」，石作「以其」。

一　一九七頁中一四行第七字「汝」，石無。

一　一九七頁下六行「比丘」，資、磧、普、南、徑、清作「大比丘」。

一　一九八頁上五行首字「佛」，資、磧作「復」。

一　一九八頁上一四行首字「諮」，石作「請」。

一　一九八頁中一四行第八字「此」，石作「彼」。

一　一九八頁中一八行第三字「有」，資、磧、普、南、徑、清作「彼」。

一　一九八頁中一八行第七字「手」，石、資、磧、普、南、徑、清作「指」。

一　一九八頁下末行第一三字「淨」，石作「清淨」。

一　一九九頁上七行正文及八行夾註「十二」，磧、普、南、徑、清作「十三」。

一　一九九頁上一四行第二字「掙」，資、磧、普、南、徑、清作「桴」。

一　一九九頁上一六行「聲鼓」，石作「鼓聲」。

一　一九九頁中四行第八字「大」，清作「人」。

一　一九九頁中九行第三字「白」，資、磧、普、南、徑、清作「而白」。

一　一九九頁中末行「子法善」，南、作「不善法」；徑、清作「不法善」。

一　一九九頁下一五行「性耳」，資、磧、普無。

一　一九九頁下一七行第七字「天」，石作「夫」。

一　一九九頁下二〇行第四字「者」，

石作「樂者」。

一一九九頁下二〇行第八字「色」，石作「色解脱色」。

一一九九頁下二一行「天天」，石作「天」。

一二〇〇頁上八行末字「知」，資作「觀」。

一二〇〇頁上九行第五字「如」，資無。

一二〇〇頁上一五行第五字「如」，資、磧、普、南、徑、清無。

一二〇〇頁中一行末字「作」，資、磧、普、南、徑、清作「住」。

一二〇〇頁中八行第三字「起」，資、磧、普、南、徑、清作「起佛」。

一二〇〇頁下一四行「恒沙」，資、磧、普、南、徑、清作「恒河沙」。

一二〇一頁上五行及二一行「授記」，資、磧、普、南、徑、清作「受記」。

一二〇一頁上七行「釋梵」，石作「梵釋」。

一二〇一頁上一四行第一三字「名」，石作「号」。

一二〇一頁上末行第七字「授」，資、磧、普、徑作「受」。

一二〇一頁中四行第五字「時」，清作「諸」。

一二〇一頁中一七行第七字「然」，諸本作「終」。

一二〇一頁中二〇行第二字「是」，徑無。

一二〇一頁中二〇行末字「脱」，至此，底本及諸校本卷上終，接着開始換卷。然而爲了與以金藏廣勝寺本爲底本之卷下經文相銜接，玆將麗藏本卷下前面部分經文移載於本卷（即二〇一頁下一行至次頁下七行「尒時……此經」），權作本經卷上經文。此種情况，由於分卷不同造成，非經文本身缺漏也。

一二〇二頁上一行第七字「寶」，石作「實」。

一二〇二頁上二行、八行、一〇行「比經」，資、磧、普、南、徑、清作「此經」。

一二〇二頁上二〇行首字「安」，石無。

一二〇二頁上二〇行第六字「恚」，石作「逆」。

一二〇二頁上二二行第一〇字「棄」，石作「散」。

一二〇二頁中一行「比經」，磧、南、徑、清作「此經」。

一二〇二頁中四行第一三字「滅」，石作「減」。

一二〇二頁中六行「比經」，資、磧、徑、清作「此經」。

一二〇二頁中一四行第一一字「鬪」，資、磧、普、南、徑、清作「閙」。

一二〇二頁中一六行第八字「爲」，資、磧、普、南、徑、清作「名」。

一二〇二頁中一八行第八字「並」，石無。

一二〇二頁中二三行第一〇字「近」，資無。

一二〇二頁下四行第三字「守」，磧作「中」。

大法鼓經卷下　量

宋天竺三藏求那跋陀羅譯

迦葉白佛言世尊我終不能攝彼惡人寧以兩髀荷負須弥至百千劫不能堪忍聽彼惡人犯戒滅法謗法汙法如是諸惡非法音聲世尊我寧屬他為其僕使不能堪忍聽彼惡人犯戒背法違法壞法如是諸惡非法音聲世尊我寧頂戴大地山海經百千劫不能堪忍聽彼惡人犯戒滅法自高毀他如是諸惡非法音聲世尊我寧恒受聾盲瘖瘂不能堪忍聽彼惡人毀犯淨戒為利出家受他信施如是諸惡非法音聲世尊我寧捨身疾般涅槃不能堪忍聽彼惡人毀犯淨戒盡聲之行而身行諂曲口言虛妄如是諸惡非法音聲佛告迦葉汝般涅槃是聲聞般涅槃非為究竟迦葉白佛言若聲聞緣覺般涅槃非究竟者世尊何故說有三乘聲聞乘辟支佛乘佛乘世尊云何已般涅槃復般涅槃耶佛告迦葉聲聞以聲聞般涅

槃而般涅槃非為究竟辟支佛以辟支佛般涅槃而般涅槃亦非究竟乃至得一切種功德一切種智大乘般涅槃然後究竟無異究竟

迦葉白佛言世尊此義云何佛告迦葉譬如從乳出酪酪出生酥生酥出熟酥熟酥出醍醐凡夫邪見如初生乳乳血共雜受三歸者猶如純乳隨信行等及初發心菩薩住解行地猶如成酪七種學人及七住地菩薩猶如生酥意生身阿羅漢辟支佛得自在力及九住十住菩薩猶如熟酥如來應供等正覺猶如醍醐

迦葉白佛言世尊如來云何說有三乘佛告迦葉譬如導師勇猛雄傑將諸親屬及餘人衆從其所住欲至他方經由曠野嶮難惡道作是思惟此衆疲乏將恐退還為令諸人得止息故於其前路化作大城遣以指示語諸大衆前有大城當速至彼諸衆悉見漸近彼城各相謂言是我息處即共入城休息快樂於中住不欲前進尒時導師作是思惟此諸大衆得

此小樂便以為足羸劣休懈無前進
意尒時導師即滅化城彼諸大衆見
城滅已白導師言此為何等為幻為
夢為真實耶導師聞已即告大衆向
者大城為止息故我化作耳更有餘
城今所應住宜速至彼快樂安隱大
衆荅言唯然受教何緣樂此鄙陋小
處當共前進安樂大城導師告言善
哉當行即共前進復告大衆所住大
城先相已現汝當觀察彼前大城極
甚豐樂以漸前行見彼大城尒時導
師告諸大衆諸仁當知此是大城時
諸大衆遥見大城安隱豐樂心得歡
喜各共相視生希有心此城為實為
復虚妄導師荅言此城真實一切奇
特安隱豐樂即告彼衆入此大城此
則第一究竟大城過此處已更无餘
城彼諸大衆俱入城已生希有心心
得歡喜歎彼導師善哉善哉真實大
智大悲方便哀愍我等迦葉當知彼
初化城謂聲聞緣覺乘清淨智慧空
無相无作解脱之智真實大城是如
来解脱是故如来開示三乘現二涅

槃又說一乘佛告迦葉若有說言無
此經者非我弟子我非彼師
迦葉白佛言世尊諸摩訶衍經多說
空義佛告迦葉一切空經是有餘說
唯有此經是无上說非有餘說復次
迦葉如波斯匿王常十一月設大施
會先食餓鬼孤獨貧乞次施沙門及
婆羅門甘饍衆味隨其所欲諸佛世
尊亦復如是隨順衆生種種欲樂而
為演說種種經法若有衆生懈怠犯
戒不勤修習捨如來藏常住妙典好
樂修學種種空經或隨句字說或增
異句字所以者何彼如是言一切佛
經皆說无我而彼不知空無我義彼
无慧人趣向滅盡空無我說亦是佛
語所以者何無量塵垢諸煩惱藏常
空涅槃如是涅槃句是一切句彼常住
安樂是佛所得大般涅槃句迦葉白
佛言世尊云何離於斷常佛告迦葉
乃至衆生輪迴生死我不自在是故
我為說無我義然諸佛所得大般涅
槃常住安樂以是義故壞彼斷常迦
葉白佛言世尊再轉无我轉我文矣

佛告迦葉為破世間我故說无我義
若不如是說者云何令彼受大師法
佛說無我彼諸衆生生奇特想聞所
未聞来詣佛所然後以百千因緣令
入佛法入佛法已信心增長勤修精
進善學空法然後為說常住安樂有
色解脱復次或有世俗說有是解脱
為壞彼故說言解脱悉无所有若不
如是說云何令彼受大師法是故百
千因緣為說解脱滅盡無我然後我
復見彼衆生見畢竟滅以為解脱彼
无慧人趣向滅盡然後我復百千因
緣說解脱是有
迦葉白佛言世尊得解脱自在者當
知衆生必應有常譬如見煙必知有
火若有我者必有解脱若說有我則
為已說解脱有色非世俗身見亦非
說斷常
迦葉復白佛言世尊云何如来不般
涅槃示般涅槃不生示生佛告迦葉
為壞衆生計常想故如来不般涅槃
示般涅槃不生示生所以者何衆生
謂佛尚有終没不得自在何況我等

有我我所辟如有王為隣國所執繫縛枷鏁作是思惟我今復是王是主耶我今非王非主何緣乃致如是諸難由放逸故如是衆生乃至生死輪迴我不自在不自在故說无我義辟如有人為賊所逐舉刀欲害作是思惟我今無力當得免此死難以不如是生老病死種種衆苦成就衆生思想顧作帝釋梵王如来為壞彼思想故示現有死如来是天中之天若般涅槃悉摩滅者世間應滅若不滅者則常住安樂常住安樂則必有我如煙有火若復無我而有我者世間應滿實有我非无我亦不壞若實无我我則不成迦葉白佛言世尊有者何耶佛告迦葉有者二十五有衆生行非有者無思之物若非有是衆生者應從他来設有思之物壞者衆生當滅若非有是衆生者則應充滿以衆生不生不壞故不減不滿迦葉白佛言世尊若有我者云何生彼煩惱諸垢佛告迦葉善哉善哉應以是問問於如来辟如金師見彼金性作是思惟如

此金性何由生垢今當推尋生垢之本彼人云何為得本不迦葉白言不也世尊佛告迦葉若盡壽思惟尋初因相乃至無始得本際不既不得本亦不得金者巧方便精勤不懈除彼金垢尒乃得金佛告迦葉如是我者生客煩惱欲見我者作是思惟今當推尋我及垢本彼人云何為得本不迦葉白佛言不也世尊佛告迦葉若勤方便除煩惱垢尒乃得我謂聞如是比經深心信樂不緩不急善巧方便專精三業以是因緣尒乃得我

迦葉復白佛言世尊若有我者何故不見佛告迦葉今當說辟辟如初學學五字句界成句偈欲先知義然後乃學當得知不要當先學然後乃知彼善學已然後師教界成句義引辟示之彼能聽受緣師得解界成句義故則能信樂如是我今為煩惱藏所覆衆生說言善男子如来藏如是如是彼便欲見當得見不迦葉白言不也世尊佛告迦葉如彼不知界成句義當緣師信如是迦葉當知如来是

誠實語者以誠實語說有衆生汝後當知如彼學成今當為汝更說辟喻如四種衆生界隱覆辟喻所謂膚瞖覆眼重雲隱月如人穿井瓶中燈焰當知此四有佛藏因緣一切衆生悉有佛性無量相好莊嚴炤明以彼性故一切衆生得般涅槃如彼眼瞖是可治病未遇良醫其目常冥既遇良醫疾得見色如是无量煩惱藏瞖障如来性乃至未遇諸佛聲聞緣覺計我非我我所為我若遇諸佛聲聞緣覺乃知真我如治病愈其目開明瞖者謂諸煩惱眼者謂如来性如雲覆月月不明淨諸煩惱藏覆如来性性不明淨若離一切煩惱雲覆如来之性淨如滿月如人穿井若得乾土知水尚遠得濕土埿知水漸近若得水者則為究竟如是值遇諸佛聲聞緣覺修習善行掘煩惱土得如来性水如瓶中燈焰其明不現於衆生無用若壞去瓶其光普炤如是諸煩惱瓶覆如来藏燈相好莊嚴則不明淨於衆生无用若離一切諸煩惱藏彼如

来性煩惱永盡相好焰明莊作佛事如破瓶燈衆生受用如此四種辟喻因緣如我有衆生界當知一切衆生皆亦如是彼衆生界無邊明淨

迦葉白佛言世尊若一切衆生有如来藏一性一乘者如来何故說有三乘聲聞乘緣覺乘佛乘佛告迦葉今當說辟如巨富長者唯有一子隨乳母行於大衆中亡失所在長者臨終作是思惟我唯一子久已亡失更无餘子父母親屬若我一旦終没之後一切財物王悉取去於思惟須本所失子遊行乞求到其本家而不自知是其父舍所以者何少小失故父見識之而不言子所以者何慮怖走故多與財物而語之言我无子息為我作子勿復餘行彼子荅言不堪住此所以者何住此常苦如被繫縛長者謂言汝欲何作子復荅言寧除衆穢放牧田作長者念言此子薄福我當知時且隨彼意即令除糞其子久後見大長者五欲自娛心生欣樂作是思惟願大長者時見哀納多賜財寳

以我為子作是念已不勤作務長者見已作是思惟如是不久必為我子是時長者尋告之曰汝今云何起異心想不勤作務彼即荅言願欲作子生如是心長者言善哉我是汝父汝是我子我實汝父而汝不知所有庫藏悉以付汝於大衆中唱如是言此是我子我失来久今遇還家而不自知我命為子而復不肯今日自求為我作子迦葉如彼長者方便誘引志意下劣先令除糞然後付財於大衆中唱如是言此本我子今亡失来久今幸自来為我作子迦葉如是不樂一乘者為說三乘所以者何此是如来善巧方便是諸聲聞悉是我子如除糞者今始自知迦葉白佛言嗚呼異哉是聲聞乘何鄙之甚實是佛子而不識父

佛告迦葉應如是學若汝不堪呵責毀罵則應捨離彼後熟時汝當知之復次迦葉聲聞大乘常相違反世俗無漏愚癡黠慧復次迦葉若謗此經者應當攝取所以者何彼以謗故捨

身當墮无邊黑闇哀愍彼故當設方便以大乘法而熟之若不可治者當墮地獄若有信者彼自當信其餘衆生應以攝事攝令解脫復次迦葉若有士夫初得熱病不應與藥及餘衆治所以者何時未至故要待時至然後乃治二處不知是則敗醫是故病熟然後應治若未熟者要待時至如是衆生謗此經者過患熟時深自悔責嗚呼苦哉我之所作今始覺知至於尒時應以攝事而救攝之

復次迦葉如有士夫度大曠野聞合群鳥鳴時彼士夫思是鳥聲謂有刧賊異道而去入空澤中至虎狼處為虎所食如是迦葉彼當來世比丘比丘尼優婆塞優婆夷於有我无我聲畏有我聲入於大空斷見修習無我於如是如来藏諸佛常住甚深經典不生信樂復次迦葉汝所問我為阿難說有有苦樂无有無苦樂汝今諦聽迦葉如来者非有非衆生亦不壞迦葉白佛言云何世尊佛告迦葉如雪山下有出淨光摩尼寳性有人

善知摩尼寶相見相則知即取持去
如鍊金法消除滓穢離垢清淨隨所
著處本垢不汙所以者何辟如士夫
持燈而行隨所至處闇冥悉除燈光
持明彼摩尼寶亦復如是如鍊真金
塵垢不汙星月光照則雨淨水日光
所照尋即出火如是迦葉如來應供
等正覺出興于世永離一切生老病
死煩惱習垢一切悉滅常大照明如
彼明珠一切不汙如淨蓮華塵水不
著復次迦葉如來如是如是時如是
如是衆類出於世間隨其所應示現
凡身不為彼彼凡品生處垢穢所染
亦復不受世間苦樂樂者人天五欲
功德彼即是苦惟有解脫究竟常樂
迦葉白佛言善哉善哉世尊我自惟
省今始出家受具足戒得比丘分成
阿羅漢當於如來知恩報恩以如來
昔日分我半坐今日復於四大衆中
以大乘法水而灌我頂
尒時衆中有持比丘色像儀式者或
持優婆塞色像儀式者或持非優婆
塞色像儀式者傾側伍仰一切皆是

魔之所為尒時阿難白佛言世尊今
此大衆離諸糟糠堅固真實如栴檀
林如是衆中彼去何住佛告阿難問
大迦葉阿難言唯善哉當問即問迦
葉於此衆中彼去何住迦葉荅言彼
愚癡人是魔眷屬與魔俱來是故阿
難我先說言不能堪任於如來滅後
善巧方便護持正法如善守田是故
先言寧負大地廣說如上尒時世尊
即告我言於我滅後汝當堪忍護持
正法至于法盡我時白佛我當堪能
四十年中護持正法時佛責言何以
懈怠不能護法至法盡也
佛告迦葉汝且求魔若能得者堪任
護法迦葉即以天眼觀察而不能見
如舍衛國有一野人亡失其子於大
衆中求子不得疲乏而歸迦葉天眼
於大衆中求魔不得亦復如是即白
佛言我不堪任求覔惡魔如是八十
諸大聲聞皆曰不堪復令賢護等五
百菩薩除一菩薩名一切世間樂見
推覔惡魔亦復不得
尒時世尊復告迦葉汝不堪任法欲

滅時餘八十年護持正法南方菩薩
當能護持汝當於賢護菩薩五百衆
中冣後求之迦葉荅言善哉當求得
一切世間樂見離車童子世尊一切
世間樂見離車童子則是其人
佛告迦葉汝往勸請令覔惡魔尒時
迦葉即與八十諸大聲聞及賢護等
五百菩薩俱共勸請一切世間樂見
離車童子汝童子世尊所舉堪覔惡
魔尒時童子於大衆中白迦葉言我
今堪任推覔惡魔然有八十諸大聲
聞賢護等五百菩薩摩訶薩及文殊
師利觀世音得大勢滅諸惡趣弥勒
菩薩等何故不覔令我覔耶宜令彼
覔然後及我迦葉謂言降伏惡魔為
無福耶荅言迦葉汝知有福宜自為
之我今不能尒時迦葉以此白佛佛
告迦葉此童子語為何所說迦葉白
佛童子說言先諸大德然後及我我
是俗人性復下劣是諸大德八十聲
聞及賢護等五百上首彼悉在先然
後次我時諸聲聞及賢護等一切推
覔悉不能得如彼野人求子不獲皆

曰不堪於一面立
尒時世尊復告迦葉汝今聞此大法
鼓經於我滅後四十年中當善讀持
如今正法當擊大法鼓吹大法蠡設
大法會建大法幢然後一切世間樂
見離車童子於正法欲滅餘八十年
當以五繫縛彼惡魔及其眷屬如縛
小兎廣當宣唱大法鼓經當擊大法
鼓吹大法蠡設大法會建大法幢迦
葉白佛言當於何時佛告迦葉正法
欲滅餘八十年
迦葉白佛言世尊欲見惡魔佛告童
子遠以惡魔示諸大衆尒時童子瞻
仰世尊即指示言觀此惡魔從異方
來如諸菩薩作比丘像於衆中坐大
衆悉見彼五繫魔言童子我於此經
不復作㝵如是三說
尒時世尊告一切世間樂見離車童
子等菩薩衆言摩訶迦葉已能於我
滅度之後四十年中護持正法汝等
誰能於我滅後𡧪後護法如是三說
無能堪者佛告大衆汝等勿得起輕
劣想我此衆中多有弟子於我滅後

能護正法說此經已賢護等五百菩
薩最後一人一切世間樂見離車童
子於我滅後當擊大法鼓吹大法蠡
設大法會建大法幢尒時童子即放
獎魔時諸大衆語童子言汝已授記
尒時世尊復告大迦葉言今汝迦葉
如守田夫無善方便不能堪任護持
此經今此童子聞此經已能善誦讀
現前護持爲人演說常能示現爲凡
夫身住於七地正法欲滅餘八十年
在於南方文荼羅國大波利村善方
便河邊迦耶梨姓中生當作比丘持
我名如善方便守護田苗於我緩懈
怠衆中離俗出家以四攝法而攝彼
衆得此深經誦讀通利令僧清淨捨
先所受本不淨物爲說大法鼓經第
二爲說大乘空經第三爲說衆生界
如来常住大法鼓經擊大法鼓吹大
法蠡設大法會建大法幢當於我前
被弘誓鎧盡百年壽常雨法雨演說
此經滿百年已現大神力示般涅槃
說如是記釋迦牟尼佛今来至此悉
當瞻仰恭敬礼拜如是如來常住安

樂諸仁樂觀真實常樂如我所說尒
時空中十方諸佛皆悉現身說如是
言如是如是如汝所說一切皆當信
其善說
迦葉白佛言世尊菩薩成就幾德能
見如来常住不壞法身臨命終時現
大神力佛告迦葉菩薩摩訶薩成就
八功德者能現前見如来常住不壞
法身何等爲八一者說此深經心不
懈怠二者說彼三乘三種之說亦不
懈倦三者所應化者終不弃捨四者
衆僧壞者和合一味五者終不親近
比丘尼女人黄門六者遠離親近國
王及大力者七者常樂禪定八者思
惟觀察不淨無我是爲成就八種功
德復有四事何等爲四一者善能持
法二者常自欣慶善哉我今所作快
樂大善三者能自歸依作是思惟我
得善利四者於如来常住決定无疑
日夜常念如来功德以是因縁現前
得見常住法身現大神力然後命終
迦葉如是善男子善女人隨所住處
城邑聚落我爲是等示現滅身而說

是言善男子善女人如来常住汝從今日常應受持讀誦此經為人解說作如是語當知如来常住安樂正心悕望勿為諂曲當知世尊如是常住淨悕望者我當現身汝大迦葉當信當審若不如是修行法者何由見我云何能得神通示現如我為聲聞乘說比丘能捨一法者我為保任得阿那含果謂彼所行功德成就亦復如是如我先說持戒比丘終身天神常隨供事是故汝等勿貪利養當修猒離住身念處復次迦葉持我名比丘常令僧淨迦葉白佛言世尊此為云何佛告迦葉行攝取時滿足犯戒貪烏之衆如彼巧便守護四法賢護等五百菩薩先不堪任是等今者猶故不堪於我滅後冣後護法持我名比丘行攝法時攝諸寬縱懈怠比丘習近供養與其經卷消息將護如養牛法知可伏時然後調伏若攝取調伏而不敢者則便弃捨不令毒亂塗穢菩薩善淨彼復當作如是思惟莫令淨行比丘因彼犯戒彼說非法行惡行者

不應致敬共同法集布薩自恣羯磨僧事悉不應同如王擯黜彼亦如是如是方便調伏彼已於百年中常雨法雨擊大法鼓吹大法蠡設大法會建大法幢示大神力命終涅槃過千佛已六十二劫經百千緣覺及八如来般涅槃後乃成佛道名智積光明如来應供等正覺彼時持我名比丘者即是一切世間樂見離車童子當於此上成等正覺迦葉當知无上菩提如是難得迦葉為是凡人所能得不迦葉白佛言不也世尊佛告迦葉一佛國土一佛施作佛事第二第三亦復如是如一芥子中有衆多世界周旋往返而不自知誰持来去誰安我此隨所應知隨順為作如是或有知我者或不知者此一世界耆闍崛山中有釋迦牟尼佛即於此中有阿逸多佛於此世界或見劫燒或現說法如是奇特甚為希有復有何等冣上奇特謂一切世間樂見童子不於凡俗家生其所生家悉是菩薩迦葉當知彼供養給侍者悉皆歡喜宗親

愛念皆作是言我種姓中有如是人生此諸人等一切皆是我之所遣迦葉當知彼菩薩摩訶薩若餘四衆為作眷屬悉聞說此大法鼓經一切皆當得無上菩提迦葉我於過去久遠世時在毗舍離城作轉輪王名難提斯郁尒時毗舍離城如四天王下閻浮提如忍世界其餘天下亦復如是如是三千大千世界我時壽命不可思議我作如是轉輪聖王行阿僧祇殊勝布施及諸功德持戒清淨修諸善行合集如是无量福德善男子善女人聞說一乘大法鼓經戲笑而往乃至一念所得功德勝前福業不可稱記筭數辟喻所不能計如有呪王名曰焰炤一說此呪四月善護迦葉當知世間凡呪勢力如是何況一讀大法鼓經而力不能盡壽為護是故有能供養此經者是諸衆生為无上菩提作決定因乃至究竟菩提不離是經時諸大衆同聲唱言善哉善哉甚奇世尊今此童子當為持佛名比丘若般涅槃者祇洹林神無所依怙

所以者何彼從南方來至佛所而般涅槃佛告大衆彼亦不來我自往彼示現其身先遣此經然後乃往所以者何若此經不往至彼手中則彼生退心若彼有衆生應調伏者我與大衆往住其前彼見我已當即還往迎便般涅槃隨其所欲度衆生處而般涅槃

尒時天帝釋子名阿毗曇偽當來神通而來至此彼雖幼少真心清淨信樂大乘惟獨一人無有儔疋於天人中持此大乘甚深經典是故彼為說解脫因得授佛記時諸大衆同聲讚

奇哉一切　世間樂見　為比丘像
擊大法鼓　護持佛法　令得久住
般涅槃後　世間虛空　彼滅度後
无學等者　如是比丘　世間難得
能為世間　說究竟道

大法鼓經卷下

大法鼓經卷下

校勘記

一　底本，金藏廣勝寺本。

一　二〇五頁中一行經名、二行譯者，諸本無，未換卷。

一　二〇五頁中四行第五字「臂」，諸本作「肩」。

一　二〇五頁中九行第八字「大」，徑作「天」。

一　二〇五頁中一三行第一三字「施」，磧作「作」。

一　二〇五頁下一〇行「七住地」，資、磧、普、南、徑、清、麗作「七地住」。

一　二〇六頁上二行末字「見」，資、磧、普、南、徑、清作「是」。

一　二〇六頁上六行第五字「住」，石、磧、普、南、徑、清、麗作「往」。

一　二〇六頁上七行第一二字「鄙」，石、資作「偏」；磧、普、南、徑、清作「徧」。

一　二〇六頁上九行第一三字「住」，資、磧、普、南、徑、清、麗作「往」。

一　二〇六頁上一二行第七字「仁」，資、磧、普、南、徑、清作「人」。

一　二〇六頁中一五行第八字「空」，諸本作「然空」。

一　二〇六頁中一七行第八字「句」，麗無。

一　二〇六頁中一八行第一一字「句」，石無。

一　二〇六頁中二〇行「我不」，資、磧、普、南、徑、清作「不得」。

一　二〇七頁上一九行首字「滅」，諸本作「滅」。

一　二〇七頁上一九行第二字「若」，磧、普、南、徑、清作「若不壞」。

一　二〇七頁中一行「椎尋」，諸本作「推尋」，下同。

一　二〇七頁中一一行「比經」，南、徑、清作「此經」。

一　二〇七頁下七行「眼翳」，資、磧、普、南、徑、清作「翳眼」。

一　二〇八頁上二行第二字「破」，資、

磧、普、南、徑、清作「彼」。

一　二〇八頁上九行「亡失」，資、磧、普、南、徑、清作「忘失」，下同。

一　二〇八頁上一四行「少小」，石、資、磧、普、南、徑、清作「幼小」；麗作「幼少」。

一　二〇八頁中五行「善哉」，石、麗作「善」；資、磧、普、南、徑、清作「善哉善哉」。

一　二〇八頁中八行第四字「我」，石作「亡」；資、磧、普、南、徑、清作「忘」。

一　二〇八頁中八行第九字「遇」，石、資、磧、普、南、徑、清作「來」。

一　二〇八頁中一一行第三字「劣」，諸本作「劣子」。

一　二〇八頁中一二行第一〇字「今」，諸本無。

一　二〇八頁中二一行「世俗」，資、磧、普、南、徑、清作「如世俗」。

一　二〇八頁下二行第七字「熟」，諸本作「成熟」。

一　二〇八頁下二行第一一字「可」，資、磧、普、南、徑、清作「可以」。

一　二〇八頁下一三行第八字「思」，資、磧、普、南、徑、清作「畏」。

一　二〇九頁上五行「持明」，石、麗作「特明」。

一　二〇九頁上六行第一三字「目」，諸本作「日」。

一　二〇九頁上一四行第一〇字「者」，石作「著」。

一　二〇九頁上末行第一〇字「仰」，資、磧、普、南、徑、清作「昂」。

一　二〇九頁中二行第一〇字「真」，資、磧、普、南、徑、清作「貞」。

一　二〇九頁中九行第三字「寧」，資作「寧欲」。

一　二〇九頁中一三行「至法盡也」，石、資、磧、普、南、徑、清作「至於法盡」；麗作「至於法盡也」。

一　二〇九頁下三行第一三字「求」，諸本作「求求」。

一　二〇九頁下一五行首字「覓」，資、磧、普、南、徑、清、麗作「先」。

一　二〇九頁下二一行第一三字「先」，資作「失」。

一　二一〇頁上八行「廣當」，資、磧、普、南、徑、清作「當廣」。

一　二一〇頁上一六行「見見」，磧、普、南、徑、清作「見現」。

一　二一〇頁中一行「說此經已」，石、麗作「說此經者」；資、磧、普、南、徑、清作「況此經者皆」。

一　二一〇頁中一三行第二字「名」，資、磧、普、南、徑、清作「名號」。

一　二一〇頁中一六行「大法」，資、磧、普、南、徑、清作「大法大法」。

一　二一〇頁下一行「諸仁樂觀」，石、麗作「諸仁當觀」；資、磧、普、南、徑、清作「諸仁者當觀」。

一　二一〇頁下五行第一三字「德」，磧、普、南、徑、清作「功德」。

一　二一〇頁下一二行首字「衆」，石、資、麗作「若」。

一　二一一頁上三行「正心」，石作「自

正」；資、磧、普、南、徑、清作「自止」。

一 二一一頁上四行第六字「曲」，石、資、磧、普、南、徑、清作「僞」。

一 二一一頁上九行第七字「行」，資、磧、普、南、徑、清作「得」。

一 二一一頁上二一行「菩薩」，資、磧、普、南、徑、清、麗無。

一 二一一頁中八行第一一字「我」，資、磧、普、南、徑、清作「戒」。

一 二一一頁中一六行第二字「此」，資作「安此」；磧、普、南、徑、清作「在此」。

一 二一一頁下七行第一二字「王」，資、磧、普、南、徑、清無。

一 二一一頁下一二行「善男」，諸本作「若善男子」。

一 二一一頁下二一行首字「是」，資、磧、普、南、徑、清作「説是」。

一 二一二頁上六行「往迎」，資、磧、普、南、徑、清作「彼還彼已」；麗作「往迎彼已」。

一 二一二頁上一〇行「幼少真心」，資作「幼小真心」；磧、普、南、徑、清作「幼小直心」。

一 二一二頁上一七行第二字「學」，諸本作「與」。

一 二一二頁上一八行末「道」後，資、磧、普、南、徑、清、麗有「尒時迦葉阿難賢護菩薩等無量大衆聞佛所説歡喜奉行」一段經文。

大唐新譯三藏聖教序　　墨

皇太子御製

朕聞真空無象非象教無以譯其真實際無言非言緒無以筌其實是以龍宮法鏡圓照匝於三千鷲嶺玄門方廣周於百億師无師之智必籍修多學無學之宗終資祇夜自金人感夢寶偈方傳貝葉靈文共天之訓逾遠貫花微言西秦之譯更新大乘小乘逗根機而演教半字滿字逐權實而相曉

叡唐之御寓載叶昌期代傳三聖年將七十舜河與定水俱清堯燭與慈燈並照緇衣西土寧惟法顯之流白馬東來豈直摩騰之輩大弘釋教諒屬茲辰朕爰自幼齡歸心彼岸務廣三明之路思崇八正之門性者夙遘閔凶遷違　嚴蔭近以孝誠无感復背慈顏露草之恨日深風樹之悲鎮切凡是二親之所蓄用兩京之所舊居莫不揔結招提之宇咸充無盡之藏仍集京城大德凡有十人共中天竺國三藏法師於西太原寺同譯經論法師等並業隣初地道架弥天為佛法之棟梁乃慧海之舟檝前後翻譯凡有十部以垂拱元年歳次大梁月旅夷則汗青方就裝標畢功甘露之言既深大雲之喻方遠廣乔垂沙劫廣濟塵區傳火之義自明寫瓶之辯逾潤朕以虛昧欽承顧託常願紹隆三寶安大寶之鴻基發揮八聖固先聖之丕業所以四句微言極提河之深致一音妙義盡菴園之奥旨擊大法鼓響振於无間吹大法蠡聲通於有頂為闇室之明炬實昏衢之慧月菩提了義其在茲乎部帙條流列之於後

大乘密嚴經卷上

唐天竺三藏地婆訶羅奉　制譯

密嚴會品第一

如是我聞一時佛住出過欲色無色无想於一切法自在無导神足力通密嚴之國非諸外道二乘行處與諸隣極修觀行者十億佛土微塵數菩

薩摩訶薩俱皆起三界心意識境智意生身轉於所依成就如幻首楞嚴法雲三昧處離諸有蓮花之宮為無量佛手親灌頂其名曰推異論菩薩大慧菩薩如實見菩薩持進菩薩解脫月菩薩觀自在菩薩得大勢菩薩神通王菩薩文殊師利菩薩金剛藏菩薩如是等菩薩摩訶薩而為上首

尒時如來應正等覺從自證智境現法樂住神通辯才現衆色像三昧而起出虹霓光妙莊嚴殿與諸菩薩入於无垢月藏殿中昇密嚴場師子之座諸菩薩衆亦皆隨坐衆坐已定於時世尊四方周顧從眉間出清淨光明名髻珠莊嚴有无量光周匝交映成光明網是光明網流照之時一切佛土莊嚴之相分明顯現如一佛土餘諸佛土嚴飾細妙同於微塵密嚴佛土超諸佛國无有日月及諸星宿如無為性不同微塵此密嚴中諸佛菩薩并餘國土來此會者皆如涅槃虛空及非擇滅

尒時世尊現諸國土及佛菩薩勝功

德已復以佛眼遍視十方諸菩薩衆謂如實見菩薩言如實見今此國土名為密嚴是中菩薩從色無色无想之處以三昧力生智慧火焚燒色愛及以無明轉所依止而得智定意生之身神足力通以為嚴飾无窮隙無骨體如日月虹霓紫金明珠頗梨珊瑚訶利多羅占波迦孔雀花月鏡中之像住於諸地淨有漏因三昧自在十究竟願及以迴向獲殊妙身而来住此

尒時如實見菩薩在大衆中即從座起偏袒右肩右膝著地曲躬合掌白佛言世尊我於今者欲有所問惟願如來哀許為說佛告之言善哉善哉恣汝所問當為開演時如實見即白佛言世尊惟此佛土出過欲色無色无想衆生界耶佛言善哉男子上方去此過百億佛國有梵音佛土娑羅樹王佛土星宿王佛土過如是國復有無量百千國土廣博殊麗種種莊嚴彼中諸佛咸為菩薩說現法樂住內證智境離諸分別真如實際大涅

槃界究竟之法是故當知此佛土外有如是等无量佛國如實見非惟汝今於佛國土菩薩衆會心生疑惑請問如來此有菩薩名曰持進曾於佛所生疑惑心便以神通昇于上方過百千億乃至如恒河沙諸佛世界不能一見如來之頂心生希有念佛菩薩不可思議還娑婆世界舍衛城中至於我所悔謝已過歎佛无邊猶如虛空住內證境来密嚴國

尒時會中金剛藏菩薩摩訶薩善能演說諸地之相微妙決定盡其源底從座而起偏袒右肩右膝著地曲躬合掌白佛言世尊我於如來應正覺所欲問少法願佛慈哀為我宣示

佛言金剛藏汝於我所欲有所問如來應正等覺當順汝心為汝開演

尒時金剛藏菩薩摩訶薩蒙佛許已即白佛言世尊佛菩提者是何句義所覺是何請說第一義境示法性佛除去来今在行地者色相之見及取著外論行分別境起微塵勝性自在時方虛空我意根境和合如是諸見

復有計著無明愛業眼色與明是時
復有觸及作意如是等法而為因緣
等无間緣所緣緣增上緣和合生識
虛妄億度起有无等種種言論此法
之中復有諸人於蘊衆生墮空性見
為斷如是妄分別覺惟願世尊說離
五種識所知相能於諸法寂自在者
佛大菩提所覺知義令得聞者知其
了悟所知五種而成正覺尒時佛告
金剛藏菩薩摩訶薩言善哉善哉金
剛藏十地自在超分別境有大聰慧
能欲顯示法性佛種最上瑜祇非惟
汝今於佛菩提所覺之義生希有念
請問於我有賢幻等无量菩薩咸於
此義生希有心種種思惟而求佛體
如來者是何句義為色是如來耶異
色是如來乎如是於蘊界處諸行之
中內外循求不見如來皆是所作滅
壞法故以智定意審諦觀察乃至分
析至於微塵皆悉不見蘊處鄙故如
來者常法身故善哉佛子汝能善入
甚深法界諦聽諦聽善思念之當為
汝說金剛藏菩薩摩訶薩唯然受教

佛言善男子金剛三昧藏勝自在者
如來非蘊亦不異蘊非依蘊非不依
蘊非生非滅非智非所知非根非境
何以故蘊界處諸根境等皆麤鄙故
不應住內不應住外而見如來善男
子色無覺知无有思慮生已必滅同
於草木瓦石之類微塵集成如水聚
沫受以二法和合而生猶如浮泡瓶
衣等想亦二和合因緣所生如熱時
燄譬如盛熱地氣蒸涌照以日光如
水波浪諸鳥獸等為渴所逼遠而見
之生真水解想亦如是无有體性虛
妄不實分別智者如有性見各別體
相名字可得定者審觀猶如兔角石
女兒等但有假名初无實義如夢中
色惟想妄見寤即非有無明夢中見
男女等種種之色成於正覺即无所
見譬如芭蕉皮葉既除中無有實行
亦如是離於身境即无體性識如幻
事虛偽不實譬如幻師若幻師弟子
以草木等物幻作於人及諸象馬
種種形體具足莊嚴愚幻貪求非明
智者識亦如是依餘而住而異分別

謂能所取二種而生若自了知即皆
轉滅是故無體同於幻事
金剛藏如來常住恒不變易是修念
佛觀行之境名如來藏猶如虛空不
可壞滅名涅槃界亦名法界過現未
來諸佛世尊皆隨順此而宣說故如
來出世不出世間此性常在名法住
性亦名法尼夜摩性金剛藏云何名
為尼夜摩後有諸惡此皆離故又此
三昧能決定除後有諸惡以如是義
名尼夜摩若有住此三昧之者於諸
衆生心无顧戀證於實際及以涅槃
猶如熱鐵投清冷水故諸菩薩捨而
不證近住而已常為衆生而作利益
不捨精進大悲諸度不斷佛種不行
外道二乘之徑如大力象不為三昧
淤泥所溺心不味著識之境界趣佛
法門恒無退轉以究竟慧入佛法身
開顯如來廣大威德當成正覺轉妙
法輪智境衆色而為資用入如來定
遊涅槃境漸次修行超第八地善巧
積習乃至法雲資用如來廣大威德
住於諸佛內證之地與无功用三昧

相應遍遊十方不動本處而恒依止
密嚴佛國轉於所依智定意身力通
自在皆得具足辟如空月影遍衆水
佛亦如是化形普降於諸世間隨衆
生心所樂不同皆使蒙益无空見者
復令當詣密嚴佛國如其性欲而漸
開誘為説一切欲界天王自在菩薩
摩尼宮等諸安樂處乃至諸地次第
十方佛土功德莊嚴盡於未來隨機
應現如因持呪安繕那藥及諸靈仙
宮殿之神與人同止而不可見如来
變化所為事畢住於真身晦而不現
亦復如是尒時世尊而説偈言

根蘊如蚍聚　境界緣所觸　癡愛業以生
衆習縛難解　心及諸心法　動慮恒不安
覺觀所纏繞　如龍共盤結　瞋毒從此興
辟如炎威火　諸修觀行者　為捨衆蘊法
於此常諦觀　一心而不懈　辟如虛空中
无樹而有影　風衢與鳥跡　此見悉為難
能造及所造　色與非色法　於彼見如来
其難亦如是　真如實際等　及諸佛體性
内證之所行　超諸語言境　涅槃名為佛
佛亦名涅槃　離諸分別想　云何而可見

碎末於金礦　礦中不見金　智者巧融鍊
真金方乃顯　分剖於諸色　乃至為微塵
及析求諸蘊　若一若異性　佛體不可見
亦非无有佛　定者觀如来　三十二相具
若樂等衆事　施作皆明顯　是故不應説
如来定是無　三昧一緣佛　善因善根佛
一切世勝佛　及正等覺佛　如是五種佛
所餘皆變化　三十二勝相　如来藏具有
是故佛非无　定者能觀見　出過於三界
無量諸佛國　如来微妙剎　淨佛子充滿
禪慧平相資　以成堅固性　遊於密嚴土
思惟佛威德　密嚴中之人　一切同於佛
超過剎那壞　恒遊三昧中　世尊有大定
湛然而正受　相好諸功德　内外以莊嚴
衆謂佛化身　從於兜率降　佛常密嚴住
象現從其國　住真而正受　隨緣衆像生
如月在虛空　影鑒於諸水　如摩尼衆影
色合而明現　如来住正定　現影亦復然
辟如形與像　非一亦非異　如是勝丈夫
成於諸事業　非微塵勝性　非時非自在
亦非餘緣等　而作於世間　如来以因性
莊嚴其果體　隨世之所應　種種皆明現
遊戲於三昧　内外无不為　山川及林野

朋友諸眷屬　衆星與日月　皎鏡而垂象
如是諸世間　身中盡苞納　復置於掌内
散擲如芥子　佛於定自在　牟尼寂勝尊
无能作世間　惟佛之所化　盲暗无知者
馳流妄分別　計著於有无　若我及非我
或言一切壞　或言少分滅　如是諸人等
常自害其身　云何於此中　而生是諸見
佛是遍三界　觀行之大師　觀世如乾城
所作衆事業　亦如夢中色　渴獸所求水
因於種種業　風繩而進退　佛於方便中
自在知見者　辟如工巧匠　善守於機發
亦如海船師　執柂而摇動　如来寂微妙
寂靜无有邊　超諸有著根　淨根之所證
是修行定者　微妙定所依　一切觀行人
明了心中住　佛體寂清淨　非有亦非無
遠離於限量　及以能所覺　妙智相應心
寂上之境界　知相皆無性　是即見如来
破諸煩惱心　不著於三昧　住於无染路
一切皆无染　諸天乾闥婆　阿修緊那羅
仙人及外道　讃歎而供養　於彼不躭求
而興世間業　以住本清淨　相應妙理中
天人等見者　變化之所作　佛非彼此現
而同於日月　住於圓應道　現除諸貢高

異學各不同　隨宜而攝御　種種衆智法
王論三毗陁　悉是諸如來　定力持而說
國王王臣等　乃至山林處　所有諸儀則
皆從佛出生　十方衆寶藏　出生清淨寶
悉是天中天　自在威神故　一切三界中
有諸明智者　種種方便業　因佛而成就
現從兠率降　婇女衆圍繞　歌舞共歡娛
日夜常遊集　或如堅利智　舍陵波居士
執世之直繩　與奪而招放　雖於一切處
現為明智者　而在密嚴中　寂然无動作
此大牟尼境　凡愚異分別　譬如翳目人
亦猶衆渴獸　如世觀於幻　夢中諸所取
天中天境界　佛子見其真　如是觀其人
如從於睡覺　鞞羅與伊舍　梵天娑旦鞞
難陁鳩摩羅　劫比首迦等　處定而思審
於此常迷惑　去来現在世　一切諸牟尼
習氣覆於心　亦所不能見　善哉金剛藏
普行諸地中　復以佛威神　而居密嚴土
是汝之境界　我今為汝說　或有妄分別
勝性與微塵　如上作諸物　種種諸形相
生惟是法生　滅亦惟法滅　妄計一切物
細塵能造作　因能了於果　譬如燈照物
先不得其相　後壞亦復然　非於過去中

有體而可得　未来亦如是　離緣无有性
一一諸緣內　遍求无有體　不見性有無
亦无無有見　於蘊瓶衣等　微細而分別
三百有六十　邪宗壞正道　往来生死中
無有涅槃法

大乘密嚴經妙身生品第二之一

尒時如實見菩薩有大威力世中自在其身妙好上服莊嚴在於佛前避座而立曲躬合掌一心恭敬向金剛藏菩薩摩訶薩而作是言尊者善能通達自智之境現法樂住於三乘世間心得无違為大定師於定自在能隨順說諸地之相常在一切佛國土中為諸上首演深妙法是故我今勸請尊者說諸聖人不隨他行現法樂住內證之境令我及餘諸菩薩衆得見斯法安樂修行趣於佛地獲意生身及言說身力通自在皆得具足轉所依止不住實際如衆彩摩尼現諸色像於一切佛國說密嚴行金剛藏菩薩摩訶薩言善哉仁主能請我說入於密嚴無我之法仁主先應覺了諸分別境是心之相於境界中捨諸

分別仁主一切世間是分別見見世間體即於所緣而得三昧我今為汝開示彼法王應善聽即說偈言

一切諸世間　譬如熱時焰　以諸不實相
無而妄分別　覺因所覺生　所覺依能現
離一則無二　譬如光共影　無心亦无境
量及所量事　但依於一心　如是而分別
能知所知法　惟知心妄計　若了所知无
能知即非有　心為法自性　及人之所濁
入於八地中　而彼得清淨　九地行禪定
十地大開覺　法水灌其頂　而成世所尊
法身无有盡　是佛之境界　究竟如虛空
心識亦如是　無盡亦无壞　衆德以莊嚴
恒住不思議　密嚴諸佛土　譬如瓶破已
瓦因而顯現　瓦破顯於塵　塵析極微顯
如是因有漏　而成无漏法　如火燒盡木
復於餘處然　味於不動智　轉依離分別
密嚴佛國中　如是而常現　不生衆品類
莫住於世間　捨於一切見　歸依此无我
斷諸相續流　无生亦無壞　盡於一切見
歸依此无我　諸患皆已息　寂住不思議
淨於一切見　歸依此無我　世間種種法
本来无我性　非由擊壞无　及喻之所顯

如火焚薪已　自於是中滅　觀察於三界
无我智亦然　是名現法樂　聖人自智境
依此入諸地　淨除无始惡　捨離世所依
出世而安住　其心轉清淨　恒居密嚴土

尒時如實見菩薩及諸王衆俱作是言金剛自在我等今者咸欲歸依願示於我歸依之處於是金剛藏菩薩摩訶薩以偈荅曰

佛體非是有　亦非无有佛　蘊樹已焚燒
魔軍咸退殄　住於如来地　密嚴之妙國
所覺淨无垢　仁主可歸依　遠離諸分別
證於無處所　密嚴諸定者　仁主可歸依
密嚴勝淨剎　衆聖之依處　觀行者充滿
應歸此嚴土

尒時金剛藏菩薩摩訶薩說是語已復告如實見菩薩言仁主已得住地諸觀行者觀一切世間如續像中而有高下如夢所見端正女色如石女人忽夢已身誕育於子如乾闥婆城内諸所施為如旋火成輪如空中垂髮如幻化所作人馬等形樹林花果如淨雲之影如奔電之光皆是虛僞非真實有分別所成猶工造器　仁主

世間衆生習氣覆心生種種戲論意與意識及餘諸識相續而轉五法三性二種无我恒共相應辟如瀑流為風所擊起諸波浪浪起相尋而流不息阿賴耶識在於世間亦復如是无始習氣猶如瀑流為境界風之所飄動起諸識浪恒無斷絶仁主是八種心雖無如是若干體異而隨緣漸起或一時生心生之時取諸境界亦有如是漸頓差別若於屋宅及諸星宿軍衆山林枝葉花果如是等處多是一時或次第取若在眠夢見昔所更或想念初生至于老死及筭數衆物尋思句義觀異文彩受好飲食於是境界次第了知或有一時頓取之者仁主心性本淨不可思議是諸如来微妙之藏如金在礦意從心生餘六亦然如是多種於世法中而為差別仁主阿賴耶識雖與能熏及諸心法乃至一切染淨種子而同止住性恒明潔如来種姓應知亦然定不定別體常清淨如海常住波潮轉移阿賴耶識亦復如是諸地漸修下中上別

捨諸雜染而得明現於是金剛藏菩薩摩訶薩復說偈言

善哉如實慧　於斯微妙法　從我已聽聞
心淨能開了　十方一切國　諸王衆會中
汝當隨所應　廣為其宣說　若人聞法已
漸淨阿賴耶　或作人中王　轉輪四天下
或復為帝釋　兜率須夜摩　乃至自在宮
而為欲天主　或為色界主　及生无色天
無想衆生中　受諸禪定樂　證真而不住
辟如師子吼　衆定皆自在　喜樂以相應
一心求密嚴　不染著三界　至於密嚴已
漸次而開覺　轉依獲安樂　寂靜常安住
无量諸佛子　圍繞以莊嚴　為法自在王
衆中之最上　非如外道說　壞滅為涅槃
壞應同有為　死有復生過　十業上中下
三乘以出生　最上生密嚴　諸地轉增進
得解脫智慧　如来微妙身　云何說涅槃
是滅壞之法　涅槃若滅壞　衆生有終盡
衆生若有終　是亦有初際　應有非生法
而始作衆生　无有非衆生　而生衆生界
衆生界既盡　佛無尒焰法　是則无能覺
亦無有涅槃　妄計解脫者　而說於解脫
辟如種已燋　燈滅及薪盡　彼說解脫性

是壞有成无　於解脫妙樂　遠離不能諍
遍處及諸禪　無色无想定　逆順而入出
力通皆自在　於彼不退還　亦不恒沉没
審知諸法相　諸地得善巧　如是而莊嚴
而來密嚴國　若言解脫性　壞有以成無
斯人住諸有　畢竟不能出　亦壞三和合
因等四種緣　眼色內外緣　和合所生識
世間內外法　互力以相生　如是等衆義
一切皆違反　若知惟識現　離於心所得
分別不現前　亦不住其性　是時攀緣離
寂然心正受　捨於世間中　所取能取見
轉依離麤重　智慧不思議　十種意生身
衆妙為嚴好　作三界之主　而來密嚴國
色心及心法　不相應无為　內外衆世間
諦觀无別異　如是諸智者　來於密嚴國
相名與分別　正智及如如　定者能明照
體性皆平等　入佛所讚揚　密嚴之淨國
若壞三和合　及以四種緣　不固於自宗
同諸妄分別　惡習分別者　彼之五種論
譬喻不成立　諸義皆相違　五種悉成過
惑亂於智眼　顛倒不顛倒　同異法斯壞
捨離於自宗　依止他宗法　初際等諸見
皆從滅壞生　大王應當知　衆生在諸有

如輪而運轉　初際不可得　如來以悲願
普應諸有緣　如淨月光明　无處不周遍
各順其根性　隨宜而說法　涅槃若壞滅
佛有何功德　增上有三種　解脫亦復然
四諦及神足　念處无尋解　四緣無色住
根力及神通　覺支諸地等　有為无為法
乃至衆聖人　皆依識而有　苦法苦觀智
及苦隨生智　集智三亦然　滅道亦如是
如是十二種　名為之現觀　學人數有千
第八七返生　家家一往來　一間而滅度
中般與生般　有行及无行　上流於處處
然後般涅槃　如是一切種　諸智之品位
修行觀行者　下中上不同　菩薩增上修
功業最殊勝　十一與十二　乃至於十六
此諸修定者　復漸滅於心　所盡非是心
亦非心共住　未來心未至　未至故非有
心緣不和合　非此非彼生　第四禪无心
有因不能害　有因謂諸識　意識及五種
妄想不自覺　猶如波浪生　定者觀賴耶
離能所分別　微妙无所有　轉依而不壞
在於密嚴中　如月恒明顯　密嚴諸智者
與佛常共俱　恒遊定境中　一味無差別
密嚴定者處　定力生於彼　是故應修習

相應妙定心　欲界有六天　梵魔十二處
無色及无想　一切諸地中　若生密嚴國
於彼為天主　欲求密嚴土　當修十種智
法智隨生智　世俗知他心　及苦集滅道
盡智无生智　仁者真實見　舍君羅帝族
與甘蔗月王　種姓无殊異　當求密嚴國
勿懷疑進心　如羊被牽拽　喘懼而前却
意在於身中　似幻獸而住　亦如幻為樹
河中之草荻　如王戲園苑　運動諸身分
意及於意識　心心法供具　譬如空中雲
共聚而无實　種子賴耶識　諸習所纏覆
譬如摩尼寶　隨緣現衆色　雖住衆生身
體淨而無垢　是決定種姓　亦為大涅槃
名因於相生　相從因緣起　以諸形相故
而起於分別　分別從二因　外相心習氣
第七末那識　應知亦復然　諸根意緣會
發生於五識　心法共相應　如是身中住
正智常觀察　一切諸世間　從於如是因
而生彼諸果　真如非異此　諸法互相生
與理相應心　明了而觀見　此即是諸法
究竟真實性　亦為妄所計　一切法不生
諸法性常空　非无亦非有　如幻及陽燄
乾城等衆物　種種諸形相　名句及文身

如是執著生 成於遍計性 根境意和合
熏習成於種 與心無別異 諸識從此生
資於平因力 是謂依他起 內證真實智
現前所住法 是即說圓成 衆聖之境界
佛及諸佛子 證此名聖人 若人證斯法
即見於真際 唱言生已盡 梵行皆已立
所作莫不成 永離於諸有 解脫一切苦
滅除衆怖畏 生法二無我 善能明了知
普燒諸習氣 永斷於分別 從於无始來
戲論而積聚 无量衆過惡 一切皆已除
辟如熱鐵團 熱去鐵无損 解脫者亦尒
惑盡而清凉 入於無漏界 密嚴之妙土
此土寂微妙 非餘不能及 佛與諸菩薩
清淨之所居 三昧樂現前 以此而為食
欲生斯土者 當修真實觀 復為諸有緣
如理廣宣說 名生本於相 相起復從緣
種種諸分別 皆因相而有 根境瓶衣等
蘊法所合成 分別從此生 了知而簡異
若動若非動 一切諸世間 皆因癡暗生
愚冥以為體 長短等諸色 音聲與香界
甘苦堅滑等 意識之所緣 善與不善性
有為无為法 乃至於涅槃 斯為智之境
念念常遷轉 皆依識以生 辟如磁石力

吸鐵令迴轉 末那於藏識 當知亦復然
如蚍有二頭 各別為其業 染意亦如是
執取阿賴耶 能為我事業 增益於我所
復與意識俱 為依而轉謝 身中煖觸生
運動作諸業 飲食及衣服 隨事而受用
騰躍或歌舞 種種自歡娛 持諸衆生身
斯由意功力 於如夢翳等 一切諸境界
起種種分別 不知惟自心 如人在空中
走索以遊戲 飄危不安固 分別亦如是
分別无所依 但行於自境 辟如鏡中像
識種種而見 愚夫此迷惑 非諸明智者
仁主應當知 此三皆識現 於斯遠離處
是即名真實 持進菩薩等 及聖目乾連
遍觀諸億剎 種種皆嚴好 於彼莊嚴中
此土寂殊勝 極樂及現喜 乃至於下方
无量億土中 諸佛所稱讚 皆言密嚴國
威德化自然 無始亦无終 本昔如來地
出過於三有 寂靜无所為 自利及利他
功業悉成滿 非不此成佛 欲中施佛事
要從於密嚴 化為无量億 常依於正定
遊戲諸神通 一切國土中 如月无不見
隨諸衆生類 所應而化益 十地花嚴等
大樹與神通 勝鬘及餘經 皆從此經出

此經寂殊勝 衆經莫能比 仁主及諸王
宜應盡尊敬 欲色無色界 无想等天宮
佛已超過彼 而依密嚴住 此土諸宮殿
如蓮備衆飾 是一切如來 淨智之妙相
佛及諸菩薩 常在於是中 世尊恒住禪
寂靜寂无上 依自難思定 現於衆妙色
色相无有邊 非餘所能見 極樂莊嚴國
世尊无量壽 諸修觀行者 色相皆亦然
或見天中天 赫弈含衆彩 訶利占波色
真金明月光 孔雀素羅瞿 珊瑚蓮電等
或見身羸瘦 弊服寢第中 或如千日光
處大蓮花上 或見諸菩薩 頂飾龍王髻
或以帝青寶 莊嚴為寶冠 或見輪幢文
魚螺等衆相 或見光麗色 如蜺而拖空
或見以須弥 置之於右掌 或持大海水
其狀如牛跡 或見作人王 冕服當軒宇
輔佐衆圍繞 共宣於國化 或見諸菩薩
㝡上修行者 說於自境界 先佛所知法
或說以智定 速轉於所依 得如幻之身
種種皆无导 或示了於境 斷諸取著業
諸見皆已除 不受於諸有 辟如膏炷盡
燈滅而涅槃 或有示修行 一切波羅蜜
行鄙之大會 周給无窮盡 苦行持戒等

種種諸儀則　極樂莊嚴國　人非胎藏生
身相如真金　光色常圓滿　瑜伽自在者
安樂及光明　斯人之境界　百分無其一
極樂中之人　自然隨念食　辛旦勝自在
定為甘露味　寶樹名如意　遊憩於其下
妙金為碎末　布地以莊嚴　池蓮及眾花
數榮而藹茜　如是具嚴飾　不可得為喻
若人有淨信　善巧行諸禪　愛樂佛功德
專精以迴向　即於佛勝土　蓮花而化生
眾相以莊嚴　皎鏡无塵垢
尒時金剛藏菩薩摩訶薩說是偈已自現其身如一指節或如芥子乃至毫端百分之一或現佛身或現獨覺身或現聲聞身及餘无量種種之形而說於法或說菩薩入於諸地了知五法八識三性及二無我得如幻三昧隨意受身自在神通力无所畏皆不退轉淨所依止入於佛地無漏蘊界常无變易或說菩薩善能遊履如夢如像如水中月諸觀行人所行之道得首楞嚴三昧十幻喻身諸究竟願莫不成滿逮于正覺坐妙蓮花諸佛子眾所共圍遶或說菩薩以願力

故現種種形遊諸國土歷事諸佛是諸菩薩其身微妙不在有无辟如天仙乾闥婆眾依須弥住或在虛空地行眾生所不能覩彼諸菩薩亦復如是非觀行者不能得見或說菩薩得禪自在三昧力故於十方國土蓮花之宮示現受生及般涅槃或說菩薩以三昧力轉於所依而不住實際於一切有眾生處差別現身其心平等如地如水如日如月或說菩薩以大悲心愍諸眾生輪轉生死孤窮下賤眾苦所逼辟如黑蜂依船而住遊於大海隨船飄蕩或一由旬乃至百千無量由旬為說非我生死无常令知速滅剎那不住或說諸佛及諸菩薩是一切眾生渴愛迷乱為分別苦之所逼迫於无相法中而取於相虛妄計著有能所取是能所取纏縛其心於生死海馳蕩不息貧窮孤露无有所依如大海中蛛蝥之網佛及菩薩猶住船人於諸眾生心生憐愍欲令解脫生死苦難隨其所應而為現身說布施等種種諸行

大乘密嚴經卷上

大乘密嚴經卷上

校勘記

一 底本，金藏廣勝寺本。

一 二一五頁中一行經序名，石作「大乘密嚴經序」；資、磧、普作「大唐三藏聖教序」；南、徑作「唐三藏聖教序」。

一 二一五頁中一行至本頁下一六行末字序文，清無。

一 二一五頁中二行「皇太子御製」，資、磧、普、南作「御製」；徑作「唐中宗皇帝製」。

一 二一五頁中一四行第一〇字「土」，石、磧、普、南、徑、麗作「上」。

一 二一五頁下一七行「卷上」，徑作「卷第一」。卷末卷次同。

一 二一五頁下一八行譯者，石作「大唐中天竺三藏地婆訶羅奉詔譯」；資、磧、普、南、徑、清作「唐中天竺國沙門地婆訶羅奉詔譯」。以下各卷同。

一 二一六頁上九行「自證」，資、磧、普、南、清作「證自」。

一 二一六頁上一一行「虹霓」，諸本作「虹電」，下同。

一 二一六頁中四行末字「愛」，資、磧、普、南、徑、清作「受」。

一 二一六頁中一八行第一〇字「哉」，諸本無。

一 二一六頁下三行「疑恠」，徑作「限量」。五行「疑恠」同。

一 二一六頁下一五行末字「示」，石作「說」。

一 二一七頁上八行第一三字「知」，石、資、磧、普、南、徑、清作「如」。

一 二一七頁上一四行第七字「幻」，資、磧、普、南、徑、清作「劫」。

一 二一七頁中三行「所知」，資、磧、普、南、徑、清作「不智」。

一 二一七頁下二二行第二字「習」，磧、普、南、徑、清作「集」。

一 二一八頁中五行首字「若」，資、磧、普、南、徑、清作「苦」。

一 二一八頁中一八行第四字「明」，資作「眼」。

一 二一八頁下一二行第七字「拖」，磧、普、南、徑、清作「柁」。

一 二一九頁上八行「居士」，資、磧、普、南、徑、清作「尼王」。

一 二一九頁上一一行第一三字「醫」，石、資、磧、普、南、徑、清、麗作「瞖」。

一 二一九頁上一三行第一四字「其」，資、磧、普、南、徑、清、麗作「行」。

一 二一九頁上二〇行第七字「上」，資、磧、普、南、徑、清、麗作「工」。

一 二一九頁中六行品名上經名，徑、清無。品名下「之一」，資、磧、普、南無。

一 二一九頁中一六行第六字「令」，南、清作「今」。

一 二一九頁下三行第五字「王」，資、磧、普、南、徑、清作「主」。

一 二一九頁下八行第七字「知」，資、磧、普、南、徑、清作「依」。

一　二二〇頁上一四行末字「土」，資、磧、普、南、徑、清作「國」。

一　二二〇頁上一六行第一二字「得」，資、磧、普作「欲」。

一　二二〇頁下六行第一〇字「王」，磧、普、南、徑、清作「主」。

一　二二〇頁下八行第五字「主」，資作「王」。

一　二二〇頁下八行「及生」，資、磧、普、南、徑、清作「乃至」。

一　二二一頁中四行第五字「德」，資、磧、普、南、徑、清作「利」。

一　二二一頁中九行「爲之」，資、磧、普、南、徑、清、麗作「之爲」。

一　二二一頁中九行末字「千」，諸本作「十」。

一　二二二頁上一三行第八字「不」，諸本作「所」。

一　二二二頁中一一行第三字「種」，資、磧、普、南、徑、清作「動」。

一　二二二頁下八行第七字「修」，資、磧、普、南、徑、清作「佛」。

一　二二二頁下一〇行第三字「明」，資作「剛」。

一　二二二頁下一一行第九字「第」，石、磧、普、南、徑、清、麗作「茅」。

一　二二二頁下一三行第一〇字「冠」，石作「⿱冖衬」；資、磧、普、南、徑、清作「冠」。

一　二二二頁下一六行末字「宇」，磧、普、南、徑、清作「守」。

大乘密嚴經卷中

唐天竺三藏地婆訶羅奉　制譯

妙身生品之餘

尒時普賢衆色大光菩薩摩訶薩與諸同類持世菩薩持進菩薩文殊師利菩薩神通王菩薩得大勢菩薩聖者月菩薩金剛齊菩薩大樹王菩薩虛空藏菩薩等乃至摩尼寶殿无量諸天密嚴土中諸佛子衆并餘佛國来聽法者聞說密嚴微妙功德於法尊重決定轉依恒居此土不生餘處然皆愍念未来衆生普欲為其而作利益遂共同心白金剛藏菩薩摩訶薩言尊者願為我說一切世間若干色像誰之所作如陶工埏埴而造瓶等世間衆像為如是作為不然耶又如伶人擊動絲竹匏木之類繁會成音一切世間豈亦如是如隨一物有三自性世間衆物已成體相若未成者此豈咸在一物中乎為夜摩天兜率陁天他化自在及以大樹緊那羅作為是善現色究竟天梵王無色天作為是一切諸天主等同心勠力而共作耶為是此方及他方中諸佛菩薩以變化力作是一切世間衆像而於此中起諸迷惑是迷惑見如陽焰水辟如瓶處為德所依一切世間住於處者非諸德者繫屬於德亦非是德依於德者展轉合故衆德集成如是世間若于色像為惟惑乱為有住耶或有言是大梵天王那羅延天自在天作或謂力沙迦拏提那劫比羅仙自力而作或有妄執從於勝性自然及時无明愛業而得生起諸天仙等及餘一切修世定人悉懷疑惑為无有體如幻如夢如熱時焰如乹闥婆城無始分別有能所取如虵二首如起屍行亦如木人因機動轉空中垂髮旋火輪耶尒時金剛藏菩薩摩訶薩以偈荅曰

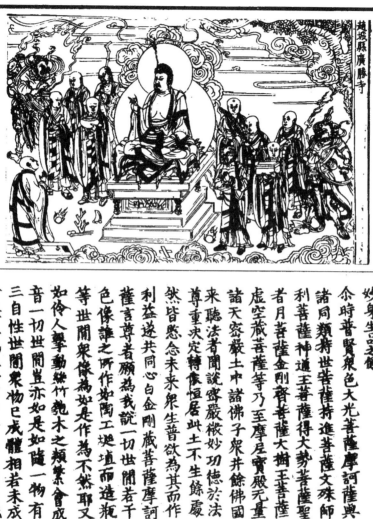

世間衆色像　不從能作生　非是矩拏羅
因陁羅等作　亦非大施會　祠祭之福果
毗陁所說因　手運无定義　亦復非无有
能持世間因　所謂阿賴耶　第八丈夫識
運動於一切　如輪轉衆瓶　如油遍在麻

鹽中有鹹味　亦如无常性　普遍於諸色
沉麝等有香　日月光亦尒　非能作所作
非有亦非無　遠離諸外道　一異等衆見
非智所尋求　不可得分別　定心无身者
內智之所證　若離阿賴耶　即無有餘識
譬如海波浪　與海雖不異　海靜波去來
亦不可言一　譬如修定者　內定清淨心
神通自在人　所有諸通慧　觀行者能見
非餘之所了　藏識亦如是　與轉識同行
佛及諸佛子　定者常觀見　藏識持於世
猶如線貫珠　亦如車有輪　隨於業風轉
陶師運輪杖　器成隨所用　藏識與諸界
共力无不成　內外諸世間　弥綸悉周遍
譬如衆星象　布列在虛空　風力之所持
運行常不息　如空中鳥跡　求之不可見
然鳥不離空　頡頏而進退　藏識亦如是
不離自他身　如海起波濤　如空含万像
藏識亦如是　蘊藏諸習氣　譬如水中月
及以諸蓮花　與水不相離　不為水所著
藏識亦復然　習氣莫能染　如目有童子
眼終不自見　藏識住於身　攝藏諸種子
遍持壽煖識　如雲覆世間　業用曾不停
衆生莫能見　世間妄分別　見牛等有角

不了角非有　因言兎角無　分析至微塵
求角无所有　要待於有法　而起於無見
有法本自無　无見何所待　若有若无法
展轉互相因　有無二法中　不應起分別
若離於所覺　能覺即不生　譬如旋火輪
翳幻等衆事　皆因少所見　而生是諸覺
若離於所因　此覺即無有　名相互相繫
習氣无有邊　一切諸分別　與意而俱起
證於真實境　習氣心不生　從於无始來
沉迷諸妄境　戲論而熏習　生於種種心
能取及所取　衆生心自性　瓶衣等諸相
離心无所有　一切惟有覺　所覺義皆无
能覺所覺性　自然如是轉　習氣擾濁心
凡愚不能見　如海風所擊　波浪无停止
心為境風動　識浪生亦然　種種諸分別
自內而執取　如地無分別　庶物依以生
藏識亦復然　衆境之依處　如人以已手
還自摩捫身　亦如象以鼻　取水自霑沐
復似諸嬰兒　以口含其指　如是自心內
現境還自緣　是心之境界　普遍於三有
久修觀行者　而能善通達　內外諸世間
一切惟心現
尒時金剛藏菩薩摩訶薩說此語竟

默然而坐住無處所微妙之禪遊法界門入諸佛境見有无量佛子當来此國住修行地便從定起放大光明其光普照欲色无色無想天宮是光明中復現無量殊勝佛土有无量佛相好莊嚴隨諸世間之所欲樂而為利益皆使受持密嚴名号彼諸佛子互相觀察而作是言密嚴佛土能淨衆福滅一切罪諸觀行人所住之處於諸佛國最上无比我等聞名心咸悅樂可共俱往時諸佛子各從所住而来此國尒時淨居諸天與阿迦尼吒螺髻梵王同會一處咸於此土佛及菩薩生希有心請梵王言天主我等今者咸興是念何時當得陪侍天王詣密嚴土尒時梵王聞是語已與諸天衆還即商行中路遲迴罔知所適梵王先悟作是思惟密嚴佛國觀行之境若非其人何階可至非是欲色無色諸天及外道神通所能往詣我今云何而来至此復自心言或天中天假吾威力而能亟往作是念已發聲歸命即時見有無量諸佛在於

道中威光照曜時螺髻梵王即白佛
言世尊我等今者當何所作而能速
詣密嚴佛土佛告之言汝可退還所
以者何密嚴佛國觀行之境得正定
人之所住處於諸佛剎寂勝无比非
有色者所能往詣時螺髻梵王聞佛
語已與諸天衆尋還天宮尒時淨居
諸天共相議言螺髻梵王有大威力
而不能往當知此土寂為殊勝但是
得如幻三昧諸觀行人所行之境如
是稱揚密嚴功德其聲展轉靡不傳
聞尒時諸佛子衆来此會者聞是語
已益加欣敬白金剛藏菩薩摩訶薩
言我等於法深懐渇慕惟願大明為
我宣說金剛藏言佛所說法誰能具
演唯除如来之所護念夫如来者於
觀行中寂勝自在所有境界不可思
議云何可為非觀行人開示演說時
持進菩薩及須夜摩諸佛子等復共
同聲請言速說尒時神通王菩薩文
殊師利菩薩慈氏菩薩聚郁羅菩薩
及餘无量諸菩薩衆復作是言善哉
仁者願速為說是時復有无量諸天

於虛空中作天妓樂同心勸請當尒
之時螺髻梵王承佛威力而来此會
向金剛藏菩薩摩訶薩而說偈言
今此諸大會　嚴飾未曾有　悉是尊弟子
聰慧无等倫　皆於尊者處　渇仰而来法
我今猶未知　所聞為何等　為聞僑羅娑
勝論及順生　乃至威牟馬　轉輪王所作
為聞甘蔗種　千弓持國王　欲色无色中
人天等之法　為聞菩薩行　獨覺及聲聞
乃至阿修羅　星象等衆論　惟願如其事
天弟而演說　我等及天人　一心咸聽受
汝豈不聞螺髻梵王淨居天衆及諸
佛子勤心請法尒時解脫月菩薩无
盡慧菩薩虛空藏菩薩持世菩薩得
大勢菩薩觀自在菩薩陁羅尼自在
菩薩寶髻菩薩天冠菩薩金剛手菩
薩寂靜慧菩薩寶手菩薩及餘无量
諸億土中俱来佛子咸共瞻仰金剛
藏尊而說偈言
過去及未来　如来清淨智　尊於佛親受
明了心不疑　此衆皆樂聞　願尊時演說
尒時金剛藏三昧王普觀大衆以偈

答曰
如来所說法　非我具能演　惟除佛菩薩
威神之所護　我今至心礼　自在清淨宮
摩尼寶藏殿　佛及諸佛子　我以敬心說
如来清淨智　紹隆佛種姓　汝等應聽受
非說過去等　寂勝諸法王　但示於密嚴
如来之種姓　佛智甚微妙　牟尼勝功德
正觀之所行　離諸心妄計　是故非我力
能演此甚深　但以佛威神　從佛而聽受
此智寂微妙　是諸三昧花　佛在密嚴中
正受而開演　遠離諸言說　及以一切見
若有若无等　如是四種邊　是名寂清淨
中道之妙理　密嚴諸定者　於此能觀察
離著而轉依　速入如来地
尒時會中諸佛子衆聞金剛藏菩薩
摩訶薩說是語已稽首恭敬而白之
言我等於法深生愛樂如渇思漿如
蜂念蜜今此會中諸佛子衆於深定
智皆得自在有大神力王諸世界願
聞如来所說之法惟願尊者以梵音
聲因陁羅聲及以如来衆所悅可深
遜之音演殊勝義令得顯了金剛藏
菩薩言如来所說語義真實希有難

見譬如空中无樹等物而見其影甚為希有如來所說希有亦然如空中風及以鳥跡無能見者今在所說種種義趣難可得見亦復如是世間之法有智慧者能以譬喻分明顯說佛口所宣過諸譬喻非言所及我之所見譬如夢境乾闥婆城今此會中諸觀行者有大智慧於真實義已得明了我今云何能為是人說不思議諸佛境界雖然當承如來威神之力為衆宣述汝諸佛子咸應諦聽如來所說文義相應出過心意非喻所及譬如妙花衆蜂競採先至之者取其精粹後來至者但味其餘如是如來得法精粹我味其餘為衆說耳即說偈言

天中天境界　增悅諸明智　非心口所能
度量分別說　為欲普降伏　世間憍慢心
示同人之形　佛相為嚴飾　圓光及足輪
種種皆成就　遊履諸宮殿　人天具所瞻
如來四時中　常依密嚴住　而於諸世界
現生及涅槃　淳善必滅時　惡生及濁乱
隨諸衆生類　所應而利益　業用无暫停
密嚴恒不動　密嚴无垢處　觀行者所依

惡生濁乱時　顯示如來相　譬如淨滿月
影遍於衆水　如是諸色像　普現於世間
如來淨智境　智者所觀見　以諸衆生類
所樂各不同　佛以種種身　隨宜而應化
或見大自在　或見毗紐天　或見迦毗羅
住空而說法　或見毗陁者　或復見常行
或見娑旦那　鳩摩及尸弃　羅睺熱部等
乃至緊那羅　甘蔗月種王　一切所聘奉
金剛等衆寶　乃至於鉛錫　皆由佛威力
隨應而出生　天女及龍女　乾闥婆之女
洽容而進趣　不能惑其心　欲界中諸境
如來已降伏　色无色亦然　无有能迷動
无想諸定者　未離於惑纏　非安非清淨
退墮而流轉　有身者所生　非如密嚴國
密嚴微妙土　清淨福為嚴　解脫知見人
最勝之依處　十種大自在　力通三昧法
如佛而嚴飾　意生之妙身　修行於十地
施等波羅蜜　衆相以莊嚴　其身甚清淨
遠離於分別　亦非无覺了　無有我意根
慧根常悅樂　施等諸功德　淨業悉圓滿
得佛勝所依　密嚴之淨國　此土寂微妙
不以日為明　諸佛及菩薩　舒光而普照
其光甚威曜　逾於百千日　无有晝夜時

亦無老死患　密嚴寂勝處　諸天所希仰
寂上修行者　地地而進修　了知一切法
皆以心為性　善說阿賴耶　三性法无我
其身轉清淨　而來生此國

大乘密嚴經胎生品第三

尒時金剛藏菩薩摩訶薩復告螺髻梵天王言天主當知衆生之身九物為性有為衆相恒共遷動大種諸色微塵之聚以諸不淨精血合成為無量業常所纏覆譬如毒樹扶踈蓊欝貪恚及癡而共增長經於九月或十月餘業力駈馳生機運動從於產門倒首而出煩寃逼迫受无量苦天主此諸衆生或從人中或從畜生餓鬼羅刹阿修羅等而來生此或有曾作轉輪之王乃至天中威力自在或是持呪外道仙人并其眷屬或修禪者退失禪定從如是等處而生此中既生之已諸根長大隨所親近宿習因緣而造諸業復因此業輪迴諸趣若有智者遇善知識聞法思惟而得解悟不著文字離諸分別入三脫門見法真理寂上清淨寂上上清淨而來

住此密嚴佛國於无量億諸佛土中
隨宜應現天主如是生者永得解脫
生死險趣名為丈夫名為智者亦復
說名天中之天諸佛子衆所共圍繞
天主胎藏之身虛偽不實非自性生
亦非无明愛業所生何以故無明愛
業因相而有若能了達悉滅无餘亦
無名字及以分別斯人即生密嚴佛
土天主若諸定者住於三昧心有攀
緣即為色聲之所誑惑而生取著不
能堅固此即名為散動久道是三昧
力生於欲界及色无色乃至无想衆
生之處是人即為三昧所縛若住三
昧善調其心離能所取離二取已心
即不生是名真實觀行之者若欲生
於密嚴佛國常當住此真實三昧

大乘密嚴經顯示自作品第四

尒時金剛藏菩薩摩訶薩復告螺髻
梵天王言天主心有八種或復有九
與無明俱為世間因世間悉是心心
法現是心心法及以諸根生滅流轉
為无明等之所變異其根本心堅固
不動天主世間因緣有十二分若根

若境能生所生剎那壞滅從於梵世
至非非想皆因緣起惟有如来離諸
因緣天主内外世間動不動法皆如
瓶等壞滅為性天主諸識微細遷流
速疾是佛境界非諸世間仙人外道
所能知見衆仙外道為愛所纏不能
了知心相差別天主假使有人勉意
勤行歌讚祠祀毗陁之法而祭於火
經於一月或滿四月如是一歲至于
千歲生於梵境終亦退還天主汝不
知耶三毗陁行所得之果譬如芭蕉
性不堅固天主密嚴佛土是諸如来
解脫之處從智定得若樂解脫應菩
修行天主密嚴中人无有眷屬生死
之患其心不為諸業習氣之所染著
如蓮花出水如虛空无塵如日月高
昇淨無雲翳一切諸佛恒共稱受沐
淨戒流飲智慧液得真實解度生死
岸天主衆生身中諸界五蘊識等衆
法皆无所有眼色為緣而生於識譬
如因木火得熾然天主一切境界隨
妄識轉如鐵動移遂於磁石又如陽
焰乾闥婆城是諸渴獸愚幻所取此

中無有能造等物但是凡夫心之變
異天主如乾城之中人衆往来馳鶩
所作見而非實衆生之身進止去為
亦復如是如夢中所見寤即非有世
間之人見蘊等法覺心明照本来寂
靜天主地等和合微塵之聚若離於
心即無所得世間諸物可持舉等執
非大種之所合成譬如風痰病緣惑
乱見種種物又如起屍无能作者世
間諸法悉亦如是汝諸佛子應勤觀
察天主一切世間動植之物譬如水
沫共聚成形瓶衣等想同於陽焰苦
樂諸受猶如浮泡行如芭蕉中無有
堅識如幻事虛偽不實天主三界之
中動不動法同於夢境迷心所現亦
如幻事乾闥婆城但誑愚夫若諸佛
子於如是法能正覺知心無所畏以
智慧火焚燒一切諸患因緣即生妙
樂密嚴之土天主一切世間皆无有
相相為繫縛无相即解相是心境心
境不實真實之法是智境界遠離衆
相非心所行天主一切諸相是三界
法色聲等法名之為相諸根境界一

切衆生繫縛之因若能於相而不貪
著衆縛悉除安樂自在
尒時寶髻菩薩摩訶薩在大衆中坐
殊妙座向金剛藏菩薩摩訶薩而作
是言尊者於諸億佛國菩薩衆中冣
為上首成冣上智了所知法無量悉
檀皆已明見在瑜祇衆能淨彼疑善
知衆生身之本起能於一劫或一劫
餘以妙音詞演而不倦何故不為諸
仁等說離諸逆順似非似因真實之
法令諸智者心淨无疑捨蘊因緣疾
得解脫法與非法是蘊因緣生於此
身及後身故智能脫苦愛為堅縛尊
者衆生之心因色與明作意等緣馳
散於境其心速疾難可覺知无明愛
業以之濁乱尊者衆生身中種種諸
法意為先導意冣速疾意為殊勝隨
所有法與意相應彼法皆以意為其
性如摩尼珠顯現衆彩如是之義仁
何不說又如衆色摩尼之寶隨所相
應種種明現仁亦如是具如来像住
自。在宮諸佛子衆所共圍繞亦應如
是隨宜說法

尒時金剛藏菩薩摩訶薩言密嚴佛
土是冣寂靜是大涅槃是妙解脫是
淨法界亦是智慧及以神通諸觀行
者所止之處本来常住不壞不滅水
不能濡風不能燥非如瓶等勤力所
成尋復破壞非諸似因及不似因之
所成立何以故宗及諸分是不定法
諸宗及因各差別故密嚴佛土是轉
依識超分別心非諸妄情所行之境
密嚴佛土是如来處无始無終非微
塵生非自性生非樂欲生不從摩醯
首羅而生亦非无明愛業所生但是
無功用智之所生起出過欲界及色
无色無想天中闇冥之網密嚴佛土
阿若悉檀非因明者所量境界亦非
勝性自在聲論毗陁如是等宗之所
顯示乃至於資粮位智慧之力不能
照了唯是如来十地所修清淨智境
諸仁者一切凡夫迷於世間為業非
業我今當說業非業義令諸定者權
於安樂即說偈言

內外一切物　所見唯自心　衆生心二性
能取及所取　心體有二門　即心見衆物
凡夫性迷惑　於自不能了　所見衆境界
皆是自所為　瓶等相現前　求之悉無體
諸仙智微劣　不能明了知　捨於真實理
而行分別路　是心有二性　如鏡含衆像
亦如水現月　翳者見毛輪　毛輪瓔珞珠
此皆无所有　但從病瞖眼　若斯而顯現
瓶衣皆自識　衆生亦復然　虛妄計著人
不知恒執取　衆生及瓶等　種種諸形相
內外雖不同　一切從心起　此密嚴妙定
非餘之所有　若有能修行　生於衆福地
或生欲自在　及以色界天　及至无想宮
阿迦尼吒處　空識无所有　非想非非想
如是諸地中　漸次除貪欲　住彼非究竟
尋来生密嚴　佛子衆圍遶　自在而遊戲
汝應修此定　何為著親屬　眷屬相羈縛
輪迴生死因　男女相執愛　精血共和合
如蟲生臭涅　此中生亦尒　九月或十月
諸根漸成就　時至出母胎　辟如蟲蠕動
從此而長大　乃至心了知　我觀諸衆生
生生悉如此　父母无有數　妻子亦復然
一切諸世間　無處不周遍　辟如石女人
夢已忽生子　捧對方歡樂　尋又見其亡
悲哀不自勝　忽然從睡覺　不見有其子

初生及後終　及夢山川中　田野村城邑
人衆悉充滿　共營諸業務　彼此互相見
猶如世所為　及從於睡覺　一切皆非有
復有多欲人　夢瞻於女色　姿容極姝麗
服玩皆珎綺　在夢極歡娛　覺已即无見
一切世間事　當知悉如是　王位及軍旅
父母等宗親　但誑於凡夫　體性皆非實
汝於如是定　何故不勤修　无量諸聲聞
獨覺及菩薩　在於空閑處　山林恒寂靜
或住於乳海　及以摩羅延　須弥與膩陁
摩醯因陁羅　雞羅婆利師　乃至雪山等
或在劫波樹　波利耶多羅　拘鞞羅樹下
半柱婆羅上　食閻浮果味　及諸不死食
具足諸神通　而常修此觀　過去未來世
常坐於蓮花　結加身不動　正定恒觀察
諸根善調攝　不著於果境　譬如象得鈎
離欲而三昧　世間若出世　一切諸定中
佛定淨無垢　貪愛皆除遣　遍處无色定
无想等禪中　見日月蓮花　水火虛空相
若離是分別　其心不動搖　即於三昧中
見無量諸佛　一時共舒手　以水灌其頂
如是入佛地　一切皆明覺　具足衆色身
隨宜而普現　力通諸自在　三昧陁羅尼

如是等功德　莫不皆成就　分析於諸色
乃至觀微塵　自性无所有　譬如彪兎角
無分无分者　蘊有蘊亦然　同於幻所作
一切皆如是　此中无業果　亦無作業人
无能作世間　設有非能作　能作待於作
何名能作人　此言成過失　說者非清淨
若謂太何有　水輪與地輪　及衆生世間
次第而安布　諸趣各差別　彼此互往來
誰復作諸根　隨情取於境　此等皆分別
展轉而變異　同於乳酪酥　如是生住滅
若業若非業　於斯生妄計　定者常觀此
如夢與乾城　衆生无始來　戲論所熏習
生起於分別　種種衆過咎　諸根猶如幻
境界同於夢　能作作及業　定者不分別
智慧微劣者　妄生諸惡見　計有於能作
作一切世間　或謂摩尼珠　金銀等衆礦
鳥獸色差別　剌端纖以利　此等誰所為
當知無作者　世間非勝性　微塵等緣作
亦非无有因　自然而得有　或心妄計者
不知其體性　為業為非業　如是而分別
如毒入於乳　隨變與相應　諸法亦復然
分別常俱起　法性非是生　亦非是滅壞
惑者不能了　種種異分別　定者應觀察

世間惟積聚　若業若非業　於此勿思惟
諸趣互來往　譬如於日月　在空无所依
隨風而運轉　業性甚微隱　密嚴者能見
修行觀行人　不為其所縛　譬如火燒木
須臾作灰燼　智火焚業薪　當知亦如是
又如燈破闇　一念盡無餘　諸業之闇冥
多劫所熏聚　牟尼智燈照　剎那悉除滅

大乘密嚴經分別觀行品第五

尒時金剛藏菩薩摩訶薩復告大衆諸仁者譬如有人在空閑地以泥瓦草木簀之成宇既而諦觀一一物中无舍可得又如多指共合成拳離指求拳即無所有軍徒車乘城邑山林瓶衣等物一切皆是和合所成智者觀之悉如夢事凡夫身宅亦復如是諸界積集譬如高山危脆不安同於朽屋不生不滅非自非他如乾闥婆城如影如雲如陽焰如繢像雖可現觀性常清淨遠離一切有无分別如盲與跛相假而行无決定性乃至分析至於微塵但有空名都無實物若諸定者作是思惟即於色聲等法不生覺念離覺念已心得休息泰然

脫不受諸有常樂修行甚深禪定諸天仙等端正女人而來供養如觀夢事不生染著身雖在此諸仙外道苻呪之人乃至梵天不能見頂是人不久生摩尼寶藏宮殿之中遊戲神通具諸功德此觀行法是大心者所行境界仁應速發廣大之心大心之人疾得生於光明宮殿離諸貪欲瞋恚愚癡乃至當詣密嚴佛土此土廣博微妙寂靜无諸老死衰惱之患遠離衆相非識所行妄計之人所不能得諸仁者此土清淨觀行所居若懷希仰當勤修習斷貪瞋癡離我我所何以故貪等煩惱取諸境界着取於境即三覺生如有女人端正可意有多欲者見已生者欲心迷亂若行若坐飲食睡眠專想思惟更无餘念彼女容相常現於心此心即為境界迷謬之所濁亂是故於境不應貪著諸仁者辟如有人見牛鹿山羊有角之獸即於彪兔生无角解若使不見牛等有角於彪兔等決定不生無角之見世間妄見悉亦如是妄有所得起有

分別後求其體不可得故便言諸法決定是无乃至未離分別之心常生如是不平等覺諸仁者應以智慧審諦觀察心之所行一切境界皆如妄計見牛兔等若諸佛子作如是觀隨其意樂或生人中為轉輪王有大威力騰空來往或生日月星宿之宮四天王天三十三天夜摩天兜率陁天乃至自在天主摩尼藏殿或生色界梵身等天修行定者十梵之處无煩无熱善見善現阿迦尼吒空處識處無所有處非想非非想處住於彼已漸除貪欲從此而生清淨佛土常遊妙定至真解脫尒時金剛藏菩薩摩訶薩復說偈言

如因瓶破　而成於瓦　剎那各別
恒是无常　因種生牙　牙生種壞
又如陶匠　以泥作瓶　泥是奢摩
瓶如其色　若復兼用　餘色泥作
火燒熟已　各雜色生　箭竹生葱
角生於蒜　不淨之處　蠅生於蟲
世間之中　有果似因　或有諸物
不似因者　皆因變壞　而有果生

微塵等因　體不變壞　不應妄作
如是分別　无能作我　內我勝我
亦无我意　境界諸根　和合為因
而生於識　智者方便　善知衆境
破煩惱等　一切諸魔　世有貪愛
如炎得蜜　貪愛着除　衆縛悉解
如蛾螫物　瞋毒亦然　生死趣中
多所惱害　諸仁若欲　令彼除盡
宜各勤心　修於觀行

大乘密嚴經阿賴耶建立品第六

尒時金剛藏菩薩摩訶薩復告衆言諸仁者我念昔曾蒙佛興力而得妙定廓然明見十方國土修世定人及佛菩薩所住之處於如是處中密嚴佛土安樂第一諸佛菩薩數如微塵處蓮花藏我於尒時一心瞻仰尋從定出即自見身與諸菩薩在密嚴土復於尒時見解脫藏住在宮中其量大小如一指節色相明絜如阿恒斯花亦如空中清淨滿月我時見已便生念言此為是誰而有如是不思議事作是念時即見我身在其身內於中普見一切世間尒時蓮花藏中衆

量菩薩以佛神力亦如是見咸生是
念此為希有不可思議時天中天所
為事畢還攝神力諸菩薩等悉復如
故我時見此希有事已知諸菩薩種
種變現是佛境界不可思議諸仁者
如來昔為菩薩之時從初歡喜至法
雲地得陁羅尼句義无盡及首楞嚴
等諸大三昧意生之身八種自在如
應而現遊戲神通名稱光明如是等
一切功德悉已成就轉復清淨逮成
正覺住密嚴土隨宜變化佛及菩薩
種種色像自然周遍一切世間轉妙
法輪令諸衆生速滅凝闇修行善法
或有菩薩見佛身相尸利婆蹉等具
足莊嚴自然光明猶如盛火與諸菩
薩住如蓮花清淨之宮常遊妙定以
為安樂或見大樹緊那羅王現百千
億種種變化如月光明遍諸國土或
見无量佛子智慧善巧衆相莊嚴頂
飾寶冠身佩瓔珞住兜率陁等諸天
之宮或見普賢有大威力得一切智
無畏辯才身相光明獨无倫比所居
宮殿如淨滿月雖住密嚴正定之海

而現衆色像靡不周遍一切賢聖所
共稱譽无量天仙乹闥婆等國王王
子并其眷屬圍遶侍衛或復見有觀
行之師諸佛子衆所共圍遶住禪寂
靜猶如睡眠而離惛沉懈怠等過悉
曾侍奉无量諸佛或復有見為大導
師降神誕生出家苦行一心正定乃
至涅槃於虛空中行住坐卧現諸神
變令閻浮提至色究竟諸天人等莫
不瞻仰諸仁者諸佛體性唯佛所知
佛之智慧最上无比如釋迦牟尼人
中師子之所已得汝諸佛子咸當得
之是故仁等應生淨信信為佛體必
當解脫斯人或作轉輪聖王及諸小
王乃至或生梵天等宮而為天主是
諸佛子轉復精進於蓮花藏清淨佛
土與諸菩薩蓮花化生入一乘道離
貪等習乃至降伏欲界天魔夫精進
者志无怯弱光隆佛家王諸國土諸
仁者若欲作佛當淨佛種性淨種性
已必為如來之所授記成无上覺刹
益一切諸修行者辟如大地與諸衆
生而作所依又如良醫善調衆藥周

行城邑普心救療佛亦如是平等教
化心无分別設有衆生割截肌膚心
亦不動諸仁者内外境界心之所行
皆唯是識惑乱而見此中无我亦無
我所能害所害害及害具一切皆是
意識境界依阿賴耶如是分別辟如
有人置珠日中或因鑽燧而生於火
此火非是珠燧所生亦非人作心意
識亦復如是根境作意和合而生此
性非如陽焰夢幻迷惑所取亦不同
於龜毛之毛及以兎角如霹靂火為
從水生為從電生為雷生耶无能定
知此所從生如見陶師造於瓶等欲
等心法與心共生亦復如是諸仁者
心之體性不可思議密嚴中人善能
知見諸仁者一切衆生阿賴耶識本
來而有圓滿清淨出過於世同於涅
槃辟如明月現衆國土世間之人見
有虧盈而月體性未甞增減藏識亦
尒普現一切衆生界中性常圓潔不
增不減无智之人妄生計著若有於
此能正了知即得無漏轉依差別此
差別法得者甚難如月在雲中性恒

明絜藏識亦尒於轉識境界習氣之中而常清淨如河中有木隨流漂轉而木與流體相各別藏識亦尒諸識習氣雖常與俱不為所雜諸仁者阿頼耶識恒與一切染淨之法而作所依是諸聖人現法樂住三昧之境人天等趣諸佛國土悉以為因常與諸乗而作種性若能了悟即成佛道諸仁者一切衆生有具功德威力自在乃至有生險難之處阿頼耶識恒住其中作所依止此是衆生无始時界諸業習氣能自增長亦能增長餘之七識由是凡夫執為所作能作內我諸仁者意在身中如風速轉業風吹動遍在諸根七識同時如浪而起外道所計勝性微塵自在時等悉是清淨阿頼耶識諸仁者阿頼耶識由先業力及愛為因成就世間若干品類妄計之人執為作者此識體相微細難知未見真實心迷不了於根境意而生愛著尒時金剛藏菩薩摩訶薩復說偈言

汝等諸佛子　云何不見聞　藏識體清淨

衆身所依止　或具三十二　佛相及輪王
或為種種形　世間皆悉見　譬如淨空月
衆星所環繞　諸識阿頼耶　如是身中住
譬如欲天主　侍衛遊寶宮　江海等諸神
水中而自在　藏識處於世　當知亦復然
如地生衆物　是心多所現　譬如日天子
赫奕乗寶宮　旋繞須彌山　周流照天下
諸天世人等　見之而禮敬　藏識佛地中
其相亦如是　十地行衆行　顯發大乗法
普與衆生樂　常讃於如来　在於菩薩身
是即名菩薩　佛與諸菩薩　皆是頼耶名
佛及諸佛子　已受當受記　廣大阿頼耶
而成於正覺　密嚴諸定者　與妙定相應
能於阿頼耶　明了而觀見　佛及辟支佛
聲聞諸異道　見理無怯人　所觀皆此識
種種諸識境　皆從心所變　瓶衣等衆物
如是性皆無　悉依阿頼耶　衆生迷惑見
以諸習氣故　所取能取轉　此性非如幻
陽焰及毛輪　非生非不生　非空亦非有
譬如長短等　離一即皆无　智者觀幻事
此皆唯幻術　未曾有一物　與幻而同起
幻焰及毛輪　和合而可見　離一無和合
過未亦非有　幻事毛輪等　在在諸物相

此皆心變異　無體亦无名　世中迷惑人
其心不自在　妄說有能幻　幻成種種物
幻師輒瓦等　所作衆物類　動轉若去来
此見皆非實　如鐵因磁石　所向而轉移
藏識亦如是　隨於分別轉　一切諸世間
无處不周遍　如日摩尼寶　无思及分別
此識遍諸處　見之謂流轉　不死亦不生
本非流轉法　定者勤觀察　生死猶如夢
是時即轉依　說名為解脫　此即是諸佛
取上之教理　審量一切法　如稱如明鏡
又如大明燈　亦如試金石　遠離於斷滅
正道之標相　修行妙定者　至解脫之因
永離諸雜染　轉依而顯現

大乗密嚴經卷中

大乘密嚴經卷中

校勘記

一 底本，金藏廣勝寺本。

一 二二六頁中一行「卷中」，徑作「卷第二」。卷末卷次同。

一 二二六頁中三行品名，「之餘」，石作「第二」；徑、清作「第二之二」；麗作「第二之餘」。

一 二二六頁中七行第七字「齊」，資、磧、普、南、徑、清作「齎」。

一 二二七頁中一六行第三字「而」，資、磧、普、南、徑、清作「無」。

一 二二七頁下一四行第一一字「云」，諸本作「言」。

一 二二七頁下二一行第一一字「心」，諸本作「念」。

一 二二八頁中一一行首字「天」，諸本作「次」。

一 二二八頁中一九行第二字「億」，資、磧、普、南、徑、清作「佛」。

一 二二八頁下六行「法王」，諸本作「王法」。

一 二二八頁下六行第一二字「示」，石作「是」。

一 二二九頁上一八行「足輪」，資、磧、普、南、徑、清作「輪輻」。

一 二二九頁中七行第一三字「熟」，資、磧、普、南、徑、清作「敦」。

一 二二九頁中一一行首字「治」，石、資、磧、普、南、徑、清作「治」。

一 二二九頁下五行品名上經名，徑、清無，下同此例。

一 二二九頁下一一行第六字「共」，資作「去」。

一 二二九頁下一三行第六字「寃」，資、磧、普、南、徑、清作「惋」。

一 二二九頁下一六行末字「是」，徑作「自」。

一 二三〇頁上一一行第一〇字「久」，諸本作「之」。

一 二三〇頁上一六行第六字「常」，磧、普作「當」。

一 二三〇頁下一一行「動植」，資作「種植」；磧、普、南、徑、清作「動搖」。

一 二三一頁中五行第三字「濡」，資、磧、普、南、徑、清作「潤」。

一 二三一頁下一一行首字「或」，磧、普、南、徑、清作「我」。

一 二三一頁下一一行第一一字「及」，諸本作「乃」。

一 二三二頁上一〇行第一二字「弥」，磧、普、南、徑、清作「陀」。

一 二三二頁上一三行第二字「柱」，石、徑作「住」。

一 二三二頁上末行第一一字「三」，麗作「二」。

一 二三二頁中一五行第一三字「於」，徑、清作「諸」。

一 二三二頁中一六行第六字「或」，資、磧、普、南、徑、清作「惑」。

一 二三二頁下五行第二字「史」，諸本作「吏」。

一 二三二頁下一一行第三字「葺」，諸本作「茸」。

一　二三三頁上一五行第二字「三」，資、磧、普、南、徑、清作「二」。

一　二三三頁中二一行第四字「蒜」，資、磧、南、清作「菻」。

一　二三五頁上七行首字「大」，諸本作「天」。

一　二三五頁上一一行第三字「作」，資作「依」。

一　二三五頁中一〇行第六字「常」，清作「當」。

一　二三五頁下一三行首字「水」，資、磧、普、南、徑、清作「永」。

大乘密嚴經卷下　畢一

唐天竺三藏地婆訶羅奉　制譯

自識境界品第七

尒時金剛藏菩薩摩訶薩遍觀十方從髻珠中放大光明其光普照一切國土及密嚴中諸菩薩衆放斯光已即告如實見菩薩言仁主雪山之中有一惡獸名為能害變詐百千以取諸獸殺之而食若見牝鹿有子之者便為子聲悲鳴相呼若見牝鹿便現有角與其相似而往親附彼无驚懼殺而食之見牛馬等種種諸獸悉同彼形而肆其惡仁主一切外道於阿賴耶所生我見亦復如是如彼惡獸變種種形著我之人所執我相各各差別乃至極小猶如微塵仁主是諸我執於何而住不住於餘但住自識計我之人言我與意根境和合意等和合而有識生本无有我如衣與花和合而有香氣未和合時無香可得是故當知但惟有識心及心法無別有我如盤中果如籠中燈如伊尸迦文聞之草而可得者但以因緣心心法生此中無我亦无有生微妙一相本来寂靜是諸佛菩薩觀行之人内證境界諸外道等不了惟識生於我見无知法智而強分別執著有无若一若多我我所論如彼惡獸多所傷殺此亦如是令諸衆生於生死中馳驚往来不皆親近佛及菩薩諸善知識展轉遠離无歸向時違背聖道失於已利於三乘中乃至不得一乘之法為取所縛不見真諦不得預於密嚴之土乃至名字亦不得聞仁主諸觀行人咸於此識淨除我見汝及諸菩薩摩訶薩亦應如是既自勤修復為人說令其速入密嚴佛土

大乘密嚴經阿賴耶微密品第八

尒時衆中有菩薩名曰寶手白衆色寂勝王言王應請問金剛藏住三昧者一切世間所有衆法離諸分別及以名字不相應名相應之名彼法自性於何而住此諸佛子專心願聞時衆色寂勝王即隨其義而問之曰

名想等境界　一切世間法　為惟是分別

為離分別有　如其所立名　是名何所住
金剛自在者　願為我宣說
尒時金剛藏菩薩摩訶薩以偈荅曰
世間種種法　一切惟有名　但想所安立
離名无別義　四蘊惟名字　是故說為名
如名摩納婆　但名无有體　佛及諸佛子
說名惟在相　離相而有名　不作是分別
是故依於相　分別種種名　譬如袟吐等
此皆无有實　凡夫所分別　莫不皆依相
是故世間法　離相即皆无　瓶衣車乘等
名言所分別　色相離可說　體性无所有
世間衆色法　但相無有餘　惟依相立名
是名无實事　王應觀世法　離名无所有
但以分別心　而生於取者　若離於分別
取者即不生　无生即轉依　證於无盡法
是故大王等　常應觀想事　但是分別心
離此即无有　形相體增長　散壞皆與身
如是等衆名　皆惟色之想　想名及分別
體性本无異　隨於世俗義　建立而不同
若捨離名字　而求於物體　過去及未来
此皆无所得　能知諸識起　無有所知法
所知惟是名　世法悉如是　以名分別法
法不稱於名　諸法性如是　不住於分別

以法惟名故　想即無有體　想无名亦無
何處有分別　若得无分別　身心恒寂靜
如木火燒已　畢竟不復生　譬如人負擔
是人名擔者　隨其擔有殊　擔者相差別
名如所擔物　分別名擔者　以名種種故
分別各不同　如見杌為人　見人以為杌
人杌二分別　但有於名字　諸大和合中
分別以為色　若離於諸大　色性即无有
如德依瓶處　瓶依名亦然　捨名而取瓶
瓶終不可得　瓶不住瓶體　名豈住於名
二合生分別　名量亦非有　住於如是定
其心不動搖
譬如金石等　本来无水相　與火共和合
若水而流動　藏識亦如是　體非流轉法
諸識共相應　與法同流轉　如鐵因磁石
周迴而轉移　二俱無有思　狀若有思覺
賴耶與七識　當知亦復然　習繩之所繫
無人而若有　普遍衆生身　周行諸險趣
如鐵與磁石　展轉不相知　或離於險道
而得住諸地　神通自在力　如幻首楞嚴
乃至陁羅尼　莫不皆成滿　讚佛實功德
以之為供養　或現无量身　一身无量手
肩頭口及舌　展轉皆无量　往詣十方國

供養諸如来
或雨衆妙花　寶衣及瓔珞　其積甚高廣
如須弥等山　供養於如来　及以諸菩薩
或作寶宮殿　如雲備衆彩　化現諸天女
遊處於其中　妓樂衆妙音　供養於諸佛
或與佛菩薩　遊止常共俱　一切衆魔怨
自在而降伏　得自證三昧　已轉於所依
闡揚五種法　八識及無我　相續无暫停
一心而供養
或現身為小　其量如微塵　復現為大身
无邊不可測　種種諸色相　以供養如来
或於自身中　普納諸世界　復以諸世界
置之於芥子　大海為牛跡　牛跡海亦然
是中諸衆生　身心无所嬈　一切所資用
平等而饒益　如日月如地　如水及火風
又如大寶洲　亦如良妙藥
諸法不生滅　不斷亦不常　一異及来出
如是悉无有　妄立種種名　是為遍計性
諸法猶如幻　如夢與乾城　陽焰水中月
火輪雲電等　此中妄所取　是為遍計性
種種諸名字　說於種種法　此皆无所有
是為遍計性　一切世間法　不離於名色
斯皆但有名　離名无別義　如是遍計性

我說為世間
眼色等為緣　而起三和合　聲依捊鼓發
牙從地種生　宮殿及瓶衣　无非衆緣起
衆生若諸法　此悉依他性　若法是無漏
其義不可捨　證智所從生　此性名真實
諸法相差別　已說其自性　若離自性門
諸法不明了　如人以衆物　幻作種種形
色相雖不同　性皆无決定　世事悉如是
種種皆非實　妄情之所執　遍計无有餘
譬如摩尼寶　隨色而像現　世間亦復然
但隨分別有　體用无所在　是為遍計性
如乾闥婆城　非城而似城　亦非无有因
而能如是見　世間種種物　應知悉亦然
日月及諸山　屋宅煙雲等　體相各差別
未嘗有雜亂　自他及與共　體性皆不成
但是所分別　遍計之自性　諸物非因生
亦非无有因　若有若非有　此皆情所執
名依於相起　二從分別生　正智及如如
遠離於分別　心如相顯現　相為意所依
意及五心生　猶如海波浪　習氣无有始
境界亦復然　心因習氣生　境令心惑亂
依止賴耶識　一切諸種子　心如境界現
是說為世間　七識阿賴耶　展轉力相生

如是八種識　不常亦不斷　一切諸世間
似有而安布
有情諸衆生　我等三和合　發生種種識
了別於諸境　或有妄計言　作者業因故
生於梵天等　內外諸世間　世間非作者
業及微塵作　但是阿賴耶　變現似於境
藏識非緣作　藏亦不作緣　諸識雖流轉
无有三和合　賴耶體常住　衆識與之俱
如輪與水精　亦如星共月　從此生習氣
新新自增長　復增長餘識　餘識亦復然
如是常輪轉　悟者心方息
譬如火燒木　漸次而轉移　此木既已燒
復更燒餘木　依止賴耶識　无漏心亦然
漸除諸有漏　永息輪迴法　此是現法樂
三昧之境界　衆聖由斯道　普詣十方國
如金在礦中　无有能見金　智者善陶鍊
其金乃明顯　藏識亦如是　習氣之所纏
三昧淨除已　定者常明見　如酪未攢搖
酥終不可得　是故諸智者　攢酪而得酥
藏識亦復然　諸識所纏覆　密嚴諸定者
勤觀乃能得　密嚴具大明　妙智之殊𢬵
佛子勤修習　當生此國中　色及无色界
空識非非想　於彼常勤修　而來生此處

此中諸佛子　威光猶日月　住於修行地
演說相應言　如來所證法　隨見而轉依
一切佛世尊　灌頂授其位　雖住密嚴土
應物隨所宜　在空而變化　若見或聞法
尒時金剛藏菩薩摩訶薩復告大衆
諸仁者阿賴耶識從无始來為戲論
熏習諸業所繫輪迴不已如海因風
起諸識浪恒生恒滅不斷不常而諸
衆生不自覺知隨於自識現衆境界
若自了知如火焚薪即皆息滅入無
漏位名為聖人諸仁者阿賴耶識變
似衆境弥於世間意識執我我
所諸識於境各各了別諸仁者心積
集業意亦復然意識了知種種諸法
五識分別現前境界如瞖目者見似
毛輪於似色心中非色計色諸仁者
如摩尼寶體性清淨若有置於日月
光中隨其所應各雨其物阿賴耶識
亦復如是是諸如來清淨之藏與習
氣合變似衆色周於世間若无漏相
應即雨一切諸功德法如乳變異而
成於酪乃至酪漿阿賴耶識亦復如
是變似一切世間衆色如瞖目者以

翳病故見似毛輪一切衆生亦復如是以習氣翳住藏識眼生諸似色此所見色辟如陽焰遠離有无皆阿賴耶之所變現諸仁者依於眼色有似色識如幻而生住於眼中其相飄動如熱時焰諸仁者一切衆色皆阿賴耶與色習相應變似其相非别有體同於愚夫妄所分别諸仁者一切衆生若坐若卧若行若立惛醉睡眠乃至狂走莫不皆是阿賴耶識辟如盛日舒光燭地氣蒸飄動猶如水流渴獸迷惑向之奔走阿賴耶識亦復如是體性非色而似色現分别之人妄生取著如磁石力令鐵轉移雖无有心似有心者阿賴耶識亦復如是為生死法之所攝持往來諸趣非我似我如水中有物雖無思覺而隨於水流動不住阿賴耶識亦復如是雖無分别依身運行如有二象搊力而鬬若一被傷退而不復阿賴耶識應知亦然斷諸染分更不流轉辟如蓮花出離淤泥皎潔清淨離諸塵垢諸天貴人見之稱敬阿賴耶識亦復如是

出習氣泥而得明潔為諸佛菩薩大人所重如有妙寶世所希絶在愚下人邊常被汙賤智者得已獻之於王用飾寶冠為王所戴阿賴耶識亦復如是諸如來清淨種性於凡夫位恒被雜染菩薩證已斷諸習氣乃至成佛常所寶持如美玉在水龜衣所覆阿賴耶識亦復如是在生死海為諸惡習覆而不現諸仁者阿賴耶識有能取所取二種相生如虵有二頭所樂同往此亦如是與色相俱世間之人取之為色或計我我所若有若无能作世間於世自在諸仁者阿賴耶識雖種種變現而性甚深无智之人不能覺了辟如幻師幻作諸獸或行或走相似衆生都无定實阿賴耶識亦復如是幻作種種世間衆生而無實事凡愚不了妄生取著起微塵勝性自在丈夫有無等見諸仁者意能分别一切世間是分别見如畫中質如雲中形如翳夢者所見之物如因陁羅弓如乾闥婆城如谷響音如陽焰水如川影樹如池像月分别之

人於阿賴耶如是妄取若有於此能正觀察知諸世間皆是自心是分别見即皆轉滅諸仁者阿賴耶識是意等諸法習氣所依為分别心之所擾濁若離分别即成无漏無漏即常猶如虚空若諸菩薩於阿賴耶而得三昧則生无漏禪定解脫方便力自在神通如是等諸功德法十究竟願意生之身轉於所依識界常住同虚空性不壞不盡諸仁者如來普見一切世間无有增减般涅槃者非是壞滅亦無非衆生而今始生十方國土同一法性諸佛出世不出世間一切諸法住於法性不常不斷若解脫者衆生界滅即壞如來一切智性去來今佛所知之法不得平等又若涅槃衆生滅者誰離於苦有餘无餘降魔等事皆是妄說是故當知諸觀行者證於解脫其身常住離衆有蘊滅諸習氣辟如熱鐵投之冷水熱勢雖除而鐵不壞此亦如是諸仁者阿賴耶海為戲論麁重所擊五法三性諸識波浪相續而生所有境界其相飄動於

无義處中似義而現諸仁者阿賴耶識行於諸蘊稠林之中意為先導意識決了色等衆境五識依根了現境界所取之境莫不皆是阿賴耶識諸仁者阿賴耶識與壽命煖觸和合而住意住於此識復住意所餘五識亦住自根諸仁者心意及識住於諸蘊為業所牽流轉不息諸所有業因愛而起以業受身身復造業捨此身已更受餘身如步屈蟲行心及心法生於諸趣復更積集稠林之蘊諸仁者壽煖及識若捨於身身无覺知同於木石諸仁者藏識是心執我名意取諸境界說之為識諸仁者心能持身意著諸趣意識遍了五現分別諸仁者藏識為因生於諸識意及意識又從所緣无間而起五識復待增上緣生以同時自根為增上故諸仁者身如起屍亦如陽焰隨於諸行因緣而轉非是虛妄亦非真實為愛所牽性空无我諸仁者意等諸識與心共生五識復與意識同生如是恒時大地俱轉諸仁者阿賴耶識為愛所熏而

得增長自增長已復增餘識如輪不絕以諸識故衆趣得生於諸趣中識復增長識與世間更互為因如河中流前後不斷如牙與種相續而生各各差別分明顯現識行亦尒三和合已復更和合差別而生無有斷絕內外衆法因茲而起一切凡夫不了自心汝諸佛子應勤觀察尒時衆色最勝王等復向金剛藏菩薩摩訶薩而作是言

金剛三昧藏　得无所畏者　善入於密嚴
能演一切法　佛及諸佛子　三昧正思惟
所見諸法相　微妙最無比　惟願大智者
為我等宣說
尊者恒安住　摩尼月藏宮　坐於師子座
菩薩衆圍遶　願為諸瑜祇　說密嚴定法
此是月幢佛　為衆所開演　彼衆當來此
願說而無倦

尒時月幢世尊无量分身在於欲色諸天宮殿有無央數菩薩及諸天等圍遶供養說密嚴中諸无畏者所修觀行實相之法彼諸菩薩聞說是已得內證智相應三昧心不樂於正位

之樂不住實際即於定中平相觀察心各念言其誰已見證於實相觀行之首云何而得見斯人乎心生渴仰僉然而住彼諸佛子復更思惟何者是定云何非定於何所定孰是其定所待之緣作是念已以三昧力見密嚴土中菩薩之王首戴寶冠三十二相以為嚴飾彼諸菩薩便從定起著上好衣從他方无量佛國而來此會一心瞻仰金剛藏尊尒時金剛藏菩薩摩訶薩周顧四方見諸大衆便生覺念將欲說法熙怡微笑發和雅音而說偈言

汝等諸佛子　咸應一心聽　定境難可思
非分別所了　定及於定者　定緣亦復然
離諸欲不善　而有於覺觀　寂靜生喜樂
是謂入初禪　如是漸次第　四八至于十
外道者我者　常修此諸定　一切聲聞衆
辟支佛亦然　了知於世間　諸法之自相
蘊處如空宅　此中无有我　無思无動作
如機關起屍　但有三和合　本无能作者
外道修定人　起於定性見　此人迷法相
壞於一切法　若有能修行　如來微妙定

善知蘊无我　諸見悉除滅　一切惟有識
諸法相皆無　无能相所相　無界亦无蘊
分析至微塵　此皆無所住
地水等衆物　皆從分別生　不知其性者
取於如是相　思色與好色　似色餘亦然
譬如虚空中　雲霓等衆彩　思惟如骨瑣
遍滿於世間　及遍處想觀　觀於諸大等
身有色无色　定者常諦思　若於緣一心
即緣說清淨　如其所分別　即彼成所緣
非定非定者　妄計以為定　定者在定中
了世皆藏識　法及諸法相　一切皆除遣
獲於勝定者　善說於諸定　破諸修定人
妄智所知法　若人生小智　取法及於我
自謂誠諦言　善巧說諸法　計著諸法相
自壞亦壞他　无能相所相　妄生差別見
甜性能除熱　苦醋鹹止痰　辛物變於冷
鹹能已風疾　身中有痰熱　共生於癃病
或復但因風　或三和合起　以病各差別
良醫說衆方　石蜜并六分　庚沙諸食等
能除衆生身　種種諸瘧疾　若法有自性
及以諸相者　藥无除病能　病者不應差
云何世人見　服藥病除愈　定者觀世間
但是賴耶識　變異而流轉　譬如衆幻獸

无能相所相　蘊與於蘊者　亦無支分殊
及以有支分　世中无能作　而作於世間
亦非散十方　微塵之所聚　非初㝡微細
漸次大如指　二指或復三　諸物轉和合
求鄰各差別　如是義皆无　非時非勝性
及三法所作　亦非無有因　自然而得有
斯由業習氣　擾濁於內心　依心及眼根
種種妄分別　意與於意識　及以阿賴耶
普現於世間　如幻作衆物　瓶等衆境界
悉以心為體　非瓶似瓶現　是故說為空
世間所有色　諸天宮殿等　皆是阿賴耶
變異而可見　衆生身所有　從頭至手足
頓生或漸次　無非阿賴耶　習氣濁於心
凡愚不能了
此性非是有　亦復非是空　如人以諸物
擊破於瓶等　物體若是空　即无能所破
譬如須彌量　我見未為惡　憍慢而著空
此惡過於彼　空性隨應說　不應演非處
若演於非處　甘露即為毒　一切諸衆生
生於種種見　欲令斷諸見　為說於空理
聞空執為實　不能斷諸見　此見不可除
如病醫所捨　譬如火燒木　木盡火不留
見木若已燒　空火亦應滅　生於智慧火

諸見得滅時　普燒諸煩惱　一切皆清淨
具足以此智　密嚴而解脫
不見以兔角　觸壞於大山　曾無石女兒
執箭射於物　未聞欲鬬戰　而求兔角弓
誰復須宮室　令石女兒造　一切法空性
與法常同體　始於胎藏時　色生便滅壞
離空无有色　離色无有空　如月與光明
始終恒不異　諸法亦如是　空性與之一
展轉无差別　所為皆得成　是身如死屍
本來無自性　恒為愛繩縛　境界所牽動
佛說於空理　為欲斷諸見　汝等有智人
宜應一心學　譬如工幻者　以諸呪術力
草木等衆緣　隨意之所作　係於眼及愛
作意色與明　如是眼識生　如幻亦如焰
是識无來處　去亦無處所　諸識性如是
不應著有无　譬如石女兒　兔角毛輪等
本來無有體　妄立於名字　師子熊羆類
此皆无有角　何故不分別　惟言兔角無
善巧談論者　豈不能宣說　古先諸智人
但說兔無角　或者妄分別　如瘖及聾瞽
斯人无現智　不能自證法　但隨他語轉
何用分別為　若離於分別　當生密嚴土
一心正定中　普現十方國

譬如天宮殿　衆星及日月　依止須弥山
風力所持運　七識亦如是　依於阿賴耶
習氣之所持　處處恒流轉　譬如依大地
發生種種物　一切諸含情　乃至衆珎寶
藏識亦如是　衆識之所依
譬如孔雀鳥　毛羽多光色　雄雌相愛樂
鼓舞共歡遊　定者觀賴耶　應知亦如是
種子及諸法　展轉相依住　譬如百川流
日夜歸大海　川流无有盡　海亦不分別
藏識亦如是　甚深無有涯　諸識之習氣
日夜常歸住　如地有衆寶　及餘種種物
給施諸衆生　隨其所資用　藏識亦如是
與諸分別俱　增長於生死　轉依成正覺
善行清淨行　出過於十地　入如来地中
十力皆圓滿　正住於真際　常恒不壞滅
如地无分別　應化无有窮　如春衆花發
人鳥皆欣翫　執持識亦然　定者多迷取
如是諸佛子　无慧離真實　於義不善知
妄言生决定　非法離間語　誑惑於衆生
諸法別異住　而別起言說　譬如工幻師
善用於呪術　於无花果處　現種種花果
如是佛菩薩　善巧方便智　世間別異住
別異而安立　說種種教門　誘誨无終巳

決定真實法　密嚴中顯現　六界與十八
十二處丈夫　意繩之所牽　衆生以流轉
八識諸界處　共起而和合　從於意繩轉
前身復後身　佛說此丈夫　隨世因流轉
是一切身者　縛生無斷絶
尒時金剛藏菩薩摩訶薩說諸界處
丈夫義已摩尼寶藏清淨宮中巳得
无畏諸大菩薩皆前頂礼又有无量
佛菩薩衆從諸國土来此會者同聲
讃曰善哉善哉衆中復有无量菩薩
諸天及諸天女皆從座起合掌而立
遞相瞻顧而說偈言
一切定者中　惟仁為上首　今為諸菩薩
說微妙丈夫　遠離於外道　著我等之論
如仁所宣示　六界淨丈夫　但是諸界合
隨因以流轉　譬如虛空中　有鳥跡明現
亦如離於木　而火得熾然　空中鳥跡現
離木而有火　我及諸世間　未曾見是事
鳥飛以羽翰　空中无有跡　仁者說丈夫
與鳥跡相似　云何於諸有　得有輪迴義
而說界丈夫　常流轉生死　受諸苦樂果
所作業无失
如農夫作業　未嘗不得果　此果成熟巳

後果當復生　身者亦復然　住身修善行
前生後生處　恒受人天樂　或常修福德
資糧為佛因　解脫及諸度　速成於正覺
生天自在果　觀行見真義　若離趣丈夫
一切悉無有　有丈夫流轉　在於生死中
下從阿鼻獄　上至諸天處　是業必生果
所作不唐捐
若内外世間　平力而生起　此法似於彼
彼從於此生　雖離趣丈夫　得有轉迴者
如言石女子　威儀而進退　兎角有銛利
沙中能出油
尒時會中諸菩薩天及天女說是語
已皆共供養所應供者金剛藏尊并
諸菩薩供養畢已復共同心而說偈言
法眼具無缺　因喻皆莊嚴　能伏他人論
顯示自宗德　是故大精進　宜應速開演
此會天人等　一心皆願聞
尒時金剛藏菩薩摩訶薩以偈荅曰
此法深難思　分別不能及　瑜伽清淨理
因喻所開數　密嚴修定處　於中我宜說
汝等諸天人　咸應一心聽
尒時金剛藏菩薩摩訶薩說是語巳
復向大樹緊那羅王而說偈言

大樹緊郁羅　汝應知法性　諸法云何住
性空无所有　如是見相應　於定不迷惑
如飯一粒熟　餘粒即可知　諸法亦復然
知一即知彼　譬如攢酪者　嘗之以指端
如是諸法性　可以一觀察　法性非是有
亦復非是空　藏識之所變　藏以空為相
尒時大樹緊郁羅王以偈問曰
云何心量中　而有界丈夫　云何生諸界
堅濕及煖動
尒時金剛藏菩薩摩訶薩聞是語已
偈荅之言
善𢦏大樹王　汝今作是問　欲令修行者
其心諸真實　我今為汝說　琴師應善聽
汝昔乘宮殿　并諸眷屬俱　鼓樂從空下
而來詣佛所　汝手所鳴琴　琉璃以為飾
撫奏聲和雅　悅動於衆心　无量諸聲聞
在佛所觀聽　不能持本志　各自起而舞
時天冠大士　告迦葉等言　汝等離欲人
云何而舞戲　是時大迦葉　白彼天冠士
菩薩有大力　譬如旋嵐風　聲聞无定智
如黒山搖動　雖離欲分別　尚漆習氣涅
彼捨諸習氣　心淨當成佛
汝於微細境　其心已通達　種種世論中

明了而決定　善於諸地相　及佛清淨法
汝在宮殿中　眷屬所圍遶　清淨而嚴好
譬如盛滿月　能於修觀行　自在之衆中
問我界丈夫　云何從心起　汝及諸佛子
咸應一心聽　如其諸界内　心名為丈夫
諸界因此生　是義我當說　津潤生於水
炎盛生於火　動搖諸作業　因斯起風界
從於色分齊　有地及虛空　境界與諸習
識生而會聚　眼及於色等　相狀各不同
此為生廣門　諸有恒相續
尒時摩尼寶藏自在宮中持進菩薩
與无量菩薩俱從座而起稽首作礼
持諸妙供而以供養金剛藏尊復張
寶網弥覆其上同聲讃曰善𢦏善𢦏
而說頌言
尊者住法雲　善入於佛地　能為諸菩薩
開示如來境
尒時大樹緊郁羅王并諸婇女復持
種種妙好供具以為供養供養畢已
偈讃之曰
善𢦏金剛藏　得无所畏者　為我等開演
如來微妙法　今此摩尼殿　清淨最吉祥
尒時聖者觀自在菩薩慈氏菩薩得

大勢菩薩文殊師利菩薩寶髻菩薩
天冠菩薩總持王菩薩一切義成菩
薩如是等菩薩摩訶薩及餘无量修
觀行者皆是佛子有大威德善能開
示觀行之心悉從座起平相觀察向
金剛藏菩薩摩訶薩而說偈言
惟願金剛尊　顯示於法眼　尊者善地相
一切咸綜知　如來常念持　佛子所宗敬
今此大力衆　同心而勸請　瑜伽自在者
願示於密嚴　普令諸世間　得所未曾有
此法最清淨　遠離於言說　化佛諸菩薩
經中未開演　諸聖現法樂　見真无漏界
自覺智所行　清淨最無比　具足衆三昧
及以陁羅尼　諸自在解脫　意生身十種
嚴淨佛國土　不可思議數　佛及諸菩薩
身量如微塵　乃至如毛端　百分中之一
密嚴佛國土　諸土中最勝　如是觀行者
來生於是間　此皆何所因　佛子願宣說
尒時金剛藏菩薩摩訶薩三十二相
八十種好莊嚴其身為欲宣示無分
別離分別先佛法眼如師子王普觀
衆會知其智力堪能聽受即以梵聲
迦陵伽聲廣長舌相清美之聲其聲

決定衆所悅可无有麁擴調柔簡暢
鍵羅摩聲烏拖多聲悉利多聲離沙
婆聲般遮摩聲毗嵐彌僧度路等聲
皆悉具足无量功德而共相應不令
聽者其心迷著善能了達音聲之相
一切天人乾闥婆等莫不欣樂金剛
藏菩薩摩訶薩口无言說以本願力
於其身上眉額頂鼻乃至有膝猶如
變化自然而出如是之音為諸大衆
演說法眼辟如鵝王群鵝翼從在沙
汀上素潔嚴好金剛藏大精進者住
於自在清淨之宮諸佛子衆所共圍
繞嚴潔亦尒如空中朗月光暎衆星
金剛藏菩薩亦復如是處師子座暎
蔽一切諸修行者如月與光無有差
別佛與金剛藏菩薩亦復如是等无有
異尒時如實見菩薩摩訶薩住修行
地衆中上首從座而起合掌恭敬觀
諸菩薩說是偈言
嗚呼大乘法　微妙不思議　如來之境界
佛子應頂礼　无思離垢法　希有甚難遇
一切國土中　諸佛所觀察　大乘真實義
清淨无等倫　遠離諸分別　轉依之妙道

八種識境界　諸自性不同　五法及无我
差別而開示　五種習所纏　生諸惡分別
見此微妙法　清淨如真金　得於清淨者
即住佛種性　如來性微妙　非外道聲聞
一切國土中　密嚴為最上　種性成就已
而來生此國　尊者金剛藏　已得何三昧
所說清淨法　是何三昧境
尒時會中有无量菩薩衆稽首作礼
而說偈言
大智金剛藏　願為我開演　住何三昧中
而能說是法　此諸佛子等　一切皆願聞
尒時金剛藏菩薩大無畏者普觀衆
會智慧之力為住聽受不思議法為
不住耶諦觀察已知諸佛子堪受斯
法即說偈言
汝等諸佛子　咸應一心聽　我今為汝說
轉依之妙道　我所得三昧　名大乘威德
菩薩住是中　能演清淨法　亦見拘胝刹
所有諸如來　塵數那由他　在前而讚歎
善哉汝所說　此是瑜伽道　我等諸如來
皆行此三昧　於斯得自在　清淨成正覺
未曾有一佛　非此三昧生　是故此三昧
思惟不能及

若有諸菩薩　住是三昧中　即住不思議
諸佛之境界　證於自智境　及見於諸佛
變化百千億　乃至如微塵　内證之妙理
諸佛所安住　此法无諸相　遠離於聲色
名從於相生　相從因緣起　此二生分別
諸法性如如　於斯善觀察　是名為正智
名為遍計性　相是依他起　名相二俱遣
是為第一義　藏識住於身　隨處而流轉
習氣如山積　染意之所纏　末那有二門
意識同時起　五境現前轉　諸識身和合
猶如有我人　住在於身内　藏識瀑流水
境界風所飄　種種識浪生　相續恒无斷
佛及諸菩薩　能知法无我　已得成如來
復為人宣說　分拆於諸蘊　見人無我性
不知无有法　是說為聲聞　菩薩善能觀
人法二無我　觀已即便捨　不住於真際
若住於真際　便捨大悲心　功業悉不成
不得成正覺　希有難思智　普利諸群生
如蓮出淤泥　色相甚嚴潔　諸天聖人等
見之生愛敬　如是佛菩薩　出於生死泥
成佛體清淨　諸天所欣仰　從初菩薩位
或作轉輪王　天主阿修羅　乾闥婆王等
了悟大乘者　獲於如是身　漸次而修行

決定得成佛　是故諸佛子　宜應一心學
世間諸衆生　染淨等諸法　皆依於藏識
為因而得生　此因勝无比　諦實者宣示
非與於能作　自在等相似　世尊說此識
為除諸習氣　了知解脫已　此亦无所得
賴耶有可得　解脫非是常
如來清淨藏　亦名無垢智　常住无始終
離四句言說　佛說如來藏　以為阿賴耶
惡慧不能知　藏即賴耶識　如來清淨藏
世間阿賴耶　如金與指環　展轉无差別
譬如巧金師　以淨好真金　造作指嚴具
欲以莊嚴指　其相異衆物　說名為指環
現樂諸聖人　證於自智境　功德轉增勝
自共无能說　現法諸定者　了境唯是識
得第七地已　轉滅不復生　心識之所行
一切諸境界　所見雖差別　但識无有境
瓶衣等衆物　境界悉皆无　心變似境生
謂能取所取　譬如星月等　依須彌運行
諸識亦復然　恒依賴耶轉　當知賴耶識
即名為密嚴　譬如好真金　光色常充滿
自證清淨境　非分別境界　性與分別離
不可得分別　體實而是常　定者能觀見
意識所行境　但縛於凡夫　聖見悉清淨

密嚴經卷下　第二十七張　墨

譬如陽焰等

尒時世尊說是經已金剛藏等無量菩薩摩訶薩及從他方來此會者无央數衆聞佛所說皆大歡喜信受奉行

大乘密嚴經卷下

癸卯歲高麗國大藏都監奉
勑雕造

密嚴經卷下　第二十八張　墨

大乘密嚴經卷下

校勘記

一　底本，金藏廣勝寺本。二四七頁上、中兩版缺失，以麗藏本補。

一　二三八頁上一行「卷下」，徑作「卷第三」。卷末卷次同。

一　二三八頁中三行首字「自」，麗作「目」。

一　二三八頁中一〇行第一一字「牝」，資、磧、普、南、徑、清作「牡」。

一　二三九頁中末行「往指」，諸本作「往詣」。

一　二三九頁下四行第八字「修」，諸本作「備」。

一　二四〇頁中四行首字「了」，資、磧、普、南、徑、清作「分」。

一　二四〇頁中二〇行「復然」，資、磧、普、南、徑、清作「如是」。

一　二四一頁中三行第五字「汙」，石作「惡」。

一　二四二頁上一九行末字「而」，資、

磧、普、南、徑、清作「爲」。

一 二四二頁下四行第四字「住」，徑作「往」。

一 二四二頁下二二行第八字「定」，磧、普、南、徑、清作「空」。

一 二四三頁上六行末字「璅」，磧、普、南、徑、清作「鏁」。

一 二四三頁上一七行第三字「已」，磧、普、南、徑、清作「起」。

一 二四三頁中五行首字「求」，徑作「末」。

一 二四四頁中五行第六字「縛」，諸本作「續」。

一 二四四頁下九行第一三字「轉」，諸本作「輪」。

一 二四五頁中五行「如其」，徑作「其如」。

一 二四五頁下一八行第五字「聞」，諸本作「間」。

一 二四六頁中一三行第七字「住」，諸本作「任」。

文殊師利問菩薩署經一卷　墨

後漢月氏三藏支婁迦讖譯

舍利弗前長跪白佛願欲有所問惟佛肯者乃敢問佛言善哉善哉舍利弗當問汝若從文殊尸利但聞怛薩阿竭署因緣法名未悉得其事今為汝說之諦聽諦聽會利弗言受教及摩訶目揵蘭摩訶迦葉摩訶迦旃延摩訶拘絺邠利文陁弗須菩提阿難律朱利敢摩訶敢奈吒和羅阿難一一尊羅漢悉在會中皆起為佛作礼白佛願樂欲聞令菩薩悉當因緣摩訶僧鄰僧涅若男子若女人聞者皆當求之諸聲聞者皆當因其法所以求僧鄰僧涅者欲令一切其當脫者悉得羅漢諸一一尊比丘以華散佛上供養怛薩阿竭署諸欲天子悉以天華飛行供養以天技樂以樂之所以者何從本所不聞其字何況今當具足聞之釋提桓因以天上拘耆華樹而化滿其祇洹佛語舍利弗怛薩阿竭署者有四事何謂四事一者發意二者阿惟越致三者菩薩坐於樹下四者具足佛法是為四舍利弗問何因緣發意菩薩有一署所謂發意所作為一切十方作功德所以者何欲令皆得僧鄰僧涅故名曰一署阿惟越致署者一切有所作為无所希望求是地安隱地无所想地堅固地是為佛法基界故曰為二署坐於樹下者由不空起起者當成道故不離力無所畏是為三署怛薩阿竭署者如所署審如所署署不可數持尊之署已住怛薩阿竭阿羅呵三耶三佛陁已法教是為四署佛語舍利弗菩薩復有二署何謂二為聲聞轉法輪為阿惟越致轉法輪是為二署怛薩阿竭署名署已在中者已法有教色法佛法痛痒思想生死識法佛法其法者舍利弗不可議辟如愚人所作言是法可得是法不可得佛語舍利弗不可得者不教捨本空者諸法教名曰怛薩阿竭署舍利弗言何所是怛薩阿竭署佛言不可勝數是為署佛問舍利弗何所慧是署舍利弗言

怛薩阿竭不以法取法法者不可得
故是曰為慧署是菩薩所當學學者
當學怛薩阿竭署不念以過去世俗
法以應道法不說俗事之惡不言道
事可好如是學者為學怛薩阿竭署
不以識學是非是不作是學為怛薩
阿竭署不分別大大者謂眼色識不
分眼分別一切有念是為不學怛薩
阿竭署是人可度是人不可度作是
學為不學怛薩阿竭署怛薩阿竭署
者則一切人之署作是學者為學怛
薩阿竭署學怛薩阿竭署无央數署
一切法無所斷絶是為學怛薩阿竭
署佛語舍利弗不念諸法當有所生
於怛薩阿竭署无所想是為學怛薩
阿竭署不念是所有無所有佛語舍
利弗其欲學怛薩阿竭署者不想怛
薩阿竭為學怛薩阿竭署諸法无所
求是為署是則怛薩阿竭署佛語舍
利弗色法佛法痛痒思想生死識法
怛薩阿竭法諸法无所著隨署教一
切諸法不著已不念有無是則隨教
巳不著有无則隨無根之教如是學

為學怛薩阿竭署署者亦无過去當
来今現在如是署者見一切亦不見
一切舍利弗白佛言何謂為見无所
覆无所　蔽患見是為怛薩阿竭署
何謂為不見一切所謂不見其門無
所入是故不見是為怛薩阿竭署亦
不於署與空合并亦不思想亦不願
亦不可見亦不可得如寂者則其署
清淨署无能得長短署亦无有助署
者不可得助署者亦无有異是為署
無所從生署是謂怛薩阿竭署不亦
不足計亦不踝計亦不膝計亦不髖
計亦不腹計亦不脾計亦不手計亦
不顚計亦不頭計亦不內計亦不外
計亦不中間計亦无不極計亦不無
極計亦不上下四維東西南北計亦
不人計亦不須陁洹計亦不羅漢計
亦不辟支佛計亦不怛薩阿竭計亦
不有餘无餘計亦不脫有脫計亦不
計法所在不可計署无有字署是則
怛薩阿竭署佛語舍利弗今會者比
丘多有不聞是者未聞計言有是无
有是如我身諸法念亦作是語者便

隨其語作行不可計而為作計為法
處者因是有取與便有命持思想壽
欲壽壽欲得壽欲壽壽已欲壽壽壽
壽佛語舍利弗署亦不從法亦不從
非法亦不從有亦不從無當作是從
不可說怛薩阿竭從亦不從怛薩阿
竭者亦不壞敗亦不想覺是為怛薩
阿竭覺不可聞是故審聞如是說則
怛薩阿竭說諸所說審說如空說審
佛語舍利弗无所從来是為怛薩阿
竭来无有處是為怛薩阿竭處無所
依是為怛薩阿竭依无所屈無所申
如怛薩阿竭不可得諸法亦不可得
心無所生无所安住諸所作功徳无
所求如所教無所行是為行是種无
所生是功徳亦无根亦無實僧鄙者
無所縛无有脫無所作是為精進无
所觀亦不作是視所見者不作二心
智无所得其智無所為亦无所起不
以證而作求作是求作是念無有名
其語政者謂不可得其哀若道其得
等者无人不念人其護者不作是乍
念乍不念佛語舍利弗无慧是則慧

十二因緣無所生其合者無有合不可得道可得无所念是比丘念無所持而持鉢被服無所剃是為剃頭无所戒而持戒而无如是比丘好道所好是比丘所好用意定者無有異意其已定者无有身心念不念慧者是比丘數其說已足者以不足者比丘足者謂為少少不可計法而言可知已无有知已不從是法者如所教无有界是故佛界無有法是故怛薩阿竭法无作法法无所作故曰無有法諸法所入患當盡是為怛薩阿竭署無所入已應怛薩阿竭署佛語舍利弗若有欲學怛薩阿竭署者有勇猛如師子者若男子若女人當作清淨戒无有異意心清淨清淨慧之所作無所念之所作其飲食取足如已若乞匃諸所思想已清淨无有異心不望亦不念下中上之事所作常等比丘作是學者已為學佛語舍利弗其无所求學者為學怛薩阿竭署摩訶迦葉白佛比丘以一事學僧㑛僧涅

已為學怛薩阿竭署何謂一事諸法无所著是為學怛薩阿竭署須菩提白佛比丘以二事學何謂二事於諸法無所悕望為以等心一切人不念以等一切是為二比丘學怛薩阿竭署摩呵目揵連白佛比丘以三事學何謂三事但學要法不學飾亦不念我以近亦可念我以遠是為三事文陁弗白佛言比丘以四事學何謂四事不念有所從得亦不念何所當得一切如等淨所持若空是為四事如是學為學怛薩阿竭署摩訶迦旃延白佛比丘以五事學何謂五事无所貪惜欲以法祠祀為一切有慈不念一切有慈不念一切於諸法作無所求是為五事為學怛薩阿竭署奈吒和羅白佛比丘以六事學何謂六不發一意亦不求空亦不學本際所以者何不因緣二事已向佛所脫不起念思惟何所是佛證是為六事比丘學怛薩阿竭署佛言一切法一切人悉以怛薩阿竭署見亦不異見亦復不見自然亦不見法作是學為學怛

薩阿竭署奈吒和羅復聽比丘所學无極署是乃應怛薩阿竭署如所樂不見其樂如是行者比丘為學怛薩阿竭署學怛薩阿竭署者以為學佛法不可議法用一切故奈吒和羅白佛若比丘學怛薩阿竭署者去何而自持佛言比丘意不念有一切人不念有一切法亦不安亦不危是為比丘而自持奈吒和羅白佛言念怛薩阿竭為誰說怛薩阿竭署佛言其欲學如署者為是說何所是學者佛言用摩呵僧㑛僧涅故說亦不念是彼中間一切无有求是為怛薩阿竭署其有想行者是故非署如是者為自貢高而賤他人其慳貪嫉妬不應是署其有諛諂不慙愧者妄語者皆不應是署其有不愛樂衆者其欲獨有者若樂惡者不喜人安隱者其有所念呼為有其有二心者謂好惡無有異作思想者離深法者念不中事者求利害者若求乞瓦鉢震越牀卧具病瘦醫藥若欲求飲食離於迦羅蜜親附於惡師於本佛所无功德者常

有怖懼於本際欲於世事轉相克識所作但求名字而无至者愛樂於五所欲有所作怖望得者所以如是者不能在山閒空閑寂靜有慈心之意離於哀心常在魔事離信佛戒者所作恙不隨其法教常喜乱心不安隱心其心狂乱其心多端用是故離於好心離於微妙之心離於盡心但念佛色身但念欲見法但欲見比丘僧離五陰功德離四大功德離六衰功德離十二因緣功德離念一切人之功德其有是心者恙不應怛薩阿竭者其有不諛諂常質朴念諸深法佛語奈吒和羅其有心如是者已應怛薩阿竭署其有難歌佛者已有念一切佛故欲學怛薩阿竭事故其有學者不覺者怛薩阿竭恙知觀視佛意者若在城郭丘聚縣邑有所見怛薩阿竭署恙見之佛語奈吒和羅若能知怛薩阿竭署不奈吒和羅言當從佛聞當從佛聽何能身自知之惟佛說之願樂欲聞以比丘當持佛言善哉善哉如賴吒和羅所說佛言其餘

凡意者不能知怛薩阿竭署而不作怛薩阿竭道地者而不能知怛薩阿竭署不可盡極數是故名曰署不可觀視不可觀視是故怛薩阿竭署其欲知怛薩阿竭署者以不愛惜身壽命一切等心於一切人一切諸虛飾之事不在其中其有二心者不與共同其欲學怛薩阿竭署者當作是學奈吒和羅白佛於是會中乃有學怛薩阿竭署者不曰有文殊尸利菩薩耶佛復語奈吒和羅辟如人到大海名珎珎寶摩尼處其價不可計數其人於珎寶中住而不知摩尼珠價若有一人謂其住寶中者今在是中寧知摩尼處不其人反言不曉所以者何其人不知摩尼珠故今奈吒和羅在名寶中而不知寶處所以者何在衆摩呵衍中而不知復有比丘名闍炎閻炎白佛若无學僧鄉者我欲等心以光明照於一切復有比丘名三陂讖師利白佛我欲學怛薩阿竭署所以者何一切諸法我无所求復有比丘名三摩師利我欲學怛薩阿竭

署我不欲於諸法有二心所以者何了无所見故作是學乃可為學怛薩阿竭署佛言而所學署當作是學復有比丘名曰滌師利白佛我不以一切人為他人亦不於人有所思想欲度人亦不見當所度者亦不見法當以何法教欲作是學怛薩阿竭署佛言如所學署當學復有比丘名曰勅白佛我以忍於一切亦无有貢高所以者何他人自貢高我不以身自貢高我不以所有想有若有以內自貢高我不以內自貢高所以者何用念一切人故念一切欲令安隱我亦不以惡住以法明故住念一切恙欲令明不欲令有冥我作是學怛薩阿竭署佛言當學而所學復有奢夷種名曰多和光白佛言我欲教一切人過於生死亦不得生死而可度者欲作是學怛薩阿竭署

佛言當學署如所學復有比丘名曰惟闍耆橋沙白佛我欲如佛在佛樹下亦不見佛樹亦不得欲作是學怛薩阿竭署如所學復有比丘名踁羅

未白佛我不學諸法我亦不學欲所法是所有法悉不學諸法法而不學佛言如所言怛薩阿竭署用一切故欲學應時於坐中有万比丘足三千人皆起白佛吾等欲學怛薩阿竭署用一切故欲具足學復有七千優婆塞優婆夷五千人皆從坐起言吾等當具學尒時復有八万天子悉言當具足學教告一切復有比丘名私呵難白佛諸法无所得諸法不可得當云何學怛薩阿竭署佛言如若所學署當學復有比丘名利三訇白佛我不轉於一切法當云何學怛薩阿竭署佛言如所學署當學復有比丘名摩呵波鄌阤惟劬王者種白佛亦不无我亦不有我亦不智亦不無智亦無所破壞亦无有證是意无有異諸所因緣無所因作是為學怛薩阿竭署佛言如所學署當學復有比丘奢夷種名曰非阤遍白佛一切諸法不見際无有際者謂若有若无有亦無際亦無无有亦無字其如是者乃可忽佛言不可若无際無際已无願無

願者是故菩薩佛言善哉善哉如仁之所說无願不可議不可知不可思想不可往無所畏无有字平等無所學無所持无所壞無所造无所作其知一切无所得無有色菩薩亦无名色亦自是非是學非者亦不可得無所罣身佛言如所學署當學尒時有五百婆羅門出舍衛國因道俓到佛所前為佛作礼而却住白佛言如所說願樂欲聞令常安隱佛問諸婆羅門屬誰故欲聽聞諸婆羅門言无有人是故人用是故佛言有怛薩阿竭署從本諸佛所說今我所語是有婆羅門名耆桓師利白佛在於母腹中以聞怛薩阿竭署復有婆羅門名三摩震諟白佛言適向母胞胎已聞怛薩阿竭署復有婆羅門名雪真提白佛言適生便聞怛薩阿竭署四面而明見怛薩阿竭飛在住以手著我頭便言若當號為不可見頂佛復有婆羅門名頻真提白佛生以来不久便聞怛薩阿竭署於空中見佛来而言若當聞學怛薩阿竭署復有婆羅門

名曰鄌羅沙目竭白佛今夜半見四面四佛来到我所便以頭面作礼諸佛言有不可議怛薩阿竭署於祇洹釋迦文佛所聽受是我本之瑞應復有婆羅門名阿真提羅蕪耶白佛今夜半見佛長高二十里三十二相諸種好謂我當學怛薩阿竭署聞之忽然而不復見我本之瑞應復有婆羅門名三波奢白佛我生墮地時有人而来舉舍而明謂我母勿以乳子令是子當以怛薩阿竭署而為飲食母聞之歡喜是我本之瑞應復有婆羅門名倪三颰白佛言我本學婆羅門事時於空中見佛有三十二相諸種好便舉言若當學若當事聞之則以頭面著地問何所是學何所是事其佛言有怛薩阿竭署是若學是若事如學是者諸法悉可知是則為度是則怛薩阿竭事是故浴浴者謂去垢不可議浴是菩薩浴所謂諸法悉在前脫不脫者欲於衆婆羅門中而尊當學是署我聞其言踊躍歡喜以頭腦受其教問佛何以故前有是瑞佛

言是怛薩阿竭署之瑞應復有披羅
門名摩呵迦叓郁白佛我行洗浴還
作大火欲祠之於上見佛身有三十二
相諸種好其佛言如若祠火之法不
當念所以者何起復而滅故我即時
復問不作是滅當何以滅之其佛言
不念人不念我不念壽命不念有无
有亦不念合亦不念中分亦不念思
想是火而无滅者亦自滅其火可令
自然而不用薪我諦聞之即叉手問
佛當云何作火而不用薪其佛言有
不可議怛薩阿竭署若當學學以便
能作火而不用新作是學者亦不念
淫怒癡以故火即為滅聞之即以頭
惱受其教所見者是我本之瑞應佛
言若所說是怛薩阿竭之瑞應復有
披羅門名夆梨師利白佛我這提
賂欲著火中欲令之熾感便見怛薩
阿竭身有三十二相諸種好即時其
佛言用是火為事有怛薩阿竭署何
以不學應時問其佛當何所學往到
秖洹釋迦文佛所是我本之瑞應復
有婆羅門名曰分咊者檎 泉白佛我

到廬上取花欲持歸見怛薩阿竭身
三十二相諸種好其佛言取花不如
若如取花取花有所壞敗我應時復
問取華去何其佛言莫以手取莫動
揺其枝而可得取當學怛薩阿竭署
自如有慧手為若取其華慧手者可
得不可議花一切人皆是華可以教
化得泥洹是之瑞應佛言當學怛薩
阿竭署如若所學復有婆羅門名曰
邠陁施白佛我到市於道中央失墮
錢散在地以聚欲取訖以仰頭上視
怛薩阿竭身有三十二相諸種好問
我作何等我言拾地所失錢其佛言是
不為難若當拾五道生死一切人亦
不郁中作數亦不想是乃為難即問
是學當所從聞當所從學其佛言有
怛薩阿竭署當學當郁所聞即時言
有佛名釋迦文在秖洹當從是聞前
世所作今世逮得是本瑞應復有婆
羅門名曰分訶舟白佛到市向歸欲
買雜香買以還歸未到舍見怛薩阿
竭其心即時踊躍佛問手中持何等
即謂持雜香佛言是香不足言有香

名為不可議香其香聞上下四維東
西南北方當求是香應時復聞是香
者是根是本是莖是枝是葉是華是實
實之所香佛言是香者亦无根亦無
本无莖無枝无葉無華无實實而香
當求是香即問當於何所求即言於
秖洹釋迦文佛所當聞怛薩阿竭署
是我所聞之瑞應佛言如所聞復有
婆羅門名曰阿彛迦惟延白佛我所
至城外坐於樹下其心安定譬若如
禪視四面如普大明見无央數佛悉
言不當坐禪如是應時即問其佛其
佛言亦无所生無所滅是為應禪所
以持所視故无所視者是為視無心
何以繫者何以故其心無有想故當
作是禪有法名怛薩阿竭署當從釋
迦文佛所問當從是學其法是故本
瑞應佛言當學如所學復有婆羅門
名羅郁懿多白佛這到市買金欲以
稱稱之便見怛薩阿竭其光明甚明甚
佛言用是稱為有法名不可稱當如
求之則時復問何所是不可稱者其
佛言諸法不可以稱稱之譬如空不

可稱一切諸法如是我言願欲聞何所是法而可學者其佛言有名曰怛薩阿竭署當學當聞是我本之瑞應之所問佛言當學如所聞是昔前世功德之所致故逮是應復有婆羅門名曰阿披阿遮叉手白佛我夜已半出觀星宿有大明而見怛薩阿竭便以頭面作礼其佛言不見視星宿如若所視應時即問其佛報言亦不可仰向佛復還問今若所視星宿名何等我即應言不知其佛言是名悉盡如若所學當學諸法所入悉知所見汝事即復問何所處可聞是法其佛言當於祇洹釋迦文佛所聞是語忽而不知處是故所聞怛薩阿竭署本之瑞應佛言當學如所聞復有婆羅門名曰衕闍師利白佛適以種農種便見怛薩阿竭在前住與不可數千比丘僧俱其佛言不當如若已種農種應時則問當云何種其佛言亦不取亦不放當作種亦不生亦不枯則時復問佛當何所處而學是法其佛言有怛薩阿竭署當學當聞聞已是若

之種亦不取一切之法亦无所取亦無所造亦不思想知是者其法無所生无所造故無所生已无所生故无所枯滅无有種而不生亦不滅即問佛是何等瑞應佛言是怛薩阿竭署之瑞應其當於佛樹下坐者是之瑞應復有婆羅門名曰阿禾真阿禾真白佛出舍於里門見死人便念死人乃如是應時獨語便見佛佛言不當如若所念所以者何見惡色便有惡想諸法不可得而无所得當作是念其得道者所作不以想亦不用得故便有餘念亦無二心之所念無所想是故无有想是道所作念无可所得是乃為得以知二心者是故無所求是道之所作无所見是道所見後法欲盡時以思想教人若於冢間見枯白骨坐念便得脫若念五色從是中教計而求脫教計出息入息欲求脫知欲法盡便有作是應時復問佛當云何學便離是事其佛言當學道如是法當學怛薩阿竭署如怛薩阿竭事有法名怛薩阿竭署當聞當學當

從釋迦文佛聞是忽然不見所以兒是佛言是怛薩阿竭署之瑞當在道地故復有婆羅門名阿惟示真白佛我到曠野見衆多死人中有為畜狩所食噉者中有臭者中有壞敗者有青色者有赤色者有黵黮者便自念欲於坐教計狀念是便見東方佛來有三十二相便遥向而為作礼其佛言雖觀是物以為想即時問其佛我當學何法而教一切令脫生死其佛言有法名怛薩阿竭署當聞當學是者為一切諸道作功德從釋迦文佛具足聞之是何本瑞應佛言是怛薩阿竭署之瑞應作是學者為學在佛樹下坐復有婆羅門名曰波梨滿多白佛我夜出實无所可見便然五舍以為燭火所以者何避滿斑深井便自念當學何法而為一切作明其令无冥適有是念便見佛在虛空中住言善哉善哉是上人之所作非凡人之所為諸愁根貪飾諛諂虛飾已無是者能念是事非餘所及以等心念一切亦不念數數所念如佛在樹下

不念聖文其佛言有法名怛薩阿竭署當聞當學具足若干種問佛當從所聞其佛言當從釋迦文佛所聞其所當聞者悉在彼聞若丘聚縣邑城郭郡國悉於是法中而見聞是言已恍惚不知其處是何瑞應佛言用若當聞怛薩阿竭署故當學故是之瑞應其菩薩所當學悉在是法復問佛有幾署所當可學佛言如佛境界其署如是其署者如佛境界等无異諸法皆從是署如㓨心瑞應時復問我法微妙深乃如是是不可見不可知復有婆羅門名曰悉達滕白佛我與數百千披羅門俱如行祠祀熟自念當何祠祀令一切皆得解脫令無勤苦適作是念便見怛薩阿竭光明及相諸種好便言善哉善哉乃作是念當作念如若所為其佛言往到舍衛國祇洹阿難邠祇阿藍釋迦文佛所當為若廣說其祠祀意有法名怛薩阿竭署當聞當學是皆以過去諸佛之所說復問當何以祠祀佛言菩薩以飲食所有施與人作是祠祀而脫於三

界有識祠不自念有求故有忍辱祠不以心惡向一切有精進祠欲拔脫五道有三昧祠不作因緣有所希望有多所聞祠一切名身諸數身具足波羅蜜知有法施祠若行人欲以法化一切若有畜生欲聞法者不中捨而為說經亦不以色說以法慈心教詔一切佛言有上人不惜其身趣欲令一切各得安隱不以憂心而教人所以者何用更得好軀辟若摩尼珠洗之倍好其王者子莫不愛喜所以愛喜者何无瑕穢故其法師辟如是雖有生死所更倍好所以者何身亦无惡亦無榜者所以者何常歌歎佛故雖佛遠常欲親近所以者何已無所求即祠是為祀其有三拔致者亦有祠而无有異所以者何無有恨心故於一切無惡意菩薩有祠无有勝者若有念是者是故勝不念之者無所勝以功德長養身及他人是故菩薩意所以者何不以法有所諍以故無闓无有縈無有縛无有閑其有作是祠者莫有能瞋者亦不念何法可計

可拔是上人之所作已處觀其處處亦不於功德中有所想亦不破壞所作罪所以者何不失其本故亦无有過菩薩上之尊法能來教化者亦歡喜亦无懈怠亦不與人如有怒心所以者何摩訶衍不從是得故曰摩訶衍亦不想其衍佛語悉達滕捨若本祠祀當作是祠祀即菩薩祠祀之瑞應如若所見怛薩阿竭是皆先世習衍之所致所以者何若覺眼見佛者是皆本之瑞應復有婆羅門名難頭多羅白佛我見流水有一人而持一木作橋我念子之成作甚何小矣等作可以廣大所以者何欲令一切悉可得度過適有是念東方便有百佛而來現悉言善哉善哉是上人之所念令一切人如得度亦无央數人之路今釋迦文佛在於祇洹子往可悉從受法得致阿耨多羅三耶三菩提是我本之瑞應得見怛薩阿竭聞其教戒佛言善哉善哉如子所言復有婆羅門名曰旃欝多師利白佛我出城門外有迦羅越請我如過舍施若二

百万便隨其歸人舍有大高座令我如坐燒香供養具作飲食已二百万為達嚫我應時自念當何以自作方便而過達嚫如阿耨多羅三耶三菩清淨之達嚫可得如異適作念便見東方千佛悉飛如來悉在前住皆言善哉善哉如上人之所作為一切人欲作便往到祇洹釋迦文佛所當為若廣說其法如若得清淨其達嚫如可以受受之者令一切皆可得安隱所以者何若三千大千刹土悉奉行十善受施不如菩薩發意為阿耨多羅三耶三菩心而受施悉過是上作是語已恍惚不知其處佛言即怛薩阿竭署之瑞應所以者何以先供養十方佛故逮得是法復有披羅門名曰闍符師利白佛在山中安心而坐辟如得禪於上見五百佛四面皆香如天香皆呼我名言善哉善哉如若所求當作阿耨多羅三耶三菩法勿作異禪何謂為阿耨多羅三耶三菩悉念一切人以慈心故勿以想人作不可思惟禪作是禪勿想心念一切皆

令安隱勿念人想勿念身想其諸佛言往到祇洹釋迦文所當為若具說其法怛薩阿竭署當作是學學是者在所作為說是已而不知諸佛處是我本之瑞應佛言審如若所見無有異所以者何其有當坐於佛樹下者即有是瑞應　若已先世供養七千佛故復有披羅門名曰荷沙湯白佛我見諸婆羅門不多不少於恒水浴已語我汝復行浴身所惡露衆惡悉當隨水如去便自思惟何如而浴身諸衆惡當隨水去便自見佛在於虛空中其佛言汝何思惟我應時對曰諸披羅門令我浴身所衆惡悉當隨水去故坐思惟是事其佛言若到祇洹釋迦文所當為若說現法諸所衆惡悉當除去其佛言有名諸法甚深无有底其水甚美於是浴者悉得淨潔若欲浴者當於中浴衆邪惡可以消除浴已諸天人及一切皆得安隱便以法教化无所不遍所以者何諸過去佛悉郝中浴是故現瑞應佛言當聞怛薩阿竭署者是本瑞應有婆

羅門名曰惟耆先白佛我賫華持到披羅門神祠入門見怛薩阿竭飛在虛空中而住其佛問我持是華給何所即應言欲以上神其佛言有怛薩阿竭号曰天中天可以華供養上之所以者何因是可有功德而到阿耨多羅三耶三菩便可逮得阿耨多羅禪即欲以華供養其華悉化作佛悉紫磨金色其光七尺三十二相種好悉具諸佛皆言其心以堅於功德者能致是應即時復問當作何方便令功德不可勝數其佛言若有菩薩見佛者因是作功德中有見化佛者因是作功德中有見寺者因是作功德中若見佛坐起處因是作功德中有見佛經行處因是作功德中有聞佛者因是作功德中有聞上下四維四方有佛教戒一切因是作功德中有佛舍利者因是作功德中有老病死而自計挍因是作功德若見郡國縣邑破壞者若穀貴人民飢餓而用是自計因是作功德所以者何念前事故因是有不可數功德所謂阿耨多

羅三耶三菩切德復有婆羅門名曰沙竭末白佛我入海浴適有是念便見万佛皆言不當如子之意欲度海便自念其餘有浴者亦在是聞當有此異其意欲度海浴適有是念便見万佛皆言不當如子之意欲度而浴我即時復問當何浴其佛言有道度諸法可於其中其作是浴者已為度也應時復問何所如可度於世間者報言佛者已為度即復問何所法而可從學有佛名釋迦文在祇洹中當從學問如若所願悉當具聞悉為若說之令若得解聞是已忽然不見其處便問佛言何所法而可度者度一切諸法者波羅蜜是佛言汝欲度諸法者當等心於一切人所以者何當念度一切人之生死辟若度海當學是事便得度一切諸法亦不想法亦不想无法作是若後當為一切說法佛語沙竭末菩薩用一事具足諸慧何謂一事世惡法欲盡尒時其欲制其法教導一切令法而不斷絕是為一事具足得諸慧復有二事菩薩學

是疾逮得佛何謂二不念諸法是我所非我所亦不念見一切諸法自然處是為二事復有三事若善男子女人奉行是者疾成至佛何謂三以諸法視之如光明明於諸法亦无多亦無少不作是念二已應而一無有異心所以者何諸法不可得故三是因名佛是為三事復有四事何謂四事一者捴持諸法二常於怛薩阿竭而作功德三持心如空不想一切人四者若有供養不供養者其心无異若男子女人奉行是法疾得至佛是為四事復有五事何謂五事一不於諸界有所念何謂諸界眼色耳聲鼻香舌味身細滑意欲所得不作是念二常於佛法而作功德三若見同菩薩其心有悅所以者何用實大故四於一切无虛飾之心所以者何我當度故五亦於是中无所想是為五事沙竭末白佛其有奉行是五事者疾得佛佛言當作是學疾得阿耨多羅三耶三菩自致成佛是為度生死之海以法教於一切令如怛薩阿竭无所不度其有至心堅住於菩薩功德者便逮是瑞應若

有念恐中道取證佛言如是法者勿得憂今具足怛薩阿竭十種力一切聞者莫不歡

文殊師利問菩薩署經

文殊師利問菩薩署經

校勘記

一　底本，金藏廣勝寺本。二五四頁中及二五八頁上原殘缺，以麗藏本换。二五八頁中一行首字「是」至末行末字「若」，底本原無此三百三十六字，而諸校本均有，顯係金藏脫漏，今以麗藏本補，并校之以餘本。

一　二四九頁中一行「一卷」，資、磧、普、南、徑、清、麗無。

一　二四九頁中二行「月氏三藏」，資、磧、普、南、作「靈帝世月支國沙門」；徑、清作「月支國沙門」。

一　二四九頁中五行第四字「汝」，資、磧、普、南、徑、清作「如」。

一　二四九頁中五行第一二字「聞」，石、資、磧、普、南、徑、清作「問」。

一　二四九頁中八行第五字「蘭」，石、資、磧、普、南、徑、清作「連」。

一　二四九頁中九行第六字「利」，磧、南、清作「耨」；普作「邠」。

一　二四九頁中末行首字「何」，資、磧、普、南、徑、清、麗作「阿」。

一　二四九頁下一一行第一二字「持」，諸本作「特」。

一　二四九頁下二〇行末字「教」，麗作「教故」。

一　二五〇頁上八行首字「分」，資、磧、普、南、徑、清作「分別」。

一　二五〇頁中一行第八字「署」，徑、清作「用」。

一　二五〇頁中四行第三字「所」，資、磧、普、南、徑、清作「所覆」。

一　二五〇頁中一五行第三字「不」，石、資、磧、普、南、徑、清作「無」。

一　二五一頁上四行第二字「戒」，諸本作「受戒」。

一　二五一頁上一四行第一二字「有」，諸本作「其有」。

一　二五一頁上一七行第一二字「如」，資、磧、普、南、徑、清、麗作「而」。

一　二五一頁上一九行第五字「如」，資、磧、普、南、徑、清作「而」。

一　二五一頁中八行第五字「可」，諸本作「不」。

一　二五一頁中一五行第一二字「作」，磧、普、南、徑、清作「無作」。

一　二五一頁中一九行第一二字「脫」，資、磧、普、南、徑、清作「說」。

一　二五一頁下九行第一二字「念」，資、磧、普、南、徑、清、麗作「今」。

一　二五二頁上一五行第七字「難」，諸本作「歎」。

一　二五二頁上一七行第三字「覺」，諸本作「學」。

一　二五二頁中四行第八字「故」，資、磧、普、南、徑、清、麗作「故名」。

一　二五二頁中一二行「珎珎」，諸本作「珍」。

一　二五三頁上一五行「波那」，資、磧、普、南、徑、清作「陂那」。

一　二五三頁中三行第四字「往」，諸本作「住」。

一二五三頁中四行末字「其」，磧、南、徑、清作「具」。
一二五三頁中六行第九字「者」，石、資、磧、普、南、徑、清作「有」。
一二五三頁中一〇行第七字「常」，石作「常得」。
一二五三頁中一九行第九字「住」，諸本作「上住」。
一二五三頁下一二行第二字「之」，石、資、磧、普、南、徑、清作「之大」。
一二五三頁下一九行「浴浴」，石、麗作「俗浴」。
一二五四頁上一行「披羅」，諸本作「波羅」，下同。
一二五四頁上五行「復而」，資、磧、普、南、徑、清作「而復」。
一二五四頁上六行第三字「不」，資作「而」。
一二五四頁上九行第八字「亦」，石、麗作「而」。末字「令」，資作「念」。
一二五四頁上一二行第一三字「以」，諸本作「己」。
一二五四頁上一四行首字「涇」，諸本作「婬」。
一二五四頁上一五行首字「惱」，諸本作「腦」。
一二五四頁上一六行第二字「若」，諸本作「如若」。
一二五四頁上一八行首字「胳」，資、磧、普、南、徑、清作「酪」。
一二五四頁中一三行「拾地」，資、磧、普、南、徑、清作「拾已」。
一二五四頁中一四行第六字「拾」，資、磧、普、南、徑、清作「捨」。
一二五四頁下二行第一二字「聞」，諸本作「問」。
一二五四頁下一四行末字「心」，磧、普、南、徑、清作「心心」。
一二五四頁下一六行第一三字「從」，資、磧、普、南、徑、清作「往」。
一二五四頁下二〇行第二字「稱」，資、磧、普、南、徑、清無。
一二五四頁下二一行「稱爲」，資、磧、普、南、徑、清作「爲稱」。
一二五五頁上一行第一一字「願」，諸本作「願樂」。
一二五五頁上八行第一〇字「見」，資、磧、普、南、徑、清作「當」。
一二五五頁上九行第三字「視」，石、資、磧、普、南、徑、清作「觀」。
一二五五頁上一八行第一〇字「與」，資、磧、普、南、徑、清無。
一二五五頁上二一行第三字「放」，磧、普、南、徑、清作「收」。
一二五五頁中一行第一三字「收」，南、麗作「取」。
一二五五頁中一九行「教計」，石、資、磧、普、南、徑、清均作「校計」。
一二五五頁下七行第四字「教」，資、磧、普、南、徑、清作「校」。第六字「狀」，資、磧、普、南、徑、清作「收」。
一二五五頁下一三行第三字「聞」，資、磧、普、南、徑、清作「問」。
一二五五頁下一六行第六字「寶」，資、磧、普、南、徑、清作「實」。
一二五五頁下一八行「其令」，諸本

作「令其」。

一　二五五頁下二一行第六字「根」，資、磧、普、南、徑、清作「恨」。

一　二五六頁上二行第四字「當」，資、磧、普、南、徑、清無。

一　二五六頁上一一行第一三字「法」，諸本作「是法」。

一　二五六頁中一行第三字「識」，資、磧、普、南、徑、清作「戒」。

一　二五六頁中一四行第五字「榜」，資、徑、清作「謗」。

一　二五六頁下九行及二〇行「但薩」，諸本作「怛薩」。

一　二五六頁下一〇行第一一字「眼」，資、磧、普、南、徑、清作「眠」。

一　二五六頁下一三行第八字「成」，諸本作「所」。

一　二五六頁下一七行第五字「如」，資、磧、普、南、徑、清作「而」。以下時有出現。

一　二五六頁下一九行第一〇字「耶」，資、磧、普、南、徑、清作「藐」，下同。

一　二五六頁下末行第七字「謂」，南作「請」。

一　二五七頁上一三行第四字「菩」，麗作「菩提」。

一　二五七頁上一七行第七字「在」，磧、普、南、徑、清作「我在」。

一　二五七頁中七行第五字「應」，麗作「應應」。

一　二五七頁下六行第一二字「到」，資、磧、普、南、徑、清作「致」。

一　二五七頁下九行第一三字「種」，資、磧、普、南、徑、清作「諸種」。

一　二五八頁上四行第一二字「聞」，資、磧、普、南、徑、清作「間」。

一　二五八頁上八行第七字「其」，資、磧、普、南、徑、清無。

一　二五八頁上一八行第三字「便」，徑、清作「使」。

一　二五八頁中三行末字「女」，資、磧、普、南、徑、清作「善女」。

一　二五八頁中九行「二常」，石無。第一四字「三」，石作「二」。

一　二五八頁中一〇行第九字「四」，石作「三」。

一　二五八頁中一三行第六字「一」，石作「亦」。

一　二五八頁中一五行第九字「二」，石作「一」。

一　二五八頁中一六行第四字「三」，石作「二」。

一　二五八頁中一七行第八字「四」，石作「三」。

一　二五八頁中一八行第一一字「五」，石作「四」。

一　二五八頁下二行第三字「今」，資、磧、普、南、徑、清、麗作「念」。第五字「足」，南作「是」。

一　二五八頁下三行末字「歡」，資、磧、普、南、徑、清、麗作「歡喜」。

一　二五八頁下末行末字「經」，石作「經一卷」。

佛說大乘造像功德經卷上　壘

大唐于闐三藏提雲般若奉　詔譯

如是我聞一時佛在三十三天波利質多羅樹下與无量大比丘衆及無量大菩薩衆俱弥勒菩薩摩訶薩而為上首

尒時世尊在彼天上三月安居為母說法於諸天衆多所利益令无量諸天離苦解脫無量諸天皆蒙法利爰大福果時彼衆中有一天子壽將欲盡五衰相現以聞法力命終之後還生此天永離惡道

尒時閻浮提中无有如来譬如暗夜星中无月如國無君如家无主歡娛戲樂一切都息是時衆生孤獨無依皆於如来心懷戀慕生大憂惱如妻父母如箭入心共往世尊曽所住處園林庭宇悉空无佛倍加悲戀不能自止

尒時優陁延王住在宮中常懐悲感渇仰於佛夫人婇女諸歡樂事皆不涉心作是念言我今憂悲不久當死云何令我未捨命間得見於佛尋復思惟辟若有人心有所愛而不得見見其住處及相似人或除憂惱復更思惟我今若詣佛先住處不見於佛哀聯感切或致於死我觀世間无有一人能與如来色相福德智慧等者云何令我得見是人除其憂惱作是念已即更思惟我今應當造佛形像礼拜供養復生是念若我造像不似於佛恐當令我獲无量罪復作念言假使世間有智之人咸共稱揚如来功德猶不能盡若有一人隨分讚美獲福无量我今亦然當隨分造即時告勑國内所有工巧之人並令来集人既集已而語之言誰能為我造佛形像當以珎寶重相酬償諸工巧人共白王言王今所勑甚為難事如来相好世間无疋我今何能造佛形像假使毗首羯磨天而有所作亦不能得似於如来我若受命造佛形像但可摸擬螺髻玉毫少分之相諸餘相好光明威德誰能作耶世尊會當從天来下所造形像若有虧闕我等名

稱並皆退失窮觕共筭壽量无能敢作其王尒時復告之曰我心決定勿有所辟如人患渴欲飲河水豈以飲不能盡而不飲耶是時諸人聞王此語皆前拜跪共白王言當依所勑然請大王垂許我等今夜思審明晨就作復白王言王今造像應用純紫栴檀之木文理體質堅密之者但其形相為坐為立高下若何王以此語問諸臣衆有一智臣前白王言大王當作如来坐像何以故一切諸佛得大菩提轉正法輪現大神通降伏外道作大佛事皆悉坐故是以應作坐師子座結加之像

尒時毗首羯磨天遥見其事審知王意欲造佛像於其夜中作是思惟我身所解宜為巧妙世間之中无如我者我若為作應少似佛即變其身而為匠者持諸利器至明清旦住王門側令守門人具白王言我今欲為大王造像我之工巧世中無疋唯願大王莫使餘人王聞此語心大欣慶命之令入觀其容止知是巧匠便生念

言世間之中何有此人將非毗首羯磨天或其弟子而来此耶王於尒時即脫身上所着瓔珞手自捧持以挂其頸仍更許以種種無量諸珎寶物時王即與主藏大臣於内藏中選擇香木肩自荷負持與天匠而謂之言善哉仁者當用此木為我造像令與如来形相相似尒時天匠即白王言我之工巧雖云第一然造佛形相終不能盡辟如有人以炭畫日言相似者无有是處設以真金而作佛像亦復如是有外道言梵王能作一切世間然亦不能造佛形像盡諸相好但我工巧世中為上是故我今為王作耳今晨即是月初八日弗沙宿合毗婆訶底出現之時佛初誕生還有此應此日祥慶宜應起作發是語已操斧斫木其聲上徹三十三天至佛會所以佛神力聲所及處衆生聞者罪垢煩惱皆得銷除尒時如来即便微笑種種歎美其王功德乃至遥授阿耨多羅三藐三菩提記

尒時三十三天主白佛言世尊今在

人間頗亦有人曾於曩生作佛像不佛言天主諸有曾經作佛像者皆於過去先已解脫在天衆中尚復无有況於餘處唯有北方毗沙門子那履沙婆曾於往昔造菩薩像以斯福故後得為王名頻婆娑羅復因見我今得生天有大勢力永離惡道優樓頻螺迦葉伽耶迦葉那提迦葉並曾於往世修故佛堂由此因緣永得解脫憍梵波提昔作牛身追求水草右遶精舍食諸草竹因見尊容發歡喜心乘茲福故今得解脫尸毗羅曾持寶蓋供養佛像阿㝹樓䭾然一支燈亦以供養輸鞞那曾掃佛堂阿婆摩那於佛像前燃燈施明難陁比丘愛重尊儀香水洗沐有如是等无量諸阿羅漢皆悉曾於佛像之所薄申供養乃至極下如那伽波羅於像座前以少許黄丹畫一像身而為供養由此福故皆永離苦而得解脫天主若復有人能於我法未滅盡来造佛像者於弥勒初會皆得解脫若有衆生非但為已而求出離乃為欲得无上菩

提造佛像者當知此則為三十二相
之因能令其人速致成佛
尒時優陁延王心自思惟去何令我
所造之像速得成就作是念已語彼
匠言汝可勤心令功速畢使我早得
瞻仰礼敬是時天匠運其工巧專精
匪懈不日而成其像加趺坐高七尺
面及手足皆紫金色時優陁延王見
像得成相好端嚴心生淨信獲柔順
忍既得忍已益加欣慶所有業障及
諸憂惱並得銷除辟如日出霧露皆
盡唯除一業現身受者以曾於聖人
起惡語故其王尒時即以種種殊珎
異物賞彼天匠是時天匠敬白王言
王今造像我心隨喜願與大王同修
此福今王所賜非我敢受若要相與
待餘吉日作是語已即於其夜還昇
本天
尒時諸大國王阿闍世等並先於佛
心懷渴慕聞王造像功已穫成皆生
喜慶共至王所各以无量花香音樂
供養佛像復以種種諸珎寶物贈奉
於王咸作是言大王所作甚為希有

能拔我等愁憂毒箭
尒時如来在彼天中為母說法及諸
天衆咸得利喜所應作事皆已作訖
復告衆言諸天子諸佛世尊是常住
身若諸衆生有可度者即為出現教
化說法若所作事畢更无有能受法
化者如来於此即便不現無智之人
謂佛實滅如来身者法身常身實不
滅度諸天子一切諸佛法皆如是為
化衆生有現不現
尒時如来復作是言汝等當知此諸
天衆所應度者皆已度訖吾今將欲
下閻浮提汝等諸天若念我者當勤
精進勿復放逸所以者何放逸過失
故令汝等不得阿耨多羅三藐三菩
提然汝等以於往昔曾種善根今得
在此受天快樂便著放逸不修福行
此諸快樂无常所隨一從隕墜長淪
惡道又汝等諸天煩惱尤重見有勝
已便生嫉妬曾不念言彼天勝樂由
多福業之所感致我若勤修必亦當
得又令汝等身色光澤如日初輝若
懷嫉妬心猒如死炭復當令墮大黒

闇中乃至不能自見手掌後復當作
食吐之鬼又汝等諸天受衆福報身
相嚴潔威勢勇猛由嫉妬故當受女
身永失丈夫威猛之力諸天子我念
昔者有无量諸王皆為汝等嫉妬之
心非理所害諸天子昔有阿修羅王
名曰鄔羅修行苦行戒品清潔而汝
諸天等遣一天女名鄔婆尸惑彼王
心令虧淨行其王染著威德損滅被
那羅延天之所殺害并无量阿修羅
衆同時敗滅其那羅延天既殺此王
又誅其衆因即取鄔婆尸女而往
天宮復有一王名曰那訶受汝等諸
天誑惑之語助諸天衆伐阿修羅修
羅破已汝等諸天反加其害又汝等
諸天以舍支夫人故心生忿妬構行
讒毀令阿伽婆仙人无故被嫌而興
惡願又汝等諸天曾為誑惑謂瞻荼
王曰仙人之處多有真金王信此言
逼之令出仙人由是心生憤恚即時
猛火燒殺其王昔復有王名曰提婆
嘗設大會以為供養以斯福業威力
自在上此天中受天快樂汝諸天尊

心懷嫉妬今從忉利退墮閻浮所有
威勢並皆喪失如月无光如河無水
諸天子世中有人威德自在或得諸
定或得神通或有成就四神足等若
起一念嫉妬之心如是功德一時退
失如提婆達多愚癡厚重乃於我所
生嫉妬意即時自失五種神通
尒時天帝釋白佛言世尊我今有疑
欲有所問言嫉妬者云何是耶復作
是言世尊若有衆生見他勝已生如
是念云何令我獲彼所得如是之心
是嫉妬不佛言不也此是貪心非為
嫉妬天主其嫉妬者自求名利不欲
他有於有之人而生憎恚是為嫉妬
尒時諸天衆皆從座起右膝著地合
掌向佛而作是言如佛所誨我諸天
衆皆當奉行如來世尊為父為主為
尊重者為最勝者能於我等起大慈
悲而來至此令諸天衆皆得利益我
等所願猶為未滿欲於如來重請一
事世尊世間之人於我等諸天多生
輕慢何以故以諸佛如來人中生故
復於人中成正覺故人中多有諸阿

造像功德經卷上　第九張

羅漢而得果故諸大威德辟支佛復
於人間而出現故如來今者若不住
此下閻浮提世間之人謂我等諸天
不知如來有大威德應受諸天如法
供養復謂我等不能供養諸佛世尊
唯願如來少住於此受我微供令彼
人間知我等諸天供養於佛于時世
尊默然許可
尒時佛告大目揵連汝可先往閻浮
提問訊四衆作如是言一切衆生憶
念我者咸應集會僧伽尸國却後七
日皆當見我
尒時大目揵連頂礼佛足礼佛足已
如一瞬頃到閻浮提以佛所勅告諸
四衆時優陁延王等及一切衆生聞
佛此言若身若心歡喜踊躍皆除憂
惱普得清涼
尒時四衆比丘比丘尼優婆塞優婆
夷欲共往詣僧伽尸國並先來集王
舍城中互相謂言如來世尊下閻浮
提誰能先得恭敬礼拜法未盡來恒
為上首尒時摩訶迦旃延聞此語已
心懷不悅恐比丘尼得為上首何以

造像功德經卷上　第十張　墨

故彼衆之中有優波難陁蓮花色二
比丘尼善能通達諸佛法藏所得神
通唯除目連更无等故作是念已種
種訶責比丘尼衆時蓮花色比丘尼
告諸尼言我等女人在於俗間常被
尊貴縱使種族卑賤之者仍得丈夫
恭敬礼重承事供養又佛法中諸比
丘尼父母眷屬多是王種精進持戒
不犯威儀具諸德業仍令礼敬初戒
比丘又尊者迦旃延今復作此種種
呵責我為汝等設諸方便令比丘尼
出過於彼作是語已與諸四衆即時
往赴僧伽尸城
尒時波斯匿王阿闍世王及毗舍離
國嚴熾王等各將四兵前後導從有
大勢力所乘象馬皆以種種寶物莊
嚴幡蓋香花并衆妓樂威容肅穆狀
若諸天皆亦往詣僧伽城所
尒時優陁延王嚴整四兵以為侍從
乘大白象珎寶綺飾躬自荷戴所造
之像花幡音樂隨逐供養從其本國
向僧伽尸城
尒時毗首羯磨天并諸天衆知佛將

造像功德經卷上　第十一張　上

欲下閻浮提作三道寶階從僧伽尸城至忉利天其階中道瑠璃所成兩邊階道悉用黄金足所蹈處布以白銀諸天七寶而為間飾

尒時帝釋遣使往詣夜摩天兜率陁天化樂天他化自在天及于梵世而告之曰如来不久下閻浮提欲有供養願来至此復遣使往四天王天大海龍王揵闥婆緊那羅夜叉等衆而謂之言世尊今欲下閻浮提可持所有来此供養時彼諸天及龍神等聞此語已靡不雲集忉利天中

尒時世尊在須弥山頂與諸天衆將欲下時一切諸天前後翼從威德熾盛光明赫弈如滿月在空衆星共遶如旭日初出采霞紛映時佛衆會其狀如是

尒時閻浮提中以佛威神有五種希有之事一者令彼諸天不見人間不淨之物二者令諸女人見彼天男而无欲想三者亦令丈夫見諸天女不生染意四者令於人間遥見諸天種種供養五者諸天之身光潔細妙非

人所覩以佛神力顯然明著皆可得見

尒時世尊從天初下足蹈寶階梵王在右手執白蓋帝釋在左手持白拂其餘諸天皆乘虛空隨佛而下一時同奏種種音樂各自捧持幢幡寶蓋散花供養淨居天衆側塞虛空无量百千諸天婇女持寶珠瓔珞歌讚佛德復有諸天於虛空中雨種種香及種種花諸龍雨於微細香雨于時空中淨无雲曀雷聲美妙聞者喜悦揵闥婆神緊那羅神奏提婆鄉伽微妙之曲歌讚如來本生之事于時閻浮提內王及臣人等四衆等周帀遍滿僧伽尸城或散香花或持幡蓋吹螺擊鼓種種音聲向空供養舉手合掌瞻仰於佛人天名花上下交散繽紛而下積至於膝諸外道衆見斯事者咸亦發心歸依礼敬

尒時世尊足蹈寶階次第而下至於半路四天王天即於其所廣設供養此供殊妙劫初已來未曾有也

尒時如來受天供畢復與大衆邁階而下至最下級欲蹈地時其蓮花色

比丘尼即變其身作轉輪王領四種兵七寶前導從空來下疾至佛所諸國王等各興是念此轉輪王從何所来于時尊者須菩提在自房中見佛下来即整衣服還申礼敬時蓮花色比丘尼捨輪王身還復本形遍即頂礼佛世尊足尒時世尊種種呵責彼比丘尼而謂之曰汝今知不須菩提已先礼我汝得誰教變作輪王汝得預出家受具足戒已過其分汝智慧微少諂詐无邊慈悲報恩如露一滴豈能於我法中而為上首時蓮花色比丘尼聞佛教誨深生愧耻即白佛言世尊我今自知為過不少從今以往不敢復更變現神通

尒時閻浮提內國王大臣并四部衆皆以所持種種供具供養於佛時優陁延王頂戴佛像并諸上供珎異之物至如來所而以奉獻佛身相好具足端嚴在諸天中殊特明顯辟如滿月離衆實曀所造之像而對於佛猶如雞阜生須弥山不可為喻但有螺髻及以玉毫少似於佛而今四衆知

是佛像

尒時優陁延王白佛言世尊如来過去於生死中為求菩提行無量无邊難行苦行獲是寂上微妙之身無與等者我所造像不似於佛竊自思惟深為過咎

尒時世尊告彼王言非為過咎汝今已作无量利益更無有人與汝等者汝今於我佛法之中初為軌則以是因緣故令无量衆生得大信利汝今已獲無量福德廣大善根時天帝釋復告王言王今於此勿懷憂懼如来先在天上及此人間皆稱讚於王造像功德凡諸天衆悉亦隨喜未来世中有信之人皆因王故造佛形像而獲勝福王今宜應歡喜自慶

佛説大乘造像功德經卷上

壬寅歲高麗國大藏都監奉

勅雕造

造像功德經卷上　第十五張　聖

佛説大乘造像功德經卷上

校勘記

一　底本，金藏廣勝寺本。二六三頁上、中、下及二六四頁上，二六五頁中、下，二六七頁上原殘缺，以麗藏本換。

一　二六二頁中一行「佛説」，磧、普、南、徑、清無。

一　二六二頁中二行譯者，資作「唐三藏法師提曇般若等奉制譯」；磧、普、南、徑、清作「唐于闐三藏法師提雲（「雲」，徑、清作「曇」）般若等奉制譯」。卷下同。

一　二六二頁下一六行第一〇字「償」，磧、普、南、徑、清作「賞」。

一　二六二頁下末行第二字「来」，資、磧、普、南、徑、清無。

一　二六三頁上一行第二字「並」，資、磧、普、南、徑、清作「普」。

一　二六三頁下三行「先已」，資、磧、普、南、徑、清作「已得」。

一　二六四頁上一三行第一三字「殊」，資、磧、普、南、徑、清作「珠」。

一　二六四頁下二二行首字「甞」，資、磧、普、南、徑、清作「當」。

一　二六五頁上一行第五字「今」，資、磧、普、南、徑、清作「令」。

一　二六五頁下一二行末字「時」，資、磧、普、南、徑、清作「便」。

一　二六六頁上八行第一一字「天」，資、磧、普、南、徑、清作「大」。

一　二六六頁中五行第一〇字「持」，南、徑、清作「侍」。

一　二六六頁中六行第九字「側」，資作「惻」；磧、普、南、徑、清作「畟」。

一　二六七頁上一六行第二字「勝」，資、磧、普、南、徑、清作「大」。

一　二六七頁上一七行「佛説」，磧、普、南、徑、清無。

佛說大乘造像功德經卷下 黑

大唐于闐三藏提雲般若奉 制譯

尒時世尊於僧伽尸道場坐師子座
時諸四衆心各念言我等願聞如来
演說造像功德若有衆生作佛形像
設不相似得幾所福尒時弥勒菩薩
摩訶薩知其念即從座起偏袒右肩
長跪合掌白佛言世尊今優陁延王
造佛形像若佛在世若已涅槃其有
信心能隨造者所獲功德唯願世尊
廣說其相
佛告弥勒菩薩言弥勒諦聽諦聽善
思念之當為汝說若有淨信善男子
善女人於佛功德專精繫念常觀如
来威德自在具足十力四無所畏十
八不共法大慈大悲一切智智三十
二種大人之相八十隨形好一一毛
孔皆有无量異色光明百千億種殊
勝福德莊嚴成就無量智慧明了通
達无量三昧無量法忍无量陁羅尼
無量神通如是等一切功德皆無有
量離衆過失无與等者此人如是諦
念思惟深生信樂依諸相好而作佛
像功德廣大無量无邊不可稱數弥
勒若有人以衆雜綵而為繢飾或復
鎔鑄金銀銅鐵鉛錫等物或有彫刻
栴檀香等或復雜以真珠螺貝錦繡
織成丹土白灰若泥若木如是等物
隨其力分而作佛像乃至極小如一
指大能令見者知是尊容其人福報
我今當說弥勒如是之人於生死中
雖復流轉終不生在貧窮之家亦不
生於邊小國土下劣種姓孤獨之家
又亦不生迷戾車等商估販賃屠膾
等家乃至不生卑賤伎巧不淨種族
外道苦行邪見等家除因願力並不
生彼是人常生轉輪聖王有大勢力
種姓之家或生淨行婆羅門冨貴白
在无過失家所生之處常遇諸佛承
事供養或得為王能持正法以法教
化不行非道或作轉輪聖王七寶成
就千子具足騰空而行化四天下盡
其壽命自在豊樂或作帝釋夜摩天
王兜率天王化樂天王他化自在天
王人天快樂靡不皆受如是福報相

續不絕所生之處常作丈夫不受女
身亦復不受黃門二形卑賤之身所
受之身无諸醜惡目不盲眇耳不聾
齆鼻不曲戾口不喎斜脣不下垂亦
不皴澀齒不踈缺不黑不黃舌不短
急項无瘤癭形不傴僂色不斑駮髀
不短促足不癵跛不甚瘦不甚肥亦
不太長亦不太短如是一切不可喜
相悉皆无有其身端正面貌圓滿髮
紺青色軟澤光淨脣如丹果目若青
蓮舌相廣長齒白齊密發言巧妙能
令聞者无不喜悅髀肘傭長掌平坦
厚膂腔充實胷臆廣大手足柔軟如
兜羅綿諸相具足无所缺減如鄔羅
延天有大筋力弥勒譬如有人墮圊
廁中從彼得出刮除糞穢淨水洗沐
以香塗身著新潔衣如是此人比在
廁中猶未得川淨穢香臭相去幾何
此事懸隔无有等倍弥勒若有人於
生死中能發信心造佛形像比未造
時相去懸隔亦復如是當知此人在
在所生淨除業障種種伎術无師自
解雖生人趣得天六根若生天中超

越衆天所生之處无諸疾苦无疥癩
無癰疽不為鬼魅之所染著無有癲
狂乾痟等病癭瘻瘕疵惡瘡隱疾吐
痢无度飲食不消攣體酸疼半身痿
躄如是等病四百四種皆悉无有亦
復不為毒藥兵仗虎狼師子水火怨
賊如是横緣之所傷害常得无畏不
犯諸罪弥勒若有衆生宿造惡業當
受種種諸苦惱事所謂枷鎖杻械打
罵燒炙剥皮拔髮反縶高懸乃至或
被分解支節若發信心造佛形像如
是苦報皆悉不受若殺賊侵擾城邑
破壞惡星變怪飢饉疾疫如是之處
不生其中若言生者斯則妄説
尒時弥勒菩薩摩訶薩復白佛言世
尊如来常説善不善業皆不失壞若
有衆生作諸重罪當生卑賤種姓之
家貧窮疾苦壽命夭促後發信心造
佛形像此衆罪報為更當受為不受耶
佛告弥勒菩薩言弥勒汝今諦聽當
為汝説若彼衆生作諸罪已發心造
像求哀懺悔决定自斷誓不重犯先
時所作皆得銷滅我今為汝廣明此

造像功德經卷下　第四張　墨

事弥勒辟若有人宿行慳悋以是緣
故受貧窮苦无諸財寶資用匱乏忽
遇比丘先入滅定從定初起即以飲
食恭敬奉施此人施已永捨貧窮凡
有所須悉如其意弥勒彼貧窮人先
世惡業及所得報今何在耶弥勒菩
薩言世尊由施食故先世惡業皆悉
滅盡永離貧窮大富充足佛言弥勒
如汝所言當知此人亦復如是由造
像故彼諸惡業永盡无餘所應受報
皆不復受弥勒業有三種一者現受
二者生受三者後受此三種業中一
一皆有定與不定若人信心造佛形
像唯現定業少分容受餘皆不受
尒時弥勒菩薩摩訶薩復白佛言世
尊如来常説有五種業最為深重决
定墮於无間地獄所謂煞父害母煞
阿羅漢以惡逆心出佛身血破和合
僧若有衆生先作此罪後於佛所生
淨信心造佛形像此人為更墮於地
獄為不墮耶
佛告弥勒菩薩言弥勒我今為汝重
説辟喻如或有人手執強弓於樹林

造像功德經卷下　第五張　墨

間向上射葉其箭徹徃曾无所㝵若
有衆生犯斯逆罪後作佛像誠心懺
悔得无根信我想微薄雖墮地獄還
即出離如箭不停此亦如是又如比
丘得神足通從海此岸到於彼岸周
旋四洲無能㝵者此人亦尒由先所
犯暫墮地獄非彼宿業所能為㝵
尒時弥勒菩薩摩訶薩復白佛言世
尊諸佛如来是法性身非色相身若
以色相為佛身者難陁比丘與轉輪
聖王皆應是佛以悉具有諸相好故
或有衆生壞佛法身法説非法非法
説法後發信心而造佛像此之重罪
為亦銷滅為不得滅
佛告弥勒菩薩言弥勒若彼衆生法
説非法非法説法唯以口言而不壞
見後生信樂造佛形像此先惡業但
於現身而受輕報不墮惡道然於生
死未即解脱
尒時弥勒菩薩摩訶薩復白佛言世
尊若有人盗佛塔物盗僧祇物四方
僧物現前僧物自用與人如己物想
世尊常説用佛塔物及僧物者其罪

造像功德經卷下　第六張　墨

甚重然彼衆生作是罪已深自悔責
起淨信心而造佛像如是等罪為滅
不耶
佛告弥勒菩薩言弥勒若彼衆生曽
用此物後自省察深懐愧悔依數酬
倍誓更不犯我今為汝說一辟喻如
有貧人先多負債忽遇伏藏得无量
寶還其債已長有餘財當知此人亦
復如是酬倍彼物又造佛像免諸苦
患永得安樂
介時弥勒菩薩摩訶薩復白佛言世
尊如佛所說於佛法中犯波羅夷不
名為生或復有人作斯罪已發心憶
念諸佛功德而造佛像於佛法中得
再生不又於今生第二第三第四生
中獲證法不
佛告弥勒菩薩言弥勒辟如有人身
被五縛若得解脫如鳥出網至无㝵
處此人亦介若發信心念佛功德而
造佛像一切業障皆得銷除於生死
中速出无㝵弥勒當知乗有三種所
謂聲聞乗獨覺乗及以佛乗此人隨
於何乗而起願樂即於此乗而得解

脫若但為成佛不求餘報雖有重障
而得速滅雖在生死而无苦難乃至
當證无上菩提獲清淨土具諸相好
所得壽命常無有盡
介時會中有未發大乗心者皆生疑
念如来過去為造佛像為不作耶設
若作者云何壽命而有限極有病有
苦所居國土多諸穢濁不得清淨時
波斯匿王承佛威神即從座起長跪
合掌白佛言世尊我見如来諸根相
好及以種族皆悉第一其心决定無
有所疑然佛世尊曽於一時被佉陁
羅木剌傷其足又於一時遇提婆達
多推山迸石傷足出血昔復一時唱
言有病命遣耆婆調下利藥又一時
中曽患背病令摩訶迦葉誦七菩提
分所苦得除復於一時曽有所患使
阿難陁往婆羅門家乞求牛乳往復
一時於娑羅村中三月安居唯食馬
麦復曽一時乞食不得空鉢而還如
世尊言若有人作佛像者所有業障
皆得除滅離衆苦惱无諸疾病世尊
往昔為曽作像為不曽作若於昔時

作佛像者何因而有如是等事
佛告波斯匿王言諦聽諦聽善思念
之當為大王分別解說大王我於往
世為求菩提以衆寶栴檀彩畫等事
而作佛像過此會中人天之數以斯
福故雖在生死未盡諸惑然所受身
堅如金剛不可損壞大王我念過去
於无量劫生死之中造佛形像介時
尚有貪瞋等無量煩惱而共相應然
未曽於一念之間以罪業故有四大
不調及惡鬼神諸少病苦所須之物
莫不充備況我於今已得阿耨多羅
三藐三菩提而有如是不如意事大
王若我昔時曽作佛像今有殘業受
斯報者我復云何作无畏說言造佛
像决定能盡諸惡業耶大王我於過
去給施无量飲食財寶云何今時乞
求不得而食馬麦儻令此事而有實
者云何我於無量經中種種讚歎檀
波羅蜜說其福業終不虛也大王我
是真實語者不誑語者我若欺誑況
餘人乎大王我已久斷一切惡業能
捨難捨能行難行所捨身命過百千

億已造无量諸佛形像已悔無量諸
罪惡業豈得有斯毀傷病苦食噉馬
麥飢渴等事若曾得勝果今還退失
何假勤脩此衆福善大王諸佛如來
常身法身為度衆生故現斯事非
為實也傷足患背乞乳服藥乃至涅
槃以其舍利分布起塔皆是如來方
便善巧令諸衆生見如是相大王我
於世間現於如是衆患事者欲示衆
生業報不失令生怖畏斷一切罪修
諸善行然後了知常身法身壽命无
限國土清淨大王諸佛如來无有虛
妄純一大悲智慧善巧故能如是種
種示現是時波斯匿王聞此說已歡
喜踊躍與无量百千衆生皆發阿耨
多羅三藐三菩提心
尒時弥勒菩薩摩訶薩復白佛言世
尊有諸女人志意狹小多懷嫉恚輕
薄諂曲有恨不捨知恩不報設求菩
提莫能堅守常欲誑惑一切衆生亦
復為他之所誑惑世尊若此女人造
佛形像如是諸業得除滅不當來得
作勇健丈夫求佛果不得作知恩報

恩人不得具智慧大慈悲不於生死
法能猒離不除因願力得更不受女
人之身如瞿曇弥及佛母摩耶夫人不
佛告弥勒菩薩言弥勒若有女人能
造佛像永不復受女人之身設受其
身則為女寶尊勝第一然諸女人有
五種德此女所得出過諸女何等為
五一者生孕子息二者種族尊貴三
者稟性貞良四者質相殊絶五者姿
容美正弥勒一切女人有八種因緣
恒受女身云何為八一者愛好女身
二者貪著女欲三者口常讚美女人
容質四者心不正直覆藏所作五者
猒薄自夫六者念重他人七者知人
有恩而已背逆八者邪偽荘飾欲他
迷戀若能永斷如是八事而造佛像
乃至成佛常作丈夫更受女身無有
是處弥勒有四種因緣令諸男子受
女人身何等為四一者以女人聲輕
笑喚佛及諸菩薩一切聖人二者於
淨持戒人以誹謗心說言犯戒三者
好行諂媚誑惑於人四者見他勝已
心生嫉妬若有丈夫行此四事命終

之後必受女身復經无量諸惡道苦
若深發信心悔先所作而造佛像則
其罪皆滅必更不受女人之報弥勒
有四種因緣令諸男子受黄門身何
等為四一者殘害他形乃至畜生二
者於持戒沙門瞋笑謗毀三者情多
貪欲故心犯戒四者親犯戒人復勸
他犯若有男子先行此事後起信心
造佛形像乃至成佛不受斯報常作
丈夫諸根具足弥勒有四種業能令
丈夫受二形身一切人中㝡為其下
何等為四一者於尊敬所而有染穢
二者於男子身非處染著三者即於
自己而行欲事四者誑賣女色而與
他人若有衆生曾行此事深自咎責
悔先所犯起淨信心造佛形像乃至
成佛不受此身弥勒復有四緣令諸
男子其心常生女人愛欲樂他於己
行丈夫事何等為四一者或嫌或戲
謗毀於人二者樂作女人衣服荘飾
三者於親族女行婬穢事四者實无
勝德妄受其禮以此因緣令諸丈夫
起於如是別異煩惱若悔先犯更不

造新心生信樂作佛形像其罪既滅此心亦息弥勒有五種慳能壞衆生何等為五一者慳惜所住隣邑由此當於曠野中生二者慳惜所居宅宇當作蠱身恒居糞穢三者慳惜端正好色當感醜惡不如意形四者慳惜所有資財當受貧窮衣食乏少五者慳惜所知之法當有頑鈍畜生等報若悔己先業造佛尊儀則永離慳心无前所受弥勒復有五緣令諸衆生生邊夷之處及無佛法時何者為五一者於三寶良田不生淨信二者背實虧理妄行教誡三者不如理實而有教授四者破和合僧令成二部五者極少乃至破二比丘令不和合若永斷斯業造佛形像則常遇佛興恒聞法要弥勒衆生復有五種因緣常被於人之所猒逐乃至至親亦不喜見云何為五一者兩舌二者惡口三者多諍四者多瞋五者巧說相似之言以行誹謗後若發心造佛形像悔先惡業誓不重作其所作罪並得除滅為一切人之所愛敬何以故諸佛

有無量无邊勝福德故无量無邊大智慧故無量无邊三昧解脫等種種希有功德法故善男子假使有人以三千大千國土末為微塵復碎彼塵一一塵分等彼三千大千國土微塵之數有如是等碎微塵數三千大千國土設復有人取一碎塵以神通力往於東方一剎那傾過彼所碎微塵數三千大千國土第二第三後後剎那皆亦如是乃至終彼碎塵數劫彼諸劫中所有剎那一一剎那各為一劫經尒許劫剎那剎那皆度如前碎微塵數三千大千國土如是畢已乃下此塵是人還來更取一塵復往東方過前一倍下塵而返至第三塵倍於第二如是次第轉倍於前乃至盡此碎微塵數如說東方南西北方皆亦如是是人四方所經之處一切國土盡末為塵此諸微塵一切衆生共挍計籌量容可知數於如來身一毛孔分所有功德不可知也何以故諸佛如來所有功德无有限量不思議故善男子假使如前微塵等數舍利

弗等所有智慧不及如來一念之智何以故如來於念念中常能出現過前塵數三昧解脫陁羅尼等種種无量勝功德故諸佛功德一切聲聞辟支佛於其名字亦不能知是故若有淨信之心造佛形像一切業障莫不除滅所獲功德無量无邊乃至當成阿耨多羅三藐三菩提永拔衆生一切苦惱佛說此經已弥勒菩薩及三十三天優陁延王一切世間天人阿脩羅乾闥婆等聞佛所說皆大歡喜信受奉行

佛說大乘造像功德經卷下

壬寅歲高麗國大藏都監奉
勅雕造

佛說大乘造像功德經卷下

校勘記

一　底本，麗藏本。

一　二六八頁上一行「佛說」，磧、普、南、徑、清無。

一　二六八頁中一二行第一二字「賃」，資、磧、南、徑、清作「貸」。

一　二六九頁上三行第六字「癀」，資、磧、普、南、徑、清作「癘」。

一　二六九頁上二二行第八字「自」，資、磧、普、南作「息」。第九字「断」，徑、清作「新」。

一　二六九頁下一行首字「⿵門中」，資、磧、普、南、徑、清作「中」。

一　二七〇頁中一六行第五字「病」，資、磧、普、南、徑、清作「痛」。

一　二七〇頁中一九行第四字「娑」，資、磧、普、南、徑、清作「婆」。

一　二七〇頁下一八行第九字「今」，資、磧、普、南、徑、清作「令」。

一　二七一頁上九行第五字「於」，資、磧、普、南、徑、清無。

一　二七一頁下一四行第九字「誸」，石、磧、普、南、徑、清作「衒」。

一　二七二頁上五行第三字「蠱」，諸本作「蟲」。

一　二七二頁上一二行第九字「生」，資無。

一　二七二頁中四行第七字「末」，石、徑、清作「抹」。

一　二七二頁中一二行末字「碎」，石作「破」。

一　二七二頁下一三行「佛說」，磧、普、南、徑、清無。

蓮華面經卷上　大乘修多羅藏
隋天竺三藏那連提耶舍譯　墨

如是我聞一時佛住毗舍離獼猴池
岸上大重閣中如是不久當捨壽命
介時佛告阿難我今共汝往波波城
彼有長者名毗沙門德吾欲化之阿
難言唯然受如来教即隨佛行未久
彼城有跋提河佛告阿難我今疲極
可入河浴介時世尊脫欝多羅僧置
河岸上入河澡洗佛告阿難汝可至
心觀如来身三十二相以自莊嚴如
是之身却後三月當入涅槃復告阿
難汝當更觀如来之身如優曇花久
遠乃現時時一出難出難見如是佛
身過於彼花百千万倍難出難見如
是之身却後三月更不復現復告阿
難汝當更觀如来之身如花鬘師取
貫花綖種種色花及種種香結作花
鬘彼鬘成已覩者歡喜如来身者三
十二相八十種好以自莊嚴閻浮提
金光色明炎圓光一尋如是身者却
後三月當般涅槃復告阿難汝當更
觀如来之身如三十三天所住之地
百寶莊嚴復有種種音樂快樂彼諸
天等於彼寶地及天音樂不能暫捨
亦不能記彼地寶色如是佛身三十
二相不可遍觀何以故觀一一相心
不能捨如是身者却後三月當般涅
槃復告阿難汝當更觀如来之身辟
如日月有大威德神通光明在佛身
邊悉蔽不現是故佛身過彼日月㝡
尊㝡勝如是之身却後三月當般涅
槃復告阿難辟如師子諸獸中王如
天帝釋大伊羅鉢象諸象中王佛身
亦介具大勢力獨步无畏如是之身
却後三月當般涅槃復告阿難汝當
更觀如来之身如須弥山王四寶所
成處于大海安住不動其體堅實无
有瑕隙如来之身過那羅延力百千
万倍不可為比如是之身却後三月
當般涅槃復告阿難如来之身於无
足二足多足衆生有色无色有想無
想非有想非無想衆生之中如来色
身㝡尊㝡勝如是之身却後三月當
般涅槃復告阿難如小千世界千月

千須弥山千弗于逮千瞿耶尼千欝怛羅越千閻浮提千四天王千三十三天帝釋天王千炎摩天千炎摩天王千兜率陁天千兜率陁天王千化樂天千化樂天王千他化自在天千他化自在天王千梵身天千梵身天王如是小千世界滿中諸天欲見如來面貌周盡不能得見何以故如来面光如百千電炎出過世間所有光明百千万倍是故帝釋大梵天等常讃歎佛光明殊勝如是之身却後三月當般涅槃復告阿難莫作是念如来不盡貪瞋癡故自讃己身如来身者貪瞋癡使及彼習氣永盡无餘如是阿難如来應供正遍知有大威德汝常供侍如来生身以是因緣所得功德不可量不可數不可思議无量无邊阿僧祇阿難汝今欲聞如来滅後未来衆生供養如来碎身舍利因緣事不尒時阿難偏袒右肩右膝著地合掌白佛言世尊今正是時大德婆伽婆今正是時惟願如来為我宣說佛涅槃後諸衆生等供養如来碎

身舍利因緣等事我聞是法至心受持廣為他說佛告阿難汝善諦聽我今當說阿難如来入涅槃時入金剛三昧碎此肉身猶如芥子如是一分舍利向諸天所尒時帝釋天王及諸天衆見佛舍利知佛涅槃即雨天曼陁羅花摩訶曼陁羅花曼殊沙花摩訶曼殊沙花供養舍利如見佛身礼拜右遶有種阿耨多羅三藐三菩提善根有種聲聞善根有種辟支佛善根有一分舍利向龍世界中尒時娑伽羅龍王无量龍等見佛舍利大設供養以因陁羅寶摩訶因陁羅寶火味寶清水寶如是无量種種諸寶持用供養碎身舍利礼拜右繞作供養巳是時龍等各自發願有發阿耨多羅三藐三菩提願者有發聲聞菩提願者有發辟支佛菩提願者有一分舍利向夜叉世界尒時毗沙門王及餘无量大夜叉將見碎身舍利以種種花末香燒香燈明音樂如是无量供養舍利礼拜合掌右遶恭敬有發無上大菩提願者有發聲聞願有發

辟支佛願彼餘舍利在閻浮提當来有王名阿輸迦統一閻浮提此王為供養舍利故造作八万四千塔置此舍利而供養之此閻浮提復有六万諸王亦當供養碎身舍利以諸花鬘種種香等燈明音樂供養礼拜右遶恭敬有種无上大菩提善根有種聲聞善根有種辟支佛善根有即捨家出家於佛法中信心清淨剃除鬚髮而披法服精勤修道皆悉漏盡而般涅槃如是阿難如来應供正遍知有大威德以彼法身依生身故供養生身舍利因緣所得功德无量無邊阿僧祇不可數不可說尒時如来作如是念我此三阿僧祇劫勤苦所成佛法欲令久住於世間故當往諸天諸阿修羅諸龍迦樓羅摩睺羅伽等所住之處付囑佛法尒時如来即於閻浮提没三十三天中出尒時帝釋天王見世尊已即敷高座奉迎如来白佛言世尊願受此座尒時世尊即坐其座帝釋天王與百千万衆頂礼佛足住在一面佛告帝釋言汝今當知

吾亦不久當般涅槃以此佛法囑累於汝汝當護持如是至三帝釋天王悲泣雨面収淚而言世尊涅槃一何疾哉如来涅槃何其太速世間法眼於玆永滅如佛所敎是我力分即當護持恭敬供養如来昔於兜率陁天降神母胎我於尒時與忉利衆常作守護及佛生時亦與諸天共来守護如来坐於菩提樹下破八千万億魔軍得阿耨多羅三藐三菩提時我與諸天亦常守護佛於波羅㮈鹿野苑中三轉十二行法輪時我與天衆亦常守護我今无力能使如来不入涅槃无力能護尒時世尊種種說法勸喻安慰示教利喜帝釋諸天令護佛法從天上沒即於娑伽羅龍王宮出尒時龍王見如来至即時敷座佛坐其座告龍王曰汝今當知如来不久入於涅槃我以佛法囑累於汝汝當守護无令斷絶龍王當知此龍世界有諸惡龍多生瞋恚不知罪福為惡卒暴破壞我法是故我今以此佛法囑累於汝尒時龍王悲泣雨面収淚

蓮華面經卷上　第七張　盈字号

而言世尊我諸龍等盲无慧眼是故今者生畜生中若佛滅後龍世界空我等捨命不知未来當生何處諸佛如来是衆生寶去何今者欲般涅槃世間眼滅尒時世尊示教利喜娑伽羅王令護佛法在龍宮沒於德叉迦龍王宮出尒時龍王為佛敷座佛坐其座龍王復與百万億龍頂礼佛足却住一面佛告龍王汝等當知如来不久入無漏界而般涅槃今以佛法囑累於汝至心守護尒時龍王悲泣雨面以手収淚而白佛言如来滅度世間眼滅諸佛如来是衆生寶若佛滅度我今不知當生何處佛為龍王種種說法示教利喜即從彼沒於黑色龍王宮中出尒時龍王為佛敷座佛坐其座黑色龍王與百万億龍衆頂礼佛足却住一面佛告龍王汝等當知如来不久入般涅槃我以佛法囑累於汝汝當至心而守護之尒時龍王悲泣雨面揩淚而言如来滅度世間眼滅諸佛如来是衆生寶若佛滅度我今不知當生何處佛為說法

蓮華面經卷上　第八張　盈字号

示教利喜即從彼沒於夜叉世界出尒時毗沙門王為佛敷座佛坐其座毗沙門王與百万億夜叉之衆頂礼佛足却坐一面尒時毗留勒叉天王與百万億鳩槃荼衆頂礼佛足却坐一面尒時毗留博叉天王與百万億諸龍之衆頂礼佛足却坐一面尒時提頭頼吒天王與百万億乹闥婆衆頂礼佛足却坐一面尒時大夜叉將般脂迦槃折邏旃荼娑多耆利爷跋多摩屋跋陁富那跋陁如是一切諸夜叉將頂礼佛足却坐一面尒時佛告四天大王及夜叉將乹闥婆將鳩槃荼將諸龍將言汝等當知如来不久入般涅槃我以佛法囑累於汝當好守護第二第三亦如是說汝等當知夜叉國中諸惡夜叉鳩槃荼國惡鳩槃荼乹闥婆國惡乹闥婆諸龍國土有諸惡龍如是衆生多起瞋恚不知罪福為惡卒暴破我三阿僧祇劫勤苦所修无上佛法是故我今囑累汝等時四天王及夜叉將乃至龍將悲泣雨面揩淚而白佛言世尊涅槃

何其太速如来滅度一何疾哉為死
摩竭之所吞噬尒時世尊種種說法
示教利喜即從彼没閻浮提出尒時
世尊作如是念我所作事今已作竟
諸悪衆生今已調伏可入安隱寂滅
涅槃佛告阿難生死可猒吾今不久
欲入涅槃尒時阿難生大苦惱悲泣
雨面如箭入心悶絶倒躄宛轉于地
而作是言世尊涅槃何其太速如来
滅度一何疾哉世間眼滅我復更當
與誰持鉢更復持扇在誰邊立不復
更聞甘露之法誰復與我說甘露味
我今更復隨誰後行不復更見殊勝
日月圓滿之面尊者舍利弗等大智
慧人已入涅槃而佛如来今復滅度
世間闇瞑失智慧眼智須弥王今欲
崩散佛樹欲倒法橋欲絶法舡欲沉
法炬欲滅正法日月將墜於地解脫
之門今欲閉塞三悪道門今將欲開
三阿僧祇劫所集法聚將没不久尒
時佛告長老阿難汝莫憂愁莫復啼
哭莫不叫喚搥匈哽咽悶絶躄地何
以故世間生者是有為法會歸无常

欲令此法不失不壞而常住者无有
是處尒時世尊種種說法安慰勸喻
示教利喜囑法藏已嘿然而住尒時
世尊復作是念阿難比丘為憂愁刺
深入其心我今當拔彼憂愁刺告阿
難言汝今欲見未来事不我見来世
如觀現在當為汝說尒時阿難偏袒
右肩右膝著地合掌向佛頂礼佛足
而白佛言大德世尊當為我說今正
是時我聞法已當奉受持廣宣流布
佛告阿難諦聽至心我今當說阿難
未来之時有諸破戒比丘身著袈裟
遊行城邑往来聚落住親里家彼非
比丘又非白衣畜養婦妻產育男女
復有比丘住婬女家復有比丘婬比
丘尼復有比丘貯畜金銀造作生業
以自活命復有比丘通致使驛以自
活命復有比丘專行醫藥以自活命
復有比丘圍碁六博以自活命復有
比丘為他卜筮以自活命復有比丘
為他呪彼死屍令起遣煞怨家以自
活命復有比丘為他誦呪駈遣鬼神
多取財物以自活命復有比丘專行

煞生以自活命復有比丘住僧伽藍
私自費用佛法僧物以自活命復有
比丘内實犯戒外示護持受人信施
復有比丘雖不破戒而懷慳惜衣服
飲食及以鄙悋衆僧之物不與客僧
復有比丘雖不破戒悋惜衆僧房舍
牀座不與客僧復有比丘雖不破戒
為諸檀越供養礼拜多得財利其心
不欲令餘比丘受人信施惟欲自受
復有比丘實非羅漢而常詐稱得羅
漢果欲令人知我是羅漢復有比丘
多受檀越四事供養内无實德惟增
貪心但為活命不為修道復有比丘
興利商賈以自養活復有比丘專行
偷盜以自養活復有比丘畜養象馬
駝驢牛羊乃至賣買以自養活復有
比丘販賣奴婢以自養活復有比丘
屠煞牛羊以自養活復有比丘受募
入陣征戰討伐多煞衆人以求勳賞
復有比丘穿踰牆壁盜他財物以自
活命復有比丘專行劫奪攻破城邑
及與聚落以自活命復有比丘毀壞
佛塔取其寶物以自活命如是无量

地獄因緣捨命之後皆墮地獄阿難
辟如師子命絶身死若空若地若水
若陸所有衆生不敢食彼師子身肉
惟師子身自生諸虫還自噉食師子
之肉阿難我之佛法非餘能壞是我
法中諸惡比丘猶如毒刺破我三阿
僧祇刧積行勤苦所集佛法阿難辟
如有人入於大海至寶渚中多取寶
物置於舩上欲渡大海於中沉没佛
之正法如彼寶舩當来破戒諸惡比
丘多樂造作種種惡業滅我佛法沉
没不現阿難如来涅槃不久之間正
法當亂正法亂已復有種種諸惡比
丘出現於世不信如来得證无漏寂
滅涅槃況復信有世間餘人得阿羅
漢入涅槃者阿難如来所有正法名
味句義所謂修多羅祇夜鞞迦曷羅
伽陁憂陁那尼陁那阿波陁那伊帝
鼻利多伽闍多迦裴冨略阿浮陁達
摩優波提舍十二部經為惡比丘之
所毀滅彼諸人等樂作文章綺飾言
辭多有如是諸惡比丘破我佛法尒
時阿難白佛言世尊當来之世如是

破戒諸惡比丘而出生耶佛言如是
如是阿難未来之世當有如是諸惡
比丘出現於世雖披法服剃除鬚髮
破我佛法尒時阿難作如是念以佛
力故可令我見未来之世如是事不
尒時如来以神通力即令阿難悉見
未来諸惡比丘以兒坐膝置婦其傍
復見種種諸非法事尒時阿難見此
事已心大怖畏身毛皆竪即白佛言
世尊如来速入涅槃今正是時何用
見此未来之世如是惡事佛告阿難
汝意云何如来向說諸惡比丘惡業
報果豈是餘人所能知不阿難白佛
言世尊惟有如来乃能知此未来之
世諸惡業報佛言善哉善哉阿難實
如汝說惟有如来乃能知之阿難汝
今頗見佛未涅槃諸惡比丘圍遶如
来為說法不阿難白言无如是事佛
言阿難善哉善哉如汝所說如来現
在實无如是諸惡比丘圍遶如来佛
為說法佛言阿難未来之世多有在
家白衣得生天上多有出家之人墮
於地獄餓鬼畜生復告阿難善惡之

業終不敗亡我於過去曾作商主入
於大海活多人故手煞一人以是業
緣乃至成佛猶尚身受金鏘之報尒
時帝釋天王與三十三天衆疾至佛
所頂礼佛足却住一面炎摩天王與
百万億炎摩天衆疾至佛所頂礼佛
足却坐一面删兜率陁天王與百万
億删兜率陁天衆疾至佛所頂礼佛
足却坐一面化樂天王與百万億化
樂天衆疾至佛所頂礼佛足却坐一
面他化自在天王與百万億他化自
在天衆疾至佛所頂礼佛足却坐一
面尒時毗摩質多羅阿修羅王與百
万億阿修羅衆疾至佛所頂礼佛足
却坐一面尒時娑伽羅龍王與百万
億龍衆疾至佛所頂礼佛足却坐一
面皆於一念一刹那一無虚律多頃
諸天阿修羅迦樓羅乹闥婆緊那羅
摩睺羅伽等於虚空中遍滿十二由
旬皆為㝡後見如来故
尒時佛告阿難此道場菩提樹㝡勝
殊妙過去諸佛皆於此處證阿耨多
羅三藐三菩提未来諸佛亦於此處

得阿耨多羅三藐三菩提現在我身又於此處破十八億魔軍得阿耨多羅三藐三菩提如是阿難我今不久當般涅槃復次阿難藍比尼園最勝最妙是佛如来最後生處復次阿難摩耶夫人是大福德乃能生出人中之寶復次阿難淨飯國王是大福德乃作一切諸衆生中最勝寳父復次阿難毗舍離城比耆離國最勝最妙王舍大城摩伽陁國最勝最妙七菴婆羅樹處亦妙瞿躭摩若尼俱陁樹處亦勝亦妙斐囉多豆囉多豆囉尼憩處亦勝亦妙力士生地乃是過去轉輪聖王觧寶天冠在此安置辟支佛塔是我焚身最勝妙地復次阿難此閻浮提最勝好處衆生於中樂貪壽命是故我今於此涅槃我於三阿僧祇刼所集之法不久當滅尒時世尊慰喻阿難令心歡喜除其愁刺付囑法已告阿難言吾今與汝可往諸國阿難唯然受如来教尒時世尊至波波城所應度者皆悉度訖復往諸國教化无量百億那由他衆生皆成

就已尒時阿難隨從佛行如是次第至摩伽陁國道場菩提之樹世尊遶樹作六匝已即於樹下結加趺坐佛告阿難如来不久後十五日當般涅槃尒時諸天阿修羅迦樓羅乹闥婆緊那羅摩睺羅伽等作如是念如来不久於十五日當般涅槃我等皆當最後礼拜佛告阿難莫作是念謂佛世尊有貪瞋癡讃歎於此閻浮提處而如来者離貪瞋癡此三界處是衆生生處於三界中而此欲界是諸衆生習三惡業又造人身及與天業色界无色界業乃至非想非非想業說此語已佛起于座即時此地六種震動无量百千万億那由他諸天於虚空中憂愁啼哭作如是言如是衆生中寳不久當滅

蓮華面經卷上

蓮華面經卷上

校勘記

一　底本，金藏廣勝寺本。

一　二七四頁中一行經名首字「蓮」，磧、普、南、徑、清作「佛說蓮」，卷下同。經名下夾註「大乘修多羅藏」，資、磧、普、南、徑、清無。

一　二七四頁中二行譯者，資作「隋三藏法師那連提黎耶舍譯」；磧、普、徑、清作「隋三藏法師那連提耶舍譯」；南作「隋三藏法師那那連提舍譯」。卷下同。

一　二七四頁中四行第八字「是」，資、磧、普、南、徑、清、麗作「来」。

一　二七四頁中一四行第九字「出」，石作「生」。

一　二七四頁下末行「千月」，諸本作「千日千月」。

一　二七五頁上三行第三字「帝」，諸本作「千帝」。

一　二七五頁上六行第一二、一三字

「梵身」，石、麗作「大梵」。

一 二七五頁上二〇行第一一字「肩」，資、磧、普、南、徑、清作「臂」。

一 二七五頁中一四行首字「味」，石、麗作「珠」。

一 二七五頁中末行第七字「者」，石、資、磧、普、南、徑、清無。

一 二七六頁上三行第五字「扠」，石作「捫」；資、磧、普、南、徑、清作「抆」，下同。

一 二七六頁中二一行第七字「捫」，資、磧、普、南、徑、清作「抆」，下同。

一 二七六頁下一〇行第一三字「亏」，資、磧、普、南、徑、清作「子摩」；麗作「兮摩」。

一 二七七頁上二二行第三字「不」，諸本作「大」。

一 二七七頁下一六行首字「馳」，麗作「駛」。

一 二七八頁中一三行「報果」，資、磧、普、南、徑、清作「果報」。

一 二七九頁上一〇行第一一字「最」，資作「寶」。

一 二七九頁上一一行「亦妙」，磧、普、南、徑、清作「亦勝亦妙」。

一 二七九頁中三行第二字「作」，資、磧、普、南、徑、清作「行」。

蓮華面經卷下

隋天竺三藏那連提耶舍譯　　晏

尒時世尊離菩提樹毗沙門王共百万億夜叉之衆同時舉聲悲啼雨淚以手抆淚而說偈言

如來容色甚微妙　超勝衆生無比者
如是莊嚴殊特身　不久之間當滅度

尒時帝釋天王復與百千億三十三天衆同時舉聲悲泣雨淚以手抆淚而說偈言

如來面相正圓滿　形色殊勝於日月
一切人天應供者　我等不復得瞻見

尒時須焰摩天王與百万億須焰摩天衆同時舉聲悲泣雨淚以手抆淚而說偈言

人中精進寂雄猛　威力能破諸魔軍
甘蔗種中釋師子　今為无常所食噉

尒時删兜率陁天復與百万億删兜率陁天衆同時舉聲悲泣雨淚以手抆淚而說偈言

見者無猒如藥王　出世猶如大明燈
如是智眼今滅度　世間當復皆闇冥

是時化樂天王復與百万億化樂天衆同時舉聲悲泣雨淚以手抆淚而說偈言

安步不動勝師子　面貌圓滿過月形
更不復行於此地　千輻相跡不復見

是時魔王他化自在天王心大歡喜安隱快樂復與百万億他化自在天衆疾至佛所合掌向佛而說偈言

諸惡衆生已調伏　大麁獷盡永无餘
何故猶住於世間　惟願如來速涅槃

是時大梵天王瞋彼魔王作如是言咄哉魔王大惡衆生諸佛如來是寂勝寶汝今云何欲令世尊速入涅槃尒時大梵天王復與百万億諸梵天衆同時舉聲悲泣雨淚以手抆淚而說偈言

於此現在及未來　梵天世界餘天處
初未曾見如佛身　清淨滿足端嚴面

尒時毗摩質多阿修羅王復與百万億阿修羅衆同時舉聲悲泣雨淚以手抆淚而說偈言

佛色功德無有量　无有能盡其邊際
利益修羅及餘趣　今若滅度世間空

是時娑伽羅龍王與百万億諸龍衆等同時舉聲悲泣雨淚以手抆淚而說偈言

伊羅鉢象數滿千　不比如来一節力
如是大力雄猛者　今為无常所破壞

是時毗留勒叉天王與百万億鳩槃荼衆同時舉聲悲泣雨淚以手抆淚而說偈言

南无大覺妙蓮花　從被清淨戒池生
示現無常不久相　今當傾墜永寂滅

是時毗留博叉天王與百万億諸龍衆等同時舉聲悲泣雨淚以手抆淚而說偈言

如来面形如滿月　光明照曜猶日輪
如是不久住於世　示為无常所吞食

是時毗沙門天王與百万億夜叉衆同時舉聲悲泣雨淚以手抆淚而說偈言

佛身金色最殊妙　三十二相自莊嚴
不久當為无常力　破壞清淨大牟尼

尒時提頭賴吒天王與百万億龍衆同時舉聲悲泣雨淚以手抆淚而說偈言

如来身色甚希有　於三界中無有比
如是不久當滅度　為彼无常之所羂

尒時大夜叉將名般脂迦與百万億夜叉衆等同時舉聲悲泣雨淚以手抆淚而說偈言

佛聲殊勝踰梵天　出過迦陵頻伽聲
如来不久當涅槃　不復更聞甘露法

尒時夜叉大將名般遮羅與百万億夜叉衆等同時舉聲悲泣雨淚以手抆淚而說偈言

世尊金色光明身　功德莊嚴滿月面
眉間白毫殊特相　我今最後歸命礼

尒時大夜叉將摩尼跋陁羅與百万億夜叉衆等同時舉聲悲泣雨淚以手抆淚而說偈言

三十有二上妙相　八十種好自莊嚴
當為无常金剛主　摧碎大聖牟尼尊

尒時大夜叉將富都跋陁與百万億夜叉衆等同時舉聲悲泣雨淚以手抆淚而說偈言

過去世中一切佛　及以未来諸世尊
大力釋種師子王　无常師子之所害

是時大夜叉將摩侯利地迦與百万億夜叉衆等同時舉聲悲泣雨淚以手抆淚而說偈言

我今最後見牟尼　於是不復更奉覲
最後礼佛千輻輪　丘墟悉平脚足者

是時大夜叉將佉陁羅迦與百万億夜叉衆等同時舉聲悲泣雨淚以手抆淚而說偈言

咄哉大惡無常相　破壞一切諸衆生
如是衆生无上寳　亦入寂滅不久住

是時大夜叉將名金毗羅與百万億夜叉衆等同時舉聲悲泣雨淚以手抆淚而說偈言

我今歸依礼佛樹　生於持戒大地中
乃為无常之斧鉞　不久斫倒大牟尼

尒時大夜叉將婆多婼利與百万億夜叉衆悲泣雨淚以手抆淚而說偈言

眉間白毫相　照曜如月輪　目淨如青蓮
希有不復見

尒時地神天與百万億夜叉衆悲泣雨淚以手抆淚而說偈言

我今礼雄猛　人中最殊勝　兩足中最上
南无大牟尼

尒時菩提樹天悲泣雨淚以手抆淚

而說偈言
此處破魔王　及破魔眷屬　大牟尼不久
无常魔所滅
尒時祇林神悲泣雨淚以手抆淚而
說偈言
祇神林當空　竹林亦如是　无常坑極深
如來入不現
尒時金剛密迹與百万億夜叉衆悲
泣雨淚以手抆淚而說偈言
如是最勝城　亦是大聖地　捨釋迦種姓
當向何方所
尒時藍毗尼林神悲泣雨淚以手抆
淚而說偈言
淨飯國王先已滅　摩耶夫人亦滅度
如來今欲入涅槃　如是寂滅不可見
尒時迦毗羅城神疾至佛所悲泣雨
淚宛轉在地作如是言如來涅槃何
其太速世尊涅槃一何疾哉世間眼
滅而說偈言
藍毗尼園佛生處　長大在於迦毗城
其光出過於千日　今最後見更不見
尒時菩提樹神與諸天阿修羅迦樓
羅緊陀羅摩睺羅伽於虛空中出大
音聲悲啼號哭而作是言佛是衆生
最勝之寶不久當沒尒時世尊出乎
梵音而告諸天阿修羅迦樓羅乾闥
婆摩睺羅伽衆言汝等莫啼莫作異
語莫生憂惱以手推胷令心迷悶何
有世間而受生者因緣和合有爲之
法而得久住若欲望令无常之法不
滅壞者无有是處尒時世尊示教利
喜諸天阿修羅迦樓羅乾闥婆摩睺
羅伽等生歡喜已是時諸天乃至摩
睺羅伽等右繞世尊還向本處
佛告阿難我昔於彼阿波羅龍王處
記罽賓國我涅槃後其國熾盛安隱
豐樂如鬱怛羅越佛法熾盛多有羅
漢而住彼國亦有无量如來弟子此
閻浮提所有羅漢皆往彼國猶如兜
率天處如來所有名身句身謂
修多羅　祇夜　鞞迦曷羅那　伽他
優陀那　尼陀那　阿波陀那　伊帝目
利多伽　伽闍多迦裴富略　阿浮陀
達摩　優波提舍
彼諸羅漢結集如來十二部經廣造
諸論彼罽賓國猶如帝釋歡喜之園
亦如阿耨清涼之池復有頗羅墮誓
賓頭樓等皆樂住彼罽賓國土不退
佛乘阿羅漢等亦住彼國復有因陀
羅摩那阿羅漢白項阿羅漢等復
於如來所說法藏有漏无漏之法皆
悉撰集廣行流布阿難我涅槃已最
後法身彼等建立於未來復有金毗
羅等五諸天子生罽賓國廣令我法
流布於世大設供養我諸弟子於閻
浮提初未曾有如是大會佛告阿難
於未來世罽賓國土當作如是大法
之會阿難彼五天子滅度之後有富
蘭那外道弟子名蓮花面聰明智慧
善解天文二十八宿五星諸度身如
金色此大癡人已曾供養四阿羅漢
當供養時作如是誓願我未來破壞
佛法以其供養阿羅漢故世世受於
端正之身於最後身生國王家身爲
國王名寐吱曷羅俱邏而滅我法此
大癡人破碎我鉢既破鉢已生於阿
鼻大地獄中此大癡人命終之後有
一天子次第捨身生罽賓國復更建
立如來正法大設供養阿難以破鉢

故我諸弟子渤汙淨戒鉢初破時諸
比丘等雖汙清淨戒智如牛王能破
外道經第二時此閻浮提諸比丘等
破清淨戒樂作不善身行偷盜耕田
墾植多貪貯畜好衣好鉢不樂讀誦
修多羅毗尼阿毗曇如是阿難樂讀
樂誦智慧之人悉皆滅度是時多有
諸比丘等諂曲嫉妬多起非法以諸
比丘不如法故諸國王等不依王法
以王不如王法治故其國人民多行
增上十不善業以惡業故此地多生
荆棘毒草土沙礫石阿難當於尒時
此閻浮提五種精味失力失味所謂
酥油鹽石蜜蜜如是五種失力味故
尒時衆生復更多行增上惡業以其
多行惡不善故佛破碎鉢當至北方
尒時北方諸衆生等見佛破鉢大設
供養以種種花燒香塗香燈明華鬘
種種音樂供養此鉢有發阿耨多羅
三藐三菩提心者有發聲聞心者有
發辟支佛心者彼破碎鉢當向波羅
鉢多國彼國人民見佛碎鉢以種種
花燒香末香塗香燈明花鬘種種音

樂供養此鉢有發阿耨多羅三藐三
菩提心者有發聲聞心者有發辟支
佛心者阿難此佛碎鉢以佛力故亦
是衆生善根感故我此碎鉢自然還
復如本不異於後不久我鉢即於閻
浮提沒現於娑伽龍王宮中當沒之
時此閻浮提七日七夜皆大黑闇日
月威光悉不復現地大震動惡雷掣
電於虛空中而出惡聲黑風卒起極
大怖畏天人阿修羅迦樓羅乾闥婆
摩睺羅伽等皆大啼哭涕下如雨如
是阿難此鉢當尒初沒之時如來法
律亦沒不現尒時魔王見法律滅心
大歡喜心大安隱於虛空中作如是
言瞿曇法滅我當教化諸衆生等自
作諸惡亦教他作以魔教故城邑聚
落迭相殺害尒時魔王以教衆生廣
作惡故生身陷入阿鼻地獄尒時娑
伽羅龍王見佛鉢已以種種寶因陁
尼羅寶摩訶尼羅寶火珠寶清水寶
如是大寶大設供養至于七日礼拜
右繞是諸龍等有發无上菩提心者
有發聲聞心者有發辟支佛心者尒

時娑伽羅龍王以手捧鉢而說偈言
諸相莊嚴手　受種種味食　盛置於此鉢
如是持用食
佛告阿難如是我鉢於娑伽羅龍王
宮沒於四天王宮出尒時四天王毗
留勒叉毗留博叉毗沙門提頭頼吒
七日七夜大設供養以種種花種種
華鬘種種塗香種種燒香種種燈明
種種音樂供養礼拜已時諸天衆有
發无上菩提心者有發聲聞心者有
發辟支佛心者尒時毗留勒鳩槃茶
王以手捧鉢而說偈言
如來寂後食　在於鐵師家　鉢為化衆生
而來於此處
佛告阿難如是我鉢過七日已於四
天宮沒三十三天宮出尒時佛母摩
耶夫人見佛鉢已憂愁苦惱如箭入
心難可堪忍宛轉于地猶如圓木作
如是言如來涅槃一何疾哉修伽陁
滅何其太速世間眼滅佛樹傾倒佛
須弥山崩佛燈亦滅法泉枯竭无常
魔日萎佛蓮花尒時佛母摩耶夫人
以手捧鉢告於一切諸天阿修羅迦

樓羅乾闥婆緊那羅摩睺羅伽等言諸天諦聽此是釋迦如来常受用鉢第一勇猛面貌圓滿過日月者影現此鉢復次諸天如是之鉢復於王舍大城之中受於尸利崛多毒食諸天諦聽釋迦牟尼大雄猛者滿腹城内修摩伽陁家用此鉢食諸天諦聽如来為化優樓毗螺迦葉及大毒龍以彼惡龍内此鉢中諸天諦聽以業緣故於裴連多國四月之中復以此鉢受馬麦食天衆諦聽釋迦如来以大悲故復以此鉢受於冣下拯貧者食諸天諦聽釋迦如来復以此鉢於婆伽羅龍王宫内受種種食諸天諦聽釋迦如来於夏四月復以此鉢受我等食諸天諦聽釋迦如来復以此鉢覆於呵利鬼母冣小之子名必利嗢迦羅夜叉以其惡心常食人血故調伏之于時佛母摩耶夫人以手捧鉢而說偈言

隨佛心欲受　皆入於鉢中　佛於我腹内
滿足於十月

尒時帝釋天王七日七夜以種種天

花天香天栴檀香大設供養礼拜右繞作是供已時諸天衆有發无上菩提心者有發聲聞心者有發辟支佛心者尒時天王以手捧鉢而說偈言

今此殊勝鉢　能長衆生智　佛身亦如是
成就諸功德

佛告阿難如是我鉢過七日已於三十三天中没焰摩天中出尒時焰摩天主見佛鉢已七日七夜種種供養以天曼陁花天栴檀香種種花種種音樂供養佛鉢礼拜右繞是時諸天有發無上菩提心者有發聲聞心者有發辟支佛心者尒時焰摩天主以手捧鉢而說偈言

千万億衆生　見鉢皆歡喜　能生勝妙果
令居使来此

佛告阿難如是我鉢過七日已於焰摩天没兜率陁天出尒時兜率陁天王見佛鉢已七日七夜以天曼陁華摩訶曼陁華及餘種種妙華種種香種種音樂大設供養礼拜右繞以手捧鉢而說偈言

上中下衆生　佛起慈悲心　此鉢受食已

佛使至於此

佛告阿難如是我鉢過七日已於兜率天没化樂天出尒時化樂天王見佛鉢已七日七夜以種種天花種種天香種種天音樂大設供養礼拜右繞是時天衆有發无上大菩提心者有發聲聞心者有發辟支佛心者尒時天王以手捧鉢而說偈言

希有大道師　悲愍於衆生　為利衆生故
使鉢来於此

佛告阿難時諸天阿修羅迦樓羅乾闥婆緊陁羅摩睺羅伽以天曼陁花摩訶曼陁花及餘種種華種種香天栴檀香末香供養鉢已即以此鉢送至娑伽羅龍王宫中佛言阿難此閻浮提及餘十方所有佛鉢及佛舍利皆在娑伽羅龍王宫中佛告阿難如是我鉢及我舍利於未来世於此地没直過八万由旬住金剛際阿難我今語汝未来之世諸衆生等壽命八万四千歲時弥勒如来應供正遍知三十二相八十種好身紫金色圓光一尋其聲猶如大梵天鼓迦陵伽音

尒時我鉢及我舍利從金剛際出至閻浮提弥勒佛所鉢及舍利住虚空中放五色光所謂青黄赤白頗梨雜色如是阿難彼五色光復至其鉢一切天處到彼天已於其光中出聲說偈

一切行无常　一切法無我　及寂滅涅槃
此三是法印

其光復至一切地獄而說偈言

一切行无常　一切法無我　及寂滅涅槃
此三是法印

佛告阿難佛鉢舍利所放光明復更至於十方世界於其光中而說偈言

一切行无常　一切法無我　及寂滅涅槃
此三是法印

佛告阿難如是我鉢及我舍利所放光明十方世界作佛事已還至本處在於舍利佛鉢之上於虚空中成大光明雲蓋而住阿難舍利及鉢現大希有如是等事現此神通希有事時八十百億衆生得阿羅漢果千億衆生剃髮出家信心清淨一万衆生發阿耨多羅三藐三菩提心皆不退轉阿難此鉢舍利廣行教化諸衆生已於弥勒前虚空中住尒時弥勒佛以手捧鉢及佛舍利告諸天人阿修羅迦樓羅乾闥婆緊那羅摩睺羅伽言汝等當知此鉢舍利乃是釋迦牟尼如来雄猛大士信戒多聞精進定智之所熏修汝等當知釋迦牟尼雄猛大士能令无量百千那由他億諸衆生等住涅槃城出過優曇鉢花百千億倍鉢及舍利故来至此尒時弥勒三藐三佛陁為我此鉢及我舍利起四寶塔以舍利鉢置此塔中尒時弥勒佛及諸天人阿修羅迦樓羅乾闥婆緊那羅摩睺羅伽等大設供養恭敬礼拜鉢舍利塔

佛告阿難如来應供正遍知舍利及鉢有大威德阿難汝以給侍如来生身所生功德無量无邊不可思議阿僧祇尒時佛為阿難說未来事已復告阿難吾當與汝往諸國土如来不久却後七日當入涅槃阿難白佛言唯然受教尒時佛與阿難次第至諸國土城邑度脫無量百千万億那由他諸衆生已往鐵師子純陁之家此是如来最後食處尒時世尊受其食已而說偈言

我今最後食　在於純陁家　如是五衆身
不久當滅度

尒時佛與阿難至拘尸那城種種方便教化拘尸那力士已從拘尸那城出至優波跋多那婆羅雙樹間尒時世尊北首而卧時須跋陁羅来至佛所頂礼如来向佛而坐佛為說法得阿羅漢果

蓮華面經卷下

蓮華面經卷下

校勘記

一 底本，金藏廣勝寺本。二八一頁中原版漫漶，以麗藏本換。

一 二八一頁下六行第一〇字「王」，資、磧、普、南、徑、清作「主」。

一 二八一頁下九行「永无」，石作「無无」。資、磧、普、南、徑、清作「無有」。

一 二八二頁中一行「身色」，資、磧、普、南、徑、清作「色身」。

一 二八二頁中六行第五字「喻」，諸本作「踰」。

一 二八二頁中末行及本頁下五行、一〇行「是時」，徑、清作「爾時」。

一 二八三頁上六行第二字「神」，資、磧、普、南、徑、清作「洹」。

一 二八三頁上一八行首字「其」，石、資、磧、普、南、徑、清作「期」。

一 二八三頁中二行末字「乎」，資、磧、普作「于」；南、徑、清作「於」。

一 二八三頁下七行第一〇字「来」，資、磧、普、南、清作「来世」。

一 二八三頁下二二行首字「一」，諸本作「七」。

一 二八四頁上一二行第七字「礰」，諸本作「磔」。

一 二八四頁中一六行第六字「他」，資、磧、普、南、徑、清作「化」。

一 二八四頁中一七行第二字「迭」，資、磧、普、南、徑、清作「遞」。

一 二八五頁下九行第四字「道」，資、磧、普、南、徑、清作「導」。

一 二八六頁上五行末字「偈」，資、磧、普、南、徑、清作「偈言」。

占察善惡業報經卷上　出六根聚經中

天竺三藏菩提燈譯

如是我聞一時婆伽婆一切智人在王舍城耆闍崛山中以神通力示廣博嚴淨无㝵道場與無量无邊諸大衆俱演說甚深根聚法門尒時會中有菩薩名堅淨信從坐而起整衣服偏袒右肩合掌白佛言我今於此衆中欲有所問諮請世尊願垂聽許佛言善男子隨汝所問便可說之堅淨信菩薩言如佛先說若我去世正法滅後像法向盡及入末世如是之時衆生福薄多諸衰惱國土數乱灾害頻起種種厄難怖懼逼繞我諸弟子失其善念惟長貪瞋嫉妬我慢設有像似行善法者但求世間利養名稱以之為主不能專心修出要法尒時衆生覩世灾乱心常怯弱憂畏巳身及諸親屬不得衣食充養軀命以如此等衆多障㝵因緣故於佛法中鈍根少信得道者極少乃至漸漸於三乘中信心成就者亦復甚尠所有修

學世間禪定發諸通業自知宿命者次轉无有如是於後入末法中經久得道獲信禪定通業等一切全無我今為此未來惡世像法向盡及末法中有微少善根者請問如來設何方便開化示道令生信心得除衰惱以彼衆生遭值惡時多障㝵故退其善心於世間出世間因果法中數起疑惑不能堅心專求善法如是衆生可愍可救世尊大慈一切種智願興方便而曉喻之令離疑網除諸障㝵信得增長隨於何乘速獲不退佛告堅淨信言善哉善哉快問斯事深適我意今此衆中有菩薩摩訶薩名曰地藏汝應以此事而請問之彼當為汝建立方便開示演說誠汝所願時堅淨信菩薩復白佛言如來世尊无上大智何意不說乃欲令彼地藏菩薩而演說之

佛告堅淨信汝莫生高下想此善男子發心巳来過無量无邊不可思議阿僧祇刼久巳能度薩婆若海功德滿足但依本願自在力故權巧現化

影應十方雖復普遊一切剎土常起
切業而於五濁惡世化益偏厚亦依
本願力所熏習故及因衆生應受化
業故也彼從十一劫来莊嚴此世界
成熟衆生是故在斯會中身相端嚴
威德殊勝惟除如来无能過者又於
此世界所有化業惟除遍告觀世音
等諸大菩薩皆不能及以是菩薩本
誓願力速滿衆生一切所求能滅衆
生一切重罪除諸障㝵現得安隱又
是菩薩名為善安慰說者所謂巧演
深法能善開導初學發意求大乘者
令不怯弱以如是等因緣於此界衆
生渴仰受化得度是故我今令彼說
之尒時堅淨信菩薩既解佛意已尋
即勸請地藏菩薩摩訶薩言善哉救
世真士善哉大智開士如我所問惡
世衆生以何方便而化導之使離諸
障得堅固信如来今者為欲令汝說
是方便宜當知時哀愍為說
尒時地藏菩薩摩訶薩語堅淨信菩
薩摩訶薩言善男子諦聽當為汝說
若佛滅後惡世之中諸有比丘比丘
尼優婆塞優婆夷於世間出世間因
果法未得決定信不能修學无常想
苦想無我想不淨想成就現前不能
勤觀四聖諦法及十二因緣法亦不
勤觀真如實際无生無滅等法以不
勤觀如是法故不能畢竟不作十惡
根本過罪於三寶功德種種境界不
能專信於三乘中皆无定向如是等
人若有種種諸障㝵事增長憂慮或
疑或悔於一切處心不明了多求多
惱衆事牽纏所作不定思想繞乱廢
修道業有如是等障難事者當用木
輪相法占察善惡宿世之業現在苦
樂吉凶等事緣合故有緣盡則滅業
集隨心相現果起不失不壞相應不
差如是諦占善惡業報曉喻自心於
所疑事以取決了若佛弟子但當學
習如此相法至心歸依所觀之事無
不誠諦不應棄捨如是之法而返隨
逐世間卜筮種種占相吉凶等事貪
著樂習若樂習者深障聖道善男子
欲學木輪相者先當刻木如小指許
使長短減於一寸正中令其四面方
平自餘向兩頭邪漸去之仰于傍擲
令使易轉因是義故說名為輪又依
此相能破壞衆生邪見疑網轉向正
道到安隱處是故名輪其輪相者有
三種差別何等為三一者輪相能示
宿世所作善惡業種差別其輪有十
二者輪相能示宿世集業久近所作
強弱大小差別其輪有三三者輪相
能示三世中受報差別其輪有六若
欲觀宿世所作善惡業差別者當刻
木為十輪依此十輪書記十善之名
一善主在一輪於一面記次以十惡
書對十善令使相當亦各記在一面
言十善者則為一切衆善根本能攝
一切諸餘善法言十惡者亦為一切
衆惡根本能攝一切諸餘惡法若欲
占此輪相者先當學至心摠礼十方
一切諸佛因即立願願令十方一切
衆生速疾皆得親近供養諮受正法
次應學至心敬礼十方一切法藏因
即立願願令十方一切衆生速疾皆
得受持讀誦如法修行及為他說次
當學至心敬礼十方一切賢聖因即

立願願令十方一切衆生速疾皆得親近供養發菩提心志不退轉後應學至心礼我地藏菩薩摩訶薩因即立願願令十方一切衆生速得除滅惡業重罪離諸障㝵資生衆具悉皆充足如是礼已隨所有香華等當修供養修供養者仰念一切佛法僧寶體常遍滿无所不在願令此香華等同法性普勳一切諸佛刹土施作佛事又念十方一切供具无時不有我今當以十方所有一切香華瓔珞幢幡寶蓋諸珎妙飾種種音樂燈明燭火飲食衣服卧具湯藥乃盡十方所有一切種莊嚴供養之具憶想遍擬普共衆生奉獻供養當念一切世界中有修供養者我今隨喜若未修供養者願得開導令修供養又願我身速能遍至一切刹土於一切佛法僧所各以一切種莊嚴供養之具共一切衆生等持奉獻供養一切諸佛法身色身舍利形像浮啚廟塔一切佛事供養一切所有法藏及說法處供養一切賢聖僧衆願共一切衆生修

行如是供養已漸得成就六波羅蜜四无量心深知一切法本来寂靜無生無滅一味平等離念清淨畢竟圓滿又應別復係心供養我地藏菩薩摩訶薩次當稱名若默誦念一心告諸南無地藏菩薩摩訶薩如是稱名滿足至千經千念已而作是言地藏菩薩摩訶薩大慈大悲惟願護念我及一切衆生速除諸障增長淨信令今所觀稱實相應作此語已然後手執木輪於淨物上而傍擲之如是欲自觀法若欲觀他皆亦如是應知占其輪相者隨所現業悉應一一諦觀思驗或純具十善或純具十惡或善惡交雜或純善不具或純惡不具如是業因種類不同習氣果報各各別異如佛世尊餘處廣說應當憶念思惟觀察所現業種與今世果報所經苦樂吉凶等事及煩惱業習得相當者名為相應若不相當者謂不至心名虛謬也若占輪相其善惡業俱不現者此人已證无漏智心專求出離不復樂受世間果報諸有漏業展轉

微弱更不增長是故不現又純善不具純惡不具者此二種人善惡之業所有不現者皆是微弱未能牽果是故不現若當来世佛諸弟子已占善惡果報得相應者於五欲衆具得稱意時勿當自縱以起放逸即應思念由我宿世如是善業故令獲此報我今乃可轉更進修不應休止若遭衆厄種種衰惱不吉之事穢乱憂怖不稱意時應當甘受无令疑悔退修善業即當思念但由我宿世造如是惡業故令獲此報我今應當悔彼惡業專修對治及修餘善无得止住懈怠放逸轉更增集種種苦聚是名占察初輪相法善男子若欲占察過去往昔集業久近所作強弱大小差別者當復刻木為三輪以身口意各主一輪書字記之又於輪正中一面書一畫令麁長使徹畔次第二面書一畫令細短使不至畔次第三面作一傍刻如畫令其麁深次第四面亦作傍刻令使細淺當知善業莊嚴猶如畫飾惡業衰害猶如損刻其畫長大者

顯示積善来久行業猛利所作增上其畫細短者顯示積善来近始習甚鈍所作微薄其刻麁深者顯示習惡来久所作增上餘殃亦厚其刻細淺者顯示退善来近始習惡法所作之業未至增上或雖起重惡已曾改悔此謂小惡善男子若占初輪相者但知宿世所造之業善惡差别而不能知積習久近所作之業強弱大小是故須占第二輪相若占第二輪相者當依初輪相中所現之業若屬身者擲身輪相若屬口者擲口輪相若屬意者擲意輪相不得以此二輪之相一擲通占應當隨業主念一一善惡依所屬輪别擲占之

復次若占初輪相中惟得身之善於此第二輪相中得身惡者謂无至心不得相應名虛謬也又復不相應者謂占初輪相中得不煞業及得偷盗業意先主觀不煞業而於第二輪相中得身惡者名不相應

復次若觀現在從生以来不樂煞業無造煞罪但意主煞業而於此第二輪相中得身大惡者謂名不相應自餘口意中業不相應義亦如是應知善男子若未来世諸衆生等欲求度脫生老病死始學發心修習禪定無相智慧者應當先觀宿世所作惡業多少及以輕重若惡業多厚者不得即學禪定智慧應當先修懺悔之法所以者何此人宿習惡心猛利故於今現在必多造惡毀犯重禁以犯重禁故若不懺悔令其清淨而修禪定智慧者則多有障㝵不能剋獲或失心錯乱或外邪所惱或納受邪法增長惡見是故當先修懺悔法若戒根清淨及宿世重罪得微薄者則離諸障善男子次修懺悔法者當住靜處隨力所能莊嚴一室内置佛事及安經法懸繒幡蓋求集香華以修供養澡沐身體及洗衣服勿令臭穢於晝日分在此室内三時稱名一心敬礼過去七佛及五十三佛次隨十方面一一總歸擬心遍礼一切諸佛所有色身舍利形像浮啚廟塔一切佛事次復總礼十方三世所有諸佛又當擬心遍礼十方一切法藏次當擬心遍礼十方一切賢聖然後更别稱名礼我地藏菩薩摩訶薩如是礼已應當說所作罪一心仰告

惟願十方諸大慈尊證知護念我今懺悔不復更造願我及一切衆生速得除滅无量劫来十惡四重五逆顛倒謗毀三寶一闡提罪復應思惟如是罪性但從虛妄顛倒心起無有定實而可得者本惟空寂願一切衆生速達心本永滅罪根次應復發勸請之願願令十方一切菩薩未成正覺者願速成正覺若已成正覺者願常住在世轉正法輪不入涅槃次當復發隨喜之願願我及一切衆生畢竟永捨嫉妬之心於三世中一切刹土所有修學一切功德及成就者悉皆隨喜次當復發迴向之願願我所修一切功德資益一切諸衆生等同趣佛智至涅槃城如是發迴向願已復往餘靜室端坐一心若稱誦若默念我之名号當減省睡眠若惛蓋多者應於道場室中旋遶誦念次至夜分

時若有燈燭光明事者亦應三時恭敬供養悔過發願若不能辯光明事者應當直在餘靜室中一心誦念日日如是行懺悔法勿令懈廢若人宿世遠有善基暫時遇惡因緣而造惡法罪障輕微其心猛利意力強者經七日後即得清淨除諸障㝵如是衆生等業有厚薄諸根利鈍差別无量或經二七日後而得清淨或經三七日乃至或經七七日後而得清淨若過去現在俱有增上種種重罪者或經百日而得清淨或經二百日乃至或經千日而得清淨若極鈍根罪障深重者但當能發勇猛之心不顧惜身命想常勤稱念晝夜旋遶減省睡眠礼懺發願樂修供養不懈不廢乃至失命要不休退如是精進於千日中必獲清淨善男子若欲得知清淨相者從始修行過七日後應當日日於晨朝旦以第二輪相具安手中頻三擲之若身口意皆純善者名得清淨如是未來諸衆生等能修行懺悔者從先過去久遠以來於佛法中各曾習善隨其所修何等功德業有厚薄種種別異是故彼等得清淨時相亦不同或有衆生得三業純善時不即更得諸餘好相或有衆生得三業善相時於一日一夜中復見光明遍滿其室或聞殊特異好香氣身意快然或作善夢夢中見佛色身来為作證手摩其頭歎言善哉汝今清淨我来證汝或夢見菩薩身来為作證或夢見佛形像放光而為作證若人未得三業善相但先見聞如此諸事者則為虛妄誑惑詐偽非善相也若人曾有出世善基攝心猛利者我於尒時隨所應度而為現身放大慈光令彼安隱離諸疑怖或示神通種種變化或復令彼自憶宿命所經之事所作善惡或復隨其所樂為說種種深要之法彼人即時於所向乘得決定信或漸證獲沙門道果復次彼諸衆生若雖未能見我化身轉變說法但當學至心使身口意得清淨相已我亦護念令彼衆生速得消滅種種障㝵天魔波旬不来破壞乃至九十

五種外道邪師一切鬼神亦不来乱所有五蓋展轉輕微堪能修習諸禪智慧

復次若未来世諸衆生等雖不為來禪定智慧出要之道但遭種種衆厄貧窮困苦憂惱逼迫者亦應恭敬礼拜供養悔所作惡恒常發願於一切時一切處勤心稱誦我之名号令其至誠亦當速脫種種衰惱捨此命已生於善處

復次未来之世若在家若出家諸衆生等欲求受清淨妙戒而先已作增上重罪不得受者亦當如上修懺悔法令其至心得身口意善相已即應可受若彼衆生欲習摩訶衍道求受菩薩根本重戒及願總受在家出家一切禁戒所謂攝律儀戒攝善法戒攝化衆生戒而不能得善好戒師廣解菩薩法藏先修行者應當至心於道場内恭敬供養仰告十方諸佛菩薩請為師證一心立願稱辯戒相先說十根本重戒次當總舉三種戒聚自誓而受此亦得戒復次未来世諸

衆生等欲求出家及已出家若不能得善好戒師及清淨僧衆其心疑惑不得如法受於禁戒者但能學發无上道心亦令身口意得清淨已其未出家者應當剃鬚被服法衣如上立願自誓而受菩薩律儀三種戒聚則名具獲波羅提木叉出家之戒名為比丘比丘尼即應推求聲聞律藏及菩薩所習摩德勒伽藏受持讀誦觀察修行若雖出家而其年未滿二十者應當先誓願受十根本戒及受沙弥沙弥尼所有別戒既受戒已亦名沙弥沙弥尼即應親近供養給侍先舊出家學大乘心具受戒者求為依止之師請問教戒修行威儀如沙弥沙弥尼法若不能值如是之人唯當親近菩薩所修摩德勒伽藏讀誦思惟觀察修行懃懃供養佛法僧寶若沙弥沙弥尼年已十八者亦當自誓受毗尼藏中式叉摩那六戒之法及遍學比丘尼一切戒聚其年若滿二十時乃可如上總受菩薩三種戒聚然後得名　比丘尼若彼衆生雖學懺悔不能至心不獲善相者設作受相不名得戒

尒時堅淨信菩薩摩訶薩問地藏菩薩摩訶薩言所說至心者差別有幾種何等至心能獲善相地藏菩薩摩訶薩言善男子我所說至心者略有二種何等為二一者初始學習求願至心二者攝意專精成就勇猛相應至心得此第二至心者能獲善相此第二至心復有下中上三種差別何等為三一者一心所謂係想不亂心住了了二者勇猛心所謂專求不懈不顧身命三者深心所謂與法相應究竟不退若人修習此懺悔法乃至不得下至心者終不能獲清淨善相是名說占第二輪法善男子若欲占察三世中受報差別者當復刻木為六輪於此六輪以一二三四五六七八九十十一十二十三十四十五十六十七十八等數書字記之一數主一面各三面令數次第不錯不乱當知如此諸數皆從一數而起以一為本如是數相者顯示一切衆生六根

之聚皆從如來藏自性清淨心一實境界如起依一實境界以之為本所謂依一實境界故有彼无明不了一法界證念思惟現妄境界分別取著集業因緣生眼耳鼻舌身意等六根以依內六根故對外色聲香味觸法等六塵起眼耳鼻舌身意等六識以依六識故於色聲香味觸法中起違想順想非違非順等想生十八種受若未來世佛諸弟子於三世中所受果報欲使決疑意者應當三擲此第三輪相占計合數依數觀之以定善惡如是所觀三世果報善惡之想有一百八十九種何等為一百八十九種一者求上乘得不退二者所求果現當證三者求中乘得不退四者求下乘得不退五者求神通得成就六者修四梵得成就七者修世禪得成就八者所欲受得妙戒九者所曾受得戒具十者求上乘未住信十一者求中乘未住信十二者求下乘未住信十三者所觀人為善友十四者隨所聞是正信十五者所觀人為惡友十

六者隨所聞非正教十七者所觀人為實德十八者所觀人无實德十九者所觀義不錯謬二十者所觀義是錯謬二十一者有所誦不錯謬二十二者有所誦是錯謬二十三者所脩行不錯謬二十四者所見聞是善相二十五者有所證為正實二十六者有所學是錯謬二十七者所見聞非善相二十八者有所證非正法二十九者有所獲邪神持三十者所能說邪智辯三十一者所玄知非人力三十二者應先習觀智道三十三者應先習禪定道三十四者觀所學无障㝵三十五者觀所學是所宜三十六者觀所學非所宜三十七者觀所學是宿習三十八者觀所學非宿習三十九者觀所學善增長四十者觀所學方便少四十一者觀所學无進趣四十二者所求果現未得四十三者求出家當得去四十四者求聞法得教示四十五者求經卷得讀誦四十六者觀所作是魔事四十七者觀所作事成就四十八者觀所作事不成

四十九者求大富財盈滿五十者求官位當得獲五十一者求壽命得延年五十二者求世仙當得獲五十三者觀學問多所達五十四者觀學問少所達五十五者求師友得如意五十六者求弟子得如意五十七者求父母得如意五十八者求男女得如意五十九者求妻妾得如意六十者求同伴得如意六十一者觀所願得和合六十二者所觀人心懐恚六十三者求无恨得歡喜六十四者求和合得如意六十五者所觀人心歡喜六十六者所思人得會見六十七者所思人不復會六十八者所請喚得來集六十九者所憎惡得離之七十者所愛敬得近之七十一者觀欲聚得和集七十二者觀欲聚不和集七十三者所請喚不得來七十四者所期人必當至七十五者所期人住不來七十六者所觀人得安吉七十七者所觀人不安吉七十八者所觀人已無身七十九者所望見得覩之八十者所求覓得見之八十一者求所

聞得吉語八十二者所求見不如意八十三者觀所疑即為實八十四者觀所疑為不實八十五者所觀人不和合八十六者求佛事當得獲八十七者求供具當得獲八十八者求資生得如意八十九者求資生少得獲九十者有所求皆當得九十一者有所求皆不得九十二者有所求少得獲九十三者有所求得如意九十四者有所求速當得九十五者有所求久當得九十六者有所求而損失九十七者有所求得吉利九十八者有所求而受苦九十九者觀所失求當得一失者當所失永不得一百一者觀所失自還得一百二者求離厄得脫難一百三者求離病得除愈一百四者觀所去无障㝵一百五者觀所去有障㝵一百六者觀所住得安止一百七者觀所住不得安一百八者所向處得安快一百九者所向處有厄難一百一十者所向處為魔網一百一十一者所向處難開化一百一十二者所向處可開化一百一十三

者所向處自獲利一百一十四者所遊路無惱害一百一十五者所遊路有惱害一百一十六者君民惡飢饉起一百一十七者君民惡多疾疫一百一十八者君民好國豐樂一百一十九者君無道國災乱一百二十者君修徳災乱滅一百二十一者君行德國將破一百二十二者君修善國還立一百二十三者觀所避得度難一百二十四者觀所避不脫難一百二十五者所住處衆安隱一百二十六者所住處有障難一百二十七者所依聚衆不安一百二十八者閑靜處无諸難一百二十九者觀怯異无損害一百三十者觀怯異有損害一百三十一者觀怯異精進安一百三十二者觀所夢无損害一百三十三者觀所夢有所損一百三十四者觀所夢精進安一百三十五者觀所夢為吉利一百三十六者觀障乱速得離一百三十七者觀障乱漸得離一百三十八者觀障乱不能離一百三十九者觀障乱一心除一百四十者

觀所難速得脫一百四十一者觀所難久得脫一百四十二者觀所難受衰惱一百四十三者觀所難精進脫一百四十四者觀所難命當盡一百四十五者觀所患大不調一百四十六者觀所患非人惱一百四十七者觀所患合非人一百四十八者觀所患可療治一百四十九者觀所患難療治一百五十者觀所患精進差一百五十一者觀所患久長苦一百五十二者觀所患自當差一百五十三者觀所患向醫堪治一百五十四者觀所療是對治一百五十五者所服藥當得力一百五十六者觀所患得除愈一百五十七者所向醫不能治一百五十八者觀所療非對治一百五十九者所服藥不得力一百六十者觀所患命當盡一百六十一者從地獄道中来一百六十二者從畜生道中来一百六十三者從餓鬼道中来一百六十四者從阿修羅道中来一百六十五者從人道中而来一百六十六者從天道中而来一百六十

七者從在家中而来一百六十八者從出家中而来一百六十九者曾值佛供養来一百七十者曾親供養賢聖来一百七十一者曾得聞深法来一百七十二者捨身已入地獄一百七十三者捨身已作畜生一百七十四者捨身已作餓鬼一百七十五者捨身已作阿修羅一百七十六者捨身已生人道一百七十七者捨身已為人王一百七十八者捨身已生天道一百七十九者捨身已為天王一百八十者捨身已聞深法一百八十一者捨身已得出家一百八十二者捨身已值聖僧一百八十三者捨身已生兜率天一百八十四者捨身已生淨佛國一百八十五者捨身已尋見佛一百八十六者捨身已住下乘一百八十七者捨身已住中乘一百八十八者捨身已獲果證一百八十九者捨身已住上乘

善男子是名一百八十九種善惡果報差别之相如此占法隨心所觀主念之事若數合與意相當者无有乖

錯若其所擲所合之數與心所觀主念之事不相當者謂不至心名為虛謀其有三擲而皆无所現者此人則名已得無所有也復次善男子若自發意觀於他人所受果報事亦同尒若有他人不能自占而來求請欲使占者應當籌量觀察自心不貪世間內意清淨然後乃可如上歸敬修行供養至心發願而為占察不應貪求世間名利如行師道以自妨乱又若內心不清淨者設令占察而不相當但為虛謀耳復次若未來世諸衆生等一切所占不獲吉善所求不得種種憂慮逼惱怖懼時應當晝夜常勤誦念我之名字若能至心者所占則吉所求皆獲現離衰惱

占察善惡業報經卷上

占察善惡業報經卷上

校勘記

一　底本，金藏廣勝寺本。

一　二八八頁中一行夾注，徑、清作「上下同卷」。

一　二八八頁中二行譯者，石作「外國沙門菩提登譯」；資作「隋外國沙門菩提燈譯」；磧、普、南、徑、清作「隋外國沙門菩提登譯」。卷下除資改「菩提燈」爲「菩提登」外，其他校本均同。

一　二八八頁中七行首字「有」，石、作「有一」。

一　二八八頁中八行第二字「祖」，諸本作「袒」。

一　二八八頁中一四行第一〇字「繞」，石、麗作「擾」，下同。

一　二八八頁中末行第一一字「尠」，石作「少」。

一　二八八頁下六行第五字「道」，諸本作「導」。

一　二八八頁下一六行第九字「誠」，石、麗作「成」。

一　二八九頁上七行「惟除遍」，石作「餘遍」。

一　二八九頁上七行第一一字「告」，諸本作「吉」。

一　二八九頁上一三行第一三字「界」，諸本作「世界」。

一　二八九頁上一六行第二字「勸」，石、麗作「歎」。

一　二八九頁中二行第二字「法」，石、麗作「法中」。

一　二八九頁中一九行「誠諦」，資、磧、普、南、徑、清作「成者」。

一　二八九頁下一行第七字「邪」，石、徑、清作「斜」；資作「耶」。

一　二八九頁下一〇行第五字「所」，資、磧、普、南、徑、清無。

一　二八九頁下一二行首字「一」，資作「十」。

一　二九〇頁上二行第九字「志」，磧、普、南、徑、清作「至」。

一　二九〇頁上七行第七字「仰」，石、資、磧、普、南、徑、清作「憶」。

一　二九〇頁上八行「令此」，石作「以此」；資、磧、普、南、徑、清作「令以此」。

一　二九〇頁上九行第五字「勳」，諸本作「薰」。

一　二九〇頁上一一行「一切」，諸本作「一切種種」。

一　二九〇頁上一三行「乃盡」，石、麗作「乃至」；資、磧、普、南、徑、清作「乃至盡」。

一　二九〇頁上一四行第四字「種」，諸本作「種種」。

一　二九〇頁上一五行第九字「當」，資、磧、普、南、徑、清作「常」。

一　二九〇頁上一七行第四字「得」，石作「當」。

一　二九〇頁上一八行第一一字「切」，磧、普、南、徑、清作「一」。

一　二九〇頁上一九行第二字「各」，石無。

一　二九〇頁中五行第四字「次」，資、磧、普、南、徑、清作「以」。

一　二九〇頁中六行首字「諸」，諸本作「言」。

一　二九〇頁下六行第三字「勿」，石作「物」。

一　二九〇頁下一二行第三字「今」，石作「令」。

一　二九一頁上七行第一一字「輪」，資、磧、普、南、徑、清作「轉」。

一　二九一頁上一三行第一一字「二」，石、資、磧、南、徑、清、麗作「三」。

一　二九一頁中一五行第五字「次」，石、磧、普、南、徑、清、麗作「欲」。

一　二九一頁下一〇行「一切」，石、麗作「我及一切」。

一　二九二頁上二行第一一字「辯」，諸本作「辦」。

一　二九二頁上一八行「得知」，石、麗作「知得」。

一　二九二頁中四行首字「不」，資、磧、普、南、徑、清無。

一　二九二頁中七行第八字「中」，資、磧、普、南、徑、清無。

一　二九二頁中一六行第一二字「經」，石、麗作「逕」。

一　二九二頁下一八行第一一字「好」，磧、普、南作「如」。

一　二九三頁上一四行第一二字「术」，諸本作「求」。

一　二九三頁上一八行「慇懃」，資、磧、普、南、徑、清作「應勤」。

一　二九三頁上一九行第五字「已」，石無。

一　二九三頁上末行「比丘尼」，資、磧、普、南、徑、清作「比丘比丘尼」。

一　二九三頁中一行第四字「至」，資作「志」。

一　二九三頁中一行末字「相」，石、資、磧、普、南、徑、清作「想」。

一　二九三頁中二一行第三字「各」，石、麗作「各書」。

一　二九三頁下二行第三字「如」，石、磧、普、南、徑、清、麗作「而」。

一　二九三頁下四行第三字「證」，諸本作「謬」。

一　二九三頁下一一行第四字「使」，石、資、磧、普、南、徑、清無。

一　二九三頁下一二行第三字「相」，資、磧、普、南、徑、清作「想」。

一　二九三頁下一三行第一三字「想」，諸本作「相」。

一　二九三頁下末行第四字「信」，磧、普、南、徑、清作「法」。

一　二九四頁上二行首字「爲」，石、磧、普、南、徑、清、麗作「有」。

一　二九四頁中一行第八字「財」，石作「得」。

一　二九四頁中一七行第一三字「集」，徑作「聚」。

一　二九四頁中二二行第九字「望」，石作「妄」。

一　二九四頁下一四行「一失」，諸本作「一百」。

一　二九四頁下一四行第五字「當」，石、磧、普、南、徑、清作「觀」。

一　二九四頁下一四行第八字「永」，石、資、磧、普、南、徑、清作「求」。

一　二九五頁上八行首字「德」，諸本作「惡」。

一　二九五頁上九行第一三字「度」，石作「脱」。

一　二九五頁上一八行「所損」，石、磧、普、南、徑、清作「損害」。

一　二九五頁上二二行第一〇字「能」，資、磧、普、南、徑、清作「得」。

一　二九五頁中一二行「觀所患向醫堪治」，石、麗作「所向醫堪能治」；資、磧、普、南、徑、清作「觀所患向醫堪能治」。

一　二九五頁中二二行第一一字及本頁下一行第七字、二行第五字「而」，石無。

一　二九五頁下一〇行第一三字「生」，資作「作」。

一　二九五頁下二〇行第六字「住」，資、磧、普、南、徑、清作「入」。

一　二九六頁上一行第九字「數」，資、磧、普、南、徑、清作「數數」。

一　二九六頁上三行第一〇字「現」，磧、普、南、徑、清作「見」。

一　二九六頁上四行第六字「有」，石、麗作「得」。

占察善惡業報經卷下　出六根聚經中　墨

天竺三藏菩提燈譯

尒時堅淨信菩薩摩訶薩問地藏菩薩摩訶薩言云何開示求向大乘者進趣方便地藏菩薩摩訶薩言善男子若有衆生欲向大乘者應當先知最初所行根本之業其最初所行根本業者所謂依止一實境界以修信解因信解力增長故速疾得入菩薩種性所言一實境界者謂衆生心體從本已來不生不滅自性清淨无障無㝵猶如虛空離分別故平等普遍无所不至圓滿十方究竟一相無二無別不變不異无增無減以一切衆生心一切聲聞辟支佛心一切菩薩心一切諸佛心皆同不生不滅无染寂靜真如相故所以者何一切有心起分別者猶如幻化無有定實所謂識受想行憶念緣慮覺知等法種種心數非青非黃非赤非白亦非雜色无有長短方圓大小乃至盡於十方虛空一切世界求心形狀無一區分而

可得者但以衆生无明癡闇熏習因緣現妄境界令生念著所謂此心不能自知妄自謂有起覺知想計我我所而實无有覺知之想以此妄心畢竟無體不可見故若无覺知能分別者則无十方三世一切境界差別之相以一切法皆不能自有但依妄心分別故有所謂一切境界各各不同自念為有知此為自知彼為他是故一切法不能自有則無別異唯依妄心不知不了內自无故謂有前外所知境界妄生種種法想謂有謂无謂彼謂此謂是謂非謂好謂惡謂得謂失乃至妄生无量无邊法想當如是知一切諸法皆從妄想生依妄心為本然此妄心无自相故亦依境界而有所謂緣念覺知前境界故說名為心又此妄心與前境界雖俱相依起無先後而此妄心能為一切境界原主所以者何謂依妄心不了法界一相故說心有无明依無明力因故現妄境界亦依無明滅故一切境界滅非依一切境界不了故說境界有无明亦非依境界故生於无明

以一切諸佛於一切境界不生无明故
又復不依境界滅故无明心滅以一
切境界從本已來體性自滅未曾有
故因如此義是故但說一切諸法依
心為本當知一切諸法悉名為心以
義體不異為心所攝故又一切諸法
從心所起與心作相和合而有共生
共滅同无有住以一切境界但隨心
所緣念念相續故而得住持暫時為
有如是所說心義者有二種相何等
為二一者心內相二者心外相心內
相者復有二種云何二一者真二者
妄所言真者謂心體本相如如不異
清淨圓滿无障無㝵微密難見以遍
一切處常恒不壞建立生長一切法
故所言妄者謂起念分別覺知緣慮
憶想等事雖復相續能生一切種種
境界而內虛偽无有真實不可見故
所言心外相者謂一切諸法種種境
界等隨有所念境界現前故知有內
心及外心差別如是當知內妄想者
為因為　體外妄想者為果為用
依如此等義是故我說一切諸法悉

名為心又復當知心外相者如夢所
見種種境界唯心想作无實外事
一切境界悉亦如是以皆依無明識
夢所見妄想作故復次應知內心念
念不住故所見所緣一切境界亦隨
心念念不住所謂心生故種種法生
心滅故種種法滅而生滅相但有名
字實不可得以心不往至於境界境
界亦不來至於心如鏡中像无來無
去是故一切法求生滅定相了不可
得所謂一切法畢竟无體本來常空
實不生滅故如是一切法實不生滅
者則无一切境界差別之相寂靜一
味名為真如第一義諦自性清淨心
彼自性清淨心湛然圓滿以无分別
相故无分別相者於一切處無所不
在無所不在者以能依持建立一切
法故復次彼心名如來藏所謂具足
無量无邊不可思議无漏清淨功德
之業以諸佛法身從無始本際來无
障无㝵自在不滅一切現化種種功
業恒常熾然未曾休息所謂遍一切
世界皆示作業種種化益故以一佛

身即是一切諸佛身一切諸佛身即
是一佛身所有作業亦皆共一所謂
无分別相不念彼此平等無二以依
一法性而有作業同自然化體无別
異故如是諸佛法身遍一切處圓滿
不動故隨諸眾生死此生彼恒為作
依辟如虛空悉能容受一切色像種
種形類以一切色像種種形類皆依
虛空而有建立生長住虛空中為虛
空處所攝以虛空為體无有能出虛
空界分者當知色像之中虛空之界
不可毀滅色像終壞時還歸虛空而
虛空本界無增无減不動不變諸佛
法身亦復如是悉能容受一切眾生
種種果報以一切眾生種種果報皆
依諸佛法身而有建立生長住住身
中為法身處所攝以法身為體无有
能出法身界分者當知一切眾生身
中諸佛法身亦不可毀滅若煩惱斷
壞時還歸法身而法身本界无增無
減不動不變但從无始世來與無明
心俱癡闇因緣熏習力故現妄境界
以依妄境界熏習因緣故起妄相應心

計我我所造集諸業受生死苦說彼法身名為衆生若如是衆生中法身熏習而有力者煩惱漸薄能猒世間求涅槃（菩薩歸一實修六波羅蜜等一切善根菩提分法名為菩薩者知）是菩薩中修行一切善法滿足究竟得離无明睡者轉名為佛當知如是衆生菩薩佛等但依世間假名言說故有差別而法身之體畢竟平等无有異相善男子是名略說一實境界義若欲依一實境界修信解者應當學習二種觀道何等為二一者惟心識觀二者真如實觀學惟心識觀者所謂於一切時一切處隨身口意所有作業悉當觀察知惟是心乃至一切境界若心住念皆當察知勿令使心無記攀緣不自覺知於念念間悉應觀察隨心有所緣念還當使心隨逐彼念令心自知知巳內心自生想念非一切境界有念有分別也所謂內心自生長短好惡是非得失衰利有无等見無量諸想而一切境界未曾有想起於分別當知一切境界自无分別想故即自非長非短非好非惡乃至非

有非无離一切相如是觀察一切法惟心想生若使離心則無一法一相而能自見有差別也常應如是守記內心知惟妄念无實境界勿令休廢是名修學惟心識觀若心無記不知自心念者即謂有前境界不名惟心識觀又守記內心者則知貪想瞋想及愚癡邪見想知善知不善知無記知心勞慮種種諸苦若於坐時隨心所緣念念觀知惟心生滅譬如水流燈炎无暫時住從是當得色寂三昧得此三昧巳次應學習信奢摩他觀心及信毗婆舍那觀心習信奢摩他觀心者思惟內心不可見相圓滿不動无來無去本性不生離分別故習信毗婆舍那觀心者想見內外色隨心生隨心滅乃至習想見佛色身亦復如是隨心生隨心滅如幻如化如水中月如鏡中像非心不離心非來非不來非去非不去非生非不生非作非不作善男子若能習信此二觀心者速得趣會一乘之道當知如是惟心識觀名為最上智慧之門所謂

能令其心猛利長信解力疾入空義得發无上大菩提心故若學習真如實觀者思惟心性無生无滅不住見聞覺知永離一切分別之相漸漸能過空處識處无少處非想非非想處等定境界相得相似空三昧得相似空三昧時識想受行麁分別相不現在前從此修學為善知識大慈悲者守護長養是故離諸障导勤修不廢展轉能入心寂三昧得是三昧巳即復能入一行三昧入是一行三昧巳見佛无數發深廣行心住堅信位所謂於奢摩他毗婆舍那二種觀道決定信解能決定向隨所修學世間諸禪三昧定業无所樂著乃至遍修一切善根菩提分法於生死中無所怯畏不樂二乘以依能習向二觀心最妙巧便衆智所依行根本故復次修學如上信解者人有二種何等為二一者利根二者鈍根其利根者先巳能知一切外諸境界惟心所作虛誑不實如夢如幻等決定无有疑慮陰蓋輕微散乱心少如是等人即應

學習真如實觀其鈍根者先未能知一切外諸境界悉惟是心虛誑不實故染著情厚蓋障數起心難調伏應當先學惟心識觀若人雖學如是信解而善根業薄未能進趣諸惡煩惱不得漸伏其心疑怯畏墮三惡道生八難處畏不常值佛菩薩等不得供養聽受正法畏菩提道難可成就有如此疑怖及種種障㝵等者應於一切時一切處常勤誦念我之名字若得一心善根增長其意猛利當觀我法身及一切諸佛法身與己自身體性平等无二無別不生不滅常樂我淨功德圓滿是可歸依又復觀察己身心相無常苦无我不淨如幻如化是可猒離若能修學如是觀者速得增長淨信之心所有諸障漸漸損減何以故此人名為學習聞我名者亦能學習聞十方諸佛名者名為學至心礼拜供養我者亦能學至心礼拜供養十方諸佛者名為學聞大乘深經者名為學執持書寫供養恭敬大乘深經者名為學受持讀誦大乘深

經者名為學遠離邪見於深正義中不墮謗者名為學於究竟甚深第一實義中學信解者名為能除諸罪障者名為當得无量功德聚者此人捨身終不墮惡道八難之處還聞正法習信修行亦能隨願往生他方淨佛國土復次若人欲生他方現在淨佛國者應當隨彼世界佛之名字專意誦念一心不乱如上觀察者決定得生彼佛淨國善根增長速獲不退當知如上一心係念思惟諸佛平等法身一切善根中其業最勝所謂勤修習者漸漸能向一行三昧若到一行三昧者則成廣大微妙行心名得相似无生法忍以能得聞我名字故亦能得聞十方諸佛名字故能至心礼拜供養我故亦能至心礼拜供養十方諸佛故以能得聞大乘深經故能執持書寫供養恭敬大乘深經故能受持讀誦大乘深經故能於究竟甚深第一實義中不生怖畏遠離誹謗得正見心能信解故決定除滅諸罪障故現證无量功德聚故所以者何謂餘分

別菩提心寂靜智現起發方便業種種願行故能聞我名者謂得決定信利益行故乃至一切所能者皆得不退一乘因故若雜乱垢心雖復稱誦我之名字而不名為聞以不能生決定信解但獲世間善報不得廣大深妙利益如是雜乱垢心隨其所修一切諸善皆不能得深大利益善男子當知如上勤心修學无相禪者不久能獲深大利益漸次作佛深大利益者所謂得入堅信法位成就信忍故入堅修位成就順忍故入正真位成就無生忍故又成就信忍者能作如來種性故成就順忍者能解如來行故成就无生忍者得如來業故漸次作佛者略說有四種何等為四一者信滿法故作佛所謂依種性地決定信諸法不生不滅清淨平等无可願求故二者解滿法故作佛所謂依解行地深解法性知如來業无造無作於生死涅槃不起二想心無所怖故三者證滿法故作佛所謂依淨心地以得无分別寂靜法智及不思議自

然之業無求想故四者一切功德行
滿足故作佛所謂依究竟菩薩地能
除一切諸障无明夢盡故復次當知
若修學世間有相禪者有三種何等
為三一者无方便信解力故貪受
諸禪三昧功德而生憍慢為禪所縛
退求世間二者无方便信解力故依
禪發起偏猒離行怖怯生死退墮二
乘三者有方便信解力所謂依止一
實境界習近奢摩他毗婆舍那二種
觀道故能信解一切法唯心想生如
夢如幻等雖獲世間諸禪功德而不
堅著不復退求三有之果又信知生
死即涅槃故亦不怖怯退求二乘如
是修學一切諸禪三昧法諸當知有
十種次第相門具足攝取禪定之業
能令學者成就相應不錯不謬何等
為十一者攝念方便相二者欲住境
界相三者初住境界分明了了知出
知入相四者善住境界得堅固相五
者所作思惟方便勇猛轉求進趣相
六者漸得調順稱心喜樂除疑惑信
解自安慰相七者剋獲勝進意所專

者少分相應覺知利益相八者轉修
增明所習堅固得勝功德對治成就
相九者隨心有所念作外現功業如
意相應不錯不謬相十者若更異修
依前所得而起方便次第成就出入
隨心超越自在相是名十種次第相
門攝修禪定之業
尒時堅淨信菩薩摩訶薩問地藏菩
薩摩訶薩言汝云何巧說深法能令
衆生得離怯弱地藏菩薩摩訶薩言
善男子當知初學發意求向大乘未
得信心者於无上道甚深之法喜生
疑怯我常以方便宣顯實義而安慰
之令離怯弱是故号我為善安慰說
者云何安慰所謂鈍根小心衆生聞
无上道最勝最妙意雖貪樂發心願
向而復思念求无上道者要須積功
廣極難行苦行自度度他劫數長遠
於生死中久受勤苦方乃得獲以是
之故心生怯弱我即為說真實之義
所謂一切諸法本性自空畢竟无我
無作无受無自无他無行无到無有
方所亦无過法現在未來乃至為說

十八空等無有生死涅槃一切諸法
定實之相而可得者又復為說一切
諸法如幻如化如水中月如鏡中像
如乾闥婆城如空谷響如陽焰如泡
如露如燈如目瞖如夢如電如雲煩
惱生死性甚微弱易可令滅又煩惱
生死畢竟无體求不可得本來不生
實更無滅自性寂靜即是涅槃如此
所說能破一切諸見損自身心執著
想故得離怯弱復有衆生不解如來
言說旨意故而生怯弱當知如來言
說旨意者所謂如來見彼一實境界
故究竟得離生老病死衆惡之法證
彼法身常恒清淨不變易等无量功
德聚復能了了見一切衆生身中皆
有如是真實微妙清淨功德而為无
明闇染之所覆障長夜恒受生老病
死无量衆苦如來於此起大慈悲意
欲令使一切衆生離於衆苦同獲法
身第一義樂而彼法身是无分別離
念之法唯有能滅虛妄識想不起念
著乃所應得但一切衆生常樂分別
取著諸法以顛倒妄想故而受生死

是故如来為欲令彼離於分別執著想故說一切世間法畢竟體空无所有乃至一切出世間法亦畢竟體空無所有若廣說者如十八空如是顯示一切諸法皆不離菩提體菩提體者非有非无非非有非非無非有无俱非一非異非非一非非異非一異俱乃至畢竟无有一相而可得者以離一切相故離一切相者所謂不可依言說取以菩提法中無有受言說者及无能言說者故又不可依心念知以菩提法中無有能取可取无自無他離分別想故若有分別想者則為虛偽不名相應如是等說鈍根衆生不能解者謂无上道如来法身但惟空法一向畢竟而無所有其心怯弱畏墮无所得中或生断滅想作增減見轉起誹謗自輕輕他我即為說如来法身自性不空有真實體具足无量清淨功業從无始世来自然圓滿非脩非作乃至一切衆生身中亦皆具足不變不異無增无減如是等說能除怯弱是名安慰又復愚癡堅執

衆生聞如是等說亦生怯弱以取如来法身本来滿足非修非作相故起無所得想而生怯弱或計自然墮邪倒見我即為說修行一切善法增長滿足生如来色身得无量功德清淨果報如此等說令離怯弱是為安慰而我所說甚深之義真實相應无有諸過以離相違說故云何知離相違相所謂如来法身中雖復无有言說境界離心想念非空非不空乃至無一切相不可依言說示而據世諦幻化因緣假名法中相待相對則可方便顯示而說以彼法身性實无分別離自相離他相无空無不空乃至遠離一切諸相故說彼法體為畢竟空无所有以離心分別想念則盡無一相而能自見自知為有是故空義決定真實相應不謬

復次即彼空義中以離分別忘想心念故則盡畢竟无有一相而可空者以惟有真實故即為不空所謂離識想故无有一切虛偽之相畢竟常恒不變不異以更无一相可壞可滅離增減故又彼無分別實體之處從无始世来

具无量功德自然之業成就相應不離不脫故說為不空如是實體功德之聚一切衆生雖復有之但為無明闇覆障故而不知見不能剋獲功德利益與无莫異說名未有以不知見彼法體故所有功德利益之業非彼衆生所能受用不名屬彼惟依遍修一切善法對治諸障見彼法身然後剋獲功德利益是故說修一切善法生如来色身智身善男子如我所說甚深之義決定真實離相違過當如是知

尒時地藏菩薩摩訶薩說如此等殊勝方便深要法門時有十万億衆生發阿耨多羅三藐三菩提心住堅信位復有九万八千菩薩得无生法忍一切大衆各以天香花供養於佛及供養地藏菩薩摩訶薩尒時佛告諸大衆言汝等各各應當受持此法門隨所住處廣令流布所以者何如此法門甚為難值能大利益若人得聞彼地藏菩薩摩訶薩名号及信其所說者當知是人速能得離一切所有諸障身疾至无上道於是大衆皆

同發言我當受持流布世間不敢令忘尒時堅淨信菩薩摩訶薩白佛言世尊如是所說六根聚修多羅中名何法門此法真要我當受持令未來世普皆得聞佛告堅淨信菩薩摩訶薩言此法門名為占察善惡業報亦名消除諸障增長淨信亦名開示求向大乘者進趣方便顯出甚深究竟實義亦名善安慰說令離怯弱速入堅信決定法門依如是名義汝當受持佛說此法門名巳一切衆會悉皆歡喜信受奉行

占察善惡業報經卷下

占察善惡業報經卷下

校勘記

一　底本，金藏廣勝寺本。

一　二九九頁中一行夾注南、徑、清無。

一　二九九頁中九行第二字「因」，資、磧、普、南、徑、清作「因修」。

一　二九九頁中一三行第四字「至」，資、磧作「生」。

一　二九九頁中一八行第一一字「定」，普、南、徑、清作「真」。

一　二九九頁中一九行第一二字「法」，麗無。

一　二九九頁下四行第九字「想」，石、資、磧、普、南、徑、清作「相」。

一　二九九頁下八行第一三字「同」，資、磧、普、南、徑、清無。

一　二九九頁下一一行「所知」，麗無。

一　二九九頁下一三行「謂得謂失」，資、磧、普、南、徑、清、麗無。

一　二九九頁下一三行「妄生」，石作「生於」。

一　二九九頁下二二行第一〇字「不」，諸本作「自不」。

一　三〇〇頁上一二行第九字「二」，諸本作「爲二」。

一　三〇〇頁上二一行第三字「外」，資、磧、普、南、徑、清作「內」。

一　三〇〇頁上二一行第一三字「想」，資、磧、普、南、徑、清作「相」。

一　三〇〇頁上二二行第七字「想」，資、磧、普、南、徑、清、麗作「相」。

一　三〇〇頁中一行第一〇字「想」，諸本作「相」。

一　三〇〇頁中七行第八字「而」，資、磧、普、南、徑、清作「是」。

一　三〇〇頁下一二行第七字「終」，資、磧、普、南、徑、清無。

一　三〇〇頁下一六行「住住」，諸本作「住法」。

一　三〇〇頁下末行「妄相」，石作「妄想相」。

一　三〇一頁上四行夾注，諸本作正文；其中「法」字，資、磧作「別」。

一　三〇一頁上七行第一〇字「故」，資、磧、南、徑、清作「故而」。

一　三〇一頁中二行末字及本頁下四行第一一字「相」，石、麗作「想」。

一　三〇一頁中一五行「不生」，資、普、南、徑、清作「不生不滅」。

一　三〇一頁下四行第四字「永」，資、

磧、普、南、徑、清作「求」。

一　三〇一頁下一五行第五字「定」，石、磧、普、南、徑、清、麗作「之」。

一　三〇一頁下一六行第一三字至一七行第二字「無所怯畏」，石作「亦無所畏」。

一　三〇一頁下末行第三字「輕」，清作「轉」。

一　三〇二頁上八行第九字「道」，資、磧、普、麗作「信」；南、徑、清作「行」。

一　三〇二頁中二行「學習」，諸本無。

一　三〇二頁中二行夾注「於究」，諸本作正文。

一　三〇二頁中七行第一二字「佛」，資、磧、普、南、徑、清、麗無。

一　三〇二頁中一六行第八字「能」，諸本作「以能」。

一　三〇二頁下一一行第八字「法」，麗作「之」。

一　三〇二頁下一二行第三字「修」，麗作「法」。

一　三〇二頁下末行末字「白」，諸本作「自」。

一　三〇三頁上五行第三字「者」，諸本無。

一　三〇三頁上一六行「次第」，石作「是次第」。

一　三〇三頁上二二行第一三字「惑」，石、麗無。

一　三〇三頁中一行第六字「覺」，資、磧作「學」。

一　三〇三頁中三行第一三字「業」，麗作「德」。

一　三〇三頁中一三行第四字「常」，徑、清作「嘗」。

一　三〇三頁中一三行「方便」，資、磧、普、南、徑、清作「巧便」。

一　三〇三頁下四行第一二字「焰」，資、磧、普、南、徑、清作「光」。

一　三〇三頁下五行第二字「露」，資、磧作「焰」。

一　三〇三頁下五行第七字「曀」，資、磧、普、南、徑、清作「曀」。

一　三〇三頁下一四行第七字「淨」，資、磧、普、南、徑、清、麗作「涼」。

一　三〇三頁下一四行第一〇字「易」，資、磧、普、南、徑、清無。麗作「異」。

一　三〇三頁下一九行第三字「使」，普、南、徑、清無。

一　三〇三頁下二二行首字「著」，資、磧、普、南、徑、清作「者」。

一　三〇四頁上一三行第五字及本頁中三行第四字「想」，資、磧、普、南、徑、清作「相」。

一　三〇四頁中六行第一二字「爲」，資、磧、普、南、徑、清作「名」。

一　三〇四頁中一四行第九字「不」，石作「非」。

一　三〇四頁中一九行第一二字「忘」，資、磧、普、南、徑、清、麗作「妄」。

一　三〇四頁中二一行夾注，諸本作正文。

一　三〇四頁下四行首字「曀」，石作「翳」。

一三〇四頁下六行第四字「故」，資、磧、普、南、徑、清無。

一三〇四頁下九行首字「剋」，石、資、磧、普、南、徑、清作「乃」。

一三〇四頁下一〇行「智身」，資、磧、普、南、徑、清無。

一三〇四頁下一六行第七字「天」，石無；資、磧、普、南、徑、清作「天妙」。

一三〇五頁上四行第一三字至五行首字「未來世」，資、磧、普、南、徑、清作「末世中」。

一三〇五頁上七行第一二字「開」，清作「闢」。

一三〇五頁上一一行第一一字「衆」，資、磧、普、南、徑、清作「大」。

廣大寶樓閣善住秘密陁羅尼經卷上 悲

大唐天竺三藏菩提流志奉 詔譯

序品第一

如是我聞一時佛在王舍大城於初會時降伏拘胒魔軍及調伏一切外道捨離生死度諸瀑流是時鄁由他百千殑伽羅頻婆羅魔軍遍世界于時世尊以佛神力變此大地盡成金剛令贍部洲有情之類不聞恐怖時彼魔軍雨諸兵仗皆變為華於王舍城四衢道中自然從地湧出蓮華其華千葉七寶莊嚴黃金為臺琉璃為莖高至梵天出種種光明普遍十方於其華中自然出聲說陁羅尼名為善覺呪曰

南謨十方如来(一)唵摩尼(二)拔闍梨(三)哩哆耶(四)跋闍黎(五)摩囉賽你(六)徵陁囉波你(七)賀鄁賀鄁(八)跋闍邏揭鞞(九)多羅娑耶多羅娑耶(十)薩縛(上聲下同)摩囉(十一)波(吽上)縛鄁你(十二)吽(呼感反下同)薩埵囉薩埵囉(十三)佛馱梅以謕戾(十四)薩縛咀他伽多(十五)跋闍囉迦嚧波(十六)地瑟耻拞(十七)薩婆訶(十八)

時彼蓮華中既說呪已復出妙聲其聲遍三千大千世界言善哉釋迦牟尼如来已度生死大海殄滅魔軍離煩惱塵破無明鷇然大法炬由此陁羅尼威德力故令此大地變成金剛降伏魔軍

尒時金剛密跡菩薩歡喜踊躍身毛竦竪頂礼佛足白佛言世尊今此明呪從何佛所最初而至我從昔来未曾聞見尒時佛告金剛密跡菩薩有陁羅尼名廣大寶樓閣善住秘密由彼威力能令此界三千大千國土變為金剛一切魔軍所有兵仗皆成蓮華由彼陁羅尼威神力故降諸魔衆四衢道中湧出蓮華若不因彼陁羅尼威德力者不成正覺不能降伏拘胒魔衆不能枯竭煩惱大海然大法炬我於無量拘胒百千劫来難行難行苦行猶故不能成菩提果尒時聞彼陁羅尼故方成正覺彼陁羅尼有大威力有大殊勝是真實法於諸如来成就法身能稱彼呪名字則為已稱十方諸佛如来名号若能讀誦受

持則為供養礼拜十方諸佛如来

尒時執金剛手菩薩摩訶薩以種種花種種香塗香抹香供養於佛既供養已右繞三匝頂礼佛足而白佛言世尊此陁羅尼有大威力有大殊勝唯願世尊普為世界一切有情不應以下劣法有所饒益應以勝法而利益之何以故此陁羅尼如佛真身故

尒時世尊告執金剛菩薩言衆生下劣不勤精進多諸惑乱愚癡闇鈍躭著諸欲不信正法不敬父不敬母不敬沙門不敬婆羅門不敬尊者由此不能得是陁羅尼薄福少德智慧狹劣如此衆生不能得聞不能受持不能生敬此陁羅尼能滅一切罪是諸如来秘密之藏

尒時世尊告執金剛手大藥叉將曰善男子我今欲往東方過無量恒河沙數拘胒鄁庾他佛世界彼有世界名寶燈有一大城七寶嚴飾其城四面廣一由旬多諸人衆安隱豐樂彼諸男子及諸女人童子童女一切瓔珞而以嚴飾上妙寶冠自然而現容

貌端嚴有大威力精進成就智慧通達城中有王名曰妙寶有八十拘胝大臣輔佐圍繞王大夫人名光明寶有二十萬宮人皆如天女前後供侍彼世界中所生華果及諸香樹皆是七寶水生諸華皆是雜寶陸生諸華皆是黃金國人壽命八十萬拘胝歲成就十善於佛法僧發大清信彼王善法化世利益衆生彼世界中有佛名妙種種色寶善住清淨如來應正等覺於彼世界廣作佛事與無量菩薩摩訶薩衆及無量拘胝仙人前後圍繞彼之如來身紫金色具三十二相八十隨形好圓光一尋其明赫烈諸菩薩身皆紫金色相好端嚴辯才無㝵坐寶華臺常念廣大寶樓閣善住秘密陁羅尼名由彼陁羅尼威神力故成就如是殊勝功德彼佛世尊為諸衆生演說此陁羅尼法彼諸衆生由聞此陁羅尼故常獲安樂離諸地獄餓鬼畜生阿素羅道諸惡趣門悉皆開闢淨天路彼諸衆生皆發阿耨多羅三藐三菩提心住大慈悲無

諸怨敵如水乳合彼佛世尊往昔久遠行菩薩道時修此陁羅尼法作如是願願一切有情生我國者悉皆決定得不退轉無上正覺若有衆生聞此陁羅尼受持讀誦精勤修習憶念不捨乃至聞名或復手觸或著身上或眼視見或書帛素或書牆壁一切衆生若有見者五逆四重誹謗正法誹謗聖人屠兒魁膾盲者聾者瘖者瘂者疥者癩者癱者貧窮下劣不定業者魔網縛者墮邪見者毗那夜迦觸者惡星害者七曜害者彼等諸人聞此陁羅尼名決定證得無上正覺或復受畜生身者鹿鳥蚕蚉飛蛾螻蟻胎生化生濕生種種蟲等彼諸衆生聞此陁羅尼名者必當決定證得阿耨多羅三藐三菩提無諸疑惑

介時世尊說是語已一切大衆皆大歡喜身毛皆竪是時天雨波頭摩華俱牟頭華芬陁利華湧陁羅華於虛空中有諸種種微妙天樂自然鼓作時會大衆各各皆見身有光明於如來前自然涌出七寶妙幢端嚴麗好

人所憙見幢有四柱四門及四階道光明赫弈幢四面上各有大寶其光如日普耀世界復有無量寶珠纓絡羅網無量寶鐸而懸其上鮮雜繒綵以為幡幔多諸妙華間錯嚴飾是時大地六種震動所謂動搖吼震踊沒之相諸天宮殿皆蒙光明光所到處皆悉覺悟四天王天明仙天等亦復如是一切魔宮忽然光明皆大怖懼諸毗那夜迦恐慴馳走越出界外求哀恃怙

介時世尊於兩眉間現大白毫其光普遍一切世界一切佛土彼諸如來覩此光者即便領悟說陁羅尼意光既至已漸自収卷於釋迦如來頂上遶旋如沒十方一切諸如來等咸皆同聲讚歎釋迦牟尼如來言善哉釋迦牟尼如來汝今應往寶燈世界妙種種色寶善住清淨如來所瞻仰親近及廣宣說大寶樓閣善住秘密陁羅尼法何以故此陁羅尼有大威力有大殊勝一切過去諸如來等共護念故若人得聞此陁羅尼名字及手

稱者彼人必定證無上正覺

尒時釋迦如来聞彼十方諸如来讚歎聲已復放無量拘胝百千万億光明告諸會中諸人等言我今欲往寶燈世界汝等速来今正是時尒時如来從座而起詣七寶幢以手摩之是時幢中忽然而出金剛妙座香潔殊勝於此座上復出七寶雜錯上妙蓮華黃金為莖紅寶為臺時佛世尊於蓮華上數座而坐尒時世界皆大震動如来便入大寶清淨三摩地既入定已佛神力故將諸會衆及諸菩薩天龍藥叉乹闥婆阿蘇羅羯摟茶緊那羅摩睺羅人及非人無量拘胝明仙眷屬金剛密跡釋梵諸天四天王等上昇虛空往詣東方度無量恒河沙百千萬億拘胝佛剎佛神力故須臾之頃至寶燈世界從空而下詣彼佛所恭敬問訊少病少惱起居輕利時釋迦衆以七寶所成千葉蓮花即奉彼佛時彼如来在深妙會中舒金色手安慰釋迦如来移於寶幢中坐告釋迦如来曰汝已轉大法輪降伏

魔軍然大法炬建立法幢擊大法鼓吹大法螺於彼世界已作佛事證於所證今復於此贍部洲中再轉法輪演諸法藏作是語已彼諸佛剎十八種動所謂一動搖二涌沸三如波浪四震有聲五吼轟礚六覺一切有情於一一動復各有三所謂動遍動等遍動也尒時天雨妙華現諸神變於虛空中出自然音樂諸大龍王雨大妙寶種種妙香種種妙衣種種瓔珞上妙紅寶車𤦲真珠吠盧遮那摩訶妙寶日藏珠月藏珠日光珠月光珠吉祥藏珠雨諸鉢頭摩華俱牟頭華芬陁利華漫陁羅華摩訶漫陁羅華黃金華白銀華真珠妙瓔繽紛而下尒時諸天於虛空中出歡喜聲讚歎釋迦牟尼如来言善哉釋迦牟尼如来善哉釋迦牟尼如来欲於此時再轉法輪建大妙寶如意法幢於贍部洲中所謂摩訶妙寶廣大寶樓閣秘密善住陁羅尼大呪法王令於世間廣大流布尒時種種色清淨善住寶如来應正等覺於兩眉間放大白毫

出種種光明其光普至十方世界一切佛土彼諸佛等覩斯光者咸皆證知將欲說此陁羅尼意其光復至三千大千世界及諸天宮龍宮一切地獄傍生閻摩羅宮阿素羅衆普皆蒙光知佛世尊將欲說法光既遍已漸復収卷繞旋佛頂倏然如没

尒時十方世界無量恒河沙等一切諸佛各於彼土與諸眷屬現大神變於虛空中化作七寶妙幢於其幢中以贍部金為師子座時諸佛等各坐其座同至會中尒時種種色清淨寶如来見十方諸佛来至會中與彼諸佛更相問訊復以種種神變供養彼佛既供養已還坐本座

時此會中有一菩薩摩訶薩名曰寶藏從座而起詣種種色清淨善住寶如来所合掌頂礼白佛言世尊今此會中十方諸佛諸大菩薩天龍藥叉乹闥婆阿素羅緊那羅摩睺羅人非人天仙明仙執金剛菩薩而為上首衆會集已無量神變唯願世尊為諸大衆說廣大寶樓閣秘密善住陁羅

尼法如是慇懃三請世尊為衆說法
尒時種種色清淨善住寶如来告寶
藏菩薩言汝今可詣釋迦牟尼佛所
當為汝說時寶藏菩薩摩訶薩即詣
釋迦牟尼佛所合掌頂礼右繞三匝
白言世尊今請如来為諸大衆演說
廣大寶秘密善住清淨陁羅尼法為
諸衆生獲利益故
尒時釋迦牟尼佛既見寶藏菩薩請
已告金剛密跡菩薩言善男子汝今
可持金剛杵於大衆中而扣其地金
剛密跡菩薩便奉佛命持金剛杵於
大衆中而扣其地尒時大地應聲裂
破成四角陷三千大千世界六種震
動時彼陷地忽然湧出七寶樓閣其
樓四角四柱四門嚴麗殊特相好圓
滿光明赫弈有四堦道高三由旬縱
廣正等滿五由旬於其幢中有贍部
金微妙寶塔無量寶珠而為嚴飾七
寶羅網而覆其上無量寶鐸懸於四
角妙花繒綵而為間錯彼妙塔中有
三如来全身舍利尒時十方諸佛如
来皆共供養塔中舍利諸菩薩等亦

同供養尊重讚歎散花燒香塗香粖
香懸繒幡蓋奏諸音樂時諸天龍藥
叉乾闥婆阿素羅緊那羅迦樓羅人
非人等一切會衆咸悉瞻仰奇異希
有言此寶塔從何而来高聲讚言奇
哉希有旋繞歌詠幢及寶塔既旋繞
已合掌頂礼時彼幢中出微妙聲唱
言汝諸大衆可觀空中衆聞此聲咸
觀空中復見大琉璃寶雲在彼空際
其寶雲中以金為字書此廣大寶樓
閣秘密善住陁羅尼呪於虛空中復
出聲曰汝等咸可讀此陁羅尼呪出
此聲已其十方恒河沙同来諸佛一
一佛前皆現琉璃寶雲以金為字書
此陁羅尼呪復出如是聲曰南無釋
迦牟尼如来今可開彼舍利塔門彼
寶塔中有三如来全身舍利由彼舍
利現大神變殊勝之相彼全身如来
於此會中當具說此陁羅尼呪并湯
茶羅成就明法
尒時十方同来諸佛咸作是言唯願
釋迦如来應正等覺為諸大衆開彼
塔門令諸衆生見彼全身如来獲大

利益所謂寶華王幢如来妙寶金剛
起王如来寶清淨光明如来應正等
覺尒時釋迦牟尼即以神力詣寶塔
前舒金色手百福莊嚴右手開彼塔門
亦彼如来全身舍利時寶塔中全身
如来復讚釋迦牟尼如来言善哉釋
迦牟尼如来今於贍部洲中再轉法
輪汝可就此塔中昇師子座尒時釋
迦如来即昇塔中與諸全身如来同
座而坐尒時衆中有金剛手菩薩摩
訶薩頂礼釋迦牟尼如来合掌恭敬
白佛言世尊今此塔中諸如来等從
何而有從何而来佛言汝今諦聽當
為汝說乃往古昔不可思議無量无
數阿僧祇劫此贍部洲中多諸人衆
安隱豐樂五穀不種自然成熟人無
彼我亦無積貯當此之時無有佛名
有一大山名寶山王彼寶山中有三
仙人一名寶髻二名金髻三名金剛
髻彼三仙人繫心專念佛法僧寶復
作是念我等何時證無上正覺度脫
一切諸衆生等時彼仙衆作是念已
須臾默然復起前念由是念故即證

慈悲歡喜一切衆生種種樓閣三摩地獲於天眼觀彼上方見淨居天復於空中有聲言曰善哉正士善哉正士能發上願求大正覺汝曾聞不有大妙法名廣大寶樓閣秘密善住陁羅尼往昔如来已曾演說善爲利益一切衆生諸有聞者决定不退無上正覺一切佛法當速現前一切三昧亦當現前一切陁羅尼法門亦當現前能善降伏一切魔軍然大法炬一切善種當得現前成就六波羅蜜一切地獄餓鬼傍生閻摩羅界阿素羅衆聞此呪者皆蒙解脫生老病死憂悲苦惱永得超越當来之世於此贍部洲衆生有於父母不孝順者不敬沙門者不敬婆羅門者不敬耆舊者誹謗正法者誹謗聖人者應墮地獄者誹謗諸佛者誹謗菩薩者煞阿羅漢者造五逆罪者煞婆羅門者煞牛犢者抄劫竊盗者故妄語者不與取者邪婬者兩舌者麁惡語者輕秤小斗者强奪財物者負言背信者匿他財物者一切惡業所攝者彼等衆生

聞此陁羅尼若讀若誦若受持若佩身上若書衣中若置幢上若書夾內若書素疊及牆壁牌杈乃至見者聞者及影中過者或與執持呪人暫相觸者彼等衆生由斯陁羅尼大威力故决定當得無上正覺能於現世獲無量福一切惡業皆得消滅一切善根皆得圓滿一切魔軍皆得調伏一切衆生見者歡喜一切衆生恭敬尊重國王大臣及諸眷屬見者歡喜口所出言聞者皆信手脚柔軟音調和雅離於貧窮不受世苦毒藥刀杖火灾等難永相去離師子虎狼諸惡禽獸不能為害無劫賊難無旃荼羅難無魁膾難無羅刹難無惡鬼難无邪魅難無毒虵難無疫疾難乃至一日病二日病三日病四日病瘧病常病眼病耳病鼻病舌病口病齒病脣病喉病項病手病背病胷病臍病痔病痢病髀病脚病丁病癰病斑病肚病疥病疱病癩病癬病頭痛病偏風病如此病等悉皆除滅不盲不聾不瘂不癭臨命終時心不散乱不失正念一

切諸佛當来現前安慰其人睡眠覺悟行住坐卧常得安樂或於夢中見百千万世界刹土諸佛如来并諸菩薩前後圍繞此陁羅尼有如是等無量无邊不可思議力時彼仙人得法歡喜欣慶踊躍於其住處如新醍醐消没於地即於没處而生三竹七寶為根金莖葉竿梢枝之上皆有真珠香絜殊勝常有光明往来見者靡不欣悅生滿十月便自裂破一一竹內各生一童子顏貌端正色相成就時三童子亦既生已各於竹下結加趺坐入諸禪定至第七日於其夜中皆成正覺其身金色三十二相八十種好圓光嚴飾時彼三竹一一變成高妙樓閣尒時便有廣大寶秘密善住陁羅尼呪於虛空中以金書字忽然而現四大天王所謂寶髻龍主天王寶藏鳩槃茶主天王妙珠光摩祜羅主天王各執持寶蓋而覆其上清淨天人散諸妙珠金剛藥叉主天王與無量百千眷屬執持妙華而以供養同作是言今佛世尊出現寶藏

佘時世尊告執金剛菩薩摩訶薩昔
三仙人豈異人乎今此寶幢塔中三
全身如来是彼時三竹者今妙樓閣
寶幢是彼時地者今此地是彼時世
界者今此世界是彼時仙人由聞此
陁羅尼勤脩習故捨彼仙身成等正
覺昔時空中淨居天者豈異人乎則
我身是昔有賢者名曰淨居常勤供
養彼三仙人其淨居者今妙種種色
清淨如来是昔彼三仙既成正覺為
彼淨居而授記曰汝於来世當得作
佛号妙種種色清淨如来
佘時十方同来諸佛咸讃釋迦牟尼
如来言善哉善哉能以如来境界善
加護故說此往昔因緣示現如是秘
密陁羅尼是諸如来秘密之母是諸
如来秘密之心是諸如来金剛之座
是諸如来秘密神變是諸如来成就
秘密六波羅蜜是諸如来般若波羅
蜜是諸如来秘密壇場是諸如来秘
密之印是諸如来秘密放百千萬光
是諸如来秘密實相之藏是諸如来
秘密三摩地加護神變是諸菩薩秘

密莊嚴菩提心是諸菩薩秘密佛地
是諸菩薩入秘密三摩地此陁羅尼
能除一切業障汝今能說
佘時釋迦牟尼如来住正念智觀察
一切如来復放百千万拘胝那庾他
光明所謂青黃赤白紅紫雜色普遍
十方諸佛世界光遍彼已還来佛所
右繞三帀没於佛頂光既没已時佛
世尊以淨梵音於大衆中說此陁羅
尼呪曰
唵一薩婆怛他伽上呼下同多二摩尼捨多
三你畢佐四社縛羅社縛上呼下同羅五
達摩馱睹碣里鞞六摩尼摩尼七
摩訶怛他伽多纈里摩尼八莎訶九
說此陁羅尼大明呪王山河大地六
種震動十方如来同聲讃言善哉善
哉釋迦如来善說此陁羅尼大明神
呪於虛空中現贍部金雲遍覆十方
於其雲中下七寶雨雜以牛頭栴檀
上妙粖香充滿世界復雨優曇鉢花
而以供養次雨俱牟頭花芬陁利花
蘇乾陁華曼陁羅花摩訶曼陁羅花
露遮花大露遮花曼殊沙花大曼殊

沙花蘇摩那花婆利師花栴檀華瞻
蔔華而供養佛一切魔宮熾然火起
一切魔衆皆悉驚怖一切毗那夜迦
身皆流汗臭穢奔走十方所有淨信
天龍藥叉乾闥婆阿素羅緊那羅摩
睺羅人非人等各持供具供養如来
復有摩尼光思惟菩薩與無量百千
万億俱胝菩薩悉持種種妙寶而供
養佛
復有金剛手菩薩與無量百千万億
俱胝明仙復以種種百千天衣而供
養佛
復有四大天王與無量百千万億四
天王衆以種種香華塗香粖香華鬘
衣服幡蓋而供養佛
復有梵天與梵衆諸天而来供養
復有三十三天與百千万億天子供
養於佛如是那羅延大自在天賢摩
尼天賢滿力天等同来供養
復有日月天子在於空中而供養佛
復有勝天女辯才天女餉弃尼天女
毗摩天女金剛時天女花齒天女使
者天女百千萬億各各以天嚴具供

養於佛

復有鬼子母神與百千万億藥叉女等前後圍繞而供養佛

復有無量乾闥婆衆以天音樂而供養佛

復有無量百千龍王集會所謂娑竭羅龍王難陁龍王優鉢難陁龍王娑曽拏龍王善住龍王寶髻龍王形白圓龍王以種種妙寶而供養佛

復有轉輪王與無量百千万億大臣宫人婇女前後圍繞於時大地變成金剛於如來前從地湧出七寶蓮華其華千葉於其華中有贍部金千輻寶輪光明赫弈暉耀如日其光遍覆三千大千世界於輪臍中出微妙聲作如是言善哉善哉釋迦牟尼如來能說如是秘密陁羅尼此陁羅尼明呪能轉無上冣大法輪能入菩提道場是諸如來秘密明心是諸如來真寶如理唯願世尊復更為說廣大善住秘密樓閣陁羅尼心要之法令一切大衆咸皆覺悟無上菩提此為根本今正是時願垂速說此呪能除一

切悪道業障能竭一切血淚苦海能度一切生死曠野能越一切煩惱瀑流若不遇此陁羅尼是諸佛種終不能成無上正覺此陁羅尼大明呪王是大法輪是大法炬是大法幢是大法蠡是大法鼓是金剛座唯願世尊廣為衆說此大陁羅尼王曼荼羅印法幢法今此會中天龍藥叉乾闥婆迦樓羅緊那羅摩睺羅人非人等咸皆瞻仰願聞法要尒時世尊聞是語已即為大衆廣說陁羅尼秘要之法

根本呪品第二

尒時世尊為諸大衆說此陁羅尼王此呪能成就無上菩提能除一切罪業身得清淨即說呪曰

娜莫薩婆怛他揭多去喃一去唵二肥布羅蘖鞞三摩尼去鉢臘二合鞞四怛他上多去娜捺係舍泥五摩尼摩尼六蘇鉢臘鞞七肥摩麗八娑蘖羅鉗鼻去囉麗九吽吽十什皤羅什皤羅二合十一勃陁嚩路枳頲十二麌醯夜二合地瑟恥二合多蘖鞞十三莎訶十四

尒時世尊說此廣大寶善住秘密樓

閣陁羅尼已於此大地六種震動雨大寶雨及天妙華一切大衆咸皆歡喜歎未曽有諮不退轉是時十方諸如來等同聲讚歎釋迦牟尼如來善哉釋迦牟尼如來乃能說是入菩薩道場陁羅尼大衆聞已一切悪趣皆得消滅念此陁羅尼名者則為以諸微妙香華塗香粖香供養十方一切諸佛若能讀誦即得不退轉無上正覺乃至百劫千劫百千万劫一切如來不能讚歎盡其功德此陁羅尼有大威力一切魔王終不能為其障㝵一切怨家悪支鬼神藥叉羅刹人非人等不能為害增長無量福德若纔念此陁羅尼者獲福如是

尒時執金剛手藥叉軍將及四大天王於其會中從座而起恭敬合掌頂礼佛足白言世尊我等常當擁護持此陁羅尼者尒時世尊舒金色手摩執金剛手菩薩及四大天王頂作是言我今以此陁羅尼神呪付囑於汝若有持此陁羅尼者汝當擁護

尒時執金剛手菩薩及四大天王白

佛言世尊我等奉如来教常護此大陁羅尼法明呪亦當擁護彼受持者

心隨心呪品第三

尒時世尊為諸大衆說陁羅尼心呪曰

唵　摩你　跋社　黎吽

尒時世尊復說隨心呪曰

唵　摩你　達哩吽　鑁吒

根本呪者不假簡擇吉祥星宿日齋戒但誦滿一万遍已然後佛前或舍利塔前於白月十五日潔淨洗浴著鮮淨衣隨力供養然四盞燈散諸香華受持呪者食三白食便誦此呪八百遍即於當處宿天欲曉時如来乃現其身執金剛手菩薩亦現於前所有願者皆得圓滿若造五逆罪者作如是法第三遍方得感現勿生疑惑常於清旦誦八百遍所求上願皆得成就毒不能害水不能漂火不能燒賊不能傷病不能侵無他恐怖常无重病亦無眼病耳病鼻病舌病口病齒病脣病乃至一日病二日病三日病四日病無頭痛諸惡毒虵虎狼禽獸不能為害無邪魅難此陁羅尼威力如是能除一切怖畏能滅一切惡障能生一切功德能成就六波羅蜜成就如来所行之行讀此陁羅尼者皆能成就一切事業若有人登大高山峯上誦此陁羅尼盡眼所見處所有衆生滅一切罪業亦離一切地獄業得免一切畜生身若入天廟中誦此陁羅尼者使諸天神無不從命若入龍池誦此呪者一切龍神皆来歸命若於日前誦此呪者日天子即當来現其人前所求意願皆能與之若有於執金剛手菩薩前誦此呪者執金剛手菩薩現於其前所求願者亦得隨意若有人取菖蒲根誦此呪八千遍訖或佩或執即令一切衆生見者歡喜所索皆得若呪胡麻含於口中共他人語所出言音皆悉信受若有人呪白芥子一千八遍擲於虛空一切惡風雷雹皆得消散若呪食鹽一百八遍令淨行婆羅門皆来率伏若欲調伏剎利取白芥子呪千八遍燒之并可呼諸鬼神来共人語亦能治一切鬼氣若天灾旱以黃牛糞塗地畫作龍一身三首其下作四方龍池於龍池心中著金其壇青色黃丹畫龍身上於壇四角各置一滿瓶水復置四香爐置四新瓦盆一盆中著乳一盆著酪一盆置乳糜一盆置酥及沙糖又別作四肘方壇以牛糞塗飾復以麨粖畫壇壇內揷箭四隻纏五色線懸五綵幡燒四種香所謂安悉熏陸白檀蘇合於其壇內散七種穀列五色食并諸花果其誦呪人面向東方取一芥子呪之一遍皆令擲打畫龍頭上一呪一擲滿千八遍龍即行雨一切諸龍皆来率伏若欲止雨取白芥子誦呪呪之擲龍池中雨即便止若欲止惡風雹雨取佉陁羅木作橛釘龍池邊即得雹止若欲縛毗那夜迦取白芥子呪百八遍安毗那夜迦頭上便不能作其障㝵以乳洗毗那夜迦即得解脫所作諸業皆得成就其持呪者常須清潔著鮮淨衣

此是根本呪法

廣大寶樓閣善住秘密陁羅尼經卷上

壬寅歲高麗國大藏都監奉
勅雕造

廣大寶樓閣善住秘密陀羅尼經卷上

校勘記

一　底本，麗藏本。

一　此經資、磧、普、南、徑、清與金藏本、石經本、麗藏本文義懸殊，故以清藏本爲別本附後。

一　三〇八頁下二行第六字「手」，石無。

一　三一一頁上一六行「嚴麗」，石作「莊嚴」。

一　三一一頁下四行第五字「手」，石無。

一　三一四頁下一三行第三字「怨」，石作「寃」。

一　三一四頁下二〇行第四字「手」，石無。

一　三一五頁下七行第四字「粖」，石作「末」。

廣大寶樓閣善住秘密陁羅尼經卷中　悲

大唐天竺三藏菩提流志奉　詔譯

持心呪法品第四

持心呪者誦百千遍得見一切如来若誦二百千遍得見一切佛土若誦三百千遍得入一切壇塲悉得成就一切呪法若誦四百千遍得於仙人中轉輪王若誦五百千遍得入一切阿修羅宮中若誦六百千遍得見一切伏藏若誦七百千遍即了過去知宿命事若誦八百千遍即得寶印三摩地若誦九百千遍得一切菩薩神變加持若誦十百千遍得一切如来灌頂佛地與一切如来同會如是倍增而獲無量殊勝功德若造五逆罪誹謗聖人誹謗正法應入阿鼻地獄者誦呪一千遍所作罪業悉皆消滅得不退位悟宿命智眼耳鼻舌身意六根清淨增長無量殊勝功德兼獲世間種種事業隨意成就

復次說雄黄法取好雄黄一小兩許置赤銅器中從月十三日身自洗浴著鮮淨衣喫三白食謂酥乳酪於世尊前呪十万遍至十五日夜所呪雄黄現三種相若煖若煙若光焰即得成就若其煖時持呪之人身隱不現阿修羅窟門開見一切宮殿悉皆得入若意樂所作皆得成就即得仙人轉輪王位取少雄黄點自額上若見煙出即點眼上當見一切菩薩宮殿住處又見一切金剛種性遠離一切諸惡魔衆得達一切法藏隨所去處皆得通達若見光焰即騰虛空得見光焰陁羅尼三摩地得入三十三諸天中王所欲皆得若於山頂誦呪得為一切衆生尊重所求皆得一切贍部人咸来恭敬於水池邊誦此呪一千八遍一切諸龍皆悉降伏取白芥子呪千遍散擲虛空即便大雨降伏諸龍若日日誦持即得種種殊勝吉祥取一瓶水以因陁羅呵悉多藥（白及藥也）及鉢羅奢（赤藥也）白芥子并欝金香紫檀白檀等香各一小兩半内前瓶中誦呪一万遍取此香水洗浴一切大病患人皆得除差及滅一切罪

障所有符書厭禱皆悉消滅獲得一切殊勝吉祥若有婦人意欲求男以此水洗浴即便生男若有諸人誦持餘呪無能驗者以此水洗浴即便有驗如是一切速得成就及餘事業亦得成就

誦隨心呪法品第五

誦隨心呪者滿一万遍所有障㝵諸鬼神等悉来敬礼持呪者足作如是言救護我等勿斷我命所使我者决定得了若誦二萬一千遍者即便得一切天龍為天中主所出言辭天皆奉行若誦三萬遍一切藥叉羅剎咸悉伏從（四万遍梵本闕）若誦五萬遍所欲追攝若天若龍若藥叉若迦樓羅若緊那羅阿修羅摩睺羅及仙人婇女沙門婆羅門剎利種種人等以安悉香及白芥子燒之若誦六萬遍得無垢三摩地若誦七萬遍得作仙人轉輪王若誦八萬遍執金剛手菩薩及與眷屬来現其前若誦九萬遍得諸菩薩施與無畏若誦十萬遍得盡見過去未来隨意所適無有障㝵得一切

陁羅尼經輪一切如来加持令證无上菩提及得種種出世間法皆得成就諸佛如来無不隨喜

雜呪品第六

壇前欲坐誦此呪曰

唵摩尼軍荼利吽吽莎訶

誦七遍然後坐作餘護持法

次結界呪曰

唵摩尼微射曳達羅吽莎訶

誦此呪呪白芥子七遍散於壇中便成結界

次結十方界呪曰

唵膩嚩嘌多摩尼阿盧止囉抧嘌底吽吽泮吒

誦此呪呪香水和白芥子百八遍散灑十方

辟毗那夜迦呪曰

唵摩尼鉢囉婆嚩你賀囉賀囉吽泮莎訶

誦此呪呪灰水二十一遍散於十方

頂髻呪曰

唵伐質囉摩你帝瑟吒帝瑟吒吽吽泮泮

誦此呪七遍以呪自身手以摩自頭頂

護衣呪曰

唵摩尼微布黎地唎吽泮吒

誦此呪呪香水灑衣上

洗手呪曰

唵吻唯（丁摩反）筏底訶囉訶囉摩訶摩你吽吽泮

誦此呪呪水洗手及周灑身上

洗浴呪曰

唵蘇湼鉢摩羅伐底訶囉訶囉跛晚弭哩吽莎訶

誦此呪呪白芥子和水呪一百八遍浴身

次結護呪曰

唵摩尼達哩吽吽泮吒

誦此呪用結護一切香華果等及所用之物皆用此呪而結護之

結索呪曰

唵地哩地哩微摩羅迦哩吽吽泮吒

次散華呪曰

唵薩婆怛他伽多布社摩你吽吽

所有香華皆誦此呪散之散

時亦誦
塗香呪曰
唵薩婆怛他伽多乾陁摩你馺頗囉
拏吽吽
誦此呪呪香塗壇
燒香呪曰
唵拾縛哩多摩尼阿勃羅古吒娑頗
囉拏上微伽佉吽
然燈呪曰
唵什縛哩多始佉哩陁嚩哩吽吽泮吒
壇外施一切天鬼等呪曰
唵鉢囉嚩囉竭囉縛底娑囉娑囉
吽吽
次上遏迦呪亦於天神邊日別散粇
米花誦此呪散之呪曰
唵摩訶摩你布囉耶達囉達囉吽吽
次壇中日別獻佛食誦此呪曰
唵摩訶摩你微布犁吽吽娑羅婆
羅吽吽
次獻火食呪曰
唵什縛囉薩普囉伽伽槨鉢囉多囉
尼吽吽
次把數珠呪曰

唵阿盧止囉摩你鉢囉縛多耶吽
以此呪誦七遍已即成就一切如来
無量百千呪法若准摸壇界以此呪
呪繩七遍可用拼界道
次結加趺坐呪曰
唵拔折囉摩你迦囉槃抧喇抧唎吽
吽泮吒此呪是前結加趺坐呪前呪是欲念誦時呪結
次念誦時呪曰
唵蘇鉢囉縛底多吠藝摩你摩你
莎訶
啓告諸佛願知呪曰
唵薩婆但他伽多喃嚩庾社䶩多囉
多囉吽吽摩你迦槨寧莎訶
次請一切諸佛呪曰
唵蘇微布羅鉢囉鉢囉縛犁杜嚧
杜嚧吽吽
次求願呪曰
唵薩婆怛他伽多地瑟吒質多僧洛
叉䟦杜犁吽吽
誦此呪時當作是念願一切諸
佛等心擁護施堅固力
次求菩薩願呪曰
唵蘇微布羅縛多寧訶囉訶囉吽

誦此呪時作如是念願得妙廣
博藏放無畏光
請一切天龍呪曰
唵阿鼻婆摩耶拔質犁達囉達囉吽
當作是念無邊三末耶金剛執
持不可動壞
次請四天王等呪曰
唵摩你微迦縛佉吽
侍者呪曰
唵濕婆摩你呼嚧呼嚧吽
誦此呪用結護壇外供事弟子
入道場呪曰
唵薩婆怛他伽多拔折喇你達囉達
囉吽吽
當於道場側跪地合掌誦此呪已作
如是念願一切如来以金剛力加持我
次獻一切佛及一切菩薩諸天等呪曰
唵微囉微囉制伽伽槨縛　呬你囉呼
囉呼吽
所有一切香花飲食皆誦　此呪
用持上之
次擁護身呪曰
唵摩你蘇婆你微伽縛佉阿囉　叉多

摩尼吽

次發遣諸聖呪曰

唵薩婆怛他伽多俱盧你伍娑摩囉微伽伍什縛羅什縛羅吽莎訶

此呪通一切處用所謂送尊上遏伽香花飲食等此上並是心呪皆有殊勝威力若有用者先誦八百遍然後作法但念誦成就一切善業消滅一切惡業一切苦惱皆悉解脱諸佛如來為決定授記當得作佛先世惡業受持此呪悉皆消散速證菩提獲无量恒河沙等無量功德速成正覺能轉法輪

結壇場法品第七

尒時世尊説壇場法先擇勝地然後作壇其壇場作四門以五色彩畫其彩於新器中和香然後用之其壇中心作一小壇方圓二肘以白檀香鬱金香而塗飾之其大壇四肘以牛糞塗飾其小壇中畫一佛像其佛前作一蓮華七寶莊嚴於蓮華臺中畫作一輪輪有百輻有輞有齊以金飾輪輪外畫焰光其蓮華莖如吠琉璃色左邊畫執金剛菩薩而作嗔相手執白拂（一本云右手把拂左手把鉞斧）右邊畫寶光金剛菩薩種種瓔珞以為嚴飾一手擎寶珠一手執白拂（一本云把數珠）四角各畫四大天王身著衣甲手執器仗種種瓔珞而嚴飾之作嗔怒相其小壇中畫七珎堦道於其壇上懸繒幡蓋其壇大門向東而開四角各置一金銀瓶或無金瓶瓦瓶金塗中盛滿香水及安妙花銀瓶無者亦應如是滿中盛乳於小壇東門内南邊畫吉祥天女種種瓔珞而以莊嚴北邊畫餉弃尼天女壇中門應畫金剛使女神形安八辟種種瓔珞以為嚴飾手執刀杖於小壇上懸種種幡蓋然三十二燈種種花果散其壇上於佛像前置金香爐燒蘇合香於小壇外置銀香爐燒安悉香於摩尼樂叉前燒蘇合香於四天王前燒熏陸香及薩闍羅娑香（白膠香也）於吉祥天女前燒白檀香於餉弃尼天女前燒安悉香於金剛使女前燒薩羅計香（青膠香也）其諸天神各各別以飲食而供養之其小壇四門

外各立吉祥摽於其東門外畫鬼子母神有七鬼子圍繞於南門外畫大自在天神於西門外畫花齒羅刹女於北門外畫毗摩天女有七姝女圍繞於壇四邊上揷畫三十二箭其一一箭各畫懸五色彩帛纏之壇四面懸五色幡應作七種油餅於大壇外更置三十二淨水盆盆中安種種花三十二淨水盆瓶瓶内各别安漿三十二香爐然一百八燈懸一百八琉酥（花鬘是也）散種種粖香然種種香所謂安悉熏陸悉必栗迦（香苜蓿也）栴檀沉香多伽羅（杜嚧樂也）蘇合薩羅計（青膠香也）五味香龍腦香麝香欝金紫檀等香以為塗香塗天神上復以乳酪沙糖石蜜水各盛以八瓶復以乳粥（所謂粇米菉豆胡麻下蘇相和作即是）粇米飯歡喜團（所謂沙糖粇米麨和蜜漿作之）各有八盆復盛四瓦椀油四瓦椀酥粆糖四瓦椀油麻四瓦椀果子四瓦椀七種穀子作種種食散於壇外所謂餤餅煎餅小豆煎餅（所謂菉豆末和蒲桃漿作之）油麻煎餅無憂妙味餅酥餅沙糖餅復於大壇西門外置二香水瓶并置

所供養飲食欲入道場時先誦此呪

呪門兩邊香水瓶呪曰

唵摩訶毗布羅一鉢羅庝丁以反二瑟耻多悉聹三阿鞞誽者四麼吽二合薩婆怛他伽多鼻灑雞五婆囉婆囉六三婆囉三婆囉七吽吽八

此呪加持灌頂瓶誦此呪者能除先世以来所有惡業令得身心清淨一切諸佛皆来擁護攝受而為授記施其無畏所有事業能令成就得入如来三摩地悟甚深法忍登佛道場成等正覺

畫像品第八

尒時世尊告諸大衆我今說畫像法而能成就一切事業應取新白氎未割線者或一肘或二肘三肘四肘乃至七肘四方令等畫一如来坐師子座作說法像於像右邊畫執金剛菩薩為赤白紅色有十二臂皆執刀杖有四面正前一面端正歡喜左邊一面作嗔相右邊一面有牙上出又一面皺眉可畏相又怒兩目以種種瓔珞而嚴飾之坐蓮花臺半加而坐如

来左邊畫摩尼金剛菩薩有四面前面歡喜右面青色作摩訶迦羅天面左面緑色半作師子面半作人面後面嗔相皺眉露齒作淺緑色有十六臂右手把如意珠作奉佛相左手持蓮花一手施無畏謂仰展五指如佉二手合掌餘手皆執諸器杖所謂三鉾槊輪刀金剛杵華鬘數珠澡瓶利劒經夾寶塔須弥山於蓮華臺上半跏而坐於其座下作餉弃尼天女有八臂胡跪合掌作供養佛相金剛手菩薩座下作吉祥天女胡跪執種種寶器供養如来相於吉祥天女後畫使者天女作笑面有四臂種種瓔珞而為嚴飾手持刀杖使者餉弃尼天女後畫花齒羅刹女身著素服以手持花瞻仰如来於大像前畫作七寶蓮華而有千葉琉璃為莖其上作千輻輪有輞四面皆艶光其下畫作四天王種種嚴飾手執刀杖七寶蓮華下作七寶池於池岸上作多衆仙人皆悉胡跪或持花或持寶或手持香鑪或手持數珠各異嚴持瞻仰如来

而為供養於大像上畫梵天帝釋大自在天散花供養勿以皮膠和於彩色其畫像人應受八關齋戒誦呪之者著新淨衣食三白食於月八日在如来前如法誦念至十五日令滿一億遍乃見自身而發光明便悟無障㝵慧眼證清淨摩尼三摩地於諸仙人得輪王位親見一切如来若誦一遍不墮一切惡趣離諸貪嗔癡无諸嫉妬成一切功德攝受一切善根諸佛如来之所護念常来安慰能攝一切諸天一切天龍藥叉乹闥婆迦樓羅緊那羅摩睺羅伽人非人等皆来供養國王大臣常應恭敬在於人間遊行無畏諸波羅蜜皆速成就其有但受持讀誦者無量功德若能如法結壇場畫像俻諸壇法彼人功德與佛無異為諸人天之所敬養諸佛如来授記此人决定證於無上菩提不復受胎藏之身所生之處皆蓮花中常於佛前與諸菩薩同坐一處

護摩品第九

尒時如来復為諸大衆說護摩法先須

清淨身心修淨梵行然後作法於一
一法速令成就發廣大利益諸衆生
心護摩供養呪食燒之誦此呪曰
唵薩嚩二合訶鉢底勃路二合暴婆去
吽吽泮吒莎訶
誦此呪時應以油麻白芥子和酥一
呪一燒滿八千遍投之能令一切呪
法速得成就伏諸一切障㝵鬼神一
切惡鬼惡業惡友怨家皆得調伏一
切惡夢灾恠不祥之事自然消散以
安悉香白芥子和酥一呪一投火中
燒之滿八千遍一切鬼神欲來惱者
頭自裂破一切病患速得除愈復以
酥和白芥子誦呪一呪一燒滿八千
遍得所住處無諸怨敵若以天木香松木是也和酥一呪一投火中燒之滿八千
遍得斫迦邏囉闍住處所念皆成若
以婆羅樹香松脂也和酥及白芥子於
山峯上以呪燒之如前遍數諸阿素
囉門自然而開此人得作明仙王若
以軋陁囉樹安悉香樹也或以龍花蘂香
和白芥子油於龍池邊一呪一燒滿
八千遍能降伏一切諸龍須使皆得

須雨即雨更無雷雹之難以雜穀子
及供養佛淨齋食自他稱名誦呪一
呪一燒滿八千遍能令五穀豊熟以
白塩誦呪一呪一燒滿八千遍一切
藥叉女皆来礼足言勿傷我命隨意
駈使以酥和粇米一呪一燒滿八千
遍得大冨貴以胡椒對日日東方時
誦呪滿八千遍一呪一燒其人常得
諸天擁護恒為利益若於吉祥天女
前以油麻和白芥子燒之得大財寶
若以遏迦木謂杜仲木也長一尺截之一呪
一燒滿八百遍得一切諸佛菩薩悉
知是人離諸業障於一切世間出世
間明呪皆悉了悟無諸疾病於諸怨
敵而得㝡勝世間煩惱不能染著由
此明呪力故諸有善業皆得成就一
切惡夢不祥之事皆得消散一切邪
魅厭禱之類皆不著身不墮邪見離
惡道中
介時佛告金剛密跡菩薩此陁羅尼
王法有大威德是一切諸佛如来心
是諸佛母是諸如来轉大法輪是諸
如来入菩提路是諸如来智慧法炬

是諸如来鳴大法蠡是諸如来坐金
剛座是諸如来降伏魔軍是諸如来
㝡勝秘密能除贍部洲衆生所有煩
惱能竭贍部洲衆生地獄餓鬼傍生
之業能除贍部洲衆生生老病死憂
悲苦惱
介時世尊復告金剛密跡菩薩我以
佛眼觀諸如来不能説此陁羅尼所
有功徳甚深妙法此陁羅尼有如是
㝡勝殊妙非諸辟喻之所能盡薄福
少徳下賤衆生永不聞此陁羅尼名
字况復得見受持讀誦若有聞見此
陁羅尼者是人已曾親近恒河沙諸
佛菩薩佛告金剛密跡菩薩此如来
心難解難入若有善男子善女人於
百千万刧供養八十俱胝無量恒河
沙諸佛菩薩飲食衣服房舍卧具百
種湯藥幡盖香花塗香末香復以七
寶滿三千大千世界於日日中奉施
諸佛金剛菩薩於汝意云何是善男
子善女人功徳多不金剛密跡菩薩
白佛言世尊此人功徳无量無邊不
可勝數佛言若於如来心陁羅尼能

讀誦滿一遍者此人功德勝前功德
諸佛如來說不能盡若有善男子善
女人雖不讀誦但心念者亦得如上
無量功德
尒時如來說是言已衆中天龍藥叉
乹闥婆迦樓羅緊那羅摩睺羅伽人
非人等一切大衆踊躍歡喜發聲歎
詠五體投地合掌向佛白言世尊佛
出世間甚成希有令佛世尊於贍部
洲能善建立置秘密陁羅尼心法
尒時十方同會諸佛菩薩咸讃釋迦
如來言善哉善哉既同讃已各還本
土尒時釋迦牟尼世尊以佛神力還
娑訶世界

廣大寶樓閣善住秘密陁羅尼經卷中

廣大寶樓閣善住秘密陀羅尼經卷中 校勘記

一　底本，金藏廣勝寺本。
一　三一七頁中二行第一二字「詔」，石作「制」。卷下同。
一　三一八頁上一行第六字「厭」，石、麗作「猒」，下同。
一　三一九頁上一四行末字「粇」，石作「粳」，下同。
一　三二〇頁中二行夾注右第四字「右」，石、麗作「左」。夾注左第二字「左」，石、麗作「右」。
一　三二〇頁中一九行第一三字「婆」，石、麗作「娑」。
一　三二〇頁下九行第六字「盆」，石、麗無。
一　三二〇頁下一〇行第六字「一」，石無。
一　三二〇頁下一二行夾注首字「香」，石作正文；夾注末字「也」，石無。
一　三二〇頁下一九行第二字「糖」，麗作「四瓦椀沙糖」。
一　三二〇頁下二一行夾注右第二字「調」，石、麗作「謂」。
一　三二〇頁下二二行第一二字「沙」，石作「粆」。
一　三二一頁上七行第七字「瓶」，麗作「瓶水」。
一　三二二頁中二行第七字「食」，麗作「食若爲」。
一　三二二頁下一八行第一〇字「末」，石作「粖」。

廣大寶樓閣善住秘密陁羅尼經卷下　悲

大唐天竺三藏菩提流志奉　詔譯

印法品第十

尒時金剛藥叉主菩薩踴躍欣慶身毛皆竪於仙人會中拚杵揮空以種種香花衣服與諸仙人往詣佛所頂礼佛足右繞三匝以諸香花而散佛上偏袒右肩右膝著地白佛言世尊如來今於人間然大法炬建立陁羅尼法若有見聞此陁羅尼者與佛無異如此衆生決定當得無上正覺捨離一切諸惡業障唯願世尊為諸衆生說陁羅尼印法此之手印如何而作如何安手如何安辟復更云何以手按手云何而作心印云何舒辟云何住念云何安慰壇神云何能得諸如來之所加護云何請佛坐金剛座云何請諸如來而為灌頂轉大法輪云何得勝持印之法云何作轉輪王印云何作如意寶印云何作四天王印云何作吉祥天女印云何作餉弃尼天女印云何作金剛使者天女印云何作安置諸天印云何作呼召諸天印云何作根本印此諸印法我先不解世尊慈悲為我解說若解此印速能成就諸功德故若有見者獲福無量

尒時世尊於大衆中舒百千万億俱胝莊嚴功德手覆金剛菩薩頂上安慰金剛密跡大藥叉主汝今諦聽我為汝說陁羅尼印法付囑於汝為諸未來一切衆生汝應受持為我流布當加敬護猶如諸佛同入如來道場之想同見如來轉大法輪亦如守護諸佛舍利勿以此法於後世時妄相付而下劣賤人惡性衆生破戒衆生懈怠衆生邪見衆生小乘衆生貪欲衆生我慢衆生如斯之類不須為說此陁羅尼如來舍利若有薄福衆生聞我此法便令損壞當知此等如毀謗佛無有異也是故金剛主菩薩應勤加護勿妄傳授此呪所在之處如佛無異

尒時金剛手菩薩頂礼佛足白佛言世尊如是如是世尊我當專心恭敬

供養以報佛恩唯願世尊為我演說
悟作印之法令諸學者得法成就
尒時世尊知衆渴仰作印之法便為
說言應於佛壇中作四佛心印呪復
作四聖金剛心印呪以此二印啓請
諸佛勿用別印若持印呪者應淨洗
浴著鮮潔衣以五種牛淨物護其身
復以塗香遍拭其體以白檀香塗其
手掌復以欝金香再塗其上以五色
呪索交結其身復想自身為本聖尊
或於佛前有舍利塔前面向東坐端
意寂靜發慈悲心念根本呪心呪隨
心呪亦復如是常以香花供養諸佛
於執金剛觀世音曼殊室利弥勒菩
薩等前亦應如是供養礼十方諸佛
賢聖作如是啓請曰
稽首十方過去未來現在一切諸佛
及諸菩薩我今盡礼足尊重供養作
是言已便結寶蓮花印呪用請佛菩
薩一切壇神諸天等坐之呪即說寶
蓮華呪曰
唵摩尼一縛駬囉二鉢囉縛離麼四
耶三鉢豆摩摩尼四鉢羅鞞五莎訶

印相以二手虛中合掌令如合蓮華
相印復開頭中指無名指二大小指
頭相拄如大開敷蓮華形誦前呪次
第布於壇中請聖坐之
次說普光明寶清淨一切如來心印
呪法
佛言先以右手大拇指與頭指相拄
餘三指展之次以左手展其頭指屈
其大拇指餘三指壓之二手聚於心
上在於佛前寂靜而住威儀齊整應
以慈眼觀於衆生身不動搖安然禪
定誦印呪曰
唵薩婆怛他伽多紇哩陁耶摩尼涉
縛邏尼阿吠瑟吒耶吽
誦此呪兼作手印已即得一切如來
心印成就獲福德身若有善男子善
女人以七寶滿三千大千世界及以
衣服塗香末香雜花瓔珞幢刹幡蓋
供養無量百千万億恒河沙微塵等
數諸佛世尊所得功德可思量不甚
多世尊不可思量
佛言若有善男子善女人誦此陁羅
尼呪及作印法滿一遍者所獲福德

百千万倍多前功德非諸如來以佛
智力挍量能盡若誦持一遍猶得如
是無量功德況復如法作壇若有心
念地獄餓鬼傍生惡趣諸苦惱者彼
等衆生悉蒙解脫得生極樂世界親
見一切諸如來此印名曰普光明寶
清淨如來心印即為六十四恒河沙
那庾多百千万諸佛菩薩攝受誦持
之者與諸菩薩得為眷屬一切諸天
常来擁護四天大王之所侍衛吉祥
天女辯才天女餉弃尼天女日夜利
益作此印時諸有藥叉羅刹欲来惱
者皆自融散如不去者頭破作七分
若有刀仗傷者病瘦困者命業盡者
得見此印壽命增長無諸疾苦持一切
呪者若見此印呪則得成就所有壇
法亦速成就若有百千万億手印之
法此印成已彼印即成諸佛如來悉
為授記决定當得無上菩提若法成
時三十三天所有宮殿皆自震動諸
天歡喜潜相扶衛辯才色力皆自增
長有大威德衆人恭敬所出言詞聞
者生信具宿命智一切世論自然明

了命終之後生華臺中相好端嚴由
印力故速證菩提
次說一切如来心印呪
亦名安慰一切如来印呪法
佛言先以左村當腭平展仰掌即屈
二無名指二小指頭相拄兩指端仰
側當於心小伍頭微開其眼少斂其
眉齒咬下脣目視其身繼心念佛不
令散動誦持此呪二十一遍即說呪曰
唵薩婆怛他伽多鉢囉縛囉迦囉
摩尼吽
作此法時即為得入十方一切諸佛
法藏等無有異亦為入於一切諸佛
曼荼羅即為攝入一切諸佛眷屬如
是人者百千刧来重罪惡業蕩盡无
餘亦如已作十方諸佛壇印一等若
為十方所有一切作障㝵者若惡魔
惡龍毗那夜迦等如被呪師脚踏無
異其諸魔等如被火燒十方一切諸
族種類所作障難呪師但當以念佛
心結此印者是諸種族悉以胷膺著
地求哀歸命當是之時其諸族等見
印聞呪而更蒙益其惡心者自来改

悔獲大福聚
次說一切如来普光大寶會秘密印
呪亦名一切如来加護心印呪法
佛言應舒右辟仰置右膝上以大拇
指捻中指甲上以左手仰攢心上以
大拇指壓無名指中指甲上舒頭指
及小指發慈悲心閉目而住專誠念
佛誦此呪曰
唵薩婆怛他伽多毗三菩檀𡅏䟦
闍梨吽吽
作此印呪法已即得一切如来之所
護念唱言善哉善哉舒手摩頂猶如
赤子所有業障悉皆散滅菩薩諸天
恭敬擁護藥叉惡鬼不能侵欺見此
印已悉生慈悲心自然調伏誦此呪
時諸見聞者皆生佛想若男子女人
得見受持讀誦此印呪法者彼人已
為親見六十二那庾多百千万俱胝
諸佛如来等無異也决定無疑所有
餘法如上所說一切願者皆得圓滿
若念六趣衆生一遍作此印呪法彼
諸衆生無足二足四足多足皆得解
脫来生决定成等正覺一切諸天常

来擁護若欲令一切壇場法成就者
亦速成就之
次說一切如来瓔珞印呪法
佛言應以兩手相交右腕壓左腕令
兩手背相著以二手中指無名指相
鈎各屈二手頭指小指以大拇指壓
之結加趺坐以印當臍上傾身向右
竪其兩眉清目而視心念諸佛發慈
悲心欲結印時先稱唵字交腕相鈎
時稱吽吽聲結印竟去泮吒復誦印
呪曰
唵薩婆怛他伽多地瑟姹那　摩尼
摩尼吽吽泮吒
作此印呪能加護菩提道場加護轉
大法輪加護佛菩提身令不動摇如
須弥山一切如来護念此人皆為授
記身心清淨内外明徹猶如日光寶
珠解脫煩惱積聚功德其作手印之
處即是舍利之塔此地當有諸佛成
道當有無量衆生蒙如来授記若惡
鬼神来此地者皆自退走若有得見
此印呪者滅無量罪不入八大地獄
所有善願速即圓滿成就一切壇場

印法
次說一切如来師子座印呪法
佛言應先結加趺坐於心前作金剛合掌印已即各屈左右手頭指各与大拇指相捻拄屈二中指頭相拄二小指相交入掌中二無名指相拄以帛覆印曲躬向前令印拄地及拄兩膝上印所觸地皆為金剛此是一切如来金剛座印一切天魔悪鬼神等不能惱害自来降伏天龍國王大臣咸来恭敬請佛如来加持護念以佛神力嚴飾清淨此金剛座印若有人結此印呪者則為施與無量恒河沙諸佛如来金剛座已若為地獄餓鬼傍生阿蘇羅作此印者彼諸衆生皆速解脫當得清淨金剛之身即說呪曰
唵薩婆怛他伽多鉢囉縛囉摩尼户嚧(二合)指棃吽吽泮吒
次說一切如来成就大寶灌頂印呪法
佛言應先合掌然後開左右頭指復以左右中指各與無名指相拄復屈二大拇指壓二小指甲上結加趺坐

頂戴手印誦此呪曰
唵薩婆怛他伽多毗布羅三婆鞞吽吽
若有善男子善女人作此印呪法已即得八十億恒河沙微塵數諸佛如来以佛神力而為灌頂與其授記成就一切曼荼羅印法獲無量无邊不可思議功德无量金剛菩薩及諸明仙亦来灌頂一切天龍藥叉乾闥婆阿蘇羅迦樓羅緊那羅摩睺羅伽及四天王皆来灌頂於明仙中為最上轉輪王於諸如来為灌頂最尊子得入如来秘密會中若欲隱其形質一切怨家不善知識及諸龍藥叉諸鬼神等皆不得見如觀虚空其持呪人能往十方一切世界於諸如来前以大神變化作七寶供具香花衣服雨寶冠蓋如天垂雲而以供養由呪力故成就如是殊勝功德
次說一切如来降伏熾然大魔軍智炬轉法輪神變加護印呪法
佛言應先屈右手頭指拄大拇指頭側節舒三指而擲於心上次屈左手大拇指於掌中微拳四指如蓮花葉

以左手大拇指拄右手大拇指結加趺坐興慈悲心安住寂靜然後乃作此印作此印已則能轉大法輪當此之時三千大千世界決定六種震動諸佛菩薩皆以慈眼觀持呪人大力金剛神虚空明仙常来隨從四天神王在四面立而為擁護晝夜侍衛若轉法輪時一切如来而為加護摧滅魔軍無諸障㝵其持呪人能現世轉法輪坐菩提道場衆所尊重其有功德亦如諸佛菩薩轉大法輪身心清淨降愍一切衆生然作此呪印作此法時先頻兩眉合其口齊上下齒觀如来實相心念轉法輪作此法已能破一切魔王及諸障㝵者能然大法炬建大法幢擊大法鼓鳴大法蠡能師子大吼增長功德積當與八十億恒河沙諸小呪力等無有異一切諸佛讃言善哉并為授記呪曰
唵薩婆怛他伽多三摩耶摩尼䟦杜棃吽吽
次說得勝符印呪法
佛言應以右手頭指拄大拇指頭舒

餘三指左手亦然復以覆左手重於
右手上當於臍上面作嗔相自觀已
身以右脚安右髀上令右脚大拇指
拄地以眼斜顧誦呪結印作是法已
即能降伏一切魔軍而得强勝摧諸
毗鄉夜迦諸毗鄉夜迦能隱其形一
切有情及諸藥叉羅刹等不能得見
一切怨敵不能為害能破一切地獄
餓鬼傍生等苦離諸惡業及貪嗔癡
其作法人獲福如是於一切處常得
尊勝所作事業永無障難離諸病苦
速得菩提十方諸天皆為擁護即説
呪曰

唵 薩婆怛他伽多杜耶微杜耶阿介
多跋杜黎 吽吽

次説如來轉法輪印呪法

佛言應先拳右手四指壓大拇指上
然後微拳左手似握物相覆重右手
上手面向下安之是名如來轉法輪
印一切如來悉皆隨喜作是印已如
是恒河沙百千万俱胝如來咸皆歡
喜令受持者所有上願悉皆成就恒
見諸佛轉大法輪得仙人圍繞一切

呪法及手印壇法恒得現前十方諸
天晝夜擁護即説呪曰

唵 薩婆怛他伽多達摩䭾都摩訶
摩尼試佉黎曷囉曷囉吽吽泮吒

次説一切如來虛空寶三昧耶金剛
母印呪曰唵薩婆怛他伽多三末耶末尼拔
折囉吽印相以二手相叉右壓左即以二中
指合頭相拄蹙其上節猶如寶形以
印當心誦呪舉印置頂上作是法時
盡虛空際一切諸佛如來一時彈指
皆稱善哉若聞聲者當知是人罪障
滅盡速得虛空寶三摩地成就无障
㝵智

次説聖者執金剛菩薩印呪法

佛言應先以二手大拇指各捻無名
指復以二中指相鈎二頭指相拄二
小指磔開之舉其右肘垂其左肘向
下努目嗔相口急銜下脣眼視左肘
喉中出聲吽心想執金剛菩薩半跏
而坐以右脚壓左髀上稍展左脚誦
此呪曰

唵 薩婆怛他伽多摩訶 跋折囉 二合
䫂焰䭾囉 䭾囉 吽吽 泮吒

作此法已所有諸天皆悉戰懼宮殿
震動藥叉羅刹及鬼神毒龍毗鄉夜
迦等皆悉伏面於地口稱救護殄滅
消散執金剛菩薩常為喜悦所願成
就獲福無量便得為明仙主其作法
時香湯沐浴著鮮淨衣以香塗身一
切如來共觀此作印壇場之地所有
諸神皆大歡喜

次説思惟寶金剛菩薩印呪法

佛言應如前二手唯磔開二頭指不
令相著又跤結加趺坐以印當心發
大慈悲淨目瞻視一心誦呪即説呪曰

唵 杜嚧杜嚧 摩尼 摩尼 摩訶摩尼
嚓𡁠 丁皮反 多末尼 莎訶

作此印法者口出善言所願成就思
惟寶金剛菩薩甚大歡喜護念呪者
如母念子所求皆得

次説四天王印呪法

佛言應以右手叉要拳其頭指以左
手小指壓其大拇指竪餘三指安於
臍上其持呪人應以慈心而現嗔相
注睛而視誦此呪曰

唵 嚧迦波喇佐秥耶 秥耶吽

作此印呪用請四天王即得速来衛
勝擁護次説吉祥天女印呪法
佛言應先舒其兩辟然後合其兩手
掌相著竝二大拇指相去一寸許微
曲二頭指如鈎以餘三指兩兩相擬
如蓮華形作巳誦此呪曰
唵䟦摩㘑薩㗚㘑伐底三婆㘑吽
作是法時心所樂者皆得如意
次説餉弃尼天女印呪法
佛言應舉右手近左乳邊微為華展
舒頭指覆其左手置左膝上曲身向
前努目而視誦此呪曰
唵磣瑟擻哩尼吽薩㘑吽
作是法時餉弃尼天女速来擁護作
法之者隨意所作皆得成就
次説金剛使者天女印呪法
佛言應屈左手辟肘及肩向上斜努
以手掌邪掩兩乳房間復屈右手掩
左手上𦘕肘向下引頭向前微曲其
身誦此呪曰
唵阿竭你一怛他囉二滿遮屹屹訶悉𥥈三吽四
作此法請金剛使者天女歡喜速来

住呪者所任意作法悉得成就
次説請住壇中諸神等印呪法
佛言應以二手十指反相鈎掩於臍
上立地以右脚直竪踏地左脚横向
左斜踏地如世丁字誦此呪曰
唵一三湧多迦囉二鉢哩布囉尼三馱
迦馱迦四吽泮五
作此法時其諸神等周遍雲集滿所
願求堅固護念作法之者速得成就
次説蓮華齒天女印呪法
佛言應以二手掌相著微屈十指如
蓮花相舉印置左肩上然後漸漸以
印向下近於心左而住誦此呪曰
唵娑囉娑囉眛娑囉吽吽
誦此呪時以大拇指向内招之使者
花齒速来擁護令法疾成
次説根本印法心印法隨心印法
介時執金剛菩薩白佛言世尊云何
根本印云何心印云何隨心印唯願
世尊為我演説佛言根本印者先以
右手頭指與大拇指相拄以頭指捻
大拇指甲側左手亦然二手合掌當
心屈二中指相拄猶如寶形二無名

指相著如獨鈷杵形直舒二小指相
去少許誦根本呪
佛言心印者應以右手大拇指與無
名指相拄舒餘三指掩於心上復以
左手大拇指與小指相拄舒餘三指
覆左膝上直展指頭名為安慰手誦
上心呪
佛言隨心印者應以右手大拇指與
無名指相拄餘三指展之仰安右膝
上復以左手大拇指與小指相捻餘
三指展之横仰心上誦前隨心呪
作此印巳所有願者速得成就一切
惡業自然消滅此印能成無上正覺
若復有人隨所在處結是三印當知
此地如有佛塔全身舍利持是法者
十方一切諸天護世四天王等供養
恭敬此人如供養如来舍利等塔無
有異也一一印法所有功徳説無窮
盡作一法印時則得以諸香花幡蓋
塗香末香衣服瓔珞雨諸七寶百味
飲食湯藥卧具供養無量无邉恒河
沙諸佛便與如来同一法會得佛授
記讃言善哉是諸如来皆来問訊慈

眼視之執金剛菩薩四天王等與其眷屬晝夜衛護當知此地則為是塔若有衆生住此塗香決定得不退轉位是故執金剛菩薩若有善男子善女人苾芻苾芻尼優婆塞優婆夷應生尊重心常當讀誦受持書寫供養礼讃獲福無量成就諸戒成就大精進成就大忍辱成就大禪定成就大檀郍成就大智慧洪流功德成就六波羅蜜成就者有人得此陁羅尼呪印壇場法者成就如是廣大功德佛說是經已一切大衆皆大歡喜信受奉持

廣大寶樓閣善住秘密陁羅尼經卷下

廣大寶樓閣善住秘密陀羅尼經卷下

校勘記

一　底本，金藏廣勝寺本。

一　三二四頁下三行第四字「尊」，石作「尊尊」。

一　三二四頁下八行第五字「跡」，石、麗作「跡曰」。

一　三二四頁下一六行第一二字「頚」，麗作「須」。

一　三二四頁下末行第八字「尊」，石作「尊所說」。

一　三二五頁上七行第一一字「物」，石、麗作「物用」。

一　三二五頁上一八行第七字「晝」，石、麗作「晝皆」。

一　三二五頁上二〇行第一一字「呪」，石、麗無。

一　三二五頁中二行第二字「印」，石、麗作「即」。第五字「頭」，麗作「頭指」。

一　三二五頁中七行「大拇指」，石作「拇指」，下同。

一　三二五頁中一八行第五字「末」，石作「株」。

一　三二五頁中一八行「幢剎幡蓋」，麗作「憧幡花蓋」。

一　三二五頁下六行第四字「諸」，石、麗作「諸佛」。

一　三二五頁下八行第三字「多」，石作「他」。

一　三二六頁上五行第六字「村」，石、麗作「肘」。

一　三二六頁上八行第一〇字「繼」，石作「繫」。

一　三二六頁中一二行第七至八字「善哉」，石無。

一　三二六頁下二行末字「之」，石無。

一　三二六頁下二〇行第一一字「授」，石無。

一　三二七頁上一一行第五字「請」，麗作「諸」。

一　三二七頁下一二行第八字「然」，石、麗作「然後」。

一　三二七頁下一七行第九字「𥢌」，[石]、[麗]作「即」。

一　三二八頁上三行第六字「右」，[石]作「左」。

一　三二八頁上六行第五字「諸」，[麗]無。第九字「迦」，[麗]作「迦女」。

一　三二八頁中八行第六字「蹵」，[石]作「蹙」。

一　三二八頁中一七行第三字「碟」，[石]作「揲」，下同。

一　三二八頁下七行第七字「作」，[石]無。

一　三二九頁中一〇行第九字「呪」，[石]無。

一　三三〇頁上三行「塗香」，[石]作「此地」。

一　三三〇頁上六行第七字「讀」，[石]作「讃」。

一　三三〇頁上九行第七字「慧」，[麗]作「慧成就」。

一　三三〇頁上一〇行「成就若有人」，[石]、[麗]作「若有」。

一　三三〇頁上一三行第二字「持」，[麗]作「行」。

廣大寶樓閣善住祕密陀羅尼經卷上 念五

唐三藏法師菩提流志奉詔譯

序品第一

如是我聞一時佛在王舍大城於初會時降伏拘胝魔軍及調伏一切外道捨離生死度諸瀑流是時那由他百千殑伽羅頻婆羅魔軍遍滿世界于時世尊以佛神力變此大地盡成金剛令贍部洲有情之類不聞恐怖時彼魔軍雨諸兵仗皆變爲華於王舍城四衢道中自然從地涌出蓮華其華千葉七寶莊嚴黃金爲臺瑠璃爲莖高至梵天出種種光明普遍十方於其華中自然出聲說陀羅尼名爲善覺呪曰

南無十方如來 一 唵摩尼 二 拔闍黎 三 哩哆耶 四 跋闍黎 五 摩囉賽你 六 徵陀囉波你 七 賀那賀那 八 跋闍邏揭鞞 九 多羅婆耶多羅婆耶 十 薩縛 上聲下同 摩囉 十一 波 上聲 縛那你 十二 吽 呼憾切下同 薩𤏙囉薩𤏙囉 十三 佛馱梅以諦戾 十四 薩縛呾他伽多 十五 跋闍囉迦嚧波 十六 地瑟恥 十七 薩婆訶 十八

時彼蓮華中既說呪已復出妙聲其聲遍滿三千大千世界言善哉釋迦牟尼如來已度生死大海殄滅魔軍離煩惱壓破無明㲉然大法炬由此陀羅尼威德力故令此大地變成金剛降伏魔軍爾時金剛密跡菩薩歡喜踊躍身毛竦豎頂禮佛足白佛言世尊今此明呪從何佛所最初而至我從昔來未曾聞見爾時佛告金剛密跡菩薩有陀羅尼名廣大寶樓閣善住祕密由彼威力能令此界三千大千國土變爲金剛一切魔軍所有兵仗皆成蓮華由彼陀羅尼威神力故降諸魔衆四衢道中涌出蓮華若不因彼陀羅尼威德力者不成正覺不能降伏拘胝魔衆不能枯竭煩惱大海然大法炬我於無量拘胝百千劫來雖行難行苦行猶故不能成菩提果爾時聞彼陀羅尼故方成正覺此陀羅尼有大威力有大殊勝是眞實法於諸如來成就法身能稱彼呪名字則爲已稱十方諸佛如來名號若能讀誦受持則爲供養禮拜十方諸佛如來爾時執金剛手菩薩摩訶薩以種種華種種香塗香末香供養於佛既供養已右繞三帀頂禮佛足而白佛言世尊此陀羅尼有大威力有大殊勝唯願世尊普爲世界一切有情不應以下劣法有所饒益應以勝法而利益之何以故此陀羅尼如佛眞身故爾時世尊告執金剛菩薩言衆生下劣不勤精進多諸惑亂愚癡闇鈍耽著諸欲不信正法不敬父不敬母不敬沙門不敬婆羅門不敬尊者由此不能得是陀羅尼薄福少德智慧狹劣如此衆生不能得聞不能受持不能生敬此陀羅尼能滅一切罪是諸如來祕密之藏爾時世尊告執金剛手大藥叉將曰善男子我今欲往東方過無量恒河沙數拘胝那庾他佛世界彼有世界名曰寶燈有一大城七寶嚴飾其城四面廣一由旬多諸人衆安隱豐樂彼諸男子及諸女人童子童女一切瓔珞而以嚴飾上妙寶冠自然而現容貌端嚴有大威力精進成就智慧通達城中有王名曰妙寶有八十拘胝大臣輔佐圍繞王大夫人名光明寶有二十萬宮人皆如天女前

後供侍彼世界中所生華果及諸香樹皆是
七寶水生諸華皆是雜寶陸生諸華皆是黃
金國人壽命八十萬拘胝歲成就十善於佛
法僧發大清信彼王善法化世利益衆生彼
世界中有佛名妙種種色寶善住清淨如來
應正等覺於彼世界廣作佛事與無量菩薩
摩訶薩衆及無量拘胝仙人前後圍繞彼之
如來身紫金色具三十二相八十隨形好圓
光一尋其明赫耀諸菩薩身皆紫金色相好
端嚴辯才無礙坐寶華臺常念廣大寶樓閣
善住祕密陀羅尼名由彼陀羅尼威神力故
成就如是殊勝功德彼佛世尊爲諸衆生演
說此陀羅尼法彼諸衆生由聞此陀羅尼故
常獲安樂離諸地獄餓鬼畜生阿素羅道諸
惡趣門悉皆關閉開淨天路彼諸衆生皆發
阿耨多羅三藐三菩提心住大慈悲無諸怨
敵如水乳和合彼佛世尊往昔久遠行菩薩
道時修此陀羅尼法作如是願願一切有情
生我國者悉皆決定得不退轉無上正覺若
有衆生聞此陀羅尼受持讀誦精勤修習憶

念不捨乃至聞名或復手觸或著身上或眼
視見或書帛素或書牆壁一切衆生若有見
者五逆四重誹謗正法謗誹聖人屠兒魁膾
盲者聾者瘖者僂者瘂者癩者癱者貧窮下
劣不定業者魔網縛者墮邪見者毘那夜迦
觸者惡星害者七耀害者彼等諸人聞此陀
羅尼決定證得無上正覺或復受畜生身者
鹿鳥蚊蝱飛蛾螻蟻胎生化生濕生種種蟲
等彼諸衆生聞此陀羅尼名者必當決定證
得阿耨多羅三藐三菩提無諸疑惑爾時世
尊說是語已一切大衆皆大歡喜身毛竦豎
是時天雨波頭摩華俱牟頭華芬陀利華曼
陀羅華摩訶曼陀羅華於虛空中有諸種種
微妙天樂自然鼓作時會大衆各各皆見身
有光明於如來前自然涌出七寶妙幢端嚴
麗好人所喜見幢有四柱四門及四堦道光
明赫奕幢四面上各有大寶其光如日普耀
世界復有無量寶珠綴於羅網無量寶鐸而
懸其上鮮雜繒綵以爲旛幔多諸妙華間錯
嚴飾是時大地六種震動所謂動搖吼震涌

没之相諸天宮殿皆蒙光明光所到處皆悉
覺悟四天王天明仙天等亦復如是一切魔
宮忽然光明皆大怖懼諸毘那夜迦恐懼馳
走越出界外求哀恃怙爾時世尊於兩眉間
現大白毫其光普遍一切世界一切佛土彼
諸如來覩此光者即便領悟說陀羅尼意光
既至已漸自收卷於釋迦如來頂上繞旋如
没十方一切諸如來等咸皆同聲讚歎釋迦
牟尼如來言善哉釋迦牟尼如來汝今應往
寶燈世界妙種種色寶善住清淨如來所瞻
仰親近及廣宣說大寶樓閣善住祕密陀羅
尼法何以故此陀羅尼有大威力有大殊勝
一切過去諸如來等共護念故若人得聞此
陀羅尼名字及手觸者彼人決定證無上正
覺爾時釋迦如來聞彼十方諸佛如來讚歎
聲已復放無量拘胝百萬億光明告諸會中
諸人等言我今欲往寶燈世界汝等速來今
正是時爾時如來從座而起詣七寶幢以手
摩之是時幢中忽然而出金剛妙座香潔殊
勝於此座上復出七寶雜錯上妙蓮華黃金

為莖紅寶為臺時佛世尊於蓮華上敷座而坐爾時世界皆大震動如來便入大寶清淨三摩地既入定已佛神力故將諸會眾及諸菩薩天龍藥叉乾闥婆阿蘇羅揭樓茶緊那羅摩睺羅人及非人無量拘胝明仙眷屬金剛密跡釋梵諸天四天王等上昇虛空往詣東方度無量恒河沙百千萬億拘胝佛剎佛神力故須臾之頃至寶燈世界從空而下詣彼佛所恭敬問訊少病少惱起居輕利時釋迦眾以七寶所成千葉蓮華即奉彼佛時彼如來在深妙會中舒金色手安慰釋迦如來移於寶幢中坐告釋迦如來曰汝已轉大法輪降伏魔軍然大法炬建立法幢擊大法鼓吹大法蠡於彼世界已作佛事證於所證今復於此贍部洲中再轉法輪演諸法藏作是語已彼諸佛剎十八種動所謂一動搖二涌沸三如波浪四震有聲五吼轟磕六覺一切有情於一一動復各有三所謂動等動等遍動也爾時天雨妙華現諸神變於虛空中出自然音樂諸大龍王雨大妙寶種種妙香種種妙衣種種瓔珞上妙紅寶硨磲真珠毘盧遮那摩訶妙寶日藏珠月藏珠日光珠月光珠吉祥藏珠雨諸鉢頭摩華俱牟頭華芬陀利華曼陀羅華摩訶曼陀羅華黃金華白銀華真珠妙瓔繽紛而下爾時諸天於虛空中出歡喜聲讚歎釋迦牟尼如來言善哉釋迦牟尼如來善哉釋迦牟尼如來欲於此時再轉法輪建大妙寶如意法幢於贍部洲中所謂摩訶妙寶廣大寶樓閣祕密善住陀羅尼大呪法王令於世間廣大流布爾時種種色清淨善住寶如來應正等覺於兩眉間放大白毫出種種光明其光普至十方世界一切佛土彼諸佛等覩斯光者咸皆證知將欲說此陀羅尼意其光復至三千大千世界及諸天宮龍宮一切地獄傍生閻摩羅宮阿素羅眾普皆蒙光知佛世尊將欲說法光既遍已漸復收卷繞旋佛頂倏然如沒爾時十方世界無量恒河沙等一切諸佛各於彼土與諸眷屬現大神變於虛空中化作七寶妙幢於其幢中以贍部金為師子座時諸佛等各坐其座同至會中爾時種種色清淨寶如來見十方諸佛來至會中與彼諸佛更相問訊復以種種神變供養彼佛既供養已還坐本座時此會中有一菩薩摩訶薩名曰寶藏從座而起詣種種色清淨善住寶如來所合掌頂禮白佛言世尊今此會中十方諸佛諸大菩薩天龍藥叉乾闥婆阿素羅緊那羅摩睺羅人非人天仙明仙執金剛菩薩而為上首眾會集已無量神變唯願世尊為諸大眾說廣大寶樓閣祕密善住陀羅尼法如是慇懃三請世尊為眾說法爾時種種色清淨善住寶如來告寶藏菩薩言汝今可詣釋迦牟尼佛所當為汝說時寶藏菩薩摩訶薩即詣釋迦牟尼佛所合掌頂禮右繞三帀白佛言世尊今請如來為諸大眾演說廣大寶樓閣祕密善住清淨陀羅尼法為諸眾生獲利益故爾時釋迦牟尼佛既見寶藏菩薩請已告金剛密跡菩薩言善男子汝今可持金剛杵於大眾中而扣其地金剛密跡菩薩便奉佛命持金剛杵於大眾中而扣其地爾時大地應聲

裂破成四角陷三千大千世界六種震動動時彼陷地忽然涌出七寶樓閣其樓四角四柱四門嚴麗殊特相好圓滿光明赫奕有四堦道高三由旬縱廣正等滿五由旬於其幢中有贍部金微妙寶塔無量寶珠而爲嚴飾七寶羅網而覆其上無量寶鐸懸於四角妙華繒綵而爲間錯彼妙塔中有三如來全身舍利爾時十方諸佛如來皆共供養塔中舍利諸菩薩等亦同供養尊重讚歎散華燒香塗香粖香懸繒旛蓋奏諸音樂時諸天龍藥叉乾闥婆阿素羅緊那羅迦樓羅人非人等一切會衆咸悉瞻仰奇異希有言此寶塔從何而來高聲讚言奇哉希有旋遶歌詠幢及寶塔既旋遶已合掌頂禮時彼幢中出微妙聲唱言汝諸大衆可觀空中衆聞此聲咸觀空中復見大瑠璃寶雲在彼空際其寶雲中以金爲字書此廣大寶樓閣祕密善住陀羅尼呪於虛空中復出聲曰汝等咸可讀此陀羅尼呪出此聲已其十方恒河沙同來諸佛二佛前皆現瑠璃寶雲以金爲字書此陀羅

尼呪復出如是聲曰南無釋迦牟尼如來今可開彼舍利塔門彼寶塔中有三如來全身舍利由彼舍利現大神變殊勝之相彼全身如來於此會中當具說此陀羅尼呪并曼荼羅成就明法爾時十方同來諸佛咸作是言唯願釋迦如來應正等覺爲諸大衆開彼塔門令諸衆生見彼全身如來獲大利益所謂寶華王幢如來妙寶金剛超王如來寶清淨光明如來應正等覺爾時釋迦牟尼如來即以神力詣寶塔前舒金色千輻莊嚴右手開彼塔門示彼如來全身舍利時寶塔中全身如來復讚釋迦牟尼如來言善哉善哉釋迦牟尼如來今於贍部洲中再轉法輪汝可就此塔中昇師子座爾時釋迦如來即昇塔中與諸全身如來同座而坐爾時衆中有金剛手菩薩摩訶薩頂禮釋迦牟尼如來合掌恭敬白佛言世尊今此塔中諸如來等從何而有從何而來佛言汝今諦聽當爲汝說乃往古昔不可思議無量無數阿僧祇劫此贍部洲中多諸人衆安隱豐樂五穀不種自然成

熟人無彼我亦無積貯當此之時無有佛名有一大山名寶山王彼寶山中有三仙人一名寶髻二名金髻三名金剛髻彼三仙人繫心專念佛法僧寶復作是念我等何時證無上正覺度脫一切諸衆生等時彼仙衆作是念已須臾黙然復起前念由是念故即證慈悲歡喜一切衆生種種樓閣三摩地獲於天眼觀彼上方見淨居天復於空中有聲言曰善哉正士善哉正士能發上願求大正覺汝曾聞不有大妙法名廣大寶樓閣祕密善住陀羅尼往昔如來已曾演說善爲利益一切衆生諸有聞者決定不退無上正覺一切佛法當速現前一切三昧亦當現前一切陀羅尼法門亦當現前能善降伏一切魔軍然大法炬一切善種當得現前成就六波羅密一切地獄餓鬼傍生閻摩羅界阿素羅衆聞此呪者皆蒙解脫生老病死憂悲苦惱未得超越當來之世於此贍部洲衆生有於父母不孝順者不敬沙門者不敬婆羅門者不敬耆舊者誹謗正法者誹謗聖人者應墮地獄者

誹謗諸佛者誹謗菩薩者殺阿羅漢者造五逆罪者殺婆羅門者殺牛犢者抄劫竊盜者故妄語者不與取者邪婬者兩舌者麤惡語者輕秤小斗者强奪財物者負言背信者匿他財物者一切惡業所攝者彼等衆生聞此陀羅尼若讀若誦若受持若佩身上若書衣中若置幢上若書篋内若書素氎及牆壁牌板乃至見者聞者及影中過者或與執持呪人暫相觸者彼等衆生由斯陀羅尼大威力故決定當得無上正覺能於現世獲無量福一切惡業皆得消滅一切善根皆得圓滿一切魔軍皆得調伏一切衆生見者歡喜一切衆生恭敬尊重國王大臣及諸眷屬見者歡喜口所出言聞者皆信手脚柔輭音調和雅離於貧窮不受世苦毒藥刀仗水火災等難求相去離師子虎狼諸惡禽獸不能爲害無劫賊難無旃荼羅難無魍魎難無羅刹難無惡鬼難無邪魅難無毒蛇難無疫病難乃至一日病二日病三日病四日病瘧病常病眼病耳病鼻病舌病口病齒病脣病喉病頂病手病背病腰病臍病痔病痢病髀病脚病疔病

病背病腰病臍病痔病痢病髀病脚病疔病癱病斑病肚病疥病疱病癩病癬病頭痛病偏風病如此病等悉皆除滅不盲不聾不瘂不僂臨命終時心不散亂不失正念一切諸佛常來現前安慰其人睡眠覺寤行住坐卧常得安樂或於夢中見百千萬世界刹土諸佛如來幷諸菩薩前後圍遶此陀羅尼有如是等無量無邊不可思議力時彼仙人得法歡喜欣慶踊躍於其住處如新醍醐消没於地即於没處而生三竹七寶爲根金莖葉竿梢枝之上皆有眞珠香潔殊勝常有光明往來見者靡不欣悦生滿十月便自裂破一一竹内各生一童子顏貌端正色相成就時三童子亦既生已各於竹下結跏趺坐入諸禪定至第七日於其夜中皆成正覺其身金色三十二相八十種好圓光嚴飾時彼三竹一一變成高妙樓閣爾時便有廣大寶祕密菩住陀羅尼呪於虛空中以金書字忽然而現四大天王所謂寶髻龍主天王寶藏鳩槃荼主天王妙珠光摩祜羅主天王各執持寶蓋

而覆其上清淨天人散諸妙珠金剛藥叉主天王與無量百千眷屬執持妙華而以供養同作是言今佛世尊出現寶幢爾時世尊告執金剛菩薩摩訶薩昔三仙人豈異人乎今此寶幢塔中三全身如來是彼時三竹者今妙樓閣寶幢是彼時地者今此地是彼時世界者今此世界是彼時仙人由聞此陀羅尼勤修習故捨彼仙身成等正覺昔時空中淨居天者豈異人乎則我身是昔有賢者名曰淨居常勤供養彼三仙人其淨居者今妙種種色清淨如來是昔彼三仙既成正覺爲彼淨居而授記曰汝於來世當得作佛號妙種種色清淨如來爾時十方同來諸佛咸讚釋迦牟尼如來言善哉善哉能以如來境界善加護故說此往昔因縁示現如是祕密陀羅尼此陀羅尼是諸如來祕密之母是諸如來祕密之心是諸如來金剛之座是諸如來祕密神變是諸如來成就祕密六波羅蜜是諸如來般若波羅蜜是諸如來祕密壇場是諸如來祕密之印是諸如來祕密放百千萬光

是諸如來祕密實相之藏是諸如來祕密三摩地加護神變是諸菩薩祕密莊嚴菩提心是諸菩薩祕密佛地是諸菩薩入祕密三摩地此陀羅尼能除一切業障汝今能說爾時釋迦牟尼如來住正念智觀察一切如來復放百千萬拘胝那庾他光明所謂青黃赤白紅紫雜色普遍十方諸佛世界光遍彼已還來佛所右遶三帀沒於佛頂光既沒已時佛世尊以淨梵音於大衆中說此陀羅尼呪曰

唵一 薩婆怛他伽上聲下同多二 摩尼捨多三 你畢低四 社縛羅社縛上聲下同羅五 達摩馱睹碣里鞞六 摩尼摩尼七 摩訶怛他伽多纈里摩尼八 莎訶九

說此陀羅尼大明呪王已山河大地六種震動十方如來同聲讚言善哉善哉釋迦如來善說此陀羅尼大明神呪於虛空中現贍部金雲遍覆十方於其雲中下七寶雨雜以牛頭栴檀上妙秣香充滿世界復雨優曇鉢華而以供養次雨俱牟頭華芬陀利華蘇乾陀華曼陀羅華摩訶曼陀羅華露遮華大露遮華曼殊沙華大曼殊沙華蘇摩那華婆利師迦華栴檀華贍蔔華而供養佛一切魔宮熾然火起一切魔衆皆悉驚怖一切毘那夜迦身皆流汗臭穢奔走十方所有淨信天龍藥叉乾闥婆阿素羅緊那羅摩睺羅人非人等各持供具供養如來復有摩尼光思惟菩薩與無量百千萬億俱胝菩薩悉持種種妙寶而供養佛復有金剛手菩薩與無量百千萬億俱胝明仙復以種種百千天衣而供養佛復有四大天王與無量百千萬億四天王衆以種種香華塗香秣香華鬘衣服旛蓋而供養佛復有梵天與梵衆諸天而來供養復有三十三天與百千萬億天子供養於佛如是那羅延大自在天賢摩居天賢滿力天等同來供養復有日月天子在於空中而供養佛復有勝天女勝天女者功德大天辯才天女餉棄尼天女毘摩天王金剛時天女華齒天女使者天女百千萬億各各以天嚴具供養於佛復有鬼子母神與百千萬億藥叉女等前後圍遶而供養佛復有無量乾闥婆衆以天音樂而供養佛復有無量百千龍王集會所謂娑竭羅龍王難陀龍王優鉢難陀龍王婆魯拏龍王善住龍王寶髻龍王形貌完圓龍王以種種妙寶而供養佛復有轉輪王與無量百千萬億大臣宮人婇女前後圍遶於時大地變成金剛於如來前從地涌出七寶蓮華其華千葉於其華中有贍部金千輻寶輪光明赫奕暉耀如日其光遍覆三千大千世界於輪臍中出微妙聲作如是言善哉善哉釋迦牟尼如來能說如是祕密陀羅尼此陀羅尼明呪能轉無上最大法輪能入菩提道場是諸如來祕密明心是諸如來眞實如理唯願世尊復更爲說廣大善住祕密樓閣陀羅尼心要之法令一切大衆咸皆覺悟無上菩提此爲根本今正是時願垂速說此呪能除一切惡道業障能竭一切血淚苦海能度一切生死曠野能越一切煩惱瀑流若不遇此陀羅尼大明呪王終不能成無上正覺此陀羅尼是諸佛種是大法輪是大法炬是大法幢是大法𧊥是大法鼓是金剛座唯願

世尊廣爲衆說此大陀羅尼王曼茶羅印法幢法今此會中天龍藥叉乾闥婆迦樓羅緊那羅摩睺羅伽人非人等咸皆瞻仰願聞法要爾時世尊聞是語已即爲大衆廣說陀羅尼祕要之法

根本陀羅尼品第二

爾時世尊爲諸大衆說此陀羅尼王能成就無上菩提能除一切罪業身得清淨即說陀羅尼曰

那慕薩婆怛他揭多(去聲)南(一去聲)唵(二)肥布羅蘖鞞(三)摩尼(去聲)鉢臘(二合)鞞(四)怛他(上聲)多(去聲)那捺你舍泥(五)摩尼摩尼(六)蘇鉢臘鞞(七)肥摩麗(八)娑蘖囉鉗鼻(去聲)囇(九)吽吽(十)什嚕羅什嚕羅(二合十一)勃陀嚩路枳羝(十二)麼醯夜(二合)地瑟恥(心二合)多蘖鞞(十三)莎訶(十四)

爾時世尊說此廣大寶善住祕密樓閣陀羅尼已於此大地六種震動雨大寶雨及天妙華一切大衆咸皆歡喜歎未曾有證不退轉是時十方諸如來等同聲讚歎釋迦牟尼如來善哉釋迦牟尼如來乃能說是入菩薩道場陀羅尼大衆聞已一切惡趣皆得消滅念此陀羅尼名者則爲以諸微妙香華塗香抹香供養十方一切諸佛若能讀誦即得不退轉無上正覺乃至百劫千劫百千萬劫一切如來不能讚歎盡其功德此陀羅尼有大威力一切魔王終(心五)不能爲其障礙(十六)一切怨家惡友鬼神藥叉羅剎人非人等不能爲害增長無量福德若纔念此陀羅尼者獲福如是爾時執金剛手藥叉軍將及四大天王於其會中從座而起恭敬合掌頂禮佛足白言世尊我等常當擁護持此陀羅尼者爾時世尊舒金色手摩執金剛手菩薩及四大天王頂作是言我今以此陀羅尼神呪付囑於汝若有持此陀羅尼者汝當擁護爾時執金剛手菩薩及四大天王白佛言世尊我等奉如來教常護此大陀羅尼法王明呪亦當擁護彼受持者

心隨心呪品第三

爾時世尊爲諸大衆說陀羅尼心呪曰

唵　摩你　跋社　黎吽

爾時世尊復說隨心呪曰

唵　摩你　達哩吽　鏺吒

根本呪者不假簡擇吉祥星宿日齋戒但誦滿一萬遍已然後佛前或舍利塔前於白月十五日潔淨洗浴著鮮淨衣隨力供養然四盞燈散諸香華受持呪者食三白食(心五)便誦此(十七)呪八百遍即於當處宿天欲曉時如來乃現其身執金剛手菩薩亦現於前所有願者皆得圓滿若造五逆罪者作如是法第三遍方得感現勿生疑惑常於清旦誦八百遍所求上願皆得成就毒不能害水不能漂火不能燒賊不能傷病不能侵無他怨怖常無重病亦無眼病耳病鼻病舌病口病齒病脣病乃至一日病二日病三日病四日病無頭痛諸惡毒蛇虎狼禽獸不能爲害無邪魅難此陀羅尼威力如是能除一切怖畏能滅一切惡障能生一切功德能成就六波羅蜜成就如來所行之行讀此陀羅尼者皆能成就一切事業若有人登大高山峯上誦此陀羅尼盡眼所見處所有衆生滅一切罪業亦離一切

地獄業得免一切畜生身若入天廟中誦此陁羅尼者使諸天神無不從命若入龍池誦此呪者一切龍神皆來歸命若於日前誦此呪者日天子即當來現其人前所求意願皆能與之若有人於執金剛手菩薩前誦此呪者執金剛手菩薩現於其前所求願者亦得隨意若有人取菖蒲根誦此呪八千遍訖或佩或執即令一切衆生見者歡喜所索皆得若呪胡椒含於口中共他人語所出言音皆悉信受若有人呪白芥子一千八遍擲於虛空一切惡風雷雹皆得消散若呪食鹽一百八遍令淨行婆羅門皆來率伏若欲調伏刹利取白芥子呪千八遍燒之并可呼諸鬼神來共人語亦能治一切鬼氣若天災旱以黃牛糞塗地畫作龍一身三首其下作四方龍池於龍池心中著金其壇青色黃丹畫龍身上於壇四角各置一滿瓶水復置四香爐置四新瓦盆一盆中著乳一盆著酪一盆置乳糜一盆置酥及沙糖又別作四肘方壇以牛糞塗飾復以麨糠畫壇壇內插箭四隻纏五色線懸五綵幡燒四種香所謂安悉熏陸白檀蘇合於其壇內散七種穀列五色食并諸華果其誦呪人面向東方取一芥子呪之一遍皆令擲打畫龍頭上一呪一擲滿千八遍龍即行雨一切諸龍皆來率伏若欲止雨取白芥子誦呪呪之擲龍池中雨即便止若惡風雹雨取佉陁羅木作橛釘龍池邊即得雹止若欲縛毘那夜迦取白芥子呪一百八遍安毘那夜迦頭上便不能作其障礙以乳洗毘那夜迦即得解脫所作諸業皆得成就其持呪者常須清潔著鮮淨衣此是根本呪法

持心呪法品第四

持心呪者誦一百千遍得見一切如來若誦二百千遍得見一切佛土若誦三百千遍得入一切壇場悉得成就一切呪法若誦四百千遍得作仙人中轉輪王若誦五百千遍得入一切阿脩羅宮中若誦六百千遍得見一切伏藏若誦七百千遍即了過去知宿命事若誦八百千遍即得寶印三摩地若誦九百千遍得一切菩薩神變加持若誦十百千遍得一切如來灌頂佛地與一切如來同會如是倍增而獲無量殊勝功德若造五逆罪誹謗聖人誹謗正法應入阿鼻地獄者誦呪一千遍所作罪業悉皆消滅得不退位悟宿命智眼耳鼻舌身意六根清淨增長無量殊勝功德兼獲世間種種事業隨意成就復次說雄黃法取好雄黃一小兩許置赤銅器中從月十三日身自洗浴著鮮淨衣喫三白食謂酥乳酪於世尊前呪十萬遍至十五日夜所呪雄黃現三種相若煗若煙若光焰即得成就若其煗時持呪之人身隱不現阿修羅窟門開見一切宮殿悉皆得入若意樂所作皆得成就即得仙人轉輪王位取少雄黃點自額上若見煙出即點眼上當見一切菩薩宮殿住處又見一切金剛種性遠離一切諸惡魔衆得達一切法藏隨所去處皆得通達若見光焰即騰虛空得見光焰陁羅尼三摩地得入三十二諸天中王所欲皆得若於山頂誦呪得爲一切衆生尊重所求皆得一切贍部人咸來恭敬於水池邊誦此呪一千八遍

一切諸龍皆悉降伏取白芥子呪千遍散擲
虛空即便大雨降伏諸龍若日日誦持得種
種殊勝吉祥取一瓶水以因陁羅呵悉多藥(白皮藥也)
及鉢羅奢藥(赤染也)白芥子并鬱金香紫
檀白檀等香各一小兩半內前瓶中誦呪一
萬遍取此香水洗浴一切大病患人皆得除
瘥及滅一切罪障所有符書厭禱皆悉消滅
獲得一切殊勝吉祥若有婦人意欲求男以
此水洗浴即便生男若有諸人誦持餘呪無
能驗者以此水洗浴即便有驗如是一切速
得成就及餘事業亦得成就

誦隨心呪法品第五

誦隨心呪者滿一萬遍所有障礙諸鬼神等
悉來敬禮持呪者足作如是言救護我等勿
斷我命所使我者決定得了若誦二萬一千
遍者即便使得一切天龍爲天中主所出言
辭天皆奉行若誦三萬遍一切藥叉羅刹咸
悉伏從(四萬遍梵本闕)若誦五萬遍所欲追攝若天
若龍若藥叉若迦樓羅若緊那羅阿脩羅摩
睺羅及仙人婇女沙門婆羅門刹利種種人
等以安息香及白芥子燒之若誦六萬遍得
無垢三摩地若誦七萬遍得作仙人轉輪王
若誦八萬遍執金剛手菩薩及與眷屬來現
其前若誦九萬遍得諸菩薩施與無畏若誦
十萬遍得盡見過去如來隨意所適無有障
礙得一切陁羅尼經論一切如來加持令證
無上菩提及得種種出世間法皆得成就諸
佛如來無不隨喜

雜呪品第六

坐壇呪曰
唵摩尼軍荼利吽吽莎訶(誦七遍然後作餘護持法)
結界呪曰
唵摩尼微(微者殄)者曳達羅達羅(執義)吽吽莎婆
訶
此結界呪用白芥子呪七遍以散壇中便成
結界法
結十方界呪曰
唵一膩(如夜切)縛(上聲)離多(二)摩尼(三)阿盧(合二)止
囉(妙義四)枳唎底(勝義五)吽吽鏺吒
此結十方界呪以香水和白芥子呪八百遍
散灑十方
縛毘那夜迦呪曰
唵一摩尼鉢囉(光義)婆皤你(二)賀羅賀羅吽吽
抪茇婆訶
其呪用灰水誦呪二十一遍散於十方則令
一切毘那夜迦悉皆被縛無能作難
結護身呪曰
唵跛質囉摩你(一)帝瑟吒帝瑟吒(二)吽吽抪
誦此呪七遍呪自身手以自摩頂
結淨衣呪曰
唵摩尼微布染(一)地唎地唎(二)吽抪吒(三)
此呪香水灑衣上
洗手呪曰
唵微唯(丁庚切)筏底(一)訶囉訶囉(二)摩訶摩
你(三)吽吽抪
若欲洗手時呪水洗手用灑身上
洗浴呪曰
唵蘇惺(寧結切一)摩羅伐底(二)訶囉訶囉(三)跛半
弭離弭離吽茇訶
用白芥子和其淨水呪八百遍以浴身

灑水及洗衣呪曰
唵摩尼達哩吽吽㧊吒
此是結護呪一切香華果等及所用物皆用
呪索白疊線呪曰
唵地哩地哩　微麼羅(能義)迦哩(者義)吽吽㧊吒
散華呪曰
唵薩婆多他伽多一布闍摩布闍摩二(供義)你
吽吽
此散華呪呪華二十一遍散華時亦誦
塗香泥壇呪曰
唵薩婆多他伽多一乾陀摩你二娑頗囉拏
(如夜叉六蠘蟲)吽吽
誦此呪呪香塗壇
燒香呪曰
唵拾縛利多一摩尼二阿筏囉句吒(雲叢也)三娑
(二十五)
頗囉拏四微伽低五吽
(念五)
然燈呪曰
唵拾(然攝切)縛利多一始佉哩二陀縛利三吽
吽㧊吒
壇外施一切天神鬼等食祭祀食呪曰

唵鉢囉縛囉一竭囉縛底二娑羅娑羅吽吽
散秔米華獻諸天又用呪秔米於神邊供養
呪曰
唵摩訶摩你一布囉耶二達囉達囉三吽吽
此供養過迦壇內日別獻佛食呪曰
唵摩訶摩你一徵布犂二吽吽三娑囉娑囉
四吽吽
獻火食呪曰
唵拾(然攝切)縛囉一薩普囉二伽伽那三鉢囉
鉢囉(二合)多囉尼吽吽
把數珠呪曰
唵呵嚧止囉一摩你鉢囉縛多耶二吽
以此呪誦七遍已即成就一切如來無量百
千呪法若准模壇界呪繩七遍乃可施用次
結跏趺坐呪曰
唵　拔折囉摩你一迦囉緊迦喇迦喇吽吽
㧊吒
念誦呪時呪曰
唵　蘇鉢囉縛底多一吠藝二摩你摩你三
莎訶

先誦此呪然後持餘
啓告諸佛願知呪曰
唵薩婆多陀伽多南縛與社鞞一多囉多
囉吽吽二摩你迦那寧三莎訶
此呪初繫念時誦之
(念五)　(二十四)
請一切諸佛呪曰
唵　蘇微布羅一鉢囉鉢囉二縛棃三杜嚧
杜嚧四吽吽
求請一切菩薩願呪曰
唵薩婆多他伽多　地瑟吒質多僧伽一拔
杜棃吽吽
求請菩薩眷屬呪曰
唵　蘇微布囉一縛多寧二訶羅訶羅吽
此呪用請一切諸佛及菩薩等眷屬
追一切諸天及龍呪曰
唵　阿鼻娑(薩音)摩(吽音)耶一拔質棃二達囉達
囉三吽
請追一切諸天及四天王呪曰
唵　摩你微迦縛低吽
巳上法若請佛菩薩請神及四天王安於座

上一一皆以其身本呪請安之
侍者呪曰
唵署(華羽切)婆摩你一呼嚧呼嚧二吽
此呪用結護壇外供事人欲入時誦之
入壇場呪曰
唵　娑婆多他伽多念五一拔質唎你三三五二達囉達囉　吽吽
此呪臨入壇時門前禮拜已胡跪合掌誦之即入壇中
一切祭祀呪曰
唵微羅微羅制一伽伽那縛希(音)四你二羅呼羅呼三吽
此呪獻一切佛及一切菩薩天神香華飲食時用
又是時訖已送一切佛菩薩呪護身呪曰
唵摩你一蘇婆你二蘇婆你三微伽縛低四阿囉叉多五摩尼吽
誦此呪時願一切佛菩薩一切天神加被
發遣諸天呪曰
唵薩婆多他伽多俱盧你低娑摩囉微伽低什縛羅什縛羅吽　莎訶
此呪通一切處用此中心呪有殊勝威力若有用時先誦八百遍然後作法但念誦成就一切善業消滅一切惡業一切苦惱皆悉解脫諸佛如來爲決定授記當得作佛先世惡業受持此呪悉皆消散速證菩提獲無量恒河沙等無量功德速成正覺能轉法輪(已上雜呪)
(亞是心呪中作法用之餘准此)

廣大寶樓閣善住祕密陀羅尼經卷上

音釋

殄(徒典切絶也)　瞉(苦角切)　竦(息拱切聳也)　僂(力主切背曲也)　瘂(烏下切病不能言也)　癰(於容切癕也)　蚊蝱(蚊無分切蝱莫耕切)　綴(株衛切連也)　慴(質涉切懾也)　磕(口答切相磕也)　痔(直里切後病也)　髀(旁禮切股也)　疔(當經切)念五　瘇(時冗切瘇病也)　疱(四貌切與皰同)　癬(息淺切疥癬也)　餉(式亮切)　憕(猪孟切開張畫繒也)二三六　麨粖(麨尺沼切粖莫割切)　橛(其月切杙也)　鏺(音潑)　拂(普沒切)

廣大寶樓閣善住祕密陀羅尼經卷上

校勘記

一　底本，清藏本。校本，[資]、[磧]、[普]、[南]。
一　三三二頁上二行首字「唐」，[普]作「大唐」。以下各卷同。
一　三三三頁下六行第一六字「意」，[資]作「竟」。
一　三三三頁下一八行首字「正」，[磧]作「王」。
一　三三四頁下一一行第四字「爲」，[磧]、[普]、[南]作「於」。
一　三三八頁上二行首字「䆧」，[資]作「損」。
一　三三八頁中一八行第五字「品」，[資]無。
一　三三九頁上一八行第三字「瓦」，[磧]作「尼」。
一　三三九頁中一一行末字「法」，至此[資]、[磧]、[普]、[南]卷上終，卷中始。
一　三四二頁中九行，此處[資]、[磧]、[普]、[南]不分卷，故無經卷名。

廣大寶樓閣善住祕密陀羅尼經卷中念六

唐三藏法師菩提流志奉　詔譯

結壇場法品第七

爾時世尊說壇場法先擇勝地然後作壇其壇場作四門以五色彩畫其彩於新器中和香然後用之其場中心作一小壇方圓二肘念六一以白檀香鬱金香而塗飾之其大壇四肘以牛糞塗飾其小壇中畫一佛像其佛前作一蓮華七寶莊嚴於蓮華臺中畫作一輪輪有千輻有輞有臍以金飾輪輪外畫焰光其蓮華莖如毘瑠璃色右邊畫執金剛菩薩而作瞋相手執白拂又可右手把杵左手把鉞斧左邊畫寶光金剛菩薩種種瓔珞以爲嚴飾一手擎寶珠亦可一手把數珠一手執白拂四角各畫四天大王身著衣甲手執器仗種種瓔珞而嚴飾之作瞋怒相其小壇中畫七寶階道於其壇上懸繒旛蓋其壇大門向東而開四角各置一金銀瓶或無金瓶瓦瓶金塗中盛滿香水及安妙華銀瓶無者亦應如是滿中盛乳於小壇東門內南邊畫吉祥天女種種瓔珞而以莊嚴北邊畫餉棄尼天女壇中門應畫金剛使女神其神形安八臂種種瓔珞以爲嚴飾手執刀仗於小壇懸種種旛蓋然三十二燈種種華果散其壇上於佛像前置金香鑪燒蘇合香於小壇外置銀香鑪燒安息香於摩尼藥叉前燒蘇合香於四天王前燒薰陸香及薩闍羅娑香白膠也於吉祥天女前燒白檀香於餉棄尼天女前燒安息香於金剛使女前燒薩羅計香青膠也其諸天神各各別以飲食而供養之其小壇四門外各立吉祥標於其東門外畫作鬼子母神有七鬼子圍遶於南門外畫大自在天神於西門外畫華齒落叉女於北門外畫毘摩天女有七綵女圍遶於壇四邊上插三十二箭其一一箭各以五色線纏之壇四面懸五色念六旛應作七種油餅於大壇外置三十二淨水二盆盆中安種種華三十二淨水瓶瓶各各安粱三十二香爐然一百八燈懸一百八流蘇流蘇者華鬘也散種種粖香然種種香所謂安息薰陸悉必栗迦云苜蓿香栴檀沉香多伽羅蘇合薩羅計青膠香也五味香龍腦香麝香鬱金紫檀等香以爲塗香塗天神上復以乳酪沙糖石蜜水各盛以八瓶復以乳粥乳粥者秔米菉豆胡麻酥相和煮之秔米飯歡喜團歡喜團者炒秔米麨和石榴漿各有八盆復盛四瓦椀油四瓦椀酥四瓦椀沙糖四瓦椀油麻四瓦椀果子四瓦椀七種穀子作種種食散於壇外所謂餅餅煎餅小豆煎餅豆黃末和蒲萄漿作油麻煎餅無憂餅妙味餅酥餅沙糖餅復於大壇西門外置二香水瓶幷置發祠食欲入壇時先誦此呪呪門兩邊香水瓶取香水一掬呪洗已自潔淨能令諸穢悉皆清淨既嚴結已則入道場呪曰

唵摩訶毘富羅一鉢囉底二瑟恥多悉睇三阿鞞詵者四摩哈薩婆咀他伽多鼻灑鷄五娑囉娑羅六念六三娑羅三娑羅七三吽吽

又當知應入壇物飲食香華衣服水土果子一切等物皆以此呪呪三七遍洗止然始將入誦此呪者能除先世以來所有惡業令得身心清淨一切諸佛皆來擁護攝受而爲授

記施其無畏所有事業能令成就得入如來三摩地悟甚深法忍登佛道場當成正覺

手印呪品第八

爾時世尊爲諸大衆說手印呪法佛言應於佛壇中作四佛心印呪復作四聖金剛心印呪以此二印啓請諸佛勿用別印

第一即說佛心印法呪曰

唵薩婆呾他一纈哩多耶二摩尼步婆邏尼三阿費瑟吒耶四吽

第二復說諸如來入壇呪曰

唵薩婆呾他一鉢邏縛囉碣羅摩尼二吽

請佛已誦此呪

第三安慰如來呪曰

唵　薩婆呾他伽多一毘三步陀那二跋逝黎三吽

第四請如來加護心印呪曰

唵薩婆呾他伽多一鉢邏縛囉二摩尼三嚧指棃四吽吽㧊

復次如來重說建立呪曰

唵　薩婆怛他伽多地瑟侘耶摩尼吽㧊

第五請如來坐金剛師子座印呪曰

唵薩婆呾他伽多一毘富羅三婆鞞二吽吽

第六請如來灌頂印呪曰

唵薩婆呾他伽多一三摩耶二摩尼跋闍棃三吽吽

第七請如來轉念六法輪印呪曰　四

唵薩婆呾他伽多一杜耶毘杜耶二阿枳多跋闍棃三吽吽

第八帶勝符印呪曰

唵薩婆呾他伽多一達摩馱都二摩訶摩尼始佉棃四曷囉曷囉五吽吽

第九如來轉法輪印呪曰

唵薩婆呾他伽多一摩訶跋闍囉阿縛耶二馱囉馱囉吽吽㧊

第十請執金剛手菩薩印呪曰

唵杜盧杜盧一摩尼摩尼二鼻女頞摩尼三薩婆訶

第十一請聖摩尼金剛菩薩以如意寶印呪曰

唵露迦波利低社耶社耶吽

第十二請四天王呪曰

唵毘富羅一竭囉伐底二三跋羅三吽

第十三請吉祥天女印呪曰

唵碣瑟檄哩尼一毘婆羅二吽

第十四呼餉棄尼天女呪曰

唵阿伽摩耶一念六婆囉闍遮吒二上聲五訶斯柅三吽

第十五請金剛使者天女神印呪曰

唵三漫多伽囉一波布囉尼二馱迦馱迦吽吽㧊

第十六呼所住壇中天神等印呪曰

唵婆囉娑囉毘娑羅吽吽

第十七蓮華印呪法

畫像品第九

爾時世尊告諸大衆我今說畫像法而能成就一切事業應取新白氎未割線者或一肘或二肘或三肘或四肘乃至七肘四方令等畫一如來坐師子座作說法像於像右傍畫執金剛菩薩爲赤白紅色有十二臂皆執刀仗有四面正一面端正歡喜左一面瞋相右

一面有牙上出又一面皺眉怒目可畏相以種種瓔珞而嚴飾之坐蓮華臺半結跏而坐垂一脚也如來左邊畫摩尼金剛菩薩有四面前面歡喜右面青色青色者作摩訶迦羅天面左面作師子面綠色半作師子半作人面後面瞋相皺眉露齒色作淺綠色有十六臂右手把如意珠作奉佛相左手持蓮華右手施無畏無畏者仰展舒相如低二手合掌餘手皆執諸仗所謂三鋒槊輪刀金剛杵華篋數珠澡瓶利劍經夾寶塔須彌山錫杖羂索鐵鎚於蓮華臺半跏而坐於其座下作餉棄尼天女有八臂胡跪合掌作供養佛相金剛手菩薩座下作吉祥天女胡跪執種種寶器供養如來於吉祥天女後畫作使者天女作笑面有四臂種種瓔珞而爲嚴飾手持刀仗餉棄天女後畫作華齒羅刹女身著素服以手持華瞻仰如來於大像前畫作七寶蓮華而有千葉瑠璃爲莖其上作千輻金輪有轂有輞四面皆焰光其下畫作四天王種種嚴飾手執刀仗七寶蓮下作七寶池於池岸上作衆多仙人皆悉胡跪或各各手執華寶香爐或手持數珠各異嚴持瞻仰如來而爲供養於大像上畫梵天帝釋大自在天散華供養勿以皮膠和於綵色其畫像人應受八關齋戒誦呪之者著新淨衣食三白食月八日在如來前如法誦呪至十五日令滿一億遍乃見自身而發光明便悟無障慧眼證清淨摩尼定於諸仙人得輪王位親見一切如來若誦一遍不墮一切惡趣離諸貪瞋癡無諸妬嫉成就一切功德攝受一切善根諸佛如來之所護念常來安慰能攝一切諸天一切天龍藥叉乾闥婆迦樓羅緊那羅摩睺羅伽人非人等皆來供養國王大臣常應恭敬在於人間遊行無畏諸波羅蜜皆速成就其有但受持讀誦者得無量功德若能如法結壇場畫形像備諸壇法彼人功德與佛無異爲諸人天之所敬養諸佛如來授記此人使定證於無上菩提不復受胎藏之身所生之處皆蓮華中常於佛前與諸菩薩同坐一處

火祭品第十

復次如來爲諸大衆說火祭法於一一法中欲求一切驗効者能令作者成就利益諸衆生者佛告諸誦呪者先須清淨身心作淨梵行然後呪食燒之供養祭火誦此呪曰

唵　薩婆訶（一）鉢底（丁以切）勃路（二）薄婆（三）吽吽柹（四）莎訶

誦此呪時應以油麻白芥子和酥呪八千遍一呪一投於火中能令一切呪法速得成就伏諸一切障礙鬼神一切惡鬼惡業惡友怨家皆得調伏一切惡夢災怪不祥之事自然消散以安息香白芥子和酥呪八千遍投於火中誦呪滿八千遍一切鬼神欲來惱者頭自裂破一切病患速得除愈復以酥和白芥子誦滿八千遍當得王位無諸怨敵若以天水香（松木也）和酥投於火中誦呪八千遍當得轉輪王位所願皆得若以娑羅樹香（松脂大聲）和因始羅酥及白芥子於山峯上以火燒之諸阿素囉門自然而開此人得作明仙王若以乾陀囉樹香（安息香也又叫那伽鷄鞞能弥樹也）和白芥子油於龍池傍誦以八千遍燒之能伏一切諸龍

須使皆有須雨即雨更無雷雹之難以雜穀子又可供養佛淨齋食若爲自他稱名誦呪滿八千遍火中燒之能令五穀豐熟以白鹽誦滿八千遍火中燒之一切藥叉女皆來禮足言勿傷我命隨意驅使以酥和秔米誦呪八千遍於火燒之得大富貴以胡椒對日日東方時祠火呪八千遍其人常得諸天擁護恒爲利益若於吉祥天女前以油麻和白芥子燒之得大財若以遏迦木（云杜仲長一尺八百段）誦呪八百遍火中燒之得一切諸佛菩薩悉知是人離諸業障於一切世間出世間明呪皆悉了悟無諸疾病於諸怨敵而得最勝世間煩惱不能染著由此明呪力故諸有善業皆得成就一切惡夢不祥之事皆得消散一切邪魅厭禱之橫皆不著身不墮邪見雜惡道中爾時佛告金剛密跡菩薩此陀羅尼王法有大威德是一切諸佛如來心是諸佛母是諸如來轉大法輪是諸如來入菩提路是諸如來智慧法炬是諸如來鳴大法蠡是諸如來坐金剛座是諸如來降伏魔軍是諸如來最勝祕密能除贍部洲衆生所有煩惱能竭贍部洲衆生地獄餓鬼傍生之業能除贍部洲衆生生老病死憂悲苦惱爾時世尊復告金剛密跡菩薩我以佛眼觀諸如來不能說此陀羅尼所有功德甚深妙法此陀羅尼有如是最勝殊妙非諸譬喻之所能盡薄福少德下賤衆生求不聞此陀羅尼名字況復得見受持讀誦若有聞見此陀羅尼者是人已曾親近恒河沙諸佛菩薩佛告金剛密跡菩薩此如來心難解難入若有善男子善女人於百千萬劫供養八十俱胝無量恒河沙諸佛菩薩飲食衣服房舍卧具百種湯藥旛蓋香華塗香抹香復以七寶滿三千大千世界於日日中奉施諸佛金剛菩薩於汝意云何是善男子善女人功德多不金剛菩薩白佛言世尊此人功德無量無邊不可勝數佛言若於如來心陀羅尼能讀誦滿萬遍者此人功德勝前功德諸佛如來說不能盡若有善男子善女人雖不讀誦但心念者亦得如上無量功德爾時如來說是言已衆中天龍藥叉乾闥婆迦樓羅緊那羅摩睺羅伽人非人等一切大衆踊躍歡喜發聲歎詠五體投地合掌向佛白言世尊佛出世間甚成希有今佛世尊於贍部洲能善建立置祕密陀羅尼心法爾時十方同會諸佛菩薩咸讚釋迦如來言善哉善哉既同讚已各還本土爾時釋迦牟尼世尊以佛神力還娑婆世界

普光心印品第十一

爾時金剛藥叉主菩薩踊躍歡喜身毛皆竪於仙人會中持杵揮空以種種香華衣服與諸仙人往詣佛所頂禮佛足右繞三帀以諸香華而散佛上偏袒右肩右膝著地白佛言世尊如來今於人間然大法炬建立陀羅尼法若有見聞此陀羅尼者與佛無異如此衆生決定當得無上正覺捨離一切諸惡業障惟願世尊爲諸衆生說陀羅尼印法此之手印如何而作如何安手如何安臂復更云何以手按手云何而作心印云何舒臂云何住念云何安慰壇神云何能得諸佛如來之所加護云何請佛坐金剛座云何請諸如來而

爲灌頂轉大法輪云何得勝持印之法云何作轉輪王云何作如意寶云何作四天王云何作吉祥天女云何作餉棄尼印云何作女使者印云何作安置諸天云何作呼諸天云何作根本此諸法我先不解世尊慈悲爲我而說若解此印速能成就諸功德故若有見者獲福無量爾時世尊於大衆中舒百千萬俱胝莊嚴功德手覆金剛菩薩頂上安慰金剛密跡曰大藥叉主汝今諦聽諦聽我爲汝說陀羅尼印法付囑於汝爲諸未來一切衆生汝應受持爲我流布當加敬護猶如諸佛同入如來道場之想同見如來轉大法輪亦如守護諸佛舍利勿以此法於後世時妄相付與下劣賤人惡性衆生破戒衆生懈怠衆生邪見衆生小乘衆生貪欲衆生我慢衆生如斯之類不須爲說此陀羅尼如佛舍利若有薄福衆生聞我此法便令損壞當知此等如毀謗佛無有異也是故金剛菩薩應勤加護勿妄傳授此呪所在之處如佛無異爾時金剛手菩薩頂禮佛足白佛言世尊如是如是如世尊所說我當專心恭敬供養以報佛恩唯願世尊爲我演悟作印之法令諸學者得法成就

廣大寶樓閣善住祕密陀羅尼經卷中

廣大寶樓閣善住秘密陀羅尼經卷中

校勘記

一　底本，清藏本。

一　三四三頁上一行經名、二行譯者，資、磧、南無。分卷不同。

一　三四三頁上六行第一六字「二」，資作「一」。

一　三四三頁中六行末字「四」，資作「佛」。

一　三四三頁下四行夾注「歡喜……米麨」，資作正文。

一　三四三頁下一八行第一四字「止」，資作「上」。

一　三四四頁上七行第七字「印」，資無。

一　三四五頁上七行末字「右」，資作「一」。

一　三四五頁中一三行首字及次頁下一行第一四字「伽」，資無。

一　三四六頁上一行第四字「有」，資作「得」。

一　三四六頁上二行第一〇字「若」，資作「共」。

一　三四六頁中末行第一四字「中」，南作「生」。

一　三四七頁上六行第五字「此」，磧作「比」。

廣大寶樓閣善住祕密陀羅尼經卷下

唐三藏法師菩提流志奉　詔譯

手印品第十二

爾時世尊知衆渴仰作印之法便爲說言若持呪者應淨洗浴著鮮潔衣以五種牛淨物用護其身復以塗香遍拭其體以白檀香塗其掌復以鬱金香再塗其上以五色呪索而繫其臂或於佛前舍利塔前面東向坐居寂靜處發慈悲心念根本呪隨心呪心呪亦復如是常以香華供養諸佛於執金剛觀世音曼殊師利彌勒菩薩等亦應如是供養禮十方諸佛賢聖作如是啓請曰

第一稽首十方過去未來見在一切諸佛及諸菩薩我今盡皆禮足尊重供養便說呪曰

唵牟尼摩尼(一)嚩囉(上義)鉢囉縛離(二)(土義)麌哂耶(三)鉢逗迷(四)摩摩尼鉢囉鞞摩尼(五)莎訶

此呪名結蓮華坐呪一切佛菩薩天神坐華上誦此呪結之

印相以二手於中合掌令如合蓮華相印復開頭中指無名指二大小指頭相拄如大開

念六

敷蓮華形誦前呪次第布於壇中請聖坐之前之十五道皆在此用然後結印作法

十二

第二普光寶清淨如來心印法(梵云因鉢蹈婆)

誦此呪已便作手印先以右手搦指與頭指拄餘三指展之次以左手展其頭指屈其搦指餘三指壓之二手聚於心上在於佛前寂靜而住威儀齊整應以慈眼觀於衆生身不動搖安然禪定誦印呪曰

唵薩婆怛他伽多耶(一)摩尼涉縛邏尼(二)阿吠瑟吒耶(三)吽(呼憾切下同)

誦此呪兼手印已即得一切如來心印成就獲福德身若有善男子善女人以七寶滿三千大千世界及以衣服塗香粖香雜華瓔珞幢旛華蓋供養無量百千萬億恒河沙微塵等數諸佛世尊所得功德可思量不甚多世尊不可思量佛言若有善男子善女人誦此陀羅尼呪及作印法滿一遍者所獲福德百千萬倍多前功德非諸如來以佛智力格量能盡若誦持一遍猶得如是無量功德況復如法作壇若有心念地獄餓鬼傍生惡趣諸

念六

苦惱者彼等衆生悉蒙解脫得生極樂世界親見一切諸佛如來此印是普光寶清淨如來心印即爲六十四恒河沙那庾他百千萬諸佛菩薩攝受誦持之者與諸菩薩得爲眷屬一切諸天常來擁護四天大王之所侍衛吉祥天女辯才天女餉棄尼天女日夜利益作此印時諸有藥叉羅剎欲來惱者皆自馳散如不去者頭破作七分若有刀仗傷者病瘦困者業命盡者得見此印壽命增長無諸疾苦持一切呪者若見此印呪則成就所有壇法亦速成就若有百千萬億手印之法此印成已彼印即成諸佛如來悉爲授記決定當得無上菩提若法成時三十三天所有宮殿皆自震動諸天歡喜潛相扶衛辯才色力皆自增長有大威德衆人恭敬所出言詞聞者生信具宿命智一切世論自然明了命終之後生蓮華臺相好端嚴由印力故速證菩提若欲作印當潔身淨服龍腦檀麝塗兩手然後恭敬作之

十三

一切如來普光大寶會祕密印法(梵名波羅薩囉摩尼)

姪醯摩訶母陀羅尼

第三一切如來加護心印呪

佛言應舒右臂仰置右膝上以拇指捻中指甲上以左手仰橫心上以拇指壓無名指中指甲上舒頭指及小指發慈悲心開目而住專誠念佛誦此呪曰

唵薩婆呾他伽多一毘三菩壇娜二覺義跋闍黎三吽吽四

作此印呪法已即得一切如來之所護念唱言善哉舒手摩頂猶如赤子所有業障悉皆散滅菩薩諸天恭敬擁護藥叉惡鬼不能侵欺見此印已悉生慈悲心自然調伏誦此呪時諸見聞者皆生佛想若男子女人得見受持讀誦此印呪者彼人已爲親見六十二那庾他百千萬俱胝諸佛如來等無異也決定無疑所有餘法如上所說一切願者皆得圓滿若念六趣衆生一遍作此印呪法彼諸衆生無足二足四足多足皆得解脫來生決定成正等覺一切諸天常來擁護若欲令一切壇場法成就者亦速成就

第四一切如來瓔珞印法

佛言我今說瓔珞手印法應以兩手返掌於外互以中指無名指相鉤各拳其拇指結跏趺坐以印當臍傾身向右豎其兩肩淸目而觀心念諸佛發慈悲心欲結印時先稱唵字交腕相鉤時稱吽吽聲印竟云泮吒復誦後印呪誦此呪曰

唵迦嵐一迦爛者二吽迦爛抪三迦爛者四

又一呪

唵吽吽泮

此呪印能加護菩提道場加護轉大法輪加護佛菩提樹令不動搖如須彌山如來護念此人皆爲授記身心淸淨內外明徹猶如日光寶珠解脫煩惱積聚功德其作手印之處即是舍利之塔此地當有諸佛成道當有無量衆生蒙如來記若惡鬼神來此地者皆自退走若有得見此印呪者滅無量罪不入八大地獄所有善願速即圓滿成就一切壇場印法重說呪曰

唵薩婆怛他伽多一地瑟咤那建立義二摩尼摩尼吽吽抪

第五一切諸佛心印法

一切諸佛心印右肘當跨平展仰掌屈無名指小指與大指頭拄兩指端仰側當心小低頭微開其眼少斂其眉齒咬下脣自視其身繫心念佛不令散動誦持此呪二十一遍即說呪曰

唵　薩婆怛他伽他鉢囉二合答比羅迦囉摩尼鈝

結此呪者即爲得入十方一切諸佛法藏等無有異亦爲已入於一切諸佛曼陀羅即爲攝一切諸佛眷屬如是百千劫來重罪惡業消滅蕩盡無餘亦如已作十方諸佛壇印一等若爲十方所有一切作障難者若魔惡龍比恒野迦等如被呪師踏頭無異其諸魔等如被火燒十方一切諸族種類所作障難呪師但當以念佛心結此印者是諸種族悉以胷膺著地求哀皈命當是之時其諸族等見印聞呪而更蒙益捨其惡心獲大福聚

第六一切如來師子座印法

佛言我說一切如來師子座印此印呪在如來加護心印呪上名安慰如來印呪法應結跏趺坐於心前作印如金剛鋒屈右手頭指與右手拇指相拄左手亦然復合兩手令兩中指頭相拄令兩小指相交至於掌中各舒兩無名指以帛覆手曲躬向前令印拄地及兩膝上印所觸地皆爲金剛此是一切如來金剛座印一切天魔惡鬼神等不能惱害自來降伏大龍國主咸來恭敬諸佛如來常加護念以佛神力嚴飾清淨此金剛座若有作此金剛座印者則爲施與無量恒河沙諸佛如來金剛座已若爲地獄餓鬼畜生阿素羅作此印者彼諸衆生皆速解脫當得清淨金剛之身即說呪曰

唵薩婆呾他伽多一 鉢囉縛囉摩尼二 戶嚧捨黎三 吽吽泮

第七一切如來成大寶灌頂印法

佛言我今說一切如來成大寶灌頂印法應先合掌然後開左右頭指復以左右中指與左右無名指頭兩兩相拄復屈其左右拇指壓左右小指甲上拄拇指中節即結跏趺坐頂戴手印誦呪曰

唵薩婆呾他伽多一 毘布邏廣義三婆鞞生義二 吽吽

若有善男子善女人作此印呪法已即得八十億恒河沙微塵數諸佛如來以佛神力而爲灌頂與其授記成就一切曼荼羅印法獲無量無邊不可思議功德無量金剛菩薩及諸明仙亦來灌頂一切天龍藥叉乾闥婆阿修羅迦樓羅緊那羅摩睺羅伽及四天王皆來灌頂於明仙中爲最上轉輪王於諸如來爲灌頂最尊子得入如來祕密會中若欲隱其形質一切怨家不善知識及天龍藥叉諸鬼神等皆不得見如觀虛空其持呪人能往十方一切世界於諸如來前以大神變化作七寶供具香華衣服雨寶冠蓋如垂天雲而以供養由呪印力故成就如是殊勝功德故名此印名達摩羯囉阿地瑟旦摩訶毋姪囉阿世伽毋達囉南

第八一切如來降伏熾然大魔軍智炬轉法輪神變加護印法

佛言我今說如來降伏熾然大魔軍智炬轉法輪神變加護印法先屈右手頭指拄大指頭側節舒三指而掩心次屈左手大指於掌中微拳四指如蓮華葉以左大指拄右大指結跏趺坐興慈悲心安住寂靜然後乃作此印已則能轉大法輪當此之時三千大千世界決定六種震動諸佛菩薩皆以慈眼觀持呪人大力金剛神虛空明仙常來隨從四天神王在四面立而爲擁護晝夜侍衛若轉法輪時一切如來而爲加護摧滅魔軍無諸障礙其持呪人能見世轉法輪坐菩提道場衆所尊重其有功德亦如諸佛菩薩轉大法輪身清淨心清淨憐愍一切衆生然後作此呪印作此法時先蹙其兩眉合其口齊其上下齒觀如來實相心念轉法輪作此法已能破一切魔王及諸障礙者能然大法炬建大法幢擊大法鼓鳴大法蠡能師子大吼增長功德即當與八十億恒河沙諸小呪力等無有異一切諸佛讚言善哉并爲授記呪曰

唵薩婆呾他伽多一三摩耶二摩尼跋社嚟
三吽吽四
第九得勝印法梵名阿波羅至多毋達羅
佛言我今說勝印法應以右手頭指拄大拇
指頭側舒餘三指左手亦然後復以左手重
於右手上當於臍上面作瞋相自觀已身以
右脚安左髀上令右脚拇指拄地以眼斜顧
誦呪作印作是法已即能降伏一切魔軍而
得强勝摧諸毘那夜迦能隱其形一切有情
及諸藥叉羅刹等不能得見一切怨敵不能
爲害能破一切念六地獄餓鬼傍生等苦十九離諸惡
業及貪瞋癡其作法人獲福如是於一切處
常得尊勝所作事業永無障難離諸病苦速
得菩提十方諸天皆爲擁護即說呪曰
唵　薩婆呾他揭多一社耶微社耶二阿介
多跋闍棃三吽吽
第十如來輪印法此名一切諸佛轉輪聖王毋達羅亦是十方一切諸佛毋達羅
佛言我今說如來印法應先拳其右手四指
壓拇指上然後微拳左手似握物相覆重右

手上手面向下按之此名如來印法一切如
來悉皆隨喜作是印已如恒河沙百千萬俱
胝如來咸皆歡喜令受持者所有上願悉皆
成就恒見諸佛轉大法輪得仙人圍繞一切
呪法及手印壇法恒得現前十方諸天晝夜
擁護即說呪曰
唵薩婆呾他伽多一達摩馱都二摩訶摩尼
三誐佉棃四頂義曷囉曷囉吽吽拂五
重呪曰
唵　薩婆怛他揭多三末耶末尼拔折羅合二
吽
一切如來寶三末耶金剛毋印元闕呪本
第十一金剛手菩薩印
佛言我今說轉輪王印法應以右手拇指與
無名指相拄左手亦然復以右手中指與左
手中指相鉤復以右手頭指與左手頭指相
拄仍舒其左右小指右肘遍稍舉上左肘遍
稍垂下恒看左肘展其左脚以右脚安左脚
上作怒目瞋相銜其下脣喉中發聲云吽心
念執金剛神并誦其呪作此法已三十三天

所有諸天皆悉戰懼念六宮殿震動藥叉二十羅刹及
鬼神毒龍毘那夜迦等皆悉伏面於地口稱
救護沒滅消散執金剛神常爲喜悅所願成
就獲福無量便得爲明仙主其作法時香湯
沐浴著鮮淨衣以香塗身一切如來共觀此
印壇場之中所有諸神皆大歡悅呪曰
唵薩婆呾他伽多一摩訶跋闍羅二阿婆合二
闍馱囉馱囉三我義吽吽拂
第十二眞多摩尼金剛菩薩呪
佛言印同前唯開其二手頭指不相拄結跏
趺坐以印當心發大慈悲淨目瞻視心專念
呪口出善言所願成就執金剛菩薩甚大歡
喜護念如此呪曰
唵杜嚧杜嚧一摩尼摩尼二摩訶摩尼賷拄
丁庚刀多摩尼三薩婆訶四
第十三四天王印呪
佛言應以右手杈腰舉其頭指以左手小指
壓其拇指豎餘三指安於臍上其持呪人應
作瞋相注睛而視誦呪曰
唵嚧迦一波唎低二社耶社耶吽三

第十四吉祥天女印法（梵云施羅地縛印）

佛言應先舒其兩臂然後合其兩手掌相著竝二大指相去一寸許微曲二頭指如鉤以三餘指兩兩相擬如蓮華形作此法時心所樂者皆如願即說呪曰

唵毘摩羅一𩏡筏底二三婆囉三吽四

第十五鉤棄尼印法

佛言舉其左手微拳四指舒右頭指覆其左手置左膝上作怒目相稍前曲身誦此呪曰

唵𥕟瑟里尼一味薩羅吽

女使者印法杜池印

第十六大笑女使者印法

佛言舒舉左手臂臂肘及肩向上斜努掩兩咽間復低右手掩左手上引頸向前微曲其身誦呪曰

唵阿竭你摩耶一恒地囉闍遮吒二阿薩尼信你三吽

第十七住壇諸神等印法

佛言我今說住壇諸神等法仰交兩腕以十指相鉤掩於臍上立地以右脚踏左脚橫向左斜踏地上誦此呪曰

唵三漫多迦羅一（迭弟）鉢里布囉尼（圓滿義）二馱迦馱迦吽挬三

第十八蓮華印法

佛言我今當說蓮華齒天女印法應微拳左右手掌相著作蓮華相以近左耳上然後漸漸印向下近於心左而住誦此呪曰

唵　湥婆羅羅一比薩羅吽吽二

此蓮華印壇中所有一切畫蓮華者皆以此印印拄華上有著瓶者亦印瓶上

第十九根本印法

爾時執金剛菩薩白佛言世尊云何根本印云何心印云何隨心印唯願世尊爲我演說

佛言根本印者以右手頭指與拇指相拄以頭指甲掐大指甲側左手亦爾二手合掌當心然後稍屈左右中指令兩頭相拄復展左右無名指亦令兩相拄各舒左右小指作此印時應誦上說根本呪作此印呪請四天王即得速來最勝擁護

第二十心印法

佛言心印者以右手拇指與無名指相拄舒餘三指掩於心上復以左手拇指與小指拄舒餘三指覆膝上指面向下平直展之名爲安慰手當說如上所說心呪

第二十一隨心印法

佛言隨心印者以右手拇指與無名指相拄舒餘三指仰安膝上復以左手拇指與小指相捻舒餘三指以掩於心又右手大指捻無名指端仰橫當心展舒三指左手仰於左膝上屈拇指一節餘悉展之作此印已所願者速得成就一切惡業自然消滅此印能成無上正覺若復有人隨所在處結是三印當知此地如有佛塔全身舍利持是法者十方一切諸天護世四天王應當供養如來舍利塔等無有異也一一印法所有功德說無窮盡作一法時則得以諸香華旛蓋塗香粖香衣服瓔珞雨諸七寶百味飲食湯藥卧具供養無量無邊恒沙諸佛便與如來同一法會得佛授記讚言善哉諸佛如來皆來問訊慈眼視之執金剛菩薩四天王等與其眷屬晝夜

衛護當知此地則爲是塔若有衆生住此地者決定當得不退轉位是故執金剛菩薩若善男子善女人苾芻苾芻尼優婆塞優婆夷應生尊重心常讃誦受持書寫供養獲福無量成就諸戒成就大精進大忍辱成就大禪定成就大檀那成就大智慧成就洪流功德成就六波羅蜜若有得此陀羅尼呪印壇場法者獲福如是佛說是經已一切大衆皆大歡喜信受奉行

廣大寶樓閣善住祕密陀羅尼經卷下

音釋

秔古行切稻之不黏者 菉力玉切豆名 㨖陟里切 旎女綺切 皺側救切眉攢也 槊色角切矛屬 鎚直垂切 輻方六切 轂古祿切 輞文紡切 蠡盧戈切與螺同 霣悬雨切 䨒神夜切雷屬 靇靈函切與嚬同 顰毘賓切顰眉也 孼魚傑切 碭徒浪切 嬭奴買切乳也 掐苦洽切爪刺也

廣大寶樓閣善住祕密陀羅尼經卷下

校勘記

一 底本，清藏本。

一 三四八頁上二行首字「唐」，磧作「大唐」。

一 三四八頁中一九行第一六字「况」，磧作「呪」。

一 三五〇頁下一九行第二字「即」，磧、南作「積」。

一 三五二頁上一三行第三字「舒」，磧、南作「斜」。

五佛頂三昧陁羅尼經卷第一　悲

大唐天竺三藏菩提流志奉　詔譯

序品第一

如是我聞一時薄伽梵在摩竭提國始成正覺菩提樹下金剛道場大寶蔵帳其地寶帳皆是如來神通大福功德之所成故純以無量上妙珎奇自然盛顯種種莊嚴衆色交暎出大光明奇特寶輪清淨圓滿以無量色間雜莊飾周匝圍繞而顯現之寶蓋幢幡光明晃曜妙香花鬘七寶羅網弥覆其上無盡大寶自在顯現是諸寶樹花菓光茂佛神力故令此場地廣麗嚴淨光明普照一切奇特妙寶積聚無量善根嚴飾道場其菩提樹高顯殊特琉璃為幹妙寶枝條寶葉垂布猶若重雲雜色寶花珠相間錯大寶摩尼以為其果其光遍照一切佛刹種種現化施作佛事普現大乘一字轉輪王呪菩薩道教佛神力故演出種種梵音妙聲讚揚如來無量功德與無數大菩薩俱其名曰金剛

幢菩薩摩訶薩觀世音菩薩摩訶薩等無量諸大菩薩皆為上首與一切大衆會於妙菩提樹下以佛神力周圍五百踰膳那會座而坐不相障㝵如來於中誥弥勒菩薩及諸菩薩言汝善男子此樹乃是佛菩提所莊嚴樹我㝡初坐此樹下時則破四魔得證無上正等佛智汝等亦應坐斯地處令汝當得無上佛智語是語已寂然不動尒時金剛密迹首菩薩以佛威神德乘是往昔本所願力即從座起偏袒右肩整理衣服長跪合掌恭敬瞻仰白佛言世尊我今啓問如來正覺轉輪頂呪法以何方便使少功力則得誠向一切如來大明呪法加行壇印種種事法一字轉輪王法入大三摩地壇處成就法念誦之法輸結印法秘密之法圖畫像法除業障法安隱之法豊饒財法降魔怨法一切如來種族真實法及出世世間无㝵㝡勝明法及盡一切有情有情衆菩薩成就行法陁羅尼法令是贍部洲界一切有情得大安樂是諸有情

以轉輪王如來秘密之力一切當得作大佛事猶此贍部洲界一切有情得大安樂即能成就此頂王法隨得成就一切天神天神種族呪法一切龍龍種族呪法一切藥叉一切藥叉種族呪法一切羅剎一切羅剎種族呪法一切乾闥婆及種族呪法一切阿素洛及種族呪法一切迦樓羅一切迦樓羅種族呪法一切緊那羅及種族呪法一切摩呼洛伽及種族呪法及所世間出世間法盡皆成就無所障㝵為諸有情作大住處除諸垢障成我呪法及成觀音諸大菩薩大威德者壇印呪法及一切如來所說無量難成壇印呪法故惟垂如來應正等覺慜導有情為我說故於時世尊語金剛密迹首曰善哉善哉汝等為諸當來一切有情作大利益能於我所問是一字王頂大轉輪王成一切如來所說秘密壇法等令諸呪者住勤修故是故密迹首汝當諦聽諦聽我今宣說往昔一切如來早已說之未來一切諸佛亦當說之

尒時釋迦牟尼如來即以佛眼盡周觀察一切世界一切有情及觀未來一切世界一切有情一一往昔福願力等種善根處諸菩薩言善男子汝等憶念一切如來所說一字轉輪王呪一切最勝三摩地最不思議神通力處是法能於一切世界作大佛事尒時彼諸菩薩摩訶薩蒙佛教語各心念於一字轉輪王三摩地處惟除觀世音菩薩金剛密迹菩薩何以故佛加被故

五佛頂王陁羅尼入三摩地加持顯德品第二

尒時世尊入佛神變大三摩地入三摩地時盡周憶念一切有情界已則以無量俱知殑伽沙等大劫所修積集无量六波羅蜜善根從三十二大丈夫相放大光明一一相上各現法印一一各有種族光明而圍繞之最於頂上出放現無量百千光明其光雜色遍照十方是中有情遇斯光者各相警悟其光還來遶佛三匝各復本相是時釋迦如來放斯光已從三

摩地安徐伸起觀諸佛剎如師子王及觀會衆告金剛密迹首菩薩言汝今諦聽一字頂輪王明呪王法四鄔瑟膩沙呪王佛眼毫相呪王此等呪王是如來手足是如來脣是如來口轉輪法王作大利益一切有情若此世界一切菩薩等及諸人人等能依法讀誦授持是一字輪王頂明者所有一切諸天世人種種鬼神悉無能害作諸破壞以是當得一切安樂受无量福行大慈悲住不退地無諸惱疾火水刀王等難無諸毒害等我此一字出生三摩地輪王呪若有新學大乘菩薩及諸人等信向誦持書寫佩者則得無量大威德天而擁護之諸惡天龍不相障惱常得安隱若書寫者當令淨浴著鮮淨衣如法齋戒坐於壇側持畫木皮雄黃書呪施諸苾芻苾芻尼繫袈裟角而披佩之若國王王族大臣僚佐諸族姓男族姓女佩者各佩頭上或繫項上或腕臂等上則得安隱除諸灾惱常為諸天觀敬讚歎皆令不墮諸惡道故金剛密

迹首是大呪王亦能滅諸灾星變恠
亦大安樂亦能攝伏一切天龍八部
鬼神亦能成就當部諸呪者復告金
剛密迹首是一切如來白傘蓋佛頂
王超頂王勝頂王光聚頂王呪同等
住於一切如来三摩地中神力皆等
無量廣大猶不能及一字明頂輪王
宻上三摩地呪何故宻上無等猶餘
如来眼呪毫相呪慈悲難勝如来牙
手鉢袈裟轉法輪等呪共說是呪乃
得設上又從大悲大慈大丈夫吼一
切諸大菩薩等不能摧壞一切諸佛
隨喜加被作大智光破諸黑暗堅染
淨慧能作威德吉祥福相世間宻勝
無垢清淨勇猛堅固現四無畏作深
善慧廣大無量宻勝智能作无閡金
剛十力大光威德破諸暗障入諸佛
智能成一切諸大菩薩万行功德一
切智惠能作一切勇猛寂靜高無障
㝵大威德處能於一切業惡有情作
大慈處能現一切如來神力三摩地
處即說一字明頂輪王呪曰
𨙻牟婆湯多　勃䭾南唵　部𠾿護吽四合

尒時如來說是一字頂明呪時殑伽
沙等三千大千世界一時六反震動
如贍部洲猛風吹諸藂林草等是中
一切諸山王亦皆大動一切海源盡
皆湧沸以佛神力一切魔宮大火遍
起是中諸魔為火所逼悉皆惶怖稱
佛歸依一切地獄苦皆得止息尒時
世尊為現一字明頂輪王大威德時
忿變身狀如大輪王具現七寶眷屬
圓滿一一寶中各放大光輪照無邊
一切法寶一時出現故雜寶光是大
輪王坐寶座上身威赫弈放種種光
暎照一切猶如金聚會中有情有情
種族無有一能窺瞻仰者是會一切
諸大菩薩如弥勒等亦無有能窺瞻
覩者觀世音菩薩金剛密迹首菩薩
以佛威神欻然之間悶乱躃地是時
彼諸大威德天所謂大自在天𨙻羅
延天帝釋天俱摩羅天婆魯拏天焰
魔法王乃至一切諸天神一切鬼神
大威德者所執輪戟杵索棒杖及諸
眷屬手中器仗悉皆墮落尒時六轉
輪王現大悲光令諸菩薩憶念菩提

神通三摩地故是時一切諸大龍神
藥叉羅刹乾闥婆等八部等一時戰
怖身毛豎無能觀瞻大輪王姿貌
威光時惟等心歸佛世尊南無佛陁
南無佛陁　○　○
尒時世尊為觀世音菩薩金剛密迹
首菩薩及諸大衆得醒解故㾗須臾
間隱是威身還如来相說示一切佛
眼大明呪母謂甚可畏難調伏者謂
欲成就出世世間一切明頂轉輪柔
呪一切事位藏諸諍論是呪乃是一
切諸佛種族母呪復是一切諸大菩
薩生養育母又是諸佛五眼呪即說
呪曰　○　○
𨙻摩薩嚩哆丁可反誐羔迦反諦瓢毗遙反
囉呵呼我反弊毗祭反三藐三勃䭾弊上同
唵嚕嚕塞普嚕入嚩攞底瑟侘
悉䭾盧者祢薩嚩引剌他娑䭾你
莎訶　○　○
說此一切佛眼呪已其觀世音菩薩
金剛密迹首菩薩既醒覺已從地而
起其諸威德一切天衆各得本心適
悅安樂各持本所自手器仗事心歸

佛瞻仰讚言希有世尊希有善逝時
二大士合掌白佛言世尊如来今日
何故特化轉輪王相大光明聚甚奇
希有本未曾見如来告言大善男子
此是頂輪王相執持諸佛形相神變
三摩地門辟如汝等集現大壇種種
威德諸神變像不思議界如来亦尒
如是振現大轉輪王奇特身色姿白
威德此頂王是一切如来安住寂勝
三摩地身所有一切諸大菩薩無能
越者一切呪王亦無過者若所在方
處誦此呪者五踰膳那出世世間一
切呪王悉無成信汝若同此方處所
說加持大呪揔無成住若有念是頂
王呪者則得出世世間一切大呪悉
盡成辦汝悉所說一切法呪誦持無
驗即以此呪而常助誦則得成就五
踰膳那一切菩薩金剛呪神天龍八
部皆不住入現成就相又他一切寂
大王呪威德神力亦不能得影及此
大輪王呪何以故是呪威神寂尊奇
特無等侶故十地諸菩薩亦怖是呪
威德神力何况諸天若每誦是轉輪

王呪時每當先誦佛眼呪七遍數巳
乃安誦是頂輪王呪時數畢巳又誦
佛眼呪數一七遍則得安隱無諸嬈惱
尒時世尊復於座上現一切佛加被
白傘蓋頂呪王身於是之時則當頂
上遍三千大千世界虛空際合現一
蓋亦不觸惱空居有情是時觀世音
金剛首二菩薩合掌白言世尊如是
神變是何因緣欻遍大千狀如傘蓋
住佛頂上不見邊際無不識解世尊
告言此是無量如来共說白傘蓋頂
王又是一切如来無邊色實无邊音
聲一切如来實鐸網羅普周顯現莊
嚴不思議諸佛世尊光明傘蓋一切
如来白傘蓋頂王我為傘蓋現此傘
蓋令諸有情速得成就應知此現一
切諸佛白傘蓋頂王一切菩薩大威
德者盡思共度亦不可知縱諸佛子
百千俱知劫觀思前際中際不見不
知是時釋迦牟尼如来仰觀頂上白
傘蓋王振佛神力持白傘蓋呪王身
相光明即說呪曰
娜麽娑毋哆勃馱南唵　怛他蘖　都

瑟昵沙阿去娜嚩去盧抧哆姥㘞骨盧
反馱娜唵二吽麽麽麽麽　虎鉡合二你
佛說此呪時三千大千六返震動是
時世尊誥諸菩薩摩訶薩此白傘蓋
頂王能成能攝一切呪等是呪王力
不空無障勇猛無㝵无等等故
尒時世尊為利有情故復現大光聚
呪此呪所有神力威徳一同一字頂
王輪王威神力金剛句故即說呪曰
歸命同上
唵怛他蘖都瑟昵沙二阿娜嚩路抧哆
姥馱馱娜帝殊囉始虎二吽入嚩擺
入嚩擺馱嚁馱嚁　捺囉弭捺囉　瞋
娜瞋娜頻娜頻娜　虎虎吽　泮吒泮
吒　莎訶
說斯呪巳於是如来頂放大光滿三
千大千世界光變其地普大成現六
寶蓮花如来坐中雜色寶光重重晃
曜合大千界滿周空際一切寶花而
為傘蓋以種種寶鐸種種莊嚴周圍
大千而為牆壁純無價寶而嚴飾之
基陛衆寶莊嚴於是會中一切諸大
菩薩覩斯神變踴躍歡喜得大安樂

出世世間一切呪法以成就者皆悉
斷壞何以故以大光聚力似一字王
故是光聚呪心所憶念破斷他呪即
皆破斷惟除一字輪呪王白傘蓋呪
遐頂呪王佛眼母呪佛五字心呪餘
出世世間一切諸法悉能斷劃打撲
調伏攝喚於前若有呪者得大證驗
暫讀暫誦光聚呪者則得摧伏一切
鬼神耻揵怖辱金剛密迹首是光聚
王呪勿於不淨臭穢腥臊屎尿處誦
不於無佛舍利制底處誦勿對於諸
一切呪呪像壇會諸有情前暫妄誦
斯光聚王呪何以故是光聚王呪同
一字輪王力故惟除佛舍利塔處淨
空閑處高山頂處名山窟處海岸勝
處海迴洲處何以故是光聚王呪威
德猛大能壞自他呪力威德皆無成
向若善男子善女人樂持讀誦是光
聚王呪時先誦一字輪王呪及佛眼
呪各七遍已然誦斯呪即得大威德
四大安隱身膺光澤辯智聰悟汝密
迹首是光王呪若成就者則等成就
一字輪王呪三摩地故亦能成就一

切事故能作光明照一切故是呪乃
從一切如来一切力三摩地頂流出
現是呪無一切如来加持力處為現
一切諸大菩薩无量威德
尒時世尊為安樂一切有情故即復
說高頂王呪曰
娜麼娑湯哆勃馱南唵入嚩羅入
嚩羅捻(奴揩反)弊(并也反)特伽(魚迦反)姤瑟
膩沙　度娜度娜　虎虎吽
說是呪神如上若善男子女人等樂
成就一字輪王呪者應令內外嚴飾
清潔持以樺皮或絹紙上雄黃書斯
高頂王呪佩帶肩髀并持斯呪即速
成就若國王王族大臣僚佐清信男
女一切人等信斯呪者亦令書寫佩
頂肘髀為諸人衆乎相敬諾而不侵
惱灾垢銷滅當得辯才福相圓滿若
有軍將及諸兵衆敬信斯呪亦令書
持繫旍旗及佩頭髀往他軍陣皆自
臣伏乎不殘害何以故諸如来力加
持故是呪威力同一字輪王力是諸
如来三摩地力等加持故尒時釋迦
牟尼如来復亦不思議神通威德令

滅一切惡趣地獄種種苦故入于一
切如来神通威德三摩地處即說一
切如来勝頂王呪曰(歸命同上)
唵入嚩攞　蹉虔瑟呢沙入嚩攞入嚩
攞　畔馱畔馱喇娜麼喇娜麼訥嚕麼(撲朗反)
訥嚕莾訥嚕莾郝矩歌娜虎　二吽
說是吪時此呪威德令諸地獄衆惡
有情種種飢苦盡皆停息一時得甘
食美膳密迹此勝頂王呪是殑伽沙
等諸佛神通變化所在方處有暫觀
讀一切諸魔則不入中何況持者密
迹有人精勤受持勝頂王者是人無
不獲得神通是呪亦同一字輪王呪
能起神通入於地獄度脫有情一切
重苦密迹此呪功德無量无邊我今
略說少耳
尒時世尊告諸菩薩言是五頂王呪
從一切如来力三摩地流出我今略
說少分密迹若有善男子善女人於
無量佛所以上衣服卧具湯藥飲食
財寶一切等物日日三時持用供養
經百千劫所得功德百分千分不如
有人於三七日依法持是五頂輪王

功德之一何况讀誦受持是等呪王得成就决定不退菩薩地一切諸天大威德者見是成就五頂王人不起於座而迎逆者頭破作七分一切諸天威光影蔽不現是人威光過於諸天百千万倍若有大福純善徳人樂成佛者則當如法書寫誦持是經常以塗香末香燒香華果飲食而供養之若見有信佛神通威徳一切深法行菩薩行者則當為說莫有慳惜則得成就於百千劫不墮地獄得宿命智乃至阿耨大菩提一切不能嬈害所演教命人皆敬受若命盡時如入靜慮密迹若有福徳端正無諸缺漏容良圓滿常不懈怠惟樂修學大乘道教圓滿菩薩大願超除魔境趣菩薩地如是之人令得是經成就此呪密迹若見斯人敬為善友應以種種方便為說是法門功德教授儀法是人則得成就是大五頂王呪密迹是呪王經於無量佛剎難得見聞若得聞者皆是如來神力加被若得斯經則是如來種族何以故此如來呪三摩

地王實難思議應知此呪尊一切呪㝡上㝡勝是諸有情應當决定生㝡上心成此五頂輪王呪若有有情得遇此經清淨如法或書或誦是呪是經當知斯人則便當得是五頂呪三摩地王斷割結賊嗔心恚心妬心害心則為諸天恭敬供養而恃怙故

一字頂王畫像法品第三

尒時釋迦牟尼如來為利一切有情以佛眼觀是會大衆告金剛密迹首此大明王呪頂輪王像一切佛說出世世間一切畫像㝡上上故是像形好寂靜瓔珞衣服能運一切罪垢有情到涅槃岸㝡勝三摩地是像佛所神通變化若有擬畫輪王像者先曾入頂輪灌頂無勝壇手授具足呪句印法法式入㝡勝頂王等壇已成就者謂阿闍梨印謨許可求證出世大涅槃處如是行人乃應畫像正命正行於淨行婆羅門家善童女或命大姓種族父母真正善信童女教淨護飾撚治理絲細密織縫勿刀截斷闊量四肘長量六肘莫有觸汙莫用惡

絲持織畫像或闊三肘長量五肘若力不辦如是織作亦任貨求鮮淨好者勿還價直持得物已以淨香水如法蘸浴乃得塗畫色盞新淨彩色調和勿用皮膠水用膠香調色畫彩或取如來種族部中教法軌則畫像亦得畫是像者當以一切佛神通月畫彩莊飾所謂正月五月九月用斯等月月初一日或十五日起首畫摸其畫像處於佛殿堂或淨山間仙人窟處是占相方圓百歩無有臭穢水復無垂淨美清潔當所畫地日日如法香水塗灑取有相畫人諸根端具性復真正具信五根若畫彩時授八戒齋一出一浴著新淨衣斷諸談論先正當中畫菩提樹種種寶莊枝葉華果如如意樹間雜各異七寶枝條七寶葉華真珠為葉赤珠為鬚衆寶琉璃以為諸果或有枝出種種果芽或有枝出種種寶雲或有枝出甘露如雨或有枝懸天衆寶衣或有枝懸寶鐸鈴磬或有枝出珊瑚琥珀赤珠馬瑙三枝間光電如雲枝葉花上又畫白

鸜孔雀迦陵頻伽鸚鵡舍利共命等
鳥及諸好鳥其地畫以七寶遍莊
彩如是地樹下畫如来形結加趺坐
坐師子座亦說法相儼麗三十二相
八十種好身放圓光大光明焰於佛
頂左右有輪王圍繞而坐第一座下
右邊畫頂輪王身金色相瞻仰如来
坐白蓮花身有圓光
次佛座下左邊畫白傘蓋頂王如菩
薩形身服狀相有大威德觀頂輪王
身金色相身有圓光手執蓮花坐蓮
花座
次白傘蓋頂王後畫起勝頂王亦如
菩薩形身服狀相具大威德觀頂輪
王手執弭慈布囉迦界坐白蓮花
次頂輪王右畫光聚頂王身金色相
身有圓光作種種色執如意珠坐蓮
花座
次頂輪王左邊畫主兵神右手覆右
膝上施之無畏左手揚掌坐白蓮花
次於光聚頂王後畫勝頂王身金色
相結加趺坐觀頂輪王左手執寶如
意珠右手仰右膝上施之無畏身有

圓光坐蓮花座
次佛右側畫普賢菩薩結加趺坐手
執白拂
次佛左側畫弥勒菩薩結加趺坐手
執白拂
次佛座下當前右邊畫觀世音菩薩
左邊畫金剛密迹首菩薩各曲躬仰
視結加趺坐坐寶蓮華
次普賢菩薩後畫曼殊室利童子
菩薩
次畫無垢慧菩薩　次畫寂靜慧菩薩
次畫无盡意慧菩薩　次畫虛空藏菩薩
次畫虛空無垢藏菩薩
次畫大慧菩薩
是等菩薩身真金相合掌恭敬曲躬
趺坐坐寶蓮花各以種種七寶冠天
諸寶服瓔珞環釧而莊嚴之
次於弥勒菩薩後畫佛眼尊者菩薩
其狀端正甚有慈悲身金色相目觀
會衆以諸天服遍莊嚴身右手執寶
如意珠左手仰左膝上施之無畏結
加趺坐坐蓮花座
次畫佛毫相菩薩同佛母狀身金色

相右手執蓮花左手仰左膝上施之
無畏坐寶蓮花目觀輪王
次佛眼菩薩座下畫遜郍利大明呪
王猶如佛母身相色白右手把蓮花
左手掌胷以諸衣服遍莊嚴身坐寶
石上目觀於佛
次金剛密迹首菩薩後畫軍拏利童
子金剛
次畫金剛將童子善辟童子暮輓馱
綉迦童子是等童子顏皃熈怡各以
七寶瓔珞衣服具莊嚴之
次觀世音菩薩後畫馬頭觀世音大
明呪王面目嗔怒身赤色相虵為瓔
珞腕著寶釧辟著寶環戴蓮花冠目
觀輪王腰著衣服坐寶蓮花
次畫蓮花遜郍利菩薩右手把羂索
左手垂下伸坐蓮花座
次畫鉾刺拏捨嚩唎呪神身有四手
一把羂索一把斧一施無畏一把寶
果坐蓮花上
次頂輪王後畫難勝奮怒王四面四
臂身白色相示虵肚相狀如侏儒形
畫虎皮縵為耳璫德叉迦龍王以爲

誓縛婆修吉龍王以為絡膊諸惡毒
蛟遍莊嚴身編髮為冠遍身火焰立
寶蓮花右第一手把金剛杵次第二
手以中指無名指小指把拳大指押
上頭指直申屈肘向上左第一手把
三戟叉
次第二手把鉞斧正中大面怒目張
口口出衆光目觀於佛右邊側面觀
頂輪王左邊側面觀自呪者頂上面
觀如来會衆
次奮怒王下畫地天神身白色相手
把寶匣長跪而坐坐寶地上
次地天神右畫泥連禪河神身艷白
色合掌恭敬頭上又畫七虵龍頭
次泥連禪河神後畫七頭迦里大龍
王母止鱗馱七頭龍王各跪捧掌寶
蓮花寶珠瞻仰如来是二龍巳曾供
養無量无數一切諸佛又地天神左
畫阿難陁九頭龍王無熱惱五頭龍
王娑伽羅七頭龍王各跪捧掌蓮花
七寶瞻仰如来
次大慧菩薩右畫半拏羅婆四你觀
音母也菩薩身白色相者妙寶衣七

寶環釧頭冠瓔珞具莊嚴身右手把
寶左手仰左膝上施之無畏坐蓮
花座
次佛毫相菩薩後畫摩莫計金剛母
也身艷白相亦七寶瓔珞衣服具莊
嚴之右手把般若經夾左手把寶施之
無畏身勢頭面一如般若波羅蜜菩
薩坐寶蓮花此菩薩乃是一切諸佛
菩薩金剛母故
次金剛母後畫央俱施女金剛
次畫金剛拳女金剛也
次畫金剛電女金剛此等金剛各以
日服具世莊嚴身坐蓮花座為金剛
母侍眷屬是等金剛具大威德明呪
大力能衛護故
次觀音母菩薩下畫多羅女菩薩身
黄白色右手把青優鉢羅花左手施
之無畏亦以種種衣服瓔珞具莊嚴
之坐蓮花座
次後畫毗俱胝女菩薩身白色相三
眼四臂一手把如意杖一手把君持
一手把數珠一手把蓮花又於幀上
左右二角各畫諸天天天各奏天樂

次於佛上畫八淨居天衆散種種華
而供養佛幀東方邊面畫提頭賴吒天
王南邊畫焰摩王西邊面畫水天北
邊面畫俱廢羅天王此四天王名護
世天王東北角面畫係舍那天神及
步多鬼東南角面畫火天神及苦行
仙西南角面畫羅刹王及所僕從西
北角面畫風天神及所僕從當菩提
樹上畫大梵天及梵衆天
次難勝奮怒神下畫持呪者長跪瞻
仰手把香爐觀頂輪王佛座會下畫
泥連禪河於是世尊告金剛密迹首
此像乃是大頂輪王大畫像法是一
切佛同共說故若有智者見過斯像
則信觀礼燒香供養令世當即壽大
福樂於俱胝劫所作重罪則得殄滅
若有持諸佛頂呪者佛種族呪者諸
大菩薩種族呪者金剛種族呪者及
餘呪者若已成若未成驗對斯像前
作本呪法速得本呪最上成就所求
法故
五頂王三摩地神變加持化像品第四
尒時釋迦牟尼佛謂金剛密迹首言

汝復諦聽白傘蓋頂王變像畫法是

殑伽俱胝為當来諸有情故復說若
畫像者護持織法畫匠等准前方圓
三肘中畫菩提樹正當樹下畫釋迦
牟尼佛具大人相身黄白色示說法
相坐師子座佛右畫金剛密迹首身
紫赤色右手把金剛杵左手把白紅
脱色合掌恭敬
次當佛前畫白傘蓋頂王身金色狀
具足衆相手把蓮花於菩提樹上左
右各畫矩律婆天手持寶索上空中
畫八淨居天各掌散華乘衆寶雲於
佛座右畫持呪者跪地瞻仰手把香
爐上下四面遍畫衆花密迹首此名
目白傘蓋頂王變像畫法
復告金剛密迹首言我當復說光聚
頂王變像畫法畫法如上結護或方
圓三肘一肘菩提樹下畫釋迦牟尼
佛結加趺坐放種種寶光明焔示說
法相坐向蓮花寶師子座樹上左右
畫矩律婆天手持寶索又於上空畫
八淨居天各掌散花乘衆寶雲座下
右邊畫持呪者跽跪瞻佛手把香爐

佛後畫山種種莊嚴當佛座下畫大

海水水中多畫蓮花魚獸密迹首此
名光聚頂王像是諸佛說為導有情
成就諸法令脱難故
次說趣頂王像若畫像者所治織法
如上或方圓三肘一肘菩提樹下佛
說法如上以右手申仰右膝上施無
畏左手攢仰置當臍下頂放衆光樹
上左右畫矩律婆天如前八淨居天
亦如上畫持呪者亦如上此名趣頂
王像是一切佛為憐愍有情故說
次說勝頂王像若畫者皆如上菩提
樹下坐佛說法以右手揚掌左手任
者亦有師子座頂放衆光樹上左右
亦同八淨居天亦同持呪者亦同此
名勝頂王像是一切佛為利有情故說
復次密迹首汝應盡知諸佛菩薩有
無量色身變化導引有情有情為欲成
就是等呪者應常正發慈悲心喜心
捨心布施心忍心持戒心精進心靜
慮心般若波羅蜜心無上菩提心利
益有情隨方任得疊綃紙板上一肘
半肘皆任畫之而供養之則得家上

成就五頂輪王三摩地能令行者速

得不退故

五佛頂三昧陁羅尼經卷第一

五佛頂三昧陀羅尼經卷第一

校勘記

一　底本，金藏廣勝寺本。

一　此經石、資、磧、普、南、徑、清無，僅與麗校。

一　三五四頁中二〇行第二字「字」，麗作「字佛頂」。

一　三五五頁上一一行「及所」，麗作「乃至」。

一　三五五頁上一六行第一一字「故」，麗作「之」。

一　三五五頁中一四行第九字「變」，麗無。

一　三五六頁上一九行第三字「惠」，麗作「慧」。

一　三五七頁上七行第一〇字「界」，麗作「事」。

一　三五七頁上一三行第七字「信」，麗作「住」。

一　三五八頁中二行第一二字「頂」，麗作「涌」。

一　三五九頁中一八行第七字「謨」，麗作「讚」。

一　三五九頁下末行首字「三」，麗作「二」。第四字「光」，麗作「晝光」。

一　三六〇頁上二行第七字「地」，麗作「池」。

一　三六一頁上一四行第八字「又」，麗無。

一　三六一頁中一三行首字「曰」，麗作「白」。

一　三六二頁上二行第四字「胝」，麗作「胝佛」。第一二字「復」，麗無。

一　三六二頁上一五行首字「目」，麗作「曰」。

五佛頂三昧陁羅尼經卷第二　　悲

大唐天竺三藏菩提流志奉　詔譯

五頂王行相三昧耶品第五

介時金剛密迹首合掌恭敬白言世尊如來無上應正等覺願唯垂愍爲修行者略說頂王行法成就甚深理趣廣大威德復白世尊一切餘呪皆依此呪中所誦持者云何得成是時世尊謂金剛密迹首言善哉善哉密迹首汝能善發此問而問於我汝當諦聽諦聽淨心持念我今爲汝說一切諸佛行法理趣金剛句義從无量佛最勝偈句理法所生爲得利益成就呪者介時釋迦牟尼世尊普觀大衆以大梵聲讃伽他曰

釋迦大師子　無量菩提門　理趣自在行
當爲最上使　見苦迫有情　樂持行此法
天人共戴仰　當成無上尊　修習此最法
大妙陁羅尼　信及樂供養　心迹應菩提
住堵淨堂室　河邊及泉側　獨樹山窟中
山林多花處　獨坐堅固心　潔身口清淨
是處食行住　依法常禁誡　一心憶持呪
識秘三摩地　出生及成就　證法成就已
所樂皆圓滿　不久獲菩提　當用二種意
持戒并善伴　成就此不難　不動心堅極
佛頂菩提法　此則身得證　若無同法伴
勤修爲有情　難思衆多相　則此身得證
誠心印塔法　誦呪修大法　一一分明解
則此身得證　堅固甚精進　廣大心无量
作法爲最上　則此身得證　身支相具足
質直具善福　能忍苦飢渴　是人堪成就
如是善根者　若當得此經　及得此法門
彼亦不久時　最勝證成就

介時世尊謂金剛密迹首言我滅度後有癡頑罪惡有情及有住毒我所幢相苾芻苾芻尼鄔波塞迦鄔波斯迦常好隨逐愚癡邪見諸惡談論貪著美味懈怠少徳如來威德靜慮十力無畏大乘說不信忍無力順修菩薩律行方便法教謗心毀呰不敬不信諸佛菩薩三摩地門神通威德彼等持作不得成就則加謗我及謗菩薩唱言此法非佛所說是魔所說妄說菩薩及行大我勤持是呪善男子善女人等謗毀惱乱作諸障㝵因此

各殃當得無間无量重罪是故密迹
有善男子善女人等願欲發行菩薩
行者堅固信向一心正願常樂書寫
大乘經典讀誦供養為他解釋依實
兩經行學菩薩一一法門加行法行
則得成就復謂密迹呪何所成就從
身勤懇布施持戒忍辱精進定惠清
淨一心修習則速成就
於時金剛密迹首復白佛言世尊大
何行是頂輪王秘密門觀想護淨世
尊惟垂願為解釋猶此法支法具足
故速得頂王成就證法
尒時世尊語金剛密迹首言汝淨諦
聽我為利益薄德尠福少精進者說
一切秘密門修持法時每日三時洗
淨不貪諸欲念心无乱唯一想佛慈
心脩緣十方有情持以淨土乾牛糞
末和呪澡手洗淨浴身者浴襯衣結
印護身護身呪曰
唵　麼麼　虎吽(二合)　(你入)
復當誦此呪七遍護身若懺罪障求
趣神通當用白土無垂勿赤勿黑勿臭
勿穢若求豐饒用黃白土其土無垂

勿赤臭穢若降伏法用黑赤土若欲
尊他當用不白不黑土若欲他人愛
敬讚歎用青赤土如此等法智者善
知取土呪曰
唵　娜(乃奇反)　囉(上)　虎吽(二合)
呪土七遍掘取土作一切法若遇清
潔靈聖河泉水有衆鳥於四岸上多
花果樹福勝吉祥入中澡浴加持洗
浴呪曰
唵　入嚩(無可反)　攞虎吽(二合)
復誦此呪七遍護身灌頂洗浴是水
雖聖若有畏難及多婦人小兒畜獸
踐穢則不堪浴加持呪曰
唵　跛囉(二合)入囉(二合)　攞虎吽(二合)
若所浴時呪土七遍置土淨處勿穢
勿唾吹被甲呪曰
唵　入嚩(二合)　攞諦闍(而者反)　虎吽(二合)
若當浴時以右手頭指中指無名指
小指急把拳覆置心下以大指直竪
按於心上誦被甲呪呪拳指七遍想
成被甲被束甲冑呪曰
唵入縛(二合)　攞播囉訖囉(上)麼麼唬吽(二合)
是呪又呪拳指身體七遍安徐入水

令水至胷一切頂王心呪曰
唵　卓(知古反)　噜噜(彈舌聲合)　畔馱　莎訶
是呪入水大誦七遍則當禁止毗那
夜迦水中龍黿不相灾害及能成護
一切事業又重呪土七遍分為三分
三種揩洗先以一分從脚塗揩洗至
于膝次一分從膝塗揩洗至于臍次
以一分從臍塗洗乃至肩髀面手揩
等浴已著衣又以斯呪呪水七遍三
灑頭上靜默斷語又誦此呪作護身
法次誦難勝奮怒王呪次誦佛毫相
菩薩呪次誦佛眼菩薩呪次誦摧碎
頂王呪如是呪等持護一切㝎為勝
上若佛種族呪中作法佛眼呪上是
五頂輪呪中作亦佛眼呪為㝎為上
若結壇地界及十方界自護護伴當
用摧碎頂王呪及一切頂王心呪淨
身口呪曰
那莫薩嚩　勃馱菩地薩埵喃唵
戍殿(引)捺囉輪馱那野　莎訶
是佛族呪若入壇時著淨衣已呪水
三遍漱口灑灌頭耳眉心整儀直視
發大悲心整步徐行直入壇內如是

智者恒著新淨氎布衣修斯呪法常以一切頂王心呪輪王像前呪一切物持供獻已坐茅草上一心想像諸佛菩薩誦呪結印啓召發願諦觀於像身不動摇目不瞬視結蓮花印啓佛坐印如是作持何以故謂得佛座菩薩座故次把數珠呪曰

唵 遏部鞞 弭惹曳悉地悉馱喝嘌二合捺莎訶

是佛族呪用菩提子珠每持珠皆呪三遍速得成向正等菩提三等證法其一切陁羅尼法亦如此三成就等法求富貴豐饒用金銀珠求當成熟一切勝事用頗梨珠所穿珠條童女合持各誦本呪呪珠貫繫呪數珠呪曰

娜謨皤伽嚩底 悉睇娑娑馱野 娑馱野悉馱捺莎訶

誦以斯呪呪珠貫已掬珠合掌呪七遍是名受持珠法常坐茅草一心靜默著芻麻衣持誦課訖作安隱法若時數畢當又呪持利木或蜜擺木或白梅檀木或楓香木横十二指頭齊

劈截面作安隱法作富饒法皆上成就若棘針木佉陁羅木迦羅弭羅木等横十二指頭鉛劈截作調伏法亦上成就無上等木但得菓作菓无虫者亦得成就當以牛糞和諸香水塗日塗灑坐卧處及灑頂處所用水時皆淨細濾内外衣服常淨澣濯如斯作法若不成就則加一切頂輪王心呪遍遍同誦又不成就復加佛眼呪等三皆同誦心莫縱慘是佛眼呪過去諸佛曾已共説我今復説為當成就懺五逆者持此一字頂輪王呪得大證成何況性淨具信根者持不成就若是呪者無此五頂輪王像對坐持念如佛説像想像目前一心瞻仰合掌礼已端加趺坐定想心呪曰

那謨囉上怛那怛囉 夜耶阿上 者擺弭嚷 莎訶

誦一七遍結想大印上有無量衆寶大山下想有大海清水山上想有無量百千大葉七寶蓮花花臺大圓廣博臺復廣大蓮花臺葉上想有寶帳半滿月等寶珠鈴磬真珠網縵周匝

弥飾中有釋迦牟尼如来身具三十二大人相八十妙好結加趺坐坐師子座目觀頂王像如上説像想皆有之殿上想有七寶傘蓋以衆寶網四布莊嚴如是想觀縱廣百尺想成百尺縱廣一里想成一里縱一由旬象一由旬展轉乃至色究竟天觀是行相心莫猶豫隨逐諸境惑觀乱心觀想大海呪曰

唵 弭麼路娜地 虎吽

誦七遍觀想大海清淨明徹無有動濁顯現分明觀想寶山呪曰

唵 阿者攞 虎吽

誦七遍已觀想寶山周圓廣麗具足衆寶光飾顯現

次寶山蓮花呪曰

唵 虎引迦上麼攞 莎訶

誦七遍觀想無量百千大葉七寶蓮花鬚葉臺莖光飾顯現

觀想寶殿呪曰

那莫薩嚩怛他誐哆去 南唵薩嚩吐去引蘖羅薩叵囉上伊摩吽二合 伽誐那劒 莎訶

誦七遍觀想寶殿種種莊嚴光飾
顯現
次誦本所持呪啓請佛會衆寶殿中
想持香雲香花香食香水供獻佛會
則發願言唯願聖衆各以神力住受
供養乃待周畢
次誦一切頂王心呪一百八遍結持
東西南北四維上下
已次觀壇大界中想香水海浴釋迦
牟尼真報身佛又當一時想浴一切
佛身及佛種族菩薩呪神并呪神想
揔浴已又想種種栴檀塗香一時塗
飾一切佛身及佛種族菩薩呪神等
又想種種奇妙繒綺金縷袈裟頭冠
瓔珞及諸衣服一時披串一切佛身
及佛種族菩薩呪神想啓會坐次想
持獻諸飲食一時供養一切諸佛及
佛種族菩薩神已行者則此善根心
口發露誠懺衆罪迴向菩提請佛轉
大法輪人者當即諦觀鼻端想心無
惑右手搯珠左手當胷結數珠印迨
迨誦呪數課滿已置以數珠淨潔合
處印呪護持重燒香想諸花香如法

供獻則誦本呪解壇方界合掌頂礼
依方發遣如是想法三十旬日靜斷
諸論每日三時得見證地三摩地門

五頂王儀法秘密品第六

尒時釋迦牟尼世尊復謂金剛密迹
主言此頂王呪成就法行諸佛共說
為得利益成就頂王密迹過去現在
一切如来說無差别偈句教行皆悉
空寂幽閑勝處我略亦說於大名山
聖所居處或仙神窟或空新室處獨
林泉處以斯等處一心善淨修行是
法諸不善法極淨割除於善淨法生
深入意是二句法慕延能生善不善
業是故若食飲食滋味辛甘酢淡勿
欲貪饕躭嗜過飲若為貪便不能持
誦供養燒火定心不生是故呪者離
斷貪愛恒於初夜隨力轉讀大方廣
佛花嚴經寶雲經餘大乘經至中夜
分數淨茅草周四方結界結印呪印
護持身如師子王頭南面東右脅枕
手疊足而卧是布瑟置迦念誦時燒
火食時卧法若扇底迦念誦時燒火
食時頭東南方面東北方右脅枕手

疊足而卧若阿毗栢嚕迦念誦時燒
火食時頭西面南右脅枕手側疊足
而卧若睡夢夢見上菩提樹栴檀香
樹弭攞樹欝頭末羅樹名證中品速
成就相若夢見乘白鶴孔雀金翅鳥
等名證上品速成就相若有夢見上
樓閣幢踏花蹬上或見手把箜篌詣
入僧衆上塔乘舩名證下品速成就
相若有夢見栴茶羅人猪狗駝驢
驢死人等若觸若近是障不成如是
等相智者應知若毗那夜迦作諸障
惱持以粳米和鳥麻油日日三時一
呪一燒各一千八遍滿三七日則得
夢見本神現身教告語言汝去某處
酥蜜相和日夜三時一時一呪一燒各
一千八遍三日夜則得夢見毗那夜
迦所有真法汝去喫食所有真道汝
當成辦若教覺已加念神呪願當為
我現大丈夫相勿為我現天女狀相乱
我心境安生貪著愚癡等心又持護
身覆復安睡若持誦時勿念過去種
種嬉譃雜欲漏法亦勿欲計未来衆
事諸餘法散動乱我心惟一繫想入

於呪文一一句理若心欲生念於或
觀身髏壞若心瞋生慈心觀住若心
癡生十二緣觀若心數緣顛倒生住
則心觀想呪神在頂持以花香先前
供養結加趺坐如法念誦若少不依
是法或則為障㝵毗那夜迦破壞食
噉若有未曾入此輪王大種族壇塲
阿闍梨教授法者自持斯法則便常
為毗那夜迦如影逐身障獻食獻香
獻花飯食香水燒火呪聲不令得到
獻本呪神此頂輪王若成就者則常
不為娛栿馱吒迦毗那夜迦王作生
障難況餘一切毗那夜迦能障難耶
是故智者成就呪法當以難勝奮怒
王呪或以輪王僕從呪於持誦時燒
火食時障護其身若不依法一一護
身則難成就常為諸惡天龍藥叉羅
刹惡仙畢舍遮鬼餓鬼處處隨逐伺
求障惱破壞虛耗是呪法中莫以毋
陁羅花阿攞花過迦花等時獻供養
及諸佛頂供養法中亦勿供養應以
惹底花頭鉢羅花俱物頭花諭底迦
花及餘種類欝勃名花持此花等常

以供養五頂輪王若有呪者於一二
三度精修此法不謟恚地倍應勤懇
精專修習乃至七度海河潬上日日三
時印砂佛塔隨力印修并轉大乘諸
餘經典印是塔數滿三十万謂滅先
業十重障業隨即供養此一一塔以
塗末香諸妙花香佛前獻供供養於
一一塔坐前誦呪一百八遍智者如
是精法修持不成就者謂宿障重又
加日日印一肘塔一千已上若五逆
重罪亦得銷滅況餘宿障如斯依法
精勤修治但誦持呪亦得銷滅何況
印塔
又法詣住江河岸側持以蓮花一呪
一擲江河水中滿十万箇則得成向
何況倍加而不成就若不如是褻脩
行法者則不成辦如斯呪法薄尟福
人使加印塔乃得成就殖福德人但
所依法誦持供養則得成就如是成者
勤誦持呪為根本是故堅固精進清
淨求菩提者畢定成就未曾見呪在
經自成要假精進為於菩提師僧父
母及菩衆生勤功修習合掌頂礼依

法誦呪剪除障垢乃得成就為大功
德刧初有情質直純善福德高勝隨
作隨成不等今我釋迦牟尼如來出
得惡世得解脫時及弟子等證解脫
時相續勤斷猜疑冈心具足精進淨
修福事即得成證若福德上依法修
持速獲成就若福德尠依法修持久
乃成就是㝡上呪若證成就則得高
勝無等等故辟假琉璃寶並蓮花光
寶功力價直陪數不及無論況足故
此頂輪王呪力不思議勇猛殊特行
者應常持鉢乞食若得飯餅復淨濤
擇分為三分一分分獻佛神諸天若
食獻已持施水陸一切有情一分施
有外來乞者若無乞者施及禽獸一
分持以依法自食若有作求安隱法
時面北坐食若有作求富饒法時面
東坐食若有作求調伏法時面南坐
食行者常起慈心念諸有情受衆苦
者誓當度脫若大苾芻若鄔波索迦
持梵行者若心慈悲獨行持法則无
障㝵是故智者樂欲安隱富饒速成
證者應常定心恭敬合掌礼佛塔淨

治瀰地持以牛糞和黃土泥塗摩壇
地誦以一切頂王心呪或誦摧碎頂
王呪呪白芥子淨灰七遍布散十方
結為方界持以四橛繫以線索呪之
七遍四角圍釘結方地界安布坐位
種種供獻引身結印請召供養誦呪
燒火自身驗成先初供養釋迦牟尼
如來次當供養明頂王次當次第供
養一一頂王次當供養觀世音菩薩
及所種族次當供養金剛密迹主菩
薩及所種族次當供養與願頂王及
所種族如是供養一一次第皆持香
花前想供養已次當供獻世間天神
如斯供獻名三種族供養法則愚癡
嬰人無所曉解種種謗毀說一切呪
者說諸呪法盡是湧語智者若遇如
是癡人應自觀諸佛實說亦不虛施
但精專至脩供養法扇底迦法布瑟
置迦法阿毗柘嚕迦法若布瑟置迦
法念誦時燒火食時面東向一心加
趺端坐呪後每加莎訶句
若扇底迦法作念誦時燒火食時面
北方定心結加趺坐亦每呪後加莎

訶句
若阿毗柘嚕迦法念誦作法燒火食
時面向南瞋怒左脚踏右脚側上蹲
坐亦每呪後加𠲿吽等句若欲常作
扇底迦法以烏油麻和白芥子作火
食法若欲常作布瑟置迦法亦以烏
油麻和白粳米作火食法若欲拔去
佛法中剌作阿毗柘嚕迦法以毒藥
和檳榔伽里根作火食法作布瑟置
迦法以弭擺木阿輸迦木阿縒那木
菩提木蘿惹迦木常然燒火扇底迦
法以尼㓟陁木頞頭末羅木阿說他
木天門冬草等常燒火
阿毗柘嚕迦法以祛他羅木無樬木
苦練木迦羅弭擺木等常燒火
調伏他惡心令善名阿毗柘嚕迦
蠲除災障一切寧靜故名扇底迦
願得圓滿求者如意故名布瑟置迦
如是等法於一切處呪者善思依法
脩習為此教中得置上故為欲辟除
此教法中一切災障故應作如是除
斯法者更不應作此所行者慈心一
切梵行清淨莫如外道騣長䏚鬠則

得清潔若騣長偣蟣虱所生隨生障
各梳洗多功念誦數少若䏚鬠長裹
停垢穢捻香燒香便即汙觸隨生障
各日月蝕時作上成就於一切時處
亦持勿觀論勿譏謗和上闍梨過與
非過若所供養呪師之時忽見呪神
壽天快樂勿受願同見有國土無主
交亂時勿住中脩法念誦勿住於神
龍護地藥叉羅剎常集住地屍陁林
地無佛法地虎狼住地多蚊虻地無
雨方地多饒風地多賊住地層熱住
地沽酒地賣經像地賣凶具地婬女
地及住衆難地皆勿住中營法念誦
作求諸法悉不成就念誦法中燒火
法勝天神喜滿辟人飽食歡喜充適
是故佛說一切念誦品法中此法為
家亦不論似國王下劣如藥叉相女
如佛所說念誦燒火一切法事廣功
廣成少功少成亦勿施他酒肉毒藥
刀劍弓箭斧槊之具亦勿讀煞快煞
方便煞讃煞亦不占說他災吉事亦
不施他迷倒癡法及所恐怖一切有
情不安隱法皆勿應作遇不淨步多

鬼處有屍鬼處藥叉羅刹等處常一
出入想為清淨於念誦處結加趺坐
想諸妙法成香水河身没澡浴結浴
呪印呪印身想為佛菩薩等身即以
塗香遍身塗飾一至念誦不應動揺
湧視聽察謦咳嚏嗽若有破坐動揺
謦欬即重輪結浴印印身持以淨水
洗手嗽口乃復誦念亦得上法中法
下法定成就故

五頂王成就法品第七

尒時世尊復為導利諸有情故說大
成就頂王法小智有情貪世間之法
心不精專智者依法脩習定當成向
每日請召之時世間諸神空神星神
隨所住神一心念誦隨喚来住常當結
界護身誦呪作法若不護身結界結
印則為奪人精氣鬼奪所呪力六分
偷一或全偷奪或為荼枳尼鬼奪所呪
力若恐偷奪則誦一切頂王呪難勝
王呪定使劫全是所持呪於時世尊
又觀来世一切呪者薄德少福樂著
嬉戲不善同伴躭眈女色於戒缺漏
謂說教法則心思惟堅持六念計脩

呪法發菩提心即得成就密迹離菩
提心外即無成辦何以故以呪威力
能成菩提以菩提心大威力故其能
全呪者速得成就呪者不食青黑等
物亦不佛床法床僧床和上闍梨父
母等牀坐卧喫食亦不類食如此柰
耶儀法乃至不得語食傳器食不得
手指揩齒呪者應知正加趺坐如法
默然食若念誦時若作法時若請召
修法時應斷一切善不善語如法誦
念亦勿與他一床坐卧傳著衣服鞵
屩襪等其所食器純用赤白銅椀食
若已食訖則水淨洗又以土灰裹外
乾揩常不作諸嘲調戲論若喜違犯
隨罪俱生恒俟年月日星宿時依法
營造三種法佛神通月修寂第一成
就頂王廣大卷地白黑二月八日十
四日食三白食加以香花新淨飲食
持獻供養加法念誦位速成證
復有像變令教童女香湯澡浴受八
齋戒持絲造織方應度量勿刀截斷
於吉時起首畫摸或以板畫匠人時時
洗浴清潔著鮮淨衣受八齋戒當心

正中畫釋迦牟尼佛坐師子座結加
趺坐具衆相好頂放大光示說法相
身有圓光次佛右邊畫觀世音菩薩
結加趺坐身黃白色頭戴寶冠冠中
化佛面目嗔怒一手把白拂一手把
數珠又於肩間竪畫一目以天衣服
種種莊嚴坐蓮花座
二次佛左邊畫金剛密迹主菩薩加
趺坐身青色相首戴寶冠面目瞋怒
一手把金剛杵一手把白拂坐寶蓮
花次座復畫寂勝明王金剛畫大度
底使者畫可畏金剛畫黃眼金剛畫
大笑金剛畫大拳金剛畫軍荼利金
剛是等金剛各有大力寂勝調伏皆
執器仗坐蓮花座應以種種衣服瓔
珞皆妙飾莊嚴次觀世音菩薩復畫
馬頭觀世音王畫意樂圓滿王畫白
衣觀世音菩薩母畫多羅菩薩畫毗
俱尼菩薩畫吠路者鄉菩薩等是菩
薩等各各執持本所器仗坐蓮花座
應以衆妙衣服瓔珞皆妙莊嚴
次佛座下左邊畫難勝大奮怒神大
字神次佛座下右邊畫佛眼神畫相

好神是等四神身皆金色坐蓮花座是變像名如來身最勝輪王大成就像一切通用皆畫成證於時世尊謂曼殊室利童子汝往昔未證地時謂以是呪供養此像放大光照此三界上中衆生意樂歡喜曼殊室利汝為光照昇證三地得五神通是故說像不可思議大三摩地是如來身故我以此三摩地力普大三界為諸有情利益成就神通變化示頂輪王身如如意寶

尒時世尊復告曼殊室利童子汝善能以大被甲冑善巧方便安住有情亦濟有情无量變化現於佛身菩薩身緣覺聲聞身等攝取衆生說諸勝法覺寤有情尒時曼殊室利童子合掌恭敬白言世尊佛有幾名現頂輪大三摩地流此世界於時世尊告曼殊室利童子頂輪王名者所謂印捺羅名帝釋等乃至三界六道有情類中立差別名隨類為主皆為調伏故隨類立法名差別無量皆為成熟衆生故世間無有一法一名一相不是

如來之所變立曼殊室利童子有一類人知我不生不滅真如實際法法界涅槃實難無二无相意生儒童作如是解童子此娑訶世界衆生稱我為大離欲如來佛天人師童子我常於此世間成熟衆生亦如是名乃有五阿僧祇百千數名一切聲聞愚癡衆生歎稱我名亦不識我如是異名童子我為如是成熟一切有情亦於諸經中說是異名童子如是復有一類有情知我殑伽沙等世界中無量稱異名如來說法如如衆生謂去來如來亦不去來分別出現色相童子已不去無作分別則能出現无量佛事陁羅尼門尒時世尊復告曼殊室利童子若有修持是頂王法者應候吉時白月五日八日十三日十四日十五日好星宿時清潔洗浴著新淨衣若是俗人受八齋戒依法軌住修造清淨塗結壇場布獻香花燒設火食當供養佛觀世音菩薩金剛密迹首菩薩摩訶婆攞神及諸菩薩一切聲聞辟支佛諸天等如斯供養則

得一切大威德天大威呪神大明呪神歡喜觀視此等諸天雖復日日如法供養於此法部不應礼拜何以故五頂王呪力不思議是故呪者亦不得往死喪家初產生家不淨人家旃茶羅家詣往顧宿受他供養亦不持殘臭宿食供養及白食噉呪者每三時自誓歸依佛法大菩薩僧發菩提心淨治三業念佛法僧戒施天常於清旦受八齋戒不煞盜婬妄語飲酒脂粉塗身坐卧大床不過中食以真如智無作我一心虔敬修習則得成辦

尒時釋迦牟尼世尊復告金剛密迹主又有轉輪王像於出世間一切呪像最上上故唯前白日畫者端肅具持十善以細白疊方量三肘或復二肘當中畫釋迦牟尼佛具足衆相身真金色亦說法相佩通身光坐白蓮花師子座上頂上放光於佛背後畫七寶山於佛座下畫蓮花池於佛右邊畫呪者貌長跪瞻佛手把香爐密迹此頂輪王像一切佛說謂當呪者

得大利益略說是像若有見者隨喜供養隨滅衆罪得大功德為諸天龍歡喜瞻視當定成就一切勇猛頂王呪力得無數佛種種歌讃供養功德是妙變像無量无數一切諸佛常皆讃歎若有信戀晝夜精進恭敬供養則得罪障一時銷滅身業清淨成就頂王功德智海超過一切冣勝殊特為諸天人供養恭敬無量讃歎當證佛地更無退轉成此呪者怒目嗔歟一切天龍八部鬼神皆得惶怖四散馳走其帝釋見是人来分座同坐其諸大天亦皆分座三界諸天見是人来傲嫛不起迎送虔敬則皆頭破如蘭香枝若我於億俱胝大劫讃說是呪亦不能盡成此呪者是人名證冣上悉地當為住壽三十三天中王命常安住不被死殃壽之天身天身畢已變身如佛證五神通乘此天界以無量天前後圍繞往諸佛剎種種變化導誘衆生隨諸佛剎現帝釋身或現金剛身或現大梵天身或現伊首羅天身或現童男童女身入地獄鬼

畜生趣隨現諸身救脫衆生或諸山林城邑聚落為作房舍種種衣食供給施濟常作依怙度脫衆生具五神通行菩薩行為人中尊

五佛頂三昧陀羅尼經卷第二

五佛頂三昧陀羅尼經卷第二

校勘記

一　底本，金藏廣勝寺本。

一　三六五頁上一三行第一三字「淨」，麗作「復」。

一　三六五頁上一六行首字「淨」，麗作「淨浴法」。

一　三六五頁中一行首字「勿」，麗作「亦勿」。

一　三六五頁中一六行第三字「吹」，麗作「次」。

一　三六五頁下三行第五字「大」，麗作「火」。

一　三六五頁下一五行第六字「作」，麗作「作法」。

一　三六六頁上一行第九字「衣」，麗作「等衣」。

一　三六六頁上二行第八字至三行首字「輪王像前呪一切物」，麗作「呪一切物輪王像前」。

一　三六六頁上一三行末字「熟」，麗

作「就」。

一　三六六頁上一九行第一三字「呪」，麗作「又呪」。

一　三六六頁上二二行第七字「持」，麗作「特室」。

一　三六六頁中一行第三字「面」，麗無。

一　三六六頁中一〇行第九字「像」，麗作「懞」。

一　三六六頁下六行末字「象」，麗作「想」。

一　三六六頁下一二行第五字「明」，麗作「明當海心中」。

一　三六八頁上一行「念於或」，麗無。

一　三六八頁上一二行第四字「祇」，麗作「賴」。

一　三六八頁上一六行第四字「障」，麗作「將」。

一　三六八頁上一八行「惡仙」，麗作「惡姤仙類茶枳尼鬼」。

一　三六八頁中六行首字「業」，麗作「世」。

一　三六八頁下四行首字「得」，麗作「濁」。

一　三六八頁下一三行第八字「分」，麗作「奉」。

一　三六九頁上六行第五字「引」，麗作「護」。

一　三六九頁中一四行第一三字「樬」，麗作「樓」。

一　三六九頁中二〇行第八字「置」，麗作「最」。

一　三六九頁下七行第六字「受」，麗作「愛」。

一　三六九頁下八行第一一字「勿」，麗作「又勿」。

一　三六九頁下一三行首字「地」，麗作「住地」。第三字「住」，麗無。

一　三七〇頁上四行第三字「呪」，麗無。

一　三七〇頁上一八行第二字「一」，麗作「五」。

一　三七〇頁上二〇行第七字「是」，麗作「本」。

一　三七〇頁上末行首字「謂」，麗作「爲」。

一　三七〇頁中一八行第七字「加」，麗作「如」。

一　三七〇頁下八行首字「二」，麗無。

一　三七〇頁下一一行第四字及一六行第一三字「復」，麗作「後」。

一　三七〇頁下二二行末字「大」，麗作「晝大」。

一　三七一頁上四行末字「謂」，麗作「誦」。

一　三七一頁上五行第七字「像」，麗作「像像」。

一　三七一頁上一五行第三字「覺」，麗作「覺身」。

一　三七一頁中二行第一三字「法」，麗作「實法」。

一　三七一頁中三行第五字「難」，麗作「智」。第一三字「童」，麗作「童作者知者見者」。

一　三七一頁中八行第四字「歎」，麗作「雖」。

一　三七一頁中一四行第四字「去」，麗作「去來」。

一　三七一頁下一〇行第二字「且」，麗作「旦」。

一　三七一頁下一二行第六字「一」，麗作「之」。

一　三七一頁下一五行第一〇字「世」，麗作「世世」。

一　三七一頁下一六行「上故」，麗作「無等」。

一　三七一頁下一六行第八字「日」，麗作「月」。

一　三七二頁上一二行第四字「帝」，麗作「天帝」。

一　三七二頁上一八行第九字「之」，麗作「如」。

一　三七二頁中四行第三字「善」，麗作「菩」。

五佛頂三昧陁羅尼經卷第三　悲
大唐天竺三藏菩提流志奉　詔譯

五頂王密印品第八

尒時釋迦牟尼佛告斯會衆汝善男
子等應當受持我諸如來出現三摩
地無量无數大勇猛力一切如來安
住呪身一切如来真實種族無量无
邊未曾有法無量威德出生流布大
印及呪是中能生一切菩提能破俱
胝一切魔軍能攝一切諸大菩薩大
雄力者能令一切可畏有情生大慈
心善男子等我今略說一切辦事業
大印尒時金剛密迹主合掌恭敬白
佛言世尊願垂說示一切如来流布
威德大印及呪為當利益一切有情
以少功勳遂即成證是時世尊告金
剛密迹言汝當諦聽靜思念之我今
為汝分別解釋即先輪結一切如来
心精進印
以左右手八指右押左相叉入掌急合
握拳以二大指相並平伸押右頭指
中節上勿使頭屈印呪曰

娜莫薩嚩勃馱菩地薩埵南阿去
弭囉虎吽二合滄立滄反
若以二大拇指雙上下来去一切則名
啓召如来種族印印呪曰
唵　尒旅䑛而緘反
是二印呪名如来家精進心力能度
胱一切地獄餓鬼畜生亦能助成一
切如来功勳業事攝諸菩薩帝釋梵
王伊首羅天焰魔王水天毗沙門天
乃至十地大自在菩薩摩訶薩等
觀世音菩薩種族印呪之二
准前心印唯改左大母指屈入掌中
握右頭指右大母指依前定伸印呪曰
唵阿去嚧力
若以右大母指頭上下来去則名請
召觀音種族印
金剛種族印呪之三
准前心印當改左大母指如前伸押
其右大母指屈入掌中握左頭指頭
左大母指依前定伸印呪曰
唵拔折囉婭丁一反力
若以左大母指頭上下来去則名請
召金剛種族印

第二張　悲

輪王印呪之四
先當合掌以左右二無名指二小指
右押左相叉入掌中其二中指直竪
伸各屈第一節頭相拄其二大母指
相並入掌平伸又以二頭指平屈押
二大指甲背上頭相拄此頂輪王根
本大印乃是過去殑伽沙等一切如
来已皆共說持未来一切如来當共說
持現在一切如來令共說持為欲攝
諸有情故令共說持智者所在處授
結此印一切姤惡障㝵毗那夜迦悉
不親近審迹此頂輪王根本印一切
諸佛住百千俱胝殑伽沙劫讚說此
印功德神力亦不能盡復以種種言
辭譬喻說是大印亦不能盡若當智
者結持此印誦頂輪王呪即常不為
俱胝百千魔魔族而作惱乱是人却
後百千俱胝大劫不墜惡道何以故
是人所得福蘊功德故我於百千俱
胝大劫說亦不盡此大頂輪王呪若當
有人以一淨心常誦持者所得念力
慧力智力於百千俱胝劫所壽生處
常不退失金剛審迹首何以故如是
五佛頂經第二卷　第一張　悲

大印有大威德無量力故印呪曰　五佛頂經第三卷　第四張　悲字号
娜謨𪔀伽嚩底　阿跛羅上　底歌姤
瑟捉沙野唵怛他伽都瑟捉沙　阿娜
嚩路枳多姹馱馱斫訖二合囉鉢囉底
虎吽二合入嚩攞入嚩攞馱奇馱奇
度娜度娜弭度娜弭度娜怛囉上二合
繞野摩羅野頭反烏骨　娑娜野歌娜歌
娜畔惹畔惹暗暗惡惡各各　補弄
二合企捉補弄二合企捉軍拏里𩔩阿播
囉上介多塞怛囉二合馱哩膩反尼至　虎鉾
高頂王印呪之五
先以左右二無名指二小指右押左
相叉入掌中次以二中指直竪頭相
拄其二大母指相並伸押二無名指
中節上文以二頭指當中指側中節
上屈頭相拄印呪曰
唵入嚩攞捻反如邑　弭二合捻馱反羌逕　伽覩
鄔二合瑟捉沙去　度娜度娜虎吽
白傘蓋頂王印呪之六
准前高頂王印惟當改二中指微屈
第一節平頭相拄次開二頭指頭相
去半寸印呪曰
唵麼麼麼　虎鉾溺反你益

光聚頂印呪之七一名金輪印呪　五佛頂經第三卷　第五張　悲字号
准前高頂王惟改二頭指殊開直竪
伸頭各去中指頭一寸二分許印呪曰
唵怛他伽都瑟捉沙娜嚩路枳多姹
馱反盧骨　馱帝𪄌囉始　虎鉾　入嚩囉
入嚩囉馱奇馱奇捺囉弭捺囉覩
娜頻娜虎吽　泮莎嚩訶
重一印准頂輪王印惟改左右無名
指各直伸竪其二大指屈押二小指
甲側其二中指二頭指並屈頭相拄
如半月
是一法印亦名頂輪王壇輪結作法
印八也次勝頂王印呪之九
准前白傘頂印惟改二頭指於中指
第一節下平屈頭相拄又印准光聚
頂印改二頭指二中指上節背上側
文印呪曰
唵惹喻瑟捉沙入嚩攞入嚩攞畔馱
畔馱娜麼娜麼覩嚕鉾覩嚕鉾三合
覩嚕鉾臛反平各　歌暴　虎鉾二合
准前頂王印同即是轉法輪印之十
又以左右二小指平屈頭相拄次以
二無名指各屈入掌中其二中指各

擻屈竪頭相拄其二頭指當中指中
節側上頭相拄其二大指各押二無
名指上開二掌朧相去四寸許是一
法印能轉十二行相法輪滅諸垢障
如来雹摧煩惱印之十一
准頂輪王印惟改左右二頭指苾在
二中指背後頭相拄是一印亦名坐
印亦名頂輪王壇印
復告金剛密迹主是五大印名一切
如来頂輪王種族王印大印一名高
頂王印二名白傘蓋頂王印三名光
聚頂王印四名轉法輪印五名雹摧
煩惱印是印等名大頂王印
如来心印呪之十二
准前第一如来心印惟改二大母指
雙屈入掌中是一法印名如来心大
精進印呪者若常輪結是印誦頂輪
王呪印一呪一印心上滿七遍則能
摧滅過去一切根本重罪當以是印
作一切法成就處加被自身及護呪
神身能令神現印呪曰
娜莫三曼多勃馱南唵　愚嚩吼　尾
羅上莎訶

是一法呪功力同前第一印呪於作
法處乎用亦得是呪有大威猛力故
一切頂王使役之印呪之十三
合掌八指屈頭相拄虛掌內二大指
並直申先合掌當心大虛掌內當以
左右八指各平屈頭相拄其八指頭
各相去三分許是二大指相去三分
平直竪伸印呪曰
娜莫三曼多勃馱南唵嘷嚕嚕畔
馱莎訶
是法呪印亦能成辦一切事業自護
護他結修諸法無障惱故
如来錫杖印呪之十四
先以右手大母指橫屈入掌以頭指
中指無名指小指急握作拳屈肘掌
當前平申其左手把袈裟角出頭四
寸亦屈肘當前平申印呪曰
娜莫三曼多勃馱南唵　度嚩(奴個反)
諾馱囉拏　虎鉡
是法呪若遇諸惡一切有情則結是
印用擁護身
如来鉢印呪之十五
先以右手當心仰掌次以左手覆合

右手掌上其左小指頭與右大指頭
相拄其右大指頭與左小指頭相拄
印呪
娜莫三曼多勃馱南唵路迦播羅地
瑟耻多馱囉　野馱囉野(藥可反)　摩訶娜
膳(去)嚩勃馱播怛囉(二合)　莎訶
是法印呪具大精進常為一切如来
神力而加護之當結是印并誦此呪
一一遍終稱憶地獄餓鬼有情滿百
八遍則得地獄一切餓鬼飽食諸食
若壙野行亦結此印并誦是呪則得
壙野一切鬼神不相燒故
如来相好印呪之十六
先以左右二中指二無名指二小指
右押左相叉入掌各博掌直申其二
頭指側相拄是二大指各博頭指側
上以印到顖仰掌置於額上二頭指
頭正當眉間印呪曰
娜莫薩嚩怛他加底瓢　阿囉褐弊(毗此
反)三藐三勃𧹞弊　醯醯畔馱畔馱底
瑟侘瑟侘馱囉馱囉野　你嚕馱
你嚕度(引)嗽拏麼捉　莎訶
是法呪印名大丈夫相好若有人能

輪結此印則速成就一切悉地具大
威德者以印印頂即名如來頂印若
以印印鼻即名如來鼻印鼻呪曰
娜莫三曼多勃䭾南唵鑑(鼻異反)哩抳
(上聲)虎𤙖泮莎訶
是如來鼻印常結護身當向百千俱
胝大劫不患鼻頂等病
次如來眼印呪之十七
先以二手合掌以二大指雙屈入掌
次以二頭指各屈頭第一節押二中
指側中節上是如來眼印於頂輪王
壇清淨輪結能作大益滅諸重罪成
進頂王呪者悉地若已過世百千俱
胝劫所修功德以印威力盡悉攝來
積集功德蘊印呪曰
娜莫薩嚩怛他伽底　瓢阿囉曷弊(毗藥反)
三藐三勃睇弊　唵嚕嚕塞普嚕入
嚩攞底瑟侘　悉䭾路者泥薩嚩喇他
娑䭾寧　莎嚩訶
金剛密迹主此如來眼大明王呪是
十俱胝佛同共宣說我於往昔為菩
提時於是十俱胝佛前授得斯呪若
當呪者以一精心誦持是呪則得一

切菩薩呪神悉現在前一切金剛種
族呪法亦皆成就是故密迹持五頂
王呪者應先每誦斯呪七遍或三七
遍是大明王呪如來今為一切有情
得大安樂故說呪者若遇暴惡性人
呪手摩面默誦斯呪對共論說義理
得彼懽喜亦能摧伏一切魍魅魍魎惡
鬼神等密迹主若人持頂輪王呪一
所祈法二所祈法不成證者則以加
此大明呪王齊等雙誦滿二十万遍
決定成就頂輪王呪最上悉地若未
經是一二作法而雙誦者則加損缺
持呪者身
次如來眉間印呪之十八
准如來眼印惟改二頭指各當中指
背上節頭離中指節一分許印呪曰
娜莫三曼多勃䭾南紇㘕(二合)虎𤙖(二合)
此如來眉間毫相印呪是一切如來
已所宣說我今亦說輪此印時大自
在天俱摩羅天俁哂野天等皆不嬈
惱何況諸小魍魅鬼神而能惱耶
次如來口印呪之十九
惟如來心印惟改二大母指並押申

等屈頭節去右頭指側二麦顆間以
印置於面門是二大指背頭節正當
眉間印呪曰
娜莫三曼多勃䭾南抧㘕抧㘕虎𤙖
是一印呪有大焰炸能速助辦一切
事業呪者若常輪結斯印當口閒著
誦此口呪二三七遍復誦頂輪王呪
者以印呪力三界人天見聞語論悉
皆敬愛是故此人應常和雅真軟法
語是人當於百千俱胝劫不患口疾
是大自在天毗瑟努天及諸天龍八
部鬼神聞此人語悉皆敬伏況餘諸
小魍魅鬼神
難勝奮怒王印呪之二十
當以右膝著地左脚屈膝踏地作欲
起向前鍱(又𩫢)身勢仰面努目邪視
左邊當以右臂及手指等右邊向後
側辟邪緊急努臂似向地勢其五指
散磔開手掌似覆似側次以左臂左
邊向後緊握急努屈臂手向上其五
指似散竪努磔開掌面向前結是印
時大怒聲稱虎𤙖字三七聲者隨所
障罪則皆破滅欲界魔王及魔軍將

悉皆摧碎我昔初詣淝連禪河沐浴
身已趣此菩提樹下坐金剛座是時
當有無量百千俱胝魔衆各持種種
惡繖怒相嬈惱我時難勝奮怒忿於
我前從地踊出示女狀相瞋結斯印
摧諸魔衆種種相怖一時散滅无能
惱者當是夜中欲明我時即證通無
上正智觀見世間一切沙門婆羅門
無有證者摧魔印呪曰
娜莫三曼多勃馱南唵　虎魯虎魯
戰拏足如以里摩蹬倪　莎訶
金剛密迹此難勝奮怒王呪是我所
說若當呪者遇大惡怖鬼等處欲護
身結界造修法者則勤精進持結此
印誦以斯呪趣修此法則無障惱速
成就故
次如来槊印呪之二十一
端身結加趺坐以左辟手仰掌横屈
中正當臍下其四指相着直申是大
母指微屈直申博着頭指根側次以
右手大母指與頭指頭相捻其中指
無名指小指相著並申微少似屈是
大母指頭指頭與右手小指頭相拄

是一法印智者常輪持結者現於此
生於當壽生永不退失信進慧力如
来行力得諸如来而加護念印呪曰
娜莫三曼多勃馱南唵弭惹如者反曳
摩訶鑠底没馱喉虎鉡二合泮吒弭惹
以你泮吒𠯆伽犁泮乇　莎訶
是一法呪每日三時誦以三七徧速於
三界得無障导勝成就故
次如来臍印呪之二十二
准如来槊印惟改右手大母指頭指
頭去離左小指頭一麦顆間是一法
印亦名諸佛大力雄印智者若常憶
持輪結并誦齋呪則得銷除一日二
日虐病痿黄之病腸頭痛病及諸等
病又得一切灾障自然殄滅當壽福
命安隱豊樂印呪曰
娜莫三曼多　勃馱南唵　紙置紙置
莎訶
是一法呪能現如来種種色類不可
思議神通變化誘引有情
次如来甲印呪之二十三
當以右手大母指横屈掌中以頭指
中指無名指小指急握大指作拳

是一法印名諸一切頂王心印智者
若常以印頂項左右肩膊及印心上
得大威力呪者精勤持修於法若無
斯印則無荘飾如形裸陋如國無主
如屋無人如食无塩如池枯涸如地
空無藥林花草如事火外道婆羅門
無法呪依如王乘車無控御者呪者
如是雖復精勤若無甲印則為魔嬈
無所成効印呪曰
娜莫三曼多勃馱南　唵部引　入縛二合
攞虎鉡
是一法呪名如来金剛句三摩地常
用護身如王被甲嚴加器杖則不怖
畏惡賊兵衆如此呪者亦復如是每
日三時量力量法如法勤修是甲印
則速成就無所怖故
次如来鬘髻印呪之二十四
准前甲印惟改申中指直竪以印安
頂直聳竪印呪曰
娜莫三曼多勃馱南阿去㗚𤙖二合
是一印呪名如来鬘三摩地門力能
成作一切事業
次如来耳印呪之二十五

准前甲印惟改中頭指直竪以印竪安耳門與上耳輪齊印呪曰

娜莫三曼多勃馱南斛迦二合

是一印呪名如来耳三摩地門常結印呪耳速當除滅一切耳病證天耳通

次如来牙印呪之二十六

先以左手頭指中指無名指小指急屈把拳莫使露脚又以大母指直申押頭指正側上其大母指面上第一文與頭指外背齊以印置左牙牙頷右亦如是印呪曰

娜莫三曼多勃馱南唵怛他伽多能瑟傪如礼反嘫二合虎吽二合泮莎訶

是一印呪名如来牙印三摩地門有大威力誦以斯呪結印則於當来世得佛齒牙

如来受記印呪之二十七

以右辟當胷直平申其頭指中指無名指小指急把拳其大母指竪屈頭去頭指側二分閒是一法呪過去一切如来未来一切如来現在一切如来皆以此印而受記别是故智者常結是印與諸有情受菩薩記印呪曰

娜莫三曼多勃馱南唵虎吽二合特嘫

是一印呪能成一切如来事業以印呪力生生常得念力進力戒定固力福勝藴力不為一切諸惡鬼神而嬈惱故

次如来髆印呪之二十八

准前甲印惟改辟直申向上印呪曰

娜莫三曼多勃馱南畔惹　阿呬泮吒莎訶

是一印呪名如来髆印三摩地門具大神力勇猛殊特成衆法故

次如来𡜐印呪之二十九

准前甲唯改屈辟以印拳面印當心上印呪曰

娜莫三曼多勃馱南　嘱(䁘室反)伽(魚迦反)囇撲(普木反)

是一印呪名如来𡜐印三摩地門

次如来幢印呪之三十

先以右手大母指横押中指無名指小指脚上以頭指直申磔竪申辟直上印呪曰

娜莫三曼多勃馱南　劄(如價反二合)傪(傪字不)

是一印呪名如来幢印三摩地門

次如来卧具印呪之三十一

准前幢印翻印手頭指當胷下印呪曰

娜莫三曼多勃馱南阿去骨録二合

是一印呪名如来卧具印三摩地門

次如来乗印況之三十二

准前幢印改屈辟手當心前側辟手申印呪曰

娜莫三曼多勃馱喃虎吽迦浮嘫二合唵

是一印呪名如来乗印三摩地門

次如来頭印呪之三十三

准前幢印改以印手捻頭頂上印呪曰

娜莫三曼多勃隨南唵慕馱馱顊莎訶

是一印呪名如来頭印三摩地門

次如来肋印呪之三十四

以右手無名指小指雙屈頭拄大母指面其頭指中指並著直竪申印呪曰

娜莫三曼多勃馱南唵虎吽揭

是一印呪名如来肋印三摩地門

次如来見印呪之三十五

以右手中指屈頭與大母指頭相拄
其頭指無名指小指相並直上竪
申呪曰
娜莫三曼多勃馱南 唵䟦比皆反囉上
毖地迦履 莎訶
是一印呪名如来見諸法性三摩地門
次如来光焰印呪之三十六
准前見印唯改頭指無名指小指向
掌散開微屈如月初生印呪曰
娜莫三曼多勃馱南 唵 入嚩囉泥上
莎訶
是一印呪名如来光顯諸法故
次如来光照印呪之三十七
以右手大母指竪申搏著頭指側以
頭指直竪申其中小指各申向掌屈
如月初生又以無名指向掌屈如鈎
形印呪曰
娜莫三曼多勃馱南唵 虎許麼平明反
麼上同 泮 莎訶
是一印呪名如来照諸三摩地門圓
滿現故
次如来脣印呪之三十八
准前光照印唯改中指少許竪申一

麦顆閒印呪曰
娜莫三曼多勃馱南阿阿嚩無可反嚩憾
是一印呪名如来脣三摩地持者當
得滅諸罪故
次如来舌印呪之三十九
以右手頭指中指無名指小指並相
博著當心仰掌平申其大母指攢掌
中印呪曰歸命同上
唵娜囉你喍蒲紺反慧上旨肚 虎許泮莎訶
是一印呪名如来舌三摩地持者當
得如来舌相福圓滿故
次如来三摩地印呪之四十
以左手五指相並當臍下上麦顆地側
攢仰掌平申次以右手四指相並亦
側攢仰掌平申以手背押左手掌上
其左大母指攢屈掌中印呪曰歸命同上
唵阿底捨耶尾訖囉迷莎訶
是一印呪名如来臍三摩地故
次如来金剛光焰印呪之四十一
准前三摩地改當心上印呪曰歸命同上
虎許入嚩攞跋曰囉 緊喹闍引
喹闍二合引祖
寤迹主此金剛光焰印呪亦名過去

未来現在一切如来金剛光焰心三摩
地大明呪王一切證地大菩薩等及
諸天龍八部鬼神大威德者皆無能
越況餘下者魑魅鬼神
次如来小腹印呪之四十二
以右手臍下一寸横申仰掌五指相
並次申左手五指相並皆押右手掌
上其二手側者肚印呪曰歸命同上
唵怛縒怛縒塞僧乙反 普縒普縒蜜
捺奴乙反囉跛寧上跛囉上末娜寧上膜
娜寧上頻娜寧 虎許二合泮 莎訶
是一印呪切能准前
次如来脊印呪之四十三
以右手大母指押頭指無名指小母
指押等勿使胛露次以中指攢押大
母指上印呪曰歸命如上
縊烏以反迦履鄉迦嚗乹馱質都嚧二合
娜囉麼抳捺囉 莎訶
是一印呪切能准前
次如来脞印呪之四十四
准前脊印又改押中指頭胛申出頭
指頭胛大母指胛上印呪曰歸命如上
唵都他他可反者 莎訶

是一法印功能准前
次如来大慈印呪之四十五
准前脊印又改押頭指頭胛出無名
指頭押大指胛上我為一切垢重有
情說亦慈印令生慈心于我昔坐於菩
提樹下以大慈心持結此印得諸魔
軍而自散伏結此印者應以一切佛
力法力阿羅漢力慈念心力持結此
印則得一切極重罪垢速皆銷滅呪
曰(歸命依上)
怛地他　君律(輕呼)倪(魚拟反)顊盎(烏浪反)
矩履㦃嚄(引)者鉢喇(二合)拏捨𡁠嚄
落乞灑落乞灑麼吽(二合)俱磨哩失
哩耶　摩里你　莎訶
是一印呪名一切如来大慈印呪若
有呪者常起慈心持此呪印則當不
為一切毗鄉夜迦虎狼怨賊鬬諍灾
難攢干娆惱以印呪力速證慈心三
摩地故
次如来無垢印呪之四十六
准前慈印又改無名指頭大指下押
却次以小指頭押大指胛上印呪曰
娜莫三曼多　勃馱南　虎吽　暮喇

達泥(二合)虎曾虎吽泮莎訶
是一印呪智者常誦呪作飲食乃服
持喫能滅衆罪又常不為毗鄉夜迦
食中惱害
次如来甘露印呪之四十七
又以右手大母指攢押頭指中指無
名指小指胛等印呪曰
娜莫三曼多　勃馱南唵　印倪(魚拟反)
顊部哆(得賀反)顊莎訶
是印呪能令持者證甘露法大解
脫門
次如来大師子吼印呪之四十八
先合掌當心左右二手大母指各屈
掌中又各以二頭指二中指二無名
指二小指屈握大母指作拳其左右
頭指中指無名指小指等各胛背相
合著是八指頭掌印呪曰
娜莫三曼多　勃馱南唵勃比攞熱置
攞㗚泮莎訶
是一印呪名大師子吼成就金剛頂
輪王數能廣示現不可思議一切未
曾有越意事故
次如来相字印呪之四十九

又以左右二手八指各伸磔開右押
左相叉押中節其八指指頭各直竪
伸勿著岐間其二大母指亦各邪磔
竪中頭相去寸半以印當胷三寸地
著印呪曰
娜莫三曼多　勃馱南示(紫二切)
是一印呪名如来大丈夫相印三摩
地門
次如来洛訖瑟弭吉祥印呪之五十
以左右手腕合相著其十指磔開直
竪微屈伸頭各相去一寸半開如開
蓮花印呪曰
娜莫三曼多　勃馱南唵　秦(上)没囉(上)
歌弭(二合)羅訖溢弭　莎訶
是一印呪名如来吉祥印三摩地能
令持者得大財實衆人敬讃
次如来般若波羅蜜印呪之五十一
以二手合掌虛於掌内如未開蓮花
朵印呪曰(歸命如上)
唵　戍嚕底　塞蜜喋(一合)底弭惹曳
莎訶
金剛密迹主此一印呪名如来般若
波羅蜜印三摩地門所有三世一切

如来諸大菩薩獨覺聲聞等皆從此之般若波羅蜜印呪三摩地門生成證阿耨多羅三藐三菩提地是知此印呪有大威德名於三世一切如来諸大菩薩獨覺聲聞母故

次如来大悲印呪之五十二

准前般若印唯改屈二大母指入掌中印呪曰（歸命如上）

唵怛㘑（盧亘反 彈舌）伲（泥以反）纈席吽（二合）泮莎訶

是一印呪名如来大悲印三摩地門

次如来膝印呪之五十三

以二手合掌各以小指右押左屈入掌中印呪曰（歸命如上）

唵娜暴（合）吉纈（合）跛囉（二合）你跛多乜莎訶

是一印呪名如来膝印三摩地門

次如来脚跺印呪之五十四

以二手合掌各以無名指右押左屈入掌中印呪曰（歸命如上）

阿多𠻬多𠻬嗢多𠻬跋佐囉暮乞使（二合）捉莎訶

次如来脚印呪之五十五

以二手合掌各以中指右押左屈入掌中印呪曰（歸命如上）

唵拔佐囉　商𦉪羅部使𢷤　娜囉入嚩擺　席鉡莎訶

尒時世尊誥金剛密迹此等印呪從一切如来大丈夫相莊嚴身分支節所生汝善男子如来有無量俱胝百千印是一一印各有無量儻從印故當後世時少福有情成此呪王我今但為當後世時成此呪者得大利益略說斯呪密迹汝當讀誦依法受持如此印呪為當来世一切有情分別解釋項王印呪功績力故若有善男子善女人樂成此大項王者應常清潔恒誦此呪恒結此印是人則得無量百千稱歎功德銷滅一切黑闇垢障為諸如来大菩薩等歡喜憐愍於所生處得宿命智身心相智皆得圓滿無諸夭病能與一切有情作大光明能於惡界度脫有情得大辯智具大精進光明威德眷屬圓滿洞解世間一切善巧亦能治救一切有情煩繞癡病常得十方一切如来加被護念獲菩薩身若當有人日日常持此

等印呪稱已之名則當不為一切毗那夜迦逼迫嬈惱一切罪障自然殄滅於現身成此頂輪王者則當来世速得證佛無上正等菩提三摩地故金剛密迹此等印呪皆是一切如来種族真實印呪故我今釋迦牟尼如来為令成就頂輪王者說示印呪故

五佛頂三昧陀羅尼經卷第三

五佛頂三昧陀羅尼經卷第三

校勘記

一 底本，金藏廣勝寺本。三七五頁中、下原缺，以麗藏本補。三七六頁上原殘缺，以麗藏本換。

一 三七六頁中一五行第四字「文」，麗作「又」。

一 三七七頁上六行第一三字「苾」，麗作「柲」。

一 三七八頁下三行首字「眉」，麗作「脣」。

一 三七八頁下二〇行「緊握」，麗作「擡緊」。

一 三七八頁下二二行第二字「大」，麗作「發大」。

一 三七九頁上六行「相怖」，麗作「怖相」。

一 三七九頁上七行第九字「我」，麗作「曉」。

一 三七九頁下七行第三字「呪」，麗作「可」。

一 三八〇頁上一〇行第一三字「牙」，麗無。

一 三八〇頁上一五行第一〇字「則」，麗作「印牙」。

一 三八〇頁下二行第一二字「下」，麗作「下指」。

一 三八〇頁下六行第六字「况」，麗作「呪」。

一 三八〇頁下七行末字「手」，麗作「平」。

一 三八一頁上三行第二字「呪」，麗作「印呪」。

一 三八一頁上末行末字「一」，麗無。

一 三八一頁中一六行第二字「左」，麗作「右」。

一 三八一頁下一四行末字「母」，麗無。

一 三八一頁下一五行第二字「押」，麗作「甲」。

一 三八一頁下二一行第一一字及二二行第七字「胛」，麗作「甲」。

一 三八一頁下二二行第三字「胛」，麗作「押」。

一 三八二頁上五行第一〇字「子」，麗無。

一 三八二頁上二一行第一一字「大」，麗作「於大」。

一 三八二頁中一七行第七字「掌」，麗作「勿着於掌」。

一 三八二頁下二行第三字「叉」，麗作「叉相」。第一〇字「指」，麗無。

一 三八二頁下四行末字「地」，麗作「閪」。

一 三八三頁上四行第八字「於」，麗作「主」。

一 三八三頁上五行第五字「獨」，麗作「一切金剛獨」。

一 三八三頁上二一行與二二行之間，麗有「是一印呪名如來脚踝三摩地門」一行。

五佛頂三昧陀羅尼經卷第四　悲

大唐天竺三藏菩提流志奉　詔譯

五頂王修證悉地品第九

尒時釋迦牟尼世尊於是之時為未來世一切有情復觀大衆謂金剛密迹首言於當來世多有下劣精進頑愚有情心貌澤垢百行見不能成就無上大法若有淨信純直有情愛樂呪法發菩提心行常直正具精進者密迹我為此人略說此頂輪王無量殊勝功德威力是諸如來大菩薩等所讚導處亦是無量佛三摩地門所出生處能令超過一切魔界示大如來色身摧破一切惡天龍藥叉羅刹諸惡法心伏恭敬所有諸佛菩薩金剛諸天呪法悉攝此中我於無量百千俱胝劫讚說此呪亦不能盡是頂王呪過去一切如來為彼有情已教說示我亦曾於過去無量百千佛所親聽受得此頂王法是今得為釋衆中尊亦為今當說是呪法金剛密迹若有人精持憶念此頂王呪則除無量

八難怖畏破諸魔軍滅諸重罪前說像隨畫一像以白檀香泥摩飾壇場日日三時依法澡浴著新淨衣三時供養三時誦呪輪結印等誦頂王呪滿二百万乃倏三月白月一日揲持慈底延花當畫像上繫為傘蓋正於像前莊嚴三肘壇摩以白檀香泥塗摩壇面乃復持以種種塗香末香燒香蘇燈香水飲食花等壇上布列如法獻供舉月一日誦頂王呪佛眼呪一千八遍至十五日繞壇四面加然蘇燈一千八盞結金剛座迢迢誦呪至後夜忽於空中聞雷震聲像現三相一花蓋動二畫像上放大光明三像自動觀斯相已心所願求皆得圓滿若依法精懃誦滿一俱胝數名下承事供養於佛若常依法誦二俱胝名中承事供養佛滿三俱胝名上承事供養於佛證大自在菩薩住地作法無导力能調伏一切天龍八部鬼神施樂調伏天龍神者誦之四遍則各敬伏隨呪者意若欲證大菩薩地當詣海砂潬上或江河岸沙潬上誦

呪印塔長二肘一呪印一塔隨一一塔前置花香水燒香誦呪滿七俱胝於㝡後塔放大光明入呪者身於斯之時三千大千一切釋梵天他化自在天樂變化天廣果天淨居天色究竟天及諸天等并種族天各住於空雨衆香花種種歌讃及諸龍神藥叉羅刹一切鬼神亦皆會湊散花供養而讃歎之所有寒氷地獄有情皆得温適所有猛火地獄有情皆得凉適是時呪者得大威德身證神通為天中天身金色相如感年者證大智慧於空自在以諸天等前後圍繞騰空自在其所同伴見作法者皆得隨從為天仙王以無量百千呪仙前後圍繞詣諸佛刹隨心皆至或處天帝釋宫分座同坐身貌威光精進智慧一切天人無有足者及證菩薩方便善巧甚深智慧調伏有情復增壽命无量數劫見諸如来出現成道是時如来讚説伽他

彼不思議天人敬　斷諸貪垢邪見輪
身及智慧大精進　當獲神通利有情

成就輪王證佛地　得壽天中法勝尊

金剛密迹此成就法昔寶髻佛為凡夫時修持是頂輪王此成就法金剛幢佛佛光明自在王佛如是無量佛等一一修持此成就法復有觀世音菩薩不動處菩薩曼殊室利菩薩普賢菩薩如是無量大菩薩等皆凡夫時修持此法獲得菩提密迹如汝往昔因地過金剛幢如来法欲滅憐愍有情難作能作修成佛眼大明呪故若當来世者亦復如汝堅固精進發菩提心憐愍有情修此頂王則得成就復別修法應常對觀頂輪王像前誦滿百万遍乃於白月十五日加洛清淨衣一日一夜不食不語持以白芥子和水呪一千八遍像前散灑周遍八方結為壇界以諸飲食香水花布置供養壇上四面懸諸幡蓋持好雄黄置一蓮葉上置壇中心面東趺坐呪是雄黄令現三相若得煖相即能調伏一切有情若得煙相即證安怛陁鄰大仙若得光相持以塗身證如感年身金色相以諸呪仙前後圍繞

壽命一劫為呪仙中大轉輪王成就牛黄法亦如是又法伺候佛神通月舉白月一日一出一浴著新淨衣三時供養三時懺悔發願誦呪啓請諸佛轉大法輪時則誦頂王一千八遍如是作法至十五日加復精懃一日一夜不食不語持以新淨僧伽梨衣或以錫杖或以鉢盂呪一千八置於壇内復以種種飲食花香布設供養周勤結界擁護於身面東趺坐逕逕誦呪呪僧伽梨衣令現火焰呪者覩已即證呪仙騰往佛刹能現身壽命一劫又法佛神通月詣河岸砂潬屢印一肘佛塔滿十万數至十四日如法護身復於像前廣設供養坐茅草席右手持一新淨之鋼誦頂王呪乃令空中出衆語讚其頂王像上放大光照呪者身於其空中無量天樂不鼓自鳴時阿修羅女及諸呪仙呪仙種族亦皆集會無量讚歎是時呪者即證身通為呪仙王著諸天服騰往自在遊戲佛上壽命大劫又法詣山高勝頂上嚴飾壇界置像面東結印

五佛頂經第四卷　第六張　悲字号

護身持以諸藥種種果子𤍠為齋食勿飲食誦頂王呪三七遍乃當持以死陁林鐵鑄為輪輻相具足其作輪匠六根端正教鑄治已將一善伴詣阿修羅窟於窟門前懸像結壇以法陁羅木肘截然火燒設火食以白芥子無樓木葉黑芥子油如法相和坐茅草席右手把輪一呪一燒滿十万遍則破修羅門鏁輪二十万遍時修羅宮殿則大火然三十万遍則修羅童女而自出現恭敬白言大士今何作為願入宮殿隨所徒伴亦皆隨入任所使為呪者入時勿將伴去何以故恐損害故若入去時左手把輪誦呪直入宮殿中為修羅等修羅宮殿一切財寶悉屬呪者及中一切修羅大仙修羅童女皆僕從若於世間遊行住者身亦得證現身壽命一大劫

五頂王普通成就法護摩品第十

尒時釋迦牟尼如来於是之時入于一切密法光中佛不思議界神變三摩地王其殑伽沙一切諸佛同是之時亦入一切密法光中不思議界神變三摩地王是時金剛密迹從座而起合掌恭敬遶佛七匝却住一面瞻仰如来目不異顧是時釋迦牟尼如来與殑伽沙一切如来從三摩地安詳而起告金剛密迹王汝當諦聽一切佛說五頂輪王異呪同法能示現妙大不思議不廣略法若有成證如諸佛說密迹一切頂王通用呪品我今先說一切頂王最勝三摩地同請喚身呪曰

五佛頂經　第四卷　第七張　悲字号

娜麼　皤伽伐底（丁札反）鴟瑟膩沙去耶　翳呬曳呬　薄伽畔　達摩囉（上）闍鉢囉（上）底（丁札反）纔麼麼（名翻）喝㗚劄（二合）儉（引）健馱補澁波麼跛末麼者惕遮避囉（上二合）乞使（二合）娜跛羅底（二合）歌多末擺播囉（四）訖囉（二合）摩野莎訶

是諸法持以白花呪三遍請召一切諸佛頂王菩薩種族壇中會坐

一切供養呪曰

娜麼　皤伽伐底　鴟瑟膩沙去耶縊（以烏反）麼鉡（二合）健談補澁跛鉡（二合）度跛鉡（二合）𠸪嚫你跛鉡（二合）者跛　娜跛囉（上二合）底（丁以反）車篤囉車駕囉薩波步地毖

五佛頂經第四卷　第八張　悲字号

耻帝達摩囉闍波囉底吹路耶莎訶

是一法若供養時持以塗香花水燒香及諸飲食皆呪三遍

請火天呪曰

娜麼　皤伽𠷈底　鴟瑟膩沙耶　翳呬曳帝𠷈（他耶反）摩理𥝖（去）阿𧻷（其要反）娜曳莎訶

是一法燒火食時誦以三遍先請火天燒食供養後乃燒食供養諸佛菩薩及諸擁護大士發遣火天呪曰

娜麼皤伽𠷈底　烏瑟膩沙耶（此不句同上）

是一法一切獻火食都已同畢誦三七遍發遣火天

一切頂王心呪曰

娜麼皤伽縛底　烏瑟膩沙耶唵　拄嚕鉡（二合）畔馱　莎訶

是一法自護護他營一切法悉皆清淨

大摧碎頂王呪曰

娜麼　皤伽𠷈底　烏瑟膩沙耶唵　徵枳囉（上）拏　度曩　度曩　杜（重引）

是一法若為眦娜夜迦嬈惱障者常以是呪灌頂身結界結壇一切通用若作頂王大結壇者淨屋舍時亦以

此呪呪火食灰白芥子等一百八遍
相和散於屋舍内外四面或以一切
頂王心呪以水灰等持散灑之或以
所誦持身呪心呪亦得又誦摧碎頂
王呪佉陁羅木橛四枚一百八遍
釘之四方結為壇界
摧悪鬼神呪曰
娜麼皤伽嚩底 隝瑟膩沙耶 薩嚩
米趄 娜苾途梵二合 縒迦引耶 咄露
二合縿耶 莎訶
是一法能摧一切衆悪鬼神及呪同
伴蓋結護身四方住立施為大法
大難勝頂王呪曰
娜麼皤伽嚩底 隝瑟膩沙耶 薩嚩怛
囉上癸反阿跛囉尒多耶喃 捨麼野捨麼
野扇庢丁礼反難去底丁礼反達麼囉平二合闍
磨使庢丁礼反摩訶苾地二合 薩皤喇㑅
他可反娑馱頓莎訶
是一法呪以新淨瓶滿盛香水呪百
八遍灌頂浴身能除遣一切罪垢災
厄眯鄉夜迦等晝夜擁護能除悪夢
尒時釋迦牟尼世尊告密迹言是五
頂王復有少法但擬誦持結如来頂

印印於頂上呪印三遍則成擁護或
火食搣或白芥子呪之七遍帶佩繫
身亦成擁護若為災厄魍魎之疾令
白線索一呪一結帶佩身頸則得除
滅若樂於屍陁林作諸法者結印誦
呪一百八遍則護益身任所作法若
扇底迦法呪蘇火燒則應法成若取
伏蔵以淨練蘇一呪一燒一千八遍
取無障㝵或以白芥子一呪一燒一
千八遍亦得無障又法於月蝕時摩
壇燒香銀器盛乳置壇中心專知呪
乳特勿觀月月欲如故即持服之能
除一切身中尼難
又法諸山頂住常食粳米乳飲面東
趺坐誦呪滿三洛叉三十万巳則三日三
夜不食不語以菩提木肘截然火持
以油麻酪蘇蜜等相和於三日三夜
一呪一燒勿使間斷滿三日三夜欲
明之時則得冨貴財寶自然
又法以白芥子和油毎日三時一呪
一燒一千八遍七日巳則得他人而
自敬伏若燒白花降伏婆羅門若燒
黄花伏刹利黒花敬伏田舍人若欲

遣伏邪見悪人者以稻穀糠苦練木
菜毒藥等相和一呪一燒即得遣伏
若罰悪人以黒芥子一呪一燒則得
摧伏
若欲遣伏作病鬼者結印誦呪毎呪
後加誦泮字
若人著毒垂毒藥悶惱疾痛者呪後
加誦若顫二字七遍又加三字七遍
人加泉字七遍又加縿目二字七遍
皆音誦之
若欲冨饒者以諸乳木肘截然火持
諸果子蘇蜜相和一呪一燒則如所願
又法以白油麻和蘇蜜一呪一燒亦
得如願
又法以古嘍草寸截和蘇一呪一燒
滿一洛叉則轉正業命更得增壽
又法以蘇一呪一燒得大威徳
又蘇乳相和一呪一燒得大安隱
又法蘇酪相和一呪一燒大得財食
如是火食者毎日三時時別一千八
遍各滿七日則得成就密迹又有頂
王大法樂成就者於舍利處或山頂
燒香供養面東趺坐結印誦呪滿三

洛叉乃燒稻穀花和蘇蜜像前趺坐每日三時三掐攥持一呪一燒一千八遍滿一洛叉又詣大山松栢林處三日三夜不食不語面東趺坐誦頂輪王呪滿一洛叉已結髮髮角若是俗人跣髮呪結得安怛陁𨚗世間遊行不為人得見

又法諸山頂住常食大麦乳糜常面於日結加趺坐誦洛叉遍亦得證安怛陁𨚗

又法以左手為拳呪滿洛叉證如上法

又法若月蝕時塗隨心壇以赤銅器盛赤黃牛蘇置於壇內持赤銅筯調攪蘇呪蘇莫絶令現三相一沸沫相呪者服之得大文持二現煙相服者得大安怛陁𨚗三現光相服得證身通成就雄黃法亦如是又法於舍利處山頂處蘭若處深山谷處河泉處所作輪法劒法杵杖鹿皮等法皆各先呪一千八遍然乃依法誦呪如是成三悉地法三昧耶故金剛密迹主汝又諦聽五頂王同成就法是諸佛說以少功力則得成就若作法時聞見訖哩迦羅緩垂聲迦迦鳥好鳥等入之作法則得成就每誦呪遍常聽歸命一一誦持迴施有情冣上勝證大果福故若有愚智人尠福有情三千日中誦持斯法無量艱苦乃得成就是故此法若修持者精信一心淨持一行沐浴清淨不營雜法唯持此法應為佛果濟救衆生則得福果冣上證地常夢見諸天大威德者即得成就密迹此法如是若有人能依方法教發菩提心讀誦受持聽聞思修則獲勝福成就一切何以故是法以於聞智等三智證成是故此法我已廣略為當来有情說是法故

復告密迹於當来世時多有有情下劣精進下劣修學我慢邪慢瞋癡具縛慳貪嫉妬諂曲邪命儀服徐行外示賢相不覩法律無羞愧藏魔鬼嬈心唯說斷見空無所有如斯有情意思業思晝夜如是雖多功苦受持諸呪永無證効我今為斯魔業有情破黑業故說往諸佛難勝奮怒王呪為令利益此之有情得冣證故有能精心每日三時受持誦者則破滅一切障難魔魅障業於時金剛密迹歡喜踊躍礼佛雙足曲躬前立白世尊曰

救世大覺尊　智者所恭敬　我今樂顧聞

難勝奮迅王

尒時世尊即說呪曰

娜母囉怛娜(二合)怛囉(二合)夜(引)也娜麽薩婆勃陁冒地婆覩味(二合)蜜也(二合)怛地也(二合)他𠺕𨚗𠺕𨚗𠺕𨚗嚩嚓怛他薩婆多索訶佐伍薩婆勃陁你尾駃伍阿帽伽阿波囉(二合)庡(丁以反)呵帝阿波囉𠺕帝微囉劑微薩婆多嚕耶夷(二合)微磨𠼐你捺囉(二合)娑囉(二合)呲嚕嚩庡曳(二合)味吼娜以挃慈囉地上薩婆迷薩庡曳(二合)你囉固喇磨囉嚩攞微𨚗捨芘賖抧耶(二合)母泥曳(二合)娑挃(二合)睹薩嚩𠼐娜味利曳(二合)拏喏迦叉(二合)喏迦叉(二合)麼吽(二合)(稱名)薩波囉機𡅏嚩哆上薩嚩迦去楞囉鄰祖去嚧𨚗伽庡曳(二合)娑去你尾𠰒聿(二合)徒𨚗孕(二合)賀弭也(二合)伽囉(二合)薩囉惹哩(二合)跛泥嚩薩埵婆𨚗伽藥迦叉邏迦又娑弭庡礼(二合)必舍遮步多𨚗婆娑磨(二合)囉布多娜迦吒布多𨚗箇枯嘌都(二合)

枳多二合囉迦沫多平攞訖里二合底也二合
迦喋磨拏滿底囉二合庚伽祖去喋拏
二合庚伽多抧底庚二合烏祖入賀囉薩婆
睹耶努師覲二合波地囉二合嚩波薩偬皈
耶細鼻曜二合嚩母寧都二合婆伽伐底
也二合烏馱攞覔嗌経二合嶷囇嶷囇囉
怛鄉二合古囉婆摩失哩二合鞞弭哩弭哩
阿迦含馱覩陁啫吼企哩企哩薩婆
怛他蘖多利耶二合失囉二合伐迦嘮伽囉
步鞞茫徽物你夜二合刹耶二合末囉
呵磨怛他蘖多怛杝蘖帝徽濕縛二合
晉底也二合麼囉跛攞迦囉二合謎鄉冒嚩
蘖伐底耶二合跛囉嚩帝嚕迦叉醬迦
叉麼麼薩婆訥師覩波捺羅二合袍
波耶薛曳二合西比也二合莎訶
尒時如来說是呪時大千界大地諸
魔宮殿一時皆大六反震動是時如
来告金剛密迹此呪是我所說稱讚
七佛十力功德為令利益諸有有情
受持成就頂輪王呪及諸呪者令淨
如法書寫佩帶頸脖頂上則速成證
呪神置前圍繞讀念若有往詣淨不
淨處應先誦是難勝王心呪三遍則

常不為一切天魔魔人等而障惱若
一切諸惡鬼神不伏違逆難勝王心
呪者則不得入毗沙門城背叛一切
金剛種族及自種族亦相背叛密迹
此明王心呪有大威德能成護衛一
切事業諸佛菩薩悉皆隨喜
尒時世尊又告密迹我為一切苾芻
苾芻尼信男信女等所持成就此不
思議頂王印呪說行三昧耶門應各
依所清淨持戒發菩提心請阿闍梨
入受法壇如呪法行善根具足依善
知識計思正念善巧方便觀知法界
如虛空性入深般若波羅蜜多無二
別心不放逸不妄語常不平暴嗔欺
我慢相嘲相誹謗說有情依持三世
諸佛菩薩境界法行善了分別隨喜
修學不惜軀命遠離人間住阿蘭若
每日三時發菩提心歸佛法僧誦菩
薩戒如所驗習思惟法義修四攝法
塗掃佛塔摩壇供養發精進心心口
唯一應常謙下恭敬和上闍梨同學
憐愍有情了達密義樂恒精進濟度
有情住於佛住如是相應則得成就

又告密迹若有證成頂輪王者為當
来世身金色相光明過百千日映蔽
衆相皆不現之證成頂王呪法者衆
生見者皆大歡喜如如意樹所樂圓
滿復次密迹若有菩薩證此頂法心
樂變化天諸美食施雨地獄一切有
情則皆圓滿修此法者十地菩薩亦
不能障密迹此一字王於諸呪中而
最為上若成就者菩薩果行悉皆圓
滿所有十重一切罪垢地獄之報悉
皆銷滅獲諸神通一刹那中即遍遊
往十方國土及阿迦尼吒天行菩薩
行得一切佛一切菩薩獨覺聲聞
諸天歡喜讚歎若欲遊往無邊世界
尊化衆生隨彼言音說諸妙法亦皆
圓滿乃至遊往無量无數種種世界
隨所世界現種種身皆得色相言詞
巧妙於是如来復說偈言

成就輪王秘密者　相好起特鞞羅天
諸明仙中大威德　各手執劒若青蓮
相鬪紛騰如雲轉　勇來威光蔽日月
若有受持頂輪法　如是難調皆調伏

尒時世尊又告金剛密迹主我復為

當来一切呪者略説三種悉地成就處所謂上中下如是三悉地各復有三或有淨不淨處智者善知謂天上三勝處中謂大河岸海岸山中下謂大泉池有蓮花處多花果林處屍陁林處如是處一切法皆同言不淨處一惡國王處二賊難多處三惡同伴飢饉等處皆不住同修治作法復有三時不可作法謂極熱時瀑雨時極寒時又有三時修治善分別知從五更時至日辰時從午至日未時從酉至亥時如是時中大作念誦法皆得圓滿密跡復有三密法善分別知若不解知所念誦法則不成驗於三吽摩法中阿毗遮嚕迦法不應作何以故譬如毒藥瓶不應感乳若感乳者乳皆隨毒是故善知餘應作之以骨露草蘇欝頭摩羅木或楓香木或栢木欝金香等日日三時火供養作補瑟胝迦成種種諸法又以烏麻蜜蘇白芥子波羅奢木等火供養亦得成就三種法故尒時世尊復誥金剛密迹言是法王中又有成印能成頂輪真

言王佛眼真言等無量威德无量種事為利衆生重説真言法一印之中生於無量又別通用印等皆能成就無量事故頂王根本印

以左右二頭指二無名指二小指右押左相叉入掌中作拳其二大拇指並雙屈頭入掌中其二中指直竪合頭相拄是一法印作訖於頂上破一切佛頂從心心通諸佛頂成就法用若諸一切惡天龍神藥叉羅刹阿脩羅迦樓羅緊那羅摩呼羅伽毗那夜迦見輪是印悉皆怖走一切輪王心印呪曰

郍莫三滿多　勃馱南唵(二合)　吽卓(二合)
嚕鉼畔馱莎訶

是一印呪具大威德若誦輪印得大安樂獨衆苦故國人安寧亦能成辦一切事故

頂王請喚印之二

准前根本印唯以二中指頭下上徹徹來去是一法印啓召一切佛菩薩等及諸呪神是一印呪已如上説是亦通供養塗香散花焼香處用

請喚火天印之三

准前根本印唯改屈二中指如半環勢頭勿著是一法印請喚火王而供養之若獻供畢發送火天時則却直伸伸中指頭供養印呪已如上所説

頂王摧碎印之四

准前根本印唯改屈右中指頭拄左中指上第一節文其左中指直竪伸之結是印護身以印印五處結界右轉解界左轉地界拄地上界上拄是一法印亦名淨地印力能成就一切諸事結界護身淨治地用灌頂時用是一印呪已如上説

頂王咄嚕縒迦印之五

准前根本印唯改屈左中指頭拄右中指上第一節文其右中指直竪伸之是一法印亦名頂王心印力亦能調伏障㝵毗那夜迦諸惡鬼神常輪是印摧諸障用灌頂時用沐浴時用皆無障惱是一印法亦如上呪

難勝奮怒王印之六

准前根本印唯改屈二中指頭右押左各緊押左右指背岐間是一印呪

亦如上說寵迹此名略說一印生又別印隨衆法用若廣說如是流布呪者教行則有無量不假廣說何以故我於餘部已廣分別說五頂輪王成就呪共成佛眼呪法以是法門故得解脫若以楓香木𪗋截然火持以烏麻和蘇乳等日日以三時燒之供養則得呪神歡喜護守與三悉地悉地者是一切佛佛子說謂剎衆生隨精進力世間安樂是知呪者謂斷諸疑網勤發修趣是故寵迹汝當諦聽若欲一切成就呪法應起正見慈悲一切徧切印塔則速成就證地不難現世資粮福善圓滿當所生處常受福樂寵迹此呪王是所過去無量无數一切如来皆得是頂王法門心地我亦證成是頂王法心尒時世尊重以佛眼觀察無量无邊一切佛剎語金剛寵迹主言我於餘諸三部所說律法及成就法印呪等任皆取用以彼呪力能除障惱一切臭穢殘宿食皆不應食若食者不證悉地驗如是等法略說少尒若我住刧廣演說不可

盡若人得此頂輪法門受持供養從此生際乃至菩提更不退轉應知是人早已故往積集資粮菩提善根由此因緣今令得頂輪王法具足圓滿是時如来說是經時金剛寵迹主諸大菩薩苾蒭苾蒭尼諸天龍藥叉羅剎乹闥婆乃至一切世間有情等聞佛說經皆大歡喜信奉而行

五佛頂三昧陁羅尼經卷第四

五佛頂三昧陀羅尼經卷第四

校勘記

一　底本，金藏廣勝寺本。

一　三八五頁下一行末字「說」，麗作「所說」。

一　三八五頁下一〇行末字「呪」，麗作「呪三時各誦」。

一　三八五頁下一九行「住地」，麗作「地住」。

一　三八五頁下二一行第二字「施」，麗作「若」。

一　三八六頁上一行第三字「塔」，麗作「塔塔」。

一　三八六頁中四行第三字「佛」，麗無。

一　三八六頁中一五行第二字「衣」，麗作「著鮮淨衣」。

一　三八六頁下八行第一二字「八」，麗作「八遍」。

一　三八六頁下一二行首字「已」，麗作「已披著身上」。

一　三八六頁下一二行第一二字「身」，麗作「衆身」。

一　三八七頁上一行第三字「持」，原有描摹墨迹。

一　三八七頁上一六行第九字「及」，麗作「窟」。

一　三八八頁上三行第五字「以」，麗作「呪」。

一　三八八頁上末行第八字「摭」，麗作「憈」。

一　三八八頁中二行第三字「攕」，麗作「灰」。

一　三八八頁中六行第八字「益」，麗作「盖」。

一　三八八頁中一一行第一三字「知」，麗作「心」。

一　三八八頁中二一行第七字「七」，麗作「満七」。

一　三八八頁中末行第六字「黑」，麗作「若燒黑」。

一　三八八頁下七行第一〇字「疾」，麗作「疼」。

一　三八八頁下八行第一〇字「加」，麗作「加莫摩摩」。

一　三八八頁下九行首字「人」，麗作「又」。

一　三八八頁下一〇行第二字「音」，麗作「嘿音」。末字「之」，麗作「之攝禁於毒」。

一　三八九頁上一行第四字「燒」，麗作「炒」。

一　三八九頁上一六行第一一字「服」，麗作「服者」。

一　三八九頁中二行末字「聽」，麗作「聯」。

一　三九〇頁中一行第一一字「而」，麗作「而作」。

一　三九〇頁中一一行第一〇字「恨」，麗作「根」。

一　三九〇頁下九行第一〇字「果」，麗作「萬」。

一　三九一頁上二行第一〇字「悉」，麗無。

一　三九一頁上三行第一一字「謂」，麗作「上謂」。

一　三九一頁上八行「住同」，麗作「同住」。

一　三九一頁下三行第四字「著」，麗作「相著」。

一　三九二頁上一行末字「叉」，麗作「差」。

一　本卷末麗有附注，玆録於後：「按開元録云一字佛頂輪王經五卷亦云五佛頂或四卷則此四卷本與彼五卷頂輪王經只是一經而分卷有異耳又按目録及音義丹本經皆云五卷無四卷者則此四卷經宜在削去然尋其文相非唯廣略不同往往互有不可取捨處今依鄉本雙存」。

大陁羅尼末法中一字心呪經　悲

大唐天竺三藏寶思惟奉　詔譯

如是我聞一時佛在淨居天宮不可思議種種莊嚴一切菩薩衆會中住及諸天龍藥叉健達縛阿素洛等星宿天仙皆是十地菩薩方便化現在於此會尒時世尊坐蓮花藏界觀察大衆諸天仙等為欲利益後末世時一切衆生故入於一切如来㝡上大轉輪王頂三昧即於眉間放一大光其光普遍十方世界一切佛刹其中衆生遇斯光者靡不歡悅其光遍已還至佛所圍繞三匝入如来頂當入之時復現種種莊嚴之相其光之内忽有聲曰我是大轉輪王一字之呪無量天仙恭敬圍繞尒時光中復出聲曰告釋迦如来我是一切如来智慧轉輪王一字心呪於一切過現未来一切諸佛我是㝡上秘密心呪寶蓋佛娑羅樹王佛無量光佛无勝佛妙眼佛妙幢佛花王佛彼等諸佛普皆已說一切過去無量諸佛亦皆隨喜汝今當為未来衆生敷演斯呪令諸衆生獲大利益尒時世尊見聞斯已告諸大衆汝等當知云何名為一字轉輪王呪即說呪曰

此是梵本一字之呪　部上聲林去聲此是唐音彈舌呼之

尒時釋迦牟尼佛復告諸天仙衆汝等諦聽妙吉祥童子此陁羅尼我今欲說曼陁羅法及念誦法設火食法速令成就若有人能持此陁羅尼㝡勝妙法若不知吉祥之日及諸星等汝諸天神勿為障㝵若有能行我教法者汝等天衆護持是人一切鬼神及諸毒惡毗那夜迦等亦當守護不得損害方便護念於十力教中令生信解說是語已即入三摩地所謂一切如来頂生三昧除諸有情不善業故尒時世尊入彼三摩地已十方諸佛觀察如来在清淨天宮一一皆来集會各請釋迦牟尼佛說呪而說頌曰頌中初句佛說大威德者三藏以梵本稱歎說而尊重者為不曉方言故稱歎說

佛說大威德　為利諸有情　能成一切呪
願者皆滿足　一切佛已說　此呪王威德
能於諸呪中　一字為尊上　頂生大威德

其力難思議　善除諸妖邪　退諸惡星宿
毒害毋神等　及彼那夜迦　惡願諸鬼神
逼惱有情者　當来濁世中　誦持得安樂
善哉天人師　願為衆生說

尒時十方諸佛說此頌已默然而住當尒之時三千大千世界一切有情所住之處忽然之間放大火焰威光赫耀而皆不損一有情類

尒時釋迦牟尼如来觀察一切清淨天宮告諸菩薩摩訶薩及諸縁覺聲聞天仙諸大衆言汝等諦聽即說頌曰

告諸佛子等　汝等今善聽　我今說此呪
具足諸功德　當来惡世時　我法將欲滅
能於此時中　護持我末法　能除世間惡
毒害諸鬼神　及諸天魔人　一切諸呪法
若聞此呪名　皆悉自摧伏　我滅度之後
分布舍利已　當隱諸相好　變身為此呪
佛有二種身　真身及化身　若能供養者
福德無有異　此呪亦如是　一切諸天人
能生希有心　受持及供養　所得諸功德
如我身無異　此呪王功德　我今但略說

尒時世尊說此頌已為諸衆會說斯

轉輪王如来頂髻之法能令他法速
即毀壞能令自法速得成就一切菩
薩所共讚歎誦念之處於四方面五
百驛内一切悪鬼皆自馳散一切呪
師行其本法聞此呪已皆悉摧壞一
切諸天所有神通皆悉退失其持呪
者欲滅他法不滅他法由持呪者所
存念處一切世間及出世間諸持呪
者及諸悪星無不摧伏
若善男子為護大乘若為自身若對
怨敵應以手執一把青草呪一百八
遍意念彼人以刀斬草念壞彼法即
便斷壞若欲令彼前人呪法不成就
者誦呪七遍以手作拳意屬彼人即
不成就若欲令彼前人成者即開其
拳還得如故若欲作此法者先須洗
浴著鮮淨衣自法即得成就若欲護
持他人一切悪鬼皆不敢近當誦此呪
所護自身所護他人所呼鬼神所遣鬼
神所求事業並用此呪若持諸呪無
有神驗為誦此呪一百万遍即得成
就所得境界若無効驗其神當即消
滅若欲天神来為給使當取油麻酥

一字心呪經　第四張

蜜酪等和之少取一撮一呪一遍一投
火中燒之滿一百八遍一日三時至
七日内其神即来便為使者若欲降
伏諸天取天婺木一百八片一一誦呪
投其火中若欲降其神者念其名字
一日三時作法至七日内速来降伏
若欲降伏諸龍女者取酥蜜乳一日
三時誦一百八遍於火中燒至七日
内即得成就若降藥叉及藥叉女一
依前法取酪飯燒之即得成就若欲
降伏健達縛及其女者燒一切香一
依前法燒種種花一切八部女神即
来降伏若欲降伏真婆羅門取好名
花及白芥子一依前法即得如意若欲
降伏筏舍之人取酪乳酥一依前法即
得成就若欲降伏戍達羅取酥土和
一依前法若欲降伏一切悪人及悪
星宿者取酥及油麻燒之一依前法
如上説者須七日内三時燒藥洗浴
誦呪一百八遍即得成就
尒時世尊説斯語已呼文殊師利汝
呪法中有如上威力於後末世此法
能令一切衆生受持行用更有種種

一字心呪經　第五張

諸法我今略説説此語已尒時世尊
默然而住于時四部大衆白言世尊
唯願慈悲更説餘法未来衆生得安
樂故尒時釋迦牟尼佛復更觀察清
淨天宫告妙吉祥童子曰善聽我今
略説一字轉輪王威德呪及畫像之
法為令悪世有情少於精進少於明
慧不能受持廣畫像法者我今略説
畫像之法為欲利益諸有情故速得
吉祥義故若欲受持最勝法者取新
白疊長一丈闊六尺未斷縷者勿以
膠為彩色其畫像師香湯洗浴著新
淨衣受持八戒當畫世尊作轉輪王
像説法之容一切世界主座下畫梵王
聖金剛菩薩佛上畫雨花騎天子座
下畫持法人
尒時世尊釋迦牟尼復觀妙吉祥童
子告言諦聽妙吉祥童子一字轉輪
王大威德略説畫像法我今説之令
悪時衆生得安樂故若欲作法者手
持香爐諦觀佛面以其像面面向西
方於前種種香花供養持法之人每
日三時燒沉水香面向佛像誦此神

呪滿一百万遍然後作法持法之人應
須持戒每須喫三白食所謂乳酪秔
米不得破齋於一切衆生發慈念心
持菩薩戒此人凡所欲作功德之事
及療一切病皆得如意常須供養一
切三寶若欲成就輪法者以鑯作輪
其輪二轂於佛像前立一方壇從月
一日至十五日三時洗浴燒沉水香
誦呪至百万遍常用諸花以為供養
十五日已更作一壇中安其輪兩手
蓋上至心誦呪輪現火光當持法人
能昇虛空於明呪中為其仙主若餘
人見亦得騰空若欲成就傘蓋法者
作新白傘蓋種種金銀寶物莊嚴內
中懸一口幡手把其傘一依前法誦
呪當即火出其持法人即騰虛空皆
如上說若欲作法取白月十五日及
五節日所謂月八日十四日十五日
二十三日及月盡日身得變化十五
日內必得成就若此成就者一切諸
法亦得成就得一切神通及一切佛
菩薩法此世界中作轉輪王千子圍
繞若欲作佛頂法者用金或銀或銅或

鑯如一手掌大如佛頂依如上法誦呪
頂出火光即得騰空與一切衆生說
法壽命一大劫若欲成就如意瓶法
當作一金瓶一切穀子一切藥子及
諸寶物滿其瓶中其瓶上蓋白淨疊
布臘月一日起首誦呪至一周年即
得成就於其瓶中所須之物常取不
盡若其欲得如意寶者若金若寶若
水精一依前法以布蓋上誦呪一年
速得成就所求皆得若在天中若在
人間手持此寶即作轉輪王於彼像
前誦呪万万遍即騰虛空壽命一大
劫若欲成就金剛杵法者以紫檀為
金剛杵一枚若無紫檀鑯鋌亦得以
五牛物洗之五牛物者所謂乳酥酪
糞尿常以臘月十五日於其像前清
淨廣設供養然一百盞牛酥為燈又
以香湯洗金剛杵其持法人以身布
施一切諸佛菩薩於後用轉輪王呪
以護其身至十五日夜二更中以其
右手執金剛杵當於像前一心誦呪
其金剛杵遂現火焰一切天仙諸龍
鬼等與其部衆咸至其所將持法人

入明仙處冊立為王其人身力同如
金剛菩薩若意欲往所在之處隨意
無㝵壽一大劫能見弥勒菩薩說正
法處若樂求生處自在如意即得往
生若欲成就雄黃之法取好者一兩
鬼星現夜三日斷食又設衆僧食於
其衆前合掌從乞進止若衆僧許供
養世尊於一切衆生發慈悲心於其
佛前然一千盞牛酥明燈持呪之人
自身施佛作法竟已乞願當取其雄
黃誦呪若熱若煙若火光出現三相
已取少雄黃點着眉間一切天龍鬼
神及人非人即來奉事其持呪人壽
命千年若點額上即不現身天神亦
不能見若欲須現亦得隨意壽命三
千年若現火出即成明仙所有同伴
並騰虛空勝諸仙人壽命一劫若捨
此身生覩史天若欲成就執戟法者
當用好鑯為戟一周年間執戟誦呪
取沙作一塔於前著食施與衆生於
其塔前左手執戟加趺誦呪即出種
種光明持呪之人即騰虛空大自在
天衆迎持法人種種好花散身圍繞

餘所見人皆共騰空彼持法人能為大王常以大自在天諸天仙人皆来恭敬壽命一大劫若有惡心来相向者當即墜落諸天龍鬼尚不能惡何况凡夫若捨此身得生西方極樂世界若欲成就死人法者取无瘡瘢来損壞者將於壇中卧其地上令面向上作四箇佉陁羅用一色木為橛繫其脚手持呪之人坐於心上擣寶物為末少少取之一一誦呪内於死人口中至於死人開口舌上吐出如意寶珠取得其寶即於明仙閒為轉輪王隨心所願器仗即自現来其身出現光明照得四方一百餘驛壽命自在意若須他世界作王即能如意捨命能生無垢世界若欲成就第二死人法者一依上説取橐木為橛即以鐵末一一誦呪少少内於死人口中至其出舌即割其舌共同伴人亦騰虛空所願即得壽命一小劫若於此捨命得生一贍部洲為王若欲成就鉤法者取茅草作一鉤如一手大五牛物中洗之一日一夜斷食而取其

鉤手執供養金剛菩薩然一百盞酥燈先誦大佛頂悉達多鉢多囉呪以護其身後誦此呪能令成就如前輪法若經一日光明所照之處積一上壇即用橐木作四箇橛呪之七遍一一角中釘著便當結得十方法界於第二更中結加趺坐一心供養彼鉤頂礼一切佛及菩薩當取彼鉤手執誦呪所有地獄受苦衆生即能無苦持呪之人當即聞聲飛騰虛空手把此鉤與一切明衆為王一切天龍見持呪人即當礼拜供養壽命一大刧於彼捨命即便生於金剛地見金剛境界若欲成就像者而畫一像像當火出即騰虛空得作明仙若欲成就別法先誦此呪十万遍一日一夜必須斷食設大供養取曷迦木作火烏麻牛酪酥蜜呪一千八遍少少投其火中即得成就心所願者皆得圓滿若欲降伏大自在天先須供養於大自在天坐南邊作火燒烏麻等四物誦呪滿足一千八遍自身先須潔淨防護誦呪七遍以水灑身當時即有聲出

不須恐懼大自在天當即現身願者皆得若欲鄱羅延及梵天王等成就者當作此法即得成就先須護自身若須喚藥叉女母及姉妹妻取无憂花誦念彼名一日三時而呪其花至一百八遍火内燒之於七日内即能得至願者皆得若母及姉妹妻若七日内不来彼藥叉頭破當即降伏若喚諸龍者當取龍花燒如上法若欲呼喚藥叉者三月内取酪飯日三時各呪一百八遍至月盡日一日一夜當須斷食供養佛像諸藥叉等須與飲食用伐吒木為柴（唐云多根木三藏云廣州出也）酪酥蜜飯於内燒之意念呼喚藥叉来者其酥酪蜜飯誦呪一千八遍一呪一燒其食當得毗沙門諸藥叉衆等速来彼處取曷迦木花於前迎之諸藥叉日當須我等作何事耶彼即告言每日須一藥叉守我門户所遣作事即當作之所須物者當能来之若須乘騎即得騎之若須長年藥者當即與之若欲降伏金剛神者先須誦四千三十二万遍十二月一日至正月

十五日須供養佛并設三七僧齋當
須發願以此供養功德迴施金剛當
夜二更時起結加坐於其火中燒安
息香誦呪其香丸如梧桐子大誦時
意念見金剛神呪至三更即當雷鳴
地動天雨種種妙花金剛即來及一
切天龍八部菩薩等来共圍繞其持
呪人取香湯水并花出迎恭敬礼拜
金剛當即告曰汝求何願隨乞皆得
壽命一劫若捨此身即生金剛住處
若欲成就餘明仙者亦須作此金剛
之法即當成之若須成就佛呪法者
及觀世音呪法梵天呪法大自在天
呪法及世出世須作此法若持餘呪
不成就者即須此呪共餘呪七日內
誦之即得成就若其不成及不現驗
其呪神等即當滅亡若於大自在天
及諸天等前七日內誦呪若不現身
即令頭破若日月蝕日所須和合湯
丸藥等先須預備其日誦呪至日月
明淨其藥等法速即成就若有婦人
求男女者先誦其呪一百万遍燒沉
水香供養須十二月一日起首至於

十五日於道場中供養并設三七僧齋
其婦人一日三時燒香誦呪心念發
願請求男女其十五日夜二更時取烏
油麻以酥和之誦呪一遍一迴燒之
滿一百遍其夜四更當見境界或善
薩形狀等即自知之若彼婦人心中
所念便獲其願燒香常於像前持念
此呪即得成就若求隱形取雄黃藥一
小兩中之半兩也取人乳和合以為
五丸取沉水香作合子盛之取一丸
誦一千八遍及白芥子亦以五顆誦
一千八遍一一並於合內盛之須至
日月蝕日誦呪其合子內若其有聲
一切衆生見此呪人悉皆歡喜所須
皆得若其出煙其持呪人即不現身
所至諸處皆為其主壽命一小劫若
出火焰其持呪人身即端正猶如天
童似年十六與諸天神為主壽命一
大劫百寶藏門悉皆自現若欲成就
牛黃之法一依雄黃法作若欲成就
眼藥法者取石安善鄉及青蓮花青
木香各重一錢其藥於熟銅鈔鑼中
安之至日月蝕時日夜誦呪煙出即

以此藥內其眼中其持呪人即得隱
形與隱形人為其主也若欲成就刀
法者取無瘢刀於二十三日或二十九
日供養其像散衆生食護淨自身左
手執刀誦呪至刀聲出當即騰空所
願隨意又若火出所同伴人得見火
者並悉騰空與一切騰空人為主若
欲成就金剛杵者取好鑌鐵長十
六指打作三鈸上下各作三頭磨
以紫檀用塗其上從十二月一日
供養其像始從一日設四僧齋日
漸加一僧自須持呪至十三日供
養僧了即不喫食至十五日夜於舍
利塔前供養圖像然以蘇燈一百八
盞自坐茅草受持此呪兩手執杵誦
呪呪之其杵即便火出其持呪人即
得昇仙其同伴等亦得騰空作明仙主
神力猶如金剛壽命一大劫命終已
後生金剛菩薩處更若欲求成就輪
刀器仗等物一依前法即得成就若
欲除家內諸惡者作地火爐四邊畫
作蓮花火爐內取呆木作柴并酪及
酥蜜一日三時誦呪一千八遍至三

日內即得成就若欲護一城一村於七日內燒賒弥迦木及酥酪蜜燒之即得成就若欲祈雨取烏圖末羅木(三藏云其木似梔子)燒木為火并酥酪蜜燒之於七日內即得成就若護一國所求如前所說取棗木燒之若欲求長命者於十二月一日至十五日七淨潔食誦呪惣滿三十万遍至月盡日二日已前不喫食取黑牛乳一升誦呪滿得一百八遍須以香花供養於佛其乳自服即得長命若十日內其酥酪蜜燒之及蘇藪草即得長命若求降伏逆賊取獨頭及婆邏迴呪一千八遍令賊見聞婆邏迴聲及見獨頭即便自縛若取一切草子少少盛滿一新瓶瓮和水誦之一百八遍取其苗子及水浴身除一切諸惡不能為害若有人食諸毒藥者取孔雀尾誦呪十万遍禁毒及諸惡病皆得除差若一切天行熱病結索呪一百八遍繫其人項一切熱病當得除愈若佉陁羅木(唐云棍木)作火酪酥蜜相和燒於火中呪一百八遍一遍一燒少

一字心呪經　第十六張　恩

少燒之即得伏藏若以紫檀刻為蓮花滿十万箇於大江河入至膂際一一呪之放其水中依檀花數即得金藏若以毗利婆木(三藏云其木似頻樹)為火并依前三味一　呪之滿至一千八遍即得依前無盡金藏若沉香木并依前三味燒之二十一日內日日三時一時誦一千八遍一切諸天龍神皆來為使者若以粳米及酥酪蜜與火投之誦呪滿一千八遍即得無盡百味食飲若安悉香圓如梧桐子與三味和一一誦呪燒之滿足一千八遍一切藥叉來為使者若阿輪迦花(唐云無憂花)　及以三味誦呪一千八遍一一燒之一切藥叉女來為使者若燒龍花及以三味一切諸龍來為使者若燒沉香及三味等依前誦呪一切金剛來為使者若燒末恒那葉及以三味依前作法一切明仙皆來為使者若沉香木為火燒酥合香呪一百八遍一切健達縛來為使者若燒熏陸香一切餓鬼來為使者若尸利縛色得伽藥和沉水香燒之一切緊奈洛來為使者若燒

一字心呪經　第十七張　恩

白膠香一切毗郍夜迦來為使者誦一百八遍若燒白芥子及白芥子油一千八遍誦呪了已國王歡喜若一日三時至七日內作法即成就若對日前誦呪十万遍一切惡障皆悉消滅若誦一遍護得已身若誦二遍朋友財物皆蒙擁護若欲得蓮花法成就者以紫檀木為一蓮花三日勿食左手執花於像前坐誦呪至其火出當尒之時及諸同伴飛騰虛空於明仙眾為轉輪王於彼捨命得生西方極樂國土若取摩羅末伽土(唐云鼠土也)以沙共和作金剛杵長十二指手自執持家家乞食必定不得共於人語誦呪十万遍其杵上頭作孔著白芥子至日月蝕日像前誦呪令其杵中芥子作聲所求願者皆得成就若以杵擊山山自摧破凡所施為咸得遂意若將其杵入海海水隨意若執此杵誦持呪法一切毗郍夜迦不得障㝵若入河海深水中者其水至膂取十万蓮花一呪一擲水水中當即妙吉祥天女出現所願皆得若取蓮花三十万莖誦呪

一字心呪經　第十八張　恩

依前水中放之求廣大願皆得稱意若取蓮花五十万莖誦呪依前水内放之家極廣願無有不隨若月一日取闍提花香似桅子花香誦呪一百八遍一一散擲呪像足前一日三時至十五日作此法者其像足上現出火光入持呪身當即不現共諸伴等即騰虛空於明仙衆得作轉輪王壽命一劫若坐海岸以龍木柴為火面向西方執龍花木誦呪十万遍燒於火中當即海水激為波濤騰浪湧溢當尒之時幸勿憂怖但以志誠專心誦呪水中即現真婆羅門所求皆得所遣皆作若於地上畫千葉蓮花而坐其上誦呪十万遍其地即裂有神出現與持呪人共同伴等即騰虛空於明仙衆為其大主壽命一劫若十二月一日至十五日取闍提花一一誦呪散佛頂上滿十万遍頂即出光照人身上得五神通若其花呪滿百万遍所願皆得若取地上曲蟮之土作一師子牛黃塗之坐安壇中恭敬供養誦呪至於師子自動即得成就所

求皆得若乘騎師子所願生處速得到彼命同梵天若作烏及水牛一依前法若也出聲諸天皆来索者皆得所遣皆作此轉輪王呪所須事者皆得成就所須物者一依心願以淨信意作此法者無不成就

尒時世尊說斯法已復作是言我若廣說此呪威力成就諸法窮劫无盡汝等當知要略而說

尒時會中有無量无邊不可思議菩薩摩訶薩天龍八部轉輪王等心大歡喜咸唱善哉釋迦如來能說此事難可思議然我等輩普當護持此呪若見有人及以非人受持讀誦書寫供養愛念思求者常與擁衛令無灾患若於國中見有此呪我等恭敬彼國諸人如佛無異各以威力防禦國境令惡鬼神兇賊猛將風雨水火使不侵損百姓熾盛國土安寧財穀豊熟無諸飢饉疫疢不祥亦令退散尒時如來讚言善哉善哉汝等實能如是擁衛佛說經已諸菩薩衆天龍八部皆大歡喜信受奉行

大陀羅尼末法中一字心呪經

壬寅歲高麗國大藏都監奉
勅雕造

大陀羅尼末法中一字心呪經

校勘記

一　底本，麗藏本。

一　三九四頁上一行經名下，南、徑、清有夾注「出文殊根本儀軌經」。

一　三九四頁上二行譯者，石作「大唐天竺三藏寶思惟等奉勅於佛授記譯」；資、磧、南、徑、清作「唐北印土迦濕密羅國三藏寶思惟譯」。

一　三九四頁上一七行「曰告」，南、徑、清作「告曰」。

一　三九四頁中八行第一二字「火」，磧、南、徑、清作「大」。

一　三九四頁中二〇行夾注「頌中……佛說」，資、磧、南、徑、清無。

一　三九四頁下一三行第九字「善」，資、磧、南、徑、清作「諦」。

一　三九五頁上一行首字「轉」，資、磧、南、徑、清無。

一　三九五頁上一八行「當誦」，石、資、磧、南、徑、清無。

一　三九五頁上一九行「護自」，資、磧、南、徑、清作「自護」。

一　三九五頁上末行「油麻」，石作「麻油」。

一　三九五頁中四行第六字「蓼」，資、磧、南、徑、清無。

一　三九五頁中一九行「燒藥」，資、磧、南、徑、清無。

一　三九五頁中二一行末字「汝」，資、磧、南、徑、清無。

一　三九五頁下五行第二字「天」，資、磧、南、徑、清作「王」。一五行第一二字同。

一　三九五頁下六行第九字，一九行第四字及三九六頁上四行第一二字「德」，資、磧、南、徑、清作「驗」。

一　三九五頁下九行第九字「諸」，資、磧、南、徑、清無。

一　三九五頁下一一行第二字「疊」，石、資、磧、南、徑、清作「氎」，下同。

一　三九五頁下一五行第九字「雨」，資、磧、南、徑、清作「兩」。

一　三九五頁下二一行第一二字「面」，資、磧、南、徑、清無。

一　三九六頁上一行第二字「滿」，資、磧、南、徑、清無。

一　三九六頁上一三行及一四行「傘蓋」，資、磧作「華蓋」。

一　三九六頁上末行第一四字「銅」，資、磧、南、徑、清作「鈆」。

一　三九六頁中二行第二字「出」，資、磧、南、徑、清作「上」。

一　三九六頁中二行第八字「空」，資、磧、南、徑、清作「虛」。

一　三九六頁中六行第七字「首」，徑作「手」。

一　三九六頁中一二行首字「其」，資、磧、南、徑、清作「遂」。

一　三九六頁中二二行「遂現」，資、磧、南、徑、清作「現其」。

一　三九六頁中末行第一三字「法」，資、磧、南、徑、清作「呪」。

一　三九六頁下六行第三字「現」，資、磧、南、徑、清作「見」。

一　三九七頁上二行第八字「天」，資、磧、南、徑、清作「王」。

一　三九七頁上六行第一三字「盤」，徑、清作「瘢」。

一　三九七頁上一〇行第六字「之」，資、磧、南、徑、清無。

一　三九七頁上一二行第四字「得」，南作「持」。

一　三九七頁上一九行第一二字「人」，資、磧、南、徑、清無。

一　三九七頁中一行第一一字「一」，資、磧、南、徑、清無。

一　三九七頁中四行第三字「經」，資、磧、南、徑、清作「結」。

一　三九七頁中六行「十方法界」，資、南、徑、清作「十方界」；磧作「一方界」。

一　三九七頁中九行首字「誦」，資、磧、作「此」。

一　三九七頁中一一行第八字「爲」，資、磧、南、徑、清作「生」。

一　三九七頁中一三行第六字「便」，

一 資、磧、南、徑、清無。

一 三九七頁中一四行「一像像」，石作「像像」，資、磧、南、徑、清作「一像」。

一 三九七頁中一七行第五字「大」，石作「火」。

一 三九七頁下四行第六字「女」，資、磧、南、徑、清無。

一 三九七頁下八行第一一字「即」，資、磧、南、徑、清無。

一 三九七頁下一三行第三字「伐」，資、磧、南、徑、清作「代」。

一 三九七頁下二〇行第一一字「來」，資、磧、南、徑、清作「成」。

一 三九七頁下末行第五字「万」，資、磧、南、徑、清無。

一 三九八頁上三行第二字「二」，磧作「三」。

一 三九八頁上三行第七字「加」，資、磧、南、徑、清作「加趺」。

一 三九八頁上一八行第八字「内」，資、磧、南、徑、清無。

一 三九八頁下二行第八字「主」，資、磧、南、徑、清作「主人」。

一 三九八頁下三行第二字及八行第七字「者」，資、磧、南、徑、清無。

一 三九八頁下四行末字「左」，資、磧、南、徑、清作「右」。

一 三九八頁下八行第三字「就」，資、磧、南、徑、清無。

一 三九八頁下九行末字「磨」，資、磧、南、徑、清作「摩」。

一 三九八頁下一四行第一〇字「蘇」，資、磧、南、徑、清作「酥」。

一 三九八頁下一七行第九字「得」，資、磧、南、徑、清無。

一 三九八頁下一九行末字「輪」，南、徑、清作「就」。

一 三九九頁上四行夾注「三藏」，資、磧、南作「唐」；徑、清作「此」，下同。

一 三九九頁上一二行「蒜蘇」，資、磧、南、徑、清作「結縷」。

一 三九九頁上一三行及一四行「婆邏」，資、磧、南、徑、清作「娑邏」。

一 三九九頁上二二行首字「陁」，資、磧、南、徑、清無。

一 三九九頁上二二行夾注「欞木」，資、磧、南、徑、清作「櫨水」。

一 三九九頁中五行「三味」，南、徑、清作「二味」。

一 三九九頁中六行第八字「若」，資、磧、南、徑、清無。

一 三九九頁中六行第一一字「木」，徑、清作「水」。

一 三九九頁中八行第九字「龍」，石無。

一 三九九頁中一一行第三字「圓」，資、磧、南、徑、清作「丸」。

一 三九九頁下八行「三日」，南、徑、清作「二日」。

一 三九九頁下九行第六字「呪」，資、磧、南、徑、清無。

一 三九九頁下一八行第二字「破」，石、資、磧、南、徑、清作「碎」。

一 四〇〇頁上一二行「志誠」，資、

磧、南、徑、清作「至誠」。

一　四〇〇頁上一七行第七字「大」，資、磧、南、徑、清作「仙」。

一　四〇〇頁中一行末字「得」，石作「即」。

一　四〇〇頁中三行「天皆來」，資、磧、南、徑、清作「至皆成」。

一　四〇〇頁中九行「要略」，石作「舉」。

一　四〇〇頁中一五行第八字「常」，資、磧、南、徑、清作「當」。

一　四〇〇頁中一六行第一〇字「我」，資、磧、南、徑、清無。

一　四〇〇頁中一七行第一〇字「威」，資、磧、南、徑、清作「神」。

一　四〇〇頁中一九行首字「不」，資、磧、南、徑、清作「不得」。

一　四〇〇頁中二〇行第七字「疥」，資、磧、南、徑、清作「病」。

一　四〇〇頁中末行「心呪經」，石作「心呪經一卷」。

一字佛頂輪王經卷第一　悲

序品第一

大唐南天竺三藏菩提流志譯

如是我聞一時薄伽梵在摩竭提國
菩提樹下金剛道場成正覺處大寶
帳中其地寶幰如來所感具足嚴淨
純以無量上妙珎奇種種莊嚴自然
成顯衆色交映出大光明奇特寶輪
清淨圓滿以無量色間雜莊飾周遍
場地而顯現之衆妙雜色寶蓋幢幡
光明晃曜七寶羅網妙香花纓弥覆
其上雨於一切無極大寶自在顯現
諸所寶樹枝葉光茂花鬘妙香佛神
力故令此場地廣博嚴淨光明普照
一切奇特妙寶積聚無量善根莊嚴
道場其菩提樹高顯殊特瑠璃為幹
妙寶枝條寶葉垂布猶若重雲雜色
寶花手相間錯大寶摩尼以為其菓
樹光明照一切佛刹種種現化施作
佛事普現大乘一字佛頂輪王最妙
章句菩薩道教佛神力故演出種種
梵音妙聲讚揚如來一字明頂輪王

呪無量功德其師子座金剛所成高
廣妙好摩尼寶王而為其臺一切寶
花奇妙賢珠間錯莊飾眞珠羅網圓
覆於上諸莊嚴寶流光如雲照觸十
方諸佛菩薩顯現如來方便之敎尒
時世尊處于此座於一切法成最正
覺知見三世悉皆平等其身赫弈放
無量俱胝殑伽沙數日輪光王照明
十方無邊無際一切刹海諸佛道場
各於道場光明中演一字頂輪王一
切法教導化調伏一切有情光遍十
方無處不至過現未來一切諸佛所
有神變於光明中靡不咸覩一切佛
土不思議事所有莊嚴悉亦顯現
與大苾蒭衆皆阿羅漢脉善調伏捨
諸重擔盡有漏結無復煩惱戒品清
白心淨解脫慧淨解脫善修佛慧所
作已竟大得自在盡獲已利到於彼
岸名稱普聞其名曰具壽舍利弗具
壽迦葉波具壽那提迦葉具壽伽耶
迦葉具壽大迦葉波具壽大目乹連
具壽備慈子具壽孫跢難陀具壽瑪彼
難陀具壽跋地利迦具壽阿泥樓馱

具壽迦旃延子具壽摩訶俱郗羅具
壽憍梵鉢提具壽大憍梵鉢提具壽
孫那羅具壽大孫那羅具壽善現具
壽憍陳如具壽制底君荼羅具壽羅
睺羅具壽慶喜如是大聲聞衆俱
復有無央數大菩薩摩訶薩皆得成
就諸波羅蜜功德大海深廣無際如
來行地一切智願甚深密教盡已圓
滿善知有情一切所行以金剛智如
應說法巧入一切如來功德諸法大
海充洽於身周遊一切佛刹海會禮
事供養諸佛如來一切諸地陁羅尼
智辯才大海皆已洞達無量無邊神
通現化三摩地門特達無礙其名曰
金剛幢菩薩摩訶薩觀世音菩薩摩
訶薩得大勢至菩薩摩訶薩金剛密
跡主菩薩摩訶薩金剛勝意菩薩摩
訶薩堅固意菩薩摩訶薩虛空無垢
菩薩摩訶薩離垢意菩薩摩訶薩普
賢菩薩摩訶薩無盡意菩薩摩訶薩
虛空勝藏菩薩摩訶薩超三界菩薩
摩訶薩無勝持菩薩摩訶薩治世間

菩薩摩訶薩天冠菩薩摩訶薩曼殊室利童子菩薩摩訶薩月光童子菩薩摩訶薩不思慧菩薩摩訶薩虛空藏菩薩摩訶薩除一切障菩薩摩訶薩大迅疾菩薩摩訶薩彌勒菩薩摩訶薩寶髻菩薩摩訶薩寶掌菩薩摩訶薩善臂菩薩摩訶薩與如是等菩薩摩訶薩俱

復有三千大千世界無量無數諸天天王所謂帝釋天王大梵天王焰摩法王水天王風天王多聞天王蘇便摩天王他化大自在天王那羅延天王伊舍那天王如是乃至光燄天子廣果天子淨居天子與如是諸天王等大威德者并其眷屬俱復有無量百千諸大成就呪僊所謂成就輪呪僊成就釼呪僊成就金剛杵呪仙成就蓮華呪僊成就鉞斧呪僊成就如來種族大明呪僊成就蓮華種族呪僊成就金剛種族呪僊成就大自在天呪僊成就那羅延天呪僊成就鬼母種族呪仙成就摩呼羅伽呪僊成就迦樓羅呪僊成就龍呪僊成就荼枳尼鬼呪僊成就藥叉呪僊成就寶

賢滿賢呪仙成就多聞天王呪仙成就水天呪仙成就梵天呪僊與如是等成就呪仙大威德者為上首俱

復有無量百千如來族衆呪王使者蓮華族衆呪王使者摩尼族衆呪王使者金剛族衆呪王使者與如是等呪王使衆大威德者為上首俱

復有出世世間一切塔神法神虛空神花菓神滋味神苗稼神山神海神河神洲神城神邑神宅神街神巷神樹神藥林神屍陁林神宮殿神與如是等諸大神王大威德者為上首俱

復有百億日天子月天子星宿天子等大威德者為上首俱

復有一切天龍藥叉羅刹乾闥婆阿素洛迦樓羅緊那羅摩呼羅伽畢舍遮鬼步多鬼訶利諦鬼母等大威德者為上首俱

復有難你濕婆羅鬼王為上首俱主無量百千諸鬼而為眷屬又摩醯首羅天王為上首俱主無量百千癡鬼而為眷屬又荼枳尼鬼王為上首俱主無量百千荼枳尼鬼而為眷屬於衆會中及有他方無量諸天天子阿

素洛阿素洛子大毗那夜迦等大威德者為上首俱如是三千大千世界一切諸天諸大呪僊龍神鬼等以佛神力菩提樹處周圍五百踰膳那共集衆俱會坐而坐不相殘惱如來於時告彌勒菩薩摩訶薩及諸菩薩摩訶薩言善男子此樹乃是一切菩提所莊嚴樹我最初坐此樹下尋即破四魔得證無上正等菩提汝等亦應坐斯地處令汝當證諸佛無上正等菩提語是語已寂然不動

尒時金剛密跡主菩薩以佛威德承是往昔本所願力即從座起偏袒右肩整理衣服長跪合掌恭敬瞻仰白言世尊我今啓問如來應正等覺一字佛頂輪王呪教以何方便設少功力即得成就一切如來一字佛頂輪王出世世間無礙寂勝大明呪法圖畫像法澡浴之法加行印壇入三摩地上中下法成就法處坐法卧法誦法持法輪結印法秘密深法證神通法除業障法大安隱法大豐饒法降魔怨法一切如來種族諸呪真實之法自灌頂法護摩壇法諸時分法諸

擇地法乃至廣盡一切有情及有情
界菩薩成就行法咒法令是贍部洲
界一切有情得大安樂是諸有情以
於一字佛頂輪王如來咒力一切當
得作大佛事由此因緣贍部洲界一
切有情得大安樂即能成就頂輪王
法及得成就一切天一切天神種族
咒法一切龍一切龍種族咒法一切
藥叉一切藥叉種族咒法一切羅刹
一切羅刹種族咒法一切乹闥婆一
切乹闥婆種族咒法一切阿素洛一
切阿素洛種族咒法一切迦樓羅一
切迦樓羅種族咒法一切緊那羅一
切緊那羅種族咒法一切摩呼羅伽
一切摩呼羅伽種族咒法乃至世間
出世間法盡皆成就無所障礙為諸
有情作大歸依除諸垢障成我咒法
及成觀世音菩薩諸大菩薩大威德
者印壇咒法及成一切如來所說無
量種類難成印壇咒法處故唯願如
來應正等覺愍導有情為我演說
尒時世尊告金剛密跡主菩薩言善
哉善哉密跡主汝能為當來一切有

情作大利益於我問是一字佛頂輪
王最上章句成就一切如來所說咒
壇法等令諸咒者住勤修趣是故密
跡主汝當諦聽諦聽善思念持我今
為汝分別解說一切如來一字佛頂
輪王無上法母令諸佛子得法眼淨
我見往昔一切如來已說未來一切
如來當說我及十方現在剎土一切
如來今說
尒時釋迦牟尼如來應正遍知明行
圓滿善逝世間解無上丈夫調御士天
人師佛世尊即以佛眼盡周觀察十
方過現未來一切剎土一切有情有
情界及此三千大千世界一切有情
有情界一一往昔發因願力善根處
告諸菩薩摩訶薩言善男子憶念一
切如來一字佛頂輪王咒一切最勝
大三摩地最不思議神通力處是法
能於一切世界作大佛事時諸菩薩
摩訶薩得佛教語各思念於一字佛
頂輪王三摩地法唯除觀世音菩薩
金剛密跡主菩薩何以故佛神力故
尒時世尊坐菩提樹下金剛福地便

入一切如來一字佛頂輪王神變大
三摩地俱時十方現在剎土一切如
來皆坐菩提樹下金剛福地亦各同
入一切如來一字佛頂輪王神變三
摩地當時世尊入是神變三摩地時
盡周憶念十方三世一切剎土一切
有情有情界及此三千大千世界一
切有情有情界即以無量俱胝殑伽
沙等大劫所修積集布施淨戒安忍
精進靜慮般若苦行無邊善根從三
十二大丈夫相放大光明所謂頂上眉
毫眼耳鼻頸頰脣口齒齗腭牙頷肩
肘髀手胷乳心臍胃上相字腔膝脛
踝腕掌背指如來千輻轉輪法印
如來如意印如來槊印如來錫杖印
如來心印如來難勝奮怒頂輪王三
摩地難勝印如來大慈如來大悲如
來三摩地如來無畏授眾記別如來
大明咒王如是相處一一各放無量
種光其光各有種族光明圍繞莊嚴
最於頂上出放無量無數奇特殊勝
百千光明其光各有種種雜色所謂
青黃赤白紅雜色光是光晃曜遍照

十方無量無數種種佛刹及此三千大千世界一切地獄傍生諸界黑業有情一切罪惱盡皆銷滅一切行化持呪菩薩遇斯光者悉皆成就如斯覩者盡是如來無量大福光照攝譯現不思議經須臾時作大利樂拔諸有情一切苦業光復映蔽殑伽沙數一切佛刹一切魔界魔之宮殿魔所光明是等世界光皆遍照上至有頂下至阿鼻地獄是中有情遇斯光者各相驚慰身心愉喜其光還來繞佛三帀各復本相是時釋迦牟尼如來放斯光已從三摩地安徐而起觀諸佛刹及觀會衆如師子王語金剛密跡主菩薩言汝今諦聽一字佛頂輪王大明呪王佛眼呪王四瑀瑟膩灑明呪呪王此等呪王是如來手是如來脣是如來口轉法輪王施大濟利一切有情若此世界一切菩薩摩訶薩等及諸苾芻苾芻尼鄔波索迦鄔波斯迦諸族姓男族姓女等具能依法讀誦受持如是一字佛頂輪王大明呪者所有一切諸天世人種種神鬼

一字佛頂輪王經卷第一　第十張　并

悉無能害作諸破壞是人當得一切安壽無量福樂行大慈悲住不退地無諸惱疾火不能害水不能溺刀不横害毒藥毒蛇亦不中害我此一字出生三摩地頂輪王呪若有新學大乘菩薩摩訶薩及諸人等信向誦持書寫佩者則得安隱爲諸無量大威德天常擁護之諸惡天龍毗那夜迦不相障惱若書寫者當淨洗浴著鮮潔衣如法齊戒坐於壇側樺木皮上雄黃書呪施諸苾芻及苾芻尼置袈裟角恭敬佩之若有國王王族妃后大臣僚佐諸族姓男族姓女等而樂佩者各戴頭上或繫項上或腕臂上則得安隱除諸障惱疫癘厄疾常爲諸天觀敬讃歎當不墮於諸惡道界密跡主是大呪王亦能滅諸災星變怪作大安樂亦能攝伏一切天龍八部神鬼亦能成就當諸呪者無上業經復語金剛密跡主菩薩言是一切如來白傘蓋佛頂輪王呪高頂輪王呪勝頂輪王呪光聚頂輪王呪同等住於一切如來三摩地中神力皆等

一字佛頂輪王經卷第一　第十一張　悲

無量廣大猶不能及一字佛頂輪王最上大三摩地明呪之力是呪何故最上無等假如來佛眼明呪佛毫相呪摧碎頂輪王呪難勝奮怒王呪合訖是呪以此因緣得名最上無等等侶又從大悲大丈夫大師子乳一切諸大菩薩摩訶薩等不能摧壞一切諸佛神通威德慶護加被作大智光破諸黑暗堅深淨慧能作吉祥福相威德世間最勝無垢清淨勇猛堅固現四無畏能作離生四無礙智四念住智無忘失智廣大無量能作無間金剛十力大光威德滅諸垢障入諸佛智能作一切諸大菩薩万行功德如來相好一切智智能作一切勇猛寂靜法定法幢高無障礙大威德處能與一切業惡有情作道聖諦大慈大悲大喜捨處能現一切如來神力無上菩提大明鏡智三摩地處

尒時世尊爲顯一字佛頂輪王大威德力欻變身相如大轉輪王具足七寶眷屬圍遶一時顯現一一寶中各放大光輪照無邊一切法寶俱時出

一字佛頂輪王經卷第一　第十二張　作

現放雜寶光是大轉輪王坐於座上
身容赫弈放種種光暎照一切如鎔
金聚即說一字佛頂輪王咒曰
娜乃等反下同莫縒蘇等反下同曷囉李可反下同一
勃馱南二唵二合鈝三勃琳琳字重彈舌呼二合
鈝四
尒時如來說是咒時殑伽沙等三千
大千世界一時六返震動如贍部洲
旋嵐猛風吹諸藂林草木動等是中
一切蘇弥山王亦皆大動一切河海
盡皆涌沸以佛神力一切魔宮大大
遍起是中諸魔為火所逼
悉皆惶怖稱佛歸依一切地獄苦皆
消息會中有情各及眷屬無有一能
窺瞻仰者是會一切諸大菩薩如弥
勒等亦無有能闚瞻覩者其觀世音
菩薩金剛密跡主菩薩以佛威神欻
然之間悶乱躃地是時彼諸大威德
天所謂大自在天那羅延天帝釋天
俱發羅天娑魯拏天焰摩法王乃至
一切諸天天神一切神鬼大威德者
所執輪戟杵索棒杈及諸侍從各手
器仗悉皆墜落是諸菩薩佛加持力

憶念一切如來一字佛頂輪王菩提
神通大三摩地是時一切諸天龍神
藥叉羅剎乹闥婆阿素洛迦樓羅緊
那羅摩呼羅伽天神鬼等一時戰怖
身毛慄竪無敢覩瞻大法輪王姿好
威光時惟等心歸佛世尊
南无佛陀南无佛陀尒時世尊為令
觀世音菩薩金剛密跡主菩薩及諸
大衆得醒寤故疾須臾間隱易是身
還如來相諳弥勒菩薩摩訶薩言我
今復說一切佛眼大明母咒為息可
畏難調伏者為欲成就出世世間一
切佛頂大輪王咒一切事位滅諸諍
論是咒乃是一切諸佛種族母咒復
是一切諸大菩薩生養育母又是諸
佛佛眼明咒則說咒曰
娜莫無可反下同薩縛下同馱詑他可反下同誐迦
反又反迦字居裝反下同諦瓢毗遙反下同一羅禍嚕毗藥
反下同二三痕三勃滕嚕三唵二合鈝四
𤚥嚕五塞僧乙反普嚕六入縛攞努勒
反下同底丁以反瑟馱侘丑賀反下同七悉馱盧
輕呼者禰奴礼反下同八薩縛喇詑娑馱祢

九窣二合縛訶十
說此一切佛眼咒已其觀世音菩薩
金剛密跡主菩薩以咒威力則醒起
身其諸威德一切天衆各復本心愉
躍安樂各各持所本自器仗專心歸
佛瞻仰讚言希有世尊希有善逝
時觀世音菩薩金剛密跡主菩薩合
掌瞻敬白言世尊如來今日何故特
化大轉輪王身大光明聚甚奇希有
本未曾見如來誥言大善男子此是
一字佛頂大法輪王執持諸佛形相
神變三摩地門大善男子譬如汝等
集大壇現種種威德諸神變像不思
議事如來亦尒如是振現大法輪王
勝奇色身姿貌威德大善男子此頂
輪王是眞一切如來安住寂勝三摩
地身所有一切諸大菩薩無能超越
一切咒王亦無過者大善男子若所
方處持此咒者五踰膳那出世世
間一切咒王悉無成住汝等同此方
處所說加持大咒亦無成住若有念
是一字佛頂輪王咒者即得出世世

間一切大呪悉盡成辦汝等所説一
切呪法誦持無驗若以此呪而常助
誦速得成就五踰膳那一切菩薩
金剛呪神天龍八部皆不住入現相
成就又他一切最大呪王威德神力
亦不能得暎及此大一字頂輪王呪
何以故是呪威神最尊最特無等侶
故十地一切諸大菩薩亦怖是呪威
德神力何況諸天小威力者若常誦
是一字佛頂輪王呪時每當先誦此
佛眼呪七遍滿已乃安誦是一字
佛頂輪王呪時數畢已又誦佛眼呪
數一七遍則得安隱無諸嬈惱
尒時世尊復於座上現一切諸佛光明
加被白傘蓋頂輪王呪王之身即於
頂上合現一蓋遍覆三千大千世界
虛空空際光皎奇特亦不觸惱空居
有情是時觀世音菩薩金剛密跡主
菩薩合掌瞻敬白言世尊如是神變
是何物相欻遍大千狀如傘蓋住佛
頂上不見邊際元不識解
尒時世尊又誥金剛密跡主菩薩等
言我今正入一切如來無量光明白

傘蓋頂輪王三摩地由是現此遍現
一切諸如來共説白傘蓋頂輪呪王
呪狀之體此白傘蓋是眞一切如來
無量色寶無邊音聲一切如意寶鐸
網羅普周莊嚴顯現不思議諸佛世
尊光明傘蓋我今現此一切如來白傘
蓋頂輪王為令蠲除一切有情種種
罪障今此一切諸佛如來白傘蓋頂
輪王一切菩薩大威德者盡思共度
亦不了知縱諸佛子住過百千俱胝
大劫觀察思惟此白傘蓋前際後際
中際亦不了知是時釋迦牟尼如來
仰觀頂上白傘蓋頂輪王振佛神力
欻變白傘蓋頂輪呪王色身則説呪
曰
娜莫縒曼嚲一勃馱南二唵二合許三
嚲詑誐姤瑟膩女利反灑跛價反下同四撥烏末反下同
曩輕音嚩盧引枳嚲姹馱盧沒反馱五下同
唵二合許六磨磨七虎二合許溺你即反八
説是呪時三千大千世界六返震動
於時世尊告諸菩薩摩訶薩此白傘
蓋頂輪呪王能成能攝一切呪等是

呪王力不空無障勇猛無畏無等
等故
尒時世尊復謂金剛密跡主菩薩言
我今又入一切諸佛光明威德大三
摩地顯説光聚頂輪王呪威德神力
為滅一切有情種種罪障為令斷壞
出世世間一切呪力是呪是眞無量
諸大菩薩所讃歎毫又是無量俱胝
殑伽沙數諸佛如來光聚頂輪王
呪是呪所有威德光明之力亦似
一字佛頂輪王威德神力金剛呪句
即説呪曰
娜莫縒曼嚲一勃馱南二唵二合許三
嚲詑誐姤引瑟膩灑四撥曩輕音嚩路
枳嚲姹馱五諦叻儒照反下同羅始六虎
二合許七入嚩攞入嚩攞八馱迦古我反下同
馱迦九娜羅弭娜羅弭十弭娜羅弭
十一吡眞娜吡眞娜十二頻娜頻娜十三虎二合許
虎二合許泮泮十四窣二合嚩訶十五
説此呪時於是如來則以無量廣大
威德頂放大光滿照三千大千世界
盡變其地普大成現大寶蓮華如來

會中雜色寶光重重光曜當佛頂上
一切寶花而為傘蓋大千界滿覆
空際以衆寶綱圍繞莊嚴妙香花瓔
半滿月等寶鐸金鈴處處垂布大寶
摩尼其諸雜拂間錯莊飾周圍三千
大千世界一切珍奇而為墻壁無價
諸寶飾為階陛一切戶牖衆寶莊嚴
其諸雜寶出大光焰暎相交映是會
一切諸大菩薩覩斯神變見未曾見踊
躍歡喜得大安樂出世世間一切呪
法已成就者皆悉斷壞何以故大光
藏力似一字佛頂輪王呪密跡主此
一切如來光聚光照頂輪王呪能照
三千大千世界上至有頂下至阿毗
地獄一切大明及盡暎蔽諸魔宮殿
魔衆光明密跡主是光王呪心所憶
念破斷他呪則皆破斷唯除一字佛
頂輪王呪白傘蓋頂輪王呪高頂輪王
呪睐頂輪王呪佛眼母呪佛五字心呪
其餘出世世間一切諸呪悉能破斷打
撲調伏攝縛於前若有呪者得大證驗
暫讀暫誦光王呪者則能摧伏一切鬼

押調御區識密跡主是光王呪勿於
不淨臭穢腥臊屎尿之處讀誦受持
不於無佛舍利制底之處讀誦受持
亦勿對於一切諸呪壇會呪像諸有
情前妄誦斯呪何以故是光王呪以
似一字佛頂輪王呪力大威德故唯
除佛舍利塔處佛說法處空閑淨處
高山頂處名山窟處海岸勝處海迴
洲處何以故是光王呪威德極大能
壞自他道力功德皆無成望若有善
男子樂持讀誦是光王呪者住前等
處應如法持時別先誦一字佛頂輪
王呪及佛眼呪各七遍已然則誦斯
光聚王呪得大威德四儀安隱身膚
光澤辯智聰悟密跡主是光王呪若
成就者則等成就一字佛頂輪王呪
大三摩地汝復應知此光王呪光明
威德乃是一切諸佛光明威德神力
能現增長一切有情福善威德蠲衆
罪障能盡破斷一切諸呪威德神力
能善調伏一切他諸惡有情故能善
作成一切事故能作光明照一切故

介時世尊復謂金剛密跡主菩薩言
我今又入一切如來勇猛出現神通
三摩地顯說高頂輪王呪神通威德
除於三界諸惱有情一切罪障是呪
是眞一切如來力加持處為令一切
諸大菩薩修行出現無量威德勇猛
精進得大安樂即說呪曰
娜莫縒身鞞一勃馱南二唵二合許三
入嚩攞入嚩攞四揩你執反弊弁也反引揩上同
驃弁笑反引五誐姤瑟膩灑六度那度那七
虎二合許八
說是呪時三千大千世界六返震動
一切天龍藥叉羅刹乾闥婆阿素洛
迦樓羅緊那羅摩呼羅伽等一時悶
絕失大威德一切諸惡毗那夜迦為
火燒惱叫呼惶怖密跡主此高頂輪
王呪乃是一切諸佛如來最大神通
勇猛精進三摩地力若善男子樂欲
成就一字佛頂輪王呪者應令內外
嚴飾清潔以樺木皮或以㡘素竹帛
等上雄黃書斯高頂輪王呪佩帶肩
髆并持斯呪速得成就若有國王王

族妃后大臣僚佐請信男女一切人
民信斯呪者亦令書寫戴頂頸辟為
諸人衆乎掬敬諾而不侵擾災垢銷
滅當得辯才吉相圓滿若有軍將及
諸兵衆敬信斯呪亦令書寫持梁旃
旗及戴頭辟往他軍陣他自臣伏乎
不殘害何以故以諸如來力加持故
密跡主是高頂輪王呪若諸菩薩修
持之者則得無量如來加持勇猛威
力一切諸魔鬼諸天神鬼怖不親近而
作惱害若有成就是高頂輪王呪者
則得無量勝福威力得同一字佛頂
輪王呪力何以故以諸如來三摩地
力等加持故
尒時世尊誥金剛密跡主菩薩言我
今又入一切如來不思議神通大三
摩地顯說勝頂輪王呪神通威德為
滅一切惡趣地獄一切有情種種苦
故為現一切諸佛如來神通威德大
不思議大三摩地則說呪曰
娜莫縒曼跢 一 勃馱南 二 唵 二合 許 三

入縛攞 四 惹曜 附聲 重呼 琵臓灑 五 入縛攞
入縛攞 六 畔馱畔馱 七 娜麼娜麼 八 訥嚕
莽 讀胡反 訥嚕莽 九 同上 郝 呼各反 十 吠 呼可反 袪 下同
十一 虎 二合 許 十二
說是呪時此大千界及諸佛刹一切
皆大六返震動以佛威德現斯神變
一切有情普不驚怖令諸地獄衆惡
有情種種劇苦盡皆止息其諸餓鬼
一時皆得飽食甘饍密跡主此勝頂輪
王呪乃是殑伽沙等諸佛如來神通
變化之所演說為諸怕怖一切有情
得安樂故說密跡主是呪所在方處
有暫觀讀一切諸魔則不入中何況
持者若有善男子晝夜精勤讀誦受持
此勝頂輪王呪者不久當得不思議
界神通神變三摩地門為諸天人恭
敬觀禮獲不思議功德蘊身若有信
進學大乘者復能信向一字佛頂輪
王明勝章句能常精懇讀誦受持當
則速證一切如來深不思議平等神
通最勝神通智三摩地踰諸有情福
壽昌勝所求如意為人所尊密跡主

如是精勤受持勝頂輪王呪者是人
不久亦獲神通一切天魔毗那夜迦
惡神鬼等悉不親近若遇斯人則皆
怖走失大威德密跡主若人信修證
成是呪則同證成一字佛頂輪王明
呪章句能起神通入於地獄度脫一
切有情罪苦密跡主是呪無量無邊
神通功德我今略說少分之耳若我
廣說於無量劫讚斯功德亦不能盡
尒時世尊誥諸菩薩摩訶薩言善男
子是五頂輪王明呪章句從一切如
來神通威力大三摩地出生流現我
縱百千俱胝大劫說是等呪神通功德
亦不能盡我今但為利益度脫一切
有情略說少耳若如來住於百千俱
胝大劫說五頂輪王種族呪等亦不
能盡五種族呪一一邊際密跡主若
有善男子住於無量佛世尊所以上
衣服卧具湯藥飲食財寶一切等物
日日三時持獻供養經百千劫所得
功德百千万分不如有人於三七日
依法持是五頂輪王明勝章句功德

之一何以故讀誦受持是五頂輪王明勝章句得成就者此人決定當得不退菩薩地色相威德三界殊特堅固精進度生老死欲界帝釋一切諸天大威德者見是成就五頂輪王咒人不起於座而迎奠者頭破七分如阿梨樹枝大自在天帝釋天那羅延天多聞天王及諸天等身所光明威德神力皆被證是五頂輪王持咒之人光明威德暎蔽不現是人威光常曜赫奕踰於諸天億百千万倍復有大福純善德人信向意樂成是咒者則當如法書寫此經讀誦受持常以塗香末香燒香花菓飲食而供養之斯人若見信佛神通十力威德一切深法行菩薩乘者則當為説勿懷慳惜即得成就於百千劫不墮地獄得宿命智乃至阿耨多羅三藐三菩提常為一切天龍八部觀敬衛護一切諸魔不捐嬈害所演教命人皆敬受若命終時如入靜慮密跡主有善男子種族高貴父母真正好宿日生具足

諸根身姝端好膚色赤白骨節不現髀手臑纖不短不陋不肥不瘦指甲紅赤脚底王相兩踝平滿齒不踈跌亦不黃黑鮮白齊密眼不角睞睱醫黃綠鼻不匾匼脣不騫縮面不欬瘷體膚光潤不患疥癩風濕漏癖不貪色欲不為毗那夜迦而作惱亂福德智慧清淨圓滿性自歸佛菩薩法僧不信不事諸天天神邪神鬼等常不懈怠攝心精進推樂修學大乘道教意欲圓滿菩薩大願超衆魔境趣菩薩地如是之人合得是經成就此咒密跡主若見斯人敬為善友應以種種方便為説是咒功德修行法教當令是人速得成就是大五頂輪王明勝法地密跡主是咒王經於無量佛剎難得見聞若得聞者皆是如來神力加被若得斯經則是如來種族親屬何以故此如來咒三摩地王實難思議於諸咒中最上最勝為大第一是等有情應當決定生最上心成此五頂輪王咒若有有

情求得此經清淨如法或復書寫或復讀誦是咒是經當知斯人則便當得是五頂輪王咒三摩地王永斷愛流無明結賊瞋恚癡害頑嚚之心則為諸天恭敬供養而侍怙故

一字佛頂輪王經畫像法品第二

尒時釋迦牟尼如來復以佛眼觀是會衆告金剛密跡主菩薩摩訶薩言善男子汝復諦聽此一字佛頂輪王像是像無量殑伽沙俱胝諸佛同共宣説於出世世間一切變像此像最上利益一切障累有情是像乃是一切如來神通變化形容相好冠纓衣服運度一切罪垢有情登涅槃岸最三摩地盡斯像者先曾入此頂輪王灌頂無勝法壇於阿闍梨手授具足咒句印法或復入於勝頂王壇已成就者為阿闍梨印讃許可求證出世大涅槃處如是行人乃堪畫像正命令於淨行婆羅門善信童女或令大姓種族父母真正善信童女教淨護持撚治織縫莫嚴惡絲持和織畫勿

刃氎斱閪量四肘長量六肘或闊三肘長量五肘若力不迨如是織作亦任貨求鮮淨好者勿還價直貨得物已以淨香水如法蘸浴乃中圖畫色盞新淨勿用皮膠水調和彩色用以香膠調色畫采或取如來種族部中教法軌則畫像亦得畫是像者當於一切佛神通月畫飾莊采所謂正月五月九月則斯等月月初一日或十五日起首畫摸其畫像處於佛堂殿或於山間仙人窟處是處占相方圓百步無諸髡穢水復無虫清潔淨美當所畫地日日如法香水塗灑其畫匠人諸根端好性善眞正具信五根若畫釆時授八戒齋一出一浴著新淨衣斷諸談論先正當中畫菩提樹種種寶莊枝葉花菓如如意樹間雜各異七寶枝條衆寶花蘂白珠為蘂赤珠為鬚衆寶瑠璃以為諸菓或有枝出種種寶菓或有枝出種種寶芽或有枝起種種寶雲或有枝雨甘露雨滴或有枝挂天諸寶衣或有枝懸寶鐸

鈴磬或有枝出珊瑚虎珀赤珠瑪瑙其枝枝間畫雲光電枝葉花上又畫白鶴孔雀迦陵頻伽鸚鵡舍利共命之鳥及諸好鳥地畫七寶遍皆莊采如是地樹下畫釋迦牟尼如來倚三十二大人相八十妙好身背圓光坐師子座結跏趺坐作說法相目觀一字頂輪王頂放雜色大光明焰當以右手屈上揚掌其大拇指與中指頭相捻餘三指微屈散伸左手仰左膝上施之無畏佛右側畫普賢菩薩面目熙怡結跏趺坐手執白拂佛左側畫弥勒菩薩面目熙怡結跏趺坐手執白拂當佛座前右邊畫一字頂輪王身金色相瞻仰如來左手執開蓮華於花臺上側竪畫一金輪右手揚掌身背圓光當佛座前左邊畫白傘蓋頂輪王身金色相覯一字頂輪王左手當胷執開蓮華於花臺上畫白傘蓋右手執半開不開蓮華身背圓光又白傘蓋頂輪王後畫高頂輪王身金色相瞻一字頂輪王左手執弭惹

布羅迦菓右手執青優鉢羅花身背圓光復一字頂輪王後畫光聚頂輪王身金色相瞻一字頂輪王左手執開蓮華於花臺上畫佛心印火焰圖繞右手當胷執如意珠身有圓光作種種色又光聚頂輪王後畫勝頂輪王身金色相左手執開蓮華於花臺上直竪畫劍右手執如意寶珠身背圓光瞻一字頂輪王是五頂輪王面目熙怡身狀莊采一如菩薩頭冠瓔珞鐶釧衣服而莊嚴之皆半跏趺坐坐白蓮華又一字頂輪王右畫主兵神面目熙怡瞻一字頂輪王左手當胷側執槊槊上畫懸繒幡右手執金剛杵身被衣甲半跏趺坐又當佛座前右邊畫觀世音菩薩身白黃色結跏趺坐左手當胷側執開蓮華右手揚掌曲躬瞻佛又當佛座前左邊畫金剛密跡主菩薩身紫赤色結跏趺坐左手當胷側執金剛杵右手揚掌曲躬瞻佛次普賢菩薩後畫蔓殊室利童子菩薩左手當胷側執開蓮

華於花臺上竪畫三股金剛杵右手屈
肘仰掌以大指中指頭相捻餘三指
微屈散伸次畫無垢慧菩薩左手執
開蓮華於花臺上竪倒畫螺右手屈
上側揚於掌次畫寂靜慧菩薩左手
胷側執金剛杵右手仰右髀上次畫
無量慧菩薩左手胷側執開蓮華於
花臺上側竪畫輪右手把如意珠次
畫虛空藏菩薩左手當胷執花右手
執如意珠仰右髀上次畫虛空無垢
藏菩薩左手執金剛杵右手揚掌次
畫大慧菩薩左手執開蓮華於花臺
上畫如意珠火焰圓繞右手側內揚掌
是等菩薩面貌熙怡身金色相各以
寶冠瓔珞環釧種種衣服而莊柔之
坐寶蓮華半加趺坐次弥勒菩薩後
畫佛眼菩薩面目慈軟仰觀會衆左
手執開蓮華於花臺上畫佛心印於
印兩側各畫一眼右手把如意珠次
畫佛毫相菩薩面目慈軟左手把開
蓮華於花臺上畫佛毫相印火焰圍
繞右手虛拳當右脇上觀一字頂輪

王次畫如來緊菩薩面目慈軟左手
當臍右手把槊槊上畫懸繒幡次畫
如来牙菩薩面目慈軟左手執開蓮
華於花臺上畫佛牙印右手當胷次
佛眼菩薩座下畫孫那利大明咒王
面目慈軟左手執金剛杵右手把蓮
華目觀如来是等菩薩身金色相各
以花冠瓔珞環釧種種衣服莊来嚴
飾坐寶蓮華半跏趺坐又金剛寮跡
主菩薩後畫軍吒利金剛童子畫金
剛將童子畫菩解金剛童子畫蛇軟
馱縿迦金剛童子是四童子身絶赤
色各執金剛杵顔貌熙怡俱以花鬘
寶瓔環釧天妙衣服莊来嚴身坐
蓮華座半跏趺坐又觀世音菩薩後
畫馬頭觀世音大明咒王身赤紫色
面目瞋怒左手胷側竪執鉞斧右手
屈上托蓮華蓮葉莖莖蛇為瓔珞腕
著寶釧臂著寶襻首戴花冠著青著
衣服坐寶蓮華瞻一字頂輪王次馬
頭觀世音後畫蓮華孫那利菩薩身
白黃色顔貌慈軟右手把羂索左手

下伸坐蓮華座次孫那利菩薩後畫
鉢刺拏捨縛刹神身青綠色顔貌慈
軟而有四手一把羂索一把鉞斧一
把寶棗一施無畏坐蓮華座次頂輪
王左畫難勝奮怒王四面四臂身白
色相示䠶肚相形手臂脚跣象侏儒
要畫虎皮蛇為耳璫德叉迦龍王以
為胥繩婆修吉龍王以為絡髆諸惡
毒蛇嚴身臂脛編髮為冠遍身火焰
立赤蓮華上右第一手把金剛杵右
第二手以中指無名指小指把拳大
指押上頭指直伸屈肘向上左第一
手把三戟叉左第二手把鉞斧正中
大面怒目張口吐出衆光目觀如来
右邊側面觀一字頂輪王左邊側面
觀目咒者頂上一面觀佛會衆次畫
怒王下畫地天神面目熙怡身白色
相左手當胷把於寶匣右手屈上掌
寶澡罐口畫出蓮華技葉長跪而坐
坐寶地上次地天神後畫熙蓮禪河
神面目熙怡身艷白色合掌恭敬頭

上畫七蛇龍頭次熙蓮禪何神後畫七頭迦里迦龍王畫七頭蛇止鱗馱龍王長跪而坐瞻仰如來一捧寶花一捧寶珠密跡主是二龍王已曾供養無量無數一切諸佛又於金剛密跡主菩薩座下畫家膝明王金剛菩薩身赤黃色顰眉怒目眉間一眼狗牙上出半跏趺坐右手拄一長刀左手當胷執金剛杵次畫可畏金剛菩薩身赤黃色顰眉怒目狗牙上出半跏趺坐右手拄三戟叉仰屈左手把獨股金剛杵次畫黃眼金剛菩薩身白黃色面貌熙怡半跏趺坐右手屈肘向內側揚掌左手伸屈當左脇上把開敷蓮華於花臺上竪畫三股金剛杵次畫軍吒利金剛菩薩八臂三目狗牙上出半跏趺坐身作青色一手把三股金剛杵一手執三戟叉一手把輪一手把鉞斧一手施於無畏一手把羂索二手結印次後並畫大度底使者身赤白色面目瞋怒一手把羂索一手當胷竪把鉞斧又家隷

一字佛頂輪王經卷第一　第十四張

明王金剛菩薩座下又畫九頭阿難辯龍王畫五頭無熱惱龍王畫七頭娑伽羅龍王各長跪坐瞻仰如來一捧寶珠二捧蓮華是等龍王面目熙怡狀如天神頭上畫出龍頭次大慧菩薩左畫半拏羅婆悉泥觀世音母菩薩身白色相右手執開蓮華於花臺上畫如意寶珠左手仰左髀上施於無畏此觀世音母菩薩座下畫多羅菩薩身白黃色右手把青優鉢羅花左手施於無畏次畫毗俱胝菩薩身白紅色三眼四臂一手把如意寶杖一手把君持一手把數珠一手把蓮華次佛毫相菩薩後畫摩莫雞金剛母菩薩身艷白相右手把般若梵夾左手掌寶施之無畏身狀顏貌一如般若菩薩此金剛母乃是一切諸佛菩薩金剛母故次金剛母後畫央俱施金剛菩薩右手執金剛杵左手仰伸髀上次畫執金剛拳金剛菩薩左手當胷執金剛拳印右手仰伸髀上次畫金剛竈色金剛菩薩左手執金

一字佛頂輪王經卷第一　第十五張

剛杵右手揚掌是等金剛面目慈軟具大明呪大威德力衞護一切如是金剛及諸菩薩各以冠纓環釧衣服種種莊飾坐蓮華座半跏趺坐菩提樹上及二側邊畫諸天天子鼓奏天樂及畫八淨居天衆騰繞樹上各乘去雲各手把捧散種種花而供養佛次於佛左東北角邊面畫提頭賴吒天王左手執槊右手側揚掌次於佛左東南角邊面畫毗嚕侘迦天王右手執槊右手側揚掌次於佛右西南角邊面畫毗嚕愽乞灑天王左手執槊右手掌金剛杵次於佛右西北角邊面畫多聞天王左手執槊右手執金剛杵是等護世天王各以衣甲被飾莊采半跏趺坐又提頭賴吒天王後畫伊舍那天神及畫步多鬼王又毗嚕侘迦天王後畫火天神及畫呰行仙衆又毗嚕愽乞灑天王後畫羅剎王及畫僕從又多聞天王後畫風天神及畫僕從又當菩提樹上空中右

一字佛頂輪王經卷第一　第十六張

邊復畫大梵天王後畫二梵衆天左
邊空中又畫帝釋天王後畫二釋衆
天又於毗嚕陀迦天王右畫焰摩王
坐於牛上牛卧畫之如是天神鬼等
各以自服種種莊柔次難勝奮怒
神下左畫持呪者長跪曲躬手把香
鑪觀頂輪王又佛座下於幢邊面畫
熙蓮釋河於是世尊詰金剛密跡主
菩薩言此像乃是一字佛頂輪王大
變像法是一切佛同共宣說若有智
者見遇斯像生希有想信喜觀礼繞
香供養憶想讚持此人則得今世當
世壽不空過於俱胝劫所造重罪則
皆殄滅若有受持一切佛頂呪者佛
種族呪者諸天菩薩種族呪者一切
金剛種族呪者及餘呪者若已成驗
若未成驗對斯像前如法塗壇種種
供養作本呪法速得本呪最上成就
所求願故
尒時釋迦牟尼如來復謂金剛密跡
主菩薩言汝復諦聽白傘蓋頂輪王

變像畫法是殑伽沙俱胝佛為令拔
濟諸有情說若畫像者所治織法貨
畫像法皆准前方圓三肘中畫菩提
樹當於樹下畫釋迦牟尼如來具大
人相身真金色示說法相結跏趺坐坐
師子座佛右畫金剛密跡主菩薩面
目熙怡身紫赤色右手把金剛杵左
手把白拂佛左畫淨居天王面貌熙
怡身白紅色左手當胷把開蓮華
右手把掐數珠次當佛前准前畫白
傘蓋頂輪王於菩提樹上左右各畫
一矩律婆天狀如傑形孩子身白紅
色手持寶索各乘住雲樹上空中左右
共坐畫六淨居天衆各捧散花皆乘
住雲又於佛右畫持呪者長跪瞻仰
手把香爐上下四面畫雜寶花密跡
主此名白傘蓋頂輪王變像畫法當
能成濟一切有情諸福業事復詰金
剛密跡主菩薩言我又次說光聚頂
輪王變像畫法是像是諸佛說於出
世欲間得最勝上成益有情無上道

法若畫像者所治織法貨畫像法亦
准前法其量三肘或方一肘中畫寶
山種種莊飾山下畫菩提樹當於樹下
畫釋迦牟尼佛身金色相具大人相結
跏趺坐頂放種種色光明焰示說法
相坐白蓮花寶師子座佛右畫金剛
密跡主菩薩面目熙怡身紫赤色右
手把金剛杵左手把白拂佛左畫觀
世音菩薩面目熙怡身白黃色左手
執蓮花右手執白拂當佛座前准前
畫光聚頂輪王樹左右各畫一矩律
婆天色狀准前手持寶索各乘住雲
樹上空中左右各共座畫六淨居天
衆各掌散花俱乘住雲又佛座下右
邊畫持呪者長跪瞻佛手把香爐是
菩提樹地畫作七寶又佛座下畫大
海水其中多畫蓮花魚獸密跡主此
光聚頂輪王像能導有情成就諸法
令脫難故
復告金剛密跡主菩薩言我又次說

高頂輪王像此像亦是一切諸佛為
當憐愍一切有情利益故說若畫像
者所治織法化貨畫像法亦准前法方
圓三肘或方一肘中畫菩提樹當於
樹下畫釋迦牟尼佛身眞金色具大
人相結跏趺坐示說法相右手伸右
膝上施於無畏左手仰伸臍下頂放
衆光佛右畫金剛密跡主面目熙怡
身紫赤色右手執金剛杵左手執白
拂佛左畫觀世音菩薩面目熙怡身
白黃色右手把蓮花左手把白拂當
佛座前准前畫高頂輪王樹上左右
各畫一矩律婆天狀相准前手持寶
索各乘住雲又上空中左右各共坐
畫六淨居天衆俱乘雲住各掌散花
供養於佛又佛座下右邊畫持呪者
長跪瞻佛手把香鑪密跡主此高頂
輪王像成進有情一切願法脫諸難
故
復語金剛密跡主菩薩言我又文說

一字佛頂輪王經卷第一　第十四張　悲

勝頂輪王像此像乃是一切諸佛為
當憐愍諸有情說若畫像者所治織
法化貨畫像法亦准前法方疊三肘或
方一肘中畫菩提樹當於樹下畫釋
迦牟尼佛身眞金色具大人相結跏
趺坐作說法相右手揚掌左手伸左
膝上頂放衆光坐師子座佛右畫金
剛密跡主菩薩面目熙怡身紫赤色
右手執金剛杵左手執白拂佛左畫
淨居天王面目熙怡身白紅色右
手執蓮花左手執白拂當佛座前准
前畫勝頂輪王又於樹上左右准前
各畫一矩律婆天各持寶索皆乘住
雲又上空中左右各共坐畫六淨居
天衆俱乘住雲各捧散花供養於佛
又於佛座右邊畫持呪者長跪瞻佛手
執香鑪密跡主此勝頂輪王像拔脫有
情一切障苦汝盡應知諸佛菩薩各有
無量變易色身導誘現化示此變像
為欲成就是等呪者是故智者應常

一字佛頂輪王經卷第一　第十五張　悲

正發慈心悲心喜心捨心施心忍心
淨戒心精進心靜慮心般若心無上
正等菩提法心為當拔濟一切有情
隨所方得白氎絹布木板一肘半肘
皆任摸畫莊飾供養則得家大無上
善根當成五頂輪王三摩地位住證十
地乃至菩提更不退故

一字佛頂輪王經卷第一

癸卯歲高麗國大藏都監奉
勅雕造

一字佛頂輪王經卷第一　第十六張　悲

一字佛頂輪王經卷第一

校勘記

一　底本，麗藏本。

一　此經石、資、麗分五卷，磧、普、南、徑、清分六卷。

一 四〇四頁上一行經名後，資、磧、普、南、徑、清有夾注「一名五佛頂經」。
一 四〇四頁上三行譯者，資作「唐三藏法師菩提流志譯」；普、南、徑、清作「唐(普作「大唐」)三藏法師菩提流志奉詔譯」。以下各卷同。磧作「唐三藏法師菩提流志」。
一 四〇四頁上八行首字「成」，石作「盛」。
一 四〇四頁上末行第一二字「頂」，石作「頂轉」。
一 四〇四頁中七行第二字「知」，諸本作「智」。
一 四〇四頁中一三行第九字「不」，資、磧作「皆」。
一 四〇四頁中一四行第一一字「亦」，資、磧、普、南、徑、清作「皆」。
一 四〇四頁中一八行第五字「得」，資、磧、普、南、徑、清作「德」。
一 四〇四頁中二二行第九字「跋」，資、磧、普、南、徑、清無。

一 四〇五頁上一一行末字「便」，諸本作「使」。
一 四〇五頁上一五行第七字「其」，石無。
一 四〇五頁中三行第一〇字「爲」，資、磧、普、南、徑、清作「而爲」。
一 四〇五頁中九行第三字「神」，資、磧、普、南、徑、清無。
一 四〇五頁下八行第四字「樹」，石無。
一 四〇五頁下一一行第三字「誥」，資、磧、普、南、徑、清作「説」。
一 四〇五頁下一九行第一一字「檀」，普作「壇」。
一 四〇六頁中二〇行第九字「思」，資、磧、普、南、徑、清作「憶」。
一 四〇七頁上一八行「濟利」，徑、清作「利濟」。
一 四〇七頁中四行首字「横」，資、磧作「中」。
一 四〇七頁下三行第七字「來」，資、磧、普、南、徑、清無。

一 四〇七頁下八行第九字「被」，普、南作「彼」。
一 四〇七頁下一四行第三字「作」，資、磧、普、南、徑、清作「成」。
一 四〇八頁上一八行第五字「亂」，資、磧作「識」；普、南、徑、清作「絶」。
一 四〇八頁中五行末字「好」，資、磧、普、南、徑、清作「兒」。
一 四〇八頁下四行首字「身」，資、磧無。
一 四〇八頁下五行第一二字「專」，資、磧、普、南、徑、清作「等」。
一 四〇八頁下一五行「特奇」，石、普、徑、清作「奇特」。
一 四〇八頁下一九行首字「方」，資、磧、普、南、徑、清作「在方」。
一 四〇八頁下二九行第七字，四〇九頁上三行第六字「五」，資、磧、普、南、徑、清作「五百」。
一 四〇九頁上六行第一一字「頂」，資、磧、普、南、徑、清作「佛頂」。

一　四〇九頁上一一行第八字「乃」，資、磧、普、南、徑、清作「又乃」。
一　四〇九頁上二〇行「物相」，石作「因緣」。
一　四〇九頁上二一行「元不」，資、磧、普、南、徑、清作「無復」。
一　四〇九頁中五行「嚴顯現」，石作「顯嚴」。
一　四〇九頁中一四行「色身則」，資、磧、普、南、徑、清作「身色即」。
一　四〇九頁下一〇行第八字「光」，資、磧、普、南、徑、清作「神通光」。末字「似」，資、磧、普、南、徑、清作「以」。
一　四一〇頁上八行「睒相」，資、磧、普、南、徑、清作「相睒」。
一　四一〇頁上一一行第一三字「大」，資、磧、普、南、徑、清作「以大」。
一　四一〇頁上一二行首字「藏」，資、磧、普、南、徑、清作「聚」。
一　四一〇頁中一行第四字「區」，資、磧、普、南、徑、清作「軀」。
一　四一〇頁中五行「光王」，資、磧、普、南、徑、清作「光聚王」，下同。
一　四一〇頁中一一行第二字「子」，資、磧、普、南、徑、清作「子善女人」。
一　四一〇頁中一八行首字「威」，資、磧、普、南、徑、清作「功」。
一　四一〇頁下七行「即說呪曰」，石作「即復說高頂王呪曰」。
一　四一一頁中一二行第四字「故」，石無。
一　四一一頁中一四行，下一八行「男子」，資、磧作「男子善女人」。
一　四一二頁中四行末字「瑕」，資、磧、普、南、徑、清作「瑕」。
一　四一二頁中六行第二字「狭」，資、磧、普、南、徑、清作「⿰牜羽」。
一　四一二頁中七行第二字「不」，資、磧、普、南、徑、清作「鬼以七寶莊嚴耳璫不」。
一　四一二頁中一五行「法教」，石作「教法」。
一　四一二頁下五行「恃怙」，資、磧、普、南、徑、清作「侍護」。
一　四一二頁下六行「一字佛頂輪王經」，徑、清無。
一　四一二頁下二〇行首字「令」，石作「正行」。第一三字「令」，資、磧、普、南、徑、清作「命」。
一　四一三頁上二行第九字「迨」，資、磧、普、南、徑、清作「逮」。
一　四一三頁上四行第八字「蘸」，資、磧、普、南、徑、清作「熏」。
一　四一三頁上五行第五字「用」，資、磧、普、南、徑、清無。
一　四一三頁中一四行第九字「晝」，石無。
一　四一三頁下一二行「又一字」，徑作「又一字佛」。
一　四一四頁上三行第一三字「手」，資、磧、普、南、徑、清無。
一　四一四頁上一〇行首字「執」，石作「掌」。
一　四一四頁中一一行末字「秋」，石、

普、南、徑、清作「祆」；資、磧作「欶」。

一四一四頁中一二行第一三字「艳」，資、磧、普、南、徑、清作「艷」。

一四一四頁中一四行第二字「瓔」，資、磧、普、南、徑、清作「瓔珞」。

一四一四頁下六行第四字「躭」，普、南、徑、清作「耽」。

一四一四頁下七行首字「要」，資、磧、普、南、徑、清作「腰」。

一四一四頁下九行第七字「編」，資、磧、普、南、徑、清作「𢀖」。

一四一四頁下一四行首字「大」，資、磧無。

一四一四頁下一六行「觀目」，普、南、徑、清作「目觀」。

一四一四頁下一九行第五字「畫」，資、磧、普、南、徑、清作「盡」。

一四一五頁上二一行「度底」，資、磧作「底度」。

一四一五頁中一行第二字「王」，普作「主」。

一四一五頁中二行第三字「王」，資、磧、南、清作「主」。

一四一五頁中六行第三字「左」，資、磧、普、南、徑、清作「右」。

一四一五頁中一一行第九字「畫」，徑作「盡」。

一四一五頁中一六行第一字「夹」，資、磧作「甲」。

一四一五頁下一九行第三字「衆」，資、磧、普、南、徑、清作「人」。

一四一六頁上五行第七字「莊」，資作「莊嚴」。

一四一六頁上七行第一一字「燈」，資、磧作「幀」。

一四一六頁上八行末字「主」，資、磧作「王」。

一四一六頁上一二行第五字「想」，資、磧、普、南、徑、清作「相」。

一四一六頁上末行第六字「復」，普、南、徑、清作「復告」。

一四一六頁中一行末字「拔」，南作「救」。

一四一六頁中五行末字「坐」，資、磧、普、南、徑、清無。

一四一六頁中一二行「矩律婆」，普、南、徑、清作「矩律娑」，下同。

一四一六頁下九行「左手」，資、磧、普、南、徑、清作「右手」。

一四一六頁下一〇行「右手」，資、磧、普、南、徑、清作「左手」。

一四一六頁下一八行第一二字「就」，資、磧、普、南、徑、清作「果」。

一四一六頁下一九行「令脱」，資、磧、普、南、徑、清作「得令脱」。

一四一七頁上一五行「雲住」，徑、清作「住雲」。

一四一七頁中一九行第四字「易」，資、磧、普、南、徑、清作「奕」。

一四一七頁中末行第六字「等」，資、磧、普、南、徑、清作「當應常」，資、磧、普、南、徑、清作「常應」。

一四一七頁下六行第一二字「位」，資、磧無。

一字佛頂輪王經卷第二　悲

分別成法品第三

大唐南天竺三藏菩提流志　譯

尒時金剛密跡主菩薩合掌恭敬白言世尊如來無上應正等覺願垂哀愍為修行者略說頂輪王成就行法甚深理趣廣大威德復白佛言世尊一切諸呪皆依此中云何當成所修持者是時世尊讚金剛密跡主菩薩言善哉善哉密跡主汝能於我善發此問汝今諦聽諦聽善思念之我當為汝說諸佛行法理趣金剛法句從無量佛最勝偈句理法所生為得利益成就呪者是時釋迦牟尼如來普觀大衆以大梵聲讚伽他曰

釋迦大師子　無畏菩提門　理趣自在行
當為最上使　見苦迫有情　樂修行此法
天人共戴仰　當成無上尊　修習是深法
稱歎大妙呪　信樂於大乘　心行應菩提
住塔淨堂室　河渊及泉側　廻搆山窟中
山林多花處　獨坐堅淨心　潔身口清淨
是處常止住　依法持禁戒　一心憶持呪
識呪三摩地　出生及成就　種種證相法
證法呪成已　破滅生死家　所願皆圓滿
不久獲菩提　常用二種意　持戒并善伴
成就此不難　即此身得證　不動心堅淨
常憶佛菩提　佛頂輪王法　則此身得證
若有呪者伴　勤修為有情　難思衆多相
則此身得證　誠心呪印塔　誦呪修大法
一一分明解　則此身得證　堅固具精進
廣大心無量　作法最增上　則此身得證
身諸相圓滿　質直具真智　能忍苦飢渴
是人應成就　智者若當得　此經及法門
彼亦不久時　最勝證成就

尒時世尊讚金剛密跡主菩薩言我滅度後當有頑癡罪惡有情住於我所懂相法類苾芻苾芻尼鄔波索迦鄔波斯迦常好隨逐愚癡邪見諸惡談論貪著美味懈怠少德如來十力四無所畏四無礙解大慈大悲大喜大捨真如法界四聖諦法靜慮威德無畏大乘說不信忍無力順修菩薩律行方便法教誹謗毀呰不敬不信諸佛

菩薩三摩地門神通威德此等之人持作斯法不得成就則加謗我及謗菩薩唱言此法非佛所說是魔所說妄說菩薩教行大乘若便見有善男子善女人持此呪者故謗惱亂作諸障礙因此殃咎當得無間無量重罪是故密跡主有善男子善女人等願欲修行菩薩大行堅固信向一心正願常樂書寫大乘經典讀誦供養解其義味若見斯人則為解釋如實雨經一一法門修學菩薩加行法行則得成就是故密跡主呪何所成要從身心勤懇布施持戒忍辱精進定慧清淨一心修習方得成就

一字佛頂輪王經分別密儀品第四

於時金剛密跡主菩薩復白佛言世尊云何行是一字頂輪王呪沐浴淨法觀想心法世尊哀垂願為解釋由此法支法具足故速得一字頂輪王呪成就證門

尒時世尊誥金剛密跡主菩薩言汝復諦聽我為利益導德尠福少精進

者説一切呪修治法時每日三時洗
淨浴法不貪諸欲念心無亂唯一想
佛慈心偹緣十方法界一切有情持
以淨土和乾瞿摩夷末呪之澡手洗
淨沐身若澡浴時著浴襯衣結印護
身護身呪曰
唵二合許一麼麼麼麼麼二虎一合許
三㴸你普反四
當誦此呪七遍護身若熾罪障求趣
神通當用白土其土無虫勿赤勿黑
勿臭勿穢若求豐饒用黃白土其土
無虫亦勿臭穢若降伏法用赤黑土
若欲尊他當用不白不黑土若欲他
人敬伏讚歎用青赤土如此等土智
者善知取土呪曰
唵二合許一娜羅二上虎二合許三
呪土七遍乃聮取土作一切法若遇
清潔靈聖河泉水有衆鳥於四岸上
多花菓樹入中澡浴福滕吉祥加持
洗浴呪曰
唵二合許一入嚩縛可反下同攞二虎
二合許三

當誦七遍護身灌頂如法洗浴是水
雖聖若有畏難及有婦人小兒畜獸
種種践穢則不堪浴加持土呪曰
唵二合許一跛比沒反二合囉上入嚩攞二虎
二合許三
若欲浴時呪土七遍置土淨處勿令
穢唾被甲呪曰
唵二合許一入嚩攞謡惹而者反下同二虎二合許三
若當浴時以右手頭指中指無名指
小指急把拳覆置心下以大指直竪
按於心上誦被甲呪呪拳指七遍想
成被甲被束甲胄呪曰
唵二合許一入嚩攞二播囉上訖二合囉
上麼三虎二合許四
是呪又呪心上拳指身體七遍妥徐
入水令水至齊一切頂輪王心呪曰
唵二合許一卓知古反嚕二合許二畔馱三牢二合
嚩訶四
是呪入水火誦七遍則當禁止毗那
夜迦水中龍黿不相災害及能成護
一切事業又重呪土七遍分為三分

三種揩洗先以一分從脚塗揩洗至
于膝次以一分從膝塗揩洗至于臍
次以一分從臍塗洗乃至肩髀手面
背等浴已著衣又以斯呪呪水七遍
三遍灑灑頭頸身分靜默斷語又誦
此呪作護身法次誦難勝奮怒王
呪次誦佛毫相呪次誦佛眼明呪
次誦摧碎頂輪王呪如是呪等護
持一切最為殊勝若佛種族呪中作
法佛眼呪上是五頂輪呪中作法亦
佛眼呪為最為上若結壇地界及十
方界自護護伴當用摧碎頂輪王呪
及一切頂輪王心呪淨身口呪曰
娜莫薩嚩勃馱一喃菩地薩埵南二唵
二合許三戍輪律反睇努四輸詩本反馱奈奴箇反
野五牢二合嚩訶六
是呪若入壇時著淨衣已呪水三遍
嗽口灑灑頭耳肩心整儀直視發大
悲心大步徐行直入壇內如是智者
恆著新淨氎布等衣或麻布衣脩
斯呪法常以一切頂輪王心呪呪一
切物輪王像前持供獻已坐茅草上

一心想像諸佛菩薩誦呪結印誓召
發願瞬目瞻像結蓮華印想佛坐印
如是作持何謂為故願得佛座菩薩
座故把數珠呪曰
唵二合許一遏部鞊二弭薏曵三志地
悉馱遏楪鞞分反上聲字平聲呼四窣二合嚩訶五
是佛族呪用菩提珠每念持珠皆呪
三遍速得成向正等菩提三等證法
其一切呪陀羅尼法亦如此三成就
等法求富豐饒用金銀珠求當成熟
一切勝事用頗梨珠所穿珠索童女
合持各誦本呪呪珠貫繫呪數珠呪曰
娜謨皤蒲餓反伽渠迦反又音迦字居奈反又音奈字奴箇反下同
嚩底丁礼反一悉睇沙馱野二沙馱野二
悉馱遏㩋四同上窣二合嚩訶五
是佛族呪呪珠貫已擲珠合掌又呪
七遍如是事作名受持珠常坐茅草
心靜寂默著茅草衣持誦課數作安
隱法若時數畢當又呪持室剎木或
樒擇木或白栴檀木或樒木或楓香
木横十二指兩頭齊斫截作安隱法

作富饒法皆上成就若酸棗木佉陀
羅木迦羅弭羅木等横十二指兩頭
銛斫截作調伏法亦上成就無斯三
木但得其棻棻無虫者作亦成就當
以瞿摩夷和諸香水每日塗灑坐臥
等處及讙頂處所用水時皆淨洗細
穢內外衣服常淨衛護如斯作法若
不成就則加一切頂輪王心呪遍遍
同誦又不成就復加佛眼呪等三皆
同誦心真縱像是佛眼呪過去諸佛
已說示故我今復說為當成就救五
逆者持此一字佛頂輪王呪得大證
成何況性淨具信根者受持讀誦而
不成就若持呪者無此五頂輪王像
對坐持念如佛說像想像目前一心
瞻仰合掌礼已跏趺端坐定想心呪
曰
娜謨羅上怛二合娜怛二合羅耶野一㩋
者攞弭鞢二窣嚩訶三
誦一七遍結大根本印呪七遍隨想
思印金剛所成想印壇地成大海水

深廣無涯觀想大海呪曰
唵二合許一弭麼路娜地二虎二合許三
誦一七遍觀想大海深廣無岸清
淨明徹無有動濁顯現分明當海心
中有大寶山觀想寶山呪曰
唵二合許一攞者攞二虎二合許三
誦一七遍觀想七寶須弥寶山周圓
高廣無量無邊具足衆寶光飾顯現
稱其山上有大蓮花衆寶所成觀想
寶蓮華呪曰
唵二合許一虎二合許迦麼攞二窣
二合嚩訶三
誦一七遍觀想無量百千大葉七
寶蓮華臺臺鬚蕊菜莖光飾顯現其
臺廣大亦如山等蕊菜葉相稱於其
臺上有大寶帳觀想寶帳呪曰
娜莫薩嚩𩎔詑伽哆得箇反下同南一唵
二合許二薩嚩吐士固反薩鞊三薩僧乞反
叵囉上吧四摩二合許牟甘反四誐魚迦反又居迦字
馱誐同上音反娜金居淹反五窣二合嚩訶六
誦一七遍觀想寶帳一切寶飾自然

成顯東西南北四維上下廣博無量
半月滿月大寶摩尼竒諸寶花寶鐸
金鈴處處弥布間錯莊嚴眞珠羅網
妙香花纓周帀垂覆其諸寶中出種
種光手相交暎復於光中見諸如來
神通自在當寶帳上想有金蓋廣大
無量稱寶帳上以衆寶珠寶花雜拂
而為莊飾寶網纓珞四布垂繞於寶
帳中想有釋迦牟尼如來處師子座
結跏趺坐具足三十二大人相八十
妙好身放圓光作說法相瞬目瞻視
一字頂輪王菩薩如上說諸菩薩聲
聞天等想皆有之分明顯現及想自
身在寶帳內於佛右邊長跪曲躬手
執香鑪誦本持呪啓佛會衆并啓十
方一切諸佛坐寶帳中顯現分明願
受供養復當想持種種香雲種種香
花香食香水供獻佛會則發願言唯
願聖衆各以神力哀愍護我往受供
養乃侍周畢次誦一切頂輪王心呪
一百八遍又別想成東西南北四維
上下深廣如海七寶浴池滿中香水

浴釋迦牟尼如來眞報佛身及當一
時想浴十方一切眞報佛身并佛種
族菩薩呪神本所呪神想擲浴已又
想種種栴檀塗香一時塗飾一切佛身
及佛種族菩薩呪神又想種種竒妙繒
綺金縷袈裟頭冠纓絡及諸衣服一時
嚴貫一切佛身及佛種族菩薩呪神
重復想啓帳內會坐又想獻列諸上
飲食一時供養一切諸佛及佛種族
菩薩神已仁者則以此所善根心口
發露誠懺衆罪迴向菩提想請諸佛
於寶帳中轉大法輪仁者當則如在
帳內佛右跪坐識觀鼻端想心無惑
右手掐珠左手當胷結數珠印調誦
呪數課滿已置數珠於淨香篋中印
呪護持重燒焯香想諸香花如法供
養則誦本呪解其方界合掌頂礼依
方發遣如是觀法三十六月斷諸談
論心莫像勑隨逐諸境乱躅觀想淸
淨依法每日三時則得見證一字頂
輪王大三摩地門

一字佛頂輪王經分別祕相品第五

尒時釋迦牟尼如來復告金剛密跡
主菩薩言此一字頂輪王呪成就行
法諸佛共說為得利益一切有情成
斯佛頂輪王教法密跡主過去現在
一切如來所說句偈教行法門等無
差別皆擇空寂幽閑勝處我復略說
簡大名山聖所居處或仙神巖窟或
空淨新室或獨樹林泉於斯勝處一
心善淨修行是法於不善法極盡斷
除於善淨法生建淨義是二法句募
延餘生善不善業是故所食飲食滋
味辛甘醎淡勿欲貪饕躭嗜過飽若
飽食使不能持誦供養燒火定心不
生是故呪者離貪欲食恒初夜分隨
力轉讀花嚴寶雨及餘一切摩訶衍經
觀其行法制御心田修習此教為無
為法若布瑟置迦每中夜分數淨茅
草四周結界結印誦呪印護持身如
師子王頭南面東右脇枕手疊伸足
卧若扇底迦每中夜分頭東面北右
脇枕手疊伸足卧若擦毗柘嚕迦每
卧分時頭西面南右脇枕手疊伸足

别若睡夢見上菩提樹㭬檀香樹弭
攞樹贊頭末羅樹名證中品向速成
相若有夢見乘白鶴孔雀金翅鳥等
身出光焰名證上品向速成相若有
夢見上七寶幢樓閣寶臺踏花蹲
上或見手把箜篌詣入僧衆上塔乘
舩名證下品向速成相若有夢見㭬茶
羅人猪狗駝騾驢死人等若觸若乘
是障不成如是等相智者應知若毗
那夜迦作諸障惱則以粳米和烏油
麻日日三時一呪一燒各一千八遍
滿三七日則得本神夢覺現身教語
語言汝去某處酥蜜相和日夜三時
一呪一燒各一千八遍滿三日夜則得
夢見此教調伏毗那夜迦所有眞法
我已受獻喫汝食去所有眞道與當
成辦若夢覺已加念呪神願為我現大
丈夫相勿為我現天女儀狀乱我心
境妄生貪欸癡愛染心又持護身覆
復安睡則得夢見本神儀狀或諸神
變種種勝事心亦無取妄生喜覺若
持誦時勿念過去種種嬉謔雜欲漏

法亦勿思計未來衆事說諸餘法散
亂動心唯一係想入呪文句一一妙
理若心貪生觀身勝壞若心嗔生慈
心觀住若心癡生即十二因緣觀住
若心起緣顛倒生住即至觀想呪神
在頂持以香花先前供獻結跏趺坐
如法念誦若少不依如所法式則為
障礙毗那夜迦破壞食敢所修功德
如是人者若誦念已護身結界端身
直項結跏趺坐瞬目平視舌拄上腭
以右手背押左手掌伸置臍下觀照
四大色畢竟空體無眞實復觀五蘊
其性亦空如法界性無我無人亦無
受者可得之法心則寂靜復觀靜心
心亦無住呪者誦呪每時數畢常作
斯觀若見種種神變境像特勿取著
自靜見心即得滅除一切罪垢若有
未曾入此一字佛頂輪王大種族壇
為阿闍梨教授法者自持斯法則便
常為毗那夜迦如影逐身障礙呪者
所獻香花飲食香水火食呪聲不令
得到本所呪神法無成驗此頂輪王

若成就者則常不為姥杖馱吒迦毗
那夜迦王作生障難呪餘一切毗那
夜迦能障難耶是故智者欲得成就
此呪法者當以難勝奮怒王呪或以
輪王僕從二十種呪於持誦時燒火
食時障護其身若不依法一一護身
則難成就常為諸惡天龍藥叉羅剎
惡妬仙類荼枳尼鬼畢舍遮鬼及諸
餓鬼處處隨逐伺求其便破壞虛耗
是呪法中莫以曼陁羅花弭羅花遏
伽花等持獻供養及諸佛頂供養法
中亦不供養應以惹底花頭鉢羅花
拘物頭花蓮華諭底[illegible]迦花及餘種
類香馞名花持此花等常以供養五
頂輪王若有呪者經一二三度精修
此法不證悉地倍應勤懇專精修習
乃至七度各正月五月九月詣海河
潬日日三時印砂佛塔隨力印修并
轉大乘諸餘經典觀我一切所行之
跡修學斯法印是塔數滿三十万為滅
先世十重業障復隨此一一塔前以
塗香末香諸妙花香而獻供養於一

一塔前坐誦呪一百八遍智者如是如法
修持不成就者為宿障重又加日日
印一肘塔一千已上若五逆重罪亦得
銷滅而證成就況餘微薄諸宿障耶
如斯依法精勤修習但誦持呪亦得
銷滅何況印塔又法詣往江河海岸
採以蓮花一呪一擲江河水中滿十
万箇則得成向何況倍加可不成就
若非是處作修法者則不成辦如斯
呪法薄尠福人使加印塔乃得成就
植福德人但所依教誦持供養遠期
成就如是成者勤誦持呪以為根本
是故諸善男子堅固精進身心清淨
求菩提者畢定成就密跡主未曾見
呪虛辭說道義趣是呪在經自成要
假精進為於菩提師僧父母及苦衆
生勤功修習合掌頂禮依法誦呪齊
除垢障乃得成就如是頂禮為得成
就廣大功德如是頂礼無量果報無
量福聚是故數數合掌頂禮乃得口
善身善意善成就功德劫初有情性
質純善福德高勝隨作隨成不等今

我釋迦牟尼如來出濁惡世得解
脫時及弟子等證解脫時是故智者
相續除斷猜疑網心具足精進淨修
福事則便成證若有宿殖福德增勝
依法修行速獲成就若無宿殖福德
尠薄依法修持久乃成就此最上呪
若證成就則得高勝無等等故辟假
瑠璃寶比蓮花光實功力價直倍數
不及無諭足故則知一字佛頂輪王
力不思議勇猛殊特呪者應常持鉢
乞食若得飯餅應淨擣擇分為三分
一分獻佛呪神諸天若食獻已持施
水陸一切有情一分給施外來乞者
若無乞者施為禽獸一分自持依法而
食若有作求安隱法時面北坐食若
有作求富饒法時面東坐食若有作
求調伏法時面南坐食呪者每日慈
心弘願普覆一切有情受衆苦者捨
富度脫若大苾芻鄔波索迦持梵行
者若心慈悲獨行持法則無障礙是
故智者樂欲安隱富饒調伏速成證
者應常定心恭敬合掌頂礼佛塔淨

持灑地持以牛糞和黃土泥塗摩壇
地誦以一切佛頂輪王心呪或誦摧
碎頂王呪呪白芥子淨灰七遍布散
十方結為方界持以四橛繫於線索
呪之七遍四角圍釘結方地界安布
坐位種種獻列護身結印請召供養
誦呪燒火自身成驗先初供養釋迦
牟尼如來次當供養一字明頂輪王
次當次第供養諸頂輪王次當供養
觀世音菩薩及所種族次當供養金
剛密跡主菩薩及所種族次當供養烏
願頂王及所種族如是供養一一次
第皆持香花前供養已次當供養世
間天神如斯供獻名三種族供養法
則愚癡嬰人無所曉解種種謗毀一切
呪者說諸呪法盡是謗語智者若遇
如是癡人應自思觀是諸佛說必不
虛謬但自專至修行供養扇底迦法
布瑟置迦法擴毗柘嚕迦法若布瑟
置迦法作誦呪時燒火食時面東一
心跏趺端坐呪後每加寧縛訶三字
若扇底迦法作誦呪時燒火食時面

北定心結跏趺坐亦每呪後加牢熮訶三字若摸毗拓嚕迦法作誦呪時燒火食時面南瞋怒左脚踏右脚側上蹲坐亦每呪後加虎鉾二字若欲常作扇底迦法以烏油麻和白芥子作火食法若欲常作布瑟置迦法亦以烏油麻和白粳米作火食法若欲找去佛法中剌作摸毗拓嚕迦法以毒藥和揶伽里根作火食法若布瑟置迦法以弭攞木摸輸迦木摸繞娜木菩提木薩惹迦木等常然燒火若扇底迦法以你劬陀木頸頭末羅木擯說他木天門冬草等常然燒火若摸毗拓嚕迦法以佉他羅木無穗木苦楝木迦羅弭攞木等常然燒火調他怨惡心迴伏故名摸毗拓嚕迦彌除災障一切寧靜故名扇底迦願得圓滿求者如意故名布瑟置迦如是等法於一切處呪者善思依法修習為此教法得最上故為欲辟除此教法中一切災障應作是法除斯法者餘不應作此所呪者慈心一切梵行清淨

莫如外道鬚長甲長則得清潔若鬚長脩蟣虱俱生隨生障各念誦不成若甲長則裏亭垢穢粘花燒香便則汙觸隨亦生罪日月蝕時特勿觀說亦勿譏謗和上闍梨過與非過若所供養呪神之時忽見呪神受天使樂勿愛願同見有國土無主紛亂特勿住中修法念誦又勿住於神龍護地藥叉羅剎常集住地死屍陁林地無佛法地虎狼住地多蚊虻地無雨方地多饑風地多賊住地屠殺住地沽酒住地賣經像地賣凶具地婬女住地及衆難地皆勿住中營法念誦作求諸法悉不成就念誦法中燒火法勝天神喜滿辭如飽食歡喜充適是故佛說一切念誦品法中火法為最亦不諭以國王下劣如藥叉相亦不談論軍陣相殺通國使命媒媾兇戲縛人治病皆不應作如向所說念誦燒火一切法事廣功廣成少功少成亦勿施他酒肉毒藥刀劒弓箭斧槊之具亦勿讃殺快殺方便殺誅殺亦

勿占說他吉凶事亦勿教他迷倒癡法及所恐怖一切有情不安隱法皆勿應作住清閑處以智方便想修諸法若有緣遇不淨步多鬼處有屍鬼處藥叉羅剎等處常一出入想為清淨於念誦處結跏趺坐想諸妙法成香水池沒身澡浴結浴呪印印身想為塗香遍身塗飾一至念誦不應動搖謗視聽察謦噎談論若破威儀動搖謦欬則重輪結浴印印身持以淨水洗手漱口乃復誦念亦得上中下而皆成就

一字佛頂輪王經成像法品第六

尒時世尊復告金剛密跡主菩薩言我見來世一切呪者薄德少福樂著嬉戲不善伴侶躭湎像劫於戒缺漏智見狹劣不樂學求頂輪王廣教出世上法唯樂世法我為斯人說頂輪王世成就法心不精動依法修習則定成向密跡主成世法者應常每日依時請召日神月神星神隨所住神一心念誦斷喚來住結界護身誦呪作

法則得世間諸法成就若不護身結界結印則為鬼人精氣鬼魅所呪力六分偷五或全偷奪或為荼枳尼鬼奪所呪力若恐偷奪則誦一切頂輪王心呪難勝王呪定得却全本所呪力密跡主是故一切呪者心常寂靜堅持六念係偺呪法發菩提心則得成就離菩提外畢無成辦何以故假菩提心大威力故密跡主是故呪人制令不食青果之食亦不應於佛床法床僧床和上闍梨父母等床坐卧喫食亦不類食大摶飯食嚼食作聲半出入食顧視語食共傳器食手指指齒皆不應作呪者應知如法摩壇正跏趺坐端儀默食若念誦時若作法時若請召時應斷一切善不善語如法誦念亦勿與他一床坐卧傳著衣服鞍屧韈等其所食器純用赤白銅器梡食若已食訖則水淨洗重以土灰裏外揩拭常不作諸嘲誂戲論若喜違犯隨罪俱生呪難成驗若作大

法恒候年吉月吉日時依法營造三種品法謂佛神通月修最第一證向頂王廣大悉地每白黑二月八日十四日食三白食加以香花新淨飲食持獻供養如法念誦倍速成證趣成就者如法依法當畫像氎命教童女香湯澡浴受八戒齋治絲造織方應度量勿刀截斷方量五肘或復三肘於吉日時起首畫氎或以板畫其匠畫時洗浴清潔著鮮淨衣受八戒齋先當正中畫釋迦牟尼佛坐師子座結跏趺坐具衆相好頂放大光作說法相身有圓光次佛右邊畫觀世音菩薩身黃白色首戴寶冠冠有化佛面有微怒一手把白拂一手把數珠又於眉間竪畫一目以天衣服瓔珞鐶釧種種莊嚴坐蓮華座結跏趺坐次佛左邊畫金剛密跡主菩薩身青色相首戴寶冠面目瞋怒一手把金剛杵一手把白拂亦以衣服瓔珞鐶釧種種莊嚴坐蓮華座結跏趺坐次

後畫最勝明王金剛畫大度底使者畫可畏金剛畫黃眼金剛畫大笑金剛畫大拳金剛畫軍吒利金剛是等金剛各有大力最上調伏皆執器仗坐蓮華座半跏趺坐各以種種衣服瓔珞而莊嚴之次觀世音菩薩後畫馬頭觀世音王畫意樂圓滿王畫白衣觀世音菩薩母畫多羅菩薩畫毗俱胝菩薩畫佛眼菩薩等是等菩薩各各執持本所器仗坐蓮華座半跏趺坐亦以衆妙衣服瓔珞皆莊飾之次佛左邊畫難勝大奮怒神畫大字神次佛右邊畫佛眼神畫相好神是等四神身皆金色坐蓮華座半跏趺坐密跡主如是等像色相器仗如前所說是大變像名如來身最頂輪王大成就像一切諸呪等同通用皆畫成證於時世尊謂曼殊室利童子言我昔見汝未證地時誦以是呪供養此像像放大光照此三千大千世界三界上中衆生意樂歡適曼殊室利

汝為光照昇證三地得五神通是故
說像不可思議是如來身大三摩地
由是我以此三摩地力普大三界為
諸有情利益成就神通變示頂輪王
身如如意寶

尒時世尊復誥曼殊室利童子汝善
能以大被甲冑善巧方便安住有情示
濟有情無量變化現於佛身菩薩身
緣覺身聲聞身等攝取衆生說諸勝
法覺悟有情是時曼殊室利童子合
掌恭敬白言世尊佛有幾名現頂輪
王大三摩地流此世界於時世尊誥曼
殊室利童子汝問一字頂輪王名者
所謂名印捺羅名帝釋名布嚩娜羅
名大梵天名毗瑟怒天名摩醯首羅
名自然名劫比羅名步嚲娜名姹你
名底㗚詑迦㗚灌名大地地名治世
地名弭野縒名一切行名一切門名
寂靜名涅槃名變化名所變化名難
摧名大天名阿素洛名救度名勝首
名最勝名那野迦名毗那夜迦名福

德名柈伽羅名一切事成就名救世名
作樂名作安隱名空第一義諦名不
生應名名聞能施名具悲名具知名
三摩地名具慈名婆魯拏名師子名
牛王名禰嚩名龍王名藥叉名苦行
仙名大苦行仙名能者名觸者名世
間母名質多羅名三目名千目名跋
弭怛囉名補嚲名大三摩地名出生
三摩地名涌三摩地名遍知名人中
師子王名調御丈夫名出生第一義
諦名證見名相證相名三界主名世
間主名無垢稱名五眼名相似眼名
蓮花夢名光明火名步多主名斷欲
名無欲名無嗔名破嗔名遣嗔名摧
垢名勇猛將名大王名護世名治地
名帝釋像名香象名白蓮花名解空
名見空名現彼名見道者名生者名
無生者名分別名無分別名盡分別
名破分別名護世間名善國名許可
名焰摩王名施財名水天名俱發羅
天名提頭賴吒名善現名蘇弥盧名

金剛名論金剛名妙妙行名勇猛名
大勇猛名所生名大所生名常住名
無常名常無常名頂輪呪名大呪王
名藥名大藥名論者名大論者名上
名無上名白名演白者名丈夫名詵
丈夫名娑伽羅名大娑伽羅名海名
大海名法水住名日月名羅摩名樂
相具足名相莊嚴名雲名大雲名樹
名大樹名無等名羅睺羅名將名大
將名衆主名大衆主名人主名大人
主名持水名大持水名龍象名師子
名勇施名未曾有名不思議名大不
思議名富貴名大富貴名具富名大
具富名實應供名滅煩惱名解術名
行術名作變化名具錢財名法具箭
名一非一名活非活名山名大山名
無能壞名樂行慈名具足神通名具
力名具智名無等侶名具足光汝曼
殊室利童子有一類人知我不生不
滅眞如實際實法法界涅槃實智無
二無相意生儒童作者受者知者見

者作如是解童子此娑婆世界衆生
稱我為大離欲如來佛調御丈夫天
人師童子我常如是於此世間成熟
有情亦如是名童子如是等名成就
衆生乃有五阿僧祇百千數名一切
聲聞愚癡衆生雖稱我名亦不識我
如是異名童子我為如是成就一切
有情亦於諸經說是異名童子復有
一類有情知我無邊殑伽沙等世界
中無量種異名如來說法如如衆生
調伏成就如來亦不去來分別出現
色相童子已不去来無作分別則能
出現無量法事陀羅尼門
尒時世尊復告曼殊室利童子言童
子若有修持是頂輪王法者應常占
候吉白月五日八日十三日十四日
十五日好星宿時清潔洗浴著新淨
衣若是俗人受八戒齋依持法軌清
淨修飾塗結壇場布獻香花燒設火
食先供養佛及觀世音菩薩金剛密
跡主菩薩摩訶婆攞神幷諸菩薩

切聲聞辟支佛諸天衆等如斯供養
則得一切大威德天大威呪神大明呪
神歡喜觀視此等諸天雖復日日請
召恭敬如法供養於此法中不應礼
拜何以故以五頂王尊大一切力不
思議童子持此呪者雖不礼拜一切
諸天語勿毀滅諸呪天神何以故
為諸天神部族相攝護持法故是
知呪者亦不應向死喪家初産生家
不淨人家旃陁羅家田獵人家賣凶
具家賣經像家外道人家沽酒家往
詣顧宿受他供養亦不持以一切殘
臭宿食而供養之及自食噉呪者當
知每日三時自擔歸依佛法大菩薩
僧發菩提心淨治三業念佛念法念
僧念戒念施念天若是俗人常於清
旦受八戒齋不殺盜婬妄語飲酒脂
粉塗身坐卧大床不過中食以如真
智無作之心虔敬修習則得成辦
尒時釋迦牟尼如來復告金剛密跡
主菩薩言又有轉輪王像於出世世
間一切呪像最上無等准前月日畫

者端肅具持十善以細白氎方量三
肘或復二肘先畫寶山於寶山中畫
釋迦牟尼佛具足衆相身眞金色作
說法相佩通身光坐白蓮花師子座
上頂放大光於佛右邊畫呪者貌長
跪瞻佛手把香鑪又於山下畫大
海水遍於水中畫蓮華葉等是像
莊嚴准前所說密跡主此頂輪王
像一切佛說為當呪者得大利益
略說是像若有見者隨喜供養隨
滅衆罪得大功德諸天龍神歡喜
觀敬當定成就一切勇猛頂王呪
力得無數佛種種歌讚供養功德
是妙變像無量無數一切諸佛常
共讚歎若有信樂畫夜精進恭敬供
養則得無始一切罪障漸皆銷滅身
業清淨成就頂王功德智海超過一
切最勝殊特為諸天人供養恭敬無
量讚歎當證佛地更無退轉證此呪
者奮目嗔歌一切天龍八部鬼神皆得
惶怖四散馳走其天帝釋見是人來分

座同坐其諸大天亦皆分座三界諸天見是人來傲婺不起迎接敬禮則皆頭破如蘭香枝若我於億俱胝大劫讚說是咒亦不能盡成此咒者是人名證寂上悉地當為住壽三十三天大娜羅銶底三摩地命安常住不被死殃受天位畢變身如佛證五神通棄此天界以無量天前後圍繞往諸佛刹種種變化導誘眾生隨諸佛刹現帝釋身或現金剛身或現大梵天身或現伊首羅天身或現童男童女身或入地獄餓鬼畜生趣隨現諸身救脫諸眾生或諸山林城邑聚落為作房舍種種衣食供給施濟常作依怙三界度脫一切眾生具五神通行菩薩行為人中尊

一字佛頂輪王經卷第二　七

一字佛頂輪王經卷第二　第二十一張　悲

癸卯歲高麗國大藏都監奉
勅雕造

一字佛頂輪王經卷第二

校勘記

一　底本，麗藏本。
一　四二一頁上一行經名後，資有夾註「一名五佛頂」；磧、普有夾註「一名五佛頂經」。以下各卷同。
一　四二一頁上三行譯者，磧作「大唐三藏法師菩提流志奉詔初譯」。
一　四二一頁上一五行第六字「梵」，資無。
一　四二一頁上二〇行第七字「淵」，石作「岸」。
一　四二一頁中二行第二字「呪」，資作「秘」。
一　四二一頁中二行「出生及成」，徑無。
一　四二一頁中四行第八字「二」，資、磧、普、南、徑、清作「三」。
一　四二一頁中五行第六字「即」，諸本作「則」。
一　四二一頁下四行第一〇字「便」，資、磧、普、南、徑、清作「更」。
一　四二一頁下一五行「一字佛頂輪王經」；徑、清無。以下品名中徑、清均無經名。
一　四二一頁下一八行「哀垂」，磧、普、南、徑、清作「垂哀」。
一　四二二頁上一七行第六字「觙」，資作「僪」；磧、普、南、徑、清作「掘」。
一　四二二頁下七行第二字「次」，資無。第一二字「明」，資作「菩薩」。
一　四二三頁上一行第一三字「晢」，磧、普、南、徑、清作「啓」。
一　四二三頁上一〇行第四字「富」，資、磧、普、南、徑、清作「富貴」。
一　四二三頁上一八行「茅草」，資、磧、普、南作「葪麻」；徑、清作「苴麻」。
一　四二三頁上末行第五字「指」，石、磧、普、南、徑、清作「指量」。
一　四二三頁中二行第一二字「指」，資、磧、普、南、徑、清作「指量」。

一　四二三頁中六行第一三字「洗」，資、磧、普、南、徑、清無。

一　四二三頁下三行第一二字「岸」，資、磧、普、南、徑、清作「汼」。

一　四二三頁下四行第七字「濁」，資作「渴」。

一　四二三頁下一四行第五字「鬢」，諸本作「鬚」。

一　四二四頁中一四行「調調」，資、磧、普、南、徑、清作「課」。

一　四二四頁中一五行「數珠於」，諸本作「於數珠」。

一　四二四頁下一二行第四字「醎」，資、磧、普、南、徑、清作「醋」。

一　四二四頁下一三行「飽食使」，石作「食貪使」；資、磧、普、南、徑、清作「貪爲使」。

一　四二五頁上一七行第二字「辧」，諸本作「辦」。

一　四二五頁上一九行第五字「刧」，南、徑、清作「劫」。

一　四二五頁下八行第二字「姤」，資、磧、普、南、徑、清作「妬」。

一　四二五頁下一五行第一二字「度」，資、磧、普、南、徑、清無。

一　四二五頁下二一行末字「以」，資、磧、普、南、徑、清無。

一　四二六頁上三行第一一字「逆」，資、磧、普、南、徑、清無。

一　四二六頁上一一行「植福」，諸本作「福植」。

一　四二六頁上一五行「說導我題」，資、磧、普、南、徑、清作「說道我提」。

一　四二六頁上一七行末字「蔛」，石、資作「剪」；磧、普、南、徑、清作「翦」。

一　四二六頁中一行第一一字「世」，資、磧、普、南、徑、清作「世間」。

一　四二六頁中一一行第九字「濤」，資、磧、普、南、徑、清作「淘」。

一　四二六頁下一行首字「持」，資、磧、普、南、徑、清作「治」。

一　四二七頁上一四行第一〇字「標」，徑作「患」。

一　四二七頁上一五行第一〇字「火」，資作「火榇」；磧、普、南、徑、清作「火攘」。

一　四二七頁中一行第七字及三行第二字「甲」，資作「胛」。

一　四二七頁中一一行末字「沽」，磧、普、南、徑、清作「酤」。

一　四二七頁中一六行第八字「品」，磧、普、南、徑、清作「品品」。

一　四二七頁中一七行第三字「諭」，資、磧、普、南、徑、清作「論」。

一　四二七頁中一八行第一二字「媾」，資、磧、普、南、徑、清作「搆」。

一　四二七頁下一行第一三字「倒」，資、磧、普、南、徑、清作「禱」。

一　四二七頁下一七行第一〇字「輪」，資、磧、普、南、徑、清無。

一　四二八頁上八行第六字「外」，資、磧、普、南、徑、清作「心」。

一　四二八頁上一九行第二字「梡」，諸本作「椀」。

一　四二八頁中五行第九字「倍」，石、碛、普、南、徑、清作「位」。

一　四二八頁中七行第八字「齊」，諸本作「齋」。

一　四二八頁中二〇行末字「鑁」，資、碛、南、徑、清作「鑽」。

一　四二八頁下一七行第一三字「晝」，碛、普、南、徑、清作「畫」。

一　四二八頁下末行「三界」，資無。

一　四二九頁上三行首字「由」，資無。

一　四二九頁上六行第五字「復」，資、碛、普、南、徑、清無。

一　四二九頁上一二行第一三字「尊」，清作「等」。

一　四二九頁上一六行第九字「步」，石作「步旦」。

一　四二九頁中一行「成就」，諸本作「成熟」。

一　四二九頁中三行「應名名名聞」，石作「應名名聞名」；資、碛、普、南、徑、清作「名應名聞名」。

一　四二九頁中一三行第六字「明」，資、碛、普、南、徑、清作「明名」。

一　四三〇頁上四行「成就」，碛、普、南、徑、清作「成熟」。

一　四三〇頁上七行、一一行「成就」，資、碛、普、南、徑、清作「成熟」。

一　四三〇頁中一行首字「切」，諸本作「一切」。

一　四三〇頁中一六行第八字「若」，資、碛、普、南、徑、清作「者」。

一　四三〇頁中一九行末字「辧」，資、碛、普、南、徑、清作「辦」。

一　四三〇頁下六行第三字「佛」，資、碛、普、南、徑、清作「仰」。

一　四三〇頁下六行第八字「又」，資、碛、普、南、徑、清作「於佛背後畫七寶山」。

一　四三〇頁下二〇行第五字「啾」，資、碛、普、南、徑、清作「喝」。

一　四三一頁上一二行第七字「餓」，諸本無。

一字佛頂輪王經卷第三　悲

印成就品第七

大唐南天竺三藏菩提流志譯

尒時釋迦牟尼如來誥於大衆諸善男子應當受持一切如來出現三摩地無量無數大勇猛力一切如來安住呪身一切如來眞實種族無量無邊未曾有法無極威德出生流布大印印呪是中能生一切菩薩一切證地神通大法三摩地門能破俱胝一切魔軍能攝一切諸大菩薩大雄力者助護持者能令一切可畏有情生大慈心諸善男子我今略說成辦一切諸業威德大印印呪

尒時金剛密跡主菩薩合掌恭敬白言世尊願為解說一切如來流布威德大印印呪為當利益一切有情以少功勳遂成大證是時世尊告金剛密跡主菩薩言汝當諦聽諦聽靜慮念持我今為汝分別解釋諸佛世尊大精進印印呪之法

一切如來心精進印之一

以左右手八指右押左相叉入掌急合握拳以二大指相並平伸押右頭指側中節上勿使頭屈印呪曰

娜莫薩縛無可反下同勃馱一菩地薩埵南二擭弭羅三虎𠆩二合許四淹丘淹反五

是印若二大拇指頭雙上下來去則名啓召如來種族印呪曰

娜莫絻曼蟬一勃馱南二唵二合許三

尒娜職而職反四

是二印呪名如來最精進心力能度脫一切地獄餓鬼畜生亦能助成一切如來功勳業事攝諸菩薩帝釋梵王伊首羅天焰魔王水天風天多聞天王乃至十地大自在菩薩摩訶薩等

觀世音菩薩印之二

准前心印唯改左大拇指屈入掌中握右頭指頭右大母指依前定伸印呪曰

娜莫絻曼蟬一勃馱喃二唵二合許三

擭𠸄力四

是印若改右大拇指頭上下來去則名請召觀世音菩薩種族印

金剛密跡主菩薩印之三

准前心印當改左大拇指如前伸押其右大拇指屈入掌中握左頭指頭左大拇指依前定伸印呪曰

娜莫絻曼蟬一勃馱南二唵二合許三

跋日囉吒上姪二合亭一反力五

是印若改左大拇指頭上下來去則名請召金剛密跡主菩薩種族印

一字佛頂輪王印之四

又當合掌以二無名指二小指右押左相叉入掌其二中指直竪伸各屈第一節令頭相拄其二大拇指相並入掌平伸又以二頭指平屈押二大指甲背上頭指相拄印呪曰

娜謨皤蒲餓反下同伽縛底丁礼反一擭跋二合囉底歌姤二瑟膩灑野藥迦反下同三唵二合許四蟬詫誐魚迦反下同姤五瑟膩灑六擭娜縛路枳蟬七姹勃馱八斫訖二合囉上轢

上過反羅底九 虎二合 許十 入縛擺入縛擺十一
馱架馱架十二 度娜度娜十三 弭度娜弭
度娜十四 怛二合 囉上 綣野十五 摩羅野十六
頭下同 烏骨反 娑娜野十七 歌娜十八 畔惹畔
惹十九 暗暗二十 忠忠二十一 各各二十二 補二合 弄
彈舌輕呼 企反 輕以 柅尼言反下同二十三 補二合 弄上同 企
柅二十四 軍拏里頞女井反下同二十五 壞播囉上 企
跢僧乙反 塞 怛囉二十六 馱履膩二十七 虎二合
許二十八
此一字頂輪王大根本印呪乃是過
去殑伽沙等一切如來已共說持未
來一切如來當共說持現在一切如
來今共說持為欲攝御諸有情故同
等說持智者所處援結此印一切姤
惡障礙毗那夜迦悉不親近密跡主
此一字頂輪王大根本印一切諸佛
住於百千俱胝殑伽沙劫讚說此印
功德神力亦不能盡復以種種言詞譬
喻說是大印亦不能盡若當智者輪
持此印誦一字頂輪王呪則常不為

俱胝百千魔魔族伺求惱亂是人抑
後百千俱胝大劫不隨惡道何以故
是人所得福蘊功德我於百千俱胝
大劫說亦不盡此大一字頂輪王呪
若當有人以一淨心精持戒行常誦
持者所得念力慧力智力於百千俱
胝劫所受生處常不退失何以故如
是大印有大威德有大功用無量力
故

高頂輪王印之五

又以左右二無名指二小指右押左
相叉入掌次以二中指直竪頭相拄
其二母指相並伸押二無名指中節
側上又以二頭指當中指側中節上
屈頭相拄印呪曰
娜莫綣曩囉一 勃馱南二 唵二合 許三 入
縛路入縛擺 揖寧執反 弭洴野反 揖同上二合
妙弥遥反四 識姤瑀瑟膩灑五 度娜度娜
虎二合 許六

白傘蓋頂輪王印之六

准前高頂王印當改二手中指微屈

第一節平頭相拄次開二頭指相去
半寸印呪曰
娜莫綣曩囉一 勃馱南二 唵二合 許
三 麼麼麼麼四 虎二合 許溺你昔反五

光聚頂輪王印之七 一名金輪佛頂印

准前高頂輪王印唯改二頭指磔開
直竪伸頭各去中指頭一寸二分許
印呪曰
娜莫綣曩囉一 勃馱南二 唵二合 許
三 囉詑識婼瑀瑟膩灑四 擴娜縛路
輕呼 枳囉五 姥𠲿同上 馱諦劭儒照反下同
囉始六 虎二合 許七 入縛擺入縛擺八 馱
賀馱賀九 娜囉弭娜囉弭十 吒眞娜吒眞娜
頻娜頻娜十一 虎二合 許泮十二 寧縛訶十三

睞頂輪王印之八

准前白傘蓋頂輪印唯改二頭指於
中指第一節下平屈頭相拄印呪
曰
娜莫綣曩囉一 勃馱南二 唵二合 許三
惹劭瑟膩灑四 入縛擺入縛擺五 畔
馱畔馱六 娜麼娜麼七 吡二合 嚕許八

咄二合嚕吽九咄二合嚕吽十朧呼各反十一
歌曩呼輕虎凡二合吽十二
轉法輪印之九　用一字頂輪王呪
又以左右二小指平屈頭相拄次以二無名指各屈入掌中其二中指各微屈竪頭相拄其二頭指當中指中節側上頭相拄其二大指各押二無名指上開二掌腕相去四寸是一法印能轉十二行相法輪滅諸垢障與如來等
雹摧煩惱印之十　用一字頂輪王呪
准頂輪王印改二中指直竪合頭又以二頭指捻在二中指背後頭相拄是一法印亦名坐印密跡主是五大印名一切如來頂輪王呪種族王印大印一名高頂輪王印一名白傘盖頂輪王印三名光聚頂輪王印四名轉法輪印五名雹摧煩惱印是之印等名大頂輪王印
如來大心印之十一
准前第一如來心印准改二大拇指

雙屈入掌中是一法印名如來心大精進印呪者若常輪結是印誦頂輪王呪一呪一印心上滿一百八遍則能摧滅過現一切根本重罪常以是印作一切法擁護於身印呪曰
娜莫縒㬼韈一勃馱南二唵二合吽三
遇那蘇彌羅四窣二合縛訶五
是一法呪功力同前第一印呪於作法處手用亦得是呪有大威猛力故
一切頂輪王心印之十二
又合掌當心大虛掌內復以左右八指各平屈頭相拄其八指間相去三分以二大指亦相去三分平直竪伸印呪曰
娜莫縒㬼韈一勃馱南二唵二合吽二
卓二合嚕吽四畔馱五窣二合縛訶六
是法印呪亦能成辦一切事業自護護他結修諸法離障惱故
如來錫杖印之十三
又以右手大拇指橫屈入掌以頭指中指無名指小指急握作拳屈肘當

前平伸其左手把袈裟角出頭四寸屈肘當前平伸印呪曰
娜莫縒㬼韈一勃馱南二唵二合吽三
度柰奴箇反介韈囉弩四虎凡二合吽五
是法印呪若遇諸惡一切有情則結是印用擁護身
如來鉢印之十四
先以右手當心仰掌次以左手覆合右手掌上其左小指頭與右大指頭相拄其左大指頭與右小指頭相拄印呪曰
娜莫縒㬼韈一勃馱南二唵二合吽三
路迦居柰反又反柰字奴箇反播羅地瑟恥韈四馱羅上馱羅野五摩訶努嚩嚩六勃馱播怛二合囉七窣縛訶八
是法印呪具大精進常為一切如來神力而加護之輪結是印幷誦此呪一一遍終稱憶地獄餓鬼有情滿百八遍則得地獄一切餓鬼飽食諸食若曠野行結持此印幷誦是呪則得曠野一切鬼神不相嬈惱

如來相好印之十五

又以左右二中指二無名指二小指右押左相义入掌各搏掌直伸其二頭指頭側相拄是二大指各搏頭指側上以印倒垂仰掌置於額上二頭指頭正當眉間印呪曰

娜莫薩嚩(二合)䩭訖伽(同上)底(一同上)瓢(同上)擬囉朅略系(二合反下同)三藐三勃睇緊(三)醯醯(二合字聲平之四)畔䭾畔䭾(五)底瑟侘(下同)(四價反)底瑟侘(六)䭾囉(上)野䭾囉(上)野(七)倷論(舌彈)(平之)䭾(八)倷論䭾(同上)𪘲孥麼抳(九)寧嚩訶(十)

是法呪印名大丈夫天人相好若有常能輪結此印則速成就一切悉地具大威德若以印印頂則名如來頂印若以印印鼻名如來鼻印頂鼻印呪曰

娜莫繞髴𩢎(一)勃䭾南(二)唵(二合)鈝(三)繼(烏異反)哩抳虎(二合)鈝泮(四)寧嚩訶(五)

是如來頂鼻印常結護身當於百千俱胝大劫所生之處不患頂鼻諸疾

等病

如來眼印之十六

又以二手合掌以二大指雙屈入掌次以二頭指各屈頭第一節以頭押二中指側中節上其二頭指頭相去一寸是如來眼印於頂輪王壇清淨輪結能作大益滅諸重罪成進一字頂輪王呪者悉地若已過世百千俱胝劫所修功德以印威力盡悉攝來積集功德蘊印呪曰

娜莫薩嚩䩭訖伽(上)底(同上)瓢(同上)擬囉朅略緊三藐三勃睇緊(二)唵(二合)鈝(三)噜噜(四)塞(同上)普噜(五)入嚩攞(六)底瑟侘(七)悉䭾嘮者泥(八)薩嚩遏訖娑䭾聹(九)寧嚩訶(十)

密跡主此如來眼大明王呪是十俱胝佛同共宣說我於往昔為菩薩時於十俱胝佛所受得斯呪若當呪者常能以大精進心誦持是呪則得一切菩薩呪神盡悉現前一切金剛種族呪品亦皆成就是故密跡主持一

字頂輪王呪者應先每誦斯呪七遍或二三七遍是如來眼大明王呪如來今為一切有情得大安樂離垢清淨故說呪者若遇暴惡性人呪手摩面默誦斯呪對共論理得彼熙喜亦能摧伏一切魑魅魍魎惡鬼神等密跡主若人誦持一字頂輪王呪一所祈法二所祈法不成證者則應加此大明王呪齊等雙誦滿二十万遍決定成就一字頂輪王呪取上悉地若未經是一二作法而雙誦者則隨殃損呪者身故

如來眉毫印之十七

准如來眼印准改二頭指各當中指背上節頭離中指節各一分印呪曰

娜莫繞髴𩢎(一)勃䭾南(二)紇(二合)㘑(三)虎(二合)鈝(四)

此如來眉毫印呪乃是過去一切如來已同宣說我今亦說輪此印時大自在天俱摩羅天俱呬野天等皆不嬈惱何況諸小魑魅鬼神而作惱耶

如來口印之十八
准如來心印唯改二大拇指並胛竪
伸等屈頭節令去右頭指側三麦顆
間以印置於面門是二大拇指背頭
節正當脣間印咒曰
娜莫縒曷䭾一勃䭾南二枳㗸枳
㗸三虎𠆩二合許四
是一印咒備大焰炬能速助辦一切
事業咒者若常輪結斯印當置口
前誦此口咒二三七遍後誦一字頂
輪王咒者以印咒力三界人天見聞
語論悉皆敬愛是故此人應常和雅
眞軟法語斯人於當百千俱胝劫不患
口疾是大自在天毗瑟怒天及諸天
龍八部鬼神聞此人語亦皆敬伏况
餘諸小魑魅鬼神
難勝奮怒王印之十九
當以右膝著地左脚踏地作欲起向
前踆身勢仰面怒目邪視左邊當以
右髀手指右邊向後側髀邪伸緊急
怒髀欲向地勢其五指散怒磔開手

掌似覆似側次以左髀左邊向後檯髀
緊急努屈髀手向上其五指少散竪
怒磔開掌面向前結是印時發大怒
聲稱虎𠆩二合許二字三七聲者諸有障
罪則皆破滅欲界魔王及魔軍將悉
皆摧碎我昔初詣熈連禪河沐浴身
已趣此菩提樹下坐金剛座是時當
有無量百千俱胝魔王及魔族衆各
持種種惡械怒相嬈惱怖我時難勝
奮怒王忽於我前從地涌出作天女相
瞋結斯印摧諸魔衆種種怖相一時
散滅無能惱者當是夜中至明曉時
我則圓證無上正智觀見世間一切
沙門婆羅門無有證者摧魔印咒
曰
娜莫縒曷䭾一勃䭾南二唵合二許三
虎𠆩嚕虎𠆩嚕四戰拏尼加反理摩蹬都亘反
俔五魚枳反虎𠆩二合許窂縛訶六
峉跢主此難勝奮怒王咒是我所説
若當咒者過大恐怖惡鬼神靈而欲
護身結界擁護造修法者應勤精進

持結此印幷誦此咒趣修此法則無
障惱速得成就
如來槊印之二十
端身結跏趺坐以左手仰掌横屈臍
下其四指相著直伸是大拇指微屈
直伸搏著頭指根側次以右手大拇
指與頭指頭相捻其中指無名指小
指相著並伸微少似屈是大拇指頭
指與左手小指頭相拄是一法印智
者若常持結於當受生永不退失信
進慧力如來行力得諸如來而加護
念印咒曰
娜莫縒曷䭾一勃䭾南二唵一合許三
弭惹曳摩訶鑠底四突䭾吉羋之䭾㗸五
虎二合許泮六弭惹以你泮七忙識梨
泮八窂縛訶九
是一法咒每日三時誦三七者速於
三界得無障礙勝成就故
如來臍印之二十一
准如來槊印唯改右手大拇指頭指
頭去離左手小指頭一麦顆間是一

法印亦名諸佛大神力印智者若常
憶持輪結此印并誦斯呪則得消除
一日二日瘧病痰𤸃之病腹頭痛病
及諸等病又得一切災障自然殄滅
當受福命安隱豊樂印呪曰
娜莫縒曼䭾一勃馱南二唵舌許三
言置言置四牢縛訶五
是一法呪能現如來種種色類不可
思議神通變化安慰有情
如來甲印之二十二
當以右手當心以大拇指橫屈掌中
以頭指中指無名指小指急握大指
作拳是一法印名最一切頂輪王心
印智者若常以印印於頂項左右肩
髆及印心上則令持者得大威力呪
者雖復如法精進修持於法若無斯
印則無莊飾如形倮陋如國無主如
屋無人如食無鹽如池枯涸如地空
無藥林花草如事火外道婆羅門無
法可依如王乘車無控御者智者如
是雖復精勤若無甲印則為魔嬈無

所成効印呪曰
娜莫縒曼䭾一勃馱南二唵合二許三
部引入縛攞四虎合二許五
是一法呪名如來金剛句三摩地常
用護身如王被甲嚴加器仗則不怖
畏惡賊兵衆如此智者亦復如是甲
每日三時量力量法如法勤修是甲
印呪則速成就無所怖故
如來鬚髭印之二十三
准前甲印唯改伸中指直竪以印安
頂令直脩竪印呪曰
娜莫縒曼䭾一勃馱南二拔縒俱鉢反二合
律彈舌呼之三
是一印呪名如來髭三摩地門力能
成作一切事業
如來耳印之二十四
准前甲印唯改伸頭指直竪以印竪
安耳門與上耳輪齊印呪曰
娜莫縒曼䭾一勃馱南二虎極輕呼
迦居娜反短呼三

是一印呪名如來耳三摩地門若常
輪結速得除滅一切耳病當證天耳
通
如來牙印之二十五
當以左手頭指中指無名指小指急
屈把拳莫使露甲又以大拇指直
伸押頭指正側上其大拇指面上第
一文與頭指外背齊以印置左牙頷
右亦如是印呪曰
娜莫縒曼䭾一勃馱南二唵合二許三䭾詑
議䭾四鄧瑟縿知扎反𮘼五虎合二許泮
六牢縛訶七
是一印呪名如來牙三摩地門有
大威力以誦斯呪輪印印牙於當來
世得佛齒牙
如來頭印之二十六
又以右手大拇指橫押中指無名指
小指甲上頭指直伸捻頭頂上印呪
曰
娜莫縒曼䭾一勃馱南二唵合二許
暮馱馱𩕳四牢縛訶五

是一印呪名如來頭三摩地門
如來脣印之二十七
又以右手大拇指竪伸博著頭指側
以頭指直竪伸其中指似曲其無名
指向掌屈如鉤形其小拇指屈如初
月印呪曰
娜莫䋣曩䟦一勃馱南二阿阿三嚩
嚩呵反四嚩上憨呼甘反五
是一印呪名如來脣三摩地門持者
當得滅除罪故
如來舌印之二十八　七
又以右手頭指中指無名指小指並
相博著當於心上仰掌平伸其大拇
指橫屈掌中其四指頭向外指之印
呪曰
娜莫䋣曩䟦一勃馱南二唵合二許三
娜囉四倷梵蒲紺反惹五虎合二許泮
六牢嚩訶七
是一印呪名如來舌三摩地門持者
當得如來舌相福圓滿故
如來肋印之二十九

又以右手屈肘當肋以無名指小指
雙屈頭拄大拇指面其頭指中指並
著直竪伸向前又肋印呪曰
娜莫䋣曩䟦一勃馱南二唵合二許三
虎合二許恪苦恪反四
是一印呪名如來肋三摩地門
如來髀印之三十
准前甲印唯改解直伸向上印呪
曰
娜莫䋣曩䟦一勃馱南二畔惹㩗引
呬呼以反四泮三牢嚩訶四
是一印呪名如來髀三摩地門具大
神力勇猛殊特成衆法故
如來跡印之三十一
准前甲印唯改屈解以印拳面印當
心上印呪曰
娜莫䋣曩䟦一勃馱南二風幽空反識
詫合二鞞㨖普木反三
是一印呪名如來跡三摩地門
如來小腹印之三十二
又以右手臍下一寸攅伸仰掌五指

相並次伸左手五指相並以背押右
手掌上其二手則著肚印呪曰
娜莫䋣曩䟦一勃馱南二唵合二許三
努經呼縿努上同縿四塞上同普縿塞上同
普縿上五同窣㮽二合奴乙反囉跛額六跋
同上二合囉末娜額七嗔娜額頻娜額八
虎合二許泮九牢嚩訶十
是一印呪名如來腹三摩地門
如來脊印之三十三
又以右手大拇指押頭指無名指小
指甲等勿使甲露次以中指橫押大
拇指上印呪曰
娜莫䋣曩䟦一勃馱南二䍌同上迦嚩
曩三但迦同上嚩鼻駄質呲嚧娜羅四麽
抳觀抳五牢嚩訶六
是一印呪名如來脊三摩地門
如來脛印之三十四
准前脊印又改押中指頭甲伸出頭
指頭押大拇指甲上印呪曰
娜莫䋣曩䟦一勃馱南二唵合二許三

觀訖者四寧嚩訶五
是一印呪名如來脛三摩地門
如來膝印之三十五
又以二手合掌各以小指右押左屈
入掌中印呪曰
娜莫繞曩𦆰一勃馱南二唵二合吽三
娜暴比魚訖反顊四跛同上二合羅佐跛同上𦆰
野五寧嚩訶六
是一印呪名如來膝三摩地門
如來脚踝印之三十六
又以二手合掌各以無名指右押左
屈入掌中印呪曰
娜莫繼曩𦆰一勃馱南二攘𦆰䕸
𦆰䕸三頌𦆰䕸四跛日羅五莫訖使
抳六寧嚩訶七
是一印呪名如來脚踝三摩地門
如來脚印之三十七
又以二手合掌各以中指右押左屈
入掌中印呪曰
娜莫繞曩𦆰一勃馱南二唵二合吽三
跛日羅四商矩羅五部使抳六娜羅七

入嚩攞虎二合吽八寧嚩訶九
是一印呪名如來脚三摩地門
如來幢印之三十八
又以右手大拇指橫押中指無名指
小指甲上以頭指直伸磔豎伸辟直
上印呪曰
娜莫繞曩𦆰一勃馱南二劉繆知價反轉舌呼三
是一印呪名如來幢印三摩地門
如來臥具印之三十九
准前幢印准改頭指當胸下指印呪
曰
娜莫繞曩𦆰一勃馱南二擷繦上同
律彈舌呼之三
是一印呪名如來臥具三摩地門
如來乘印之四十
准前幢印改屈辟手當心前側辟平
伸印呪曰
娜莫繞曩𦆰一勃馱南二虎二合吽三
識沒二合琳四彈舌呼之唵二合吽
是一印呪名如來乘三摩地門
如來授記印之四十一

又以右辟屈肘當胸側辟平伸其頭
指中指無名指小指急把拳其大拇
指豎屈頭去頭指側二分間是一法
印過去一切如來未來一切如來現
在一切如來皆以此印而授記莂是
故智者當結是印與諸有情授菩
提記印呪曰
娜莫繞曩𦆰一勃馱南二唵二合吽三
虎二合吽四特二合膩色反梵蒲瞎反五
是一印呪能成一切如來事業以印
呪力生生常得念力進力戒定慧力
福聚蘊力不為一切魑魅鬼神而嬈
惱故
如來見諸法性印之四十二
又以右手屈肘向上以中指屈頭與
大拇指頭相拄其頭指無名指小指
相並直上豎伸印呪曰
娜莫繞曩𦆰一勃馱南二唵二合吽三
跛二合羅悉地伽上同覆四寧嚩訶五
是一印呪名如來見諸法性三摩地
門

如來光焰印之四十三
准前見印准改頭指無名指小指向
掌散開微屈如月初生印呪曰
娜莫繕曷䭾一勃䭾南二唵二合許三
入縛履抳四窣縛訶五
是一印呪名如來光焰三摩地門顯
諸法故
如來光照印之四十四 卍
又以右手大拇指竪伸博著頭指側
以頭指直竪伸其中指小指各伸向
掌屈如月初生其無名指向掌屈如
鉤形印呪曰
娜莫繕曷䭾一勃䭾南二唵二合許三虎二合許四莽辛朗反莽泮五窣縛
訶六
是一印呪名如來光照照諸三摩地
門圓滿現故
如來三摩地印之四十五 卍
又以左手五指相並當臍下二麦顆
地側橫仰掌平伸次以右手四指相
並亦側橫仰掌平伸以手背押左手

掌上其右大拇指橫屈掌中印呪
曰
娜莫繕曷䭾一勃䭾南二唵二合許三
擴底捨野四弭訖二合囉迷五窣縛
訶六
是一印呪名如來臍三摩地門
如來金剛光焰印之四十六
准前三摩地印改當心上印呪曰
娜莫繕曷䭾一勃䭾南二虎二合許三
入縛攞四跋曰羅五緊曬伱一反履六
曬同上二合琳主七
密跡主此金剛光焰印呪亦名過去
未來現在一切如來金剛光焰心三
摩地大明呪王一切證地大菩薩等
及諸天龍八部鬼神大威德者皆無
能越況餘下劣魑魅鬼神 卍
如來大慈印之四十七
准前脊印又改押中指頭甲出無名
指頭押大拇指甲上我為一切垢重
有情說大慈印令生慈心我昔坐於
菩提樹下以大慈心持結此印得諸

魔軍而自散伏結此印者應以一切
佛力法力阿羅漢力慈念心力持
結此印則得一切極重罪垢速皆消
滅印呪曰
娜莫繕曷䭾二勃䭾南二怛地他徐也反
三炬藍輕呼倪同上額四盎烏浪反矩囉履歷
囉者五鉢二合喇拏捨嚩履六路乞
灑路乞灑摩二合許半甘反七矩摩履室二合
囉野八摩理泥數計反九窣嚩訶十
是一印呪名如來大慈力呪若有呪
者常起慈心持此呪者則當不為一
切毗那夜迦虎狼怨賊鬬諍災難擾
干嬈惱以印呪力速證慈心三摩地
故
如來大悲印之四十八 卍
又以二手合掌虛於掌內以二大拇
指屈入掌中印呪曰
娜莫繕曷䭾一勃䭾南二唵二合許三
彈僜盧登反彈舌呼倪同上額四虎二合許泮五
窣縛訶六

是一印亦名如來大悲三摩地門
如來無垢印之四十九
准前慈印又取無名指頭於大拇指
下押却次以小指頭押大拇指甲上即
呪曰
娜莫縒曼䮃一勃馱南二虎合二許三
莫刹達合二泥四虎嚕五虎合二許泮六
窣縛訶七
是一印呪智者常誦呪諸飲食乃
服持喫能滅衆罪又當不被毗那夜
迦食中惱害
如來甘露印之五十　卍
又以右手大拇指横押頭指中指無
名指小指甲等印呪曰
娜莫縒曼䮃一勃馱南二唵合二許
三印伲同上顩四部路顩五窣縛訶六
是一印呪能令持者證甘露法大解
脫門
如來大師子乳印之五十一　卍
合掌當心以左右二手大拇指各屈
掌中又各以二頭指二中指二無名

一字佛頂輪王經卷第三　第十八張　悲

指二小指屈握大拇指作拳甲背相
著是八指頭勿著於掌印呪曰
娜莫縒曼䮃一勃馱南二唵合二許三
迦同上比攞惹置攞四虎合二許泮五
是一印呪名大師子乳成就金剛頂
輪王教能廣亦現不可思議諸未曾
有越意事故
如來相字印之五十二
又以左右二手八指各伸磔開右押
左相又相押中節其八指頭各直竪
伸勿著歧間其二大拇指亦各斜磔
竪伸頭相去寸半以印當胷三寸間
著印呪曰
娜莫縒曼䮃一勃馱南二示諸反二
是一印呪名如來大丈夫相三摩地門
如來洛訖瑟弭吉祥印之五十三
又以左右手腕合相著其十指各磔
開直竪微伸屈頭各相去一寸半間
如開蓮華印呪曰
娜莫縒曼䮃一勃馱南二唵合二許三
吉赤反藕古沒合二囉歌合二弭四洛訖澀弭

一字佛頂輪王經卷第三　第十九張　悲

五沒訖澀弭六窣縛訶七
是一印呪名如來吉祥三摩地門能
令持者得大法財衆人敬讚
如來般若波羅蜜印之五十四一名供養印
又以二手合掌虛於掌內如未開蓮
華朶印呪曰
娜莫縒曼䮃一勃馱南二唵合二許三
室嚕同上底四塞上密合二嘌底五弭惹曳
六窣縛訶七
密跡主此一印呪名如來般若波羅
蜜三摩地門所有三世一切如來諸
大菩薩獨覺聲聞等皆從此般若
波羅蜜印呪三摩地門生成證阿耨多
羅三藐三菩提地是知此印呪有大
威德名主三世一切如來諸大菩薩
一切金剛獨覺聲聞之母
尒時世尊誥金剛密跡主菩薩言此
等印呪從一切如來大丈夫相莊嚴
身分支節所生汝善男子如來復有
無量俱胝百千呪印是一一印各有
無量僕從印等成此一字頂輪王呪王
我今但為當來世時成此呪者得大利

一字佛頂輪王經卷第三　第廿張　悲

益略說此之印呪少分密跡主當後世時少有有情成辟此呪印法儀用汝當讀誦依法受持是等呪印為當來世一切有情分別解說一字頂輪王僕從印呪功勳力故若善男子樂成此大一字頂輪王呪者應常清潔恒誦此呪輪結此印是人當得無量百千稱歎功德消滅一切黑闇垢障為諸如來大菩薩等歡喜憐愍於所生處得宿命智身相心智皆得圓滿無諸天疾能與有情作大光明能於惡界度脫有情得大辯智具大精進光明威德眷屬圓滿洞解世間一切工巧亦能治救一切有情煩擾癡病常得十方一切如來加被護念現獲菩薩清淨法身若當有人日日常輪持結此等印呪稱已之名則當不被一切毗那夜迦逼怖嬈惱一切罪障自然殄滅若於現身證成此大一字頂輪王呪者則當來世定得證

一字佛頂輪王經卷第三　第三十張　悲

佛無上正等菩提大三摩地故密跡主此等印呪皆是一切如來種族眞實印呪法炬令釋迦牟尼如來為令成就一字頂輪王呪者說是印呪三摩地門

一字佛頂輪王經卷第三

癸卯歲高麗國大藏都監奉
勅雕造

一字佛頂輪王經卷第三　第三十一張　悲

一字佛頂輪王經卷第三

校勘記

一　底本，麗藏本。

一　四三四頁上三行譯者，磧作「大唐三藏法師菩提流志奉詔譯」。以下各卷同。

一　四三四頁上五行「出現」，磧、普、南、徑、清無。

一　四三四頁上一〇行「大法」，資、磧、普、南、徑、清作「大法頂」。

一　四三四頁上一九行「諦聽靜慮」，石作「諦聽靜思」；資、磧、普、南、徑、清作「靜思」。

一　四三四頁中七行第三字「若」，諸本作「若改」。

一　四三四頁中八行第八字「印」，資、磧、普、南、徑、清作「印印」。

一　四三四頁中一一行首字「是」，磧作「大」。

一　四三四頁中一七行第六字「印」，資、磧、普、南、徑、清作「印呪」。以

下時有出現。

一　四三四頁下六行第一一字「左」，諸本作「右」。

一　四三四頁下一二行第三字「佛」，資、磧、普、南、徑、清無。

一　四三五頁上一四行第六字「所」，資、磧、普、南、徑、清作「所在」。

一　四三五頁中末行第一〇字「手」，石無。

一　四三五頁下七行末字「許」，資、磧、普、南、徑、清無。

一　四三五頁下一六行第八字「印」，諸本作「王印」。

一　四三六頁上四行首字「又」，資、磧、普、南、徑、清作「先」。

一　四三六頁上五行首字「二」，資、磧、普、南、徑、清作「一」。第七字、「入」，諸本無。

一　四三六頁上一六行第一〇字「一」，諸本作「二」。

一　四三六頁中二行第七字「常」，資、磧、普、南、徑、清作「掌」。

一　四三六頁中三行「一印」，石作「印一印」。

一　四三六頁中一七行第八字「辨」，諸本作「辦」。

一　四三六頁中一八行第七字「離」，石、磧、普、南、徑、清作「無」。

一　四三六頁下一六行第九字「常」，南作「當」。

一　四三七頁上三行末字「二」，磧、普、南、徑、清作「三」。

一　四三七頁上一三行末字「有」，石作「有人」。

一　四三七頁上一五行第一〇字「則」，石無。

一　四三七頁下七行第一三字「一」，資、磧、普作「者」；南、徑、清作「者一」。

一　四三七頁下末行第四字「況」，資、磧、普作「法」。

一　四三八頁上二行第一三字「胛」，資作「押」；磧、普、南、徑、清作「甲」。

一　四三八頁上一九行第二字「餧」，磧、普、南、徑、清作「倿」。

一　四三八頁上末行第一一字「怒」，資、磧、普、南、徑、清作「努」。

一　四三八頁中一行第七字「以」，資、磧、普、南、徑、清無。

一　四三八頁中三行首字及末字「怒」，資、磧、普、南、徑、清作「努」。

一　四三九頁上一七行第一三字「主」，諸本作「王」。

一　四三九頁下五行第三字「左」，資、磧、普、南、徑、清作「右」。

一　四三九頁下六行第四字「莫」，資、磧、普、南、徑、清作「右莫」。

一　四三九頁下七行第一二字「面」，資、磧、普、南、徑、清無。

一　四三九頁下一三行第八字「牙」，資、磧、普、南、徑、清作「牙印」。

一　四三九頁下一四行「以誦」，石作「誦以」。

一　四四〇頁上三行第一〇字「慱」，資、磧、普、南、徑、清作「摶」。

一 四四〇頁中一行第八字「肋」，諸本作「助」。

一 四四〇頁中三行第八字「肋」，資作「肘」。

一 四四〇頁中一五行第一三字「卬」，徑、清作「仰」。

一 四四〇頁下一九行第九字「甲」，資、磧、普、南、徑、清無。

一 四四一頁下六行第四字「當」，諸本作「常」。

一 四四二頁上一一行第七字「其」，石作「又以」。

一 四四二頁中一四行第九字「證」，資、磧、普、南、徑、清作「登」。

一 四四二頁中一八行第八字「中」，資、磧、普、南、徑、清無。

一 四四三頁下四行夾註「一名供養印」，資無。

一 四四三頁下一三行第九字「門」，資、磧、普、南、徑、清無。

一 四四三頁下一五行第四字「主」，資、磧、普、南、徑、清作「生」。

一 四四四頁上六行第八字「頂」，石無。

一 四四四頁上一〇行第一〇字「相」，資作「想」。

一 四四四頁上一四行第三字「工」，石作「善」。

一 四四四頁上一六行第一一字「有」，石作「在」。

一 四四四頁中三行第一三字「爲」，資、磧、普、南、徑、清作「謂」。

一 四四四頁中六行第三字「佛」，資、磧、普、南無。

一字佛頂輪王經卷第四　悲

大法壇品第八

大唐南天竺三藏菩提留志　譯

尒時世尊誥金剛密跡主菩薩言汝
當諦聽我為利益一切有情略說一
字頂輪王大秘密㝵拏擺此㝵拏擺
於出世世間為冣為上如於如來三
十二大人相頂相為冣又如如來天
上人中為大導師是一字頂輪王大
㝵拏擺亦復如是於諸呪壇為大輪
王而冣第一能滅一切不吉祥相能
摧一切諸惡天龍藥叉羅刹阿素洛等
及諸有情能與一切學大乘者蠲衆
罪垢證成一切勝福業事大涅槃門
其作壇時毎儞白月一日八日十四
日或十五日或好吉星宿日時於明
曉時沓湯淨浴著新潔衣於舍利塔
前或於山間或於邑東或於邑北瞻
察閑淨泉池河側簡擇勝地量三十
二肘或十六肘或十二肘或復八肘
可其肘數先寬治掃其阿闍梨執金
剛杵處壇地心面東安立問諸弟子
汝等決定求學諸佛秘密法藏不生
疑不時諸弟子一時荅言我某甲等
志學諸佛甚深法藏的定誠信不生
疑心如是三問三荅竟已
是時阿闍梨重復呪印香鑪而執持
之面東長跪呪香焚燒啓白十方一切諸
佛一切頂輪王菩薩一切菩薩一切金剛
諸天龍神及諸業道一切神祇等悉
證知我今請此地是我方地我於是
地建立七日七夜一字佛頂輪王大
㝵拏擺道場法會供養十方法界一
切諸佛善逝世尊甚深般若波羅蜜
多一切祕密甚深法藏難思法門諸
大菩薩一切金剛諸天神等各弁眷
屬請證成就我欲護身結界法事在
此方地東西南北四維上下所有破
壞佛法毗那夜迦惡鬼神等皆遠出
去七里之外若護佛法善神鬼等於
佛法中作利益者任當安住作三白已則
結一切頂輪王心印護身誦擢碎頂

一字佛頂輪王經卷第四　第二張　悲

輪王呪呪白芥子香水七遍用散十
方結封壇界然後可其肘數方圓掘
去惡土瓦石根木骨草及諸惡物掘
深一肘以淨好土堅築平治起基平
肘壇東北面令少下墊其壇四角中
心當各又穿一小圓孔深於半肘中
埋七寶五穀等物其七寶者一金二
銀三眞珠四珊瑚五虎珀六薩頗胝
迦寶唐云似水精未詳七瑠璃其五穀者一大
麦二小麦三稻穀四小豆五胡麻其
七寶片等分如豆和五穀各一合分
以淨白絹和同裹持呪之七遍以五
色線繫頭埋置五孔之中留其線頭
出地面上長五指量一埋已後永更
不許重出取之如法平填以新淨瞿
摩夷和黃白土香水漿泥逐日旋轉
如法塗飾又呪白芥子散方結界復
可壇外界從東北角至東南角及西
南角西北角各竪一竿皆長丈二無問竹木
又從東北角竿向上一丈繫繩
竿上引至二角亦如是繫至東北角

一字佛頂輪王經卷第四　第三張　悲

帀竟則從東北角間錯懸列種種神
幡及繒綺羅幡花條鈴帶金銀蓮華
四布莊嚴十六肘界外四面方別又
量取四尺之地如法治飾繫繩封界
札設行道又結印護身入壇誦摧碎
頂輪王呪呪白芥子及呪燒火食灰
一百八遍次誦一切頂輪王心呪呪
白芥子灰等數亦如上復當持是白
芥子灰從壇東北角右轉誦呪周
帀拋散四維上下結淨壇界又誦摧
碎頂輪王呪呪佉陀羅木橛四枚各
長九寸一百八遍次誦一切頂輪王
心呪如前呪橛已從東北角一呪一
釘橛搞一七下釘餘三角橛等法亦
如是又於西面長跪而坐呪安悉香
沉水香七遍燒之結佛眼印誦佛眼
呪印呪香鑪七遍手執香鑪復作是
言我今某甲啓白十方一切諸佛一
切般若波羅蜜一切頂輪王菩薩一
切觀世音菩薩一切諸大菩薩一切
金剛藏菩薩一切天龍八部讚揚護
法諸善神王等證知我苾芻某甲作

一字佛頂輪王擁頂大三昧壇法王
功德如意成就請求加祐作是語已
又從壇東北角周帀右轉輪結一切
如來心精進印一字頂輪王印轉
法輪印一切頂輪王心印如來
眼印難勝奮怒王印摧碎頂輪
王印如是七印東西南北四維上下
次第輪結結壇方界又於壇心面東
安立以一切頂輪王心印摧碎頂輪
王印背於頂上一尺上高右轉三帀
及即於地名結上方下方大界又作
軍荼利金剛結界之法一遍如是結
界名一字佛頂輪王擁頂法壇大三
摩地結界之法然後出壇與其畫匠
及一曾入壇授法弟子結印護身語
言汝持五色線繩隨我入壇從東北
角逐日迴轉辟量壇位內外街道分
為四院唯開西門分內心院方開
四肘都分一十三隔其當心隔方開
二肘中畫釋迦牟尼如來面西瞬目
結跏趺坐作說法相坐寶蓮華師子
寶座頂放大光當於佛前右邊畫一

字頂輪王菩薩瞻仰如來半跏趺坐
左手執開蓮華於花臺上側豎畫一
七寶金輪繞輪鋒刃畫大火焰右手
揚掌於佛左側立畫具壽善現於佛
右側立畫具壽慶喜壁西面隔為十
二隔佛右北隔畫毫頻惱王菩薩左
手臂側把開蓮華於花臺上豎畫一
股金剛杵右手臂側揚掌佛右南隔
畫光聚頂輪王菩薩左手臂側把開
蓮花於花臺上畫佛心印右手臂側以
大拇指頭指直伸其中指無明指小指
屈於掌內次毫頻惱王菩薩東隔畫
高頂輪王菩薩左手屈上把開蓮華
於花臺上側豎畫八輻金輪右手臂
側揚掌次光聚頂輪王菩薩東隔畫
白傘蓋頂輪王菩薩左手屈上把開
蓮華於花臺上畫於傘蓋右手當臂
把開蓮華次當佛前西面南隔畫一
方圓一尺二寸八輻寶輪繞輪輞刃
遍畫火焰次北隔畫勝頂輪王菩薩
左手當臂把開蓮華於花臺上豎畫
一鈷繞鈷刃上畫大火焰右手屈外

把青優鉢羅華次東北隅畫𦍕殊室
利菩薩左手當胷前側把青優鉢羅華
右手屈上向內揚掌次𦍕殊室利菩
薩南隅畫一切義成就菩薩左手當
腹側上把開蓮華於華臺上竪畫五
色螺右手當胷側揚掌東北角隅畫摧
碎頂輪王菩薩左手當胷側把開蓮華
於花臺上畫金剛幢幡右手屈上向
內揚掌左畫佛眼菩薩左手當妳把
開蓮華於花臺上畫佛心印於印兩
邊各畫一眼右手屈上向內揚掌東
南角隅畫會通三頂輪王菩薩左手
當胷把開蓮華於花臺上竪畫金剛
杵右手當胷杵外揚掌右畫如來毫
相菩薩左手當妳側把開蓮華於花
臺上畫佛毫相印右手四指虛屈作
拳大指直伸搏右脇側西南角隅畫
會同一切趣頂輪王菩薩伸以左手
仰左髀上把開蓮華右手當胷仰拳
四指大指直伸右畫如來槊菩薩右
手執槊於槊刃下畫懸繒帶左手微
屈四指搏腹側上西北角隅畫聖無

邊頂輪王菩薩左手覆屈搏左脇側
把開蓮華於花臺上竪畫寶螺右手
當妳側手揚掌右畫如來牙菩薩伸
以左手置左髀上把開蓮華於花臺
上畫如來牙印右手當胷虛拳四指
大指直伸是諸菩薩身光色相如前
所說各以花冠瓔珞環釧種種衣服
而莊飾之佩通身光蓮華座上半跏
趺坐分第二院當閤二肘四面共分
二十四隅東北角隅南第一隅畫東
方寶星如來左手覆當胷上把袈裟
角右手揚掌南第二隅畫北方阿閦
如來左手仰伸臍下把袈裟角右手
覆伸置右髀上施無畏相南第三隅
畫西方無量光如來以左手背押右
手掌伸置臍下南第四隅畫南方開
敷蓮華王如來覆伸左手臍下把袈
裟角右手屈上仰上揚掌南第五隅
畫一切佛心印光焰圍繞如是四佛
身金色相佩通身光於寶蓮華師子
座上結跏趺坐北面西北角隅東
第一隅畫毗俱胝菩薩面有三目身有

四臂一把蓮華一把君持一把數
珠一仰伸臍下右畫二侍者各長跪
坐蓮華座一捧花一散花東第二隅
畫多羅菩薩左手仰掌横伸臍下把
青優鉢羅花右手屈上仰掌右畫二
侍者菩薩二俱合掌長跪坐蓮華座
東第三隅畫觀自在菩薩左手當胷
把蓮華右手仰伸臍下又畫白衣觀
世音菩薩母左手把開蓮華右手伸
於臍下東第四隅畫德大勢至菩薩
左手搏臍下把半開蓮華右手當胷
側揚掌右畫摩訶濕廢多菩薩左手
仰掌置左髀上把於蓮華右手作摩
頂勢東第五隅畫馬頭觀世音菩薩
左手當胷把鉞斧右手把蓮華荷葉
等右畫大吉祥菩薩左手搏臍把開
蓮華右手仰伸置右膝上是等菩薩
身光肉色如前所說各以花冠瓔珞
鐶釧種種衣服而莊嚴之處蓮華座
半跏趺坐南面東南角隅西第一隅畫
金剛密跡主菩薩左手當胷側把金剛
杵右手揚掌右畫摩莫鷄金剛母菩

薩左手胷側把金剛杵右手仰掌屈伸臍下右畫計里枳攞金剛菩薩左手當胷把金剛杵右手揚掌西第二隅畫金剛種族生菩薩以右手背押左手掌伸置臍下掌金剛杵右畫細邪金剛童子左手當胷邪把金剛揵右手按右腔上西第三隅畫大會怒月點金剛菩薩面目瞋怒左手胷側邪把金剛杵右手屈上柱三戟叉右畫軍荼利金剛童子左手當胷邪把金剛杵右手拄三戟叉西第四隅畫執金剛拳菩薩左手當胷邪把金剛拳印右手仰掌置右腔上右畫善臂金剛童子頭上畫金剛杵頭以二手辟左右交叉相押各把金剛杵西第五隅畫執金剛鉤菩薩左手當胷邪把金剛鉤印右手仰掌置右腔上右畫執金剛鎖菩薩左手當胷把金剛鎖印右手仰伸臍下右畫姹狱隨紗迦金剛童子左手把金剛杵右手當胷側揚掌是等金剛身光色相如前所說各以花冠纓絡環釧種種衣服如

法莊嚴皆蓮華座上半跏趺坐西面西南角隅北第一隅畫㝡勝三界菩薩面有三目狗牙上出面目大怒左手當胷邪把金剛杵右手拄一長刀右畫不動使者面目瞋怒左手把羂索右手當胷邪竪把劍北第二隅畫弥勒菩薩左手把蓮華於花臺上畫澡罐右手揚掌右畫難勝大奮怒王神面目大怒左手當胷邪把金剛杵右手把劍外作擬勢門北第一隅畫曼殊室利童子菩薩左手當胷把開蓮華於花臺上畫三股金剛杵右手屈上仰掌向外左邊畫二侍者一名瑪跛計始你菩薩二名計始你菩薩一執槊一執刀皆右手執次門北第二隅畫普賢菩薩右手當胷邪竪把劍左手屈外仰掌右畫始縛麼歌明呪王邪立怒身伸以左手作發用勢右手當胷作黃白色是等菩薩佩通身光色相如前所說各以花冠瓔珞環釧種種衣服而莊飾之皆蓮華座上半跏趺坐東北角隅畫東方無畏

神身青綠色面目呲眞怒右手當妳把棒左手作拳按左膝上左右各畫一侍者一立把棒一跪合掌把羂索東南角隅畫南方滅怖畏神身赤黃色面目瞋怒左手搏臍邪竪把棒右手當胷微屈作拳左右各畫一立侍者一把三戟叉一把金剛杵西南角隅畫西方難勝神身白黃色面目瞋怒左手當胷把羂索右手作拳按右膝上右畫一侍者長跪而坐執三戟叉西北角隅畫北方解除怖畏神身紫赤色面目瞋怒右手胷側邪竪把刀左右各畫一立侍者一執刀一執輪是四方神各以花鬘瓔珞環釧種種衣服如法莊嚴皆蓮華座半跏趺坐分第三院亦闊二肘純畫青地金繩交道寶花莊嚴分第四院亦闊二肘四面共分四十二隅東方面隅畫淨居天他化自在天及盡一切天等東南方面隅畫帝釋天王畫火天神及畫一切天仙而為眷屬南方面隅畫那羅延天阿難陀龍王焰摩王及

畫鬼子母呬舍遮鬼布單那鬼而爲眷屬西南隅畫大吉祥天羅刹王衆及步多鬼衆而爲眷屬西方面隅畫水天王并其眷屬於水天王左右隅畫難陁龍王跋難陁龍王而爲眷屬西北方面隅畫風天神畫諸明呪仙及畫薩嚕荼王衆而爲眷屬北方面隅畫摩醯首羅天畫摩訶細那呪神鵄摩天女及畫諸藥叉等而爲眷屬東北方面隅畫大梵天王伊首羅天衆及畫鳩槃荼鬼諸種族鬼而爲眷屬又東門南第一隅畫日天子及畫七星天衆前後圍繞西門南第二隅畫月天子及畫七星天衆前後圍繞又西門北第二隅畫度底使者畫畢栗沙迦神及畫餘諸使者又東門首畫滿賢藥叉神寶賢藥叉神提頭賴吒天王等又南門首畫毗樓勒叉天王及畫七星天衆左右圍繞又西門首畫毗樓博叉天王畫半支迦大藥叉神又北門首畫多聞天王及畫七星天衆左右圍繞是四天王身服莊

飾如前所說是諸天仙龍王神等各以自服本所器仗而莊嚴之想半跏趺坐其内第一院當闊二寸半四面周帀竪畫金剛杵杵頭相柱一一杵上遍畫火焰其第二院界亦闊二寸半四面皆畫七寶界道外第三院界當闊三寸四面周帀遍皆竪畫金剛杵杵頭相拄遍於二杵上畫大火焰其第四院界當闊四寸四面亦畫七寶界道外第五院界當闊六寸四面周帀皆遍竪畫金剛杵杵頭相拄亦遍一一杵上畫大火焰其内外院地皆塗青地其壇四面内外兩門南皆側開一門當令呪者出入行動如是畫壇或於絹上或細布上可其肘量如法圖畫其匠每日倩潔洗浴著新淨衣受三歸戒以白芥子調和彩色依法圖采誦一切頂輪王心呪呪諸彩色及呪香花飲食香水餘供養物等持布獻之若圖畫已則以一切頂輪王根本心印呪摧碎頂輪王印呪各呪印白芥子一七遍於内外院

右轉散灑結壇四方四維大界已復可壇上安一大寶綵傘蓋其内第三院外四角頭准前法用竪竿繫繩雉以諸佛菩薩幡諸妙綵花鈴帶珠珮等四面懸列間錯莊嚴於其四門四角各雙對懸金剛之幡外第五院四門四角亦各對懸四天王幡諸神王幡於内外院上方四面以新大幡圍繞作額下方外院四面遍敷新淨氈褥席等於内院釋迦牟尼佛前置一香水瓮内外四角各置一香水瓮内外院四門亦各對置二香水瓮其香瓮等受一斛各於瓮中置五穀子七寶片等滿盛香水等於口中揷一切枝花葉等其内外院四面界上共布二百枚雜色瑠璃砲花金銀雜花又以四銀槃一盛燒香一盛於花一盛白芥子小石子等一盛種種末香當置外院西門兩側内外三院四門四角各置香鑪燒衆名香是時呪者每欲結印誦呪請召皆須洗手漱口又復呪持香水白芥子右轉散灑

結印護身西門跪坐又呪香鑪七遍手執香鑪復啓白言我今某甲供養十方一切諸佛五頂輪王一切甚深般若波羅蜜多無邊法藏難思法門及曼殊室利菩薩普賢菩薩彌勒菩薩觀世音菩薩金剛密跡主菩薩諸大菩薩一切金剛族衆菩薩天龍八部護塔護法諸善神王一切使者悉請降臨證知我今某甲作持一字佛頂三摩地呪壇法事無上功德如意成就請求加祐（如是三白）即結一字頂輪王印一切頂輪王心印摧碎頂輪王印皆以印頂戴恭敬及摧碎頂輪王印呪印七遍印左肩右肩咽下心上左右膝上眉間髮際及印頂上頂後如是等處皆印三度名結身界若護同伴及護弟子法亦准此乃以右手大拇指中指持掐數珠左手執金剛杵印銀盤內白芥子誦一切頂輪王心呪摧碎頂輪王呪各呪一百八遍已還放數珠及金剛杵置

銀盤上又結摧碎頂輪王印印白芥子小石子等七遍次結一字頂輪王印印白芥子小石子等亦一七遍次結一切頂輪王心印如前印於白芥子小石子則持芥子銀盤從壇場內東北角右轉散白芥子如是周币四維上下如法散竟持其石子從壇外院東北角抛其石子如是周币四維上下各抛一石石所到處名為外界芥子到處名為內界還復入壇結摧碎頂輪王印印於壇地誦呪七遍名結地界四角四方以印空中右轉七币誦呪七遍名結八方大壇城界入壇中院又結手印頂上一尺右轉七匝誦呪七遍名結上方空界及作軍吒利金剛結界之法竟又四角四門燒香已則當如法啓召結請佛印以左右二無名指二小指右押左相叉在掌中直竪二中指頭相拄其二頭指直開相去四寸半並二大指直竪去中指八分印呪誦一字頂輪王呪至第四遍是二頭指漸漸屈入於掌

呪滿七遍并手印和南頂礼向內散印是印力能請召一切如來

蓮華座迎印

以二小指竪相著其二大指亦竪相並著其餘六指均勻散開竪伸微曲如初月形似開蓮華誦一字頂輪王呪滿一七遍則並屈二大指向於掌內頂礼迎之向內散印　請坐印

以右手五指竪理頭相捻以左手頭指中指無名指握右手五指上大指押上直伸小指誦一切頂輪王心呪七遍請坐於座散去坐印請釋迦牟尼佛坐壇心位次請一字頂輪王亦依前法次從東行北頭第一請乃至南頭位盡法亦准前次從北行西頭第一請乃至東頭位盡法亦准前次從南行東頭第一請乃至西頭位盡法亦准前次從西行南頭第一請乃至北頭位盡法亦准前次請中院亦依前法次請外院亦依前法如是請召一切諸佛一切頂輪王菩薩及諸菩

薩金剛菩薩諸天神等隨結本印若
請佛者結前請佛之印若請一字頂
輪王菩薩及餘頂輪王菩薩當結一
切頂輪王同請喚印若請一切菩薩
及金剛菩薩帝釋梵王并諸天等皆
結一切如來心精進印其迎印坐印
准同前印內院中院外院皆依畫位
稱一一佛名稱一一菩薩名稱一一金
剛名稱諸天名結印誦呪稱名礼請
如是一一請佛菩薩金剛諸天神等
隨請隨想會壇住位捻奉請竟
結大三昧勑語結界印
准前請佛印欲二頭指各捻中指
背上節屈二大指各附頭指下節
其二手掌相去四寸以印頂戴恭
敬頭上綏綏隨日右轉三帀誦一
切頂輪王心呪呪加畔馱畔馱四
字七遍則應勑云三昧結界威儀具
足啓請聖衆如法住位安坐而坐又
於西門合掌頂禮長跪恭敬手執香
鑪燒諸名香想諸畫佛菩薩金剛一

切天神如真報身各坐於座動視觀
佛佛說法相復口啓白奉請結界願
諸聖衆各依本位威儀具足如法而
住說是語已則取銀盤種種香末兩手掬
香誦一切頂輪王心呪呪香末七遍
從內院散釋迦牟尼如來上及五頂
輪王諸菩薩上次當遍散第三院一
切佛上及散一切菩薩金剛等上乃
至盡散諸天神等普同供養復取銀
盤內花兩手捧掬呪七遍已如散香
法普同供養如是供養名香三昧陁
羅尼供養名花三昧陁羅尼供養作
是法已復以左手執金剛杵右手把
數珠口云我今某甲頂戴恭敬一切
般若波羅蜜多無邊法藏恒沙万德
今從十方一切諸佛敬受此法說是
語已則舉兩手頂戴恭敬如斯作法
名頂戴恭敬受持之法又致數珠金剛
杵等置銀盤上頂礼世尊手執香鑪
焚香供養繞壇三帀辭佛却出又內
第三院及外第二院以種種香花酥
蜜乳酪沙糖乳粥酪粥油麻粥粳米飯

餅食菓子如是食菓皆新鮮好以金
銀銅盤疊等如法莊盛一一隨位四
面布獻又以酥蜜乳酪乳粥酪粥種
種香花一切飲食及菓子等外院隨
位四面行列而供養之內院四面四
角各燃蠟燭外院四面燃燈供養布
為燈蹟又取一切飲食花菓各等
少分如置淨水盛於罐中持詣淨樹
下處或竹叢下誦呪三呼一切鬼神
來食我之甘露飲食傾棄於地則迴
而去如是施法加人福祚此壇廣
法從初作日乃至竟日種種儀則修
壇方法阿闍梨法教弟子法入壇之
法灌頂之法准諸大灌頂經壇法用
同智者應知作是法人并及同伴親
弟子等皆一出一入澡浴清淨壇內
莊嚴勿乱語笑一心念佛各三對衣
皆新淨者一對入壇一對喫食一對
於外經行上廁是阿闍梨又更入壇
內外兩院右繞行道周帀觀看諸莊
嚴物何者如法何不如法使命弟子

隨復莊嚴或自莊飾已出壇如法洗
手漱口又往前結一字頂輪王勑語
大三昧耶印誦一字頂輪王呪遍遍
之後加畔馱畔馱四字四方四角中央以
印空中右轉三帀呪聲勿絶四維帀
已則重啓云一字頂輪王三昧結界
威儀具足白諸聖衆如法安住受諸
供養乃待周畢如是作法名大結界
安慰定坐復次呪者又於西門合掌
頂禮遶壇行道門別礼拜梵音讚歎
想是壇場種種莊嚴如菩提樹金剛
道場說法之會生奇特想想本尊佛
及一切佛菩薩金剛諸天呪神呪仙
龍王一一次第如具身者又於第四
院西門長跪結印誦呪呪印香鑪七
遍乃執香鑪燒諸名香誦呪普為一
切天龍八部國王王族大臣僚佐及
過去今生一切師僧父母十方檀越
六趣四生一切有情同修行者及為
自身各燒一丸之香至心想像香雲
飲食一切花菓供養釋迦牟尼佛五

頂輪王菩薩曼殊室利菩薩一切義
成就菩薩摧碎頂輪王菩薩佛眼菩
薩會通三頂輪王菩薩如來毫相菩
薩乃至如來牙菩薩觀世音菩薩金
剛藏菩薩及外院諸佛一切菩薩一切
金剛一切天仙各及眷屬皆坐本位如在
目前一一之前如法供養復當運心想
是香雲遍至十方一切佛刹菩提道
場種種法會一一供養一切諸佛菩薩
金剛一切天仙如是香雲於一一佛刹
化作香宮殿樓閣七寶他臺微妙音
聲一切佛事供養海雲一切寶花曼
陁羅花曼殊沙花俱物頭花瞻蔔迦
花供養海雲一切末香供養海雲一
切塗香供養海雲一切燒香供養海
雲一切奇特大摩尼寶供養海雲一
切諸天種種甘露飲食供養海雲一
切諸天種種奇妙衣服瓔珞供養海
雲一切諸天上妙花鬘寶冠環釧供
養海雲遍備十方法界一切佛土所
供養之及遍十方六道四生一切病
惱有情一切地獄受苦有情處出和

雅音稱讚三寶隨聞隨得離諸地獄
種種苦受滿衆生願病苦有情香雲
入體除去一切身心病惱如是供養
於諸念誦亦常作之頂礼諸佛一切
菩薩繞壇行道合掌讚歎發大弘願
辭佛却出壇外其受法人諸根端好
性復純政發菩提心香湯淨浴著新
淨衣如法皆與發露懺悔過現身業
口業意業五逆十惡諸罪授三歸戒
問言汝等決定能學諸佛一字頂輪王
秘密法藏不生疑惑是受法人等一時
答言我今某甲搘當至學一切諸佛
甚深法藏決定誠信不生疑惑如是三問三答
是時阿闍梨誦一切頂輪王心呪把
線隨受法人數結於呪索一呪一結
滿四十九結繫受法人右髆之上一
一如是女繫於左又以摧碎頂輪王
呪呪白芥子一呪一打受法人頂滿
三七下或一七下復與結印為印左
肩右肩咽下心上眉間髮際頂上頂
後左右膝等又誦一字頂輪王呪呪

受法人一百八遍誦佛眼呪呪淨白練一百八遍繫使受法人眼則取銀盤內花教云兩手如法捧花從壇西門執手引向外第五院西門住立教發大願擲手散花乃解眼帛語云汝所散花著某佛某菩薩某金剛某天神使者等上好記莫忘復教合掌恭敬禮拜其二一弟子法皆如是若有散花三迴總不著諸位者特勿解眼帛去則隨擯出是大罪人不合入壇教令懺悔無始今生一切罪障是諸弟子散花總竟重為啓白諸佛菩薩金剛神等方始重引準前散花者者解眼不著者至竟擯出更勿重入見壇其諸弟子已散花者令壇西門外面東行列長跪合掌一心瞻佛其阿闍梨亦自如法發願讚歎散花供養已整理威儀領諸弟子啓白礼讚引前一時繞壇行道念心無亂還坐本座次為灌頂其壇西門外當如法作四肘嚴飾灌頂水壇如法結界懸繒幡

花如法安置一盤飲食四角燃燈當是壇心置一床子敷白茅草令受法人於上結跏趺坐又使二人一執紫傘蓋一蓋阿闍梨頂上一執白傘蓋當水壇上蓋灌頂人頭上阿闍梨當自掌取大壇中心佛前香水瓮誦一字頂輪王呪呪香水瓮一百八遍出於壇外一一次第喚引弟子到灌頂壇右繞三帀教令床上面東結跏趺坐其阿闍梨亦自上壇床邊端立又問是弟子云繞所散花著何佛菩薩金剛諸天身位之上弟子荅云著某佛某菩薩某金剛天等身位之上隨其所荅教作其本散花著佛菩薩金剛等印印中著花教令至心隨念其佛菩薩金剛等名其阿闍梨亦各為結某佛菩薩金剛等印印弟子頂隨誦某佛菩薩金剛等呪與灌於頂為發願言願是某甲從今已去常為諸佛一切菩薩一切金剛攝受加被蠲衆罪垢速證某佛菩薩金剛等法及一字頂輪王取上悉地灌頂竟已教云散

花解散其印著衣入壇頂礼謝佛還坐本座其餘弟子法皆准此若有入此壇中灌頂授法得作諸呪大灌頂阿闍梨師又得一切諸佛菩薩金剛獨覺聲聞諸天呪仙大明呪王悉皆見知加被擁護是人當得受於菩薩地位乃至無上正等菩提更不退轉次以內外四角四門香水瓮如前呪之灌同伴人頂亦皆蠲衆生無量垢障諸佛護持若有見此一字頂輪王壇信向隨喜絜身恭敬繞壇礼讚亦得消除一切罪障及請入受一切法壇即當不為一切毗那夜迦姥魃陀緣迦等作生障惱十地菩薩大威德者亦不能壞速令成向一切呪法所入此壇灌頂受法之者應自捨身揩為一切諸佛弟子阿闍梨弟子皆願恭敬給侍諸佛及阿闍梨處應所先施阿闍梨上下名服其壇南門外門東側邊准同下說如法修飾布發置迦火壇之法其阿闍梨於火壇東

當又壇儀面東跪坐當以酥蜜胡麻
人沉水香末白檀香末蘇合香安悉
香薰陸香稻穀華各等分相和呪七
遍已先請大天坐火鑪中以右手撡
一呪一燒滿七遍已則心裏請云大
火天神且出鑪外側邊安坐令欲供
養諸佛般若波羅蜜多一切頂輪王
菩薩諸菩薩等作斯語已則請一切
頂輪王菩薩至火鑪中蓮華上坐其
阿闍梨則以左手執金剛杵一一次
第單喚弟子近阿闍梨左邊合掌作
礼胡跪仰掌以金剛杵定即弟子手
掌心中當以前酥蜜香等右手撡擲
一呪一燒一稱弟子之名滿一七遍
語云汝復還歸本座而坐其餘弟子
法皆准此印掌燒食一一揔竟則啓
一字頂輪王菩薩還歸本座而坐次
請壇中心釋迦牟尼佛至火鑪中蓮
華上坐准前一呪一燒酥蜜香等滿
一百八遍竟准前啓佛還歸本座而
坐其次准前請召之法一一次第請諸

佛菩薩金剛諸天神等各結本印各
誦本呪結蓮華印一一迎坐火鑪心
中各誦本呪一呪一燒前酥蜜香等
滿一百八遍或三七遍皆通供養一
一次第燒焯火食獻供養已一一隨
作本印迎送還坐本座如是諸位各
各迎請供養送法如前無別次從東
面北頭第一請一一乃至南頭位盡
次從北面西頭第一請一一乃至東
頭位盡次從南面東頭第一請一一
乃至西頭位盡次從西面南頭第一
請一一乃至北頭位盡其外兩院法
亦准此內院請法如是供養一切大
食揔周畢竟復次一為於國王王族
二為大臣僚佐三為過現一切師僧
父母四為業道冥官五為十方施主
六為十方法界六道四生三塗八難
一切有情如是六種所為燒焯火食
供養者皆隨所為稱名啓白同誦一
切頂輪王心呪一呪一燒各三七遍
竟其阿闍梨乃復自為燒二十一遍

及為道場家主人亦燒二十一遍竟
時阿闍梨又淨洗手把持香鑪燒諸
名香右轉繞壇行道一帀於西門
前合掌礼拜至誠謝云今所供養香
華飯食多不如法深大慚愧諸佛聖
衆作斯語已又復礼拜其阿闍梨即
便輪結當部中印及結諸佛菩薩金
剛天印不須誦呪一一次第顯示徒
衆而為供養種種法事已又入道場
繞壇行道種種讚歎礼拜懺悔廣發
弘願竟已是阿闍梨又喚衆取長灌頂
受法弟子當以左手抱弟子右手大
拇指誦佛眼呪作扇底迦法燒焯火
食一百八遍令是受第一弟子蠲衆障
累隨其所作一切法壇自在無礙任所修
為其阿闍梨又執香鑪燒諸名香繞
壇行道無量讚歎發弘願已西門礼
拜仰啓慚謝今此會作種種法事香
花飲食皆不如法慚愧聖衆願大慈
悲布施歡喜則結解印左轉誦一字
頂輪王呪後加阿遮阿遮四字七遍

准前請召之法先從壇心中院座主乃至外院一一各用本印呪等啓白發遣各還本土周盡竟已其阿闍梨手執炬火領於弟子入壇一一指示語云此是某佛某菩薩某金剛某天神等像坐位一一指亦竟則誦除壇呪三七遍則便収拾一切幡花供養物等以淨稀泥左轉塗掃盡壇地却特莫至見日出之時密跡主此地得名金繩界道七寶合成諸佛居止演說大法轉法輪處可於此地建立佛堂塔等為最為上若人住上業受有損其壇内財物阿闍梨分為三分一分施入常住供養衆僧一分給施貧下乞人一分阿闍梨自受取用寫經畫像其諸飲食亦分三分一分施外衆僧一分施於貧下乞人一分施於水陸鳥獸是入壇者皆不應食此供養食若所請發遣之時皆誦一字頂輪王呪佛眼呪等密跡主此一字頂輪王呪能斷他呪一切障㝵默

那夜迦盡皆怖走作斯壇處方圓五百踰繕那一切他呪悉不成就諸魔鬼神怖不中住菩薩呪神一切諸天呪仙龍王藥叉羅刹乾闥婆阿素洛緊那羅伽樓羅摩呼羅伽等見此依法受持一字頂輪王呪人禮敬讚尊重如佛是故智者應常想憶諸佛菩薩金剛塗壇供養密跡主如是圖畫佛形像菩薩形像金剛形像乃至天龍神鬼形像是名上壇其中壇者肘量院位一切莊嚴亦各依前一一次第當以五色粉作開敷蓮花為佛花座位菩薩花座位金剛花座位乃至諸天龍神鬼座位各於一一花臺上皆以其粉各作本佛印作菩薩印作金剛印乃至諸天龍神鬼印是等印上繞有火焰是名中壇其下壇者肘量院位一切莊嚴亦各依前一一次第亦以五色粉作佛座位菩薩座位金剛座位唯作花座乃至諸天龍神鬼座位如是三壇種種

法事上法中法下法摩壇請召一切供養誦呪行道皆逐日轉吉相成就密跡主又有隨心供養成就壇法准前啓白方量四肘如法泥拭分為二院畫寶界道界闊三寸分内中院方闊二肘當院中心畫一肘白紅開敷蓮華於花臺面畫一尺量十二輻七寶金輪繞輪輞刃周畫火焰於四角地各畫如意寶瓶又於瓶口畫寶枝葉花菓分第二院當闊二肘擘開四門除四門位分十二隅東門南隅畫天帝釋金剛杵印南門東隅畫大天神印南門西隅畫閻羅王印西門南隅畫羅刹王印西門北隅畫龍王印北門西隅畫風天神印北門東隅畫多聞天王印東門北隅畫伊首羅天印其四角隅各畫二金剛杵十字交又如是印等蓮華臺上如法畫之此諸印上繞畫火焰是二院地皆塗青地中置一字頂輪王像四面懸列種種幡花外四角頭置香水瓶及以花

香末香燒香乳粳米飯酥蜜酪等隨
心供養日日依法斷諸談論潔身護
身誦呪祈求懇誠作法則速成就又
法以白氎或白綾羅作一傘蓋於蓋
上頂四邊帖金如法莊飾繫竪七尺
竿頭挿壇心上每日三時燒沉水香
誦呪呪蓋滿一千万乃於十五日倍
潔身服作大供養手執傘蓋面東趺
坐調調誦呪呪令傘蓋放大光焰則
證身通壽娜羅鉢底地證諸法義詣
諸佛刹百千衆生善視為伴一切如
來諸大菩薩共所歌讚
又法詣深山蒙蔺擇勝地啓白如前
掘地築治作四肘壇基高一寸如法
摩飾可壇心上畫廣四尺四寸面開
敷七寶千葉蓮華壇四院界等闊
三寸畫寶界道各開西門於四角匕
各畫寶珠皆繞珠上周畫火焰每日
如法清潔身服燒沉水香護身結界
於花臺上安詳趺坐誦一字頂輪王
呪滿一千万數則從地中涌出一千

大仙神衆是時呪者則證神通身出
光焰照五由旬五頂輪王一切深法
一時證悟為大娜羅鉢底無量呪仙
而為其伴壽命一劫變身如天又法
清潔身服以紫檀末或白檀木或屍
陁林棺木釘鐵作三股金剛杵以牛
五淨汁浸重重浴治訖以香水重
重灌洗呪一千八遍置壇心上廣設
供養繞壇四布百盞蘇燈供養諸佛
五頂輪王大菩薩等每日六時治潔
身服勤加結界輪印護身右手掐珠
左手把杵准前安詳蓮華臺上淨心
誦呪呪杵乃至杵上出大光焰則得
一切呪仙諸天神龍藥叉皆來礼讚
觀視敬屢將往色究竟天容貌自變
如金剛菩薩壽命一劫過弥勒佛聞
甚深法若命終時樂欲生於一切佛
刹則隨往生又法以粳米飯和酪酥
等每日三時一呪一燒一千八遍滿
百日已又於白月十五日一日一夜不
食不語以酥蜜酪一呪一燒稱毗沙

門名諸藥叉名滿一千八遍毗沙門
王及諸藥叉則皆集會來問行者令
何所為行者答言我今所欲一切財
寶長年藥等時諸藥叉為取奉施滿
所求願又法每日三時以沉水香末和
酥蜜等稱諸天名一呪一燒一千八
遍滿三七日則得諸天冥加敬護又
法每日三時以安悉香碎如酸棗用
和酥蜜酪稱藥叉名一呪一燒一千
八遍滿七日夜則得一切藥叉冥自
敬伏

一字佛頂輪王經供養成就品第九

尒時釋迦牟尼如來復觀大衆謂金
剛密跡主菩薩言我見當世一切有
情多有頑愚下劣精進心犯種種癡
恚懈怠下見下行不能成就是無上
法若有淨信純善有情愛樂此法發
菩提心行常真政具大精進我今唯
為是人略說此一字頂輪王無量殊
勝功德威力是諸如來諸大菩薩金
剛天等所讚道處亦是無量諸佛三

摩地門所出生處能令持者超過三界一切魔界示天中天如來色身摧碎一切衆惡天龍藥叉羅刹外道諸惡法心伏恭敬所有諸佛菩薩金剛諸天咒法悉攝此中我於無量百千俱胝劫讚說此咒亦不能盡是一字頂輪王咒過去一切如來為彼有情已說此法我亦曾於過去無量百千佛邊親聽受得此一字頂輪王敎以是得為諸法中尊我今亦為汝當說是咒法密跡主若當有人精心憶持此一字頂輪王咒則除無量八難怖畏破諸魔軍滅諸重罪前所說像隨畫一像以白檀香泥塗摩壇場日日三時依法澡浴著新淨衣三時誦咒三時供養常輪結印誦一字頂輪王咒滿二百万乃像三月白月一日於斯像前嚴三肘壇白檀香泥涂摩壇面如法持以種種塗香末香燒香香水飲食蘇燈花等壇上布列如法獻供舉月一日誦一字頂輪王咒佛眼咒三時各誦一千八遍至十五日採

惹底延花（磨地細是花）當像頂上懸以為傘蓋倍加供養繞壇四面燃布蘇燈一千八盞盛不食不語清潔身服結金剛座調調誦咒至後夜時忽於空中聞雷震聲則現三相一花蓋動二畫像身放大光明三像自動眼目顧視觀斯相已心所願求乞皆圓滿若常依法精勤誦滿一俱胝數（梵云一俱胝唐云一千万）乃名下士淨業承事供養佛人若常依法誦滿二俱胝數乃名中士給侍承事供養佛人若常依法誦滿三俱胝數乃名上士親侍承事供養佛人證大自在菩薩地住作法無礙力能調伏一切天龍八部神鬼若樂調伏天龍神者誦之四遍則各敬伏隨咒者意若欲證大菩薩摩訶薩地當詣海砂潭上或江河岸砂潭之上誦咒印塔塔長一肘一咒一印塔隨一一塔前置花香水燒香誦咒其塔數滿至十俱胝於最後塔放大光明入咒者身當是之時三千大千一切釋梵天他

化自在天樂變化天廣果天淨居天色究竟天及諸天等并種族天各住於空雨衆香花種種歌讚及諸龍神藥叉羅刹一切神鬼亦皆湊會散花供養而讚歎之於是之時一切寒氷地獄諸苦有情皆得溫適所有猛火地獄熱惱有情皆得清涼是時咒者得大威德身證神通為天中天身金色相如盛年者證大智慧於空自在為大娜羅鉢底其所同伴見作法者皆得隨從無量百千諸天咒仙共為伴從詣諸佛刹隨心皆至或處天帝釋宮分座同坐顏皃威光精進智慧一切天人無有匹者及證菩薩方便善巧甚深智慧調伏有情復增壽命無量數劫見諸如來出見成道尒時如來重說頌曰

彼不思議天人敬　斷諸貪垢邪見輪
身及智慧大精進　當獲神通利有情
成就神通證佛地　得壽人中法勝尊

密跡主此一字頂輪王大成就法皆真語佛為凡夫時清淨身心專法修

持得證成就金剛幢佛光明自在王佛如是過現十方一切異名無量無數一切諸佛等皆凡夫時一一勤懇專精修持此成就法皆證成就復有觀世音菩薩不動尊菩薩曼殊室利菩薩普賢菩薩如是過現十方無量一切大菩薩等皆凡夫時清潔身心修持此法獲得菩提密跡主如汝往昔因地之時遇金剛幢如來法欲滅時憐愍有情難作能作種種勤苦修成佛眼大明母呪當世呪者得復如汝堅固精進發菩提心憐愍有情修此一字頂輪王成就法者決定成證

復別修法應常對觀一字頂輪王像誦滿百万遍乃於白月十五日加浴清淨著鮮淨衣一日一夜不食不語以白芥子和水呪一千八遍像前散灑周遍八方結為壇界以諸飯食香水花香布置供養壇上四面懸諸幡蓋持好雄黃置於壇中蓮華心上面東趺坐呪是雄黃令現三相若得煖相

則能調伏一切有情若得煙相則便證得隱空大仙若得光相持以塗身證如盛年為娜羅鉢底身金色相以諸呪仙共相伴從壽命一劫成就牛黃法亦如是又法伺候佛神通月擧白月一日一出一浴著新淨衣三時供養三時懺悔誦呪發願啓請諸佛轉大法輪六時時別誦一字頂輪王一千八遍如是作法至十五日復加精潔一日一夜不食不語持以新淨僧伽梨衣或以錫杖或以鉢盂呪一千八遍置壇中心復以種種飯食花香施設供養周勤結界擁護於身面東趺坐調調誦呪呪僧伽梨衣令現光焰呪者覩已披著身上則證呪仙騰往佛剎神通自在能現衆身壽命一劫

又法佛神通月詣於河澗沙彈之處印一肘佛塔數備十万至十四日加法護身復於像前廣設供養坐茅草席右手持一新淨之劒誦一字頂輪

王呪乃候空中聞出諸妙梵音讚聲其頂王像則放大光照呪者身於其空中無量天樂不鼓和鳴時阿素洛阿素洛女及諸呪仙呪仙種族亦皆集會無量讚歎是時呪者則證身通為劒呪仙娜羅鉢底著諸天服騰往自在遊諸佛土壽命一劫又法詣山高勝頂上嚴飾壇界懸像面東結印護身誦一切頂輪王心呪呪種種藥賫諸藥以為齊食勿食飲食

又誦一字頂輪王呪呪屍陁林鐵鑄以為輪輻輞具足其作輪匠六根端嚴若鑄治已將一善伴詣阿素洛窟門於窟門前懸像結壇以法陁羅木斫截燃火燒設火食以白芥子無穢木蘇黑芥子油如法相和坐茅草席右手把輪一呪一燒滿十万遍則得破折阿素洛門內一切關鑰第二十万遍時阿素洛宮殿則大火燃第三十万遍阿素洛童女衆等而自出現恭敬白言大丈夫士令何作為願入宮殿其所同伴亦皆隨入任所使為呪者

入時勿將伴去何以故恐相殘害若
入去時右手把輪誦呪直入至宮殿
中為阿素洛尊阿素洛宮殿一切財
寶悉屬呪者宮中一切阿素洛大仙
阿素洛童女皆為侍從若於世間遊
行住者身亦得如阿素洛身壽命一
劫若住宮中亦得壽命一大劫住若
見那羅延輪憶念此呪須破則破須
全則全往昔迦葉佛時有呪輪王住
阿素洛宮名輪王手呪仙持輪出遊
令猶現在供養諸佛復有一字頂輪
王大成就法我昔因地曾為大商主
時名曰路摩為成呪仙經過難處憐
愍世間向諸比丘說佛本行詣海岸
潭亦詣河岸一一如法印一肘佛塔數滿
於千於一一塔前以淨花香持獻供養
誦此一字頂輪王呪滿三百万乃以屍陁
林鐵使一巧匠六根端嚴清治潔身
令持此鐵鑄八寸輪輻輞無疵輞刃
鍱利又以牛黃汁中浸洗於輪呪一
千八遍則便伺候佛神通月見一良
伴如法作法專呪是輪滿一俱胝令

一字佛頂輪王經卷第四　第四十三張　悲

現火焰見已持把則證身通遊空自
在往諸佛刹獲大威德壽命一大劫
化導衆生是故密跡主汝亦應知詣
大河岸如法清潔嚴諸壇場中置一
字頂輪王像以諸花香當日日如法
隨心供養誦一字頂輪王呪滿一俱
胝數則一呪一印塔數滿六百胝可
作法不候時日覓一卒去米韗羅身
支未壞無瘢痕者以諸香湯而淨浴
之與著新淨衣服花鬘臥置壇內是
時呪者結界護身結跏趺坐呪令起
坐心莫怖悚安詳問言米韗羅曰為
我說示過去未來善惡之事長年仙
藥之事作金銀法安怛陁那法鄔羅
鉢底法具為我說令我明解若當呪
者加以精進倍誦其呪專一作法則
證大轉輪頂鄔羅鉢底三摩地是米
韗羅神隨為使者能與諸願又法以
鐵末一撡一呪布內滿口至百八遍
又呪於口乃令舌長尺餘出現持以
刀割米韗羅舌取右手持把則變為
劒是時呪者則得證為劒仙騰往須

一字佛頂輪王經卷第四　第四十四張　悲

弥山頂一切天見皆大驚怕伏為伴
從是天帝釋分座同坐隨至天宮位
皆如是常以六十千俱胝天衆前後
導從是諸天等皆大威德身光赫弈
復有諸天火天天王樂同為伴如是
證者以一字頂輪王呪威神力故以
神足通於須臾時騰往百千俱胝佛
刹種種遊戲所至佛刹皆六震動威
光晃曜照諸地獄一切有情飢者得
食倮者得衣苦者得樂復有無量諸
天天女圍繞歌讚百千大劫遊諸佛
刹供養諸佛若此界壞復當移詣他
諸佛刹如是功證無量無邊證菩薩
地利濟有情
又法准前結印護身誦一字頂輪王
呪滿六百万乃詣河岸又印二尺八
寸佛塔一呪一印一千八塔一一塔
前各置花香誦呪供養已又准前覓
一米韗羅沐浴著衣護身結界臥置
壇內以七寶末一撡一呪布於口滿
滿百八遍呪令口中吐出寶珠光焰
顯赫呪者見已又復結印加法印身

一字佛頂輪王經卷第四　第四十五張　悲

護身持取寶珠是時呪者則證大娜
羅鉢底威德呪仙神通自在騰往遊
戲他諸佛剎隨得無量大威德仙同
為眷屬恒共供養一切諸佛大菩薩
等
又法准前護身結界及護同伴以淨
乳粥和酥匙抄一抄一呪布於口滿
又呪米輝羅身令自起坐却吐乳粥
則持銅器承取乳粥呪者同伴各分
半喫喫乳粥已則證身通而為呪仙
又法以右手掌覆按米輝羅口上呪
令口出熱氣柔手手則作拳又呪一
千八遍後以於拳擬一切有情悉自
調伏的定無疑若得口出火焰大光
則得證成大拳呪仙又法詣於蓮荷
池岸治結壇界面西安置頂輪王像
正於像前結跏趺坐取以蓮華和酥
蜜等像前誦一字頂輪王呪一呪一
燒滿五百万呪者則見頂輪王像眼
目顧視肢手動搖呪者則得自然財
寶安壽富貴無苦無惱除諸災難又
加精進取以蓮華塗和酥蜜一呪一

燒滿一千万則證大娜羅鉢底三摩
地若能倍滿二千万則證贍部洲摩
努使大娜羅鉢底三摩地行十善行
若重倍倍依法作持當得證壽四稱
嚩中大娜羅鉢底三摩地所作皆辨
如是法者我今略說的定不疑乃往古
昔曼殊室利菩薩普賢菩薩觀世
音菩薩德大勢至菩薩虛空手菩薩
及我釋迦牟尼世尊皆於因地為凡
夫時怖於生死慕善知識求得斯法
依教修習脫諸煩惱令得如是大自
在處是時如來重說頌曰
輪王最上呪　若有證成者　此界及他土
一切無等過　容貌及威力　而證於最上
譬若如來身　殊特無倫匹　如斯頂輪呪
五頂相應法　成證超一切　如何以分別
如來本法印　及諸菩薩印　與於後世者
成飾此呪王　是等無等印　大力大勇猛
彼證法成就　大勇難思議　十地諸菩薩
所說呪印法　攝在此中用　天帝亦摧伏
呪餘惡有情　亦法不伏伺　如是等為首
我說成就法　是故成就者　勤修如法持

縱不證悉地　亦當離世間　佛深理趣門
一切諸呪法　無量佛所說　皆從此中現
尒時釋迦牟尼如來復觀大衆告金剛
密跡主菩薩重說頌言
往昔諸佛說　寶髻王如來　經中所說義
皆集此解說　娜羅延拏法　捨羯羅練伽
摩蹬伽呪法　廣略皆此說　此等之成法
勿於破法者　愚頑邪見人　小分為解說
慳貪嫉法者　亦勿為宣說　以何不說示
恐滅與法門　入貧窮邇法人　不求善提者
睡悟及行住　亦不同共處　若有樂求者
先與授三昧　教於壇呪法　身口之法則
觀想心法門　乃可為解說　如是輪王法
過去佛建立　世間數量法　采盡諸功巧
輪王天中法　而為衆生說　一切佛所說
三種呪印法　呪者無深智　字句法無解
誦句文顛倒　貪瞋該燒惑　毗那夜迦惱
議無證成就　就著呪文字　常樂空解說
不勤修誦持　議無證成就　徒雜陋識人
勿說勿施與　顛倒者字法　壞滅此經教
所施是法人　議無證成就　是故於此人
勿妄示教法　好著名色欲　願急證其法

世間爲大利　讃無證成就　何待度衆生
世間受衆苦　獨住於山谷　爲名爲財利
發興心念誦　讃無證成就　佛說三種法
是故應迴心　爲法爲衆生　住持相應法
世有三匪心　一切皆自性　撥無因果說
一切不修得　云何是呪王　修到無爲地
是故觀二法　精進福同因　伏諸天仙類
智者不應謗　無智有過者　修者似少成
呪真實智者　益世不成佛　如是輪王法
三族成類品　敬祭一切天　不歸向頂礼
如是輪王法　次第之儀則　如上已教說
修者咸受持

一字佛頂輪王經卷第四
癸卯歲高麗國大藏都監奉
勑雕造

第四九張　悲

一字佛頂輪王經卷第四

校勘記

一　底本，麗藏本。
一　四四七頁上二行末字「八」，磧、普、南作「八上」；徑、清作「八之一」。
一　四四七頁上七行「出世」，磧、普、南、徑、清作「世出」。
一　四四七頁中二〇行第五字「利」，磧作「爲」。
一　四四七頁下四行第八字「堅」，資、磧、普、南、徑、清作「豎」。
一　四四七頁下九行夾註，徑、清作「此云似水精」。
一　四四七頁下一七行第四字「飾」，普、南、徑、清作「拭」。
一　四四七頁下末行第五字「二」，諸本作「三」。
一　四四八頁中二行「作是語已」，資、磧、普、南、徑、清作夾註。
一　四四八頁中一八行第八字「分」，資、磧、普、南、徑、清作「分爲」。
一　四四八頁中一九行第七字「三」，南、徑、清作「二」。
一　四四八頁下六行末字「左」，諸本作「右」。
一　四四八頁下八行第一二字「右」，諸本作「左」。
一　四四八頁下一九行第八字「輻」，磧作「軸」。
一　四四九頁上九行第四字「左」，諸本作「右」。
一　四四九頁上一四行第六字「杵」，諸本作「向」。
一　四四九頁中一五行第一〇字「左」，諸本作「右」。末字「右」，諸本作「左」。
一　四四九頁中二一行第一二字「隔」，石作「開」。
一　四四九頁下三行第三字「華」，石作「葉」。
一　四四九頁下六行第一三字「葉」，石、徑、清作「華」。
一　四四九頁下一〇行第九字「德」，

磧、普、南、徑、清作「得」。

一　四四九頁下一五行第一三字「荷」，資、磧、普、南、徑、清無。

一　四五〇頁上八行第一〇字「左」，資、磧、普、南、徑、清作「右」。

一　四五〇頁上九行第五字「右」，資、磧、普、南、徑、清作「左」。第九字「柱」，石、磧、南、徑、清作「拄」。

一　四五〇頁中一八行「身伸」，資作「伸身」。

一　四五〇頁下一八行首字「肘」，資、磧、普、南、徑、清作「肘純畫青地金繩交道寶華莊嚴分第四院亦闕二肘」。

一　四五一頁上末行第二字「天」，磧作「王」。

一　四五一頁中一行首字「飾」，石作「嚴飾」。

一　四五一頁中一三行首字「地」，徑作「第」。

一　四五一頁中一五行第四字「或」，資、磧、普、南、徑、清無。

一　四五一頁中一八行「法圖采」，資、磧、普、南、徑、清作「圖彩畫」。

一　四五一頁下二行第六字「大」，磧、普、南、徑、清作「七」。

一　四五一頁下五行首字「珮」，石作「琲」。

一　四五一頁下一二行末字「香」，石無。

一　四五一頁下一六行第三字「枚」，資、磧、普、南、徑、清作「枝」。

一　四五二頁上二行第一二字「甲」，石作「乙」。

一　四五二頁上一二行末字至一三行第五字「摧碎頂輪王印」，石無。

一　四五二頁上一八行首字「乃」，資、磧、普、南、徑、清作「及」。

一　四五二頁中一七行第九字「召」，資、磧、普、南、徑、清作「首」。

一　四五二頁中一九行首字「在」，諸本作「右」。

一　四五二頁下一四行末字「南」，資、磧、普、南、徑、清作「南行」。

一　四五二頁下一五行「盡法」，資、磧、普、南、徑、清作「畫法」，下同。

一　四五二頁下一八行第一三字「乃」，資、磧、普、南、徑、清作「次乃」。

一　四五三頁上一行第九字「等」，資、磧、普、南、徑、清無。

一　四五三頁上一四行第三字「節」，資作「節屈捻中指背上節」。

一　四五三頁中八行第一三字「上」，資、磧、普、南、徑、清無。

一　四五三頁中一八行第四字「恭」，資無。

一　四五三頁下一一行第五字「施」，資作「施之」。

一　四五四頁上一三行第四字「佛」，資無。

一　四五五頁上一五行末字「面」，資、磧、普、南、徑、清作「西」。

一　四五五頁上一六行第一一字「佛」，資作「仰」。

一　四五五頁上一九行「本座」，至此，磧、普、南、徑、清卷第四終，卷第

五始，磧、普、南有品名「大法壇品第八下」；徑、清有品名「大法壇品第八之二」。

一　四五五頁中九行第五字「令」，資、磧、普作「今」。

一　四五五頁下七行第二字「位」，石、磧、普、南、徑、清作「住」。

一　四五五頁下八行「内外」，石無。

一　四五五頁下九行第一一字「生」，石無。

一　四五六頁上六行第一二字「令」，資、磧、普、南、徑、清作「當」。

一　四五六頁下五行第二字「飯」，諸本作「飲」。

一　四五六頁下一二行第九字「抱」，資、磧、普、南、徑、清作「把」。

一　四五七頁上五行第二字「云」，資、磧、普、南、徑、清無。

一　四五七頁上一〇行末字「止」，諸本作「上」。

一　四五七頁中六行第一三字「觀」，資作「勸」。

一　四五七頁中一四行第四字「龍」，南作「帝」。

一　四五七頁下六行第一二字「紅」，資、磧、普、南、徑、清作「粉」。

一　四五七頁下八行第八字「輞」，資、磧、普、南、徑、清作「網」。

一　四五七頁下一二行第一三字「大」，諸本作「火」。

一　四五八頁上五行第五字「帖」，資作「鉆」；磧、普、南、徑、清作「貼」。

一　四五八頁上一五行第一二字「寸」，磧、普、南作「十」。

一　四五八頁中五行第一一字「檀」，資、磧、普作「壇」。

一　四五八頁中七行第二字「淨」，石無。

一　四五八頁中一五行第一三字「自」，資、磧、普、南、徑、清無。

一　四五八頁下一二行「一字佛頂輪王經」，徑、清無，下同。

一　四五八頁下一八行第七字「政」，資、磧、普、南、徑、清作「正」。

一　四五九頁上九行第七字「此」，徑無。

一　四五九頁上一〇行第一三字「當」，資、磧、普、南、徑、清無。

一　四五九頁上一七行第八字「三」，南作「二」。

一　四五九頁上末行末字「採」，資作「探」。

一　四五九頁中一行夾註中「唐」，徑、清作「此」，下同。

一　四六〇頁上三行第七字「皆」，資、磧、普、南、徑、清作「皆爲」。

一　四六〇頁上八行第五字「法」，資、磧、普、南、徑、清作「成就法」。

一　四六〇頁上一六行第五字「遍」，資、磧、普、南、徑、清無。

一　四六〇頁中第九行「一千八」，資、磧、普、南、徑、清作「二千」。

一　四六〇頁中一五行第八字「已」，徑作「衣」。

一　四六〇頁中一八行「河淵」，資、磧、普、南、徑、清作「河沜」。

一　四六〇頁下一行第七字「閒」，資、磧、普、南、徑、清作「間」。

一　四六〇頁下三行第九字「和」，資、磧、普、南、徑、清作「自」。

一　四六〇頁下一七行第七字「二」，石作「一」。

一　四六〇頁下一九行第二字及二〇行第二字「遍」，資、磧、普、南、徑、清無。

一　四六〇頁下二〇行第七字「女」，資、磧、普、南、徑、清作「子」。

一　四六一頁上一八行「六根」，資、磧、普、南、徑、清作「相好」。

一　四六一頁中一四行首字「藥」，磧、普、南、徑、清作「樂」。

一　四六一頁中一六行第八字「其」，石無。末字「則」，磧、普、南、徑、清作「即能」。

一　四六一頁中一八行第八字「能」，石無。「又法以」，石作「法又」。

一　四六一頁下一三行第七字「證」，資、磧、普、南、徑、清作「德」。

一　四六二頁中七行首字「昔」，資、磧、普、南、徑、清無。

一　四六二頁中八行第四字「德」，資、磧、普、南、徑、清作「得」。

一　四六二頁中一一行第九字「今」，資、磧、普、南、徑、清作「令」。

一　四六二頁中二一行首字「呪」，資、磧、普、南、徑、清作「況」。

一　四六二頁下七行「摩蹬伽呪法」，資無。

一　四六二頁下八行第一一字「小」，諸本作「少」。

一　四六二頁下一〇行第三字「與」，諸本作「此」。

一　四六二頁下一九行「誦持」，徑作「持誦」。

一　四六三頁上九行首字「呪」，資、磧、普、南、徑、清作「況」。

一　四六三頁上一一行末字「說」，資、磧、普、南、徑、清作「化」。

一字佛頂輪王經卷第五　悲

世成就品第十

大唐南天竺三藏菩提流志譯

尒時釋迦牟尼如來於是之時復入一切佛不思議陁羅尼頂法光王境界神變三摩地中其殑伽沙一切諸佛俱是之時亦入一切佛不思議陁羅尼頂法光王境界神變三摩地中是時金剛密跡主菩薩從座而起合掌恭敬繞佛三帀却住一面瞻仰如來目不異顧是時釋迦牟尼如來與殑伽沙一切如來從三摩地安詳而起告金剛密跡主菩薩汝靜諦聽一切諸佛五頂輪王異呪同法能成頂輪王呪佛眼呪等無量威德無量業事能現種種大不思議利益衆生從一印中生差別印差別通用等皆成就無量事故

一切頂輪王根本心印之一

以左右二頭指二無名指二小拇指右押左相叉入掌中作拳其二大拇指並雙屈頭入掌中其二中指直竪合頭是一法印通諸佛頂成就法用其諸一切惡天龍神藥叉羅剎阿素洛伽樓羅緊那羅摩呼羅伽毗那夜迦見輪是印悉皆怖走印呪曰

娜謨皤(下同)(蒲餓反)伽(上同)嚩(無可反下同)底(丁紇反下同)瑀瑟膩灑(下同)(毗價反)野(二)唵(二合)許(三)卓嚕(四)(二合)許(四)畔馱(五)宰嚩訶(六)

是一印呪具大威德若常輪結自護護他得大安樂蠲除衆苦利諸有情亦能營辦一切事法

一切頂輪王同請喚印之二

准根本印唯以二中指頭下上微微來去印呪曰

娜謨皤伽(上同)嚩底(一)(上同)瑀瑟膩灑野(二)醯呬(四)(虚以反下同)曳呬(三)薄伽畔(四)達摩邏(去聲)(呼吉反下同)吽(五)惹跛(同上)(六)囉底播(反)麽麽(名字)揭(反)儉(六)馱補邏跛度跛嚩康(扶)者(七)慢(反)邊避囉乞(二合)灑擬跛囉底歌嘽(八)嚩擺播邏(九)(去聲)訖(二合)囉摩野(十)宰嚩訶(十一)

是一印呪捧持白花呪之三遍請召

切諸佛五頂輪王菩薩種族壇中會坐

一切頂輪王供養印呪之三

此中供養印准餘供養印用

娜謨皤伽嚩底(一)(同上)瑀瑟膩灑野(二)縊(烏以反)摩(二合)許(反)健談(三)補帆(反)度帆(四)(同上)嚩琳伱帆(同上)者(五)跛(二合)(同上)囉底(丁異反)播(六)歌囉歌囉(七)薩嚩勃馱地瑟恥㤗(八)達摩囉(上)惹(九)擬跛(二合)(同上)囉(上)底(同上)歌路(得箇反)野(十)宰嚩訶(十一)

是一法呪若供養時持以塗香燒香香木花等及諸飯食皆呪三遍持獻供之

一切頂輪王請喚火天印之四

准根本印唯改屈二中指如半環勢頭勿相著是一法印請喚火天而供養之若獻供畢發送火天則却直伸二中指頭印呪曰

娜謨皤伽(同上)嚩底(一)(同上)瑀瑟膩灑野(二)醯呬曳呬(三)諦(下同)(傷照反)摩理禰(下同)(四)攝起(下同)(反)娜曳(五)宰嚩訶(六)

是一印呪燒火食時誦之三遍先請

火天燒食供養後乃燒食供養諸佛
菩薩金剛及諸呪神
一切頂輪王發遣火天印呪之五
此發遣印准前請印用
娜謨𪘨伽上同嚩底一同上瑪瑟膩灑野二耶
餘皆反下同呬耶呬三諦刅摩哩禰四捘起娜
曳五窣嚩訶六
是一印呪所獻火食都已周畢誦三
七遍發遣火天
請召五頂輪王印呪之六
此呪印准前請印用
娜謨𪘨伽上同嚩底一同上瑪瑟膩灑野二
唵二合許三捘播囉上尒𠷈三唵二合許四
入嚩攞尒唵二合許五若𠺁明聲重呼誐同上
鞞虎二合許六唵二合許七娑栿馱𩕳索
八唵二合許九麼麼麼十虎二合許𩕳上一
是一印呪啓召五頂輪王及一切佛
菩薩諸呪仙神亦通涂香散花燒香
供養法用
摧碎頂輪王印之七
准根本印准改屈右中指頭拄左中

指上第一節文其左中指直竪伸之
是一法印亦名淨治地印力能成就
一切諸事結界護身治地灌頂悉皆
通用印呪曰
娜謨𪘨伽上同嚩底一同上瑪瑟膩灑野二
唵二合許三弭枳囉上拏四度曩輕呼
度曩五同上度六重引
是一印呪若為毗那夜迦燒惱障者
常以是呪灌頂護身結界結壇一切
通用若作一字頂輪王大法壇者淨
屋舍時當誦此呪呪燒火食灰白芥
子等一百八遍相和持散屋舍裏外
四方淨界或以一切頂輪王心呪呪
水灰等周遍散灑或用本所誦持身
呪心呪呪之又誦摧碎頂輪王呪呪
佉陁羅木橛四枚一百八遍釘之四
方結為壇界
一字頂輪王摧諸惡神鬼印之八
准根本印准改屈左中指頭拄右中
指上第一節文其右中指直竪伸之
是一法印亦名一字頂輪王心印力

能調伏障礙毗那夜迦諸惡神鬼常
輪是印摧諸障難灌頂沐浴悉皆
通用無諸障惱印呪曰
娜謨𪘨伽上同嚩底一同上瑪瑟膩灑野二
薩嚩弭起娜三苾擴達盧反繞迦上同野四
吽二合嚕彈舌呼之紗野五窣嚩訶六
是一法呪能摧一切衆惡神鬼并呪
同伴盖覆護身四方住立施為大法
大難勝奮怒王印之九
准根本印准改屈二中指右押左各
頭竪押左右指背歧間是一法印若
常輪結能滅衆罪得大安隱不作惡
夢於扇底迦法徧用為勝印呪曰
娜謨𪘨伽上同嚩底一同上瑪瑟膩灑野二
薩嚩怛二合豊乙反邏去攘跛邏去聲尒韠野三
唵二合許四捨麼野捨麼野五扇底但
底六達麼邏去聲慕去七𪘨使底八摩訶
苾二合地薩嚩喇彈舌呼詑婆馱顗九窣
嚩訶十
是一印呪以一新淨二斛白瓷甕子
滿盛香水置壇中心呪一千八遍灌

頂浴身能遣一切罪垢災厄毗那夜迦
晝夜獲安蠲衆惡夢密跡主此名略
說一印生差別印隨諸法用若廣解
說如是流布呪者教行一一之法則有
無量無假廣說何以故我於餘部已
廣分別五頂輪王呪共佛眼呪法及
諸呪法是故今於此中略說五頂輪
王成就呪法以呪神力證所解脫是
一切佛所佛子說言以精進力播利
衆生種種苦受世間安樂是知呪者
為利衆生斷諸疑網發勤精進而修
習之則證成就密跡主若當呪者以
大精進久受持呪而不成證又當作
一四肘方壇如法泥飾壇中心畫
采一肘一百八葉七寶蓮華於花臺
上畫七寶輪又東門首畫采輪印次
南門首畫采三戟叉印次西門首畫
采龍王印次北門首畫采三股金剛
杵次四角中十字交叉畫二五股金
剛杵印以二斗淨白瓷甕滿盛香水
正置壇心蓮華臺上日日加以大雜

勝奮怒王呪呪一千八遍如法自持
又呪七遍灌頂浴身心口發願
准前大灌頂法發願云云
日常三度滿三七日或七七日准前
持誦則得一切障㝵毗那夜迦惡星
災恠悉皆散伏福德增長速證一字頂
輪王呪大三摩地
密跡主是五頂輪王又有少法但憶
誦持結如來頂印印於頂上呪印三
遍則成擁護或以燒火食灰或以白
芥子呪之七遍帶頭髻身亦成擁護
若有災厄魍魎諸疾合白線索一呪
一結帶佩身頸則得除滅若屍陁林
作諸法者結印誦呪一百八遍則護
益身任所作法若扇底迦准下作法
以酥一呪一燒則得法成若取伏藏
以淨鍊酥一呪一燒一千八遍取無
障礙或以白芥子一呪一燒一千八
遍亦得無障若欲開阿素洛門前摩
隨心壇燒香供養誦三洛叉（梵言一洛叉唐云十萬數）
令阿素洛門開鑰折開又以白芥子

益等分和自身嚼地羅每日三時而
指擽持一呪一燒一千八遍滿三七
日是阿素洛窟宮殿皆大火起阿素
洛女衆俱出窟門迎廣呪者施長年
藥與杵輪劒雄黃㸃地或復恭敬請
將窟內呪者若見惡阿素洛者當結
如來頂印一呪印一向擲印滿一七
遍則悶躃地
又法常食大麥乳糜摩壇誦呪滿三
洛叉則於夢覺得長年藥而噉食之
又法於月蝕時摩壇燒香是時呪者
特勿覩月銀器盛乳置壇中心專心
呪乳月還如故即持飲服能除一切
身中厄難
又法詣山頂住常食粳米乳飯面東
趺坐結印誦呪滿三洛叉乃於三日
三夜不食不語以菩提木齊截燃火
則當持此油麻酥酪等等分相和於
三日三夜一呪一燒勿使間斷滿三
日夜欲明之時則得吉祥財寶自然
又於山頂作隨心壇正於壇心置令

利塔常於塔前面東趺坐每日一呪
蓮華一置塔前備一洛叉能轉短命
薄福之人福壽增倍
又法詣於河岸純以白檀香泥塗蓮
華上一呪一擲河中備一洛叉亦蠲
罪垢福慶愈遠
又法以白芥子和鉢每日三時一呪一
燒一千八遍滿七日已則得他人
而自敬伏
又法若欲淨行婆羅門恭敬讃伏當
燒白花若欲刹利恭敬愛伏當燒黄
花若欲田利之人愛敬順伏當燒黑花
若欲遣伏邪見惡人者以稻穀糠苦
楝木葉毒藥等分相和一呪一燒則
得遣伏若罰怨人以黑芥子一呪一
燒則得摧伏若欲調伏步多鬼畢舍
遮鬼者以欝金香一呪一燒時別一
千八遍備三日夜則自敬伏若欲遣
伏作病鬼者結印誦呪每呪遍復加
誦𤙖字吾人著於虫毒藥毒悶惱疼
痛呪者呪之每呪遍復加誦若顊二
字七遍又加莫摩摩三字七遍又加

𥦗字七遍又加縿𥘅二字七遍如是
加字皆默音誦攝禁於毒若欲禁
鬼呪復加誦底瑟侘底瑟侘字
或加迦居迦反縒迦同上縿或加路訖灑迦佉反下同
路訖灑則禁身住若加論此字平音乎之下同
馱論馱則禁鬼喉氣不通泄又法取
孔雀尾一百八枚繫束一處於日月
蝕時摩壇安像當於像前置孔雀尾
結印誦呪呪孔雀尾乃假日月
還復如故執持是尾隨用揺拂
能作一切吉祥之法若拂著毒
人者毒漸除滅如是等法隨所
作修一切皆成若欲殃罰鬼神病者
以塩和油一呪一燒則殃鬼病又法
以瞿摩夷揑鬼形像置於像前持刀
一呪刀一截鬼形手脚支節能令冥
鬼肢節疼痛若欲豈饒以諸乳木齊
截然火持諸菓子酥蜜相和一呪一
燒則如所願又法以自油麻和於酥
蜜一呪一燒亦得如願又法以骨路
草寸截和酥一呪一燒滿一洛叉則

轉正業福命愈壽又法以酥一呪一
燒得大威德又法酥乳相和一呪一
燒得大安隱又法酥酪相和一呪一
燒得大財食如是火食每日三時時
別一千八遍各備七日則得成就
復次密跡主又有一字頂輪王法王
大法藥成就者於舍利處或高山頂
燒香供養面東趺坐結印誦呪滿三
洛叉乃炒稻穀花和酥酪蜜像前趺
坐每日三時三掐擲之一呪一燒一千八
遍備一洛叉則詣大山松栢林處三
日三夜不食不語面東趺坐結架裟
角誦一字頂輪王呪呪之滿一洛叉
若是俗人呪鬚髮結滿一洛叉則證
安怛陁那世間遊行不為人見又法
詣山頂住每食大麥乳糜常面於日
結跏趺坐誦呪滿一洛叉亦得證於
安怛陁那又法以左手為拳呪滿一
洛叉證如上法又法若月蝕時塗隨
心壇以赤黄牛酥盛赤銅器置於壇
内把赤銅筋調調攪酥呪酥不絶令

現三相一沸烞相呪人服者得大文
持二現煙相呪人服者得大安怛陁
那三現光相呪人服者得證識通能
知三世成就雄黃法亦如是
又法舍利塔處高山頂處阿蘭若處
深山谷處河泉池處造作輪法𠞊法
杵法杖法黒鹿皮法等皆各先呪一
千八遍然乃依法作法誦呪皆證如
上三種悉地三昧耶故
又法以末壞米䊚羅請淨沐浴著新
淨衣頭著花鬘塗八肘壇當壇中心
頭東仰面卧是米䊚羅又以佉陁羅
木橛四枚深釘入地則便繫縛米䊚
羅兩脚兩手於四橛上呪者亦淨沐
浴護身結界食三白食騎是米䊚羅
心上先呪米䊚羅三万一千八遍則
當持以乳粥一抄一呪一布米䊚羅
口滿乃休但一心呪是米䊚羅令動
動起口吐乳粥呪者見已持赤銅椀
隨則承取而自啜之則證呪仙若呪
金末布米䊚羅口如上則呪動口吐一

切寶莊嚴具取持佩帶亦證呪仙若
呪鐵末布米䊚羅口如前呪動口吐
其𠞊取之持執亦證𠞊仙若呪白芥
子布米䊚羅口如前呪動口吐瓔珞
取持佩帶則證呪仙若呪油麻布米
䊚羅口如前呪動令就一字頂輪王
三摩地門又以右手署米䊚羅口上
如前呪之令現三相一自語相問所
求事則為說之二起動相樂為使者
三口光出呪者乘騎俱騰空界
復次密跡主是五頂輪王復有同成
藥法是諸佛說以少功力則得成就
當以羯你迦囉花蓮華鬚素嚕是花
三物等分和擣為末水和為丸盛銀
合中於日月蝕時摩二肘壇壇心安
像置合像前呪是藥合令現三相若
得煖相帶者則能調伏一切人類若
得煙相佩者則證安怛陁那若得光
相佩者則證世間呪仙若聞雷聲霹
靂之聲或像動搖名得證於下品悉地
若見惡相改修火法每日三時以酥

蓮華稻穀花等相和揞搽一呪一燒
時別一千八遍滿於七日又在前法
修印佛塔滿一洛叉則加福祐得大
成就若作法時聞見訖哩迦羅繞虫
聲加迦鳥等好聲入壇作法則得成
就若誦呪遍常歸命一一誦持迴
施有情得最上證大福聚蘊若有愚
智尠福有情三千日中誦持斯法無量
難若乃得成就是故修斯法者精信一
心淨持式行沐浴清淨不雜法雜
持此法為求佛果救濟衆生則得福
果東上證地常得大梵天王天帝釋
等及諸大天大威德者冥衆擁護若
有呪者不依斯教呪如世間下劣愚
民不依方書作長年藥自服食之求
於延壽反夭滅身又如合鍊金銀匠
人不解陰陽懸象法度又復不依教
法不祕作法亦無所成為他謀害又
如捺伏藏人不依方法外泄漏法則
為神鬼國王惡人殃害喪身密跡主

此法亦復如是若有人能依教方法
發菩提心讀誦受持聽聞思修則獲
勝福一切成就何以故是法以於聞
智信智思智修智真智持智得是證
成是故此法我以廣略當為有情說
是法教

一字佛頂輪王經護法品第十一

爾時世尊復觀會衆告金剛密跡主
菩薩言於當世時多有有情下劣精
進下劣修學我慢邪慢瞋癡具縛慳
貪嫉妬懈怠邪命儀服除行外示賢
善內無真見不依律教心無慚赧
言常諛諂躭著名利魔所嬈惑雀說
斷見空無有法如斯有情意思業思
晝夜如是雖多功苦受持諸呪永無
證効我今為斯魔業有情破黑業故
說往諸佛難勝大奮怒王呪為令利益
此之有情得最上證有能精心每日
三時受持誦者則得破滅一切障難
魔所家業於時金剛密跡主菩薩歎

喜踊躍禮佛雙足曲躬前立偈白世
尊
救世大覺主　智者所恭敬　我今願樂聞
難勝奮怒呪
爾時世尊告金剛密跡主菩薩言汝
善思念我今則說大難勝奮怒王呪
日
娜謨(引)喇怛(二合)娜怛(二合)囉(引)耶野(一)娜莫
(二)薩嚩勃馱(二)菩地薩得(登託反)(二合)發(無計反)
瑿(同上)(三)怛地(停也反)他(四)介泥介泥(五)介娜
嚩利(六)嚩訖識(魚迦反又迦字居反又)(娜字奴我反下同)剝
緹歌惹粒(七)薩嚩勃馱額曬彌諦(八)
攘慕秖(亂曳反)攘跛(二合)囉底歌粒(北波反)(九)
攘播邏(去音)(彌去)(半之下同)介(音)粒(十)彌羅難
(反下)(同十二)彌識嚩蟠曳(十二)彌麼黎(十三)暱(奴一反)捺
(二合)囉(去音)塞(同上)(二合)囉米(十四)　蟠嚩底曳迦
彌驃(十五)娜以粒(十六)努囉地識謎(十七)薩
底(二合)曳(十八)額囉矩黎(十九)摩那嚩攞(二十)
彌那捨額(二十一)舍枳野姹泥(二十二)塞(引)(徒計反)諦
惹娑(二十三)嚩鉢曩寐(弥異反)(下同)履曳娑(二十四)
跢乞灑跢乞灑摩(二十五)(呼含反)(牟首反)繞跛履

嚩琳(彈舌呼)(二十六)薩嚩諾(部洛反)(二十七)薩嚩迦(同上)
琳(同上)(二十八)囉(去音)惹注嚧娜箇(二十九)近(二合)攘
(如養反)捨額(三十)寧底(作寧反)僧反　荷舒(時夜反)
趞(二合)囉(三十一)縒哩塞嚩跛(三十二)補嚩健闥
嚩(三十三)奈(奴箇反)識攤趞灑(三十四)囉趞攤攤
(三十五)比跌(丁吉反)(二合)履比舍者步多鈐塞(同上)麼
囉(三十六)布彈那迦(同上)缪布彈那(三十七)迦(同上)
驅(區句反)枕怒塞(同上)彈囉迦(同上)(三十八)謎跢擇
訖(二合)曜姮(丁葛反)羯麼拏(三十九)曷怛(二合)囉
曜(勝鶯)(皇北)識(四十)注枕拏曜(同上)識一(四十一)娑緊
你(二合)曜(同上)劭(同上)歌邏(去音)(四十二)薩嚩蟠野(四十三)
訥瑟柱(知主反)(四十四)鈐捺(二合)囉暮鈐薩保
(反四)(十五)蟠野細飄(四十六)娜謨寧都蟠伽幾
(巨遏反)底(丁以反)(二合)野(四十七)瑪奈囉避臂(二合)難陀(四十八)
四囉四履(四十九)喇怛(二合)娜矩攞縒(五十)麼室
(二合)履粒(五十一)弭理弭理(五十二)攘迦(同上)捨馱覩
保(同上)者(五十三)企(輕以反)履企履(五十四)薩嚩彈
詫識路履野(五十五)室邏(去音)嚩迦(同上)揭迦
(同上)囉步粒(五十六)泥弭揖乾(阿耶反)履野
(五十七)沒(二合)囉歌麼彈詫識路(五十八)努識粒

弭濕二合嚩捉底二合耶鼻九嚩揮皤邏去音
訖二合囉謎五十那暮皤伽同上嚩日嚩妲上同皤
邏去音尒羝一六十咯起灑咯起灑麽麽六十二
馱羅尼健惹寫三六十薩嚩納瑟柱同上六十四
鉢捺二合囉𪗵上若反六十五皤耶細縶六十六
牢嚩訶六十七
寄跡主是難勝奮怒王呪能破一切
魔王魔衆能增勇猛大威德力能持
呪力大三摩地漎應知之難勝奮怒
王心呪
娜莫颭跢南一三藐三勃馱南二薩
室囉嚩迦同上僧反歌南三薩嚩謎囉
上皤耶底跢南四弭跛始諾塞同上諦
惹娑五嘌栗二合地亭夜反者始企同上曩塞
同上怛訖六弭濕二合嚩部跛二合同上囉賢香
攘同上耶同上難觸嚩七訖二合囉缊孫
蘇同娜八嚩綠曩者九迦同上娜迦同上娃十
始乞二合灑耶一十迦始野跛寫二十侯揮
囉比舍枳野僧同上歌寫三十寐理曳
十四牢嚩悉底皤嚩覩麽麽十五馱
囉尼健惹梟二合野六十薩嚩薩揚二合嚩

難者七十薩嚩皤曜同上鉢捺二合囉上来
縶十八同上怛地反他十九惹曳弭惹曳二十惹
演底上同弭惹演底一二十攘尒尒旦惹曳
惹演羝二二十攘尒羝攘播囉上尒羝三二十
摩囉細攘同上四二十跛同上香囉上末娜顆曳五二十
牢嚩訶六二十
尒時如來説是呪時三千大千大地
諸魔宮殿一時皆大六反震動是時
如來告金剛密跡主菩薩言此呪是
我所説稱讚七佛神通十力功德為
令利益諸有有情受持成就一字頂輪
王呪及諸呪者令錚如法書寫佩帶
頸辟頂上則速成證呪神宜逐圍繞
護念若有詣往淨不淨處應先誦是
難勝奮怒王心呪三遍則常不為一切天
魔沙門婆羅門而作惱亂若藥叉羅
刹毗那夜迦畢舍遮鬼鳩槃荼鬼諸
惡神鬼若有起心伏不遠逆此心呪
者則不得入毗沙門城則已背叛金
剛種族及自種族是故密跡主此奮
怒王心呪有大威德能成護衛一切

事業諸佛菩薩悉皆隨喜
一字佛頂輪王經證學法品第十三
尒時世尊見知法界一切有情無明
堅蓋垢障纏惑分訃未盡復告金剛
密跡主菩薩言我為一切苾芻苾芻
尼信男信女等持此不可思議一字
頂輪王印呪樂成就者説所修行三
昧耶門應各持清淨式發菩提心請
阿闍梨作受法壇灌頂授法淨
如法行善根具足依善知識念修
六念善巧方便觀知真如實法法界
如虛空性入深般若波羅蜜多無二
無二行心不放逸口不妄語常不率
暴瞋惱我慢故相嘲誂誘説有情依
學三世諸佛菩薩境界法行善解分
別隨喜修習不惜軀命遠離人間住
阿蘭若每日三時發菩提心歸佛法
僧如法自撍受菩薩戒憶持不忘如
所聽習思惟法義修四攝法捨離佛
塔摩壇戒發發勤精進心口惟一內
外清淨住無住相應常謙下恭敬和

上闍梨同學憐愍有情了達密義甚
深法門恒樂精進濟度有情住於佛
道如是相應則得證成一字頂輪王
法於當來世身真金色相好殊特具
不思議純以七寶耳璫環釧花冠纓
絡而莊飾之身相光明過百千日映
蔽衆相皆不現之密跡主如是證成
一字頂輪王法人衆見者皆大歡喜
如如意樹所樂圓滿
復次密跡主若有菩薩證此一字頂
輪王法心樂變化天諸美食施南地
獄一切有情則皆圓備亦得世間意
樂喜滿若有發心為諸有情修成一
字頂輪王法者十地菩薩亦不能障
我此一字頂輪王法密跡主是呪於
諸呪中而最為上若成就者菩薩万
行悉皆圓滿所有十重一切罪垢地
獄之報悉皆除滅獲諸神通一剎那
頃則遍遊往阿迦尼吒天行菩薩行
得一切佛菩薩獨覺聲聞諸天喜見

讚歎若欲遊往無量無邊一切世界
導化衆生隨彼言音說諸法者亦皆
遊往無量無邊種種世界隨所世界
現種種身皆得端好隨其形類言詞
靡特悉皆圓備是時如來重說頌曰
成就頂輪王法人　相好超特那羅天
諸呪仙王大威者　各手執劍若青蓮
相鬪紛騰如雲轉　威光勇毗睽空天
若遇頂王法呪人　咸心息伏等投然
密跡主我今復為一切呪者略說三
種地成就處一者上地二者中地三
者下地淨不淨處如是三地各復有
三智者善知言上地者所謂天上有
三勝地成上悉地言中地者謂大河
沂海沂山中如是三地成中悉地言
下地者謂大泉池有蓮華處多花菓
林處屍陁林處如是三地成下悉地
一切呪法亦如是說若惡國王處多
賊難處雜惡同伴飢饉等處皆不同
住修治作法所修治法復有三時不

可修習善分別知一極熱時二爆雨
時三極寒時不於是時修治大法日
修治法復有三時善分別知一從五
更至日晨時二從午時至日未時三
從酉時至夜亥時如是時中誦念作
法皆得圓滿
一字佛頂輪王經護摩壇品第十三
介時世尊復告金剛密跡主菩薩言
有三密法善分別知若不解知所念
誦法則不成證所謂火壇法鑪法燒
時食法謂是三法各別有三法不同
一若同一者則殃咎生是擬毗拓嚕
迦鑪燒時作法不作補瑟胝迦法扇
底迦法何以故如毒藥不盛甘乳若
盛乳中乳亦隨毒是故說三
扇底迦火壇方量四肘或復三肘如
法泥拭處壇中心圓掘鑪坑深十六
指闊三十二指正於坑底又作土臺
高四指量又可臺面泥埋十二輻輞
角輪高一指量以白黃土泥如法泥

鑪於壇東門畫十二輻金輪南門畫
三戟又西門畫龍索印北門畫金剛
杵印四角各畫二金剛杵十字交叉
起白月一日洗浴清淨著白淨衣唯
食乳飯乳粥酪粥盡斷言論心清恬
寂壇中誦念至日沒時壇鑪南面敷
茅草席面北安坐當以檯木柏木桒
木構木如是等木隨得一木亦得通用
長一磔手兩頭齊截酥蜜相和塗搵
兩頭一一呪之鑪中方累如法然火
又以青稞大麥小麥粳米烏麻各皆
等分和酥乳酪日日三時一呪一燒
時別一千八遍滿一七日或滿半月
或滿一月則得除滅一切罪障一切
災厄福命增壽一切安隱世間一切
惡星變恠不吉祥相亦皆散滅夜日
沒時是淨居天衆下遊此界所集會
時樂成世間安隱法故如是作法每
欲至時以白淨土稀泥遍鑪摩拭補
瑟置迦法者唯前扇底迦法作壇畫
印唯改鑪埦方圓二肘深亦二肘埦

中土臺圓闊一肘量高四指可臺面
上泥捏八葉蓮華是臺花葉皆令
分明以赤黃土泥如法塗拭起白月一
日潔身清淨著白淨衣食三白食斷
諸談論壇中念誦至日出時住壇鑪
西面東安坐坐茅草席發歡喜心以
檯木構木桒木柏木長一磔手兩頭
齊截以酥蜜乳酪相和皆搵兩頭一
一呪持鑪中方累如法然火以蒸粳
米飯及烏油麻等二皆等分用和酥
蜜酪乳一呪一燒一千八遍滿一七日或
滿半月或滿一月如是作法則得成就
吉祥豐樂是日出時吉祥諸天下遊
此界歡喜集時樂成世間求豐饒法
如是作法每欲至時以淨赤黃土泥
淨塗拭鑪又以摩羅木或楓香木或
柘木日日三時斫截然火以骨露草
截和鬱金香及酥蜜等燒焯火食爲
補瑟胝迦求大豐饒諸衆善法又以
波羅奢木齊截然火當以烏麻酥蜜
白芥子相和燒呪火食亦得成就三

種法故摸毗拓嚕迦法者起黑月八
日或黑月十四十五日著青赤衣作
飾三肘三角火壇掘深一肘一角指
東一角指西一角指南其壇上唇令
闊三指唇高二指埦底泥捏一尺三
戟叉頭量高三指頭刃指南以黑土
泥周遍塗拭至日午時夜半時住壇
北面左足踏右足上端身蹲坐豎眉
努目瞋怒誦呪以酸棗木苦楝木長一
磔手頭銛斫截於壇鑪中三角累然
又以臭花黑芥子糠鹽人擭髏底計
捨和自身嚕地羅一呪一燒一千八
遍時別如是滿終三日或滿七日則
彼障㝵惡神鬼等身患殃疾支節疼
痛或身災沒不能障惱如是作法若
爲自身貪求財寶則不成就當復隨
於阿鼻地獄是午時夜半時乃是諸
惡藥叉羅刹神鬼遊行集時樂願成
就世間一切調伏他法如是作法每
欲至時皆以黑土泥遍鑪摩拭
密跡主是正月二月四月八月九月

臘月此斯等月白月一日至十五日
月朔時吉修求大法決定成就正月
多諸難時作上中下法若有雷電相應
相現決定無障速證成就二月風難
作安隱法有大風相四月雨難作降
伏法有大雨相八月九月無寒熱時
作富饒法當有雷電霹靂難相唯
於臘月作求法者無諸難相如是諸
難皆上成相是六箇白月時一日至
十五日當令修趣扇底迦法補瑟置
迦法一切成就無上願事是六箇黑
月時一日至十五日亦作補瑟置迦
法攘毗拓嚕迦法一切成就願求法
事如是二法若見宿日時若月蝕時
如法建修得審上成唯日蝕時通上
中下作成就法如是作法皆以白黑
等月一日三日或於五日或於八日
或十三日或十五日舉修諸物成就
法事若作猛利成就法者還依猛利
宿曜時作或准三種事法相作其所
成就三事法品各如本法指授時分

正月二月是春首時上雨初節應於
是時通作上中一切事法三月四月
後春夏時上雨中節應於是時作攘
毗拓嚕迦法五月六月中夏熱時中
雨下節要欲成者修下成法七月八
月末夏秋時後雨中節應於是時作
扇底迦法九月十月末秋冬初首冬
上節應於是時作補瑟置迦法如是
春夏秋冬時等應宜成就三種悉地
各上中下九品分別夜有三時初夜
下時初夜相現是下成就中夜中時
中夜相現是中成就後夜上時後夜相
現是上成就於初夜時是作扇底迦
法時於中夜時是作攘毗拓嚕迦法
時於後夜時是作補瑟置迦法時如
斯三時九品分別知其時節類法相
應是三時分所說法相上中下事唯
日月蝕時修諸法事不觀時節若樂
猛利成就事法及攘毗拓嚕迦事法
於日月蝕時如法作者得上相應凡
法起首願祈成者皆令一日二日三

日斷食不語其上中下修悉地法於
十二月中類日應知每白月一日至
十五日作扇底迦補瑟置迦一切成
就解脫事法每黑月中一日至十五
日作攘毗拓嚕迦降調伏法若有災
難不應候時隨事作法亦得攘除密
跡主是上中下應作法時不應作法
時呪者善知則得成現三種法悉地
是故密跡主若當呪者成就一字頂
輪王祕密法者應常持以風香木檻
木栢木檀木磨截然火持以爲麻和
酥乳等日日三時燒焯供養則得呪
神歡喜守護與三悉地密跡主如是
得證三悉地者以身口心如法界性
不變異性如如不動修習律法誦法
火法則得昇證三種悉地一天上悉
地二虛空悉地三地上悉地此證三
地隨上中下所修持法得法願財密
跡主若欲成就一切呪法應起正見
慈悲一切供養諸佛不居世法求無
上道徧功印塔則速成就證三種地

現世滋增福善圓滿當所生處常
受福樂
復次密跡主此呪王呪是所過去無
量無數同名異名一切如來皆凡夫
時同得證是一字頂輪王呪無上菩
提三摩地法成等正覺我亦證成是
一字頂輪王呪無上菩提三摩地法
成等正覺
尒時世尊重以佛眼觀寥無量無邊
一切佛刹殷勤三告金剛密跡主菩
薩言我餘呪部所說律法成法作法
因法果法壇法火法於此法中任皆
取用是軍吒利金剛部成就之法及
佛部法觀世音部法金剛藏菩薩部
法等說印呪法皆任取用以彼呪力
毗那夜迦不能障惱所有金剛種族
於地逾歷印法亦於此部而任取
用密跡主是故呪者永不應食葱蒜
韮油蘿蔔地肥等食世所臭食穢食
宿食皆不應食若其食者則不證成
悉地驗法如是等法略說少耳若我

一字佛頂輪王經第五卷　第廿張　悲

住劫廣演解說於少分中亦不窮極
何以故是我本所證獲無上正等菩
提之處亦是過去一切如來證於無
上正等菩提之處是故密跡主縱諸
如來菩薩摩訶薩等住百千億劫以
種種方便說是一字頂輪王三摩地
呪法少分之耳而亦不盡若當有人
得此一字頂輪王法王如法修行受
持讀誦恭敬供養從此生際乃至菩
提更不退轉應知是人早已過去積
集資糧菩提善根由此因緣是故今
得此一字頂輪王法王具足圓滿時
金剛密跡主菩薩諸大菩薩大茲芻
衆諸天呪仙龍神藥叉羅刹乾闥婆
阿素洛迦樓羅緊那羅摩呼羅伽及
於世間一切人非人等一時聞佛說
是經已皆大歡喜信受奉行

一字佛頂輪王經卷第五

第廿一張　悲

甲辰歲高麗國大藏都監奉
勅雕造

一字佛頂輪王經卷第五
校勘記

一　底本，麗藏本。
一　四六七頁上九行第七字「主」，石作「王」。
一　四六七頁上一三行第一一字「静」，石作「當」。
一　四六七頁下一行首字「切」，諸本作「一切」。
一　四六七頁下三行第九字「呪」，石無。
一　四六七頁下一二行第七字「飯」，諸本作「飲」。
一　四六八頁上三行第一一字「呪」，石無。
一　四六八頁上四行「此發遣印准前請印用」，磧、普、南、徑、清作小註。首字「此」，徑、清無。
一　四六八頁上一一行「此呪印准前請印用」，磧、普、南、徑、清作小註。

一　四六八頁中一八行「一字頂輪王摧」，徑、清無。

一　四六八頁下一行「神鬼」，資、磧、普、南、徑、清作「鬼神」。

一　四六九頁上五行第四字「假」，資、磧、普、南、徑、清作「數」。

一　四六九頁中三行「准……云云」，磧、普、南、徑、清作夾註。

一　四六九頁中四行第一二字「日」，資無。

一　四六九頁中一五行首字「益」，資、磧、普、南、徑、清作「蓋」。

一　四六九頁中二〇行小註中「唐云十萬數」，徑、清作「此云二十萬」。

一　四六九頁中末行第六字「開」，諸本作「關」。

一　四六九頁下三行第一二字「起」，石作「熱」。

一　四六九頁下一二行首字「特」，徑作「持」。

一　四六九頁下一八行第四字「此」，石作「以」。

一　四六九頁下二〇行第一〇字「祥」，諸本作「稱」。

一　四七〇頁上六行第五字「愈」，資、磧、普、南、徑、清作「逾」。

一　四七〇頁中一六行首字「一」，資、磧、普、南、徑、清無。

一　四七〇頁下七行第三字「藥」，資、磧、普、南、徑、清作「樂」。

一　四七〇頁下九行第四字「炒」，資作「焔」；磧、普、南、徑、清作「熖」。

一　四七〇頁下二〇行第六字「牛」，資作「生」。

一　四七一頁上一行末字「文」，磧、普、南、徑、清作「聞」。

一　四七一頁中七行第九字「番」，磧、普、南、徑、清作「播」。

一　四七一頁中一三行第一三字「旦」，資、磧、普、南、徑、清作「須」。

一　四七一頁下八行末字「量」，資、磧、普、南、徑、清作「諸」。

一　四七一頁下一一行第四字「爲」，資、磧、普、南、徑、清作「謂」。

一　四七一頁下一四行第八字「呪」，諸本作「況」。

一　四七二頁上五行「當爲」，資、磧、普、南、徑、清作「爲當」。

一　四七二頁上六行第三字「教」，資、磧、普、南、徑、清作「故」。

一　四七二頁上七行「一字佛頂輪王經」，徑、清無，下同。

一　四七二頁中三行「願樂」，資、磧、普、南、徑、清作「樂願」。

一　四七三頁中一三行第一一字「宜」，資、磧、普、南、徑、清作「冥」。

一　四七三頁中一四行第六字「往」，石作「住」。

一　四七三頁中一八行「伏不」，諸本作「不伏」。

一　四七三頁中一九行第一二字「背」，石作「倍」。

一　四七三頁下四行第八字「割」，資、磧、普、南、徑、清作「剖」。

一　四七三頁下八行第九字「戒」，資、磧、普、南、徑、清作「戒支」。

一　四七三頁下九行第二字「闇」，諸本作「闇」。

一　四七四頁上末行末字「見」，資、磧、普、南、徑、清作「目」。

一　四七四頁中一行首字「讚」，資、磧、普、南、徑、清作「觀」。

一　四七四頁中六行「成就頂輪王法人」，石作「證就輪王法呪人」；磧、普、南、徑、清作「成就輪王法呪人」。

一　四七四頁中九行第八字「咸」，磧、普、南、徑、清作「或」。

一　四七四頁下末行第四字「一」，資、磧、普、南、徑、清作「十」。

一　四七五頁中五行首字「諸」，資作「論」。

一　四七五頁下九行首字「努」，徑、清作「怒」。

一　四七五頁下一五行第二字「或」，石作「與」。

一　四七五頁下一六行末字「墮」，資、磧、普、南、徑、清作「墜」。

一　四七六頁上六行第四字「大」，資、磧、普、南、徑、清作「天」。

一　四七六頁上七行第八字「電」，資、磧、普、南、徑、清作「雹」。

一　四七六頁上八行末字「諸」，資、磧、普、南、徑、清作「記」。

一　四七六頁中五行第四字「要」，資、磧、普、南、徑、清作「無」。

一　四七七頁上一行第九字「當」，資、磧、普、南、徑、清無。

一　四七七頁上七行第一一字「二」，諸本作「三」。

一　四七七頁上一七行第一〇字「此」，資、磧、普、南、徑、清無。

大佛頂如来密因修證了義諸菩薩萬行首
楞嚴經卷第一 一名中印度那蘭陀大道場經於灌頂部錄出別行 絲
大唐神龍元年龍集乙巳五月己卯
朔二十三日辛丑中天竺沙門般剌
蜜帝於廣州制止道場譯出
菩薩戒弟子前正諫大夫同中書門
下平章事清河房融筆授
烏長國沙門彌伽釋迦譯語

如是我聞一時佛在室羅筏城祇桓精舍與大比丘衆千二百五十人俱皆是无漏大阿羅漢佛子住持善超諸有能於國土成就威儀從佛轉輪妙堪遺囑嚴淨毗尼弘範三界應身无量度脫衆生拔濟未来越諸塵累其名曰大智舍利弗摩訶目乾連摩訶拘絺羅富樓那彌多羅尼子須菩提優波尼沙陁等而為上首復有無量辟支无學并其初心同来佛所屬諸比丘休夏自恣十方菩薩諮決心疑欽奉慈嚴將求密義即時如来敷座宴安為諸會中宣示深奧法筵清衆得未曾有迦陵仙音遍十方界恒

沙菩薩来聚道場文殊師利而為上首時波斯匿王為其父王諱日營齋請佛宮掖自迎如来廣設珍羞無上妙味兼復親延諸大菩薩城中復有長者居士同時飯僧佇佛来應佛勑文殊分領菩薩及阿羅漢應諸齋主惟有阿難先受別請遠遊未還不遑僧次既无上座及阿闍棃途中獨歸其日无供即時阿難執持應器於所遊城次第循乞心中初求最後檀越以為齋主无問淨穢刹利尊姓及旃陁羅方行等慈不擇微賤發意圓成一切衆生无量功德阿難已知如来世尊訶須菩提及大迦葉為阿羅漢心不均平欽仰如来開闡無遮度諸疑謗經彼城隍徐步郭門嚴整威儀肅恭齋法

尒時阿難因乞食次經歷婬室遭大幻術摩登伽女以娑毗迦羅先梵天呪攝入婬席婬躬撫摩將毀戒體如来知彼婬術所加齋畢旋歸王及大目長者居士俱来隨佛願聞法要于時世尊頂放百寶无畏光明光中出

生千葉寶蓮有佛化身結加趺坐宣說神呪勑文殊師利將呪往護惡呪銷滅提獎阿難及摩登伽歸来佛所阿難見佛頂礼悲泣恨無始来一向多聞未全道力慇懃啓請十方如来得成菩提妙奢摩他三摩禪那最初方便於時復有恒沙菩薩及諸十方大阿羅漢辟支佛等俱願樂聞退坐默然承受聖旨

佛告阿難汝我同氣情均天倫當初發心於我法中見何勝相頓捨世間深重恩愛阿難白佛我見如来三十二相勝妙殊絕形體映徹猶如琉璃常自思惟此相非是欲愛所生何以故欲氣麤濁腥臊交遘膿血雜乱不能發生勝淨妙明紫金光聚是以渴仰從佛剃落佛言善哉阿難汝等當知一切衆生從无始来生死相續皆由不知常住真心性淨明體用諸妄想此想不真故有輪轉汝今欲研无上菩提真發明性應當直心酬我所問十方如来同一道故出離生死皆以直心心言直故如是乃至終始地

位中間永無諸委曲相阿難我今問汝當汝發心緣於如来三十二相將何所見誰為愛樂阿難白佛言世尊如是愛樂用我心目由目觀見如来勝相心生愛樂故我發心願捨生死

佛告阿難如汝所說真所愛樂因于心目若不識知心目所在則不能得降伏塵勞辟如國王為賊所侵發兵討除是兵要當知賊所在使汝流轉心目為咎吾今問汝惟心與目今何所在

阿難白佛言世尊一切世間十種異生同將識心居在身内縱觀如来青蓮花眼亦在佛面我今觀此浮根四塵秖在我面如是識心實居身内

佛告阿難汝今現坐如来講堂觀祇陁林今何所在世尊此大重閣清淨講堂在給孤園今祇陁林實在堂外阿難汝今堂中先何所見世尊我在堂中先見如来次觀大衆如是外望方矚林園阿難汝矚林園因何有見世尊此大講堂戶牖開豁故我在堂得遠瞻見

尒時世尊在大衆中舒金色臂摩阿難頂告示阿難及諸大衆有三摩提名大佛頂首楞嚴王具足万行十方如来一門超出妙莊嚴路汝今諦聽阿難頂礼伏受慈旨

佛告阿難如汝所言身在講堂戶牖開豁遠矚林園亦有衆生在此堂中不見如来見堂外者阿難荅言世尊在堂不見如来能見林泉无有是處阿難汝亦如是汝之心靈一切明了若汝現前所明了心實在身内尒時先合了知内身頗有衆生先見身中後觀外物縱不能見心肝脾胃爪生髮長筋轉脉搖誠合明了如何不知必不内知云何知外是故應知汝言覺了能知之心住在身内无有是處

阿難稽首而白佛言我聞如来如是法音悟知我心實居身外所以者何辟如燈光然於室中是燈必能先照室内從其室門後及庭際一切衆生不見身中獨見身外亦如燈光居在室外不能照室是義必明將无所惑同佛了義得无妄耶

佛告阿難是諸比丘適來從我室羅筏城循乞摶食歸祇陀林我已宿齋汝觀比丘一人食時諸人飽不阿難荅言不也世尊何以故是諸比丘雖阿羅漢軀命不同云何一人能令衆飽佛告阿難若汝覺了知見之心實在身外身心相外自不相干則心所知身不能覺覺在身際心不能知我今示汝兜羅綿手汝眼見時心分別不阿難荅言如是世尊佛告阿難若相知者云何在外是故應知汝言覺了能知之心住在身外無有是處

阿難白佛言世尊如佛所言不見內故不居身內身心相知不相離故不在身外我今思惟知在一處佛言處今何在阿難言此了知心既不知內而能見外如我思忖潛伏根裏猶如有人取琉璃椀合其兩眼雖有物合而不留㝵彼根隨見隨即分別然我覺了能知之心不見內者為在根故分明矚外无障㝵者潛根內故

佛告阿難如汝所言潛根內者猶如琉璃彼人當以琉璃籠眼當見山河

見琉璃不如是世尊是人當以琉璃籠眼實見琉璃佛告阿難汝心若同琉璃合者當見山河何不見眼若見眼者眼即同境不得成隨若不能見云何說言此了知心潛在根內如琉璃合是故應知汝言覺了能知之心潛伏根裏如琉璃合無有是處

阿難白佛言世尊我今又作如是思惟是衆生身府藏在中竅穴居外有藏則暗有竅則明今我對佛開眼見明名為見外閉眼見暗名為見內是義云何

佛告阿難汝當閉眼見暗之時此暗境界為與眼對為不對眼若與眼對暗在眼前云何成內若成內者居暗室中无日月燈此室暗中皆汝焦府若不對者云何成見若離外見內對所成合眼見暗名為身中開眼見明何不見面若不見面內對不成見面若成此了知心及與眼根乃在虛空何成在內若在虛空自非汝體即應如來今見汝面亦是汝身汝眼已知身合非覺必汝執言身眼兩覺應有

二知即汝一身應成兩佛是故應知汝言見暗名見內者无有是處

阿難言我常聞佛開示四衆由心生故種種法生由法生故種種心生我今思惟即思惟體實我心性隨所合處心則隨有亦非內外中間三處

佛告阿難汝今說言由法生故種種心生隨所合處心隨有者是心無體則無所合若無有體而能合者則十九界因七塵合是義不然若有體者如汝以手自挃其體汝所知心為復內出為從外入若復內出還見身中若從外來先合見面

阿難言見是其眼心知非眼為見非義佛言若眼能見汝在室中門能見不則諸已死尚有眼存應皆見物若見物者云何名死阿難又汝覺了能知之心若必有體為復一體為有多體今在汝身為復遍體為不遍體若一體者則汝以手挃一肢時四肢應覺若咸覺者挃應无在若挃有所則汝一體自不能成若多體者則成多人何體為汝若遍體者同前所挃若

不遍者當汝觸頭亦觸其足頭有所覺足應無知今汝不然是故應知隨所合處心則隨有無有是處

阿難白佛言世尊我亦聞佛與文殊等諸法王子談實相時世尊亦言心不在內亦不在外如我思惟內無所見外不相知內無知故在內不成身心相知在外非義合相知故復內無見當在中間

佛言汝言中間中必不迷非无所在今汝推中中何為在為復在處為當在身若在身者在邊非中在中同內若在處者為有所表為无所表无表同無表則无定何以故如人以表表為中時東看則西南觀成北表體既泯心應雜乱

阿難言我所說中非此二種如世尊言眼色為緣生於眼識眼有分別色塵無知識生其中則為心在佛言汝心若在根塵之中此之心體為復兼二為不兼二若兼二者物體雜乱物非體知成敵兩立云何為中兼二不成非知不知即无體性中何為相是故應知當在中間無有是處

阿難白佛言世尊我昔見佛與大目連須菩提冨樓那舍利弗四大弟子共轉法輪常言覺知分別心性既不在內亦不在外不在中間俱無所在一切无著名之為心則我无著名為心不

佛告阿難汝言覺知分別心性俱無在者世間虛空水陸飛行諸所物象名為一切汝不著者為在為无无則同於龜毛兎角云何不著有不著者不可名無無相則无非无則相相有則在云何无著是故應知一切無著名覺知心无有是處

尒時阿難在大衆中即從座起偏袒右肩右膝著地合掌恭敬而白佛言我是如来㝡小之弟蒙佛慈愛雖今出家猶恃憍憐所以多聞未得无漏不能折伏娑毗羅呪為彼所轉溺於婬舍當由不知真際所指惟願世尊大慈哀愍開示我等奢摩他路令諸闡提隳弥戾車作是語已五體投地及諸大衆傾渴翹佇欽聞示誨

尒時世尊從其面門放種種光其光晃耀如百千日普佛世界六種震動如是十方微塵國土一時開現佛之威神令諸世界合成一界其世界中所有一切諸大菩薩皆住本國合掌承聽

佛告阿難一切衆生從无始来種種顛倒業種自然如惡叉聚諸脩行人不能得成无上菩提乃至别成聲聞緣覺及成外道諸天魔王及魔眷屬皆由不知二種根本錯乱修習猶如煑沙欲成嘉饌縱經塵劫終不能得云何二種阿難一者無始生死根本則汝今者與諸衆生用攀緣心為自性者二者无始菩提涅槃元清淨體則汝今者識精元明能生諸緣緣所遺者由諸衆生遺此本明雖終日行而不自覺枉入諸趣

阿難汝今欲知奢摩他路願出生死今復問汝即時如来擧金色臂屈五輪指語阿難言汝今見不阿難言見佛言汝何所見阿難言我見如来擧臂屈指為光明拳曜我心目佛言汝將誰見阿難言我與大衆同將眼見

佛告阿難汝今荅我如来屈指為光明拳耀汝心目汝目可見以何為心當我拳耀阿難言如来現今徵心所在而我以心推窮尋逐即能推者我將為心

佛言咄阿難此非汝心阿難矍然避座合掌起立白佛此非我心當名何等佛告阿難此是前塵虛妄相想惑汝真性由汝无始至于今生認賊為子失汝元常故受輪轉

阿難白佛言世尊我佛寵弟心愛佛故令我出家我心何獨供養如来乃至遍歷恒沙國土承事諸佛及善知識發大勇猛行諸一切難行法事皆用此心縱令謗法永退善根亦因此心若此發明不是心者我乃无心同諸土木離此覺知更无所有云何如来說此非心我實驚怖兼此大衆无不疑惑惟垂大悲開示未悟

尒時世尊開示阿難及諸大衆欲令心入无生法忍於師子座摩阿難頂而告之言如来常說諸法所生惟心所現一切因果世界微塵因心成體

阿難若諸世界一切所有其中乃至草葉縷結詰其根元咸有體性縱令虛空亦有名皃何况清淨妙淨明心性一切心而自无體若汝執悋分別覺觀所了知性必為心者此心即應離諸一切色香味觸諸塵事業別有全性如汝今者承聽我法此則因聲而有分別縱滅一切見聞覺知內守幽閑猶為法塵分別影事我非勑汝執為非心但汝於心微細揣摩若離前塵有分別性即真汝心若分別性離塵無體斯則前塵分別影事塵非常住若變滅時此心則同龜毛兔角則汝法身同於斷滅其誰修證無生法忍即時阿難與諸大衆默然自失

佛告阿難世間一切諸修學人現前雖成九次第定不得漏盡成阿羅漢皆由執此生死妄想誤為真實是故汝今雖得多聞不成聖果阿難聞已重復悲淚五體投地長跪合掌而白佛言自我從佛發心出家恃佛威神常自思惟无勞我修將謂如来惠我三昧不知身心本不相代失我本心

雖身出家心不入道譬如窮子捨父逃逝今日乃知雖有多聞若不修行與不聞等如人說食終不能飽世尊我等今者二障所纏良由不知寂常心性惟願如来哀愍窮露發妙明心開我道眼

即時如来從胸萬字涌出寶光其光晃昱有百千色十方微塵普佛世界一時周遍遍灌十方所有寶剎諸如来頂旋至阿難及諸大衆告阿難言吾今為汝建大法幢亦令十方一切衆生獲妙微密性淨明心得清淨眼

阿難汝先荅我見光明拳此拳光明因何所有云何成拳汝將誰見阿難言由佛全體閻浮檀金赩如寶山清淨所生故有光明我實眼觀五輪指端屈握示人故有拳相

佛告阿難如来今日實言告汝諸有智者要以譬喻而得開悟阿難譬如我拳若無我手不成我拳若无汝眼不成汝見以汝眼根例我拳理其義均不阿難言唯然世尊既無我眼不成我見以我眼根例如来拳事義相類

佛言阿難汝言相類是義不然何以故如无手人拳畢竟滅彼無眼者非見全无所以者何汝試於途詢問盲人汝何所見彼諸盲人必來荅汝我今眼前惟見黒暗更无他矚以是義觀前塵自暗見何虧損

阿難言諸盲眼前惟覩黒暗云何成見佛告阿難諸盲无眼惟觀黒暗與有眼人處於暗室二黒有別為無有別如是世尊此暗中人與彼羣盲二黒挍量曾无有異阿難若无眼人全見前黒忽得眼光還於前塵見種種色名眼見者彼暗中人全見前黒忽獲燈光亦於前塵見種種色應名燈見若燈見者燈能有見自不名燈又則燈觀何關汝事是故當知燈能顯色如是見者是眼非燈眼能顯色如是見性是心非眼

阿難雖復得聞是言與諸大衆口已默然心未開悟猶冀如來慈音宣示合掌清心佇佛悲誨

尒時世尊舒兜羅綿網相光手開五輪指誨勅阿難及諸大衆我初成道

於鹿園中為阿若多五比丘等及汝四衆言一切衆生不成菩提及阿羅漢皆由客塵煩惱所誤汝等當時因何開悟今成聖果

時憍陳那起立白佛我今長老於大衆中獨得解名因悟客塵二字成果世尊譬如行客投寄旅亭或宿或食食宿事畢俶裝前途不遑安住若實主人自无攸往如是思惟不住名客住名主人以不住者名為客義又如新霽清暘昇天光入隙中發明空中諸有塵相塵質搖動虛空寂然如是思惟澄寂名空搖動名塵以搖動者名為塵義佛言如是

即時如來於大衆中屈五輪指屈已復開開已又屈謂阿難言汝今何見阿難言我見如來百寶輪掌衆中開合佛告阿難汝見我手衆中開合為是我手有開有合為復汝見有開有合阿難言世尊寶手衆中開合我見如來手自開合非我見性自開自合佛言誰動誰靜阿難言佛手不住而我見性尚无有靜誰為无住佛言如是

如來於是從輪掌中飛一寶光在阿難右即時阿難迴首右盼又放一光在阿難左阿難又則迴首左盼佛告阿難汝頭今日何因搖動阿難言我見如來出妙寶光來我左右故左右觀頭自搖動阿難汝盼佛光左右動頭為汝頭動為復見動世尊我頭自動而我見性尚无有止誰為搖動佛言如是

於是如來普告大衆若復衆生以搖動者名之為塵以不住者名之為客汝觀阿難頭自動搖見无所動又汝觀我手自開合見無舒卷云何汝今以動為身以動為境從始洎終念念生滅遺失真性顛倒行事性心失真認物為已輪迴是中自取流轉

大佛頂萬行首楞嚴經卷第一

大佛頂如來密因修證了義諸菩薩萬行
首楞嚴經卷第一

校勘記

一　底本，金藏廣勝寺本。

一　卷首，[資]有「大佛頂首楞嚴經序」；另據大正藏[普]有「大佛頂如來萬行首楞嚴經序」。茲分別附錄於後。

一　四八〇頁中二行小字副題，[徑]、[清]無。

一　四八〇頁中三行首字「大」至八行末字「語」，[石]作「大唐循州沙門懷迪共梵僧於廣州譯」；[資]作「神龍元年歲次乙巳五月己卯朔二十三日辛丑於廣州制止道場譯出天竺沙門般剌蜜諦譯　烏長國沙門彌伽釋迦譯語　菩薩戒弟子前正議大夫同中書門下平章事房融筆受」；[磧]、[南]作「大唐神龍元年歲次乙巳五月己卯朔二十五(「五」，[南]作「三」)日辛丑天竺沙門般剌密帝於廣州制止道場譯　烏萇國沙門彌伽釋迦譯語　菩薩戒弟子前正議大夫同中書門下平章事清河房融筆受」；[徑]、[清]作「唐天竺沙門般剌密諦譯　烏萇國沙門彌伽釋迦譯語　菩薩戒弟子前正議大夫同中書門下平章事清河房融筆受」。

一　四八一頁上二一行第一二字「酬」，[資]、[磧]、[南]、[徑]、[清]作「訓」。

一　四八一頁下五行末字「首」，諸本(不包括[普]，下同)作「旨」。

一　四八三頁上八行第八字「合」，[資]、[磧]、[南]、[徑]、[清]、[麗]作「今」。

一　四八三頁中一九行第一〇字「指」，[磧]、[南]、[徑]、[清]作「詣」。

一　四八三頁下一七行第五字「柱」，諸本作「枉」。

一　四八四頁上九行第六字「无」，諸本作「無」。

一　四八四頁下末行「以我眼根」，[資]、[磧]、[南]、[徑]、[清]無。

一　四八五頁中八行「食宿」，[磧]、[徑]、[清]作「宿食」。

一　四八五頁中二一行末四字「自開自合」，[資]、[磧]、[南]、[徑]、[清]作「有開有合」。

一　四八五頁下二行第一〇字「盼」，[石]、[麗]作「瞬」，下同。

一　四八五頁下四行「何因」，[磧]、[徑]、[清]作「因何」。

一　四八五頁下末行第三字「頂」，[資]、[磧]、[南]、[徑]、[清]作「頂如來密因修證了義諸菩薩」。以下各卷卷末經名同。

附一　資福藏本卷首序文

大佛頂首楞嚴經序

前雄武軍節度推官許洵撰

楞嚴經者括諸佛萬行之樞紐也通幽洞微非二乘所覩開物成務乃十地攸宗其文曲而達其旨隱而暢入於至妙之域出於無生之表鏗鏘磅礴羣彙率化窮玄絕聖其在茲乎是知大和無私雖幽必煦至神無迹雖微

必貫玄功無宰雖遐必達率由心絕有爲而大千同照道躋無作而至感必通

如來謂斯經可以鼓吹乎羣心開決乎佛性爰集大衆會于室羅筏城天龍鬼神共聿斯教嗚呼三界以五欲而成故摩登伽以宣淫爲發題之始也衆生以愛纏而起故阿難以破惑爲成道之基也是以論有心則以無心爲攝悲有生則以無生爲誘談有相則破一切色境爲主示有作則脫一切煩惱爲樂此蓋覺虛妄而歸真實也至若舉三十六地獄之因果十鬼十類之緣業此蓋昧真實而起虛妄也不明實相無以煥菩提之心不破妄塵無以悟衆生之性是法微妙知之者亦已鮮矣能深究於此復廣其利於天下余見其

附二　**普寧藏本卷首序文**（據大**正藏**）

大佛頂如來萬行首楞嚴經序

趙宋泉南沙門釋祖溗述

至心歸命禮南謨無見頂相首楞嚴王圓如來之密因具菩薩之萬行真修行路妙證悟門大乘義以了明一切事而究竟爰自祇園休夏聖王延齋紫金光聚耀十方迦陵仙音流法界恒沙薩埵咸來咨決心疑闍國王臣畢集願聞法要教由緣起阿難被溺於婬坊道假人弘師利承宣於秘呪由是七處徵心全是妄性淨元明八還顯見本來真覺圓常住標迷悟之根本令諸闡提而墮彌戾車示同別之狂勞俾一顛迦而摧惡叉聚富樓那執相難性四緣本紀於異同波斯匿惑斷爲常一念元無於生滅妙明覺體非因非緣非自然精真見元不合不和不離即以至六根虛妄無非菩提妙心七大遍周盡是如來藏性三緣永斷不迷鏡裏之頭二義斯明頓悟衣中之寶金鐘擊處聲滅而聞自不消華氎綰時六忘而一不可得譬夫天王賜屋二十五聖而各陳悟入之門遠客遊方十河沙衆而盡識歸還之路勅文殊之揀選誰當其根指觀音之圓通實從中入而況三無漏學真爲修習之要機四淨律儀實號秉持之明誨欲誦秘密之章司須嚴清淨之壇場無邊積業悉氷消一切所求皆果遂復乃開三門之漸次是先佛之規模立五品之名題作將來之眼目良田兩種之顛倒遂成十二之類生歷七趣之輪迴織五重之渾濁於是迴千光相攬七寶床深憐愍客迷主人痛念認財爲己子洗心非正五十重之魔境現前覺際入交四十四之聖心超越而後慶喜欽承於妙誨能仁宣發於真慈窮五陰之妄源勝十方之獻寶貧人七錢而布施尚獲輪王行者一念以流通定登佛果真乘奧典秘字靈文大佛頂如來密因修證了義諸菩薩萬行首楞嚴經甚深法藏

大佛頂如来密因修證了義諸菩薩萬行首
楞嚴經卷第二 一名中印度那蘭陁大道場經於灌頂部錄出別行 然
唐天竺沙門般刺蜜帝譯

尒時阿難及諸大衆聞佛示誨身心泰然念无始来失却本心妄認緣塵分別影事今日開悟如失乳兒忽遇慈母合掌礼佛願聞如来顯出身心真妄虛實現前生滅與不生滅二發明性

波斯匿王起立白佛我昔未承諸佛誨勑見迦旃延毗羅胝子咸言此身死後斷滅名為涅槃我雖值佛今猶狐疑云何發揮證知此心不生滅地今此大衆諸有漏者咸皆願聞

佛告大王汝身現存今復問汝汝此肉身為同金剛常住不朽為復變壞

世尊我今此身終從變滅

佛言大王汝未曾滅云何知滅世尊我此无常變壞之身雖未曾滅我觀現前念念遷謝新新不住如火成灰漸漸銷殞殞亡不息決知此身當從滅盡

佛言如是大王汝今生齡已從衰老顏皃何如童子之時世尊我昔孩孺膚腠潤澤年至長成血氣充滿而今頹齡迫於衰耄形色枯悴精神昏昧髮白面皺逮將不久如何見比充盛之時

佛言大王汝之形容應不頓朽王言世尊變化密移我誠不覺寒暑遷流漸至於此何以故我年二十雖号年少顏皃已老初十年時三十之年又衰二十于今六十又過于二觀五十時宛然強壯世尊我見密移雖此殂落其間流易且限十年若復今我微細思惟其變寧惟一紀二紀實為年變豈惟年變亦兼月化何直月化兼又日遷沉思諦觀剎那剎那念念之閒不得停住故知我身終從變滅

佛言大王汝見變化遷改不停悟知汝滅亦於滅時知汝身中有不滅耶

波斯匿王合掌白佛我實不知佛言我今示汝不生滅性大王汝年幾時見恒河水王言我生三歲慈母攜我謁耆婆天經過此流尒時即知是恒

河水佛言大王如汝所說二十之時衰於十歲乃至六十日月歲時念念遷變則汝三歲見此河時至年十三其水云何王言如三歲時宛然无異乃至于今年六十二亦無有異佛言汝今自傷髮白面皺其面必定皺於童年則汝今時觀此恒河與昔童時觀河之見有童耄不王言不也世尊佛言大王汝面雖皺而此見精性未曾皺皺者為變不皺非變變者受滅彼不變者元無生滅云何於中受汝生死而猶引彼末伽黎等都言此身死後全滅王聞是言信知身後捨生趣生與諸大衆踊躍歡喜得未曾有

阿難即從座起礼佛合掌長跪白佛世尊若此見聞必不生滅云何世尊名我等輩遺失真性顛倒行事願興慈悲洗我塵垢

即時如來垂金色臂輪手下指示阿難言汝今見我母陁羅手為正為倒阿難言世間衆生以此為倒而我不知誰正誰倒佛告阿難若世間人以此為倒即世間人將何為正阿難言

如来竪臂兜羅綿手上指於空則名為正佛即竪臂告阿難言若此顛倒首尾相換諸世間人一倍瞻視則知汝身與諸如來清淨法身比類發明如來之身名正遍知汝等之身号性顛倒隨汝諦觀汝身佛身稱顛倒者名字何處号為顛倒

于時阿難與諸大衆瞪瞢瞻佛目精不瞬不知身心顛倒所在佛興慈悲哀愍阿難及諸大衆發海潮音遍告同會諸善男子我常說言色心諸緣及心所使諸所緣法惟心所現汝身汝心皆是妙明真精妙心中所現物云何汝等遺失本妙圓妙明心寶明妙性認悟中迷晦昧為空空晦暗中結暗為色色雜妄想想相為身聚緣內搖趣外奔逸昏擾擾相以為心性一迷為心決定惑為色身之內不知色身外洎山河虛空大地咸是妙明真心中物譬如澄清百千大海棄之惟認一浮漚體目為全潮窮盡瀛渤汝等即是迷中倍人如我垂手等无差別如來說為可憐愍者

阿難承佛悲救深誨垂泣叉手而白佛言我雖承佛如是妙音悟妙明心元所圓滿常住心地而我悟佛現說法音現以緣心允所瞻仰徒獲此心未敢認為本元心地願佛哀愍宣示圓音拔我疑根歸无上道

佛告阿難汝等尚以緣心聽法此法亦緣非得法性如人以手指月示人彼人因指當應看月若復觀指以為月體此人豈惟亡失月輪亦亡其指何以故以所標指為明月故豈惟亡指亦復不識明之與暗何以故即以指體為月明性明暗二性无所了故汝亦如是若以分別我說法音為汝心者此心自應離分別音有分別性譬如有客寄宿旅亭暫止便去終不常住而掌亭人都無所去名為亭主此亦如是若真汝心則无所去云何離聲无分別性斯則豈惟聲分別心分別我容離諸色相无分別性如是乃至分別都无非色非空拘舍離等昧為冥諦離諸法緣无分別性則汝心性各有所還云何為主

阿難言若我心性各有所還則如來
說妙明元心云何无還惟垂哀愍爲
我宣說
佛告阿難且汝見我見精明元此見
雖非妙精明心如第二月非是月影
汝應諦聽今當示汝无所還地阿難
此大講堂洞開東方日輪昇天則有
明耀中夜黑月雲霧晦暝則復昏暗
戶牖之隙則復見通牆宇之間則復
觀擁分別之處則復見緣頑虛之中
遍是空性鬱埻之象則紆昏塵澄霽
斂氛又觀清淨阿難汝咸看此諸變
化相吾今各還本所因處云何本因
阿難此諸變化明還日輪何以故无
日不明明因屬日是故還日暗還黑
月通還戶牖擁還牆宇緣還分別頑
虛還空鬱埻還塵清明還霽則諸世
間一切所有不出斯類汝見八種見
精明性當欲誰還何以故若還於明
則不明時無復見暗雖明暗等種種
差別見無差別諸可還者自然非汝
不汝還者非汝而誰則知汝心本妙
明淨汝自迷悶喪本受輪於生死中

常被漂溺是故如來名可憐愍
阿難言我雖識此見性無還云何得
知是我真性
佛告阿難吾今問汝今汝未得无漏
清淨承佛神力見於初禪得无障导
而阿那律見閻浮提如觀掌中菴摩
羅菓諸菩薩等見百千界十方如來
窮盡微塵清淨國土無所不矚衆生
洞視不過分寸阿難且吾與汝觀四
天王所住宮殿中間遍覽水陸空行
雖有昏明種種形像无非前塵分別
留导汝應於此分別自他今吾將汝
擇於見中誰是我體誰爲物象阿難
極汝見源從日月宮是物非汝至七
金山周遍諦觀雖種種光亦物非汝
漸漸更觀雲騰鳥飛風動塵起樹木
山川草芥人畜咸物非汝阿難是諸
近遠諸有物性雖復差殊同汝見精
清淨所矚則諸物類自有差別見性
無殊此精妙明誠汝見性若見是物
則汝亦可見吾之見若同見者名爲
見吾吾不見時何不見吾不見之處
若見不見自然非彼不見之相若不

見吾不見之地自然非物云何非汝
又則汝今見物之時汝既見物物亦
見汝體性紛雜則汝與我并諸世間
不成安立阿難若汝見時是汝非我
見性周遍非汝而誰云何自疑汝之
真性性汝不真取我求實
阿難白佛言世尊若此見性必我非
餘我與如來觀四天王勝藏寶殿居
日月宮此見周圓遍娑婆國退歸精
舍只見伽藍清心戶堂但瞻簷廡世
尊此見如是其體本來周遍一界今
在室中惟滿一室爲復此見縮大爲
小爲當牆宇夾令斷絕我今不知斯
義所在願垂弘慈爲我敷演
佛告阿難一切世間大小內外諸所
事業各屬前塵不應說言見有舒縮
譬如方器中見方空吾復問汝此方
器中所見方空爲復定方爲不定方
若定方者別安圓器空應不圓若不
定者在方器中應无方空汝言不知
斯義所在義性如是云何爲在阿難
若復欲令入無方圓但除器方空體
無方不應說言更除虛空方相所在

若如汝聞入室之時縮見令小仰觀日時汝豈挽見齊於日面若築牆宇能夾見斷穿為小竇寧无竇跡是義不然一切衆生從无始来迷已為物失於本心為物所轉故於是中觀大觀小若能轉物則同如来身心圓明不動道場於一毛端遍能含受十方國土

阿難白佛言世尊若此見精必我妙性令此妙性現在我前見必我真我今身心復是何物而今身心分別有實彼見無別分辨我身若實我心令我今見見性實我而身非我何殊如来先所難言物能見我惟垂大慈開發未悟

佛告阿難今汝所言見在汝前是義非實若實汝前汝實見者則此見精既有方所非无指示且今與汝坐祇陀林遍觀林渠及與殿堂上至日月前對恒河汝今於我師子座前舉手指陳是種種相陰者是林明者是日㝵者是壁通者是空如是乃至草樹纖毫大小雖殊但可有形無不指著

若必有見現在汝前汝應以手確實指陳何者是見阿難當知若空是見既已成見何者是空若物是見既已是見何者為物汝可微細披剥萬象析出精明清妙見元指陳示我同彼諸物分明无惑

阿難言我今於此重閣講堂遠洎恒河上觀日月舉手所指縱目所觀指皆是物無是見者世尊如佛所說況我有漏初學聲聞乃至菩薩亦不能於万物象前剖出精見離一切物別有自性佛言如是如是

佛復告阿難如汝所言無有精見離一切物別有自性則汝所指是物之中無是見者今復告汝汝與如来坐祇陀林更觀林苑乃至日月種種象殊必无見精受汝所指汝又發明此諸物中何者非見阿難言我實遍見此祇陀林不知是中何者非見何以故若樹非見云何見樹若樹即見復云何樹如是乃至若空非見云何見空若空即見復云何空我又思惟是萬象中微細發明无非見者佛言如

是如是

於是大衆非无學者聞佛此言茫然不知是義終始一時惶悚失其所守如来知其魂慮變慴心生憐愍安慰阿難及諸大衆諸善男子无上法王是真實語如所如說不誑不妄非末伽黎四種不死矯乱論議汝諦思惟无忝哀慕

是時文殊師利法王子愍諸四衆在大衆中即從座起頂礼佛足合掌恭敬而白佛言世尊此諸大衆不悟如来發明二種精見色空是非是義世尊若此前緣色空等象若是見者應有所指若非見者應无所矚而今不知是義所歸故有驚怖非是疇昔善根輕尠惟願如来大慈發明此諸物象與此見精元是何物於其中間无是非是

佛告文殊及諸大衆十方如来及大菩薩於其自住三摩地中見與見緣并所想相如虛空花本无所有此見及緣元是菩提妙淨明體云何於中有是非是文殊吾今問汝如汝文殊

更有文殊是文殊者為无文殊如是世尊我真文殊无是文殊何以故若有是者則二文殊然我今日非無文殊於中實无是非二相佛言此見妙明與諸空塵亦復如是本是妙明无上菩提淨圓真心妄為色空及與聞見如第二月誰為是月又誰非月文殊但一月真中閒自无是月非月是以汝今觀見與塵種種發明名為妄想不能於中出是非是由是精真妙覺明性故能令汝出指非指

阿難白佛言世尊誠如法王所說覺緣遍十方界湛然常住性非生滅與先梵志娑毗迦羅所談冥諦及投灰等諸外道種說有真我遍滿十方有何差別世尊亦曾於楞伽山為大慧等敷演斯義彼外道等常說自然我說因緣非彼境界我今觀此覺性自然非生非滅遠離一切虛妄顛倒似非因緣與彼自然云何開示不入羣邪獲真實心妙覺明性

佛告阿難我今如是開示方便真實告汝汝猶未悟惑為自然阿難若必

自然自須甄明有自然體汝且觀此妙明見中以何為自此見為復以明為自以暗為自以空為自以塞為自阿難若明為自應不見暗若復以空為自體者應不見塞如是乃至諸暗等相以為自者則於明時見性斷滅云何見明

阿難言必此妙見性非自然我今發明是因緣性心猶未明諮詢如来是義云何合因緣性佛言汝言因緣吾復問汝汝今同見見性現前此見為復因明有見因暗有見因空有見因塞有見阿難若因明有應不見暗如因暗有應不見明如是乃至因空因塞同於明暗復次阿難此見又復緣明有見緣暗有見緣空有見緣塞有見阿難若緣空有應不見塞若緣塞有應不見空如是乃至緣明緣暗同於空塞當知如是精覺妙明非因非緣亦非自然非不自然無非不非無是非是離一切相即一切法汝今云何於中措心以諸世間戲論名相而得分別如以手掌撮摩虛空只益自

勞虛空云何隨汝執捉

阿難白佛言世尊必妙覺性非因非緣世尊云何常與比丘宣說見性具四種緣所謂因空因明因心因眼是義云何

佛言阿難我說世間諸因緣相非第一義阿難吾復問汝諸世間人說我能見云何名見云何不見阿難言世人因於日月燈光見種種相名之為見若復无此三種光明則不能見阿難若無明時名不見者應不見暗若必見暗此但无明云何无見阿難若在暗時不見明故名為不見今在明時不見暗相還名不見如是二相俱名不見若復二相自相陵奪非汝見性於中暫無如是則知二俱名見云何不見是故阿難汝今當知見明之時見非是明見暗之時見非是暗見空之時見非是空見塞之時見非是塞四義成就汝復應知見見之時見非是見見猶離見見不能及云何復說因緣自然及和合相汝等聲聞狹劣无識不能通達清淨實相吾今誨

汝當善思惟無得疲怠妙菩提路
阿難白佛言世尊如佛世尊為我等
輩宣說因緣及與自然諸和合相與
不和合心猶未開而今更聞見見非
見重增迷悶伏願弘慈施大慧目開
示我等覺心明淨作是語已悲淚頂
禮承受聖旨
爾時世尊憐愍阿難及諸大衆將欲
敷演大陀羅尼諸三摩提妙修行路
告阿難言汝雖強記但益多聞於奢
摩他微密觀照心猶未了汝今諦聽
吾今為汝分別開示亦令將來諸有
漏者獲菩提果阿難一切衆生輪迴
世間由二顛倒分別見妄當處發生
當業輪轉云何二見一者衆生別業
妄見二者衆生同分妄見
云何名為別業妄見阿難如世間人
目有赤眚夜見燈光別有圓影五色
重疊於意云何此夜燈明所現圓光
為是燈色為當見色阿難此若燈色
則非眚人何不同見而此圓影惟眚
之觀若是見色見已成色則彼眚人
見圓影者名為何等復次阿難若此

圓影離燈別有則合傍觀屏帳几筵
有圓影出離見別有應非眼矚云何
眚人目見圓影是故當知色實在燈
見病為影影見俱眚見眚非病終不
應言是燈是見於是中有非燈非見
如第二月非體非影何以故第二之
觀捏所成故諸有智者不應說言此
捏根元是形非形離見非見此亦如
是目眚所成今欲名誰是燈是見何
況分別非燈非見
云何名為同分妄見阿難此閻浮提
除大海水中間平陸有三千洲正中
大洲東西括量大國凡有二千三百
其餘小洲在諸海中其間或有三兩
百國或一或二至于三十四十五十
阿難若復此中有一小洲只有兩國
惟一國人同感惡緣則彼小洲當土
衆生覩諸一切不祥境界或見二日
或見兩月其中乃至暈蝕珮玦彗勃
飛流負耳虹蜺種種惡相但此國見
彼國衆生本所不見亦復不聞阿難
吾今為汝以此二事進退合明阿難
如彼衆生別業妄見矚燈光中所現

圓影雖現似境終彼見者目眚所成
眚即見勞非色所造然見眚者終無
見咎例汝今日以目觀見山河國土
及諸衆生皆是無始見病所成見與
見緣似現前境元我覺明見所緣眚
覺見即眚本覺明心覺緣非眚覺所
覺眚覺非眚中此實見見云何復
名覺聞知見是故汝今見我及汝并
諸世間十類衆生皆即見眚非見眚
者彼見真精性非眚者故不名見阿
難如彼衆生同分妄見例彼妄見別
業一人一病目人同彼一國彼見圓
影眚妄所生此衆同分所現不祥同
見業中瘴惡所起俱是無始見妄所
生例閻浮提三千洲中兼四大海娑
婆世界并洎十方諸有漏國及諸衆
生同是覺明無漏妙心見聞覺知虛
妄病緣和合妄生和合妄死若能遠
離諸和合緣及不和合則復滅除諸
生死因圓滿菩提不生滅性清淨本
心本覺常住
阿難汝雖先悟本覺妙明性非因緣
非自然性而猶未明如是覺元非和

合生及不和合阿難吾今復以前塵問汝汝今猶以一切世間妄想和合諸因緣性而自疑惑證菩提心和合起者則汝今者妙淨見精為與明和為與闇和為與通和為與塞和若明和者且汝觀明當明現前何處雜見見相可辨雜何形像若非見者云何見明若即見者云何見見必見圓滿何處和明若明圓滿不合見和見必異明雜則失彼性明名字雜失明性和明非義彼暗與通及諸羣塞亦復如是

復次阿難又汝今者妙淨見精為與明合為與暗合為與通合為與塞合若明合者至於暗時明相已滅此見即不與諸暗合云何見暗若見暗時不與暗合與明合者應非見明既不見明云何明合了明非暗彼暗與通及諸羣塞亦復如是

阿難白佛言世尊如我思惟此妙覺元與諸緣塵及心念慮非和合耶佛言汝今又言覺非和合吾復問汝此妙見精非和合者為非明和為非暗

和為非通和為非塞和若非明和則見與明必有邊畔汝且諦觀何處是明何處是見在見在明自何為畔阿難若明際中必无見者則不相及自不知其明相所在畔云何成彼暗與通及諸羣塞亦復如是

又妙見精非和合者為非明合為非暗合為非通合為非塞合若非明合則見與明性相乖角如耳與明了不相觸見且不知明相所在云何甄明合非合理彼暗與通及諸群塞亦復如是

阿難汝猶未明一切浮塵諸幻化相當處出生隨處滅盡幻妄稱相其性真為妙覺明體如是乃至五陰六入從十二處至十八界因緣和合虛妄有生因緣別離虛妄名滅殊不能知生滅去來本如来藏常住妙明不動周圓妙真如性性真常中求於去来迷悟死生了无所得

阿難云何五陰本如来藏妙真如性

阿難譬如有人以清淨目觀晴明空惟一精虛迥无所有其人無故不動目睛瞪以發勞則於虛空別見狂花

復有一切狂乱非相色陰當知亦復如是阿難是諸狂花非從空来非從目出如是阿難若空来者既從空来還從空入若有出入即非虛空空若非空自不容其花相起滅如阿難體不容阿難若目出者既從目出還從目入即此花性從見出故當合有見若有見者去既花空旋合見眼若无見者出既翳空旋當翳眼又見花時目應无翳云何晴空号清明眼是故當知色陰虛妄本非因緣非自然性

阿難譬如有人手足宴安百骸調適忽如妄生性无違順其人無故以二手掌於空相摩於二手中妄生澁滑冷熱諸相受陰當知亦復如是阿難是諸幻觸不從空来不從掌出如是阿難若空来者既能觸掌何不觸身不應虛空選擇来觸若從掌出應非待合又掌出故合則掌知離即觸入臂腕骨髓應亦覺知入時蹤跡必有覺心知出知入自有一物身中往来何待合知要名為觸是故當知受陰虛妄本非因緣非自然性

首楞嚴經卷第二　第二十一張　絲字号

阿難譬如有人談說醋梅口中水出
思蹋懸崖足心酸澁想陰當知亦復
如是阿難如是醋說不從梅生非從
口入如是阿難若梅生者梅合自談
何待人說若從口入自合口聞何須
待耳若獨耳聞此水何不耳中而出
想蹋懸崖與說相類是故當知想陰
虛妄本非因緣非自然性
阿難譬如暴流波浪相續前際後際
不相踰越行陰當知亦復如是阿難
如是流性不因空生不因水有亦非
水性非離空水如是阿難若因空生
則諸十方无盡虛空成無盡流世界
自然俱受淪溺若因水有則此暴流
性應非水有所有相今應現在若即
水性則澄清時應非水體若離空水
空非有外水外无流是故當知行陰
虛妄本非因緣非自然性阿難譬如
有人取頻伽缾塞其兩孔滿中擎空
千里遠行用餉他國識陰當知亦復
如是阿難如是虛空非彼方來非此
方入如是阿難若彼方來則本缾中
既貯空去於本缾地應少虛空若此

首楞嚴經卷第二　第二十二張　絲字号

方入開孔倒缾應見空出是故當知
識陰虛妄本非因緣非自然性

大佛頂萬行首楞嚴經卷第二

大佛頂如來密因修證了義諸菩薩萬行
首楞嚴經卷第二

校勘記

一　底本，金藏廣勝寺本。
一　四八八頁中二行小字副題，資、磧、南、徑、清無。以下各卷同。
一　四八八頁中三行譯者，石作「大唐循州沙門懷迪共梵僧於廣州譯」；資、磧、南、徑、清作「天竺沙門般剌密諦（「諦」，磧作「帝」）譯　烏萇（「萇」，資作「長」）國沙門彌伽釋迦譯語　菩薩戒弟子前正議大夫同中書門下平章事清河（資無「清河」二字）房融筆受」。以下各卷同。
一　四八八頁中一〇行首字「波」，資、磧、南、徑、清作「時波」。
一　四八八頁中一五行第八字「存」，資、磧、南、徑、清作「在」。
一　四八八頁下一〇行第八字「年」，資、磧、南、徑、清作「歲」。

一四八八頁下一六行第二字「曰」，諸本(不包括普，下同)作「日」。

一四八八頁下一九行「知汝」，資、磧、南、徑、清作「汝知」。

一四八九頁中八行末字「精」，石、磧、南、徑、清作「睛」。

一四八九頁中二一行第一二字「瀛」，諸本作「瀛」。

一四八九頁下一行第八字「誨」，磧、徑、清作「悔」。

一四九〇頁上一一行第六字及一七行第五字「埻」，資、磧、南作「燉」。

一四九〇頁中一行末字「怱」，石作「怱者」。

一四九〇頁中九行第九字「旦」，諸本作「且」。

一四九〇頁中一二行「今吾」，資作「吾今」。

一四九〇頁下一〇行第二字「只」，石、資、磧、南、徑、清作「秖」，下同。

一四九一頁上三行第一一字「賨」，資、磧、南、徑、清作「續」。

一四九一頁上一〇行第二字「今」，麗作「令」。

一四九一頁上一二行第七字「辨」，資作「別」。

一四九一頁中一行第三字「有」，資、磧、南、徑、清作「其」。

一四九一頁中一行第一三字「礭」，資、磧、南、徑、清作「確」。

一四九一頁中五行第五字「清」，資、磧、南、徑、清、麗作「淨」。

一四九一頁中一三行「精見」，磧、徑、清作「見精」。

一四九一頁中二一行末字「爲」，資、磧、南、徑、清作「見」。

一四九一頁下五行首字「何」，諸本作「阿」。

一四九二頁上一四行第四字「娑」，磧作「沙」。

一四九二頁中九行第五字「性」，資、磧、南、徑、清作「生」。

一四九二頁中一一行第六字「同」，資、磧、南、徑、清作「因」。

一四九三頁上一二行第二字「今」，石、資、磧、南、徑、清作「當」。

一四九三頁中一九行末字「勅」，石、資、磧、南、徑、清作「孛」。

一四九三頁下一行「現似」，磧、南、清作「似前」。

一四九四頁中一九行「死生」，資、磧、南、徑、清作「生死」。

一四九四頁中二二行第三字「精」，資、磧、南、徑、清作「睛」。

一四九四頁下七行第八字「見」，資、磧、南、徑、清、麗作「目」。

大佛頂如来密因修證了義諸菩薩萬行首楞嚴經卷第三　一名中印度那蘭陀大道場經於灌頂部錄出別行　絲

唐天竺沙門般剌蜜帝譯

復次阿難云何六入本如来藏妙真如性阿難即彼目精瞪發勞者兼目與勞同是菩提瞪發勞相因于明暗二種妄塵發見居中吸此塵象名為見性此見離彼明暗二塵畢竟无體如是阿難當知是見非明暗来非於根出不於空生何以故若從明来暗即隨滅應非見暗若從暗来明即隨滅應无見明若從根生必無明暗如是見精本无自性若於空出前矚塵象歸當見根又空自觀何關汝入是故當知眼入虛妄本非因緣非自然性

阿難辟如有人以兩手指急塞其耳耳根勞故頭中作聲兼耳與勞同是菩提瞪發勞相因于動靜二種妄塵發聞居中吸此塵象名聽聞性此聞離彼動靜二塵畢竟无體如是阿難當知是聞非動靜来非於根出不於空生何以故若從靜来動即隨滅應非聞動若從動来靜即隨滅應无覺靜若從根生必無動靜如是聞體本無自性若於空出有聞成性即非虛空又空自聞何關汝入是故當知耳入虛妄本非因緣非自然性

阿難辟如有人急畜其鼻畜久成勞則於鼻中聞有冷觸因觸分別通塞虛實如是乃至諸香臭氣兼鼻與勞同是菩提瞪發勞相因于通塞二種妄塵發聞居中吸此塵象名齅聞性此聞離彼通塞二塵畢竟无體當知是聞非通塞来非於根出不於空生何以故若從通来塞自隨滅云何知塞如因塞有通則无聞云何發明香臭等觸若從根生必無通塞如是聞體本无自性若從空出是聞自當迴齅汝鼻空自有聞何關汝入是故當知鼻入虛妄本非因緣非自然性

阿難辟如有人以舌舐吻熟舐令勞其人若病則有苦味无病之人微有甜觸由甜與苦顯此舌根不動之時淡性常在兼舌與勞同是菩提瞪發勞相因甜苦淡二種妄塵發知居中

吸此塵象名知味性此知味性離彼甜苦及淡二塵畢竟无體如是阿難當知如是嘗苦淡知非甜苦來非因淡有又非根出不於空生何以故若甜苦來淡即知滅云何知淡若從淡出甜即知亡復云何知甜苦二相若從舌生必無甜淡及與苦塵斯知味根本無自性若於空出虛空自味非汝口知又空自知何關汝入是故當知舌入虛妄本非因緣非自然性

阿難譬如有人以一冷手觸於熱手若冷勢多熱者從冷若熱功勝冷者成熱如是以此合覺之觸顯於離知涉勢若成因于勞觸兼身與勞同是菩提瞪發勞相因于離合二種妄塵發覺居中吸此塵象名知覺性此知覺體離彼離合違順二塵畢竟无體如是阿難當知是覺非離合來非違順有不於根出又非空生何以故若合時來離當已滅云何覺離違順二相亦復如是若從根出必无離合違順四相則汝身知元無自性必於空出空自知覺何關汝入是故當知

身入虛妄本非因緣非自然性

阿難譬如有人勞倦則眠睡熟便寤覽塵斯憶失憶為忘是其顛倒生住異滅吸習中歸不相踰越稱意知根兼意與勞同是菩提瞪發勞相因于生滅二種妄塵集知居中吸撮內塵見聞逆流流不及地名覺知性此覺知性離彼寤寐生滅二塵畢竟无體如是阿難當知如是覺知之根非寤寐來非生滅有不於根出亦非空生何以故若從寤來寐即隨滅將何為寐必生時有滅即同無令誰受滅若從滅有生即滅无孰知生者若從根出寤寐二相隨身開合離斯二體此覺知者同於空花畢竟無性若從空生自是空知何關汝入是故當知意入虛妄本非因緣非自然性

復次阿難云何十二處本如來藏妙真如性阿難汝且觀此祇陁樹林及諸泉池於意云何此等為是色生眼見眼生色相阿難若復眼根生色相者見空非色色性應銷銷則顯發一切都无色相既无誰明空質空亦如

是若復色塵生眼見者觀空非色見即銷亡亡則都无誰明空色是故當知見與色空俱无處所即色與見二處虛妄本非因緣非自然性

阿難汝更聽此祇陁園中食辦擊鼓衆集撞鍾鍾鼓音聲前後相續於意云何此等為是聲來耳邊耳往聲處阿難若復此聲來於耳邊如我乞食室羅筏城在祇陁林則无有我此聲必來阿難耳處目連迦葉應不俱聞何況其中一千二百五十沙門一聞鍾聲同來食處若復汝耳往彼聲邊如我歸住祇陁林中在室羅城則無有我汝聞鼓聲其耳已往擊鼓之處鍾聲齊出應不俱聞何況其中象馬牛羊種種音響若无來往亦復无聞是故當知聽與音聲俱无處所即聽與聲二處虛妄本非因緣非自然性

阿難汝又齅此鑪中旃檀此香若復然於一銖室羅筏城四十里內同時聞氣於意云何此香為生栴檀木生於汝鼻為生於空阿難若復此香生於汝鼻稱鼻所生當從鼻出鼻非

栴檀云何鼻中有栴檀氣稱汝聞香
當於鼻入鼻中出香說聞非義若生
於空空性常恒香應常在何藉鑪中
爇此枯木若生於木則此香質因爇
成煙若鼻得聞合蒙煙氣其煙騰空
未及遥遠四十里内云何已聞是故
當知香臭與聞俱无處所即齅與香
二處虛妄本非因緣非自然性
阿難汝常二時衆中持鉢其間或遇
酥酪醍醐名為上味於意云何此味
為復生於空中生於舌中為生食中
阿難若復此味生於汝舌在汝口中
秖有一舌其舌尒時已成蘇味遇黑
石蜜應不推移若不變移不名知味
若變移者舌非多體云何多味一舌
之知若生於食食非有識云何自知
又食自知即同他食何預於汝名味
之知若生於空汝噉虛空當作何味
必其虛空若作鹹味既鹹汝舌亦鹹
汝面則此界人同於海魚既常受鹹
了不知淡若不識淡亦不覺鹹必无
所知云何名味是故當知味舌與嘗
俱無處所即嘗與味二俱虛妄本非

因緣非自然性
阿難汝常晨朝以手摩頭於意云何
此摩所知誰為能觸能為在手為復
在頭若在於手頭則无知云何成觸
若在於頭手則無用云何名觸若各
各有則汝阿難應有二身若頭與手
一觸所生則手與頭當為一體若一體
者觸則無成若二體者觸誰為在在
能非所在所非能不應虛空與汝成
觸是故當知覺觸與身俱无處所即
身與觸二俱虛妄本非因緣非自然性
阿難汝常意中所緣善惡无記三性
生成法則此法為復即心所生為當
離心別有方所
阿難若即心者法則非塵非心所緣
云何成處若離於心別有方所則法
自性為知非知知則名心異汝非塵
同他心量即汝即心云何汝心更二
於汝若非知者此塵既非色聲香味
離合冷煖及虛空相當於何在今於
色空都无表示不應人間更有空外
心非所緣處從誰立是故當知法則
與心俱无處所則意與法二俱虛妄

本非因緣非自然性
復次阿難云何十八界本如来藏妙
真如性阿難如汝所明眼色為緣生
於眼識此識為復因眼所生以眼為
界因色所生以色為界阿難若因眼
生既无色空无可分別縱有汝識欲
將何用汝見又非青黄赤白無所表
示從何立界若因色生空无色時汝
識應滅云何識知是虛空性若色變
時汝亦識其色相遷變汝識不遷界
從何立從變則變界相自无不變則
恒既從色生應不識知虛空所在若
兼二種眼色共生合則中離離則兩
合體性雜乱云何成界是故當知眼
色為緣生眼識界三處都无則眼與
色及色界三本非因緣非自然性
阿難又汝所明耳聲為緣生於耳識
此識為復因耳所生以耳為界因聲
所生以聲為界
阿難若因耳生動靜二相既不現前
根不成知必無所知知尚無成識何
形皃若取耳聞无動靜故聞无所成
云何耳形雜色觸塵名為識界則耳

識界復從誰立若生於聲識因聲有
則不聞聞无聞則亡聲相所在識從
聲生許聲因聞而有聲相聞應聞識
不聞非界聞則同聲識已被聞誰知
聞識若無知者終如草木不應聲聞
雜成中界界无中位則內外相復從
何成是故當知耳聲為緣生耳識界
三處都无則耳與聲及聲界三本非
因緣非自然性
阿難又汝所明鼻香為緣生於鼻識
此識為復因鼻所生以鼻為界因香
所生以香為界
阿難若因鼻生則汝心中以何為鼻
為取宍形雙爪之相為取齅知動搖
之性若取宍形宍質乃身身知即觸
名身非鼻名觸即塵鼻尚無名云何
立界若取齅知又汝心中以何為知
以宍為知則宍之知元觸非鼻以空
為知空則自知宍應非覺如是則應
虛空是汝汝身非知今日阿難應無
所在以香為知知自屬香何預於汝
若香臭氣必生汝鼻則彼香臭二種
流氣不生伊蘭及栴檀木二物不來

汝自齅鼻為香為臭臭則非香香應
非臭若香臭二俱能聞者則汝一人
應有兩鼻對我問道有二阿難誰為
汝體若鼻是一香臭無二臭既為香
香復成臭二性不有界從誰立若因
香生識因香有如眼有見不能觀眼
因香有故應不知香知則非生不知
非識香非知有香界不成識不知香
因界則非從香建立既無中間不成
內外彼諸聞性畢竟虛妄是故當知
鼻香為緣生鼻識界三處都无則鼻
與香及香界三本非因緣非自然性
阿難又汝所明舌味為緣生於舌識
此識為復因舌所生以舌為界因味
所生以味為界
阿難若因舌生則諸世間甘蔗烏梅
黃連石鹽細辛薑桂都无有味汝自
嘗舌為甜為苦若舌性苦誰來嘗舌
舌不自嘗孰為知覺舌性非苦味自
不生云何立界若因味生識自為味
同於舌根應不自嘗云何識知是味
非味又一切味非一物生味既多生
識應多體識體若一體必味生鹹淡

甘辛和合俱生諸變異相同為一味
應无分別分別既无則不名識云何
復名舌味識界不應虛空生汝心識
舌味和合即於是中元無自性云何
界生是故當知舌味為緣生舌識界
三處都无則舌與味及舌界三本非
因緣非自然性
阿難又汝所明身觸為緣生於身識
此識為復因身所生以身為界因觸
所生以觸為界
阿難若因身生必無合離二覺觀緣
身何所識若因觸生必無汝身誰有非
身知合離者阿難物不觸知身知有
觸知身即觸知觸即身即觸非身即
身非觸身觸二相元無處所合身即
為身自體性離身即是虛空等相內
外不成中云何立中不復立內外性
空即汝識生從誰立界是故當知身
觸為緣生身識界三處都无則身與
觸及身界三本非因緣非自然性
阿難又汝所明意法為緣生於意識
此識為復因意所生以意為界因法
所生以法為界

阿難若因意生於汝意中必有所思發明汝意若无前法意无所生離緣無形識將何用又汝識心與諸思量兼了別性為同為異同意即意云何所生異意不同應無所識若无所識云何意生若有所識云何識意惟同與異二性無成界云何立若因法生世間諸法不離五塵汝觀色法及諸聲法香法味法及與觸法相狀分明以對五根非意所攝汝識決定依於法生汝今諦觀法法何狀若離色空動靜通塞合離生滅越此諸相終無所得生則色空諸法等生滅則色空諸法等滅所因既无因生有識作何形相相狀不有界云何生是故當知意法為緣生意識界三處都无則意與法及意界三本非因緣非自然性

阿難白佛言世尊如來常說和合因緣一切世間種種變化皆因四大和合發明云何如來因緣自然二俱排擯我今不知斯義所屬惟垂哀愍開示衆生中道了義无戲論法

尒時世尊告阿難言汝先猒離聲聞

緣覺諸小乘法發心勤求无上菩提故我今時為汝開示第一義諦如何復將世間戲論妄想因緣而自纏繞汝雖多聞如說藥人真藥現前不能分別如来說為真可憐愍汝今諦聽吾當為汝分別開示亦令當来修大乘者通達實相阿難默然承佛聖旨

阿難如汝所言四大和合發明世間種種變化阿難若彼大性體非和合則不能與諸大雜和猶如虛空不和諸色若和合者同於變化始終相成生滅相續生死死生生生死死如旋火輪未有休息阿難如水成冰冰還成水汝觀地性麤為大地細為微塵至隣虛塵析彼極微色邊際相七分所成更析隣虛即實空性阿難若此隣虛析成虛空當知虛空出生色相汝今問言由和合故出生世間諸變化相汝且觀此一隣虛塵用幾虛空和合而有不應隣虛合成隣虛又隣虛塵析入空者用幾色相合成虛空若色合時合色非空若空合時合空非色色猶可析空云何合汝元不知

如来藏中性色真空性空真色清淨本然周遍法界隨衆生心應所知量循業發現世間无知惑為因緣及自然性皆是識心分別計度但有言說都無實義

阿難火性无我寄於諸緣汝觀城中未食之家欲炊爨時手執陽燧日前求火阿難名和合者如我與汝一千二百五十比丘今為一衆衆雖為一詰其根本各各有身皆有所生氏族名字如舍利弗婆羅門種優盧頻螺迦葉波種乃至阿難瞿曇種姓阿難若此火性因和合有彼手執鏡於日求火此火為從鏡中而出為從艾出為於日来阿難若日来者自能燒汝手中之艾来處林木皆應受焚若鏡中出自能於鏡出然于艾鏡何不鎔紆汝手執尚无熱相云何融泮若生於艾何藉日鏡光明相接然後火生汝又諦觀鏡因手執日從天来艾本地生火從何方遊歷於此日鏡相遠非和非合不應火光无從自有汝猶不知如来藏中性火真空性空真火

清淨本然周遍法界隨衆生心應所知量阿難當知世人一處執鏡一處火生遍法界執滿世間起遍世間寧有方所循業發現世間無知惑為因緣及自然性皆是識心分別計度但有言說都无實義

阿難水性不定流息無恒如室羅城迦毗羅仙斫迦羅仙及鉢頭摩訶薩多等諸大幻師求太陰精用和幻藥是諸師等於白月晝手執方珠承月中水此水為復從珠中出空中自有為從月来阿難若從月來尚能遠方令珠出水所経林木皆應吐流流則何待方珠所出不流明水非從月降若從珠出則此珠中常應流水何待中宵承白月晝若從空生空性无邊水當无際從人洎天皆同陷溺云何復有水陸空行汝更諦觀月從天陟珠因手持承珠水盤本人敷設水從何方流注於此月珠相遠非和非合不應水精无從自有汝尚不知如来藏中性水真空性空真水清淨本然周遍法界隨衆生心應所知量一處

執珠一處水出遍法界執滿法界生生滿世間寧有方所循業發現世間無知惑為因緣及自然性皆是識心分別計度但有言說都無實義

阿難風性无體動靜不常汝常整衣入於大衆僧伽梨角動及傍人則有微風拂彼人面此風為復出袈裟角發於虛空生彼人面阿難此風若復出袈裟角汝乃披風其衣飛搖應離汝體我今說法會中垂衣汝看我衣風何所在不應衣中有藏風地若生虛空汝衣不動何因无拂空性常住風應常生若無風時虛空當滅滅風可見滅空何狀若有生滅不名虛空名為虛空云何風出若風自生彼拂之面從彼面生當應拂汝自汝整衣云何倒拂汝審諦觀整衣在汝面屬彼人虛空寂然不參流動風自誰方鼓動來此風空性隔非和非合不應風性无從自有汝宛不知如来藏中性風真空性空真風清淨本然周遍法界隨衆生心應所知量阿難如汝一人微動服衣有微風出遍法界拂

滿國土生周遍世間寧有方所循業發現世間无知惑為因緣及自然性皆是識心分別計度但有言說都无實義

阿難空性無形因色顯發如室羅城去河遥處諸刹利種及婆羅門毗舍首陁兼頗羅墮旃陁羅等新立安居鑿井求水出土一尺於中則有一尺虛空如是乃至出土一丈中間還得一丈虛空空虛淺深隨出多少此空為當因土所出因鑿所有無因自生阿難若復此空无因自生未鑿土前何不无㝵惟見大地迥無通達若因土出則土出時應見空入若土先出无空入者云何虛空因土而出若无出入則應空土元無異因无異則同則土出時空何不出若因鑿出則鑿出空應非出土不因鑿出鑿自出土云何見空汝更審諦諦審諦觀鑿從人手隨方運轉土因地移如是虛空因何所出鑿空虛實不相為用非和非合不應虛空無從自出若此虛空性圓周遍本不動搖當知現前地水

火風均名五大性真圓融皆如来藏
本無生滅阿難汝心昏迷不悟四大
元如来藏當觀虛空為出為入為非
出入汝全不知如来藏中性覺真空
性空真覺清淨本然周遍法界隨衆
生心應所知量
阿難如一井空空生一井十方虛空
亦復如是圓滿十方寧有方所循業
發現世間无知惑為因緣及自然性
皆是識心分別計度但有言說都无
實義
阿難見覺无知因色空有如汝今者
在祇陁林朝明夕昏設居中宵白月
則光黑月便暗則明暗等因見分析
此見為復與明暗相并太虛空為同
一體為非一體或同非同或異非異
阿難此見若復與明與暗及與虛空
元一體者則明與暗二體相亡暗時
无明明時非暗若與暗一明則見亡
必一於明暗時當滅滅則云何見明
見暗若暗明殊見无生滅一云何成
若此見精與暗與明非一體者汝離
明暗及與虛空分析見元作何形相

離明離暗及離虛空是見元同龜毛
兎角明暗虛空三事俱異從何立見
明暗相背云何或同離三元無云何
或異分空分見本无邊畔云何非同
見暗見明性非遷改云何非異汝更
細審微細審詳審諦審觀明從太陽
暗隨黑月通屬虛空壅歸大地如是
見精因何所出見覺空頑非和非合
不應見精无從自出若見聞知性圓
周遍本不動搖當知無邊不動虛空
并其動搖地水火風均名六大性真
圓融皆如来藏本无生滅阿難汝性
沉淪不悟汝之見聞覺知本如来藏
汝當觀此見聞覺知為生為滅為同
為異為非生滅為非同異汝曾不知
如来藏中性見覺明覺精明見清淨
本然周遍法界隨衆生心應所知量
如一見根見周法界聽齅嘗觸覺觸
覺知妙德瑩然遍周法界圓滿十虛
寧有方所循業發現世間无知惑為
因緣及自然性皆是識心分別計度
但有言說都无實義
阿難識性无源因於六種根塵妄出

汝今遍觀此會聖衆用目循歷其目
周視但如鏡中无別分析汝識於中
次第標指此是文殊此富樓那此目
乹連此須菩提此舍利弗此識了知
為生於見為生於相為生虛空為无
所因突然而出阿難若汝識性生於
見中如無明暗及與色空四種必无
元無汝見見性尚無從何發識若汝
識性生於相中不從見生既不見明
亦不見暗明暗不矚即无色空彼相
尚無識從何發若生於空非相非見
非見无辯自不能知明暗色空非相
滅緣見聞覺知无處安立處此二非
空非同無有非同物縱發汝識欲何
分別若无所因突然而出何不日中
別識明月汝更細詳微細詳審見託
汝睛相推前境可狀成有不相成無
如是識緣因何所出識動見澄非和
非合聞聽覺知亦復如是不應識緣
無從自出若此識心本无所從當知
了別見聞覺知圓滿湛然性非從所
兼彼虛空地水火風均名七大性真
圓融皆如来藏本无生滅阿難汝心

麁浮不悟見聞發明了知本如来藏汝應觀此六處識心為同為異為空為有為非同異為非空有汝元不知如来藏中性識明知覺明真識妙覺湛然遍周法界含吐十虛寧有方所循業發現世間无知惑為因緣及自然性皆是識心分別計度但有言說都无實義

尒時阿難及諸大衆蒙佛如来微妙開示身心蕩然得無罣㝵是諸大衆各各自知心遍十方見十方空如觀掌中所持葉物一切世間諸所有物皆即菩提妙明元心心精遍圓含裹十方反觀父母所生之身猶彼十方虛空之中吹一微塵若存若亡如湛巨海流一浮漚起滅无從了然自知獲本妙心常住不滅礼佛合掌得未曾有於如来前說偈讚佛

妙湛惣持不動尊　首楞嚴王世希有
銷我億刧顛倒想　不歷僧祇獲法身
願今得果成寶王　還度如是恒沙衆
將此深心奉塵剎　是則名為報佛恩
伏請世尊為證明　五濁惡世誓先入

如一衆生未成佛　終不於此取泥洹
大雄大力大慈悲　希更審除微細惑
令我早登無上覺　於十方界坐道場
舜若多性可銷亡　爍迦囉心無動轉

大佛頂萬行首楞嚴經卷第三

大佛頂如來密因修證了義諸菩薩萬行首楞嚴經卷第三

校勘記

一　底本，金藏廣勝寺本。
一　四九七頁中五行第八字「精」，石、資、磧、南、徑、清作「睛」。
一　四九七頁下一三行「自隨」，資、磧、南、徑、清作「則聞」。
一　四九七頁下一六行首字「體」，資、磧、南、徑、清作「機」。
一　四九八頁中一三行第八字「熟」，資、磧、南、徑、清作「誰」。
一　四九九頁上七行第四字「臭」，資、磧、南、徑、清作「鼻」。
一　四九九頁上一八行第一二字「作」，清作「知」。
一　五〇〇頁上一〇行第一一字「生」，磧作「空」。
一　五〇〇頁上一八行第九字「无」，諸本（不包括麗，下同）作「元」。
一　五〇一頁上一一行「汝今」，磧、

徑、清作「今汝」。

一　五〇一頁下三行首字「僃」，諸本作「循」。

一　五〇二頁上一四行第四字「珠」，資、磧、南、徑、清作「諸」。

一　五〇二頁上一七行第一一字「陷」，資、磧、南、徑、清作「滔」。

一　五〇二頁中一五行第一三字「彼」，資、磧、南、徑、清作「被」。

一　五〇二頁中二〇行第二字「性」，資、磧、南、徑、清作「心」。

一　五〇二頁下一〇行「空虛」，資、磧、南、徑、清作「虛空」。

一　五〇二頁下一八行第八字「因」，清作「應」。

一　五〇三頁上二一行「暗明」，磧、南、徑、清作「明暗」。

一　五〇三頁下三行第三字「摽」，諸本作「標」。

一　五〇三頁下一〇行第八字「曯」，資、磧、南、徑、清、麗作「矚」。

一　五〇三頁下一四行第二字「非」，資、磧、南、徑、清作「則」。

一　五〇四頁上一二行首字「掌」，石、資、磧、南、徑、清作「手」。

一　五〇四頁上一七行「本妙」，磧、南作「妙本」。

一　五〇四頁上末行第一一字「土」，資、磧、南、徑、清、麗作「世」。

大佛頂如来密因修證了義諸菩薩萬行
首楞嚴經卷第四 一名中印度那蘭陀大道場經於灌頂部錄出別行 絲
唐天竺沙門般剌蜜帝譯

尒時富樓那弥多羅尼子在大衆中即從座起偏袒右肩右膝著地合掌恭敬而白佛言大威德世尊善為衆生敷演如来第一義諦世尊常推說法人中我為第一今聞如来微妙法音猶如聾人逾百步外聆於蚊蚋本所不見何况得聞佛雖宣明令我除惑今猶未詳斯義究竟无疑惑地世尊如阿難輩雖則開悟習漏未除我等會中登無漏者雖盡諸漏今聞如来所說法音尚紆疑悔世尊若復世間一切根塵陰處界等皆如来藏清淨本然云何忽生山河大地諸有為相次第遷流終而復始又如来說地水火風本性圓融周遍法界湛然常住世尊若地性遍云何容水水性周遍火則不生復云何明水火二性俱遍虛空不相陵滅世尊地性障导空性虛通云何二俱周遍法界而我不知是義攸往惟願如来宣流大慈開我迷雲及諸大衆作是語已五體投地欽渴如来无上慈誨

尒時世尊告富樓那及諸會中漏盡無學諸阿羅漢如来今日普為此會宣勝義中真勝義性令汝會中定性聲聞及諸一切未得二空迴向上乘阿羅漢等皆獲一乘寂滅場地真阿練若正修行處汝今諦聽當為汝說

富樓那等欽佛法音默然承聽

佛言富樓那如汝所言清淨本然云何忽生山河大地汝常不聞如来宣說性覺妙明本覺明妙富樓那言唯然世尊我常聞佛宣說斯義佛言汝稱覺明為復性明稱名為覺為覺不明稱為明覺富樓那言若此不明名為覺者則无无明佛言若無所明則無明覺有所非覺无所非明无明又非覺湛明性性覺必明妄為明覺覺非所明因明立所所既妄立生汝妄能无同異中熾然成異異彼所異因異立同同異發明因此復立無同無異如是擾乱相待生勞勞久發塵自

相渾濁由是引起塵勞煩惱起為世
界靜成虛空虛空為同世界為異彼
无同異真有為法覺明空昧相待成
搖故有風輪執持世界因空生搖堅
明立礙彼金寶者明覺立堅故有金
輪保持國土堅覺寶成搖明風出風
金相摩故有火光為變化性寶明生
潤火光上蒸故有水輪含十方界火
騰水降交發立堅濕為巨海乾為洲
潬以是義故彼大海中火光常起彼
洲潬中江河常注水勢劣火結為高
山是故山石擊則成炎融則成水土
勢劣水抽為草木是故林藪遇燒成
土因絞成水交妄發生遞相為種以
是因緣世界相續
復次富樓那明妄非他覺明為咎所
妄既立明理不踰以是因緣聽不出
聲見不超色色香味觸六妄成就由
是分開見覺聞知同業相纏合離成
化見明色發明見想成異見成憎同
想成愛流愛為種納想為胎交遘發
生吸引同業故有因緣生羯羅藍遏
蒱曇等胎卵濕化隨其所應卵惟想

生胎因情有濕以合感化以離應情
想合離更相變易所有受業逐其飛
沉以是因緣眾生相續
富樓那想愛同結愛不能離則諸世
間父母子孫相生不斷是等則以欲
貪為本貪愛同滋貪不能止則諸世
間卵化濕胎隨力強弱遞相吞食是
等則以殺貪為本以人食羊羊死為
人人死為羊如是乃至十生之類死
死生生互來相噉惡業俱生窮未來
際是等則以盜貪為本汝負我命我
還債汝以是因緣經百千劫常在生
死汝愛我心我憐汝色以是因緣經
百千劫常在纏縛惟殺盜婬三為根
本以是因緣業果相續富樓那如是
三種顛倒相續皆是覺明明了知性
因了發相從妄見生山河大地諸有
為相次第遷流因此虛妄終而復始
富樓那言若此妙覺本妙覺明與如
来心不增不減无狀忽生山河大地
諸有為相如來今得妙空明覺山河
大地有為習漏何當復生
佛告富樓那辟如迷人於一聚落惑

南為北此迷為復因迷而有因悟所
出富樓那言如是迷人亦不因迷又
不因悟何以故迷本无根云何因迷
悟非生迷云何因悟佛言彼之迷人
正在迷時倏有悟人指示令悟富樓
那於意云何此人縱迷於此聚落更
生迷不不也世尊富樓那十方如來
亦復如是此迷无本性畢竟空昔本
無迷似有迷覺覺迷迷滅覺不生迷
亦如翳人見空中花翳病若除花於
空滅忽有愚人於彼空花所滅空地
待花更生汝觀是人為愚為慧富樓
那言空元無花妄見生滅見花滅空
以是顛倒勑令更出斯實狂癡云何
更名如是狂人為愚為慧佛言如汝
所解云何問言諸佛如來妙覺明空
何當更出山河大地又如金鑛雜於
精金其金一純更不成雜如木成灰
不重為木諸佛如來菩提涅槃亦復
如是
富樓那又汝問言地水火風本性圓
融周遍法界疑水火性不相凌滅又
徵虛空及諸大地俱遍法界不合相

容富樓那辟如虛空體非羣相而不拒彼諸相發揮所以者何富樓那彼太虛空日照則明雲屯則暗風搖則動霽澄則清氣凝則濁土積成霾水澄成映於意云何如是殊方諸有為相為因彼生為復空有若彼所生富樓那且日照時既是日明十方世界同為日色云何空中更見圓日若是空明空應自照云何中宵雲霧之時不生光耀當知是明非日非空不異空日觀相元妄无可指陳猶邀空花結為空菓云何詰其相淩滅義觀性元真惟妙覺明妙覺明心先非水火云何復問不相容者真妙覺明亦復如是汝以空明則有空現地水火風各各發明則各各現若俱發明則有俱現云何俱現富樓那如一水中現於日影兩人同觀水中之日東西各行則各有日隨二人去一東一西先无准的不應難言此日是一云何各行各日既雙云何現一宛轉虛妄無可憑據

富樓那汝以色空相傾相奪於如来

藏而如来藏隨為色空周遍法界是故於中風動空澄日明雲暗衆生迷悶背覺合塵故發塵勞有世間相我以妙明不滅不生合如来藏而如来藏惟妙覺明圓照法界是故於中一為无量無量為一小中現大大中現小不動道塲遍十方界身含十方無盡虛空於一毛端現寶王剎坐微塵裏轉大法輪滅塵合覺故發真如妙覺明性而如来藏本妙圓心非心非空非地非水非風非火非眼非耳鼻舌身意非色非聲香味觸法非眼識界如是乃至非意識界非明无明明无明盡如是乃至非老非死非老死盡非苦非集非滅非道非智非得非檀那非尸羅非毗棃耶非羼提非禪那非鉢剌若非波羅蜜多如是乃至非怛闥阿竭非阿羅訶三耶三菩非大涅槃非常非樂非我非淨以是俱非世出世故即如来藏元明心妙即心即空即地即水即風即火即眼即耳鼻舌身意即色即聲香味觸法即眼識界如是乃至即意識界即明無

明明无明盡如是乃至即老即死即老死盡即苦即集即滅即道即智即得即檀那即尸羅即毗棃耶即羼提即禪那即鉢剌若即波羅蜜多如是乃至即怛闥阿竭即阿羅訶三耶三菩即大涅槃即常即樂即我即淨以是即俱世出世故即如来藏妙明心元離即離非是即非即如何世間三有衆生及出世間聲聞緣覺以所知心測度如来無上菩提用世語言入佛知見辟如琴瑟箜篌琵琶雖有妙音若无妙指終不能發汝與衆生亦復如是寶覺真心各各圓滿如我按指海印發光汝暫舉心塵勞先起由不勤求无上覺道愛念小乘得少為足

富樓那言我與如来寶覺圓明真妙淨心無二圓滿而我昔遭无始妄想久在輪迴今得聖乘猶未究竟世尊諸妄一切圓滅獨妙真常敢問如来一切衆生何因有妄自蔽妙明受此淪溺佛告富樓那汝雖除疑餘惑未盡吾以世間現前諸事今復問汝汝豈不聞室羅城中演若達多忽於晨

朝以鏡照面愛鏡中頭眉目可見嗔責己頭不見面目以為魑魅無狀狂走於意云何此人何因无故狂走富樓那言是人心狂更无他故佛言妙覺明圓本圓明妙既稱為妄云何有因若有所因云何名妄自諸妄想展轉相因從迷積迷以歷塵劫雖佛發明猶不能返如是迷因因迷自有識迷無因妄无所依尚无有生欲何為滅得菩提者如寤時人說夢中事心縱精明欲何因緣取夢中物況復无因本無所有如彼城中演若達多豈有因緣自怖頭走忽然狂歇頭非外得縱未歇狂亦何遺失富樓那妄性如是因何為在汝但不隨分別世間業果衆生三種相續三緣斷故三因不生則汝心中演若達多狂性自歇歇即菩提勝淨明心本周法界不從人得何藉劬勞肯綮修證

譬如有人於自衣中繫如意珠不自覺知窮露他方乞食馳走雖實貧窮珠不曾失忽有智者指示其珠所願從心致大饒富方悟神珠非從外得

即時阿難在大衆中頂禮佛足起立白佛世尊現說殺盗婬業三緣斷故三因不生心中達多狂性自歇歇即菩提不從人得斯則因緣皎然明白云何如來頓棄因緣我從因緣心得開悟世尊此義何獨我等年少有學聲聞今此會中大目犍連及舍利弗須菩提等從老梵志聞佛因緣發心開悟得成无漏今說菩提不從因緣則王舍城拘舍梨等所說自然成第一義惟垂大悲開發迷悶

佛告阿難即如城中演若達多狂性因緣若得滅除則不狂性自然而出因緣自然理窮於是阿難演若達多頭本自然本自其然无然非自何因緣故怖頭狂走若自然頭因緣故狂何不自然因緣故失本頭不失狂怖妄出曾无變易何藉因緣本狂自然本有狂怖未狂之際狂何所潛不狂自然頭本无妄何為狂走若悟本頭識知狂走因緣自然俱為戲論是故我言三緣斷故即菩提心菩提心生生滅心滅此但生滅滅生俱盡無功

用道若有自然如是則明自然心生生滅心滅此亦生滅無生滅者名為自然猶如世間諸相雜和成一體者名和合性非和合者稱本然性本然非然和合非合合然俱離離合俱非此句方名無戲論法菩提涅槃尚在遥遠非汝歷劫辛勤證修雖復憶持十方如來十二部經清淨妙理如恒河沙秖益戲論汝雖談說因緣自然決定明了人間稱汝多聞第一以此積劫多聞薰習不能免離摩登伽難何因待我佛頂神呪摩登伽心婬火頓歇得阿那含於我法中成精進林愛河乾枯令汝解脫是故阿難汝雖歷劫憶持如來秘密妙嚴不如一日修无漏業遠離世間憎愛二苦如摩登伽宿為婬女由神呪力銷其愛欲法中今名性比丘尼與羅睺羅母耶輸陁羅同悟宿因知歷世因貪愛為苦一念薰修无漏善故或得出纏或蒙授記如何自欺尚留觀聽

阿難及諸大衆聞佛示誨疑惑銷除心悟實相身意輕安得未曾有重復

悲淚頂礼佛足長跪合掌而白佛言
無上大悲清淨寶王善開我心能以
如是種種因緣方便提奬引諸沉冥
出於苦海世尊我今雖承如是法音
知如来藏妙覺明心遍十方界含育
如来十方國土清淨寶嚴妙覺王刹
如来復責多聞无功不逮修習我今
猶如旅泊之人忽蒙天王賜以華屋
雖獲大宅要因門入惟願如来不捨
大悲示我在會諸蒙暗者捐捨小乘
必獲如来无餘涅槃本發心路令有
學者從何攝伏疇昔攀緣得陁羅尼
入佛知見作是語已五體投地在會
一心佇佛慈旨
尒時世尊哀愍會中緣覺聲聞於菩
提心未自在者及為當来佛滅度後
末法衆生發菩薩心開无上乘妙修
行路宣示阿難及諸大衆汝等決定
發菩提心於佛如来妙三摩提不生
疲惓應當先明發覺初心二決定義
云何初心二義決定阿難第一義者
汝等若欲捐捨聲聞修菩薩乘入佛
知見應當審觀因地發心與果地覺

為同為異阿難若於因地以生滅心
為本修因而求佛乘不生不滅无有
是處以是義故汝當照明諸器世間
可作之法皆從變滅阿難汝觀世間
可作之法誰為不壞然終不聞爛壞
虛空何以故空非可作由是始終無
壞滅故則汝身中堅相為地潤濕為
水煖觸為火動搖為風由此四纒分
汝湛圓妙覺明心為視為聽為覺為
察從始入終五疊渾濁云何為濁阿
難譬如清水清潔本然即彼塵土灰
沙之倫本質留礙二體法尒性不相
循有世間人取彼土塵投於淨水土
失留礙水亡清潔容貌汨然名之為
濁汝濁五重亦復如是阿難汝見虛
空遍十方界空見不分有空无體有
見无覺相織妄成是第一重名為劫
濁汝身現摶四大為體見聞覺知壅
令留礙水火風土旋令覺知相織妄
成是第二重名為見濁又汝心中憶
識誦習性發知見容現六塵離塵无
相離覺无性相織妄成是第三重名
煩惱濁又汝朝夕生滅不停知見每

欲留於世間業運每常遷於國土相
織妄成是第四重名衆生濁汝等見
聞元無異性衆塵隔越无狀異生性
中相知用中相背同異失准相織妄
成是第五重名為命濁阿難汝今欲
令見聞覺知遠契如来常樂我淨應
當先擇死生根本依不生滅圓湛性
成以湛旋其虛妄滅生伏還元覺得
元明覺无生滅性為因地心然後圓
成果地修證如澄濁水貯於淨器靜
深不動沙土自沉清水現前名為初
伏客塵煩惱去泥純水名為永斷根
本无明明相精純一切變現不為煩
惱皆合涅槃清淨妙德
第二義者汝等必欲發菩提心於菩
薩乘生大勇猛決定棄捐諸有為相
應當審詳煩惱根本此无始来發業
潤生誰作誰受阿難汝修菩提若不
審觀煩惱根本則不能知虛妄根塵
何處顛倒處尚不知云何降伏取如
来位阿難汝觀世間解結之人不見所
結云何知解不聞虛空被汝隳裂何
以故空无相形無結解故則汝現前

眼耳鼻舌及與身心六為賊媒自劫
家寶由此无始衆生世界生纒縛故
於器世間不能超越阿難云何名為
衆生世界世為遷流界為方位汝今
當知東西南北東南西南東北西北
上下為界過去未來現在為世位方
有十流數有三一切衆生織妄相成
身中貿遷世界相涉而此界性設雖
十方定位可明世間秖目東西南北
上下無位中无定方四數必明與世
相涉三四四三宛轉十二流變三疊
一十百千惣括始終六根之中各各
功德有千二百阿難汝復於中克定
優劣如眼觀見後暗前明前方全明
後方全暗左右傍觀三分之二統論
所作功德不全三分言功一分無德
當知眼惟八百功德如耳周聽十方
无遺動若迩遥靜無邊際當知耳根
圓滿一千二百功德如鼻齅聞通出
入息有出有入而闕中交驗於耳根
三分闕一當知鼻惟八百功德如舌
宣揚盡諸世間出世間智言有方分
理无窮盡當知舌根圓滿一千二百

功德如身覺觸識於違順合時能覺
離中不知離一合雙驗於舌根三分
闕一當知身惟八百功德如意默容
十方三世一切世間出世間法惟聖
與凡無不苞容盡其涯際當知意根
圓滿一千二百功德阿難汝今欲逆
生死欲流返窮流根至不生滅當驗
此等六受用根誰合誰離誰深誰淺
誰為圓通誰不圓滿若能於此悟圓
通根逆彼无始織妄業流得循圓通
與不圓根日劫相倍我今備顯六湛
圓明本所功德數量如是隨汝詳擇
其可入者吾當發明令汝增進十方
如來於十八界一一修行皆得圓滿
無上菩提於其中間亦无優劣但汝
下劣未能於中圓自在慧故我宣揚
令汝但於一門深入入一無妄彼六
知根一時清淨
阿難白佛言世尊云何逆流深入一
門能令六根一時清淨
佛告阿難汝今已得須陁洹果已滅
三界衆生世間見所斷惑然猶未知
根中積生无始虚習彼習要因修所

斷得何況此中生住異滅分劑頭數
今汝且觀現前六根為一為六
阿難若言一者耳何不見目何不聞
頭奚不履足奚無語若此六根決定
成六如我今會與汝宣揚微妙法門
汝之六根誰來領受阿難言我用耳
聞佛言汝耳自聞何關身口口來問
義身起欽承是故應知非一終六非
六終一終不汝根元一元六阿難當
知是根非一非六由無始來顛倒淪
替故於圓湛一六義生汝須陁洹雖
得六銷猶未亡一如太虚空叅合羣
器由器形異名之異空除器觀空說
空為一彼太虚空云何為汝成同不
同何況更名是一非一則汝了知六
受用根亦復如是由明暗等二種相
形於妙圓中粘湛發見見精映色結
色成根根元目為清淨四大因名眼
體如蒲萄朶浮根四塵流逸奔色由
動靜等二種相擊於妙圓中粘湛發
聽聽精映聲卷聲成根根元目為
清淨四大因名耳體如新卷葉浮根
四塵流逸奔聲由通塞等二種相發

於妙圓中粘湛發齅齅精映香納香
成根根元目為清淨四大因名鼻體
如雙垂爪浮根四塵流逸奔香由甜
變等二種相參於妙圓中粘湛發嘗
嘗精映味絞味成根根元目為清淨
四大因名舌體如初偃月浮根四塵
流逸奔味由離合等二種相摩於妙
圓中粘湛發覺覺精映觸搏觸成根
根元目為清淨四大因名身體如腰
鼓顙浮根四塵流逸奔觸由生滅等
二種相續於妙圓中粘湛發知知精
映法覽法成根根元目為清淨四大
因名意思如幽室見浮根四塵流逸
奔法阿難如是六根由彼覺明有明
明覺失彼精了粘妄發光是以汝今
離暗離明無有見體離動離靜元無
聽質無通無塞齅性不生非變非甜
嘗无所出不離不合覺觸本无无滅
无生了知安寄汝但不循動靜合離
甜變通塞生滅暗明如是十二諸有
為相隨拔一根脫粘內伏伏歸元真
發本明耀耀性發明諸餘五粘應拔
圓脫不由前塵所起知見明不循根

寄根明發由是六根互相為用阿難
汝豈不知今此會中阿那律陁无目
而見跋難陁龍無耳而聽殑伽神女
非鼻聞香驕梵鉢提異舌知味舜若
多神無身有觸如來光中映令暫現
既為風質其體元無諸滅盡定得寂
聲聞如此會中摩訶迦葉久滅意根
圓明了知不因心念阿難今汝諸根
若圓拔已內瑩發光如是浮塵及器
世間諸變化相如湯銷冰應念化成
无上知覺阿難如彼世人聚見於眼
若令急合暗相現前六根黯然頭足
相類彼人以手循體外繞彼雖不見
頭足一辯知覺是同緣見因明暗成
无見不明自發則諸暗相永不能昏
根塵既銷云何覺明不成圓妙

阿難白佛言世尊如佛說言因地覺
心欲求常住要與果位名目相應世
尊如果位中菩提涅槃真如佛性菴
摩羅識空如來藏大圓鏡智是七種
名稱謂雖別清淨圓滿體性堅凝如
金剛王常住不壞若此見聽離於暗
明動靜通塞畢竟无體猶如念心離

於前塵本无所有云何將此畢竟斷
滅以為修因欲獲如來七常住果世
尊若離明暗見畢竟空如無前塵念
自性滅進退循環微細推求本无我
心及我心所將誰立因求無上覺如
來先說湛精圓常違越誠言終成戲
論云何如來真實語者惟垂大慈開
我蒙恡

佛告阿難汝學多聞未盡諸漏心中
徒知顛倒所因真倒現前實未能識
恐汝誠心猶未信伏吾今試將塵俗
諸事當除汝疑即時如來勅羅睺羅
擊鐘一聲問阿難言汝今聞不阿難
大眾俱言我聞鐘歇无聲佛又問言
汝今聞不阿難大眾俱言不聞時羅
睺羅又擊一聲佛又問言汝今聞不
阿難大眾又言俱聞佛問阿難汝云
何聞云何不聞阿難大眾俱白佛言
鐘聲若擊則我得聞擊久聲銷音響
雙絕則名无聞如來又勅羅睺擊鐘
問阿難言尔今聲不阿難言聲少選
聲銷佛又問言尔今聲不阿難大眾
荅言无聲有頃羅睺更來撞鐘佛又

問言尒今聲不阿難大衆俱言有聲
佛問阿難汝云何聲云何無聲阿難
大衆俱白佛言鍾聲若擊則名有聲
擊久聲銷音響雙絶則名无聲佛語
阿難及諸大衆汝今云何自語矯乱
大衆阿難俱時問佛我今云何名為
矯乱佛言我問汝聞汝則言聞又問
汝聲汝則言聲惟聞與聲報荅无定
如是云何不名矯乱阿難聲銷無響
汝說無聞若實无聞聞性巳滅同于
枯木鍾聲更擊汝云何知知有知无
自是聲塵或無或有豈彼聞性為汝
有無聞實云无誰知無者是故阿難
聲於聞中自有生滅非為汝聞聲生
聲滅令汝聞性為有為無汝尚顛倒
惑聲為聞何怪昏迷以常為斷終不
應言離諸動靜閉塞開通說聞無性
如重睡人眠熟床枕其家有人於彼
睡時擣練舂米其人夢中聞舂擣聲
別作他物或為擊鼓或復撞鍾即於
夢時自怪其鍾為木石響於時忽寤
遄知杵音自告家人我正夢時惑此
舂音將為鼓響阿難是人夢中豈憶

靜搖開閉通塞其形雖寐聞性不昏
縱汝形銷命光遷謝此性云何為汝
銷滅以諸衆生從無始來循諸色聲
逐念流轉曾不開悟性淨妙常不循
所常逐諸生滅由是生生雜染流轉
若棄生滅守於真常常光現前塵根
識心應時銷落想相為塵識情為垢
二俱遠離則汝法眼應時清明云何
不成无上知覺

大佛頂萬行首楞嚴經卷第四

大佛頂如來密因修證了義諸菩薩萬行首楞嚴經卷第四

校勘記

一　底本，金藏廣勝寺本。
一　五〇六頁下一七行第六字「无」，〔資〕、〔磧〕、〔南〕、〔徑〕、〔清〕作「所」。
一　五〇七頁上二〇行末字「同」，〔磧〕作「思」。
一　五〇七頁中二行第一二字「逐」，〔資〕作「遂」。
一　五〇七頁中一〇行第七字「敢」，諸本（不包括〔普〕，下同）作「噉」。
一　五〇七頁中一二行「債汝」，〔資〕、〔磧〕、〔南〕、〔徑〕、〔清〕作「汝債」。
一　五〇七頁下一行末字「所」，〔磧〕、〔南〕、〔徑〕、〔清〕作「而」。
一　五〇七頁下一七行第一三字「雜」，〔磧〕作「離」。
一　五〇七頁下末行首字「微」，諸本作「徵」。
一　五〇八頁上七行第三字「且」，〔石〕

作「旦」。

一　五〇八頁上一五行第三字「汝」，石作「安」。

一　五〇八頁下七行「即俱」，資、磧、南、徑、清作「俱即」。

一　五〇八頁下一三行第四字「寶」，石作「實」。

一　五〇九頁下七行「證修」，資、磧、南、徑、清、麗作「修證」。

一　五〇九頁下一二行首字「因」，資、磧、南、徑、清作「須」。

一　五〇九頁下一八行第一一字「羅」，資、磧、南、徑、清無。

一　五一〇頁上六行第一三字「主」，諸本作「王」。

一　五一〇頁上一七行第七字「薩」，資、磧、南、徑、清作「提」。

一　五一〇頁下八行第一〇字「伏」，磧、南、徑、清作「復」。

一　五一〇頁下一〇行第一二字「淨」，資、磧、南、徑、清作「静」。

一　五一〇頁下一一行第七字「況」，諸本作「沉」。

一　五一〇頁下二二行第一二字「隳」，資、磧、南、徑、清作「墮」。

一　五一〇頁下末行「相形」，資、磧、南、徑、清作「形相」。

一　五一一頁上六行「位方」，資、磧、南、徑、清作「方位」。

一　五一一頁上二〇行第一三字「耳」，資、磧、南、徑、清作「鼻」。

一　五一一頁中二行第一一字「舌」，資、磧、南、徑、清作「身」。

一　五一一頁下一九行第五字「埵」，諸本作「朵」。

一　五一二頁上三行末字「甜」，諸本作「恬」，下同。

一　五一二頁上一〇行第二字「譟」，資、磧、南、徑、清、麗作「顙」。

一　五一二頁上一二行第三字「覽」，磧、南、徑、清作「攬」。

一　五一二頁上二〇行「暗明」，資、磧、南、徑、清作「明暗」，下同。

一　五一二頁中五行第五字「有」，資、磧、南、徑、清作「覺」。

一　五一二頁中六行第七字「无」，諸本作「元」。

一　五一二頁下二一行第一一字「言」，資、磧、南、徑、清作「大衆俱言有」。

一　五一三頁上一九行第五字「春」，諸本作「舂」，下同。

一　五一三頁上二〇行第一〇字「復」，磧、南、徑、清作「爲」。

一　五一三頁中二行第五字「金」，石作「今」；磧、南、徑、清、麗作「命」。

一　五一三頁中六行「塵根」，磧、南、徑、清作「根塵」。

大佛頂如来密因修證了義諸菩薩萬行首
楞嚴經卷第五　一名中印度那爛陀大道場經於灌頂部錄出別行　絲
唐天竺沙門般剌蜜諦譯

阿難白佛言世尊如来雖說第二義門令觀世間解結之人若不知其所結之元我信是人終不能解世尊我及會中有學聲聞亦復如是從無始際與諸无明俱滅俱生雖得如是多聞善根名為出家猶隔日瘧惟願大慈哀愍淪溺今日身心云何是結從何名解亦令未来苦難衆生得免輪迴不落三有作是語已普及大衆五體投地雨淚翹誠佇佛如来无上開示尒時世尊憐愍阿難及諸會中諸有學者亦為未来一切衆生為出世因作將来眼以閻浮檀紫光金手摩阿難頂即時十方普佛世界六種振動微塵如来住世界者各有寶光從其頂出其光同時於彼世界来祇陁林灌如来頂是諸大衆得未曾有於是阿難及諸大衆俱聞十方微塵如来異口同音告阿難言善哉阿難汝欲

識知俱生无明使汝輪轉生死結根惟汝六根更无他物汝復欲知無上菩提令汝速登安樂解脫寂靜妙常亦汝六根更非他物阿難雖聞如是法音心猶未明稽首白佛云何令我生死輪迴安樂妙常同是六根更非他物佛告阿難根塵同源縛脫無二識性虛妄猶如空花阿難由塵發知因根有相相見无性同於交蘆是故汝今知見立知即無明本知見无見斯即涅槃无漏真淨云何是中更容他物尒時世尊欲重宣此義而說偈言

真性有為空　緣生故如幻　无為无起滅
不實如空花　言妄顯諸真　妄真同二妄
猶非真非真　云何見所見　中間无實性
是故若交蘆　結解同所因　聖凡無二路
汝觀交中性　空有二俱非　迷晦即無明
發明便解脫　解結因次第　六解一亦亡
根選擇圓通　入流成正覺　陁那微細識
習氣成暴流　真非真恐迷　我常不開演
自心取自心　非幻成幻法　不取无非幻
非幻尚不生　幻法云何立　是名妙蓮花
金剛王寶覺　如幻三摩提　彈指超无學

此阿毗達磨　十方薄伽梵　一路涅槃門
於是阿難及諸大衆聞佛如来無上慈誨祇夜伽陁雜糅精瑩妙理清徹心目開明歎未曾有阿難合掌頂礼白佛我今聞佛无遮大悲性淨妙常真實法句心猶未達六解一亡舒結倫次惟垂大慈再愍斯會及與將来施以法音洗滌沉垢
即時如来於師子座整涅槃僧歛僧伽棃覽七寶机引手於机取刧波羅天所奉花巾於大衆前綰成一結示阿難言此名何等阿難大衆俱白佛言此名為結於是如来綰疊花巾又成一結重問阿難此名何等阿難大衆又白佛言此亦名結如是倫次綰疊花巾揔成六結一一結成皆取手中所成之結持問阿難此名何等阿難大衆亦復如是次第詶佛此名為結佛告阿難我初綰巾汝名為結此疊花巾先實一條第二第三云何汝曹復名為結阿難白佛言世尊此寶疊花緝績成巾雖本一體如我思惟如来一綰得一結名若百綰成終名百

結何況此巾秖有六結終不至七亦不停五云何如来秖許初時第二第三不名為結佛告阿難此寶花巾汝知此巾元止一條我六綰時名有六結汝審觀察巾體是同因結有異於意云何初綰結成名為第一如是乃至第六結生吾今欲將第六結名成第一不不也世尊六結若存斯第六名終非第一縱我歷生盡其明辯如何令是六結乱名佛言六結不同循顧本因一巾所造令其雜乱終不得成則汝六根亦復如是畢竟同中生畢竟異佛告阿難汝必嫌此六結不成願樂一成復云何得阿難言此結若存是非鋒起於中自生此結非彼彼結非此如来今日若揔解除結若不生則無彼此尚不名一六云何成佛言六解一亡亦復如是由汝无始心性狂乱知見妄發發妄不息勞見發塵如勞目睛則有狂花於湛精明無因乱起一切世間山河大地生死涅槃皆即狂勞顛倒花相阿難言此勞同結云何解除如来以手將所結巾偏

掣其左問阿難言如是解不不也世尊旋復以手偏牽右邊又問阿難如是解不不也世尊佛告阿難吾今以手左右各牽竟不能解汝設方便云何成解阿難白佛言世尊當於結心解即分散佛告阿難如是如是若欲除結當於結心阿難我說佛法從因緣生非取世間和合麁相如来發明世出世法知其本因隨所緣出如是乃至恒沙界外一滴之雨亦知頭數現前種種松直棘曲鵠白烏玄皆了元由是故阿難隨汝心中選擇六根根結若除塵相自滅諸妄銷亡不真何待阿難吾今問汝此刧波羅巾六結現前同時解縈得同除不不也世尊是結本以次第綰生今日當須次第而解六結同體結不同時則結解時云何同除佛言六根解除亦復如是此根初解先得人空空性圓明成法解脫解脫法已俱空不生是名菩薩從三摩地得无生忍
阿難及諸大衆蒙佛開示慧覺圓通得无疑惑一時合掌頂礼雙足而白

佛言我等今日身心皎然快得无㝵
雖復悟知一六亡義然猶未達圓通
本根世尊我輩飄零積劫孤露何心
何慮預佛天倫如失乳兒忽遇慈母
若復因此際會道成所得密言還同
本悟則與未聞無有差別惟垂大悲
惠我秘嚴成就如來最後開示作是
語已五體投地退藏密機冀佛冥授
尒時世尊普告衆中諸大菩薩及諸
漏盡大阿羅漢汝等菩薩及阿羅漢
生我法中得成无學吾今問汝最初
發心悟十八界誰為圓通從何方便
入三摩地
憍陳那五比丘即從座起頂礼佛足
而白佛言我在鹿苑及於雞園觀見
如來最初成道於佛音聲悟明四諦
佛問比丘我初稱解如來印我名阿
若多妙音密圓我於音聲得阿羅漢
佛問圓通如我所證音聲為上
優波尼沙陁即從座起頂礼佛足而
白佛言我亦觀佛最初成道觀不淨
相生大猒離悟諸色性以從不淨白
骨微塵歸於虛空空色二无成无學

道如來印我名尼沙陁塵色既盡妙
色密圓我從色相得阿羅漢佛問圓
通如我所證色因為上
香嚴童子即從座起頂礼佛足而白
佛言我聞如來教我諦觀諸有為相
我時辭佛宴晦清齋見諸比丘燒沉
水香香氣寂然來入鼻中我觀此氣
非木非空非煙非火去无所著來无
所從由是意銷發明無漏如來印我
得香嚴号塵氣倏滅妙香密圓我從
香嚴得阿羅漢佛問圓通如我所證
香嚴為上
藥王藥上二法王子并在會中五百
梵天即從座起頂礼佛足而白佛言
我无始劫為世良醫口中嘗此娑婆
世界草木金石名數凡有十万八千
如是悉知苦醋醎淡甘辛等味并諸
和合俱生變異是冷是熱有毒无毒
悉能遍知承事如來了知味性非空
非有非即身心非離身心分別味因
從是開悟蒙佛如來印我昆季藥王
藥上二菩薩名今於會中為法王子
因味覺明位登菩薩佛問圓通如我

所證味因為上
跋陁婆羅并其同伴十六開士即從
座起頂礼佛足而白佛言我等先於
威音王佛聞法出家於浴僧時隨例
入室忽悟水因既不洗塵亦不洗體
中間安然得無所有宿習无忘乃至
今時從佛出家今得無學彼佛名我
跋陁婆羅妙觸宣明成佛子住佛問
圓通如我所證觸因為上
摩訶迦葉及紫金光比丘尼等即從
座起頂礼佛足而白佛言我於往劫
於此界中有佛出世名日月燈我得
親近聞法修學佛滅度後供養舍利
然燈續明以紫光金塗佛形像自尒
已來世世生生身常圓滿紫金光聚
此紫金光比丘尼者即我眷屬同時
發心我觀世間六塵變壞惟以空寂
修於滅盡身心乃能度百千劫猶
如彈指我以空法成阿羅漢世尊說
我頭陁為最妙法開明銷滅諸漏佛
問圓通如我所證法因為上
阿那律陁即從座起頂礼佛足而白
佛言我初出家常樂睡眠如來訶我

為畜生類我聞佛訶啼泣自責七日不眠失其雙目世尊示我樂見照明金剛三昧我不因眼觀見十方精真洞然如觀掌果如來印我成阿羅漢佛問圓通如我所證旋見循元斯為第一

周利槃特迦即從座起頂礼佛足而白佛言我闕誦持无多聞性最初值佛聞法出家憶持如來一句伽陁於一百日得前遺後得後遺前佛愍我愚教我安居調出入息我時觀息微細窮盡生住異滅諸行剎那其心豁然得大无㝵乃至漏盡成阿羅漢住佛座下印成无學佛問圓通如我所證返息循空斯為第一

驕梵鉢提即從座起頂礼佛足而白佛言我有口業於過去劫輕弄沙門世世生生有牛呞病如來示我一味清淨心地法門我得滅心入三摩地觀味之知非體非物應念得超世間諸漏內脫身心外遺世界遠離三有如鳥出籠離垢銷塵法眼清淨成阿羅漢如來親印登无學道佛問圓通

如我所證還味旋知斯為第一

畢陵伽婆蹉即從座起頂礼佛足而白佛言我初發心從佛入道數聞如來說諸世間不可樂事乞食城中心思法門不覺路中毒刺傷足舉身疼痛我念有知知此深痛雖覺覺痛覺清淨心无痛痛覺我又思惟如是一身寧有雙覺攝念未久身心忽空三七日中諸漏虛盡成阿羅漢得親印記發明無學佛問圓通如我所證純覺遺身斯為第一

須菩提即從座起頂礼佛足而白佛言我曠劫來心得无㝵自憶受生如恒河沙初在母胎即知空寂如是乃至十方成空亦令衆生證得空性蒙如來發性覺真空空性圓明得阿羅漢頓入如來寶明空海同佛知見印成無學解脫性空我為无上佛問圓通如我所證諸相入非非所非盡旋法歸無斯為第一

舍利弗即從座起頂礼佛足而白佛言我曠劫來心見清淨如是受生如恒河沙世出世間種種變化一見則

通獲无障㝵我於路中逢迦葉波兄弟相逐宣說因緣悟心无際從佛出家見覺明圓得大無畏成阿羅漢為佛長子從佛口生從法化生佛問圓通如我所證心見發光光極知見斯為第一

普賢菩薩即從座起頂礼佛足而白佛言我已曾與恒沙如來為法王子十方如來教其弟子菩薩根者修普賢行從我立名世尊我用心聞分別衆生所有知見若於他方恒沙界外有一衆生心中發明普賢行者我於尒時乘六牙象分身百千皆至其處縱彼障深未合見我我與其人暗中摩頂擁護安慰令其成就佛問圓通我說本因心聞發明分別自在斯為第一

孫陁羅難陁即從座起頂礼佛足而白佛言我初出家從佛入道雖具戒律於三摩提心常散動未獲無漏世尊教我及俱絺羅觀鼻端白我初諦觀經三七日見鼻中氣出入如煙身心內明圓洞世界遍成虛淨猶如琉

璃煙相漸銷鼻息成白心開漏盡諸
出入息化為光明照十方界得阿羅
漢世尊記我當得菩提佛問圓通我
以銷息息久發明明圓滅漏斯為第一
富樓那弥多羅尼子即從座起頂礼
佛足而白佛言我曠劫来辯才无㝵
宣說苦空深達實相如是乃至恒沙
如来秘密法門我於衆中微妙開示
得無所畏世尊知我有大辯才以音
聲輪教我發揚我於佛前助佛轉輪
因師子吼成阿羅漢世尊印我說法
无上佛問圓通我以法音降伏魔怨
銷滅諸漏斯為第一
優波離即從座起頂礼佛足而白佛
言我親隨佛踰城出家親觀如来六
年勤苦親見如来降伏諸魔制諸外
道解脫世間貪欲諸漏承佛教戒如
是乃至三千威儀八万微細性業遮
業悉皆清淨身心寂滅成阿羅漢我
是如来衆中綱紀親印我心持戒修
身衆推无上佛問圓通我以執身身
得自在次第執心心得通達然後身
心一切通利斯為第一

大目揵連即從座起頂礼佛足而白
佛言我初於路乞食逢遇優樓頻螺
伽耶那提三迦葉波宣說如来因緣
深義我頓發心得大通達如来惠我
袈裟著身鬚髮自落我遊十方得无
㝵神通發明推為無上成阿羅漢
寧惟世尊十方如来歎我神力圓明
清淨自在无畏佛問圓通我以旋湛
心光發宣如澄濁流久成清瑩斯為
第一
烏芻瑟摩於如来前合掌頂礼佛
之雙足而白佛言我常先憶久遠劫
前性多貪欲有佛出世名曰空王說
多婬人成猛火聚教我遍觀百骸四
肢諸冷煖氣神光內凝化多婬心成
智慧火從是諸佛皆呼召我名為火
頭我以火光三昧力故成阿羅漢心
發大願諸佛成道我為力士親伏魔
怨佛問圓通我以諦觀身心煖觸無
㝵流通諸漏既銷生大寶燄登無上
覺斯為第一
持地菩薩即從座起頂礼佛足而白
佛言我念往昔普光如来出現於世

我為比丘常於一切要路津口田地
險隘有不如法妨損車馬我皆平填
或作橋梁或負沙土如是勤苦經無
量佛出現於世或有衆生於闤闠處
要人擎物我先為擎至其所詣放物
即行不取其直毗舍浮佛現在世時
世多飢荒我為負人無問遠近惟取
一錢或有車牛被於陷溺我有神力
為其推輪拔其苦惱時國大王延佛
設齋我於尒時平地待佛毗舍如来
摩頂謂我當平心地則世界地一切
皆平我即心開見身微塵與造世界
所有微塵等无差別微塵自性不相
觸摩乃至刀兵亦无所觸我於法性
悟无生忍成阿羅漢迴心今入菩薩
位中聞諸如来宣妙蓮花佛知見地
我先證明而為上首佛問圓通我以
諦觀身界二塵等無差別本如来藏
虛妄發塵塵銷智圓成无上道斯為
第一
月光童子即從座起頂礼佛足而白
佛言我憶往昔恒河沙劫有佛出世
名為水天教諸菩薩修習水精入三

摩地觀於身中水性无奪初從涕唾如是窮盡津液精血大小便利身中旋復水性一同見水身中與世界外浮幢王刹諸香水海等无差別我於是時初成此觀但見其水未得无身當為比丘室中安禪我有弟子窺窗觀室惟見清水遍在屋中了無所見童稚无知取一瓦礫投於水內激水作聲顧眄而去我出定後頓覺心痛如舍利弗遭違害鬼我自思惟今我巳得阿羅漢道久離病緣去何今日忽生心痛將无退失

尒時童子捷來我前說如上事我則告言汝更見水可即開門入此水中除去瓦礫童子奉教後入定時還復見水瓦礫宛然開門除出我後出定身質如初逢無量佛如是至於山海自在通王如來方得亡身與十方界諸香水海性合真空無二无別今於如來得童真名預菩薩會佛問圓通我以水性一味流通得無生忍圓滿菩提斯為第一

琉璃光法王子即從座起頂礼佛足

而白佛言我憶往昔經恒沙劫有佛出世名无量聲開示菩薩本覺妙明觀此世界及衆生身皆是妄緣風力所轉我於尒時觀界安立觀世動時觀身動止觀心動念諸動无二等無差別我時了覺此羣動性來无所從去无所至十方微塵顛倒衆生同一虛妄如是乃至三千大千一世界內所有衆生如一器中貯百蚊蚋啾啾乱鳴於分寸中鼓發狂鬧逢佛未幾得无生忍尒時心開乃見東方不動佛國為法王子事十方佛身心發光洞徹无㝵佛問圓通我以觀察風力无依悟菩提心入三摩地合十方佛傳一妙心斯為第一

虛空藏菩薩即從座起頂礼佛足而白佛言我與如來定光佛所得無邊身尒時手執四大寶珠照明十方微塵佛刹化成虛空又於自心現大圓鏡內放十種微妙寶光流灌十方盡虛空際諸幢王刹來入鏡內涉入我身身同虛空不相妨㝵身能善入微塵國土廣行佛事得大隨順此大神

力由我諦觀四大无依妄想生滅虛空无二佛國本同於同發明得无生忍佛問圓通我以觀察虛空無邊入三摩地妙力圓明斯為第一

弥勒菩薩即從座起頂礼佛足而白佛言我憶往昔經微塵劫有佛出世名日月燈明我從彼佛而得出家心重世名好遊族姓尒時世尊教我修習惟心識定入三摩地歷劫巳來以此三昧事恒沙佛求世名心歇滅無有至然燈佛出現於世我乃得成無上妙圓識心三昧乃至盡空如來國土淨穢有無皆是我心變化所現世尊我了如是惟心識故識性流出無量如來今得授記次補佛處佛問圓通我以諦觀十方唯識識心圓明入圓成實遠離依他及遍計執得无生忍斯為第一

大勢至法王子與其同倫五十二菩薩即從座起頂礼佛足而白佛言我憶往昔恒河沙劫有佛出世名无量光十二如來相繼一劫其最後佛名超日月光彼佛教我念佛三昧譬如

有人一專為憶一人專忘如是二人若逢不逢或見非見二人相憶二憶念深如是乃至從生至生同於形影不相乖異十方如来憐念衆生如母憶子若子逃逝雖憶何為子若憶母如母憶時母子歷生不相違遠若衆生心憶佛念佛現前當来必定見佛去佛不遠不假方便自得心開如染香人身有香氣此則名曰香光莊嚴我本因地以念佛心入無生忍今於此界攝念佛人歸於淨土佛問圓通我無選擇都攝六根淨念相繼得三摩提斯為第一

大佛頂萬行首楞嚴經卷第五

大佛頂如來密因修證了義諸菩薩萬行首楞嚴經卷第五

校勘記

一　底本，金藏廣勝寺本。
一　五一五頁中一六行「光金」，磧、南、徑、清作「金光」。
一　五一五頁下三行第六字「登」，資、磧、南、徑、清作「證」。
一　五一六頁上七行第七字「冄」，諸本（不包括普，下同）作「再」。
一　五一六頁上一八行第九字「酬」，磧、南、徑、清作「詶」。
一　五一六頁上二二行第二字「緝」，資、磧、南、徑、清作「緝」。
一　五一六頁中一〇行第七字「言」，資、磧、南、徑、清作「言如是」。
一　五一六頁下五行「成解」，資、磧、南、徑、清作「解成」。
一　五一七頁上一四行首字「驕」，資、磧、南、徑、清作「憍」，下同。
一　五一七頁中一五行第三字「始」，磧、南作「量」。
一　五一七頁下七行第七字「今」，磧、南、徑、清作「令」。
一　五一七頁下一六行第八字「者」，資、磧、南、徑、清作「等」。
一　五一八頁上五行第一二字「丸」，資、磧、南、徑、清、麗作「元」。
一　五一八頁下一行「路中」，磧、南、徑、清作「中路」。
一　五一八頁下一四行第六字「合」，資、磧、南、徑、清作「得」。
一　五一八頁下二〇行「三摩提」，磧、南、徑、清作「三摩地」，下同。
一　五一九頁上二一行第四字「无」，磧、南、徑、清作「爲」。
一　五一九頁中一六行末字「大」，諸本作「火」。
一　五一九頁下四行第一三字「闐」，諸本作「闃」。
一　五一九頁下八行第九字「陷」，石、資、磧、南、徑、清作「泥」。
一　五一九頁下九行第一三字「延」，

石、麗作「筵」。

一　五一九頁下末行第一二字「精」，資、磧、南、徑、清作「觀」。

一　五二〇頁上七行第九字「屋」，資、磧、南、徑、清作「室」。

一　五二〇頁上九行第三字「盻」，磧、南、徑、清作「盼」。

一　五二〇頁上一九行第一一字「无」，徑作「分」。

一　五二〇頁中六行「了覺」，資、磧、南、徑、清作「覺了」。

一　五二一頁上一行第一三字「二」，麗作「一」。

一　五二一頁上六行第六字「千」，資、磧、南、徑、清、麗作「子」。

大佛頂如来密因修證了義諸菩薩萬行首楞嚴經卷第六　一名中印度那蘭陀大道場經於灌頂部錄出別行

唐天竺沙門般剌蜜帝譯

尒時觀世音菩薩即從座起頂礼佛足而白佛言世尊憶念我昔无數恒河沙劫於時有佛出現於世名觀世音我於彼佛發菩提心彼佛教我從聞思修入三摩地初於聞中入流亡所所入既寂動靜二相了然不生如是漸增聞所聞盡盡聞不住覺所覺空空覺極圓空所空滅生滅既滅寂滅現前忽然超越世出世間十方圓明獲二殊勝一者上合十方諸佛本妙覺心與佛如来同一慈力二者下合十方一切六道衆生與諸衆生同一悲仰

世尊由我供養觀音如来蒙彼如来授我如幻聞薰聞修金剛三昧與佛如来同慈力故令我身成三十二應入諸國土世尊若諸菩薩入三摩地進修无漏勝解現圓我現佛身而為說法令其解脫若諸有學寂靜妙明

勝妙現圓我於彼前現獨覺身而為說法令其解脫若諸有學斷十二緣緣斷勝性勝妙現圓我於彼前現緣覺身而為說法令其解脫若諸有學得四諦空修道入滅勝性現圓我於彼前現聲聞身而為說法令其解脫若諸衆生欲心明悟不犯欲塵欲身清淨我於彼前現梵王身而為說法令其解脫若諸衆生欲為天主統領諸天我於彼前現帝釋身而為說法令其成就若諸衆生欲身自在遊行十方我於彼前現自在天身而為說法令其成就若諸衆生欲身自在飛行虛空我於彼前現大自在天身而為說法令其成就若諸衆生愛統鬼神救護國土我於彼前現天大將軍身而為說法令其成就若諸衆生愛統世界保護衆生我於彼前現四天王身而為說法令其成就若諸衆生愛生天宮駈使鬼神我於彼前現四天王國太子身而為說法令其成就若諸衆生樂為人主我於彼前現人王身而為說法令其成就若諸衆生

愛主族姓世間推讓我於彼前現長
者身而為說法令其成就若諸衆生
愛談名言清淨其居我於彼前現居
士身而為說法令其成就若諸衆生
愛治國土剖斷邦邑我於彼前現宰
官身而為說法令其成就若諸衆生
愛諸數術攝衛自居我於彼前現婆
羅門身而為說法令其成就若有男
子好學出家持諸戒律我於彼前現
比丘身而為說法令其成就若有女
子好學出家持諸禁戒我於彼前現
比丘尼身而為說法令其成就若有
男子樂持五戒我於彼前現優婆塞
身而為說法令其成就若復女子五
戒自居我於彼前現優婆夷身而為
說法令其成就若有女人內政立身
以修家國我於彼前現女主身及國
夫人命婦大家而為說法令其成就
若有衆生不壞男根我於彼前現童
男身而為說法令其成就若有處女
愛樂處身不求侵暴我於彼前現童
女身而為說法令其成就若有諸天
樂出天倫我現天身而為說法令其

成就若有諸龍樂出龍倫我現龍身
而為說法令其成就若有藥叉樂度
本倫我於彼前現藥叉身而為說法
令其成就若乾闥婆樂脫其倫我於
彼前現乾闥婆身而為說法令其成
就若阿修羅樂脫其倫我於彼前現
阿修羅身而為說法令其成就若緊
陁羅樂脫其倫我於彼前現緊陁羅
身而為說法令其成就若摩呼羅伽
樂脫其倫我於彼前現摩呼羅伽身
而為說法令其成就若諸衆生樂人
修人我現人身而為說法令其成就
若諸非人有形無形有想无想樂度
其倫我於彼前皆現其身而為說法
令其成就是名妙淨三十二應入國
土身皆以三昧聞熏聞修無作妙力
自在成就

世尊我復以此聞熏聞修金剛三昧
无作妙力與諸十方三世六道一切
衆生同悲仰故令諸衆生於我身心
獲十四種無畏功德一者由我不自
觀音以觀觀者令彼十方苦惱衆生
觀其音聲即得解脫二者知見旋復

令諸衆生設入大火火不能燒三者
觀聽旋復令諸衆生大水所漂水不
能溺四者斷滅妄想心无殺害令諸
衆生入諸鬼國鬼不能害五者熏聞
成聞六根銷復同於聲聽能令衆生
臨當被害刀段段壞使其兵戈猶如
割水亦如吹光性无搖動六者聞熏
精明明遍法界則諸幽暗性不能全
能令衆生藥叉羅刹鳩槃茶鬼及毗
舍遮富單那等雖近其傍目不能視
七者音性圓銷觀聽返入離諸塵妄
能令衆生禁繫枷鎖所不能著八者
滅音圓聞遍生慈力能令衆生經過
嶮路賊不能劫九者熏聞離塵色所
不劫能令一切多婬衆生遠離貪欲
十者純音无塵根境圓融無對所對
能令一切忿恨衆生離諸嗔恚十一
者銷塵旋明法界身心猶如琉璃朗
徹无导能令一切昏鈍性障諸阿顛
迦永離癡暗十二者融形復聞不動
道場涉入世間不壞世界能遍十方
供養微塵諸佛如來各各佛邊為法
王子能令法界无子衆生欲求男者

誕生福德智慧之男十三者六根圓通明照无二含十方界立大圓鏡空如来藏承順十方微塵如来秘密法門受領无失能令法界無子衆生欲求女者誕生端正福德柔順衆人愛敬有相之女十四者此三千大千世界百億日月現住世間諸法王子有六十二恒河沙數修法垂範教化衆生隨順衆生方便智慧各各不同由我所得圓通本根發妙耳門然後身心微妙含容遍周法界能令衆生持我名号與彼共持六十二恒河沙諸法王子二人福德正等无異世尊我一号名與彼衆多名号无異由我修習得真圓通是名十四施無畏力福備衆生

世尊我又獲是圓通修證無上道故又能善獲四不思議無作妙德一者由我初獲妙妙聞心心精遺聞見聞覺知不能分隔成一圓融清淨寶覺故我能現衆多妙容能說無邊秘密神呪其中或現一首三首五首七首九首十一首如是乃至一百八首千

首万首八万四千爍迦囉首二臂四臂六臂八臂十臂十二臂十四臂十六臂十八臂二十臂至二十四臂如是乃至一百八臂千臂萬臂八万四千母陀羅臂二目三目四目九目如是乃至一百八目千目万目八万四千清淨寶目或慈或威或定或慧救護衆生得大自在二者由我聞思脫出六塵如聲度垣不能為㝵故我妙能現一一形誦一一呪其形其呪能以無畏施諸衆生是故十方微塵國土皆名我為施無畏者三者由我修習本妙圓通清淨本根所遊世界皆令衆生捨身珎寶求我哀愍四者我得佛心證於究竟能以珎寶種種供養十方如来傍及法界六道衆生求妻得妻求子得子求三昧得三昧求長壽得長壽如是乃至求大涅槃得大涅槃佛問圓通我從耳門圓照三昧緣心自在因入流相得三摩提成就菩提斯為第一世尊彼佛如來歎我善得圓通法門於大會中授記我為觀世音号由我觀聽十方圓明故觀音名遍十方界

尒時世尊於師子座從其五體同放寶光遠灌十方微塵如来及法王子諸菩薩頂彼諸如来亦於五體同放寶光從微塵方来灌佛頂并灌會中諸大菩薩及阿羅漢林木池沼皆演法音交光相羅如寶絲網是諸大衆得未曾有一切普獲金剛三昧即時天雨百寶蓮花青黄赤白間錯紛糅十方虛空成七寶色此娑婆界大地山河俱時不現惟見十方微塵國土合成一界梵唄詠歌自然敷奏於是如来告文殊師利法王子汝今觀此二十五無學諸大菩薩及阿羅漢各說最初成道方便皆言修習真實圓通彼等修行實无優劣前後差別我今欲令阿難開悟二十五行誰當其根兼我滅後此界衆生入菩薩乘求無上道何方便門得易成就文殊師利法王子奉佛慈旨即從座起頂禮佛足承佛威神說偈對佛

覺海性澄圓　圓澄覺元妙　元明照生所
所立照性亡　迷妄有虛空　依空立世界

想澄成國土 知覺乃衆生 空生大覺中
如海一漚發 有漏微塵國 皆從空所生
漚滅空本无 況復諸三有 歸元性無二
方便有多門 聖性无不通 順逆皆方便
初心入三昧 遟速不同倫 色想結成塵
精了不能徹 如何不明徹 於是獲圓通
音聲雜語言 但伊名句味 一非含一切
云何獲圓通 香以合中知 離則元無有
不恒其所覺 云何獲圓通 味性非本然
要以味時有 其覺不恒一 云何獲圓通
觸以所觸明 无所不明觸 合離性非定
云何獲圓通 法稱為內塵 憑塵必有所
能所非遍涉 云何獲圓通 見性雖洞然
明前不明後 四維虧一半 云何獲圓通
鼻息出入通 現前无交氣 支離匪涉入
云何獲圓通 舌非入无端 因味生覺了
味云了无有 云何獲圓通 身與所觸同
各非圓覺觀 涯量不冥會 云何獲圓通
知根雜乱思 湛了終无見 想念不可脫
云何獲圓通 識見雜三和 詰本稱非相
自體先无定 云何獲圓通 心聞洞十方
生于大因力 初心不能入 云何獲圓通
鼻想本權機 祇令攝心住 住成心所住

云何獲圓通 說法弄音文 開悟先成者
名句非無漏 云何獲圓通 持犯但束身
非身无所束 元非遍一切 云何獲圓通
神通本宿因 何關法分別 念緣非離物
云何獲圓通 若以地性觀 堅㝵非通達
有為非聖性 云何獲圓通 若以水性觀
想念非真實 如如非覺觀 云何獲圓通
若以火性觀 厭有非真離 非初心方便
云何獲圓通 若以風性觀 動寂非无對
對非無上覺 云何獲圓通 若以空性觀
昏鈍先非覺 无覺異菩提 云何獲圓通
若以識性觀 觀識非常住 存心乃虛妄
云何獲圓通 諸行是无常 念性无生滅
因果今殊感 云何獲圓通 我今白世尊
佛出娑婆界 此方真教體 清淨在音聞
欲取三摩提 實以聞中入 離苦得解脫
良哉觀世音 於恒沙劫中 入微塵佛國
得大自在力 无畏施衆生 妙音觀世音
梵音海潮音 救世悉安寧 出世獲常住
我今啓如來 如觀音所說 譬如人靜居
十方俱擊鼓 十處一時聞 此則圓真實
自非觀障外 口鼻亦復然 身以合方知
心念紛無緒 隔垣聽音響 遐迩俱可聞

五根所不齊 是則通真實 音聲性動靜
聞中為有无 無聲号无聞 非實聞无性
聲无既無滅 聲有亦非生 生滅二圓離
是則常真實 縱令在夢想 不為不思无
覺觀出思惟 身心不能及 今此娑婆國
聲論得宣明 衆生迷本聞 循聲故流轉
阿難縱強記 不免落邪思 豈非隨所淪
旋流獲無妄 阿難汝諦聽 我承佛威力
宣說金剛王 如幻不思議 佛母真三昧
汝聞微塵佛 一切秘密門 欲漏不先除
畜聞成過悞 將聞持佛佛 何不自聞聞
聞非自然生 因聲有名字 旋聞與聲脫
能脫欲誰名 一根既返源 六根成解脫
見聞如幻翳 三界若空花 聞復翳根除
塵銷覺圓淨 淨極光通達 寂照含虛空
却來觀世間 猶如夢中事 摩登伽在夢
誰能留汝形 如世巧幻師 幻作諸男女
雖見諸根動 要以一機抽 息機歸寂然
諸幻成無性 六根亦如是 元依一精明
分成六和合 一處成休復 六用皆不成
塵垢應念銷 成圓明淨妙 餘塵尚諸學
明極即如來 大衆及阿難 旋汝倒聞機
反聞聞自性 性成无上道 圓通實如是

此是微塵佛　一路涅槃門　過去諸如来
斯門已成就　現在諸菩薩　今各入圓明
未来修學人　當依如是法　我亦從中證
精惟觀世音　誠如佛世尊　詢我諸方便
以救諸末劫　求出世間人　成就涅槃心
觀世音為冣　自餘諸方便　皆是佛威神
即事捨塵勞　非是長修學　淺深同說法
頂礼如来藏　無漏不思議　願加被未来
於此門無惑　方便易成就　堪以教阿難
及末劫沉淪　但以此根修　圓通超餘者
真實心如是

於是阿難及諸大衆身心了然得大開示觀佛菩提及大涅槃猶如有人因事遠遊未得歸還明了其家所歸道路普會大衆天龍八部有學二乘及諸一切新發心菩薩其數凡有十恒河沙皆得本心遠塵離垢獲法眼淨性比丘尼聞說偈已成阿羅漢无量衆生皆發无等等阿耨多羅三藐三菩提心

阿難整衣服於大衆中合掌頂礼心跡圓明悲欣交集欲益未来諸衆生故稽首白佛大悲世尊我今已悟成

佛法門是中修行得无疑惑常聞如来說如是言自未得度先度人者菩薩發心自覺已圓能覺他者如来應世我雖未度願度末劫一切衆生世尊此諸衆生去佛漸遠邪師說法如恒河沙欲攝其心入三摩地云何令其安立道場遠諸魔事於菩提心得無退屈

尒時世尊於大衆中稱讚阿難善哉善哉如汝所問安立道場救護衆生末劫沉溺汝今諦聽當為汝說阿難大衆唯然奉教

佛告阿難汝常聞我毗柰耶中宣說修行三決定義所謂攝心為戒因戒生定因定發慧是則名為三无漏學阿難云何攝心我名為戒若諸世界六道衆生其心不婬則不隨其生死相續汝修三昧本出塵勞婬心不除塵不可出縱有多智禪定現前如不斷婬必落魔道上品魔王中品魔民下品魔女彼等諸魔亦有徒衆各各自謂成无上道我滅度後末法之中多此魔民熾盛世間廣行貪婬為善

知識令諸衆生落愛見坑失菩提路汝教世人修三摩地先斷心婬是名如来先佛世尊第一決定清淨明誨是故阿難若不斷婬修禪定者如蒸沙石欲其成飯經百千劫秖名熱沙何以故此非飯本石沙成故汝以婬身求佛妙果縱得妙悟皆是婬根根本成婬輪轉三途必不能出如来涅槃何路修證必使婬機身心俱斷斷性亦无於佛菩提斯可希冀如我此說名為佛說不如此說即波旬說

阿難又諸世界六道衆生其心不殺則不隨其生死相續汝修三昧本出塵勞殺心不除塵不可出縱有多智禪定現前如不斷殺必落神道上品之人為大力鬼中品為飛行夜叉諸鬼帥等下品尚為地行羅剎彼諸鬼神亦有徒衆各各自謂成无上道我滅度後末法之中多此神鬼熾盛世間自言食肉得菩提路阿難我今比丘食五淨肉此肉皆我神力化生本无命根汝婆羅門地多蒸濕加以沙石草菜不生我以大悲神力所加因

大慈悲假名為肉汝得其味奈何如
來滅度之後食衆生肉名為釋子汝
等當知是食肉人縱得心開似三摩
地皆大羅刹報終必沉生死苦海非
佛弟子如是之人相殺相吞相食未
已云何是人得出三界汝教世人修
三摩地次斷殺生是名如來先佛世
尊第二決定清淨明誨是故阿難若
不斷殺修禪定者譬如有人自塞其
耳高聲大叫求人不聞此等名為欲
隱彌露清淨比丘及諸菩薩於岐路
行不踏生草況以手拔云何大悲取
諸衆生血肉充食若諸比丘不服東
方絲綿絹帛及是此土靴履裘毳乳
酪醍醐如是比丘於世真脫酬還宿
債不遊三界何以故服其身分皆為
彼緣如人食其地中百穀足不離地
必使身心於諸衆生若身身分身心
二途不服不食我說是人真解脫者
如我此說名為佛說不如此說即波
旬說
阿難又復世界六道衆生其心不偷
則不隨其生死相續汝修三昧本出

塵勞偷心不除塵不可出縱有多智
禪定現前如不斷偷必落邪道上品
精靈中品妖魅下品邪人諸魅所著
彼等羣邪亦有徒衆各各自謂成無
上道我滅度後末法之中多此妖邪
熾盛世間潛匿姦欺稱善知識各自
謂已得上人法詃惑无識恐令失心所
過之處其家耗散我教比丘循方乞
食令其捨貪成菩薩道諸比丘等不
自熟食寄於殘生旅泊三界示一往
還去已無返云何賊人假我衣服裨
販如來造種種業皆言佛法卻非出
家具戒比丘為小乘道由是疑誤無
量衆生墮无間獄若我滅後其有比
丘發心決定修三摩提能於如來形
像之前身然一燈燒一指節及於身
上爇一香炷我說是人無始宿債一
時酬畢長揖世間永脫諸漏雖未即
明無上覺路是人於法已決定心若
不為此捨身微因縱成无為必還生
人酬其宿債如我馬麥正等无異汝
教世人修三摩地後斷偷盜是名如
來先佛世尊第三決定清淨明誨是

故阿難若不斷偷修禪定者譬如有
人水灌漏卮欲求其滿縱經塵劫終
無平復若諸比丘衣鉢之餘分寸不
畜乞食餘分施餓衆生於大集會合
掌礼衆有人捶罵同於稱讚必使身
心二俱捐捨身肉骨血與衆生共不
將如來不了義說迴為已解以誤初
學佛印是人得真三昧如我所說名
為佛說不如此說即波旬說
阿難如是世界六道衆生雖則身心
无殺盜婬三行已圓若大妄語即三
摩提不得清淨成愛見魔失如來
種所謂未得謂得未證言證或求世
間尊勝第一謂前人言我今已得須
陀洹果斯陀含果阿那含果阿羅漢
道辟支佛乘十地地前諸位菩薩求
彼礼懺貪其供養是一顛迦銷滅佛
種如人以刀斷多羅木佛記是人永
殞善根无復知見沉三苦海不成三
昧我滅度後勑諸菩薩及阿羅漢應
身生彼末法之中作種種形度諸輪
轉或作沙門白衣居士人王宰官童
男童女如是乃至婬女寡婦姦偷屠

眅與其同事稱歎佛乘令其身心入三摩地終不自言我真菩薩真阿羅漢泄佛密因輕言未學惟除命終陰有遺付云何是人惑乱衆生成大妄語汝教世人修三摩地後復断除諸大妄語是名如來先佛世尊第四决定清淨明誨是故阿難若不断其大妄語者如刻人糞為栴檀形欲求香氣无有是處我教比丘直心道場於四威儀一切行中尚無虚假云何自稱得上人法譬如窮人妄号帝王自取誅滅況復法王如何妄竊因地不直果招紆曲求佛菩提如噬臍人欲誰成就若諸比丘心如直絃一切真實入三摩提永无魔事我印是人成就菩薩无上知覺如我是說名為佛說不如此說即波旬說

大佛頂萬行首楞嚴經卷第六

大佛頂如來密因修證了義諸菩薩萬行首楞嚴經卷第六

校勘記

一　底本，金藏廣勝寺本。
一　五二四頁上三行第七字「其」，資、磧、南、徑、清作「自」。
一　五二四頁上一一行首字「子」，資、磧、南、徑、清作「人」。
一　五二四頁上一四行第一一字「復」，資、磧、南、徑、清作「有」。
一　五二四頁中八行首字及第一三字「陁」，磧、南、徑、清作「那」。
一　五二五頁上一行第一〇字「三」，麗作「二」。
一　五二五頁上一一行「遍周」，磧、南、徑、清作「周遍」。
一　五二五頁上一四行「号名」，資、磧、南、徑、清作「名號」。
一　五二五頁中二行第一三字、三行第二字、第五字、第八字及第一三字「臂」，諸本（不包括普，下同）無。
一　五二六頁上二行第一二字「從」，資、磧、南、徑、清作「依」。
一　五二六頁中一三行第一三字「无」，資、磧、南、徑、清作「元」。
一　五二六頁中二二行首字「自」，諸本作「目」。
一　五二七頁上四行首字「精」，諸本作「非」。
一　五二七頁上五行第二字「故」，資、磧、南、徑、清、麗作「救」。
一　五二七頁下六行「石沙」，資、磧、南、徑、清作「沙石」。
一　五二七頁下一六行第九字「爲」，石、資、磧、南、徑、清作「則爲」；麗作「即爲」。
一　五二七頁下一七行第六字「尚」，資、磧、南、徑、清作「當」。
一　五二七頁下一九行「神鬼」，資、磧、南、徑、清作「鬼神」。
一　五二八頁中九行第八字「薩」，資、磧、南、徑、清作「提」。
一　五二八頁中一五行第九字「提」，

一　五二九頁上一行第七字「歎」，資、磧、徑、清作「地」。

一　五二九頁上三行第八字「末」，諸本作「未」。

一　五二九頁上一三行首字「直」，資、磧、南、徑、清作「讚」。

一　五二九頁上一六行第一〇字「是」，資、磧、南、徑、清作「所」。

大佛頂如来密因修證了義諸菩薩萬行首楞嚴經卷第七

一名中印度那蘭陀大道場經於灌頂部錄出別行　絲

唐天竺沙門般剌蜜諦譯

阿難汝問攝心我今先說入三摩地修學妙門求菩薩道要先持此四種律儀皎如氷霜自不能生一切枝葉心三口四生必無因阿難如是四事若不失遺心尚不緣色香味觸一切魔事云何發生若有宿習不能滅除汝教是人一心誦我佛頂光明摩訶薩怛多般怛羅無上神呪斯是如来无見頂相無為心佛從頂發輝坐寶蓮華所說心呪且汝宿世與摩登伽歷刧因緣恩愛習氣非是一生及與一刧我一宣揚愛心永脫成阿羅漢彼尚婬女無心修行神力冥資速證無學云何汝等在會聲聞求最上乘决定成佛譬如以塵揚于順風有何艱險若有末世欲坐道場先持比丘清淨禁戒要當選擇戒清淨者第一沙門以為其師若其不遇真清淨僧汝戒律儀必不成就戒成已後著新淨衣然香閑居誦此心佛所說神呪一百八遍然後結界建立道場求於十方現住國土無上如来放大悲光来灌其頂阿難如是末世清淨比丘若比丘尼白衣檀越心滅貪婬持佛淨戒於道場中發菩薩願出入澡浴六時行道如是不寐經三七日我自現身至其人前摩頂安慰令其開悟阿難白佛言世尊我家如来無上悲誨心已開悟自知修證無學道成末法修行建立道場云何結界合佛世尊清淨軌則

佛告阿難若末世人願立道場先取雪山大力白牛食其山中肥膩香草此牛惟飲雪山清水其糞微細可取其糞和合栴檀以泥其地若非雪山其牛臭穢不堪塗地別於平原穿去地皮五尺已下取其黃土和上栴檀沉水蘇合薰陸鬱金白膠青木零陵甘松及雞舌香以此十種細羅為粉合土成泥以塗場地方圓丈六為八角壇壇心置一金銀銅木所造蓮華華中安鉢鉢中先成八月露水水中

隨安所有華葉取八圓鏡各安其方
圍繞花鉢鏡外建立十六蓮華十六
香鑪閒花鋪設莊嚴香鑪純燒沉水
无令見火取白牛乳置十六器乳為
煎餅并諸沙糖油餅乳糜蘇合蜜薑
純酥純蜜於蓮華外各各十六圍繞
華外以奉諸佛及大菩薩每以食時
若在中夜取蜜半升用酥三合壇前
別安一小火鑪以兜樓婆香煎取香
水沐浴其炭然令猛熾投是酥蜜於
炎鑪内燒令煙盡饗佛菩薩令其四
外遍懸幡華於壇室中四壁敷設十
方如来及諸菩薩所有形像應於當
陽張盧舍那釋迦弥勒阿閦弥陁諸
大變化觀音形像兼金剛藏安其左
右帝釋梵王烏芻瑟摩并藍地迦諸
軍荼利與毗俱知四天王等頻那夜
迦張於門側左右安置又取八鏡覆
懸虛空與壇場中所安之鏡方面相
對使其形影重重相涉於初七日中
至誠頂礼十方如来諸大菩薩及阿羅
漢號恒於六時誦呪圍壇至心行道
一時常行一百八遍第二七中一向

專心發菩薩願心無間斷我毗奈耶
先有願教第三七中於十二時一向
持佛般怛羅呪至第七日十方如来
一時出現鏡交光處承佛摩頂即於
道場修三摩地能令如是末世修學
身心明淨猶如琉璃阿難若此比丘
本受戒師及同會中十比丘等其中
有一不清淨者如是道場多不成就
從三七後端坐安居經一百日有利
根者不起于座得須陁洹縱其身心
聖果未成決定自知成佛不謬汝問
道場建立如是阿難頂礼佛足而白
佛言自我出家恃佛憍愛求多聞故
未證无為遭彼梵天邪術所禁心雖
明了力不自由賴遇文殊令我解脫
雖蒙如来佛頂神呪冥獲其力尚未
親聞惟願大慈重為宣說悲救此會
諸修行輩末及當来在輪迴者承佛
密音身意解脫于時會中一切大衆
普皆作礼佇聞如来秘密章句
尒時世尊從肉髻中涌百寶光光中
涌出千葉寶蓮有化如来坐寶華中
頂放十道百寶光明一一光明皆遍

示現十恒河沙金剛密跡擎山持杵
遍虛空界大衆仰觀畏愛兼抱求佛
恃怙一心聽佛无見頂相放光如来
宣說神呪
大佛頂如来放光悉怛多鉢怛羅菩
薩万行品灌頂部錄出一名中印度
那蘭陁曼荼羅灌頂金剛大道場
神呪
南无薩怛他蘇伽哆耶（归命一切諸佛）阿囉
訶帝三藐三菩陁耶（归命一切如来應正等覺二）娜无
薩婆勃陁（敬礼一切諸佛三）勃陁薩哆吠弊（归命菩薩）
（畋喋及四）娜无颯哆南三藐三菩陁俱胝南
（敬礼正遍知五）薩失囉（引）皤（去）迦僧伽南（敬礼辟支）
（佛及四衆人六）娜无盧雞阿羅喝哆南（归命羅漢等衆七）
娜无蘇嚕哆半那南（八）娜无塞羯唎
（二合）陁（引）伽（去）彌南（敬礼斯陁含阿那含衆九）娜无盧雞
三藐伽哆南（敬礼過去未來十）娜无三藐鉢囉
（二合）底半那（去）南（一十）娜无提婆唎史南
（敬礼三十三天及一切諸仙天等十二）娜无悉陁耶微（入聲）
地也（二合）陁囉南（敬礼呪仙十三）娜无悉陁微
地也（二合）陁囉噢史南（敬礼持呪成就仙人十四）舍波（去）
拏揭囉訶娑訶摩囉陁（二合）南（斯惡作善十五）娜
无皤囉（二合）訶摩（二合）抳（归命梵天十六）娜无因（去）

陁囉二合耶歸命帝釋十七嚩牟婆伽嚩帝歸命世尊
十八嚕陁囉引二合耶大自在天十九烏摩鉢底天后
娑醯夜耶及眷屬等二十嚩牟婆伽伐鞴末反
帝世尊二十一那囉延拏耶地祇衆二十二半遮摩
訶沒陁囉大印二十三嚩牟塞訖哩二合多耶
頂礼世尊二十四嚩牟婆伽上呼伐帝摩訶迦囉
耶大黑天神二十五底哩二合補囉那伽上囉城二十六
毗陁囉皤拏迦囉耶破壞二十七阿底目多
迦尸摩舍那嚩悉浧尸陁林中二十八摩怛唎
二合伽拏鬼神衆二十九嚩牟塞訖唎多耶三十嚩
牟婆伽伐帝眷怛他揭多俱囉耶如來
族三十一嚩牟鉢頭摩二合俱囉耶歸命蓮華族菩薩等
三十二嚩牟伐折囉俱囉半音用同下耶歸命
金剛族三十三嚩牟摩尼俱囉耶歸命寶族三十四
嚩牟伽上闍俱囉耶歸命衆族三十五嚩
牟婆伽伐帝三十六地唎二合茶輸
囉西那三十七鉢囉二合訶囉拏囉引
闍耶大猛將各持器杖入三十八怛他揭多耶如來三十
九嚩牟婆伽伐帝四十阿弥陁引
婆引耶无量壽佛四十一怛他揭多耶四十二
阿囉訶帝三藐三菩陁耶應等正覺四十三
嚩牟婆伽伐帝四十四阿芻鞞也阿閦如來四十
五怛他揭多耶四十六阿囉訶帝三藐

三菩陁耶四十七嚩牟婆伽伐帝四十八毗
沙闍俱嚕二合吠琉璃唎耶藥師如來四十九鉢
囉二合婆囉引闍耶光王五十怛他揭多耶
五十一阿囉訶帝三藐三菩陁耶上五十嚩
牟婆伽伐帝五十三三布瑟畢多娑囉
囉引闍夜娑羅花王五十四怛他揭多耶五十五
阿囉訶帝三藐三菩陁引耶五十六嚩牟
婆伽伐帝五十七舍枳也二合母牟曳釋迦牟尼
佛五十八怛他揭多耶五十九阿囉訶帝三藐
三菩陁引耶六十嚩牟婆伽伐帝六十一
囉怛牟俱蘇摩寶花六十二鷄都囉引闍
耶寶幢王如來六十三怛他揭多耶六十四阿囉訶
帝三藐三菩陁引耶帝驃六十五嚩牟
塞訖哩二合多皤囉二合摩舍婆伽伐多六十
六薩怛他揭都烏瑟尼杉如來佛頂六十七悉
怛多引鉢怛藍二合華蓋六十八嚩牟阿波引
囉支單半音勑礼是辰勝六十九鉢羅登登凱反擬擬異
反囉七十薩嚩部多揭囉二合訶迦囉扆
一切神衆作罰七十一波囉微入地也二合掣車戈反陁
輕呼能斷他呪七十二你阿哥引囉輕呼微哩入二合
駐擯死七十三波唎怛囉耶引那揭唎救度七十四
薩嚩畔陁那目乞叉那迦唎一切縛禁解脫七十五
薩嚩突瑟吒二合除一切惡七十六上突莎般那你縛

囉尼惡夢七十七者都囉引室底喃八萬四千衆神
七十八揭囉訶娑訶娑囉引喃七十九微陁
防娑引那羯哩打破八十阿瑟吒氷設底
喃去聲呼皆同八十一諸刹怛囉喃八十二鉢囉二合
娑引陁那羯哩正行阿瑟吒二合喃八十三摩
訶揭囉訶喃辰八十四微陁防二合薩那羯
哩打破八十五薩嚩舍都嚕二合你嚩囉尼除一
切惡八十六巨去囉喃八十七突室乏二合鉢那
難遮那舍尼除却毒惡八十八毗沙設薩怛囉
器仗八十九阿祁尼火九十烏陁迦囉尼水九十一
阿波引囉視多具囉苦能勝最九十二摩訶
跋囉戰拏大力嗔怒九十三摩訶提多火天九十四
摩訶帝闍大威九十五摩訶稅尾二合多大白
九十六什伐二合囉光焰九十七摩訶跋囉大力九十
八半茶囉嚩引悉你白拂九十九阿唎耶多
囉星者一百毗哩二合俱知唎嚩毗闍耶掌勝菩薩
一百一伐折囉二合摩礼底毗輸嚕多推伏金剛百二
鉢蹹冈迦降伏百三跋折囉兒熾曳反訶縛者
金剛力士百四摩囉制嚩隨一百五般囉室多金剛神杵
百六跋折時熱天上囉二合檀持金剛神杵百七毗舍囉
摩遮天神力士百八扇多舍毗提嚩布室多蘇
摩嚕波參及日月天子及二十八宿百九摩訶引稅尾二合
多引太白星百十阿哩耶多羅一百十一摩訶引跋

囉阿波囉二百十跋折囉二合商羯囉制
婆金剛連鎖百十三怛他天可反跋折囉俱摩唎
迦金剛童女百十四俱藍盧摘反弛唎金剛童子百十五跋
折囉訶薩哆者二合金剛手百十六微地也大明咒藏
百十七乾遮那摩引唎迦四天王太子百十八俱蘇
婆喝囉怛囉怛那百十九毗嚕遮耶那
俱唎耶百二十鞞淩吐夜反夜囉烏瑟尼二合
沙佛頂百二十一毗折藍婆摩邏遮畢刹神女百二十二
跋折囉二合迦那迦金剛使者百二十三鉢囉
二合婆嚧去遮那蓮華神衆百二十四跋折囉二合教
尼遮金剛拳山二十五稅尾多遮迦摩引囉引
乞叉二合百二十六舍施鉢囉二合婆翳帝夷
帝如是等百二十七母引陀囉二合尼羯拏衆印可百
二十八婆吠囉乞讖二合一切識百二十九俱囉飯二合
都印兎那麼麼集乞名輸稱寫四誦咒者但至此語皆自稱名
名百三十嗚吽二合牟哩二合瑟二合揭涤羯反皆同
拏仙衆百三十一鉢囉二合舍引薩多普相百三十二薩
怛他揭都一切如來百三十三烏瑟尼沙百三十四呼吽
二合二咄嚕吽三合聲悵百三十五瞻婆那抑領百三十六呼吽
二合二咄嚕吽三合百三十七薩航婆那鎮守百三十八呼吽
二合二咄嚕吽三合百三十九婆囉微地也三婆乞
叉那囉百四十呼吽二合二咄嚕吽三合百四十一薩
婆部瑟吒喃百四十二塞曇婆那羯囉印契

他咒百四十二呼吽二合二咄嚕吽三合百四十四薩嚩藥
叉勇猛百四十五喝囉引剎娑揭囉訶喃百四
十六毗陁防娑耶羯囉打破百四十七呼吽二合二咄
嚕吽三合百四十八者都囉尸底喃百四十九揭囉
訶娑囉喃八万四千神王衆百五十毗陁防娑耶羯
囉百五十一呼吽二合二咄嚕吽三合百五十二阿瑟
吒微二合摩舍帝喃上百五十三那佉上沙怛
囉喃上百五十四婆囉摩馱耶伽囉百五十五
呼吽二合二咄嚕吽三合百五十六囉剎囉剎護一
切諸佛菩薩金剛天仙皆護百五十七薄伽梵佛百五十八薩怛
他揭都烏瑟尼沙佛頂百五十九鉢囉登擬
哩百六十摩訶薩訶薩囉部兒千臂大神百六
十一婆訶薩囉室矖千頭神百六十二俱胝舍
多娑訶薩囉寧怛𪗾百千眼神百六十三阿弊
地也什嚩哩多那吒迦百六十四摩訶跋
折嚕陁引囉大輪金剛百六十五帝哩菩嚩那
三世百六十六曼茶囉檀場百六十七嗚吽莎悉底百六
十八薄婆都与我平等百六十九印兎麼麼某乙百
囉闍婆夜王難百七十主囉婆夜賊難百七十二阿
祇尼婆夜火難百七十三烏陁迦婆夜水難百七十四
吠沙婆夜毒難百七十五舍薩多囉婆夜刀仗難百
七十六波囉斫羯囉婆夜兵難百七十七突嘌叉
婆夜饑饉難百七十八阿舍你婆夜雹難百七十九

阿迦囉沒嘌利吉反駐婆夜橫死難百八十阿
陁囉尼部弥劒波總持地動百八十一伽波哆婆
夜險難百八十二烏囉囉迦波多婆夜道路難百
八十三囉闍彈茶婆夜王刑罰難百八十四那上伽婆
夜龍怖難百八十五微地揄婆夜閃電難百八十六蘇
跋嘌尼婆夜金翅鳥難百八十七藥叉揭囉訶
百八十八囉剎娑揭囉訶百八十九畢剩哆揭
囉二合訶餓鬼難百九十毗舍上遮揭囉訶顚神百九
十一部多揭囉二合訶神鬼衆百九十二鳩槃茶揭
囉訶守宮婦女鬼一百九十三布單那揭囉二合訶
臭鬼百九十四羯吒布單那揭囉二合訶奇臭鬼一
百九十五塞揵陁揭囉訶鳩摩羅童天子百九十六阿
婆娑摩囉揭囉二合訶羊頭鬼百九十七烏檀
摩陁揭囉二合訶熱鬼百九十八車耶揭囉二合
訶影鬼百九十九醯唎婆底揭囉訶音樂鬼二百闍底
訶哩泹食初產鬼二百一羯囉婆訶哩涅食懷孕鬼
二百二嚧地囉訶哩泥食血鬼二百三芒娑訶哩
泹食肉鬼二百四計陁訶哩泹食脂鬼二百五摩闍訶
哩輕去聲呼食龍鬼二百六闍多訶哩泥食氣鬼二百七
視吠哆訶哩泥食壽命鬼二百八婆多訶哩泥
食風鬼二百九噃多訶哩喃阿輸遮訶哩泥不食
淨鬼二百十質多訶哩泹食心鬼二百十一帝衫薩毗
衫如是等衆二百十二薩嚩揭囉訶喃一切執祖鬼二百十三

毗地也明呪藏二百十四嗔陁夜弥斬代罪者二百十五积
囉夜弥二百十六波哩跋囉斫迦囉外道二百
十七訖哩離积叉上擔微地也明呪藏二百十八嗔陁夜
弥二百十九积囉夜弥捕罰二百二十荼积彑狐魅鬼二
百二十一訖哩擔微地也明呪二百二十二嗔陁夜弥
积囉夜弥二百二十三摩訶鉢輸鉢底夜二百
二十四嚕陁囉大自在天二百二十五訖哩馳微地也
明呪二百二十六嗔陁夜弥积囉夜弥二百二十七那
囉耶拏耶天神二百二十八訖哩馳微地也明呪
二百二十九嗔陁夜弥积囉夜弥二百三十怛
縛伽上嚕荼金翅鳥王二百三十一訖哩馳微地也
二百三十二嗔陁夜弥积囉夜弥二百三十三摩訶
迦囉大黑天神二百三十四摩怛嘌伽拏訖哩離积
叉上馳微地也二百三十五嗔陁夜弥积囉夜
弥二百三十六迦波哩迦髑髏外道二百三十七訖哩馳微
地也二百三十八嗔陁夜弥积囉夜弥二百三十九
闍夜羯囉二百四十摩度羯囉二百四十一薩婆
囉他娑達你持一切物二百四十二訖哩馳微地也
二百四十三嗔陁夜弥积囉夜弥二百四十四者都
嘌叉利吉薄郁你姊妹神女二百四十五訖哩馳微地
也二百四十六嗔陁夜弥二百四十七积囉夜弥二百
四十八淠去儀哩知闘戰勝神前器仗二百四十九難涅
外首雞首婆囉孔雀王器仗二百五十伽那鉢底

毗那夜迦王二百五十一娑醯夜野叉王兄弟三人各領二十八万眾二百五十二
訖哩馳微地也二百五十三嗔陁夜弥二百五十四
积囉夜弥二百五十五那延那室囉引婆
拏梨形外道二百五十六訖哩離吉叉皆同馳微地也二百
五十七嗔陁夜弥二百五十八积囉夜弥二百五十九
阿囉訶多羅漢二百六十訖哩馳微地也二百六十一
嗔陁夜弥二百六十二积囉夜弥二百六十三微
怛音多囉引迦起尸鬼二百六十四訖哩馳微地也
二百六十五嗔陁夜弥二百六十六积囉夜弥二百
六十七跋折時熱交囉波你執金剛神二百六十八跋
折囉婆重呼尼二百六十九具醯夜迦障礙力士二百
七十地鉢底總管二百七十一訖哩馳微地也
二百七十二嗔陁夜弥积囉夜弥二百七十三囉
叉囉叉罔一切諸佛菩薩天仙龍神守護二百七十四薄伽梵
佛二百七十五印兔那麼麼那寫某甲為二百七十六婆
伽梵薩怛他揭都烏瑟尼沙二百七十七悉
怛多鉢怛囉華蓋二百七十八南无嗉上都上粹
頂礼二百七十九阿悉多那引囉引囉迦白光分明二百
八十鉢囉婆毗薩普吒二百八十一毗迦悉怛
多二百八十二鉢底哩二百八十三什嚩囉什嚩囉
光焰二百八十四陁囉陁囉二百八十五頻陁囉頻
陁囉二百八十六嗔陁嗔陁二百八十七舍吽舍
吽二百八十八泮泮泮二百八十九泮吒泮吒二百

九十莎嚩訶二百九十一醯醯泮二百九十二阿牟
伽耶不空大使百九十三阿鉢囉底訶多泮與願二百
无障导二百九十四嚩囉鉢囉二合陁泮九十五
阿素囉毗陁囉嚩迦泮修羅破壞二百九十六薩
嚩提吠嫳泮一切天神二百九十七薩嚩那那伽
嫳泮一切龍眾二百九十八薩嚩藥叉嫳泮一切勇鬼
神二百九十九薩嚩乹闥婆嫳泮一切音樂神三百薩
嚩阿素囉嫳泮三百一薩嚩揭嚕荼嫳
泮三百二薩嚩緊那羅嫳泮三百三薩
嚩摩護囉伽嫳泮三百四薩嚩囉剎莎
嫳泮三百五薩嚩摩努曬嫳泮三百六薩
嚩阿摩努曬嫳泮三百七薩嚩布單那
嫳泮三百八薩嚩迦吒布丹那嫳泮三百
九薩嚩突蘭枳帝嫳泮一切難過三百十薩
嚩突瑟吒畢哩乞史帝嫳泮一切難三百十一
薩嚩什嚩梨嫳泮一切瘧壯熱三百十二薩嚩阿
波薩麼嚕嫳泮一切外道出三百十三薩婆奢
羅嚩拏嫳泮三百十四薩嚩底嘌耻雞嫳
泮三百十五薩菩怛波提嫳泮一切鬼魅三百十六薩
嚩微地也囉擔遮嚟嫳泮一切持呪博士等三百十
七闍耶羯囉摩度羯囉三百十八薩婆囉
他娑陁雞嫳泮一切物呪博士三百十九微地也遮
利曳嫳泮三百二十者咄囉南薄郁你嫳

泮四姊妹神女三百二十一跋折囉俱摩唎迦嘝泮三百
金剛童子三百二十二跋折囉俱藍陁利嘝泮三百
二十三微地也囉引闍嘝泮呪王等三百二十四摩
訶鉢囉登者羅嘝泮三百二十五跋折囉
啇羯囉引夜泮金剛連鏁三百二十六鉢囉登祁
囉囉引闍引耶泮三百二十七摩訶揭囉耶
泮大黑天神三百二十八摩訶摩怛哩合二伽拏耶
泮鬼衆三百二十九娜伞塞揭哩合二多耶泮三百
三十毗瑟拏尾曳泮毗紐天子三百三十一皤囉訖摩
尼曳泮梵王三百三十二阿祁尼曳泮火天三百三十三
摩訶迦哩曳泮大黑天女三百三十四迦囉檀特
曳泮大鬼帥暴惡神三百三十五嚕泥哩曳泮帝釋三百三十六
遮文遲曳泮怨神三百三十七嘮怛哩曳泮壞怒
神三百三十八迦羅引怛哩曳泮三百三十九迦波攣曳
泮三百四十阿地目扠多迦尸摩舍那皤悉
你曳泮三百四十一曳毉者那薩怛薩怛皤
者有衆生三百四十二突瑟吒質多惡心鬼三百四十三滂持囉
質多三百四十四烏闍訶囉食精氣鬼三百四十五揭婆
訶囉食胎藏鬼三百四十六嘮地囉訶囉食血鬼三百四十七
芒娑訶囉食肉鬼三百四十八摩社訶囉食產
鬼三百四十九社多訶囉三百五十視微多訶
囉食壽命鬼三百五十一皤略耶訶囉食祭鬼三
百五十二健陁訶囉食香鬼三百五十三布瑟

波訶囉食花鬼三百五十四破囉訶囉食五果子鬼三百五十五
薩寫訶囉食五穀種子鬼三百五十六波波質多突
瑟吒知反諫質多惡心鬼三百五十七嘮陁羅質多
嗔心鬼三百五十八陁囉質多藥叉揭囉訶三百五十
九囉刹娑揭囉訶三百六十閉隷多揭囉
訶毗舍遮揭囉訶三百六十一部多揭囉訶
神衆三百六十二鳩槃茶揭囉訶三百六十三塞健
陁揭囉訶三百六十四烏怛摩陁揭囉訶三百
六十五車夜揭囉訶影鬼三百六十六阿波娑摩
囉揭囉訶羊頭鬼三百六十七侘摘阿反上長呼迦
荼祁尼揭囉訶魅鬼女鬼三百六十八黎婆底揭
囉訶如狗小鬼三百六十九闍彌迦揭囉訶如烏鬼三百七十
舍俱尼揭囉訶如馬鬼三百七十一滂怛囉難提
迦揭囉訶如猫兒三百七十二阿藍皤揭囉訶如蛇
三百七十三訶奴建度波尼揭囉訶如蛇三百七十四
什入音皤囉壯熱瘧鬼翳迦醯迦一日一發
迦二日一發三百七十五帝哩帝藥迦三日一發折咄嘌他
迦四日一發三百七十六昵底夜什皤囉常壯熱鬼三百七十七
毗沙摩什皤囉壯熱三百七十八皤底迦風病鬼背
底迦黃病鬼三百七十九室禮瑟弥迦痰飲三百八十娑你
波底迦痢病三百八十一薩皤什皤囉一切壯熱三百八十二
室嚕唱囉底頭痛三百八十三阿羅陁皤帝
半頭痛三百八十四阿乞史嚧鉗飢不食鬼三百八十五目佉

嚧鉗口痛三百八十六羯唎突嚧鉗惡鬼三百八十七羯
囉訶輸藍咽喉痛三百八十八羯拏輸藍耳痛三百八十九
檀多輸藍齒痛三百九十頡哩馱耶輸藍心痛三百
九十一末摩輸藍嚧鉗反三百九十二跋囉室婆輸
藍脇痛三百九十三背哩瑟吒輸藍背痛三百九十四烏
馱囉輸藍嚧鉗反腹痛三百九十五羯知輸藍腰痛三百九十
六跋悉帝輸藍膝骨痛三百九十七鄔上嚧輸藍腿膝
痛三百九十八常伽輸藍腕痛三百九十九喝薩多輸藍
手痛四百波陁輸藍脚痛四百一頞伽鉢囉登輸
藍四支節痛四百二部多吠怛茶起尸鬼四百三茶枳
尼魑魅鬼四百四什皤囉陁突嚧建紐四百五
吉知蜘蛛毒婆路多丁瘡四百六吠薩囉波嚕訶
侵淫瘡淩虫孕反伽赤瘡四百七輸沙多引囉娑
那迦囉毗沙喻迦上炊四百八阿祁尼火烏
陁迦水摩囉吠囉建多囉四百九阿迦
囉蜜嘌合二駐横死四百十怛斂部迦地哩囉
吒毗地失脂迦蛇四百十一薩囉波蛇四百十二那
俱囉虎狼四百十三僧思孕反伽師子四百十四吠也揭囉
大熊四百十五怛乞叉豬熊四百十六怛囉乞叉末囉馬熊
視皤帝杉狐等四百十七薩毗杉薩毗杉一切誑者四
百十八悉怛多鉢怛囉花蓋四百十九摩訶跋折
嚧大金剛藏四百二十瑟尼杉摩訶鉢囉登祁
藍四百二十一夜婆埵陁舍喻社那由旬乃至十一由旬成界

地四百三十二便怛囇拏吡入聲地夜畔馱迦嚧
弥大我大明呪十二由句結界禁縛莫入四百二十三帝殊畔陁迦居都反
嚧弥佛頂光聚縛結不得入界四百二十四波囉微地也反延迦畔
陁迦嚧弥能縛一切惡神鬼四百二十五怛地他即說呪曰四百二十六
唵四百二十七阿那隸毗舍提四百二十八鞞囉四百
二十九跋折囉四百三十阿唎畔陁四百三十一毗陁
你四百三十二跋折囉波尼泮四百三十三呼吽四百三十
四咄嚕吽三合四百三十五莎嚩訶四百三十六唵吽四百三十
七毗嚕提四百三十八莎嚩訶四百三十九

右此呪句總有四百三十九句

阿難是佛頂光聚悉怛多般怛囉秘密伽陁微妙章句出生十方一切諸佛十方如來因此呪心得成无上正遍知覺十方如來執此呪心降伏諸魔制諸外道十方如來乘此呪心坐寶蓮花應微塵國十方如來含此呪心於微塵國轉大法輪十方如來持此呪心能於十方摩頂授記自果未成亦於十方蒙佛授記十方如來依此呪心能於十方拔濟羣苦所謂地獄餓鬼畜生盲聾瘖瘂怨憎會苦愛別離苦求不得苦五陰熾盛大小諸橫同時解脫賊難兵難王難獄難飢

渴貧窮應念銷散十方如來隨此呪心能於十方事善知識四威儀中供養如意恒沙如來會中推為大法王子十方如來行此呪心能於十方攝受親因令諸小乘聞秘密藏不生驚怖十方如來誦此呪心成無上覺坐菩提樹入大涅槃十方如來傳此呪心於滅度後付佛法事究竟住持嚴淨戒律悉得清淨若我說是佛頂光聚般怛羅呪從旦至暮音聲相連字句中間亦不重疊經恒沙劫終不能盡亦說此呪名如來頂汝等有學未盡輪迴發心至誠取阿羅漢不持此呪而坐道場令其身心遠諸魔事无有是處

阿難若諸世界隨所國土所有衆生隨國所生樺皮貝葉紙素白氎書寫此呪貯於香囊是人心惽未能誦憶或帶身上或書宅中當知是人盡其生年一切諸毒所不能害

阿難我今為汝更說此呪救護世間得大无畏成就衆生出世間智若我滅後末世衆生有能自誦若教他誦

當知如是誦持衆生火不能燒水不能溺大毒小毒所不能害如是乃至龍天鬼神精祇魔魅所有惡呪皆不能著心得正受一切呪詛魘蠱毒藥金毒銀毒草木虫蛇萬物毒氣入此人口成甘露味一切惡星并諸鬼神磣毒心人於如是人不能起惡頻那夜迦諸惡鬼王并其眷屬皆領深恩常加守護阿難當知是呪常有八万四千那由他恒河沙俱知金剛藏王菩薩種族一一皆有諸金剛衆而為眷屬設有衆生於散亂心非三摩地心憶口持是金剛王常隨從彼諸善男子何況決定菩提心者此諸金剛菩薩藏王精心陰速發彼神識是人應時心能記憶八万四千恒河沙劫周遍了知得无疑惑從第一劫乃至後身生生不生藥叉羅剎及冨單那迦吒冨單那鳩槃茶毗舍遮等并諸餓鬼有形無形有想無想如是惡處是善男子若讀若誦若書若寫若帶若藏諸色供養劫劫不生貧窮下賤不可樂處此諸衆生縱其自身不作福

業十方如來所有功德悉與此人由是得於恒河沙阿僧祇不可說不可說劫常與諸佛同生一處无量功德如惡叉聚同處熏修永無分散是故能令破戒之人戒根清淨未得戒者令其得戒未精進者令得精進无智慧者令得智慧不清淨者速得清淨不持齋戒自成齋戒阿難是善男子持此呪時設犯禁戒於未受時持呪之後衆破戒罪无問輕重一時銷滅縱經飲酒食噉五辛種種不淨一切諸佛菩薩金剛天仙鬼神不將為過設著不淨破弊衣服一行一住悉同清淨縱不作壇不入道場亦不行道誦持此呪還同入壇行道功德若造五逆無間重罪及諸比丘比丘尼四棄八棄誦此呪已如是重業猶如猛風吹散沙聚悉皆滅除更無毫髮阿難若有衆生從无量無數劫來所有一切輕重罪障從前世來未及懺悔若能讀誦書寫此呪身上帶持若安住處莊宅園館如是積業猶湯消雪不久皆得悟无生忍

復次阿難若有女人未生男女欲求生者若能至心憶念斯呪或能身上帶此悉怛多鉢怛羅者便生福德智慧男女求長命者速得長命欲求果報速圓滿者速得圓滿身命色力亦復如是命終之後隨願往生十方國土必定不生邊地下賤何況雜形阿難若諸國土州縣聚落飢荒疫癘或復刀兵賊難鬬諍兼餘一切厄難之地寫此神呪安城四門并諸支提或脫闍上令其國土所有衆生奉迎斯呪礼拜恭敬一心供養令其人民各各身佩或各各安所居宅地一切災厄悉皆銷滅

阿難在在處處國土衆生隨有此呪天龍歡喜風雨順時五穀豐殷兆庶安樂亦復能鎮一切惡星隨方變怪災障不起人无橫夭杻械枷鎖不著其身晝夜安眠常无惡夢阿難是娑婆界有八万四千災變惡星二十八大惡星而為上首復有八大惡星以為其主作種種形出現世間能生衆生種種災異有此呪地悉皆銷滅十

二由旬成結界地諸惡災祥永不能入是故如來宣示此呪於未來世保護初學諸修行者入三摩提身心泰然得大安隱更无一切諸魔鬼神及無始來冤橫宿殃舊業陳債來相惱害汝及衆中諸有學人及未來世諸修行者依我壇場如法持戒所受戒主逢清淨僧持此呪心不生疑悔是善男子於此父母所生之身不得心通十方如來便為妄語說是語已會中無量百千金剛一時佛前合掌頂礼而白佛言如佛所說我當誠心保護如是修菩提者

尒時梵王并天帝釋四天大王亦於佛前同時頂礼而白佛言審有如是修學善人我當盡心至誠保護令其一生所作如願復有無量藥叉大將諸羅剎王富單那王鳩槃茶王毗舍遮王頻那夜迦諸大鬼王及諸鬼帥亦於佛前合掌頂礼我亦誓願護持是人令菩提心速得圓滿復有无量日月天子風師雨師雲師雷師并電伯等年歲巡官諸星眷屬亦於會中

頂礼佛足而白佛言我亦保護是修
行人安立道場得无所畏復有无量
山神海神一切土地水陸空行萬物
精祇并風神王无色界天於如來前
同時稽首而白佛言我亦保護是修
行人得成菩提永无魔事尒時八万
四千那由他恒河沙俱知金剛藏王
菩薩在大會中即從座起頂礼佛足
而白佛言世尊如我等輩所修功業
久成菩提不取涅槃常隨此呪救護
末世修三摩提正修行者世尊如是
修心求正定人若在道場及餘經行
乃至散心遊戲聚落我等徒衆常當
隨從侍衛此人縱令魔王大自在天
求其方便終不可得諸小鬼神去此
善人十由旬外除彼發心樂修禪者
世尊如是惡魔若魔眷屬欲來侵擾
是善人者我以寶杵殞碎其首猶如
微塵恒令此人所作如願
阿難即從座起頂礼佛足而白佛言
我輩愚鈍好為多聞於諸漏心未求
出離蒙佛慈誨得正熏修身心快然
獲大饒益世尊如是修證佛三摩提

未到涅槃云何名為乾慧之地四十四
心至何漸次得修行目詣何方所名
入地中云何名為等覺菩薩作是語
已五體投地大衆一心佇佛慈音瞪
瞢瞻仰
尒時世尊讚阿難言善哉善哉汝等
乃能普為大衆及諸末世一切衆生
修三摩提求大乘者從於凡夫終大
涅槃懸示无上正修行路汝今諦聽
當為汝說阿難大衆合掌刳心默然
受教
佛言阿難當知妙性圓明離諸名相
本來无有世界衆生因妄有生因生
有滅生滅名妄滅妄名真是稱如來
無上菩提及大涅槃二轉依號阿難
汝今欲修真三摩地直詣如來大涅
槃者先當識此衆生世界二顛倒因
顛倒不生斯則如來真三摩地阿難
云何名為衆生顛倒阿難由性明心
性明圓故因明發性性妄見生從畢
竟无成究竟有此有所有非因所因
住所住相了无根本本此無住建立
世界及諸衆生迷本圓明是生虛妄

妄性无體非有所依將欲復真欲真
已非真真如性非真求復宛成非相
非生非住非心非法展轉發生生力
發明熏以成業同業相感因有感業
相滅相生由是故有衆生顛倒
阿難云何名為世界顛倒是有所有
分段妄生因此界立非因所因無住
所住遷流不住因此世成三世四方
和合相涉變化衆生成十二類是故
世界因動有聲因聲有色因色有香
因香有觸因觸有味因味知法六亂
妄想成業性故十二區分由此輪轉
是故世間聲香味觸窮十二變為一
旋復乘此輪轉顛倒相故是有世界
卵生胎生濕生化生有色无色有想
無想若非有色若非无色若非有想
若非無想
阿難由因世界虛妄輪迴動顛倒故
和合氣成八万四千飛沉乱想如是
故有卵羯邏藍流轉國土魚鳥龜蛇
其類充塞
由因世界雜染輪迴欲顛倒故和合
滋成八万四千橫竪乱想如是故有

胎遏蒱曇流轉國土人畜龍仙其類充塞

由因世界執著輪迴趣顛倒故和合軟成八万四千飜覆乱想如是故有濕相蔽尸流轉國土含蠢蠕動其類充塞

由因世界變易輪迴假顛倒故和合觸成八萬四千新故乱想如是故有化相羯南流轉國土轉蛻飛行其類充塞

由因世界留㝵輪迴障顛倒故和合著成八万四千精耀乱想如是故有色相羯南流轉國土休咎精明其類充塞

由因世界銷散輪迴惑顛倒故和合暗成八万四千陰隱乱想如是故有无色羯南流轉國土空散銷沉其類充塞

由因世界罔象輪迴影顛倒故和合憶成八万四千潜結乱想如是故有想相羯南流轉國土神鬼精靈其類充塞

由因世界愚鈍輪迴癡顛倒故和合

頑成八万四千枯槁乱想如是故有无想羯南流轉國土精神化為土木金石其類充塞

由因世界相待輪迴偽顛倒故和合染成八萬四千因依乱想如是故有非有色相成色羯南流轉國土諸水母等以蝦為目其類充塞

由因世界相引輪迴性顛倒故和合呪成八万四千呼召乱想由是故有非無色相无色羯南流轉國土呪咀厭生其類充塞

由因世界合妄輪迴罔顛倒故和合異成八萬四千迴互乱想如是故有非有想相成想羯南流轉國土彼蒲盧等異質相成其類充塞

由因世界怨害輪迴殺顛倒故和合怪成八万四千食父母想如是故有非无想相无想羯南流轉國土如土梟等附塊為兒及破鏡鳥以毒樹果抱為其子子成父母皆遭其食其類充塞是名衆生十二種類

大佛頂萬行首楞嚴經卷第七

大佛頂如來密因修證了義諸菩薩萬行首楞嚴經卷第七

校勘記

一　底本，金藏廣勝寺本。

一　五三一頁中七行首字「心」，石作「身」。

一　五三一頁中八行「失遺」，磧、徑、南、清作「遺失」。

一　五三一頁下九行第九字「家」，諸本（不包括普，下同　）作「蒙」。

一　五三一頁下一三行第六字「未」，諸本作「末」。

一　五三一頁下一七行末字「土」，諸本作「去」。

一　五三一頁下末行第八字「成」，資、磧、南、徑、清作「盛」。

一　五三二頁上六行第四字「蜜」，麗作「蜜及諸菓子飲食葡萄石蜜種種上妙等食」。

一　五三二頁上一七行「倶知」，資、磧、徑、清作「倶胝」，下同。

一 五三二頁上二〇行第一三字「日」，資、磧、南、徑、清無。

一 五三二頁上二一行第一三字「及」，資、磧、南、徑、清無。

一 五三二頁上二二行第八字「圍」，麗作「繞」。

一 五三二頁中三行第九字「七」，麗作「四七」。

一 五三二頁中六行第一一字「若」，磧作「右」。

一 五三二頁中一八行第五字「末」，石作「亦」。

一 五三二頁下三行「恃怙」，資、磧、南、徑、清作「哀祐」。

一 五三二頁下五行首字「大」至八行末字「呪」，磧、南、徑、清無。

一 五三七頁上一〇行，石、資、磧、南、徑、清無此十二字。

一 五三七頁上末行第一三字「難」，磧、南、徑、清作「難風火水難」；麗作「難風水火難」。

一 五三七頁中一三行「取阿羅漢」，麗作「趣向阿耨多羅三藐三菩提」。

一 五三七頁中一八行第一〇字「惛」，資、磧、南、徑、清作「昏」。

一 五三七頁下七行「毒心」，資、磧、南、徑、清作「心毒」。

一 五三七頁下七行第一三字「呲」，磧、南、徑、清作「頻」。

一 五三七頁下一二行首字「厲」，資、磧、南、徑、清作「厲晝夜隨時（「時」，南作「侍」）」。

一 五三八頁上一五行第一三字「德」，資、磧、南、徑、清作「德無有異也」。

一 五三八頁中二行首字「生」，資、磧、南、徑、清作「孕」。

一 五三八頁中三行第六字「鉢」，石、資、磧、南、徑、清作「般」。

一 五三八頁中四行第八字「速」，資、磧、南、徑、清作「即」。

一 五三八頁中二二行第一一字「間」，資、磧、南、徑、清、麗作「時」。

一 五三八頁下四行第六字「便」，諸本作「更」。

一 五三八頁下八行第六字「持」，資、磧、徑作「於」。

一 五三八頁下一九行末字「師」，諸本作「帥」。

一 五四〇頁上四行首字「軟」，資、磧、南、徑、清作「煖」。

大佛頂如来密因修證了義諸菩薩萬行首
楞嚴經卷第八 一名中印度那蘭陀大道場經於灌頂部錄出別行 絲
唐天竺沙門般剌蜜帝譯

阿難如是衆生一一類中亦各各具十二顛倒猶如揑目乱花發生顛倒妙圓真淨明心具足如斯虛妄乱想汝今修證佛三摩提於是本因元所乱想立三漸次方得除滅如淨器中除去毒蜜以諸湯水并雜灰香洗滌其器後貯甘露云何名為三種漸次一者修習除其助因二者真修刳其正性三者增進違其現業

云何助因阿難如是世界十二類生不能自全依四食住所謂段食觸食思食識食是故佛說一切衆生皆依食住阿難一切衆生食甘故生食毒故死是諸衆生求三摩提當斷世間五種辛菜是五種辛熟食發婬生噉增恚如是世界食辛之人縱能宣說十二部經十方天仙嫌其臭穢咸皆遠離諸餓鬼等因彼食次舐其脣吻常與鬼住福德日銷長無利益是食辛人修三摩地菩薩天仙十方善神不来守護大力魔王得其方便現作佛身来為說法非毀禁戒讃婬怒癡命終自為魔王眷属受魔福盡墮无間獄阿難修菩提者永斷五辛是則名為第一增進修行漸次

云何正性阿難如是衆生入三摩地要先嚴持清淨戒律永斷婬心不飡酒肉以火淨食无噉生氣阿難是修行人若不斷婬及與殺生出三界者无有是處當觀婬欲猶如毒蛇如見怨賊先持聲聞四棄八棄執身不動後行菩薩清淨律儀執心不起禁戒成就則於世間永無相生相殺之業偷劫不行无相負累亦於世間不還宿債是清淨人修三摩地父母肉身不須天眼自然觀見十方世界覩佛聞法親奉聖旨得大神通遊十方界宿命清淨得无艱嶮是則名為第二增進修行漸次

云何現業阿難如是清淨持禁戒人心无貪婬於外六塵不多流逸因不流逸旋元自歸塵既不緣根無所偶

反流全一六用不行十方國土皎然
清淨譬如瑠璃内懸明月身心快然
妙圓平等獲大安隱一切如来密圓
淨妙皆現其中是人即獲无生法忍
從是漸修隨所發行安立聖位是則
名為第三增進修行漸次
阿難是善男子欲愛乾枯根境不偶
現前殘質不復續生執心虛明純是
智慧慧性明圓瑩十方界乾有其慧
名乾慧地欲習初乾未與如来法流
水接即以此心中中流入圓妙開敷
從真妙圓重發真妙妙信常住一切
妄想滅盡无餘中道純真名信心住
真信明了一切圓通陰處界三不能
為㝵如是乃至過去未来无數劫中
捨身受身一切習氣皆現在前是善
男子皆能憶念得無遺忘名念心住
妙圓純真真精發化无始習氣通一
精明惟以精明進趣真淨名精進心
心精現前純以智慧名慧心住執持
智明周遍寂湛寂妙常凝名定心住
定光發明明性深入惟進无退名不
退心心進安然保持不失十方如来

氣分交接名護法心覺明保持能以
妙力迴佛慈光向佛安住猶如雙鏡
光明相對其中妙影重重相入名迴
向心心光密迴獲佛常凝無上妙淨
安住無為得无遺失名戒心住住戒
自在能遊十方所去隨願名願心住
阿難是善男子以真方便發此十心
心精發揮十用涉入圓成一心名發
心住心中發明如淨瑠璃内現精金
以前妙心履以成地名治地住心地
涉知俱得明了遊履十方得无留㝵
名修行住行與佛同受佛氣分如中
陰身自求父母陰信冥通入如来種
名生貴住既遊道胎親奉覺胤如胎
已成人相不缺名方便具足住容皃
如佛心相亦同名正心住身心合成
日益增長名不退住十身靈相一時
具足名童真住形成出胎親為佛子
名法王子住表以成人如國大王以
諸國事分委太子彼剎利王世子長
成陳列灌頂名灌頂住
阿難是善男子成佛子已具足無量
如来妙德十方隨順名歡喜行善能

利益一切衆生名饒益行自覺覺他
得无違拒名无嗔恨行種類出生窮
未来際三世平等十方通達名无盡
行一切合同種種法門得无差誤名
離癡乱行則於同中顯現羣異一一
異相各各見同名善現行如是乃至
十方虛空滿足微塵一一塵中現十
方界現塵現界不相留㝵名无著行
種種現前咸是第一波羅蜜多名尊
重行如是圓融能成十方諸佛軌則
名善法行一一皆是清淨无漏一真
無為性本然故名真實行
阿難是善男子滿足神通成佛事已
純潔精真遠諸留患當度衆生滅除
度相迴无為心向涅槃路名救護一
切衆生離衆生相迴向壞其可壞遠
離諸離名不壞迴向本覺湛然覺齊
佛覺名等一切佛迴向精真發明地
如佛地名至一切處迴向世界如来
互相涉入得無罣㝵名无盡功德藏
迴向於同佛地地中各各生清淨因
依因發揮取涅槃道名隨順平等善
根迴向真根既成十方衆生皆我本

性性圓成就不失衆生名隨順等觀
一切衆生迴向即一切法離一切相
惟即與離二无所著名如相迴向真
得所如十方无㝵名無縛解脱迴向
性德圓成法界量滅名法界无量迴向
阿難是善男子盡是清淨四十一心
次成四種妙圓加行即以佛覺用為
己心若出未出猶如鑽火欲然其木
名為煖地又以己心成佛所履若依
非依如登高山身入虛空下有微㝵
名為頂地心佛二同善得中道如忍
事人非懷非出名為忍地數量銷滅
迷覺中道二無所目名世第一地
阿難是善男子於大菩提善得通達
覺通如來盡佛境界名歡喜地異性
入同同性亦滅名離垢地淨極明生名
發光地明極覺滿名餤慧地一切同
異所不能至名難勝地无為真如性
淨明露名現前地盡真如際名遠行
地一真如心名不動地發真如用名
善慧地
阿難是諸菩薩從此已往修習畢功
功德圓滿亦目此地名修習位慈陰

妙雲覆涅槃海名法雲地如來逆流
如是菩薩順行而至覺際入交名為
等覺阿難從乾慧心至等覺已是覺
始獲金剛心中初乾慧地如是重重
單複十二方盡妙覺成無上道是種
種地皆以金剛觀察如幻十種深喻
奢摩他中用諸如來毗婆舍那清淨
修證漸次深入阿難如是皆以三增
進故善能成就五十五位真菩提路
作是觀者名為正觀若他觀者名為
邪觀
尒時文殊師利法王子在大衆中即
從座起頂礼佛足而白佛言當何名
是經我及衆生云何奉持佛告文殊
師利是經名大佛頂悉怛多般怛羅
无上寶印十方如來清淨海眼亦名
救護親姻度脱阿難及此會中性比
丘尼得菩提心入遍知海亦名如來
密因修證了義亦名大方廣妙蓮華
王十方佛母陁羅尼呪亦名灌頂章
句諸菩薩萬行首楞嚴汝當奉持
說是語已即時阿難及諸大衆得蒙
如來開示密印般怛囉義兼聞此經

了義名目頓悟禪那修進聖位增上
妙理心慮虛凝斷除三界修心六品
微細煩惱即從座起頂礼佛足合掌
恭敬而白佛言大威德世尊慈音無
遮善開衆生微細沉惑令我今日身
意快然得大饒益世尊若此妙明真
淨妙心本來遍圓如是乃至大地草
木蠕動含靈本元真如即是如來成
佛真體佛體真實云何復有地獄餓
鬼畜生脩羅人天等道世尊此道為
復本來自有為是衆生妄習生起世
尊如寶蓮香比丘尼持菩薩戒私行
婬欲妄言行婬非殺非偷无有業報
發是語已先於女根生大猛火後於
節節猛火燒然墮無間獄琉璃大王
善星比丘琉璃為誅瞿曇族姓善星
妄說一切法空生身陷入阿鼻地獄
此諸地獄為有定處為復自然彼彼
發業各各私受惟垂大慈發開童蒙
令諸一切持戒衆生聞決定義歡喜
頂戴謹絜无犯
佛告阿難快哉此問令諸衆生不入
邪見汝今諦聽當為汝說阿難一切

眾生實本真淨因彼妄見有妄習生因此分開內分外分阿難內分即是眾生分內因諸愛染發起妄情情積不休能生愛水是故眾生心憶珍羞口中水出心憶前人或憐或恨目中淚盈貪求財寶心發愛涎舉體光潤心著行婬男女二根自然流液阿難諸愛雖別流結是同潤濕不昇自然從墜此名內分

阿難外分即是眾生分外因諸渴仰發明虛想想積不休能生勝氣是故眾生心持禁戒舉身輕清心持呪印顧盻雄毅心欲生天夢想飛舉心存佛國聖境冥現事善知識自輕身命阿難諸想雖別輕舉是同飛動不沉自然超越此名外分

阿難一切世間生死相續生從順習死從變流臨命終時未捨暖觸一生善惡俱時頓現死逆生順二習相交純想即飛必生天上若飛心中兼福兼慧及與淨願自然心開見十方佛一切淨土隨願往生情少想多輕舉非遠即為飛仙大力鬼王飛行夜叉地

行羅剎遊於四天所去无㝵其中若有善願善心護持我法或護禁戒隨持戒人或護神呪隨持呪者或護禪定保綏法忍是等親住如來坐下情想均等不飛不墜生於人間想明斯聰情幽斯鈍情多想少流入橫生重為毛群輕為羽族七情三想沉下水輪生於火際受氣猛火身為餓鬼常被焚燒水能害己無食无飲經百千劫九情一想下洞火輪身入風火二交過地輕生有間重生无間二種地獄純情即沉入阿鼻獄若沉心中有謗大乘毀佛禁戒誑妄說法虛貪信施濫膺恭敬五逆十重更生十方阿鼻地獄修造惡業雖則自招眾同分中兼有元地

阿難此等皆是彼諸眾生自業所感造十習因受六交報云何十因阿難一者婬習交接發於相磨研磨不休如是故有大猛火光於中發動如人以手自相磨觸煖相現前二習相然故有鐵床銅柱諸事是故十方一切如來色目行婬同名欲火菩薩見欲

如避火坑二者貪習交計發於相吸吸攬不止如是故有積寒堅冰於中凍冽如人以口吸縮風氣有冷觸生二習相陵故有吒吒波波羅羅青赤白蓮寒冰等事是故十方一切如來色目多求同名貪水菩薩見貪如避瘴海

三者慢習交陵發於相恃馳流不息如是故有騰逸奔波積波為水如人口舌自相綿味因而水發二習相鼓故有血河灰河熱沙毒海融銅灌吞諸事是故十方一切如來色目我慢名飲癡水菩薩見慢如避巨溺

四者瞋習交衝發於相忤忤結不息心熱發火鑄氣為金如是故有刀山鐵橛劍樹劍輪斧鉞槍鋸如人銜冤殺氣飛動二習相擊故有宮割斬斫剉刺搥擊諸事是故十方一切如來色目瞋恚名利刀劍菩薩見瞋如避誅戮

五者詐習交誘發於相調引起不住如是故有繩木絞校如水浸田草木生長二習相延故有杻械枷鎖鞭杖

檛棒諸事是故十方一切如来色目
姧偽同名讒賊菩薩見詐如畏豺狼
六者誑習交欺發於相罔誣罔不止
飛心造姧如是故有塵土屎尿穢汙
不淨如塵隨風各无所見二習相加
故有没溺騰擲飛墜漂淪諸事是故
十方一切如来色目欺誑同名刼殺
菩薩見誑如踐蛇虺
七者怨習交嫌發于銜恨如是故有
飛石投礰匣貯車檻甕盛囊撲如陰
毒人懐抱畜惡二習相呑故有投擲
擒捉擊射拋撮諸事是故十方一切
如来色目怨家名違害鬼菩薩見怨
如飲鴆酒
八者見習交明如薩迦耶見禁戒取
邪悟諸業發於違拒出生相返如是
故有王使主吏證執文籍如行路人
来往相見二習相交故有勘問權詐
考訊推鞫察訪披究照明善惡童子
手執文簿辭辯諸事是故十方一切
如来色目惡見同名見坑菩薩見諸
虚妄遍執如入毒壑
九者枉習交加發於誣謗如是故有

合山合石碾磑耕磨如讒賊人逼枉
良善二習相排故有押捺搥按蹙漉
衡度諸事是故十方一切如来色目
怨謗同名讒虎菩薩見枉如遭礔礰
十者訟習交諠發於藏覆如是故有
鑒見照燭如於日中不能藏影故有
惡友業鏡火珠披露宿素對驗諸事
是故十方一切如来色目覆藏同名
陰賊菩薩觀覆如戴高山履於巨海
云何六報阿難一切衆生六識造業
所招惡報從六根出云何惡報從六
根出一者見報招引惡果此見業交
則臨終時先見猛火滿十方界亡者
神識飛墜乘煙入無間獄發明二相
一者明見則能遍見種種惡物生無
量畏二者暗見寂然不見生无量恐
如是見火燒聽能為鑊湯洋銅燒息
能為黑煙紫燄燒味能為燋丸鐵糜
燒觸能為熱灰鑪炭燒心能生星火
迸灑煽鼓空界
二者聞報招引惡果此聞業交則臨
終時先見波濤没溺天地亡者神識
降注乘流入無間獄發明二相一者

開聽聽種種鬧精神瞀乱二者閉聽
寂無所聞幽魄沉没如是聞波注聞
則能為責為詰注見則能為雷為吼
為惡毒氣注息則能為雨為霧灑諸
毒虫周滿身體注味則能為膿為血
種種雜穢注觸則能為畜為鬼為屎
為尿注意則能為電為雹摧碎心魄
三者齅報招引惡果此齅業交則臨
終時先見毒氣充塞遠近亡者神識
從地涌出入无間獄發明二相一者通
聞被諸惡氣熏極心擾二者塞聞氣
掩不通悶絶於地如是齅氣衝息則
能為質為履衝見則能為火為炬衝
聽則能為没為溺為洋為沸衝味則
能為餒為爽衝觸則能為綻為爛為
大肉山有百千眼無量咂食衝思則
能為灰為瘴為飛砂礰擊碎身體
四者味報招引惡果此味業交則臨
終時先見鐵網猛炎熾烈周覆世界
亡者神識下透挂網倒懸其頭入無
間獄發明二相一者吸氣結成寒氷
凍裂身肉二者吐氣飛為猛火燋爛
骨髓如是嘗味歷嘗則能為承為忍

歷見則能為然金石歷聽則能為利
兵刃歷息則能為大鐵籠弥覆國土
歷觸則能為弓為箭為弩為射歷思
則能為飛熱鐵從空雨下五者觸報
招引惡果此觸業交則臨終時先見
大山四面来合無復出路三者神識
見大鐵城火虵火狗虎狼師子牛頭
獄卒馬頭羅刹手執槍矟驅入城門
向無間獄發明二相二者合觸合山
逼體骨肉血潰二者離觸刀劍觸身
心肝屠裂如是合觸歷觸則能為道
為觀為廳為案歷見則能為燒為爇
歷聽則能為撞為擊為剚為射歷息
則能為括為袋為拷為縛歷嘗則能
為耕為鉗為斬為截歷思則能為墜
為飛為煎為炙
六者思報招引惡果此思業交則臨
終時先見惡風吹壞國土亡者神識
被吹上空旋落乘風墮无間獄發明
二相一者不覺迷極則荒奔走不息
二者不迷覺知則苦無量煎燒痛深
難忍如是邪思結思則能為方為所
結見則能為鑒為證結聽則能為大

合石為水為霜為土為霧結息則能
為大火車火舩火檻結嘗則能為大
叫喚為悔為泣結觸則能為大為小
為一日中萬生萬死為偃為仰
阿難是名地獄十因六果皆是衆生
迷妄所造若諸衆生惡業圓造入阿
鼻獄受無量苦經無量劫六根各造
及彼所作兼境兼根是人則入八無
間獄身口意三作殺盗婬是人則入
十八地獄三業不兼中間或為一殺
一盗是人則入三十六地獄見見一
根單犯一業是人則入一百八地獄
由是衆生別作別造於世界中入同
分地獄妄想發生非本来有
復次阿難是諸衆生非破律儀犯菩
薩戒毀佛涅槃諸餘雜業歷劫燒然
後還罪畢受諸鬼形若於本因貪物
為罪是人罪畢遇物成形名為怪鬼
貪色為罪是人罪畢遇風成形名為
魃鬼貪惑為罪是人罪畢遇畜成形
名為魅鬼貪恨為罪是人罪畢遇蟲
成形名蠱毒鬼貪憶為罪是人罪畢
遇衰成形名為癘鬼貪傲為罪是人

罪畢遇氣成形名為餓鬼貪罔為罪
是人罪畢遇幽為形名為魘鬼貪明
為罪是人罪畢遇精為形名魍魎鬼
貪成為罪是人罪畢遇明為形名役
使鬼貪黨為罪是人罪畢遇人為形
名傳送鬼阿難是人皆以純情墜落
業火燒乾上出為鬼此等皆是自妄
想業之所招引若悟菩提則妙圓明
本無所有
復次阿難鬼業既盡則情與想二俱
成空方於世間與元負人怨對相值
身為畜生酬其宿債物怪之鬼物銷
報盡生於世間多為梟類風魃之鬼
風銷報盡生於世間多為咎徵一切異
類畜魅之鬼畜死報盡生於世間多
為狐類虫蠱之鬼蠱滅報盡生於世
間多為毒類衰癘之鬼衰窮報盡生
於世間多為蛔類受氣之鬼氣銷報
盡生於世間多為食類綿幽之鬼幽
銷報盡生於世間多為服類和精之
鬼和銷報盡生於世間多為應類明
靈之鬼明滅報盡生於世間多為休
徵一切諸類依人之鬼人亡報盡生

於世間多於脩類阿難是等皆以業
火乾枯酬其宿債傍為畜生此等亦
皆自虛妄業之所招引若悟菩提則
此妄緣本无所有如汝所言寶蓮香
等及琉璃王善星比丘如是惡業本
自發明非從天降亦非地生亦非人
與自妄所招還自來受菩提心中皆
為浮妄虛想凝結
復次阿難從是畜生酬償先債若彼
酬者分越所酬此等衆生還復為人
返徵其剩如彼有力兼有福德則於
人中不捨人身酬還彼力若无福者
還為畜生償彼餘直阿難當知若用
錢物或役其力償足自停如於中間
殺彼身命或食其肉如是乃至經微
塵劫相食相誅猶如轉輪互為高下
无有休息除奢摩他及佛出世不可
停寢汝今應知彼梟倫者酬足復形
生人道中參合頑類彼各徵者酬足
復形生人道中參合愚類彼狐倫者
酬足復形生人道中參於佷類彼毒
偷者酬足復形生人道中參合庸類
波洄倫者酬足復形生人道中參合

微類彼食倫者酬足復形生人道中
參合柔類彼剩倫者酬足復形生人
道中參合勞類彼應倫者酬足復形
生人道中參於文類彼休徵者酬足
復形生人道中參合明類彼諸循倫
酬足復形生人道中參於達類阿難
是等皆以宿債畢酬復形人道皆無
始來業計顛倒相生相殺不遇如來
不聞正法於塵勞中法尒輪轉此輩
名為可憐愍者
阿難復有從人不依正覺修三摩地
別修妄念存想固形遊於山林人不
及處有十仙種阿難彼諸衆生堅固
服餌而不休息食道圓成名地行仙
堅固草木而不休息藥道圓成名飛
行仙堅固金石而不休息化道圓成
名游行仙堅固動止而不休息氣精
圓成名空行仙堅固津液而不休息
潤德圓成名天行仙堅固精色而不
休息吸粹圓成名通行仙堅固咒禁
而不休息術法圓成名道行仙堅固
思念而不休息思憶圓成名照行仙
堅固交遘而不休息感應圓成名精

行仙堅固變化而不休息覺悟圓成
名絶行仙阿難是等皆於人中鍊心
不循正覺別得生理壽千万歲休止
深山或大海島絶於人境斯亦輪迴
妄想流轉不修三昧報盡還來散入
諸趣
阿難諸世間人不求常住未能捨諸
妻妾恩愛於邪婬中心不流逸澄瑩
生明命終之後隣於日月如是一類
名四天王天於已妻房婬愛微薄於
淨居時不得全味命終之後超日月明
居人間頂如是一類名忉利天逢欲
蹔交去无思憶於人間世動少靜多
命終之後於虛空中朗然安住日月
光明上照不及是諸人等自有光明
如是一類名須燄摩天一切時靜有
應觸來未能違戾命終之後上昇精
微不接下界諸人天境乃至劫壞三
災不及如是一類名兜率陀天我无
欲心應汝行事於橫陳時味如嚼蠟
命終之後生越化地如是一類名樂
變化天无世間心同世行事於行事
交了然超越命終之後遍能出超化

首楞嚴經卷第八　第二十張　絲字号

無化境如是一類名他化自在天阿難如是六天形雖出動心跡尚交自此已還名為欲界

大佛頂萬行首楞嚴經卷第八

大佛頂如來密因修證了義諸菩薩萬行首楞嚴經卷第八

校勘記

一　底本，金藏廣勝寺本。

一　五四二頁中七行第一三字「无」，諸本（不包括[普]，下同）作「元」。

一　五四二頁下一一行第五字「當」，[麗]作「常」。

一　五四三頁中八行第四字「揮」，[資]、[磧]、[南]、[徑]、[清]作「暉」。

一　五四三頁下一四行末字「除」，[磧]、[南]、[徑]、[清]作「諸」。

一　五四三頁下一六行第一二字「百」，諸本作「可」。

一　五四四頁上三行第九字「名」，[資]、[磧]、[南]、[徑]、[清]作「名真」。

一　五四四頁下六行首字「意」，[資]、[磧]、[南]、[徑]、[清]作「心」。

一　五四四頁下一九行「發開」，[資]作「開發」。

一　五四五頁上一三行第二字「盻」，[磧]、[清]作「盼」。

一　五四五頁中八行末字「衣」，諸本作「常」。

一　五四五頁中一五行第三字「修」，[資]、[磧]、[南]、[徑]、[清]、[麗]作「循」。

一　五四五頁中二一行第五字「磨」，[資]、[磧]、[南]、[徑]、[清]作「摩」。第七字「炎」，[資]、[磧]、[南]、[徑]、[清]作「煖」；[麗]作「暖」。

一　五四五頁下一六行第二字「搬」，[資]作「柽」。第九字「槍」，[石]作「鏘」。

一　五四五頁下一七行第一一字「害」，諸本作「宮」。

一　五四六頁上一五行「禁戒」，[磧]、[南]、[徑]、[清]作「戒禁」。

一　五四六頁中四行第六字「虐」，[資]、[磧]、[南]、[徑]、[清]、[麗]作「虎」。

一　五四六頁中六行第一二字「影」，[南]、[徑]作「影二習相陳」；[清]作「影二習相爭」。

一　五四六頁中七行第一〇字「素」，[資]、[磧]、[南]、[徑]、[清]、[麗]作「業」。

一五四六頁中九行第一一字「履」，清作「覆」。
一五四六頁下一行第九字「慦」，資、磧、南、徑、清、麗作「慜」。
一五四六頁下六行末字「戾」，石、資、磧、南、徑、清作「糞」。
一五四六頁下一五行第三字「餧」，資作「餶」。
一五四六頁下二二行第一三字「焳」，石、麗作「燋」；磧、南、徑、清作「焦」。
一五四七頁上六行第一一字「三」，諸本作「亡」。
一五四七頁上七行第一三字「半」，諸本作「牛」。
一五四七頁上八行第一〇字「稍」，諸本作「稍」。
一五四七頁上九行第九字「二」，諸本作「一」。
一五四七頁上一四行第四字「括」，石作「栝」。第一〇字「栲」，資、磧、南、徑、清作「考」。
一五四七頁中一行第四字「水」，諸本作「冰」。
一五四七頁中六行第一一字「圓」，資、磧、南、徑、清作「同」。
一五四七頁中一四行第三字「獄」，資、磧、南、徑、清、麗無。
一五四七頁下一四行第一一字「各」，諸本作「咎」。
一五四七頁下二〇行第八字「多」，石無。
一五四八頁上一行第五字「於」，資、磧、南、徑、清作「爲」。
一五四八頁上六行第一一字「生」，諸本作「出」。
一五四八頁上八行「妄虛」，資、磧、南、徑、清作「虛妄」。
一五四八頁上一九行第一〇字「各」，諸本作「咎」。
一五四八頁上二二行首字「偷」，諸本作「倫」。
一五四八頁上末行「波洄」，諸本作「彼蛔」。
一五四八頁中二行第六字「剩」，諸本作「服」。
一五四八頁中一三行「仙種」，磧、南、清作「種仙」。
一五四八頁中末行第九字「感」，資作「惑」。
一五四八頁下三行第二字「循」，資、磧、南、徑、清作「修」。
一五四八頁下一一行第五字「得」，資無。
一五四九頁上三行「此已還」，資無。

大佛頂如来密因修證了義諸菩薩萬行首楞嚴經卷第九 一名中印度那蘭陀大道場經於灌頂部錄出別行 緣

唐天竺沙門般剌密帝譯

阿難世間一切所修心人不假禪那无有智慧但能執身不行婬欲若行若坐想念俱無愛染不生無留欲界是人應念身為梵侶如是一類名梵衆天欲習既除離欲心現於諸律儀愛樂隨順是人應時能行梵德如是一類名梵輔天身心妙圓威儀不缺清淨禁戒加以明悟是人應時能統梵衆為大梵王如是一類名大梵天阿難此三勝流一切苦惱所不能逼雖非正修真三摩地清淨心中諸漏不動名為初禪

阿難其次梵天統攝梵人圓滿梵行澄心不動寂湛生光如是一類名少光天光光相然照耀無盡映十方界遍成琉璃如是一類名无量光天吸持圓光成就教體發化清淨應用無盡如是一類名光音天阿難此三勝流一切憂懸所不能逼雖非正修真三

摩地清淨心中麁漏已伏名為二禪

阿難如是天人圓光成音披音露妙發成精行通寂滅樂如是一類名少淨天淨空現前引發無際身心輕安成寂滅樂如是一類名無量淨天世界身心一切圓淨淨德成就勝託現前歸寂滅樂如是一類名遍淨天阿難此三勝流具大隨順身心安隱得无量樂雖非正得真三摩地安隱心中歡喜畢具名為三禪

阿難次復天人不逼身心苦因已盡樂非常住久必壞生苦樂二心俱時頓捨麁重相滅淨福性生如是一類名福生天捨心圓融勝解清淨福无遮中得妙隨順窮未来際如是一類名福愛天阿難從是天中有二岐路若於先心无量淨光福德圓明修證而住如是一類名廣果天若於先心雙厭苦樂精研捨心相續不斷圓窮捨道身心俱滅心慮灰凝經五百劫是人既以生滅為因不能發明不生滅性初半劫滅後半劫生如是一類名无想天阿難此四勝流一切世間

諸苦樂境所不能動雖非無為真不動地有所得心功用純熟名為四禪
阿難此中復有五不還天於下界中九品習氣俱時滅盡苦樂雙亡下無卜居故於捨心衆同分中安立居處
阿難苦樂兩滅鬬心不交如是一類名无煩天機括獨行研交无地如是一類名無熱天十方世界妙見圓澄更無塵象一切沉垢如是一類名善見天精見現前陶鑄無㝵如是一類名善現天究竟羣幾窮色性性入無邊際如是一類名色究竟天
阿難此不還天彼諸四禪四位天王獨有欽聞不能知見如今世間曠野深山聖道場地皆阿羅漢所住持故世間麁人所不能見阿難是十八天獨行无交未盡形累自此已還名為色界
復次阿難從是有頂色邊際中其間復有二種岐路若於捨心發明智慧慧光圓通便出塵界成阿羅漢入菩薩乘如是一類名為迴心大阿羅漢若在捨心捨猒成就覺身為㝵銷㝵

入空如是一類名為空處諸㝵既銷无㝵无滅其中惟留阿賴耶識全於末那半分微細如是一類名為識處空色既亡識心都滅十方寂然逈無攸往如是一類名无所有處識性不動以滅窮研於無盡中發宣盡性如存不存若盡非盡如是一類名為非想非非想處此等窮空不盡空理從不還天聖道窮者如是一類名不迴心鈍阿羅漢若從無想諸外道天窮空不歸迷漏无聞便入輪轉阿難是諸天上各各天人則是凡夫業果酬荅荅盡入輪彼之天王即是菩薩遊三摩提漸次增進迴向聖倫所修行路阿難是四空天身心滅盡定性現前無業果色從此逮終名无色界此皆不了妙覺明心積妄發生妄有三界中閒妄隨七趣沉溺補特伽羅各從其類復次阿難是三界中復有四種阿修羅類若於鬼道以護法力成通入空此阿修羅從卵而生鬼趣所攝若於天中降德貶墜其所卜居隣於日月此阿脩羅從胎而出人趣所

攝有修羅王執持世界力洞無畏能與梵王及天帝釋四天爭權此阿修羅因變化有天趣所攝阿難別有一分下劣修羅生大海心沉水穴口旦遊虛空暮歸水宿此阿修羅因濕氣有畜生趣攝
阿難如是地獄餓鬼畜生人及神仙天洎修羅精研七趣皆是昏沉諸有為想妄想受生妄想隨業於妙圓明無作本心皆如空花元無所有但一虛妄更无根緒阿難此等衆生不識本心受此輪迴經无量劫不得真淨皆由隨順殺盜婬故反此三種又則出生无殺盜婬有名鬼倫無名天趣有无相傾起輪迴性若得妙發三摩提者則妙常寂有无二無無二亦滅尚无不殺不偷不婬云何更隨殺盜婬事阿難不斷三業各各有私因各各私衆私同分非無定處自妄發生生妄无因无可尋究汝勗修行欲得菩提要除三惑不盡三惑縱得神通皆是世間有為功用習氣不滅落於魔道雖欲除妄倍加虛偽如來說為可

哀憐者汝妄自造非菩提各作是說
者名為正說若他說者即魔王說
即時如來將罷法座於師子牀攬七
寶机迴紫金山再來凭倚普告大衆
及阿難言汝等有學緣覺聲聞今日
迴心趣大菩提無上妙覺吾今已說
真修行法汝猶未識修奢摩他毗婆
舍那微細魔事魔境現前汝不能識
洗心非正落於邪見或汝陰魔或復
天魔或著鬼神或遭魑魅心中不明
認賊為子又復於中得少為足如第
四禪無聞比丘妄言證聖天報已畢
衰相現前謗阿羅漢身遭後有墮阿
鼻獄汝應諦聽吾今為汝子細分別
阿難起立并其會中同有學者歡喜
頂礼伏聽慈誨
佛告阿難及諸大衆汝等當知有漏
世界十二類生本覺妙明覺圓心體
與十方佛无二无別由汝妄想迷理
為咎癡愛發生生發遍迷故有空性
化迷不息有世界生則此十方微塵
國土非無漏者皆是迷頑妄想安立
當知虛空生汝心內猶如片雲點太

清裏況諸世界在虛空耶汝等一人
發真歸元此十方空皆悉銷殞云何
空中所有國土而不振裂汝輩修禪
飾三摩地十方菩薩及諸无漏大阿
羅漢心精通溜當處湛然一切魔王
及與鬼神諸凡夫天見其宮殿無故
崩裂大地振坼水陸飛騰无不驚慴
凡夫昏暗不覺遷訛彼等咸得五種
神通惟除漏盡戀此塵勞如何令汝
摧裂其處是故神鬼及諸天魔魍魎
妖精於三昧時僉來惱汝然彼諸魔
雖有大怒彼塵勞內汝妙覺中如風
吹光如刀斷水了不相觸汝如沸湯
彼如堅氷煖氣漸隣不日銷殞徒恃
神力但為其客成就破乱由汝心中
五陰主人主人若迷客得其便當處
禪那覺悟无惑則彼魔事无奈汝何
陰銷入明則彼羣邪咸受幽氣明能
破暗近自銷殞如何敢留擾乱禪定
若不明悟被陰所迷則汝阿難必為
魔子成就魔人如摩登伽殊為眇劣
彼雖呪汝破佛律儀八万行中秖毀
一戒心清淨故尚未淪溺此乃隳汝

寶覺全身如宰臣家忽逢籍沒宛
轉零落无可哀救
阿難當知汝坐道場銷落諸念其念
若盡則諸離念一切精明動靜不移
憶忘如一當住此處入三摩提如明
目人處大幽暗精性妙淨心未發光
此則名為色陰區宇若目明朗十方
洞開無復幽黯名色陰盡是人則能
超越劫濁觀其所由堅固妄想以為
其本
阿難當在此中精研妙明四大不織
少選之間身能出㝵此名精明流溢
前境斯但功用蹔得如是非為聖證
不作聖心名善境界若作聖解即受
羣邪
阿難復以此心精研妙明其身內徹
是人忽然於其身內拾出蟯蛔身相
宛然亦无傷毀此名精明流溢形體
斯但精行蹔得如是非為聖證不作
聖心名善境界若作聖解即受羣邪
又以此心內外精研其時魂魄意志
精神除執受身餘皆涉入若為賓主
忽於空中聞說法聲或聞十方同敷

密義此名精魂遞相離合成就善種
暫得如是非為聖證不作聖心名善
境界若作聖解即受羣邪
又以此心澄露皎徹内光發明十方
遍作閻浮檀色一切種類化為如来
于時忽然見毗盧遮那踞天光臺千
佛圍繞百億國土及與蓮花俱時出
現此名心魂靈悟所染心光研明照
諸世界暫得如是非為聖證不作聖
心名善境界若作聖解即受羣邪
又以此心精研妙明觀察不停抑按
降伏制止超越於時忽然十方虛空
成七寶色或百寶色同時遍滿不相
留导青黄赤白各各純現此名抑按
功力踰分暫得如是非為聖證不作
聖心名善境界若作聖解即受羣邪
又以此心研究澄徹精光不乱忽於
夜合在暗室内見種種物不殊白晝
而暗室物亦不除滅此名心細密澄
其見所視洞幽暫得如是非為聖證
不作聖心名善境界若作聖解即受
羣邪
又以此心圓入虛融四體忽然同於

草木火燒刀斫曾无所覺又則火光
不能燒爇縱割其肉猶如削木此名
塵併排四大性一向入純暫得如是
非為聖證不作聖心名善境界若作
聖解即受羣邪
又以此心成就清淨淨心功極忽見
大地十方山河皆成佛國具足七寶
光明遍滿又見恒沙諸佛如来遍滿
空界樓殿華麗下見地獄上觀天宫
得无障导此名欣猒凝想日深想久
化成非為聖證不作聖心名善境界
若作聖解即受羣邪
又以此心研究深遠忽於中夜遥見
遠方市井街巷親族眷屬或聞其語
此名迫心逼極飛出故多隔見非為
聖證不作聖心名善境界若作聖解
即受羣邪
又以此心研究精極見善知識形體
變移少選无端種種遷改此名邪心
含受魑魅或遭天魔入其心腹无端
說法通達妙義非為聖證不作聖心
魔事銷歇若作聖解即受羣邪
阿難如是十種禪那現境皆是色陰

用心交互故現斯事衆生頑迷不自
忖量逢此因緣迷不自識謂言登聖
大妄語成墮無間獄汝等當依如来
滅後於末法中宣示斯義无令天魔
得其方便保持覆護成無上道
阿難彼善男子修三摩提奢摩他中
色陰盡者見諸佛心如明鏡中顯現
其象若有所得而未能用猶如魔人
手足宛然見聞不惑心觸客邪而不
能動此則名為受陰區宇若魔咎歇
其心離身返觀其面去住自由無復
留导名受陰盡是人則能超越見濁
觀其所由虛明妄想以為其本
阿難彼善男子當在此中得大光耀
其心發明内抑過分忽於其處發无
窮悲如是乃至觀見蚊䖟猶如赤子
心生憐愍不覺流淚此名功用抑摧
過越悟則無咎非為聖證覺了不迷
久自銷歇若作聖解則有悲魔入其
心府見人則悲啼泣無限失於正受
當從淪墜
阿難又彼定中諸善男子見色陰銷
受陰明白勝相現前感激過分忽於

其中生无限勇其心猛利志齊諸佛
謂三僧祇一念能越此名功用淩率
過越悟則无咎非為聖證覺了不迷
久自銷歇若作聖解則有狂魔入其
心腑見人則誇我慢无比其心乃至
上不見佛下不見人失於正受當從
淪墜
又彼定中諸善男子見色陰銷受陰
明白前无新證歸失故居智力衰微
入中隳地迥无所見心中忽然生大
枯渴於一切時沉憶不散將此以為
勤精進相此名修心无慧自失悟則
无咎非為聖證若作聖解則有憶魔
入其心腑旦夕撮心懸在一處失於
正受當從淪墜
又彼定中諸善男子見色陰銷受陰
明白慧力過定失於猛利以諸勝性
懷於心中自心已疑是盧舍那得少
為足此名用心亡失恒審溺於知見
悟則無咎非為聖證若作聖解則有
下劣易知足魔入其心腑見人自言
我得無上第一義諦失於正受當從
淪墜

又彼定中諸善男子見色陰銷受陰
明白新證未獲故心已亡歷覽二際
自生艱險於心忽然生無盡憂如坐
鐵牀如飲毒藥心不欲活常求於人
令害其命早取解脫此名修行失於
方便悟則无咎非為聖證若作聖解
則有一分常憂愁魔入其心腑手執
刀劍自割其肉欣其捨壽或常憂愁
走入山林不耐見人失於正受當從
淪墜
又彼定中諸善男子見色陰銷受陰
明白處清淨中心安隱後忽然自有
无限喜生心中歡悅不能自止此名
輕安无慧自禁悟則無咎非為聖證
若作聖解則有一分好喜樂魔入其
心腑見人則笑於衢路傍自歌自舞
自謂已得无㝵解脫失於正受當從
淪墜
又彼定中諸善男子見色陰銷受陰
明白自謂已足忽有无端大我慢起
如是乃至慢與過慢及慢過慢或增
上慢或卑劣慢一時俱發心中尚輕
十方如來何況下信聲聞緣覺此名

見勝无慧自救悟則无咎非為聖證
若作聖解則有一分大我慢魔入其
心腑不禮塔廟摧毀經像謂檀越言
此是金銅或是土木經是樹葉或是
疊花肉身真常不自恭敬却崇土木
實為顛倒其深信者從其毀碎埋棄
地中疑誤衆生入无間獄失於正受
當從淪墜
又彼定中諸善男子見色陰銷受陰
明白於精明中圓悟精理得大隨順
其心忽生无量輕安已言成聖得大
自在此名因慧獲諸輕清悟則無咎
非為聖證若作聖解則有一分好清
輕魔入其心腑自謂滿足更不求進
此等多作無聞比丘疑謗後生墮阿
鼻獄失於正受當從淪墜
又彼定中諸善男子見色陰銷受陰
明白於明悟中得虛明性其中忽然
歸向永滅撥無因果一向入空空心
現前乃至心生長斷滅解悟則無咎
非為聖證若作聖解則有空魔入其
心腑乃謗持戒名為小乘菩薩悟空
有何持犯其人常於信心檀越飲酒

𤖁肉廣行婬穢因魔力故攝其前人不生疑謗鬼心久入或食屎尿與酒肉等一種俱空破佛律儀誤入人罪失於正受當從淪墜

又彼定中諸善男子見色陰銷受陰明白味其虛明深入心骨其心忽有无限愛生愛極發狂便為貪欲此名定境安順入心無慧自持誤入諸欲悟則无咎非為聖證若作聖解則有欲魔入其心腑一向說欲為菩提道化諸白衣平等行欲其行婬者名持法子神鬼力故於末世中攝其凡愚其數至百如是乃至一百二百或五六百多滿千万魔心生猒離其身體威德既无陷於王難疑誤衆生入無間獄失於正受當從淪墜

阿難如是十種禪那現境皆是受陰用心交互故現斯事衆生頑迷不自忖量逢此因緣迷不自識謂言登聖大妄語成墮无間獄汝等亦當將如來語於我滅後傳示末法遍令衆生開悟斯義无令天魔得其方便保持覆護成无上道

阿難彼善男子修三摩提受陰盡者雖未漏盡心離其形如鳥出籠已能成就從是凡身上歷菩薩六十聖位得意生身隨往无㝵譬如有人熟寐寱言是人雖則无別所知其言已成音韻倫次令不寐者咸悟其語此則名為想陰區宇若動念盡浮想銷除於覺明心如去塵垢一倫死生首尾圓照名想陰盡是人則能超煩惱濁觀其所由融通妄想以為其本

阿難彼善男子受陰虛妙不遭邪慮圓定發明三摩地中心愛圓明銳其精思貪求善巧尒時天魔候得其便飛精附人口說經法其人不覺是其魔著自言謂得无上涅槃來彼求巧善男子處敷座說法其形斯須或作比丘令彼人見或為帝釋或為婦女或比丘尼或寢暗室身有光明是人愚迷惑為菩薩信其教化搖蕩其心破佛律儀潛行貪欲口中好言災祥變異或言如來某處出世或言劫火或說刀兵恐怖於人令其家資无故耗散此名怪鬼年老成魔惱亂是人

猒足心生去彼人體弟子與師俱陷王難汝當先覺不入輪迴迷惑不知墮无間獄

阿難又善男子受陰虛妙不遭邪慮圓定發明三摩地中心愛遊蕩飛其精思貪求經歷

尒時天魔候得其便飛精附人口說經法其人亦不覺知魔著亦言自得無上涅槃來彼求遊善男子處敷座說法自形无變其聽法者忽自見身坐寶蓮華全體化成紫金光聚一衆聽人各各如是得未曾有是人愚迷惑為菩薩婬逸其心破佛律儀潛行貪欲口中好言諸佛應世某處某人當是某佛化身來此某人即是某菩薩等來化人間其人見故心生傾渴邪見密興種智銷滅此名魃鬼年老成魔惱亂是人猒足心生去彼人體弟子與師俱陷王難汝當先覺不入輪迴迷惑不知墮無間獄

又善男子受陰虛妙不遭邪慮圓定發明三摩地中心愛綿㴼澄其精思貪求契合尒時天魔候得其便飛精

附人口說經法其人實不覺知魔著
亦言自得无上涅槃来彼求合善男
子處敷座說法其形及彼聽法之人
外无遷變令其聽者未聞法前心自
開悟念念移易或得宿命或有他心
或見地獄或知人間好惡諸事或口
說偈或自誦經各各歡喜得未曾有
是人愚迷惑為菩薩綿愛其心破佛
律儀潛行貪欲口中好言佛有大小
某佛先佛某佛後佛其中亦有真佛
假佛男佛女佛菩薩亦然其人見故
洗滌本心易入邪悟此名魅鬼年老
成魔惱乱是人猒足心生去彼人體
弟子與師俱陷王難汝當先覺不入
輪迴迷惑不知墮无間獄
又善男子受陰虛妙不遭邪慮圓定
發明三摩地中心愛根本窮覽物化
性之終始精爽其心貪求辯析尒時
天魔候得其便飛精附人口說經法
其人先不覺知魔著亦言自得無上
涅槃来彼求元善男子處敷座說法
身有威神摧伏求者令其座下雖未
聞法自然心伏是諸人等將佛涅槃菩

提法身即是現前我肉身上父父子
子遞代相生即是法身常住不絕都
指現在即為佛國无别淨居及金色
相其人信受忘失先心身命歸依得
未曾有是等愚迷惑為菩薩推究其
心破佛律儀潛行貪欲口中好言眼
耳鼻舌皆為淨土男女二根即是菩
提涅槃真處彼無知者信是穢言此
名蠱毒魘勝惡鬼年老成魔惱乱是
人猒足心生去彼人體弟子與師俱
陷王難汝當先覺不入輪迴迷惑不
知墮无間獄
又善男子受陰虛妙不遭邪慮圓定
發明三摩地中心愛懸應周流精研
貪求冥感尒時天魔候得其便飛精
附人口說經法其人元不覺知魔著
亦言自得无上涅槃来彼求應善男
子處敷座說法能令聽衆暫見其身
如百千歲心生愛染不能捨離身為
奴僕四事供養不覺疲勞各各令其
座下人心知是先師本善知識别生
法愛粘如膠漆得未曾有是人愚迷
惑為菩薩親近其心破佛律儀潛行

貪欲口中好言我於前世於某生中
先度某人當時是我妻妾兄弟今来
相度與汝相隨歸某世界供養某佛
或言别有大光明天佛於中住一切
如来所休居地彼无知者信是虛誑
遺失本心此名厲鬼年老成魔惱乱
是人猒足心生去彼人體弟子與師
俱陷王難汝當先覺不入輪迴迷惑
不知墮无間獄
又善男子受陰虛妙不遭邪慮圓定
發明三摩地中心愛深入克己辛勤
樂處陰寂貪求靜謐尒時天魔候得
其便飛精附人口說經法其人本不
覺知魔著亦言自得无上涅槃来彼
求陰善男子處敷座說法令其聽人
各知本業或於其處語一人言汝今
未死已作畜生勅使一人於後踏尾
頓令其人起不能得於是一衆傾心
欽伏有人起心已知其肇佛律儀外
重加精苦誹謗比丘罵詈徒衆訐露
人事不避譏嫌口中好言未然禍福
及至其時毫髮無失此大力鬼年老
成魔惱乱是人猒足心生去彼人體

弟子與師多陷王難汝當先覺不入輪迴迷惑不知墮无間獄

又善男子受陰虚妙不遭邪慮圓定發明三摩地中心愛知見勤苦研尋貪求宿命尒時天魔候得其便飛精附人口説經法其人殊不覺知魔著亦言自得无上涅槃来彼求知善男子處敷座説法是人无端於説法處得大寶珠其魔或時化為畜生口銜其珠及雜珍寶簡策符牘諸竒異物先授彼人後著其體或誘聽人藏於地下有明月珠照耀其處是諸聽者得未曾有多食藥草不食嘉膳或時日飡一麻一麦其形肥充魔力持故誹謗比丘罵詈徒衆不避譏嫌口中好言他方寶藏十方聖賢潛匿之處隨其後者往往見有竒異之人此名山林土地城隍川嶽鬼神年老成魔或有宣婬破佛戒律與承事者潛行五欲或有精進純食草木无定行事惱乱彼人猒足心生去彼人體弟子與師多陷王難汝當先覺不入輪迴迷惑不知墮无間獄

又善男子受陰虚妙不遭邪慮圓定發明三摩地中心愛神通種種變化研究化元貪取神力尒時天魔候得其便飛精附人口説經法其人誠不覺知魔著亦言自得無上涅槃来彼求通善男子處敷座説法是人或復手執火光手撮其光分於所聽四衆頭上是諸聽人頂上火光皆長數尺亦无熱性曾不焚燒或上水行如履平地或於空中安坐不動或入瓶内或處囊中越牖透垣曾无障㝵惟於刀兵不得自在自言是佛身著白衣受比丘礼誹謗禪律罵詈徒衆許露人事不避譏嫌口中常説神通自在或復令人傍見佛土鬼力惑人非有真實讃歎行婬不毁麁行將諸猥媟以為傳法此名天地大力山精海精風精河精土精一切草樹積刼精魅或復龍魅或壽終仙再活為魅或仙期終計年應死其形不化他怪所附年老成魔惱乱是人猒足心生去彼人體弟子與師多陷王難汝當先覺不入輪迴迷惑不知墮無間獄

又善男子受陰虚妙不遭邪慮圓定發明三摩地中心愛入滅研究化性貪求深空尒時天魔候得其便飛精附人口説經法其人終不覺知魔著亦言自得无上涅槃来彼求空善男子處敷座説法於大衆内其形忽空衆無所見還從虚空突然而出存没自在或現其身洞如瑠璃或垂手足作栴檀氣或大小便如厚石蜜誹毁戒律輕賤出家口中常説无因無果一死永滅无復後身及諸凡聖雖得空寂潛行貪欲受其欲者亦得空心撥无因果此名日月薄蝕精氣金玉芝草麟鳳龜鶴經千萬年不死為靈出生國土年老成魔惱乱是人猒足心生去彼人體弟子與師多陷王難汝當先覺不入輪迴迷惑不知墮无間獄

又善男子受陰虚妙不遭邪慮圓定發明三摩地中心愛長壽辛苦研幾貪求永歲棄分段生頓希變易細相常住尒時天魔候得其便飛精附人口説経法其人竟不覺知魔著亦言自得无上涅槃来彼求生善男子處

首楞嚴經卷第九　第二十四張　紛字号

敷座說法好言他方往還无滯或経
万里瞬息再来皆於彼方取得其物
或於一處在一宅中數步之間令其
從東詣至西壁是人急行累年不到
因此心信疑佛現前口中常說十方
衆生皆是吾子我生諸佛我出世界
我是元佛出世自然不因修得此名
住世自在天魔使其眷屬如遮文茶
及四天王毗舍童子未發心者利其
虛明食彼精氣或不因師其修行人
親自觀見稱執金剛與汝長命現美
女身盛行貪欲未逾年歲肝腦枯竭
口兼獨言聽若魅魅前人未詳多陷
王難未及遇刑先巳乾死惱乱彼人
以至殂殞汝當先覺不入輪迴迷惑
不知墮无間獄
阿難當知是十種魔於末世時在我
法中出家修道或附人體或自現形
皆言巳成正遍知覺讃歎婬欲破佛
律儀先惡魔師與魔弟子婬婬相傳
如是邪精魅其心腑近則九生多踰
百世令真修行惣為魔眷命終之後
畢為魔民失正遍知墮無間獄汝今

首楞嚴經卷第九　第二十五張　紛字号

未須先取寂滅縱得无學留願入彼
末法之中起大慈悲救度正心深信
衆生令不著魔得正知見我今度汝
巳出生死汝遵佛語名報佛恩
阿難如是十種禪那現境皆是想陰
用心交互故現斯事衆生頑迷不自
忖量逢此因緣迷不自識謂言登聖
大妄語成墮無間獄汝等必須將如
来語於我滅後傳示末法遍令衆生
開悟斯義无令天魔得其方便保持
覆護成无上道

大佛頂萬行首楞嚴經卷第九

大佛頂如來密因修證了義諸菩薩萬行
首楞嚴經卷第九
校勘記

一　底本，金藏廣勝寺本。
一　五五一頁中末行第五字「懸」，麗作「愁」。
一　五五一頁下一一行「次復」，資、磧、南、徑、清作「復次」。
一　五五二頁上一行第九字「䧺」，諸本（不包括普，下同。）作「雖」。
一　五五二頁下四行第一〇字「況」，諸本作「沉」。
一　五五二頁下四行第一四字「且」，諸本作「旦」。
一　五五二頁下九行第二字「想」，資、磧、南、徑、清作「相」。
一　五五二頁下一〇行第一二字「有」，資、磧、南、徑、清作「著」。
一　五五三頁上四行第二字「机」，石、資、磧、南、徑、清作「几」。
一　五五三頁上一一行第二字「誠」，

諸本作「賊」。
一 五五三頁中五行第六字「湣」，石、磧、南、清、麗作「溜」；資作「泯」。
一 五五三頁中一三行末字「浪」，資、磧、南、徑、清作「湯」。
一 五五三頁中一九行第三字「近」，資作「迷」。
一 五五三頁中二二行第二字「雖」，資、磧、南、徑、清作「唯」。
一 五五三頁下八行第六字「默」，資、磧、南、徑、清、麗作「黯」。
一 五五三頁下一七行第一一字「蚍」，石、資、磧、南、清、麗作「蜣」。
一 五五三頁下二二行第一一字「若」，資、磧、南、徑、清作「互」。
一 五五四頁上一行第六字「魂」，資、磧、南、徑、清作「魄」。
一 五五四頁上六行第四字「然」，資、磧、南、徑、清無。
一 五五四頁上末行第一〇字「躰」，資、磧、南、徑、清作「體」。
一 五五四頁下四行第一三字「无」，諸本作「天」。
一 五五五頁中末行第八字「信」，資、磧、南、徑、清、麗作「位」。
一 五五五頁下一三行末字至四行首字「清輕」，資、磧、南、徑、清作「輕清」。
一 五五五頁下一五行「謗後」，磧、南、徑、清作「誤衆」。
一 五五六頁上一六行末字「墜」，清作「隳」。
一 五五六頁中八行「死生」，資、磧、南、徑、清作「生死」。
一 五五六頁下二二行第一〇字「溜」，資作「泯」。
一 五五七頁上七行第一〇字「喜」，石、資、磧、南、徑、清作「娛」。
一 五五七頁上一八行第一二字「折」，諸本作「析」。
一 五五七頁中四行第六字「忘」，資、磧、南、徑、清作「亡」。
一 五五八頁上一行第五字「多」，資、磧、南、徑、清作「俱」。
一 五五八頁上一〇行第八字「筞」，徑、清作「册」。
一 五五八頁上一三行第一二字「膳」，資、磧、南、徑、清作「饌」。
一 五五八頁上二一行第四字「彼」，資、磧、南、徑、清作「是」。
一 五五八頁中九行「上水」，磧、南、清作「水上」。
一 五五八頁中一三行第一三字「許」，諸本作「計」。
一 五五八頁中一八行第一〇字「樹」，資、磧、南、徑、清作「木」。
一 五五八頁下二行第一一字「姸」，資、磧、南、徑、清作「研」。
一 五五八頁下末行第八字「彼」，石作「往」。
一 五五九頁上一三行第七字「魅」，資、磧、南、徑、清作「妖」。
一 五五九頁上末行首字「畢」，資、磧、南、徑、清作「必」。

大佛頂如來密因修證了義諸菩薩萬行首
楞嚴經卷第十　一名中印度那蘭陀大道場經於灌頂部錄出別行　絲
大唐神龍元年龍集乙巳五月己卯
朔二十三日辛丑中天竺沙門般刺蜜
帝於廣州制止道場譯出
菩薩戒弟子前正諫大夫同中書門下
平章事清河房融筆授
烏長國沙門彌伽釋迦譯語

阿難彼善男子修三摩提想陰盡者是人平常夢想銷滅寤寐恒一覺明虛靜猶如晴空無復麤重前塵影事觀諸世間大地河山如鏡鑒明來無所粘過無蹤跡虛受照應了罔陳習惟一精真生滅根元從此披露見諸十方十二眾生畢殫其類雖未通其各命由緒見同生基猶如野馬熠熠清擾為浮根塵究竟樞穴此則名為行陰區宇若此清擾熠熠元性性入元澄一澄元習如波瀾滅化為澄水名行陰盡是人則能超眾生濁觀其所由幽隱妄想以為其本

阿難當知是得正知奢摩他中諸善男子凝明正心十類天魔不得其便方得精研窮生類本於本類中生元露者觀彼幽清圓擾動元於圓元中起計度者是人墜入二無因論一者是人見本無因何以故是人既得生機全破乘于眼根八百功德見八万劫所有眾生業流灣環死此生彼秪見眾生輪迴其處八万劫外冥無所觀便作是解此等世間十方眾生八万劫來无因自有由此計度亡正遍知墮落外道惑菩提性二者是人見末无因何以故是人於生既見其根知人生人悟鳥生鳥烏從來黑鵠從來白人天本豎畜生本橫白非洗成黑非染造從八万劫无復改移今盡此形亦復如是而我本來不見菩提云何更有成菩提事當知今日一切物象皆本無因由此計度亡正遍知墮落外道惑菩提性是則名為第一外道立无因論

阿難是三摩中諸善男子凝明正心魔不得便窮生類本觀彼幽清常擾擾元於圓常中起計度者是人墜入

首楞嚴經卷第十　第二張　絲字號

四遍常論一者是人窮心境性二處無因修習能知二万劫中十方衆生所有生滅咸皆循環不曾散失計以為常二者是人窮四大元四性常住修習能知四万劫中十方衆生所有生滅咸皆體恒不曾散失計以為常三者是人窮盡六根末那執受心意識中本元由處性常恒故修習能知八万劫中一切衆生循環不失本来常住窮不失性計以為常四者是人既盡想元生理更无流止運轉生滅想心今已永滅理中自然成不生滅因心所度計以為常由此計常亡正遍知墮落外道惑菩提性是則名為第二外道立圓常論

又三摩中諸善男子堅凝正心魔不得便窮生類本觀彼幽清常擾動元於自他中起計度者是人墜入四顛倒見一分无常一分常論一者是人觀妙明心遍十方界湛然以為究竟神我從是則計我遍十方凝明不動一切衆生於我心中自生自死則我心性名之為常彼生滅者真无常性

二者是人不觀其心遍觀十方恒沙國土見劫壞處名為究竟無常種性劫不壞處名究竟常三者是人別觀我心精細微密猶如微塵流轉十方性无移改能令此身即生即滅其不壞性名我性常一切死生從我流出名无常性四者是人知想陰盡見行陰流行陰常流計為常性色受想等今已滅盡名為无常由此計度一分無常一分常故墮落外道惑菩提性是則名為第三外道一分常論

又三摩中諸善男子堅凝正心魔不得便窮生類本觀彼幽清常擾動元於分位中生計度者是人墜入四有邊論一者是人心計生元流用不息計過未者名為有邊計相續心名為无邊二者是人觀八万劫則見衆生八万劫前寂无聞見無聞見處名為无邊有衆生處名為有邊三者是人計我遍知得无邊性彼一切人現我知中我曾不知彼之知性名彼不得无邊之心但有邊性四者是人窮行陰空以其所見心路籌度一切衆生

一身之中計其咸皆半生半滅明其世界一切所有一半有邊一半無邊由此計度有邊無邊墮落外道惑菩提性是則名為第四外道立有邊論

又三摩中諸善男子堅凝正心魔不得便窮生類本觀彼幽清常擾動元於知見中生計度者是人墜入四種顛倒不死矯乱遍計虛論一者是人觀變化元見遷流處名之為變見相續處名之為恒見所見處名之為生不見見處名之為滅相續之因性不斷處名之為增正相續中中所離處名之為減各各生處名之為有互互亡處名之為无以理都觀用心別見有求法人来問其義答言我今亦生亦滅亦有亦無亦增亦減於一切時皆乱其語令彼前人遺失章句二者是人諦觀其心互互无處因无得證有人来問惟答一字但言其无除無之餘无所言說三者是人諦觀其心各各有處因有得證有人来問惟答一字但言其是除是之餘無所言說四者是人有无俱見其境枝故其心

亦乱有人来問荅言亦有即是亦無
亦无之中不是亦有一切矯乱無容
窮詰由此計度矯乱虛無墮落外道
惑菩提性是則名為第五外道四顛
倒性不死矯乱遍計虛論
又三摩中諸善男子堅凝正心魔不
得便窮生類本觀彼幽清常擾動元
於无盡流生計度者是人墜入死後
有相發心顛倒或自固身云色是我
或見我圓含遍國土云我有色或彼
前緣隨我迴復云色屬我或復我依
行中相續云我在色皆計度言死後
有相如是循環有十六相從此或計
畢竟煩惱畢竟菩提兩性並驅各不
相觸由此計度死後有故墮落外道
惑菩提性是則名為第六外道立五
蔭中死後有相心顛倒論
又三摩中諸善男子堅凝正心魔不
得便窮生類本觀彼幽清常擾動元
於先除滅色受想中生計度者是人
墜入死後无相發心顛倒見其色滅
形无所因觀其想滅心無所繫知其
受滅无後連綴蔭性銷散縱有生理

而无受想與草木同此質現前猶不
可得死後云何更有諸相因之勘挍
死後相無如是循環有八無相從此
或計涅槃因果一切皆空徒有名字
究竟斷滅由此計度死後无故墮落
外道惑菩提性是則名為第七外道
立五蔭中死後无相心顛倒論
又三摩中諸善男子堅凝正心魔不
得便窮生類本觀彼幽清常擾動元
於行存中兼受想滅雙計有无自體
相破是人墜入死後俱非起顛倒論
色受想中見有非有行遷流内觀无
不无如是循環窮盡蔭界八俱非相
隨得一緣皆言死後有相無相又計
諸行性遷訛故心發通悟有无俱非
虛實失措由此計度死後俱非後際
昏瞢无可道故墮落外道惑菩提性
是則名為第八外道立五蔭中死後
俱非心顛倒論
又三摩中諸善男子堅凝正心魔不
得便窮生類本觀彼幽清常擾動元
於後後无生計度者是人墜入七斷
滅論或計身滅或欲盡滅或苦盡滅

或極樂滅或極捨滅如是循環窮盡
七際現前銷滅滅已無復由此計度
死後斷滅墮落外道惑菩提性是則
名為第九外道立五蔭中死後斷滅
心顛倒論
又三摩中諸善男子堅凝正心魔不
得便窮生類本觀彼幽清常擾動元
於後後有生計度者是人墜入五涅
槃論或以欲界為正轉依觀見圓明生
愛慕故或以初禪性無憂故或以二
禪心無苦故或以三禪極悅隨故或
以四禪苦樂二亡不受輪迴生滅性
故迷有漏天作無為解五處安隱為
勝淨依如是循環五處究竟由此計
度五現涅槃墮落外道惑菩提性是
則名為第十外道立五蔭中五現涅
槃心顛倒論
阿難如是十種禪那狂解皆是行蔭
用心交互故現斯悟衆生頑迷不自
忖量逢此現前以迷為解自言登聖
大妄語成墮無間獄汝等必須將如
來心於我滅後傳示末法遍令衆生
覺了斯義无令心魔自起深孽保持

覆護消息邪見教其身心開覺真義於無上道不遭枝岐勿令心祈得少為足作大覺王清淨標指

阿難彼善男子修三摩提行陰盡者諸世間性幽清擾動同分生機倏然隳裂沉細綱紐補特伽羅酬業深脉感應懸絕於涅槃天將大明悟如雞後鳴瞻顧東方已有精色六根虛靜無復馳逸內外湛明入无所入深達十方十二種類受命无由觀由執无諸類不召於十方界已獲其同精色不沉發現幽秘此則名為識陰區宇若於羣召已獲同中銷磨六門合開成就見聞通隣互用清淨十方世界及與身心如吠琉璃內外明徹名識陰盡是人則能超越命濁觀其所由罔象虛元顛倒妄想以為其本

阿難當知是善男子窮諸行空於識還元已滅生滅而於寂滅精妙未圓能令己身根隔合開亦與十方諸類通覺覺知通淯能入圓元若於所歸立真常因生勝解者是人則墮因所因執娑毗迦羅所歸冥諦成其伴侶

迷佛菩提亡失知見是名第一立所得心成所歸果違遠圓通背涅槃城生外道種

阿難又善男子窮諸行空已滅生滅而於寂滅精妙未圓若於所歸覽為自體盡虛空界十二類內所有衆生皆我身中一類流出生勝解者是人則墮能非能執摩醯首羅現无邊身成其伴侶迷佛菩提亡失知見是名第二立能為心成能事果違遠圓通背涅槃城生大慢天我遍圓種

又善男子窮諸行空已滅生滅而於寂滅精妙未圓若於所歸有所歸依自疑身心從彼流出十方虛空咸其生起即於都起所宣流地作真常身无生滅解在生滅中早計常住既惑不生亦迷生滅安住沉迷生勝解者是人則墮常非常執計自在天成其伴侶迷佛菩提亡失知見是名第三立因依心成妄計果違遠圓通背涅槃城生倒圓種

又善男子窮諸行空已滅生滅而於寂滅精妙未圓若於所知知遍圓故

因知立解十方草木皆稱有情與人无異草木為人人死還成十方草樹無擇遍知生勝解者是人則墮知無知執婆吒霰尼執一切覺成其伴侶迷佛菩提亡失知見是名第四計圓知心成虛謬果違遠圓通背涅槃城生倒知種

又善男子窮諸行空已滅生滅而於寂滅精妙未圓若於圓融根互用中已得隨順便於圓化一切發生求火光明樂水清淨愛風周流觀塵成就各各崇事以此羣塵發作本因立常住解是人則墮生无生執諸迦葉波并婆羅門勤心役身事火崇水求出生死成其伴侶迷佛菩提亡失知見是名第五計著崇事迷心從物立妄求因求妄冀果違遠圓通背涅槃城生顛化種

又善男子窮諸行空已滅生滅而於寂滅精妙未圓若於圓明計明中虛非滅羣化以永滅依為所歸依生勝解者是人則墮歸無歸執無相天中諸舜若多成其伴侶迷佛菩提亡失

知見是名第六圓虛无心成空亡果
違遠圓通背涅槃城生斷滅種
又善男子窮諸行空已滅生滅而於
寂滅精妙未圓若於圓常固身常住
同于精圓長不傾逝生勝解者是人
則墮貪非貪執諸阿斯陁求長命者
成其伴侶迷佛菩提亡失知見是名
第七執著命元立固妄因趣長勞果
違遠圓通背涅槃城生妄延種
又善男子窮諸行空已滅生滅而於
寂滅精妙未圓觀命互通却留塵勞
恐其銷盡便於此際坐蓮花宮廣化
七珍多增寶媛縱恣其心生勝解者
是人則墮真无真執吒枳迦羅成其
伴侶迷佛菩提亡失知見是名第八
發邪思因立熾塵果違遠圓通背涅
槃城生天魔種
又善男子窮諸行空已滅生滅而於
寂滅精妙未圓於命明中分別精麤
疏決真偽因果相酬唯求感應背清
淨道所謂見苦斷集證滅修道居滅
已休更不前進生勝解者是人則墮
定性聲聞諸无聞僧增上慢者成其

伴侶迷佛菩提亡失知見是名第九
圓精應心成趣寂果違遠圓通背涅
槃城生纏空種
又善男子窮諸行空已滅生滅而於
寂滅精妙未圓若於圓融清淨覺明
發研深妙即立涅槃而不前進生勝
解者是人則墮定性辟支諸緣獨倫
不迴心者成其伴侶迷佛菩提亡失
知見是名第十圓覺㴱心成湛明果
違遠圓通背涅槃城生覺圓明不化
圓種
阿難如是十種禪那中途成狂因依
或未足中生滿足證皆是識陰用心
交互故生斯位衆生頑迷不自忖量
逢此現前各以所愛先習迷心而自
休息將為畢竟所歸寧地自言滿足
无上菩提大妄語成外道邪魔所感
業終墮无間獄聲聞緣覺不成增進
汝等存心秉如來道將此法門於我
滅後傳示末世普令衆生覺了斯義
无令見魔自作沉孽保綏哀救消息
邪緣令其身心入佛知見從始成就
不遭岐路如是法門先過去世恒沙

劫中微塵如來乘此心開得無上道
識陰若盡則汝現前諸根互用從互
用中能入菩薩金剛乾慧圓明精心
於中發化如淨瑠璃內含寶月如是
乃超十信十住十行十迴向四加行
心菩薩所行金剛十地等覺圓明入
於如來妙莊嚴海圓滿菩提歸無所
得此是過去先佛世尊奢摩他中毗
婆舍那覺明分析微細魔事魔境現
前汝能諳識心垢洗除不落邪見陰
魔銷滅天魔摧碎大力鬼神褫魄逃
逝魑魅魍魎无復出生直至菩提无諸
少乏下劣增進於大涅槃心不迷悶
若諸末世愚鈍衆生未識禪那不知
說法樂修三昧汝恐同邪一心勸令
持我佛頂陁羅尼呪若未能誦寫於
禪堂或帶身上一切諸魔所不能動
汝當恭欽十方如來究竟修進最後
垂範
阿難即從坐起聞佛示誨頂礼欽奉
憶持无失於大衆中重復白佛如佛
所言五陰相中五種虛妄為本想心
我等平常未蒙如來微細開示又此

五蔭為併銷除為次第盡如是五重
詣何為界惟願如来發宣大慈為此
大衆清明心目以為末世一切衆生
作將来眼佛告阿難精真妙明本覺
圓淨非留死生及諸塵垢乃至虛空
皆因妄想之所生起斯元本覺妙明
真精妄以發生諸器世間如演若多
迷頭認影妄元無因於妄想中立因
緣性迷因緣者稱為自然彼虛空性
猶實幻生因緣自然皆是衆生妄心
計度阿難知妄所起說妄因緣若妄
元无說妄因緣元無所有何況不知
推自然者是故如来與汝發明五蔭本
因同是妄想汝體先因父母想生汝
心非想則不能來想中傳命如我先
言心想醋味口中涎生心想登高足
心酸起懸崖不有醋物未来汝體必
非虛妄通倫口水如何因談醋出是
故當知汝現色身名為堅固第一妄
想即此所說臨高想心能令汝形真
受酸澁由因受生能動色體汝今現
前順益違損二現驅馳名為虛明第
二妄想由汝念慮使汝色身身非念

倫汝身何因隨念所使種種取像心
生形取與念相應寤即想心寐為諸
夢則汝想念搖動妄情名為融通第
三妄想化理不住運運密移甲長髮
生氣銷容皺日夜相代曾无覺悟阿
難此若非汝云何體遷如必是真汝
何无覺則汝諸行念念不停名為幽
隱第四妄想又汝精明湛不搖處名
恒常者於身不出見聞覺知若實精
真不容習妄何因汝等曾於昔年覩
一奇物經歷年歲憶忘俱无於後忽
然覆覩前異記憶宛然曾不遺失則
此精了湛不搖中念念受熏有何籌
筭阿難當知此湛非真如急流水望
如恬靜流急不見非是无流若非想
元寧受想習非汝六根互用合開此
之妄想无時得滅故汝現在見聞覺
知中串習幾則湛了內罔象虛无第
五顛倒細微精想
阿難是五受蔭五妄想成汝今欲知
因果淺深惟色與空是色邊際惟觸
及離是受邊際惟記與忘是想邊際
惟滅與生是行邊際湛入合湛歸識

邊際此五蔭元重疊生起生因識有
滅從色除理則頓悟乘悟併銷事非
頓除因次第盡我已示汝劫波巾結
何所不明再此詢問汝應將此妄想
根元心得開通傳示將来末法之中
諸修行者令識虛妄深猒自生知有
涅槃不戀三界
阿難若復有人遍滿十方所有虛空
盈滿七寶持以奉上微塵諸佛承事
供養心無虛度於意云何是人以此
施佛因緣得福多不阿難荅言虛空
无盡珎寶無邊昔有衆生施佛七錢
捨身猶獲轉輪王位況復現前虛空
既窮佛土充遍皆施珎寶窮劫思議
尚不能及是福云何更有邊際
佛告阿難諸佛如來語无虛妄若復
有人身具四重十波羅夷瞬息即經
此方他方阿鼻地獄乃至窮盡十方
无間靡不經歷能以一念將此法門
於末劫中開示未學是人罪障應念
銷滅變其所受地獄苦因成安樂國
得福超越前之施人百倍千倍千万
億倍如是乃至筭數譬喻所不能及

阿難若有衆生能誦此經能持此呪
如我廣說窮刼不盡依我教言如教
行道直成菩提無復魔業
佛說此經已比丘比丘尼優婆塞優婆
夷一切世間天人阿修羅及諸他方
菩薩二乘聖仙童子并初發心大力
鬼神皆大歡喜作礼而去

大佛頂萬行首楞嚴經卷第十

一身之中計其咸皆半生半滅明其
世界一切所有一半有邊一半無邊
由此計度有邊無邊墮落外道惑菩
提性是則名為第四外道立有邊論
又三摩中諸善男子堅凝正心魔不
得便窮生類本觀彼幽清常擾動元
於知見中生計度者是人墜入四種
顛倒不死矯乱遍計虚論一者是人
觀變化元見遷流處名之為變見相
續處名之為恒見所見處名之為生
不見見處名之為滅相續之因性不
行中相續云我在色皆計度言死後
有相如是循環有十六相從此或計
畢竟煩惱畢竟菩提兩性並驅各不
相觸由此計度死後有故墮落外道
惑菩提性是則名為第六外道立五
陰中死後有相心顛倒論
又三摩中諸善男子堅凝正心魔不
得便窮生類本觀彼幽清常擾動元
於先除滅色受想中生計度者是人
墜入死後無相發心顛倒見其色滅
形無所因觀其想滅心無所繫知其
受滅無復連綴陰性銷散縱有生理

亦乱有人来問荅言亦有即是亦無
亦无之中不是亦有一切矯乱無容
窮詰由此計度矯乱虚無墮落外道
惑菩提性是則名為第五外道四顛
倒性不死矯乱遍計虚論
又三摩中諸善男子堅凝正心魔不
得便窮生類本觀彼幽清常擾動元
於无盡流生計度者是人墜入死後
有相發心顛倒或自固身云色是我
或見我圓含遍國土云我有色或彼
前緣隨我迴復云色屬我或復我依
斷處名之為增正相續中中所離處
名之為減各各生處名之為有互互
亡處名之為无以理都觀用心別見
有求法人来問其義荅言我今亦生
亦滅亦有亦無亦增亦減於一切時
皆乱其語令彼前人遺失章句二者
是人諦觀其心互互无處因无得證
有人来問惟荅一字但言其无除無
之餘无所言說三者是人諦觀其心
各各有處因有得證有人来問惟荅
一字但言其是除是之餘無所言說
四者是人有无俱見其境枝故其心

大佛頂如來密因修證了義諸菩薩萬行首楞嚴經卷第十

校勘記

一　底本，金藏廣勝寺本。

一　五六二頁下及五六三頁上兩版原錯簡，已作剪拼，原版附後。

一　五六一頁中三行首字「大」至八行末字「語」，諸本異同見卷一校勘記。

一　五六一頁中一二行「河山」，資、磧、南、徑、清作「山河」。

一　五六一頁中一三行第一二字「冈」，資作「内」。

一　五六一頁下一二行首字「未」，諸本（不包括普，下同）作「末」。末字「根」，磧作「相」。

一　五六一頁下一五行第一一字「敗」，諸本作「改」。

一　五六一頁下末行「擾无」，石作「擾元」；資、磧、南、徑、清、麗作「動元」。

一　五六二頁下六行末字及次頁上七行末字「无」，諸本作「元」。

一　五六三頁上一三行第一三字「惑」，磧、南、徑、清作「或」。

一　五六三頁上末行第四字「後」，磧、南、徑、清作「復」。

一　五六三頁下一四行第七字「還」，資、磧、南、徑、清、麗作「環」。

一　五六三頁下二二行第二字「心」，資、徑、清作「語」。第九字「未」，諸本作「末」。

一　五六三頁下末行第一一字「深」，資作「沈」。

一　五六四頁上九行第六字「外」，資作「内」。

一　五六四頁上一〇行第九字及末字「无」，諸本作「元」。

一　五六四頁上一三行「合關」，資、磧、南、徑、清、麗作「合開」，下同。

一　五六四頁上一七行第四字及同頁下二二行第一一字「元」，資、磧、南、徑、清、麗作「无」。

一　五六四頁上末行第一一字「成」，磧作「或」。

一　五六四頁中一一行第四字「成」，資、磧、南、徑、清、麗作「城」。

一　五六四頁下一八行第三字「化」，石作「倒」。

一　五六四頁下二二行第一二字「相」，資、磧、南、徑、清作「想」。

一　五六五頁上一九行末字「塵」，諸本作「麁」。

一　五六五頁上二〇行第一三字「背」，石作「消」。

一　五六五頁中一三行首字「或」，資、磧、南、徑、清作「迷惑於」。

一　五六六頁上三行第四字「明」，磧、南、徑、清作「淨」。

一　五六六頁中四行第九字「運」，資作「轉」。

一　五六六頁中一六行第四字「想」，徑、清作「妄」。

一　五六六頁中一六行「合關」，資、麗作「合開」；磧、南、徑、清作「開合」。

一 五六六頁中一八行第一三字「元」，磧、徑、清、麗作「無」。南作「无」。

一 五六六頁中一九行「細微」，磧、南、徑、清作「微細」。

一 五六六頁中二一行第二字「果」，資、磧、南、徑、清、麗作「界」。

一 五六六頁下四行第七字「詢」，石作「詞」。

大毗盧遮那成佛神變加持經卷第一　淼

大唐天竺三藏善無畏共沙門一行譯

入真言門住心品第一

如是我聞一時薄伽梵住如來加持廣大金剛法界宮一切持金剛者皆悉集會如來信解遊戲神變生大樓閣寶王高無中邊諸大妙寶王種種間飾菩薩之身為師子座其金剛名曰虛空無垢執金剛虛空遊步執金剛虛空生執金剛被雜色衣執金剛善行步執金剛住一切法平等執金剛哀愍無量衆生界執金剛那羅延力執金剛大那羅延力執金剛妙執金剛勝迅執金剛無垢執金剛刃迅執金剛如來甲執金剛如來句生執金剛住無戲論執金剛如來十力生執金剛無垢眼執金剛金剛手祕密主如是上首十佛刹微塵數等持金剛衆俱及普賢菩薩慈氏菩薩妙吉祥菩薩除一切蓋障菩薩等諸大菩薩前後圍繞而演說法所謂越三時如來之日加持故身語意平等句法門時彼菩薩普賢為上首諸執金剛祕密主為上首毗盧遮那如來加持故奮迅示現身無盡莊嚴藏如是奮迅示現語意平等無盡莊嚴藏非從毗盧遮那佛身或語或意生一切處起滅邊際不可得而毗盧遮那一切身業一切語業一切意業一切處一切時於有情界宣說真言道句法又現執金剛普賢蓮華手菩薩等像貌普於十方宣說真言道清淨句法所謂初發心乃至十地次第此生滿足緣業生增長有情類業壽種除復有牙種生起

尒時執金剛祕密主於彼衆會中坐白佛言世尊云何如來應供正遍知得一切智智彼得一切智智為無量衆生廣演分布隨種種趣種種性欲種種方便道宣說一切智智或聲聞乘道或緣覺乘道或大乘道或五通智道或願生天或生人中及龍夜叉乾闥婆乃至說生摩睺羅伽法若有衆生應佛度者即現佛身或現聲聞身或現緣覺身或菩薩身或梵天身

或那羅延毗沙門身乃至摩睺羅伽人非人等身各各同彼言音住種種威儀而此一切智智道一味所謂如來解脫味世尊譬如虛空界離一切分別無分別無無分別如是一切智智離一切分別無分別無無分別世尊譬如大地一切衆生依如是一切智智天人阿修羅依世尊譬如火界燒一切薪無猒足如是一切智智燒一切無智薪無猒足世尊譬如風界除一切塵如是一切智智除去一切諸煩惱塵世尊喻如水界一切衆生依之歡樂如是一切智智為諸天世人利樂世尊如是智慧以何為因云何為根云何究竟如是說已毗盧遮那佛告持金剛秘密主言善哉善哉執金剛善哉金剛手汝問吾如是義汝當諦聽極善作意吾今說之金剛手言如是世尊願樂欲聞佛言菩提心為因悲為根方便為究竟秘密主云何菩提謂如實知自心秘密主是阿耨多羅三藐三菩提乃至彼法少分無有可得何以故虛空相是菩提

無知解者亦无開曉何以故菩提無相故秘密主諸法無相謂虛空相尒時金剛手復白佛言世尊誰尋求一切智誰為菩提成正覺者誰發起彼一切智智佛言秘密主自心尋求菩提及一切智何以故本性清淨故心不在內不在外及兩中間心不可得秘密主如來應正等覺非青非黃非赤非白非紅紫非水精色非長非短非圓非方非明非暗非男非女非不男女秘密主心非欲界同性非色界同性非無色界同性非天龍夜叉乾闥婆阿修羅迦樓羅緊那羅摩睺羅伽人非人趣同性秘密主心不住眼界不住耳鼻舌身意界非見非顯現何以故虛空相心離諸分別無分別所以者何性同虛空即同於心性同於心即同菩提如是秘密主心虛空界菩提三種無二此等悲為根本方便波羅蜜滿足是故秘密主我說諸法如是令彼諸菩薩衆菩提心清淨知識其心秘密主若族姓男族姓女欲識知菩提當如是識知自心秘密

主云何自知心謂若分段或顯色或形色或境界若色若受想行識若我若我所若能執若所執若清淨若界若處乃至一切分段中求不可得秘密主此菩薩菩提心門名初法明道菩薩住此修學不久勤苦便得除一切蓋障三昧若得此者則與諸佛菩薩同等住當發五神通獲無量語言音陁羅尼知衆生心行諸佛護持雖處生死而無染著為法界衆生不辭勞倦成就住無為戒離於邪見通達正見復次秘密主住此除一切蓋障菩薩信解力故不久勤修滿足一切佛法秘密主以要言之是善男子善女人無量功德皆得成就

尒時執金剛秘密主復以偈問佛

云何世尊說　此心菩提生　復以云何相
知發菩提心　願識心心勝　自然智生說
大勤勇幾何　次第心續生　心諸相與時
願佛廣開演　功德聚亦然　及彼行修行
心心有殊異　惟大牟尼說

如是說已摩訶毗盧遮那世尊告金剛手言

善哉佛真子　廣大心利益　勝上大乘句
心續生之相　諸佛大秘密　外道不能識
我今悉開示　一心應諦聽　越百六十心
生廣大功德　其性常堅固　知彼菩提生
無量如虛空　不染汙常住　諸法不能動
本來寂無相　無量智成就　正等覺顯現
供養行修行　從是初發心

秘密主無始生死愚童凡夫執著我名我有分別無量我分秘密主若彼不觀我之自性則我我所生餘復計有時地等變化瑜伽我建立淨不建立無淨若自在天若流出及時若尊貴若自然若內我若人量若遍嚴若壽者若補特伽羅若識若阿賴耶知者見者能執所執內知外知社怛梵意生儒童常定生聲非聲秘密主如是等我分自昔以來分別相應希求順理解脫秘密主愚童凡夫類猶如羝羊或時有一法想生所謂持齋彼思惟此少分發起歡喜數數修習秘密主是初種子善業發生復以此為因於六齋日施與父母男女親戚是第二牙種復以此施授與非親識者

是第三疱種復以此施與器量高德者是第四葉種復以此施歡喜授與伎樂人等及獻尊宿是第五敷華復以此施發親愛心而供養之是第六成果復次秘密主彼護戒生天是第七受用種子復次秘密主以此心生死流轉於善友所聞如是言此是天大天與一切樂者若虔誠供養一切所願皆滿所謂自在天梵天那羅延天商羯羅天黑天自在子天日天月天龍尊等及俱吠濫毗沙門釋迦毗樓博叉毗首羯磨天閻摩閻摩后梵天后世所宗奉火天迦樓羅子天自在天后波頭摩德叉迦龍和修吉商佉羯句嗥劍大蓮俱里劍摩訶泮尼阿地提婆薩陁難陁等龍或天仙大仙大圍陁論師各各應善供養彼聞如是心懷慶悅殷重恭敬隨順修行秘密主是名愚童異生生死流轉無畏依第八嬰童心秘密主復次殊勝行隨彼所說中殊勝住求解脫慧生所謂常無常空隨順如是說秘密主非彼知解空非空常斷非有非無俱彼分別無分別云何分別空不知諸空非彼能知涅槃是故應了知空離於斷常

尒時金剛手復請佛言唯願世尊說彼心如是說已佛告金剛手秘密主言秘密主諦聽心相謂貪心無貪心瞋心慈心癡心智心決定心疑心暗心明心積聚心鬪心諍心无諍心天心阿修羅心龍心人心女心自在心賈人心農夫心河心陂池心井心守護心慳心狗心狸心迦樓羅心鼠心歌詠心舞心擊鼓心室宅心師子心鵂鶹心烏心羅刹心刺心窟心風心水心火心泥心顯色心板心迷心毒藥心羂索心械心雲心田心鹽心剃刀心須彌等心海等心穴等心受生心秘密主彼云何貪心謂隨順染法云何無貪心謂隨順无染法云何瞋心謂隨順怒法云何慈心謂隨順修行慈法云何癡心謂隨順修不觀法云何智心謂順修殊勝增上法云何決定心謂尊教命如說奉行云何疑心謂常收持不定等事云何闇心謂

毗盧遮那成佛經第一卷　第九張　洪字号

於無疑慮法生疑慮解云何明心謂
於不疑慮法無疑慮修行云何積聚
心謂無量為一為性云何鬪心謂牙
相是非為性云何諍心謂於自已而
生是非云何無諍心謂是非俱捨云
何天心謂心思隨念成就云何阿修
羅心謂樂處生死云何龍心謂思念
廣大資財云何人心謂思念利他云
何女心謂隨順欲法云何自在心謂
思惟欲我一切如意云何商人心謂
順修初収聚後分相法云何農夫心
謂隨順初廣聞而後求法云何河心
謂順修依因二邊法云何陂池心謂
隨順渴無猒足法云何井心謂如是
思惟深復甚深云何守護心謂唯此
心實餘心不實云何慳心謂隨順為
已不與他法云何狸心謂順修徐進
法云何狗心謂得少分以為喜足云
何迦樓羅心謂隨順朋黨羽翼法云
何鼠心謂思惟斷諸係縛云何舞心
謂修行如是法我當上昇種種神變
云何擊鼓心謂修順是法我當擊法
鼓云何室宅心謂順修自護身法云

毗盧遮那成佛經第一卷　第十張　洪字号

何師子心謂修行一切無怯弱法云
何鵂鶹心謂常暗夜思念云何烏心
謂一切處驚怖思念云何羅刹心謂
於善中發起不善云何刺心謂一切
處發起惡作為性云何窟心謂順修
為入窟法云何風心謂遍一切處發
起為性云何水心謂順修洗濯一切
不善法云何火心謂熾盛炎熱性云
何顯色心謂類彼為性云何板心謂
順修隨量法捨弃餘善故云何迷心
謂所執異所思異云何毒藥心謂順
修無生分法云何羂索心謂一切處
住於我縛為性云何械心謂二足止
住為性云何雲心謂常作降雨思念
云何田心謂常如是修事自身云何
鹽心謂所思念彼復增加思念云何
剃刀心謂唯如是依止剃除法云何
弥盧等心謂常思惟心高舉為性云
何海等心謂常如是受用自身而住
云何穴等心謂先決定彼後復變改
為性云何受生心謂諸有修習行業
彼生心如是同性秘密主一二三四
五再數凡百六十心越世間三妄執

毗盧遮那成佛經第一卷　第十一張　洪字号

出世間心生謂如是解唯蘊無我根
境界淹留修行拔業煩惱株杌無明
種子生十二因緣離建立宗等如是
湛寂一切外道所不能知先佛宣說
離一切過秘密主彼出世間心住蘊
中有如是慧隨生若於蘊等發起離
著當觀察聚沫浮泡芭蕉陽焰幻等
而得解脫謂蘊處界能執所執皆離
法性如是證寂然界是名出世間心
秘密主彼離違順八心相續業煩惱
網是超越一切劫瑜祇行復次秘密
主大乘行發無緣乘心法無我性何
以故如彼往昔如是修行者觀察蘊
阿賴耶知自性如幻陽焰影響旋火
輪乾闥婆城秘密主彼如是捨無我
心主自在覺自心本不生何以故
秘密主心前後際不可得故如是知
自心性是超越三劫瑜祇行復次秘
密主真言門修行菩薩行諸菩薩無
量無數百千俱胝那庾多劫積集無
量功德智慧具修諸行無量智慧方
便皆悉成就天人世間之所歸依出
過一切聲聞辟支佛地釋提桓因等

親近敬礼所謂空性離於根境無相無境界越諸戲論等虛空無邊一切佛法依此相續生離有為無為界離諸造作離眼耳鼻舌身意極無自性心生秘密主如是初心佛說成佛因故於業煩惱解脫而業煩惱具依世間宗奉常應供養復次秘密主信解行地觀察三心無量波羅蜜多慧觀四攝法信解地無對无量不思議逮十心無邊智生我一切諸有所說皆依此而得是故智者當思惟此一切智信解地復越一劫昇住此地此四分之一度於信解

尒時執金剛秘密主白佛言世尊願救世者演說心相菩薩有幾種得無畏處如是說已摩訶毗盧遮那世尊告金剛手言諦聽極善思念秘密主彼愚童凡夫修諸善業害不善業當得善無畏若如實知我當得身無畏若於取蘊所集我身捨自色像觀當得無我无畏若害蘊住法攀緣當得法無畏若害法住無緣當得法無我无畏若復一切蘊界處能執所執我

壽命等及法無緣空自性無性此空智生當得一切法自性平等無畏秘密主若真言門修菩薩行諸菩薩深修觀察十緣生句當於真言行通達作證云何為十謂如幻陽焰夢影乾闥婆城響水月浮泡虛空華旋火輪秘密主彼真言門修菩薩行諸菩薩當如是觀察云何為幻謂如呪術藥力能造所造種種色像惑自眼故見希有事展轉相生往來十方然彼非去非不去何以故本性淨故如是真言幻持誦成就能生一切復次秘密主陽焰性空彼依世人妄想成立有所談議如是真言想唯是假名復次秘密主如夢中所見晝日牟呼栗多剎那歲時等住種種異類受諸苦樂覺已都無所見如是夢真言行應知亦尒復次秘密主以影喻解了真言能發悉地如面緣於鏡而現面像彼真言悉地當如是知復次秘密主以乾闥婆城譬解了成就悉地宮復次秘密主以響喻解了真言聲如緣響有響彼真言者當如是解復次秘密

主如因月出故照於淨水而現月影像如是真言水月喻彼持明者當如是說復次秘密主如天降雨生泡彼真言悉地種種變化當知亦尒復次秘密主如空中無衆生无壽命彼作者不可得以心迷乱故而生如是種種妄見復次秘密主譬如火燼若人執持在手而以旋轉空中有輪像生秘密主應如是了知大乘句心句無等等句必定句正等覺句漸次大乘生句當得具足法財出生種種工巧大智如實遍知一切心想

入漫荼羅具緣真言品第二之一

尒時執金剛秘密主白佛言希有世尊說此諸佛自證三菩提不思議法界超越心地以種種方便道為衆生類如本性信解而演說法惟願世尊次說修真言行大悲胎藏生大漫荼羅王為滿足彼諸未來世無量衆生為救護安樂故尒時薄伽梵毗盧遮那於大衆會中遍觀察已告執金剛秘密主言諦聽金剛手今說修行漫荼羅行滿足一切智智法門尒時毗

盧遮那世尊本昔誓願成就無盡法界度脫無餘衆生界故一切如來同共集會漸次證入大悲藏發生三摩地世尊一切支分皆悉出現如來之身為彼從初發心乃至十地諸衆生故遍至十方還來佛身本位本位中住而復還入時薄伽梵復告執金剛秘密主言諦聽金剛手曼荼羅位初阿闍梨應發菩提心妙慧慈悲兼綜衆藝善巧修行般若波羅蜜通達三乘善解真言實義知衆生心信諸佛菩薩得傳教灌頂等妙解曼荼羅畫其性調柔離於我執於真言行善得決定究習瑜伽住勇健菩提心秘密主如是法則阿闍梨諸佛菩薩之所稱讚復次秘密主彼阿闍梨若見衆生堪為法器遠離諸垢有大信解勤勇深信常念利他若弟子具如是貌者阿闍梨應自往勸發如是告言

佛子此大乘　真言行道法　我今正開演
為彼大乘器　過去等正覺　及與未來世
現在諸世尊　住饒益衆生　如是諸賢者
解真言妙法　勤勇獲種智　坐無相菩提

真言勢無比　能摧彼大力　極忿怒魔軍
釋師子救世　是故汝佛子　應以如是慧
方便作成就　當獲薩婆若　行者悲念心
發起令增廣　彼堅住受教　當為擇平地
山林多華果　悅意諸清泉　諸佛所稱歎
應作圓壇事　或在河流處　鵝鴈等莊嚴
彼應作慧解　悲生曼荼羅　正覺緣導師
聖者聲聞衆　曾遊此地分　佛常所稱譽
及餘諸方所　僧坊阿練若　華房高樓閣
勝妙諸池苑　制底火神祠　牛欄河潬中
諸天廟空室　仙人得道處　如上之所說
或所意樂處　利益弟子故　當畫曼荼羅

秘密主彼揀擇地除去礫石碎瓦破器髑髏毛髮糠糟灰炭刺骨朽木等及蟲蟻蜣蜋毒螫之類離如是諸過遇良日晨定日時分宿直諸執皆悉相應於食前時值吉祥相先當為一切如來作禮以如是偈警發地神

汝天親護者　於諸佛導師　修行殊勝行
淨地波羅蜜　如破魔軍衆　釋師子救世
我亦降伏魔　我畫曼荼羅

彼應長跪舒手按地頻誦此偈以塗香華等供養供養已真言者復應歸

命一切如來然後治地如其次第當具衆德爾時執金剛秘密主頭面禮世尊足而說偈言

佛法離諸相　法住於法位　所說無譬類
無相無為作　何故大精進　而說此有相
及與真言行　不順法然道　爾時薄伽梵
毗盧遮那佛　告執金剛手　善聽法之相
法離於分別　及一切妄想　若淨除妄想
心思諸起作　我成最正覺　究竟如虛空
凡愚所不知　邪妄執境界　時方相貌等
樂欲無明覆　度脫彼等故　隨順方便說
唯實無時方　無作無造者　彼一切諸法
唯住於實相　復次秘密主　於當來世時
劣慧諸衆生　以癡愛自蔽　唯依於有著
常樂諸斷常　時方所造業　善不善諸相
盲冥樂求果　不知解此道　為度彼等故
隨順說是法

秘密主如是所說處所隨在一地治令堅固取未至地瞿摩夷及瞿摸怛羅和合塗之次以香水真言灑淨即說真言曰

南麼三曼多勃馱喃(一)(凡真言中有平聲字皆稍上聲呼之以下准此)阿鉢羅(二合)底(丁以反下同)三迷(二)伽伽

那三迷三三麼多坎揭帝四鉢羅二合吃
嘌二合底微輸上睇五達摩馱睹微弍達
你六　莎訶七
行者次於中　定意觀大日　處白蓮華座
髮髻以為冠　放種種色光　通身悉周遍
復當於正受　次想四方佛　東方号寶幢
身色如日暉　南方大勤勇　遍覺華開敷
金色放光明　三昧離諸垢　北方不動佛
離惱清涼定　西方仁勝者　是名無量壽
持誦者思惟　而住於佛室　當受持是地
以不動大名　或用降三世　一切利成就
白檀以塗畫　圓妙漫荼羅　中第一我身
第二諸救世　第三同彼等　佛母虛空眼
第四蓮華手　第五執金剛　第六不動尊
想念置其下　奉塗香華等　思念諸如来
至誠發殷重　演說如是偈　諸佛慈悲者
存念我等故　明日受持地　并佛子當降
如是說已復當誦此真言曰
南麼三曼多勃馱南一　薩婆怛　他蘖
多二引地瑟姹二合二䣽引地瑟祉二合帝三
阿者麗四微麼麗五娑麼二合囉妳平六
鉢囉二合吃嘌二合底丁以反鉢嚗輸上睇
七莎訶八

持真言行者　次發悲念心　依於彼西方
繫念以安穩　思惟菩提心　清淨中無我
或於夢中見　菩薩大名稱　諸佛無有量
現作衆事業　或以安慰心　勸獎於行者
汝為衆生故　造作漫荼羅　善哉摩訶薩
所畫甚微妙　復次於餘日　攝受應度人
若弟子信心　生種姓清淨　恭敬於三寶
深慧以嚴身　堪忍無懈倦　尸羅淨無缺
忍辱不慳悋　勇健堅行願　如是應攝取
餘則無所觀　或十或八七　或五二一四
當作於灌頂　若復數過此
尒時金剛手秘密主復白佛言世尊
當云何名此漫荼羅漫荼羅者其義
云何佛言此名發生諸佛漫荼羅極
無比味無過上味是故說為漫荼羅
又秘密主哀愍無邊衆生界故是大
悲胎藏生漫荼羅廣義秘密主如来
於無量劫積集阿耨多羅三藐三菩
提之所加持是故具無量德當如是
知秘密主非為一衆生故如来成正
覺亦非二非多為憐愍無餘記及有
餘記諸衆生界故如来成正等覺以
大悲願力於無量衆生界如其本性

而演說法秘密主無大乘宿習未曾
思惟真言乘行彼不能少分見聞歡
喜信受又金剛薩埵若彼有情昔於
大乘真言乘道無量門進趣已曾修
行為彼等故限此造立名數彼阿闍
梨亦當以大悲心立如是誓願為度
無餘衆生界故應當取彼無量衆生
作菩提種子因緣
持真言行者如是攝受已　命彼三自歸
令說悔先罪　奉塗香華等　供養諸聖尊
應授彼三世　無障尋習戒　次當授齒木
若優曇鉢羅　或阿說他等　結護而作淨
香華以莊嚴　端直順本末　東面或北面
嚼已而擲之　當知彼衆生　或器非器相
三結修多羅　次繫等持臂　如是受弟子
慰喻堅其意　告如是偈言　汝獲無等利
遠離諸塵垢　增發信心故　當隨順說法
位同於大我　一切諸如来　此教菩薩衆
皆已攝受汝　成辦於大事　汝等於明日
當得大乘生　如是教授已　或於夢寐中
覩見僧住處　園林悉嚴好　堂宇相殊特
顯敞諸樓觀　幢蓋摩尼珠　寶刀悅意華
女人鮮白衣　端正色姝麗　密親或善友

男子如天身　群牛豊搾乳　經卷淨無垢
遍知因縁覺　幷佛聲聞衆　大我諸菩薩
現前授諸果　度大海河池　及聞所樂聲
空中言吉祥　當與意樂果　如是等好相
宜應諦分別　與此相違者　當知非善夢
善住於戒者　晨起白師已　師說此句法
勸發諸行人　此殊勝願道　大心摩訶衍
汝今能志求　當成就如來　自然智大龍
世間敬如塔　有無悉超越　無垢同虛空
諸法甚深奧　難了無含藏　離一切妄想
戲論本無故　作業妙無比　常依於二諦
是乘殊勝願　汝當住斯道

尒時住無戲論執金剛白佛言世尊願說三世無㝵智戒若菩薩住此者令諸佛菩薩皆歡喜故如是說已佛告住無戲論執金剛等言佛子諦聽若族姓子住是戒者以身語意合為一不作一切諸法云何為戒所謂觀察捨於自身奉獻諸佛菩薩何以故若捨自身則為捨彼三事云何為三謂身語意是故族姓子以受身語意戒得名菩薩所以者何離彼身語意故菩薩摩訶薩應如是學次於明日

以金剛薩埵加持自身為世尊毗盧遮那作礼應取淨瓶盛滿香水持誦降三世真言而用加之置初門外用灑是諸人等彼阿闍梨以淨香水授與令飲彼心清淨故

尒時執金剛秘密主以偈問佛

種智說中尊　願說彼時分　大衆於何時
普集現靈瑞　漫荼羅闍梨　慇懃持真言

尒時薄伽梵　告持金剛慧　常當於此夜
而作漫荼羅　傳法阿闍梨　如是應次取
五色脩多羅　稽首一切佛　大毗盧遮那
親自作加持　東方以為首　對持脩多羅
至齊而在空　漸次右旋轉　如是南及西
終竟於北方　第二安立界　亦從初方起
憶念諸如來　所行如上說　右方及後方
復周於勝方　阿闍梨次迴　依於涅哩底
受學對持者　漸次以南行　從此右旋遶
轉依於風方　師位移本處　而居於火方
持真言行者　復脩如是法　弟子在西南
師居伊舍尼　學者復旋遶　轉依於火方
師位移本處　而住於風方　如是真言者
普作四方相　漸次入其中　三位以分之
已表三分位　地相普周遍　復於一一分

差別以為三　是中最初分　作業所行道
其餘中後分　聖天之住處　方等有四門
應知其分劑　誠心以殷重　運布諸聖尊
如是造衆相　均調善分別　內心妙白蓮
胎藏正均等　藏中造一切　悲生漫荼羅
十六央具梨　過此是其量　八葉正圓滿
鬚蘂皆嚴好　金剛之智印　遍出諸葉間
從此華臺中　大日勝尊現　金色具暉曜
首持髮髻冠　救世圓滿光　離熱住三昧
彼東應畫作　一切遍知印　三角蓮華上
其色皆鮮白　光焰遍圍遶　晧潔普周遍
次於其北維　導師諸佛母　晃曜真金色
縞素以為衣　遍照猶日光　正受住三昧
復於彼南方　救世佛菩薩　大德聖尊印
号名滿衆願　真陁摩尼珠　住於白蓮華
北方大精進　觀世自在者　光色如晧月
商佉軍那華　微笑坐白蓮　髻現無量壽
彼右大名稱　聖者多羅尊　青白色相雜
中年女人狀　合掌持青蓮　圓光靡不遍
暉發猶淨金　微笑鮮白衣　右邊毗倶胝
手垂數珠鬘　三目持髮髻　尊形猶晧素
圓光色無主　黃赤白相入　次近毗倶胝
畫得大勢尊　被服商佉色　大悲蓮華手

滋榮而未敷　圓遶以圓光　明妃住其側
号持名稱者　一切妙瓔珞　莊嚴金色身
執鮮妙華枝　左持鉢胤遇　近聖者多羅
住於白處尊　髮冠襲純帛　鉢曇摩華手
於聖者前作　大力持明王　晨朝日暉色
白蓮以嚴身　赫奕成焰鬘　吼怒牙出現
利爪獸王髮　何耶揭利婆　如是三摩地
觀音諸眷屬
復次華臺表　大日之右方　能滿一切願
持金剛慧者　鉢孕遇華色　或復如綠寶
首戴眾寶冠　瓔珞莊嚴身　間錯牙嚴飾
廣多數無量　左執跋折羅　周環起光焰
金剛藏之右　所謂忙莽雞　亦持堅慧杵
嚴身以瓔珞　彼右次應置　大力金剛針
使者眾圍遶　微笑同瞻仰　聖者之左方
金剛商揭羅　執持金剛鏁　自部諸使俱
其身淺黃色　智杵為幖幟　於執金剛下
忿怒降三世　摧伏大障者　号名月黶尊
三目四牙現　夏時雨雲色　阿吒吒笑聲
金剛寶瓔珞　攝護眾生故　無量眾圍遶
乃至百千手　操持眾器械　如是忿怒等
皆住蓮華中　次往西方畫　無量持金剛
種種金剛印　形色各差別　普放圓滿光

為諸眾生故　真言主之下　依涅哩底方
不動如來使　持慧刀羂索　頂髮垂左肩
一目而諦觀　威怒身猛焰　安住在盤石
面門水波相　充滿童子形　如是具慧者
次應往風方　復畫忿怒尊　所謂勝三世
威猛焰圍遶　寶冠持金剛　不顧自身命
專請而受教　已說初界域　諸尊方位等
持真言行人　次往第二院　東方初門中
畫釋迦牟尼　圍遶紫金色　具三十二相
被服袈裟衣　坐白蓮華臺　為令教流布
住彼而說法　次於世尊右　顯示遍知眼
熙怡相微笑　遍體圓淨光　喜見無比身
是名能寂母　復於彼尊右　圖寫毫相明
住鉢頭摩華　圓照商佉色　執持如意寶
滿足眾希願　暉光大精進　救世釋師子
聖尊之左方　如來之五頂　最初名白傘
勝頂最勝頂　眾德火光聚　及與捨除頂
是名五大頂　大我之釋幢　應當依是處
精心造眾相　次於其北方　布列淨居眾
自在與普華　光鬘及意生　名稱遠聞等
各如其次第　於毫相之右　復畫三佛頂
初名廣大頂　次名極廣大　及無邊音聲
皆應善安立　五種如來頂　白黃真金色

復次三佛頂　白黃赤兼備　其光普深廣
眾瓔珞莊嚴　所發誠誓力　一切願皆滿
行者於東隅　而作火仙像　住於熾焰中
三點灰為標　身色皆深赤　心置三角印
而在圓焰中　持珠及澡瓶　右方閻摩王
手秉壇拏印　水牛以為座　震電玄雲色
七母并黑夜　妃后等圍遶　涅哩底鬼王
執刀恐怖形　縛嚕拏龍王　羂索以為印
初方釋天主　安住妙高山　寶冠被瓔珞
持跋折羅印　及餘諸眷屬　慧者善分布
左置日天眾　在於輿輅中　勝無勝妃等
翼從而侍衛　大梵在其右　四面持髮冠
唵字相為印　執蓮在鵝上　西方諸地神
辯才及毗紐　塞建那風神　商羯羅月天
是等依龍方　畫之勿遺誤　持真言行者
以不迷惑心　佛子次應作　持明大忿怒
右号無能勝　左無能勝妃　持地神奉瓶
虔敬而長跪　及二大龍王　難陀跋難陀
對處廂曲中　通門之大護　所餘釋種尊
真言與印壇　所說一切法　師應具開示
持真言行者　次至第三院　先圖妙吉祥
其身鬱金色　五髻冠其頂　猶如童子形
左持青蓮華　上表金剛印　慈顏遍微笑

坐於白蓮華　妙相圓普光　周匝互暉映
右邊應次畫　網光童子身　執持衆寶網
種種妙瓔珞　住寶蓮華座　而觀佛長子
左邊畫五種　與願金剛使　所謂髻設尼
優波髻設尼　及與質多羅　地慧并請召
如是五使者　五種奉教者　二衆共圍遶
侍衛無勝者　行者於右方　次作大名稱
除一切蓋障　執持如意寶　捨於二分位
當畫八菩薩　所謂除疑怯　施一切無畏
除一切惡趣　救意慧菩薩　悲念具慧者
慈起大衆生　除一切熱惱　不可思議慧
次復捨斯位　至於其勝方　行者以一心
憶持布衆綵　而造具善忍　地藏摩訶薩
其座極巧嚴　身處於焰胎　雜寶莊嚴地
綺錯互相間　四寶為蓮華　聖者所安住
及與大名稱　無量諸菩薩　謂寶掌寶手
及與持地等　寶印手堅意　上首諸聖尊
各與無數衆　前後共圍遶　次復於龍方
當畫虛空藏　勤勇被白衣　持刀生焰光
及與諸眷屬　正覺所生子　各隨其次第
列坐正蓮上　今說彼眷屬　大我菩薩衆
應善圖潔繢　諦誠勿迷惑　謂虛空無垢
次名虛空慧　及清淨慧等　行慧安慧等

如是諸菩薩　常勤精進者　各如其次第
而畫莊嚴身　略說大悲藏　漫荼羅位竟
尒時執金剛　秘密主於一　切衆會中
諦觀大日世尊　目不暫瞬　而說偈言
一切智慧者　出現於世間　如彼優曇華
時時乃一現　真言所行道　倍復甚難遇
無量俱胝劫　所作衆罪業　見此漫荼羅
消滅盡無餘　何況無量稱　住真言行法
行此無上句　真言救世者　止斷諸惡趣
一切苦不生　若修如是行　妙慧深不動
時普集會一切大衆及諸持金剛者
以一音聲讚歎金剛手言
善哉善哉大勤勇　汝已修行真言行
能問一切真言義　我等咸有意思惟
一切現為汝證驗　依住真言之行力
及餘菩提大心衆　當得通達真言法
尒時執金剛秘密主復白世尊而說
偈言
云何彩色義　復當以何色　云何而運布
是色誰為初　門摽旗量等　廂衛亦如是
云何建諸門　願尊說其量　奉食華香等
及與衆寶瓶　云何引弟子　云何令灌頂
云何供養師　願說護摩處　云何真言相

云何住三昧　如是發問已　牟尼諸法王
告持金剛慧　一心應諦聽　最勝真言道
出生大乘果　汝今請問我　為大有情說
深彼衆生界　以法界之味　古佛所宣說
是名為色義　先安布內色　非安布外色
潔白最為初　赤色為第二　如是黃及青
漸次而彰著　一切內深玄　是謂色先後
建立門標幟　量同中胎藏　廂衛亦如是
華臺十六節　應知彼初門　與內壇齊等
智者於外院　漸次而增加　於彼廂衛中
當建大護者　略說三摩地　一心住於緣
廣義復殊異　大衆生諦聽　佛說一切空
正覺之等持　三昧證知心　非從異緣得
彼如是境界　一切如來定　故說為大空
圓滿薩婆若

大毗盧遮那成佛經卷第一

大毗盧遮那成佛神變加持經卷第一

校勘記

一　底本，金藏廣勝寺本。

一　五七〇頁中二行「大唐天竺三藏善無畏」，石、資、磧、普、南作「大唐中天竺三藏輸波迦羅」；徑、清作「唐中天竺三藏輸波迦羅」。以下各卷同。

一　五七一頁上二〇行第六字「根」，資、磧、普、南、徑、清、麗作「根本」。

一　五七一頁下五行第六字「菩」，資、磧、普、南、徑、清、麗作「淨菩」。

一　五七一頁下六行第八字「欠」，諸本作「久」。

一　五七二頁上七行「行修」，資、磧、普、南、徑、清作「修行」。

一　五七二頁中二行第五字「菜」，資作「業」。

一　五七二頁中一〇行第一〇字「子」，資、磧、普、南、徑、清無。

一　五七二頁中一三行首字「天」，資、磧、普、南、徑、清作「天梵天」。

一　五七二頁中一六行末字至一七行首字「大仙」，石無；資、磧、普、南、徑、清作「火仙」。

一　五七三頁上三行末字「牙」，諸本作「互」，下同。

一　五七三頁上一一行第八字「相」，資、磧、普、南、徑、清、麗作「㭊」。

一　五七三頁上二〇行「云何」，資、磧、普、南、徑、清作「云何歌詠心云何」。

一　五七三頁中五行首字「處」，資、磧、普、南、徑、清作「處修」。

一　五七三頁中八行第一三字「性」，資、磧、普、南、徑、清作「爲性云何泥心」。

一　五七三頁中一八行「弥盧」，徑、清作「須彌」。

一　五七三頁中二〇行第一〇字「彼」，資、磧、普、南、徑、清無。

一　五七三頁中二二行第七字「往」，諸本作「性」。

一　五七三頁中末行第二字「冄」，資、磧、普、南、徑、清、麗作「再」。

一　五七三頁下一〇行第八字「八」，南、徑、清作「入」。

一　五七三頁下一一行第六字「切」，諸本無。

一　五七三頁下一八行第七字「三」，石、資、磧、麗作「二」；普、南、徑、清作「一」。

一　五七四頁中一行第一二字「性」，徑、清作「住」。

一　五七四頁中一〇行第一三字「彼」，資、磧、普、南、徑、清作「後」。

一　五七四頁下二行第一〇字「持」，磧、普作「時」。

一　五七四頁下一三行「之一」，資、磧、普、南、徑、清無。

一　五七五頁上六行「本位本位」，麗作「本位」。

一　五七五頁上一四行第五字「瑜」，磧、普、南、徑、清作「喻」。

一　五七五頁上一八行末字「貌」，諸

本作「相貌」。
一　五七五頁中一行第八字「彼」，磧、普、南、徑、清作「伏」。
一　五七五頁中一〇行第八字「火」，石作「大」。
一　五七五頁下一二行首字「唯」，諸本作「而」。
一　五七五頁下一四行末字「著」，資、磧、普、南、徑、清作「相」。
一　五七六頁中一行第一四字「西」，徑、清作「四」。
一　五七六頁中一五行第五字「過」，資、磧、普、南、徑、清無。
一　五七六頁中二〇行末字「正」，資、磧、普、南、徑、清、麗作「正等」。
一　五七六頁下七行「取彼」，資、磧、普、南、徑、清作「攝受」。
一　五七六頁下一四行第一一字「或」，資、磧、普、南、徑、清、麗作「成」。
一　五七六頁下二二行第六字「憧」，資、磧、普、南、徑、清、麗作「幢」。
一　五七七頁上六行「句法」，麗作「法句」。
一　五七七頁中四行末字「授」，石作「持」。
一　五七七頁中一六行第四字「勝」，麗作「餘」。
一　五七七頁中一八行「於火方」，資作「火天上」。
一　五七七頁中二一行「於風」，資作「風天」。
一　五七七頁下八行第一三字「具」，資、磧、普、南、徑、清作「甚」。
一　五七七頁下一五行末字「華」，資、磧、普、南、徑、清作「上」。
一　五七七頁下一八行第二字「右」，徑、清作「有」。
一　五七七頁下二〇行第一一字「右」，石作「左」。
一　五七七頁下二二行第五字「主」，資、磧、普、南、徑、清作「比」。
一　五七七頁下末行第六字「被」，資、磧、普、南、徑、清作「彼」。
一　五七八頁上七行第六字「何」，磧、普、南、徑、清作「阿」。
一　五七八頁上九行第九字「右」，石作「左」。
一　五七八頁上一〇行第一四字「緣」，資、磧、普、南、徑、清、麗作「緑」。
一　五七八頁中一八行第一〇字「幢」，資、磧、普、南、徑、清作「種」。
一　五七八頁下九行第五字「主」，資、磧、普、南、徑、清作「王」。
一　五七八頁下一八行第一二字「徒」，資、磧、普、南、徑、清、麗作「陀」。
一　五七九頁上一行第五字「華」，資、磧、普、南、徑、清作「臺」。
一　五七九頁上八行第一三字「二」，磧、普、南、徑、清作「三」。
一　五七九頁上一四行第五字「嚴」，資、磧、普、南、徑、清作「麗」。
一　五七九頁下一四行首字「彼」，徑、清作「依」。
一　五七九頁下末行第七字「佛」，諸本作「佛神變加持」。以下各卷同。

大毗盧遮那成佛神變加持經卷第二　涂

大唐天竺三藏善無畏共沙門一行譯

入漫荼羅具緣真言品第二之餘

尒時毗盧遮那世尊與一切諸佛同
共集會各各宣說一切聲聞緣覺菩
薩三昧道時佛入於一切如來一體
速疾力三昧於是世尊復告執金剛
菩薩言

我昔坐道場　降伏於四魔　以大勤勇聲
除衆生怖畏　是時梵天等　心喜共稱說
由此諸世間　号名大勤勇　我覺本不生
出過語言道　諸過得解脫　遠離於因緣
知空等虛空　如實相智生　已離一切暗
第一實無垢　諸趣唯想名　佛相亦復然
此第一實際　以加持力故　為度於世間
而以文字說

尒時執金剛具德者得未曾有開敷
眼頂礼一切智而說偈言

諸佛甚希有　權智不思議　離一切戲論
法佛自然智　而為世間說　滿足衆希願
真言相如是　常依於二諦　若有諸衆生
知此法教者　世人應供養　猶如敬制底

時執金剛說此偈已諦觀毗盧遮那
目不暫瞬默然而住於是世尊復告
執金剛秘密主言復次秘密主一生
補處菩薩住佛地三昧道離於造作
知世間相住於業地堅住佛地復次
秘密主八地自在菩薩三昧道不得
一切諸法離於有生知一切幻化是
故世稱觀自在者復次秘密主聲聞
衆住有緣地識生滅除二邊極觀察
智得不隨順修行因是名聲聞三昧
道秘密主緣覺觀察因果住無言說
法不轉無言說於一切法證極滅語
言三昧是名緣覺三昧道秘密主世
間因果及業若生若滅繫屬他主空
三昧生是名世間三昧道尒時世尊
而說偈言

秘密主當知　此等三昧道　若住佛世尊
菩薩救世者　緣覺聲聞說　摧害於諸過
若諸天世間　真言法教道　如是勤勇者
為利衆生故

復次世尊告執金剛秘密主言秘密
主汝當諦聽諸真言相金剛手言唯
然世尊願樂欲聞尒時世尊復說頌曰

等正覺真言　言名成立相　如因陁羅宗
諸義利成就　有增加法句　本名行相應
若唵字許字　及與潑磔迦　或頡唎娑等
是佛頂名号　若揭㗚佷拏　佉陁耶畔闍
訶娜摩囉也　鉢吒也等類　是奉教使者
諸忿怒真言　若有納麽字　及莎縛訶等
是修三摩地　寂行者摽相　若有扇多字
微戍陁字等　當知能滿足　一切所希願
此正覺佛子　救世者真言　若聲聞所說
一一句安布　是中辟支佛　復有少差別
謂三昧分異　淨除於業生

復次秘密主此真言相非一切諸佛所作不令他作亦不隨喜何以故以是諸法法如是故若諸如來出現若諸如來不出諸法法尒如是住謂諸真言真言法尒故秘密主成等正覺一切知者一切見者出興于世而自此法說種種道隨種種樂欲種種諸衆生心以種種句種種文種種隨方語言種種諸趣音聲而以加持說真言道秘密主云何如来真言道謂加持此書寫文字秘密主如來無量百千俱胝那庾多劫積集修行真實諦

語四聖諦四念處四神足十如来力六波羅蜜七菩提寶四梵住十八佛不共法秘密主以要言之諸如来一切智智一切如来自福智力自願智力一切法界加持力隨順衆生如其種類開示真言教法云何真言教法謂阿字門一切諸法本不生故迦字門一切諸法離作業故佉字門一切諸法等虛空不可得故哦字門一切諸法一切行不可得故伽重聲字門一切諸法一合不可得故遮字門一切諸法離一切遷變故車字門一切諸法影像不可得故若字門一切諸法生不可得故社字門一切諸法戰敵不可得故吒字門一切諸法慢不可得故咤字門一切諸法長養不可得故拏字門一切諸法怨對不可得故荼重聲字門一切諸法執持不可得故多字門一切諸法如如不可得故他字門一切諸法住處不可得故娜字門一切諸法施不可得故䭾重聲字門一切諸法法界不可得故波字門一切諸法第一義諦不可得故頗字門

一切諸法不堅如聚沫故麽字門一切諸法縛不可得故婆字門一切諸法一切有不可得故野字門一切諸法一切乘不可得故羅字門一切諸法離一切諸塵染故邏字門一切諸法一切相不可得故嚩字門一切諸法語言道斷故奢字門一切諸法本性寂故沙字門一切諸法性鈍故娑字門一切諸法一切諦不可得故訶字門一切諸法因不可得故秘密主仰若拏娜麽於一切三昧自在速能成辦諸事所爲義利皆悉成就尒時世尊而說偈言

真言三昧門　圓滿一切願　所謂諸如来
不可思議果　具足衆勝願　真言決定義
超越於三世　無垢同虛空　住不思議心
起作諸事業　到修行地者　授不思議果
是第一真實　諸佛所開示　若知此法教
當得諸悉地　最勝真實聲　真言真言相
行者諦思惟　當得不壞句

尒時執金剛秘密主白佛言希有世尊佛說不思議真言相道法不共一切聲聞緣覺亦非世尊普爲一切衆

生若信此真言道者諸功德法皆當滿足唯願世尊次說漫荼羅所須次第如是說已世尊復告金剛手而說偈言

持真言行者　供養諸聖尊　當奉悅意花
潔白黃朱色　鉢頭摩青蓮　龍花奔那伽
計薩羅未利　得蘘藍瞻蔔　無憂底羅劍
鉢吒羅娑羅　是等鮮妙華　吉祥衆所樂
採集以為鬘　敬心而供養　栴檀及青木
苜蓿香欝金　及餘妙塗香　盡持以奉獻
沉水及松香　縛藍與龍腦　白檀膠香等
失利沙塞迦　及餘焚香類　芬馥世稱美
應當隨法教　而奉於聖尊　復次大衆生
依教獻諸食　奉乳糜酪飯　歡喜漫荼迦
百葉甘美餅　淨妙粆糖餅　布利迦闍究
及末塗失羅　嫂諸迦无憂　播鉢吒食等
如是諸餚饍　種種珎妙果　蹇茶與石蜜
糖蜜生熟酥　種種諸漿飲　乳酪淨牛味
又奉諸燈燭　異類新淨器　盛滿妙香油
布列為照明　四方繒幡蓋　種種色相間
門標異形類　并懸以鈴鐸　或以意供養
一切皆作之　持真言行者　存意勿遺忘
次具迦羅奢　或六或十八　備足諸寶藥

盛滿衆香水　枝條上垂布　閒插華果實
塗香等嚴飾　結護而作淨　繫頸以妙衣
瓶數或增廣　上首諸尊等　各各奉兼服
諸餘大有情　一一皆獻之　如上修供養
次引應度者　灑之以淨水　授與塗香華
令發菩提心　憶念諸如来　一切皆當得
生於淨佛家　結法界生印　及與法輪印
金剛有情等　而用作加護　次應當自結
諸佛三昧耶　三轉加淨衣　如真言法教
而用覆其首　深起悲念心　三誦三昧耶
頂戴以羅字　嚴以大空點　周匝開焰鬘
字門生白光　流出如滿月　現對諸救世
而散於淨華　隨其所至處　行人而尊奉
漫荼羅初門　大龍廂衛處　於二門中間
安立於學人　住彼隨法教　而作衆事業
如是令弟子　遠離於諸過　作寂然護摩
護摩依法住　初自中胎藏　至第二之外
於漫荼羅中　作無疑慮心　如其自肘量
陷作光明壇　四節為周界　中表金剛印
師位之右方　護摩具支分　學人住其左
蹲踞增敬心　自敷吉祥草　藉地以安坐
或布衆綵色　飛輝極嚴麗　一切續事成
是略護摩處　周匝布祥茅　端坐手相加

右旋皆廣厚　遍灑以香水　思惟火光尊
哀愍一切故　應當持滿器　而以供養之
介時善住者　當說是真語
南麼三曼多勃馱喃一噁揭娜二合曳平二莎訶三
復以三昧手　次持諸弟子　慧手大空指
略奉持護摩　每獻輒誠誦　各別至三七
當住慈愍心　依法真實言
南麼三曼多勃馱喃一阿去摩訶引扇底丁以反下同蘖多二扇底羯羅三鉢囉二合睒摩達磨你入若引多四阿婆去縛薩縛二合婆引縛五達麼婆摩多引鉢囉二合鉢多二合六莎訶七
行者護摩竟　應教令覩施　金銀衆珎寶
象馬及車乘　牛羊上衣服　或復餘資財
弟子當至誠　恭敬起殷重　深心自忻慶
而奉於所尊　以修行淨捨　令彼歡喜故
已為作加護　應召而告言　今此勝福田
一切佛所說　為欲廣饒益　一切諸有情
奉施一切僧　當獲於大果　無盡大資財
世說常隨生　以供養僧者　施具德之人
是故世尊說　應當發歡喜　隨力辦餚饍
而施現前僧

尒時毗盧遮那世尊復告執金剛秘
密主而說偈言
汝摩訶薩埵　一心應諦聽　當廣說灌頂
古佛所開示　師作第二壇　對中漫荼羅
圖畫於外界　相距二肘量　四方正均等
内向開一門　安四執金剛　居其四維外
謂住無戲論　及虚空無垢　無垢眼金剛
被雜色衣等　内心大蓮華　八葉及鬚蘂
於四方葉中　四伴侶菩薩　由彼大有情
往昔願力故　云何名為四　謂總持自在
念持利益心　悲者菩薩等　所餘諸四葉
作四奉教者　雜色衣滿願　無閡及解脫
中央示法界　不可思議色　四寶所成瓶
盛滿衆藥寶　普賢慈氏尊　及與除蓋障
除一切惡趣　而以作加持　彼於灌頂時
當置妙蓮上　獻以塗香華　燈明及閼伽
上蔭幢幡蓋　奉攝意音樂　吉慶伽他等
廣多美妙言　如是而供養　令得歡喜已
親對諸如來　而自灌其頂　復當供養彼
妙善諸香華　次應執金篦　在於彼前住
慰喻令歡喜　說如是伽他　佛子佛為汝
決除無智膜　猶如世醫王　善用於金籌
持真言行者　復當執明鏡　為顯無相法

說是妙伽他　諸法無形像　清澄無垢濁
無執離言說　但從因業起　如是知此法
自性無染汙　為世無比利　汝從佛心生
次當授法輪　置於二足間　慧手傳法螺
復說如是偈　汝自於今日　轉於救世輪
其聲普周遍　吹無上法螺　勿生於異慧
當離疑悔心　開示於世間　勝行真言道
常作如是願　宣唱佛恩德　一切持金剛
皆當護念汝　次當於弟子　而起悲念心
行者應入中　示三昧耶偈　佛子汝從今
不惜身命故　常不應捨法　捨離菩提心
慳悋一切法　不利衆生行　佛說三昧耶
汝善住戒者　如護自身命　護戒亦如是
應至誠恭敬　稽首聖尊足　所作隨教行
勿生疑慮心
尒時金剛手白佛言世尊若有諸善
男子善女人入此大悲藏生大漫荼
羅王三昧耶者彼獲幾所福德聚如
是說已佛告金剛手言秘密主從初
發心乃至成如來所有福德聚是善
男子善女人福德聚與彼正等秘密
主以此法門當如是知彼善男子善
女人從如來口生佛心之子若是善

男子善女人所在方所即為有佛施
作佛事是故秘密主若樂欲供養佛
者當供養此善男子善女人若樂欲
見佛即當觀彼時金剛手等上首執
金剛及普賢等上首諸菩薩同聲說
言世尊我等從今以後應當恭敬供
養是善男子善女人何以故世尊彼
善男子善女人同見佛世尊故
尒時毗盧遮那世尊復觀一切衆會
告執金剛秘密主等諸持金剛者及
大衆言善男子有如來出世無量廣
長語輪相如巧色摩尼能滿一切願
積集無量福德住不可害行三世无
比力真言句如是言已金剛手秘密
主等諸執金剛及大會衆同聲說言
世尊今正是時善逝今正是時尒時
毗盧遮那世尊住於滿一切願出廣
長舌相遍覆一切佛剎清淨法幢高
峯觀三昧時佛從定起尒時發遍一
切如來法界哀愍無餘衆生界聲說
此大力大護明妃曰
南麼薩婆怛他(引)蘖帝弊(毗也反下同一)薩
婆佩野微蘖帝弊(二)微濕嚩(二合)目契弊

三薩婆他引唅四羅吃沙上二合摩訶沬
嚲五薩婆但他引蘗多六奔𠰒也二合
你入闍引帝七鉡鉡八怛羅二合引磔怛
囉二合引磔九阿鉢羅合二底丁以反訶諦十
莎訶十

時一切如來及佛子衆說此明已即時普遍佛剎六種震動一切菩薩得未曾有開敷眼於諸佛前以悅意言音而說偈言

諸佛甚希特　說此大力護
一切佛護持　城池皆固密
由彼護心住　所有為障者
毗那夜迦等　惡形諸羅剎
一切皆退散　念真言力故

時薄伽梵廣大法界加持即於是時住法界胎藏三昧從此定起說入佛三昧耶持明曰

南麼三曼多勃馱喃一阿三迷二
呾嚩合二三迷三三麼曳四莎訶五

即於爾時於一切佛剎一切菩薩衆會之中說此入三昧耶明已諸佛子等同聞是者於一切法而不違越

時薄伽梵復說法界生真言曰

南麼三曼多勃馱喃一達摩馱睹
薩嚩二合婆嚩句痕

金剛薩埵加持真言曰

南麼三曼多伐折羅赧一伐折囉
二合呾麼二合句痕二

金剛鎧真言曰

南麼三曼多伐折羅赧一伐折囉二合
迦嚩遮鉡二

如來眼又觀真言曰

南麼三曼多勃馱喃一但他引揭多
斫吒蒭二合二尾也二合嚩路迦也三莎訶四

塗香真言曰

南麼三曼多勃馱喃一微輸上馱健
杜引納婆二合嚩一莎訶三

華真言曰

南麼三曼多勃馱喃一摩訶引妹
呾囉也二合二毗庾二合蘗帝三莎訶四

燒香真言曰

南麼三曼多勃馱喃　達摩馱睹弩
蘗帝二莎訶三

飲食真言曰

南麼三曼多勃馱喃　阿羅羅二迦
羅羅三沬隣捺娜弭四沬隣捺泥五
摩訶引沬㘑六莎訶十

燈真言曰

南麼三曼多勃馱喃一怛他引揭多引
喇旨二合二薩叵二合囉儜嚩婆去娑娜三
伽伽猱陁哩耶四二合莎訶五

閼伽真言曰

南麼三曼多勃馱喃一伽伽上娜三麼
引三摩二莎訶三

如來頂相真言曰

南麼三曼多勃馱喃一伽伽娜難多
薩癹二合囉儜二上微輸上馱達摩你入
闍引多三莎訶四

如來甲真言曰

南麼三曼多勃馱喃一伐折羅二合入
嚩二合引羅二微薩普二合囉鉡三

如來圓光真言曰

南麼三曼多勃馱喃一入嚩二合引羅引
摩履你二但他引蘗多引嘌旨二合三
莎訶四

如來舌相真言曰

南麼三曼多勃馱喃一摩訶引摩訶二
怛他蘗多尒訶嚩三二合薩底也二合達
摩鉢羅二合底丁以反瑟恥二合多四莎訶五

息障品第三

尒時金剛手又復請問毗盧遮那世
尊而說偈言
云何道場時　淨除諸障者　修真言行人
無能為惱害　云何持真言　云何彼成果
如是發問已　大日尊歎言　善哉摩訶薩
快說如是語　隨汝心所問　今當悉開示
障者自心生　隨順昔慳悋　為除彼因故
念此菩提心　菩除妄分別　從心思所生
憶念菩提心　行者離諸過　常當意思惟
不動摩訶薩　而結彼密印　能除諸障㝵
秘密主復聽　擊除散亂風　阿字為我體
心持阿字門　健陁以塗地　而作七空點
依於韈度方　闌以捨羅梵　思念於彼器
大心孫盧山　時時在其上　阿字大空點
先佛所宣說　能縛於大風　大有情諦聽
行者防馱雨　思惟羅字門　大力火光色
威猛熾焰鬘　忿怒持遏伽　隨所起方分
洽地起密雲　斷以慧刀印　昏蔽畢消散
行者無畏心　或作蒯羅劍　以是金剛礫
一切同金剛　復次今當說　息一切諸障
念真言大猛　不動大力者　住本漫荼羅
行者或居中　而觀彼形像　頂戴三昧足
被障當淨除　息滅而不生　或以羅迩迦

微沙共和合　行者造形像　而以塗其身
彼諸執著者　由斯對治故　彼諸根熾然
勿生疑惑心　乃至釋梵尊　不順我教故
尚當為所焚　況復餘眾生
尒時金剛手白佛言世尊如我解佛
所說義我亦如是知諸聖尊住本漫
荼羅位令有威神由彼如是住故如
來教勅無能隱蔽何以故世尊即一
切諸真言三昧耶所謂住於自種性
故是故真言門修菩薩行諸菩薩亦
當住於本位作諸事業又秘密主若
說諸色彼諸聖尊漫荼羅位諸尊形
相當知亦尒是則先佛所說秘密主
於未來世劣慧無信眾生聞如是說
不能信受以無慧故而增疑惑彼唯
如聞堅住而不修行自損損他作如
是言彼諸外道有如是法非佛所說
彼無智人當作如是信解尒時世尊
而說偈言
一切智世尊　諸法得自在　如其所通達
方便度眾生　是諸先佛說　利益求法者
彼愚夫不知　諸佛之法相　我說一切法
所有相皆空　常當住真言　善決定作業

普通真言藏品第四

尒時諸執金剛秘密主為上首諸菩
薩眾普賢為上首稽首毗盧遮那佛
各各言音請白世尊樂欲於此大悲
藏生大漫荼羅王如所通達法界清
淨門演說真言法句尒時世尊無壞
法尒加持而告諸執金剛及菩薩言
善男子當說如所通達法界淨除眾
生界真實語句時普賢菩薩即時住
於佛境界莊嚴三昧說無閡力真言曰
南麼三曼多勃馱喃一三麼多引奴
揭多二嚩羅闍達摩涅入闍多三摩
訶引摩訶四莎訶五
時彌勒菩薩住發生普遍大慈三昧
說自心真言曰
南麼三曼多勃馱喃一阿尒單若耶
薩婆薩埵引捨耶弩蘗多三莎訶四
尒時虛空藏菩薩入清淨境界三昧
說自心真言曰
南麼三曼多勃馱喃一阿去迦引奢
三麼多引弩蘗多二微質怛嚂引嚩
羅達羅三莎訶四
尒時除一切蓋障菩薩入悲力三昧

說真言曰
南麼三曼多勃馱喃一阿去薩𡀔係
多引毗庾二合嚂多二怛嚂二合怛嚂二合
嚂嚂三莎訶四
尒時觀世自在菩薩入於普觀三昧
說自心及眷屬真言曰
南麼三曼多勃馱喃一薩婆怛他上
蘖多上嚩嚧吉多二羯嚕儜麼也三
囉囉𤙖若四短聲莎訶五
得大勢真言曰
南麼三曼多勃馱喃一髯髯索一莎
訶三
多羅尊真言曰
南麼三曼多勃馱喃一羯嚕拏嗢婆
二合吠二平哆嚩哆嚩抳三莎訶四
大毗俱胝真言曰
南麼三曼多勃馱喃一薩婆陪也呾
囉二合引散你二平𤙖薩破二合吒也三莎訶四
白處尊真言曰
南麼三曼多勃馱喃一怛他引蘖多微
灑也二三婆去吠三平鉢曇摩二合摩履
你四平莎訶五
何耶揭㗚縛真言曰

南麼三曼多勃馱喃一𤙖佉引陁畔
闍二薩破二合吒也三莎訶四
時地藏菩薩住金剛不可壞行境界
三昧說真言曰
南麼三曼多勃馱喃一訶訶訶二素
上怛努三莎訶四
時文殊師利童子住佛加持神力三
昧說自心真言曰
南麼三曼多勃馱喃一係係俱摩囉
迦二微目訖底二合丁以反鉢他悉體他以反多三
薩麼二合囉薩麼二合囉四鉢囉二合底丁以反
然五莎訶六
尒時金剛手住大金剛無勝三昧說
自心及眷屬真言曰
南麼三曼多伐折囉赧一戰拏摩訶
引嚧瑟赧二平𤙖
忙莽計真言曰
南麼三曼多伐折囉赧一怛囉二合吒輕
怛囉二合吒二輕若衍底丁以反三莎訶四
金剛鏁真言曰
南麼三曼多伐折囉赧一滿陁滿陁
也二暮吒暮吒也二伐折路二合嗢婆去二合
吠三薩嚩怛囉引鉢囉引底丁以反訶

訶四莎訶五
金剛月黶真言曰
南麼三曼多伐折囉赧一頡唎二合𤙖
癹吒二輕莎訶三
金剛針真言曰
南麼三曼多伐折囉赧一薩婆達麼
你入唎吠平二合達你平二伐折囉二合素旨
嚩入囉泥三莎訶四
一切持金剛真言曰
南麼三曼多伐折囉赧一𤙖𤙖𤙖二
癹吒輕癹吒輕癹吒輕髯髯三莎訶四
一切諸奉教者真言曰
南麼三曼多伐折囉赧一係係緊質
囉引也徙二紇㗚二合佷儜二合紇㗚二合佷
儜三二合佉娜佉娜四鉢囉布囉也五薩
嚩二合鉢囉二合底丁以反然六莎訶七
時釋迦牟尼世尊入於寶處三昧說
自心及眷屬真言曰
南麼三曼多勃馱喃一薩婆吃麗二合
奢㖿入素捺那二薩婆達摩嚩始多引
鉢囉二合鉢多三伽伽那三摩引三麼
四莎訶五
毫相真言曰

南麼三曼多勃馱喃一 縛囉泥二去
縛羅鉢囉二合引鉢帝鉼三
一切諸佛頂真言曰
南麼三曼多勃馱喃一 鍐鍐鍐二鉎
鉼發吒三輕 莎訶四
無能勝真言曰
南麼三曼多勃馱喃一 地入唛二合地入
唛二合二 唛唛馹唛二合三 馹唛二合四 莎訶五
無能勝妃真言曰
南麼三曼多勃馱喃一 阿上 鉢囉引
介帝二 若衍底丁以反 怛抳帝三 莎訶四
地神真言曰
南麼三曼多勃馱喃一 鉢嘌二合體他以反
梅无盡反 曳平二合二 莎訶三
毗紐天真言曰
南麼三曼多勃馱喃 微瑟儜上二合吠
二平 莎訶三
嚕捺囉真言曰
南麼三曼多勃馱喃一 嚕捺囉合引一也
二 莎訶三
風神真言曰
南麼三曼多勃馱喃一 縛引 也吠二平
莎訶三

美音天真言曰
南麼三曼多勃馱喃一 薩囉 娑縛二合
底丁以反 曳二合二 莎訶三
祢哩底真言曰
南麼三曼多勃馱喃一 邏引 吃灑二合
娑去 地鉢多曳平二 莎訶二
閻摩真言曰
南麼三曼多勃馱喃一 梅無盡反 縛娑上
縛二合 哆也二 莎訶三
死王真言曰
南麼三曼多勃馱喃一 沒嘌二合怛也二合
吠二平 莎訶三
黑夜神真言曰
南麼三曼多勃馱喃一 迦引 囉羅引
怛唎二 曳平二 莎訶三
七母等真言曰
南麼三曼多勃馱喃一 忙怛囉二合弊
毗也反二 莎訶三
釋提桓因真言曰
南麼三曼多勃馱喃一 鑠吃囉二合引
也二 莎訶三
縛嚕拏龍王真言曰
南麼三曼多勃馱喃一 阿去 半鉢

哆曳平二 莎訶三
梵天真言曰
南麼三曼多勃馱喃一 鉢囉二合闍引
鉢多曳平二 莎訶三
日天真言曰
南麼三曼多勃馱喃一 阿去 你怛夜
耶二合二 莎訶三
月天真言曰
南麼三曼多勃馱喃一 戰捺囉引二合
也二 莎訶三
諸龍真言曰
南麼三曼多勃馱喃一 謎伽上 設
濘曳平二 莎訶三
難陀跋難陀真言曰
南麼三曼多勃馱喃一 難徒鉢難徒
瑜二 莎訶三
時毗盧遮那世尊樂欲說自教迹不
空悉地一切佛菩薩母虛空眼明妃
真言曰
南麼三曼多勃馱喃一 伽伽上 那縛
囉落吃灑二合二 𡛞二平 伽伽那糝迷三 薩
婆覩嗢蘖二合 多引四 避婆去 囉三婆吠
平五 入縛二合 羅那引 謨阿上 目伽引 難

六莎去訶七
復次薄伽梵為息一切障故住於火
生三昧說此大摧障聖者不動主真
言曰
南麼三曼多伐折羅赧一戰拏摩
訶路灑儜一上薩破吒也三䥫怛羅二合
迦四悍引漫引五
復次降三世真言曰
南麼三曼多伐折羅赧一訶訶訶二
微薩麼二合曳平三薩婆怛他引揭多微
灑也三婆縛四怛囉二合路枳也二合微
若也五䥫若六急呼莎訶七
諸聲聞真言曰
南麼三曼多勃馱喃一係睹鉢羅二合
底丁以反也二微蘗多羯麼涅入闍多三䥫四
諸緣覺真言曰
南麼三曼多勃馱喃一縛二
普一切佛菩薩心真言曰
南麼三曼多勃馱南一薩婆勃馱
菩提薩埵二訶㗚捺耶三寧夜二合吠
奢你平四娜麼薩婆尾泥去五莎訶六
普世天等諸心真言曰
南麼三曼多勃馱喃一路迦引路迦

羯囉引也二薩婆提婆那伽藥叱沙
二合健達婆阿上蘇羅蘗嚕茶緊捺羅
摩護囉伽上你三訶㗚二合捺耶四寧
夜二合羯囉灑二合也五微質怛囉二合
蘗底丁以反六莎訶七
一切諸佛真言曰
南麼三曼多勃馱喃一薩婆他二微
麼底三微枳囉儜四上達摩馱睹喔入
闍多五參參訶六莎訶七
不可越守護門者真言曰
南麼三曼多勃馱喃一訥囉馱二合㗚
沙二合摩訶引路灑儜上三佉娜也薩
鑁平引怛他引蘗多引然矩嚕四莎訶五
相向守護門者真言曰
南麼三曼多勃馱喃一係摩訶鉢
囉二合戰拏二阿吡目佉三蘗㗚合訶
拏二合佉娜耶四緊質囉引也徙五三麼
耶麼努娑麼二合囉六莎訶七
結大界真言曰
南麼三曼多勃馱喃一薩婆怛羅二合引
努蘗帝二滿馱也徙瞞引三摩訶三摩
耶喔入闍去帝四娑麼二合囉妳五阿鉢
囉二合底丁以反訶諦六馱迦馱迦七折囉

折囉八滿馱滿馱九捺奢你㮇十薩
婆怛他引蘗多引努壞帝十一鉢囉二合
縛囉達嚨臘馱微若曳二十平薄伽上縛
底三十微矩嚧微矩嚧四十麗魯補嚧
五十莎訶六十
菩提真言曰
南麼三曼多勃馱喃一阿上
行真言曰
南麼三曼多勃馱喃一阿去
成菩提真言曰
南麼三曼多勃馱喃一暗
涅槃真言曰
南麼三曼多勃馱喃一惡
降三世真言曰
南麼三曼多伐折羅赧一訶去
不動尊真言曰
南麼三曼多伐折羅赧一悍
除蓋障真言曰
南麼三曼多勃馱喃一阿去急呼
觀自在真言曰
南麼三曼多勃馱喃一娑上
金剛手真言曰
南麼三曼多伐折羅赧一䩫急呼

妙吉祥真言曰
南麼三曼多勃馱喃一瞞
虛空眼真言曰
南麼三曼多勃馱喃一儼輕呼
法界真言曰
南麼三曼多勃馱喃一嚂
大勤勇真言曰
南麼三曼多勃馱喃一欠平
水自在真言曰
南麼三曼多勃馱喃一鑁
多羅尊真言曰
南麼三曼多勃馱喃一躭
毗俱胝真言曰
南麼三曼多勃馱喃一勃嚕二合
得大勢真言曰
南麼三曼多勃馱喃一參
白處尊真言曰
南麼三曼多勃馱喃一半
何耶揭哩婆真言曰
南麼三曼多勃馱喃一含
耶輸陁羅真言曰
南麼三曼多勃馱喃一閻
寶掌真言曰

南麼三曼多勃馱喃一參
光網真言曰
南麼三曼多勃馱喃一鑁
釋迦牟尼真言曰
南麼三曼多勃馱喃一婆上
三佛頂真言曰
南麼三曼多勃馱喃一𤙖吒嚂二合
白傘佛頂真言曰
南麼三曼多勃馱喃一藍
勝佛頂真言曰
南麼三曼多勃馱喃一苫
最勝佛頂真言曰
南麼三曼多勃馱喃一暘
火聚佛頂真言曰
南麼三曼多勃馱喃一怛嚸二合
除障佛頂真言曰
南麼三曼多勃馱喃一訶啉二合
世明妃真言曰
南麼三曼多勃馱喃一躭含半含閻
無能勝真言曰
南麼三曼多勃馱喃一𤙖
地神真言曰
南麼三曼多勃馱喃一微

髻設尼真言曰
南麼三曼多勃馱喃一枳履
鄔波髻設尼真言曰
南麼三曼多勃馱喃一你履
質多童子真言曰
南麼三曼多勃馱喃一弭履
財慧童子真言曰
南麼三曼多勃馱喃一係履
除疑恠真言曰
南麼三曼多勃馱喃一訶娑難
施一切衆生無畏真言曰
南麼三曼多勃馱喃一囉娑難
除一切惡趣真言曰
南麼三曼多勃馱喃一持懵二合娑難
哀愍慧真言曰
南麼三曼多勃馱喃一微訶娑難
大慈生真言曰
南麼三曼多勃馱喃一諂勅減反
大悲緾真言曰
南麼三曼多勃馱喃一閻
除一切熱惱真言曰
南麼三曼多勃馱喃一縊
不思議慧真言曰

南麼三曼多勃馱喃一汙
寶處真言曰
南麼三曼多勃馱喃一難上
寶手真言曰
南麼三曼多勃馱喃一衫
持地真言曰
南麼三曼多勃馱喃一唅
復次真言曰
南麼三曼多勃馱喃一𡁠輕呼真登
寶印手真言曰
南麼三曼多勃馱喃一泛普合反
堅内意真言曰
南麼三曼多勃馱喃一被
虛空無垢真言曰
南麼三曼多勃馱喃一含
虛空慧真言曰
南麼三曼多勃馱喃一㘕
清淨慧真言曰
南麼三曼多勃馱喃一薆丹都底反
行慧真言曰
南麼三曼多勃馱喃一地濫
安慧真言曰
南麼三曼多勃馱喃一吽

諸奉教者真言曰
南麼三曼多勃馱喃一地室唎合二嗒
没嚂合二
菩薩所說真言曰
南麼三曼多勃馱喃一吃沙合二拏囉
闍鋤
淨居天真言曰
南麼三曼多勃馱喃一滿弩輕羅麼
二達摩三婆去縛微三婆上縛迦郍四
三三五莎訶
羅剎娑真言曰
南麼三曼多勃馱喃一吃嚂合二計履
諸茶吉尼真言曰
南麼三曼多勃馱喃一訶去唎合二訶上
諸藥叉女真言曰
南麼三曼多勃馱喃一藥吃叉合二尾
你夜合二達履
諸毗舍遮真言曰
南麼三曼多勃馱喃一比旨比旨
諸部多真言曰
南麼三曼多勃馱喃一嗚縊嗚伊上
憍散寧去
諸阿修羅真言曰

南麼三曼多勃馱喃一囉吒知訝反囉吒
上同特憍合二躭没囉合二没囉合二
諸摩睺羅伽真言曰
南麼三曼多勃馱喃一蘖囉藍蘖
囉藍
諸緊那羅真言曰
南麼三曼多勃馱喃一訶上散難微
訶上散難
諸人真言曰
南麼三曼多勃馱喃一壹車去鈝嚂
二麼弩輕麼曳迷三莎可
秘密主是等一切真言我已宣說是
中一切真言之心汝當諦聽所謂阿
字門念此一切諸真言心最為無上
是一切真言所住於此真言而得決定

大毗盧遮那成佛經卷第二

大毗盧遮那成佛神變加持經卷第二

校勘記

一　底本，金藏廣勝寺本。

一　五八二頁中二〇行首字「法」，麗作「諸」。

一　五八二頁下一七行第一二字「住」，資、磧、普、南、徑、清作「在」。

一　五八三頁上三行第八字「潑」，石、資、磧、普、南、徑、清作「發」。

一　五八三頁上一五行第五字「出」，石、資、磧、普、南、徑、清作「生」。

一　五八三頁中一一行第五字「合」，資、磧、普、南、徑、清作「合相」。

一　五八三頁下六行第九字「嚩」，資、磧、普、南、徑、清、麗作「縛」。

一　五八三頁下八行第一二字「鈍」，資、磧、普、南、徑、清作「純」。

一　五八四頁上一七行第四字「銷」，徑、清作「殺」。

一　五八四頁上二一行第一三字「意」，資、磧、普、南、徑、清作「心」。

一　五八四頁中末行第一二字「坐」，磧、普、徑、清作「末」。

一　五八五頁上二〇行第一〇字「蓖」，諸本作「篦」。

一　五八五頁中六行末字「慧」，磧、普、南、徑、清作「意」。

一　五八五頁下七行末字「彼」，資、磧、普、南、徑、清作「見彼」。

一　五八六頁上一〇行「希特」，資、磧、普、南、徑、清作「奇特」。

一　五八六頁上一四行第五字「廣」，資、磧、普、南、徑、清作「廣及」。

一　五八七頁上一二行第三字「阿」，資、磧、普、南、徑、清作「訶」。第七字「陁」，石作「他」。

一　五八七頁上一三行第四字「庚」，資、磧、普、南、徑、清作「臾」。

一　五八七頁上一七行第九字「過」，石作「渦」。

一　五八七頁上一八行第三字「起」，資、磧、普、南、徑、清作「興」。

一　五八七頁中一行第二字「沙」，石、資、磧、普、南、徑、清作「妙」。

一　五八七頁中七行第四字「令」，諸本作「今」。

一　五八七頁下末行首字「尒」，石無。

一　五八九頁中二二行第二字「噌」，石、資、磧、普、南、徑、清作「嚕」。

一　五九一頁下三行首字「鄢」，諸本作「鄔」。

一　五九一頁下九行第三字「恠」，麗作「悔」。

一　五九二頁中四行首字「菩」，資、磧、普、南、徑、清作「諸菩」。

一　五九二頁下一三行第一三字「謂」，資、磧、普、南、徑、清作「有」。

大毗盧遮那成佛神變加持經卷第三　淡
大唐天竺三藏善無畏共沙門一行譯
世間成就品第五
尒時世尊復告執金剛秘密主而說
偈言
如真言教法　成就於彼果　當字字相應
句句亦如是　作心想念誦　善住一洛叉
初字菩提心　第二名為聲　句想為本尊
而於自處作　第二句當知　即諸佛勝句
行者觀住彼　極圓淨月輪　於中諦誠想
諸字如次第　中置字句等　而想淨其命
命者所謂風　念隨出入息　彼等淨除已
作先持誦法　善住真言者　次一月念誦
行者前方便　一一句通達　諸佛大名稱
說此先受持　次當隨所有　奉塗香花等
為成正覺故　迴向自菩提　如是於兩月
真言當無畏　次滿此月已　行者入持誦
山峯或牛欄　及諸河潬等　四衢道一室
神室大天室　彼湯茶羅處　悉如金剛宮
是處而結護　行者作成就　即以中夜分
或於日出時　智者應當知　有如是相現
詳聲或鼓音　若復地震動　及聞虛空中
有悅意言辭　應知如是相　悉地悉如意
諸佛兩足尊　宣說於彼果　住是真言行
必定當成佛　應一切種類　常念持真言
古佛大仙說　故應當憶念
悉地出現品第六
尒時世尊復觀諸大衆會為欲滿足
一切願故復說三世無量門決定智
圓滿法句
虛空無垢無自性　能授種種諸巧智
由本自性常空故　緣起甚深難可見
於長恒時殊勝進　隨念施與無上果
譬如一切趣宮室　皆依虛空無著行
此清淨法亦如是　三有無餘清淨生
昔勝生嚴修此故　得有一切如來行
非他句有難可得　作世遍明如世尊
說極清淨修行法　深廣無盡離分別
尒時毗盧遮那世尊說是偈已觀察
金剛手等諸大衆會告執金剛言善
男子各各當現法界神力悉地流出
句若諸衆生見如是法歡喜踊躍得
安樂住如是說已諸執金剛為毗盧
遮那世尊作礼如是法主依所教勅
復請佛言惟願世尊哀愍我等亦現

悉地流出句何以故於尊者薄伽梵
前而自宣亦所通達法非是所宜善
哉世尊惟願利益安樂未來衆生故
時薄伽梵毗盧遮那告一切諸執金
剛言善哉善哉善男子如來所說法
毗奈耶稱讚一法所謂有著若有善
善男子善女人見如是法速生二事
謂不作所不應作衆所稱讚復有二
事謂所未至令至得與佛菩薩同處
復有二事謂住尸羅生於人天善哉
諦聽善思念之我當宣說真言成就
流出相應句諸流出相應句真言門
修菩提諸菩薩速於是中當得真言
悉地若行者見湯茶羅尊所印可成
就真語發菩提心深信慈悲無有慳
恡住於調伏能善分別從緣所生受
持禁戒善住衆學具巧方便勇健知
時非時好行惠捨心無怖畏勤修真
言行法通達真言實義常樂坐禪樂
作成就秘密主辟如欲界有自在悅
滿意明乃至一切欲處天子於此迷
醉出衆妙雜類戲笑及現種種雜類
受用遍受用授與自所變化他化自

在天等而亦自受用之又善男子如
摩醯首羅天有勝意生明能作三千
大千世界衆生利益化一切受用遍
受用授與淨居諸天亦復自受用之
又如幻術真言能現種種園林人物
如阿修羅真言現幻化事如世呪術
攝毒及寒熱等摩怛哩神真言能作
衆生疾疫災厲及世間呪術攝除衆
毒及寒熱等能變熾火而生清涼是
故善男子當信如是流出句真言威
德此真言威德非從真言中出亦不
入衆生不於持誦者處而有可得善
男子真言加持力故法尒而生無所
過越以三時不越故甚深不思議緣
生理故是故善男子當隨順通達不
思議法性常不斷絕真言道
尒時世尊復住三世無閡力依如來
加持不思議力依莊嚴清淨藏三昧
即時世尊從三摩鉢底中出無盡界
無盡語表依法界力無等力正等覺
信解以一音聲四處流出普遍一切
法界與虛空等無所不至真言曰
南麼薩婆怛他(引)蘖帝驃(毗庚反一)微濕嚩

(二合)目契弊(毗也反二)薩婆他(三)阿阿(引)暗噁(四)
正等覺心從是普遍即時一切法界
諸聲門從正等覺慓幟之音而乎出
聲諸菩薩聞是已得未曾有開敷眼
發微妙言音於一切智離熱者前而
說頌曰
奇哉真言行　能具廣大智　若遍布此者
成佛兩足尊　是故勤精進　於諸佛語心
常作無閒修　淨心離於我　尒時薄伽梵
復說此法句　於正等覺心　而作成就者
於園苑僧坊　若在巖窟中　或意所樂處
觀彼菩提心　乃至初安住　不生疑慮意
隨取彼一心　以心置於心　證於極淨句
無垢安不動　不分別如鏡　現前甚微細
若彼常觀察　修習而相應　乃至本所尊
自身像皆現　第二正覺句　於鏡漫荼羅
大蓮華王座　深邃住三昧　揔持髮髻冠
圍繞無量光　離妄執分別　本寂如虛空
於彼中思惟　作屬意念誦　一月修等引
持滿一洛叉　是為最初月　持真言法則
次於第二月　奉塗香華等　而以作饒益
種種衆生類　又復於他月　捨弃諸利養
時彼於瑜伽　思惟而自在　願一切無障

安樂諸群生　樂欲成如來　所稱讚因果
或滿足一切　有情衆希願　應理無障蓋
而生是攀緣　傍生相敢食　所有苦永除
常令諸鬼界　飲食皆充滿　地獄中受苦
種種諸楚毒　當願速除滅　以我功德故
及餘無量門　數數心思惟　發廣大悲愍
三種加持句　想念於一切　心誦持真言
以我功德力　如來加持力　及與法界力
周遍衆生界　諸念求義利　悉皆饒益之
彼一切如理　所念皆成就
於是薄伽梵即於尒時說虛空等力
虛空藏轉明妃曰
南麼薩婆怛他(引)蘖帝驃(毗庚反一)微濕
嚩(二合)目契弊(毗也反二)薩婆他(三)欠(四)嗢努蘖
帝薩叵(二合)囉(二合)係門(五)伽伽娜劒(六)莎訶(七)
持此三轉隨彼所生善願皆亦成就
行人於滿月　次入作持誦　山峯牛欄中
寒林或河洲　四衢獨樹下　忙怛哩天室
一切金剛色　嚴淨同金剛　彼中諸障者
攝伏心迷乱　四方相周匝　一門及通道
金剛手連屬　金剛結相應　門門二守護
不可越相向　擬手而上指　朱目奮怒形
慇懃畫隅角　輪羅焰光印　中妙金剛座

方位正相直　其上大蓮華　八葉鬚蘂敷
當結金剛手　金剛之慧印　稽首一切佛
數數堅搘頞　應護持是處　及淨諸藥物
於此夜持誦　清淨無障㝵　或於中夜分
或於日出時　彼藥物當轉　圓光普暉焰
真言者自取　遊步於大空　住壽大威德
於生死自在　行於世界頂　現種種色身
具德吉祥者　展轉而供養　真言所成物
是名為悉地　以分別藥物　成就無分別
秘密主一切世界諸現在等如來應正等覺通達方便波羅蜜彼如來知一分別本性空以方便波羅蜜力故而於無為以有為為表展轉相應而為衆生亦現遍於法界令得見法安樂住發歡喜心或得長壽五欲嬉戲而自娛樂為佛世尊而作供養證如是句一切世人所不能信如來見此義利故以歡喜心說此菩薩真言行道次第法則何以故於無量劫勤求修諸苦行所不能得而真言門行道諸菩薩即於此生而獲得之復次秘密主真言門修菩薩行菩薩如是計都揭伽傘蓋屣屣真陁摩尼安膳那藥

盧遮那等持三洛叉而作成就亦得悉地秘密主若具方便善男子善女人隨所樂求而有所作彼唯心自在而得成就秘密主諸樂欲因果者秘密主非彼愚夫能知真言諸真言相何以故

說因非作者　彼果則不生　此因因尚空
去何而有果　當知真言果　悉離於因業
乃至身證觸　無相三摩地　真言者當得
悉地從心生

尒時金剛手白佛言世尊惟願復說此正等覺句悉地成就句諸見此法善男子善女人等心得歡喜受安樂住不害法界何以故世尊法界者一切如來應正等覺說名即不思議界是故世尊真言門修菩薩行諸菩薩得是通達法界不可分折破壞如是說已世尊告執金剛秘密主言善哉善哉秘密主汝復善哉能問如來如是義汝當諦聽善思念之吾今演說秘密主言如是世尊願樂欲聞佛告秘密主以阿字門而作成就若在僧所住處若山窟中或於淨室以阿字

遍布一切支分時持三洛叉次於滿月盡其所有而以供養乃至普賢菩薩文殊師利執金剛等或餘聖天現前摩頂唱言善哉行者應當稽首作礼奉閼伽水即時得不忘菩提心三昧又以如是身心輕安而誦習之當得隨生心清淨身清淨置於耳上持之當得耳根清淨以阿字門作出入息三時思惟行者尒時能持壽命長刧住世頞羅闍等之所愛敬即以訶字門作所應度者授與鉢頭摩華自持商佉而手相觀即生歡喜

尒時毗盧遮那世尊復觀一切大會告執金剛秘密主言金剛手有諸如来意生作業戲行舞廣演品類攝持四界安住心王等同虛空成就廣大見非見果出生一切聲聞及辟支佛諸菩薩位令真言門修行諸菩薩一切希願皆悉滿足具種種業利益無量衆生汝當諦聽善思念之吾今演說秘密主去何行舞而作一切廣大成壞果持真言者一切親證耶尒時世尊而說偈言

行者如次第　先作自真實　如前依法住
正思念如来　阿字為自體　并置大空點
端嚴遍金色　四角金剛摽　於彼中思念
一切處尊佛　是諸正等覺　說自真實相
修行不疑慮　自真實相生　當得為世間
一切衆利樂　具廣大希有　住於如幻句
無始時宿殖　無智諸有迫　行者成等引
一切皆消除　若觀於彼心　無上菩提心
持真言業故　於淨非淨果　應理常無染
如蓮出淤泥　何況於自體　得成仁中尊
尒時毗盧遮那世尊又復住於降伏四魔金剛戲三昧說降伏四魔解脫六趣滿足一切智智金剛字句
南麼三曼多勃馱喃一阿去急呼　味羅鈝欠
時金剛手秘密主等諸執金剛普賢等諸菩薩及一切大衆得未曾有開敷眼稽首一切薩婆若而說偈言
此諸佛菩薩　救世諸庫藏　由是一切佛
菩薩救世者　及與因緣覺　聲聞害煩惱
能過所行地　起種種神通　彼得無上智
正覺無上智　是故願廣說　此教諸方便
及與布想等　種種衆事業　諸忘求大衆

無上真言行　見法安住者　當得歡喜住
說如是偈已　大日世尊言　普皆應諦聽
一心住等引　大金剛地際　時加持下身
為說此法故　而現菩提座　寂勝阿字同
大因陁羅輪　當知內外等　金剛漫荼羅
中思惟一切　說名瑜伽座　阿字第一命
是為引攝句　常安大空點　能攝授諸果
行者於一月　結金剛慧印　三時作持誦
摧毀无智城　得不動堅固　天脩羅莫壞
乃至隨自意　增益事成就　行者一切常
漫荼羅中作　金色光明身　上持髮髻冠
正覺住三昧　名大金剛句　金剛蓮華刀
素攞及金地　真陁末尼寶　是等衆器物
觀大因陁羅　而作諸悉地　今說攝持法
一切一心聽　行者一緣想　八峯弥盧山
上觀妙蓮華　立金剛智印　瑜伽者於上
字門咸焰光　而用置其頂　安住不傾動
百轉所持藥　行者應服之　先世業生疾
是等悉除愈　佛子應復聽　第一嚩字門
雪乳商佉色　而自臍中起　鮮白蓮華臺
而於彼中住　甚深寂然定　秋夕素月光
如是漫荼羅　諸佛說希有　思惟以純白
輪圍成九重　住於霏霧中　除一切熱惱

淨乳猶珠鬘　水精與月光　普遍而流注
一切處充滿　行者心思惟　出離諸障毒
如是於圓壇　等引作成就　乳酪生熟酥
頗胝迦珠鬘　藕水等衆物　次第成悉地
當得無量壽　應現殊特身　一切患除息
天人咸愛敬　多聞成揔持　善慧淨無垢
由斯作成就　速證悉地果　是名寂灾者
吉祥漫荼羅　第一攝持相　安以大空點
囉字勝真實　佛說火中上　所有衆罪業
應受無擇報　瑜祇善修者　等引皆消除
所住三角形　悅意遍形赤　寂然周焰鬘
三角在其心　相應觀彼中　囉字大空點
智者如瑜伽　以此成衆事　日曜諸眷屬
及作一切火　攝取發怨對　消枯衆支分
是等所應作　皆於智火輪　訶字第一實
風輪之所生　及與因業果　諸種子增長
彼一切摧壞　并以大空點　今說彼色像
深玄大威德　示現暴怒形　焰鬘普周遍
住漫荼羅位　智者觀眉間　深青半月輪
吹動幢幡相　而於彼中想　寂勝訶字門
住彼漫荼羅　成就所應事　作一切義利
應現諸衆生　不捨於此身　速得神境通
遊步大空位　而成身秘密　天耳眼根淨

能開深密處　住此一心壇　而成衆事業
菩薩大名稱　初坐菩提場　降伏魔軍衆
諸因不可得　因無性無果　如是業不生
彼三無性故　而得空智慧　大德正遍知
宣說於彼色　佉字及空點　尊勝虛空空
兼持慧刀印　所作速成就　法輪及羂索
羯伽鄉剌遮　并目竭嵐等　不久成斯句
尒時毗盧遮那世尊觀大衆會告執
金剛秘密主而說偈言
若於真言門　修行諸菩薩　阿字為自身
內外悉同等　諸義利皆捨　等礫石金寶
遠離衆罪業　及與貪瞋等　當得俱清淨
同諸佛牟尼　能作諸利益　離一切諸過
復次於鑁字　行者依瑜伽　解作業儀式
利益衆生故　內身救世者　一切皆如是
心水湛盈滿　潔白猶雪乳　當生決定意
出於一切身　悉遍諸毛孔　流注極清淨
從此內充溢　遍滿於大地　以是悲愍水
觀世苦衆生　諸有飲用者　或復身所觸
一切皆決定　得成就菩提　思惟在等引
一切囉字門　周輪生焰光　寂然而普照
瑜祇光外轉　而遍一切處　利世隨樂欲
行者起神通　上身囉字門　鑁字臍輪中

出火而降雨　俱時而應現　地獄極寒苦
囉字能消除　鑁字彌熾然　住真言法故
羅字為下身　訶字為慷慨　作業遂成就
救重罪衆生　住大因陁羅　作水龍事業
一切攝除等　真言者勿疑　風遍一切處
一切悉開壞　此種種雜類　各各衆事業
色漫荼羅中　依法而作之　觸心而念持
逮得意根淨　輕舉習經行　中誦獲神足
宴坐觀阿字　想在於耳根　念持滿一月
當得耳清淨
秘密主如是等意生悉地句秘密主
觀此無有形色種種雜類衆行生於
思念須繞轉誦之能作如是一切善
業種子復次秘密主如來無所不作
於真言門修行諸菩薩同於影像隨
順一切處隨順一切真言心悉住其
前令諸有情咸得歡喜皆由如來無
分別意離諸境界而說偈言
無時方造作　離於法非法　能授悉地句
真言行發生　是故一切智　如來悉地果
最為尊勝句　應當作成就

成就悉地品第七

時吉祥金剛　奇特開敷眼　手轉金剛印

流散如火光　其明普遍照　一切諸佛剎
微妙音稱歎　法自在牟尼　說諸真言行
彼行不可得　真言從何來　所去至何所
諸佛說如是　更無過上句　一切法歸趣
如衆流赴海
如是說已世尊告執金剛秘密主言
摩訶薩意處　說名漫荼羅　諸真言心位
了知得成果　諸有所分別　悉皆從意生
分辨白黃赤　是等從心起　決定心歡喜
說名內心處　真言住斯位　能授廣大果
念彼蓮華處　八葉鬚蘂敷　華臺阿字門
焰鬘皆妙好　光暉普周遍　照明衆生故
如合會千電　持佛巧色形　深居圓鏡中
應現諸方所　猶如淨水月　普現衆生前
知心性如是　得住真言行
次於其首上　頂會文際中　標以大空點
而思惟暗字　妙好淨無垢　如水精月電
說寂靜法身　一切所依持　諸真言悉地
能現殊艱形　得天樂解脫　逮見如來句
囉字為眼界　輝燭猶明燈　倚頭小位頭
舌近於臍間　而以觀心處　當心現等引
無垢妙清淨　圓鏡常現前　如是真實心
古佛所宣說　照了心明達　諸色皆發光

真言者當見　正覺兩足尊　若見成悉地
第一常恒體　從此次思惟　轉此囉字門
邏字大空點　置之於眼位　見一切空句
得成不死句　若欲廣大智　或起五神通
長壽童子身　成就持明等　真言者未得
由不隨順之　真言發起智　是寂勝實知
一切佛菩薩　救世之庫藏　由是諸正覺
菩薩救世者　及諸聲聞等　避除他方所
一切佛剎中　皆作如是說　故得無上智
佛無過上智

轉字輪漫荼羅行品第八

尒時毗盧遮那世尊觀察一切大會
以修習大慈悲眼觀察衆生界住甘
露王三昧時佛由是定故復說一切
三世無閡力明妃曰
怛姪他伽伽娜三迷一阿鉢囉二合底
丁以反三迷二薩婆怛他引蘖多三麼哆
弩蘖帝三伽伽娜三摩四縛羅落吃灑
二合姱五平莎訶六
善男子以此明妃如來身無二境界
而說偈言
由是佛加持　菩薩大名稱　於法無罣㝵
能滅除衆苦

時毗盧遮那世尊尋念諸佛本初不
生加持自身及與持金剛者告金剛
手等上首執金剛言善男子、諦聽轉
字輪漫荼羅行品真言門修行諸菩
薩能作佛事普現其身尒時執金剛
從金剛蓮華座旋轉而下頂礼世尊
而讚歎言
歸命菩提心　歸命發菩提　稽首於行體
地波羅蜜等　敬礼先造作　歸命證空者
秘密主如是歎已而白佛言惟願法
王哀愍護念我等而演說之為利益
衆生故如所說真言修圓滿故如是
說已毗盧遮那世尊告執金剛秘密
主言
我一切本初　号名世所依　說法無等比
本寂無有上
時佛說此伽他如是而作加持以加
持故執金剛者及諸菩薩能見勝願
佛菩提座世尊猶如虛空無戲論無
二行瑜伽相是業成熟即時世尊身
諸支分皆悉出現是字於一切世出
世間聲聞緣覺靜慮思惟勤修成就
悉地皆同壽命同種子同依處同救

世者
南麼三曼多勃馱喃一阿
善男子此阿字一切如來之所加持
真言門修菩薩行諸菩薩能作佛事
普現色身於阿字門一切法轉是故
秘密主真言門修菩薩行諸菩薩若
欲見佛若欲供養欲證發菩提心欲
與諸菩薩同會欲利益衆生欲求悉
地欲求一切智智者於此一切佛心
當勤修習
尒時毗盧遮那世尊復決定說大悲
藏生漫荼羅王敷置聖天之位三昧
神通真言行不思議法彼阿闍梨先
住阿字一切智門持修多羅稽首一
切諸佛東方申之旋轉而南以及西
方周於北方次作金剛薩埵以執金
剛加持自身或以彼印或以縛字入
於內心置漫荼羅如是第二漫荼羅
亦本寂加持自身故無二瑜伽形如
來形空性形次捨所行道二分聖天
處遠離三分住如來位東方申修多
羅周匝旋轉所餘二漫荼羅亦當以
是方便作諸事業復以大日加持自

身念廣法界而布衆色真言者應以
潔白為先說伽他曰
以此淨法界　淨除諸衆生　自體如如來
遠離一切過　如是而觀想　思惟羅字門
寂然光焰鬘　淨月商佉色　第二布赤色
行者當憶持　思惟字明照　本無大空點
煥炳初日輝　最勝無能壞　第三真言者
次運布黃色　定意迦字門　當隨於法教
身相猶真金　正受害諸毒　光明遍一切
金色同牟尼　次當布青色　超度於生死
思惟麼字門　大寂菩提座　身色如虹霓
除一切怖畏　寂後布黑色　其彩甚玄妙
思惟訶字門　周遍生圓光　如劫災猛焰
寶冠舉手印　能怖一切惡　降伏諸魔軍
爾時世尊毗盧遮那從三昧起住於無
量勝定佛於定中顯亦遍一切無能
害力明妃於一切如來境界中生其
明曰
南麼薩婆怛他(引)蘖帝弊(毗也反一)薩婆
目契弊(同上二)阿婆迷(三)鉢囉迷(四)阿者
麗(五)伽伽泥薩麼(二合)囉妳(平六)薩婆怛
囉(引二合)弩蘖帝(七)莎訶(八)
次調彩色頂礼世尊及般若波羅蜜

持此明妃八遍從座而起旋繞漫茶
羅入於內心以大慈大悲力念諸弟
子阿闍梨復以羯磨金剛薩埵加持
自身以嚩字門及施願金剛已當畫
大悲藏生大漫茶羅彼安庠在於內
心而造大日世尊坐白蓮華首戴髮
髻鉢吒為裙上被綃縠身相金色周
身焰鬘或以如來頂印或以字句謂
阿字門東方一切諸佛以阿字門及
大空點伊舍尼方一切如來母虛空
眼應書伽字火天方一切諸菩薩畫
真陁摩尼寶或置迦字夜叉方觀世
自在蓮華印并畫一生補處菩薩眷
屬或作娑字焰摩方越三分位置金
剛慧印持金剛秘密主并眷屬或書
嚩字彼復弃三分位畫一切諸執金
剛印或書字句所謂鉡字次涅哩底
方於大日如來下作不動尊坐於石
上手持羂索慧刀周匝焰鬘擬作障
者或置彼印或書字句所謂唅字風
天方降三世尊摧大障者上有光焰
大勢威怒猶如焰摩其形黑色於可
怖中極令怖畏手轉金剛或作彼印

或書字句所謂訶字(長聲)次於四方畫
四大護帝釋方名無畏結護者金色
白衣面現少忿怒相手持檀茶或作
彼印或置字句所謂作嚩字夜叉方
名壞諸怖結護者白色素衣手持羯
伽并布光焰能壞諸怖或畫彼印或置
字句所謂嚩字龍方名難降伏結護
者亦如無憂華色被朱衣而像微笑
在光焰中而觀一切衆會或置彼印
或置字句所謂索字焰摩方名金剛
無勝結護者黑色玄衣毗俱胝形眉
間浪文上戴髮冠自身威光照衆生
界手持檀茶能壞大為障者或作彼
印或置字句所謂吒識(二合)字及一切眷
屬使者皆坐白蓮華上真言者如是
數置已次當出外於第二分畫釋迦
種牟尼王被袈裟衣三十二導師相為
說最勝教施一切衆生無畏故或袈
裟鉢印或以字句所謂婆字次於外
漫茶羅以法界性加持自身發菩提
心彼捨三分位當三作礼心念大日
世尊如前調色於第三分帝釋方作
施願金剛童子形三昧手持青蓮華

上置金剛慧杵以諸瓔珞而自莊嚴上妙綃縠為裙極輕細者用為上服身鬱金色頂有五髻或置密印或置字句真言曰

南麼三曼多勃馱喃一鍐

於其右邊光網童子一切身分皆悉圓滿三昧手執持寶網慧手持鉤或置彼印或書字句所謂淶字依焰摩方除一切蓋障菩薩金色髮冠持如意寶或畫彼印或置字句所謂噁字長聲夜叉方地藏菩薩色如鉢孕遇華手持蓮華以諸瓔珞莊嚴或置彼印或置字句所謂伊字龍方虛空藏白色白衣身有光焰以諸瓔珞莊嚴手持渴伽或置彼印或置字句所謂伊字長聲

真言者宴坐　安住於法界　我即法界性
而住菩提心　向於帝釋方　結金剛慧印
次作金剛事　慇懃修供養　現諸佛救世
三昧耶印等　念一切方所　三轉持真言
依法召弟子　向壇而作淨　授彼三自歸
住勝菩提心　當為諸弟子　結法界性印
次結法輪印　一心同彼體　繒帛覆面門

毗盧遮那成佛經第三卷　第二十二張　淶

而起悲愍心　令作不空手　圓滿菩提故
耳語而告彼　無上正等戒　次當為彼結
正等三昧印　授彼開敷花　令發菩提意
隨其所至處　而教於學人　作如是要誓
一切應傳授　具德持金剛　又請白世尊
唯願仁中勝　演說灌頂法　尒時薄伽梵
安住於法界　而告金剛手　一心應諦聽
我說諸法教　勝自在攝持　師以如來性
加持於自體　或復以密印　次應召弟子
令住法界性　大蓮華王中　以四大菩薩
所加持寶瓶　結支分生印　而用灌其頂
髻中應授與　大空暗字門　心置无生句
胷表無垢字　或一切阿字　髮髻金色光
住白蓮華臺　等同於仁者

大毗盧遮那成佛神變加持經卷第三

癸卯歲高麗國大藏都監奉
勑雕造

毗盧遮那成佛經第三卷　第二十三張　淶

大毗盧遮那成佛神變加持經卷第三

校勘記

一　底本，麗藏本。
一　五九四頁上八行第二字「字」，經作「住」。
一　五九四頁上九行第七字「二」，資作「三」。
一　五九四頁中一二行「宮室」，資、磧、普、南、經、清作「空虛」。
一　五九四頁下九行「所未」，資作「未所」。
一　五九四頁下一〇行「善哉」，資、磧、普、南、經、清作「善哉善哉」。
一　五九四頁下一五行第三字「語」，資、磧、普、南、經、清作「言」。
一　五九五頁上一四行第五字「時」，資、磧、普、南、經、清作「昧」。
一　五九五頁中三行第三字「門」，資、磧、普、南、經、清作「閒」。
一　五九五頁中三行第八字「幖」，磧、普、南、經、清作「標」。以下時有

出現」。
一　五九五頁中一一行第五字「坊」，資、磧、普、南、徑、清作「房」。
一　五九五頁下二〇行末字「道」，資、磧、普、南、徑、清作「達」。
一　五九六頁上一二行首字「一」，南、徑、清作「一切」。
一　五九六頁中八行第五字「果」，諸本作「因」。
一　五九六頁下一行第七字「時」，諸本無。
一　五九六頁下九行第三字「時」，石作「昧」。
一　五九六頁下末行「偈言」，諸本作「頌曰」。
一　五九七頁中四行末字「同」，資、磧、普、南、徑、清作「句」。
一　五九七頁中一二行末字「刀」，諸本作「力」。
一　五九七頁下六行第四字「愛」，資、磧、普、南、徑、清作「恭」。
一　五九七頁下七行第七字「證」，資、磧、普、南、徑、清作「登」。
一　五九七頁下一〇行第一四字「消」，磧作「滅」。
一　五九七頁下一一行第九字「形」，諸本作「彤」。
一　五九七頁下一四行第五字「火」，石作「灾」。
一　五九七頁下一五行第七字「於」，資、磧、普、南、徑、清作「如」。
一　五九七頁下二〇行首字「吹」，資、磧、普、南、徑、清作「次」。
一　五九八頁上二二行第五字、中末行第一二字「轉」，石作「輸」。
一　五九八頁中一二行第一三字「生」，資、磧、普、南、徑、清作「衆生」。
一　五九八頁中一六行「真言」，徑、清作「衆生」。
一　五九八頁中一八行第八字「而」，資、磧、普、南、徑、清作「故而」。
一　五九八頁下末行第一〇字「達」，資、磧、普、南、徑、清作「道」。
一　五九九頁上八行第一二字「陟」，資、磧、普、南、徑、清作「涉」。
一　五九九頁中九行第八字「先」，資、磧、普、南、徑、清作「無」。
一　五九九頁中二一行第一三字「世」，資、磧、普、南、徑、清作「世間」。
一　五九九頁下一五行第一一字「南」，資、磧、普、南、徑、清作「南方」。
一　六〇〇頁上一行第一一字「言」，資、磧、普、南、徑、清作「言行」。
一　六〇〇頁上二行「說伽他」，資作「而說伽陁那」；磧、普、南、徑、清作「而說伽陀」。
一　六〇〇頁上一三行第三字「訶」，石作「阿」。第一三字「灾」，徑作「火」。
一　六〇〇頁上一六行「定佛」，資、磧、普、南、徑、清作「三昧」。
一　六〇〇頁中五行第一三字「於」，原有描摹墨迹。
一　六〇〇頁中七行第七字「被」，資、磧、普、南、徑、清作「披」，下同。
一　六〇〇頁下五行末字「竭」，石作

「渴」。

一六〇〇頁下六行第三字「布」，資、磧、普、南、徑、清作「有」。

一六〇〇頁下七行第五字「嚩」，諸本作「博」。

一六〇〇頁下八行第二字「亦」，資、磧、普、南、徑、清作「赤」。

一六〇〇頁下一四行第九字「讖」，磧、南、徑、清作「識」。

一六〇一頁上七行第九字「網」，諸本作「冠」。

一六〇一頁上一五行第二字「渴」，資、磧、普、南、徑、清作「竭」。

一六〇一頁上一八行首字「而」，石作「善」。

大毗盧遮那成佛神變加持經卷第四　淥
大唐天竺三藏善無畏共沙門一行　譯
密印品第九
尒時薄伽梵毗盧遮那觀察諸大衆
會告執金剛秘密主言秘密主有同
如來莊嚴具同法界趣標幟菩薩由
是嚴身故處生死中巡歷諸趣於一
切如來大會以此大菩提幢而標幟
之諸天龍夜叉健達婆阿蘇羅揭嚕
荼緊那羅摩睺羅伽人非人等敬而
遠之受教而行汝今諦聽極善思念
吾當演說如是說巳金剛手白言世
尊今正是時世尊今正是時
尒時薄伽梵即便住於身無害力三
昧住斯定故說一切如來入三昧耶
遍一切無能障㝵力無等三昧力明
妃曰
南麼三曼多勃馱喃一阿三迷二丑履
二合三迷三三麼曳四莎訶五
秘密主如是明妃示現一切如來地
不越三法道界圓滿地波羅蜜是密
印相當用定慧手作空心合掌以定
慧二虛空輪並合而建立之頌曰
此一切諸佛　救世之大印　正覺三昧耶
於此印而住
又以定慧手為拳虛空輪入於掌中
而舒風輪是為淨法界印真言曰
南麼三曼多勃馱喃一達摩馱睹二
薩嚩二合婆嚩句痕三
復以定慧手五輪皆等迭翻相鈎二
虛空輪首俱相向頌曰
是名為勝願　吉祥法輪印　世依救世者
悉皆轉此輪　真言曰
南麼三曼多勃馱喃一伐折囉引二合怛
麼二合句痕三
復舒定慧二手作歸命合掌風輪相
捻以二空輪加於上形如鎞伽頌曰
此大慧刀印　一切佛所說　能斷於諸見
謂俱生身見　真言曰
南麼三曼多勃馱喃一摩訶朅伽微
囉闍二達麼珊捺囉奢二合迦婆訶闍三
薩迦耶捺嘌二合瑟致上二合制拏吠反諸入迦四
怛他引蘖多引地目訖底丁以反二合你入社
多五微囉引加達摩你入社多缽六
復以定慧二手作虛心合掌屈二風

輪以二空輪絞之形如商佉頌曰
此名為勝願　吉祥法螺印　諸佛世之師
菩薩救世者　皆説無垢法　至寂靜涅槃
真言曰
南麼三曼多勃馱喃一暗
復以定慧手相合普舒散之猶如健
吒二地輪二空輪相持令火風輪和
合頌曰
吉祥願蓮華　諸佛救世者　不壞金剛座
覺寤名為佛　菩提與佛子　悉皆從是生
真言曰
南麼三曼多勃馱喃一阿去急呼
復以定慧手五輪外向為拳建立火
輪舒二風輪屈為鉤形在傍持之虛
空地輪並而直上水輪交合如拔折
羅頌曰
金剛大慧印　能壞無智城　曉寤睡眠者
天人不能壞　真言曰
南麼三曼多伐折羅赧一𤙖
復以定慧手五輪內向為拳建立火
輪以二風輪置傍屈二虛空相並頌曰
此印摩訶印　所謂如來頂　適纔結作之
即同於世尊　真言曰

南麼三曼多勃馱喃一𤙖𤙖
復以智慧手為拳置於眉間頌曰
此名毫相藏　佛常滿願印　以纔作此故
即同仁中勝　真言曰
南麼三曼多勃馱喃一阿去急呼痕若急呼
住瑜伽座持鉢相應以定慧手俱在
臍間是名釋迦牟尼大鉢印
真言曰
南麼三曼多勃馱喃一婆上急呼
復次以智慧手上向而作持無畏形
頌曰
能施與一切　衆生類無畏　若結此大印
名施無畏者　真言曰
南麼三曼多勃馱喃一薩婆他二介
娜介娜三佩也那奢娜四莎訶五
復次以智慧手下垂作施願形頌曰
如是與願印　世依之所説　適纔結此者
諸佛滿其願　真言曰
南麼三曼多勃馱喃一縛羅娜伐折
羅引二合怛麼二合迦二莎訶三
復以智慧手為拳而舒風輪以眂俱
胝形住於等引頌曰
以如是大印　諸佛救世尊　恐怖諸障者

隨意成悉地　由結是印故　大惡魔軍衆
及餘諸障者　馳散無所疑
真言曰
南麼三曼多勃馱喃一摩訶引沫羅
縛底丁以反二捺奢縛路嗢婆二合吠平三摩訶
引昧怛羅二合毗庾二合嗢蘗二合底丁以反四
莎訶五
復次以智慧手為拳而舒火輪水輪
以虛空輪而在其下頌曰
此名一切佛　世依悲生眼　想置於眼界
智者成佛眼　真言曰
南麼三曼多勃馱喃一伽伽那縛羅
洛吃灑二合儜二上迦嚕儜麼耶三怛他
引蘗多斫吃芻二合四莎訶五
復次以定慧手五輪內向為拳而舒
風輪圓屈相合頌曰
此勝願索印　壞諸造惡者　真言者結之
能縛諸不善　真言曰
南麼三曼多勃馱喃一係係摩訶引
播奢二鉢囉二合娑勞那羅也三二合薩
埵馱睹四微摸訶迦五怛他引蘗多引
地目訖底丁以反二合儞入杜多六莎訶七
復次以定慧手一合為拳舒智慧手

風輪屈第三節猶如環相傾曰
如是名鉤印 諸佛救世者 招集於一切
住於十地位 菩提大心者 及惡見衆生
真言曰
南麼三曼多勃馱喃一阿去急平薩婆
怛羅引二合鉢羅二合底丁以反訶諦二怛他引
蘖黨矩奢三菩提浙㗚耶二合鉢㗚布
邏迦四莎訶五
即此鉤印舒其火輪而少屈之是謂
如来心印彼真言曰
南麼三曼多勃馱喃一壞怒温婆二合
縛二莎訶三
復以此印舒其水輪而竪立之名如
来臍印彼真言曰
南麼三曼多勃馱喃一阿沒嘌二合覩
嗢婆二合縛莎訶
即以此印直舒水輪餘亦竪之名如
来腰印彼真言曰
南麼三曼多勃馱喃一怛他引蘖多
三婆縛二莎訶三
復以定慧手作空心合掌以二風輪
屈入於内二水輪亦然其二地輪令
少屈而申火輪此是如来藏印彼真
言曰
南麼薩婆怛他引蘖帝弊毗也反二嚂嚂
落落二莎訶三
即以此印散其水輪向上置之名火
界印彼真言曰
南麼三曼多勃馱喃一履曾補㗚微
矩麗二莎訶三
即以此印其二火輪鉤屈相合散舒
風輪名無堪忍大護印彼真言曰
南麼薩婆怛他引蘖帝弊毗也反下同一薩
婆佩也微蘖帝弊二微濕縛目契弊
三薩婆他引四咎大五羅訖灑二合摩訶
引沫麗六薩婆怛他引蘖多本抳也二合
你入社帝七鉡鉡入咀羅引二合吒輕咀羅
吒同上九阿鉢羅二合底丁以反訶帝十莎訶一十
復以風輪而散舒之空輪並入其中
名普光印彼真言曰
南麼三曼多勃馱喃一引入縛引二合羅引
摩穨你二平怛他引蘖多嘌旨二合三莎訶四
又以定慧手作空心合掌以二風輪
持火輪側名如来甲印
如来舌相真言曰
南麼三曼多勃馱喃一怛他引蘖多
介訶縛二合薩底也二二合達摩鉢羅二合毖
耻多三莎訶四
以此印令風水輪屈而相捻空輪向
上而少屈之火輪正直相合地輪亦
如是名如来語門印彼真言曰
南麼三曼多勃馱喃一怛他引蘖多
摩訶引縛無各反吒怛羅二三合微濕縛二合
壞引曩摩護鄉也三莎訶四
如前印以二風輪屈入掌中向上名
如来牙印彼真言曰
南麼三曼多勃馱喃一怛他引蘖多
能去瑟吒羅二三合囉娑囉娑引訖囉二合
三參鉢羅引二合博迦四薩婆怛他引蘖
多五微灑也參婆上縛六莎訶七
又如前印相以二風輪向上置之屈
第三節名如来辯說印彼真言曰
南麼三曼多勃馱喃一阿振底夜二合
鄉部二合多二路波縛引三摩多上鉢羅
引二合鉢多三二合微輸上馱娑縛二合羅四莎訶五
復次以定慧手和合一相作空心合
掌二地輪空輪屈入相合此是如来
持十力印彼真言曰
南麼三曼多勃馱喃一捺奢麼浪伽

輕達囉二鉡參鎍三莎訶四
又如前印以二空輪風輪屈上節相
合是如來念處印彼真言曰
南麼三曼多勃馱喃一怛他引蘖多
娑麼栗三合底二薩播條哆弊毗庚反盟蘖
多三伽伽那糝糝忙引糝麼四莎訶五
切法平等開悟印彼真言曰
又如前印以二空輪在水輪上名一
南麼三曼多勃馱喃一薩婆達摩三
麼哆鉢囉引二合鉢多二合二怛他引蘖哆努
蘖多三莎訶四
復以定慧手合為一以二風輪加火
輪上餘如前是普賢如意珠印彼真
言曰
南麼三曼多勃馱喃一參麼哆努蘖
多二微囉若達摩你入社多三摩訶引
摩訶四莎訶五
即此虛心合掌以二風輪屈在二火
輪下餘如前是慈氏印彼真言曰
南麼三曼多勃馱喃一阿介單若也二
薩婆薩埵引奢夜努蘖多三莎訶四
又如前印以二虛空輪入中名虛空
藏印真言曰

南麼三曼多勃馱喃一阿去迦引奢參
麼哆努蘖多二微質怛嚂引二合嚩囉達
囉三莎訶四
又如前印以二水輪二地輪屈入掌
中二風輪火輪相合是除一切蓋障
印彼真言曰
南麼三曼多勃馱喃一阿去急呼薩埵係
哆弊毗庚反盟蘖多二怛嚂二合三嚂嚂四莎訶五
如前以定慧手相合散舒五輪猶如
鈴鐸如虛空地輪和合相持作蓮華
形是觀自在印真言曰
南麼三曼多勃馱喃一薩婆怛他引
蘖哆嚩路吉多二羯嚕停麼也三囉
囉囉鉡若四莎訶五
如前以定慧手作空心合掌猶如未
開敷蓮是得大勢印彼真言曰
南麼三曼多勃馱喃一髯髯娑二索莎訶
如前以定慧手五輪內向為拳舉二
風輪猶如針鋒二虛空輪加之是多
羅尊印彼真言曰
南麼三曼多勃馱喃一哆囉哆囉
抳二羯嚕拏嗢婆上二合吠平三莎訶四
如前印舉二風輪參差相押是毗俱

胝印彼真言曰
南麼三曼多勃馱喃一薩婆佩也怛
囉引合二散你入二鉡婆破二合吒也三莎訶四
如前以定慧手空心合掌水輪空輪
皆入於中是白處尊印彼真言曰
南麼三曼多勃馱喃一怛他引蘖多
微灑也三婆上吠二平鉢曇摩二合忙檅
你入三莎訶四
如前印屈二風輪置虛空輪下相去
猶如穬麥是何耶揭哩嚩印彼真言曰
南麼三曼多勃馱喃一佉娜也畔若
娑破二合吒也二莎訶三
同前印申二水輪風輪餘如拳是地
藏菩薩印彼真言曰
南麼三曼多勃馱喃一訶訶訶二蘇上
怛努三莎訶四
復以定慧手作空中合掌火輪水輪
交結相持以二風輪置二虛空輪上
猶如鉤形餘如前是聖者文殊師利
印彼真言曰
南麼三曼多勃馱喃一係係矩忙囉二
微目訖底二合鉢他悉體他以反二合多三娑
麼二合囉娑麼二合囉四鉢囉二合底然五

莎訶六
以三昧手為拳而舉風輪猶如鈎形
是光網鈎印彼真言曰
南麼三曼多勃馱喃一係係矩忙引
囉二忙引耶蘖多娑縛二合婆去縛悉
體二合乳以反多三莎訶四
即如前印一切輪相皆少屈之是無
垢光印彼真言曰
南麼三曼多勃馱喃一係矩忙引囉
微質怛囉二合蘖底矩忙引囉三麼努
娑麼二合囉四莎訶五
如前以智慧手為拳其風輪火輪相
合為一舒之是繼室尼刀印彼真言曰
南麼三曼多勃馱喃一係係矩忙引
[illegible]計二娜耶壞難娑摩二合囉三鉢囉
二合底然四莎訶五
如前以智慧手為拳而申火輪猶如
戟形是優波髻室尼戟印彼真言曰
南麼三曼多勃馱喃一頞去娜夜壞
難二係矩忙引[illegible]計三莎訶四
如前以三昧手為拳而舒水輪地輪
是地慧幢印彼真言曰
南麼三曼多勃馱喃一係娑麼二囉

壞娜計覩二莎訶三
以慧手為拳而舒風輪猶如鈎形是
請召童子印彼真言曰
南麼三曼多勃馱喃一阿去羯囉灑
也薩鑁二引矩嚕阿去然三矩忙引囉寫
四莎訶五
如前以定慧手為拳舒二風輪屈節
相合是諸奉教者印彼真言曰
南麼三曼多勃馱喃一阿去急微婆
麼二合也濘曳平二莎訶三
如前以定慧手為拳而舒火輪屈第
三節是除疑恠金剛印彼真言曰
南麼三曼多勃馱喃一微麼底掣瑜曳反
諾迦二莎訶三
𢱢毗鉢舍娜脣作施無畏手是施無
畏者印彼真言曰
南麼三曼多勃馱喃 阿佩延娜娜
二莎訶三
如前舒智手而上舉之是除惡趣印
彼真言曰
南麼三曼多勃馱喃一阿弊毗庚反達
囉停上薩埵馱敢二莎訶
如前以慧手掩心是救護慧印彼真

言曰
南麼三曼多勃馱喃一係摩訶引摩
訶二娑麼二合囉鉢囉二合底然三莎訶四
如前以慧手作持華狀是大慈生印
彼真言曰
南麼三曼多勃馱喃一娑縛二合制妬
嗢蘖二合多二莎訶三
如前以慧手覆心稍屈火輪是悲念
者印彼真言曰
南麼三曼多勃馱喃一羯嚕儜没灑
二合呢多二莎訶三
如前以慧手作施願相是除一切熱
惱印彼真言曰
南麼三曼多勃馱喃一係嚩羅娜二
嚩囉鉢囉引二合鉢多合莎訶四
如前以智慧手如執持真多摩尼寶
形是不思議慧印彼真言曰
南麼三曼多勃馱喃 薩摩舍鉢[illegible]
布囉二莎訶三
如前以定慧手為拳令二火輪開敷
是地藏旗印彼真言曰
南麼三曼多勃馱喃一訶訶訶微娑
底二合曳平莎訶三

慧手為拳而舒三輪是寶處印彼真
言曰
南麼三曼多勃馱喃一係摩訶引摩
訶一莎訶二
以此慧手舒其水輪是寶手菩薩印
彼真言曰
南麼三曼多勃馱喃一囉怛怒二合嗢
婆上縛二莎訶三
以定慧手作返相叉合掌定手空輪
慧手地輪相交般若於三昧亦復如
是餘如跋折羅狀是持地印彼真言
南麼三曼多勃馱喃一達囉尼尼仁反
達囉二莎訶三
如前作五股金剛戟形是寶印手印
彼真言曰
南麼三曼多勃馱喃一囉怛娜二合你
入喇奈二合多二莎訶三
即以此印令一切輪相合是發堅固
意印彼真言曰
南麼三曼多勃馱喃一伐折囉二合三
婆縛二莎訶三
如前以定慧二手作刃是虛空無垢
菩薩印彼真言曰

南麼三曼多勃馱喃一伽伽娜引難
多揭者囉莎訶
如前輪印是虛空慧印彼真言曰
南麼三曼多勃馱喃一斫吒囉二合縛入
喇底丁以反二合上莎訶三
如前商佉印是清淨慧印彼真言曰
南麼三曼多勃馱喃一達磨三婆嚩
二莎訶三
如前蓮華印是行慧印彼真言曰
南麼三曼多勃馱喃一鉢曇摩二合囉
上耶二莎訶三
同前青蓮華印而稍開敷是安住
慧印彼真言曰
南麼三曼多勃馱喃一壤努嗢婆二合
嚩二莎訶三
如前以二手相合而屈水輪相交入
於掌中二火輪地輪向上相持而舒
風輪屈第三節令不相著猶如穬麥
是執金剛印彼真言曰
南麼三曼多伐折羅赧一戰拏摩訶
引路灑拏鈝二
如前印以二空輪地輪屈入掌中是
忙莽雞印彼真言曰

南麼三曼多伐折囉赧一怛囉二合吒
輕怛嚟吒二同上若衍底丁以反莎訶三
如前以定慧手諸輪返叉相糺向於
自體而旋轉之般若空輪加三昧虛
輪是金剛鏁印彼真言曰
南麼三曼多伐折囉赧一鈝滿馱滿
馱二暮吒耶　暮吒耶三伐折路嗢
婆二合吠平四薩婆怛囉引二合鉢囉二合底丁以反
訶帝五莎訶六
以此金剛鏁印少屈虛空輪以持風
輪而不相至是忿怒月黶印彼真言曰
南麼三曼多伐折囉赧一咼唎二合身呼
鈝發吒輕二莎訶三
如前以定慧手為拳建立二風輪而
以相持是金剛針印彼真言曰
南麼三曼多伐折囉赧一薩婆達麼
你入吠達你二伐折囉引二合素旨嚩囉
泥三莎訶四
如前以定慧手為拳而置於心是金
剛拳印彼真言曰
南麼三曼多伐折羅赧一薩破二合吒
也伐折囉二合三婆吠平二莎訶三
以三昧手為拳舉其開敷智慧手

亦作拳而舒風輪如忿怒相擬形是
無能勝印彼真言曰
南麼三曼多伐折囉赦一訥達履沙
二合摩訶引盧灑拏二佉引捺耶薩鑁
引薩他引蘖單然矩嚕三莎訶四
以慧手定為拳作相擊勢持之是阿毗
目佉印彼真言曰
南麼三曼多伐折羅赦一係阿毗目
佉摩訶鉢囉二合戰拏二佉引娜也緊
旨囉引也徙三三麼耶麼弩薩麼囉
二合囉四莎訶五
如前持鉢相是釋迦鉢印彼真言曰
南麼三曼多勃馱喃一薩嚩訖麗二合
奢你入素捺耶二薩婆達摩嚩始多
引鉢羅二合鉢多三伽伽那三迷四莎訶五
釋迦毫相印如上又以慧手猶拳聚
置頂上是一切佛頂印彼真言曰
南麼三曼多勃馱喃一鑁鑁二鉡鉡
鉡三發吒四轉莎訶五
以三昧手為拳舒火風輪而以虛空
加地水輪上其智慧手申風火輪入
三昧掌中亦以虛空加地水輪上如
在刀鞘是不動尊印如前金剛慧印

是降三世印
如前以定慧手合為一相其地水輪
皆向下而申火輪二峯相連屈二風
輪置於第三節上並虛空輪如三目
形是如来頂印佛菩薩毋
復以三昧手覆而舒之慧手為拳而
舉風輪猶如蓋形是白傘佛頂印
如前刀印是勝佛頂印
如前輪印是勝佛頂印
如前鈎印慧手為拳舉其風輪而少
屈之是除業佛頂印
如前佛頂印是火聚佛頂印
如前蓮華印是發生佛頂印
如前商佉印是無量音聲佛頂印
以智慧手為拳置在眉間是真多摩
尼毫相印
如前佛頂印是佛眼印復有少異所
謂金剛標相
智慧手在心如執蓮華像直申耆摩
他臂五輪上舒而外向距之是無能
勝印
定慧手向內為拳二虛空輪上向屈
之如口是無能勝明妃印

以智慧手承頰是自在天印
即以此印令風火輪差仸申之是普
華天子印
同前印以虛空輪在於掌中是光鬘
天子印
同前印以虛空風輪作持華相是滿
意天子印
以智慧手虛空水輪相加其風火輪
地輪皆散舒之以掩其耳是遍音聲
天印
定慧相合二虛空輪圓屈其餘四輪
亦如是是名地神印
如前以智慧手作施無畏相以空輪
在於掌中是請召火天印
即以施無畏形以虛空輪持水輪第
二節是一切諸仙印隨其次第相應
用之
如前以定慧手相合風輪地輪入於
掌中餘皆上向是焰摩怛荼印
慧手向下猶如健屹是焰摩妃鐸印
以三昧手為拳舒風火輪是暗夜天印
即以此印又屈風輪是嚕達羅戟印
如前印作持蓮華形是梵天明妃印

毗盧遮那成佛經第四卷　第三十張　淡字号

如前印屈其風輪加火輪背第三節
是嬌末離爍底印
即以此印令風輪加虛空上是鄰羅
延后輪印
三昧手為拳令虛空輪直上是焰摩
七母鉏印
仰其定手如持劫鉢羅相是遮文荼印
如前揭伽印是涅哩底刀印
如前輪印以三昧手為之是鄰羅延
輪印
以轉定慧手左右相加是難徒拔難
陁二雲印
如前申三昧手虛空地輪相加是商
羯羅三戟印
如前申三昧手虛空地輪相持是商
羯羅后印
即以此印直舒三輪是商羯羅妃印
以三昧手作蓮華相是梵天印
因作稟白觀是月天印
以定慧手顯現合掌屈虛空輪置水
輪側日天眷屬印
合般若三昧手地輪風內向其水火
輪相持如弓是社耶毗社耶印

毗盧遮那成佛經第四卷　第三十一張　淡字号

如前幢印是風天印
仰三昧手在於臍輪智慧手空風相
持向身運動如奏音樂是妙音天賛
拏印
如前羂索印是諸龍印
如前妙音天印而屈風輪交空輪上
是一切阿修羅印真言曰
南麼三曼多勃馱喃一蘖羅邏延二
莎訶三
內向為拳而舒水輪是乾闥婆印真
言曰
南麼三曼多勃馱喃一微輸馱薩嚩二合
囉嚩引係係二平莎訶三
即以此印而屈風輪是一切藥叉印
真言曰
南麼三曼多勃馱喃一藥乞叉濕嚩二合
囉二莎訶三
又以此印虛空輪地輪相持而申火
風是藥叉女印真言曰
南麼三曼多勃馱喃一藥乞叉二合尾
儞耶二合達𠸚二莎訶三
內向為拳而舒火輪是諸毗舍遮印
真言曰

毗盧遮那成佛經第四卷　第三十二張　淡字号

南麼三曼多勃馱喃一比舍引遮蘖
底丁以反二莎訶三
以屈火輪是諸毗舍支印真言曰
南麼三曼多勃馱喃一比音比音二
莎訶三
如前以定慧手相合並虛空輪而建
立之是一切執曜印真言曰
南麼三曼多勃馱喃一蘖羅二合臨濕
嚩二合𠸚耶二合鉢羅引二合鉢多二合𠹌底丁以反
三麼耶二莎訶四
復以此印虛空火輪相交是一切空
印真言曰
南麼三曼多勃馱喃一娜吃灑二合怛
囉二合你入囊捺你平曳三莎訶四
即以此印屈二水輪入於掌中是諸
羅刹娑印真言曰
南麼三曼多勃馱喃一羅引吃灑二合
娑引地鉢多曳二莎訶三
中三昧手以覆面門尒賀嚩觸之是
諸荼吉尼印真言曰
南麼三曼多勃馱喃一頡𠸚二合莎訶二
秘密主如是上首諸如來印從如來
信解生即同菩薩之幖幟其數無量

毗盧遮那成佛經第四卷　第十五張　染字号

又秘密主乃至身分舉動住止應知
皆是密印舌相所轉衆多言說應知
皆是真言是故秘密主真言門修菩
薩行諸菩薩已發心應當住如來
地盡漫荼羅若異此者同謗諸佛菩
薩越三昧耶決定墮於惡趣

大毗盧遮那成佛經卷第四

大毗盧遮那成佛神變加持經卷第四

校勘記

一　底本，金藏廣勝寺本。

一　六〇四頁中一一行首字「遠」，麗作「遶」。

一　六〇四頁下一五行第一一字「憩」，資、磧、普、南、徑、清、麗作「竭」。

一　六〇五頁上二二行第二字「印」，徑、清作「即」。

一　六〇五頁中二行首字及二一行首字「復」，資、磧、普、南、徑、清作「復次」。

一　六〇五頁中一〇行第八字「向」，資、磧、普、南、徑、清作「面」。

一　六〇六頁上三行第七字「提」，資、磧、普、南、徑、清作「薩」。第一三字「見」，石、麗作「思」；資、磧、普、南、徑、清作「慧」。

一　六〇六頁中四行末字「火」，資、磧、普、南、徑、清、麗作「大」。

一　六〇六頁中一六行第一二字「入」，資、磧、普、南、徑、清作「入於」。

一　六〇六頁中二一行第九字「印」，資、磧、普、南、徑、清、麗作「印屈二水輪二空輪合入掌中押二水輪甲上是」。

一　六〇六頁中二二行第四字「相」，資、磧、普、南、徑、清、麗作「相印」。

一　六〇六頁下四行第一一字「合」，資、磧、普、南、徑、清作「會」。

一　六〇七頁中一〇行第三字「如」，麗作「二」。

一　六〇七頁下一〇行第六字「何」，資、磧、普、南、徑、清作「阿」。

一　六〇八頁上一二行第一一字「輪」，資、磧、普、南、徑、清無。

一　六〇八頁上二二行第二字「地」，資、磧、普、南、徑、清作「地輪」。

一　六〇九頁上一〇行第七字「般」，磧、普、南、徑、清作「設」。

一　六〇九頁上二二行第九字「刀」，資、磧、普、南、徑、清作「力」。

一　六〇九頁中六行第四字「佉」，徑

作「伽」。

一　六〇九頁下四行末字「虛」，資、磧、普、南、徑、清作「虛空」。

一　六一〇頁上一行第八字「如」，資、磧、普、南、徑、清作「猶如」。

一　六一〇頁上六行「慧手定」，資、磧、普、南、徑、清作「慧手」；麗作「定慧手」。

一　六一〇頁中九行第六字「勝」，諸本作「最勝」。

一　六一〇頁下四行末字「鬚」，資、磧、普、南、徑、清作「鬘」。

一　六一〇頁下一九行第一〇字「怛」，資、磧、普、南、徑、清作「但」。

一　六一〇頁下二二行第三字「此」，資、磧、普、南、徑、清作「天」。

一　六一一頁上八行第三字「揭」，石作「渴」。

一　六一一頁上二一行第三字「日」，資、磧、普、南、徑、清、麗作「是日」。

一　六一一頁上二二行第九字「風」，資、磧、普、南、徑、清、麗作「風輪」。

一　六一一頁下一一行末字「空」，諸本作「宿」。

一　六一二頁上四行第六字「已」，資、磧、普、南、徑、清、麗作「已發」。

一　六一二頁上六行第二字「趣」，諸本作「越」。

大毗盧遮那成佛神變加持經卷第五　染

大唐天竺三藏善無畏共沙門一行　譯

字輪品第十

尒時薄伽梵毗盧遮那告持金剛秘密主言諦聽秘密主有遍一切處法門秘密主若菩薩住此字門一切事業皆成就

南麽三曼多勃馱喃阿

南麽三曼多勃馱喃娑

南麽三曼多伐折羅赦嚩

迦佉誐伽　遮車若社　吒咤拏荼

多他娜馱　波頗麽婆　野囉邏嚩

奢沙娑訶　吃灑二合右此一轉皆上聲短呼之

南麽三曼多勃馱喃阿

南麽三曼多勃馱喃娑

南麽三曼多伐折羅赦嚩

迦佉誐伽　遮車若社　吒咤拏荼

多他娜馱　波頗麽婆　野羅邏嚩

奢沙娑訶　吃灑二合右此一轉皆去聲長呼之

南麽三曼多勃馱喃暗

南麽三曼多勃馱喃鑁

南麽三曼多伐折羅赦鑁

劍欠儼倹　占襜染贍　䩶謟喃湛

擔探腩淡　嗟蹉鑁吷

闇鹽藍鑁　睒杉叁領　吃衫二合共口邊字皆帶第三聲呼之

南麽三曼多勃馱喃惡

南麽三曼多勃馱喃索

南麽三曼多伐折羅赦嗼

偽却虐䝉　灼綽弱杓　磔坼搦擇

咀託諾鐸　愽泊漠簿　藥喏落嗼

鑠嗦索腌　吃索二合甘帶第一轉音入聲呼之

伊縊鳩烏　哩㗚里狸　翳藹汙奧

仰壤拏曩莽　唱穰㑄囊忙　唅𠻍喃南鋑

登弱搦諾莫

秘密主如是字門道善巧法門次第住真言道一切如來神力之所加持善解正遍知道菩薩行舞過去未來現在諸佛世尊已說當說今說秘密主我今普觀諸佛剎土無不見此遍一切處法門彼諸如來無有不宜說者是故秘密主若欲了知真言門修菩薩行諸菩薩於此遍一切處法門應勤修學於阿遮吒多波初中後相加以等持品類相入自然獲得菩提心行成等正覺及般涅槃有此等所

說字門相與和合真言法教初中後俱真言者若如是知隨其自心而得自在於此一一句決定意用之以慧覺知當授無上殊勝句如是一輪輪轉字輪言者了知此故常照世間如大日世尊而轉法輪

秘密漫荼羅品第十一

尒時薄伽梵毗盧遮那以如來眼觀察一切法界入於法界俱舍以如來奮迅平等莊嚴藏三昧以現法界無盡嚴故以是真言行門度無餘衆生界滿足本願故時佛在三昧中於如來無盡衆生界從衆聲門出隨類音聲如其本性業生成熟受用果報顯形諸色種種語言心所思念而為說法令一切衆生皆得歡喜復於一一毛孔法界增身出現巳等同虛空於無量世界中以一音聲法界語表演說如來發生偈

能生隨類形　諸法之法相　諸佛與聲聞
救世因緣覺　勤勇菩薩衆　及仁尊亦然
衆生器世界　次第而成立　生住等諸法
常恒如是生　由具智方便　離於无慧疑

而觀此道故　諸正遍知說

尒時法界生如來身一切法界自身表化雲遍滿毗盧遮那世尊遶生心須諸毛孔中出無量佛展轉加持巳還入法界宮中於是大日世尊復告持金剛秘密主言秘密主有造漫荼羅聖尊分位種子幖幟汝當諦聽善思念之吾今演說持金剛秘密主言如是世尊願樂欲聞時薄伽梵以偈頌曰

真言者圓壇　先置於自體　自足而至臍
成大金剛輪　從此而至心　當思惟水輪
水輪上火輪　火輪上風輪　次應念持地
而圖衆形像

尒時金剛手昇於大日世尊身語意地法平等觀念彼未來衆生為斷一切疑故說大真言王曰

南麼三曼多勃馱喃一阿三忙引鉾多二合達摩馱覩二蘖登衣孕反蘖哆喃三薩婆他引四暗引欠引暗惡五糝索六含鶴七鑑咯八鋄鑄急呼九莎訶鈝鑑咯十訶囉二合鶴十一莎訶鑑咯十二莎訶十三

持金剛秘密主說此真言王巳時一切如來住十方世界各舒右手摩執金剛頂以善哉聲而稱歎言善哉善哉佛子汝巳超昇毗盧遮那世尊身語意地為欲照明一切方所住平等真言道諸菩薩故說此真言王何以故毗盧遮那世尊應正等覺坐菩提座觀十二句法界降伏四魔此法界生三處流出破壞天魔軍衆次得世尊身語意平等身量等同虛空語意量亦如是逮得无邊智生於一切法自在而演說法所謂此十二句真言之王佛子汝今現證毗盧遮那世尊平等身語意故衆所知識同於正遍知者而說偈言

汝問一切智　大日正覺尊　最勝真言行
當演說法教　我往昔由是　證覺妙菩提
開示一切法　今至於滅度　現在十方界
諸佛咸證知

尒時具德金剛手心大歡喜諸佛威神所加持故而說偈言

是法無有盡　無自性無住　於業生解脫
同於正遍知　諸救世方便　隨於悲願轉
開悟無生智　諸法如是相

時執金剛秘密主復說優陁那偈請
問毗盧遮那世尊於此大悲藏生大
漫荼羅決斷所疑為未來世諸眾生故
已斷一切疑　種智離熱惱　我為眾生故
請問於導師　漫荼羅何先　惟大牟尼說
阿闍梨有幾　弟子復幾種　云何知地相
云何而擇治　云何當作淨　云何彼堅住
及淨諸弟子　惟願導師說　云何已淨想
以何而作護　云何加持地　事業誰為初
修多羅有幾　云何作地分　幾種修供養
云何花香等　此華當獻誰　香亦復如是
云何而奉獻　應以何花香　諸食與護摩
各以何軌儀　及諸聖天座　願說此教法
身相顯形色　惟次第開演　所尊之密印
及與自敷座　何故名為印　是印從何生
灌頂復幾種　三摩耶有幾　真言者幾時
勤修真言行　當具菩薩道　云何見真帝
悉地有幾種　及與成就時　云何昇大空
云何身秘密　不捨於此身　而得成天身
種種諸變化　彼復從何生　日月大方等
曜宿星時分　所現諸不祥　生死受眾苦
云何令不起　所起盡除滅　而得常親近
諸佛兩足尊　幾種護摩火　幾事而增威

諸佛差別性　惟願導師說　無餘諸世界
及與出世間　彼果及數量　殊勝三摩地
成熟在何所　未成熟云何　復劑於幾時
業生得解脫　正覺一切智　離熱惱世尊
告金剛手言　善哉大勤勇　秘密漫荼羅
決定聖天位　大悲根本生　無上摩訶衍
諸佛最秘密　如汝之所問　大力持金剛
我今略宣說　漫荼羅初業　佛子應諦聽
十二支句生　大力持明王　所應最先作
住於本三昧　解了瑜伽道　而作眾事業
阿闍梨有二　通達印真言　彼相亦如是
深秘顯略分　能知深廣義　可傳者方授
正覺之長子　遠離於世樂　第二求現法
深著凝攀緣　世間漫荼羅　一切為斯作
諸佛二足尊　灌頂傳教者　說四種弟子
時非時差別　一者時念誦　非時俱非俱
具有一切相　佛說親弟子　最初如地相
即所謂心地　我已說作淨　如前修事業
若離於過患　心地無所畏　當得成真淨
離一切諸過　堅住如是知　見自三菩提
若異於此者　非能清淨地　若住妄分別
行者淨其地　秘密主非淨　以離菩提心
故應捨分別　淨除一切地　我實說法教

所有漫荼羅　是中所先事　愚凝不知解
非名世間覺　亦非一切智　乃至不能捨
分別諸苦因　應當為弟子　而淨菩提心
護以不動尊　或用降三世　若弟子不為
妄執之所動　當成最正覺　無垢喻虛空
初加持是地　依於諸佛教　第二心自在
惟此非餘教　四種蘇多羅　謂白黃赤黑
第五所應念　所謂虛空色　空中而等持
印定漫荼羅　第二持綖經　置於道場地
一切如來座　及諸佛智子　悅意妙蓮華
世間稱吉祥　緣覺諸聲聞　所謂遴智者
當知所敷座　芰荷青蓮葉　世界諸天神
梵眾以為初　赤色鉢曇華　彼稱為座王
降此如所應　念居其地分　供養有四種
謂作禮合掌　并及慈悲等　世間與華香
從手發生花　奉諸救世者　結支分生印
而觀菩提心　各各諸如來　彼所生子等
以是無過花　芬妙復光顯　法界為樹王
供養仁中尊　真語以加持　三昧自在轉
勝妙廣大雲　法界中出生　從彼雨眾花
常遍諸佛前　其餘世天等　亦當散此華
奉獻隨相應　本真言性類　如是塗香等
亦隨其所應　空水輪相持　是謂吉祥印

彼所奉花等　當自心獻之　若諸世天神
應知在齊位　或金剛拳印　若復蓮華鬘
而在空中獻　導師救世者　乃至諸世天
各如其次第　護摩有二種　所謂內及外
業生得解脫　復有牙種生　以能燒業故
說為內護摩　外用有三位　三位三中住
成就三業道　世間勝護摩　若異此作者
不解護摩業　彼癡不得果　捨離真言智
如來部真言　及諸正覺說　當知白與黃
金剛具衆色　觀自在真言　紇素隨事遷
四方相重普　輪圓如次第　三隅半月輪
而說形亦然　初應知色像　所謂男女身
或復一切處　隨其類形色　不思議智生
是故不思議　應物有殊異　智智證常一
乃至心廣博　當知是其量　座印亦如是
以及諸天神　如諸佛所生　印等同彼生
以此法生印　印持諸弟子　故略說法界
用是為幖幟　灌頂有三種　佛子至心聽
若秘印方便　則離於作業　是名初勝法
如來所灌頂　所謂第二者　令起作衆事
第三以心授　悉離於時方　令尊歡喜故
如所說應作　現前佛灌頂　是則最殊勝
正等覺略說　五種三昧耶　初見漫荼羅

具足三昧耶　未傳真實語　不授彼密印
第二三昧耶　入覩聖天會　第三具壇印
隨教修妙業
復次許傳教　說具三昧耶　雖具印壇位
如教之所說　未逮心灌頂　秘密慧不生
是故真言者　秘密道場中　具第五要誓
隨法應灌頂　當知異此者　非名三昧耶
善住若觀意　真言者覺心　不得於三處
說彼為菩薩　得無緣觀行　方便離衆生
為植衆善本　敢号仁中尊　於諸法本寂
常無自性中　安住如須弥　是名為見諦
此空即實際　非虛妄言說　所見猶如佛
先佛如是見　逮得菩提心　悉地最無上
從此有五種　諸悉地差別　所謂入修行
及勝進諸地　世間五神通　諸佛緣覺等
修業無間息　乃至心續淨　未熟令成熟
尒時悉地成　於彼一時頃　淨業心俱等
真言者當得　悉地隨意生　悉地昇空界
如幻無畏者　呪術網所裁　同於帝釋網
如乾闥婆城　所有諸人民　身秘密如是
非身亦非識　又如於睡夢　而遊諸天宮
不捨於此身　亦不至於彼　如是瑜伽夢
住真言行者　所生功德業　身相猶虹霓

真言如意珠　出生意語身　隨念雨衆物
而無分別想　猶十方虛空　離諸有為行
真言者不染　一切分別行　解了惟有想
如是遍觀察　尒時真語者　諸佛同隨喜
正覺兩足尊　說二種護摩　所謂內及外
增威亦如是　諸尊殊類性　觀察當證知
世間諸真言　令說彼限量　福德自在等
衆知識天神　彼所說明呪　及與大力印
彼皆現世果　故說有分量　雖成不堅住
悉是生滅法　出世間真言　無作本不生
業生悉已斷　戰勝離三過　麟角無師者
及佛聲聞衆　菩薩諸真言　彼量我當說
超越於三時　衆緣所生起　可見非見果
從意語身生　世間之所傳　果數經一劫
等正覺所說　真言過劫數　大仙正等覺
佛子衆三昧　清淨離於想　有想為世間
從業而獲果　有成熟熟時　若得成悉地
自在轉諸業　心無自性故　遠離於因果
解脫於業生　生等同虛空
復次秘密主諦聽彼密印形相敷置聖天之位威驗現前三昧所趣如是五者往昔諸佛成菩提法界虛空行本所誓願度脫無餘衆生界為欲利

益安樂彼真言門　修菩薩行諸菩薩
故金剛手言　如是世尊願樂欲聞時
薄伽梵以偈頌曰
最初正覺等　敷置漫荼羅　密中之秘密
大悲胎藏生　及無量世間　出世漫荼羅
彼所有圖像　次第說當聽　四方普周匝
一門及通道　金剛印遍嚴　中羯磨金剛
其上妙蓮華　開敷含果實　於彼大蓮印
大空點莊嚴　八葉悉圓正　善好具鬚蘂
十二支生句　普遍華臺中　其上兩足尊
導師成正覺　以八漫荼羅　眷屬自圍繞
當知此最初　悲生漫荼羅　從此流諸壇
各如其本教　事業形悉地　安置諸佛子
復次秘密主　如來漫荼羅　猶如淨圓月
內現商佉色　一切佛三角　在於白蓮華
空點為幖幟　金剛印圍繞　從彼真言主
周匝放光明　以無疑慮心　普遍而流出
復次秘密主　觀世自在者　秘密漫荼羅
佛子一心聽　普遍四方相　中吉祥商佉
出生鉢曇華　開敷含果實　上表金剛慧
承以大蓮印　布一切種子　善巧以為種
多羅毗俱知　及與白處尊　明妃資財主
及與大勢至　諸吉祥受教　皆在漫荼羅

得自在者印　殊妙作標相　何耶揭哩婆
如法住三角　漫荼羅圍繞　嚴好初日暉
當在明王邊　巧慧者安立
復次秘密主　今說第二壇　正等四方相
金剛印圍繞　一切妙金色　內心蓮華敷
臺現迦羅奢　光色如淨月　亦以大空點
周匝自莊嚴　上表大風印　靉靆猶玄雲
鼓動幢幡相　空點為幖幟　其上生猛焰
同於劫災火　而作三角形　三角以圍之
光鬘相周普　晨朝日暉色　是中鉢頭摩
朱黰猶劫火　彼上金剛印　流散發焰暉
持以鈝字聲　勝妙種子字　先佛說是汝
勤勇漫荼羅　部母商憩羅　及金剛部生
金剛鉤索支　大德持明王　一切皆於此
大漫荼羅中　印壇諸佛子　形色各如次
隨類而相應　諸葉善成就
復次我所說　金剛自在者　謂虛空無垢
金剛輪及手　妙住與名稱　大分不退利
寂然大金剛　并及青金剛　蓮華及廣眼
妙金剛金剛　及住無戲論　無量虛空步
是等漫荼羅　所說白黃赤　乃至黑色等
印形及所餘　三戟一股印　二首皆五峯
或執金剛鬘　隨色類區別　一切作種子

大福德當知　不動漫荼羅　風輪與火俱
依涅哩底方　大日如來下　及種子圍繞
微妙大慧刀　或復羂索印　具慧者安布
降三世殊異　謂在風輪中　繞以金剛印
而住於三處
復次秘密主　先說漫荼羅　諸佛菩薩母
安置壇形像　方正真金色　金剛印圍繞
最勝漫荼羅　今當示尊相　彼中大蓮華
暉焰遍黃色　中置如來頂　超越於中分
而至三分位　應作如來眼　自住光焰中
遍布彼種子　次一切菩薩　大如意寶尊
說彼漫荼羅　圓白而四出　遍寂極清淨
滿一切希願
復次應諦聽　釋迦師子壇　謂大因陀羅
妙善真金色　四方相均等　如前金剛印
上現波頭摩　周遍皆黃暉　大鉢具光焰
金剛印圍繞　袈裟錫杖等　置之如次第
五種如來頂　諦聽今當說　白傘以傘印
具慧者勝頂　圍以大慧刀　普遍皆流光
最勝頂輪印　除障頂鉤印　大士頂髻相
是名火聚印　廣生拔折羅　發生以蓮華
無量聲商佉　觀察知像類　毫相摩尼珠
佛眼次當聽　頂髻遍黃色　圍以拔折羅

無能勝妃印 以手持蓮華 无能勝大口
而在黑蓮上 淨境界之行 所謂淨居天
置彼諸印相 佛子應諦聽 所謂思惟手
善手及笑手 華手虛空手 畫之如法則
地神迦羅奢 圓白金剛圍 請召火天印
當以大仙手 迦攝鴝荅摩 末建拏鴿伽
婆私倪剌婆 各如其次第 應畫韋陁手
而居火壇內 閻摩怛茶印 常處風輪中
沒栗底鈴印 黑夜計都印 滂達羅輪羅
大梵妃蓮華 俱摩利鑠底 毗瑟女輪印
當知焰摩后 以沒揭羅印 嬌吠離耶后
用劫跋羅印 如是等皆在 風漫茶羅中
烏鷲及婆捶 野干等圍繞 若欲成悉地
依法以圖之 涅哩底大力 毗紐勝妙輪
鳩摩羅爍底 難徒跋難陁 密雲與電俱
皆具清潭色 夾輔門廂衛 在釋師子壇
商羯羅三戟 妃作鈴脛印 月天迦羅奢
淨白蓮華數 日天金剛輪 表以輿輅像
杜耶毗杜耶 當知大力者 俱以大弓印
在因陁羅輪 風方風幢印 妙音樂器印
縛嚕拏羂索 而在圓壇中 汝大我應知
種子字環繞 如是等標誌 如次漫茶羅
釋師子眷屬 今已略宣說

佛子次諦聽 施願金剛壇 四方相均等
衛以金剛印 當於彼中作 火生漫茶羅
内心復安置 妙善青蓮印 智者勇殊意
本真言圍之 如法布種子 而以為種子
復於其四傍 嚴飾以青蓮 圖作勤勇衆
各如其次第 光網以鉤印 寶冠持寶印
無垢光童子 青蓮而未敷 妙音具大慧
所說諸使者 當知彼密印 各如其所應
髻設尼刀印 優波輸羅印 質怛羅杖印
地慧以幢印 彼招召使者 以鉤俱尸印
一切如是作 圍以青蓮華 所有諸奉教
皆羞揭梨印
復次南方印 除一切蓋障 大精進種子
謂真陁摩尼 住於大輪中 翼從端嚴衆
當知彼眷屬 秘密之標誌 次第應圖畫
我今廣宣說 除疑以寶瓶 置一股金剛
聖者施無畏 作施無畏手 除一切惡趣
發起手為相 救意慧菩薩 悲手常在心
大慈生菩薩 應以執華手 悲念在心上
垂屑火輪手 除一切熱惱 作施諸願手
甘露水流注 遍在諸指端 具不思議慧
持如意珠手 皆住蓮華上 在漫茶羅中
北方地藏尊 密印次當說 先作莊嚴座

在因陁羅壇 大蓮發光焰 間錯備衆色
於彼建大幢 大寶在其端 是名為最勝
密印之形像 復當慇懃作 上首諸眷屬
無量无數衆 彼諸慕達羅 寶作於寶上
三股金剛印 寶掌於寶上 一股金剛印
持地於寶上 二首金剛印 寶印手寶上
五股金剛印 堅意於寶上 羯磨金剛印
一切皆應住 彼漫茶羅中
西方虛空藏 圓白悅意壇 大白蓮華座
置大慧刀印 如是堅利刃 鋒鋭猶氷霜
自種子為種 智者當安布 及畫諸眷屬
印形如法教 虛空無垢尊 應當以輪印
輪像自圍繞 具足在風壇 虛空慧商佉
在風漫茶羅 清淨慧白蓮 在風漫茶羅
行慧之印相 當以車渠鉼 上插青蓮華
在風漫茶羅 安慧金剛蓮 在風漫茶羅
略說佛秘藏 諸尊密印竟

入秘密漫茶羅法品第十二

尒時世尊又復宣說入秘密漫茶羅
法優陁那曰
真言遍學者 通達秘密壇 如法為弟子
燒盡一切罪 壽命悉焚滅 令彼不復生
同於灰燼已 彼壽命還復 謂以字燒字

因字而更生　一切壽及生　清淨遍無垢
以十二支句　而作於彼器　如是三昧耶
一切諸如來　菩薩救世者　及佛聲聞衆
乃至諸世間　平等不違逆　解此平等揩
秘密漫荼羅　入一切法教　諸壇得自在
我身等同彼　真言者亦然　以不相異故
說名三昧耶

入秘密漫荼羅位品第十三

尒時大日世尊入於等至三昧觀未來世諸衆生故住於定中即時諸佛國土地平如掌五寶間錯懸大寶蓋莊嚴門摽衆色流蘇其相長廣寶鈴白拂名衣幡珮綺絢垂布而挍飾之於八方隅建摩尼幢八功德水芬馥盈滿無量衆鳥鴛鴦鵝鵠出和雅音種種浴池時華雜樹敷榮間列芳茂嚴好八方合繫五寶瓔繩其地柔軟猶如綿纊觸踐之者皆受快樂無量樂器自然諧韻其聲微妙人所樂聞無量菩薩隨福所感宮室殿堂意生之座如來信解願力所生法界幖幟大蓮華王出現如來法界性身安住其中隨諸衆生種種性欲令得歡喜

時彼如來一切支分無障导力從十智力信解所生無量形色莊嚴之相無數百千俱胝那由他劫布施持戒忍辱精進禪定智慧諸度功德所資長身即時出現彼出現已於諸世界大衆會中發大音聲而說偈言

諸佛甚奇特　權智不思議　無阿賴耶慧
含藏說諸法　若解無所得　諸法之法相
彼无得而得　得諸佛導師

說如是音聲已還入如來不思議法身尒時世尊復告執金剛秘密主言善男子諦聽內心漫荼羅秘密主彼身地即是法界自性真言密印加持而加持之以本性清淨故羯磨金剛所護持故淨除一切塵垢我人衆生壽者意生儒童造立者等株杌過患方壇四門西向通達周旋界道內現意生八葉大蓮華王抽莖敷蘂綵絢端妙其中如來一切世間最尊特身超越身語意地至於心地逮得殊勝悅意之果於彼東方寶幢如來南方開敷華王如來北方鼓音如來　西方無量壽如來東南方普賢菩薩東北

方觀自在菩薩西南方妙吉祥童子西北方慈氏菩薩一切葉中佛菩薩母六波羅蜜三昧眷屬而自莊嚴下列持明諸忿怒衆持金剛主菩薩以為其並處于無盡大海一切地居天等其數無量而環繞之尒時行者為成三昧耶故應以意生香華燈明塗香種種餚饍一切皆以獻之優陁那曰

真言者誠諦　圖畫漫荼羅　自身為大我
囉字淨諸垢　安住瑜伽座　尋念諸如來
頂授諸弟子　阿字大空點　智者傳妙花
令散於自身　為說內所見　行人宗奉處
此最上壇故　應與三昧耶

秘密八印品第十四

尒時毗盧遮那世尊復觀諸大衆會告執金剛秘密主言佛子有秘密八印最為秘密聖天之位威神所同自真言道以為標幟圓具漫荼羅如本尊相應若依法教於真言門修菩薩行諸菩薩應如是知自身住本尊形堅固不動知本尊已如本尊住而得悉地云何八印謂以智慧三昧手作空心合掌而散風輪地輪如放光焰

是世尊本威德生印其湯荼羅三角
而具光明彼真言曰
南麼三曼多勃馱喃一藍落二莎訶
即以此印而屈風輪在虛空輪上如
縛字形是世尊金剛不壞印其湯荼
羅如縛字相有金剛光彼真言曰
南麼三曼多勃馱喃一鍐縛二急呼莎訶
復以初印而散水輪火輪是名蓮華
藏印其湯荼羅如月輪相以波頭摩
華而圍繞之彼真言曰
南麼三曼多勃馱喃一糝索二莎訶
即以此印屈二地輪入於掌中是如
來万德莊嚴印其湯荼羅猶如半月
形以大空點圍之彼真言曰
南麼三曼多勃馱喃一含鶴二莎訶
復以定慧手作未開敷華合掌建立
二虛空輪而稍屈之是如來一切支
分生印其湯荼羅如迦羅捨滿月之
形金剛圍之彼真言曰
南麼三曼多勃馱喃一暗惡二莎訶
即以此印屈其火輪餘相如前是世
尊陁羅尼印其湯荼羅猶如彩虹而
遍圍之垂金剛幡彼真言曰

南麼三曼多勃馱喃一勃馱陁囉尼
娑沒栗二合底沫羅馱那羯覆三馱囉
也薩鋑四薄伽輕縛底五阿去迦引囉
縛底六三麼曳七莎訶
復以虛心合掌開散火輪其地輪空
輪和合相持是謂如來法住印其湯
荼羅猶如虛空以雜色圍之有二空
點彼真言曰
南麼三曼多勃馱喃一阿去吠娜尾泥
二莎訶
同前虛心合掌以智慧三昧手牙相
加持而自旋轉是謂世尊迅疾持印
其湯荼羅亦如虛空而用青點嚴之
彼真言曰
南麼三曼多勃馱喃一摩訶引瑜伽輕
瑜擬寧以反寧上二瑜詣說覆三欠若咧計
四莎訶
秘密主是名如來秘密印最勝秘密
不應輒授與人除已灌頂其性調柔
精勤堅固發殊勝願恭敬師長念恩
德者內外清淨捨自身命而求法者

持明禁戒品第十五

尒時金剛手復以偈頌請問大日世

尊持明禁戒為真言門修菩薩行諸
菩薩故
云何成禁戒　云何住尸羅　云何隨所住
修行離諸著　修行幾時月　禁戒得終竟
住於何法教　而知彼威德　離時方作業
及法非法等　云何而速成　願佛說其量
先佛所宣說　令得於悉地　我問一切智
正覺兩足尊　為未來衆生　仁中尊證知
是時薄伽梵毗盧遮那哀愍衆生故
而說偈言
善哉勤勇士　大德持金剛　所說殊勝戒
古佛所開演　緣明所起戒　住戒如正覺
令得成悉地　為利世間故　等起自真實
不生疑慮心　常住於等引　修行戒當竟
菩提心及法　及修學業果　和合為一相
遠離諸造作　具戒如佛智　異此非具戒
得諸法自在　通達利衆生　常修無著行
等礫石衆寶　乃至滿洛叉　所說真言教
畢於時月等　禁戒量終竟　最初金輪觀
住大因陁羅　當結金剛印　飲乳以資身
行者一月滿　能調出入息　次於第二月
嚴正水輪中　應以蓮華印　而服醇淨水
次於第三月　勝妙火輪觀　噉不求之食

即以大慧力　燒滅一切罪　而生身意語
第四月風輪　行者常服風　結轉法輪印
攝心以持誦　金剛水輪觀　依住於瑜伽
是為第五月　遠離得非得　行者無所著
等同三菩提　和合風火輪　出過衆過患
復一月持誦　亦捨利非利　梵釋等天衆
摩睺眦舍遮　遠住而敬礼　一切為守護
皆悉奉教命　彼常得如是　人天藥叉神
持明諸靈仙　翊侍其左右　隨所命當作
不善為障者　羅剎七母等　見持真言者
恭敬而遠之　見是處光明　馳散如猛火
隨所住法教　皆依明禁故　等正覺真子
一切得自在　調伏難降者　如大執金剛
饒益諸群生　同於觀世音　經逾六月已
隨所願成果　常當於自他　悲愍而救護

阿闍梨真實智品第十六

尒時持金剛者次復請問大日世尊諸漫荼羅真言之心而說偈言

云何為一切　真言實語心　云何而解了
說名阿闍梨　尒時薄伽梵　大毗盧遮那
慰喻金剛手　善哉摩訶薩　令彼心歡喜
復告如是言　解秘中最秘　真言智大心
今為汝宣說　一心應諦聽　所謂阿字者

一切真言心　從此遍流出　無量諸真言
一切戲論息　能生巧智慧　秘密主何等
一切真語心　佛兩足尊說　阿字名種子
故一切如是　安住諸支分　如相應布已
依法皆遍授　由彼本初字　遍在增加字
衆字以成音　支體由是生　故此遍一切
身生種種德　今說所分布　佛子一心聽
以心而作心　餘以布支分　一切如是作
即同於我體　安住瑜伽座　尋念諸如來
若於此教法　解斯廣大智　正覺大功德
說為阿闍梨　是即為如來　亦即名為佛
菩薩及梵天　毗紐摩醯羅　日月天水天
帝釋世間王　黑夜焰摩等　地神與妙音
梵志及常浴　亦名梵行者　滿盡比丘衆
吉祥持秘密　一切智見者　法自在財富
若住菩提心　及與聲智性　不著一切法
說名遍一切　即是真語者　持吉祥真言
真實語之王　持執金剛印　所有諸字輪
若在於支分　當知住肩間　鈝字金剛句
娑字在唇下　是謂蓮華句　我即同心位
一切處自在　普遍於種種　有情及非情
阿字第一命　嚩字名為水　羅字名為火
鈝字名忿怒　佉字同虛空　所謂極空點

知此最真實　說名阿闍梨　故應具方便
了知佛所說　常作精勤修　當得不死句

布字品第十七

尒時世尊復告金剛手言

復次秘密主　諸佛所宣說　安布諸字門
佛子一心聽　迦字在咽下　佉字在腭上
誐字以為頸　伽字在喉中　遮字為舌根
車字在舌中　若字為舌端　社字舌生處
吒字以為脛　咤字應知髀　拏字說為腰
荼字以安坐　多字最後分　他字應知腹
娜字為二手　馱字名為脇　波字以為背
頗字應知胸　麼字為二肘　娑字次臂下
莽字住於心　野字陰藏相　囉字名為眼
邏字為廣額　縊伊在二眦　塢烏為二唇
翳藹為二耳　污奧為二頰　暗字菩提句
惡字般涅槃　知是一切法　行者成正覺
一切智資財　常在於其心　世号一切智
是謂薩婆若

大毗盧遮那成佛經卷第五

無能勝妃印　以手持蓮華　无能勝大口
而在黑蓮上　淨境界之行　所謂淨居天
置彼諸印相　佛子應諦聽　所謂思惟手
善手及焚手　華手虛空手　畫之如法則
地神迦羅奢　圓白金剛圍　請召火天印
當以大仙手　迦攝騶吞摩　末建拏鵡伽
婆私倪刺娑　各如其次第　應畫韋陁手
而居火壇內　閻摩怛茶印　常處風輪中
沒栗底鈴印　黑夜計都印　澇達羅輪羅
大梵妃蓮華　俱摩利鑠底　毗瑟女輪印
當知焰摩后　以沒揭羅印　嬌吠離耶后
皆差揭梨印
復次南方印　除一切蓋障　大精進種子
謂真陁摩尼　住於大輪中　翼從端嚴尔
當知彼眷屬　秘密之摽誌　次第應圖畫
我今廣宣說　除疑以寶瓶　置一股金剛
聖者施無畏　作施無畏手　除一切惡趣
發起手為相　救意慧菩薩　悲手常在心
大慈生菩薩　應以執華手　悲念在心上
垂屈火輪手　除一切熱惱　作施諸願手
甘露水流注　遍在諸指端　具不思議慧
持如意珠手　皆住蓮華上　在漫荼羅中
北方地藏尊　密印次當說　先作莊嚴座

佛子次諦聽　施頌金剛壇　四方相均等
衛以金剛印　當於彼中作　火生漫茶羅
內心復安置　妙善青蓮印　智者勇殊意
本真言圍之　如法布種子　而以為種子
復於其四傍　嚴飾以青蓮　圖作勤勇衆
各如其次第　光網以鉤印　寶冠持寶印
無垢光童子　青蓮而未敷　妙音具大慧
所說諸使者　當知彼密印　各如其所應
髻設尼刀印　優波輸羅印　質怛羅枝印
地慧以幢印　彼招召使者　以為俱尸印
一切如是作　圍以青蓮華　所有諸奉教
用扨跛羅印　如是等皆在　風漫茶羅中
烏鷲及婆栖　野千等圍繞　若欲成悉地
依法以圖之　涅哩底大力　毗紐勝妙輪
鳩摩羅爍底　難徒跛難陁　密雲與雷俱
皆具清潭色　夾輔門廂衛　在釋師子壇
商羯羅三戟　妃作鉢胝印　月天迦羅奢
淨白蓮華敷　日天金剛輪　表以輿輅像
杜耶毗杜耶　當知大力者　俱以大弓印
在因陁羅輪　風方風幢印　妙音樂器印
縛嚕拏羂索　而在圓壇中　汝大我應知
種子字環繞　如是等摽誌　如次漫荼羅
釋師子眷屬　今也略宣說

大毗盧遮那成佛神變加持經卷第五

校勘記

一　底本，金藏廣勝寺本。
一　六一九頁上、中兩版原錯簡，已作剪拼，原版附後。
一　六一四頁中七行第二字「皆」，石、麗作「皆悉」。
一　六一四頁下一五行第一〇字「舞」，資、磧、普、南、徑、清作「海」。
一　六一四頁下末行第五字「王」，諸本作「正」。
一　六一五頁上五行第四字「言」，資、磧、普、南、徑、清、麗作「真言」。
一　六一五頁上一三行首字「來」，資、磧、普、南、徑、清、麗作「是」。
一　六一五頁中一二行第七字「此」，磧、普、南、清作「比」。
一　六一五頁下九行第一三字「語」，資無。
一　六一六頁上三行第一一字「世」，資、磧、普、南、徑、清無。

一六一六頁上七行第四字「擇」，磧、普、南作「釋」。

一六一六頁上八行末字「想」，資、磧、普、南、徑、清、麗作「相」。

一六一六頁上一七行末字「帝」，資、磧、普、南、徑、清、麗作「諦」。

一六一六頁上一九行第一四字「天」，磧、普、南作「就」。

一六一六頁上二〇行第一三字「大」，徑、清、麗作「火」。

一六一六頁中五行第七字「哉」，磧、普、南、徑、清作「若」。

一六一六頁中一七行第一三字「如」，麗作「知」。

一六一六頁下一一行「邊智」，資、磧、普、南、徑、清作「遍知」。

一六一七頁中五行第七字「逮」，資、磧、普、南、徑、清作「達」。

一六一七頁中九行第一三字「離」，資、磧、普、南、徑、清、麗作「利」。

一六一七頁中一〇行第六字「敀」，諸本作「故」。

一六一七頁中一〇行第一〇字「尊」，石、資、磧、普、南、徑、清作「勝」。

一六一七頁下五行第七字「二」，資、磧、普、南、徑、清作「三」。

一六一七頁下六行第二字「威」，石作「滅」。

一六一七頁下七行首字「世」，石、資、磧、普、南、徑、清作「此」。

一六一七頁下一七行第八字「熟」，磧、普、南、徑、清作「就」。

一六一八頁上四行「覺等」，資、磧、普、南、徑、清、麗作「等覺」。

一六一八頁上八行第八字「舍」，資、磧、普、南、徑、清、麗作「含」。

一六一八頁上九行第一〇字「正」，資、磧、普、南、徑、清作「整」。

一六一八頁中二行第一二字「好」，石作「妙」。

一六一八頁中九行第一三字「以」，資、磧、普、南、徑、清作「而」。

一六一八頁中一二行末字「汝」，資、磧、普、南、徑、清、麗作「法」。

一六一八頁中一三行末字「生」，資、磧、普、南、徑、清作「王」；麗作「主」。

一六一八頁中一四行第四字「索」，資、磧、普、南、徑、清作「素」。

一六一八頁中一八行「分不」，資、磧、普、南、徑、清、麗作「忿大」。

一六一八頁下三行第五字「刀」，資、磧、普、南、徑、清作「力」。

一六一八頁下一二行第二字「彼」，磧、普、南、徑、清作「波」。

一六一八頁下末行第五字「聽」，資、磧、普、南、徑、清作「觀」。

一六一九頁上九行第一四字「輪」，資、磧、普、南、徑、清、麗作「輸」。

一六一九頁上一二行首字「用」，資、磧、普、南、徑、清作「周」。第三字「跋」，資、磧、普、南、徑、清作「跋」。

一六一九頁上一三行第七字「千」，資、磧、普、南、徑、清、麗作「干」。

一六一九頁上一五行第七字「徒」，資、磧、普、南、徑、清、麗作「徙」。第一三字「與」，資、磧、普、南、徑、

清作「興」。

一六一九頁中一行末字「慈」，諸本作「普」。

一六一九頁中三行末字「意」，資、磧、普、南、徑、清、麗作「音」。

一六一九頁中五行第一一字「圖」，石作「圗」。

一六一九頁中九行第一四字「枝」，資、磧、普、南、徑、清、麗作「杖」。

一六一九頁中一〇行第四字「憧」，諸本作「幢」。

一六一九頁中一二行第二字「羞」，資、磧、普、南、徑、清作「差」。

一六一九頁中一四行第四字「摩」，資、磧、普、南、徑、清作「羅」。第八字「大」，麗作「火」。

一六一九頁下六行第三字「於」，石作「持」。

一六一九頁下一一行首字「自」，資、磧、普、南、徑、清作「白」。

一六一九頁下一五行第一〇字「鉼」，石、資、磧、普、南、徑、清作「寶」。

一六二〇頁上一五行第一〇字「鸖」，資、磧、普、南、徑、清作「鶴」。

一六二〇頁中六行第九字「而」，磧、普無。

一六二〇頁中一七行第五字「西」，資、磧、普、南、徑、清作「四」。

一六二〇頁下六行第九字「之」，磧、普、南無。

一六二〇頁下一八行第八字「圗」，諸本作「圖」。

一六二一頁上五行首字「縛」，資、磧、普、南、徑、清、麗作「嚩」。

一六二一頁上一二行第九字「八」，諸本作「入」。

一六二二頁上一行第五字「力」，資、磧、普、南、徑、清作「刀」。

一六二二頁上八行第一四字「乂」，資、磧、普、南、徑、清作「草」。

一六二二頁中一〇行「教法」，資、磧、普、南、徑、清作「法教」。

一六二二頁中一三行第五字「王」，資、磧、普、南、徑、清、麗作「主」。

一六二二頁中一四行第五字「浴」，磧、普、南、徑、清作「俗」。

一六二二頁中一八行第二字「實」，石作「言」。

一六二二頁中二〇行第四字「脣」，資、磧、普、南、徑、清作「膺」。

一六二二頁下七行第五字「頸」，資、磧、普、南、徑、清作「頭」。

一六二二頁下八行第一一字「社」，資作「闍」。

一六二二頁下一二行第一三字「次」，資、磧、普、南、徑、清作「爲」。

一六二二頁下一三行第六字「野」，資、磧、普、南、徑、清作「耶」。

大毗盧遮那成佛神變加持經卷第六

大唐天竺三藏善無畏共沙門一行譯

受方便學處品第十八

尒時執金剛秘密主白佛言世尊願說諸菩薩摩訶薩等具智慧方便所修學句令歸依者於諸菩薩摩訶薩無有二意離疑惑心於生死流轉中常不可壞如是說已毗盧遮那世尊以如来眼觀一切法界告執金剛秘密主言諦聽金剛手今說善巧修行道若菩薩摩訶薩住於此者當於大乘而得通達秘密主菩薩持不奪生命戒所不應為持不與取及欲邪行虛誑語麁惡語兩舌語無義語戒貪欲瞋恚邪見等皆不應作秘密主如是所修學句菩薩隨所修學則與正覺世尊及諸菩薩同行應如是學

尒時執金剛秘密主白佛言世尊薄伽梵於聲聞乘亦說如是十善業道世間人民及諸外道亦於十善業道常願修行世尊彼有何差別云何種種殊異如是說已佛告執金剛秘密主言善哉善哉秘密主汝復善哉能問如来如是義秘密主應當諦聽吾今演說差別道一道法門秘密主若聲聞乘學處我說離慧方便教令成就開發邊智非等行十善業道彼諸世間復離執著我故他因所轉菩薩修行大乘入一切法平等攝受智慧方便自他俱故諸所作轉是故秘密主菩薩於此攝智方便入一切法平等當勤修學

尒時世尊復以大慈悲眼觀諸衆生界告金剛手菩薩言秘密主彼諸菩薩盡形壽持不奪生命戒應捨刀杖離煞害意護他壽命猶如已身有餘方便於諸衆生類中隨其事業為解脫彼惡業報故有所施作非怒害心復次秘密主菩薩持不與取戒若他所攝諸受用物不起觸取之心況復餘物不與而取有餘方便見諸衆生慳悋積聚不修施福隨其像類害彼慳故離於自他為彼行施因讚時施獲妙色等秘密主若菩薩發起貪心而觸取之是菩薩退菩提分越無為

毗奈耶法

復次秘密主菩薩持不邪婬戒若他所攝自妻自種族摽相所護不發貪心況復非道二身交會有餘方便隨所應度攝護衆生

復次秘密主菩薩盡形壽持不妄語戒設為活命因緣不應妄語即為欺誑諸佛菩提秘密主是名菩薩住於最上大乘若妄語者趣失佛菩提法是故秘密主此法門應如是知捨離不真實語

復次秘密主菩薩受持不麁惡罵戒應當以柔軟心語隨類言辭攝受諸衆生等何以故秘密主菩提薩埵初行利樂衆生或餘菩薩見住惡趣因者為折伏之而現麁語

復次秘密主菩薩受持不兩舌語戒離間隙語離惱害語犯者非名菩薩不於衆生起離折之心有異方便若彼衆生隨所見處生著如其像類說離間言謂令住於一道所謂一切智智道

復次秘密主菩薩持不綺語戒以隨類言辭時方和合出生義利令一切衆生發歡喜心淨耳根道何以故菩薩有差別語故或餘菩薩以戲笑為先發起衆生欲樂令住佛法雖具出無義利語如是菩薩不著生死流轉

復次秘密主菩薩應當持不貪戒於彼受用他物中不起染思何以故無有菩薩生著心故若菩薩心有染思彼於一切智門無力而墮一邊又秘密主菩薩發起歡喜生如是心我所應作令彼自然而生極為善哉數自慶慰勿令彼諸衆生損失資財故

復次秘密主菩薩應當持不瞋戒遍一切處常修安忍不著瞋喜於怨及親其心平等而轉何以故非菩提薩埵而懷惡意所以者何以菩薩本性清淨故是故秘密主菩薩應持不瞋恚戒

復次秘密主菩薩應當捨離邪見行於正見怖畏他世無害無曲无諂其心端直於佛法僧心得決定是故秘密主邪見最為極大過失能斷菩薩一切善根是為一切諸不善法之母是故秘密主下至戲笑亦當不起邪見因緣

尒時執金剛秘密主白佛言世尊願說十善道戒斷極根斷云何菩薩王位自在處於宮殿父母妻子眷屬圍繞受天妙樂而不生過如是說已佛告執金剛言善哉善哉秘密主汝當諦聽善思念之吾今演說菩薩毗尼決定善巧秘密主應知菩薩有二種云何為二所謂在家出家秘密主彼在家菩薩受持五戒句勢位自在以種種方便道隨順時方自在攝受求一切智所謂具足方便示現舞伎天祠主等種種藝處隨彼方便以四攝法攝取衆生皆使志求阿耨多羅三藐三菩提謂持不奪生命戒及不與取虛妄語欲邪行邪見等是名在家五戒句菩薩受持如所說善戒應具諦信當勤修學隨順往昔諸如來學處住有為戒具足智慧方便得至如来無上吉祥無為戒蘊有四種根本罪乃至活命因緣亦不應犯云何為四謂謗諸法捨離菩提心慳悋惱害

衆生所以者何此性是染非持菩薩戒何以故

過去諸正覺　及與未來世　現在仁中尊
具足智方便　修行無上覺　得無漏悉地
亦說餘學處　離於方便智　當知大勤勇
誘進諸聲聞

說百字生品第十九

尒時毗盧遮那世尊觀察諸大會衆說不空教隨樂欲成就一切真言自在真言之王真言導師大威德者安住三三昧耶圓滿三法故以妙音聲告大力金剛手言勤勇士一心諦聽諸真言真言導師即時住於智生三昧而說出生種種巧智百光遍照真言曰

南麽三曼多勃馱喃　暗

佛告金剛手　此一切真言　真王救世者
成就大威德　即是正等覺　法自在牟尼
破諸無智暗　如日輪普現　是我之自體
大牟尼加持　利益衆生故　應化作神變
乃至令一切　隨思願生起　悉能為施作
神變無上句　故當一切種　淨身離諸垢
應理常勤修　志願佛菩提

百字果相應品第二十

尒時毗盧遮那世尊告執金剛秘密主言秘密主若入大覺世尊大智灌頂地自見住於三三昧耶句秘密主入薄伽梵大智灌頂即以陁羅尼形亦現佛事尒時大覺世尊隨住一切諸衆生前施作佛事演說三三昧耶句佛言秘密主觀我語輪境界廣長遍至無量世界清淨門如其本性表亦隨類法界門令一切衆生皆得歡喜亦如今者釋迦牟尼世尊流遍無盡虛空界於諸剎土勤作佛事秘密主非諸有情能知世尊是語輪相流出正覺妙音莊嚴瓔珞從胎藏生佛之影像隨衆生性欲令發歡喜尒時世尊於無量世界海門遍法界慇懃勸發成就菩提出生普賢菩薩行願於此妙華布地胎藏莊嚴世界種性海中受生以種種性清淨門淨除佛剎現菩提場而住佛事次復志求三藐三菩提句以知心無量故知身無量知身无量故知智無量知智无量故即知衆生無量知衆生無量故即知虛空界無量秘密主由心无量故得四種無量得已成最正覺具十智力降伏四魔以無所畏而師子吼佛說偈言

勤勇此一切　無上覺者句　於百門覺處
諸佛所說心

百字位成品第二十一

尒時執金剛秘密主得未曾有而說偈言

佛說真言救世者　能生一切諸真言
摩訶牟尼云何知　誰能知此從何處
誰生如是諸真言　生者為誰惟演說
大勤勇士說中上　如此一切願開示

尒時薄伽梵　法自在牟尼　圓滿普周遍
悉遍諸世界　一切智慧者　大日尊告言
善哉摩訶薩　大德金剛手　吾當一切說
微密審希有　諸佛之秘要　外道不能知
若悲生漫荼　得大乘灌頂　調柔具善行
常悲利他者　有緣觀菩提　常所不能見
彼能有知此　內心之大我　隨其自心位
導師所住處　八葉從意生　蓮華極嚴麗
圓滿月輪中　無垢猶淨鏡　於彼常安住
真言救世尊　金色具光焰　住三昧害毒

如日難可觀　諸衆生亦然　常恒於內外
普周遍加持　以如是慧眼　了知意明鏡
真言者慧眼　觀是圓鏡故　當見自形色
寂然正覺相　身身生影像　意從意所生
常生生清淨　種種自作業　次於彼光現
圓照如電焰　真言者能作　一切諸佛事
若見成清淨　聞等亦復然　如意所思念
能作諸事業
復次秘密主真言門修菩薩行諸菩薩如是自身影像生起無有殊勝過三菩提如眼耳鼻舌身意等四大種攝持集聚彼如是自性空惟有名字所執猶如虛空無所執著等於影像彼如來成正覺平相緣起無有間絕若從緣生彼即如影像生是故諸本尊即我我即本尊平相發起身所生身尊形像生秘密主觀是法緣通達慧通達慧緣法彼等遍為作業無住性空秘密主云何從意生意能生影像秘密主譬如若白若黃若赤作意者作時染著意生彼同類如是身轉秘密主又如內觀意中漫荼羅療治熱病彼衆生熱病即時除愈無有疑惑非漫荼羅異意非意異漫荼羅何以故彼漫荼羅一相故秘密主又如幻者幻作男子而彼男子又復作化秘密主於意云何彼何者為勝時金剛手白佛言世尊此二人者無相異也何以故世尊非實生故是二男子本性空故等同於幻如是秘密主意生衆事及意所生如是俱空無二无別

百字成就持誦品第二十二

尒時世尊告執金剛秘密主言諦聽秘密主真言救世者身身无有異分意從意生令善淨除普皆有光彼處流出相應而起遍諸支分彼愚夫類常所不知不達此道乃至身所生分無量種故如是真言救世者分說亦無量譬如吉祥真陁摩尼隨諸樂欲而作饒益如是世間彤世者身一切義利無所不成秘密主云何无分別法界一切作業隨轉秘密主亦如虛空界非衆生非壽者非摩奴闍非摩納婆非作者非吠陁非能執非所執離一切分別及無分別而彼無盡衆生界一切去來諸有所作不生疑心如是無分別一切智智等同虛空於一切衆生內外而轉

尒時世尊又復宣說淨除无盡衆生界句流出三昧句不思議句轉他門句

若本無所有　隨順世間生　云何了知空
生此瑜伽者　若自性如是　覺名不可得
當等空心生　所謂菩提心　應發起慈悲
隨順諸世間　住於惟想行　是即名諸佛
當知想造立　觀此為空空　如下數法轉
增一而分異　勤勇空亦然　增長隨次第
即此阿字等　自然知加持

阿　嚩
迦佉誐伽　遮車若社　吒宅拏荼
多他娜馱　波頗麼婆　野囉邏嚩
奢沙娑訶　仰孃拏曩莽

秘密主觀此空中流散假立阿字之所加持成就三昧道秘密主如是阿字住於種種莊嚴布列圖位以一切法本不生故顯亦自形或以不可得義現嚩字形或諸法遠離造作故現迦字形或一切法等虛空故現佉字形或行不可得故現誐字形或諸法一合相不可得故現伽字形或一切

法離生滅故現遮字形或一切法無影像故現車字形或一切法生不可得故現若字形或一切法離戲論故現社字形或一切法離我慢故現吒字形或一切法離養育故現宅字形或一切法離怨對故現拏字形或一切法離炎變故現荼字形或一切法離如如故現多字形或一切法離住處故現他字形或一切法離故現那字形或一切法界不可得故現馱字形或一切法勝義諦不可得故現波字形或諸法不堅如聚沫故現頗字形或一切法離繫縛故現麼字形或一切法諸觀不可得故現婆字形或一切法諸乘不可得故現也字形或一切法離一切塵故現囉字形或一切法無相故現邏字形或一切法離寂故現奢字形或一切法本性鈍故現沙字形或一切法諦不可得故現娑字形或一切法離因故現訶字形秘密主隨入此等一一三昧門秘密主觀是乃至三十二大人相等皆從此中出仰壤拏曩莽等於一切法自在而轉此等隨現成就三藐三佛陁隨形好

百字真言法品第二十三

復次秘密主於此三昧門以空加持於一切法自在成就最正覺是故此字即為本尊而說偈言

秘密主當知 阿字第一句 明法普周遍
字輪以圍繞 彼尊無有相 遠離諸見相
无相眾聖尊 而現相中來 聲從於字出
字生於真言 真言成立果 諸救世尊說
當知聲性空 即空所造作 一切眾生類
如言而妄執 非空亦非聲 為脩行者說
入於聲解脫 即證三摩地 依法布相應
以字為照明 故阿字等類 無量真言想

說菩提性品第二十四

譬如十方虛空相 常遍一切無所依
如是真言救世者 於一切法無所依
又如空中諸色像 雖可現見無依處
真言救世者亦然 非彼諸法所依處
世間成立虛空量 遠離去來現在世
若見真言救世者 亦復出過三世法
惟住於名趣 遠離作者等虛空眾假名
導師所宜說 名字無所依 亦復如虛空
真言自在然 現見離言說 非火水風等
非地非日光 非月等眾曜 非晝亦非夜
非生非老病 非死非損傷 非刹那時分
亦非年歲等 亦非有成壞 劫數不可得
非淨染受生 或果亦不生 若無如是等
種種世分別 於彼常勤修 求一切智句

三三昧耶品第二十五

尒時執金剛秘密主白佛言世尊所說三三昧耶云何說此法為三三昧耶如是言已世尊告執金剛秘密主言善哉善哉秘密主汝問吾如是義秘密主汝當諦聽善思念之吾今演說金剛手言如是世尊願樂欲聞佛言有三種法相續除障相應生名三三昧耶云何彼法相續生所謂初心不觀自性從此發慧如實智生離无盡分別網是名第二心菩提無分別正等覺句秘密主彼如實見已觀察無盡眾生界悲自在轉無緣觀菩提心生所謂離一切戲論安置眾生皆令住於無相菩提是名三三昧耶句

復次秘密主 有三三昧耶 最初正覺心
第二名為法 彼心相續生 所謂和合僧

此三三昧耶　諸佛導師說　若住此三等
修行菩提行　諸道門上首　為利諸衆生
當得成菩提　三身自在轉
秘密主三藐三佛陀安立教故以一身加持所謂初變化身復次秘密主次於一身亦現三種所謂佛法僧復次秘密主從此成立說三種乘廣作佛事現般涅槃成熟衆生秘密主觀彼諸真言門修菩提行諸菩薩若解三等於真言法則而作成就彼不著一切妄執無能為障导者除不樂欲懈怠無利談話不生信心積集資財者復應不作二事謂飲諸酒及寢牀上
說如來品第二十六
尒時執金剛秘密主白世尊言
云何為如來　云何人中尊　云何名菩薩
云何為正覺　導師大牟尼　願斷我所疑
菩薩大名稱　并捨疑慮心　當修摩訶衍
行王無有上
尒時薄伽梵毗盧遮那觀察諸大會衆告執金剛秘密主言善哉善哉金剛手能問吾如是義秘密主汝當諦聽善思念之吾今演說摩訶衍道頌曰

菩提虛空相　離一切分別　樂求彼菩提
名菩提薩埵　成就十地等　自在善通達
諸法空如幻　知此一切同　解諸世間趣
故名為正覺　法如虛空相　无二唯一相
成佛十智力　故号三菩提　惟慧害無明
自性離言說　自證之智慧　故說名如來
世出世護摩法品第二十七
復次秘密主往昔一時我為菩薩行菩薩行住於梵世時有梵天來問我言大梵我等欲知火有幾種時我如是荅言
所謂大梵天　名我慢自然　次大梵天子
彼名畋縛句　世間之火初　其子名梵飯
子名畢怛羅　吠濕婆捺羅　復生訶縛奴
合毗縛訶那　畋說三鼻觀　及阿闍未拏
彼子鉢體多　補色迦路陶　如是諸火天
次第以相生　復次置胎藏　用忙路多火
欲後澡盥身　縛訶忙囊火　浴妻之所用
以普葉盧火　若生子之後　用鉢伽浦火
為名初立名　用畋體無火　飲食時所用
當知戍晡火　為子作髮時　應用綮毗火
次受禁戒時　三謨婆縛火　禁滿施牛時
用素哩耶火　童子婚嫡時　以瑜揩迦火

造作衆事業　跋那易迦火　供養諸天神
以畋縛句火　造房以梵火　惠施翁都火
縛羊之所用　阿縛賀寧火　觸穢之所用
以微吠脂火　熟食之所用　以娑訶娑火
拜日天時用　合微搭耶火　拜月天時用
所謂作地火　滿燒之所用　阿蜜栗多火
彼於息灾時　用鄉嚕拏火　作增益法時
說栗旦多火　降伏怨對時　當以忿怒火
召攝諸資財　用迦摩奴火　若焚燒林木
應用使者火　所食令消化　用社吒路火
若授諸火時　所謂薄叉火　海中有火名
縛拏婆目佉　劫燒盡時火　名曰瑜乩多
為汝諸仁者　已略說諸火　修習韋陀者
梵行所傳讀　此四十四種　尒時我宣說
復次秘密主　我於往昔時　不知諸火性
作諸護摩事　彼非護摩行　非能成業果
我復成菩提　演說十二火　智火最為初
名大因陁羅　端嚴淨金相　增益施威力
焰鬘住三昧　當知智圓滿　第二名行滿
普光秋月花　吉祥圓輪中　珠鬘鮮白衣
第三摩嚕多　黑色風燥形　第四盧醯多
色如朝日暉　第五沒嘌拏　多氣淺黃色
修頸大威光　遍一切哀愍　第六名忿怒

眇目霏烟色　聳鬚而震吼　大力現四牙
第七閻吒羅　延疾備衆絲　第八迮灑耶
猶如電光聚　第九名意生　大勢巧色身
第十羯攞微　赤黑喭字印　第十一火神
梵本闕無名　十二謨賀那　衆生所迷惑
秘密主此等　火色之所持　隨其自形色
藥物等同彼　而作外護摩　隨意成悉地
復次於內心　一性而具三　三處合為一
瑜祇內護摩　大慈大悲心　是謂息灾法
彼兼具於喜　是為增益法　忿怒從胎藏
而造衆事業　又彼秘密主　如其所說處
隨相應事業　隨信解焚燒
尒時金剛手白佛言世尊云何火爐
三摩地云何而用散灑云何順敷吉
祥草云何具緣衆物如是說已
尒時金剛手白佛言世尊云何火爐定
云何用散灑　順敷吉祥草　云何具衆物
佛告秘密主　持金剛者言　火爐如肘量
四方相均等　四節為緣界　周匝金剛印
藉之以生茅　繞爐而右旋　不以末加本
應以本加末　次持吉祥草　依法而右灑
以塗香華燈　次獻於火天　行人以一華
供養沒栗荼　安置於座位　復當用灌灑

應當作滿施　持以本真言　次息災護摩
或以增益法　如是世護摩　說名為外事
復次內護摩　滅除於業生　了知自末那
遠離色聲等　眼耳鼻舌身　及與語意業
皆悉從心起　依止於心王　眼等分別生
及色等境界　智慧未生障　風條火能滅
燒除妄分別　成淨菩提心　此名內護摩
為諸菩薩說
說本尊三昧品第二十八
尒時執金剛秘密主白佛言世尊願說
諸尊色像威驗現前令真言門修菩
薩行諸菩薩觀緣本尊形故即本尊
身以為自身無有疑惑而得悉地如
是說已佛告執金剛秘密主言善哉
善哉秘密主汝能問吾如是義善哉
諦聽極善作意吾今演說金剛手言
如是世尊願樂欲聞佛言秘密主諸
尊有三種身所謂字印形像彼字有
二種謂聲及菩提心印有二種所謂有
形無形本尊之身亦有二種所謂清
淨非清淨彼證淨身離一切相非淨
有想之身則有顯形衆色彼二種尊
形成就二種事有想故成就有相悉

地無想故隨生無相悉地而說偈言
佛說有想故　樂欲成有相　以住無想故
獲無相悉地　是故一切種　當住於非想
說無相三昧品第二十九
復次薄伽梵毗盧遮那告執金剛秘
密主言秘密主彼真言門修菩薩行
諸菩薩樂欲成就無相三昧當如是
思惟想從何生為自身耶自心意耶
若從身生身如草木瓦石自性如是
離於造作無所識知因業所生應當
等觀同於外事又如造立形像非火
非水非刃非毒非金剛等之所傷壞
或忿恚瞋譖而能少分令其動作若
以飲食衣服塗香華鬘或以塗香栴
檀龍腦如是等類種種殊勝受用之
具諸天世人奉事供給亦不生喜何
以故愚童凡夫於自性空形像自我
分生顛倒不實起諸分別或復供養
或加毀害秘密主當如是住修身念
觀察性空
復次秘密主心無自性離一切想故
當思惟性空秘密主心於三時求不
可得以過三世故如是自性遠離諸

相秘密主有心想者即是愚童凡夫之所分別由不了知有如是等虛妄横計如彼不實不生當如是思念秘密主此真言門修菩薩行諸菩薩得無相三昧由住無相三昧故如來所說真語親對其人常現在前

世出世持誦品第三十

復次秘密主今說秘密持真言法

一一諸真言　作心意念誦　出入息為二
常第一相應　異此而受持　真言闕支分
內與外相應　我說有四種　彼世間念誦
有所緣相續　住種子字句　或心隨本尊
故說有攀緣　出入息為上　當知出世心
遠離於諸字　自尊為一相　無二無取著
不壞意色像　勿異於法則　所說三落叉
多種持真言　乃至眾罪除　真言者清淨
如念誦數量　勿異如是教

囑累品第三十一

尒時世尊告一切眾會言汝今應當住不放逸於此法門若不知根性不應授與他入除我弟子具攝相者我今演說汝等當一心聽若於吉祥執宿時生志求勝事有微細慧常念恩德生渴仰心聞法歡喜而住其相青白或白色廣首長頸額廣平正其鼻脩直面輪圓滿端嚴相稱如是佛子應當慇懃而教授之尒時一切具威德者咸復慶悅聞已頂受一心奉持是諸眾會以種種莊嚴廣大供養已稽首佛足恭敬合掌而說是言惟願於此法教演說救世加持句令法眼道遍一切處久住世間尒時世尊於此法門說加持句真言曰

南麼三曼多勃馱喃一薩婆他引勝勝二怛嚂二合怛嚂三合顒顒四達𠼝達𠼝五娑他引二合跛也娑他引二合跛也六勃馱薩底也二合嚩引七達摩薩底也二合嚩引八僧伽薩底也二合嚩引九吽吽十吠娜尾吠十一莎訶十二

時佛說此經已一切持金剛者及普賢等上首諸菩薩聞佛所說皆大歡喜信受奉行

大毗盧遮那成佛經卷第六

大毗盧遮那成佛神變加持經卷第六

校勘記

一　底本，金藏廣勝寺本。

一　六二六頁中一〇行第九字「今」，清作「令」。

一　六二六頁下一一行第一一字「觀」，資、磧、普、南、徑、清作「觀察」。

一　六二七頁上九行第九字「趣」，諸本作「越」。

一　六二七頁上一〇行第六字「此」，麗作「於此」。

一　六二七頁上一九行第七字「圻」，諸本作「圻」。

一　六二七頁中一〇行第五字「發」，諸本作「應發」。

一　六二七頁下一四行第九字「彼」，資、磧、普、南、徑、清作「彼彼」。

一　六二七頁下一八行末字「具」，磧、普、南、徑、清作「其」。

一　六二八頁上一三行末字「三」，磧、普、南、徑、清作「三三」。

一六二八頁下一行第六字「量」，資、磧、普、南、徑、清作「量即知虛空界無量故」。
一六二八頁下五行第一四字「覺」，石、磧、普、南、徑、清、麗作「學」。
一六二九頁上四行「身生」，資、磧、普、南、徑、清、麗作「生身」。
一六二九頁上五行第二字「生」，諸本作「出」。第一二字「放」，石、麗作「於」。
一六二九頁下一九行第八字「自」，資、磧、普、南、徑、清作「自然」。
一六三〇頁上一行第一三字「法」，資、磧、普、南、徑、清作「法法」。
一六三〇頁上四行第二字「社」，資作「闇」；並於該字下有夾註「上聲呼」。
一六三〇頁上九行第一一字「離」，麗作「離施」。
一六三〇頁上一〇行第一三字「馱」，資作「陀」。
一六三〇頁上一三行第七字「施」，諸本無。
一六三〇頁上一五行第一一字「也」，資、磧、普、南、徑、清作「野」。
一六三〇頁上末行第六字「拏」，石作「⿰口拏」；資作「⿰亻拏」。
一六三〇頁中一三行首字「人」，諸本作「入」。
一六三〇頁下一七行第一一字「提」，資、磧、普、南、徑、清作「提相」。
一六三一頁上三行末字「轉」，石、麗作「輪」。
一六三一頁上一一行末字「欲」，資、磧、普、南、徑、清作「作」。
一六三一頁上一三行第三字「應」，資、磧、普、南、徑、清作「有」。
一六三一頁中一三行第七字「聞」，資、磧、普、南、徑、清、麗作「間」。
一六三一頁中二〇行第二字「名」，資、磧、普、南、徑、清、麗作「子」。
一六三一頁中二一行第四字「⿰日旨」，資、磧、普、南、徑、清作「脂」。
一六三一頁下一行第六字「跋」，資、磧、普、南、徑、清作「跛」。
一六三一頁下四行第一二字「娑」，麗作「婆」。
一六三一頁下六行第四字「地」，磧作「池」。
一六三一頁下八行首字「說」，石、麗作「訖」。第一四字「忿」，諸本作「怒」。
一六三一頁下一八行第二字「大」，麗作「火」。
一六三二頁上四行第四字「攞」，石作「羅」。
一六三二頁上五行「梵本闕無名」，石、麗作夾註「梵本闕其名」；磧、普、南、徑、清作夾註「梵本闕名」。
一六三二頁上六行第一三字「自」，南作「身」。
一六三二頁上一九行第一〇字「界」，資、磧、普、南、徑、清作「果」。
一六三二頁中六行第一二字「慘」，諸本作「燥」。
一六三二頁下一一行首字「等」，資

無。

一　六三二頁下一九行第一二字「修」，資、磧、普、南、徑、清作「脩」。

一　六三三頁上一三行第一〇字「上」，資、磧、普、南、徑、清作「二」。

一　六三三頁上末行末字「思」，諸本作「恩」。

大毗盧遮那經供養次第法卷第七　涤

大唐天竺三藏善無畏共沙門一行　譯

真言行學處品第五

稽首毗盧遮那佛　開敷淨眼如青蓮
我依大日經王說　供養所資衆儀軌
為成次第真言法　如彼當得速成就
又令本心離垢故　我今隨要略宣說
然初自他利成就　無上智願之方便
成彼方便雖無量　發起悲地由信解
於滿悲地諸勝願　一切如來勝生子
彼等佛身真言形　所住種種印威儀
殊勝真言所行道　及方廣乘皆諦信
有情信解上中下　世尊說彼離修法
哀愍輪迴六趣衆　隨順饒益故開演
應當恭敬決定意　亦起勤誠深信心
若於最勝方廣乘　知妙真言調伏行
隨善逝子所修習　無上持明別律儀
解了具緣衆支分　得受傳教印可等
見如是師恭敬礼　為利他故一心住
瞻仰猶如世導師　亦如善友及所親
發起慇懃殊勝意　供養給侍隨所作
善順師意令歡喜　慈悲攝受相對時

毗盧遮那成　經第七卷　第二張　涤字号

稽首諸勝善逝行　願尊如應教授我
彼師自在而建立　大悲藏等妙圓壇
依法召入漫荼羅　隨器授與三昧耶
道場教本真言印　親於尊所口傳受
獲勝三昧耶及護　尒乃應當如說行
然此契經之所說　攝正真言平等行
哀愍劣慧弟子故　分別漸次之儀式
於造勝利天中天　從正覺心所生子
下至世天身語印　入此真言最上乘
道寸諸密行軌範者　皆當敬重不輕毀
以能饒益諸世間　是故勿生捨離心
常應無間而繫念　彼等廣大諸功德
隨其力分相應事　悉皆承奉而供養
佛聲聞衆及緣覺　說彼教門盡苦道
授學處師同梵行　一切勿懷毀慢心
善觀時宜所當作　和敬相應而給侍
不違愚童心行法　不於諸尊起嫌恨
如世導師契經說　能損大利莫過瞋
一念因緣悉焚滅　俱胝曠劫所修善
是故慇懃常捨離　此无義利之根本
淨菩提心如意寶　滿世出世勝希願
除疑究竟獲三昧　自利利他因是生
故應守護倍身命　觀具廣大功德藏

若身口意嬈衆生　下至少分皆遠離
除異方便多所濟　内住悲心而現瞋
於昔恩德有情類　常懷忍辱不觀過
又常具足大慈悲　及與喜捨無量心
隨方所能法食施　以攝利行化群生
或由大利相應心　爲俟時故而弃捨
若無勢力廣饒益　住法但觀菩提心
佛說此中具万行　滿足清白純淨法
以布施等諸度門　攝受衆生於大乘
令住受持讀誦等　及與思惟正修習
智者制止六情根　常當寂意修等引
毀壞事業由諸酒　一切不善法之根
如毒火刀霜雹等　故當遠離勿親近
又由佛說增我慢　不應坐卧高妙牀
取要言之具慧者　悉捨自損損他事
我依正三昧耶道　今已次第略宣說
顯明佛說修多羅　令廣知解生決定
依此正住平等戒　復當離於毀犯因
謂習惡心及懈墮　妄念恐怖諂誑等
妙真言門覺心者　如是正住三昧耶
當令障蓋漸消盡　以諸福德增益故
欲於此生入悉地　隨其所應思念之
親於尊所受明法　觀察相應作成就

當自安住真言行　如所說明次第儀
先礼灌頂傳教尊　請白真言所修業
智者蒙師許可已　依於地分所宜處
妙山輔峯半巖間　種種龕窟兩山中
於一切時得安隱　芰荷青蓮遍嚴池
大河經川洲岸側　遠離人物衆憒閙
條葉扶踈悅意樹　多饒乳木及祥草
無有蚊虻苦寒熱　惡獸毒虫衆妨難
或諸如來聖弟子　嘗於往昔所遊居
寺塔練若古仙室　當依自心意樂處
捨離在家絶諠務　勤轉五欲諸蓋纏
一向深樂於法味　長養其心求悉地
又常具足堪忍慧　能安飢渴諸疲苦
淨命善伴或無伴　當與妙法經卷俱
若順諸佛菩薩行　於正真言堅信解
具淨慧力能堪忍　精進不求諸世間
常樂堅固無怯弱　自他現法作成就
不隨餘天無畏依　具此名爲良助伴

增益守護清淨行品第二

彼作成就處所已　每日先住於念慧
依法寢息初起時　除諸無盡爲障者
是夜放逸所生罪　懇懃還淨皆悔除
寂根具悲利益心　普度無盡衆生界

如法澡浴或不浴　應令身口意清淨
次於齋室空靜處　散妙花等以莊嚴
隨置形像勝妙典　或心思念十方佛
心目現觀諦明了　當依本尊所在方
至誠恭敬一心住　五輪投地而作礼
歸命十方正等覺　三世一切具三身
歸命一切大乘法　歸命不退菩提衆
歸命諸明真實言　歸命一切諸密印
以身口意清淨業　懇懃無量恭敬礼

作礼方便真言曰

唵(一)南麼薩婆怛他(引)蘖多(二)迦(引)耶嚩(引)吃(二合)質多(三)播娜鑁(无可反)娜難迦嚕弭(四)

由此作礼真實言　即能遍礼十方佛
布膝著地合爪掌　思惟說悔先罪業
我由無明所積集　身口意業造衆罪
貪欲恚癡覆心故　於佛正法賢聖僧
父母二師善知識　以及無量衆生所
無始生死流轉中　具造極重无盡罪
親對十方現在佛　悉皆懺悔不復作

出罪方便真言曰

唵(一)薩婆播波薩怖(二合)吒(二)娜訶曩伐折囉(引二合)也(三)莎訶(四)

南無十方三世佛　三種常身正法藏
勝願菩提大心衆　我今皆悉正歸依
歸依方便真言曰
唵一薩婆勃馱菩提薩怛鑁引一合二設羅
捬平蘖車弭三伐折羅二合達麼四
頡唎二合五
我淨此身離諸垢　及與三世身口意
過於大海刹塵數　奉獻一切諸如來
施身方便真言曰
唵一薩婆怛他引蘖多二布闍鑁羅
二合跛无鬪反嘌多二合曩夜怛忙去二合難三嘿
餥夜二合娑夜弭四薩婆怛他引蘖多
室柘二合地底瑟咤勑陜反二合多引五薩婆怛
也引蘖多若難謎阿引味設覩六
淨菩提心勝願寶　我今起發濟群生
生苦等集所纏繞　及與無知所害身
救攝歸依令解脫　常當利益諸含識
發菩提心方便真言曰
唵一菩提質多二母多播引二合娜夜弭三
是中增加句言菩提心離一切物謂
蘊界處能執所執捨故法無有我自
心平等本來不生如大空自性如佛
世尊及諸菩薩發菩提心乃至菩提

道場我亦如是發菩提心此增加句亦同真言當誦梵本
十方無量世界中　諸正遍知大海衆
種種善巧方便力　及諸佛子為群生
諸有所修福業等　我今一切盡隨喜
隨喜方便真言曰
唵一薩婆怛他引蘖多二本去若尼也反
若曩三鉢慕捺鄉布闍迷伽參慕捺
羅二合薩叵二合四羅儜三麼曳五鉡六
我今勸請諸如來　菩提大心救世者
唯願普於十方界　恒以大雲降法雨
勸請方便真言曰
唵一薩婆怛他引蘖多引二睇瀰儜布
闍迷伽娑慕捺羅三薩叵二合二羅儜三
麼曳四鉡五
願令凡夫所住處　速捨衆苦所集身
當得至於無垢處　安住清淨法界身
奉請法身方便真言曰
唵一薩婆怛他引蘖多二捺睇瀰夜
弭三薩婆薩怛羅二合係多引嘌他去二合
耶四達麼馱到薩體他以反二合埿嘌婆上二合
鞞覩五
所修一切衆善業　利益一切衆生故
我今盡皆正迴向　除生死苦至菩提

迴向方便真言曰
唵一薩婆怛他引蘖多二涅哩也二合怛
曩布闍迷伽參慕捺羅二合三薩叵二合
羅儜三麼曳四鉡五
復造所餘諸福事　讀誦經行宴坐等
為令身心遍清淨　哀愍救攝於自他
心性如是離諸垢　身隨所應以安坐
次當結三昧耶印　所謂淨除三業道
應知密印相　諸正遍知說　當合定慧手
並建二空輪　遍觸諸支分　誦持真實語
入佛三昧耶明曰
南麼薩婆怛他引蘖帝瓢一微濕嚩二合
目契弊二唵阿三迷三怛嚟二合三迷
三麼曳五平莎訶六
纔結此密印　能淨如來地　地波羅蜜滿
成三法道界　所餘諸印等　次第如經說
真言者當知　所作得成就　次結法界生
密慧之幖幟　淨身口意故　遍轉於其身
般若三昧手　俱作金剛拳　二空在其掌
風幢皆正直　如是名法界　清淨之秘印
法界生真言曰
南麼三曼多勃馱喃一達摩馱睹二
上娑嚩二合婆嚩句痕三

如法界自性　而觀於自身　或以真實言
三轉而宣說　當見住法體　無垢如虛空
真言印威力　加持行人故　為令彼堅固
觀自金剛身　結金剛智印　止觀手相背
地水火風輪　左右手相持　二空各旋轉
合於慧掌中　是名為法輪　最勝吉祥印
是人當不久　同於救世者　真言印威力
成就者當見　常如寶輪轉　而轉大法輪
金剛薩埵真言曰
南麼三曼多伐折羅赧一伐折羅引二合
咀麼二合句痕二
誦此真言已　當住於等引　諦觀我此身
即是執金剛　無量天魔等　諸有見之者
如金剛薩埵　勿生疑惑心　次以真言印
而操金剛甲　當觀所被服　遍體生焰光
用是嚴身故　諸魔為障者　及餘惡心類
覩之咸四散　是中密印相　先作三補吒
止觀二風輪　糺持火輪上　二空自相並
而在於掌中　誦彼真言已　當觀無垢字
金剛甲冑真言曰
南麼三曼多伐折羅赧一唵二伐折
囉二合迦嚩遮三鉡四
羅字色鮮白　空點以嚴之　如彼髻明珠
置之於頂上　設於百劫中　所積衆罪垢
由是悉除滅　福慧皆圓滿　彼真言曰
南麼三曼多勃馱喃覽
真言同法界　無量衆罪除　不久當成就
住於不退地　一切觸穢處　當加此字門
赤色具威光　焰鬘遍圍繞　次為降伏魔
制諸大障故　當念大護者　無能堪忍明
無堪忍大護明曰
南麼薩婆怛他引蘗帝弊一薩婆佩
也微蘗帝弊二微濕嚩目契弊薩婆
他引三唅欠四囉吃灑二合摩訶引沫麗五
薩婆怛他引蘗多奔抳也二合[口*星]社帝六
鉡鉡七咀囉引二合吒轉咀囉吒八同上阿鉢
囉二合[口*座]訶諦九莎訶十
由繞憶念故　諸毗那也迦　惡形羅刹等
彼一切馳散
供養儀式品第三
如是正業淨其身　住定觀本真言主
以真言印而召請　先當示現三昧耶
真言相應除障者　然以不動慧刀印
稽首奉獻閼伽水　行者復獻真言座
次應供養花香等　去垢示以無動尊
辟除作淨皆如是　加持以本真言王
或觀諸佛勝生子　無量无數衆圍繞
右攝頌竟下當次第分別說
現前觀羅字　具點廣嚴飾　謂淨光焰鬘
赫如朝日暉　念聲真實義　能除一切障
解脫三毒垢　諸法亦復然　先自淨心地
復淨道場地　悉除衆過患　其相如虛空
如金剛所持　此地亦如是　最初於下位
思惟彼風輪　訶字所安住　黑光焰流布
彼真言曰
南麼三曼多勃馱喃唅
次上安水輪　其色猶雪乳　嚩字所安主
頗胝月電光　彼真言曰
南麼三曼多勃馱喃鑁
復於水輪上　觀作金剛輪　想置本初字
四方遍黃色　彼真言曰
南麼三曼多勃馱喃阿
是輪如金剛　名大因陁羅　光焰淨金色
普皆遍流出　於彼中思惟　導師諸佛子
水中觀白蓮　妙色金剛莖　八葉具鬚蘂
衆寶自莊嚴　常出無量光　百千衆蓮繞
其上復觀想　大覺師子座　寶王以校飾
在大宮殿中　寶柱皆行列　遍有諸幢蓋
珠鬘等交絡　垂懸妙寶衣　周布香花雲

及與衆寶雲　普雨雜花等　繽紛以嚴地
諸韻所愛聲　而奏諸音樂　宮中想淨妙
賢瓶與閼伽　寶樹王開敷　照以摩尼燈
三昧揔持地　自在之婇女　佛波羅蜜等
菩提妙嚴花　方便作衆伎　歌詠妙法音
以我功德力　如來加持力　及以法界力
普供養而住
虚空藏轉明妃曰
南麼薩婆怛他引糵帝瞟一微濕嚩合
目契弊薩婆他三欠四嗢糵帝薩叵
紇二羅係門五伽伽娜劒六莎訶七法應多誦
由此持一切　真實無有異　作金剛合掌
是則加持印　一切法不生　自性本寂故
想念此真實　阿字置其中　次當轉阿字
成大日牟尼　無盡剎塵衆　普現圓光内
千界為增數　流出光焰輪　遍至衆生界
隨性令開悟　身語遍一切　佛心亦復然
閻浮淨金色　為應世間故　加趺坐蓮上
正受離諸毒　身被綃縠衣　自然綟髻冠
若釋迦牟尼　彼中想婆字　復轉如是字
而成能仁尊　勤勇袈裟衣　四八大人相
釋迦種子心曰
南麼三曼多勃馱喃婆

字門轉成佛　亦利諸衆生　猶如大日尊
瑜伽者觀察　一身與二身　乃至無量身
同入於本體　流出亦如是　於佛右蓮上
當觀本所尊　左置執金剛　勤勇諸眷屬
前後花臺中　廣大菩薩衆　一生補處等
饒益衆生者　右邊花座下　真言者所居
若持妙吉祥　中置無我字　是字轉成身
如前之所觀
文殊種子心曰
南麼三曼多勃馱喃滿
若觀世自在　或金剛薩埵　慈氏及普賢
地藏除蓋障　佛眼并白處　多利毗俱知
忙莽商朅羅　金輪與馬頭　持明男女使
忿怒諸奉教　隨其所樂欲　依前法而轉
為令心喜故　奉獻外香花　燈明閼伽水
皆如本教說　不動以去垢　辟除使光顯
本法自相加　及護持我身　結諸方界等
或以降三世　召請如本教　所用印真言
及此普通印　真言王相應
聖者不動尊真言曰
南麼三曼多伐折羅赧一戰拏摩訶
路灑儜二上薩破合二吒也三鈝怛囉合二迦
四悍引漫引三當誦遍五

當以定慧手　皆作金剛拳　正直舒火風
虚空持地水　三昧手為鞘　般若以為刀
慧刀入住出　皆在三昧鞘　是則無動尊
密印之威儀　定手住其心　慧手普旋轉
應知所觸物　即名為去垢　以此而左旋
因是成辟除　若結方隅界　皆令隨右轉
所餘衆事業　滅惡淨諸障　亦當如是作
隨類而相應　次以真言印　而請召衆聖
諸佛菩薩說　依本誓而來
召請方便真言曰
南麼三曼多勃馱喃一阿去呼急薩婆
怛羅合引二鉢羅合二底訶諦二怛他引糵
黨矩奢三菩提浙羅耶合二鉢羅布囉
迦四莎訶七應誦遍
以歸命合掌　固結金剛縛　當令智慧手
直舒彼風輪　俛屈其上節　故号為鉤印
諸佛救世者　以茲召一切　安住十地等
大力諸菩薩　及餘難調伏　不善心衆生
次奉三昧耶　具以真言印　印相如前說
諸三昧耶教
三昧耶真言曰
南麼三曼多勃馱喃一阿三迷二怛羅
三迷三三麼曳四莎訶應誦三

以如是方便　正示三昧耶　則能普增益
一切衆生類　當得成悉地　速滿無上願
令本真言主　諸明歡喜故　所獻閼伽水
先已具嚴備　以本真言印　如法以加持
奉諸善逝者　用浴無垢身　次當淨一切
佛口所生子　閼伽真言曰
南麼三曼多勃馱喃一伽伽娜三摩引三摩二莎訶（當誦二十五遍以不動尊印示之）
次奉所敷座　具密印真言　結作蓮花臺
遍置一切處　覺者所安坐　證寂勝菩提
為得如是處　故持以上獻
如來座真言曰
南麼三曼多勃馱喃阿（引聲急呼）
其中密印相　定慧手相合　而普舒散之
猶如鈴鐸形　二空與地輪　聚合以為臺
水輪稍相遠　是即蓮花印　復次當辟除
自身所生障　以大慧刀印　聖不動真言
當見同於彼　寂勝金剛焰　焚燒一切障
令盡無有餘　智者當轉作　金剛薩埵身
真言印相應　遍布諸支分
金剛種子心曰
南麼三曼多勃馱喃鍐
念此真實義　諸法離言說　以具印等故

即同執金剛　當知彼印相　先以三補吒
火輪為中鋒　端銳自相合　風輪以為鉤
舒屈置其傍　水輪手相交　而在於掌內
金剛薩埵真言曰
南麼三曼多伐折羅赧一戰拏摩訶引
嚕灑赧二平𤙖
或用三昧手　作半金剛印　或以餘契經
所說之軌儀　次當周遍身　被服金剛鎧
身語之密印　前已依法說　以佉字及點
而置於頂上　思惟此真言　諸法如虛空
彼真言曰
南麼三曼多勃馱喃欠
應先住此字門　然後作金剛薩埵身
次應一心作　摧伏諸魔印　智者應普轉
真語共相應　能除極猛利　諸有惡心者
當見遍此地　金剛熾焰光
降伏魔真言曰
南麼三曼多勃馱喃一摩訶引沫羅
嚩㘕二捺奢嚩路嗢婆二合吠三平摩訶引
昧怛囉也二合毗庾二合嗢蘗二合㘕四莎訶五
當以智慧手　而作金剛拳　正直舒風輪
加於白毫際　如毗俱知形　是則彼標幟
此印名大印　念之除衆魔　纔結是法故

無量天魔軍　及餘為障者　必定皆退散
次用難堪忍　密印及真言　而用結周界
威猛無能覩
無能堪忍真言曰
南麼三曼多勃馱喃一三莽多努蘗帝
二滿馱也徙𦄿三引摩訶三摩耶怛去
闍去帝四娑麼二合羅妳五阿鉢羅二合
底訶諦六馱迦馱迦七捺囉捺囉八
滿馱滿馱九捺奢你體十薩婆怛他引
蘗多引努壞帝十一鉢羅二合嚩羅達摩
䏲孕馱微若戍二平十二薄伽嚩㘕十三微矩
㘑微矩麗十四麗曾補㘑微矩麗十五
莎訶（當誦三遍十六）
或以第二略說真言曰
南麼三曼多勃馱喃一麗曾補㘑微
矩麗二莎訶（當誦七遍）
先以三補吒　風輪在於掌　二空及地輪
內屈猶如鉤　火輪合為峯　開散其水輪
旋轉指十方　是名結大界　用持十方國
能令悉堅住　是故三世事　悉能普護之
或以不動尊　成辦一切事　護身處令淨
結諸方界等
不動尊種子心曰

南麼三曼多伐折囉赦悍
次先恭敬礼　復獻於閼伽　如經說香等
依法修供養　復以聖不動　加持此衆物
結彼慧刀印　普皆遍灑之　是諸香花等
所辦供養具　數以密印灑　復頻誦真言
各說本真言　及自所持明　應如是作已
稱名而奉獻　一切先遍置　清淨法界心
所謂覺字門　如前所開示
所稱名中塗香真言曰
南麼三曼多勃馱喃一微輸上馱健杜
引嗢婆二合嚩二莎訶　當誦三遍
次說花真言曰
南麼三曼多勃馱喃一摩訶引昧咀
囉也三合二毗庾二合嗢蘗帝三莎訶　當誦三遍
次說焚香真言曰
南麼三曼多勃馱喃一達摩馱埵努
蘗帝二莎訶　當誦三遍
次說然燈真言曰
南麼三曼多勃馱喃一怛他引蘗多引
喇旨二合二薩叵二合羅儜嚩婆去娑曩三
伽伽猱陁哩耶二合四莎訶　當誦三遍
次說諸食真言曰
南麼三曼多勃馱喃一阿囉囉迦囉囉二沫隣

捺泥三摩訶引沫履四莎訶　當誦三遍
及餘供養具　所應奉獻者　依隨此法則
淨以無動尊　當合定慧掌　五輪互相叉
是則持衆物　普通供養印　真言具慧者
敬養衆聖尊　復作心儀式　清淨極嚴麗
所獻皆充滿　平等如法界　此方及餘剎
普入諸趣中　依諸佛菩薩　福德而生起
幢幡諸瓔蓋　廣大妙樓閣　及天寶樹王
遍有諸資具　衆香花雲等　无際猶虛空
各兩諸供物　供養成佛事　思惟奉一切
諸佛及菩薩　以虛空藏明　普通供養印
三轉作加持　所願皆成就
持虛空藏明增加句云
依我功德力　及與法界力　一切時易獲
廣多復清淨　大供莊嚴雲　依一切如來
及諸菩薩衆　海會而流出　以一切諸佛
菩薩加持故　如法所修事　積集諸功德
迴向成悉地　為利諸衆生　以如是心說
願明行清淨　諸障得消除　功德自圓滿
隨時修正行　是則無定期　若諸真言人
此生求悉地　先依法持誦　但作心供養
所為既終竟　次經於一月　具以外儀軌
而受持真言　又以持金剛　殊勝之諷詠

供養佛菩薩　當得速成就
執金剛阿利沙偈曰
無等无所動　平等堅固法　悲愍流轉者
攘奪衆苦患　普能授悉地　一切諸功德
離垢不遷變　無比勝願法　等同於虛空
彼不可為喻　隣塵千万分　尚不及其一
恒於衆生界　成就果願中　於悉地無盡
故離於辟喻　常無垢醫悲　依於精進生
隨願成悉地　法尒無能蔽　作衆生義利
所及普周遍　照明恒不断　哀愍廣大身
離障無罣㝵　行於悲行者　周流三世中
施與成就願　於無量之量　令至究竟處
奇哉此妙法　善逝之所到　唯不越本誓
授我無上果　若施斯願者　恒至殊勝處
廣及於世間　能滿勝希願　不染一切趣
三界無所依
右此偈即同真言當誦梵本
誦持如是偈讚已　至誠歸命世導師
唯願衆聖授與我　慈濟有情之悉地
復次為欲利他故　觀佛化雲遍一切
我所修福佛加持　普賢自體法界力
坐蓮華臺往十方　隨順性欲導衆生
依諸如來本誓願　淨除一切內外障

開現出世衆資具　如其信解充滿之
以我功德所莊嚴　及淨法界中出生
如來神力加持故　成就衆生諸義利
脩足諸佛之庫藏　出無盡寶不思議
三誦虛空藏轉明　及密印相如前說
此真言乘諸學者　是故當生諦信心
一切導師所宣說　不應誹謗生疑悔
持誦法則品第四
如是具法供養已　起利無盡衆生心
稽首諸佛聖天等　住相應座入三昧
四種靜慮之軌儀　能令內心生喜樂
以真實義加持故　當得真言成等引
若作真言念誦時　今當次說彼方便
智者如先所開示　現前而觀本所尊
於其心月圓明中　悉皆照見真言字
即應次第而受持　乃至令心淨無垢
數及時分相現等　依隨經教已滿足
志求有相之義利　真言悉地隨意成
是名世間具相行　四支禪門復殊異
行者應生決定意　先當一緣觀本尊
持彼真言秘密印　自作瑜伽本尊像
如其色相威儀等　我身無二行亦同
由住本地相應身　雖少福者亦成就

瑜伽勝義品中說　次應轉變明字門
而以觀作本尊形　速見身秘之幖幟
契經略說有二相　正遍知觀最為先
次及菩薩聖天觀　妙吉祥尊為上首
亦依彼乘位而轉　以相應印及真言
文殊種子所謂瞞字門已於前品中說
本尊三昧相應者　以心置心為種子
彼應如是自觀察　安住清淨菩提心
衆所知識之形像　隨順彼行而勿異
當知聖者妙音尊　身相猶如欝金色
頂現童真五髻相　左伐折羅在青蓮
以智慧手施無畏　或作金剛與願印
文殊師利真言曰
南麼三曼多勃馱喃一係係俱摩羅
迦二微目吃底合二鉢他悉體合二多三薩
麼合二囉薩麼合二囉四鉢囉合二底然五
莎訶六
合定慧手虛心掌　火輪交結持水輪
二風環屈加大空　其相如鉤成密印
而用遍置自支分　亦乃徧行衆事業
當知諸佛菩薩等　轉字瑜伽亦復然
或餘經說真言印　如是用之不違背
或依彼說異儀軌　或以普通三密門

若能解了旋轉者　諸有所作皆成就
普通種子心曰
南麼三曼多勃馱喃迦
契經所說迦字門　一切諸法無造作
當以如是理光明　而觀此聲真實義
真陁摩尼寶王印　定慧五輪互相交
金剛合掌之摽式　普通一切菩薩法
一切諸菩薩真言曰
南麼三曼多勃馱喃一薩婆他二微
沫底三微枳羅儜上四達摩馱睹涅闍
多五參參訶六莎訶七
佉字含衆色　增加大空點　如前所宣說
置之於頂上　當得等虛空　說諸法亦然
復有其首內　想念本初字　純白點嚴飾
最勝百明心　眼界猶明燈　大空無垢字
住於本尊位　正覺當現前　乃至諦明了
應當如是見　又觀彼心處　圓滿淨月輪
炳現阿字門　遍作金剛色　說聲真實義
諸法本無生　於中正觀察　皆從此心起
聲字如花鬘　燁焰自圍繞　其光普明淨
能破無明瞖　迦字以為首　或復餘字門
皆當修是法　念以聲真實　或所持真言
環列在圓明　單字與向因　隨息而出入

或修意支法　應理如等引　緣念成悉地
普利衆生心　方便作持誦　懈極然後已
或以真言字　運布心月中　隨其深密意
思念聲真實　如是受持者　復為一方便
諸有修福聚　成就諸善根　當習意支法
無有定時分　若樂求現法　上中下悉地
應以斯方便　先作心受持　正覺諸世尊
所說法如是　或奉香花等　隨力修供養
是中先持誦法略有二種一者依
時故二者依相故時謂所期數滿
及定時日月限等相謂佛塔圖像
出生光焰音聲等當知是真言行
者罪障淨除之相也彼如經所說
先作意念誦已復持滿一落叉從
此經第二月乃修具支方便然後
隨其本願作成就法若有障者先
依現相門以心意持誦然後於第
二月具支供養應如是知
復為樂修習　如來三密門　經于一月者
次說彼方便　行者若持誦　大毗盧遮那
正覺真言印　當依如是法
大日如來種子心曰
南麼三曼多勃馱喃阿

阿字門所謂一切法本不生故已
如前說
是中身密印正覺白毫相慧手金剛拳
而在於眉間
如來毫相真言曰
南麼三曼多勃馱喃一阿去聲急呼痕若急呼
如前轉阿字而成大日尊法力所持故
與自身無異住本尊瑜伽加以五支字
下體及齊上心頂與眉間於三摩呬多
運想而安立以依是法住即同牟尼尊
阿字遍金色用作金剛輪加持於下體
說名瑜伽座錽字素月中在於霧聚中
加持自臍上是名大悲水囕字初日暉
形赤在三角加持本心位是名智火光
唅字劫灾焰黑色在風輪加持白毫際
說名自在力佉字及空點想成一切色
加持在頂上故名為大空
此五種真言心第二品中已說又此五偈
傳度者頗以經意足之使文句周備也
五字以嚴身　威德具成就　熾然大慧炬
滅除衆罪業　天魔軍衆等　及餘為障者
當見如是人　赫奕同金剛　又於首中置
百光遍照王　安立無垢眼　猶燈明顯照

如前住瑜伽　加持亦如是　智者觀自體
等同如來身　心月圓明處　聲鬘與相應
字字無間斷　猶如韻鈴鐸　正等覺真言
隨取而受持　當知此方便　速得成悉地
復次若觀念　釋迦牟尼尊　所用明字門
我今次宣說
釋迦種子所謂婆字門已於前品
中說
是中聲實義所謂離諸觀彼佛身密印
以如來鉢等當用智慧手加於三昧掌
正受之儀式而在於臍輪
釋迦牟尼佛真言曰
南麼三曼多勃馱喃一薩婆吃麗二合奢啰素捺郍二薩婆達摩䑸始多引鉢羅引二合鉢多三二合伽伽娜三摩引三摩四涉訶五
如是或餘等　正覺密印真言　各
依本經所用　亦當如前方便　以字
門觀轉作本尊身　住瑜伽法　運布
種子然後持誦所受真言若依此
如來行者當於大悲胎藏生漫荼
羅王得阿闍梨灌頂乃應具足修
行非但得持明灌頂者之所堪也

其四支禪門方便次第設餘經中所說儀軌有所虧缺若如此法修之得離諸過以本尊歡喜故增其威勢功德隨生又持誦畢已輒用本法而護持之雖餘經有不說者亦當通用此意令修行人速得成就

復次本尊之所住　曼荼羅位之儀式
如彼形色壇亦然　依此瑜伽疾成就
當知悉地有三種　寂災增益降伏心
分別事業凡四分　隨其物類所當用
純素黃赤深玄色　圓方三角蓮華壇
北面勝方住蓮座　淡泊之心寂災事
東面初方吉祥座　悅樂之容增益事
西面後方在賢座　喜怒與俱攝召事
南面下方蹲踞等　忿怒之像降伏事
若知秘密之標幟　性位形色及威儀
奉花香等隨所應　皆當如是廣分別
淨障增福圓滿等　捨處遠離摧害等
真言之初以唵字　後加莎訶寂災用
若真言初以唵字　後加吽發攝召用
初後納麼增益用　初後吽發降伏用
吽字發字通三處　增其名號在中間
如是分別真言相　智者應當悉知解

真言事業品第五

爾時真言行者隨其所應如法持誦已復當如前事業而自加持作金剛薩埵身思惟佛菩薩眾無量功德於無盡眾生界興大悲心隨其所有資具而修供養供養已又當一心合掌以金剛諷誦及餘微妙言辭稱歎如來真實功德次持所造眾善迴向發願作如是言如大覺世尊所證知解了積集功德迴向無上菩提我今亦復如是所有福聚與法界眾生共之咸使度生死海成遍知道自利利他法皆滿足依於如來大住而住非獨為已身故求菩提也乃至往返生死濟諸眾生同得一切種智以來常當修集福德智慧不造餘業願我等得到第一安樂所求悉地離諸障身一切圓滿故復更思惟令我速當具足若內若外種種清淨妙寶而自莊嚴相續無間普皆流出以是因緣故能滿一切眾生所有希願

右略說如是若廣修行者當如普賢行願及餘大乘修多羅所說以

決定意而稱述之或云如諸佛菩薩自所證知興大悲願我亦如是發願也

次當奉獻閼伽作歸命合掌置之頂上思惟諸佛菩薩真實功德至誠作禮而說偈言

諸有求離一切過　無量功德莊嚴身
一向饒益眾生者　我今悉皆歸命禮

次當啓白眾聖說是偈言

現前諸如來　救世諸菩薩　不斷大乘教
到殊勝位者　唯願聖天眾　決定證知我
各當隨所安　後復垂哀赴

次當以三昧耶真言密印於頂上解之而生是心諸有結護加持皆令解脫以此方便故先所奉請諸尊各還所住不為無等大誓之所留止也復用法界本性加持自體思惟淨菩提心而住金剛薩埵身是中明印第二品中已說若念誦竟以此三印持身所有真言行門終畢法則皆悉圓滿又應如前方便觀法界字以為頂相被服金剛甲冑由斯秘密莊嚴故即得如金剛自性無能沮壞之者諸有

聞其音聲或見或觸皆必定於阿耨多羅三藐三菩提一切功德皆悉成就與大日世尊等無有異也
次復起增上心修行殊勝事業於清淨處嚴以香花先令自身作觀世音菩薩或住如來白性依前方便以真言密印加持然後以法施心讀誦大乘方廣經典或以心誦而請諸天神等令聽受之如所說偈言
金剛頂經說　觀世蓮花眼　即同一切佛
無盡莊嚴身　或以世導師　諸法自在者
隨取一名号　作本性加持
觀自在種子心曰
南麼三曼多勃馱喃娑急呼
字門真實義　諸法無染者　音聲所流出
當作如是觀　此中身密相　所謂蓮花印
如前奉敷座　我已分別說
次說觀自在真言曰
南麼三曼多勃馱喃一薩婆怛他引蘖多縛路吉多二羯嚕拏麼也三囉囉𤙖若短聲四莎訶五
前以法界心字置之在頂又用此真言密印相加隨力所堪讀誦經法或

造制底曼荼羅等所為已畢次從座起以和敬相應接諸人事又為身輪得支持故次行乞食或檀越請或僧中所得當離魚肉葷菜及供養本尊諸佛之餘乃至種種殘宿不淨諸酒木果等漿可以醉人者皆不應飲噉若固有餘更出少分為濟飢乏乞求故當生是心我為任持身器安隱行道要是段食如膏車轄令不敗傷有所至到不應以滋味故增減其心及生悅澤嚴身之相然後觀法界心字遍淨諸食以事業金剛加持自身是中種子如鑁字真言所說復誦施十力明八遍方乃食之說此明曰
南麼薩婆勃馱菩提薩埵喃一唵麼蘭捺泥去帝𠽗怛㗚寧二莎訶三
如是住先成就本尊瑜伽飯食訖已所餘觸食以成辦諸事真言心供養所應食者當用不空威怒增加聖不動真言當誦一遍受者歡喜常隨行人而護念之彼真言曰
南麼三曼多伐折囉引二合赦一怛羅二合

吒輕阿謨伽二戰拏摩訶路灑停上三娑破二合吒野𤙖四怛囉二合怛囉二合麼野五𤙖怛囉二合吒輕悍漫六
彼食竟休息少時復當礼拜諸佛懺悔衆罪為淨心故如是循修常業乃至依前讀誦經典恒依是位於後日分亦復如是初夜後夜思惟大乘無得間絕至中夜分以事業金剛如前被金剛甲敬礼一切諸佛大菩薩等次當運心如法供養而作是念我為一切衆生志求大事因緣故應當愛護是身少時安寢非為貪著睡眠之樂先當正身威儀重累二足右脅而卧若支體疲懈者隨意轉側無咎為令速寤常當係意在明又復不應偃卧牀上次於餘日亦如是行之持真言者以不斷法則無間勤修故得真言門修菩薩行之名号也若於數時相現等持誦法中作前方便乃至具修勝業猶不成就者應自警悟倍加精進勿得生下劣想而言是法非我所堪如是展其志力自利利他常不空過以行者勤誠不休息故衆聖玄

照其心則蒙威神建立得離諸障是
中有二事不應捨離謂不捨諸佛菩
薩及饒益無盡衆生心恒於一切智
願心不傾動此因緣必定得成隨類
悉地也
常依内法而澡浴　不應執著外淨法
於觸食等懷疑悔　如是皆所不應為
若為住持是身故　隨時盥沐除諸垢
於河流等如法教　興真言印共相應
以法界心淨諸水　隨用不動降三世
真言密印護方等　住於本尊自性觀
復當三轉持淨土　恒以一心正思惟
念聖不動真言等　智者默然應澡浴
淨法界心及不動尊種子刀印皆
如前說
降三世種子心曰
南麽三曼多伐折羅赦南洄
此中訶字門　聲理如前說　少分差別者
所謂淨除相　降伏三界尊　身密之儀式
當用成事業　五智金剛印
次說降三世真言曰
南麽三曼多伐折羅赦一訶訶訶二
微薩麽二合曳三平薩婆怛他引蘖多微
灑也三婆嚩四怛灑二合路枳也二合微若也
五許若六急呼莎訶七
如是澡浴灑淨已　具三昧耶護支分
思惟無盡聖天衆　三奉掬水而獻之
為淨身心利他故　敬礼如來勝生子
遠離三毒分別等　寂調諸根諸精室
或依水室異方便　心住如前所制儀
自身三等為限量　為求上中下法故
行者如是作持誦　所有罪流當永息
必定成就摧諸障　一切智句集其身
彼依世間成就品　或復餘經之所說
供養支分衆方便　如其次弟所修行
未離有為諸根故　是謂世間之悉地
次說無相最殊勝　具信解者所觀察
若真言乘深慧人　此生志求無上果
隨所信解修觀照　如前心供養之義
及依悉地流出品　出世間品瑜伽法
彼於真實緣生句　内心支分離攀緣
依此方便而證修　當得出世間成就
如所說優陁那偈言
甚深無相法　劣慧所不堪　為應彼等故
兼存有相說
右阿闍梨所集大毗盧遮那成
佛神變加持經中供養儀式具
足竟傳度者頗存會意又欲省
文故删其重複真言旋轉用之
修行者當綜括上下文義耳
𪇆毗庚反嗶毗也反啶丁以反喔倍人聲嚗偈以反真言曰
平聲字皆稍上聲呼之者諸與下字相
連亦可逆便以入聲呼之如婆伽梵呼
為薄伽梵之類是也

大毗盧遮那經供養次弟法卷第七

大毗盧遮那經供養次第法卷第七

校勘記

一　底本，金藏廣勝寺本。

一　六三六頁中一行經名卷次，諸本作「大毗盧遮那成佛神變加持經卷第七」。磧、普、南、清，並有夾註「此是供養儀式」。

一　六三六頁中三行首字「真」，石、麗作「供養次第法中真」；資、普、徑、清作「供養念誦三昧耶法門真」；磧、南作「養念誦三昧耶法門真」。

一　六三六頁中一三行第二字「情」，資、磧、普、南、徑、清作「清」。

一　六三六頁中一八行第三字「具」，資、磧、普、南、徑、清作「其」。

一　六三六頁中二〇行首字「瞻」，資、磧、普、南、徑、清、麗作「瞻」。

一　六三六頁下一行第三字「請」，磧、普、南、徑、清作「諸」。

一　六三六頁下一〇行首字「導」，資、磧、普、南、徑、清作「遵」。

一　六三六頁下二一行末字「願」，資、磧、普、南、徑、清作「有」。

一　六三七頁上三行第九字「懷」，資、磧、普、南、徑、清作「行」。

一　六三七頁上五行第九字「兹」，磧、普、南、徑、清作「慈」。

一　六三七頁上八行第一二字「純」，資、磧、普、南、徑、清作「淳」。

一　六三七頁上一六行第八字「令」，磧作「念」。

一　六三七頁上一七行第八字「令」，磧作「今」。

一　六三七頁中六行第三字「經」，資、磧、普、南、徑、清、麗作「逕」。

一　六三七頁中一四行第八字「當」，資、磧、普、南、徑、清作「常」。

一　六三七頁中二一行第四字「息」，磧、普、南作「心」。

一　六三七頁下三行第八字「或」，資、磧、普、南、徑、清作「誠」。

一　六三八頁上一七行第五字「令」，南作「今」。

一　六三八頁中一行夾註，資作正文。

一　六三八頁下八行第二字「當」，資、磧、普、南、徑、清作「復」。

一　六三八頁下一九行第六字「俱」，資、磧、普、南、徑、清作「皆」。

一　六三八頁下二〇行第二字「幢」，資、磧、普、南、徑、清作「輪」。

一　六三九頁中二二行第一〇字「示」，資、磧、普、南、徑、清作「亦」。

一　六三九頁中末行末字「王」，資、磧、普、南、徑、清作「主」。

一　六三九頁下二行，此行十二字，磧、普、南、徑、清均作夾註。

一　六三九頁下一一行第八字「猶」，資、磧、普、南、徑、清作「如」。末字「主」，諸本作「住」。

一　六三九頁下二二行第七字「柱」，資、磧、普、南、徑、清作「樹」。

一　六三九頁下末行首字「殊」，諸本作「珠」。

一　六四〇頁上一三行「寂故」，磧、

普、南、清作「故寂」。
一 六四〇頁上一九行第八字「絹」，石、磧、普、南、徑、清、麗作「綃」。
一 六四一頁上四行第六字「以」，資、磧、普、南、徑、清作「用」。
一 六四一頁上一一行第九字「上」，磧、普、南、徑、清作「奉」。
一 六四一頁上一四行第八字「手」，諸本作「手」。
一 六四一頁上一七行第九字「刀」，徑作「力」。
一 六四一頁上二一行末字「曰」，磧無。
一 六四一頁中二行第五字「鋒」，磧、普、南、徑、清作「鉾」。
一 六四二頁中三行首字「淨」，南、徑、清作「念」。
一 六四二頁中一八行第九字「衆」，石作「群」。
一 六四二頁下九行第一〇字「蔽」，資、磧、普、南、徑、清作「障」。
一 六四二頁下一七行，此行文字，磧、普、南、徑、清作夾註。
一 六四二頁下二〇行第八字「覩」，資、磧、普、南、徑、清作「親」。
一 六四二頁下二二行第五字「往」，資、磧、普、南、徑、清作「遍」。
一 六四三頁上一行末字「之」，資、磧、普、南、徑、清作「足」。
一 六四三頁中六行第七字「睎」，資、磧、普、南、徑、清作「滿」。
一 六四三頁中九行第五字「之」，磧、普、南、徑、清作「乏」。
一 六四三頁中一一行第一二字「在」，資、磧、普、南、徑、清作「右」。
一 六四三頁下八行第三字「諸」，資、磧、普、南、徑、清無。
一 六四三頁下一二行第三字「含」，資、磧、普、南、徑、清作「合」。
一 六四三頁下一四行第二字「有」，諸本作「於」。
一 六四三頁下一七行第四字「是」，資、磧、普、南、徑、清作「意」。
一 六四三頁下二一行第五字「窟」，資、磧、普、南、徑、清作「害」。
一 六四三頁下二一行第六字「迦」，資、磧、普、南、徑、清作「加」。
一 六四三頁下末行第九字「向」，諸本作「句」。
一 六四四頁上八行第四字「如」，磧作「便」。
一 六四四頁中一〇行第二字及一六行第一一字「想」，資、磧、普、南、徑、清作「相」。
一 六四四頁中一二行第一〇字「中」，諸本作「光」。
一 六四四頁中一五行首字「啥」，諸本作「唅」。
一 六四四頁中一九行夾註左首字「之」，資無。
一 六四四頁下四行第七字「知」，資、磧、普、南、徑、清作「以」。
一 六四四頁下一〇行第一二字「於」，資、磧、普、南、徑、清作「持」。
一 六四四頁下一七行「等正」，資、磧、普、南、徑、清作「正等」。

一六四五頁上二行第一〇字「如」，資、磧、普、南、徑、清作「加」。

一六四五頁上七行第三字「本」，磧作「天」。

一六四五頁上一八行末字「等」，資、磧、普、南、徑、清作「事」。

一六四五頁上一九行第八字「後」，資、磧、普、南、徑、清作「復」。

一六四五頁上二〇行「攝召」，資、普、作「召攝」。

一六四五頁中七行第五字「誦」，資、磧、普、南、徑、清作「詠」。

一六四五頁中一五行首字「濟」，資、磧、普、南、徑、清作「劑」。

一六四五頁中二一行末字「願」，石作「願故」。

一六四五頁下二行第六字「興」，資、磧、普、南、徑、清作「與」。

一六四五頁下一二行首字「各」，資作「久」。

一六四五頁下一四行第五字「心」，資、磧、普、南、徑、清作「念」。

一六四五頁下二一行第四字「前」，資、磧、普、南、徑、清無。

一六四六頁上四行「次復」，資、磧、普、南、徑、清作「復次」。

一六四六頁上九行第二字「令」，磧、南、徑、清作「今」。

一六四六頁上一六行「中身」，資、磧、普、南、徑、清作「身中」。

一六四六頁中四行第八字「薰」，磧、普、南、徑、清作「葷」。

一六四六頁中一一行第一〇字「故」，諸本無。

一六四六頁中一二行第八字「相」，資、磧、普、南、徑、清作「想」。

一六四六頁下五行第一〇字「循」，資、磧、普、南、徑、清無。

一六四六頁下六行第一一字「位」，資、磧、普、南、徑、清、麗作「住」。

一六四六頁下八行首字「得」，磧、普作「救」。

一六四六頁下一八行第一〇字「也」，資、磧、普、南、徑、清無。

一六四六頁下二〇行第八字「者」，資、磧、普、南、徑、清無。

一六四七頁上四行第六字「此」，諸本作「以此」。

一六四七頁上六行第二字「依」，資作「於」。

一六四七頁上八行第三字「住」，諸本作「任」。

一六四七頁中一三行第六字「根」，諸本作「相」。

一六四七頁中一八行第七字「句」，磧、普、南、徑、清作「智」。

一六四七頁中一九行第八字「當」，磧、普、南、徑、清作「常」。

一六四七頁下末行「經供養次第法」，石、磧、普、南、徑、清、麗作「成佛神變加持經」；資作「成佛神變加持經供養法」。

蘇婆呼童子請問經卷上

唐天竺三藏輸波迦羅奉　制譯

律分品第一

尒時執金剛菩薩大藥叉將威力難思光超千日一心而住於大會中有一童子名曰蘇婆呼大悲淳厚即從座起虔誠頂礼執金剛足已曲躬合掌白言大威尊者我今抱疑日久欲有少問唯見聽許

尒時執金剛大藥叉將言汝所疑者今恣汝問我為汝决疑情斷除蘇婆呼童子曰我今恣問尊威聽許我久疑者遍觀一切世間出家在家善男女等為求出離生死海故求覔陁羅尼速成就法節食持誦專心勤苦如是修行仍不成就唯願尊者分別解說不成就因緣及成就法尊威悲光能除衆生極重苦源所演真言復能破障菩薩修因行其六度至極等妙行願不虛所施言教皆為衆生進趣菩提何因衆生持誦真言不復獲果尋師所求真言悉地上中下法從日至月月至經年從年極至一形具修苦行晝夜不闕亦無効驗若以依法作不成者此真言句不可依也若須依者先以行訖一無證効世尊設教若能持誦真言即得智慧得離無明無明斷故即寂滅解脫若如此者何故不得悉地果願應弃真言當順無明何須勤苦持誦真言求於悉地一切聖人教不妄施衆生興心動念擧意求者菩薩得他心智滿衆生願與第一樂何故衆生求不滿願苦者不獲樂果令無量衆生墮疑謗中我聞一切聖人皆不妄語所施言教衆生聞者依法修行即見正道獲報無邊云何作業而得果耶

為法不具耶　為不依時節耶　為不得日耶
為不得月耶　為不得星耶　為不得處所耶
為處所不淨耶　為供養不具足耶
為不得同伴耶　為不專心耶　為放逸耶
為坐多耶　為惛沉耶　為思想多耶
為身不淨耶　為衣不淨耶　為然燈不是耶
為食器不如法耶　為花不如法耶
為安食不如法耶

為蘇酪乳不如法耶
為請佛菩薩金剛天等鬼神等不如
法耶
為持誦人犯觸食耶
為持誦人經過穢處耶
為持誦人共婦人同牀坐卧耶
為持誦人犯食五辛耶
為持誦人盜佛法僧物耶
為持誦人刼奪一切衆生并欺孤窮
人耶
為不行六度耶
為不供養佛法僧耶
為不供養一切善知識及一切衆生耶
為輕賤一切衆生耶　為呼摩不如法耶
為真言字句有加減耶
為藥味不周備耶　為器不如法耶
為下香水不如法耶　為不浴尊像耶
為不經行耶　為不坐禪耶
為洗手脚不淨耶　為不嚼楊枝耶
為漱口不淨耶　為洗淨不如法耶
為採花不如法耶　為弟子不如法耶
為弟子師主心有異耶
為弟子不如法辦食耶

為持誦人觸手汙淨食耶
為呼摩時口吹火耶　為柴不如法耶
為將殘食供養佛耶
為持誦人為與殘食耶
為持誦人二時不讀經耶
為違背師僧耶　為返逆父母耶
為不受師主教勑耶
為持誦久多談世事耶
為求名利耶　為求名聞耶
為熾然世法作業耶
為白月作法不如法耶
為黑月作法不如法耶
為五星失度不作法耶
為田月薄蝕不作法耶
為結界不如法耶　為護身不如法耶
為坐起不如法耶　為出入不如法耶
為與食不如法耶
為正食時不想五部尊神主耶
為不想本部尊王耶
為大供養時結護一切諸食器及飲
食等不如法為魔得便耶
為入精舍不作開門法耶
為欲念誦時為逢黃門共語耶

為是共處女寡女語耶
為當不擇地坐耶
如是等汙觸犯事我今都不覺知何
況未來衆生曉悟此事唯願尊者興
大悲心救護衆生指授儀則念誦法
門兼作呼摩三種悉地速證効驗令
未來衆生一一依此行咸昇解脱
尒時執金剛菩薩大藥叉將當聞蘇
婆呼童子如是問已須臾自言善哉
善哉童子愍念諸衆生慈悲遍覆由
如月光普照世間緣汝此心極大悲
故已起一切諸大菩薩菩提心莊嚴
法門不求己樂利益有情能忍大苦
是故菩薩見衆生苦菩薩亦苦見衆
生樂菩薩亦樂我觀汝心終不能已
利衆生故發如是問汝今一心思惟
諦受我法吾當為汝分別解說若有
持誦一切真言法先於諸佛深起敬
心次發無上菩提之心為度衆生廣
發大願速離貪癡憍慢等業復於三
寶深生珎重亦應虔誠遵崇大金剛
部當須遠離煞盜邪婬妄言綺語惡
口兩舌亦不飲酒及以食肉口雖念

誦心意不善常行邪見以邪見故變為不善得離深果辟如營田依時作種子若燋終不生牙愚癡邪見亦復如是假使行善終不獲果是故應當遠離邪見恒依正見而不動搖修行十善深微妙法若有天龍阿修羅等及食血肉諸惡鬼類遊行世間損害有情惱持誦人令心散亂見正持我妙真言法時彼等即生恐怖此法與彼極相違故使念誦人令退菩提欲令彼等不損傷者應須此三昧耶曼荼羅以諸大聖衆及與諸天所居住處是故名為大曼荼羅又復須入作諸事法妙曼荼羅又能使諸天神及魔官等令調伏者是故重更須入最勝明王大曼荼羅

又入諸真言大曼荼羅如上所說妙三昧耶者令持誦人得滅罪故是以應須數入

又入諸使者等妙曼荼羅及餘無量明王妃等如是普入福聚諸明所居住處曼荼羅已一切諸魔還見彼人心懷大怖各自馳散由數入諸曼荼羅故為聖衆加被故諸魔見此念誦人由如金剛自在奮迅所居住處由如火聚並皆馳散不能為害世間所說及出世間諸明真言速得成就若不入此大曼荼羅者不具慈悲及菩提心不敬諸佛歸外餘天念持佛法真言者即當自害若念誦人不辦遍入諸曼荼羅者於中隨辦一三昧耶深心恭敬禮拜灌頂師主請乞灌頂得灌頂已隨其部中任作一業能使一切藥叉龍王及諸惡魔毗那夜迦猛害天等不能惱亂持誦人先須持戒辟如牙種皆依地生由勤溉灌令于生長世尊所說別解脫法清淨尸羅具應修行若是俗流唯除僧服自餘律儀悉皆無差必須遠離諸雜染法具行善逝敷演教門真言法則亦復如是念誦人若生疲惓應讀大乘經典

又欲作滅罪者向於空閑及清淨處或以香泥或用妙砂印塔以滿十万唯多最甚內安緣起法身偈或於舍利塔及尊像前用塗香散花燒香然燈懸幢幡蓋及以妙音讚歎供養諸佛恒不斷絕先須得好同伴若無伴得成就者無有是處辟如車乘闕其一輪假令能善御者亦不能進念誦無伴亦復如是縱使勤苦作業終亦不成然彼伴侶須具智慧淨潔端嚴族姓生者勇健無怖能調諸根樂捨力者能忍飢渴寒暑苦惱不生退者樂供養和上闍梨常懷恩義於三寶處深心恭敬如是等行人甚難值遇若具如是等伴或一二三四五唯多更甚持真言者畢獲成福當須覓如是等伴

蘇婆呼童子請問分別處所分品第二

復次蘇婆呼童子念誦人若求速成就者應覓諸佛曾經所住處或菩薩住處或緣覺聲聞所住之處如是等地諸天龍等常為供養及以衛護是古念誦人先洗身心當具律儀常應居住如是勝處若也不遇如是福地亦應居止於大河邊或近小河及陂泊有名花滋茂之地亦得當離闠鬧勿與雜居其水清流充滿盈溢無諸水族惡毒蟲者或居山間閑淨之處

地生軟草豐足花果或住山腹及巖窟中無諸猛畏毒獸之類如是等處皆應深掘取一肘量淨除所有荊棘瓦礫糠骨毛髮灰炭鹹鹵及諸蟲窟乃至深掘如不盡者應當弃之更求餘處得已脩治一如前法所掘之處填以淨土於其地上建立精舍極須牢固勿使有暴風入室泥飾壁孔勿令有蚤蟣停住舍上好蓋莫令漏水四壁安窓極令明淨其室安門東西南北方唯除南面不應置門營造成已用牛糞塗其室中隨彼法事相應之方安置尊像其尊容彩畫或刻成以銅金銀任力所辦皆得供養其所畫物應用白疊細軟密緻匠者織成兩頭勿令割截闊幅無幾未曾經用先須淨洗復香水灑所畫彩色不應和膠置於新器牛毛為筆其畫像人澡浴清淨應受八戒日日如是為受八戒如法畫像成已應用塗香燒香花鬘飲食燈明安置像前讃歎礼拜廣供養已然後作法所求速得如意成就

復次蘇婆呼童子念誦人若是俗人應與剃頭唯留頂髮所著衣服皆須赤色或著白衣及以草衣或著樹皮衣荳摩布衣須持四種應器木鐵瓦匏等鉢極須圓圓細密無缺勿使破漏應持此器次第家家乞食得食足已近於清泉之所以水淨洮其飯若欲食時先出鉢中飯分為五分一分准擬路行飢人来者即是一分施水中衆生一分施陸地衆生一分施七世父母及餓鬼衆生第五分足與不足自食正欲食時觀此鉢中飯作不淨觀然後食之但療飢病勿貪美味食訖了已即向河池泉清淨澡浴嗽口以柳木揩齒出水著衣入其精室礼佛三拜發願畢即出淨室便即經行三五十迴然後讀大般若波羅蜜多經所居之處去村邑不遠不近衆多人處無外道及豐足飲食常樂惠施歸信三寶處安居勿與外道我慢人家住止倚恃豪族無智人中劫剝僧利無慈無悲口道行善心懷毒虵依傍佛僧専求名利如是等人慎勿親近深敬遠離此等一分衆生或見念誦人尊崇釋教法時此類衆生心常懷毒瞋恚罵詈未得謂得未證謂證多求人過常伺見便興惱乱之心莫不得伴合甚是善哉能分別善惡只可時時相見方便化彼人令生道牙未見即說深妙義味為善根未熟故且為說淺近之義令漸脩行方得入大念誦人若是婆羅門種彼致此難汝是婆羅門種云何持誦釋教真言汝應自學及以教他自受施他自祭天神亦為他祭如斯六法是汝本宗復應事火及以事火及以是王亦須取妻生男續種汝行此法方得解脫云何持誦釋教真言念誦人若是剎利族種彼致此難汝是族姓剎利之種應須祭祀捨施自學如斯三法是汝本宗復須紹繼摧伏怨敵汝行此法方得解脫如是真言汝不應學念誦人若是毗舍之種彼致此難汝是毗舍之種及雜業下賤之類興易求利廣貪他財逐貴求賤翻弄斗秤妄語為業是汝本宗云何求得持誦

真言汝不應學釋教真言
念誦人若是輸達羅之種彼致此難
汝是輸達羅家下之種應作農田常
應供養淨行婆羅門如是等種種諸
難惱乱行者欲令退心者彼等外道
惡人非直損他亦及自損外道之法
過午時食修聖道行者與彼不同是
故不應往過外道家而行乞食若
有五辛酒肉家修行真言者假使一
劫受飢餓苦亦不合於此而食何以
故與旃陁羅居共無異故亦不應過
往門首共彼人語何況食耶若食彼
食共彼人何異不名淨行亦同旃陁
羅當須善分別知行坐住止甚須作
意觀察然後方往來去若論善惡因
果之法有智無智剎利婆羅門毗舍
輸達羅等無差別良由世間妄分別
故假立名字若能修善當證涅槃若
不說因果莫論四姓一切造罪者皆
入惡道受苦非但四姓
復次蘇婆呼童子衆生無始已來垢
穢之身不由食淨以身心淨故斷除
惡業修諸善法方可獲得身心清淨

譬如有人身患瘡癬但念除差以藥
塗之行人喫食亦復如是但除飢渴
不樂滋悅又譬喻云如有人父子入
大砂磧路遥迢遰飢渴所逼其人當
食子肉行者喫食亦復如是但除飢
病勿著其味觀前施主持飯來時心
懼慚愧施物難消當食此飡如是子
肉想喻如秤物隨重頭下其物若輕
少便即頭高物若均平其秤亦平念
誦人亦復如是不得過量不應極少
譬如朽舍將欲崩倒不令壞故以拄
榰持行人喫食亦復如是但為存身
求覓實果不貪世間久住身故而悕
食味譬如車行當以油塗為增善故
應須食耶是故世尊說如是法欲界
有情依食而住行者常須觀察已身
由如芭蕉所喫飲食勿貪其味於四
種鉢隨取其一觀前四肘次第乞食
世尊所說智慧方便調伏六根勿令
放逸女人令色巧笑嬌言性愛矜粧
行步艷姿態動男子心迷惑乱持真
言者寧以火星流入眼中失於雙目
盲無所見不以亂心觀視女色分別

種種相好美艷令念誦者使無威力
隨緣乞食勿生住著以正思惟調伏
其心以平尼行而入他舍不擇上中
貧賤之家又不應入新產婦家牛馬
驢騾猪犬羊產皆不應往衆多人飲
酒婬女伴合放逸之處不應往衆多
小兒戲翫之處亦不觀視於俗家聟
礼處有惡狗家及以伎兒作音樂處
若久諳朋類有詐稱好心我持真言
章句未曾稟承明師強道我解真言
秘藏好生論端無智人中我曾聞解
甚與汝為師若逢智人所問如似瘂
羊誑他實心好人受財物養活妻兒
心中三毒煩惱癡恚我慢高於有頂
道心無一分詐稱我解佛法欺慢三
尊亦欺一切長幼士道類如此等人
過愆無邊略而言之如上等處皆不
得往而行乞食餘處任往乞得食已
即還本處以水洗足一依前件分食
法供養本尊一通無㝵一分自食餘
者水陸過去七代父母及餓鬼於前
已釋更不具名依時而食勿犯過中
日三澡浴知時及節獻花塗香供養

以香泥揩手勿以讃歎莫闕三時所
供養物莫令汙觸夜三時唯燒香供
養以香泥揩手勿以觸手而結手印
念誦之時應坐茅草若不辦諸雜供
養者以香花水亦得花香者一切水
生及野澤山閒種種雜花香者皆充
供養行住坐立通許念誦唯除卧時
不許念誦已訖恒思六念觀察彼等
種種功德勿令散亂

蘇婆呼請問除障分品第三

復次蘇婆呼童子念誦人若起一念
貪瞋癡等一切煩惱與心相合者名
為生死煩惱若除此心即得清淨諸
佛常讃是法名為解脱辟如淨水必
無垢穢以塵坌故令水渾濁性本元
淨以客塵煩惱渾心令濁真性不現
若欲令不亂濁者當取數珠念誦人
守心一境數珠有多種謂活兒子
蓮華子　阿嚧陁羅阿叉子　水精
赤銅　錫　木槵　琉璃　金銀　鑌鐵
商佉
任取一色已為數珠虔心執持數珠
已念誦或用右手或左手應念真言

專心誦持勿令錯亂繫心於本尊或
思真言并手印等由如入定心勿散
亂調伏諸根端坐尊前觀想成已徹
動兩脣念持真言人心逸盪由如風
電獼猴擲樹海波瀾浪諂曲自在耽
者諸境是故應須攝心不動持誦真
言若心疲惓惛沉睡眠心闇迷錯者
應起經行或觀四方或水灑面令遣
醒悟或經行之次無故憶本師僧或
憶舊亡父母或憶同學或想婬心即
動不定念誦之人即責身心是無主
由業流轉一切諸趣無所依止捨此
身後復受餘形善惡業因由斯不絶
生老病死憂悲苦惱愛別離苦求不
得苦怨憎會苦五盛陰苦隨所至方
終不得免蚊虻蚤虱虵蠍壁宮寒熱
飢渴如是等苦處處皆有諸天共同
無逃避路欲退轉擬向餘方者以斯
觀門將為對治若貪恚盛者脩白骨
觀及膖脹爛壞諸不淨觀瞋火盛作
慈悲觀若無明盛作緣生觀有時怨家
翻為善友有時親友翻為怨家以平
等心若欲往者平等復變以為怨家

觀此親友皆不定相智者不應妄起
戀著中間心欲往親友時以斯法門
應須對治欲念誦時及行住卧畢不
得與外道婆羅門剎利毗舍首陁并
黄門童男童女處女寡婦等共相談
論法事畢已若欲語時然後共伴侶
談論善法若餘雜語者皆是魔之得
便非是正論若嗁唾時當須遠弃弃
已便應澡豆漱其口若大小便易並
須澡浴所獻香花然燈供養礼拜佛
日夜六時讃歎三寶常生謙下一切
衆生興發悲意作救苦之心如上精
勤念誦所修功德皆應迴向無上菩
提辟如衆流歸趣大海入彼海已便
為一味迴向菩提亦復如是一切功
德合集共成佛果辟如有人耕田種
稻唯求子實不望藁稈子實成熟收
獲子已藁稈不求而自然得行者欲
獲菩提種子功德不為世樂求無上
菩提以喻其實諸餘世樂況喻草稈
不求自獲世樂者天上人中或二十
八天王或人間作轉輪王王四天下
若復有人為求小利請詐往彼不應

為前人一切退本願彼前人宣如是
語而答於彼待我獲果長壽之身及
獲種種諸餘資具以無猒心當利衆
生滿足所求種種願已然後往彼不
須珍重請我往彼以我薄福而說諂
辭求他供養以為活命違背真言密
教而受邪命佛無此教我終不順
復次蘇婆呼童子凡持真言者當須
遠離世間八法以善翻䎙惡名及以
苦樂得利失利毀謗讚譽此世八法
能生 一切不善法故譬如大海不
宿死屍乃至剎那終不住海念誦人
若起不善思惟速應遠離乃至一念
勿使在心譬如室内然燈燭者只為
防風以無風故燈焰轉明持誦真言
復加勤苦勇猛精進令善法增長亦
復如是
復次蘇婆呼童子持誦之者於四威
儀常須作意勿使身心調戲躁動失
其志節不得拍手音樂歌舞嬻礼愽
戲及往觀看亦不毀謗在家及行諂
曲言辭說人長短非時睡眠無義談
話尋學文章及諸邪法瞋恚忿恨慳

貪憍慢放逸懈怠皆須遠離亦不飲
酒及以食肉葱蒜韮薤胡麻蘿蔔井
步底耶(此云驢駒蹄)胡麻油等並不應食亦
不與一切殘食祭祀鬼神食并供養
食如上殘食皆不應食若食此等食
者不名持真言人念誦無驗
復次蘇婆呼童子以勤念誦晝夜不
間呼召發遣皆須如法若欲念誦時
敷以茅草於上坐卧欲睡之時先作
慈悲喜捨之觀并於三寶及舍利塔
深心恭敬以求滅罪若不作如是觀
行卧者不名念誦人如卧死屍
復次蘇婆呼童子念誦人常服三白
食或菜根果乳酪及酥大麥麨餅油
滓酪漿相和食之種種糜粥亦耳若
欲成就者麻滓和酪漿食之依法作
必得證驗

蘇婆呼請問分別金剛杵及藥證驗分品第四

復次蘇婆呼童子為汝為及未來善
男子發心念誦秘密真言門者說持
跋折羅汝當諦聽聞已廣為人說欲
作跋折羅者量長八指或長十指或
長十二指或長十六指其量最極長

者二十指若欲成就大貴自在及求
持明悉地者即用金作跋折羅
若求富貴者用銀作跋折羅
若欲求海龍王者以熟銅作跋折羅
若欲入脩羅宮者用妙砂石作跋折羅
若欲通成一切者以金銀銅和作跋
折羅
若欲成就摧藥叉衆者以鑌作跋
折羅
若欲得無病及求錢財者以失剌般
尼木或毗嚕婆木而作跋折羅
若欲療一切病鬼魅所著者佉他羅
木作跋折羅
若欲成就藥叉女母姉妹法者用摩
度迦木作跋折羅
若欲求滅罪法者用阿說他木作跋
折羅
若欲摧伏怨敵法者用害人木作跋
折羅
若欲降伏極惡怨敵之者用人骨作
跋折羅
若欲成就幻化法者用木精作跋折羅
若欲成就令人相憎者用苦練木作

跛折羅
若欲成就龍女敬念法者用龍木作
跛折羅
若欲成就鬼類令人枯悴鬪諍事法
者用毗梨勒木作跛折羅
若欲成就天龍藥叉乹闥婆阿脩羅
法者用天木作跛折羅
若欲成就變形法者用泥作跛折羅
若欲成就起屍法者用迦談木作跛
折羅
若欲成就求財法者用遏加木作跛
折羅
或用龍木或無憂木皆得用之
若欲成就對敵法者用失喇般尼木
作跛折羅
或阿沒羅木或遏嚩㖿木或㭫木皆
得用之
若欲求成就意樂諸欲者用白檀木
作跛折羅
或用紫檀木皆得用之
如上所說諸色類金剛杵法者一一
皆須而作五鈷淨妙端嚴勿使缺減
行者欲念誦時以香泥塗并散上妙

好花而供養發大慈心手執金剛念
誦真言法事畢已復重供養上以其
杵置本尊足下後誦念時亦復如是
若不執持妙金剛杵而作念誦者終
不成就何以故以鬼神不懼善神不
加被是故一切法事難得成驗若不
辦造金剛杵者亦須應作彼印然後
一心如法念誦亦得成就勿生放逸
徒喪功夫不如別修餘業
復次蘇婆呼童子凡念誦真言成就
藥法者都有十七種物
第一雄黃　第二牛黃　第三雌黃
第四安善那　第五朱砂　第六出他香
第七跛折羅　第八牛蘇　第九昌蒲
第十茂拏刈哩迦　第十一衣裳
第十二鈷叉　第十三鹿皮　第十四撗刀
第十五羂索　第十六鎧甲　第十七三叉
如上所說之物皆具三種成就假使
餘真言法中所說成就諸物皆不離
此三種臨時所樂事法任意作之無
不獲剋果者
復次蘇婆呼童子世間有諸障難毗
那夜迦為覓過故常求念誦人便於

中好須作意方便智慧善分別知魔
黨合有幾部惣而言之都有四部何
等為四
一者摧壞部　二者野干部　三者一牙部
四者龍象部
從此四部流出無量毗那夜迦眷屬
如後具列
摧壞部主名曰大將其部之中有雜
類形狀有七阿僧祇以為眷屬護世
四天王所說真言有人持誦者彼類
恒作障難
野干部主名曰象頭於其部中形狀
難可具名有十八俱胝以為眷屬摩
醯首羅天王所說真言有持誦者彼
類恒作障難
一牙部主名曰嚴髻其部之中種種
身形面貌可畏有一百四十俱胝眷
屬以為隨從大梵天王所說真言憍
尸迦日月天王那羅延天王諸風天
所說真言有持誦者彼等雜類恒作
障難
龍象部主名曰頂行於其部內有種
種形不可知名有一俱胝那由他一

千波頭摩以為眷屬釋教所說深妙
真言有持誦者彼等恒作障難
又呵利帝兒名曰愛子般揞迦所說
真言持誦者彼作障難
又摩尼賢將兒名曰滿賢於摩尼部
中所說真言有持誦者彼作障難
如是諸類毗那夜迦各各於本部中
而作障難不樂修道持真言有不令
成就自變化而作本真言主來就念
誦人道場中受於供養時明主來見
是事已即却還本宮作如是念云何
如來許彼揞頭惱亂念誦人令法不
成有如是障難假使梵王及憍尸迦
諸天龍等不能破彼毗那夜迦障難
念誦人唯堅心進意發大揞願世尊
所說有大明真言之教我今依法修
行要破此難是故念誦人遍數滿已
復應更作成就諸事妙曼荼羅作此
法已彼障難者便即退散無敢停足
復次蘇婆呼童子念誦人不承師訓
持誦真言供養及以呼摩不依法數
彼等諸魔尋得其便而作障難令念
誦人心常猶預念念生疑為誦此明

真言供誦彼耶發如是念誦時彼亦
得便即多語無義談世俗事或說興
易或說田農或論名利令心散亂辟
如有人尋水而行影入水中形影相
逐不相捨離彼毗那夜迦等入念誦
人身中恒不相離亦復如是
復有毗那夜迦澡浴之時得便入身
或有毗那夜迦正念誦時得便入身
有毗那夜迦念誦之人正眠卧時得
便入身有毗那夜迦正供養時得便
入身辟如日光照火珠而便火出毗
那夜迦入行者身亦復如是念誦之
時令心散亂增長貪癡無明等火亦
復如是復有毗那夜迦者名曰水行
正洗浴時法若有闕彼即得便遂入
身中令念誦人種種病起所謂飢渴
咳嗽懈怠多睡四支沉重無故多瞋
復有毗那夜迦名曰食香正獻塗香
時法若有闕彼魔入身即令念誦人
遂有病起所謂思想憶生緣處或思
餘處或思宗婦而生懈怠或思舊親
欲之處休廢道業或思舊日廣用財
寶飲酒嗜肉伴合朝廷分別貴賤觀

諸色境好貪美欲而退道心
復有毗那夜迦名曰燈項正獻燈火
時法若有闕得便入身遂令念誦人
種種病起所謂心痛壯熱損心
復有毗那夜迦名曰笑香正獻花之
時法若有闕彼即得便遂令念誦人
種種障起所謂壯熱鼻塞噴嚏眼中
淚出支骨酸疼及與伴侶相諍離散
復有毗那夜迦名曰嚴髻正念誦人
法若有闕彼即得便遂令念誦人有
諸病起所謂壯熱便利不出諸毗那
夜迦入身即令心生迷惑以西為東
以南為北作諸異相或即吟詠或無
緣事欲得遊行心懷異想有所不決
便起邪見作如是言或說無有大威
真言亦無天堂無有善惡亦無纏縛
及得解脫說持誦者唐捐其功便生
邪見與善相隔撥無因果以手斷草
及搯土塊眠時齘齒或起欲想及欲
娶妻自愛樂者彼不相愛自不樂者
彼即愛樂既不順意卧而不睡欲往
侵他婦見意應不眠設若得睡夢見
大虫師子虎狼猪狗所趁驅驢猫兒

及鬼野干鵄鳥鵰鷲烏及鵄胡或時夢見者故破衣不淨之人或時夢見躶形禿髮黑體之人或夢見躶形外道或見枯池及以枯井或見髑髏或見骨聚或見壞弃舍屋宅或見石礎或見恐怖惡人手執搶刀及雜器仗欲来相害當見如是惡相即知彼等毗那夜迦令作障難行者等即用軍荼利忿怒明王真言辟魔即等而作護身如上所說諸魔障難悉得消滅不能惱亂若有念誦彼真言者諸毗那夜迦終不得便

復次蘇婆呼童子念誦人欲救著障人令解脫者即應有群牛所居之處或一樹下或神廟中或四衢道或空閑室或於林閒得如上諸地任簡取一所一如治地法畢已即取牛糞和香水塗地乾已復取香水重塗其地然後以五色土下依曼荼羅用五色土其壇須方量闊三肘安立四門於中二肘方量作坑坑内布以茅草坑外兩肘各分位座安置明王真言主等於八方各畫本方大神復取四口新瓶不得黑色太燋或生者盛滿香水及以五寶并赤蓮花諸雜草花香者皆充供養果樹嫩枝等皆揷瓶内以五色線纏繫瓶項安於四方然後應請彼明王等以諸供具而供養之復以酒肉蘿蔔及以衆多波羅羅食供養彼等八方大神及一切毗那夜迦將彼者障之人令入坑中面向東坐念誦人於壇西面面向東坐誦真言一百八遍已然後取彼所置四角瓶水還以阿蜜唎羅抧當伽（此女赤色）明王王及結唎吉羅明王并捺囉弭良拏明王等真言持誦數過一百八遍已與灌彼頂如是四瓶次第應灌作此法已彼著障人者即得解脫此曼荼羅非獨能除一切毗那夜迦亦能利益官事之人及女人難嫁與易之人不獲資利農營不孜子實魍魎所著及患壯熱孩子鬼魅所著及吸精噓鬼得便者夜卧常見惡夢癇病所纏及有十種病等作此曼荼羅與彼灌頂諸如色類悉皆獲利所求願者並皆滿足諸餘病疾亦復能差又復能消滅無量罪障

蘇婆呼童子請問經卷上

蘇波呼童子請問經卷上

校勘記

一　底本，金藏廣勝寺本。

一　六五一頁中一行「請問」，資、磧、普、南、徑、清無。卷中、卷下同。

一　六五一頁中一行第一〇字「上」後，普、南有夾註「與妙臂童子經同本」。

一　六五一頁中二行譯者，石作「大唐天竺三藏輸波迦羅奉制譯」；資、磧作「大唐中天竺三藏輸波迦羅譯」；普作「大唐中天竺三藏輸波迦羅初譯」；南作「唐中天竺三藏輸波迦羅初譯」；徑、清作「唐中天竺三藏輸波迦羅共沙門一行譯」。卷中、卷下同。

一　六五一頁中三行「律分品」，石作「律分」；資、磧作「請問經律分品」；普、南、徑、清作「請問律分品」。

一　六五一頁中七行第一〇字「足」，石作「菩薩足」。

一　六五一頁中末行第一三字「從」，徑作「尋」。

一　六五一頁下四行第六字「訖」，麗作「説」。

一　六五一頁下九行第六字「妄」，資、磧、普、南、徑、清作「虚」。

一　六五二頁上一八行第三字「經」，資、磧作「輕」。

一　六五二頁中一四行「薄蝕」，資、磧、普、南、徑、清作「博蝕」；麗作「薄食」。

一　六五二頁中一九行第七字「王」，麗作「主」。

一　六五二頁下一行第六字「寮」，石、資、磧、南、徑、清、麗作「寨」，下同。

一　六五二頁下一五行「能已」，石、麗作「爲已」。

一　六五三頁上二行「離深」，諸本作「雜染」。

一　六五三頁上二行第一三字「時」，石、麗作「時節」。

一　六五三頁上六行「深微妙法」，石、麗作「增長甚深微妙之法」。

一　六五三頁上八行「見正持我」，資、磧、普、南、徑、清作「正持」。

一　六五三頁上九行「此法與彼極相違故」，資、磧、普、南、徑、清無。

一　六五三頁上一〇行末字「此」，石、麗作「入此大」。

一　六五三頁上二一行第一一字「還」，麗作「遥」。

一　六五三頁中六行第一二字「不」，普、南、徑、清作「或不」。

一　六五三頁中一二行首字「形」，諸本作「戒」。

一　六五三頁下一行末字「伴」，石、麗作「同伴」。

一　六五三頁下一三行「蘇婆呼童子」，徑、清無。

一　六五三頁下一三行「請問」，石、麗作「請問經」。

一　六五三頁下一三行第一三字「品」，石無。

一　六五三頁下一八行首字「古」，諸本作「故」。

一　六五三頁下二一行首字「泊」，普、南、徑、清作「濼」；麗作「沼」。

一　六五四頁上一〇行第四字「窓」，諸本作「窻」。

一　六五四頁上一四行第二字「銅」，普、南、徑、清作「銅及」。

一　六五四頁上一五行第六字「疊」，

諸本作「㲲」。
一六五四頁上一六行第二字「頭」，石、麗作「頭存縷」。
一六五四頁中二行「應與」，麗作「亦應」。
一六五四頁中七行第一一字「洮」，石作「洶」。
一六五四頁下五行首字「莫」，石作「異」；資、普、南、徑、清、麗作「冀」。
一六五四頁下五行第四字「胖」，諸本作「伴」。
一六五四頁下一三行「及以事火」，麗無。
一六五四頁下二二行第一三字「斗」，諸本作「斗」。
一六五五頁上六行第八字「及」，資、磧、普、南、徑、清作「乃」。
一六五五頁中七行第一三字「是」，徑、清作「食」。
一六五五頁中一二行首字「楮」，石作「[扌*者]」；資、磧、普、南、徑、清作「支」。
一六五五頁中一八行第一〇字「时」，石、麗作「肘」。
一六五五頁中二〇行末字「粧」，南、徑、清作「莊」。
一六五五頁中二一行第三字「艷」，資、磧、普、南、徑、清作「妖艷」。
一六五五頁下五行第四字「大」，資、磧、普、南、徑、清、麗作「犬」。
一六五五頁下五行第一一字「衆」，麗作「及衆」。
一六五五頁下六行「婬女」，麗作「之處婬男婬女」。
一六五六頁上一行第六字「勿」，資、磧、普、南、徑、清作「而」。
一六五六頁上五行第四字「香」，諸本作「奉」。
一六五六頁上八行「念誦」，麗作「持誦念謂」。
一六五六頁上一〇行「蘇婆呼請問」，石、麗作「蘇婆呼童子請問經」；資、磧、普、南作「蘇婆呼童子請問」；徑、清作「請問」。
一六五六頁上一〇行「除障分品」，石作「除障分」。
一六五六頁中四行第一〇字「逸」，資、磧、普、南、徑、清作「溢」。
一六五六頁中八行末字「遣」，麗作「得」。
一六五六頁中一一行第一二字「是」，石、麗作「是身」；資、磧、普、南、徑、清作「是皆」。
一六五六頁中一三行「因由」，資、磧、普、南、徑、清作「緣因」。
一六五六頁中一七行「處處」，資、磧、普、南、徑、清作「處」。
一六五六頁中一八行第五字「欲」，石、麗作「心欲」。
一六五六頁中二〇行第三字「[月*逢]」，資、磧作「膖」；普、南、徑、清作「胖」。
一六五六頁中二〇行第一一字「瞋」，石、麗作「若瞋」。
一六五六頁下三行第一一字「住」，

普作「往坐」，南、徑、清作「住坐」。

一　六五六頁下八行第七字「㖒」，磧、普、南、徑、清作「涕」。

一　六五六頁下一二行第八字「扙」，諸本作「救」。

一　六五六頁下末行「詐往」，資、磧、普、南、徑、清作「往於」。

一　六五七頁上二一行第五字「看」，資、磧作「者」。

一　六五七頁中二行「蕜蕪」，資、磧、普、南、清作「薤韮」；徑作「薤韭」；麗作「韮韭」。

一　六五七頁中四行至五行「祭祀鬼神食并供養食如上殘食」，麗無。

一　六五七頁中五行「如上」，資、磧、普、南、徑、清作「和尚」。

一　六五七頁中一五行第一三字「耳」，資、磧、普、南、徑、清作「可」；麗作「脩」。

一　六五七頁中一八行「蘇婆呼請問」，石、麗作「蘇婆呼童子請問經」；徑、清作「請問」。

一　六五七頁中一八行「品第四」，石作「第四」。

一　六五七頁中一九行「爲及」，石、普、南、徑、清、麗作「及爲」。

一　六五七頁下三行首字「若」，清作「欲」。

一　六五七頁下末行第一二字「練」，普、南、徑、清作「棟」。

一　六五八頁上二二行第六字「鈷」，普、南作「鉆」，徑、清作「股」。

一　六五八頁中一行「金剛」，石、麗作「金剛杵」。

一　六五八頁中一六行第四字「鈷」，資、磧、普、南、徑、清作「古」。

一　六五八頁下一九行末字「天」，資、磧、普、南、徑、清作「天等」。

一　六五九頁上三行第二字「呵」，資、磧、普、南、徑、清作「阿」。

一　六五九頁上八行第一二字「有」，諸本作「者」。

一　六五九頁下一一行首字「諸」，普作「謂」。

一　六五九頁下二二行「意應」，資、磧、普、南、徑、清作「竟夜」；麗作「意慮」。

一　六六〇頁上一行「鶵胡」，石作「鶵鶘」；資、磧、普、南、徑、清作「獯胡」。

一　六六〇頁上一七行第九字「已」，資、磧、普、南、徑、清無。

一　六六〇頁中七行第九字「及」，資、磧、普、南、徑、清作「及祠」。

一　六六〇頁中一二行第二字「王」，徑、清作「主」。

一　六六〇頁中二二行「求窺」，普、南、徑、清作「規求」。

一　六六〇頁下卷末經名「請問」，資、磧、普、南、徑、清無。

蘇婆呼童子請問經卷中　浓

唐天竺三藏輸波迦羅奉制譯

分別成就相分別品第五

復次蘇婆呼童子於諸障難得解脫已身心清淨無諸垢穢譬明月而埋於雲雲除散滅麗乎光天於虛空中朗然顯現念誦人所修種種功德除斷毗那夜迦所作障難悉皆消滅亦復如是所持真言悉得成就譬如種子因地及時并雨溉灌潤澤調順好風雨然後牙生乃至成就其種子若在倉中牙尚不生況復枝葉及花果實持誦真言不依法則及不供養已不清淨故真言字句或有加減聲相不正不獲廣大諸妙悉地亦復如是譬如興雲下雨隨衆生福而下多少持誦之人所施功勞獲得成就亦復如是若有行者於清淨處依時及節所制之法所犯罪者漸漸消滅福聚圓滿能獲真言露及成就若罪不滅功德不圓不依法則真言不成猶此應知復次蘇婆呼童子其念誦人中間所有闕犯或有間斷弃本所誦別持餘明自所持者授與他人念誦遍數雖滿不成復更應須每日三時如法供養念誦數滿一十万遍即應如法呼摩供養當以大麦用稻穀花或用麻油或用白芥子隨取其一與酥相和真言數滿四千或七八千

或烏曇鉢羅木　或阿說他木
或波羅賒木　或遏迦木　或龍木
或無憂木　或蜜曽婆木　或尼居陁木
或奄沒羅木　或佉陁羅木或賒弥迦木
或鉢落叉木　或阿波末迦木或末度迦木
或謀毋迦木

如上所說諸木之中隨取一木麁細如指長短十指許酥蜜酪搵兩頭每日呼摩數如上所說有闕犯者還得清淨然後方誦真言悉地無所障导

復次蘇婆呼童子行者所真言餘持誦者繫縛明王或斷或破令不成就者即須應作本形像尊置於當各部主足下面須相對然以結利吉羅等諸部明王大威真言誦持以酥蜜灌浴本尊如是十日作此法已彼餘明

所縛即得解脫
復次蘇婆呼童子於真言中所制諸法並皆修行一無遺闕仍不成者即應以猛毒作彼尊形以結利吉羅等諸部明王真言截其像形段段為片和白芥子油每日三時而作呼摩如是七日即得悉地若不成就應入夢中示見障因說真言字有加減或法不具然諸明王自說此法有用行者示現相好由如海潮終不違時其實真言終不相破亦不相斷及與繼縛其真言法亦如是是故行者不應相破明生及真言乃至繫縛及以禁斷鼻荼不應授與加減真言亦復如是不應迴換彼法不迴換彼法不應阿吠設那不應打縛為害彼故不應呼摩及損枝節摧滅惡族不應令他癡鈍迷悶不應科罰龍鬼之類亦勿令人發毒相憎及損厭縛不應治療嬰兒之魅不應捕網諸衆生類令所損害
復次蘇婆呼童子餘外宗說有十種法真言得成所謂行人真言伴侶所成就物精勤處所淨地時節本尊財物具此十法真言得成又餘宗說具三種法真言得成謂真言行人伴侶又餘宗說具四種法真言乃成謂處所精勤時節依法
又餘宗說具五種法真言乃成謂真言所成就物處所本尊財物如是諸宗或說十法或說八法或說六或四或三或二各於本法演說不同然此釋教具二種法真言乃就一者行人二者真言行人具行戒律正勤精進於他利養不起貪嫉於身命財常無戀者真言文字勿令脫錯加減聲相圓滿分明所成就法皆悉具足於佛菩薩所居之處所法念誦即便當獲意樂成就譬如師子飢餓所逼以大勢力煞害大象若煞野干及諸小獸所施勢力與彼煞象一無所異行者成就上中下事所發精進亦復如是行者若住閴閙之處時即有蚊虻蝎螫咬齧聞種種音樂之聲或聞諸人歌舞吟詠小男小女婦人等環釧瓔珞種種音聲者住人間河澗及以大海者即有寒熱不等因即有病苦惱遍身又值猛獸發大惡聲或欲相害令人驚怕或住海邊見海潮波及聞大聲令行者恐怖若住江河池槃即饒蚖蛇蝮蠍毒虫之類皆是持真言人障㝵之處如是種種障㝵緣等當須遠離覓好勝處勤加勞心固意勿便逢境心即散亂不定一念退心還從初始善行方便見時觀節勿以執愚惡人惡魔得其便耶莫令癡人獲罪苦果

蘇婆呼童子請問念誦真言軌則觀像印等夢證分品第六

復次蘇婆呼童子念誦之人不應太緩不應太急聲亦如此不大不小不應間斷勿共人語令心緣於異境名其字體不應訛錯譬如大河日夜流出恒無休息持誦之人所修福報供養礼拜讚歎一切功德日夜增流亦復如是念誦之人心若攀緣染塵之境或起懈怠或生欲想應速迴心觀真言字句或觀本尊或觀手印譬如觀行之人置心眉門令不散亂後時對境心即不動彼人即名觀行成就念

誦之人亦復如是所緣心處若不動
搖即得持誦真言成就是故行者欲
求悉地當須攝心一境其心調伏即
生歡喜隨其歡喜即身輕安隨身輕
安即身安樂隨身安樂即得心定隨
其心定即於念誦心無疑慮隨其念誦
即便罪滅隨其罪滅即心清淨即心
清淨故即成就是故如來作如是說
一切諸法以心為本由心清淨獲人
天殊勝快樂由心雜染便墮地獄乃
至傍生貧窮之苦由心極淨乃證遠
離地水火風生老病死不著二邊
寂滅解脫由少淨真言亦成當離無
常敗壞之樂是故諸法皆從心生非
自然現亦不自他復非自在天作耶
非無因緣亦不從我能生諸法但由
無明流轉生死四大和合假名為色
色非是我我非是色色非我所我非
色所如是四蘊應如是空色是無常
由如聚沫受如浮泡想如陽焰行如
芭蕉識如幻化如是之見名為正見
若異見者名為邪見
復次蘇婆呼童子若持真言者念誦

數足即知自身欲近悉地何以得知
當於眠卧之時夢中合有好相
或見自身登高樓閣　或昇大樹
或騎師子　或乘白馬　或騎大白虎
或昇大高山　或騎犎牛　或乘白象
或於空中聞大雷聲　或乘白牛
或騎黃牛　或得錢財　或得花鬘
或得好淨五絲衣　或得酒肉
或得水類之果　或得白青紅赤色蓮花
或得如來尊容　或得如來舍利
或得大乘經藏
或身處於大會共佛菩薩聖僧同座
而食　或得騾駝　或得獮子
或得滿車載物　或得白拂
或得鞋履　或得横刀　或孔雀尾扇
或得金瓔珞　或得寶珠商佉
或得端正美女　或過巳身父母
或得金寶嚴身之具
或得卧牙牀覆以白衣
或見自身汎過大海
或度江河龍池陂泊　或得飲酪
或見以血澡浴自身
或見自身入寺塔僧房

或見如來處座為人天八部說法身
亦就會聽佛說法
或見緣覺為說十二因緣法
或見聖僧為說四果證法
或見菩薩為說六波羅蜜法
或見大力諸天王為說天上快樂法
或見優婆塞說厭離世俗法
或見優婆夷說厭離女人法
或見國王　或見大力阿修羅衆
或見大淨行婆羅門　或見英俊丈夫
或見端正婦人
或見大富正　直善心長者
或見巳親眷屬聚會一處
或見苦行仙人　或見持明諸仙
或見妙持誦人　或見吞納日月
或見身卧於大海海中衆生流入腹中
或見飲四洲海水
或見乘龍瀝水潤於四洲
或見自身飛空
或見身却坐須弥山四洲龍王皆來
頂礼
或見自身墮於糞坑
或見自飲人精　或見喫人肉血

或見入大火聚　或見女人隱入已身

復次蘇婆呼童子凡持真言者功行欲畢見如是等殊特夢已應知一月及半月當獲大悉地若論持誦真言夢相境界不可說盡略粗知耳精進不退即獲如是上上境界

蘇婆呼童子請問悉地相分品第七

復次蘇婆呼童子我今說成就轉近悉地法者其念誦人當生發愛樂心不得攀緣雜染之境亦不辭飢渴寒熱等苦於諸違法外相之境心不動搖逢境不亂一切蚤虱及虵等諸惡毒虫皆不敢害毗舍闍鬼及諸餓鬼富單那等諸餘鬼類不敢近念誦人影中何況觸身所出言教人皆信受轉加聰明善綴文章於諸書笇轉成巧妙以樂善法勤行淨行復見地中伏藏身無病苦及汗垢膩身有香氣若有人見及以聞名悉生敬念一切諸貴媚女自來呼召以心淨故於虛空中聞諸天語復見彼形及乾闥婆夜叉之類其持誦者見斯勝妙好相已即應自知我近於真言悉地即應被成就法事

復次蘇婆呼童子念誦人起首求悉地者應具八戒或二三日亦須斷食然後作成就法

尒時蘇婆呼童子白執金剛菩薩言尊者先說不由食故獲得清淨今云何復言應須斷食世尊亦說食如膏車省牛氣力車即以牽衆生亦耳若不食飲身命難全何況前進修道求望果實為身力故我今未知斷食意義前後不同唯尊大悲為我略決少分時執金剛菩薩告蘇婆呼童子言我今為汝及未來衆生除去疑惑諦聽善思念之物生疑慮汝所問者先說不由食故獲得清淨今復云何而令斷食汝言如是深心諦聽童子言善哉唯然受教願樂欲聞我所出語者不為心淨故教令斷食但諸衆生以皮纏縛血肉髓腦肝膽腸胃心腎脾肺脂膩痰膜屎尿種種穢物常流不停如是之身地水火風假合成立如四毒虵置之一篋欲令彼等屎尿涕唾臭穢不令出故為遣斷食非為妨道而遣斷已若持真言者心生婬想如上所說不淨之身以慧觀察所起欲心即便消滅於身命財亦不戀著有持真言者具斯觀門此等人類念誦之法速疾證驗即知自身去悉地不遠自心知已應取白月八日或十四日或十五日一依如前得好上地用細瞿摩塗地淨已次塗香等安置尊像及彼尊容香花飲食及遏伽水供養訖已便即讚歎供養十方佛菩薩次復供養本部之王次復供養自部明王然後所供養本所持尊次復重發妙菩提心興廣大慈悲願為一切衆生常溺四趣令得出故又應讀大乘明經或吉祥偈或法輪經或如來秘密經或大燈經於中住隨讀一部然後即須結八方界并結虛空及地界等又以真言自身被甲如上所說諸曼荼羅以淨彩色隨意作一護八方神要須安置彼等能攉諸障難

復次蘇婆呼童子應以師子座明王真言其第座安曼荼羅內先護其身所成就物安於壇上持誦人於彼物

上須臾之間復香水灑以相應法呼
摩一千遍先取三箇阿說他葉擬所
成就物置於葉上以白淨疊布而覆
其上即應如法專心念誦乃至當現
三種相已即名成就何等三相溫烟
火光是名瑞相即名三種悉地成就
其三種相現時不可一時頓現瑞有
下中上何以如是有一人欲得世間
求覓名利冨貴自在去處令他人敬
念如上一文是第一得溫氣悉地者是
有第二中人猒離世間八苦所惱自
觀已身非久住處法恐畏造罪弥多
堕落三塗所以欲得轉形滅其身影
得中壽身世間人不可得烟悉地者
是有一人不欲下中生處直擬出於
三界欲得求離諸苦作持明仙王變
四大軀求清淨微細之身龍天八部
所不能見何況人耶若欲見身隨意
自在處於天人之座為衆說法或一
小劫或一大劫或無量劫諸法不絕
利益衆生不可盡求如是辯才欲紹
菩薩位故辟如人死冷觸遍身却得
中陰来入身中却得蘇活壽命百年

又如日光以照火珠便出其火亦如
此等於後有如是等上上人能勤苦
念誦精進不懈獲真言悉地成就以
菩提心光照無明闇慧珠便出四辯
俱發證得三明三毒永滅八苦俱無
得八聖道九惱休息得九次第定十
惡屏除得十一切入諸力具足如金
剛菩薩神通自在無有障㝵當獲金
剛不壞之身是名得火光悉地者
是名成就之法若論心內成就事者
其相若現即便悉地云何心內悉地
或於佛像頂上見花摇動
或見尊容眉動　或見嚴身諸瓔珞動
或見空中雨種種天花
或於空中微有香風動諸林中
或下細微香氣之雨　或覺地動
或聞空中有聲作如是言汝所求者
今當說之
或見燈焰明盛其色潤澤曜如金光
增長高餘一丈
或見油盡燈光轉盛
或覺自身毫毛頻頻悚豎心生歡喜
或聞空中天樂之聲　或見空中本尊

及其眷屬圍遶下来若見如上斯等
相貌者報知自身必獲悉地無疑即
應速辦香花於淨器中盛滿香水復
安五寶是為遏伽珎重奉獻即以深
心恭敬胡跪叩頭量本功夫應求願
果即自陳說彼尊所言善哉佛子汝
所求願豈不小耳若有衆生發心修
菩薩行佛身上獲何處應此願不隨
於汝從今以去恣汝所欲終不違耶
因汝得願一切衆生亦復如是速發
菩提早求解脫既得願已歡喜深心
頂礼胡跪讚歎復以遏伽如法供養
所持真言對彼尊前誦之然後即應
如法發遣一切持真言者法皆如是
勿使錯悞狂弃功夫

蘇婆呼童子請下鉢私那分品第八

復次蘇婆呼童子若念誦人問下鉢
私那者應當如是法請召所謂手指
或銅鏡及清水横刀燈焰寶等虛空
尊像童子真珠火聚石等於如是處
鉢私那下者請召来已當即自說天
上人間及過去未来現在超越三世
善惡等事一一具說法若有闕持真

言字數或有加減或不經誦不具正信亦不供養於不淨地天不晴明童子身分或贖或少有斯過等私鄉不下若欲請初應持誦私鄉真言持誦切畢即於白月八日或十四日或十五日是日不食以瞿摩塗地如牛皮形即將童子清淨澡浴著新白衣坐於其上以花香等而為供養自亦於内面向其東而坐茅草

又若欲令彼鏡中相貌現者相先取其鏡以梵行婆羅門呼摩之灰揩鏡令淨或七八遍乃至十遍置於曼花羅上仰者鏡中即現出世間事

又於横刀中看事法者亦同如鏡

若欲於手指面上看吉凶者先以紫礦水清淨其指後以香油塗之即現諸吉凶事

若欲於瓮中看者淨濾其水置於瓶中或瓮中然後遣一童子於中看之即皆見一切吉凶

又欲令見下於寶等及真珠中看者即以淨水灑於寶等及珠上端心淨住念誦真言百八遍即現一切相貌

又若欲令尊像所下者以花供養即自現之燈之中亦如前法乃至夢中為說諸事如上所說下私鄉法具修行若不下者即應一日斷食具持八戒發大慈悲或於制底或於端嚴像前取部母真言或取部主真言作如是復誦念法極須專心不得搖身及眼坐於茅草持前部母部主真言等任誦一遍數滿落叉或二落叉意將足若此法者呼我唵字枯木尚入其中令遣下語何況人耶

又若欲童子所下即簡取十箇

或八　或七　或六　或五　或四

或三　或二

或年十二或八歲者身分血脉及諸骨節悉皆不現圓滿具足眼目端正赤白分明手指纖長脚掌齊平八處表裏圓滿身相具足鬚髮青黑人所見者心生愛樂若得如是等童男於白月八日或十四日或十五日澡浴清淨著新淨衣以香花然燈塗香燒香與受八戒其日斷食令坐其前曼荼羅内次即以香花然燈塗香燒香

種種飲食供養本尊及護八方大神及阿修羅諸餘鬼類一一皆須供養又以妙花散彼童子身上及香塗身然後念誦之人手執香爐頂礼本尊念誦真言先置件字中間應呼揭剌忻拏（句之）又呼阿毗舍（去遍入字）又呼乞灑鉢羅（一合云速）私鄉下已即有此相現時為眼目歡悅視勿不瞬無出入息即當應知私鄉已下即取遏伽水及燒香供養心念實勝明王真言即應敬問尊者是何類神自他有所疑惑即應速問彼自當說三世之事求利失利及苦樂等所聞之教宜速受持勿生疑惑所問事畢即發遣若具此法私鄉速下若不依法即不得成就為人所笑復私鄉自下者彼童子等面貌希怡容顔滋潤眼目廣長遶黑精外微有赤色精神意氣有大人相無出入息眼亦不瞬即當應知是真私鄉若魔等下者即別有相貌眼赤復圓如入瞋視眼睛不轉張口恐怖亦無出入息眼亦不瞬即當應知夜叉等下即須發遣若不肯去者即　應便誦妙

吉祥偈或誦不淨忿怒金剛真言或讀大集陁羅尼經如上讀誦若不去者即應以師子座真言用遏伽水或波羅賒木與酥相和呼摩百八遍或以胡麻或稻穀花酥蜜相和呼摩百遍審後以軍茶利真言呼摩七遍或三遍即便捨去智者善解如是妙法復能一一如法修行不久勞苦而獲成就

蘇婆呼童子請問經分別難分品第九

復次蘇婆呼童子有念誦人過去煞阿羅漢今世返逆父母并破和合僧以懷瞋心出佛身血惡習氣故今生求人過自心觸事不閑詐作解相如是等人不值善友善友惡故返生邪見又破羣覩波及煞畢定菩薩自汙羅漢母教人令煞或盜僧財物或多或少世尊說是五逆無間罪人若犯者一罪增一倍若具犯五逆者轉增五倍命終當入無間地獄受十大劫苦復現身造罪不知邊際癡心高傷不懺首過轉生我見而欲誦持真言秘藏假使勤苦念誦真言終亦不獲

悉地以障重故未對首懺謝其罪故未嘗佛物法僧物及一切衆知識等物咒突頑愚曾未改悔一毛頭分故何能持誦真言求獲悉地果耶四趣長遠一墮於中何時當得出離解脫此等苦類一切衆生不受惡道業者世尊不應說有一闡提及地獄等苦何解須求得解脫苦心毀體而求悉地又讀佛所說微妙經典瞋心損壞或放火焚燒或弃水中或弃不淨廁中或謗法身或煞持戒比丘比丘尼優婆塞優婆夷或欲打罵欺陵惡言謗毀求其長短持火燒伽藍精舍毀壞尊容及僧房等此等之罪斯人報盡命終當墮十方一切阿鼻地獄等皆受千劫然後墮餓鬼中鬼身畢已復墮傍生傍生畢已最後獲得人身六根不具常生下賤家乞匃而活設使身力恒以客擔死屍求財活命食飲不充其口恒受飢餓不擇食飲或噉狗猪猫鼠等肉以充其命若逢善友即發菩提若值闡提愚癡等人還造惡業復墮地獄還經數劫世尊所說

諸佛如來還供養如來何以故求福故何況凡夫專事頑愚不求福耶菩薩怜愍衆生而得佛身不捨一切衆生見者觀視敬念無有猒足菩薩不害衆生一生之命何況多命以不害故而得無諸病苦身得具足得佛之後復增壽命施食亦令得壽命長衆生遇佛影中皆得安樂保全身命菩薩常謙下衆生承接供養若有所須不違前意皆悉給之若前人解法以身牀座令坐其上以聽妙法得以奉行不生退轉求佛常身何況凡夫一無所解福無毫分輕慢一切而事高心不遵智者行檀果業今說罪福二等粗略言有罪之人先求懺悔對首發露其過一一具述覆藏不述罪亦難滅然後尋好明師遵承供養珎重看仰請求入三昧耶法尊許得入壇已於後漸漸諮問真言法則得已修行當得悉地無善心者虛費語功唯地獄苦楚能迴此等類

復次蘇婆呼童子若念誦人先於三寶處起恭敬心謙下卑順向前胡跪

合掌白尊者言我今懺悔一切罪障願悉消滅於今已後更不重造願尊慈悲攝受我等於佛法中發無上菩提至得佛已來勿值惡魔壞我菩提真實之見願尊證知從今向去更不歸餘邪魔外道惡人亦不礼拜雜類諸天神等唯佛菩提及三寶所繫心一念撍不移亦常發如是等願其所作念誦事法速得悉地亦得救攝衆生代受苦惱衆所須之物我雖薄福隨其力辦悉令充足以我發菩提心念誦真言威力令我摧伏猛害毒惡人類不能為害自然消滅令一切衆生悉無畏懼我今以真心念誦諸天善神衛護故真言威力不可思議一切衆靈欽敬恐怖何況凡夫惡人而不摧滅者耶行者凡持真言者無故以手斷草木以脚踐踏蓮花及諸壇地并契印等亦復礼拜諸藥等類亦勿喫供養及祭祀鬼神之食或喫所弃著地食勿共婦人語及畜生等於清淨處行非為法事以明及藥捉諸虵類或乘為戲及生驢欲令走故以

杖打之致於病難及遭苦難人處不發慈悲念如是之人念誦真言亦難成就不名智人辟如虛空終不可畫於三寶及衆人處行益及損獲善惡報亦復如是又勿作網羅羂索及諸方便傷害衆生及畜貓狸殺羊籠禁鸚鵡及諸鳥類如是之人今世後世念誦真言亦不成就是故不應受用供養世尊之物所供養食亦不應踐脚踏墮地之食不堪供養物不應頂戴亦不應礼拜大自在天及日月天火天那羅延天假令遭苦亦不應礼彼所設教不應誦亦不應供養有人持誦彼天者持誦之人亦莫生瞋但莫隨喜當加怜愍墮邪見人亦勿誦彼真言讚歎彼德設若有財供養以慈悲至願一切衆生當住正見發如是願凡所作業先當礼拜一切諸佛及所居處次礼一切金剛護法善神衆辟如初月雖未圓滿然諸人等致敬礼拜念誦之人常須尊敬菩薩緣覺金剛及聲聞衆雖未覺滿漸漸當成菩提滿月是故當須致敬礼拜諸

菩薩一切聖衆彼等菩薩能荷負一切衆生以救濟故發大慈悲已淳熟故有愚癡下劣衆神力不可思識具大精進真言秘藏從此而出若不拜者非直真言不成亦毀謗諸佛辟如從花乃成果實花如菩薩果喻菩提是故應須頂礼歸依佛法僧寶菩薩雖復行於欲者示現行欲於剛強者示現剛強於柔軟者示現柔軟慈悲然彼菩薩無增愛去何不礼彼等菩薩以行種種真言法則隨類能滿諸衆生願故復能了知一切業果是故應礼尊耶

蘇婆呼童子請問經卷中

蘇婆呼童子請問經卷中

校勘記

一　底本，金藏廣勝寺本。

一　六六四頁中一行第一〇字「中」後，普有夾註「與後妙臂童子經同梵本」。

一　六六四頁中三行「別品」，石無；資、磧、普、南、徑、清、麗作「品」。首字「分」，資、磧、普、南、徑、清作「請問分」。

一　六六四頁中四行第七字「子」，石、麗作「子時彼行者」。

一　六六四頁中五行第九字「藏」，諸本作「穢」。第一〇字「譬」，諸本作「譬如」。

一　六六四頁中一〇行末字「好」，資、磧、普、南、徑、清、麗作「得好」。

一　六六四頁中一一行第一〇字「就」，資、磧、普、南、徑、清作「熟然」。

一　六六四頁中二〇行「若罪」，磧作「共羅」。

一　六六四頁下五行末字及六行首字「麻油」，資、磧、南、徑、清、麗作「油麻」。

一　六六四頁下一一行第八字「陁」，資作「地」。

一　六六四頁下一六行第八字「所」，資、磧、普、南、徑、清無。

一　六六四頁下一八行第一〇字「所」，諸本作「所持」。

一　六六四頁下一九行第一〇字「破」，資、磧、普、南、徑、清作「釘破」。

一　六六四頁下二〇行「本形像尊」，諸本作「本尊形像」。第一三字「各」，資、磧、普、南、徑、清作「路」。

一　六六四頁下二一行首字「主」，麗作「王」。第八字「然」，麗作「然後」。

一　六六四頁下末行第一二字「彼」，石作「被」。

一　六六五頁上一行第四字「得」，資、磧、普、南、徑、清無。

一　六六五頁上一三行第三字「生」，石作「主」；資、磧、普、南、徑、清無；麗作「呪」。末字至一四行首字「曼荼」，石、麗作「妙曼荼羅」；磧、普、南、徑、清作「曼荼羅」。

一　六六五頁上一五行第一一字「不」，石作「亦復不」。

一　六六五頁上一七行第三字「枝」，石、徑、清、麗作「肢」。

一　六六五頁上一八行「罰龍鬼之一」；石、麗作「罰龍鬼之」；資、磧、普、南、徑、清作「就鬼之」。

一　六六五頁上二〇行末字「害」，徑作「壞」。

一　六六五頁中四行「依法」，資、磧、普、南、徑、清無。

一　六六五頁中一二行「文字」，資、磧、清作「文學」；普、南、徑作「又學」。

一　六六五頁中一四行「所法」，石作「所有」；資、磧、普、南、徑、清作「依法」，麗作「如法」。

一　六六五頁下三行第一三字「濼」，

資、磧、普、南、徑、清作「沼」。

一　六六五頁下一一行「蘇婆呼童子請問」，石、麗作「蘇婆呼童子請問經」；徑、清作「請問」。

一　六六五頁下一二行「品第六」，石作「第六」。

一　六六五頁下一七行首字「出」，石、麗作「注」。

一　六六五頁下一九行「染雜之境」，石、麗作「雜染之境」；資、磧、普、南、徑、清作「雜境」。

一　六六五頁下二二行第七字「門」，諸本作「閙」。

一　六六六頁上六行第五字「於」，資、磧、南、徑、清無。第七字「誦」，資、磧、普、南、徑、清作「誦人」。

一　六六六頁上七行第一三字「即」，石、麗無。

一　六六六頁上八行第四字「即」，石、麗作「即得」；資、磧、普、南、徑、清作「即獲」。

一　六六六頁上九行第一三字「獲」，石、麗作「獲得」。

一　六六六頁上一二行第三字「求」，諸本無。

一　六六六頁上一五行「自他」，麗作「由時」。

一　六六六頁上一八行末二字至一九行首二字「我非色所」，磧、普、南、徑、清作「我所非色」。

一　六六六頁上一九行第八字「如」，石、麗作「知」。

一　六六六頁中二行末字「相」，資作「想」。

一　六六六頁中六行第一〇字「乘」，資、磧、普、南、徑、清作「騎」。

一　六六六頁中一〇行第八字「得」，資、磧、普、南、徑、清作「有」。

一　六六六頁中二一行第八字「泊」，石、麗作「沼」。

一　六六六頁下二〇行第四字「却」，資、磧、普、南、徑、清作「端」。

一　六六六頁下二二行末字「塡」，諸本作「坑」。

一　六六七頁上五行第二字「相」，資、磧、普、南、徑、清作「想」。

一　六六七頁上七行「蘇婆呼童子請問」，石、麗作「蘇婆呼童子請問經」；徑、清作「請問」。「想分品」，石作「相分」；麗作「相分品」。

一　六六七頁上一一行「違法」，資、磧、普、南、徑、清作「地」。

一　六六七頁上一四行「念誦人」，石、麗作「過念誦人」；資、磧、普、南、徑、清作「念誦」。

一　六六七頁上一九行第七字「名」，資、磧、普、南、徑、清作「者」。

一　六六七頁上二〇行首字「媚」，磧、普、南、徑、清作「妃」。

一　六六七頁上二二行第八字「斯」，資、磧、普、南、徑、清作「其」。

一　六六七頁中三行第五字「入」，資、磧、普、南、徑、清無。

一　六六七頁中七行第一二字「食」，資、磧、普、南、徑、清無。末字「膏」，石作「油膏」。

一 六六七頁中八行第八字「以」，磧、普、南、徑、清作「易」；麗無。「衆生亦耳」，麗作「利衆生亦爾」。

一 六六七頁中一四行第六字「物」，資、磧、普、南、徑、清作「勿」。

一 六六七頁中二〇行第五字「膜」，資作「廣」；磧、普、南、徑、清作「癃」。

一 六六七頁中二二行末字「啼」，諸本作「涕」。

一 六六七頁下一一行第九字「王」，石、麗作「主」。

一 六六七頁下一二行第三字「王」，普作「主」。

一 六六七頁下一六行第一一字「住」，諸本作「任」。

一 六六八頁上三行第一一字「疊」，諸本作「氎」。

一 六六八頁上五行第一三字及一〇行第一〇字「温」，資作「熅」；磧、普、南、徑、清作「煖」。

一 六六八頁上一〇行第五字「文」，資、磧、普、南、徑、清「人」。

一 六六八頁上一六行第一三字「王」，資、磧、普、南、徑、清作「人」。

一 六六八頁上二〇行第一一字「諸」，資、磧、普、南、徑、清作「説」。

一 六六八頁中一〇行首字「是」，資、磧、普、南、徑、清、麗作「是是」。

一 六六八頁中一九行第四字「焰」，諸本作「餤」。

一 六六八頁下八行第六字「上」，資、磧、普、南、徑、清作「尚」。

一 六六八頁下一五行第五字「抂」，諸本作「枉」。

一 六六八頁下一六行「蘇婆呼童子請」，石、麗作「蘇婆呼童子請問經」；資、磧、普、南作「蘇婆呼童子請問」；徑、清作「請問」。「品第八」，石作「第八」。

一 六六八頁下一八行第七字「是」，石、麗無。

一 六六九頁上三行第五字「賸」，石作「盛」；資、磧、普、南、徑、清、麗作「賸」。

一 六六九頁上四行第五字「下」，資、磧、普、南、徑、清無。

一 六六九頁上九行第四字「其」，資、磧、普、南、徑、清作「正」。

一 六六九頁上一〇行第一二字「相」，麗作「則」。

一 六六九頁上一二行末字「花」，諸本作「茶」。

一 六六九頁上一六行首字「穬」，諸本作「礦」。

一 六六九頁上一八行第四字「瓮」，諸本作「水」。

一 六六九頁中二行第五字「之」，石、麗無。

一 六六九頁中三行第一三字「具」，石、麗作「具悉」。

一 六六九頁中一〇行第七字「嚂」，石、資、磧、南、徑、清作「唵」。

一 六六九頁中一七行首字「赤」，諸本作「青」。

一 六六九頁中末行第四字「次」，麗

無。

一　六六九頁下八行第六字「勿」，資、磧、普、南、徑、清、麗作「物」。

一　六六九頁下九行首字「應」，資、磧、普、南、徑、清無。「已下」，資、磧、普、南、徑、清作「合」。

一　六六九頁下一六行第二字「復」，石、麗作「復次」。末字「希」，磧、普、南、徑、清、麗作「熙」。

一　六六九頁下一七行第一二字「精」，徑、清、麗作「睛」。

一　六六九頁下二〇行第三字「下」，資、磧、普、南作「亦」。第六字「別」，徑作「復」。

一　六七〇頁上四行第五字「與」，資、磧、普、南、徑、清作「共」。

一　六七〇頁上一〇行「蘇婆呼童子請問經」，徑作「請問」；清無。「難分品」，石作「遮難分」；資、磧、普、南、徑、清作「苦難分品」；麗作「遮難分品」。

一　六七〇頁上一四行「自心」，磧、普、南、徑、清、作「惡」。

一　六七〇頁上一五行第一二字「返」，普作「友」。

一　六七〇頁中二行第二字「沓」，資、磧、普、南、徑、清、麗作「僨」。第五字「法」，麗作「法物」。

一　六七〇頁中三行第七字「未」，普、南、清作「來」。

一　六七〇頁中一七行第一〇字「獲」，徑作「復」。

一　六七〇頁中一八行「設侈」，資、磧、普、南、徑、清作「役使」；麗作「設使」。

一　六七〇頁中一九行第五字「客」，資、磧、普、南、徑、清作「傭」。

一　六七〇頁下一四行第七字「檀」，資、磧、南、徑、清作「壇」。

一　六七〇頁下一五行第四字「言」，磧、普、南、徑、清作「言之」。

一　六七一頁上八行「亦常」，資、磧、普、南、徑、清作「易常」；麗作「易嘗」。

一　六七一頁上九行第一二字「救」，徑作「收」。

一　六七一頁上一八行第九字「路」，諸本作「踏」，下同。

一　六七一頁下五行第三字「直」，資、磧、普、南、徑、清作「但」。

一　六七一頁下一〇行第二字「後」，麗作「彼」。第六字「增」，資、磧、普、南、徑、清、麗作「憎」。

一　六七一頁下卷末經名「請問」，資、磧、普、南、徑、清無。

蘇婆呼童子請問經卷下　洊

唐天竺三藏輸波迦羅奉　詔譯

分別道分品第十

復次蘇婆呼童子我今為念誦人說八聖道法為正見正分別正語正業正命正勤正定正念此是諸佛所行之道念誦之人行此道者真言乃成於此報盡復生人天勝上妙處過去諸佛行此道故成等正覺現在未來諸佛亦復如是身口意業所修功德常依正教不生疲惓欲如是修行乃名正業飲食衣服卧具及受湯藥常懷知足不生染著是名正命不讚已身不毀他人遠離諸過如避大坑及以獵獸常樂寂靜是名正語不學占相吉凶男女等事天文地里調鷹調馬及以調象射藝書筭世間言論無益之典遠離斯過是名正分別不觀象鬬馬鬬牛羊雞犬等鬬男女相扠相撲亦不往觀

離如上之戲是名正念不說王臣盜賊鬬戰相煞婬女之論及以謎語說

往昔之事念誦之人乃至未成就中間不應入城村落邑里及生緣伽藍制底處外道神祀所居之處若園林池河如此等處並不應往

若不作如前七懸事業常居山林高峻崖峯四絕之頂晝夜不懈念誦真言無不獲果是名正勤

復次蘇婆呼童子若念誦人不獲如前上妙勝處應居空閑神廟或居樹下或住河邊或居山側或泉池林間或無人處或居空室一心念誦或一年之中除安居外春秋二時隨意遊行山林河邊泉池空室専心念誦辭如比丘夏月安居念誦之人亦復如是行人念誦雖滿遍數正夏安居勿作成就之法雖不作法念誦不得間斷解夏已後如法護身方可作成就之法慎勿法外行事

復次蘇婆呼童子今為念誦人說呼摩法置爐差別之法此法或作圓圓或作三角或作四方或如蓮花之形並須有基爐口安脣泥拭細滑外邊基階並須牢固

若作善事及求錢財令他敬念作息
災法者其爐須圓
若求成就一切諸事或求女人及童
子女等者其爐須蓮花之形
若作阿毗者羅之法或為走等事者
其爐須作三角
若欲調伏諸龍及餘鬼類或令火燒
或令苦痛者其爐須方基唇及爐以瞿
摩復用茅草布於基上及安基下所
塗之處塗花香等隨所辦物供養三
寶及本部主并諸明王本真言主等
爐中生火不應以口吹以扇扇火然
後取稻穀花和酥或胡麻和酥以本
部明王真言念誦而作呼摩七遍或
八或十乃至二十一遍供養明王其
作法人面向東坐取酥蜜酪等共和
一器中取呼摩木向器中揾於兩頭
擲於爐內燒之如是日月不停或七日
三七　四七　五七　六七　七七日
或一月　或百日或百二十日其驗證現
若如上作法不得成者以年為期三
年　六年　或十年　十二年
作不退者畢得大悲地必須如法呼

摩正燒火法之時應觀火色於其爐
中火色炮焰聲合成不成者自有相
貌現耳其火無煙焰如金色右旋婉
轉焰峯熾多其色或白或如紅色或
焰極赤由如珊瑚色滋潤其焰上衝
復流下廣或如日月光其焰形狀瓶
幢傘蓋吉祥字形螺貝蓮花或如呼
摩酥杓等形或似三鈷五鈷金剛杵
形或如橫刀如草束形或似車形或
如蠅拂聲吹笛箏箜等聲或如螺聲
得如上種種音聲其氣由如燒酥之
香復無炮烈其火不扇自然得如斯
相現必當獲得廣大悲地又觀燒火
不成就相貌法者正燒火之時或起
煙多亦復炮烈其焰難發假令發時
亦不增盛後時損滅由若無火焰色
焦悴黑如闇雲如波羅賒形由如一
鈷之叉又如鍬篿男根牛角之形其
火出聲狀如驢鳴又復迸火燒念誦
人爐內香煙如燒死人之氣現如斯
相巳念誦之人悲地難得行者見斯
不祥之相即應以赤身明王或吉利
吉羅或以不淨忿怒等明王真言而

作呼摩其不吉相即當消滅必須如
法非是輕介念誦人慎勿剃除三處
之毛亦不應火燒復塗藥遣落及以
手拔髀如有人手執金刀若不善解
執持自當損害持真言者不依法則
婬乱熾盛以除三處之毛呈亦女人
發生欲想非但真言不成如執利刀
自害其身念誦人縱不依法則者其
部主明王真言主等皆是菩薩終不
損害人左右侍從見彼過故即便損
害當須謹卓勿行非違自招其禍
復次蘇婆呼童子若念誦人及欲成
就并作諸法無有障難求悲地者以
諸飲食祭祀諸天修羅藥叉龍等伽
路羅共命鳥等羯吒布單那乾闥婆
部多諸鬼魅等或居地或在虛空行
者右膝著地啓請言曰居妙高山天
諸部多居歡喜園及餘天宮居日月
宮或居河海所或居陂澤泉水或居
村落及諸神廟或居空室或居天室
或住伽藍制底或居外道草菴或居
為室或居庫藏或住街巷或居四衢
道邊或依獨樹或在大路或住狂閒

或居屍陁林或寄大樹林或居師子

大山遊戲之處或住大砂磧中或居
諸洲上妙處所皆諮啓請與諸眷屬
降臨来此我所營辦花鬘塗香燒香
飲食及燈明願垂歆饗我所求事滿
足其果以供養諸鬼神已後應別日
供養護方諸神如前辦供胡跪合掌
即應召請謹請東方憍尸迦天與諸
眷屬来降道場願垂受供
次請東南方火天仙等與諸眷屬来
降道場願垂受供
次請南方閻摩羅法王等與諸眷屬
来降道場願垂受供
次請西南方泥唎底部多大王等與
諸眷屬来降道場願垂受供
次請西方縛嚕拏龍王等與諸眷屬
等来降道場願垂受供
次請西北方風神王等與諸眷屬来
降道場願垂受供
次請北方多聞天王等與諸眷屬来
降道場願垂受供
次請東北方伊舍羅天主等與諸眷
屬来降道場願垂受供

次請上方梵天王等與諸眷屬来降

道場願垂受供
次請地居所有諸大神王等與諸眷
屬来降道場各住本方所辦供養願
垂納受復願常時衛護於我如是供
養諸鬼神等及護方神王行者無諸
難事意所求願皆悉滿足
蘇婆呼請問分別諸部分品第十一
復次蘇婆呼童子世尊為利益未来
一切衆生故說三俱胝五落叉真言
及明名曰持明藏
又聖觀自在說三俱胝五落叉真言
於此部中真言王名曰何耶吉唎婆
（此云馬頭）此部曼荼羅名曰你毗耶（二合）
復有七真言王十二臂為真言王
六臂上髻　滿如意願　四面不空
羂索二臂由如日光照耀世間此等
七真言王並是馬頭曼荼羅所管
復有八明妃為目睛妙白居白觀世
獨髻金顏名利稱焰唎俱胝此等皆
是蓮花部中明妃
復說種種妙曼荼羅及諸手印我利
益貧窮衆生及摧諸鬼類故說七俱

胝真言及曼荼羅　復有十使者七

明妃　又有六十四嬪　又有八大心真言
又有軍荼利等無量忿怒
又有最勝明等無量真言王
是故此部名曰廣大跋折羅
復有大神名曰般支迦說二万真言
此神有妃名曰弥佉羅說一万真言
名曰般支迦部
復有大神名曰摩尼跋陁羅說十万
真言　多聞天王說三万真言
復有諸天及阿修羅等於世尊前說
無量明及諸真言其中有入金剛部
內者
亦有入蓮花部者　亦有入般支迦部者
亦有入於摩尼部　亦有非部所管者
如上所說真言略教種種法則於五
部中并應修行
復有諸天所說真言世尊印可許著
亦應修行如是法則者若乘此法者
即得相願成就
復次世尊於內亦有勝上妙寶從此
復流究竟法寶中復生八大丈夫不
退衆實如是三寶世所稱是故念誦

人若欲滅罪生福希速得現前滿願
者先歸命三寶
又若欲持誦金剛部內真言者初歸
三寶已次稱鄔施旃荼跋折羅波拏戉
摩訶藥叉栖鄔波多戉次後即誦真
言蓮花部內亦然　般支迦部亦然
摩尼部亦如上法　初歸三寶
次歸部王然後乃可念誦真言若不
歸依釋教復行聲聞乘緣覺乘者信
不具足內懷腐朽外亦精進復懷慳
貪悋者不應執我此跋折羅
若有苾芻苾芻尼及優婆塞迦優波
斯迦毀呰深妙大乘言此所說皆是
魔教復懷愚癡為言執金剛菩薩是
大藥叉復不敬礼諸大菩薩心生輕
慢為利故詐解持誦如是妙真言者
如是等愚人不久當自損害軀命亦
如前說佛菩薩終不害人然於部內
有諸毒猛鬼神見彼癡人謗執金剛杵
者便生瞋怒即害彼命摩醯首羅天
說十俱胝真言
那羅延天王說三万真言
大梵天王說六万真言

日天子說三十万真言
伽路荼王說八万一千真言
摩醯首羅大妃說八千真言
火神王說七百真言
摩登伽天王復說三千真言
諸龍王妃說五千真言
羅剎大將說一万真言
四天大王說四十万真言
阿修羅王說二十万真言
忉利天王說三十万真言
各各俱說真言手印及鼻荼羅俠法
受持若為此教非真不誠亦當自害

蘇婆呼童子請問分別八法分品第十二

復次蘇婆呼童子念誦人所有成就
之法摠有八種何等為八謂成真言法
成金水法　成長年法　出伏藏法
入修羅宮法　合成金法　土成金法
成無價寶法
是名八法於中有三成真言法入修
羅宮法得長年法是
三種法是名上上悉地法
成無價寶法土成金法出伏藏法
此三種法是名為中合成金法成金

水法第三二法是名下法若有衆生
具有戒慧樂此法者如是之人樂上
上成就
若有衆生多貪財欲者如是之人樂
中成就
若有衆生多愚癡故及價求利者如
是之人得下成就
上上之人唯求上驗勿應求中下證
若遭窮貧者應求中品亦應求上驗
亦莫取下證下下之人依前求之亦
勿敗易
若欲獲得如上所說種種成就應須
修福具福之人求前八種之樂延命
長壽威力自在端正聰慧皆得成就
若人戀家業修善法敬念三寶常不
離心憶真言念誦不間如是之人速
得成就念救衆生復能滅已身罪并
彼獲今世及後世樂真言之外更無
異法能與衆生樂者辟如天火下降
及與霜雹能損諸物無可避脫真言
威力降下衆生心田能摧苦惱及諸
罪障碎壞無餘善功德芽日日滋茂
如意寶樹能益有情種種意願真言

妙蔵亦復如是或與成就菩薩位地乃至佛果或與成就明仙位地或與富樂色力長年有諸菩薩觀諸有情遭諸苦難及餘怖畏王難惡賊火雹等苦即自變身為真言主形救濟衆生令脫苦難使安無怖使樂恣情盡報壽命若復有人雖處居家受諸欲樂佛說真言發心欲持設得少法似行不行念誦多有違犯作其事法多不備具彼人每日不喜念誦遍數足與不足中間即停心貪餘部真言法則無驗却就舊業而尅其心心不休廢數當漸滿忽覺少驗心生歡喜歡喜已即發露已首諸過其罪即滅離五欲障還具戒體清淨之身還入清室更誦真言滿十万遍已即須作求成就法不久即得如意所樂真言悉地於後所作一切諸餘真言法則皆得成就

復次蘇婆呼童子若念誦人正澡浴時用淨土和水遍塗其身然後入於清淨大水隨意洗已或面向東面北洗手足已以其兩手置於膝內以水

遍灑於身躬水勿使有聲即用右手作掬水法於其手掌勿令有沫呪水三遍吸水三迴勿使有聲以手母指兩邊拭口及以灑身即作護聲作護聲訖然後齒間始嚙舌中覺觸或復咳嗽涕唾更須如上呪水口吸乃至拭口澡浴畢已即往淨室中間不應與餘外人或男或女出家在家淨婆羅門童男童女及黃門等語及與相觸若有相觸者一依如前澡浴及飲水拭口然後莫共人語即入淨室念誦設使急事不得停休要須數滿然後出於精舍亦勿受他利養乞食已作業日夜不闕如是之人妙真言神唐然入身若求成就者念誦之時有施主惠施衣裳金銀珎寶鞍乘嚴具塗香燒香飲食卧具如上等物乃至分毫不應納受

復次蘇婆呼童子念誦人大小便利畢已應用五聚土三聚洗後一聚洗前其一聚獨洗即出惡處就於淨處分土十聚先用三聚獨洗左手復用七聚洗其兩手已後更取三聚二手

內外通淨洗令淨然後已重任用土水清淨洗之辟如春時風揩樹木自然火出以省功力遍燒草木以念誦火用淨戒風以勤相揩盡燒罪草亦復如是復如寒霜日曜即消以用戒日念誦之光曜消罪霜亦復如是辟如室內久來有闇若將燈入即便闇滅以念誦燈照罪障闇悉得消滅念誦真言乃至呼摩便獲成就若此法不成就者應近江河地上取淨好砂印成十万窣堵波安置河邊以香泥塗塔如是一一塔前各誦本真言至誠懺悔作滅罪法無始已来所造罪障悉皆消滅此世當獲成就現報

念誦之人持戒為本精進忍辱於諸佛所深心恭敬發菩提心勿使退轉恒須念誦莫有懈怠辟如國王具七種法能治人民及自安樂持誦之人具此七法即滅諸罪乃獲成就初應念誦如法勿有脲錯以次呼摩以呼摩故本尊歡喜即便施與如意樂果

復次蘇婆呼童子念誦之人若欲成就攝喜人法乃至欲取百由旬外者

皆是藥叉之婦力耶為愛欲故未成
此法藥叉女者假令悉地者還與藥
叉之婦辟如衒賣女色者為窺財故
共男子欲其藥叉婦亦復如是雖復
共居一刧終無善意伺人其過損害
食噉以愚癡人貪餘色故欲行此法
成已非直犯斯邪行之咎亦乃自當
有損諸念誦人法他不可廢有業相
當者任行此法於佛法中有心趣向
者勿行此執非利益事是愚人法為
初學人示現說之非正道
復次蘇婆呼童子有諸菩薩金剛及
天龍藥叉修羅等對於佛前及縁覺
聲聞衆中各自說真言世尊為我證
明如來為利益諸有情故皆悉證許
復慈加被我今說真言皆有三品
成上品者謂昇空而去入修羅自在
變形作藥叉女夫主者長年成幻化
法自變已身為密跡等
成中品者獲得錢財乃至自在富貴
舉意從心
下品者令人相憎及能攝来從國令
去乃至令枯

下中下者為療鬼魅龍鬼嬰兒令人
惛沉多睡兩手或展或舒令攞拳縛
抱及遣耳語及阿引吠誤鄉鞭打令
去乃至損害及令衆人共誦真言或
令衆人以脚蹈地令著鬼魅悶絕躃
地置於四衢道頭以白疊蓋来者令
看復令一人從脚徐挽白疊隨起疊
盡還復本心及療鼠毒攝閇人呼召
諸龍縛衆多人令不得動療治被毒
及能移毒以毒毒人毒成人眼亦復
治却被之人禁令不引發遣毒虵不
令傷人作人及成使者示現人龍以
為音樂著魅者令老如是等類皆是
外法不可依行
復有毒虵類合有八十其中亦二十
舉頭而行於中六種住即盤身
復有十二種雖嗽人無毒
數内復有十三虵虵中之毒於外之
地餘雖嗽人有時被毒有時無毒復
有蝦蟆辟宮蜴蜡蜘蛛等類及雜毒
虵虫如是分別其數雖多然所行猛
烈毒者數不過六種
一者其虫朶纖溺人便有毒

二者溺者人身便即有毒
三者觸毒虫行時不令人見若觸人
身即便有毒
四者延唾者人即便有毒
五者眼毒其虫以眼視人便即有毒
六者齧毒其虫著人者便即得毒
持真言者不畏彼毒如是諸虫上中
下品分別合成數種之毒是故餘天
神說如是諸虫
或以毒惛醉而放猛毒
或以大瞋而放猛毒
或恐怖而放猛毒　或飢餓而放猛毒
或懐怨而放猛毒　或死時至而放猛毒
其齧毒復有四種
一者傷　二者血塗　三者極損
四者命終
其齧毒者云何知耶所齧之處有一
齒痕其毒微少為是名傷
血塗之毒其狀云何有二齒痕致使
有血名曰血塗
極損之毒有三齒痕令使傷肉名曰
極損命終之毒其狀云何所齧之處
有四齒痕便腫其身是名命　終此之

一毒縱使外道真言妙藥無能治差
辟如猛火燒身或以刀割被毒之苦
亦復如是持真言者其毒即滅辟如
大火興盛若以雨灑其火便滅真言
攝毒亦復如是智者妙解種種類印
以持誦大威真言共諸毒戲一無怖
畏如師子王入於牛群無有顧視恐
懼之心
復次蘇婆呼童子世間人等常有種
種鬼魅病苦　或天魅　或龍魅
或阿修羅魅　或乹闥婆魅　或伽嚕荼魅
或緊那羅魅　或摩呼羅伽魅　或藥叉魅
或羅叉娑魅　或持明所魅　或餓鬼魅
或毗舍遮魅　或宮盤荼魅
如上種種諸鬼魅等求見祭祀故
或戲拂故　或煞害故
或遊行世間多求利故
或常敢血肉故　或伺求人過失故
或常瞋怒故　或繫拽衆生故
或煩惱熾盛故　或飢餓故
或擊衆生令他心乱故　或謌或舞故
或喜或悲故　或懷愁惱故　或時亂語故
如上種種異相令人恠笑病等應以

金剛鈎或以甘露瓶忿怒金剛等真言
作法療治即得除差如上病患之徒
又火神真言　風神真言
摩醯首羅真言　大梵天王真言
切利天王真言　那羅延天王真言
四天王真言　日月天王真言
藥叉王真言　金翅鳥王真言
彼等鬼魅不懼如上餘外天神真言
者若聞金剛鈎之名号者自然退散
何況作法持真言而療治不愈者智
者知彼魅鬼性行及療治法然後無
畏諸佛菩薩所說真言以如来加被
力故餘外天神真言不能破壞如上
真言之者
又欲滅罪之者於空閑靜處應以香
泥或以近江河處以砂造制底中安
緣起法身之偈梵天藥叉持明大仙
迦樓羅乹闥婆類部多等類聞此法
已恭敬頂礼一時合掌而作是言希
有尊者愍念衆生希有如是微妙悲
行或見尊者手執爀耀大跋折羅或
執堅固鐵杵或執猛利火輪或見手
執不空羂索或見手執三鈷大叉或

見手執大撗刀或見手執弓箭或見
手執棒或見其器仗殊異令人怖畏
或見相好端嚴令人可樂或見尊者
為藥叉將我等歸命大慈悲者我等
修行諸天修羅人非人等恒常護念
深心恭敬依教修行不敢忘失若世
閻閻浮提內及四天下有四衆比丘
比丘尼優婆塞優婆夷童男童女得
聞此法者現世得離苦難若能如法
依教修行一切真言與此教相應報
得悉地無有疑耶得聞上法何況依
教修行而不獲果我等八部眷屬常
恒護衛修道人故一切惡魔毗那夜
迦藥叉等類不得其便若有貧窮衆
生依此法教持明真言者現世速離
貧窮苦惱富貴自在人所欽敬一切
鬼神冥加護衛若欲進求勝上出世
解脫者前件已烈任意所樂依教修
行勤精不退不久獲得持明悉地威
爠世間如日出現無有障㝵心無亂
動除不至心日夜不懈我等眷屬常
不離左右助益其力畢獲成切時執
金剛主告言汝等天龍八部能隨我

語衛護真言及大乘藏并一切衆生
助成修道者我亦往昔作天身龍身
并受一切大力之身於彼身中以威
力故常護佛法於僧寶及大乘藏真
言密典并愍衆生佐助修道人力不
令惡人得其便故不使國王大臣生
瞋怒故從凡至金剛已來此願不曾
退廢今獲如是執金剛忿怒自在之
身我若左顧右眄觀察十方兩目視
瞬一切世間界地六震動上至有頂
下至水際於中有魔宫眷屬光明失
色由如聚墨在珂貝邊所有宫殿碎
壞由如微塵修羅種類四散迯避自
然殄滅魔家眷屬迷悶躃地或有身
體由如火燒或身乾枯者或有卧床
床中者或被山壓身者或卧氷山中
者或卧鐵圍山中者卧須弥峯倒垂
欲墜生恐怖者或卧大河波中生恐
怖者或卧海底不見日月光者或卧
空中被日所炙受苦惱者或飢寒者
或受貧窮者或受地獄苦者受餓鬼
身者或受畜生身者或受飛鳥身者
或受毒虵身者或失本身形生者或

身火出自燒而受苦者或兩目出火
自燒面者或男身上生女根出不淨
臭穢者或女身上生男根不著耻者
或床從口出者或被猛獸食噉者
或被虵嚙受苦痛者或食飯口中出
火燒舌齒燋者或手脚墮落者或身
體洪爛者或病卧者或氣欲斷者或
死者受傘矟苦者或受火輪苦者或
受劒戟苦者或被白烏踏者或被水
牛觝煞者或被人煞者汝等天人雜類
應知此等天魔常障修道人故我今
現少右顧左視三昧神通其魔眷屬
即受如斯苦惱何况入火三昧現奮
迅神通從往至今常護此修道持真
言人故及護佛法并一切衆生得如
此力今魔怕懼不得正視我面何况
世間惡人能不懾者若有比丘或在
家菩薩能發丈夫恭敬佛法僧寶及
護大乘典并秘密藏修持真言者能
制國王大臣及一切惡人等勿令得
便毀訾惡言者此等獲福得神通威
力共我無異一切魔王怖懼生其苦
惱與前件無别當得果報至我住處

汝等天龍八部人非人等今於我前
發大誓莊嚴護衆生心并護法藏佐
助其力以汝善心深厚故善哉善哉
甚善汝亦不久當獲執金剛身得奮
迅自在無㝵降魔勢怒若我同等時
執金剛主告蘇婆呼童子汝當於世
流行勿使忘失時蘇婆呼童子言如
尊所教展轉流行不敢忘失時會大
衆皆悉起立蘇婆呼童子人天八部
大梵天王并及四衆圍遶數匝頂礼
恭敬頭面著地各發誓願願我及一
切衆生得聞此法依教修行速獲如
是大威神身力重頂礼執金剛主足
已各乘本座辭退還宫忽然不

蘇婆呼童子所請問成就真言法教分卷下

蘇婆呼童子請問經卷下

校勘記

一　底本，金藏廣勝寺本。

一　六七六頁中一行第一〇字「下」後，普有夾註「與不空三藏妙臂同本」。

一　六七六頁中三行品名，石作「問聖道分第十」；資、磧、普、南、徑、清作「請問分別道分品第十」。

一　六七六頁中五行第四字「爲」，資、磧、普、南、徑、清作「謂」。

一　六七六頁中一六行第一〇字「里」，資、磧、普、南、徑、清、麗作「理」。

一　六七六頁下五行第七字「僁」，諸本作「僁」。

一　六七七頁上八行第四字「痛」，資、磧、普、南、徑、清、麗無。

一　六七七頁上九行首字「摩」，石、麗作「摩塗」；資、磧、普、南、徑、清作「摩泥」。

一　六七七頁中二行第四字及一二行第四字、一五行第五字「炮」，資、磧、普、南、徑、清作「爆」。

一　六七七頁中四行第三字「峯」，磧、南、徑、清作「烽」。

一　六七七頁中八行第九字「鈷」，磧、普、南作「貼」；徑、清作「股」，下同。

一　六七七頁中一二行「自然」，麗作「自然而著」。

一　六七七頁下一一行第三字「頁」，諸本作「須」。

一　六七七頁下一三行第一一字「悉」，資、磧、普、南作「善」。

一　六七八頁上三行第九字「啓」，資、磧、普、南、徑、清作「屈」。

一　六七八頁上五行第四字「燈」，石、麗作「妙燈」。

一　六七八頁上二二行第一〇字「主」，石、資、磧、南、徑、清、麗作「王」。

一　六七八頁中八行「蘇婆呼請問」，石作「蘇婆呼童子請問經」；南作「蘇婆呼童子請問」；徑、清作「請問」。

一　六七八頁中八行「品第十一」，石作「第十一」。

一　六七八頁中一三行第七字及一五行第六字第一三字、一八行第四字、次頁上八行第四字「王」，石、麗作「主」。

一　六七八頁中一三行第一〇字「何」，資、磧、普、南、徑、清作「阿」。

一　六七八頁中一九行第六字「爲」，磧、普、南、徑、清作「謂」。

一　六七八頁下二行第七字「四」，資、磧、普、南、徑、清無。

一　六七八頁下四行第二字「有」，資、磧、普、南、徑、清無。

一　六七八頁下八行第五字「迦」，資、磧、普、南、徑、清無。

一　六七八頁下一〇行末字「言」，石、麗作「言名曰摩尼部」。

一　六七八頁下二〇行第三字「相」，麗作「所」。

一　六七八頁下二一行第七字「亦」，資、磧、普、南、徑、清作「亦於」。

一　六七八頁下末行第八字「世」，磧、普、南、徑、清作「世之」。
一　六七九頁上四行第七字「施」，磧、普、南、徑、清作「陀」。
一　六七九頁上一四行末字「是」，資、磧、普、南、徑、清作「言是」。
一　六七九頁上一九行第一二字「執」，資、磧、普、南、徑、清作「持」。
一　六七九頁中一二行第八字「真」，磧、普、南作「直」。
一　六七九頁中一二行第一〇字「誠」，資、磧、普、南、徑、清作「成」。
一　六七九頁中一三行「蘇婆呼童子請問」，石作「蘇婆呼童子請問經」；徑、清作「請問」。
一　六七九頁中一三行「品第十二」，石作「第十二」。
一　六七九頁中二二行首字「成」，資、磧、普、南、徑、清作「或」。
一　六七九頁下一行「第三二法」，石、麗作「此之二法」。
一　六七九頁下二行首字「具」，磧、普、南、徑、清作「真」。
一　六七九頁下九行第一一字「應」，資、磧、普、南、徑、清、麗作「勿」。
一　六七九頁下一〇行第三字「取」，磧、普、南、徑、清作「求」。
一　六七九頁下一八行首字「彼」，磧、普、南、徑、清作「能」。
一　六七九頁下一九行第四字「與」，磧、普、南作「獲」。
一　六七九頁下一九行第一一字「天」，資、磧、普、南、徑、清作「大」。
一　六七九頁下二〇行第七字「諸」，磧、普、南、徑、清作「衆」。
一　六七九頁下二一行第一〇字「摧」，普作「際」；磧、南、徑、清作「除」。
一　六八〇頁上五行第六字「身」，徑作「生」。
一　六八〇頁上一二行第一〇字「其」，資、磧、普、南、徑、清作「期」。
一　六八〇頁上一六行首字「清」，資、磧、普、南、徑、清作「靜」。
一　六八〇頁中三行第六字「迴」，資、磧、普、南、徑、清、麗作「遍」。
一　六八〇頁中四行第一二字及五行首字「聲」，徑、清作「身」。
一　六八〇頁中一六行第一一字「鞍」，資、磧、南、徑、清作「安」。
一　六八〇頁下一〇行第九字「地」，資、磧、普、南、徑、清作「澤」。
一　六八〇頁下二〇行第七字「厥」，資、磧、普、南、徑、清、麗作「闕」。
一　六八一頁上三行第一二字「窺」，磧、普、南、徑、清作「規」。
一　六八一頁上一一行第八字「非」，資、磧、普、南、徑、清作「非是」。
一　六八一頁上一七行第一二字「羅」，石、麗作「羅宮」；資、磧、普、南、徑、清作「羅窟」。
一　六八一頁中六行第一〇字「疊」，資、磧、普、南、徑、清、麗作「氎」，下同。
一　六八一頁中八行第一三字「呼」，石、麗作「口呼」。
一　六八一頁中一七行第七字「嗽」，

諸本作「螢」。

一 六八一頁中二〇行「蝪蜡」，石、南、麗作「蜥蝪」；磧、普、徑、清作「蝪蜥」。

一 六八一頁下五行首字「立」，諸本作「五」。

一 六八一頁下六行第三字及一四行第二字、一七行第二字、二一行第七字、二二行第一二字「嚙」，資、麗作「齒」。

一 六八二頁上五行末字「印」，資、磧、普、南、徑、清作「卽」。

一 六八二頁上末行首字「宂」，諸本作「如」。

一 六八二頁中五行首字「切」，諸本作「忉」。

一 六八二頁下一五行第一三字「速」，資、磧、普、南、徑、清、麗作「遠」。

一 六八二頁下一八行第七字「烈」，資、磧、普、南、徑、清、麗作「列」。

一 六八三頁上一八行第一一字「波」，磧、普、南、徑、清作「陂」。

一 六八三頁上二一行第一二字「受」，資、磧、普、南、徑、清作「或受」。

一 六八三頁中八行第四字「牟」，石作「矛」。

一 六八三頁中一六行第三字「今」，諸本作「令」。

一 六八三頁中一六行第一三字「何」，資、磧、普、南、徑、清無。

一 六八三頁中一八行「丈夫」，麗作「丈夫心」。

一 六八三頁下卷末經名，石、麗作「蘇婆呼童子請問經卷下」；資、磧、普、南、徑、清作「蘇婆呼童子經卷下」。

金剛頂瑜伽中略出念誦經卷第一　詩

大唐南印度三藏金剛智譯

為利諸衆生　令得三身故　身口意相應
歸命礼三寶　金剛身口意　遍滿三界者
能為自在主　演說金剛界　我盡稽首礼
雄猛阿閦鞞　降伏諸魔者　彼寶現冣勝
及礼如理法　歸命阿弥陁　成就不空者
於金剛薩埵　利益衆生者　歸命虛空藏
能授灌頂者　依護大觀音　從瑜伽生者
秘䍐首羯磨　至心我盡礼

我今於百千頌中金剛頂大瑜伽教王中為修瑜伽者成就瑜伽法故略說一切如来所攝真實冣勝秘密之法凡欲修行者有具智慧者明了於三摩耶真實呪法於諸壇場中從尊者阿闍梨受灌頂已清潔其身無所畏懼深大牢強善調心勇志不怯弱恭敬尊重衆所樂見哀愍一切常行捨施住菩薩戒樂菩提心具如是功德者應依於師教勤修供養三摩耶應當守護無令退失於金剛阿闍梨不得生輕慢於諸同學不為惡友於諸有情起大慈悲於菩提心永不猒離於一切壇法中具足種種智慧功德者許入念誦設護摩受灌頂等法於此金剛界大壇場說引入金剛弟子法其中且入壇者為盡一切衆生界救護利樂作冣上所成事故於此大壇場應入者不應簡擇器非器所以者何世尊或有衆生造大罪者是等見此金剛界大壇場已及有入者一切罪障皆得遠離世尊復有衆生耽著一切資財飲食欲樂猒惡三摩耶不勤於供養是彼人等於壇場隨意作事得入者一切所求皆得圓滿世尊或有衆生為樂伎樂歌儛飲食隨意所行故為不了知一切如来大乘無間法故入於餘外道天神廟壇中為成就一切所求故至於一切如来部壇場戒攝取衆生事能生无上愛喜者怕怖畏故不入是彼等入住惡趣壇場道者亦堪入於金剛界大壇場為護一切喜樂冣上成就得意悅安樂故及為退一切惡趣所入道門故於禪解脫等地勤修苦行亦為

彼等於此金剛界大壇場繞入亦得不難得一切如來真實法何況諸餘所成若有諸餘求請阿闍梨或阿闍梨見於餘人堪為法器離於過失廣大勝解心行敦德具足信心利樂於他見如是類已雖不求請應自呼取告之善男子於大乘秘密行之儀式當為汝說於大乘教中汝是善器若有過去應正等覺及以未來現在依護者所住世閒為利益者彼皆為了此秘法故於菩提樹下獲得最勝無相一切智勇猛釋師子由攝得秘密瑜伽故摧破大魔軍驚怖嬈人者是故善男子為得一切智故於彼應作正念持誦者如是多種喜利彼已心生慇念的知堪為弟子應當為彼善遍開示常念誦時作法事處諸山具花果者清淨悅意池沼河邊一切諸佛之所稱讚或在寺內或阿蘭若或於山泉閒或有寂靜迥處淨洗浴處離諸難處離諸音聲憒閙之處或於意所樂處於彼應當念誦凡修瑜伽者初從卧起即結發悟一切佛大契

誦此密語

唵　跋折囉　底瑟咤

其契以止觀二羽各作金剛拳以檀慧度二相鉤進力二度仰相拄直申如針以契自心上誦前密語三遍即念諸佛從三昧覺悟應當觀察一切諸法猶如影像即思惟此偈義

諸法如影像　清淨无濁穢　無取无可說

因業之所生　如是了此法　離自性無依

利无量衆生　是如來意生

即從坐起欲行即誦此密語

跋折羅　羯伽

若止住處即誦此密語

底瑟咤　跋折羅

若欲共人語即想舌上有藍字即誦此密語

藍網(止可反)羅　跋折羅婆沙

若洗面時誦此密語曰

唵　跋折羅　羅伽　還伽耶　企藍壞(人者反)

嚩(七我反)婆舍(二合)跛折羅　都使野(二合)護

二毎一遍誦密語輙用水洗面如是乃至七度誦七洗即得一切如來之顧視若諸魔等有暴惡者於此人所

皆生歡喜亦可以密語加持水七遍用之若欲嚼楊枝時應先誦一切如來金剛微笑密語七遍已嚼之此能破一切煩惱及隨煩惱密語曰

唵　跋折羅　賀娑訶上

結契法以觀羽作金剛拳已嚼之

若欲便轉即作甲冑莊嚴已身即誦此密語

唵　砧(吒音反)　以此密語擁護已身其契法以止觀二羽各結金剛拳申進力度於力度頭想唵字於進度頭想砧字於其心上結以進力度三相繞之如繫甲狀又移置背復至臍膂繞膝咽喉項推額前項後皆三繞如繫甲狀即便垂下從檀慧度次第解散猶如天衣至心即止若欲洗淨時即以止羽作金剛拳豎申力度結此契已誦吽字先取要用土夫持誦者求勝善事多被惡魔障閡常伺其便或在便轉處或諸穢惡處皆為其害應以密語結契等加護勿令得便欲入廁時即想已身為藍字左右想吽字又想其身金剛火燄具有光焰即誦密語

唵跋折囉　娜羅　摩訶努多湼嚩 无可反
邏耶薩婆舍 二合 婆悉弭句盧薩婆
努瑟詁 引 吽　發
其契法以止羽結嗔金剛拳於彼應
作忿眼竪眉嗔貌惡瞻視置於頂上
及兩肩心喉即一切三界惡皆得消
除又誦此密語曰
唵句嚧湼哩瑟致 上奚 形伊反引 吽　發
此密語及契於一切處護身能遠離
諸惡次於廁事了出洗淨訖已應結
契誦密語以金剛水善漱口密語曰
唵跋折羅　娜伽上吒
其契以觀羽結金剛拳申願方便慧
等三度即應漱口漱訖已便當洗浴
夫洗浴法有四種每日隨意如法修
行一者住三律儀二發露懃請三者
以契供養四者以水洗浴此四種法
智者應行若入水中應想天歡喜池
於其池中想即以鑁字想如來部以
吽字想金剛部以怛囉 二合 字想寶部
以纈唎 二合 字想蓮華部以婀字想羯
磨部如是作已又想自所念誦密語
天住於本部次想如來寂上輪壇在

於水中并念想五部在輪壇上以密
語契等加淨彼水洗浴事畢即以兩
手掬清淨香水誦所持密語加之以
供養一切諸佛諸大菩薩摩訶薩及
本天等既供養已即想彼輪盡入已
身想已如法出水住立岸邊以頭冠
等契莊嚴其身以觀羽金剛手光焰
執跋折羅以止羽執金剛光明磬拔
微細繒綵綺服天衣口含白豆蔻嚼
龍腦香令口氣香以專注心於其中
閒起大慈悲不嗔恚不愛染不顧視
穢惡及一切旃荼羅等即想行步履
八葉蓮花及出現三世供具於自所
持明想寂上廣大供養又思惟自所
持密語真性深理應住道場欲入時
復先以如上法誦密語加水洗足漱
口訖已從發初所結上羽金剛拳不
散置於心上開門時即誦吽字密語
作嗔怒眼辟除一切障导已然後以
尊重心住正念礼十方諸佛及諸菩
薩摩訶薩於一切法得自在勝慧境
界者以五體投地敬礼已次以雙膝
胡跪懺一切罪及勸請隨喜發願迴

向切德等任力所能言之已敬礼次
從坐起復以右膝著地即結金剛持
大契誦此密語
唵跋折囉　勿 又一反
其契法以止羽覆於下觀羽仰於上
背相合舒以定慧檀智等度相叉
之誦此密語及結大契能令諸佛歡
喜即得供養尊重礼拜一切如來及
金剛薩埵等
次於一切如來及諸菩薩所奉獻已
身先於四方以此妙法全身著地合
掌舒手各礼一拜初於東方誦此密
語礼拜
唵薩婆怛他揭多 一切如來 布儒 供養也 開口呼 婆
薩他娜耶 承事也 阿答摩南 已身也 湼哩
耶多 奉獻也 夜弥 我今也 薩婆怛他揭多
拔折羅薩埵阿地瑟咤 守護 薩納
无可反 摩含 二合 於我 吽
論曰梵存初後二字餘方例此為供
養承事一切如來故我今奉獻已身
願一切如來金剛薩埵加護於我又
如上金剛合掌置於心上向南方以
額礼拜即誦密語曰

唵薩婆怛他揭多布穰(而佉反)毗𪓟迦
耶(為灌頂故)阿吝摩南(巳身)涅理耶多(奉獻也)
耶冥(我今)薩婆怛他揭多跋折羅阿
羅怛鄉(寶也)毗詵者摩舍(二合願為我灌頂也)怛羅(二合呼之)
論曰為供養一切如来灌頂故我奉
獻巳身願一切如来與我金剛寶灌頂
又以金剛合掌置於頭上以口臂著
地向西方礼拜即誦密語
唵薩婆怛他揭多布穰(而佉反)鉢囉末
多鄉耶(轉也)阿吝摩南涅哩夜多耶冥
薩婆怛他揭多跋折羅達摩(法也)鉢
羅伐多耶摩舍(二合願為我轉金剛法也)奚哩(引二合)
論曰為展轉供養一切如来故奉獻
巳身願一切如来為我轉金剛法輪
又以金剛合掌從頭下置於心上以
頂向北方礼拜誦此密語
唵薩婆怛他揭多布穰羯磨尸阿吝
摩南涅哩耶多夜弭薩婆怛他揭多
跋折羅羯磨句嚧(二合為我作事業也)摩舍(二合)婀(引)
論曰為供養一切如来事業故奉獻
巳身願一切如来為我作金剛事業
於四方如上法礼拜巳次隨其欲為
除災害增益降伏阿毗遮羅等事差

别各依本方結坐若欲為除災者面
向北方應以結薩結加座而坐(謂補豎膝交脚坐是也)
以慈悲眼分明稱密語不急不
緩以正念憶持而起首念誦慈悲眼
者如須弥盧及実陁羅山堅固不移
其眼不眴是名慈悲眼也能除諸悪
鬼神及諸癨病即說密語
唵涅哩荼 涅哩瑟致(上)悍唎(二合)吒(半呼之)
若為增益者應面向東方結蓮花座
而坐結加趺也以金剛眼顧視復以
金剛語言而起首念誦金剛顧視者
謂以愛重心歡悅之眼以此瞻視皆
蒙隨順即說密語
唵跋折囉 涅哩瑟底末吒
若欲降伏者應面向西結賢座而坐
(並脚蹲坐不著地是也)即以明目而降伏之(明目者瞬動數眴眼睫是也)
以此眼視者皆得降伏即說密語
唵 涅哩瑟致止耶俱翅穰(而佉切)
若為阿毗遮羅者應面向南以鉢頓
多里荼立(右脚正竪叙引左脚如丁字曲身倚立身是也)或以嗢俱
吒坐(以右脚蹈左脚上蹲踞不著地是也)作瞋怒眼攣眉斜
目以此瞻視者諸惡鬼神皆為摧滅
以瞋怒眼而誦即說密語曰

唵句嚧陁涅哩瑟底(丁以反)奚(形以反)吽發
凡以瞋語音誦密語者謂如雲薩稱
吽字以瞋語誦降伏密語即加吽發
二字皆須音首分明誦密語者如發
字是也以瞋相作色威怒分明誦之
若或結如来坐(全結加也)或結大菩薩坐
(半結加)為一切衆生淨治故欲求清淨住
於正念者以心存念而誦此密語
唵薩網(土可反)婆嚩(去何反自性也)薩婆達磨(一切法也)
薩網(土可反)婆嚩(去何反)述(輪律反)度舍(我亦清淨)
論曰梵存初字以一切法自性清淨
我亦自性清淨誦此密語巳復以心
念是諸衆生无始流浪生死由慳貪
垢穢黒闇所覆眼目不開為除滅慳
貪障㝵故令成就世間出世間諸悉
地巳作是思惟說即誦此密語
唵薩婆怛他揭多 鮈悉陁 薩婆薩埵
南薩婆悉陁耶(一切成就也) 三跛眼(奴見反)談(引)
怛他揭多 遏地底瑟咤憯
論曰梵存初字一切如来所共稱讚
為一切衆生一切悉地願皆成就凡
所障㝵皆從心起由往昔串習慳貪
力故為除滅障㝵故應當憶念菩提

之心修瑜伽者須臾作是思惟已應當觀察世間由暴惡怖畏妄想所攝貪愛希望迷亂心行為彼嗔火所焚身常遊行癡迷闇中沉溺其心愛染泥中以為虛妄惱惕昏酒常醉止住邪見生死宅中不遇善知識最上甘露味由自所作種種妄想工巧所成無量差別見諸衆生无明垢重所覆見如斯過無有依護應當哀愍於彼既生哀愍心已與無量衆生為救度故若持誦者應當現前作阿娑頗娜伽三摩地次說入三摩地法若欲入定者不應動身及諸支體唇齒俱合兩目似合於佛像前應先思惟當欲大定作是思惟諸佛遍滿虛空猶如大地油麻津膩滿中於其身心嚴飾亦然作是念訖即結三摩耶等契即於已舌心身手想吽字即想其字變為金剛復想於右眼中想摩字於左眼中想吒(半字呼)又想摩字變為月吒字變為日即以金剛所成眼應瞻仰一切佛由此法瞻視者得一切佛之所稱讚誦密語

唵　跋折羅　末吒

即以如上說金剛眼瞻視并誦此密語訖即得應降伏者皆常隨順及有暴惡衆生一切障导毗那夜迦由金剛法瞻視故彼當消滅次結三摩耶契法令止觀羽堅牢已以諸度初分相交是名金剛合掌置於頂二羽本分心喉為加持已身故誦密語已次第置之密語

唵　跋折羅　若哩

復次其金剛合掌契盡諸度本分加背極牢結已号為金剛縛契復置契於心上誦此密語

跋折羅　盤陁縛也

又復結金剛縛契已竪忍願二度為針置於心上即誦密語

三摩耶　薩埵

此是發悟一切諸佛及諸弟子等密語契次以其契針屈入掌中以智定檀慧度竪如針此名極喜三摩耶契即誦密語

三摩耶　護

復次結金剛縛已置於心上想同心

上有怛刺字吒字為心門戶掣金剛縛契時想如開智門即三遍誦密語三度掣之密語曰

唵　跋折羅　伴陁也(開義)　怛喇(二合)吒(上半呼之)

既於心開智門即想門內有大殿又想面前有婀字遍照光明為生菩提心具大智故令入已心殿中即以正定意結金剛召入契及結三摩耶契結召契法結金剛縛契已以智定二度屈入掌中是名金剛召入契結契時即誦密語

唵　跋折羅　吠奢(召入也)　婀(短呼也)

由此修行瑜伽者即得生金剛召入智此智慧能了過去未來現在一切所作之事皆悉悟解未曾聞百千般契經其文字義皆得現前次准上復結金剛縛契已及智定二度屈入掌中以進力度置智定度背上是名金剛拳三摩耶契結此契時而誦此密語

唵　跋折羅　慕瑟致(上)　鑁(亡凡反)

如上所說以婀字置於心中者以鑁字常閉心殿門戶此密語是一切如來金剛身語以能執持故名金剛拳

契解此契訖次即以止羽腕上置觀羽以檀慧度相鉤竪進力度作唱相貌是名三界威力决勝契亦名大力契欲結此契先應三遍稱吽字結之似雲陰雷聲取密語㝡後稱一吽發字即說此密語

唵蘇母婆(二合)你蘇　母婆(二合)吽(重呼)訖哩呵拏(二合)訖哩呵拏(二合)吽訖里拏波耶吽阿鄉耶胡(引聲)薄伽梵跛折囉　吽(短聲)發

此契於頭上右旋三匝若有諸魔作障㝵者見此契已皆悉遠離復得一切處擁護已身又以此契觸諸燈香花飲食等一一皆稱吽字隨觸隨得清淨復次金剛縛牢結已雙大母指及二小指竪合為針是名金剛蓮華三摩耶契結此契時而誦密語

唵跋折囉鉢頭摩　三摩耶薩埵鍐(三合)

以此印置於口上誦真言者即於蓮花部中得為勝上次復以上勝智觀察內外皆無所有復觀三世等同虛空又想琰字為黑色境持地風輪界復想劒字為圓輪山以勝寶所飾又

於虛空想鍐字為毗盧遮那佛由具慈悲流注乳雨遍輪圍山便成甘露大海於其海中復想般喇字以為龜形其龜由如金色身之廣大無量由旬復於龜背上想奚哩(二合)字其字變為赤色赤光蓮花悅意殊妙其花三層層有八葉臺蘂具足於其臺上想波羅(二合)吽鍐等三字以為須弥山其山衆寶所成而有八角於山頂上又想鍐吽多囉奚哩(二合)惡(重呼)之等五字以為大殿其殿四角正等具足四門其門左右有吉祥幢軒楯周環四重階道於其殿上有五樓閣懸雜繒綵珠網花鬘而為莊飾於彼殿外四角之上及諸門角以金剛寶之所嚴飾想其外院復用種種雜寶鈴鐸映蔽日月懸珠瓔珞以為嚴飾復於其外無量劫波樹行列復想諸天美妙音聲歌詠樂音諸阿修羅莫呼落伽王等以金剛儛之所娛樂於彼殿內有湯荼羅於中以八金剛柱而為莊飾於如來部輪中想三種子字中央想心字其字左右想阿(引聲)字以其三字

成就天之微妙四面方等師子之座又於金剛部中種子字三字之中想俄(重聲)字於其左右想吽字以其三種子字所成金剛部以象為座又於寶部中想三種子字於其中央想麼(重呼)字左右想怛羅字以其三種子字所成寶部之中以馬為座

又蓮花部有三種子字於其中央想摩舍(二合)字左右想頡唎異(三合)以此三種子字所成蓮花部中以孔雀為座又羯磨部中有三種子字於其中央想劒字左右想阿(短)字以其三種子字所成羯磨部中想迦樓羅為座既想如上諸部座已次想一切如來及十六大菩薩并四波羅蜜施設四種內供養四種外供養又為守四門四菩薩隨方安置又如上所說諸佛及大菩薩字門菩薩等各各以本三摩地各各自心及隨已記印相貌如下所說皆想從毗盧遮那佛身中出現又想四面毗盧遮那佛以諸如來真實所持之身及以如上所說一切如來師子之座而坐其上(毗盧遮那)

示又成等正覺一切如來以普賢為
心復用一切如來虛空所成大摩尼
寶以為灌頂復獲得一切如來觀自
在法智究竟波羅蜜又一切如來毗
首羯磨不空離障㝵教令所作已畢
所求圓滿於其東方如上所說為座
想阿閦鞞佛而坐其上於其南方如
上所說馬座想寶生佛而坐其上於
其西方如上所說孔雀座想阿弥陁
佛而坐其上於其北方如上所說迦
樓羅座想不空成就佛而坐其上各
於座上又想滿月形復於此上想蓮
華座毎一一蓮花座上佛坐其中
尒時金剛界如來以持一切如來身
以為同體一切如來普賢摩訶菩提
薩埵三摩耶所生名攝一切薩埵名
金剛加持三摩地入已此一切如來
大乘阿毗三摩耶心名一切如來心
從自身心而出即說密語曰
跋折羅　薩埵
纔說此密語時從一切如來心即是
彼世尊以為普賢月輪出以淨治一
切衆生摩訶菩提心已各住於一切

如來方面於彼諸月輪中而出一切
如來金剛智已皆入毗盧遮那如來
心中以其普賢故及堅牢故從金剛
薩埵三摩地中以一切如來神力以
為同一密體遍滿虛空界量具足光
明以為五頂以一切如來金剛身口
意所成五股跋折羅旣成就已又從
一切如來心出置於右掌中尒時復從
跋折羅出種種色相光明照曜遍滿
一切世界又想於諸光明峯上一切
世界微塵等如來出現旣出現已盡
遍法界滿虛空中及一切世界周流
海雲於一切如來平等性智神通現
成等正覺能令發一切如來大菩提
心成就普賢種種行相亦能奉事一
切如來眷屬能令趣向大菩提場復
能摧伏一切諸魔悟一切平等性證
大菩提轉正法輪乃至救護一切世
界衆生成就一切如來神通智最上
悉地等現一切如來神變已為普賢
故復為金剛薩埵三摩地極堅牢故
同一密體成普賢大菩薩身已住於毗
盧遮那佛心而高聲唱是言奇哉曰

我是普賢　堅固薩埵　雖非身相
自然出現　以堅牢固　為薩埵身
尒時普賢大菩薩身從佛心出已於
一切如來前依於月輪復請教示
尒時世尊毗盧之那入一切如來智
三摩耶金剛三摩地已現一切如來
尸羅三摩地慧解脫知見轉正法輪
廢轉利益衆生大方便力精進大智
三摩耶盡遍一切衆生界救護一切
為自在主一切安樂悅意受用故乃
至一切如來平等性智神通摩訶衍
那阿毗三摩耶剋果成就最上悉地
故一切如來以此悉地跋折羅為彼
普賢大菩薩應以一切如來轉輪位
故以一切如來身寶冠繒綵而灌頂
之既灌頂已而授與之尒時諸如來
以彼執金剛之名灌頂故便号為執
金剛是時執金剛菩薩屈其左髀現
威猛力士相右手執跋折羅向外抽
擲弄而執之高聲作是言曰
此跋折羅　是諸如來　無上悉地
我是金剛　授與我手　以我金剛
執持金剛

此是金剛薩埵三摩地一切如來菩
提心智第一
尒時世尊毗盧遮那復入不空王大
菩薩三摩耶出生加持薩埵金剛三
摩地已從自心而出召請一切如來
三摩耶名一切如來心即說呪曰
拔折羅　羅穰（而伽反上）
纔說此密語時於一切如來心中則
彼執金剛菩薩以為一切如來之大
鉤出已便即於世尊毗盧遮那掌中
而住尒時從彼大鉤身中出現一切
世界微塵等如來既出現已鉤召請
入一切如來等事及一切佛神變作
已由不空王故及由金剛薩埵堅牢
故同一密合以為不空王大菩薩身
成就已住於世尊毗盧遮那佛心而
高聲唱言奇哉曰
我是不空王　從彼金剛生　以為大鉤召
諸佛成就故　能遍一切處　鉤召諸如來
時彼不空王菩薩從佛心出已便依
於諸如來右邊月輪復請教示
尒時世尊入一切如來鉤召金剛三
摩耶三摩地已為一切如來鉤召三

摩耶盡遍衆生界一切攝召一切如
來為一切安樂悅意受用故乃至為
得一切如來三摩耶智所持增上悉
地成就故即於彼不空王大菩薩如
上於雙手而授之尒時一切如來以
金剛鉤召名号而灌頂之是時金剛
鉤召菩薩以彼金剛鉤鉤召一切如
來已而高聲唱言曰
我是諸如來　无上金剛智　能成就佛事
最上鉤召者
此是不空王大菩薩三摩耶一切如來
鉤召智第二
尒時世尊復入摩羅大菩薩三摩耶
出生加持薩埵金剛三摩地已即從
已身出一切如來奉事三摩耶名一
切如來心即說密語
跛折羅　羅伽
纔說此呪時從一切如來心中即彼
世尊執金剛以為一切如來花器仗
既出已同一密體入於世尊毗盧遮
那佛心中於彼便以為金剛弓箭身
而住於掌中即從彼金剛箭身一切
世界微塵等如來身出現已為作一

切如來奉事等及一切如來神變作
已由至極煞故復由金剛薩埵三摩
地極堅牢故同一密合以為成就摩
羅大菩薩身已即住於世尊毗盧遮
那佛心中住已而高聲唱是言奇哉曰
我自性清淨　能以染愛事　奉事於如來
以離染清淨　染故能調伏
尒時彼摩羅大菩薩身即從毗盧遮
那佛心而下於一切如來左邊月輪
中而住已復請教示
尒時世尊入一切如來愛染奉事三
摩地加持金剛既入定已一切如來
摩蘭拏金剛三摩耶盡遍衆生界喜
愛一切安樂悅意受用乃至一切如
來摩羅葉㝡勝悉地獲果故彼金剛
箭為彼摩羅大菩薩如上雙手而授
之是時一切如來皆号彼為金剛弓
以金剛弓名而灌頂之尒時金剛弓
菩薩摩訶薩以其金剛箭煞一切如
來時即以高聲唱如是言曰
此是一切佛　離垢愛染智　以染害離染
一切愛安樂
此是金剛弓大菩薩三摩地奉事一切

如来智第三
尒時世尊復入歡喜王摩訶薩埵三
摩耶所生薩埵加持金剛三摩地已
徙自身心而出一切如来歡喜名一
切如来心即說密語
跋折囉　娑度
纔說此呪時從一切如来心即彼執
金剛以為一切如来善哉想已同一
密合便入毗盧遮那如来心既入心
已而為金剛歡喜體住於雙手掌中
尒時從彼金剛歡喜體中出現一切
世界微塵數等如来身既出現已作
一切如来善哉等事一切如来神變
已作以極歡悅故復以金剛薩埵三
摩地極堅牢故同一密合便成歡喜
王摩訶薩身住於毗盧遮那如来心
而高聲唱如是言奇哉曰
我是冣勝　一切智者　所共稱說
若諸妄想　分別斷除　聞常歡喜
尒時歡喜王摩訶薩身從佛心下於
諸如来背後月輪中住復請教示
尒時世尊入一切如来歡喜金剛三
摩地已一切如来無上極歡喜智三

摩耶為盡遍衆生界一切歡喜一切
安樂悅意受用故乃至一切如来無
上踊躍獲冣勝味悉地果故其金剛
歡悅為彼歡喜王摩訶菩提薩埵如
上授與雙手尒時一切如来皆号之
為金剛踊躍以其金剛名而灌頂之
于時金剛踊躍菩薩摩訶薩以其金
剛歡悅相以善哉聲令諸佛歡喜已
高聲作如是言曰
此是諸佛等　善哉能轉者　此殊妙金剛
能增益歡喜
此是金剛踊躍摩訶薩三摩耶一切如
来作善哉智第四
以上四菩薩並是金剛部中阿閦佛
眷屬都号為一切如来摩訶三摩耶
薩埵
尒時世尊復次從虛空藏心出現摩
訶菩提薩埵三摩耶所生寶加持金
剛三摩地已此一切如来灌頂三摩
耶名一切如来心從自心而出即說
密語
跋折囉　阿囉　怛那 二合
纔出此呪時從一切如来心中遍滿

虛空平等性智善決了故金剛薩埵
三摩地及堅牢故同一密合即彼執
金剛以為流出光明盡遍虛空猶彼
盡遍虛空光明照曜故以盡遍為虛
空界尒時以諸佛加持力一切虛空
界悉入世尊毗盧遮那心中善修習
故金剛薩埵三摩地以為遍虛空藏
周流一切世界等量摩訶金剛寶所
成身安住如来掌中是時從彼大金剛
寶身中出現一切世界微塵等已而
作一切如来灌頂等事一切如来神
變於一切世間作已以盡遍世界藏
善出生故以金剛薩埵三摩地極堅
牢故同一密合成就虛空藏大菩薩
既成就已住於毗盧遮那心而高聲
唱如是言奇哉曰
我是自灌頂　金剛寶無上　雖无住著者
然為三界主
時彼虛空藏摩訶菩提薩埵從毗盧
遮那佛心下向一切如来前依於月
輪復請教示
尒時世尊入大摩尼寶金剛三摩地
已一切如来有所樂求皆令圓滿三

摩耶盡遍衆生界為得一切利益故
一切安樂悅意受用故乃至得一切
如来事成就冣上悉地故此金剛摩
𡰱為彼虚空蔵大菩提薩埵以為金
剛寶轉輪故又以金剛寶共灌頂既
灌頂已而雙手授之是時一切如来以
灌頂之号名金剛蔵尒時金剛蔵摩
訶菩提薩埵將彼金剛摩𡰱於已灌
頂處置已而高聲作是言曰
此諸如来許　能灌衆生頂　我是手授者
及受與我者　以寶而飾寶
此是寶生如来部金蔵大菩薩三摩
地一切如来灌頂寶智第一
尒時世尊復入大威光摩訶薩埵三
摩耶所生寶加持金剛三摩地已彼
自出一切如来光明三摩耶名一切
如来心從自身心而出此密語
跋折囉　帝壞
纔出此密語時從一切如来心即彼
薄伽梵執金剛以為大日輪同一密
合入於毗盧遮那佛心便成金剛日
身住於如来掌中于時即從彼金剛
日身中出現一切世界微塵等如来

身出已放一切如来光明等事一切
如来神變作已以極大威光故金剛
薩埵三摩地摩訶菩提薩埵身成就
已住於毗盧遮那心而高聲唱是言
奇哉曰
無比大威光　能照衆生界　令諸佛依護
雖復淨即是　淨中能復淨
時無垢威光摩訶菩提薩埵身從佛
心下已即依於如来右邊月輪中住
復請教示
尒時世尊入一切如来以圓光加持
金剛三摩地已一切如来光明三摩
耶盡遍衆生界無比威光為一切安
樂悅意授用故乃至一切如来自身
光明為冣上悉地成就故將彼金剛
日與彼大威光摩訶菩提薩埵於雙
手而授之是時一切如来共号為金
剛光明以金剛而名灌頂之尒時金
剛照曜菩薩摩訶薩以其金剛日照
曜一切如来已而高聲唱是言曰
此是諸佛智　除滅無知闇　以微塵等量
超越於日光
此是金剛光明大菩薩三摩地一切如

来圓光智第二
尒時世尊復入寶幢菩薩三摩耶所
生寶加持金剛三摩地已能滿足一
切如来所求三摩耶名一切如来之
心從自心而出即說密語
跋折囉　計都
纔出此密語時從一切如来心即從
薄伽梵執金剛以種種殊妙雜色嚴
具以為寶幢出已同一密合入於毗
盧遮那心便成金剛幢身既成就已
而安住於佛掌中尒時從金剛幢身
中出一切世界微塵等如来身出已而
建立一切如来寶幢等事作一切如
来神變已以大寶幢故金剛薩埵三
摩地極堅牢故同一密合以為摩訶
菩提薩埵身即住於毗盧遮那世尊
心中而高聲唱是言奇哉曰
無比量幢　我能授與　一切利益
滿足悉地　一切所求　一切能滿
時彼寶幢摩訶菩提薩埵從佛心下
已依於諸如来左邊月輪中住復請
教示
尒時世尊入一切如来建立加持金

剛三摩地已能建立一切如來思惟
三摩呾幢三摩耶為盡遍衆生界能
圓滿一切希求一切安樂悅意受用
故乃至獲得一切如來大利益最上
悲地界故彼寶幢如上授與雙手掌
中是時一切如來以金剛表刹而名
号之復以金剛名号而灌頂之尒時
金剛表刹菩薩摩訶薩以彼金剛幢
令一切如來於檀波羅蜜相應而高
聲唱是言

此是諸如來　希求能圓滿　名為如意幢
檀波羅蜜門

此是金剛幢菩薩三摩地一切如來檀
波羅蜜智第三

尒時世尊復入常愛歡喜根摩訶菩
提薩埵三摩耶所生寶加持金剛三
摩地已從自身心出此一切如來受
三摩耶名一切如來心而說密語

䟦折囉　訶娑

纔出此密語時從一切如來心即彼
薄伽梵執金剛以為一切如來微笑
同一密合便入毗盧遮那如來心而成
金剛微笑身於如來掌中而住

尒時從彼金剛微笑身出現一切世
界微塵等如來一切如來希有事等
一切如來神變遊戲作已常愛歡喜
根故金剛薩埵三摩地極堅牢故以
為大菩薩身既成就已住於世尊毗
盧遮那心中已而高聲作是言奇哉曰

我是為大笑　一切勝中上　恒常善住定
以為佛事用

尒時常愛歡喜根摩訶菩提薩埵身
從佛心而下依於一切如來背後月
輪中而住復請教示于時世尊入一
切如來希有加持金剛三摩地已出
現一切如來三摩耶盡遍衆生界諸
根無上安樂悅意受用故乃至獲得
一切如來根淨治智神通果故彼金
剛微笑為彼常愛歡喜根摩訶菩提
薩埵如上授與於雙手掌中尒時一
切如來以金剛愛名而為之号便以
金剛名而為灌頂于時金剛愛摩訶
菩提薩埵以其金剛微笑於一切如
來微笑而高聲唱是言曰

此是諸如來　示生現希有　大智能踊躍
二乘所不知

此是金剛愛摩訶菩提薩埵一切如來
微笑希有智第四

以上寶部中四菩薩是一切如來大
灌頂薩埵尒時世尊復入觀自在摩
訶菩提薩埵三摩耶出生法加持金
剛三摩地已從自身心出一切如來
法三摩耶名一切如來心而說密語曰

䟦折囉　達摩

纔出此語時於一切如來身中即彼
薄伽梵執金剛由自性清淨一切法
平等性智善決了故金剛薩埵三摩
地極堅牢故以為法光明由彼法光
明出現一切世界周遍照曜便成法
界時彼一切法界遍滿虛空界同一
密合入於毗盧遮那佛心中周遍虛
空界量成大蓮花身住於世尊手中
尒時世尊從彼金剛蓮花身中現一
切世界微塵等如來身既出現已一
切如來三摩地智神通等一切如來
神通遊戲於一切世界作已觀自在
故及金剛薩埵三摩地堅牢故同一
密合以為觀自在摩訶菩提薩埵身
成就已住於毗盧遮那佛心中而高

聲唱是言奇哉曰

我是第一義　本来自清淨　筏喻於諸法

能得勝清淨

時彼觀自在摩訶菩提薩埵身從佛

心下已依於一切如来前月輪中而

住復請教示

介時世尊入一切如来三摩地智三

摩耶所生金剛三摩地已能清淨三

摩耶盡遍衆生界自身清淨為一切

安樂悅意受用故乃至獲得一切如

来法智神通果故即將彼金剛大蓮

花如上授與觀自在菩薩摩訶薩為

轉正法輪故為一切如来法身灌頂

已而於雙手授之介時一切如来復

以金剛眼名号而為灌頂于時金剛

眼菩薩摩訶薩彼蓮花葉以開敷故

貪愛自性離清淨无染汙作是觀察

已而高聲唱如是言曰

此是諸佛慧　能覺了貪愛　我及所授者

於法而住法

金剛頂瑜伽中略出念誦經卷第一

金剛頂瑜伽中略出念誦經卷第一

校勘記

一　底本，金藏廣勝寺本。

一　六八七頁中二行「大唐南印度三藏」，石、資作「大唐南天竺三藏」；磧、普、南、徑、清作「唐南天竺三藏法師」。

一　六八七頁中三行首字「爲」，資、磧、普、南、徑、清作「我以淨三業爲」。

一　六八七頁中三行「身口意相應」，資、磧、普、南、徑、清無。

一　六八七頁中一二行首字「王」，資、磧、普、南、徑、清作「主」。

一　六八八頁上二一行第一一字「之」，資、磧、普、南、徑、清無。

一　六八八頁中三行第二字「契」，徑、清作「契法」。

一　六八八頁中二二行末字「之」，諸本作「之所」。

一　六八八頁下一四行第四字「推」，資、磧作「椎」；普、南、徑、清作「頧」。

一　六八八頁下一八行第八字「土」，磧、南、徑、清作「士」。

一　六八八頁下二二行第七字「藍」，石、普、南、徑、清作「嚂」。

一　六八八頁下末行末字「語」，普、南、徑、清作「語曰」。

一　六八九頁上五行第一三字「頂」，資、磧作「項」。

一　六八九頁上六行第三字「肩」，資、磧、普、南、徑、清作「眉」。

一　六八九頁上一七行第一一字「此」，資、磧、普、南作「想」。

一　六八九頁中三行第五字「香」，磧、普、南、徑、清無。

一　六八九頁中一七行第九字「上」，諸本作「止」。

一　六九〇頁上五行末字「奉」，石、麗作「今奉」。

一　六九〇頁中一五行第一一字「賢」，資、磧、普、南、徑、清作「寶」。

一六九〇頁中一六行末夾註左末字「數」，石無。

一六九〇頁中一九行末字「嚩」，石、麗作「喇」；資、磧、普、南、徑、清作「唻」。

一六九〇頁中二〇行夾註右第五字「叙」，石作「斜」。

一六九〇頁下七行夾註左首字「加」，資、磧、普、南、徑、清作「跏也」。

一六九〇頁下二二行第一一字「串」，資、磧、普、南、徑、清作「慣」。

一六九一頁上一八行第六字「手」，諸本作「手中」。

一六九一頁上末行第四字「誦」，諸本作「誦此」。

一六九一頁中七行第一一字「頂」，石作「項」。

一六九一頁中九行末字「語」，石、麗作「語曰」。

一六九一頁下一行第四字「剌」，石、麗作「喇」；資、磧、普、南、徑、清作「嚩」。

一六九一頁下二行第九字「即」，資、磧、普、南、徑、清作「印」。

一六九一頁下九行第二字「召」，諸本作「召入」。

一六九二頁中二行第六字「雨」，諸本作「兩」。

一六九二頁中五行第八字「哩」，石作「字」；資、磧作「哩字」。正文第九字「字」，資、磧、普、南、徑、清無。

一六九二頁中八行正文第三字「敆」，石、麗作「劒」。

一六九二頁中末行正文第一〇字「其」，普、南、徑、清作「此」。

一六九二頁下九行正文第七字「頡」，徑、清作「纈」。

一六九二頁下一二行「左右」，資、磧、普、南作「左左」。

一六九二頁下一八行第五字「字」，諸本作「守」。

一六九二頁下末行「其上」，資、磧、普、南、徑、清作「而其」。

一六九三頁上一二行「滿月」，石作「月滿」。

一六九三頁上一六行第八及末字「名」，資、磧、普、南、徑、清作「召」。

一六九三頁上一七行「入已此」，資、磧作「入已」；普、南、清作「已入」。

一六九三頁上一九行第六字「出」，資、磧、普、南、徑、清無。

一六九三頁上二二行第一三字「治」，普作「冶」。

一六九三頁下二行第八字「固」，資、磧、普、南、徑、清作「故」。

一六九三頁下五行第七字「之」，諸本作「遮」。

一六九三頁下末行第二字「待」，諸本作「持」。

一六九四頁中七行第九字「鉤」，石、資、磧、普、南、徑、清無。

一六九四頁中八行末字「曰」，普、南、徑、清無。

一六九四頁下三行第五字「故」，石作「固」。

一六九四頁下一五行第九字「獲」，

資、磧、普、南、徑、清無。

一　六九四頁下二二行第三字「愛」，石、麗作「受」。

一　六九六頁上五行第一一字「英」，石、麗作「藏」；資、磧、普、南、徑、清作「瓔」。

一　六九六頁上六行第四字「而」，資、磧、普、南、徑、清作「而於」。

一　六九六頁上一一行第二字「受」，石、麗作「授」。

一　六九六頁上一二行第八字「金」，諸本作「金剛」。

一　六九六頁中一四行第四字「授」，南、徑、清、麗作「受」。

一　六九六頁中一八行「而名」，石、麗作「名而」。

一　六九六頁下七行末字「從」，資、磧、普、南、徑、清、麗作「彼」。

一　六九六頁下一七行第八字「言」，資、磧、普、南無。

一　六九七頁上一〇行末字「言」，石作「言曰」。

一　六九七頁上一七行末字「受」，石、麗作「愛」。

一　六九七頁下四行第四字「埵」，至此普、南、徑、清卷第一終，卷第二始。卷首經名下，普、南有夾註「卷首三十四行元悞在前卷末」。

一　六九七頁下九行第三字「此」，石作「此蜜」；麗作「此密」。

一　六九七頁下一七行第一三字「現」，諸本作「出現」。

一　六九七頁下一八行第九字至一九行第三字「身既出現已一切如來」，徑無。

一　六九八頁上二〇行末字「法」，石、普、南、徑、清、麗此處不分卷。

金剛頂瑜伽中略出念誦經卷第二　詩

大唐南印度三藏金剛智譯

此是蓮花部金剛眼大菩薩三摩耶一切如來觀察智第一

尒時世尊復入文殊師利摩訶菩提薩埵三摩耶所生法加持金剛三摩地已從自心出此一切如來大智慧三摩耶名一切如來心即說密語

跋折羅　底瑟郁 三合

纔出此語時於一切如來心即彼薄伽梵執金剛以為智劒而出已同一密合入於毗盧遮郍佛心中便為劒鞘既成就已住於毗盧遮郍佛手中于時從彼如來劒鞘身中出現一切世界等如来身一切如来智慧等及一切如来神變遊戲已由極妙吉祥故及金剛薩埵三摩地極堅牢故同一密合以為文殊師利摩訶菩提薩埵身既成就已住於世尊毗盧遮郍佛心而高聲作是言奇哉曰

我是諸佛語　号為文殊聲　若以無形色

音聲可得知

尒時文殊師利摩訶菩提薩埵從世尊心下已依一切如来右邊月輪中住復請教示

尒時毗盧遮郍佛入一切如来智慧三摩耶金剛三摩地已現一切如来斷除煩惱三摩耶為盡遍衆生界斷除一切苦故及一切安樂悅意受用故乃至成就一切如来隨順音聲圓滿恵寂上恙地故彼金剛覺於文殊師利摩訶菩提薩埵如上於雙手授之于時一切如来以金剛覺而為名号復以金剛名授其灌頂尒時金剛覺菩薩摩訶薩以其金剛劒揮斫已而高聲唱是言曰

此是諸如来　般若波羅蜜　能破諸怨敵

滅罪中為寂

此是金剛覺摩訶菩提薩埵三摩地一切如来智慧第二

尒時世尊復入纔發心能轉一切如来法輪摩訶菩提薩埵三摩耶所生法加持金剛三摩地已即從自心出此一切如来法輪三摩耶名一切如来心即說密語

跋折羅　曳都
纔出此語時從一切如來心即彼薄
伽梵執金剛以為金剛界大壇場出
已同一密合入於毗盧遮那佛心中
以為金剛輪身即於如來手中住於
時從彼金剛輪身出現一切世界微
塵等如來身出已由纔發心能轉法
輪故及金剛薩埵三摩地極堅牢故
以為纔發心轉法輪身成就已住於
毗盧遮　那佛心而高聲唱是言奇
哉曰
於執金剛中　金剛輪為上　彼以纔發心
而能轉法輪
尒時纔發心轉法輪摩訶菩提薩埵
身從佛心下已依於一切如來左月
輪中而住復請教示
尒時世尊復入一切如來金剛眼輪
三摩地已一切如來大壇場三摩耶
為盡遍衆生界入不退轉輪一切安
樂悅意受用故乃至成就一切如來
轉正法輪最上悉地故即彼金剛輪
而為彼纔發心轉法輪摩訶菩提薩
埵如上於手而授之尒時一切如來

以金剛道場名而為之号尒時金剛
道場菩薩以其金剛輪為一切如來
不退轉故安立已復高聲唱是言曰
此是諸如來　能淨治一切　是名不退轉
菩提之道場
此是金剛道場摩訶菩提薩埵纔發心
能轉一切如來法輪智第三
尒時世尊入無言摩訶菩提薩埵三
摩耶所生法加持金剛三摩地已即
從自心出一切如來念誦三摩耶名
一切如來心即說密語
跋折羅　婆沙
纔出此語時從一切如來心彼即以
為一切如來法文字出已同一密合
入於世尊毗盧遮那佛心便為金剛
念誦身而住於世尊掌中尒時即從
金剛念誦身出現一切世界微塵等
如來身既出已而作一切如來法界
性等一切神變遊戲已而自語言極
堅故同一密合以為語言金剛菩提
薩埵身已住於毗盧遮那佛心而高
聲作是言奇哉曰
自然之秘密　我為密語言　若說於正法

遠離諸戲論
尒時無言摩訶菩提薩埵身從佛心
而下依於諸如來背後月輪中而住
復請教示于時世尊復入一切如來
秘密語言三摩耶三摩地為一切如
來語言智三摩耶盡遍衆生界語言
悉地成就故一切安樂悅意受用故
乃至獲得一切如來語言秘密性勝
上悉地故即彼金剛念誦為彼無言
摩訶菩提薩埵如上授與雙手尒時
一切如來以金剛語言名而為之号
于時金剛語言菩提摩訶薩埵以其
金剛念誦而與一切如來談語已而
高聲唱是言曰
此是諸如來　金剛之念誦　於諸如來秘
能為速成就
此是蓮花部金剛語言摩訶菩提薩埵
三摩地一切如來離語言戲論智第四
已上四菩薩是蓮花部一切如來大
智三摩耶薩埵
尒時世尊復入一切如來毗首羯磨
摩訶菩提薩埵三摩耶所生羯磨加
持金剛三摩地已即從自身心出現

一切如来羯磨三磨耶名一切如来心即說密語　跋折囉　羯磨

纔出此語時從一切如來心即彼薄伽梵執金剛以為一切羯磨平等性智善曉了故金剛薩埵三摩地極堅牢故即彼薄伽梵執金剛一切如來羯磨光明而出現已由彼一切如来羯磨光明照曜故諸世界得成一切羯磨界同一密合便入毗盧遮那佛心遍滿盡虛空界量由一切如来金剛羯磨界故以為羯磨金剛身而住於世尊掌中尒時從彼羯磨金剛身出現一切世界微塵等如来身既現已於一切世界一切如来羯磨等一切如来神變遊戲作已一切如来無邊羯磨故復以金剛薩埵三摩地極堅牢故以為一切如来毗首羯磨摩訶菩提薩埵身即住於世尊毗盧遮那佛心而高聲唱是言奇哉曰

諸佛羯磨不唐捐　羯磨金剛而能轉
惟我住茲能廣為　以無功用作佛事

于時大毗首羯磨摩訶菩提薩埵身從佛心下已依於如来前月輪中住復請教示尒時世尊入一切如来不空金剛三摩地已為一切如来轉供養等无量不空一切羯磨儀式廣大三摩耶為盡遍衆生界一切羯磨悉地及一切安樂悅意受用故乃至獲得一切如来金剛羯磨性智神通最上悉地故是彼羯磨金剛為一切如来金剛羯磨摩訶菩提薩埵為一切如来羯磨轉輪故復以一切如来金剛羯磨故為其灌頂而於雙手授之尒時一切如来以為金剛毗首名而為之号復以金剛名而灌其頂于時金剛毗首菩薩摩訶薩即以彼羯磨金剛置於心上為令作用一切如来羯磨事已而高聲唱是言曰

此是諸如来　衆上毗首磨　我及所授者
羯磨能羯磨

羯磨部中金剛毗首羯磨大菩薩三摩地一切如来所作事業智第一

尒時世尊復入難勝鬪戰勇健精進摩訶菩提薩埵三摩耶所生羯磨加持金剛三摩地已入一切如来擁護三摩耶名一切如来心從自身心而出即說密語曰

拔折羅　阿囉（二合）乞沙（二合）

纔說此語時於一切如来心即彼薄伽梵執金剛以為堅牢甲冑而出已同一密合便入世尊毗盧遮那佛心中復為大金剛甲冑身而住於如来手中尒時從金剛甲冑身中出現一切世界微塵等如来身出已一切如来擁護儀式廣大羯磨等一切如来神變遊戲作已由難勝鬪戰精進故及以金剛三摩地極堅牢故同一密合以為難勝精進摩訶菩提薩埵身成就已住於毗盧遮那世尊心中而高聲唱是言奇哉曰

精進所成甲堅牢　堅牢於餘堅牢者
以堅牢故非色身　能為最上金剛身

尒時彼難勝精進摩訶菩提薩埵身從佛心中下已依於諸如来右邊月輪中而住復請教示尒時如来入一切如来堅固金剛三摩地已入一切如来精進波羅蜜三摩耶為盡遍衆生界救護一切安樂悅意受用故乃至獲得一切如来金剛身最上悉地

果故彼金剛甲冑為彼難勝精進摩
訶菩提薩埵如上於雙手而授之尒
時一切如来以金剛友名而為之号
復以金剛名号授其灌頂尒時金剛
友菩薩摩訶薩以其金剛甲冑而被
一切如来已而高聲唱是言曰
此是諸如来　寂上慈甲冑　堅固精進護
名為大親友
金剛友大菩薩三摩地一切如来慈護甲
冑智第二
尒時世尊復入摧一切魔摩訶菩提
薩埵三摩耶所生金剛三摩地已入
一切如来方便三摩耶名一切如来
心從自身心而出即說密語曰
跛折羅　藥乂
纔出此語時從一切如来心即彼薄
伽梵以為大牙器而出已同一密合
入世尊毗盧遮那佛心便成金剛牙
身已而住於如来掌中于時從彼金
剛牙身中出現一切世界微塵等如
来身已一切如来調伏暴惡一切如
来神變遊戲由極摧一切魔故及金
剛薩埵三摩地極堅牢故以為摧滅

一切魔菩薩身已便住於毗盧遮那
佛心而高聲唱是言奇哉曰
我是諸佛大方便　有大威德應調伏
若為寂靜利衆生　摧滅魔故作暴惡
時彼摧滅魔大菩提薩埵身從佛心
下依於諸如来左月輪中而住已復
請教示尒時世尊入一切如来暴惡
金剛三摩地已一切如来意調伏麁
惡三摩耶為盡遍衆生界无怖畏一
切安樂悅意受用故乃至獲得一切
如来大方便智神通寂上悉地果故
以彼金剛牙器仗為摧滅一切魔摩
訶菩提薩埵如上雙手而授之于時
一切如来以金剛暴惡名而為之号
是時金剛暴惡摩訶菩提薩埵將彼
金剛牙器仗置於已口中恐怖一切
如来已而高聲唱是言曰
此是諸佛現　寂上降伏者　金剛牙器仗
哀愍方便設
此是金剛暴惡大菩薩三摩地一切
如来大方便智第三
尒時世尊復入一切如来拳摩訶菩
提薩埵三摩耶所生羯磨加持金剛

三摩地入一切如来身口意金剛縛三
摩耶名一切如来心從自心出已即
說密語曰
跋折羅　散地重音呼
纔出此語時從一切如来心即彼執
金剛以為一切如来印縛出已同一
密合入於毗盧遮那佛心而為金剛
縛身已而住於世尊掌中于時從彼
金剛縛身中出現一切世界微塵等
如来身出已為於一切世界一切如
来印縛智等作一切神變已由一切
拳牢縛故及金剛薩埵三摩地極堅
牢故同一密合以為一切如来拳摩
訶菩提薩埵身成已住於世尊毗盧
遮那佛心而高聲唱是言奇哉曰
我是三摩耶　堅牢縛身者　諸願求成就
雖解脫示縛
于時彼一切如来拳摩訶菩提薩埵
身從佛心下已依諸如来背後月輪
中住復請教示
尒時世尊入一切如来三摩地已一
切如来印縛三摩耶盡遍衆生界一
切如来大神力現驗作事故一切悉

地諸安樂悅意受用故乃至一切如
来一切智智印為生寂上悉地果故
彼金剛縛為一切如来金剛拳摩訶
菩提薩埵如上雙手擭之于時一切
如来以金剛拳名而為之号復以金
剛名授其灌頂尒時金剛拳菩薩摩
訶薩以其金剛縛而縛之一切如来
已高聲唱是言曰
此是諸如来　堅牢金剛縛　若為一切印
速疾成就故　三摩耶極難　羯磨能超度
金剛拳大菩薩三摩地縛一切如来
身口意智第四
於羯磨部中四菩薩三摩地都名一
切如来羯磨智尒時阿閦如来為毗
盧遮那世尊入一切如来智印故金
剛波羅蜜三摩耶金剛加持金剛三
摩地已即從自心出現一切如来金
剛三摩耶名一切如来印即說密語曰
薩埵　跋折羅
纔出此語時於一切如来心出現金
剛光明於彼金剛光明諸門即彼執
金剛一切世界微塵等以為如来身
印一切智同一密合周遍一切世界

量以為大金剛身已於世尊毗盧遮
那前依於月輪住而高聲唱是言奇
哉曰
諸佛與薩埵　金剛極堅牢　若以堅牢故
非身金剛身
如来部中金剛波羅蜜一切如来金
剛三摩耶智第一
尒時寶生如来以為世尊毗盧遮那
如来入一切如来智印故寶波羅蜜
三摩耶所生寶金剛加持三摩地已
即從心出現此金剛寶三摩耶身印
即說密語曰
阿羅(二合)怛那(二合)跋折羅
纔說此語時從一切如来心中出現
寶光明於彼寶光明即彼執金剛一
切世界微塵等以為如来身印一切
如来諸智同一密合周遍一切世界
量而為大金剛寶身依於右邊月輪
中住而高聲唱是言奇哉曰
諸佛金剛契　我是寶金剛　堅牢灌頂門
說如来身印
如来部中寶波羅蜜一切如来金剛
寶灌頂三摩耶智第二

尒時觀自在王如来以為世尊毗盧
遮那佛契一切如来智故入法波羅
蜜三摩耶所生金剛加持三摩地已
即從自身出現此法三摩耶身契即
說密語曰
達摩　跋折羅
纔出此語時從一切如来心出現蓮
花光明於彼蓮花光明即彼薄伽梵
執金剛以為一切世界微塵數如来
身一切如来智契已同一密合一切
世界周遍量以為金剛蓮花身已依
於毗盧遮那佛背後月輪中住而高
聲唱是言奇哉曰
一切佛謂我　清淨法金剛　若以性清淨
雖染而清淨
如来部中法波羅蜜三摩耶所生加持
金剛三摩耶智第三
尒時不空成就如来為世尊毗盧遮
那一切如来遍智契故入一切波羅
蜜三摩耶所生金剛加持三摩地已
此一切三摩耶自己契從自心而出
即說密語曰
羯磨　跋折哩

纔出此語時從一切如来心一切羯
磨光明於其一切如来光明即彼薄
伽梵執金剛以為一切世界微塵等
如来身遍契一切如来智已復同一
密合遍滿一切世界量面向四方以
為羯磨金剛身已依於世尊毗盧遮那
左邊月輪中住而高聲唱是言奇哉曰
一切如来智　我多種羯磨　金剛若唯一
盡遍佛世界　能事業羯磨
一切如来三摩耶羯磨波羅蜜一切
如来作佛事業智第四
都名一切如来摩訶波羅蜜尒時毗
盧遮那世尊復入一切如来受樂供
養三摩耶所生金剛三摩地已此一
切如来眷屬摩訶持明天女從自心
而現即說密語曰
跋折囉　邏細䌫二合
纔出此語時從一切如来心出現金
剛印於其金剛印峯即彼薄伽梵執
金剛以為一切如来微塵等如来身
已同一密合為金剛喜摩訶持明天
女遍身似金剛薩埵女殊妙色相形
貌威儀一切嚴具而為莊飾一切如

来部所攝是為金剛薩埵女既成就
已即依於阿閦鞞世尊左邊月輪中
住而高聲唱是言奇哉曰
我无比供養　餘無有能者　若以愛供養
能成諸供養
一切如来喜愛密供養菩薩三摩地一切
如来安樂悅意智第一
尒時世尊復入一切如来寶鬘灌頂
三摩耶出生金剛三摩地已此一切
如来部摩訶持明天女從自心而出
即說密語
跋折羅　摩隷
纔出此語時從一切如来心出現摩
訶寶契從彼寶契即彼薄伽梵執金
剛以為一切世界微塵等如来身已
同一密合復為金剛鬘摩訶天女已
依於世尊寶生左邊月輪中住而高
聲唱是言奇哉曰
我是無寶　名寶供養　若於三界
為勝諦王　即以供養　而為教令
一切如来寶鬘灌頂供養一切如来覺
分智第二
尒時世尊復入一切如来歌詠三摩

耶所生金剛三摩地已從自心出現
一切如来部摩訶天女即說密語
跋折羅　倪儀以反　垢
纔出此語時從一切如来心出現一
切如来法契從其法契即彼薄伽梵
執金剛以為一切世界微塵等如来
身同一密合復為金剛歌詠摩訶天
女依於觀自在王佛左邊圓滿月輪
中而住高聲唱是言奇哉曰
我是諸供養　以為歌詠者　雖能令歡喜
假設如空響
一切如来歌詠供養菩薩三摩地一切如来
偈頌三摩耶智第三
尒時世尊毗盧遮那復入一切如来
作儛供養三摩耶所生一切如来部
大天女從自心而出即現說密語
跋折羅　涅哩　帝曳二合
纔出此語時從一切如来心為一切
如来作務種種廣大儀式供養出已
從彼一切如来儛供養廣大儀式即
彼薄伽梵執金剛以為一切世界微
塵等如来身已依於世尊不空成就
如来左邊滿月輪中而住高聲唱是

言奇哉曰
廣大一供一切供　能作利益遍世間
若以金剛儛儀式　而能成就佛供養
一切如來儛供養一切如來無上供養
羯磨智第四
已上四部是一切諸如來密法供養
尒時阿閦鞞世尊復為供養毗盧遮
那如來隨外供養故入一切如來能
為滋茂三摩耶所生金剛名一切如
主香綵女從自心出即說密語曰
跋折羅　度蘖
纔出此語時復從一切如來心即彼
薄伽梵執金剛以為無量種種莊嚴
供養雲集以此無量衆香雲氣嚴雲
遍滿一切金剛界已又從彼衆香供
養嚴雲海中出現一切世界微塵數
如來身已同一密合以為金剛香天
身依於世尊阿閦鞞佛金剛摩尼峯樓
閣左角邊月輪中住而高聲唱是言
奇哉曰
我為天供養　能令善滋茂　若入諸衆生
速得證菩提
一切如來香供養能令滋茂菩薩三摩地

所生金剛攝智第一
尒時寶生如來世尊復為供養毗盧
遮那世尊隨外供養故入寶莊嚴具
供養三摩耶所生金剛三摩地已從
自心出現一切如來承旨天女即說
密語
跋折羅　補瑟鞞二合
纔出此語時從一切如來心即彼薄
伽梵執金剛以為一切花供養莊嚴
出現遍滿虛空已復從一切諸花供
養莊嚴中出現一切世界微塵等如
來身同一密合以為金剛承旨天女
之身依於毗盧遮那世尊金剛摩尼
峯樓閣左角邊月輪中住而高聲唱
是言奇哉曰
我是花供養　能為諸嚴具　供養寶性已
速獲於菩提
一切如來金剛花供養菩薩三摩地一切如
來寶莊嚴具供養三摩耶智第二
尒時觀自在王如來世尊為供養毗
盧遮那如來隨外供養故入一切如
來光明供養三摩耶所生金剛三摩
地已此一切如來女使從自心而出

即說密語
跋折羅二合　虜計
纔出此語時從一切如來心即彼薄
伽梵執金剛以為一切世界光明供
養莊嚴遍滿法界出現已從彼一切
光明供養莊嚴中復出現一切世界
微塵等如來身同一密合以為金剛
光明天身已於世尊金剛摩尼峯樓
閣左角月輪中而住高聲唱是言奇
哉曰
我是大供養　以為清淨燈　若具法光明
速得諸佛眼
一切如來燈光明供養莊嚴菩薩三摩地
一名如來光明遍法界智第三
尒時不空成就如來世尊為供養毗
盧遮那世尊隨外供養故入一切如
來塗香供養三摩耶所生金剛三摩
地已從自心出一切如來婢使即說
密語曰
跋折囉　蹇提
纔出此語時從一切如來心即彼薄
伽梵金剛以為一切如來塗香供養
莊嚴出現從彼一切塗香供養莊嚴

中復出現一切世界微塵等如来身
同一密合以為金剛塗香天身依於
世嚩金剛摩尼峯樓閣左角遍月輪
中住而高聲唱是言奇哉曰
我塗香供養 是殊妙悅意 若以如来香
遍授一切身
一切如来塗香供養三摩耶菩薩三摩地是一切
如来戒三摩地慧解脫解脫知見香等智第四
都名奉受一切如来教者天女
介時世尊毗盧遮那如来復入一切
如来三摩耶鈎三摩耶所生薩埵金
剛三摩地巳從自心出現此一切如
来一切羣衆印主即說密語
跋折羅 倶奢若 知聲
纔出此語時復從一切如来心即彼
薄伽梵執金剛以為一切如来一切
羣印出現從彼諸如来一切世界微
塵等出現如来身巳同一密合復為
金剛鈎摩訶菩提薩埵身巳依於世
尊金剛摩尼峯樓閣金剛中間月輪
中而住鈎一切如来三摩耶巳而高
聲唱是言奇哉曰
我是諸如来 堅固三摩耶 若我鈎召巳

极奉一切壇
一切如来鈎菩薩三摩地一切如来三摩
耶鈎召智第一
介時世尊復入一切如来三摩耶引入
摩訶菩提薩埵三摩耶所生三摩地
巳從自心出現導引一切如来入印
使者即說密語
跋折羅 波捨 短呼
纔出此呪時從一切如来心即彼薄
伽梵執金剛以為一切如来引入羣
印巳即從一切如来引入羣印出現
一切世界微塵等如来身巳同一
密合復為金剛羂索摩訶菩提薩埵
身依於世尊金剛摩尼峯樓閣寶門
間月輪中而住引入一切如来巳而高
聲唱是言奇哉曰
我是諸如来 金剛固羂索 設入諸微塵
復令彼引入
一切如来金剛羂索大菩薩三摩地引入
一切如来智第二
介時世尊復入一切如来三摩耶鈎
鏁摩訶菩提薩埵三摩耶所生薩埵
金剛三摩地巳即從自心出現一切

如来縛諸如来心使者即說密語
跋折羅 娑怖 二合吒
纔出此語時從一切如来心即彼薄
伽梵金剛以為一切如来三摩耶縛
衆印而出巳復從彼一切如来三摩
耶縛衆印中出現一切世界微塵等
如来身同一密合以為金剛鈎鏁摩
訶菩薩身巳依於如来金剛摩尼寶
峯樓閣法門間月輪中住而高聲唱
是言奇哉曰
我是諸如来 金剛堅鈎鏁 雖一切縛解
為生故受縛
一切如来三摩耶鈎鏁摩訶菩提薩埵
三摩地一切如来三摩耶縛智第三
介時世尊復入一切如来攝入摩訶
菩提薩埵三摩耶所生薩埵金剛三
摩地巳即從自心出現此一切如来
諸印僮僕即說密語
跋折羅 吠捨 知呼之
纔出此語時從一切如来心即彼薄
伽梵執金剛以為一切如来諸呪羣
衆生現即於彼一切如来諸呪羣衆
中出現一切世界微塵等如来身同

一密合以為金剛攝入身依於世尊
金剛摩尼寶峯樓閣羯磨門開月輪
中住而高聲唱是言奇哉曰
我是諸如来　金剛攝牢固　能為一切主
亦復作僮僕
一切如来攝入摩訶菩提薩埵三摩耶所生金
剛三摩地名一切如来金剛攝入智第四
已上部名一切如来受教者如上次
第盡諸部眷属壇場主及金剛薩埵
為首一切菩薩等各各思惟本三摩
地自已形狀服飾所執記印然後思
惟自已所持明主菩薩色相又想諸佛
世尊滿虛空界油麻等量若自已身
結加趺坐置右手於左手上舌拄上
齶住意於鼻端微細金剛大柱以念
繩繫意令作堪任如調鍊淨朧其心
隨調種種任用又若水精石雲母等
本性明徹隨其色影而為變現是心
亦尒本性清淨但由妄業執著世間
伎藝工巧隨彼轉變一切妄想之所
莊飾寧可審妄歸真修習實相一切
智智無上功德分別道用如是以決
定慧味善巧意樂勇猛威德觀察自

心散乱煩惱所薰蘊入界等攝所攝
遠離法無我相應初始生猶如陽焰
幻化乹闥婆城如空中響如旋火輪
夢妄遠離過於一百六十世間心作
是思惟已於已身心自知可驗彼是
知道者見道者真實所說愚夫繫著
相者終不了知次須入觀止出入息
初依瑜伽安那般那繫念修習不動
身軀亦不動支分名阿娑頗那伽法
久修行者如是思惟時入想已身住
在虛空一切諸遍滿法界以彈指印
令從坐起持誦者應思惟諦聽諸佛
告言善男子無上正等菩提速宜現
證汝若一切如来真實未能了知云
何堪忍能修一切苦行尒時聽聞一
切佛語已即依儀式從定而出即結
從坐起印其印法金剛拳雙結已檀
慧度不相鈎進力度仰相拄即說密語
唵　跋折羅　底瑟吒
以此印起已應觀十方佛海一一佛
前己身住在足下頂礼於一切如来
礼訖以此密語應當表白曰
唵　薩婆怛他揭多迦耶縛（无我反）枳（二合）質

多鉢囉（二合）那莫　跋折囉　婆那鈝（二合）
迦阿嚧迷
梵存初字論曰以一切如来身口意
如是我金剛敬礼次第敬礼一切如
来已作如是言願世尊示誨於我云
何是真實法云何安住奉行復應思
惟一切如来各面告如是言善男子
應以三摩地本性成就隨意念誦當
觀察自心即說密語
唵　質多　鉢喇底（丁里反）　迷曇羯盧弭
誦此密語時觀於自心狀如月輪已
復白一切如来世尊願教示於我欲
見月輪相一切如来復告言善男子
此心本性清淨隨彼所用隨意堪任
譬如素衣易受染色本性清淨心增
長智故以本性成就密語應發菩提
心即說密語
唵　菩提　質多　鬱波陁耶弭
誦此語時應結金剛縛契以此密語
即想彼月輪極清淨堅牢大福德所
成於佛性菩提從所生形狀如月輪
澄靜清淨無諸垢穢諸佛及佛子稱
名菩提心既見智所成月即以心啓

告願發於諸如來世尊我見彼月輪
極清淨尒時一切如來告言汝當觀
近一切如來普賢之心汝應善修習
此一切如來普賢之心堅牢故於自
心月輪中想金剛杵形像純真金色
具放光焰即是無垢清淨佛智又想
其杵具五乂股持誦師承一切佛旨
以其五乂股契想置其杵中而誦密語
底瑟咤　跋折羅
次說結契法先金剛縛已堅忍願度
相者以進力度於忍願傍如曲又竪
相去兩大麦許又以定智度及檀慧
度兩兩相合堅如乂股是名五金剛
契次脩瑜伽者復以金剛羯磨契印
心想廣展此金剛印即說密語
娑婆羅　跋折羅
說結羯磨印法以智定度各捻檀慧
度頭申餘三度如三股跋折囉左仰
右覆右在上已當其心上摩轉如輪
其次想自心是菩提心身為金剛所
成以意念誦前密語即自隨意境界
而盡展金剛身滿一切虛空世界其
次以此密語取攝其金剛即說密語

唵　僧喝羅　跋折囉
其次彼金剛以此密語而堅牢之復
說密語
唵　涅哩荼　底瑟咤　跋折囉
以此呪堅牢已持身如故其次思惟
於一切虛空界所有一切如來身口
意金剛界彼皆以諸佛神力加持入
於自身金剛中作此念時而誦密語
唵　跋折囉　哆麼(二合)俱舍三摩愈舍摩
訶三摩愈舍　薩婆怛他羯多　阿毗三
菩提　跋折囉　哆麼(二合)俱舍
梵存初字論曰我是金剛身三摩耶
身摩訶三摩耶身一切如來現證菩
提為金剛身其次以專定心想已身
隨一切相好莊嚴披服交絡繒綵以
一切佛冠而受灌頂以摩訶菩提薩
埵身而想自身其次為欲超過諸天
色相堅牢故自已所念誦天三摩地
加持灌頂以此儀式應善思惟次結
印法金剛縛牢縛已直舒忍願度是
也為瑜伽加持故應置其印於心次
於額喉頂上而說密語
唵　跋折羅　薩埵　阿地瑟咤　薩嚩麼舍(二合)

以此瑜伽加持自身為金剛凡加持
契各隨本部置其處已於頂上解散
之又說自所念誦夫灌頂者謂從心
所起金剛寶印置於額上而灌頂結
灌頂印法謂結金剛縛已竪智定度
進力二度頭相拄屈其中分如摩尼
寶狀是名授灌頂印而說密語
唵　跋折羅　阿羅(二合)怛那(二合)阿毗詵
遮摩舍(二合)其次思惟自所念誦呪天
入自身而誦此四字密語
壞(而迦反上短呼)吽(重引)鍐(元凡反)護(引)
以此瑜伽加持一切呪印速得成就
次執金剛菩薩所說其灌頂印分擘
已各存本勢於額前以進力度平三
繞之如繫鬘法頂後亦尒結已從頂
上兩邊至肚起於檀慧度次第散解
之誦此密語
唵　跋折羅阿囉(二合)怛那麼隸　阿毗
詵者　薩婆慕那羅(二合)寞涅哩遲(四平)
句盧末羅迦婆制那鍐(亡几反)餘灌頂
契同用此法散之次結金剛縛拍手
印而令歡喜即說密語
唵　跋折羅　都瑟巵

以此語法解結契令得歡喜當為金
剛體性或為金剛薩埵此瑜伽方便
於十六摩訶薩及弥勒等諸餘十地
得自在者彼大菩薩各各自已三摩
耶印等三摩地之所加持灌頂而以
如上法應當思惟修習次第若復念
誦如来部呪或誦轉輪者即以如後
所說法應加持灌頂其中修一切部
瑜伽加持者謂薩埵金剛印結已置
於心上結印法結金剛縛已竪忍願
度如針是也而說呪曰
唵跋折囉　薩埵　阿地瑟咤　娑婆訶吽
是名金剛部加持語契復次若寶部
結金剛寶契結契法結金剛縛已以
智定度面相捻稍令曲屈以忍願度
中分面相捻偃曲如寶是也置於額
上即誦密語
唵跋折囉　阿囉二合　怛嚩二合　阿地瑟
咤娑婆麼舍怛囉
此名寶部金剛寶加持語契次結蓮
花部三摩耶印其結印法結金剛縛
已竪忍願度稍曲相拄如蓮花菓置
於玉枕下而加持之即說呪曰

唵　跋折囉　波頭摩二合　阿地瑟咤
麼舍　頡唎
是名蓮花部加持語契　次結羯磨
部三摩耶印其結法結金剛縛印以
忍願度屈入掌中以禪惠智定等度
竪如針置於頂上而加持之即說密語
唵　跋折囉　羯磨　阿地瑟咤　薩嚩
亡可反摩舍二合　婀
是名羯磨部加持印　復次說一切部
次第灌頂法金剛部如上說結金剛
薩埵縛已置於頂前以自灌頂而誦
此密語
唵跋折囉　阿毗詵者　摩舍二合吽
寶部結如上說寶三摩耶印置於頂
右以自灌頂而誦此密語
唵　跋折囉　阿羅怛𨚗　阿毗　詵者
摩舍　怛囉
蓮花部結如上說蓮花三摩耶印置
於頂後以自灌頂而誦此密語
唵跋折囉　鉢頭摩　阿毗詵者摩舍頡唎
羯磨部結如上說羯摩三摩耶契置
於頂右以自灌頂而誦此密語
唵跋折囉　羯磨　阿毗詵者摩舍嚩

既如上灌頂已准前上四字密語令
入已身復次如上說四印於自頭上
繫灌頂鬘次第應住於瑜伽各依本
部契如上分上觀羽存本契勢於巳
頂上繫灌頂鬘額上頂後如前三繞
他皆倣此
金剛部結薩埵金剛已分為二應以
金剛純寶所成鬘繫自頭上而誦此
密語
唵跋折羅　摩羅　阿毗詵者　摩舍鑁平
寶部結寶金剛契巳分為二應以諸
寶所成鬘繫自頭上誦此密語
唵跋折囉　阿囉怛𨚗摩隸　阿毗詵
者摩舍鑁平
蓮花部結法金剛契分為二應以一
切法所成鬘繫自頭上而誦此密語
唵　跋折羅　達摩　摩隸阿毗詵者
摩舍鑁平
羯磨部結羯磨金剛契巳分為二應
以一切羯磨所成鬘繫自頭上而誦
此密語
唵　跋折囉　羯摩　磨隸阿毗詵者
摩舍鑁平

次如上所說灌頂鬘中閘於頂上應
置一切如来金剛界自在契其契法
結金剛縛契已申忍願度少屈相拄
以進力度置忍願度初分外傍已而
說此密語
唵　薩婆怛他揭多　鼻三菩提　跛折
囉何畔洗遮摩　舍鑁 平
次想自身以為一切如来寶冠莊飾
已如上誦四子密語　壞吽　鑁護 引
誦此語令一切如来入於已身次結
金剛縛契如上以手合拍令歡喜誦
此密語
唵　薩婆　怛他揭多　鼻三菩提　跋
折羅都使野護
如是以一切如来身口意金剛老別
契修飾自身已復想一想隨形相如
莊嚴自身而誦一切如来大乘阿畔
三摩耶百字密語而令堅固即說百
字密語
唵　跋折羅　薩埵三摩耶　麼奴波邏
耶 金剛薩埵三摩耶願守護我　跛折羅薩埵哆吠奴烏 二合
播底瑟咤 以為金剛薩埵　涅哩荼烏 二合　銘婆
嚩 為堅牢我　素覩沙榆 二合　銘婆嚩 於我所歡喜

阿努囉上訖覩 二合　銘婆嚩素補使榆
二合　銘婆嚩　薩婆悉地　含銘般囉野
綽 授與我一切悉地　薩婆羯磨素遮銘 及諸事業　質
多失唎耶 令我安隱　句嚧吽　呵呵呵呵護
引 薄伽梵 世尊　薩婆怛他揭多 一切如来　拔折
囉麼迷悶遮 願金剛莫捨離我　跋折哩婆嚩 令我
為金剛三摩耶薩埵　摩訶三摩耶薩埵阿 去引
如是堅牢已一切如来身口意金剛
加持以觀自身成等正覺次復於一
切如来前而獻自身誦此密語　唵
夜他薩婆怛他揭多怛他舍 如諸一切如来我今亦復如是
復次以正定心從上所說觀察自我
身心一切真實大菩提心是色類種
種功德莊嚴所生善巧方便之所建
立意樂救拔盡遍世界而為嚴飾永
盡遠離一切分別如上觀已即誦此
密語
唵　怛他揭都舍 我見如来
復次我今已入普賢摩訶菩提薩埵
行位證得無住涅槃成就希有自身
勝解不可說示於一切如来我今敬
礼白言世尊願加持我現證等覺願
為堅牢作此祈請已則想一切　如来

入於已心薩埵金剛中而誦此密語
唵　薩婆怛他揭多阿畔三菩提涅哩荼
跋折囉 堅牢也　底瑟咤 一切如来正等菩提金剛堅牢安隱

金剛頂瑜伽中略出念誦經卷第二

金剛頂瑜伽中略出念誦經卷第二

校勘記

一　底本，金藏廣勝寺本。七〇二頁中七〇四頁中至七〇六頁上共七版，原版漫漶缺字，以麗藏本换。

一　七〇一頁中一行經名下磧有夾註「卷首三十四行元悮在前卷末」。

一　七〇一頁中三行首字「此」前，磧重出上卷六九七頁下四行第五字「尒」至六九八頁上二〇行末字「法」，大段經文。

一　七〇一頁中四行末字「一」，石、麗至此卷第一終，卷第二始。

一　七〇二頁上末行第五字「手」，麗作「雙手」。

一　七〇二頁下一行第三字「諸」，資、磧、南、徑、清、麗作「語」。

一　七〇二頁下一三行第一二字「語」，諸本（不包括普，下同）。作「論」。

一　七〇四頁下一行第四字「入」，石、資、磧、南、徑、清無。

一　七〇四頁下一二行首字「拳」，資、磧、南、徑、清作「如」。

一　七〇四頁下二二行第四字「印」，資、磧、南、徑、清作「即」。

一　七〇五頁中一九行第二字「住」，資、磧、南、徑、清無。

一　七〇五頁下一九行首字及次頁上六行末字「那」，石作「那佛」。

一　七〇六頁上七行「奇哉曰」，資、磧、南、徑、清無。

一　七〇六頁中一一行末字「語」，資、麗作「語曰」。

一　七〇六頁下二行末字「語」，石、麗作「語曰」。

一　七〇六頁下一〇行第一〇字「者」，資、磧、南、徑、清作「音」。

一　七〇七頁上九行第一一字「名」，石無。末字「如」，資、磧、南、徑、清、麗作「如來」。

一　七〇七頁上一〇行末字「曰」，資、磧、南、徑、清無。

一　七〇七頁上一八行第八字「鞞」，資、磧、南、徑、清無。

一　七〇七頁下二二行第二字「梵」，石、麗作「梵執」。

一　七〇八頁上三行第一二字「遍」，資、磧、南、徑、清、麗作「邊」。

一　七〇八頁中四行第五字「復」，資、磧、南、徑、清、麗作「復入」。

一　七〇八頁中九行第四字「呪」，麗作「語」。

一　七〇八頁中一二行末字「一」，資、磧、南、徑、清作「一切」。

一　七〇八頁下八行「菩薩」，石、麗作「菩提薩埵」。

一　七〇八頁下二二行第二字「生」，諸本作「出」。

一　七〇九頁上二〇行首字「伎」，資、磧、南、徑、清、麗作「技」。

一　七〇九頁上末行第二字「慧」，資作「悲」。

一　七〇九頁中一一行第六字「諸」，諸本作「諸佛」。

一　七〇九頁下四行第九字「第」，資、

磧、南、徑、清無。

一七一〇頁上一〇行第一一字「堅」，資、磧、南、徑、清、麗作「竪」。

一七一〇頁上一一行首字「相」，資、磧、南、徑、清作「想」。

一七一〇頁上二一行「自隨」，石、資、磧、南、徑、清作「隨自」。

一七一〇頁下三行第八字「夫」，麗作「天」。

一七一〇頁下九行末字「天」，資作「天命」；南、徑、清作「先」。

一七一〇頁下一五行末字「頂」，資、磧、南、徑、清作「項」。

一七一一頁中三行第一〇字「次」，徑、清作「復次」。

一七一一頁中四行第七字「結」，石、麗作「結印」。

一七一一頁中二二行第三字「右」，資、磧、南、徑、清作「左」。

一七一一頁下一行第九字「上」，諸本作「誦上」。

一七一一頁下四行第六字「上」，麗作「止」。

一七一一頁下二〇行第一二字「上」，磧、南無。

一七一二頁上九行第六字「子」，資、磧、南、徑、清、麗作「字」。

一七一二頁下三行夾註右行「正等」，資、磧、南、徑、清作「正等覺」。夾註左行「安隱」，資、磧、南、徑、清作「安住」。

金剛頂瑜伽中略出念誦經卷第三　詩

大唐南印度三藏金剛智譯

復次如是思惟我成等正覺未久一切如来普賢心一切如来虛空所生大摩尼寶而灌頂之得一切如来觀自在法智波羅蜜一切如来毗首羯磨性不空無障㝵教令所依希求皆悉成就圓满我今應當於一切法界周流盡虛空界一切世界遍雲海中一切如来平等性智諸神通為現證故於一一世間安立之處為一切衆生故應發一切如来大菩提心成就普賢種種奉事一切如来種族詣大菩提道場應當示現降伏一切魔軍證一切如来平等性智摩訶菩提應轉法輪降伏一切外道乃至盡遍救護一切衆生應授彼等種種安樂悅意應當成就一切如来神通種智寂上悉地及餘引喻一切衆生示現童子戲住王宮踰城出家現修苦行外道来詣我所復應思惟一切如来神變復當示現我亦未得一向離於戲論我當決定以一切如来三摩地所生能現一切清淨一切世間戲論為一切世界清淨故應以此法觀察一切如来部湯茶羅所應作湯茶羅於中如法式坐修習加持自身以為結摩訶菩提薩埵摩訶契謂金剛薩埵契是也具此契法加持已而起以止羽為金剛拳觀羽執跋折羅示威猛相普遍觀察處置稱我跋折羅薩埵而按行之其作壇處或别作淨室或舊淨室擇地等法不異蘇悉地說及治地用瞿摩塗淨准常次以捲緊合雜繩具足端嚴稱其肘量智者隨其力能以繩絣其壇壇形四方四門以四吉祥莊飾具以四道繩繒綵幡盖懸以莊嚴於諸角分門闕出眺間以金剛寶間錯而絣外壇場若為閻浮提自在王或為轉輪王應盡壇場周圍過一由旬大威德阿闍梨漸小亦應作乃至四肘量智者觀察應堪爭化者隨意度量結其壇場亦無過失為欲應所化者金剛薩埵置立壇場金剛界等如經所說設於掌中

作彼等一切壇場能作利益何況地上其為四肘壇法四邊掾各闊十二指於其中應布綵色畫賢刧等菩薩謂名慈氏阿時多等及守門供養者或闊十指半一麦又加半其諸門量取四肘中九分之一入門稍闊若畫壇師依如此法畫者令諸摩訶薩埵皆為歡喜其門外須擾門關狹取半引外擾取一倍各各攅屈准上齊量各各竪畫兩邊相望攅畫為合取其外圍一面三分之一從心環遶為輪又取其中三分之一從心如上環遶為輪其壇中夾門子輪從攅下八線道跋折羅如殿柱想以成八柱莊嚴其大圓輪亦跋折羅像皆五色作或一百八或三十七峰相拄接從入門至東北角竪吉祥門柱如是外壇智者以此法畫已於彼似月輪入其中宮布置金剛線道以八柱而為嚴飾竪於金剛柱上各以五月輪於內壇中央各置佛像於佛四面及諸壇中心各次第畫於四三摩耶尊勝者復以金剛勢擘過入於四壇金剛勢者

以意擘舉所畫及於金剛線若入若出畫壇人不得騎驀金剛線道應誦密語舉之從下過不失於三摩耶即說此密語

唵跋折囉(引)鞞伽(此二字本无)羯囉(二合)摩吽

阿閦等四佛皆應布置初從金剛方畫阿閦鞞壇具以執金剛等四三摩耶尊勝者想四方佛面向毗盧遮那座先畫執金剛在阿閦前次畫右次左次後諸部准此次至寶方寶生壇圓滿金剛蔵等次花方阿弥陁壇清淨金剛眼等業方不空悉地壇金剛毗首等於鍐部中各依本方置四波羅蜜輪內四隅置四內供養初從火天方順旋而作終風天方外壇四角線道之中置外供養作法同前又四角外作半跋折囉於四門閒畫四攝守門者於外壇場中應置摩訶薩埵具足一切相能為一切利益具知法式金剛阿闍梨以無迷乱心應畫諸尊首者若無力能可畫者即以種種綵色各各畫其部印勝具功德者尊首皆悉置之以一切寶末為粉或以

種種馱覩粉(朱沙石淥青等是也)或復以殊妙五色染米粉等者應從內先下色初下白色次赤色次黃綠皆在內院其外院以黑為之於五色中各想字加之白色中想著鑁字赤色中想置琰字於黃色中想阿藍字於綠色中想覽字於黑色中想頷字如是五字各置於色中已於彼思惟五種如來智(一謂法界性智也)以大悲意為一切世閒煩惱泥沉溺五欲樂令彼退轉故以瑜伽思惟於如來五種智我當令安立結此印已於五種色中各各以印觸之其結法以二金剛拳進力二度仰側如針相拄是也即說密語

唵跋折囉質多羅(二合)三摩耶

誦此密語時以明目視之欲令其色顯現焰熾者應誠實誓言加持是諸衆生多愛染色諸佛復為利益衆生故隨彼染愛以誠言願此色等皆發焰熾此結壇法以粉作之最為第一欲取久固畫作亦得次說畫印法於鍐輪壇中畫蓮花臺座上置窣堵波此名金剛界自在印帝釋方輪壇蓮

花座上畫横金剛杵形於横杵上有竪跋折囉此名金剛心印琰羅方輪壇花座上置寶珠此名已身灌頂印龍方輪壇中畫横跋折羅上畫蓮花名花法器伏印夜叉方輪壇花座畫羯磨跋折羅(形如十字皆有鋒刃)此名一切金剛印凡所畫印具有圓光置於蓮花上又於金剛部本位畫金剛薩埵印畫二跋折囉竪而相並上下一股手相鉤交次又畫二跋折羅其形如前次畫稱善哉作拳如彈指像次畫掌中寶珠而具光明焰次畫金剛日輪印如上光明焰次畫寶幢其上畫火焰光次横畫雙跋折囉中間畫露齒像次畫跋折囉嚮有蓮花及畫金剛刀劒具熾焰光次畫金剛輪輻金剛次畫其舌具赫奕光明次畫羯磨金剛周遍皆有頭面横畫跋折囉其上有半跋折羅次甲冑像領袖有半杵形次畫横杵上有二牙次畫横杵上有二金剛拳次畫薩埵金剛等記驗印應畫金剛喜戲等復於其外隨依儀式畫各自印記又於其門間畫諸守門

者印記如上所畫印像等皆下有蓮花上有光焰次畫弥勒等自印記所應畫者皆隨意畫又想千菩薩各在諸方悉具嚴飾以自語言印而安立之然後住於壇門前善遍觀察已於其壇空處界外應用殊妙塗香塗之於外壇之外周圍各闊一肘或以二肘以衆妙塗香細密塗之其次為一切見驗故應各置自語言印其壇師有大威德者欲令自弟子究竟安住於如来位者應當決定抄畫金剛界摩訶薩埵等呪各置本位上此等是自語言印皆從金剛界門生隨其自羯磨相應具有大威力次第而說此密語曰

第一跋折羅馱都　第二阿閦鞞　第三阿囉(二合)怛娜(二合)三婆頗　四嚧計攝伐囉　阿羅穰　五阿目伽悉地　六跋折羅薩埵　七跋折囉阿囉(二合)穰　八跋折羅阿囉(二合)伽　九跋折囉娑度　十跋折囉阿羅怛那　十一跋折羅底穰(而佉反)　十二跋折囉計覩　十三跋折囉賀娑　十四跋折囉達摩　十五跋折羅

帝乞瑟那　十六跋折囉係覩　十七跋折囉婆沙　十八跋折囉羯磨　十九跋折囉阿羅乞沙　二十跋折囉藥乂　二十一跋折囉散地　二十二薩埵跋折𨅖　二十三阿囉怛那跋折𨅖　二十四達磨跋折𨅖　二十五羯磨跋折𨅖　二十六跋折囉邏斯　二十七跋折羅摩麗　二十八跋折囉擬提　二十九跋折囉涅哩底　三十跋折囉杜鞞　三十一跋折羅補瑟箆　三十二跋折囉嚧計　三十三跋折羅建提　三十四跋折羅俱舍穰(而佉反)　三十五跋折囉跛賒吽　三十六跋折囉薩普吒鍐(平)　三十七跋折囉尾賒護

於弥勒等一切菩薩惟純抄一阿字其色如雪或如月暈陁花色或於彼等位但抄金剛薩埵字或抾彼等名字十六大菩薩第一畫弥勒其次不空見次畫能捨一切惡趣復畫樂摧一切黒闇憂惱次畫香象復畫勇猛次畫虚空藏次畫智幢次无量光次月光次賢護次光網次金剛藏次無盡意次辯積次普賢次大光明及畫

所有不退轉者諸有趣有者乃至諸
輪轉有路摩訶薩大威德者其金剛
阿闍梨應思惟是等及餘置外壇中毗
盧遮那等諸天止住欲界者意樂調
伏煩惱者及舍利弗等无量諸比丘
来詣者皆思惟之又想大自在天共
其妻眷屬侍從衆等又想虛空天歡
喜自在天及商主天有四妹者摩訶
迦羅難提繫攞嚩羅都没嚧羅陁天
及想諸曜等差別名文字又種種密
語神王世間迦樓羅等鄔羅陁天梵
天為首天帝王天及一切魔軍并其
侍從於其壇外各想其印或畫其形或
但書名次明儀式金剛阿闍梨如上
所說隨位布置已復依法住瑜伽号
為跋折囉吽迦羅即說此吽三摩地
法復想自身微有竪牙以嗔怒面而
笑又想以左脚押大自在天以右脚
押大自在妻乳房次結摩訶三摩耶
契而執花鬘為阿闍梨自在者哀愍
利益諸衆生故應入壇場即誦本密
語如法奉獻諸佛花鬘或以身或以
心一迴右旋其壇却至本處以金剛

儀式復取其鬘置自身頂上誦本密
語而鬘之復以住瑜伽速疾而右旋
住夜义方門勝伏三界世間形相以
意而開四金剛門即說結開門契結
二金剛拳並之以進力度仰相拄檀
慧度乎相鉤以嗔怒意竪進力度撥
開此是冣上開門契復為利益諸衆
生故應用此密語開門密語曰
唵　跋折囉　糯嚧特伽二合　吒耶　三摩
耶　鉢羅二合　吠舍耶　吽
復以瑜伽住於諸門從於夜义方門
開已次如法開琰羅方門其次轉住
開於帝釋方門次如法門開龍方門
諸開門做此當衝門而開其次用殊
妙金瓶或以銀瓶盛一切寶及妙香
藥和水盛之以妙枝條插於瓶中於
其口上以種種果子及諸名花以為
嚴飾復以塗香而塗之以雜色繒綵
繫其瓶項作種種莊嚴已應專一心
以密語護之於其本位各置一瓶如
其不辦遍於其四角及於入門各置
一瓶布列香花雜果種種供養以次
如上法求請教令加持自已等既作

已即結請會契而稱自名啓請一切
如来及菩薩衆會願垂降赴三唱此
伽他曰
願来一切諸有中　唯一堅實秘密者
用能折伏暴惡魔　現證無邊離自性
我今鈎召依教請　願周雲海来集會
次結雲集契法結薩埵金剛堅牢契
已屈進力度於忍願度傍稍屈相離
如鈎形彼金剛契分已即交辟以手
左内右外抱胸便以兩手數彈指出
聲召請一切如来令使雲集即誦此
密語
唵　跋折羅　三摩闍　穰而佉反上
從穰字生大身菩薩名金剛雲集於
虛空中思惟以左右手執金剛杵及
揵揵擊之出聲遍滿虛空尒時纔出
此方便即從諸方一切世界微塵數
諸如来及與諸菩薩衆會以金剛彈
指方便發悟一切世界周流雲海皆
来集會於修行菩薩行持誦門師前
而住以金剛鈎鈎招集以金剛羂索
引入以金剛鏁鏁住以金剛磬令生
歡喜次如上所說諸座上各思惟安

隱而坐次誦如上所說一百字密語
及以遏伽水而奉獻之次修習金剛
薩埵大契速疾誦㝡上一百八名一遍
我今敬礼一切如來普賢　金剛上首
金剛薩埵　執金剛　摩訶金剛薩埵
我今敬礼如來不空王　妙覺㝡上金
剛王金剛鉤　金剛請引　我今敬礼能
調伏者　魔羅諸欲　金剛愛染摩訶
安樂　金剛弓　金剛箭　摩訶金剛
我今敬礼　金剛善哉　金剛歡喜　摩
訶悅意歡喜王　妙薩埵上首　金剛
首　金剛喜躍　我今敬礼金剛寶　妙
金剛　義金剛　金剛虛空　摩訶摩尼
虛空藏　金剛富饒金剛藏　我今敬礼
金剛威德　金剛日㝡勝光摩訶光焰
金剛輝　摩訶威德　金剛光　我今
敬礼金剛幢　善利衆生金剛光善
歡喜寶幢大金剛金剛寶伏
我今敬礼金剛笑　金剛微笑摩訶笑
摩訶希有樂生歡喜金剛愛金剛
歡喜　我今敬礼金剛法　善利薩埵
金剛蓮花善清淨觀世自在金剛妙
眼金剛眼　我今敬礼金剛利　摩訶

衍那摩訶器仗文殊師利金剛藏金剛
甚深金剛覺我今敬礼金剛輪摩訶
理趣金剛因大堅實妙轉輪金剛起
金剛道場我今敬礼金剛語言　金剛
念誦能授悉地無言說金剛上悉地
金剛言說　我今敬礼金剛毗首
金剛羯磨金剛妙教善遍一切處金
剛大寬廣金剛不空　我今敬礼金
剛守護　摩訶無畏金剛甲冑大堅
固難可敵對上首精進金剛精進
我今敬礼金剛藥叉　摩訶方便金剛
牙甚可怖畏金剛上摧伏魔金剛暴惡
我今敬礼金剛密令　善現驗金剛縛
善能解放金剛拳上勝三摩耶金剛拳
尒時以雲集故一切如來皆歡喜便
得堅固又金剛薩埵自為親友能成
一切事次以大羯磨勝上等契思惟
於瓶中出現蓮花具妙色香隨清淨
位處以修瑜伽次第而令坐之結金
剛縛契已以定心分擘為二次後結
諸印並准此以止羽金剛指以觀羽
手應執之此名菩提㝡上契能授與
佛菩提結此大印已應當想毗盧遮

那尊首坐於壇中央結加趺坐有大
威德色如白鵝形如淨月一切相好
皆悉圓滿頭具寶冠垂髮以繒綵輕
妙天衣繞臂披曳而為上服一切明
呪以為其體能作無量神變常以三
昧金剛輪遍滿生死界備大輪印已
而安置訖印記如是思惟世尊即能
成就一切羯磨即說密語
唵　跋折囉　馱都鑁
次復想諸善逝以白黃色蓮花阿閦
鞞寶生觀自在及不空大牟尼種種
殊妙不空色作是思惟獲无量果應
次第如法安立奉與阿閦鞞名觸地
契即說密語
唵阿閦鞞吽　寶生名授所願契密語
唵阿囉二合怛那二合三婆嚩　怛羅二合
無量壽名勝上三摩地契誦此密語
唵嚧計　攝嚩二合　闍囉囉頡哩重呼
不空名施無畏契密語
唵阿慕伽悉悌惡重呼
復次結金剛薩埵等契明儀式者一
一次第想已而安立之以威德意氣
用二搖拳之謂結二金剛拳止羽當

心觀羽如弄跛折羅勢誦此密語
唵跛折羅　薩埵阿引
用二執堅鉤交肘已誦此密語
唵跛折羅穰　用二狀如放箭誦此
密語　唵　跛折羅　阿羅伽護引
又用二金剛於心上為善哉契彈指
誦此密語　唵跛折羅　娑度索
又用二置額上為灌頂誦此密語
唵跛折羅二合阿羅二合怛娜二合唵
復用二金剛置於心上如轉日輪誦
此密語　唵跛折羅　底穰闍
又用二竪右肘於左拳上為幢誦此
密語
唵跛折羅　計都　多藍二合
即彼二拳指契置於口向上雙散之
誦此密語　唵跛折羅　何娑可上
想止羽如拘勿頭以觀羽擘開之誦
此密語
唵　跛折羅　達摩頡唎二合
又用左置於心上如煩惱障以右為
劒想以煞之誦此密語
唵跛折羅帝乞瑟那淡引
又用二申辟當前轉之如輪誦此密語

唵　跛折羅　曳都　摩舍二合
又用二從口而起誦此密語
唵跛折羅　婆沙　阿藍
又金剛儛兩手相繞觸兩乳兩頰置
於頂上誦此密語
唵跛折羅　羯磨　劒
又用以胷前繞胷如披甲像誦此密語
唵　跛折羅　阿囉乞　沙唅去
又用二度檀慧進力等度置口兩傍
如牙誦此密語
唵　跛折羅　藥吃沙二合吽引
又用二拳合相捺誦此密語
唵　跛折羅　散瑟　置鑁
又用二小伍頭金剛意氣以意申敬
誦此密語
唵　跛折羅　邏細護引
又用二以繫鬘儀式而繫之頭上誦
此密語
唵　跛折羅　麼隣　怛羅二合吒輕
又用二量於心上以口似變出謂引
下申臂誦此密語
唵跛折羅擬形以反　提擬提
又用二以作儛儀已置於頂上誦此

密語
唵跛折羅　涅哩帝曳二合訖哩二合吒輕
又用二覆手開掌向下按之誦此密語
唵　跛折羅　杜鞞　婀引
又用二開掌仰而向上舉之誦此密語
唵　跛折羅　補瑟鞞　唵知
又用二相向急捺持之為燈誦此密語
唵　跛折羅　嚧計　祢重
又用二置於心上摩其胷前向外抽
散為塗香印誦此密語
唵　跛折羅　健提　俄重
又用二相背檀惠度相鉤竪進度如
針曲力度為鉤誦此密語
唵　跛折羅二合俱奢穰而佉反
又用二如上相背相鉤交進力度相
拄為羂索誦此密語
唵跛折羅　皤捨吽吽重引
又用二進力度相鉤為連鏁誦此密語
唵　跛折羅　窣普吒　鑁
又用二相背檀慧度相鉤進力度初
分相交為磬誦此密語
唵　跛折羅　吠舍護引
次作阿閦鞞四部契又作四波羅蜜

等契次第用之又於壇外用仰止羽
拳契應所置摩訶薩埵諸薩埵等觸
地運想而安置之次說成就一切契
法於自心中想四面有金剛杵然後
依儀式結諸羯磨契次稱讚如上契
之功德由結大智拳契故能入佛智
由結阿閦佛觸地契故得心不動
由結寶生契故能攝受利益由結三
摩地契能持佛三摩地
由結離怖勝上契能速施衆生無畏
復次由結金剛拳契意氣故易得為金
剛薩埵
由結金剛鉤故能速鉤引一切如來
由金剛愛欲契故設是金剛妻自身
亦能染著
由金剛歡喜契一切最勝皆稱歎善哉
由結大金剛寶契故諸天人師為其
灌頂
由結金剛日契故得同金剛日
由結金剛幢契故能注雜寶雨
由結金剛微笑故速得與諸佛同笑
由結金剛花契故能見金剛法
由結金剛藏劍契故彼能斷一切苦

由結金剛輪契故能轉一切如來所
說法輪
由結金剛語言契故能得念誦成就
由結金剛羯磨契故一切如來能隨
順事業
由結金剛甲契故得為金剛堅固性
由結金剛牙契故設是金剛尚能摧碎
由結金剛拳契故能得一切諸契獲
得悉地
由結金剛喜戲可喜契故常受諸歡喜
由結金剛鬘契故得美妙容色
由結金剛歌詠契故得清淨妙音
由結金剛儛契供養契故得一切隨伏
由結金剛香契故得悅意處
由結金剛花契故得諸莊嚴
由結金剛燈供養契故獲大威光
由結金剛塗香契故獲得妙香
由結金剛鉤契故能為鉤召
由結金剛羂索契故而能引入
由結金剛鉤鏁契故能繫留止之
由結金剛磬契故能生歡喜
復次說一切如來金剛三摩耶結契
智欲結三摩耶等契時先須想於已

心中一切如來三摩地所生大殊勝
五股金剛杵已身合二羽初分相交
觀羽押止羽此名金剛合掌極諸度
本乎相握合此名金剛縛契凡諸三
摩耶契皆從此無上金剛縛所生我
今當次第說諸三摩耶契法作金剛
縛契已申忍願度屈其初分相拄為
刀曲進力度於刀傍此是毗盧遮那
金剛界自在契密語曰
唵　跛折羅　哆尾(二合)(亡礼反)　攝嚩(二合)　頡
哩跛示哩(二合)你吽(引)
次如本縛契已合申忍願二度竪為
莖此名阿閦鞞佛三摩耶契蜜語曰
唵　跛折羅　跋折哩祢吽(引)
如本願縛契已屈忍願度初分相拄
智定度面相拄為寶此名寶生佛三
摩耶契密語曰
唵　阿羅(二合)　怛鄉(二合)　跋折哩祢(二合)　吽
如本縛契已曲忍願度相拄為花此
名阿弥陁佛三摩耶契密語曰
唵　跛折羅　達謎祢吽
如本縛契已屈忍願度入掌申檀慧
智定度如針此名不空成就佛三摩

耶契密語曰
唵跋折羅　䶖磨　跛折哩祢二合吽
次說金剛薩埵等契結金剛縛契已
想二掌為月輪合中忍願二度竪檀
慧智定度而不合為五股金剛形是
名薩埵金剛契密語曰
唵　三摩耶薩埵
如本縛契已曲進力度為鉤頭指去
二三分許此名不空王摩訶薩埵二
摩耶契密語曰
唵　阿娜耶　薩埵
如本縛契已進力度中分横相交是
名摩羅摩訶菩提薩埵三摩耶契
密語曰
唵　阿胡蘇上佉
如本縛契已以智定度捻進力度各
彈指為善哉是名金剛踊躍薩埵三
摩耶契密語曰
唵　娑度　娑度
如本縛竪智定度偃屈進力度面相柱
此名金剛藏菩薩三摩耶契密語曰
唵　蘇摩訶怛縛
如本縛度檀戒忍慧方便願等開掌

此名金剛光菩薩三摩耶契密語曰
唵盧布嗚二合你瑜哆
如本縛以檀戒慧方便等度竪合此名
金剛表刹亦名金剛扶菩薩三摩耶契密語曰
唵　遏喇他　鉢臘底
即以上契置兩頰笑處翻手解擧散
之此名金剛可愛菩薩三摩耶契密
語曰
唵　呵呵呵呵　吽呵上
如本縛竪智定度屈力進度頭相拄
此名金剛眼菩薩三摩耶契密語曰
唵　薩婆迦引哩
如本縛申忍願度屈其初分相拄如
刀相此名金剛劒菩薩三摩耶契密
語曰
唵　努佉掣娜
如本縛戒方便度合竪檀慧度相交
此名金剛輪菩薩三摩耶契密語曰
唵　吻馱蒲地
如本縛開展智定度從口向外申拓
此名金剛語言菩薩三摩耶契密語曰
唵　鉢囉上底摑勃馱
如本縛以智定度押檀慧度為䶖磨

跋折羅此名毗首䶖磨菩薩三摩耶
契密語曰
唵　蘇上婆施哆嚩
如本縛竪進力度置於心上此名勇
猛菩薩三摩耶契密語曰
唵　祢軍一反　婆耶　哆縛
如本縛曲進力度開檀慧度為牙此
名金剛夜义三摩耶契密語曰
唵　捨咄嚕婆乞沙
如本縛以智定捻檀慧度本間屈進
力度於智定度背上此名金剛拳菩
薩三摩耶契密語曰
唵　薩婆悉地
如本縛置當心已竪智定度此名金
剛愛即嬉戲彼也密供養天三摩耶契密語曰
唵摩訶囉底刀里反
如本縛長申二臂為鬘此名金剛鬘
天三摩耶契密語曰
唵　嚕　跛戍　䟫
作金剛合掌契從口引出向下申臂
此名金剛歌詠天三摩耶契密語曰
唵𤘽𤘽嚕二合怛囉二合掃溪
即開前契相纏如儛勢已合掌置於

頂上此名金剛傳供養天三摩耶契
密語曰
唵薩婆布迦
如本縛覆二羽掌下按之此名燒香
供養天三摩耶契密語曰
唵鉢囉曷邏你寧上
如本縛仰二羽掌上舉之此名花供
養天三摩耶契密語曰
唵發邏伽上冥
如本縛契豎智定度此名燈供養天三
摩耶契密語曰
唵蘇帝穰而伽反鈚魚乙反哩
如本縛開掌摩其胷前已各分向外
此名塗香供養天三摩耶契密語曰
唵蘇伽馱霓魚冀反
如本縛曲進力度作鈎此名金剛鈎
菩薩三摩耶契密語曰
唵阿耶去係形以反穰而怯反
如本縛攢定度已以智度押之頭入
掌內此名金剛羂索菩薩三摩耶契
密語曰
唵阿係形以反鉡
如本縛以檀定度及慧度相鈎穿之

此名金剛連鏁菩薩三摩耶契密語曰
唵係窣普吒彭蒲鹹反
如本縛以智定度普入掌內此名金
剛召入菩薩三摩耶契密語曰
唵健吒婀婀
次說如上諸三摩耶契功德
由佛隨念契故能速證菩提
由薩埵金剛契故能為一切契尊主
由寶金剛契故得一切寶主
由法金剛契故得佛法藏
由羯磨金剛契故能作一切事業
由薩埵契故得成金剛薩埵身
由金剛鈎契故能召諸執金剛
由金剛愛染契故能樂一切佛法
由金剛善哉契故能令諸佛歡喜
由寶契故得佛灌頂位
由金剛威光契故得金剛威光
由金剛幢契故能施滿一切願者
由金剛笑契故能共一切佛笑
由金剛法契故能持金剛法
由金剛利劒契故得佛最上慧
由金剛輪契故能轉妙法輪
由金剛語言契故得佛語言悉地

由金剛羯磨契故速得最上成就
由金剛鎧契故得為金剛身
由金剛夜叉契故得同金剛夜叉
由金剛拳契故得成就一切契
由金剛嬉戲契故獲得大喜樂
由金剛鬘契故得受佛灌頂
由金剛歌詠契故得佛讚詠法
由金剛舞契故得佛攝護賜以供養
由金剛燒香契故能榮潔一切界也
由金剛花契故得令世間隨順
由金剛光明契故得佛五眼
由金剛塗香契故能除一切苦厄
由金剛都印主契故能攝召一切
由金剛羂索契故能引入一切
由金剛鏁契故能制縛一切
由金剛召入契故能成就攝入一切
次以十六大供養契應供養一切如
來結金剛縛已隨次第依本處作之
以金剛縛從心契之次左脇右脇背
後次額口兩耳項後右肩及胷既周
匝已還置心上令次第說十六大供
養契密語其心上密語曰
唵薩婆怛他揭多一切如來薩婆吞莽已身

袮(平)耶怛䣊(奉獻也)布穰(而佉反供養)薩頞
羅拏羯磨跛穰(而佉反)哩婀
論曰於一切如來我盡以身奉獻普
皆供養作諸事業置左脇契密語曰
唵薩婆怛他揭多薩婆苔莾袮
耶怛䣊布穰窣嫈羅拏羯磨鈚
(魚乙反)哩穰(而迦反上)
論曰於一切如來我盡以身奉獻普
皆供養勝上羯磨右脇契密語曰
唵薩婆怛他揭多薩婆苔莾袮
耶怛䣊阿努羅伽(上)䣊(愛葉反)布穰窣
嫈囉拏羯磨婆訡護(引)
論曰於一切如來盡以身奉獻普皆
供養羯磨弓箭署後契密語曰
唵薩婆怛他揭多薩婆苔莾袮耶
怛䣊娑度迦囉(善哉反)布穰窣嫈羅拏
羯磨覩所置(上歡喜也)娑(重)
論曰於一切如來盡以身奉獻以善
哉聲普皆供養歡喜事業額上契
密語曰
唵娜麼(南無同)薩婆怛他揭多迦耶毗矚
㓹(平)曷羅怛寧瓢跋折囉末袮唵
論曰一切如來身所灌頂諸寶我今

敬礼金剛摩尼於心上旋轉如日輪
相密語曰
唵娜麼薩婆怛他揭多素唎曳瓢(瞰也 淡反)
跋折囉帝介寧(威光也)入嚩囉(熾焰也)奚(形伊反)
論曰一切如來金剛日等我今敬礼
熾焰威光置契頂上長舒二臂密語曰
唵娜麼薩婆怛他揭多阿(去)賒(式佉反)
播哩布羅拏震哆莫你突嚩穰(而佉反)
鈚哩瓢跋折羅突嚩穰(而佉反)姞嚟怛藍
論曰我今敬礼一切如來如意寶珠
所求滿足金剛勝上幢於口上笑處
解散金剛縛時密語曰(女角 契法)
唵納莫薩婆怛他揭多摩訶奔(廾)入
唎(二合)底(丁里反)鉢羅慕地夜(二合)迦嚟
瓢跋折羅荷斯訶
論曰敬礼一切如來作歡喜者金剛
笑口上密語曰
唵薩婆怛他揭多跋折羅達磨陁(金剛法性)
(也)三摩地毗薩埵茗(讚歎)摩訶達磨係唎
論曰以一切如來金剛法性三摩地
讚歎摩訶法音左耳上密語曰
唵薩婆怛他揭多鉢羅若(而佉反 智慧也)波羅
蜜多阿鞞袮(泥反)一呵嚟窣覩努冥(讚次)

摩訶昇沙努倪(我伊反)淡
論曰以一切如來般若波羅蜜多所
出語言隨大音聲讚歎右耳上密語曰
唵薩婆怛他揭多者羯羅(引)叉羅鉢
嚟伐多你薩婆蘇(上)怛囉按(左忻)多
娜曳薩埵拏茗薩婆遏茶唎(一切道場)鈝
論曰以一切如來文字轉輪為首諸
契經理趣讚歎一切道場頂後密語曰
唵薩婆怛他揭多散陁婆沙(密語)勃
陁僧袛底毗(歌頌也)伽延窣覩努茗
跋折囉婆唎遮(語言也)
論曰以一切如來密語我今歌詠讚
歎金剛語言頂上密語曰
唵薩婆怛他揭多杜婆(香也)暝伽(雲也)
三慕達羅(海也)窣嫈羅拏(普皆)布穰
(而佉反供養)羯冥(事業)迦羅迦羅
論曰以一切如來香雲海普皆供養
事業右肩密語曰
唵薩婆怛他揭多補瀒波(花也)鉢羅
婆羅窣嫈羅拏布穰羯冥扨嚟扨嚟
論曰以一切如來種種妙花雲普皆
供養作事業故右膝密語曰
唵薩婆怛他揭多嚕迦入嚩攞窣

癹囉拏布穰羯磨婆羅婆羅
論曰以一切如來光明熾焰普皆供養作羯磨故如上作已復置心上密語曰
唵薩婆怛他揭多健馱塗香也三慕達羅窣癹羅拏布穰羯冥句嚧句嚧
論曰以一切如來塗香雲海普皆供養作事業故
如是十六大供養契所應作已即結如上花契大印觀察十方而作是言
我今勸請一切諸佛未轉法輪者願轉法輪欲入涅槃者願常住在世不般涅槃復作是念我今奉獻此贍部洲及十方世界中人天意生乃至水陸所有諸花皆持奉獻十方一切摩訶菩提薩埵及一切部中所住眷屬一切契明語天等我為供養一切如來作事業故誦密語曰
唵薩婆怛他揭多補瑟波花布穰暝伽三慕達羅窣癹羅拏三末曳平聲此呼供養初名鉡鼻引聲
論曰以一切如來花雲海普皆供養
又結燒香契作是思惟以人天所有

本體香和合香變易香所謂以瞻蔔等諸花或薰或浸變成此香如是等差別諸香為供養一切如來羯磨故我今奉獻密語曰
唵薩婆怛他揭多拄婆燒香也布穰暝伽三慕達羅窣癹羅拏三末曳平鉡
論曰以一切如來燒香雲海普皆供養又結塗香契已應作是念以人天所有本體香和合香變易等差別諸香為供養一切如來羯磨故我今奉獻密語曰
唵薩婆怛他揭多健陁布穰暝伽三慕達囉窣癹囉拏三末曳平鉡
論曰以一切如來塗香雲海普皆供養又結燈契已作是思惟以人天所有本體自生差別光明謂寶珠等悅樂意者為供養一切如來作事業故我今奉獻密語曰
唵薩婆怛他揭多你波燈布穰暝伽三慕達羅窣癹羅拏三末曳合二鉡
論曰以一切如來燈雲海普皆供養結金剛寶契已應作是念於此世界及餘世界中所有寶山諸寶種類及地中海中者彼皆為供養一切如來

羯磨故我今奉獻密語曰
唵薩婆怛他揭多部蕩徒慧反伽過囉哆鄉稜去伽鄉布穰暝伽三慕達囉窣癹囉拏三末曳鉡
論曰以一切如來覺分寶莊嚴具雲海普皆供養結嬉戲契已作是思惟以人天所有種種戲弄玩笑妓樂之具皆為供養一切如來事業故我今奉獻密語曰
唵薩婆怛他揭多訶寫自也反上邏寫同上戲笑訖哩陁㕧羅底掃佉企伽反阿努怛羅布穰暝伽三慕達囉窣癹囉拏三末曳鉡

金剛頂瑜伽中略出念誦經卷第三

金剛頂瑜伽中略出念誦經卷第三

校勘記

一　底本，金藏廣勝寺本。

一　七一五頁下一八行第七字「盡」，石、麗作「晝」。

一七一五頁下二一行末字「欲」，諸本作「欲利益」。

一七一五頁下二二行末字「場」，諸本作「場号爲」。

一七一五頁下末行末字「中」，諸本作「中隨意」。

一七一六頁上三行第七字及本頁中二二行首字「綵」，石作「彩」。

一七一六頁上五行第三字「十」，資作「一」。

一七一六頁上八行第八字「須」，石作「頭」。

一七一六頁上一三行第六字「夾」，資、磧、普、南、徑、清、麗作「央」。第一〇字「從」，石、麗作「縱」。

一七一六頁中末行第一〇字「末」，石作「粖」。

一七一六頁下一行夾注右第四字「渌」，石、麗作「緑」。

一七一六頁下九行夾注「一謂」，石作「一爲」；資作「謂」。

一七一七頁上一九行第一四字「形」，資、磧、普、南、徑、清無。

一七一八頁上一〇行第九字「文」，石、麗無。

一七一八頁上一二行第四字「天」，資、磧、普、南、徑、清作「大」。

一七一八頁上一三行第七字「各」，資、磧、普、南、徑、清無。

一七一八頁中一三行第一〇字「門」，諸本無。

一七一八頁中一四行第四字「做」，資、磧、普、南、徑、清作「放」。

一七一九頁中一行第二字「那」，資、磧、普、南、徑、清無。

一七一九頁中一一行第五字「今」，石、資、磧、普、南、徑、清作「金」。

一七一九頁中一三行末字「嚩」，資、磧、普、南、徑、清作「縛」。

一七一九頁中一九行首字「位」，石作「住」。

一七一九頁下四行第七字「曳」，石、資、磧、普、南、徑、清作「絏」。

一七一九頁下七行第四字「訖」，資、磧、普、南、徑、清作「記」。

一七一九頁下一三行第七字「奉」，石、麗作「本」。

一七一九頁下末行第三字「搖」，資、磧、普、南、徑、清作「指」。

一七二〇頁中四行首字「又」，麗作「又用」。

一七二〇頁中七行第九字「拔」，資、磧、普、南、徑、清作「被」。

一七二〇頁中九行第四字「展」，諸本「展」，下同。

一七二〇頁中一四行第一三字「申」，資、磧、普、南、徑、清作「由」。

一七二〇頁中二〇行第一三字「謂」，資、磧、普、南、徑、清、麗作「誦」。

一七二〇頁下一〇行第五字「印」，資、磧、普、南、徑、清作「即」。

一七二〇頁下一二行第五字「背」，資、磧、普、南、徑、清無。

一七二〇頁下一六行第三字「羂」，清作「羅」。

一七二一頁上一一行「次由」，資、磧、

普、南、徑、清作「牢」。

一　七二一頁上一四行首字「由」，諸本作「由結」。

一　七二一頁上一六行首字「由」，麗作「由結」。第六字「契」，石、麗作「契故」。

一　七二一頁上二一行第七字「故」，麗作「契故」。

一　七二一頁中二行第三字「輪」，資作「經」。

一　七二一頁中六行第一〇字「金」，資、磧、普、南、徑、清無。

一　七二一頁中一六行第八字及一九行第七字「契」，資、磧、普、南、徑、清無。末字「光」，石作「德」。

一　七二一頁下九行末字及一三行末字「曰」，資、磧、普、南、徑、清無。

一　七二一頁下一三行第三字「名」，普無。

一　七二一頁下二二行第一二字「申」，石作「中」。

一　七二二頁上五行第六字「不」，資、磧、普、南、徑、清作「下」。

一　七二二頁上一二行第六字「進」，麗作「曲進」。

一　七二二頁中四行第四字「剎」，磧作「利」。夾注左第二字「扶」，磧、普、南、徑、清作「杖」。

一　七二二頁中二〇行末字「拓」，石、資、磧、普、南、徑、清作「招」。

一　七二三頁上一〇行第一四字「天」，資、磧、普、南、徑、清無。

一　七二三頁上末行第一〇字「度」，麗作「智度」。

一　七二三頁中三行第八字「普」，資、磧、普、南、徑、清、麗作「並」。

一　七二三頁中一六行末字「位」，石無。

一　七二三頁中二〇行「法契」，資、磧、普、南、徑、清作「契法」。

一　七二三頁下八行末字「養」，石、磧、普、南、徑、清作「具」。

一　七二三頁下九行第九字「榮」，資、磧、普、南、徑、清作「瑩」。

一　七二三頁下二二行第三字「密」，石無。

一　七二四頁中一二行第五字「縛」，徑作「嚩」。夾注右「女角」，諸本作「如解」。

一　七二五頁上一〇行「花契大印」，資、磧、普、南、徑、清作「等契已即」。

一　七二五頁上一七行第五字「語」，石、麗作「諸」。

一　七二五頁中七行第一三字「人」，資、磧、普、南、徑、清無。

一　七二五頁中一四行第二字「又」，石、資、磧、普、南、徑、清無。

一　七二五頁下九行首字「奉」，磧、普、徑、清無。

一　七二五頁下一三行末字「絣」，麗此處不分卷。

金剛頂瑜伽中略出念誦經卷第四　詩

大唐南印度三藏金剛智譯

論曰以一切如来所戲笑遊謔㝡上喜樂雲海周遍供養結薩埵金剛契已作是思惟如諸刧樹（西方國王長者以種種花香瓔珞裝挂樹上布施一切此名刧樹）能與種種衣服嚴身資具彼等皆為供養一切如来作事業故我今奉獻密語曰

唵　薩婆怛他揭多　阿努怛囉（無上）婆曰噌（二合）跛摩三摩地婆鉢郍跛郍部折郍網（无可反）薩郍布穰瞋伽　三慕達羅窣嫳囉拏三末曳鉡

論曰以一切如来無上金剛瑜三摩地修習上妙飲食衣服雲海普皆供養結羯磨金剛契已作是思惟虛空藏中一切如来為承事故即想一一佛前皆有己身親近侍奉誦密語曰

唵薩婆怛他揭多迦（去）耶祢（泥底反）耶　怛郍布穰瞋伽　三慕達囉窣嫳囉拏三末曳鉡

論曰以自身奉獻一切如来雲海普皆供養結達摩金剛契已作是思惟

我今此身與一切菩薩身等同無異復應觀察諸法實性平等无異作是觀已誦密語

唵　薩婆怛他揭多質多祢耶　怛郍布穰瞋伽　三慕達囉窣嫳囉拏　三末曳鉡

論曰以一切如来心奉獻雲海普皆供養結寶幢契已復應觀察盡生死中一切眾生苦惱所纏深生哀愍我今為救護故發阿耨多羅三藐三菩提心是故若未度者我當令度未安慰者當令安慰未涅槃者令得涅槃及雨種種寶隨彼所求皆令滿足作是思惟已誦此密語

唵薩婆怛他揭多摩訶跋折噌嗢婆摩怛郍波羅蜜多布穰瞋伽　三慕達囉窣嫳囉拏　三末曳鉡

論曰以一切如来大金剛所生檀波羅蜜雲海普皆供養結香身契已作是思惟願一切眾生身口意業一切不善願皆遠離一切善法願皆成就作是念已誦此密語

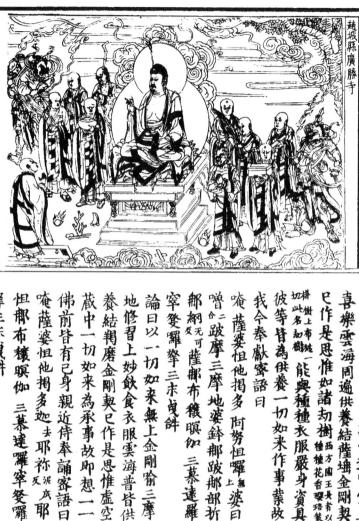

唵　薩婆怛他揭多　阿耨多囉摩訶部馱（田夜反）賀囉俱舍囉波羅蜜多　布穰

暝伽　三慕達囉　窣嚩囉拏　三末曳鉡
論曰以一切如来無上菩提所生善
戒波羅蜜多雲海普皆供養結觸地
契已復作是念願一切衆生成就慈
心無想惱害離諸怖畏彼此相視心
生歡喜以諸相好莊嚴其身成就一
切甚深法藏作是思惟已誦此密語
唵　薩婆怛他揭多阿羇多羅摩訶達
磨納(無可反)報陁　乞叉地波羅蜜多　布
穰暝伽三慕達囉　窣嚩囉拏　三末曳鉡
論曰以一切如来無上法大覺悟忍
辱波羅蜜多雲海普皆供養結金剛
鬬勝精進契已作是思惟願一切衆
生修菩薩行被精進堅固甲冑作是
念已誦此密語
唵　薩婆怛他揭多僧(去)　婆囉訶鉢哩
哆(當迦反去)伽摩訶毗離耶波羅蜜多布
穰暝伽三慕達囉窣嚩囉拏三末曳鉡
論曰以一切如来不捨生死大精進
波羅蜜多雲海普皆供養結三摩地
勝上契作是思惟願一切衆生盡能
調伏煩惱隨煩惱怨讎獲得一切深
禪定相作是念已誦此密語

唵　薩婆怛他揭多阿羇多囉摩訶掃
溪(企伽反)毗賀囉馱(田夜反)鞞娜婆囉蜜多　布
穰暝伽　三慕達囉　窣嚩囉拏三末曳鉡
論曰以一切如来無上大安樂住禪定
波羅蜜多雲海普皆供養結一切如
来能授與一切衆生願者寶生契已
作是思惟願一切衆生成就五種明
處智一切世間出世間智慧普皆成
就得真實見獲得盡除煩惱所知障
智以辯才無畏等一切佛法嚴飾其
心作是念已誦此密語
唵　薩婆怛他揭多阿羇多羅憂(更鎔反)
囇(力揩反)沙(煩惱也)寗耶(所加也)嚩囉拏　婆
薩郰(習氣也)　弭奈耶郰(能調伏也)摩訶鉢嘌
(二合)穰(大慧也)　波羅蜜多布穰暝伽　三慕
達囉　窣嚩囉拏　三末曳鉡
論曰以一切如来無上調伏淨煩惱
習氣大慧波羅蜜多雲海普皆供養
結勝上三摩地慧已應當思惟諸法
真實性相皆空無相無作一切諸法
悉皆如是作是觀已誦此密語
唵　薩婆怛他揭多悟呬耶(密)　摩訶鉢
哩鉢底(修行)　布穰暝伽　三慕達囉　窣

嚩囉拏三末曳鉡
論曰以一切秘密修行雲海普皆供
養復應思惟我今所出語言音聲令
一切衆生悉皆得聞作是念已誦此
密語
唵　薩婆怛他揭多婆袪(語言也)　祢耶但郰
布穰暝伽　三慕達囉　窣嚩囉拏三
末曳鉡
然後以金剛言詞應作歌詠頌曰
金剛薩埵攝受故　得為無上金剛寶
金剛言詞歌詠故　願成金剛勝事業
復以金剛語言應以清美音讚之頌曰
於諸世界種類中　能作塵數諸佛事
如来示現大神變　隨應顯現種種身
無比不動常堅法　悲體能除世間苦
能授悉地諸功德　無比等力勝上法
無有譬喻等虛空　少分功德尚無際
遍衆生界勝悉地　無比無量盡能成
常法清淨由悲起　願力成就住世間
能為利樂无樂際　大悲為體常遍照
悲行不動不取滅　遊化三界受悉地
諸不可量盡通達　雖已善逝現希奇
常住三世力無㝵　最上依怙無能超

能授一切三摩耶　願我速成勝悉地
如是讚已若更有餘勝妙讚頌隨意
讚之其讚詠法晨朝當以灑臘音韻
午時以中音昏黃以破音中夜以第
五音韻讚之如不解者隨以清好音
聲讚歎常應每日四時念誦謂晨朝
日午黃昏夜半也應持四種數珠作
四種念誦作四種者所謂音聲念誦
二金剛念誦（合口動舌默誦是也）三三摩地念誦心
念是也四真實念誦如字義修行是
也由此四種念誦力故能滅一切罪
障苦厄成就一切功德四種數珠者
如來部用菩提子金剛部用金剛子
寶部用寶珠蓮花部用蓮子羯磨部
用雜寶間錯為之行者若能順瑜伽
修行三摩地念誦者則無有時分限
數於一切時無間作之
次明供養飲食法應以香潔種種飲
食供養若不能辦隨力作已復當心
念世間所有一一上妙飲食種種珎
果蒲桃石榴諸非時漿而作供養若
已身不獲修供養者即令明解此法
弟子如上作之又以塗香燒香種種

妙花燈鬘末利等（末利者以諸食飲果子等和水置瓶盆中是以施鬼神也）而作供養復以幢幡繒蓋上妙天
及餘殊勝諸供養具各以本密語加
之或加本部尊密語已（五部佛語是也）隨其力
能而供養之行者欲求如來功德者
於壇場中至心如上作供養時當得
親見金剛薩埵若不見者更當至誠
祈請隨行者為業力所感或見諸佛
或薩埵等以即以其鬘而奉獻之尒
時行者應自慶幸以所獻鬘置以頂
上加本部密語已繫其頭上當如是
人便能獲得殊勝福報行者修供養
訖即從壇出取豆果餅飯胡麻屑諸
花等和水安瓶盆中以歡喜心四方
散之施諸天鬼神眷屬等各以本密
語施之自在天密語曰
唵過哩賒（始餓反）你曳（平）薩婆訶
天帝釋密語曰　唵過移達囉㖿薩婆訶
火神密語曰　唵過姑㖿曳（平）薩婆訶
琰魔王密語曰　唵琰摩曳（平）薩婆訶
羅剎婆密語曰　唵邏差（上）娑地婆
哆曳（平）薩婆訶
諸龍及火神密語曰　唵婆囉㖿（平）

薩婆訶
諸風神密語曰唵嚩夜微（亡子反）薩婆訶
諸夜叉密語曰　唵藥乞叉苾陁（田必反上）
達梨薩婆訶
又於此方施諸類鬼神密語曰蜜止
蜜止㗚舍遮南薩婆訶　望望（亡勇反）
部馱南　薩婆訶
如上作法施已當淨洗手漱口還入
壇中礼一切佛及諸菩薩如常念誦
次明與金剛弟子入壇場灌頂法
其阿闍梨先已從師如法具足受灌
頂法明解三摩耶軌則（其阿闍梨法度如則也）有
是得者應如是請當具修威儀於其
師所生如來想合掌恭敬頭面頂礼手
按師足作是白言尊者即是如來即
是執金剛我今歸依尊者求學正等
菩提為金剛性淨故求學淨戒律儀
惟願尊者哀愍攝受如諸家勝子見
有菩提種子衆生皆不捨置我今已
發菩提心為欲建立不退轉位故求
入漫荼羅惟願尊者慈悲教示令我
盡見受一切諸佛所共灌頂被金剛
寶蓮花羯磨及大部所有諸勝妙事

願皆攝取悉授與我令我身心清淨智慧明了於大小乘有所深義自然開解於諸梵天帝釋毗細路陁等天及彼部屬鬼神荼吉尼等我今為欲利益成熟一切衆生施安樂故願我盡能摧伏彼等勢力願我及一切衆生得離生死至涅槃處如諸聖者相好具足入如來位者云何當得願阿闍梨哀愍示誨其阿闍梨知弟子堪與勝法應當告言如汝所請我今依佛所教能授與汝應當一心諦聽心莫散乱若散乱者一切如來及金剛薩埵所不加持

次教發露懺悔令自稱已名我某甲從無始刧來以身語意廣作衆罪无量無邊我今於諸佛前悉皆至心發露懺悔不敢覆藏我今懺悔誓不更作願罪消滅（具如廣文）彼一切如來及諸佛子甚深難入二種資粮無量功德利樂一切世間者我皆隨喜次令歸依三寶

諸部蓮座天人師　得大解脫超三界
功德圓滿大悲者　我皆至心盡歸依

寂勝慧者所住處　劣乘怖之比稠林
能速滅除生死者　我今歸依寂勝法
能除貪恚癡虵毒　以慧得出生死宅
起大悲心覺悟者　勸礼歸命衆中尊

次教發菩提心汝一心聽菩提心者從大悲起為成佛正因智慧根本能破無明業報能摧破魔怨汝既能發大菩提心應以心口相應發大誓願隨我語說我某甲為救度一切衆生故發無上菩提心於三十七品助道法門乃至六波羅蜜誓願具足無間脩行我所積集善根悉皆迴施一切衆生願我及一切衆生皆得證悟甚深法門心淨廣大猶虛空以無功用自在能辦無量佛事以平等大悲種種方便調伏利樂一切衆生皆令得入無餘涅槃於佛十力无畏不共法等願我與一切衆生悉皆同得如是教已令諸弟子各隨尊卑依次而坐以清淨恭勸不乱散心合掌而住其師或以密語加其線索繫其左辟或以塗香或以心念以此密語而護持之密語曰

唵摩訶跋折囉迦（上）縛遮（日也）跋折哩句嚧（金剛作也）跋折囉跋折囉合（重引）

次以此密語加塗香已塗諸弟子掌中密語曰唵跋折囉健提（塗香也）虐（魚伽反上）

塗香之時告弟子言願汝等具得一切如來戒定慧解脫解脫知見之香

次以密語加香白花持以授密語曰

唵跋折囉補澀篦（花也）唵　如是告言願汝得一切如來三十二大丈夫相

次持香爐以此密語加之熏弟子雙手密語曰唵跋折囉杜鞞（燒香）婀（阿）

如是告言願汝獲得一切如來大悲滋潤妙色次以此密語加燈已令弟子視之密語曰

唵跋折囉嚕伽你（光明也）　如是告言願汝等獲得一切如來智慧光明

次以如上笑儀式密語加烏曇阿說他等樹枝以為齒木復以摧破一切衆生煩惱隨煩惱諸佛甚深智慧金剛劒密語加其齒木復令弟子以掌中所受得花令供養一切如來部中尊上首者次授齒木師自私記勿令差錯令面向東嚼之淨洗漱已嚼

齒木當面擲之師應觀其齒木頭所
向處以所擲處為頭隨所向方多是
其部若向四隅多是毗盧遮那部若
有立者當知是最吉祥相師既觀已
施諸弟子各隨所安應告之言汝各
端心而念礼諸佛已繫心睡眠求境
界相汝所見者晨来具說作是教已
令隨意去彼所見夢晨於師所如實
說之若境界顛倒多妄想者是不清
淨相應取牛五種味所謂乳酪酥糞
尿等相和淨濾漉已加金剛密語二
十一遍與之令服若身心淨者取白
檀水同用金剛密語二十一遍令服
密語曰
唵　跋折羅　郞陁迦　吒
如法服已至其夜分引至壇室門外
教令發露懺悔一切罪障隨喜迴向
一切功德教作如上四種礼拜法已
取赤色衣與被如著袈裟法若出家
人合著軋陁色衣以赤色帛掩抹其
眼教與結金剛薩埵契口授此心密
語三遍密語曰　三摩耶　薩怛鑁
即教竪忍願二度為針以諸白花鬘

或種種香花鬘挂其針上次當引入
壇場門中三遍授此密語　三摩耶　吽
應告之言汝今已入一切如來眷屬
部中我今令汝生金剛智汝等應知
由此智故當得一切如來悉地事業
然汝亦不應與未入此等壇場人說
此法事汝儻說者非但違失汝三摩
耶自招殃咎耳師應竪結薩埵金剛
契置弟子頂上告言此是三摩耶金
剛契汝若輒向未入壇人說者令汝
頭破裂汝於我所莫生疑惕應當深
生敬信汝於我身當如執金剛菩薩
我所教誨當盡奉行若不尒者自招
其禍或令中夭死墮地獄汝應慎之
作是教已汝今求請一切如來覆護
令金剛薩埵入其身心其師又結金
剛薩埵契告言此是三摩耶金剛名
為金剛薩埵願入汝身以為無上金
剛智誦此密語
跋折囉　薛舍　跋折羅　薛舍婀
次結嗔金剛拳以忍願二度相鉤誦
上大乘三摩耶百字密語以金剛語
言唱已掣開上契由此密語功能力

故令弟子入金剛智證殊勝慧由此
智故悉能獲得覺了一切衆生若干
種心能知世間三世事業能堅固菩
提心能滅一切苦惱離一切怖畏一
切衆惡不能為害一切如來同共加
持一切悉地皆得現前諸未曾有安
樂勝事不求自得汝當深自慶幸我
今為汝略說功德勝事於一切地位
三摩地陁羅尼神通三昧諸波羅蜜
力無畏等由此法故悉皆當得所有
未曾見聞百千契經甚深義理自然
能解汝今不久自當證得諸佛真實
智慧何況下劣諸餘悉地說是語已問
言汝見何等境界若彼見白相者應
教取上悉地智見黄相者教義理所
生悉地智見赤相者教奉事供養悉
地智黑相者教阿鞞遮盧伽悉地智
見雜色者教一切羯磨悉地智若不
見好色相者即是罪障應以鉤罪障
契鉤彼諸罪復以摧破諸罪契而摧
破之　鉤罪契經云結金剛縛已申忍
願為針曲力進度於忍願背作跋折
囉股形勿相拄著又於進力度端各

想有穰(而伽反)字以鉤曳彼身中所有
罪障誦此密語
唵 薩婆婆波迦(去)利灑傳 毗輸馱
耶三摩耶 跋折囉 許穰(而伽反上)
誦此密語時想彼罪形如鬼形狀黑
色髮豎即以二羽諸度各各相鉤頭
入掌內想以進力二度鉤夾彼罪令
入掌中餘度面各相捻即申忍願二
度為針於願度端想怛囉字忍度端
想阜(知可反)字又於字上想生火焰夾
取彼罪誦此密語
唵 跋折囉 跋寧(執也)蜜薩普吒耶(摧破)
薩婆婀播耶(一切惡趣也)湧陁郁寧(繫縛也)
鉢囉(二合)慕乞沙耶(解脫)薩婆播波(一切罪障也)
揭底(毗耶反)(趣中)薩婆薩埵縛(无可反)南(一切衆生)
薩婆怛他揭多跋折囉三摩曳(平)
吽怛囉(二合)吒
誦此密語已用力撚之如彈指法右
上左下論曰一切如來三摩耶能解
脫諸惡趣中一切衆生執金剛應摧破
一切惡趣繫縛
如是次第摧破彼諸罪已復想以諸
佛光明淨彼身心四方阿閦鞞等上

方毗盧遮那皆放清淨光明下方想
金剛雄上字放嗔怒光明而摧滅之
如是作法時能令彼等必定得見善
境界相當知彼等罪障皆得消滅若
彼罪障極重不見好相師應為說真
實伽他令其覺悟頌曰
普賢法身遍一切　能為世間自在主
無始無終無生滅　性相常住等虛空
一切衆生所有心　堅固菩提名薩埵
心住不動三摩地　精勤決定名金剛
我今說此誠實言　惟願世尊扶本願
利衆生事諸悉地　慈悲哀愍為加持
說此偈已復結金剛入契誦婀字密
語一百八遍契經云結金剛縛以智
定度捻檀慧度本間以進力度少曲
相拄是也如是作法已又應問之如
無好相者但可引入受三摩耶不應
與其灌頂　次當授此密語三遍
唵 鉢囉 底車(授也)跋折 囉護
誦此授擲所拄鬘於壇中隨彼因業
鬘所著處即念誦其部密語當知速
得成就
次又授此密語三遍令弟子所結三

摩耶契於其心上解之密語曰
唵 底瑟吒(住也)跛折囉 哩哩掉(荼路反)(堅固)
瞑婆摩(為我常也)舍(式餓反)涅伐靚瞑婆摩
(為我恒常也)綇哩馱耶(為我心也)冥過地底瑟吒
(願為加持也)薩婆悉地(一切成就也)者鉢哩野車
(及願授與也)户舍(二合)呵呵呵呵護(引)
論曰願金剛常住堅固加持我心願
授與我一切悉地即彼所擲花鬘加
此密語
唵 鉢囉底鈚哩恨拏(攝授)怛嚩(无可反)
縊摩舍(二合)薩埵摩訶婆囉
論曰願大力菩薩攝授汝誦此密語
時即以其鬘繫彼頭上由繫鬘故得
摩訶薩埵攝授速疾成就諸勝悉地
次誦此密語解所掩眼物密語曰
唵 跋折囉 薩埵 薩嚩(无可反)焰帝提(為汝)
(親開目)斫具數(平眼也)伽吒郁(開也)怛鉢囉(專也)
嗢伽吒野(提令開)薩婆婀具瑜(一切眼)跋折
囉斫具瑜(金剛眼也)阿耨怛囉(无上也)係跋
折囉跋搭(呼彼令觀壇場也)
論曰金剛薩埵親自專為汝開五眼
及無上金剛眼
次呼弟子遍示壇中諸部事相由此

法故為一切如来之所護念金剛薩
埵常住其心隨彼所求乃至執金剛
身無不獲得漸當得入一切如来體
性法中
次弟子灌頂其灌頂壇應在大壇帝
釋天方門外下至二肘畫粉作四方
正等面開一門於四隅内畫執跋折
囉像自在天方名住無戲論火天方
角名盧空無垢羅刹方名清淨眼風
天方名持種種綺麗衣中央畫大蓮花
其花八葉臺葉具足花外周圍畫月
輪相光芒外出正方四葉畫四菩薩
各乗昔願殊勝力者帝釋方藥名陁
羅𡰱自在王琰羅方名發正念龍方
名樂利衆生夜叉方名大悲者四隅
葉上畫四使者自在天方名修轉勝
行火天方名能滿願者羅刹方名無
染著風天方名勝解脱於花臺上想
有婀字（義如列義）於婀字上想一圓點（真如圓寂法身涅槃義也）餘供養幡花莊嚴一如大壇
法式　應作是念我今為某甲善男子
灌頂惟願諸佛菩薩降臨道場受我
供養諦想所請佛菩薩衆皆来集會

移大壇中實瓶隨本方角置之又於
壇周圍界外想四輪使四淨人持上
寶瓶住月輪中帝釋方人想如普賢
琰羅方人想如弥勒龍方人想如滅
諸障异夜叉方人想如離諸惡趣即
引所灌頂者入帝釋方門坐蓮臺上
以種種雜花塗香燒香油燈幡蓋清
妙音樂而以供養如不辦者隨力作
之所以介者是人坐佛位處故復以
種種歌詠讚歎令其殷重生歡喜心
說此頌曰

諸佛覩史下生時　釋梵龍神隨侍衛
種種勝妙吉祥事　願汝今時盡能獲
迦毗羅衛誕釋宫　龍王澍沐甘露水
諸天供養吉祥事　願汝灌頂亦如是
金剛座上為羣生　後夜降魔成正覺
現諸希有吉祥事　願汝此座悉能成
波羅柰苑所莊嚴　為五仙人開妙法
成就無量吉祥事　願汝今時咸證獲

若更有餘讚歎隨意作之勸發勝心
令生利喜
次應與其灌頂先想弟子頂有婀字
上有圓點義同前釋又放光焰熾然

赫弈又想弟子心中有月輪相内有
八葉蓮花臺上亦有婀字若得金剛
部於婀字内想有跋折羅得寶部者
有寶珠蓮花部有蓮花羯磨部有羯
磨跋折囉毗盧遮那部想窣覩波師
應想已身如毗盧遮那像執弟子所
得部瓶（如来部瓶若是畫像壇即隨有空處置之若手印壇即於壇上置之）各
想其部物體在瓶水内如跋折囉寶
珠等各令結其所得部契置其頂上
誦其部密語七遍而用塗之金剛部
密語曰
唵跋折囉　薩埵阿毗詵者（灌頂也）　吽
寶部密語曰
唵跋折囉囉　怛那阿毗詵者　怛囉
花部密語曰
唵跋折囉　達磨阿毗詵者　纈利
葉部密語曰
唵跋折囉　羯磨阿毗詵者　婀
於彼額上想有攞字色相如金想兩
目上各有囉（上）字其色如火生光焰
其二足間想種種色為法輪相八福
莊嚴次誦薩埵金剛心密語加塗香
已塗彼胷前所以作者加持者為令

弟子成金剛薩埵故

次以如上所說頭上作五處置契法已復結毗盧遮那契誦本密語置於彼心上次喉次頂上已即應諦想一切如来秘密勝上頭加彼頭上即結如所說四種鬘各隨其部法以繫其額若作阿闍梨灌頂法者應次第如上法遍用五瓶以四種鬘鬘次以繫其額如是作已引出壇外擲去濕服別著淨衣若是剎利居士者本上衣即於壇內置下小牀以覷其濕引入坐已師以觀羽執五股拔折羅授其雙手應以種種方便言詞開誘安慰為說頌曰

諸佛金剛灌頂儀　汝已如法灌頂竟

為成如来體性故　汝應受此金剛杵

說此偈已誦密語曰

唵跋折羅祢鉢提(尊主也)微(體性)怛鑁阿鞞洗者彌(我今灌頂)底瑟咤(住)跋折羅三摩曳薩怛鑁(汝為三摩耶也)

論曰汝已灌頂獲得金剛尊主竟此跋折羅常住汝所為三摩耶

復取金剛杵若是寶部者又於跋

折羅上想有寶珠餘部倣此誦前偈時應改初句金剛字為寶珠字諸部准此改之

次第於字本名上加金剛字作名呼之應誦此密語

唵跋折羅薩怛鑁摩舍(二合汝也)阿毗詵者冥(我灌頂頂)跋折羅娜莾(八名号也)毗曬迦多(灌頂)係(呼聲)跋折羅娜莾(某甲)

論曰我與汝灌頂訖以金剛名号與汝作字汝名金剛某甲若是餘部式加寶珠蓮花等作字呼之其人若受阿闍梨法者但以本所得部為名若須改舊名者隨意所樂任擇諸波羅蜜勝名作之

又以香花種種供具供養所灌頂者師應執小金杵子如治眼法拭其兩目而告之言善男子世間醫王能治眼瞖諸佛如来今日為汝開無明瞖亦復如是為令汝等生智慧眼見法實相故

次復執鏡令其觀照為說諸法性相說此偈言

一切諸法性　始淨不可得　非實亦非虛

皆從因緣現　應當知諸法　自性无所依

汝今真佛子　應廣利衆生

次復取金剛杵師於弟子當生恭敬此人能紹諸佛種故師應授以商佉作是告言自今已後諸佛法輪汝應轉之當吹無上法蠡令大法聲遍一切處不應於此法中而生疑怖於諸密語究竟清淨修行理趣汝應廣為衆生方便開示善男子諦聽若能如是作者一切如来皆知此人能報佛恩是故於一切時處一切持金剛之所衛護令汝安樂

次應引起至大壇前為說三摩耶令其堅固告言善男子汝應堅守正法設遭逼迫惱害乃至断命不應捨離修菩提心於求法人不應慳悋於諸衆生有少不利益事亦不應作此是最上句義聖所行處我今具足為說竟汝當隨順如說修行弟子應自慶幸合掌頂受　又執五股金剛杵而授與之告言此是諸佛體性金剛薩埵手所執者汝應堅護禁戒常當持之弟子受已授此決定要誓密語令

其誦之密語曰
唵薩婆怛他揭多悉地　跋折囉三摩
耶底瑟咤(願住)翳沙(令也)怛嚩(亡可反)含(尤甘反)(於我)
馱羅野冥(我令持也)跋折囉　薩埵係(反)(以形)
係係係吽
論曰一切如来金剛薩埵成就三摩
耶願住我所我常守護如是作法已
所有一切湧茶羅秘密三摩耶智師
應教授若弟子於三摩耶契有退失
者師應遮制莫令毀壞弟子於師應
恭敬尊重莫見師短於同學所莫相
嫌恨應告之言汝於一切衆生常生
慈愍哀矜示誨莫生猒離為說偈言
三界極重罪　不過於猒離　汝於貪欲處
應生猒離心
欲令弟子堅持歡喜故為説偈
此等三摩耶　諸佛為汝說　守持善愛護
當如保身命
弟子受師教已頂礼師足白言如師
教誨我皆脩行
復應為諸已灌頂弟子令其圓滿寂
靜法故為除其灾障故應與作護摩
法於灌頂壇大天方不應絕遠作四

肘壇高一磔手中鑿君茶徑圓一肘
深十二指好淨泥拭兩重作掾内掾
高闊各一指外掾高闊各有四指底
須平正即於其底泥作輪像式跋折
囉像柄向南出如世丁字柄長四指
闊亦四指横頭長八指高闊各四指
次外作土臺形如蓮葉次外數師坐
位君茶周圍布吉祥草為聖衆坐位
灑淨香水敷草灑水皆順轉作應以
酥酪乳蜜乳糜餅菓穀者謂稻穀蕎
豆油麻小麦等是取吉祥樹為柴如
無此樹取有白汁樹代之謂穀桒等
是齊整短截别取小枝如拇指大長
十二指一百八枚蘇穀及柴並置臺
右若不能鑿作君茶即以赤色畫其
形狀中安火爐餘如上若師北面坐
引諸弟子左次列跪取先淨火或新
鑽者以香水二具置其臺上一供養
佛菩薩一供火天灑次作淨置君茶
内已誦此密語
南莫三湧多跋折羅南怛嚩旃茶摩
訶路灑揶薩發羅揶　缽唅(引)摩含(二合)
誦此密語三遍淨水灑火并灑茅草

諸供具等
次即燃火勿以口吹當以物扇取白
檀香泥遍塗君茶以白香花散臺四
面於火焰中想有羅(上)字變為火天
白色鬚黄三目四臂左邊二手一執
君持一手執杖右邊二手一作无畏
相(直前舒掌)(竪掌向外)一捻數珠想火天身遍生
火焰次執香爐諸佛菩薩所請法式
如大壇中說諦想諸佛菩薩皆来赴
會坐吉祥草其師觀羽作無畏相止
羽振舵如臂釧像即白火天誦此密語
唵婀揭娜多曳(平)你毘(必迦反)你跛耶你
嚩(无可反)濕尾擭(丙佳反上)係哩　使薩哆三摩
鉢哩咽(上)怛嚩(无可反)婀虎伍摩賀藍婀
薩氐　散你係覩婆嚩唵阿揭娜曳
賀界(早也反)劫弊(必伽反)呵揶耶你毘(必也反)
你跛耶　薩婆呵
誦此密語時想有火天来依如上所
想身中即以香水彈手灑火次執祭
杓酌上酥油乳蜜等物各三杓以沃
火中以祭火天或和雜一處共酌三
杓亦得祭時每杓誦此密語一遍密
語曰

納莫三滿多勃陁南　唵媽伽娜曳(平)
薩婆呵
師以止羽執金剛杵以檀度鈎弟子
觀羽智度別以小杓如前沃火人名
各二十一杓一一心念諸佛菩薩及
火天於五部中心密語隨喜誦之一
杓一遍以用供養若須除災者誦此
密語
納莫三滿多勃馱南　娜摩訶扇地(平)
伽多摩訶扇陁迦羅鉢唎捨忙達摩
涅哩若(人者反)多薩破婆窣覩婆達摩三
滿多　鉢囉多薩婆訶
一一弟子准此作之若阿闍梨法加
誦之至一百八遍又以酥油乳蜜等
相拌和巳小杓酌之數至一百八遍
沃火供養每杓誦上大乘三摩耶百
字密語一遍若意欲別須供養諸善
薩等即各隨誦本心密語或三七七
七隨意沃之以上一百八枚小柴一
一兩頭揾酥蜜中時時投火所作法
巳次應供養給施如上所說座後外
八方諸天神眷屬等准前誦密語法
酌沃火中如是作巳師出洗手還歸

本座如前酌三杓供養火天訖告弟
子言汝巳具足得灌頂法假使以諸
世間種種供養不如巳身奉施諸佛
菩薩汝應各發如是心令諸弟子各
自發願巳師應手執香爐遍供養佛
菩薩及火天巳即誦密語請歸本處
即從座起就火壇位告弟子言諸佛
為利益一切衆生故說此殊勝福田
妙法法應隨力各辦香花供養大衆
能令汝得無量果報復為供養一切
如来及金剛部衆應以羯磨契及三
摩耶契如上供養復以金剛讚歎密
語作四種密供養法巳誦此伽他曰
金剛薩埵攝授故　得成無上金剛寶
今以金剛法歌詠　願為我作金剛事
復以金剛儛合掌及金剛戲笑等作
密供養法　次應手執香花供養外
壇聖衆巳告諸弟子言汝等各隨力
能供養諸佛彼等修供養畢為欲護
諸弟子身故應於諸佛菩薩所請所
獻花香果餅等少分各各分賜諸弟
子復令重作要誓如上所說不得輙
說此法作教誡巳令弟子各還本位師

即隨力如常念誦礼讚巳即請壇中
佛菩薩及眷屬等歸本土即竪結薩
埵金剛契誦此密語
唵訖哩覩嚩(巳作勝上也)薩婆薩埵(一切衆生也)
過他(利益)悉提(成就)捺多(授與也)曳(入)他努(隨順)
伽捨達凡(三合歸還)勃陁密灑壇(佛國上)布
鄉囉虛(魚伽反上)麼娜耶微(無桂反復垂降赴也)唵
跋折囉　薩埵牟
論曰巳作勝上利益成就授與一切
衆生竟願一切諸佛菩薩歸還本國
若重請召惟願降赴
此契及密語一切壇中諸佛菩薩諸
部眷屬還本處者皆悉同用

金剛頂瑜伽中略出念誦經卷第四

金剛頂瑜伽中略出念誦經卷第四

校勘記

一　底本，金藏廣勝寺本。

一　七二八頁中四行「供養」，麗至此卷第三終，卷第四始。

一　七二八頁中五行夾注「西方」，磧、南作「四方」。

一　七二八頁中六行夾注左末字「樹」，石作「樹也」。

一　七二八頁中七行第四字「爲」，石作「如」。

一　七二八頁下三行末字「語」，石、麗作「語曰」。

一　七二八頁下二〇行末字「就」，原有描摹墨迹。

一　七二九頁上五行第三字「想」，石、磧、普、南、徑、清作「相」。

一　七二九頁上一一行第四字「作」，資、磧、普、南、徑、清作「已作」。

一　七二九頁上二二行第九字「雠」，資、磧、普、南、徑、清作「酬」。

一　七二九頁中一九行第七字「慧」，諸本作「契」。

一　七二九頁下一三行全行共十四字，資無。

一　七二九頁下二〇行第六字「樂」，石、麗作「邊」。

一　七二九頁下二二行第一一字「逝」，資、磧、普、南、徑、清作「遊」。

一　七三〇頁上八行末字「誦」後，磧、普、南、徑、清有夾注「一切聲是也」。

一　七三〇頁上九行夾注，「石、資爲正文」。

一　七三〇頁上九行末字至一〇行第三字「心念是也」，磧、普、南、徑、清作夾注。

一　七三〇頁上一〇行「如字義修行」，磧、普、南、徑、清作夾注。

一　七三〇頁上一五行第一二字「順」，諸本作「隨順」。

一　七三〇頁中二行末字「天」，石、麗作「天衣」。

一　七三〇頁中四行夾注左末字「也」，磧、普、南、徑、清無。

一　七三〇頁中九行第五字「以」，石、資、磧、普、南、徑、清無。

一　七三〇頁中一〇行「以頂」，石、麗作「已頂」；資、磧、普、南、徑、清作「以項」。

一　七三〇頁下一〇行「壇場」，石作「場壇」。

一　七三〇頁下一二行夾注「則也」，資、磧、普作「則」，南、徑、清作「前」。

一　七三〇頁下一四行第一三字「頂」，資、磧、普、南、徑、清無。

一　七三一頁上三行第一〇字「細」，諸本作「紐」。

一　七三一頁上一六行第五字「今」，石作「皆」。

一　七三一頁中二行第七字「者」，資、磧、普、南、徑、清作「有」。

一　七三一頁中一四行第八字「猶」，資、磧、普、南、徑、清、麗作「猶如」。

一　七三一頁中一七行第九字「力」，碛、普、南、清作「方」。

一　七三一頁中二一行第一三字「辟」，諸本作「臂」。

一　七三一頁下二〇行第二字「劒」，石無。

一　七三二頁上一九行第六字「被」，南、徑、清作「披」。

一　七三二頁中一〇行第五字「輙」，石作「趣」。

一　七三二頁下一七行第三字「黑」，石、麗作「見黑」。

一　七三二頁下二二行第一一字「背」，資、碛、普、南、徑、清作「皆」。

一　七三三頁上一行正文第八字「彼」，碛、普、南、清作「破」。

一　七三三頁上二〇行第一三字「應」，麗無。

一　七三三頁上二〇行末字「破」，碛、普、南、清作「彼」。

一　七三三頁中七行末字「主」，南、徑、清作「王」。

一　七三三頁中二〇行第三字「投」，諸本作「教」。第一三字「因」，資、碛、普、南、徑、清作「自」。

一　七三三頁中二一行第五字「即」，石、麗作「即令」。

一　七三三頁下八行第八字「即」，諸本作「即取」。

一　七三四頁上五行末字至六行首字「帝釋」，石無。

一　七三四頁上六行第一二字「作」，資、碛、普、南、徑、清作「任」。

一　七三四頁上一〇行第二字「方」，資、碛、普、南、徑、清無。

一　七三四頁上一五行「樂利」，碛、普、南、徑、清作「利樂」。

一　七三四頁上一九行夾注「列義」，碛、普、南、徑、清作「別釋」；麗作「前列」。

一　七三四頁上一九行正文第一〇字「圓」，徑作「圜」。

一　七三四頁中六行第一二字「蓮」，資、碛、普、南、徑、清作「蓮華」。

一　七三四頁中七行第四字「雜」，石、資、碛、普、南、徑、清無。

一　七三四頁中一八行「苑所」，資作「花河」。

一　七三四頁中末行第九字「又」，石、碛、普、南、徑、清、麗作「字」。

一　七三四頁下三行第一一字「得」，碛、普、南、徑、清作「若得」。末字「者」，碛、普、南、徑、清作「者想」。

一　七三四頁下四行「蓮花部」，碛、普、南、徑、清作「若得蓮花部者想」。「羯磨部」，碛、普、南、徑、清作「若得羯磨部者想」。

一　七三四頁下五行第四字「囉」，碛、普、南、徑、清作「囉若得」。

一　七三四頁下一〇行第一〇字「塗」，石、麗作「灌」。

一　七三四頁下二〇行第一二字「生」，資、碛、普、南、徑、清、麗作「上生」。

一　七三四頁下二一行「入福」，碛、普、南、徑、清作「以輻」。

一　七三四頁下二二行第一二字「加」，

一 磧、普、南、徑、清作「加持」。
一 七三四頁下末行第九字「者」，磧、普、南、徑、清作「法」。
一 七三五頁上一行第三字「成」，資、磧、普、南、徑、清作「速成」。
一 七三五頁上四行第五字「喉」，麗作「唯」。
一 七三五頁上五行第八字「頭」，資作「頂」；磧、普、南、徑、清作「頭冠」。
一 七三五頁中四行「第於」，麗作「於第」。第四字「字」，資、磧、普、南、徑、清、麗作「子」。
一 七三五頁中一六行第五字「金」，磧、普、南、徑、清作「金剛」。
一 七三五頁下五行末字「汝」，資、磧、普、南、徑、清作「法」。
一 七三五頁下一一行末字「剛」，麗作「剛者」。
一 七三五頁下一八行末字「說」，麗作「汝說」。
一 七三六頁上一六行末字「偈」，諸本作「偈言」。
一 七三六頁上一九行第四字「師」，石無。
一 七三六頁上末行第六字「大」，諸本作「火」。
一 七三六頁中一行「徑圓」，資作「位圓」。
一 七三六頁中二行第一二字「掾」，磧、普、南、徑、清作「緣」，下同。
一 七三六頁中四行第一二字「式」，石、磧、普、南、徑、清作「或」。
一 七三六頁中一〇行第八字「果」，磧、普、南、徑、清作「果五穀等」。
一 七三六頁中一一行第五字「麦」，石作「菱」。由「麦」至一四行第一二字「並」，石重復此段經文。
一 七三六頁中一二行第一三字「乘」，南、徑、清作「柴」。
一 七三六頁中一五行首字「右」，資、磧、普、南、徑、清作「石」。
一 七三六頁中一六行第一〇字「若」。磧、普、南、徑、清作「作」，
一 七三六頁中一七行第一〇字「先」，石作「光」。第一三字「或」，資作「式」。
一 七三六頁中一八行第七字「具」，資、磧、普、南、徑、清作「器」。
一 七三六頁中一九行第九字「次」，石、徑作「火」；資、磧、普、南、清、麗作「水」。
一 七三六頁下五行第九字「左」，石、麗作「右」。同行第一三字及六行第一一字又七行正文第二字「一」，磧、普、南、徑、清作「一手」。
一 七三六頁下六行第七字「右」，石、麗作「左」。
一 七三六頁下八行第七字及次頁下一二行第一〇字「諸」，諸本作「請」。
一 七三六頁下一一行第二字「振」，石、麗作「握」；磧、普、南、徑、清作「扼」。第九字「白」，諸本作「召」。
一 七三七頁上四行第一三字「人」，南作「天」。末字「名」，石無；麗作

「各」。

一　七三七頁上一五行第三字「和」，磧、普、南作「知」。

一　七三七頁上一八行末字至一九行首字「七七」，磧、普、南、徑、清作「七遍或七七遍」。

一　七三七頁中二行第一〇字「法」，磧、普、南、徑、清作「法竟」。

一　七三七頁中五行第三字「願」，石無。

一　七三七頁中七行第六字「火」，諸本作「大」。

一　七三七頁中九行第三字「法」，石、資、普、麗作「汝」。

一　七三七頁中一四行第六字「授」，石作「受」。

一　七三七頁中二一行第一〇字「各」，石無。

一　七三七頁中二二行第一一字「說」，磧、普、南、徑、清作「說此法」。

一　七三七頁中末行「說此法」，磧、普、南、徑、清作「向人說」。第八字「令」，磧、普、南、徑、清作「令諸」。第一四字「住」，石、磧、普、南、徑、清作「位」。

一　七三七頁下二行第八字「歸」，磧、普、南、徑、清作「歸還」。

一　七三七頁下一一行「請召」，石作「召請」。

一　七三七頁下一三行「同用」，石、麗作「用同」。

牟梨曼陀羅呪經

失譯人名今附梁錄　詩

若欲受持牟梨曼陀羅必須成驗者先護三業令極清淨復先定一所有舍利之塔者即當簡擇好時月日所謂從白月一日至十五日為好時日也若用一日作法者亦得即當用其月十五日最為第一香湯洗浴著新淨衣隨其力分供養諸佛一切菩薩及金剛等然燈四盞取其時花以為供養當喫三種白食日別遶塔及曼陀羅行道一帀誦其一遍如是滿足一百八遍已若睡來時但眠塔前欲明相時佛及金剛便現夢中得此感已隨所有願無不滿足

又誦此陀羅尼滿三万遍五逆重罪即得除滅若持此陀羅尼求至驗者不得懷諸貪心應離欲染為一向心如是誦持無不速驗若能日別誦百八遍者一切所向無不獲利一切諸毒所不能害為他行蠱毒亦不能害水不能漂溺火不能燒疾病疫癘不相汙染假使國內所有賊難災禍亦不為害而乃能令眼耳鼻等及於口齒身諸支分亦無苦痛乃至不為一日二三日諸熱病等之所為害一切虵獸毒惡無更傷及諸㘅蠱無終能害者以要言之一切諸惡無所能為當知此曼陀羅有如是等大威神力能除一切諸怖畏事能滅一切諸根本罪能住一切諸功德住能滿一切波羅蜜行乃至能令疾至無上正等菩提若於高山頂上而誦之者所有一切山谷水陸諸眾生等眼見境處及見呪師其諸族類盡其報命終更不墮於三惡道

若於天廟內誦此呪者一切祇神咸來敬奉若於有龍池中誦其呪者一切鄰伽咸來敬奉

若於日前誦是呪者素唎囉闍來下敬奉若於金剛像前誦是呪者金剛現身滿其所願

若呪昌蒲滿八千遍而自服之見昌羅闍所向言說一切無違

若呪胡椒滿八千遍而口含之能令

見者一切歡喜所向教語無敢違者

若呪白芥子滿八千遍散向空中能令惡風惡雨非時霜雹諸災禍等悉皆除滅

若呪食塩八百遍已食婆羅覓者能令外道諸惡心者惡心自滅悉來歸事

若呪白芥子稱昌囉闍名一呪一燒八百遍已能令昌羅闍屈曲隨從無復違逆

若呪安息香八千遍燒之熏著鬼病者即自吐姓名呪師訶遣其鬼無違

若欲祈雨取青牛糞泥作一龍一身三頭朱漆脊背金裝胸臆先作方壇若高臺平地隨時作之又以青綠塗畫其壇壇上施龍其壇四角各一水瓶各一香爐一燒熏陸香一燒栴壇香一燒酥合香一燒安悉香又接壇外更作一壇縱廣四肘牛糞塗上四角安瓶一盛水和乳一盛水和酪一盛水和乳粥一盛水和脂又於壇內燃燈八盞又以啣極實喫（此云紅藍花末的）及麨莊嚴其壇又於四角各插一箭又以五色線繫圍箭上又作五色幡子

懸其箭頭又將七種穀散其壇內又
用五彩莊飾供設壇上又以當時所
有種種花果盡設壇內於是呪師面
向東呪取白芥子滿八千粒呪一遍
打龍頭上如是呪打滿八千已大雲
四合即澍甘雨從此已後一切鄉伽
咸並敬奉
若雨過多呪白芥子滿八百遍擲於
有龍水中其雨即止當此呪時一不
得語
若祈雨時疾雲暴風苦霧卒雹作聚
乍散障其雨者作佉陁羅木橛打於
龍渕岸側則一切障難悉皆散去
若祈雨時被一切障難令雨不得下
者當於壇內畫一毗鄉藥劍取白芥
子八百粒粒呪一遍用打毗鄉藥劍
如是滿足八百遍已能令一切作障
難者悉自被縛不復能障其雨即下
事既了已當用乳汁洗去畫像毗鄉
藥劍甚大歡喜從是已後一切所求
無不如意其持呪者身及衣服一一切
常須嚴肅淨潔其根本曼陁羅功德
略說如是即說呪曰

牟梨呪經　第四張　詩

鄉麼薩羅婆(合二)怛他竭多(去)喃烏唵(合二)
毗布羅揭陛　摩尼波路陛　怛他多(去)
達囉(合二)設你(平)摩尼(平)摩尼(平)素鉢
囉陛毗末梨娑竭囉　鉗苾嚟　虎許(合二)
虎許(合二)什伐(合二)囉什伐(合二)囉勃陁毗路吉
帝炬醯(血梯反)耶地瑟耻多竭陛　莎(引)訶
上是根本陁羅尼法
復次當說牟梨大曼陁囉功德若有
誦滿十万遍者得見一切諸佛誦滿
二十万遍者得見一切菩薩行地誦
滿三十万遍者如入一切曼陁羅已
持一切呪無不通驗誦滿四十万遍
者得成一切持呪中王誦滿五十万
遍者得見一切修羅宮處誦滿六十
万遍者得見一切地下伏藏誦滿七
十万遍者得見現在未來一切事本
誦滿八十万遍者是人當得寶海三
昧誦滿九十万遍者得一切諸佛真
行正業嚴妙覺地誦滿百万遍者得
一切諸佛授菩提記若人犯五逆無
間等罪能誦是呪十万遍者如上
重罪一切除滅而得入於不退之位
又得知於一切他心善惡復得眼根

牟梨呪經　第五張　詩

清淨耳根清淨鼻根清淨舌根清淨
身根清淨五根清淨業以自莊嚴若
有誦滿十万遍者當獲如上所說功
德滅於如上無盡重罪至百万遍者
二十万各於其中別得無量无邊功
德一一功德倍勝於前
復次先當洗浴著新淨衣取其斛他
(梵貽)蘇乾得(石留黃朱砕定)於銅器中和水研之
置於佛前獻三白食從初八日至十
五日誦持是呪滿十万遍蘇乾得上
當現三相若煖相者取塗額上隨所
去處如意即到而持呪中為一切王
又更誦呪候於額上烟相現時即於
額上取其斛他塗眼睛上應時即見
十方一切諸佛菩薩金剛所在住處
一切諸魔而於此人無敢惡視一切
法要悉皆圓滿一切功德無不成就
又其額上現火相者則得什伐囉涅(去)
南三昧而於三十三天中獲大尊勝
一切自在
復次若於山頂誦一万遍即於贍部
諸域一切族中獲大尊勝超昌囉闍
若入有龍水內誦八千遍一切鄉伽

牟梨呪經　第六張　詩

莫不恭敬若呪白芥子滿八千遍散於空中能令雨下一切郁伽咸當敬順若能日別誦持此呪其人功德果報不可得思不可得說

復次取新淨瓮滿盛淨水隨其土地種種花草及諸樹等皆取其芽嫩軟蘋頭皆置瓮中又取因陁羅訶塞多去是人象似手來群健平陁波羅去縛白芥子欝金花栴檀以如是等諸上藥物惣內水中呪一万遍若在世間一切人等諸惡病痛當與服之并以洗浴一切病者悉得除差一切諸罪悉得除滅亦令一切惡人所作厭蠱自然消滅又令一切衆人皆生敬重由是呪藥力故能令是人有大威德若白癩病及諸癩等服此水者及令洗浴是諸惡疾即得除差若有婦人小來不產服此藥水及以洗浴即得產生若復有人一切不吉所作坎軻常無福祜服此藥水及以洗浴所向稱心無不諧順心尒時世尊說心陁羅功德如是即說呪呪曰

唵摩上𡰱上拔折噤二合虎件二合

又隨心呪呪曰

烏唵一二合摩𡰱達哩二二合虎件三二合泮吒四半聲

復次當說烏波囉大畏陁羅功德若有誦滿一万遍者能令一切毗那藥剱諸魔眷屬惡神鬼等悉皆俯伏呪師足下以胃著地求哀乞命咸各唱去所有言教敬奉隨順若誦滿二万一千遍者一切諸天之中而得尊勝及諸龍等各來歸向敬事承命若誦滿三万遍者一切夜叉一切惡鬼莫不敬順歸伏承事若誦滿五万遍者所欲事務無問遠近隨其作者稱意成就於彼欲界中阿修羅中諸類衆生一切之中隨意所作皆得信順若誦滿八万遍者一切金剛及眷屬并諸部落皆立其前敬待言教若誦滿九万遍者一切菩薩喜心護念若誦滿十万遍者蒙一切佛皆為現身尒時告言汝善男子所有願者今當滿足十方淨土隨汝意往所有一切陁羅𡰱呪及一切法汝悉已辦我等一切諸佛今當與汝阿耨多羅三藐三菩提記一切功德一切果報汝今圓

備烏波羅大畏陁囉功德如是當依次第即說呪曰

座呪六諸本皆無已上次數

嗚唵一二合末𡰱軍茶唎二虎件二合虎件三二合莎訶四　此上名座呪

復次結壇呪七

唵末𡰱比社曳　馱羅馱囉　虎件

嗚件二合莎訶

若結壇時即誦此呪呪白芥子七遍以散壇中

復次十方結界呪八

嗚唵二合什縛㗚引栗多麼𡰱　嚧質栗你平虎件二合虎件二合泮吒吒半聲

若結界時取白芥子和香水呪一百八遍散泮十方即成結界

復次縛一切毗那夜迦呪九

嗚唵二合末𡰱　婆囉婆囉婆去　你訶囉訶囉虎件二合泮吒吒半聲　莎訶

若辟作障難者毗那樂迦取灰和水呪二十一遍散泮十方則令一切毗那夜迦悉皆被縛無有能為障難者也

復次結護身呪十

嗚唵二合拔折囉二合麼𡰱二合底丁里反瑟

吒二合底丁里反瑟吒二合虎𤙖二合虎𤙖二合
泮吒半聲
若欲護身誦呪自兩手滿一七遍以
自摩頭
復次結淨衣呪十一
嗚唵一二合麼尼毗布嚟二地輕嚟地上輕
嚟三虎𤙖二合泮吒半聲
復次洗手面呪十二
嗚唵二合毗上地余平伐伍揭囉揭囉麼
訶麼你哞平虎𤙖二合虎𤙖二合泮吒半聲
若洗手面時呪水洗手面周灑身上
復次洗浴呪十三
烏唵一二合蘇你嚟麼囉𠰒伍二訶囉
訶囉三跛波舍二合必嚟虎𤙖二合虎𤙖二合
莎訶
若洗浴時取白芥子和其淨水呪一
百八遍以浴其身
復次灑衣呪十四
嗚唵二合摩尼多去嚟虎𤙖二合虎𤙖二合
泮吒半聲
復次呪索呪十五
嗚唵二合地上嚟地上嚟毗摩羅伽嚟
虎𤙖二合虎𤙖二合泮吒半聲

復次呪花呪十六
嗚唵二合薩婆怛他揭路步社摩你平
虎𤙖二合虎𤙖二合泮吒半聲
復次和香泥壇呪十七
嗚唵二合薩婆怛他揭多健平荼末
你娑破上囉尼上虎𤙖二合虎𤙖二合
復次燒香呪十八
嗚唵二合什伐汞多末你平阿鉢囉
句吒蘇上破上二合囉上尼上毗迦知上虎
𤙖二合
復次燃燈呪十九
嗚唵一二合社上嚩上嚟哆迦嚟二多鉢嚟三
虎𤙖二合唬𤙖二合泮吒半聲
復次施一切天神鬼等食呪二十
嗚唵二合鉢囉伐囉阿揭囉上二合伐伍娑
囉婆囉虎𤙖二合虎𤙖二合
復次獻諸天粳米呪二十一
嗚唵二合摩訶莫尼步𠿒野上陀囉上陀
囉上虎𤙖二合虎𤙖二合日別取粳米呪
之於神邊供養
復次日別獻食呪二十二
嗚唵二合摩訶末尼一毗上末尼二虎𤙖
二合虎𤙖二合頗囉頗囉虎𤙖二合

復次一切然火呪二十三
嗚唵二合什輕筏共何反嚟娑母囉迦
鄉母陀囉上你虎𤙖二合虎𤙖二合
復次用白繩呪二十四
嗚唵二合阿嚕質嚟摩你鉢囉二合皤
囉路虎𤙖二合
若准摸壇界呪繩七遍乃可施用
復次結加坐呪二十五
嗚唵二合跋折羅跋你迦嚧雞祇嚟扣
嚟虎𤙖二合虎𤙖二合泮吒半聲
復次掐珠呪二十六
嗚唵二合蘇鉢羅二合筏底都企反跢比計麼
你麼你莎訶
復次初繫念呪二十七
嗚唵二合雞薩羅婆二合怛他伽路皤怒
闍皤上雞他羅他羅虎𤙖二合虎𤙖二合
麼你迦鄉上你莎訶
復次請一切如來呪二十八
嗚唵二合蘇毗布羅鉢羅二合縛半聲哩徒
嚧徒嚧虎𤙖二合虎𤙖二合
復次覺悟如來呪二十九
嗚唵二合薩婆二合怛他伽路去喃婆俞
杜犬怛羅怛羅虎𤙖二合麼尼迦鄉寧

莎訶
復次請菩薩呪三十
嗚唵合二薩毗布羅婆馱你去訶羅虎𤙖合二
復次請一切諸天及龍呪三十一
嗚唵合二阿鞞三麼邪跋折𡂖 陁囉
陁羅嗚𤙖二合
復次請四天王呪
嗚唵合二麼你毗迦𠼝伍 嗚𤙖合二
復次結護
嗚唵合二輸婆麼尼胡嚧胡嚧 唬𤙖
二合此上名呪弟子呪
復次入壇持呪
嗚唵合二薩囉婆合二怛他伽跢跋折利
二合你陁羅陁囉 虎𤙖合二虎𤙖二合
復次送呪
嗚唵合二比羅毗上囉時曳合二伽伽𨚗婆
呬你囉吼囉吼 虎𤙖二合此上名呪一切嚴食供養呪
復次送諸天呪
嗚唵合二薩囉婆合二多他伽多屈羅嚧
地丁里反伍呼鞋娑末羅比伽帝𤘽羅𤘽羅
虎𤙖合二莎呵 此上名發遣呪一切嚴用
復次送賢聖已乞願護念呪
嗚唵合二末尼 蘇𤙖 婆你平毗迦上縛

底洛 又多滿虎𤙖二合
其牟利曼陁羅於㘑大曼陁羅烏波
羅大曼陁羅如是三呪功能略尒若
廣說者不可窮盡依前三呪作法畢
已隨其一一欲持之者要當先誦滿
八百遍一切法事皆須明熟自餘作
法一一須具則令所作一切神驗若
能如是受持之者一切生死重罪皆
悉除滅一切煩惱大海皆悉枯涸無
上菩提疾至無疑精勤誦念速登佛
果比至成佛已来功德無盡以歡喜
心而誦持者必得不退之位於一切
世間能轉法輪烏波囉大曼陁囉功
德如是即說呪曰
烏唵合二麼尼馱㘑 虎𤙖二合 泮吒吒半聲
復次入道場時香水自灑潔淨呪
嗚唵合二摩訶毗布羅 鉢囉合二底丁利反瑟
恥跢悉提阿鞞去詵去遮麼𨚗迦薩囉
婆二合怛他伽多毗矖𠼝 破羅破羅三
破羅虎𤙖合二虎𤙖合二
若入道場時取香水一掬呪已自灑
能令諸穢悉皆清淨既嚴結已則入
道場

復次結蓮花座呪
嗚唵合二牟你麼你 鉢囉合二婆伐㘑
䟦醯破撍 麼尼波囉合二鞞莎訶去
尒時拔折羅半𨚗從座而起向於佛
足合掌恭敬白佛言世尊唯願說於
母陁羅法願具解尒時世尊告金剛
言若人誠願行此法者常當誦念牟
唎曼陁羅於㘑大曼陁羅烏波羅大
曼陁羅如是三呪精勤誦念勿令間
斷又當常須供養金剛供養觀世音
菩薩文殊尸利菩薩弥勒菩薩等又
當日別香泥塗地別燒名香并種種
花供養十方諸佛菩薩一日三時至
心礼拜對十方佛一切菩薩金剛之
前求哀懺悔至誠殷重願得呪驗
復次諦聽礼懺願已當知
第一印者先端身結加趺坐即以手
指作毋陁羅右肘當跨屈其食指押
大指端展餘三指次展左手印押右
掌引當心上至心向佛一不傾動想
佛容首慈悲護念如是諦觀令意不
散捧結其印至心誦呪當令滿足二
十一遍即說呪曰

嗚唵合二薩羅婆合二怛他揭跢憶唎大摩
你什伐羅二合伽你阿比瑟跢二合耶虎許合二
結此印者即為得於十方一切諸佛
心母陁羅無有異也於佛無上菩提
獲大功德福聚今為汝說若有人於
百千劫恒河沙劫以七寶聚莊嚴供
養無盡供養所獲福報比於結印持
呪功德百千万分亦不及一汝今當
知若欲作印應當潔身淨服以龍腦
香檀香麝香塗其兩手然可恭敬結
如上印作是法者能令惡業一切破
滅若有病人應死臨命得見此印其
病即差還更增壽其印威力功德如
是由是義故名為因鉢畧婆如意珠
清淨名佛心印未詳
復次第二印者左肘當跨平展仰
掌即屈無名小二指以大指頭拄兩
指端仰側當心小伍其頭微開其眼
少斂其眉齒咬下脣自視其身繫心
念佛不令散動誦持此呪二十一遍
即說呪曰
嗚唵二合薩囉婆二合怛他伽跢呼荅反鉢囉二合
毗囉迦囉麼你虎許二合

結此印者即為得入十方一切諸佛
法藏等無有異亦為入於一切諸佛
曼陁羅也即為攝入一切諸佛眷屬
如是人者百千劫來重罪惡業消滅
蕩盡無復餘累亦如已作十方諸佛
壇印一等
若為十方所有一切作障難者若魔
惡龍比怛野二合陁羅等如彼呪師踏
頭無異其諸魔等如被火燒十方
切諸族種類所作障難呪師但當以
念佛心結此印者是諸種族悉以胷
膺著地求哀歸命當是之時其諸族
類見印聞呪而更蒙益消其惡心獲
大福聚由是義故名為一切諸佛心印
復次第三印者展右手仰著膝上
屈中指與大指甲相拄少伍身面次
展左手掩左肋橫當心平以大指押
中指無名二指甲直舒招指及小指
作寬大眼專視不顧慈悲三昧心莫
異念身意不動即誦呪曰
嗚唵二合薩囉婆二合怛他伽跢　阿鞞三勃
陁跋折㗚　虎許二合虎許二合
若結此印者十方一切諸佛同以善

心共讚是人加其福德一切諸佛常
共擁護猶如慈母鞠所愛子一切賢
聖各令其人呼去佛子汝今學習持
此法故當與一切諸佛作子百千那
由他俱胝恒河沙數諸佛皆大歡喜
以歡喜心攝受於汝以是義故當知
此印與一切諸佛等無有異故号此
印名為波羅薩羅摩尼莊醯摩訶母
陁羅　名廣大摩尼秘密印
復次第四印者先當合掌各屈中
指無名二指雙屈大指入於其內長
展二小指似如相著似如不著當其
心著如小曲身小伍其頭揚舉兩眉
大開其眼如有瞻仰一心想佛於一
切衆生起慈悲心念念相續一心一
意勿令間斷便舉印頂戴當欲結印
即誦呪曰
虎許二合虎許二合泮吒吒半聲　七
欲解印時呪曰
嗚唵二合薩羅婆二合怛他伽跢一阿地瑟
早麼你二合虎許二合虎許二合泮吒吒半聲
如是結護有大威力由是義故名為
麼訶麼尼博囉破囉底瑟旦柜醯南

摩訶毋陁囉大摩尼周遍住秘密印
復次第五印者當作盤龍結加趺坐
合掌繫念自想其身猶如金剛等無
有異即以金剛手自摩其頭從頂至足
復作是念當願此身速坐十方猶如
金剛猶如佛身願已合掌即當結印
以二大指二招指各頭相拄交二中
指屈入掌內舒二無名指令使直竪
交二小指還屈入掌內便以其印拄
地及左右二膝又復從頂向下左右
用身摩之訖已即以印當齊翼其三
肘身如向前屈伍而坐即誦呪曰
嗚唵合二薩囉婆合二怛他揭跢鉢囉合二噃
羅合二麼尼曹止㗚　虎𤙖合二虎𤙖合二泮吒吒半聲
若結此印已於所坐處十方周匝悉
為金剛無有疑妄此人如得諸佛座
處彼一切魔諸惡人等不信佛者無
能有便得見其人由此義故名為一
切諸佛金剛師子座印
復次第六印者結加趺坐先當合掌
屈二小指令背相着屈二大指各捻
小指第一節側交二無名指屈押二
大指背上屈二中指令背相着各已

甲側押二無名指其二招指如令相
離高過頂後即誦呪曰
嗚唵合二薩囉婆合二怛他揭多毗布羅
三婆粺虎𤙖合二虎𤙖合二
若結此印時六十八千恒河沙數諸
佛即同授與一切諸佛一切伏地遍反遠
記即授此人悉速驗記是故此印名
為達摩羯囉阿地瑟旦摩訶毋婬羅
阿世伽毋達羅南
復次第七印者先合掌以兩手掩心
右居其上次以右手大指招指甲端
相拄便舉左手聚其五指如合蓮花
仰右手掌覆左蓮手拄於掌內作慈
念觀即誦呪曰
唵　薩囉婆合二怛他揭跢　三麼耶　麼
你跛折㗚　虎𤙖合二虎𤙖合二
一切佛同結此印方轉法輪結此印
故十方世界六種震動由是義故名
為一切諸佛轉法輪印
復次第八印者先結加趺坐右脚押
左令左脚大指拄地端直正身平展
右掌掩左肋下攅與齊准即屈招指
指大指節中圖若輪形仰置其手次

以右手還結此輪仰右掌中作大精
神威風面狀自顧其身即誦呪曰
嗚唵合二薩囉婆合二怛他揭多揞曳伐揞
曳阿折跢　伐折㗚　虎𤙖合二虎𤙖合二
若結此印時十方一切諸魔及其眷
屬作障難者皆悉潛隱无能障難一
切怨家債主咸各摧伏一切罪業無
不除滅由是力故名為阿波羅至多
毋達羅　名無能勝符印
復次第九印者先合掌已以右手四
指作拳以大指捺其右肋即舉置於
左手掌中次以左手向上舒指承之
握其右拳五指背上仰把右印即誦
呪曰
嗚唵合二薩囉婆合二怛他揭跢達摩馱
都摩訶麼你　粺迦唎　訶羅　訶羅
虎𤙖合二虎𤙖泮
此名一切諸佛轉輪聖王毋達羅亦
是十方一切諸佛毋達羅
復次第十印者先合掌已雙屈無名
指令背側相着屈二大指令押捻二
無名指背第一節即交二中指屈於
無名指上小指招指直竪相着即從

右起徐徐高舉過右肩上與頭齊已
還即徐下而指於地次屈竪右膝左
脚踏地怒眼瞋視咬其下唇唱吽許
作聲聲作喰當自想念作金剛形狀瞋
怒之想即誦此呪
嗚唵二合杜嚕杜嚕　摩你上摩你上摩
訶惹突庾二合麼你　莎訶
若結此印三十三天悉皆震動一切
諸天及諸魔衆悉皆悚慄生大怖懼
復次第十一四天王印者仰右手於
齊上屈其大指又屈招指次屈小指
左手三指為拳及大指向後以虎口
背約右跨上招指直前大指向後竟
大開眼瞻視之狀即誦呪曰
嗚唵二合阿上嚕嚕迦麼哩地上社耶
社耶虎許二合
復次第十二施羅地縛印者先合掌
已屈二大指餘八指悉合如蓮花形
即誦呪曰
嗚唵二合毗麼羅抳哩地上三麼囉虎許二合
復次第十三商企你平印者竪右手
當右髆上作半合掌狀少屈大指又
少屈招指餘三指相博齊屈如斸斤

形次展左手覆左脛上匡其肘作可
畏面非惡眼邪視少伍其頭即誦呪曰
嗚唵二合鄧瑟吒二合囉你理索囉　虎許二合
復次第十四杜地印者覆展右手向
地次竪展左手當於肩上掌向外着
即想見杜地面如龐長狀即說呪曰乞使者印
嗚唵二合阿迦你怛底唎　文闍遏他二合
阿薩你　虎許二合
復次第十五壇中請諸天等一切時
供養印者仰相交八指如蓮鑠兩腕當臍
平展端身正立前乃左膝似狀若行
即以足按地誦呪曰
嗚唵二合三曷陁阿迦囉麼哩　怖囉你
吒迦吒迦　虎許二合泮吒吒半聲
復次第十六優鉢羅補色波印者
以右手五指如合蓮形狀舉上與左
齊耳次以左手亦作如蓮花形竪當
心上即誦呪曰
嗚唵二合薩囉薩囉　毗薩囉　虎許二合虎許
此蓮花印　也壇中所有一切畫蓮花
者皆以此印印拄花上有者瓶者亦
印瓶上尒時金剛白佛言世尊若欲
持是牟梨曷陁羅者復欲持是於嚟

六曷陁囉者復次持是烏波羅大曷
陁囉者其三印法云何成立唯願世
尊為我說之佛言諦聽今為汝說其
牟梨曷陁囉母陁囉者先以兩手合
掌當心即各屈其大指又屈招指令
甲端相拄其二小指力竪相合其中
指無名指各相交入內其牟嚟母陁
羅者法當如是誦持作法如上所說
復次其於心印嚟大曷陁囉母陁羅
者右手大指無名指頭兩相捻餘指
直舒仰當心上左手大指捻小指端展
其餘指仰左膝上其於嚟大母陁囉
法當如是誦持作法如上所說
復次其烏隨心波囉母陁羅者母陁
羅者右手大指捻無名指端仰攅當
心展舒三指其左手仰於左膝上屈
招指一節餘悉展之其嗚波羅大母
陁羅法當如是誦持作法如上所說
又汝當知持此印者一切世間所有
事業無不成辦無有大罪不能滅者
其所獲福利功德多少除佛以外無
能說者若復有人隨所在處結是三
印當知此地如有佛塔舍身舍利持

是法者十方一切諸天護世四王廂當供養恭敬此人亦如供養如來舍利等塔無有異也

復次為汝說燒供養呪於一一法欲求一切令効驗者為欲利樂諸衆生者先應呪食燒之供養護身口意極須清淨即說呪曰

嗚唵(二合)莎(長)訶破吒布路步瞎虎許(二合)虎許(二合)泮吒(吒半聲)莎訶

若用是呪呪烏麻及白芥子并牛酥共呪八千遍燒之供養一切呪法即得効驗又能除滅自身他身一切障難自他所有一切惡夢一切灾禍亦皆除滅

又取牛酥安悉香白芥子等共呪八千遍一呪一燒如是燒已一切伽藥訶諸惡鬼神等悉皆頭破作於兩段治一切病悉得除愈又燒牛酥共白芥子即能降伏一切諸魔一切繫那伐也

又取白芥子共牛酥呪之燒已入一切婆那中(國)無能見者又取提婆達迦木(木知)塗牛酥稱昌羅闍名而呪燒

者彼昌羅闍即喚對面所求皆順

又於山頂上取稍(去)和因柘囉白芥子牛酥等呪而燒者即見一切阿素洛宮無有障㝵即得於一切持呪法中為昌羅闍

又以白芥子脂共郁伽雞薩呪而燒者一切那伽悉皆歸伏

又以供佛淨齋食呪而燒者若自為已若為他人須各稱名一一燒之能令五穀一切豐足

又呪鹽燒之即使一切藥叉惡鬼神等頭著足下胷臆布地求哀乞命一切歸伏所有言教頂戴信順

又取粳米共牛酥呪而燒之即令庫藏滿足一切財物自然豐溢

又面向東方呪胡椒燒之能令一切諸天咸悉歡喜所求願者無不稱遂一切諸天悉皆憘見是人

又若對失唎提縛(平)前取黑胡麻白芥子呪而燒之所求諸願皆悉稱意

又取阿加木八千段各長一尺呪已燒之一切諸佛及菩薩衆常以慈悲憶念是人令其罪業一切消滅令其

呪法一切成驗一切病苦悉皆離身一切世間諸苦煩惱悉皆亦盡更不受於胎藏之形誦持此呪威神力故常得生諸佛淨土蓮花中生常同諸佛受於快樂燒此木故一切惡夢一切變怪一切惡家皆當散滅所有厭魅壞破人者皆自消滅平復如故所有一切諸魔厄難皆悉除滅復次今說畫像之法取新白氎未經割汙者隨力小大辟方作之其畫匠者畫竟已來不食五辛酒肉婬欲等事其盛彩色並須新器不用皮膠當用香膠氎正中心畫其佛坐於師子座上種種瓔珞以為莊嚴頭上空中畫作幢蓋其像形勢如說法狀其佛右邊畫作十二臂金剛像作紅白肉色手中各執種種器仗當作四面前正一面作慈悲面左邊一面作可畏瞋面右邊一面作狗牙上出瞋面第四一面作皺眉可畏面髮皆上聳各以花鬘攪括束其髮居蓮花座一脚屈上一脚垂下其佛左邊作摩尼伐折囉菩薩當作四面有十六臂右手把如意

珠如奉佛勢左手把蓮花二手仰展
舒五指相兩手合掌一手把錫杖一
手把輪第三一手把合蓮花第四一
手把數珠未詳第五一手把羂索第六
一手把阿迦囉伍刀出第七一手把兩
頭鐵鏁第八一手把須弥山第九一
手把窣堵波第十一手把貝經夾當
前一面作慈悲面右邊一面作摩訶
迦羅天面左邊一面作半師子面半
人面狀第四面作皺眉露齒瞋面其
面作不淺不深綠色可畏相貌一脚
屈上一脚垂下居蓮花座其座下近
前作商企尼像雙膝跪坐其有八臂
手中擎花供養於佛其右邊金剛座
下作摩訶提婆尸羅提婆其摩訶提
婆兩手捧鉢盛種種寶物奉上於佛
其摩訶提婆後作菰杜地天作笑而
有其四手種種瓔珞莊嚴其身手中皆
各執於器仗其商企尼後作補色波
但地着白色衣手中把花仰瞻佛面
其佛座下別作七寶蓮花其花莖作
吠瑠璃狀具足百葉其花中心作純
金之莖令極分明其花下作四天王

以金為瓔珞種種莊嚴身被其甲鎧
其花莖下作其池水四欄楯雜寶塡
廟種種莊飾池岸之上作多衆白衣
仙人皆悉右跪仰瞻佛面持香執花
或掐數珠各異嚴持而為供養其佛
幢蓋之上作摩訶提婆及其眷屬又
作梵天及其眷屬又作鄉羅延及其
眷屬其諸天等各執種種異花等翔
颰空中施蓋供養布置摸軌其法如
是復持呪人者身心口業及其衣服
極須護淨唯三白食從月八日至十
五日應當像前誦持是呪滿十万遍
像即搖動呪師身上便有火出當此
感已即得天眼復得比瞻上音陁麼里
闍哩路羅三昧於一切持呪中作轉
輪王十方三世諸佛皆悉得見持此呪
者能令一切諸惡道苦皆悉除滅遠
離三毒所求一切功德應願成就無
有障导蒙佛歡喜而為攝受一切菩
薩咨嗟讚歎十方一切天龍夜叉健
達縛阿素洛迦路洛緊鄉羅摩睺羅
伽人非人等咸當恭敬供養是人於
一切衆生中而得自在於一切事業

中而得勝上若能依法而修行者當
獲如上尔所福德若誦此呪若結其
印乃至若見若聞而能發心信重歡
喜生恭敬者應當讚仰如是人等如
佛身想等无有異如是人者世世常
遊諸佛淨土不入胎陰蓮花中生乃
至成於無等等道常不違離諸佛
菩薩
復次常燒熏陸香供養諸佛及燒塞
比哩香苜蓿香栴檀香沉水香多伽羅
香堵嚕色迦香燒如是香以為供養
復次泥塗壇法當用麝香龍腦香鬱
金香白檀香紫檀等末如是塗飾
復次結界之法如前以說汝今諦聽
持呪之法先須洗浴而供養佛供養
畢已其道場所悉有護界地天之神
次當供養
復次欲權結界者當先啓白三寶令
為某事於此結界若干日已來請權
借用所欲作法一切事者皆於念佛
心中作之次當用塞溥陟莎悉底加
印印之此印開而請移其地所謂諸
神次以波曇印安其神於界外別處

安置其諸飲食各取少分奉施此神
應當如是日別供養
復次所有小呪日別用者先當各誦
八百遍已然後可行用依如是法決
定有驗次當作十方結界已跪於佛
前披心陳說一切惡念三業不善根
本罪業當悉懺悔淨三業已即發弘
誓願我某甲今於佛前奉持是呪若
不果願終不退意作是誓已自量身
力限其遍數佛前端坐身心不動日
日誦持要充其限初日分時後日分
時常令充數功課勿闕常以堅固不
動之心而誦持之
復次其地初首結界作法畢以第二
即須別處作法第三始得更於初地
作法若不經於別處間作法者終不
得重用初首之地連次作法每誦遍
數充限訖已欲起之時一一皆當啓
白於佛白以念言願我後來速滿其
願如是願已作礼而退從初入壇事
畢以來若不作披衣去比陁耶二合達
甲鎧心者即不得誦亦不能終其遍
數乃至礼佛供養乞願皆當觀行心

中作之須向立法之所右廂刈取達
比草茅草未詳端坐其上作慈眼視不緩
不急不小不大溫和容貌處心正念
五逆等念一不攀緣但一專注繫心
於佛以不動意分明觀佛想佛相好
光明赫弈矣照見佛意大慈悲儼然
猶如慈父愍護於我摔心渴仰信自
嚴厲唯除手指自外勿動當心著手
轉珠記數若未充限終無間止欲滿
嚙者右手捻記要不暫放比未充數
終不輟誦每誦呪時常作念佛心中
誦之呪句文字分明呼噗長短無失
清濁與正調和音聲使令溫潤乃至
了聲亦不闕課
復次若有火燒而供養者皆須白佛
自盟其限既此分劑即莫違闕若不
燒供養即不得誦呪
復次若於起貪欲心而誦呪乞効驗
者當來成於夜叉種子若於無智心
中而誦呪求索驗者當來成於鬼神
種子若於慈愍之心大慈悲心念佛
之心如是心中誦呪乞効驗者當來
成於如來種智所為所作得无障导一

切成就如上所說
復次或欲睡眠頻申欠呿謦欬涕唾
整身形供具一切不安竊起緣慮即
勿誦呪急當至心向佛瞻仰竭誠專
注凝想正觀心意清淨乃可誦呪若
大小遺已呪水一掬二十一遍想月
晴照自灑頭頂周身及衣所有穢汙
一切清淨
復次若有事難要須起往而其遍數
限由未足迴還之際日欲沒時至心
觀佛即誦此呪一百八遍如是作法
即當滿數若事難不了闕此日者三
倍誦呪功課如故
復次若所求願未驗已來好床褥等
不得坐卧設已受用即當作法曰欲
出時向東合掌端身正立一心念佛
誦呪八遍增上惕障還得消滅或起
欲心想流出汙露應淨洗浴心中念
誦持呪一百八遍淨潔如故不失清
淨復次當知用其木法云何木者能
令諸法速成吉驗云何木者能令諸
法敗壞無驗云何其火爐法云何其
火相法若不知者一切不成

住婆樹木　迦蘭呰樹木　佉陁羅木
拘底支木(云槐未許)若善男子當知用咼
迦樹木(云鬱勃毗)醯唎勒木(云先)阿弥尸
㗚師木(云守宫槐木)羅丁(丁降叉)木(云蜀地有)阿
弥羅木鎮頭迦木(云柹木)蔦迦木(云棗木)
鑠迦米木
及其自餘雜類木等但是有刺樹木
並得用之能碎惡家斷除賊故但是
有乳樹木並得用之能發渴愛令親
輔故當知次第其必立𣗳木(云似梨此無)播
囉師木(云胡桃)但是一切無刺樹木求
安隱者用之能令一切人心生柔軟
故其注露多木牟素佉木(云甘草)居嘆
(二)公迦等木(云李木)迦軌婆木　阿輸迦木
含唎般鄰木(薔薇)波迦泌木　如是等木
為求一切驗者用之能令所求一一
成吉故
復次當知其諸木等不得取用被燒
燋者自折墮者經拗斫者瘡瘢斫者
已遭霜者被虫食者有如是等不善
相者並不應用若無名法應當用之
其諸木類四種相狀如說所用不得
踰誤

復次當知第一上法第二中法第三
下法第四逐法四法長短各有次第
用上法者長十二指用中法者當長
其十指其逐法者當長八指用下之
法四指而截
復次當知其上法者謂令一切未相
親友故其中法者謂求持呪滿大願
者求人求財凡一切求令法驗故其
下法者謂令一切人等敬重相憐愍
故其逐法者謂去一切惡家等故
復次其上法者當以脂塗其中法者
用乳酪塗其下法者為憐愍故一種
甜塗其逐法者八指血及毒藥以是
而塗
復次當知造其爐法入地一肘掘出
雜穢土以牛五味淨灑訖已填覆淨
土欲求大願為上爐者辟方一肘四
方作之起四重緣泥之訖已即以手
印念佛誦呪迎請五神安坐爐中安
爐神已呪燒供養其自求驗作中爐
者其爐辟方應二十指作三重緣堀
灑請神如上無異欲求憐愍作下爐
者量高九指三角而作面別各廣一

十八指作其三緣餘如上說欲求赦
逐為其爐者辟方九指一重泥緣
復次當知欲燒食等供養者面向東
方心想觀佛呪燒供養若求勝上事
伏其惡敵脫諸難者面向東北呪燒
供養若欲願求恩福而作法者面向
東南呪燒供養若為越故而作法者
呪師面向南方燒供養誦呪若求大
願故而作法者呪師面向西南呪燒
供養若為慇念故而作法者呪師面
向西方呪燒供養若為和於鬬諍及
療病者呪師面向西北呪燒供養若
為猒伏故而作法者呪師面向北方
呪燒供養
復次當知供養匙法柄長一肘其面
凹作如並母指節外許大當知若為
一切好法用其銅匙銀匙金匙三種
隨用若為一切惡法用其雜生白鎚
銅匙
復次當知燒火善惡有其十種相第
一相者焰如初日第二相者其色潤
膩第三相者如水精色第四相者如
純牛酥色第五相者猶如金色第六

相者其火無烟第七相者明熾掣焰
若似語聲第八相者一燒至盡無殘
餘者第九相者其狀多少捻令恰盡
第十相者先令著火燒地使熱又汝
當知若應如是十種相者當知所行
之法皆悉成驗又汝當知若火焰不
出或燒狀不然或但出烟如是之時
不應作法當知其人死憂時至又汝
當知若火氣冷或無潤氣或大星迸
出或出烟焰相連或焰射入灰皆為
惡相當知作法無一成驗又汝當知
若火中所出便穢臭氣或出諸惡臭
氣或焰白色或無烟焰黑斜射入地
如是相者當知有人作諸障難又汝
當知若火先起赤焰次乃金色狀若
爐中燒鐵爛明時時變色狀似牛酥
時時復作金色之焰潤澤等者或如
鬘辮索纏條別當知作法所求之願
皆得成驗
復次當知其諸相者云何第一若火
好色咸出香氣或焰无聲或電形焰
或焰上更抽別焰如赤鐵色如索縈
辮焰頭分散猶如傘蓋如是等相是

名第一介時當知靈驗不虛如是等
相或有現時或不出現若後現者不
似於前當知不祥即應停法勿復未
定狀供巳燒之火任自盡滅又汝當
知云何第二若見火相兩兩相似即
莫停住此即成立一切之驗又是諸
天見其効相又汝當知若求佛法者
云何得驗云何不驗善男子當審觀
之若火起焰如映大雪為雪所映作
異色狀或復起焰如秀花樹或復起
焰如淨金色或復起焰如赤蓮色或
復起焰如石榴花當知所願即得如
意是等相好㝡上靈驗又汝當知云
何相者不得於驗若炭及焰黑如纙
狀如雜碎炭末而作黑焰或无潤澤
其焰枯燥或出冷鐵色焰之相或復
出烟或復出迸如是等相當知無驗
又汝當知於其火中出特牛聲蠡貝
鳴聲或如雷聲稱人情意溫和之聲
當知介時所求必驗又汝當知若於
火中如山崩後碎石下聲如破銅器
壆瘂之聲有是相者當知其身即應
合死所求不遂意惡相亂故

復次呪師欲燒供養先以牛尿和水
或以灑水用之洗浴然始作法又汝
當知若欲呪燒供養求滿願者須燒
真純牛酥或酪或乳或復果子或復
胡麻或食或花或葉或木如上所說
木等物隨其所應以三種匙抅以燒
之若欲於前三大呪門隨求願者各
以其呪呪食燒之若當如是而供養
者一切天龍乾闥婆時方神等咸悉
歡喜令其呪師速得成驗而諸天等
常當擁護不令魔等一切障難
復次為汝說於狀相一切善惡驗狀
可知狀相惡者法即不成是故當知
云何狀者決定成驗云何狀者必不
成驗所謂木先在樹上枯乾無皮短
曲瘦惡經剥皮者或太長者或太麁
者如是狀等令法不成壞於吉驗當
知用枯木者令人減壽用無皮令人
得病其用短者令法難成即便失効
其用曲者令一切人惡見呪師其用
瘦者及被剥者減人相好令失福德
其太長者能破所願其太麁者擴遺
不祥於一切法多有障㝵為如是故

其惡狀等枯乾無皮短曲瘦惡被剝長麁皆不應用速成驗者應去如是惡狀等相又令為汝分別樹枝所用之法其枝在樹直上獨生無有横枝如是等者當為壓伏惡人令發喜心者用之其樹中心直上獨枝為求庫藏珎寶快樂法者用之其樹根下傍生獨枝為趂法者用之又汝當知其壓伏惡敵令瞋解者長十二指齊頭截之其欲求於分望安樂者應長八指齊頭截之其為趂者四指截之其為無名取無皮者長其四指如驢蹄截之其欲令前人信順巳者須无皮端木五指截之其為令相離乖背者用無皮木六指長截白芥子油塗之其為趂者用無皮木七指截蒲桃酒塗之其有為求解脫一心出離生死者長十一指齊頭截之其有為求所望安樂者須用有皮端直者其有為求壓伏令和喜者不得用無皮屈曲及驢蹄截者又汝當知其為求所望安樂作法用牛酥及甜物塗之其為無名用者以脂塗之其為願求一切

如意事者直以牛酥塗之

復次當知其木無節為婆羅門故用其木樹心中獨生無傍枝如節者為羅闍故用其樹中上生有節木為事天神事神鬼人故用其枝近根分有節者為工匠故用其有乳樹獨生近根分有蘗生朴棘者為或王婆羅門故用其有瓷刺樹青黒色為工匠故用又汝當知其四種樹中但有乳者為求恩福令一切人善眼歡喜故用

復次當知其達吠草擬充坐卧者須向東南上刈之其草去何悪相其黄者乾者雜者遺折者陳舊者兩枝相交者懐妊者如是等類皆不堪用去何為好其有赤色者有生軟嫩滑澤潤膩者如是等草始可用之須愽地齊刈唯除其根簡擇使淨方可受用又汝當知為求善眼歡喜求乞恩福者須得如是好草其為瞋故用者須得半生半熟之草其為無名故用者草色須似白芥子者

復次令為汝說若巳得驗若未得驗

欲結壇者及肘法用先當簡飾然始作壇壇開四門以五色土細擣羅末以新瓦器各以檀香麝香塗巳盛之置於壇內又以瓦器二枚一盛細檀末一盛欝金花用前五色規畫其壇其中心壇方二肘作以白檀塗之欝金散上其壇之外更向西記面別各量一十四肘地用淨土和牛糞塗之其中心壇用七種色畫作蓮花七寶雜莊於其花上畫千輻輪輞輪外周圍皆作大焰其蓮花莖如吠琉璃寶狀作之其上作佛於佛左邊畫作金剛右手把杵左手執鉞斧於佛右邊畫摩尼拔折囉菩薩種種瓔珞莊嚴其身一手持如意珠一手把鉾塞莫（云數殊）四角之位畫四天王身具牟甲種種瓔珞莊校嚴儀或作可畏狀其木作壇時內外等壇先當堀去一肘惡土其中心壇稍如高作復須幢幡傘蓋懸竪莊飾當以五色畫壇四緣壇外四方各作火爐各好狀如法燃火爐別四角各安幢幡五色繒綵周壇圍遶南面唯留一門出入其外壇

角東西各安幢幡又以五香和水盛一金瓶中各安妙花置於壇角如無金瓶以小瓦瓶帖金亦得又以銀瓶四枚各滿盛乳安於四角其中壇門外右頰畫作摩訶提婆并毗摩提婆共一處着種種瓔珞以爲嚴飾左邊門中畫商企尼第三門中心畫作伐折囉杜地有八臂手手別各把別別器仗種種瓔珞莊嚴其身高舉兩手過其頭上張青縮狀其中壇四畔以種種雜色殊美飲食而爲供養又以四瓶滿盛香水并揷好花近於四邊神處安者燃三十二盞燈其中壇蓮花上安一金瓶滿盛香水種種果實種種穀麦悉内其中以種種花亦揷其中供養於佛當於佛前燒酥合香自餘諸位各燒自香中壇佛前安銀香爐拔折羅波膩燒俱嚧俱嚧杜婆太安志摩尼拔折唎前燒突縮迦香酥合四天王前燒熏陸香并燒薩杜塞香突迦香摩訶提婆前燒白檀香商企尼前燒安悉香杜底堵去使首前別燒施羅枳香中壇門別各安種種供養

東門畫阿唎地丁判反并六箇姊妹右邊西畔畫摩訶提婆并補色波但地北邊畫毗摩提婆作蓄怯形貌其壇四邊揷箭三十二枚以五色線繫箭圍之此處四角須安五色繒幡以種種花乱散壇中種種雜果安之供養又作七種餅以種種美味莊嚴餅上又以三十二枚瓮子滿盛香水種種雜華亦置其中又以三十二枚軍持各盛別漿又以三十二香爐又一百八盞燈又以一百八箇花鬘又着種種香水所謂種種香熏陸香塞比哩香栴檀沉水香健多伽羅香施喀起香龍腦香麝臍香欝金紫檀香等以如是香和水浴於諸天又於諸天之前各別燒其自分香又以乳以酪石蜜顆各別和漿其乳漿者八瓶盛之酪漿蜜漿果子等漿各八瓶盛四種之漿各以八瓶盛之又安八器乳粥又取粳米菉豆胡麻牛酥相和煑粥盛八器中又以八器盛粳米飯又以八器盛炒粳米䴵稀和石榴漿又取瓦椀三十二枚四椀盛胡麻油四椀盛

好酥四椀盛果子石蜜其顆渾盛四椀盛石蜜漿四椀盛胡麻米四椀盛諸果四椀盛七種穀麦四椀盛蜜及種種齋食胡餅乳餚等食又以蒲桃漿和麵作麨又以豆黄未和蒲桃甜漿作餅又作糅胡麻餅等又糅胡桃穰胡餅又作糅胡糅子餅又作糅顆子石蜜餅又作糅石蜜餅又作蒲桃煎餅又作塗蜜餅又隨其所有皆得着之其出入門兩邊各安一軍持滿盛香水而呪之曰

唵一摩訶毗布羅二鉢師底都你反瑟致合二多三悉提四比跣去者五摩耶迦六薩婆怛他伽多毗無所戒反難七破囉破囉三破囉呼鉢呼鉢

復次當知其諸物等應入壇者香花飲食果子衣服乃至灰土水火一切等物皆以此呪呪水灑上然始將入若請佛請神及四天王安於座上一一皆當以其身印本呪請而安之其中壇造了已即請菩薩金剛一一皆以其身印本呪嚴固安於座上請已却出更不得履踐其上其心壇了已

卽造外壇請座都畢卽當呪自坐處
結護自身若將他人入壇者先令澡
衣澡浴各與結淨引至爐邊次第坐著
須次當知若有至心依教具足爲法
但能至心一度入此壇者十方一切
諸佛同授是人清淨之記過去現在
一切重罪皆悉消滅若被蠱魅應破
之者一切障難咸得除殄若重病者
一入此壇卽得除差所被一切鬼神
著者入此壇已亦卽除差若欲供養
十方一切諸佛者若欲供養一切菩
薩者若欲至取佛慧種子深植菩提
根本者若欲不退轉堅牢者應當依
教入此法壇若欲周帀供養摩訶提
婆大自在天鄔羅延天梵天帝釋三
十二尊天者但依此壇一施供養卽
如各各供養諸天訖已一切天等皆
悉歡喜若以此壇一供養者亦如供
養摩訶迦羅瞻底卿你反迦去五兄弟
天何唎地七姊妹及四天王三十二摩
怛羅達諸天等則如具足供養訖已
復次當知建是壇已欲請佛所求滿
願者或菩薩所而求願者或於如上

牟梨呪經　第卌六張　詩

諸天所而求願者皆悉成就一切果
願如上所說無不得者若有厄難年
命不安求其珎貨難以諧偶一切事
意皆悉不吉者入是壇已一切如意
若國內災患疫病流注惡鬼神等毒
氣滿盛設壇供養災病便消若國王
畏怖隣敵使者建是法已一切惡賊
而自歸伏以是福力無爲害者或求
名官或求富饒建此壇者一切願滿
若能至誠入此壇者現於今身卽得
无病諸惡鬼神無得便者常得一切
欽慕讚上所向順意諸人敬伏衆所
推取一切信受一切時處獲上福利
捨此身已生生之處從一佛土至一
佛土恒於佛前寶花上坐一切佛行
皆得具足不久卽得無等等道

牟梨曼陀羅呪經一卷

乙巳歲高麗國大藏都監奉
勅雕造

牟梨呪經　第四十七張　詩

牟梨曼陀羅咒經

校勘記

一　底本，麗藏本。

一　此經，經、清分爲上、下兩卷。

一　七四二頁上一行末字「經」，經、清作「經卷上」。磧、普、南於經名下有夾註「與寶樓閣經等同本唯欠序分」。

一　七四二頁上二行譯者，石作「梁錄失譯」；資作「失譯今附梁錄」；磧、普、南作「開元附梁錄失譯人名第一出」；經、清作「失譯人名開元附梁錄」。

一　七四二頁上二一行「害爲他」，石、資作「爲他」；磧、普、南、經、清作「爲地」。

一　七四二頁中五行第九字「⿰礻厭」，資、磧、普、南、經、清作「厭」，下同。第一〇字「蠱」，石、資作「故」。第一三字「能」，資、磧、普、南、經、清無。

一　七四二頁中九行第九字「住」，諸

本作「位」。

一　七四二頁中一二行第三字「谷」，諸本作「空」。

一　七四二頁中一三行第一二字「終」，諸本無。

一　七四二頁中一四行末字「道」，石作「道苦」。

一　七四二頁中一五行「祆神」，資、磧、普、南、徑、清作「神祇」。

一　七四二頁下三行末字「悉」，資、磧、普作「忍」。

一　七四二頁下五行第三字「食」，諸本無。

一　七四二頁下七行第一三字「一」，石無。

一　七四二頁下一七行第一〇字「悉」，資、磧、普、南、徑、清作「息」。

一　七四三頁上八行「八百」，石作「百八」。

一　七四三頁中八行「牟梨」，石、磧、普、南、徑、清作「於嗾」；資作「於牟嗾」。

一　七四三頁下八行夾註「梵語」，資、磧、普、南作「胡語」。

一　七四三頁下一四行第九字「晴」，諸本作「睛」。

一　七四三頁下一八行第一三字「囉」下，資、磧、普、南有夾註「存骨反」。

一　七四四頁上六行「嫩軟」，資作「軟耎」；磧、普、南、徑、清作「輭愞」。

一　七四四頁上一九行第九字「坎」，磧、普、南、徑、清作「轗」。

一　七四四頁上二一行第三字「心」，磧、普、南、徑、清無。

一　七四四頁下三行夾註，資、磧、普、南、徑、清無。

一　七四四頁下五行「此上名座呪」，徑、清作夾註。

一　七四四頁下一五行第四字「泮」，磧、普、南、徑、清作「潑」，下同。

一　七四五頁下一八行第八字及二一行第七字「呪」，資、磧、普、南、徑、清無。

一　七四六頁上一一行夾註「此上名呪第子呪」，資、磧、普、南、徑、清作正文。

一　七四六頁上一七行夾註「此上名呪一切處食供養呪」，諸本作正文。

一　七四六頁上二一行夾註「此上名發道呪一切處用」，資、磧、普、南、徑、清作正文。

一　七四六頁中二二行第一一字「結」，資、磧、普、南、徑、清作「潔」。

一　七四六頁下六行第七字「解」，資、磧、普、南、徑、清作「解釋」。

一　七四六頁下二一行第三字「旨」，磧、普、南、徑、清作「止」。

一　七四七頁上一七行第一三字「柱」，資、磧、普、南、徑、清作「拄」。以下二字常混用。

一　七四七頁上一九行首字「少」，資作「小」。

一　七四七頁中八行正文第一〇字「彼」，諸本作「被」。

一　七四七頁中九行末字「方」，諸本作「方一」。

一　七四七頁中一〇行第一三字「當」，南、徑、清作「常」。

一　七四七頁下一九行第四字「時」，資作「即誦」。

一　七四八頁中一一行第二字「居」，資、磧、普、南、徑、清作「屈」。

一　七四九頁上一行第九字「肩」，清作「臂」。

一　七四九頁上一〇行第八字「王」，資、磧、普、南、徑、清無。

一　七四九頁中一行第一〇字「匡」，資作「主」；磧、普、南、徑、清作「眶」。

一　七四九頁中六行第八字「朧」，磧、普、南、徑、清作「儱」。

一　七四九頁中六行夾註，資、磧、普、南、徑作正文。

一　七四九頁中一〇行第五字「仰」，磧、普、南、徑、清作「手仰」。

一　七四九頁中二二行第三字「上」，至此徑、清卷上終，卷下始。

一　七四九頁下一四行「隨心波囉母」，磧、普、南、徑、清作「波囉大曼」。

一　七五〇頁上二二行夾註「賊」，資作正文。

一　七五〇頁下七行首字「魅」，資、磧、普、南、徑、清作「魍」。

一　七五〇頁下八行末字「今」，磧、普、南、徑、清作「令」。

一　七五〇頁下末行第一〇字「右」，磧、普、南、徑、清作「左」。

一　七五一頁上一行第六字「左」，南、徑、清作「右」。第一一字「二」，資、磧、普、南、徑、清作「一」。

一　七五一頁上二行第一二字「錫」，至七行末字「當」，此段經文磧作「粳米共牛酥呪第三一手把合蓮華第四一財物自然豐溢五一手把羂索第六一手把向東方呪胡椒七一手把兩頭鐵鎚第八一喜所求願者無九一手把窣堵坡第十一手是人」。

一　七五一頁上四行夾註，石無。

一　七五一頁上五行夾註「刀也」，資作「力也」。

一　七五一頁上七行「貝經夾」，資作「貝多經夾」；普、南、徑、清作「貝多經來」。

一　七五一頁上八行第一二字至九行第三字「作摩訶迦囉天」，磧作「對失唎提縛」並有夾註「平」。

一　七五一頁上一三行第一二字「有」，資、磧、普、南、徑、清作「右」。

一　七五一頁上一五行首字「下」，資、磧、普、南、徑、清作「上」。

一　七五一頁中六行末字「又」，徑、清作「入」。

一　七五一頁下一〇行第二字「哩」，資、磧、普、南、徑、清作「叨」。

一　七五一頁下二一行第九字「溥」，石作「縛塞」；磧、普、南、徑、清作「傳塞」。

一　七五一頁下二二行第一三字「謂」，石、磧、普、南、徑、清無。

一　七五二頁上二一行夾註「去」，磧、普、南、徑、清作正文「法」。

一七五二頁中一四行首字「了」，諸本作「子」。

一七五二頁下二行第九字「火」，石、資作「吹」。

一七五二頁下一四行「褥等」，資、磧、普、清作「縟」；南、徑作「褥」。

一七五三頁上一行首字「住」，諸本作「任」。

一七五三頁中一二行第一三字「一」，諸本作「三」。

一七五三頁中一三行第八字「指」，資、磧、普、南、徑、清作「脂」。

一七五三頁中一六行第三字「土」，石無。

一七五三頁中二一行末字「堀」，諸本作「掘」。

一七五三頁下一一行第一〇字「和」，磧、普、南、徑、清作「知」。

一七五三頁下一五行第七字「匙」，磧、普、南、徑、清作「起」。

一七五三頁下一六行第五字「母」，磧、普、南、徑、清作「拇」。

一七五四頁中四行第三字「供」，資、磧、普、南、徑、清作「似」。

一七五四頁中七行第四字「劾」，資、磧、普、南、徑、清作「初」。

一七五四頁下六行第三字「物」，諸本無。

一七五四頁下六行第一一字「匙」，資、磧、普、清作「起」。

一七五四頁下七行第六字「三」，磧、普、南、徑、清作「生」。

一七五四頁下一八行第一二字「皮」，資、磧、普、南、徑、清作「皮者」。

一七五四頁下二一行第四字及次頁上一行第一三字「被」，磧、普、南、徑、清作「皮」。

一七五四頁下二一行第七字「滅」，徑作「減」。

一七五四頁下末行第七字「多」，磧、普、南、清作「麁」；徑作「初」。

一七五五頁上五行第七字「壁」，資、磧、普、南、徑、清作「厭」，下同。

一七五五頁上一八行第四字「一」，石無。

一七五五頁上二一行第一三字「所」，石、磧、普、南、徑、清作「分」。

一七五五頁中七行第八字「生」，南、徑作「生爲」。

一七五五頁中一四行第四字「雜」，石作「新」。

一七五五頁中一六行「有生軟嫩」，資、磧、普、南、徑、清作「直生柔軟」。

一七五五頁下六行第九字「以」，資、磧、普、南、徑、清作「用」。

一七五五頁下七行第一一字「記」，諸本作「託」。

一七五五頁下八行第八字「淨」，磧、普作「浮」。

一七五五頁下一〇行第二字「莊」，資、磧、普、南、徑、清作「裝」。

一七五五頁下一七行第六字「校」，諸本作「鉸」。

一七五五頁下一八行首字「末」，徑、清作「未」。

一　七五五頁下一九行第八字「如」，磧、普、南、徑、清作「宜」。

一　七五六頁上一行首字「角」，諸本作「角角」。第八字「又」，資、磧、普、南、徑、清作「及」。

一　七五六頁上三行第七字「帖」，資作「炶」；磧、普、南、徑、清作「貼」。

一　七五六頁上一八行第一二字「嚧」，資、磧、普、南、徑、清作「唬」。

一　七五六頁中一行「唎地」，資、磧、普、南、徑、清作「利」。

一　七五六頁中八行第六字「兊」，石作「[illegible]」。

一　七五六頁中一三行「咯起」，資、磧、普、南、徑、清作「喀起」。

一　七五六頁中一五行第九字「又」，資、磧、普、南、徑、清作「人」。

一　七五六頁下四行第六字「鍮」，資、磧、普、南、徑、清作「酪」。第八字「食」，石無。

一　七五六頁下二〇行第一〇字「請」，資、磧、普、南、徑、清作「誦」。

一　七五七頁上一三行第四字「若」，資、磧、普、南、徑、清無。

一　七五七頁上二一行第三字「違」，石、磧、普、南、徑、清作「建」。

一　七五七頁中四行第五字「吉」，磧、普作「告」。

一　七五七頁中一二行第四字「上」，磧、普、南、徑、清作「尚」。

一　七五七頁中末行「經一卷」，資、磧、普無；南作「經」；徑、清作「經卷下」。

蘇悉地羯羅供養法卷上　詩

大唐中印度三藏善無畏譯

歸命諸如來　及法菩薩衆　蓮花金剛部
并諸眷屬等　我今依教說　供養持誦法
省略通三部　次第及相應　先見神室處
復明其事法　對受得真言　及作手印法
於外出入處　分土洗淨法　灑掃神室處
除萎花等法　澡浴自灌頂　獻三掬水法
往於神室門　換衣灑身法　入室便礼拜
辦諸供具法　數珠及神線　茅草鐶等法
奉獻閼伽水　及置寶座法　復示三麼耶
去身障難法　辟除及瀉垢　清淨光澤法
護身及結界　八方上下法　初應想神座
觀念本尊法　隨所在方處　奉請於尊法
以其本真言　啓請本尊已　即除遣從魔
奉座令坐法　復示三摩耶　即奉閼伽水
浴尊奉衣法　次獻塗香花　燒香及飲食
燃燈供養法　真言并手印　運心供養法
讃歎懺悔等　護身及已身　并護其處所
便結大界法　倫具嚩曰羅　及數珠等法
充滿真言分　次坐持誦法　求請本所願
及護所念誦　迴施功德法　起廣大發願

又奉閼伽水　塗燒香等法　復視三摩耶
護身及已身　解所結方界　然後發遣法
護摩支分等　謂爐神及地　燒祀之具法
轉讀方廣經　及作制底法　次作慈等觀
思惟六念法　如是等次第　我今略詮竟

見神室處者謂入曼荼羅散花所墮歸依彼尊明其事法者謂得寂勝受明灌頂奉阿闍梨之所印可令傳法灌頂乃至令作諸餘灌頂

對受真言及手印者謂受法人澡浴清淨著新潔衣於其淨處䠒跪恭敬對阿闍梨親受真言及作手印時阿闍梨先誦三遍轉授與彼彼受得已自誦三遍深生歡喜頂戴奉持此為對受隨力所辦奉阿闍梨廣解法已方可作此念誦次第

外出入處者為晨朝起已所往穢處當用不淨忿怒真言而作護身真言曰

唵句嚕（二合）拖曩（上聲平之）鉢若（而也反）

其手印相以右手作拳直竪大母指當護五處謂頂兩肩及心咽項上（上巳）

（小心印別有大印）次分土洗淨者謂以五聚土當洗下部以三聚土洗小便處以三

聚土獨洗左手以七聚土共洗兩手或恐未淨任已洗之以淨為限已上聚土皆用觸呪及印印及持七遍然後用之次以真言而用灑身真言曰

唵戍嚕(二合)底(丁以反)娑沒嘌(二合)底(同上丁以反)陁(重)羅屄(上)許訶(上三遍誦之)

其手印相以右手直舒五指指頭相博次屈無名指中節與掌相當以大母指小輔向前其灑水法蹲踞而默兩手置於雙膝之間印手掬水勿有泡沫无聲飲之三度飲已然後用手霑水兩度拭脣于時口中於其齒間舌觸垢穢涕唾欬嗽更復如前飲水拭脣還以此印及誦真言於其印中大指及無名指先拄兩目次口兩耳及兩肩臍心咽頸上髮便成護身諸根清淨

次灑掃神室者謂隨其成就及事差別與彼相應而擇方處及意可樂無諸障難其地除去髑髏虫窠塊窟瓦礫糠骨毛髮鹹炭灰等掘去惡土填以淨土於上造室堅牢密作勿令風入門向東開或北或西隨事向南作

神室已用牛糞塗以淨水灑或以塗香即和淨水當誦此明而塗其地明曰

娜(上)莽娑底(丁以反)喃(一)也(合)(二)你尾(二合)迦(引)南(二)薩(去)羅嚩(二合)怛他(去)蘖哆南(去三)闍(引四)尾羅視尾囉視(五)摩訶(去)嚩曰囉(二合六)薩多(上)薩多(上七)娑(去)囉帝(八)娑(去)囉底(九)怛囉(二合)以(十)怛羅(二合)以(十一)尾陁莽寧(上十二)三(去)伴若(而七反)寧(上十三)多(上)囉莽底(丁以反十四)悉陁(引)仡隸(二合十五)怛嚂(二合十六)莎(去)訶(去三遍誦之)

或時忘念法則錯悞犯三摩耶每日當誦此明三七遍或百八遍能除其過除萎花者供養尊花已先誦此明除其萎花曰

唵稅帝摩訶(去)稅帝佉(去)娜寧(去)莎(去)訶(去)

次說掃地明曰

唵賀羅賀羅囉茹蘖囉(二合)賀囉娜(引)也莎(去)訶(去)

次說塗地明曰

唵羯囉(引二合)隸摩訶(去)羯羅隸莎(去)訶(去三遍誦之)

先應灑掃神室除去萎花淨諸供器然後方去澡浴教說如是往澡浴時

先以此明及印護諸供具然後可往明曰

唵尸却哩(二合)嚩(无可反)曰哩(二合)闍(引三遍誦之)

其手印相以右手作拳直豎大指頭指二指相著先作三摩耶者謂凡作法先作三摩耶然後作護身等一切諸事教如是說

次說三摩耶真言及手印初佛部真言曰

唵怛他(去)蘖姤(一)娜婆(二合)嚩(引)也(二)莎(去)訶(去三遍誦之)此是佛部三摩耶真言

其手印相仰兩手十指直向前舒並側相著微屈兩頭指上節(此是三摩耶手印)

次說蓮華部三摩耶真言及手印真言曰

唵鉢娜謨(上二合)娜婆(二合)嚩(引)也莎訶(此是蓮花部三摩耶真言)其莎訶皆去音

其手印相先當合掌中間兩手六指向外舒散勿令相著其大指及小指兩手依舊相著合掌中虛如開蓮花微屈中間六指(此是蓮花部三摩耶手印)

次說金剛部三摩耶真言及手印真言曰

唵嚩曰路一合娜婆二合嚩引也莎訶
二遍誦之此是金剛三摩耶真言
其手印相右押左兩手背逆相著以
右手大指叉其左手小指左手大指
著其右手小指中間兩手六指微令
開如三股杵 此是金剛三股杵手印
結縛諸難者謂以軍荼利手印真言
而縛諸難其手印相左手置於右手
髆跟上以大指捻小指甲展中三指
如三股杵復以右手置於左髆跟上
亦以大指捻小指甲展中三指如三
股杵面向東立屈其左脚膝臨向前
就於右脚右脚闊展二尺以來横著
躡地咬下右脣怒目左視默想自身
如軍荼利誦其根本真言曰
曩上謨上囉怛曩二合上怛囉二合夜野上
曩上莾室戰拏嚩日囉二合皤儜上
弭引莾訶上藥乞沙二合細曩鉢多上
弭引曩謨嚩日囉二合句路二合䭾野引
能去瑟吒路二合得羯二合吒婆也珊囉
嚩引野怛姪他去唵闍沒㮚二合多上軍
去拏里佉佉佉却引醯却引醯醯
囉若二合微娑鋪二合吒野微娑鋪二合吒

野薩囉二合嚩尾近曩上二合微曩亦迦
劒二合摩訶去言上儜上鉢底餌尾
旦引多迦囉引野鉡泮吒二合七遍誦之此是
繫縛諸難真言
真言竟下滿䭾滿䭾句即其兩手三
指便作拳把所捻小指依舊勿動其
諸難者便成繼縛
澡浴法者先以真言手印取土作三
聚為淨身故真言曰
唵寧上佉曩上嚩蘇上提莎訶五遍誦之
此是淨土真言
其手印相兩手相叉指捻手背雙竪
二頭指相著二大母指並竪博頭指
側以此手印並所取土誦真言五遍然後取之
辟除者凡所作一切事先須辟除然
後方作一切諸事教說如是辟除真
言曰
曩上謨上嚩日囉引二合也鉡賀曩上
鉡曩上莾他上尾踐崩二合娑瑜瑳去
囉也泮吒七遍誦之此辟除真言
其手印相以左手大指屈入掌中以
中指無名指而押大指屈其頭指著
中指中節側亦屈小指著無名指中

節側即舒努辟頭上右轉三遍及印
身五處右手大指押小指甲餘三指
直竪作嚩日囉形叉其胷側立法如
前此是辟除印
又辟除真言及手印真言曰
唵嚩日囉二合多去囉上鉡泮吒此是辟除真言
其手印相以右手指左手掌如是三
遍此是辟除手印
又辟除真言及手印真言曰
唵枳里枳羅去囉去嚩吒捺囉吞
鉡泮吒軭此是辟除真言
其手印相以兩手各作彈指聲三
遍此是辟除手印
護身法者以此真言及手印用結十
方界及以護身真言曰
唵商偕二合迦𠽴三莾焰莎訶此護身結界真言
其手印相以右手大指捻小指甲上
餘三指微開直竪名嚩日囉印用結
上下及八方界并護身用此是結界護身等印
次以真言手印用印自身及以水土澡
豆等物便成瀉垢及與清淨真言曰
唵枳里嚩日囉二合鉡泮吒七遍誦之此是瀉垢真言
其手印相以右手大指捻小指甲上

餘三指微開直竪乂臂開三指向前
左手亦作此印用印觸諸物即成瀉
垢及與清淨此是瀉垢印一
次以軍茶利真言及手印用作清淨
真言曰
唵 闍没嘌二合帝鉡泮吒七遍誦之此是清淨真言
其手印相以右手作拳取水念誦七
遍用灑諸物及手頂上便成清淨此是清淨印
次以真言及手印用作光澤真言曰
唵枳里枳里嚩曰囉二合鉡泮吒七遍誦之此是光澤真言
其手印相以左手大指捻小指甲上
餘三指微開直竪舒其膊還以右手
作此印承左手肘下以右手印印諸
觸物及以已身即成光澤此是光澤印
次以真言及手印用攪其水真言曰
唵鉡賀囊上嚩曰囉二合嚩曰嚛二合
儜上訶不限遍數惟多誦此是攪水真言
其手印相兩手向外相乂以二大指並
竪合頭屈二頭指稍屈頭甲相著此是攪水印
次以真言及手印取土塗身真言曰
唵部囉若而也反嚩二合囉鉡七遍誦之此是塗土真言
其手印相取土和水兩手相揩以右
手遍塗身此是土塗身印

次以軍茶利真言手印持誦水真言曰
唵 闍没栗二合帝鉡泮吒七遍誦之此是持誦水真言
其手印相先平舒右手以大指押其
中指無名指甲上稍屈頭指小指持
誦真言以印攪水澡浴此是持誦水印
次以真言及手印遣除身中毗那夜
迦難真言曰
唵 闍没嘌二合帝賀囊賀囊上鉡泮
吒此是遣除身中毗那夜迦真言
其手印相以兩手大指屈入掌中作
拳舒二頭指左右相乂入席口中以
印從頭頂向下至足而略去之此是遣除身中毗那夜迦印
次則應以軍茶利真言及手印護身
五處真言曰
唵嚩曰囉二合祇寧上二合鉡囉二合你
去鉡多二合也莎訶五遍誦之此是護身真言
其手印相以二小指相乂入掌中無
名指雙押二小指乂上二中指頭相
著二頭指微屈在中指上節側相去
一大麦許直竪二大指在中指側印
觸五處印成護身此是護身印
次以真言及手印持誦一一分土真
言曰

唵 度比迦去也度比鉡囉二合支嚩去二合
里寧上莎訶三遍誦之此是持誦土真言
其手印相以二手頭指小指頭相著
二中指二無名指屈入掌中指背相
著以二大指各捻中指無名指頭前
所置三聚土取一分以印印土持誦
三遍用洗從足至臍即洗其手用水
灑淨第二第三亦如是洗及以灑淨
又取一聚如前持誦用洗從臍至頸
又取一聚如前持誦用洗從頸至頂
垂也還誦真言隨意澡浴還作此印
亦誦真言遍轉於身當心解印是名
被甲印此是持誦土印
次誦軍茶利根本真言攪以手印水
隨意澡浴真言曰
囊上謨上囉怛囊上二合怛囉二合夜也那
莾室戰二合拏嚩曰囉二合皲寧上戍
摩訶去藥乞沙二合細囊鉡多曳那謨
嚩曰囉二合句路二合馳也鉡囉二合若而也反
嚩二合里多上你去鉡多去二合能去瑟吒咤
二合得迦二合吒婆上也珮囉嚩去也阿
從毋輕呼娑囉嚩曰囉二合鉡囉輸皲
捻賀娑多去二合也怛你也二合他唵闍没

嘌(二合)多軍(去)拏里佉佉佉佉佉(也)囊
佉囊佉囊佉囊佉(去)鄉佉鄉佉鄉佉
鄉佉呬佉呬佉呬佉呬底(丁以反)瑟吒底
瑟咤賀囊賀囊鄉賀鄉賀鉢者鉢
者蘖嘌(二合)恨儜(二合)蘖嘌(二合)恨寧(二合)
滿馱滿馱蘖(重呼)囉若蘖嘌若怛
囉若怛囉若微娑鋪吒也微娑鋪吒
也婆伽梵囊(上)没嘌(二合)多軍(去)拏
里慕(引輕呼)囉彈難(二合)多拏(上)也嚩曰
囉(二合)儜(上)薩囉嚩(二合)尾囊(上)微囊也
劍嚀(上)嚩(去)羅也摩訶言儜(上)鉢底
餌尾旦多迦囉也鉡泮吒句路(二合)馱
(引)鏍囊(上二合)曳莎訶(三遍誦之此是澡浴真言)
其灌頂真言以此真言及手印而自
灌頂真言曰
唵賀膗(二合)佉里里鉡泮吒(三遍誦此灌頂真言)
其手印相以二小指相叉入掌二無
名指雙押二小指叉上入掌中二中
指頭直竪相著二頭指押二中指上
節令頭指中節曲二大指輔著二頭
指側以印相取水持誦真言三遍而
自灌頂(此是灌頂印)
次以真言及手印而自結髮真言曰

唵蘇悉地 羯里 莎訶(三遍誦之此是結髮真言通三部用)
其手印相右手作拳直舒大母指以
屈頭指押大指頭上令頭指圓曲作
此印持誦真言三遍置於頂上即成
結髮(此是結髮印)
又佛部結髮真言曰
唵尸祇尸契沷訶(去引三遍誦之)
又蓮花部結髮真言曰
唵尸契 莎訶(三遍誦之)
金剛部結髮真言曰
唵尸佉寫 莎訶(三遍誦之)
凡澡浴時不應就於洪泥水中或水
有剩或懸駛水或狹渠淺水旋渦悪
流多虫渾水溉灌田水及坑中水如
是之水並勿澡浴又復不應於其水
中及以水側大小便利不得水中跳
走急行没浮等戲止在水中勿覩隱
處亦不思想婦人隱處及與嚊姊諸
餘支分應當寂靜黙然澡浴但令去
垢勿為嚴身之想獻三掬水者洗浴
了已面向本尊所居之方觀念本尊
持誦真言及作手印以印掬水而獻
之想浴本尊及奉閼伽或於水中有

三種驗水至膝中名為下驗水至臍
邊是為中驗水至項中是為上驗於
三水中隨意念誦方詣道場
佛部獻水真言曰
唵帝囉隸佛(晡時又)陁莎訶(三遍誦之此是佛部奉三掬水真言)
又蓮華部獻水真言曰
唵避哩避哩鉡泮吒(二遍誦之此是蓮花部奉三掬水真言)
又金剛部獻水真言曰
唵微濕嚩(二合)嚩曰隸(二合)莎訶(三遍誦之此是金剛部奉三掬水真言)
通三部手印相平仰兩手側相著以
二頭指捻二大指頭六指微似屈以
印掬水持誦真言三度奉浴本尊(此是通三部奉三掬水手印)
往於神室者謂入向道場之時勿起
嗔恚及與貪欲專念本尊而往去之
於中不應陌過器仗及諸藥草謂種
種器騎乘鈴鐸及諸印其萎花藥朱
一切草木皆不應驀制底尊像比丘
等影皆不應驀亦勿乘騎為馬駱駞
牛羊驢等及一切諸乘畫像印等皆
不應躡身手相觸若犯此等墮三麼
耶亦不應起貪瞋癡椤棹轝慊等當
著木屐而往神室中遇制底尊容師

長及以神廟當脫木履便申致敬方
至道場
次換衣灑身者謂道場門外而六洗
手及足用前所說護淨真言手印飲
水拭脣如前重更飲水灑淨已即依
行用是為通三部又佛部飲水灑淨
真言曰
唵摩訶(去)入嚩(二合)囉鉾(此是佛部灑淨水真言)
又蓮華部飲水灑淨真言曰
唵覩(吒矩反)覩(同上)羅俱(上)嚕俱嚕莎
訶(此是蓮花部灑淨真言)
又金剛部飲水灑淨真言曰
唵入嚩(二合)里多嚩曰里(二合)戹(上輕呼)鉾(此金剛部灑淨真言)
又說佛部飲水灑淨手印仰舒右手
屈無名指向內勿著掌(此是佛部灑淨水印)
又說蓮華部飲水灑淨手印仰舒右
手無名指向內勿令掌著散開頭指
小指(此是金剛部灑淨水印)
次以真言手印灑淨門外所授之衣
真言曰
唵微蕃囉莎訶(此是灑淨換衣真言)
其手印相以右手作拳取水持誦用
灑淨衣(此是灑淨換衣手印)

次以真言持誦其衣而著真言曰
唵鉢哩嚩囉(上二合)跋嚩曰里(二合)戹(上)
鉾(此是著衣真言無手印)
入室便礼者如教所說行者一心當
入神室既入室已面向於尊合掌曲
身首不稽地先於室內當置尊容幢
或制多或但置座入便礼已而供養之
辦供養具者謂塗香等五種牛淨神
線茅環巳身之座及閼伽器金剛白
芥子繫青線等是名俱具先當辦之
入室之時口誦真言而入真言曰
唵入嚩(二合)里多(二合)路者涅鉾泮吒
(七遍誦之此是入室真言三部通用)
次即應作三麼耶真言及印初佛部
真言曰
唵怛他蘖跢鄃婆(二合)嚩也莎訶(去五)
(遍誦之此是佛部三麼耶真言)
其手印相仰兩手十指直向前舒並
側相著微屈二頭指上節(此是佛部三麼耶手印)
次說蓮華部三麼耶真言及手印真
言曰
唵鉢納謨(上)納婆(二合)嚩(引)也莎訶
(去五遍誦之此是蓮華部三麼耶真言)

其手印先相當合掌中間兩手六指
向外舒散勿令相著其大指及小指
兩手依舊相著令掌中虛如開蓮華
微屈中間六指(此是蓮花部三摩耶手印)
次說金剛部三麼耶真言及手印真
言曰
唵嚩曰路(二合)鄃婆(二合)嚩(引)也莎訶
(去五遍誦之此是金剛部三麼耶真言)
其手印相右押左兩手背逆相著以
右手大指叉其左手小指左手大指
叉其右手小指中間兩手六指微令
開如三股杵(此是金剛部三麼耶手印)
此三印名為大印
諸佛菩薩猶不能違何況諸魔類等
各當自部依次第用奉行之法非但
順教亦滅諸罪以除諸難所求之法
必得順願
次應以真言及手印遣除身中毗那
夜迦難真言曰
唵闍沒嘌(二合)帝賀曩(上)賀曩(上)鉾
泮吒(此是遣除身中毗那夜迦難真言)
其手印相以兩手大指屈入掌中作
拳舒二頭指左右相叉入虎口中以印

從頂向下至足而略去之(此是遣除毗那夜迦辟除手印)
次應以真言及手印辟除真言曰
曩謨(上)囀日囉(引二合)也(二)鈝(上)賀曩(上)訖
曩(上)莽他(上)尾特綱(無本反二合)娑瑜瑳(去)
羅也泮吒(七遍誦之此是辟除真言)
其手印相以左手大指屈入掌中以
中指無名指而押大指屈其頭指著
中指節側亦屈小指著无名指中節
側即舒努辟頭上右轉三遍及印觸
身五處右手大指押小指甲餘三指
直竪作囀日囉(二合)形又其臂側立
法如前(此是辟除印)
又辟除真言及手印真言曰
唵囀日囉(二合)多(去)囉鈝泮吒(二遍誦之此是辟除真言)
其手印相以右手拍左手掌如是三
遍(此是辟除手印)
又辟除真言及手印真言曰
唵　枳里　枳里　囉囀吒㮈囉(二合)鈝泮
吒(此是辟除真言)
其手印相以兩手彈指三遍(此是辟除手印)
云何名為辟除謂於神室花等衣裳
及座等物所有諸難擯隨令去名辟
除即得清淨次說真言及手印而作

濕垢真言曰
唵枳里枳里囀日囉(二合)鈝泮吒(七遍誦之此是濕垢真言)
其手印相以右手大指捻小指甲上
餘三指微開直竪叉臂開三指向前
左手亦作此印用印諸物令除穢惡
名曰濕垢(此枳里枳里忿怒濕垢手印)
次作清淨佛部心真言而拳取香水
持誦七遍用灑諸物便成清淨初佛
部心真言曰
唵　尒曩(上)尒迦(二合七遍誦之)
蓮華部心真言曰
唵　阿(去)嚕力迦(此是蓮花部心真言)
金剛部心真言曰
唵　囀日囉(二合)特物(二合)迦(輕呼金剛部心真言)
次作光澤持真言及作手印以印諸
物便成光澤初佛部光澤真言曰
唵　帝擔(而㦲反)帝若(而也反)徙尾(二合)寧(上)
徙提(夫重反)娑(去)　馱也鈝泮吒(三遍誦之此是佛部光澤真言)
蓮花部光澤真言曰
唵　你(去)比也(二合)你(去)比也(二合)你(一去)跛
也摩訶(去)室哩(二合)曳(二合)娑訶(去三遍誦此是蓮花部光澤真言)
金剛部光澤真言曰
唵　入囀(二合)囉　入囀(合引二)羅也　滿度哩

莎訶(三遍誦之此是金剛部光澤真言)
其手印相以左手大指捻小指甲上
餘三指微開直竪舒其臂還以右手
亦作此印承左手肘下以手印印觸
諸物即成光澤通三部用(此是通三部光澤手印)

蘇悉地羯羅供養法卷上

宣授[illegible]州官內都綱傳法國首經一百七十遍
[illegible]經匠人[illegible]

丹藏即云蘇悉地羯羅經名既不同
文亦大異譯人一也今撿丹藏之經
國宋藏中始終皆無供養法者丹藏
亦於咸函有之委尋開元貞元二錄
善無畏譯只有三經一法而無此供
養法今以目錄雖無詳其文義非是
後人偽妄集者故依丹藏兩俱存焉

乙巳歲高麗國大藏都監奉
勑雕造

蘇悉地羯羅供養法卷上

校勘記

一　底本，金藏廣勝寺本。

一　七六二頁中二行首字「大」，南、徑、清無。卷中卷下同。

一　七六二頁下二〇行第九字「捲」，徑、清、麗作「拳」。

一　七六三頁上八行第一〇字「掌」，磧、南、徑、清無。

一　七六三頁上末行第九字「西」，磧、南、徑、清無。

一　七六四頁中五行末字「三」，麗作「二」。

一　七六四頁中七行「繼縛」，徑、清作「繫縛」。

一　七六四頁中一六行「說如是」，磧、南、徑、清作「如是說」。

一　七六四頁下四行夾註末字「印」，磧、南、徑、清作「手印」。

一　七六四頁下一三行夾註「手印」，磧、南作「真言」。

一　七六四頁下一九行夾註「結界護身」，徑、清作「護身結界」。

一　七六五頁上二行第九字「觸」，磧作「網」。

一　七六五頁上三行，八行末字、一四行末字、一九行末字、本頁中一二行末字、二一行末字、次頁上二二行末字、次頁中五行夾註末字「印」，磧、南、徑、清作「手印」。

一　七六五頁上八行第六字「及」，麗作「反」。

一　七六五頁上一二行第四字「微」，磧作「復」。

一　七六五頁下一一行首字「垂」，磧、南、徑、清、麗作「垂」。

一　七六六頁中二〇行第二字「勿」，磧、南、徑、清作「切」。

一　七六六頁下一六行第五字「陌」，麗作「驀」。

一　七六七頁上一五行及一八行夾註「水印」，磧、南、徑、清作「手印」。

一　七六七頁上一七行第一一字「散」，磧、南、徑、清作「拳」。

一　七六七頁上一八行夾註「此是金剛」，磧、南、徑、清作「是蓮花」。

一　七六七頁中六行末字「窿」，麗作「幀」。

一　七六七頁中一〇行「俱具」，徑、清、麗作「供具」。

一　七六七頁中一一行第五字「口」，徑無。

一　七六七頁下一〇行第五字「又」，磧、南、徑、清、麗作「乂」。

一　七六八頁上一行夾註「除」，磧、南、徑、清作「除身中」。

一　七六八頁下九行至末行「丹藏即云……第二十張詩」係麗藏本附版，其中「丹藏即云……兩俱存焉」係該本後記。

蘇悉地羯羅供養法卷中　詩
大唐中印度三藏善無畏譯　次第
次作護身法明王手印誦此真言印
頂等五處便成堅固護身真言曰
唵嚩日囉二合祇寧上二合鉢囉二合你去
鉢多去二合也莎去訶去
五遍誦之此是護身真言
其手印相二小指叉入掌二無名雙
押二小指叉上入掌中二中指頭直
竪相著二頭指押二中指上節令頭
指中節曲入大指直竪輔著中指此是護身手印
次作大護身誦此真言及作手印亦
五處成大護身真言曰
唵入嚩二合囉囊也鉡泮吒輕五遍誦之此是大護身真言
其手印相即前護身印同
次應被甲誦真言及作手印從頂摩
觸下至於足即成被甲真言
唵度比度比迦引也度比鉢囉二合入嚩二合引二里寧上莎去訶去七遍誦之此是被甲真言
其手印相散舒
次以真言及手印而結髮真言曰
唵蘇悉地羯哩莎訶此是結髮真言通三部用

其手印相右手作拳直舒大母指印
於頂上此是結髮印通三部用
又佛部結髮真言曰
曩上莽娑怛嚩二合也地尾二合迦引難
去薩囉嚩二合怛他蘖多去難唵蘇悉
馱路者者寧去莎去訶去七遍誦之此是佛部結髮真言
蓮華部結髮真言曰
曩上謨囉怛曩二合怛囉二合上二夜也曩
上莽鉢郝莽二合嫩寧上曳唵迦蠶
莎訶七遍誦之此是蓮華部結髮真言
金剛部結髮真言曰
曩謨囉怛曩二合上二怛囉二合夜也曩莽
室戰二合拏嚩日囉二合播儜曳摩訶
藥乞沙二合細曩鉢多上曳曩上莽迦去
羅訖㗚二合旦引多蹬比庢上昇迦隸
扇引底丁以反迦哩迦吒你伽吒你嫩多
也莎訶七遍誦之此是金剛部結髮真言
其手印相與前印同　置其寶座者本
尊隨在方所先顧彼方次應心想大
海於中寶山其山頂上想師子座於
上復有微妙大蓮華臺於上復觀諸
寶樓閣懸以繒幡上有傘蓋幢及羅
網而以莊嚴運心想已後誦真言加

彼前所想者一一成就即說成就大
海真言曰
唵阿毗莾噌平娜地㗚七遍誦之此是成就大海真言
次說成就師子座真言曰
唵阿上者羅㗚泮吒三遍誦之
次說成就寶山真言曰
唵阿者羅微去𠼝莎去訶去三遍誦之
次說成就蓮華真言曰
唵迦莾羅莎訶三遍誦之
次說成就寶樓閣等種種莊嚴真言曰
唵曩上莾薩囉嚩二合怛他去蘖多去
曩薩羅嚩二合他去嗚捺蘖二合帝
吒龕二合娑破羅二合㗊㗊莾闍二合伽
伽輕曩翎去莎訶三遍誦之此是成就寶樓閣真言
奉獻閼伽水者隨部差別及事成就
相應而作瓦器所謂金銀熟銅石木
及瓦商却䗬枳知二合波此去樹葉荷
葉等作勿令破缺麁澁孔穴成滿香
水隨部類及上中下而置諸花以辦
事真言持誦復以部母真言等持誦
即以閼伽水持誦置於左邊辦事真
言及手印前所說辟除等真言手印
是也次說部母等真言及手印初說

佛部母真言曰
曩上謨婆去伽輕嚩姤瑟膩二合沙去
也唵嚕嚕娑普二合嚕什嚩二合羅底丁以
瑟吒二合悉馱去路者寧去薩羅
嚩合引二囉他二合娑引馱寧莎訶此是佛部母真言佛眼是也三遍誦也
蓮華部母真言曰
耶囉舍二合曩上娑縛二合羅舍曩引
弊毗也反室囉二合嚩娑莾二合囉妳曩者
濕莾上合薩囉嚩二合薩怛嚩引二合難
去薩羅嚩二合微也二合地指枳瑳上
迦怛姪他唵迦𪇆微迦𪇆迦吒微迦
吒迦損吒麽反迦𪇆婆去伽輕嚩底丁以反
微若兩也反曳莎訶三遍誦之此是蓮花部真言名半拏囉嚩私寧是也
金剛部母真言曰
曩上謨上囉怛曩上二合怛羅二合夜也
曩莾室戰二合拏嚩曰囉二合播儜上
曳摩訶去藥乞沙二合細曩鉢多上曳
唵俱上嚕達哩滿馱泮吒三遍誦之此是金剛部母真言忙莾雞是也
次說部心真言初佛部心真言曰
唵尒曩尒迦七遍誦之
蓮華部心真言曰
唵阿去嚕力迦七遍誦之

金剛部心真言曰
唵嚩日囉二合特勒二合迦七遍誦之
次說佛部母佛眼手印相合兩手屈
二大指雙入掌中直附中指當中節
內勿為屈節微屈頭指押二中指上
節背此是佛眼手印相
次說蓮華母手印相合掌十指並屈頭
相著令掌中虛如未開蓮華仍𦣯相
著此是蓮花母半拏羅嚩枳寧手印
次說金剛部母忙莾計手印相合掌
屈二頭指及二無名指入掌中背各
相著餘六指並直竪相著此是金剛母忙莾計手印
又說合掌屈二頭指及二無名指㨖
相又押節頭右押左餘六指者並竪
相著亦即是
次說部心手印相初佛部心手印相
八指相叉入掌中令八指中節露出
其二大指直竪勿著頭指仍去半寸此是佛部心印
次說蓮花部心印相依佛部心印惟
改右大指屈入掌中獨竪左大指此是金剛心印
其閼伽法隨部相應及事成就如教
廣說奉獻之時以本真言持誦而獻
奉請本尊者持誦之人隨作法處先

想坐已次以真言手印成就車輅送
本尊所車輅真言曰
唵覩嚕覩嚕吽(此是通三部送車輅真言)
其手印相二手中指以下六指相叉
右押左入掌二頭指相著二大指輔
中指側開兩掌腕相著六指互相著
掌(此是通三部送車輅手印)
送車輅已即應誦以此明中要來句
及作手印或但獨請本尊或并眷屬
召請送則左大指向外而舉迎則右
大指向內而屈(內外各三遍)明曰
曩(上)莽娑怛嚩(二合)也地尾(二合)迦(引)
難薩囉嚩(二合)怛他(去)蘖多(去)難唵
嚩囕(引三合)祇你也(二合)羯囉灑(上三合)也莎
訶(此是通三部奉請明)
此明次應置迎句准上可知
其手印依前車輅印惟改右大指與
左中指頭相著(此是通三部奉請印)
或以部心真言中置來句謂心真言
次安噎噎(去)醯薄伽梵次去心真言
即知迎句及手作印而請若以部心
真言奉請本尊歡喜速來
初佛部心真言曰

唵尒曩迩迦(二十五遍誦之)
其手印相依前部心印惟改以二大
指向前招三遍即成請印(此是佛部請召印)
蓮華部心真言曰
唵阿(去)路力迦(輕五遍誦之)
其手印相依前部心惟改以右大指
向前三遍即成請召(此是蓮花部請召之)
金剛部心真言曰
唵嚩日囉(二合)特勒(二合)迦(引輕五遍)
其手印相依前部心印惟改左大指
向前招三遍即成請印(此是金剛部請召印)
欲奉請時先執香爐誦持真言淨治
室中道路然後奉請淨治真言曰
唵蘇(上)悉地迦哩入嚩(二合)里多(去)難
馱曩(輕)利多(上二合)戊入嚩(二合)囉入嚩(二合)囉
滿馱賀曩(上)賀曩吽泮吒(輕此是金剛部淨治路真言亦呼三部)
佛部淨治路真言曰
唵入嚩(二合)囉(此是佛部淨治路真言)
蓮華部淨治路真言曰
唵鉢娜吽(二合)寧(上)婆(上)伽(輕)嚩底
(丁以反)慕(輕去)賀也慕(輕去)賀也諾蘖知(二合)
慕賀寧(上)莎訶(此是蓮花部淨治路真言)
作此法已室中關鑰悉皆開解亦成

辟除乃至清淨及成警覺本尊先作
奉請真言其句曰
噎醯呬婆(上)伽(輕)梵寧　賀薄底夜
(二合)曩(上三)莽戊曩者闕囉健(二合)者
三鉢囉(二合)底(丁里反)擔(鴉或反)南曇(二合)布
若闍(二合)栝囉(二合四去)娜吽(二合此是通三部奉請句真言請已請覺也)
隨其本尊坐處立及其歡喜等相乃
至顧視行者作彼形狀相貌相應而
奉請尊
除遣從魔者有毗那夜迦名送諸尊
請尊至即用抳里抳里真言及手印
而遣除之真言曰
唵抳里抳里嚩日囉(二合)鈝泮吒(輕七遍誦之此是抳里抳里真言)
其手印相以左手大指捻小指甲竪
三指作嚩日囉(二合)形向外拓之(此是抳里抳里金剛印而用除遣)
視三磨耶者既除送尊毗那夜迦欲
去本尊擬欲隨去是故視三摩耶令
住莫去于時即以右手視印誦此真
言令住謂其本尊憶惜本願真言曰
唵昇乘(二合)羯嚇三摩焰莎訶(誦七遍之)(此是視三麼耶真言)

其手印相以右手大指捻小指甲竪三指作嚩曰囉形向外託之(此是抳里抳里金剛印用觀之)奉座令坐者先結内界金剛橛等地方及上已即奉閼伽然後請坐閼伽以本真言持誦而獻或以通用閼伽真言持誦隨其成就事部差别執閼伽器當置於心乃至𨂍跪而奉獻之謂三部當額奉獻其天部當心奉地部當膝真言曰

唵藥乞衩(二合)曩(上)郍(去)也見(引)捺囉(二合)達弩(輕)鉢哩(二合)也鉢捨(去)鉢捨莎訶(此是通用誦閼伽器真言之印)

於晨朝時日中時及日暮時於此三時以其真言手印奉蓮華座初佛部真言曰

唵微囉微囉(引)也莎訶(此是佛部奉座真言)

蓮華部真言曰

唵鉢郍恭(二合)微囉(引)也莎訶(此是蓮花部奉座真言)

金剛部真言

唵嚩曰囉　微囉(引也)莎訶(此是金剛部奉座真言)

其手印相合掌二手頭指中指无名指並相博著開掌中相去四指許大指及二小指並相著直竪(此是通三部奉蓮華印)

若辦衣裳瓔珞等以辦事真言持誦奉獻結界法者以金剛栓法用結地界以金剛牆法用結上方金剛栓真言曰

唵抳里抳里嚩曰囉(二合)嚩日里(二合)部囉滿(二合)馱滿馱鈝泮吒(此是金剛栓真言三遍誦之)

其手印相以左手中指无名指向外雙入右手中指無名指間以左手無名指捺右無名指二小指頭相著二大指頭相著二頭指直竪頭相著以此印翼兩髀令二大指頭著地而誦真言成結地界(此是金剛栓印)

以金剛鉤欄真言及手印用結上方界真言曰

唵微娑普羅(二合)郍羅(二合)乞沙(二合)嚩曰囉(二合)半若(而也反)囉鈝泮吒(半音三遍誦此是金剛鉤欄真言)

其手印相依前栓印惟改二大指博著二頭指側舉印向上而誦真言成結空界(此是金剛鉤欄印)

以金剛牆真言手印作金剛牆真言曰

唵薩羅薩羅嚩曰囉(二合)鉢囉(二合)迦囉鈝泮吒(此是金剛牆印)

其手印相依前栓印惟改二大指開散直竪以印從南右轉三遍誦之真言成就金剛牆(此是金剛牆印法云已前三界内相也)

次以金剛羂索真言手印結東方界真言曰

唵嚩曰囉(二合)鞁賒醯唎(一合)伽伽曩麼囉鈝(三遍誦之此是金剛羂索真言)

其手印相以左手頭指屈著大指根以大指直竪押頭指甲微開孔餘三指相博著直竪右手亦然以右手三指背著左手三指内(此是金剛羂索印用結東方界)

次以金剛鏁真言及手印法結西方界真言曰

唵鉢鑁　祇寧(上)羅吒(三遍誦之此是金剛鏁真言)

其手印相以左手作拳直竪大指舒右五指側置左手大指頭上掌向身結西方界(此是金剛鏁印拳右手知左亦是此印)

次金剛迦(引)里真言手印結北方界真言曰

唵嚩曰囉(二合)迦(引)里羅吒𤙖吒(三遍誦之此是金剛迦里真言)

其手印相以二手大指二小指頭各相拄著餘六指各自屈向掌中勿令指背相著亦勿著掌中結北方界(此是

金剛撅里印

次以金剛峯真言及手印結南方界
真言曰
唵嚩曰囉 二合 尸佉囉羅吒𤙖吒 三遍 誦之此言金剛峯真言
其手印相以左手作拳直竪大指右
手大指頭指相捻大指頭少出將右
手下側置其左手大指頭上令其右
手大指直竪結南方界 此是金剛峯印
次用真言持誦右手掌七遍以指其
成結下界真言曰
唵商昇 二合 羯隸莎訶 七遍誦之此是結下界真言三遍亦得
次以阿三忙銀 引 你真言及手印普
作火院真言曰
唵阿三矒 引 柢寧梨 引咽聲三遍誦之此是阿矒柢寧真言
其手印相以右手指背置左手指內
令無縫二大指向上直竪右轉一遍
即成火院 此是阿三矒柢寧印
次以真言及手印重結大界真言曰
唵商昇 二合 羯隸𤙖訶三𤙖焰莎訶 七遍誦之此是結大界真言
其手印相以二手小指無名指相叉
入掌直竪二中指頭相著二頭指屈

在中指背上節勿著中指如三股杵
二大指在頭指側普轉八方上下及
誦持真言成結大界 此是結大界印
如是作已假使側近輪王佛頂及餘
相違諸真言者不能為壞亦不損減
本尊威力諸有破明繼縛及誰却著
法皆不得使脩縛曰羅等者諸金剛
數珠指環髻線神線辟劍蓮華標旗
等勿以香水或餘物淨用本尊真言
而持誦之於念誦時及護摩時皆酒
具備如上等物次說成就縛曰羅等
諸餘物法其嚩曰羅隨其相應置器
中當自面前安置座上以紫檀香而
用塗之次以香花等執持供養請真
言之主彼真言持誦香花而用供養
又誦千遍即名成就是嚩曰囉真言曰
唵度郍縛曰囉訶 此是成就縛曰囉真言
其縛曰羅以紫檀等三股而作持誦
千遍次說佛部淨數珠真言曰
郍謨羅怛囊 二合 怛羅 二合 夜也奄閦
鄉薄 二合 帝微若 而也反 曳悉地悉馱嘌
替 二合 莎訶 此是佛部淨數珠真言
蓮華部數珠真言曰

郍謨鉢特莽 二合 𢽉拏曳唵闍没哩
二合 登伽袂室里 二合 曳室唎 二合 怛里
你莎訶 此是蓮華部數珠真言
金剛部淨數珠真言曰
郍謨羅怛囊 二合 怛羅 二合 夜也郍莽
室戰 二合 拏嚩曰羅 二合 𢽉儜曳 摩
訶藥乞沙 二合 細囊鉢跢曳奄枳里
枳里勞知哩 二合 屋菈訶 此是金剛部淨數珠真言
各以此三部淨數珠真言隨其本部
真言用穿數珠孔一一珠顆持誦七
遍及至穿繫畢已又更持誦真言百
遍復如前法而淨數珠復已此真言
而作成就初佛部成就數珠真言曰
唵郍謨婆伽嚩底悉怫娑馱也悉馱
引 㗚替莎訶 此是佛部成就數珠真言
蓮華部成就數珠真言曰
唵嚩蘇𤙖底室里 二合 曳鉢特莽 二合
怛里你菈訶 此是蓮華部成就數珠真言
金剛部成就數珠真言
唵郍謨嚩曰囉 引二合 尒䭾若曳莎訶 此是金剛部成就數珠真言
以此成就數珠真言請其本部真言
於數珠上乃至供養時持誦千遍以

蘇悉地經中卷　第十五張　詩字号

為成就

次說執持數珠手印之相以右手大指捻無名指頭直舒中指小指微屈以頭指著中指上節側（此是通三部執數珠印）

次說蓮華部執數珠印相以右手大指捻其中指頭餘三指直舒左手亦然（此是蓮花部執數珠印）

次說金剛部執數珠印相以右手作拳展直大指捻頭指左手亦然（此是金剛部執數珠印）以活兒子佛部為數珠　以蓮花子中部為數珠以嚕捺羅（二合）叉子金剛部為數珠又說取活兒子蓮花子嚕捺囉（二合）叉子商佉及石木患鈆錫熟銅琉璃隨取其一數過百量而作數珠以右手執心不散乱真言誦畢一時當掐勿令前後

次說辟劍之法其辟劍中穿一活兒子等珠以部母真言手印持誦香花而用供養及香水灑還以部母真言手印請來加持劍上復以部母真言手印次第供養乃至持誦千遍以捺婆草作環置无名指用部心真言如前作法成就乃至持誦千遍各作本

蘇悉地經中卷　第十六張　詩字号

部次第應知其罥線法令童女挫合以俱遜婆滌（此云紅藍花）或欝金滌如前法成就乃至持誦千遍於念誦護摩時及以睡時繫於罥間能止失精成就

罥線真言曰

唵阿羅阿羅滿馱你（轉舌）縮訖囉（二合）馱引囉屋上悉馱（引重）嘌（二合）莎訶（去）

蘇悉地羯羅供養法卷中

蘇悉地羯羅供養法卷中

校勘記

一　底本，金藏廣勝寺本。

一　七七〇頁中一行小註「通三部次第」，徑無。

一　七七〇頁中一一行夾註「是」，磧、南作「身」。

一　七七〇頁下二行夾註「印」，磧、南、徑、清作「手印」。

一　七七〇頁下一九行第七字「顧」，磧、南、徑、清作「願」。

一　七七〇頁下末行第一〇字「後」，磧、南、徑、清作「從」。

一　七七一頁下九行夾註「祇」，磧作「私」。

一　七七一頁下一五行夾註「是」，徑作「是前印」；清作「前印」。

一　七七二頁上一九行「來句」，徑作夾註。

一　七七二頁上二〇行夾註「去」，徑作「去聲」。

一七七二頁中七行夾註「之」，徑、清作「印」。

一七七二頁中一九行第六字「路」，磧、南、徑、清無。

一七七二頁下一七行夾註「除遣」，磧、南、徑、清、麗作「遣除」。

一七七三頁上一九行及次頁下一九行「真言」，磧、南、徑、清作「真言曰」。

一七七三頁上末行夾註末字及次頁上一行夾註末字「印」，磧、南、徑、清作「手印」。

一七七三頁中一三行首字「以」，麗作「次以」。

一七七三頁中一九行夾註「此」，磧、南、徑、清無。

一七七三頁下二行夾註「相」，磧、南、徑、清作「視」。

一七七四頁上二二行第八字「小」，磧、南、徑、清無。

一七七四頁中五行末字「滅」，磧、南、徑、清作「減」。

一七七四頁中六行第九字「繼」，麗作「繫」。

一七七四頁中六行第一二字「誰」，麗作「諸」。

一七七四頁中七行「縛曰囉」，磧、南、清作「縛日囉」；徑作「嚩日囉」，下同。

一七七四頁下一一行第二字「及」，麗作「乃」。

一七七五頁上四行夾註中「部」，徑、清作「可」。

一七七五頁上一〇行末字至一一行首字「中部」，徑作夾註。

一七七五頁上一一行第四字「珠」，徑作「中珠」。

蘇悉地羯羅供養法卷下　詩

大唐中印度三藏善無畏譯

於佛部中其線白色蓮花部中其線
黃白色金剛部中其線赤色此等物
俱具在身方可作法依經依部如經
所說結大界已次應供養隨其我就
及與事部差別所辯塗香色味香氣
與彼相應前所瀉埦乃至光澤塗
香以此真言及本真言持誦後作手
印而奉獻之奉塗香真言曰
伊上咩言上馱引輸上褒上你徵夜二合
輸者也輸上者瑜鄉上也莽夜你軺
吠你姤薄訖底夜二合鉢羅二合底丁以反
仡嘌二合呬也二合鉢囉二合呬鄉咩唵
阿去賀羅阿賀羅薩囉縛二合尾你夜二合
達囉布尔帝莎訶七遍誦之此是奉獻塗香真言通三部用之
其手印相以右手舒五指竪掌向外
以左手向上把右手腕四指向外大
指在內把之此是奉塗香印通三部用之
又佛部奉塗香真言
唵阿仡路二合多上羅引仡囉二合微濺
曳囊上莽莎訶去七遍誦之此是佛部奉塗香真言

蓮華部奉塗香真言曰
唵鄉嘌二合知嘌知鄉嘌二合吒鉢寧上
鄉嘌二合帝鄉嘌二合底夜鉢寧上鉡
泮吒二合七遍誦之此是蓮花部奉塗香真言
金剛部奉塗香真言曰
唵徵薩囉薩囉鉡泮吒七遍誦之此是金剛部奉塗香真言
前所瀉埦乃至光澤花以此真言及
本真言持誦復作手印而奉獻之奉
花真言曰
伊上咩蘇上莽囊你尾夜二合輸上者
也輸上者瑜囊上也莽夜寧上吠你多上
薄訖底夜二合鉢囉二合底仡嘌二合呬也
二合鉢囉二合四鄉咩唵阿去賀羅阿賀
囉薩囉縛二合尾你夜二合達囉布尔
帝莎訶七遍誦之此是奉花真言通三部用之
其手印相如卓輅印惟改二頭指相
又此是奉花印通三部用
又佛部奉花真言曰
唵尸枳起二合尸契莎訶七遍誦之此是佛部奉花真言
蓮華部奉花真言曰
唵戰屄寧健陁謨丁泥二合鉡泮吒
二合七遍誦之此是蓮花部奉花真言
金剛部奉花真言曰

唵部哩二合囉若縛二合蔔多語莎訶
七遍誦之此是金剛部奉花真言
次前所瀉埦乃至光澤燒香以此真
言及本真言持誦復作手印而奉獻
之奉燒香真言曰
阿閦縛囊娑鉢二合底囉素賀嘌二合
你也二合好心健陁引值也二合薾馥蘇囉
部若天養囊莽夜寧吠你姤度滋事獻薄
訖底夜二合度報閦鉢囉二合底仡嘌二合
呬也二合旦愛納唵阿賀羅賀羅薩囉
縛二合尾你夜二合達羅布尔帝莎訶
七遍誦之此是奉燒香真言通三部用之
其手印相以二手小指無名指中指
並向內曲背相著向上直竪二頭指
側相向上一麦道不著二大指博著
二頭指側此是奉燒香真言通三部用之
又佛部奉燒香真言曰
鄉謨仡羅二合募拏徵濺曳尸弃寧
上莎訶七遍誦之
蓮華部燒香真言曰
唵鐵捺羅二合娑夢拏里伽嘌二合鄉
枳里足鉡泮吒七遍誦之此是蓮華部燒香真言
金剛部燒香真言曰

唵徵薩羅薩羅鉢泮吒七遍誦之
次前所瀉垢乃至光澤飲食以此真
言及本真言持誦復作手印而奉獻
之奉食真言曰
粵灑怫難囉索尋喋你也二合心瞪灑
滿多囉二合設怒麼里莽也此等餚饌至誠奉獻寧
你姤薄訖底夜二合鉢囉底訖喋二合
四也二合鉢囉二合四娜哞唵阿賀羅阿
賀羅薩囉嚩二合尾你夜達囉布尔
帝菠訶七遍誦之此是奉食通三部用之
其手印相仰兩手二掌向前側相著
二無名指頭側相著微屈二頭指博
著中指側二大指博著二頭指側小
似掬水相此是奉食印通三部用之
入佛部奉食真言曰
唵摯禦娜弭二合尼上菠訶七遍誦之此是佛部奉食真言
蓮華部奉食真言曰
唵漸路緊寧上菠訶七遍誦之此是中部奉食真言
金剛部奉食真言曰
唵嚩日哩二合尼上嚩日藍合引二菠
去訶下七遍誦之此是下部奉食真言
復當前瀉垢乃至光澤然燈以此真
言及本真言持誦及作手印而奉獻

之然燈真言曰
囉訖𠰜引合近䔲上二灑者二合能去毛州以此
等成就奉佛願納受曾跛尾怛囉二合室者二合瞻
讀上尼曇莽囊上輸上婆莽衣寧上
吠你姤薄訖底夜二合你去報閻鉢囉
二合底伽喋二合四也二合旦唵阿去路迦
也路迦也薩羅嚩二合尾你底二合達
囉布尔帝菠訶七遍誦之此是奉燈真言通三部用之
其手印相以右手作拳舒中指大頭
相捻直豎此是奉燈印通二部用之
又佛部奉燈真言曰
唵阿莽羅干建引二合底帝尔寧上
菠訶三遍誦之此是佛部奉燈真言
中部奉燈真言曰
唵戰安二合尼上寧上姤璦囊二合羯
哩鉢泮吒二合三遍誦之此是中部奉燈真言
下部奉燈真言曰
唵尾嚩喋二合多路者囊上鉢泮吒二合二遍誦之此是下部奉燈真言
真言并手印運心供養者若當不辦
塗香乃至燈明供養但誦如上奉塗
香等真言及作手印亦成圓滿供養
次運心供養者以心運想水陸諸花

無主所攝遍滿虛空盡十方界及與人
天妙塗香雲燒香燈明幢幡繖蓋種
種鼓樂歌舞妓唱真珠羅網懸諸寶
鈴花鬘白拂微妙磬鐸矜羯尼網如
意寶樹衣服之雲天諸廚食上妙香
美種種樓閣寶柱莊嚴天諸嚴身頭冠
瓔珞如是等雲行者運心遍滿虛空
以至誠心如是供養最為勝上是發
行者以決定心而行此法運心供養
誦此真言及作手印如上所想供養
皆悉成就真言曰
唵薩囉嚩二合他去烏胥娜蘖二合帝
娑頗二合囉呬引門伽伽輕呼囊上翎
菠訶七遍誦之此是成就運心供養真言
其手印相兩手相叉合掌以右押左
置於頂上此是成就運心供養手印
凡作供養應具此法至誠信心及奉
閼伽皆以真言手印持誦成就及以
運心合掌置頂方成圓滿供養之法
已身座者以捺婆草或餘草等而作
其座長十六指厚四指闊十二指隨
其成就及事差別相應坐之其坐法
者略有三種一結加坐二半加坐三

記賢座令身端直勿使動搖而作念
誦以其手取而執數珠置當心前而
作念誦先礼三寶次礼本尊然後普
礼諸餘尊等而作念誦初應須史觀
察本尊然後念誦中間勿起諸惡分
别及嗔恚等正念誦持觀本尊形或
觀真言所有文字或時觀彼本尊心
上有真言文字或寂淨心而作念誦
念誦之法不急不緩亦不聲高亦不
太小中間不應共餘人語亦不心緣
諸外境界真言文字不得訛錯當觀
本尊如對目前晨暮二時遍數須足
午時減半乃至少分於真言中有其
唵字者及歸命字應寂心誦若作息
灾增益之事應以小聲念誦真言有
其吽字及泮吒字應嗔猛誦若作損
他誦念之時令餘人聞凡真言字數
有多少從一至四應誦數滿一俱胝
遍從五字至十五字一一字數誦落
叉遍十五已上至三十二字誦三落
叉數過此者誦一万遍於一一時如
法念誦其數畢已隨所懷願及以成
就殷勤求之護本尊者佛部之中以

蘇悉地經下卷　第七張　許

佛眼真言應護未定本尊中部中以
半拏羅嚩私寧真言應護本尊下部
中以忙莽計真言應護本尊初欲誦
及了之時於此二時應護本尊所誦
真言若寧靜者應以猛忿真言而護
本尊或用部主而護本尊所誦真言
若猛忿者應以寧靜而護本尊或用
部主而護本尊所誦真言若歡喜者
應以寧靜猛忿二種真言而護本尊
迴施功德者誦畢已應以部母護其
遍數奉寄部主應知如是言一切有
情无明所覆惟求菩提信受我今為
彼非為巳身惟願世尊成就之時還
我遍數念誦畢已次執閼伽置於頂
上而奉獻之復重供養香花等物作
三麼耶重作護法以其部母重護本
尊亦以部母或以明王自護巳身作
阿三忙祇寧印其真言左轉其印前
所能護並悉解其手印相准奉請印
惟改二大指向外送之即成發遣於
其奉請真言之中加去去句即成發遣
護摩分者如於念誦次第護摩所有
澡浴乃至奉請本尊皆同念誦法則

蘇悉地經下卷　第八張　許

其護摩柴謂烏曇末羅木·閼誐他木
閼迦木羅引閻閦迦木莽囊伽木阿
輸迦木密螺木尼俱律木奄没羅木
却地羅木阿珎木鉢落叉木阿波末
伽木莽度迦木粘日迦木取如是等
木截十指量於其乳酥酪蜜之中搵
其兩頭於諸成就及與息灾增益損
他之事而作護摩其護摩物謂蓮花
酪飯酥乳胡麻及臺芥子藍等本尊
之前巳身中間而置其爐方一肘量
下深半肘或復圓作或於室内作或
在室外令見對本尊如法而作四面
安堦爐口置緣量高四指爐中安輪
餘諸物等印各高一指以瞿摩夷和
牛尿塗用香水灑於其堦上順布青
捺婆草所有護摩柴等物置於右
邊其閼伽器置於左邊諸供養物黄
白色類隨事而辦燃火者巳用忿怒
王瀉垢而請火神請火神真言曰
唵膻呬醯莽訶去部多涅去嚩哩使二合
佉尾二合若薩多上莽佉嘌二合呬四引怛
嚩引二合護底莽引訶去囉莽娑泯二合
散寧上呬姤婆上嚩阿佉囊上二合曳合

蘇悉地經下卷　第九張　許

尾也二合釰尾也二合縛引賀曩也莎去
訶去二遍誦之此是請火神真言
其手印相以右手直竪五指舒掌向
外屈其頭指向掌屈大指捻在掌中
大指來去此是請火神手印
請以右灑香水三遍及與三遍漱口
之水即誦此真言讀三遍以祀火神
真言曰
唵阿佉曩二合莪合尾也二合釰尾也二合縛
賀曩也你去比也二合你去跛也莎訶
祀火神訖重灑香水及與漱口以香
花等供養令坐本位於其堦外別立
一處為置本尊如法奉請次第供養
以本尊言持誦一花置於其處作如
是言唯願尊者加被此處
受此護摩次以枳里枳里忿怒王真
言及手印重作瀉炶火等真言曰
唵枳里枳里𤙖泮吒二合此是瀉炶火等真言
其手印相左手竪五指掌向外右手
竪五指掌向內以手背相著即以右
手頭指已下四指反鈎左手四指向
下轉腕向身却合兩掌相向二腕相
着此是瀉炶火等印

其灑香水真言曰
唵闍沒哩二合帝賀去曩賀曩上𤙖泮
吒二合此是灑香水真言
燃火真言曰
唵部羅若縛二合攞攞此是燃火真言
瀉炶火等了已還灑香水乃至漱口
兩手置其兩膝之間初以一杓滿蘇
護摩一遍次則護摩其炷次護摩飲
次護摩諸穀或以乳粥次則蓮花粉
臣迦羅等花隨意護摩隨其本事或
寂靜心或歡喜心或忿怒而護摩其
所著衣或白或黃赤隨事應知或面
向東或北或南隨事而作其供養物
或白黃赤香味等類亦復須知護摩
畢已還以一杓滿蘇護摩一遍重獻
閼伽乃至供養准前重作護身及方
等印并與護尊及護己身乃至解界
准方可發遣其遣火神手印相如前
請火神印惟改頭指與大指相捻此是發遣火神印
於請火神真言中置其去去字即成
發遣然後隨意
牛五淨者謂黃牛尿及糞未墮地者
乳酪酥等等香水一一持誦經　百

遍然後相和更復持誦一百八遍於
十五日斷食一宿以面向東其牛五
淨置於蓮荷等葉之中默飯三兩十五
日中所犯穢觸及不淨食皆得清淨
初佛部五淨真言曰
娜上謨上婆伽輕縛帝烏瑟膩二合沙
去也微翰上提微羅瞻而曳反尸吠扇引
底羯哩莎訶三遍誦之此是佛部五淨真言
蓮華部五淨真言曰
𤚥帝鉢娜莽二合皺俾上曳唵也輸
去瞻而曳反莎訶三遍誦之此是中部五淨真言
金剛部五淨真言曰
娜上謨上囉怛曩二合上怛囉二合夜也曩莽
室戰拏縛日囉二合皺俾上曳摩訶
去藥乞沙二合細曩鉢多上曳唵尸弃
穿尸弃穿上囉莽二合麗鉢囉二合
鞞鉢囉二合娑婆縛去二合隸帝瞻而曳反二合
帝若縛底鉢囉二合婆上縛底莎上
訶去三遍誦之此是金剛部五淨真言
又以五淨用灑辟釧數珠青線茅環
神線縛日囉皆得清淨其青線者
令童女右旋撚合經三合已重更三
合若絅調雲作

其辟劍者作二十五金剛之結中置一珠兩頭各一其茅鐶者稱无名指量以茅三纒作金剛結與食之時以部主真言持誦其食方可食之睡眠之時以部母護身若見惡夢及以失精當誦部母真言百遍應用部主真言護所住處及以巳身并弟子等三時灑水淨衣或洗令淨飲食之時先以所持真言持誦團食奉獻本尊然後方食於諸節日應加供養半月半月用閼伽器以軍荼利等真言持誦一百八遍自灌頂能摧諸難成就漸近每日三時作滿荼羅及作制底讀大乘經思惟六念作如是等觀旋遶制底佛堂等處沐浴尊容及以舍利

蘇悉地羯羅供養法卷下

乙巳歲高麗國大藏都監奉

勑雕造

蘇悉地經下卷　第十三張　諱

蘇悉地羯羅供養法卷下

校勘記

一　底本，麗藏本。

一　七七七頁上八行第六字「所」，磧、南作「所所」。

一　七七七頁中七行第九字「花」，徑、清作「奉花」。

一　七七七頁下二〇行第三字「部」，磧、南、徑、清作「部奉」。

一　七七九頁上一〇行首字「太」，磧、南、徑、清作「大」。

一　七七九頁中一四行第九字「執」，磧、南、徑、清無。

一　七七九頁中二〇行末字至二一行末字「於……遺」，磧、南、徑、清無。

一　七七九頁下一三行末字「輪」，磧、南、徑、清作「輸」。

一　七八〇頁上一四行第四字「言」，磧、南、徑、清作「真言」。

一　七八〇頁上二〇行第八字「手」，磧、南、徑、清作「右手」。

一　七八〇頁上二一行第八字「及」，磧、南、徑、清作「反」。

一　七八〇頁上末行夾註「印」，磧、南、徑、清作「手印」。

一　七八〇頁中八行第一一字「次」，磧、南、徑、清作「次則」。

一　七八〇頁中二二行「未墮」，磧、南、徑、清作「末塗」。

一　七八一頁上一二行首字至末字「一……漸」，磧、南、徑、清無。

蘇悉地羯羅經卷上

大唐中天竺三藏輸波迦羅譯

請問品第一

尒時忿怒軍荼利菩薩合掌恭敬頂礼尊者執金剛足發如是問我曾往昔於尊者所聞一切明王曼荼羅法及以次第復問明王并諸眷屬神驗之德願為未來諸有情故唯願尊者廣為解說以何法則持誦真言速得成就其真言字雖有一體所成就法其數無量以頌偈問

云何真言相　及何闍梨相　云何成就者
并說伴侶相　方所何為勝　何處速易成
云何調伏相　及應不應作　云何誦真言
方便及次第　何花得易成　云何用塗香
云何供養食　復燒何等香　云何然燈相
云何扇底迦　云何增益相　云何降伏怨
於此三種中　各成何等事　云何上中下
次第成就相　以何法請召　云何供養之
云何作護身　云何廣持誦　何相誦真言
云何作灌頂　真言試何相　云何當受持
云何字得圓　云何得增益　云何作護摩
及以次第法　復用何等物　能令速成就
云何成就諸藥相　云何而受諸藥相
云何能淨諸藥法　云何藥量及多少
彼諸藥等并相貌　唯願尊者具慈悲
一一分明為我說　云何護諸成就物
及以分別為分數　云何受用成就物
唯垂分別說彼相　云何失物令却得
云何被破令著彼　云何先知作尋相
云何成就曼荼羅　云何辦事曼荼羅
云何灌頂曼荼羅
如上諸所問　及以隨要者　為諸衆生故
唯願廣分別

蘇悉地羯羅經真言相品第二

尒時吉祥莊嚴一切持明應供養手執金剛大悲菩薩告彼金剛大精進忿怒軍荼利言善哉善哉大忿怒能於我所發如斯問應當一心諦聽是勝上微妙法則此蘇悉地羯羅有五種莊嚴一謂大精進二謂明王三能除障四能成就一切勇猛事五能成就一切真言此蘇悉地經若持餘真言法不成就者能兼持此經本真言當速成就於三部中此經為王亦能

成辦一切等事所為護身結界召請等事供養相助決罰教授等事一切真言能得成就

復次或有心真言中有三許字者亦能成辦如上所說一十法事三許心真言

曩上謨上囉怛曩二合怛囉二合夜也曩上莫室戰二合拏嚩日囉二合跛儜上曳莽訶上也乞沙二合細曩鉢多上曳唵蘇悉地也吞悉地也娑去大也蘇悉地羯羅鉢鉢鉢泮吒吞泮吒

復次上中下成就法如別經中說欲求成就者須解真言上中下法此經通攝三部所作曼荼羅法佛部真言扇底迦觀音真言補瑟徵迦金剛真言阿毗遮嚕迦從臍至頂為上品從臍至臍為中品從足至臍為下品於真言中亦應分別三種成就於此三部各分為三善須了解於三部中真言明王是上成就諸餘使者制吒制徵等真言是下成就諸餘尊者所說真言是三種事法者一扇底迦法二補瑟徵迦法三阿毗遮嚕迦法凡是二

事於三部中各各皆有應須善知分別次第佛部之中用佛眼号為佛母用此真言為扇底迦佛母真言曰

曩謨婆(去)伽嚩妬瑟臟(本)沙(去)也唵(一)嚕嚕娑普(二合)嚕(二)什嚩(二合)羅(五)底瑟吒(二合)悉馱(去)路者寧(五)薩羅嚩(引二合)羅他(二合)娑(引)馱寧(六)娑嚩(二合)訶

誦三遍蓮花部中用觀音母号為半拏羅嚩悉寧用此真言為扇底迦觀音母真言曰

那羅舍(二合)曩婆縛(二合)羅舍曩(引)弊(去)嚩(平)室羅(二合)嚩娑莽(二合)囉妳曩者濕莽(乚)舍薩羅嚩(二合)薩怛嚩(引二合)難(去)薩囉嚩(二合)微也(二合)地指枳怛𤩭(上)迦怛姪他唵迦蘇微迦蘇迦吒微迦吒迦禎(反)迦蘇婆(去)伽(去)嚩底(丁以反)微惹(反)曳娑嚩訶(三遍)

金剛部中用執金剛母号為忙莽雞用此真言為扇底迦金剛母真言曰

曩謨(引)羅怛曩(二合)怛羅(二合)夜也曩莽室戰(二合)拏嚩日羅(二合)跛儜(上)曳摩訶(去)藥乞沙(二合)細曩鉢多(上)曳唵俱(上)蘭達哩滿馱滿馱許(上)泮吒(通)

又佛部中用明王真言明王号曰勝

蘇悉地經卷上　第四張　伴升

勝佛頂用此真言為補瑟微迦明王真言曰

曩莽三漫多沒馱(引)難(去)唵悖論(二合上)毉莽

蓮花部中亦用明王号曰訶野紇利嚩用此真言為補瑟微迦明王真言曰

唵闍沒栗(二合)妬禰婆(上二合)嚩曩莽莎(去)訶

金剛部中亦用明王号曰蘇嚩用此真言為補瑟微迦真言曰

曩謨羅怛曩(二合)怛羅(二合)夜也曩莽室戰(二合)拏嚩日羅(二合)跛儜(上)戍莽訶(去)藥乞沙(二合)細曩鉢多(上)曳唵素唵(二合)娑寧(上)素唵(二合)娑許紇㗚(二合)恨儜紇㗚恨儜許阿(去)曩也許薄伽(梵)梵尾你夜(二合)囉(引)惹許泮吒(二合)曩莽

又佛部中用大忿怒号曰阿鉢羅氏多用此真言為阿毗遮嚕迦真言曰

許泮吒(二合)嚩迦(輕)嚩迦(輕)指曩悉指迦(無合)許泮吒(二合)

蓮花部中六忿怒号曰施嚩(去)嚩(平)訶用此真言為阿毗遮嚕迦真言曰

許泮吒(二合)唏唎(二合)許泮吒(二合)

蘇悉地經卷上　第五張　伴升

金剛部中大忿怒号曰軍荼利用此真言為阿毗遮嚕迦真言曰

曩謨囉怛曩(二合)怛囉(二合)夜也曩莽室戰(二合)拏嚩日囉(二合)跛儜(上)曳莽訶藥乞沙(二合)細曩鉢多曳唵闍沒㗚(二合)多軍荼里佉佉佉佉抑(引)醯抑醯底瑟咤底瑟咤滿馱滿馱賀曩賀曩紇囉若微(無紇反)紇囉若微娑鋪吒也娑鋪吒也薩囉嚩(二合)尾近曩(上)微曩也迦(引)莽訶(去)儜(上)鉢底(丁以反)餌尾旦多羯囉(引)也許泮吒(二合)

復次或有真言不入三部隨彼真言文字而辨扇底迦等三種法事其真言中若有扇底句嚕字(也)閉莽字(也)鉢囉(二合)閉莽字也烏波閉莽字也莎(去)訶(去)字者當知即是扇底迦真言若有補瑟微字(也)落乞澁氏(三合)那那烏乳字(也)麼羅(力)嚩㗚地(也)露波咩馱(也)但曩(也)但寧(上)也(二合)醯里寧(上)也薩嚩囉(引)莽曩(上)藥囉囉(引)瑟吒(二合)囉(引)介闍(二合)那那字(也)者當知即是補瑟微迦真言

若有許字賀曩(也)泮吒(二合)莽他(二合)

蘇悉地經卷上　第六張　伴升

吽半音若亦破也烏柘吒也蘆切也烏檉去肥也
用力勿叔也戍沙也滴咕也忙囉也反也鄔引那
也文也枳攞也計也齒曳二合擲也斷聲也婆
去悉咩二合旅也
句嚕字者當知即是阿毗遮嚕迦真言
復有真言句義慈善當知即入扇底迦用若有真言句義猛怒當知即入阿毗遮嚕迦用若有真言非慈非猛當知即入補瑟徵迦用
復次若欲速成扇底迦者當用佛部真言若欲速成補瑟徵迦者當用蓮花部真言若欲速成阿毗遮嚕迦者當用金剛部真言
復次此經深妙如天中天亦有真言上中之上若依此法一切諸事無不成就此經雖屬金剛下分以奉佛教勅許通成故亦能成就上二部法譬如國王勅許依行此法亦尒唯兼應知若有真言字數雖少初有唵字後有潑去訶字當知真言速能成就扇底迦法或有真言初有許字後有泮吒字或有嚩普字此是訶聲有如上字真言速得成就阿毗遮嚕迦法或

有真言初無唵字復無莎訶字又無許字亦無泮吒字及無嚩普等字者當知此等真言速能成就補瑟徵迦法若復有人欲求攝伏諸餘鬼魅及阿毗舍嚕用使者及制吒迦等所說真言速得成就若復有異部真言亦能成就一切事者但能成就本部所說不通餘部猶有經演彼有真言為除毒病故說亦能除餘諸苦當即知其通一切用善知其部善識真言所應用處亦須知其真言功力復須善解修真言法隨所求隨稱彼法真言言相誦彼真言即得成就

蘇悉地羯羅經分別阿闍梨相品第三

復次我今當說阿闍梨相一切真言由彼而得故知闍梨最為相本其相者何謂支分圓滿福德莊嚴善須知解世出世法恒依法住不行非法具大慈悲怜愍衆生貴族生長性調柔奚隨所在住皆獲安樂聰明智慧辯才無畏能懷忍辱亦無我慢常樂大乘及解妙義深信祕密之門縱有小罪猶懷大怖身口意業善須調柔常

樂轉讀大乘經典復依法教勤誦真言而不間斷所作悉地皆悉成者復須善解畫曼荼羅常具四攝為求大故不樂小緣永離慳悋曾入大曼荼羅而受灌頂復為先師而歎德者汝從今往堪授灌頂為阿闍梨獲斯印可方合自手遺曼荼羅須依次第亦合授與弟子真言若依此者所受真言速得成就不可懷疑不於和上阿闍梨處擅誦真言徒用功勞終不獲果弟子之法視阿闍梨猶如三寶及菩薩等為能授與歸依之處於諸善事而為因首現世安樂當來獲果為依阿闍梨故不久而得無上勝事所謂菩提以是義故比之如佛以為弟子承事闍梨無有懈怠勤拤不闕所授明王及明王妃當得悉地必無疑也

蘇悉地羯羅經分別持誦真言相品第四

復次我今演說持誦真言速獲成就修行法相三業清淨心不散亂曾無間斷常修智慧能行一法成就衆事復離慳悋所出言辭無有滯㝵處衆

無畏所作速辦常行忍辱離諸諂佞無諸疾病常行實語善解法事年歲少壯諸根身分皆悉圓滿於三寶處常起信心修習大乘微妙經典諸善功德無懷退心如此之人速得成就於諸菩薩及以真言常起恭敬於諸有情起大慈悲如此之人速得成就常樂寂靜不欲衆吏恒行實語作意護淨如此之人速得成就若聞執金剛菩薩威力自在聞已諦信心生歡喜如此之人速得成就若人少欲及以知足誦持真言念所求事日夜不絶如此之人速得成就若人初聞真言法則身毛皆竪心懷踊躍歡喜怡此之人成就法器若人夢中自見美地如經所說心樂寂靜不與衆居如此之人速得成就若人復有於阿闍梨所敬重如佛如此之人速得成就若人持誦真言久無効驗亦不弃捨倍增廣願轉加精進以成為限如此之人速得成就

蘇悉地羯羅經分別同伴品第五

復次當說其同伴相福德莊嚴貴族

生者常樂正法不行非法復懷深信離諸恐怖精進不退奉行尊教常作實語諸根支分皆悉圓滿身無疾病不過大長復不大短不大肥麁亦不瘦小不用大黑亦不極白離此諸過福德同伴能忍諸苦善解真言及曼茶羅供養次第諸餘法則常修梵行忍順諸事出言柔耎令人樂聞離諸我慢強記不忘有教奉行不相推託多聞智慧慈心不瞋常念布施善解分別明王真言常須念誦所持真言與尊行同兼明結界護身等法得如是作當速成就三業調善曾於師所入曼茶羅歸依佛教不習邪法善知尊者所須次第不待言教隨有所求知時即送具如此者為勝同伴身意賢善心無憂惱決定堅固終不退心得如是伴當速成就於多財利不生貪著具如是德說為勝伴復於行者心無捨離若欲成就諸餘藥等為作強緣不應捨離自然聖戒具如是德說為勝伴於行者處無所規求未得悉地成就以來終不捨離縱淹年歲

復無悉地終不懷於捨離之心假有大苦及餘難事逼切身心亦不應捨具如是德說為勝伴若有如前種種德行堪能成就最上勝事縱無前德但明真言成就法則并須善解諸曼茶羅智慧高明復如福德勝持誦者如是之伴亦能成就最上勝事為欲成就最上勝事故其福德伴半月半月與持誦者而作灌頂及以護摩隨時所辦香花然燈諸餘次第擁護揀擇隨所有為並須助作非直助修如前等事若持誦者有所虧失其福德伴依於經法以理教誨勿令有闕乃至廣為開示因緣具如是者最為勝伴行者每日持誦之時及所行事有時忘失其福德伴隨所見處相助作之使令周備若欲成就藥法之時須常以手按其藥或以草幹而用按之念誦作法事務雖多終不廢忘行者持誦欲了之時其伴當須側近而立看彼行者念誦既勞或恐忘作發遣尊法置數珠法及餘法等見彼忘處應助作之其伴常須持誦供養所作

諸事而生福德並皆迴向持真言者滿所求願有所掐授唯共伴語既欲成就最勝事故要許一伴展轉令語不得參差其伴所食與行者同行者所食如依法制具如是者堪為最上勝事同伴第三同伴福德亦然一如前說

蘇悉地羯羅經揀擇處所品第六

復次演說持誦真言成就處所者於住何方速得成就佛所得道降四魔軍如是之處最為勝上速得成就尼連禪河於彼岸側無諸難故其地方所速得悉地縱有衆魔不能為障所求之事無不成就如是之處速得悉地或於佛所轉法輪處或於拘尸那城佛涅槃處或於迦毗羅城佛所生處如上四處最為勝上無障礙故三種悉地決定得成又於諸佛所說勝處復有菩薩所說勝處佛八大塔或於名山多諸林木復多果實泉水交流如是之處說為勝處或於蘭若多諸花果復有水流人所愛樂如是之處說為勝處復有蘭若多諸麋鹿無

人採捕復無羆熊虎狼等獸如是之處說為勝處或無大寒復無大熱其處宜人心所樂者如是之處說為勝處或於山傍或山峯頂或獨高臺或於山腹中彼復有水如是之處說為勝處復有勝處青草遍地樹多諸花中有其木堪作護摩如是之處說為勝處或於安置舍利塔前或於山中安舍利處或四河邊或有蘭若種種林木而飾嚴之無多人處或於寒林煙不絕處或大河岸或大池邊或於曾有多牛居處或於迥獨大樹之下神靈所依日影不轉或多聚落一神祠處或於十字大路之邊或龍池邊如是之處說為勝處或佛經行所至之國如是之方速得成就但有國土諸人四輩深信三寶弘揚正法如是之處速得成就復有國土多諸仁衆并具慈悲如是之處速得成就既得如是上妙處所應須揀擇地中穢惡瓦礫等物曼荼羅品一一廣明如悉地法善須分別々部處所復須分別扇底迦法補瑟徵迦阿毗遮嚕迦如

是三法復須分別上中下成即於是處隨心所宜應塗灑掃作諸事業速得成就悉地之法

蘇悉地羯羅經持戒品第七

復次廣說制持真言法則若依此戒不久當獲成就若有智者持諸真言先斷於瞋乃至邪神不應生忿復於餘類持真言者亦不懷瞋於諸真言不應輕意乃至功德及諸法則而分別之應於諸真言及以法則深生敬重於諸惡人善須將護何以故能障大事及壞彼故於阿闍梨所縱見愆過三業猶不生於憍慢之心口不談說種種是非心意終不分別愆過之想縱有愆過尚不談說況依法耶縱他懷惡終不加報又復不得以自所持真言縛他明王及生損害并苦治罰亦復不應作降怨法未曾經於阿闍梨處而受真言者不應與彼受持又於三寶處不生恭敬者及是外道雖於阿闍梨所受得真言後退本心亦不可與乃至手印及以真言并功能法及普行法並不應與未曾經入

曼荼羅者亦不授與不應跳驀一切有情兩足之類乃至多足亦復如是又不應驀諸地印過所謂鏁輪棒杵螺拔折羅等及以素成並不應驀諸餘藥草根莖枝葉及以子實亦不應驀亦不弃於不淨之中若樂成就真言法者應須依制不應詰難大乘正義若聞菩薩甚深希有不思議行應生諦信不懷疑心持真言人不應與彼別持誦人更相施驗若緣小過不應作降伏法樂成就人不應歌詠調戲又為嚴身故不應塗飾及帶花鬘亦不跳躑而行亦不河中浮戲略而言之身諸訶笑皆不應作口業不善皆不應作所謂作虛誑語染汙心語離間和合惡口罵詈所作對荅不假多言無益言談終不習學亦復不與外道共住及以難詰旃荼羅類皆不與語不應與於諸人談話唯除同伴當念誦時縱是同伴亦不與語持誦餘時自非所須不與伴語亦不以油塗身又不應喫五辛葱蒜蘿蔔油麻幷酢及餘一切諸菜茹米粉豆餅幷

蘇悉地經卷上　第十六張　淨升

饙畢豆及油麻餅幷作團食皆不應喫一切毗那夜迦所愛之食及供養殘食油麻粳豆粥及以乳粥皆不應食一切車乘及以鞍乘皆不乘騎及所被驀食幷被觸食並不得食又一切嚴身之具所謂鏡花幷以粉藥傘蓋非因緣事不應以手措手以腳措腳不於一切水中及側近水大小便不應以手承食而食亦不用鍮銅器食其諸菜中不翻盛食不卧大小床榻亦不與人同卧欲卧之時安心寂靜清淨而卧尋思智慧不覆面而卧亦不仰卧如師子王右脅而卧當卧之時不得張目而睡日不應再食不應斷食不應多食不應全少於食有疑不須食之一切調戲及多人叢聚乃至女人皆不觀看身口意等所受好房舍及好飲食皆不應著應受惡房舍及惡飲食皆不應弃不應著紫衣裳及不著故破之衣始織之衣念誦之時應著內衣亦不自卑下云多愆犯無由得成悉地復為宿世之業身嬰諸疾終不應違闕念誦於所闕

蘇悉地經卷上　第十七張　淨升

梨邊所受真言終不捨弃於其夢中或於虛空又聞告言汝不應持是真言如是頻聞亦不捨弃復不瞋彼何以故並是魔故唯須精進不應退止心不思惡攀緣諸境縱放諸根恒常護淨而念誦之若求大成就自所持真言不應攝伏魍魎亦不擁護自他亦不救難及禁諸毒非持所持真言諸餘真言亦不應作所有隨用一切真言皆不應頻頻而作亦不與人乎諍驗力若欲求悉地當須三時持誦三時洗淨洗淨淨時非但空水和真言水而洗淨之水真言曰

唵許賀曩縛日哩(二合)縛日羅儜(上)賀(上聲)

澡浴之時應用淨土遍身塗洗用真言土誦經七遍土真言曰

唵縛日羅(二合)賀羅許

水土之中多有行障毗那夜迦先須發遣然後用之誦此真言而遣逐之於水土中遣障真言曰

曩謨縛日囉(引)也許賀曩度曩莽他尿特普(二合)娑瑜瑳(去)囉也泮吒

又先取水以手和攪誦真言訖而用

蘇悉地經卷上　第十八張　淨升

澡浴澡浴真言曰
曩謨囉怛曩二合怛囉二合夜也娜莽室戰二合
拏嚩日囉二合擻儜上曳摩訶去蘇乞沙
二合細曩鉢多上曳娜謨上能去
用此真言水隨意澡浴澡浴之時不
應談話澡浴未了已來常須心念次
下心真言浴時心真言曰
唵 闇没二合帝鉢泮吒二合
澡浴既了應以兩手掬水一掬用前
心真言加之經誦七遍用灌其頂如
是三度應結頂髮誦真言之經七遍
當頂作髻若是出家應以右手為拳
置於頂上如前遍數同結頂髮頂髮
真言曰
唵 蘇悉地羯哩沙去訶
次應洗手取水三度漱口然後浴自
本尊用本真言誦經七遍誦漱口真
言遍身五處
唵 枳里枳里嚩日羅鉢泮吒二合
澡浴都了想浴本尊復於其處當誦
所持真言任誦多少然始可往常念
誦處乃至未到彼所已來不懷貪瞋
隨順諸境身心清淨敬想本尊而徐

徐往堅持禁戒如前所制當持不忘
既到彼所即應如法作諸事業而念
誦之當須作曼荼羅常念誦既疲當
須轉讀大乘經典或作制多諸餘善
事常不廢忘應須三時歸依三寶三
度懺悔諸餘罪業三時發菩提心若
如是者當得成就三時發願願成所
勝事為除罪故應當依教作諸善業
常行惠施具大慈悲於諸法教不生
慳悋常懷忍辱精進不退深懷歸信
六念在心所聞經典諦思其義常須
轉讀真言功德當須供養真言法經
依善畫妙曼荼羅應須入發之初令
諦信比丘入之比丘尼優婆塞優婆
夷隨次入之並皆堅固發菩提心次
定心正見入曼荼羅了應當授與結
手印法及真言并以法則亦應正說
廣為宣說一切真言法則或十四日
或月八日及以月盡日或十一日十
五日如是之日倍加供養及以持誦
并作護摩加持禁戒常須憶念倍加
諸事真言速成作護摩時常須以手
持拔折羅誦真言之經餘千遍或一

百遍辦事金剛真言曰
唵 度曩嚩日羅二合賀
諸事金剛應用天火所燒之木或苦
練木或取燒屍殘火糟木或用白檀
或紫檀木隨取一木作拔折羅應施
三股護摩之時及念誦時常以左手
而執持之能成諸事故号拔折羅若
持此金剛者一切毗那夜迦及餘作
障者並皆恐怖馳散而去以紫檀香
塗是金剛置本尊前當用如前所說
真言持誦花香而供養之其諸事業
金剛秘密微細能成就諸餘事等作
諸事時常須右手帶持珠索以香塗
之誦真言之一百遍或一千珠索真
言曰
唵 句蘭達哩滿馱滿馱鉢泮吒二合
此明王大印名忙莽雞能成一切明
王真言亦能增益及能滿足真言字
句亦能成就諸餘法乃至護身等事
非直但是諸明王母亦是金剛之母
若金剛部珠索著一鳴嚕捺羅义穿
於線中後繫為結金剛部中既介餘
二隨可知佛部珠索應用佛母真言

若蓮花部珠索應用半拏羅嚩斯涅
真言金剛部珠索應用杜莽難真言
三部母真言作前說之
帶持此珠索者毗那夜迦不能為障
身得清淨當速成就滿所求願又作
法之時當用茅草作鐶置於右手無
名指上應誦當部三字半心真言經
百遍或經千遍後安指上佛部心真
言曰

介曩介迦(引)

蓮花部心真言曰

阿(去)路力迦(引)

金剛部心真言曰

嚩日囉地勒(二合)迦(引)

供養之時持誦之時護摩等時應著
草鐶以著此草鐶故罪障除滅手得
清淨所作皆成復取白氎絲及以麻
縷令童女染作紅色或作鬱金色合
作線結為真言索一結應誦七遍真
言經餘七結置本尊前以真言持經
一千遍念誦之時及護摩時并以卧
時卧時者暮時也應用繫腰夜卧之
時不失精織故常須作加持索真言
曰

唵賀囉賀囉滿馱寧(上)東訖囉(香)馱
囉𡰥(上)悉馱囉替(二合)莎(去)訶(去)

念誦之時及護摩時應須上下著衣
偏袒右肩若以卧時洗淨及浴之時
不在此制所著上衣應真言之若大
小便應著木履若於本尊前及和上
阿闍梨前并餘尊宿前不應著之於
諸尊處用身口意而供養之若樂悉
地速得成者若見制多及以比丘常
應禮敬若遇外天形像但應合掌或
誦伽陀若見尊者亦應致禮
若聞妙法深生敬信若聞菩薩不思
議相或聞真言所成諸事皆應歡喜
心懷踊躍若樂速成者常應勇進不
生懈怠如前所制常須思念若不如
是者當違制戒獲大重罪悉地不成
身等諸根恒常憶念不應貪著諸欲
復須常行如前所制不可廢忘若晨
朝時造諸惡業至於暮間即懺悔若
於夜中縱造諸業至晨朝時誠心懺
悔復須清淨念誦及以護摩供養等
如依本戒應須如是遣度時日當於
明王戒中常須作意不久住於悉地
之中

蘇悉地羯羅經供養花品第八

復次分別說三品事業所謂三品者
即扇底迦法補瑟徵迦法阿毗遮嚕
迦法是為三品三部之中有三等真
言所謂聖者所說諸天所說地居天
說是為三部聖者所說者佛菩薩聲
聞緣覺所說是為聖者真言諸天所
說者從淨居天乃至三十三天中間
諸天所說是為諸天真言地居天說
者諸龍夜叉羅剎阿修羅迦樓羅乾
闥婆緊那羅摩護羅部多畢舍遮鳩
盤荼等所說為地居天真言脩扇底
迦法應用聖者說真言作補瑟徵迦
法應用諸天說真言作阿毗遮嚕迦
法應用地居天說真言若求上成就
應用聖者真言若求中成就應用諸
天真言若求下成就應用地居天真
言如前三部中及求三等成就并作
三種等法應用水陸所生種種諸花
當須各依本部善分別之以真言加
持應當奉獻奉獻之時發如是願此

花清淨生處復淨我今奉獻願垂納
受當賜戒就獻花真言曰
何(上)賀囉阿賀羅薩囉嚩(本)尾你夜(合)
選囉布尒帝莎(去)訶(去)
當用此真言持花供養通及三部若
獻佛花取白花香氣者供養之若供
獻觀音應取水中所生白花而供養
之若獻金剛應用種種妙花而以供
養若獻地居天隨時所有種種諸花
隨取而獻
忙攞底(丁真反)花戳吒羅花蓮花瞻蔔花
龍蘂花(似牡丹花)嚩(二合無可反)句藍花俱物頭花
娑羅樹花末利花舉亦迦花瑜底(反)
迦花勢破理迦花句嚕嚩(前回)紉花迦
淡聞華末度擯尼(上)迦花怛嘌(二合)孥
花彥陁補溼波花本囊(去)言花那嚩
(無可反)忙里迦花阿輸(去)劒花母注揭難
花那恭難花注多曼折利花勿勒筌
烏鉢羅花迦吒藍花建折那(上聲)蘢花
娑擯尼(上)劒花憂鉢羅花得集藍花
鞀陁難花迦囉末花等於林邑蘭若
所生者及水陸生如上等花應須善
知三部所用及以三品三等供獻(月)

忙攞底(丁以反)花得集藍花揭難花末理
迦花瑜底(丁以反)迦花那龍藥花如上等
花佛部獻用憂鉢羅花俱物頭花蓮
花娑羅樹花勢破理羅闍底(丁以反)迦花
本那言花得集藍花此上等花觀音
部中供養為勝青蓮花鉢孕衢花花
茉枝條餘不說者並皆通獻金剛部
中如上花中白色者當作扇底迦法
黃色者作補瑟徵迦法紫色者作阿
毗遮嚕迦法如是花中甘味者作扇
底迦法辛味者作阿毗遮嚕迦法淡
味作補瑟徵迦法或於淨處所生枝
蔓花條始生芽茅草或小草花或中
樹花大樹花種種諸花隨類應用闍
底花蘇末那花單通獻佛蓮花單獻
通供養觀音青蓮花奉獻金剛各為
勝上佛部之中作扇底迦法用闍底
蘇末那花作補瑟徵迦法用蓮花作
阿毗遮嚕迦法用青蓮花餘二部類
此作之上色妙香花中色香花下色
香花隨事分用或用取花條或用花
朶以獻妃天等用說為上勝紫白二
色羯羅末羅花應用奉獻忿怒尊主

及諸使者說為上勝
句吒惹(而也反)花底落迦花娑羅花迦栗
尼(上二合)迦(引)囉(引)花阿娑囊(去)努嚕莽
(二合)花尾螺花迦吒藍花等隨取其一
而供養之遍通三部及上中下除災
等三復有種種諸花合成為縷或種
種花聚持以供養遍通九種種種花
中不用臭花或刺樹所生或若辛味
或前賸列花名之中無名之者亦不
應用木蓋花計得錫花阿地目得迦
花瞀句藍花窣(去)䟦花等亦不應用
長時供養通九種者紅花閃弭花鉢
孕句花及骨路草并此等類稻穀
花油麻相和如上所說種種花等供
養最為勝上如無此類種種諸花但
用白粳米揀碎者而供養之亦通九
種不得乎用其花如作法之時求不
得者隨所得花應誦當部花真言而
加持之若無花獻應用蘇囉二枝葉
或莽嚕闍蘂瀨穀蘂耽忙(去聲)羅葉詑
嘌(二合)瑟拏(二合)末利迦葉忙都抳伽葉
閉羅惹(而也反二合)迦葉及蘭香等類而替
獻之如無此等枝葉應用蹲(無可反)落迦

根甘松香根卷栢根牛膝根及餘香
藥根香果亦通供養所謂丁香荳蔻
肉荳蔻甘橘及一切香果等通皆花
供養若無如上花菓根果獻者先曾
見獻供或曾聞說或自曾獻花隨其
所知應令自運心想而供養之最為
勝上然養雖有如前花果等獻若能
至心虔誠合掌頂奉供養本尊花等
如是心意供養最上更無過者致作
之常應如是供養不得懷疑

蘇悉地羯羅經塗香藥品第九

次復我今說塗香藥法隨諸真言應
合供養能成衆福其名曰
香附子句吒囊(上)吒青木香鞞落迦
烏施羅舍嚟嚩煎香沉香鬱金香白
栴香紫檀香嚩羅拏(二合)那嚕鉢囉(戒)
(北栢等)拏(二合)劍婆囉藍(云松木耳)娑比嘮
(香)迦鉢持莽(二合)劍劍(云栢木是)帶羅鉢嚟尼
(上香)迦(引)利也劍(云黑)丁香婆
羅門桂皮天木香鉢孕瞿閉乳難爍
蘗盆涅(去)蘗細攞嚩嚕劍迦畢貪嗟
達囉許囉(香)母劍頗里迦寧(上)囊里
迦始嚩(引)瞻(去)臂蘇嚩嚟拏(二合)暁迦

藍忙觀抃伽(去)多利三薄娑怛嚟
拏忙(去)斯(甘松香是)那莽鞞莽嚕崩梵母
囉計施耽(云水)忙(去)羅本囊(去)言嚕
囉末夜(二合)傑羅(二合)囊(上)却没癡囉嚩
利嚩(引)濫(二合)比迦怛你閭(二合)設多
補濫波(二合)(迦)訶嚟蘸蹄草拏迦
脚句藍(白荳蔻)惹底(都以反)頻羅諸羅劍
胡佯藍娑縮(二合)嫁閭地夜(二合)莽劍戰
荼都嚕瑟劍(蘇合香)鉢囉(二合)娑怛(二合)婆
嚩(二合)計薩藍等類及膠汁所謂龍腦
言陁羅娑娑遮囉娑安悉香薰陸香
設落翅勢嚩(引)
娑迦等及餘有膠樹香者並通隨其
本部善須合和用諸草香根汁香花
等三物和為塗香佛部供養諸香樹
皮及堅香木所謂栴檀沉水天木等
類并以香果如前分別和為塗香蓮
花部用諸香草根花果葉等和為塗
香金剛部用或有塗香具諸根葉先
人所合成者香氣勝者通於三部或
唯用沉水和少龍腦以為塗香佛部
供養唯用白檀和少龍腦以為塗香
蓮花部用唯用鬱金和少龍腦以為

塗香金剛部用紫檀塗香通於一切
金剛等用肉豆蔻脚句羅惹(丙之反)底(都以反)
蘇末那或濕沙蜜蘇濫咩羅鉢孕瞿
等通於一切女使者天塗香供養甘
松濕沙蜜肉豆蔻用為塗香獻明王
妃白檀沉水鬱金用為塗香供獻明
王用諸香樹皮用為塗香獻諸使者
隨所得香用為塗香獻地居天唯用
沉水以為塗香通於三部九種法等
及明王妃一切處用或有別作扇底
迦法用白色香補瑟徵迦法用黃色
香阿毗遮嚕迦法用以紫色無氣之
香若欲成就大悉地者用前汁香及
以香薰若中悉地用堅木香及以香
花若下悉地根皮花葉用為塗香而
供養之和合香時不應用於依有情
香謂甲香麝香紫鉚等類及以酒酢
或過分香世不樂者皆不應用供養
之時有四種香謂塗香末香香丸香
水隨用一類以為花欲獻之時作
如是言此香天妙清淨護持我今奉
獻唯垂納受令願圓滿香真言曰
阿(去)以賀羅賀羅　薩羅嚩　尾你

夜(本)達羅布尒帝 莎(去)訶(去)
先誦此真言而真言之後誦所持真
言淨持如法奉獻於尊若求諸香而
不能得隨取塗香用前真言持誦供
養復用本部塗香真言而持誦已奉
獻本尊

蘇悉地羯羅經分別燒香品第十

次復我今說燒香法通於三部沉水
白檀鬱金香等隨其次第取一供養
或三種香和通三部或取一香隨通
其部目諸香名
室唎(二合)吠瑟吒(二合)鉫汁娑折羅娑(去)
(肥)(轉舌)氧陁羅素 安悉香 娑落翅
龍腦香 薰陸香 語苫 地夜(二合)目鉫
祇哩若(西可反) 蜜訶梨勒 砂糖 香附子酥
合香 沉水縛(引)落鉫 白檀 紫檀 五
葉松木 天木 囊里迦 鉢哩閉攞縛
烏施藍 石蜜 甘松香及藁等若欲
成就真言法應合和香室唎(二合)吠瑟
吒迦樹汁香遍通三部及通諸天安
悉香通獻藥叉薰陸香通諸天女娑
折羅娑香獻地居天娑落翅香獻女
使者氧陁囉娑香獻男使者龍腦氧

陁囉娑娑折羅娑薰陸安悉薩落翅
室利(二合)吠瑟吒(二合)迦此七膠香和以
燒之遍通九種復此七香最為勝上
膠香為上堅木香為中餘花葉根等
為下蘇合沉水鬱金等香和為第一
香加以白檀復置砂糖為第二香又
加安悉及以薰陸為第三香如是三
種和香隨用其一遍通諸事地居天
等及以衛護應用薩折囉娑砂糖訶
梨勒以和為香供養彼等復有五香
所謂砂糖勢麗翼迦薩折囉娑訶梨
勒石蜜和合為香通於三部一切事
用或有一香遍通諸事無上好者衆
人所貴上妙和香如無是香隨所得
者亦通三部諸餘事用如前所說合
和香法善須分別應其所用根葉花
菓合之而獻有四種香應須知之所
謂自性擣丸香塵末香作丸香亦須
要知應用之處扇底迦法用擣丸香
阿毗遮嚕迦用塵末香補瑟徵迦用
作丸香擣通一切用自性合擣丸香
置以砂糖和塵末香安樹膠香令作
丸香應用好蜜酥乳砂糖亦通替塞

自性香上應灑少酥如求當部所燒
香若不得者隨所有香先誦當部香
真言而持誦後然誦此真言合和香
法不置甲麝及紫鉚香亦不應用末
你也等而和香亦不過分致使惡氣
及以無香以此林野樹香膠能徧一
切諸人意願諸天常為食我今將奉
獻哀愍故垂受
阿(去)賀囉賀囉 薩囉縛(二合)尾你夜(二合)
達囉布尒帝 莎(去)訶(去)
先用此真言而持誦之後用所持真
言取彼香真言如法用之

蘇悉地羯羅經分別然燈法品第十一

復次今說然燈法以依法故令諸天
仙懽喜成就以金為盞或用銀作或
用熟銅或用泥瓦此五種中隨取一
用本尊喜歡作燈炷法用白氎花作
之或新氎布作之或羺句羅樹皮絲
作之或新淨布而作炷用取月諸香
油衆所樂者或以諸香酥油扇底迦
法用上香油補瑟徵迦法用次香油
阿毗遮嚕迦法用下香油諸香木油

扇底迦用以油麻油補瑟徵迦用以
白芥子油阿毗遮嚕迦用阿(去)怛婆
菓油真言妃用及餘女仙諸餘菓油
真言主用若樹菓油諸天神用謂摩
訶迦羅等魚脂鬼用諸畜生脂藥叉
用之拔羅得鵝油及麻子油下類天
用謂四姊妹遮門荼等於寒林中起
吠侈羅等用犬肉脂諸油之中黧牛
酥上通三部或白牛酥扇底迦用
黃牛酥補瑟徵迦用烏牛酥阿毗遮
嚕迦用或本部分別依彼而用諸藥
之中所生油補瑟徵迦用諸香出油
扇底迦用惡香氣油阿毗遮嚕迦用
如上所略說燈然次第善自觀之縱
此不說而審用之雖有燈油而不依
本部者以本部真言而真言之供養
此燈能却障能淨及除罪我今持奉
獻哀愍故垂受真言曰
阿跢迦也　阿路迦也　薩羅嚩(二合)尾你也
(二合)達羅布　介帝莎訶
誦此真言已復誦本尊真言而真言
已復作淨法除諸過故如前已說
蘇悉地羯羅經獻食品第十二

復次我今說獻食法令諸天仙悉皆
喜歡速得成就略說食獻應用圓根
及長根菓酥油餅等非酥油餅諸餘
羹臛等味或種種粥及諸飲如此四
種飲食通於諸部獻末慕(上)布羅迦
菓通三部或以石榴或注躭菓亦
通三部以其次第各通一部
甘味扇底迦用甘酢味補瑟徵迦用
苦辛淡味阿毗遮嚕迦多羅樹菓椰
子菓尾羅菓你跛菓及餘臭菓衆所
不樂亦不應獻或有上味菓也復多
饒而復最貴獻如此菓獲上成就或
有諸菓其味次美世復易求價無苦
貴如此菓獲中成就或有諸菓其味
苦辛淡也復豈足價復最賤獻如此
菓獲下成就復欲加意奉獻應取女
名菓所謂柿子杏桃等而獻女天諸
樹生菓無苦味者獻真言妃室利淨
羅菓通三部一切忿怒嚩拏菓通求
一切藥叉却比貪菓室利天用
餘衣掘樹生菓餘飄使迦用如是類
前諸菓更有多種異名隨觀其味而
用獻之

或於村側或蘭若中清淨之處有諸
草根其味甘美取之奉獻速得成就
微迦那判根通一切用復有奇美味
亦通一切奉獻非直天神人中復用
山中所生根美味者佛部獻熟芋根
亦通佛部迦契嚕鉀根微那判根縛
也勝根舉如根及餘圓根從水生者
蓮花部用一切藥圓根若辛味花及
多種生芋金剛部用色香白香極甘
美足味如是圓根佛部奉獻色黃中
香中美不大酸不大酷味如是圓根
蓮花部用赤色苦辛淡味臭氣不甘
如是圓根金剛部用如是三部扇底
迦等及上中下並同通用略說圓根
善隨其部上中下等而用獻之如是
別分速得成就前說圓根長根生長
及所用之如圓根類等葱蒜韮根及
餘極臭辛苦味等不應供養悉底
食烏路比迦食布波食嚩拏迦等食
及餘粉食或作種種胡麻團復有種
種白糖所作食歡喜團食莾變失食
毗拏迦食賓(去)丘拏句釋迦食阿瑜
(去)迦嚩侈也食指室羅食餅食過嚫

比瑟吒迦食賒句離也食鉡鉡吒食
布波食𦙶沙布波食微諾鐸迦食補
沙鞞多食羅鞞尼去迦引食藥部迦
引羅迦食俱舉知食羅𦙶迦引食析
沙𠆙昔底迦食鉡嚟香指里迦食室
利布羅迦食吠瑟徵迦食瞋諾迦食
吒那羅迦食遇拏補羅迦食貿但羅
布波食知若羅食遇拏鉢鉡吒失薩
伽吒食喝多食種種葉避侈儐拏布
波食羅若析娑食娑若迦食喝嚟多
布羅迦食劫讃徹迦食句娑里迦食
三補吒食捨拏鞞食訶哩俾食釋句
囊食弭囊食種種鉡羅尼上悖嚟瑟
吒迦食地比迦食若羅訶悉來你闍
食羯羯羅儐拏迦食鞞羅伽去多食
鞞底徹迦食乞滋二合底迦食迦若羯
哩尼上迦食等如上等食或用砂糖
作或以酥油或以油麻和作如前其
本部隨取而用獻依法奉獻速得成
就米粉等食佛部扇底迦及上成就
一切麥麵食蓮花部補瑟徵迦及中
成就油麻豆子所作食金剛部阿毗
遮嚕迦及下成就等用一切諸味中

以白糖而所𦙶者佛部供獻之中常
當奉獻室利吠瑟吒迦食蓮花部用
歡喜團食金剛部用布波迦引食求
藥叉用女名食真言妃用女名食者
餅護里食鉢鉢徵食等諸食中最貴
而復美味者求上成就而獻如其次
味餘二部中此中不具隨所作者八
部等用獻食之時先敷巾箄等為莊
嚴故先置莎悉底迦食烏路比迦食
布波食如是先作三部共同復如本
部所須飲食隨力獻之粳米飯六十
日熟粳米飯大麥乳糜飯不種自生
粳米飯粟米飯應須獻者依法獻之
具諸香味奇美羹臛及諸豆臛等而
奉獻之乳糜大麥飯及成不種自生
粳米飯求上成就粳米及飯六十日
熟粳米飯求中成就粟米飯及餅等
下成就用扇底迦法為上成就補瑟
徵迦法為中成就阿毗遮嚕迦法為
下成就供獻飯食根菓飯粥依上中
下而奉獻之扇底迦法最上佛部補
瑟徵迦法中蓮花部阿毗遮嚕迦法
下金剛部最上悉地及與中下善須

依法隨類應知羹臛之中甘美者扇
底迦用酢甜之者補瑟徵迦用苦辛
淡者阿毗遮嚕迦用乳粥扇底迦用
石榴粥酪粥等補瑟徵迦用訖娑羅
粥謂胡麻粳米豆子等是阿毗遮嚕
迦用如前略說諸食味等或隨方所
總種有異觀上中下而奉獻之或有
諸味衆所稱讚或自愛者應持獻佛
或有本部真言所說獻食次第宜當
依之若異彼者不得成就食中顯者
及以悉香者金剛部中用前說塗香
及與香燈食等先依本部扇底迦等
亦當依之觀真言性為喜為怒次復
觀之能成何事復細尋察滿何等願
既觀知已前所獻食隨力獻之於供
獻法中見有用迦引弭迦食者應獻
莎悉底食烏路比迦食及餘力所辦
食砂糖酪飯根菓乳粥等是也此迦
引弭迦食遍通獻一切唯除阿毗遮
嚕迦於供獻法中見有用微質覩路
食者應以迦引弭迦食中加三兩種
上異飲食即是也於供獻法中見有
用烏耶嚕食者以前迦引弭迦食倍

加多置即是也於獻法中見有用三白食者應以乳酪酥飯是也復見有三甜食者酥蜜乳飯是也於獻法中見有薩縛薄底迦食者娑也里迦食陵祇里迦食薝没梨耶食底羅比瑟吒迦食酪飯根菓或於前所說食中隨取一兩味置之稻穀花諸花及菓盛以大器置水滿中遶於持誦之處而弃之即是也於獻法中見有扇底迦食者用莎悉底乳粥稻穀花酥蜜乳及乳煑大麥飯微葱布羅決能除災無致懷疑也於獻法中見有補瑟徵迦食者應用酪粥歡喜團烏路比迦砂糖室唎吠瑟吒迦（引）等食決能滿願無懷疑也於獻法中見有阿毗遮嚕迦食者應用赤粳米飯或用勾捺羅縛子或染作赤色飯或油麻餅娑布跛迦嚐没梨也（二合）訖娑羅粥等決能降怨無懷疑也若持藥叉真言無獻食法者應依此法而奉獻之以用赤粳米飯根菓蜜水及蜜并粆糖米粉餅等是也持女天真言等應獻羹飯豆子䏶等諸甜水漿鉢羅拏鉢

嚟瑟吒迦（引）無葉味等及諸菓子一切女天應獻是食也欲求上成本部獻法者依此獻有諸飲食根菓香等衆所共啖其味美者多而復貴如此上味求上成就而奉獻之如上略說諸獻食法各隨本部所求事法皆已略陳或於餘方飲食味異觀其色味隨類獻之欲獻食時先淨塗地香水遍灑淨洗諸葉蓮葉鉢羅勢葉諸乳樹葉或新氎布等敷設其上後下諸餚膳依用此葉扇底迦用水生諸葉及餘奇樹葉或芭蕉葉作補瑟徵迦用拔羅計樹葉閼伽樹葉及苦樹葉或隨時得者阿毗遮嚕迦用以雌樹名葉謂芭蕉葉始生蓮葉等女仙真言處用鉢攞迦使乾樹葉用地居天等以草用之求上中下法善須知先塗灑地後數諸葉淨洗手及數漱口然水次須下食先下莎悉底迦食次下圓根長根菓復下諸粥次下諸食次下羹臛飯次下乳酪各隨法本依此下之若作曼荼羅及撒成就諸事得諸境界已者應當倍加奉獻清淨

飲食花菓等類初持誦時隨其所辦隨所得味依彼本法而奉獻之若黑白二月八日十四日十五日日月蝕時地動時即廣加供養護摩之時所須之物先辦置於本尊前持誦人食時先出一分食亦同置尊前如先作護摩而後食者應預作食而出置之先設供養所辦食已然後應當起首念誦獻諸花菓及諸飲食常須念之不應廢忘仍依本法若欲一時念誦一時供養諸根菓食若欲二時念誦：時供養若言三時念誦三時供養如是依法當速成就持誦之人不獻飲食違本部者其人乃著魔障身無精光所饒風爍飢渴恒思想不能成就本尊真言皆由不獻本尊菓食應當於前黑白二月等日廣設供養奉獻本尊并諸眷屬初持誦時於前等日作薄底迦食遶持誦處四方弃之於此不說或本宗不通縱有所通以諸下味而求上成及所制食臭惡之類皆不應用常獻酪飯於諸部中求上中下扇底迦等并通諸天真言

等者應當如是供養若無本所制飲
隨其所得以本部真言而持誦之此
染奇香美唯堪奉於尊我今持奉獻
哀愍故垂受
阿(上)賀囉阿賀羅 薩囉嚩(二合) 尾比夜(二合)
達羅布尒帝莎訶
此真言遍通三部後誦一持真言而
持誦之

蘇悉地羯羅經卷上

乙巳歲高麗國大藏都監奉
勑雕造

蘇悉地經卷上 第十五張 坤

蘇悉地羯囉經卷上

校勘記

一 底本，麗藏本。

一 此經與石經本相近，而與其餘校本大異，（卷中、卷下同。）甚難對校。茲以清藏本作爲別本，校以[資]、[磧]、[南]、[徑]，附載於後。

一 七八二頁下末行末字「二」，[石]作「三」。

一 七九〇頁中五行第七字「藍」，[石]作「嚂」。

一 七九〇頁下一九行第一二字「二」，[石]作「三」。

一 七九〇頁上九行「蘇悉地羯囉經卷上」後，[石]有細註「天慶七年」。卷中、卷下同。

蘇悉地羯囉經卷中　詩 丹

大唐中天竺三藏輸波迦羅　譯

扇底迦法品第十三

扇底迦法補瑟徵迦法阿毗遮嚕迦法前雖通說猶未能周今更重宣廣其義理此三種法速成者應當如法次第行之若扇底迦念誦及作除災護摩法者歸命三寶深起慈心於白月一日黃昏之時起首念持成扇底迦法於此之時淨居天下遊歷人間以天福祐速得悉地身著白衣坐俱尸草以面向北身心寂靜作扇底迦先取未經墮地牛糞三時塗地普散白花若作護摩先辦小麥乳酪稻穀花油麻青擊慮草鉢孕瞿花粳米飯以乾白花及乾花蘂用閼弥木或用諸樹膠香或用夜一介迦木或用諸乳樹木應取樹梢枝不應棄葉應量截之或用酥蜜此護摩具遍通諸部香於降法有所說者應當依之作扇底迦取乳樹木杓揩取火或應取處取來護摩作扇底迦當速成就以一搩手截乳樹枝酥蜜乳等器內相和乾乳木著火護摩或於蘭若淨處有乾牛糞生火勝上或閼弥木或諸香木作扇底迦薪如一肘量圍作爐其地上白處淨坑深十二指以大母指量之坑上作椽皆四指量坑中四寸量作輪輪高一指量持誦之人結加趺坐所緣事如其本部法如依供養作供養佛慈復怛他蘖多嚕喋壹引勝真言如波若波羅蜜佛眼次獻碎支佛阿羅漢衆次供淨居天次難陀烏波難陀龍王等本真言主當中佛坐左佛慈佛母普賢弥勒虛空地藏除蓋障等菩薩即次安坐辟支佛等及淨居天等乃至門西難陀龍王其右摑如來毫般若大佛頂若也佛頂微若也佛頂帝殊囉施

蘇悉地羯囉經補瑟徵迦法品第十四

補瑟徵迦法肘心懷踊躍或誦持護摩應依本部從白月十五日起首至後白月十五日為終仍依當部而作補瑟徵迦復從實時起首終日中止一隨本情於此時起首者當介之時

諸尊天衆遊觀於世復有帝釋等天及諸法天於彼之時降臨察世見興善者心懷歡喜能滿其願持誦之人至於此時應當至誠不應懈怠身著白衣以面向東半加而坐作補瑟徵迦以諸美香三時塗地於其地上遍散雜色花若作護摩應依此作以稠乳粥或酥乳蜜或酥蜜酪弁苣蘇四物和作或用單酥或用空酪或用沒多補溢波或用尾螺菓或用粳米或用囊伽汁薩花或用蓮花或用揭嚟尼上迦花隨各取一搵蘇護摩或用酪飯或諸種子隨取其一諸乳樹枝如前等物如本法作補瑟徵迦取刹帝利家火或於王宮取林木相揩出火或取大火得此火者皆悉吉祥木麤一握長一肘量搵酥乳酪而作護摩先取乳木生火令著或用花菓樹木作生火薪於黑土地如無此地外處取黑土填坑於上穿爐須方二肘深一肘量坑中作一蓮花量如兩指折高四指量椽闊一搩手於其內外塗以黑土依於本部如法作之諦想

本緣時無間忘作補瑟徵迦當前置觀世音菩薩右邊大勢至於此左邊置觀世音持明王等右邊悉達他持明王仙於此左邊置菩薩於此又置七吉祥等天次持明王次置梵天與梵天衆圍遶為求願故亦任供養藥乂阿利底大仙蓮花部中諸天仙衆各依法作先自灌頂然後念誦作補瑟徵迦求見長年或求齒落令生髮白更黑或求身支肥悅福力增加或求種種諸德心所希求作如是願者名補瑟徵迦

蘇悉地羯羅經阿毗遮嚕迦品第十五

阿毗遮嚕迦者心懷瞋怒瞋彼所治自無恐怖應作此法以忿怒真言而念誦之或作護摩不擇時日亦不作齋忿怒之時應當起首若看時日以黑月八日或十五日於日中時或於時日毗舍諸鬼及與部多羅刹等衆集會一處或遊歷於方所於此之時作阿毗遮嚕迦者忿怒心生易得成就諸餘鬼類助持誦者使忿怒增所作之事速得成就身著赤衣或青色

蘇悉地經卷中　第四張　[illegible]

服水灑令濕而以著之作搖忿事以自血灑令濕之以右脚踏左脚上面向南住怒目不齊精眉間皺蹙齧其牙齒作大聲音自想已身此部之主身意勞苦堪能忍之如依此法次第作阿毗遮嚕迦日別三時取於黑土塗漫茶羅或用驢糞或駝羊豬狗糞或燒死屍灰獻以赤色香之花或獻臭花或青色者或獻諸穀麥豆之糠護摩之時用白芥子或芥子油或自身血或復用鹽或用芥子或苦練葉或復用灰或足底塵或用驢糞或髐狗賭羊糞或人糞等或用毛髮擣碎用之或用烏翅或雞鵰鷲鵂鶹鳥等或用其翅或用毛羽或用如上禽獸脂等或用棘刺或破瓦器或諸骨骸或用犬肉或猪肉等或俱尾那木或苦練木或燒屍木或燒屍殘木或有刺木或佉陁羅木仍依法截而用護摩如上等類隨所用者皆應和以毒藥及自身血鹽等三種或所作諸事應辦彼名取焚屍火或旃茶羅舍火或敲骨石取火前所說樹取彼根木

蘇悉地經卷中　第五張　[illegible]

十指量截皆須擘破其兩頭使令尖塗其毒藥并芥子油著火之時用乾臭辛樹木或擘屍木或燒屍殘木先用著火於黑土地穿三角爐一角向外三角中間各長二十指深十指量緣閣三指以焚屍灰塗之爐底作八指量拔折羅高三指量以焚屍灰作或用諸糠或用炭作或取護摩物作謂毒藥諸糞芥子及鹽等作彼怨形片割彼形而作護摩或用左脚踏形心上而作護摩護摩既尒念誦亦同或以刀割分支或用杖鞭打或用皂莢刺或佉達羅木作杖打之遍通諸部並法如前本法自宣應當依用如前廣說依法護摩所作事緣心不應忘作是法時先供養大忿怒金剛并諸眷屬皆供養之先置拔折羅央俱尸持明妃次置俱里舍沒寧此云食金剛者持明王次摩訶麼哩此云大死持明王次設多乞使荅此云百眼持明王次龍鴆盤茶羅刹娑等應用扇底迦真言先護自身如法辦供作阿毗遮嚕迦於諸怨處令彼支分相

蘇悉地經卷中　第六張　[illegible]

離或徙移本處或親者相憎或令彼重病或令眷屬離散或令彼頑愚或作種種諸餘惡事作如此法爭阿毗遮嚕迦行此惡事懲罰惡人於三寶所懷起惡心或求其過欲令彼等現世徵苦免地獄難見諸衆生造種種罪或犯菩薩清淨律儀或謗三寶或於師長作違逆事為愍彼故作阿毗遮嚕迦作此法時須依本部不得擅意用忿怒真言或用諸惡羅刹等真言或用鉢辣史使真言作此阿毗遮嚕迦作此法已懲罰人惡所願既畢盛其怒目視而加困篤者將死不久者速應作扇底迦然後徐作補瑟徵迦此法不應作之若欲作時應用羅刹等真言為佳或依本法縱是佛部真言亦無所畏若作此法治行惡人心無恚恨具大慈悲處彼惡業因緣長時受苦尒若常行是惡唯長苦因欲與彼永世安樂故應作此法須發瞋心行惡之人應墮地獄為欲除去地獄苦故諸真言主作是方便而救獲之既被惡行業有輕重隨對治之

蘇悉地經卷中　第七張　諱字

不應輕罪致令至死以治彼故令他苦痛過分為令彼歡喜故應作扇底迦法當尒之時或就彼爐或更別作以乳護摩成扇底迦用阿毗遮嚕迦真言去彼訶那訶那波者波者麼羅壓囉等名字安扇底拵嚕名即成扇底迦法既迴心已思念菩提心發菩提心於諸衆生常懷饒益豈可合行如此法耶如佛經教若人懷瞋作地獄業智者速應起慈善心若欲速成作扇底迦法應就舍利塔前作補瑟徵迦法於池側作阿毗遮嚕迦法於寒林中如是之處當速成就

蘇悉地羯囉經分別成就法品第十六（亦名悉地相分）

復次悉地成就乘空而進此為最上藏形隱跡為中成就世間諸事為下悉地上中下成有此三種乘空隱形世間事等三種成就隨上中下更分別之三部上成我今重演持明仙乘空成就五通及有多種或得諸漏盡或辟支佛或證菩薩位地或知解一切事或辯才多聞或成就吠多（去）羅尸或成就藥叉尼或得真陁摩尼或

蘇悉地經卷中　第八張　諱字

得無盡伏藏具如上等事為上中上成就次說三部之內中成就法隱形藏跡身得大力先來懈怠而得精懃入脩羅宮得長壽藥成鉢辣史迦天使或能使鬼或能成就娑羅金尒迦樹神或成多聞未經所聞深知義理或合藥成繞塗足項縱遠所涉無有疲乏如上所說悉地名中上成就次說下中成就法以真言力所令衆喜見或攝伏衆人或能懲罰惡人降諸衆怨及餘下事為上中下若欲成就藥拘等者有三種成光焰生為上煙氣為中煴燰為下復次聖者真言為上成就諸天所說名為中成就世天真言為下成就復次佛部真言為上悉地蓮花部真言為中悉地金剛部為下悉地若欲以上真言欲求下者得下成就或以下真言欲求上者得上成就或以用中真言成上下者亦等真言之中具此四德當知真言上中下分能成大果勸謂滿辟支佛位滿足菩薩十地乃至成佛為大果報復成大德行謂多諸眷屬前後圍

蘇悉地經卷中　第九張　諱字

遠滿如是願者為大德行復能久住位謂得勝處轉輪處長壽之仙滿如是願者為久能住位復形儀廣大謂威光遠照為形廣大具此四德者雖是下品真言能成上品上品之中其不具此德雖是上品真言者下品用也諸佛菩薩所説真言如是轉次多佛菩薩所説之者雖是屬下品亦能成就上品等事或尊等所説真言之中唯具一事者謂扇底迦法補瑟徵迦法阿毗遮嚕迦法雖具一事於中各有上中下品豈有下品真言能成上事猶青泥中出妙蓮花固無疑也豈有上品慈善真言能成忿怒下品成就如白檀木其性清涼若風擊相揩自然火起非無因緣也如是差乎雖非次第諸餘悉地皆勿疑慮也身分悉地為上品成諸藥悉地為中品成富饒悉地為下品成若復有人久來持誦下品真言雖縱自無力於本尊邊轉求上品而相惠之若於上品真言之中心懷猶豫念持供養復不精誠雖是上品真言由彼念誦心輕

感招下品成就故知持誦皆由心意且如諸天之中亦有貧者諸鬼部內亦有富強此彼如然真言亦尒一一真言皆具三悉地謂上中下誠心念誦皆獲悉地

蘇悉地羯羅經奉請本尊品第十七

復次若欲入本尊室先觀尊顏合十指爪當小低頭復以器盛淨水隨所作事置本獻花復置塗香依於本法而作閼伽燒香熏之應誦真言七遍而加持之取此奉請既奉請已復當依法供養盛閼伽器當用銀或用熟銅或以石作或以土木或取螺作或用東底或用荷葉以綴作器或乳樹葉如上所説閼伽器等當用之時須知次第若扇底迦當用白器補瑟徵迦當用黃器阿毗遮嚕迦當用黑器作上中下悉地成就類前所説應可用之作扇底迦所用閼伽置少小麥補瑟徵迦應著胡麻阿毗遮嚕迦當置粟米又扇底迦置乳補瑟徵迦著酪阿毗遮嚕迦應置牛尿或著自血過適用者應著稻花塗香及花胡麻

茅草環用熟銅器盛以閼伽若無此器隨所得者亦過通用請召之時應用當部明王真言及慕捺羅若有本法已説召請真言應當取用無煩別者先請當部尊次請明王妃三部之中皆應如是本法若無請召真言應用明王等真言而請召之本法雖説請召真言既是下劣豈合請於部主若以本法真言請召當速成就不應生難也

本法若有請召真言及發遣者當請之時此真言主至部主所請云今有某甲為某事奉請若發遣時亦復如是所作事已願尊證知隨意而去明王妃真言用請女仙等明王真言請諸真言主或有真言主不受明王真言所請要以明王及明王妃真言然可依請如別部説置閼伽時應誦真言大者一遍中者三遍下者七遍極小者聽誦二十一遍如上所説閼伽法則先兩膝著地應須手著淨茅草環如前已説手持閼伽燒香熏之作如是請仰唯尊者以本願故降赴道

場願垂哀愍受此閼伽及微獻供有真言主名曰獨勝奇加忿怒不受諸餘真言召請用彼所說真言然降所請彼請眷屬亦不受於餘真言請亦應用彼眷屬真言而請召之但緣請召用心真言或說根本或明王妃所說真言而用請召部心真言遍通三部用彼請召當應降赴加嚕醯字此更秘密速滿其願當此之時誠心作礼再三啓白大慈悲者請依本願来降道場若不誠心徒多念誦乃至真言亦皆懸重以用兩手捧閼伽器頂戴供養為上悉地置於心間為中悉地置於臍間為下悉地先觀本尊彼所畫像其像若立持誦之人亦應立請懂像若坐亦應坐請又觀彼像曲躬立勢亦應効之而奉請之當請之時先觀本尊所止之方而向彼請然便迴身置閼伽器於尊像前復有秘密復觀所作扇底迦等諸餘方所而請召之或於餘時得諸花菓稱本尊意應須奉請然可獻之當請之時合手爪指齒於本方但至誠心奉請或

以兩手而捧請或閼伽器而請召之然後應獻所得之物若欲成就上中下事及扇底迦等皆須加以真言及慕捺羅而作請召作成就諸餘事等或有障起或有魔興或病者加苦當尒之時事緣既遠不可當時辦閼伽器便用心啓請本尊作除遣法如上所說隨其大小擬欲成就閼伽請之急難等事誠心請之若復有人欲得歸仰諸部尊者應當作召請法則持誦之人速得成就

蘇悉地羯羅經供養次第法品第十八　亦名念誦法

復次奉請尊已次依部類或諸事業觀其大小依於法則而供養之既說奉請已作如是言善来尊者愍我等故降臨道場復垂哀愍當就此座坐受微獻供復起誠心頻興作礼而白尊言大悲垂愍以本願故而見降臨非我所能請本尊者如是三時皆應依此如前已說應須辦供先獻塗香次施花等後獻燒香次供飲食次乃然燈如其次第用忿怒王真言此等物清淨善悅人心各用本色真言而

真言之獻塗香已各列其名如依前說即奉閼伽如是花香及飲食等皆亦准此塗香燒香花及飲食無可獻者但誦本色真言及作手印以此獻之表大無可求得但納真心後作閼伽以真心故速滿其願離此之外有四供養遍通諸部一切處用一謂合掌二以閼伽三用真言及慕捺羅四但運心此善品中隨方應作或復長時供養中最無過運心如世尊說諸法行中心為其首若能標心而供養者滿一切願若欲成就諸餘事者應當發遣諸為障者若不遠除後恐傷及所以先須作遣除法誦忿怒真言或用當部成辦諸事真言誦此遣除先次應誦本部尊真言而加持水灑請護摩及作手印等

佛部真言曰

唵怛他(去)蘖妒娜婆(二合)嚩(引)也莎(去)訶

蓮花部尊真言曰

唵鉢娜謨(二合)娜婆(二合)嚩(引)也莎訶(去)

金剛部尊真言曰

唵嚩日嚕娜婆(二合)嚩也莎訶

或用部心真言
佛部心真言曰
尒囊(一上)迩迦(輕呼)
蓮花部心真言曰
阿路力迦(輕)
金剛部心真言曰
嚩日囉(二合)特勒(二合)迦(輕)
或用此真言或用部尊遍灑花等復
用吉利枳羅忿怒真言及印口誦真
言左手作印遍印塗香燒香飲食花
等方始得淨除穢為自身淨故以其
右手盛掬香水眼觀香水而誦心真
言灌自身項自身清淨除穢復用一
切事真言并忿怒真言此為淨座故
真言香水而用灑之又誦七遍普灑
地方能除諸穢而得清淨吉利枳羅
真言曰
唵 枳里枳里嚩日囉(二合) 嚩日嘌(二合) 部囉滿
(二合)馱嚩鉡泮吒(二合)
此上真言護地方訖結虛空界應用
次下蘇悉地真言燒香手執口誦真
言熏馥空中穢惡能除便得清淨蘇
悉地真言曰
蘇悉地經卷中 第十六張 梓字

唵 蘇悉地羯哩若嚩(二合)里多(去)難慕(輕)
囉多(上二合)曳若嚩攞若嚩攞滿馱滿馱賀曩
(上)賀曩(上)鉡泮吒
此上金剛部蘇悉地真言遍通諸事
結空界用次說佛部結空虛真言曰
若嚩(二合)羅鉡
此上佛部結空界真言唯通當部次
說蓮花部結空界真言曰
唵 鉢特弭(二合)寧(上)薄伽(輕)嚩底(丁以反)謨
賀也謨賀也 若薩怛謨賀寧(上)莎(去)訶(去)
此上蓮花部結空界真言唯通當部
次應當用部心真言呪香水散灑諸
方復以明王根本真言或心真言或
真言主使者心真言隨取其一用結
方界以此諸心真言而作結界所結
之處如置垣牆當部仙天常當護衛
無能作障諸部諸事有為障者應依
甘露軍荼利法而遣除之有五種護
衛法常於道場室內恒須作之謂金
剛牆金剛梁金剛橛忿怒吉利枳羅
忿怒甘露軍荼利
金剛牆真言曰
唵 薩囉薩囉嚩日囉(二合)鉢囉(引二合)迦(引)藍鉡
蘇悉地經卷中 第十七張 梓字

泮吒
金剛梁真言曰
唵 微娑普(二合)囉囉乞沙(二合)嚩日囉(二合)半
若囉鉡泮吒(二合)
金剛橛真言曰
唵 枳里枳里嚩日囉(二合)嚩日利(二合)部囉滿
馱滿馱鉡泮吒
忿怒吉利枳羅真言曰
唵 枳里枳里句路(二合)馱鉡泮吒
忿怒甘露軍荼利真言曰
曩謨囉怛曩(上)怛囉(二合)夜也曩(上)莽
室戰拏嚩日囉(二合)簸儜曵曩謨(上)嚩
日囉(二合)句路(二合)馱(引)也能(去)瑟吒㘑
(三合)得羯吒婆(去)也珮囉嚩(引)也阿徙
母薩羅鉢囉戍馱捨賀娑多(去二合)唵闇
没嚟(二合)多軍(去)拏里佉佉却(引)醯却
醯底(丁以反)瑟咤底(丁以反)瑟吒滿馱滿馱賀
曩(上)賀曩(上)蘖囉若(二合)微娑鋪(二合)吒
也微娑鋪(二合)吒也薩囉嚩(二合)尾近曩
(上二合)尾曩亦翎莽阿(去)言(上)儜(上)鉢底
餌尾旦(引)多迦囉(引)也鉡泮吒(二合)莎
訶(去)
或若於本法之中有如是等金剛牆
蘇悉地經卷中 第十八張 梓字

真言重應結之諸事既了次應持誦
持誦之時先誦當部母真言
佛部母真言曰
曩(上)謨(上)薄伽嚩帝烏瑟尼(去二合)沙(去)也唵嚕嚕娑普(二合)嚕若嚩(二合)羅底瑟咤(二合)悉馱路者寧(去)薩嚩(引二合)囉他(二合)娑(去)達寧(上)莎訶(去)
蓮花部母真言曰
曩(上)謨囉怛曩(上)怛羅(二合)夜也曩(上)莽阿(去)哩也(二合)嚩路枳帝濕嚩(二合)囉(引)也菩地薩怛嚩(引二合)也莽訶(去)薩怛嚩(二合)也莽訶(去)迦(引)嚕尼(上)迦(引)耶囉舍(二合)曩(上)娑莽嘌(二合)囉舍(二合)曩便室囉(二合)嚩娑莽(二合)囉姤曩(上)者瀉莽舍薩囉嚩(二合)薩怛嚩難(去)薩囉嚩微也(二合)地指枳瓘(上)迦怛你也(二合)他唵迦蘇微迦蘇迦吒微迦吒迦楨(吒鼻反)迦蘇婆伽(輕)嚩底(丁以反)微若曳莎(去)訶(去)
金剛部母真言曰
曩(上)謨(上)囉怛曩(上二合)怛囉(二合)夜也曩(上)莽室戰拏嚩日囉(二合)跛儜(上)曳莽訶(上)藥乞沙(二合)細曩鉢多(上)曳唵俱(上)蘭達哩滿馱滿馱訃泮吒(二合)

蘇悉地經卷中　第十九張

先誦此母真言故能衛本尊復令罪滅能除諸障與悉地門相應但誦忙麼雞真言亦通於二部初後持誦諸天增衛若於本法而已說者持誦之時先念此者應隨本法而念誦之或於本法有獨勝真言亦應先誦無煩別者如上所說供養次第乃至除穢護淨結界等事初持誦時及作法時肩底迦等所作事時皆應作之若以部尊主真言或以部心真言或以一切真言王真言或以蘇悉地法王真言或以一切事真言此五種真言三部遍有隨作諸事各於本部應取其一而用作之所謂護已及請召灑水作淨結諸方界以法相治真言不真為增力故為治罰真言故為發覺故及餘諸事所不述者亦以當部五真言中隨取其一而以用之當速悉地部心真言能護本尊及護已身護身之時應誦三遍或經七遍結其頂髮而作一結若出家人結袈裟角或結護身線或直呪頭七遍點五處亦成護身所謂頂兩肩膊咽下心上或用牛

蘇悉地經卷中　第二十張

黃或白芥子或閼伽水隨取其一而用護身若作阿毗遮嚕迦法應用部尊主真言而護自身若作扇底迦法應用忿怒金剛真言護之若作補瑟徵迦法應用部尊主真言及忿怒金剛二真言兼而護之若真言主現時持誦人怖者應用部尊主真言用護自身但作諸事之時常以二真言而護自身謂部尊主及忿怒真言念誦了時應當發遣發遣之時護彼真言主或部尊主真言或用部母或以部心亦護自身而作隨意

若於穢處不淨等處緣事須往先誦烏樞澀摩真言作印印其五處任意而往仍須常誦其真言不得廢忘澡浴之時先誦伏障真言護身乃至浴了已來不應廢忘伏障真言者軍荼利也喫食之時用部尊主真言護身念持欲卧之時用部母真言護身若作諸法遂乃忘作護持法則令使魔興欲除魔故速應誦持當部明王真言將護自身一切魔障不得其便如上所說護身結界及餘法等已然後

蘇悉地經卷中　第二十一張

攝心安詳念誦念誦之人所須之座
以青茅草而作其座座高四指闊一
搩手長十六指如此之座初念誦時
及持誦時皆應受用或用迦去聲勢
草或餘青草等或隨部法而取乳樹
以用其木最為要妙用作床座量如
前說而淨剗治或用諸葉或以枝葦
如上而側置觀事法取枝葉用為座
於彼座上結跏趺坐作扇底迦及上
成就半跏趺坐作補瑟徵迦及中成
就畨兩足坐作阿毗遮嚕迦及下成
就供養既了應起誠心讚歎於佛次
歎法僧次觀自在次歎明王大威金
剛亦如是讚
大悲救衆生　善導一切智　福持功德海
我今頂礼佛　能淨貪瞋毒　善除諸惡趣
一向真如理　我今礼彼法　得彼解脫門
善住諸學處　勝上福田德　我今礼彼僧
諸佛同讚歎　能生種種福　号為觀自在
我今稽首礼　大力忿怒身　善哉持明主
降伏難降者　我今稽首礼
如是虔誠讚歎佛菩薩已復合指掌
起慇重心讚諸佛德及餘菩薩其讚

歎文應用諸佛菩薩衆等所說歎文
不應自作讚歎既已起至誠心懺悔
諸罪我今歸命十方世界諸佛世尊
羅漢聖僧及諸菩薩證知我等自從
過去及以今生煩惱覆心久流生死
及以餘生貪瞋癡覆造諸惡業或於
佛法及以聖僧或於羅漢菩薩聖衆
或於父母及尊者處及餘衆生有德
無德於如上處造諸惡業自作教他
見作隨喜身口意業廣聚諸罪對諸
佛菩薩前合掌誠心頂礼如是頻懺
以不善業所造衆罪如法佛知並皆
懺悔起至誠心盡形歸命佛法僧寶
涅盤正路為除衆生生死苦故歸命
三寶起珍重心如是歸依頭面作礼
次復起誠心求勝上子解脫甘露果
應懷踊躍發菩提心求悉地果世界
衆生無量法苦我當除滅復度令離
一切惡趣於諸煩惱令得解脫所有
衆苦種種煎迫而起大悲發菩提心
苦惱衆生中為作歸依無主衆生我
當為主失路衆生為作導師恐怖衆
生為作無畏苦惱衆生令得安樂衆

生諸煩惱逼我為除滅之我今所作
諸餘善業及發勝心所生功德迴施
一切衆生歸於正路所造六波羅蜜
門及餘所造諸福迴與衆生同歸勝
果自從過去現在未來略而言之所
作勝福盡皆迴施一切衆生速成佛
道乃至菩提不生懈怠而起發菩提
心悲念諸衆生起大慈心彼有衆苦
何時除滅為淨心故常持六念念六
念時專注一境而不散亂不應我執
又如過去諸佛發願應如是發願所
生諸淨業迴施衆生成就諸德復願
我所生功德願一切衆生獲無盡財
復能捨施增益智慧成大忍辱常修
善品常宿命智常懷大悲諸衆生類
所生之處具如上事次應合掌頂礼
部尊主憶念明王次依法則作諸事
業先以右手而取數珠置左手中合
掌捧之思念明王為用數珠故而誦
真言
金剛部真言曰
曩上謨上囉怛曩二合怛囉二合夜也曩
上莽室戰二合拏嚩日囉二合簸儜上曳

莽訶(去)藥乞沙(二合)細囊鉢多(上)曳唵
枳里枳里嘮捺哩(二合)尼(上)莎(去)訶(去)
佛部真言曰
囊(上)謨(上)囉怛囊(上二合)怛囉(二合)夜也唵
閉那(性)部(二合)帝微若曳悉馱(引)囉
替(二合)莎訶
蓮花部真言曰
唵庵没嘌(二合)攞伽(性)咩室哩(二合)曳室
唎(二合)杜里寧(上)莎(去)訶(去)
二手頭指無名指捻右手指念通一
切用若阿毗遮嚕迦竪其母指捻數
珠即菩提子珠佛部念誦蓮花子珠
觀音部用嚕椰羅叉子金剛部珠三
部遍用各如前說此等數珠最為勝
上一切念誦應當執持或用木槵或
多羅樹子或用土作或螺旋作珠或
以水精或用真珠或牙作珠或用赤
珠或諸摩尼等或用蓮苡珠及餘草
子各隨於部觀其色類應取念持若
作阿毗遮嚕迦法應用諸骨而作數
珠速得成就為護淨增益法驗故更
應誦
佛部真言曰

蘇悉地經卷中　第二十五張　詩什

唵囊(上)謨(上)薄伽(性)鑁底(丁以反)悉悕婆
(去)大也悉馱(引)囉替(二合)莎(去)訶
蓮花部增驗真言曰
唵鑁蘇(上)莽底(丁以反)室哩(二合)曳莎(去)訶
金剛部增驗真言曰
唵鑁日囒(二合)尒攞若曳莎(去)訶
用前珠印而念誦之念誦之時珠置
當心不得高下捧數珠時以小住頭
結志誠心而礼三寶次礼八大菩薩
次礼明王眷屬次應起首持誦真言
想真言主如對目前如是傾誠不應
散亂心緣別境但諸真言初有唵字
及囊(上)麼塞迦(去)藍等字者應靜心
中念誦扇底迦時補瑟徵迦時皆應
緩誦或心念誦或有真言後有許字
及有泮吒字者當知皆應厲聲念誦
作阿毗遮嚕迦時及餘忿時用看真
言字數有多少字有十五應誦十五
落叉過有三十三字應誦三落叉過
此數者誦十千遍如上初誦之時滿
如上數觀其部類或上中下或三種
事或觀聖者說為天說謂地居天說
細覩部類當誦持之乃至成就如是

蘇悉地經卷中　第二十六張　詩什

初誦若不先誦而過念持所求下法
尚不得久況求上中悉地成就以是
義故作斯上心而先念誦但諸真言
初誦持時如巳先說誦持遍數分為
十分然後念誦既滿祈請真言主悉
地因緣初無相貞如是從頭第二第
三祈請若有相貞即當依法念誦真
言若無境界弃不應誦請祈法則與
請召法同祈請之時於其夢中見真
言主背面而去或不與語當應更須
起首念誦如是再三若於夢中見真
言主與語當知此人不久成就若無
境界不應誦持若強念持與人為禍
初持誦時於淨密處起首誦持從初
日誦持乃至疲極遍數多少一須依
定不應加減
先說三時念誦者晝日初分後分於
此二時應當持誦中分之時加以澡
浴及造諸善業於夜有三時亦同於
上中分之間消息等事於此夜中持
誦供作阿毗遮嚕迦法安怛馱囊法
及起身法於此夜分說為勝上若晝
念誦夜作護摩若夜中持誦晝作護

蘇悉地經卷中　第二十七張　詩什

摩多具諸藥念誦之前而作護摩持
誦了後復護摩若能如是最為其上
如前先出所說圖食應作護摩無問
前後但依此法念誦護摩或於法中
但作護摩而得成者當知亦須念誦
真言若如是者諸明懽喜法驗易成
持誦之人不生瞋怒不求欲樂不應
自下劣不勞勤苦不生恐怖不過懃
求不生輕慢念誦之時不作異語身
雖疲極不縱放之制諸惡氣世間談
語皆不思念不捨本尊繼見奇相不
應恠之念誦之時亦不分別種種之
相持誦了時應誦部主真言或誦部
母真言誦此真言故當得衛護無能
為障依於本法念誦了已或過本數
亦無所畏應起誠心作祈請云我依
本法念誦數滿唯願尊者領而為證
於其夢中為授教誨正念誦時忽然
謦咳及來欠上下氣忘真言字等即
起說水作灑淨法縱掐數珠欠一欲
帀有斯病至灑淨訖已還從首念如
上所說障道者為一一皆須從始而
念念掐數珠將畢之時中札一拜終

而復始文申一札於其幢前或於像
所或於塔前或於座所隨念誦處數
珠一帀一觀尊顏而作一札已如前
說念誦了已安心靜慮或想真言及
其尊主三時念誦但初中後誠心作
意過數多少皆須一類不增不減三
時澡浴塗地獻花及除萎花種種供
養等事皆三時作應具三衣又內衣
三時浣濯其身燥聽以香薰灑淨一
一時中隨聽作一別置睡衣及以浴
衣於此二時替換內衣日別一洗其
衣難燥聽以熏曬獻尊鉢器三時洗
滌既除萎花更置新者三時常讀大
乘般若等經及作制多塗漫荼羅先
誦承事真言既了請祈未得於中不
得廢闕一時二時乃至一鐘應當念
誦不得間斷若魔障所著病業嬰身
心不精誠恒常放逸身心疲勞違於
時節不依法則或時不浴作如是念
誦及以護摩不應作數攝心用行依
法念持具此之者應記數之作護摩
時念誦之時請召於此三事之中所
有真言遍數皆不成就一一皆須依

法滿數縱欲數滿欠一未了而有障
起更從頭數若有依法作曼茶羅或
於日月蝕時於此二時就彼念誦其
福增高不久成就無有疑也或於八
大靈塔及有過去諸佛行菩薩行處
最為勝上或於正月十五日時亦為
勝時或於師主處受得真言先經承
事便當念持不久速成或於夢中見
真言主而指授者依彼法則亦速成
就彼念誦人供養增加處所尊勝或
當時分便加精誠其數未滿唯此勝
故真言主悅而賜成就當知此法悉
地雖遠不久當壞以是義故先承事
了而所得者說為堅固先承事時應
廣供養於日月蝕時八日十四日十
五日復加獻供諸神仙眾如餘部說
於前等日加諸善事業齋戒等事復
加獻供本真言主復於是日瓶盛香
水垂插花枝或取閼伽器用甘露軍
茶利真言而真言之自灌其頂能除
魔障或於其日獻諸飲食塗曼茶羅
及以護摩然燈等供並須加之或有
法中但說持誦自然驗見者幢前像

所舍利塔等或然搖動或光焰出當
知不久速得成就得成就時有何相
貌所謂身能輕利病苦永除增益勝
慧心無所畏身威光現勇健增益夜
夢常見清淨實事心恒安泰於誦念
時及作事業不生疲倦身出奇香或
行勇施欽敬尊德於真言主深生敬
仰成就之時現如上事當知即是成
就相貌先事了依於法則供養本尊
應加獻供及以護摩先承事法依數
既了次應須作悉地念誦復先求願
於其夢中而希境界作先承事法時
所念誦處應作悉地念誦不應移處
有諸難事而欲移者至所住處復須
先作承事法則然後乃作悉地念誦
若不依前念誦應作治罰令取部尊
主真言誦一千遍或時念誦本持真
言經十万遍若難此者還如前說先
作承事正念誦時忽然錯誤誦餘真
言既知錯誤誠心悔過由放逸故致
斯錯誤顧尊捨過便申頂礼復須從
始而念誦之忽於穢處心放逸故誦
本真言便自覺已應須治罰至持誦

處誦部尊主真言七遍半月半月一
日不食次服五淨誦五淨真言經八
百遍然後服之服此五淨半月之中
所食穢惡之食當得清淨真言增力
佛部五淨真言曰
囊(上)謨(上)薄伽嚩底烏瑟尼沙(二合)夜
微戍佛微囉誓始吠扇帝羯哩莎(去)
訶(去)
蓮華部五淨真言曰
唵也輸(去)誓(牲)莎訶
金剛部五淨真言曰
囊(上)謨(上)囉怛囊(二合上)怛囉(二合)夜也囊
(上)莽室戰拏嚩日囉(二合)馱儞(上)曳莽
訶(去)藥乞沙(二合)細囊鉢多(二合)曳唵尸弃
尸弃寧(上)囉莽(二合)鉢鉢囉(二合)嚩鉢囉
(二合)婆(去)娑嚩(二合)鉢帝誓帝若嚩帝鉢
囉(二合)嚩底(丁以反)莎訶(去)
取黃牛乳酪酥糞尿各別真言之經
八百遍置於一處復八百遍以波羅
捨中盛之或諸乳樹葉或閼伽器復
以茅草攪誦真言經一百遍後面向
東蹲踞而坐頓服三合如是三度如
用藥汁合當服之時不應致語念誦

之時像見聲語先應揀鍊即誦部尊
主真言及印若是魔作自然而退或
出語言與本法異當知魔作或出語
言勸作惡事亦知是魔若見惡夢即
須先誦部母真言經一百遍若不先
誦部母真言不可念誦念誦之時其
數減少不應休止若增無過如上所
說念誦次第皆須依之若異此法欲
求悉地不可得也
蘇悉地羯羅經光顯法品第十九
復次今說增益威神令使歡喜所持
真言而速成就先具香水澡浴身首
於大節日加諸供養復取蘇摩那花
一百枚取一一花別誦真言經二十
一遍或經七遍或時三遍先觀真言
字數多少而念誦之奉獻本尊次獻
塗香及以燒香奇香氣者復獻飲食
如先陳說加以沙糖及酪復作護摩
但用其木取燒之其木不過其量燒
百八枚次用乳酪和蜜護摩一百八
遍次用酥酪和粳米飯、百八遍而
作護摩經三七日或一七日或復三
晨此三既了應取乳粥和以牛酥一

百八遍復作護摩此既終了取閼伽器誦以真言經一百八遍傾致少水而作護摩作此等法真言增盛若為異真言截斷其威而得增益或真言損壞而得增益或被羅截真言不行或被繫縛或異真言遮相交雜或真言欠字或真言字增如上等患盡皆除去而得增威諸護摩中所說藥草隨取其一經一日夜而作護摩真言歡喜而得增威復取諸香和作香泥作本尊形獻怛攞底花燒樹膠香或堅木香一日三時誦以真言一百八遍真言歡喜而得增威作此尊形置荷葉上或芭蕉葉或乳樹葉或諸草葉非直晝日夜亦獻之法事了時如法發遣送置大河如上次第依此法則作者本尊歡喜速賜悉地

蘇悉地羯囉經灌頂本尊法品第二十

復次先承事了若欲真言主增加威德故應灌頂之取以金瓶或銀銅等或新瓦瓶盛滿香水置於五寶花果香藥復置五穀種塗塗香或堅香末以新綵帛繫其瓶項插諸哆羅樹枝

或乳樹枝用部尊主真言或用部母真言持誦一百八遍然後準其真言主頂應用金等及以泥檀而作其形置於座上而灌頂之灌頂既了復當獻佉花香等色或諸瓔珞種種供具而供養之為供養故復作護摩并加念誦如是作者能令本尊增加威力速得悉地先承事故作念誦時應灌本尊取閼伽器操想本尊而灌頂之或自浴了時復應想念本真言主三度七度而灌頂之先承事時不應廢忘或復用乳或復用酥或時用蜜滿瓶中如法復置七寶等物灌頂本尊所祈之願速得成滿

蘇悉地羯囉經祈驗相品第二十一

復次廣說祈請法則於黑白月八日十四日十五日日月蝕日等經一日不食或經三日或經七日澡浴清淨著新淨衣離此晨日而祈請者應用白月誦扇底迦真言而祈請之復於暮間以諸湯水及用真言澡浴清淨除諸垢穢灑霑五處如法供養本真言主復獻閼伽加誦真言一百八遍

復用闍底花未盛開者灑栴檀香次奉獻之又廣獻食名烏那(去)梨食中加酪以忙攞底花作驢供養先取牛酥而作護摩一百八遍次娑折囉婆一百八遍復作護摩令童女合白氈縷或布線縷取作七結一結一誦真言七結都了復七誦真言繫左肘上隨左脅卧思念真言主得進止已隨意而住安置茅座上敷散花想念尊形於其夢中見自部主或真言主或見明王當知此相成就之相或見三寶或諸菩薩及四衆等并見供養者悉地之相或見自身誦持真言作諸事等或見自身著淨白衣復見他來供養當知勝上悉地在近或見登山峯或見乘象或渡大河海或昇菓樹或乘師子或牛或馬諸餘獸等或乘飛鵝孔雀鳥等一切飛禽或見美女佩帶瓔珞手持花瓶或香花蓋園遊行道或於夢中受得為馬車乘諸寶物等見是等相悉地之相或夢得花果根酥乳酪稻花等物所成就藥悉地之相先承事時夢是成就藥及

得數珠得是相者當知即須便作持誦法或見熏馥自身或見澡浴清淨或見身分佩帶瓔珞見是相已便作持誦當速悉地作持誦法取闍底花一百枚用部母真言兼本真言和誦一百八遍而供養之復取白檀香真言百遍如是祈請當隨意卧時真言主自當見相又取烏施羅藥擣和作真言主形以烏里弭迦蟻土和作器盛滿牛乳置形於中或用酥乳蜜和置器中內形於中誦一百八遍三時供養如是供養本尊歡喜速得相現復於白黑二月八日十四日十五日月蝕日等不食持齋慶作供養以七膠香及五堅香一一香等一誦真言一作護摩數滿一千二百遍已所祈之願速見其相如上廣說祈請軌則若依法作速得成就見其相皃不有疑也

蘇悉地羯囉經受真言法品第二十二

復次廣說受真言法雙膝著地先於尊者阿闍梨處廣作布施手捧妙花殷懃重心於闍梨處三遍口受真言

多者受誦不得應用紙葉牛黃寫之受取隨意誦之先入漫荼羅已後於餘時受真言者於良日時於尊者闍梨等處廣作奉施已如前受之如是正受真言速成縱不作先承事法便即持誦亦得成就復以新瓶無有損缺置諸花葉七寶五穀一一如法唯不著水作至誠心廣作供養阿闍梨先書寫紙葉作諸真言主名置於瓶中莊嚴供養如灌頂法作此法時或經一日或經三日不食齋戒於日暮間作此法則以牛黃抄諸真言名号置於瓶中獻以塗香花香燈食并作護摩以本真言作百八遍廣作慇求聖衆護聽如是經滿三日令其弟子乃於瓶中擘取一葉先須洗浴身體香馥手加吉祥茅環以用真言誦百八遍持誦其瓶并以香熏傾心作礼令取一葉取已復礼也是受者速得悉地若更別誦諸餘真言所受真言退失悉地若於弟子處心生歡喜授與自所持悉地真言應依軌則如法受之為先誦持故弟子不久當得悉

地先於真言主處啓請陳表授此真言與此弟子願作加被速賜悉地手捧香花誦一百遍或一千遍便呼弟子來授與之復作是言我於今時迴本明主授與弟子唯願照知為作悉地弟子應言我於今時已受明主誓從今日乃至菩提而不癈忘如上所說師主弟子受真言法當得成就難此受者不得悉地如此受得悉地真言於中決定成就無疑既先有悉地不先承事真言既尒悉地藥等受法亦然或復有人先承事已次合念持依於法則迴授與人所受得者不先承事但作念持便得成就受真言者為悉地故先於師主處廣作奉施花菓根藥名衣上服金銀摩尼諸雜寶物種種穀麥瓶盛好酪男女童僕種種卧具奇妙華屣嚴身之具已成就藥象馬牛犢諸餘衆等乃至自身亦將奉施為僕所使久經承事不憚勞劬合掌虔誠殊重奉施如是行施速得悉地廣說如上種種之物先須奉施上阿闍梨已然後受於真言妙句

蘇悉地羯囉經滿足真言法品第二十三

復次持誦之人於其夢中見真言主身諸支分加者應知真言字加支分減少應知字少娑是相已作滿足法或見真言與受持者異或加或減字數不同心便生疑應作滿足作滿足法先以紙葉牛黃寫所錯真言如法供養明王真言及衛護已置真言主座復取乳木並依本法但用空酥為求明王而加助故應作護摩布茅為鋪先礼部尊主次礼部母次礼諸佛作如是啓唯願諸佛及諸衆聖而加助衛啓已於茅草上頭面東臥其於夢中本尊示相牛黃所寫紙葉之上有加有減本尊還以牛黃寫之題注滿足乃至加減點畫亦皆揩定真言不錯但云不錯或於夢中指授滿足作此法時為除魔故作法衛護

蘇悉地羯囉經增威品第二十四

復次為欲增加威力故應作護摩或用酥蜜或時用乳各各別作或用油麻和酥護摩或用膠香和酥護摩或用蓮花和酥護摩或時空用安闍那

安或於山間常服五淨不食餘飡取本部花滿十万枚枚一真言奉獻本尊妙好塗香及以香花然燈食等各誦真言經八百遍一日三時經於三日如是供養增加威力或用堅木然以為燈一日三時經於七日能令真言增加威力或用時供養迦弭迦食亦增威力如上所說念誦護摩供養法則亦復能令增加威力

蘇悉地羯囉經護摩法則品第二十五

復次廣說護摩法則令持誦者速得悉地於尊像前作護摩爐頰方一肘四面安椽深半肘量圍作亦然念誦之處若在房室應出於外望見尊形而穿作爐隨其事業依法作之乳木等物及以香花置於右邊護摩器皿置於左邊用諸事真言灑諸物等坐於茅座攝心靜慮手持閼伽啓請明主傾閼伽水少瀉爐中復以一花一誦真言獻真言主為除穢故應誦計利吉里真言幷作其印為衛護故誦軍荼利真言水灑作淨然後用乳木燒火既燒火已先請火天我今奉請

火天之首天中之仙梵行宗敬降臨此處受納護摩次誦真言請召火天真言曰

唵 瞪(四)醯莽訶(去)部多泥(去)縛哩使(二合)你尾(二合)若薩多(上)莽多(上)莽佉嘌(二合)呬怛縛(二合)護底莽訶(引)訶(去)羅莽婆泯(二合)散寧(上)呬姤婆(上)縛阿佉囊(二合)曳合尾也(二合)扨尾也(二合)縛(引)護底也莎訶(去)

召火天已先以閼伽水三度灑淨取諸五穀酥酪等物誦以真言三遍護摩奉祀火天

祀火天真言曰

阿蘗囊(二合)曳合微也(二合)扨微也(二合)縛賀囊也你比也(二合)你比也(二合)你鉢也莎(去)訶(去)

作祀火天食已唯心標想引送火天置於本座然後誦計利吉里真言幷作手印復淨其火一切護摩皆應如是次請本尊先誦本尊真言一遍安住本座依法供養已垂受護摩護摩之時所須之木謂鉢羅(去)輸木烏曇麼囉木鉢攞(二合)訖沙(二合)木尼俱陁木

却地羅木閼迦木吠宮訖那木闍沒羅(二合)木迦濕沒(二合)囉也(二合)木悶誀木阿數麼嘌伽(二合)木閼說替那木如上十二種樹枝量長兩指一搩皆須濕潤新採得者通於一切護摩處用條端直者觀其上下一向置之香水淨洗纖頭向外麁下向身酥揾兩頭擲於爐內作扇底迦等法時各依本法先出搏食取作護摩如是執撥遍通一切每日作食之時先出一分之食置在尊前待護摩時先應取用如念誦時致於兩手在雙膝摩閒護之時亦應如是取以沉水量長四指麁如頭指揾酥合香百八護摩此法深妙益真言威如是作時遍通諸部或用安悉和酥護摩復一百八或時空用安闍羅婆而作護摩作百八遍皆能增益真言威力為欲成就真言法故作諸護摩先請部尊主次請本尊然後依法乃作護摩為欲成就真言法故作諸護摩先用部母真言護衛本尊次及自身然後依法乃作護摩為欲成就真言法故作諸護摩護摩了

蘇悉地經卷中　第四十五張　讀哥

時為增益真言力故應當念誦部心真言為欲成就諸真言法故凡作諸護摩初時皆須大杓酌施欲了之時亦用大杓滿瀉三遍在於中間應用小杓為欲成就真言法故作諸護摩了時用部心真言真言閼伽而供養之如漫荼羅法中所說護摩次第請作護摩亦應如是先作阿毗遮嚕迦法次作補瑟徵迦法復作扇底迦法護摩了已用本尊真言加持淨水以手巡遶散灑爐中如是三度護摩都了復啓火天重受餘供如法退還發遣祈願如請召法去降臨字置退還字所殘餘穀酥蜜酪等並和一處用祀前火天真言真言三遍而作護摩復觀本真言字數多少而念誦之復作供養護衛本尊并護已身如法發遣

蘇悉地羯羅經備辦持誦支分品第二十六

復次廣說諸成就支分為欲成就諸真言故先當辦備諸雜物分然後應作先承事法已先承事次應當念誦所謂諸雜塗香諸燒香等五種堅香

蘇悉地經卷中　第四十四張　講丹

謂沉檀紫檀娑羅羅香天木香等七堅香者謂乾陁羅娑香薩闍羅娑香安悉香蘇合香薰陸香設落枳(去)香室利吠瑟吒迦香并白芥子毒藥益芥子胡麻油牛酥瓶銅椀五穀謂大麥小麥稻穀小豆胡麻五寶謂金銀真珠螺貝赤珠五藥謂乾托迦哩藥勿哩何底藥娑訶藥娑訶提婆藥稅多擬里訖哩迦藥五色線謂青黃赤白黑童女所合線金剛杵燈炷燈盞凡椀五種彩色却地羅木撅乳木枝苦練木椀大杓小杓牛黃鑌鐵紫檀護淨線淨浴衣黑康皮鉢孕瞿花蘇殺花木屐冒餌草大茅草設多布澀波茵香是採花篋綠飲食所須酥蜜沙糖石蜜等物數珠如上所說種種等物皆預備之然後應當作先承事及廣念誦

蘇悉地羯羅經成就諸物相品第二十七

復次我今說成就物依是等物真言悉地所謂真陁摩尼賢瓶雨寶伏藏輪雌黃刀雌等七物上中之上能令種種悉地成就增益福德乃至成滿

蘇悉地經卷中　第四十五張　詩丹

法王之果況餘世事佛部蓮花部金
剛部等此三部真言皆有如是勝上
成就於此之中隨取受持獲具五通
為上悉地前說七物今又細演長一
肘量作一金臺或用銀作莊嚴精細
安摩尼珠著以摩尼紅玻璃光淨無
翳或好水精置於臺頭成就此寶者
應夜念誦次作臺様

若欲成就賢瓶法者莊嚴其瓶如受
真言品中說唯不著水置於幢臺次
作瓶様様准印法
若欲成就雨寶法者法驗成已但當
誠心五由旬內能雨金銀種種雜寶
若欲成就伏藏法者法驗成已但當
誠心隨所念處伏藏發起真金滿藏
濟給貧乏種種費用其藏無盡若欲
成就輪仙法者鑌鐵作輪量圍兩指
一搩輪安六輻輞緣纖利如是依法
速得悉地若欲成就雌黃法先取好
光雌黃如日初出其光烟赤亦如煉

金作水之待金汁烟光其雌黃應取
如是好者若欲成就刀法先取鑌刀
量長兩肘以小指齊闊四指無諸病
瘵其色紺青如搩旃鳥翎若欲成就
佛頂法者以金作佛頂猶如畫印安
置幢臺莖用頗知迦若欲成就蓮花
法者先以金作蓮花花作八葉如兩
指一搩手量或用銀作或熟銅作或
白檀作若欲成就拔折囉者先以鑌
鐵作拔折囉長十六指兩頭皆作三
股或紫檀作或三金作三金者謂金
銀熟銅若欲成就雌黃法者先取雌
黃色如金薄塊成分片復有光焰如
是雌黃能成上事若欲成就牛黃法
者取黃牛牛黃若欲成就刈哩迦藥
者先取其藥色如金錢花者好若欲
成就素嚕(二合)多安膳那藥如曲蟮糞
者好若欲成就白氎布者取細軟者
擇去毛髮蔚金染之若欲成就護身
線者取白氎縷細細三合復三合之
皆須右合或縷金合若欲成就花鬘
法者童女合縷取闍底花作鬘若欲
成就牛糞灰法者取蘭若所乾燥牛

糞燒作白灰和龍腦香用若欲成就
朩屐法者取室唎(二合)鉢嘌尼(二合)木作
木屐上安其蓋若欲成就繖蓋法者
蓋應以孔雀尾作以新端竹而作其
莖若欲成就弓箭槍矟獨股叉搾諸
餘器仗各隨世人所用應如是作若
欲成就世間諸物所謂鞍馬車乘牛
羊一切鳥獸諸餘物等隨其世人共
將為上或所意樂或依本法應如是
作制若欲成就吠多羅者應取族姓
家生盛年無病卒死身無瘢跡由未
脹壞諸根具足取如是尸而作成就
隨其所作上中下成所取之物亦復
如是心無怖畏方作此法

蘇悉地羯囉經取成就物品第二十八

復次我今說取物法於黑白二月八
日十四日十五日日月蝕時地動時
日於其午前而取其物於念誦時得
境界已然後應當而取諸物或澡浴
清淨不食持齋求善境界而取諸物
所說須物隨於方處所有是物者而
就貨買不酬價直而取諸物或時自
覺增加威力堪忍飢寒種種異相當

尒之時而取諸物所取諸物各依本性上中下品取上好者如法得已應加精勇作成就法

蘇悉地羯囉經淨除諸物品第二十九

復次今說淨除諸物而灑淨法先以五淨洗之不應洗者五淨灑之觀雌黃量五淨亦然而和末之雌黃和乳作末朱砂牛尿和作其末牛黃酥和末彩色和乳調安膳那藥唯空作末刀輪等物用牛糞水洗餘所說者牛尿洗之應洗物等先以牛尿和胡麻水洗訖後以香水洗之諸餘物等世所稱用其水洗應隨洗之或可香水洗洗次用諸事真言真言水灑淨次用部心真言真言水灑淨次用部母真言真言水灑淨但應洗者先以五淨次胡麻水次用香水如所應淨皆應如是

蘇悉地羯囉經諸物量數品第三十

復次廣說成就物量成就物者謂身莊嚴具諸倚仗等種種衣服如世常法所用量數應作成就然欲成就雌黃法者取末五兩為最上法三兩為

蘇悉地經卷中　第四十九張　讚字

中法一兩為下法成就牛黃者一兩為上半兩為中一分為下法成就雄黃者二兩為上法一兩為中法半兩為下法皆欲成就安膳那者取三分為上二分為中一分為下成就酥者七兩為上五兩為中三兩為下成就灰者五兩為上三兩為中二兩為下若欲成就鬱金香者量比雌黃於安但法說種種丸欲成就者其數須隻二十一丸為上十四為中七丸為下於本法中諸物量少應加數或依都量或如本法或世所稱量數多少亦可依之應觀念誦功力及觀同伴多少應當具備如本尊恩眷境界許多任可成就悉地之法有上中下諸物數量亦復如是

蘇悉地羯囉經除一切障大灌頂曼荼羅壇品第三十一

復次廣說成就諸物秘密妙法令速悉地若欲起首成就法者先應修辦諸悉地具次應以護摩之法而加威本尊真言及自灌頂欲灌頂者作曼荼羅如法供養作灌頂已然後起首作成就法次說灌頂大曼荼羅能得

蘇[illegible]卷中　第[illegible]張　讚字

成就一切諸事如前所說明王曼荼羅淨地等法皆應如是其曼荼羅頓方四角安置四門其量八肘或七肘五肘唯開四門分明界道以五彩色而用畫之如其胎臺次外減半次外亦然於此西面四肘之外復作一曼荼羅其量五肘或四或三唯開東門或如根本大曼荼羅灌頂處所減半而作凡曼荼羅地勢皆須北門而瀉說為吉祥但曼荼羅地勢比瀉說為最勝或用一種彩色畫之於四角外作三鈷叉拔折羅於中台內如法畫作八葉蓮花諸曼荼羅亦應如是蓮花葉外周帀畫作吉祥妙印於四門中畫拔折羅復於諸角安吉祥瓶於外灌頂曼荼羅亦如是作凡欲灌頂必須四種所置瓶處並函界角隨所持誦真言及與明等於其台內畫本尊印并置一瓶所持真言隨其部類畫本尊主印所謂佛頂蓮花金剛應知此法置為秘密所持真言不識名号及部不貫者應安一瓶名辦諸事或安成就義利之瓶或安一瓶名諸

蘇悉地經卷中　第五十張　讚字

真言次外東面畫佛頂印右邊部母印右邊部心印次右鑠底印次左牙印次右阿難次左須菩提諸餘真言及明等印左右安置乃至兩角次於北面畫觀自在菩薩印右邊部母印左邊部心印次右落溼弥印次左多羅印次右成就義菩薩印次左大勢至菩薩印諸餘真言及明等印左右安置乃至兩角次於南面畫金剛印右邊部母印左邊部心印次右金剛拳印次左食金剛印次右拔折羅印次左金剛棒印諸餘真言及明等印左右安置乃至兩角次於西面門南畫梵王印及梵吉祥明幷諸眷屬乃至南角門北畫違羅神印及妃印幷諸眷屬乃至北角次第三曼荼羅畫八方神各與眷屬令滿其位第二曼荼羅門外右邊畫難陁龍王左邊畫拔難陁龍王於三曼荼羅門外右邊畫跋陁龍王優波跋陁龍王曼荼羅外畫甘露瓶印如前作曼荼羅法已次供養已次應如法作三種事護摩為欲遣除毗那夜迦故應作阿毗遮

嚕事為自利益故應作補瑟徵迦事為息諸災難故應作扇底迦事應以當部成辦諸事真言作阿毗遮嚕迦事或用甘露瓶真言通三部用應用當部心明作補瑟徵迦事應以當部母明作扇底迦事於曼荼羅所集聖者及以諸天各各以本真言而作三種護摩或以成辦諸事真言而作其護摩處曼荼羅西面門南作之如護摩法酥等諸物以三事真言各供養百遍或加其數為欲加威諸真言故應作如是三種護摩次為三部諸真言等各供養七遍其三部主應加其數或但三部各供養百遍如不辦者七遍三遍亦得滿足所持真言主於台曼荼羅內部尊之下安置於曼荼羅外東面別安訶利帝母南面安置輸利尼西面安置醫迦熱吒北面安置句吒醯利隨彼所樂而奉獻之如法供養諸真言已及護摩已前之安瓶隨所為者誦彼真言而用加被於本尊前所安之瓶還用彼真言而加被之其台內瓶應用明王真言而作

加被當門為軍荼利所安置瓶亦須用彼真言加被於台曼荼羅東面兩角所安置瓶東北角者以部心真言東南角者用部母真言西北角者用能辦諸真言西南角者用一切真言並是加被此上瓶已及供養已次應右邊如前已說灌頂之法此亦如是安置吉祥所謂穀寶藥草花菓香樹枝葉花鬘及寶置於瓶內新帛繒綵用纏其頸諸灌頂法皆應如是即令同伴灌行者頂其同伴者皆須持誦如法清淨或求阿闍梨與其灌頂為欲除遣諸作障故先用軍荼利瓶而用灌頂第四應用所持真言而用灌頂其餘二瓶隨意而用如是畢已應以牛黃塗香薰香芥子綫釧衣服皆應受用如法灌頂了已復為息諸障故應作護摩了已便即發遣或於平淨處所但一彩色作小曼荼羅極令方正其量二肘安置三部大印西面朔印如前安置淨瓶如法灌頂即應離諸障難本尊歡喜不久速成此是秘密最勝悉地

蘇悉地羯囉經光顯諸物品第三十二

復次如法灌頂畢已應作護摩經三
七日或一七日或經一月或隨其成
就相應或於本法所說每日三時用
酥蜜及酪和以胡麻應作護摩或依
本法或獻乳粥或以酪飯所成就物
每日三時以香熏之以香水灑以真
言加被其眼觀視其物以吉祥環安
置於指攜按其物以牛黃水或白芥
子灑散其上及於節日加諸供具奉
獻彼物若白月成者取十五日若黑
月成者取十四日如斯光顯其物皆
用部母真言復重加諸香花鬘等物
供養以香塗手安置茅環按所成物
畢夜持誦於夜三時誦百八遍如斯
光顯成就之物從始至終皆應如是
若具此法速得成就

佛部光顯真言曰

唵 帝誓帝若娑尾二合 寧上 悉佛娑
去 大也許泮吒二合

蓮花部光顯真言曰

唵 你去 比也二合 你去 比也二合 你去 鉢也
莎訶去 室哩曳莎去 訶去

金剛部光顯真言曰

唵 若嚩二合 羅若嚩引 羅也滿度莎
去 訶去

於三部法皆用赤羯囉微囉花以真
言持誦散灑其物或用怯落迦花或
白芥子初首及末乃至中間皆應如
是散灑其物或有境界及見異相亦
如是散臨欲成就亦如是散便成光
顯若欲成就酥等之物真言香水用
灑其物便成光顯以如是法而光顯
物縱不成者不應間斷或作曼荼羅
以為光顯如前淨地用五種色作曼
荼羅其量四肘而開一門於內院東
面先置輪印於東北角置鉢印東南
角置袈裟印次於北面置蓮花印於
西北角置鞞上 拏棒印於東北角置
軍持瓶印次於南面置找折羅印於
東南角置藥那棒印於西南角置羯
擺睇瓶印次於西面置金剛鉤金剛
拳印於西南角置計利吉羅印於西
北角置遜婆印復於東面輪右邊置
佛眼部母印次於北面蓮花印右邊
置半拏囉嚩悉寧部母印次於南面

找折羅印右邊置忙莽計部母印次
於曼荼羅門外如前所說置能摧諸
難軍荼利印依前供養復於北面置
六臂印馬頭印多羅印戰捺囉二合 印
及於當部所有眷屬次第安置其形
皆白復於東面置如來鑠迦印帝殊
囉施印無能勝明王印無能勝妃印
復於南面於當部內所有眷屬次第
安之然於西面隨意安置三部諸印
次於外院置俱尾囉等八方大神於
其空處任置三部內成辦諸事真言
等主次於中台置所持部主印所成
就物隨於本法所說置於其中安其
部主中台印上其物東邊置真言本
所持印其物西邊安護摩爐次於西
邊持誦人坐各各以本真言依法召
請如前所說次第供養供養畢已以
三部母明次第護摩光顯其物然後
以本真言護摩而作光顯於諸光顯
法中護摩為最凡初護摩先以部母
明持誦香水灑淨其物護摩既畢亦
如是灑或用忙莽計心明或用四字
明王真言通用三部護摩而作光顯

隨其所用眞言爲護摩者初且誦其眞言次誦求請之句復中間誦其眞言復誦求請之句復亦誦其眞言還安求請句如是眞言之中三處上中下分安置求請之句最後安其許泮吒莎(去)訶(去)字所謂

闍嚩(二合光)攞闍嚩(引二合)攞也(令放光)悉地(成)娑(去)馱也(令成)你(去)馳(成辦)你(去)跛耶跛跢跛跢(去二合)南(諸成辦者)帝闍(威光)帝闍也(令調澤)拔馱也(令增長)怛尾覽摩(增延過)阿(上)尾賖(過入)囉乞沙(二合護持)散你(難)甜(令攝現前)俱(上)嚕(四可)許泮吒莎(去)訶(去)

以如是等求請之句光顯其物前後中間種種重說亦無所妨護摩畢已次應持誦白羯羅尾羅花散其物上而作光顯或持誦赤羯羅尾羅花或用白芥子或用酥摩那花而作光顯先用塗香塗手以按其物次以諸花持誦而散次散白芥子次燒香熏之次後持誦香水而灑應知如是次第初中後夜三時以本尊主眞言持誦香水眞言而灑次誦本持眞言而灑畢已如前護摩念誦乃至日出此

法者速得成就如是光顯諸物及與已身決定速得成就其物縱少亦獲大驗具此法者其物增多及得清淨是故應作光顯之法此名一切成就秘密之法於諸節日應作如是光顯之法餘日隨時而作光顯念誦遍數滿已欲作成就法時先應初夜具作光顯之法然後成就

蘇悉地羯羅經卷中

乙巳歲高麗國大藏都監奉
勅雕造

蘇悉地羯羅經卷中

校勘記

一　底本，麗藏本。

一　七九七頁中七行末字至八行首字「加趺」，石作「跏趺」，下同。

一　八〇二頁中五行「空虛」，石作「虛空」。

蘇悉地羯囉經卷下　詩

大唐中天竺三藏輸波迦羅譯

分別悉地時分品第三十三

復次我今解釋如說吉祥成就時節行者知已尋求悉地其時節者八月臘月正月二月及四月此等五月白十五日應作上成就其四月時必有雨難於二月時亦有風難於正月時有種種難但其臘月無諸難事於八月時應有雷電霹靂之難如上所說之難皆成就相此五箇月求但作成就亦當應作扇底迦事即此五月黑十五日應作中下二成就法亦當應作補瑟徵迦事阿毗遮嚕迦二事於月蝕時成就最上之物於日蝕時通上中下成就之物或月十五日或七或一或十三日或用三日應作成就及一切事若作最上成就應取上宿曜時其中下法類此應知然諸宿中鬼宿為最若作猛利成就還依猛利宿曜時等或與三種事法相應其所成就亦依三事而作或如本法所說或依本尊指授然十正二月一日至十五日於其中間應作一切成就及事或取本尊指日或諸月中黑白十三日亦得成就七月八月是雨時後節應於此時作扇底迦法九月十月是冬初節應於此時作補瑟徵迦法三月四月是春後節應於此時作阿毗遮嚕迦法正月二月是春初節應於此時通一切事五月六月是雨初節要欲成者作下悉地如是春冬及雨後節亦應成就三種悉地此中九品分別隨類分配於初夜分下成就時於中夜分中成就時於後夜分上成就時於初夜分是作扇底迦事時於中夜分是作阿毗遮嚕迦事時於後夜分是作補瑟徵迦事時於此三事九品分別隨類相應知其時節於其時分所現之相辯上中下然於日月蝕時即當作法不觀時分凡猛利成就及阿毗遮嚕迦事日月蝕時最是相應凡起首成就三日二日一日斷食上中下事類日應知

蘇悉地羯羅經圓備成就品第三十四

復次當說本法闕少成就支身若恐身力不濟勿須斷食念誦遍數滿已欲起成就更須念誦護摩花香讃歎種種供養觀念本尊取白氎縷令童女合為繩如前作法繫作七結誦明七百遍於最朝時以繫其臂便止失精明曰

唵若(移之反以)俱忙束說羅(二合)滿馱寧(上)莎(去)訶(去)瞻醯噎醯莽忙伽(呼去聲)寧(上)乞使(二合)鉢羅(二合)忙尾捨蘇(上)摩羅(二合)帝莽若(而也反)囊莽比僧室嚩(二合)底(丁以反)也(二合)微者隸多(去)忙指盟唵羅乞產(二合)俱嚕俱𪓟擬(丑以反)尼(上)莎訶　唵俱蘭建哩蒲馱鉢泮吒(二合)　俱摩羅明佛部中用　俱𪓟擬(宜以反)尼明蓮花部用

忙莽計明金剛部用

初中後分闕誦求請之句若於本法自無是請之句應取安之然此三明當部用之其持誦繩或每日繫或作光顯法時應繫作曼荼羅時念誦之時於節日時皆須急繫又除惛沉故應合眼藥　蘇嚕多安膳那　還砂蜜　龍腦香　蓽茇　婆羅門桂

得蘖羅香
自生石蜜各取等分擣篩為粖以馬
口沫相和細研復以此明持誦百遍
成就之時數數洗面以藥塗眼除去
懈怠及以惛沉有諸難起過皆悉見
佛部明曰
唵　若縛(二合)羅路者寧(上)莎訶
蓮花部明曰
唵　微路枳寧(上)莎(去)訶(去)
金剛部明曰
唵　滿度哩你異(二合)鉢帝(二合)莎訶
此三部明通一切用之若有持誦人
今欲成就之時念誦若之以白檀香
和水用部心明持誦七遍而飲三掬
欲成就時先以水灑身應取善相方
可作成就其善相者謂商佉輪鉤魚
右旋印白蓮花幢莎悉底迦印滿瓶
万字印金剛杵花鬘或見端正婦人
纓珞嚴身或見懷妊婦人或擎衣物
或見歡喜童女或見淨行婆羅門著
新白衣或見乘車象馬根欒及菓或
見奇事或聞雷聲或聞誦呪陀聲或
聞吹螺吹角諸音樂聲或聞孔雀之

聲鴝鵒鵝鴨與等吉祥鳥聲或聞善
言慰喻之音謂起首安樂成就可意
之言或見慶雲閃電微風細雨或雨
天花或有好香及見暈虹於此相中
天所降者為上成就於空現者是中
成就於地現者為下成就於此三相
九品分別如上所現皆是吉祥及此
見者即不成就見此相已深生歡喜
以如是心方作成就

蘇悉地羯羅經請尊加被成就品第三十五

復次說奉請成就之法如前所說時
節星曜及瑞相等於作曼荼羅法中
及成就法中廣以陳說若不善相現
時即以部母眼護摩牛酥經一百遍
然後作法亦得成就悉地前所分別
曼荼羅地亦應依彼而作成就若上
成就於山上作若中成就於池邊作
若下成就隨處而作或與真言相應
之處當就彼作不依此處成就稍遲
於有舍利骨制底之中作一切內法
真言皆得成就佛生處等八大制底
成就之中最為勝上然於菩提道場
無一切難能與成就相應魔王尚於

彼處下能為難况餘諸類是故一切
真言決定成就凡是猛利成就於塚
間作或於空室或於一神獨居之廟
或迥獨樹下或於河邊當作成就若
欲成就女藥叉者於林間作若欲成
就龍王法者於泉邊作若欲成就富
貴法者於屋上作若欲成就使者法
時於諸人民集會之處作若欲成就
入諸穴法於窟中作此是秘密分別
成就之處揀擇地定已先應斷食如
曼荼羅淨地之法或如念誦室法應
淨其地處所清潔速得靈驗先以成
辦諸事真言或用軍荼利真言持誦
白芥子等物散打其地辟除諸難以
佉達羅木為橛四枚其量二指織其
一頭如一股杵以紫檀香塗其橛上
復以緋線纏之以跋折羅橛印作拳
執之以此真言持誦一百遍釘於四
角橛頭少現作一白幡於曼荼羅東
西懸長竹竿上以金剛牆真言持誦
鐵末百遍作三鈷跋折羅皆相接圍
遶漫荼羅為金剛牆復以金剛鉤欄
真言持誦鐵末百遍亦作三鈷跋折

囉各損置於竪跋折羅上繞曼荼羅
為金剛鉤欄外曼荼羅門以軍荼利
真言以跋折羅印而護其門第二重
門以訶利帝母而護其門中台院門
以無能勝而護其門此等護門三部
通用或用其一通護三門此三聖者
能摧諸難無有能壞此是秘密護成
就物其台中心埋五寶等物若於人
民集會之處作曼荼羅時其五寶等
物不應埋之但置所成物下若於中
庭及與室內或佛堂中作曼荼羅時
亦復如是以上五處但持誦香水灑
即便成淨不假掘地若於本念誦室
中作此法速得成就於諸室中必不
合作成就法於壞室中亦不合作欲
作曼荼羅時七日已前於黃昏時以
敬仰心觀念諸尊如對目前而奉請
言於三部內一切諸尊及於本藏中
諸尊與眷屬等我已久時念誦護摩
堅持戒行以此真心供養諸尊願後
七日降赴道場哀愍我故受此微供
以大慈悲令我成就如是乃至滿其
七日依時啓請然後作法又以闕伽

蘇悉地經卷下　第七張　謝丹

花香飲食及讚歎事每日蘇時別供
一方護世諸神乃至三方皆應如是
又以香塗手持誦其手以按其物而
奉請之復以燒香熏物奉請又復斷
食取好時日略作曼荼羅用奉請物
或但用一色作圓曼荼羅唯開一門
中置八葉蓮花其量二肘次餘外院
隨意大小而作先於內院置三部主
西面門北置摩醯首羅及妃佛右邊
置帝殊羅施左邊置佛眼次觀自在
右邊置摩訶室利左邊置六臂次金
剛右邊置忙莽計左邊置明王心西
邊門南置吉里吉利忿怒及金剛鉤
如上所說皆於內院安置次於外院
置八方神及置能辦諸事真言主等
內外二院心所敬重真言主等樂皆
應安置外門北邊置軍荼利門南置
無能勝各以心真言而請供養於蓮
花上置成就物而供養之或於蓮花
上置滿迦羅賒瓶於上置其成就之
物或於蓮花上置合子於中盛物或
蓮花置瓦器於中盛物其物或於花
合中盛置蓮花上加以手按持誦其

蘇悉地經卷下　第八張　謝仔

物千遍或一百遍次復持誦花以薰
物上次復以酥和安悉香而燒熏之
次復香水微灑物上次復以部母明
持誦其物於曼荼羅所有諸尊各以
彼等真言持誦其物次復以牛酥護
摩或用牛乳或以酥蜜胡麻和作護
摩後以酪飯護摩於本法中所說諸
物皆應護摩各取以曼荼羅內所有
真言遍作護摩及各以真言持誦香
水而灑其物如前所說光顯物法此
亦如是持誦自眼用看其物心誦真
言如是作法其物即成奉請凡一切
物作奉請法速得成就或於本法所
有一切供養及祭祀法一一皆應具
作此奉請法曼荼羅中亦通受持其
物其物亦通光顯其物於中若作成
就諸作障者亦不得便亦通淨物依
灌頂法亦通灌頂其物亦通灌頂自
身此是秘密能辦諸事勝曼荼羅若
作此法不久得成

蘇悉地羯囉經補闕少法品第三十六

我今當說補闕少法從受持物已每
日三時澡浴三時供養及作護摩手

蘇悉地經卷下　第九張　謝丹

按其物三時換衣節日斷食供養等
法皆須增加三時礼拜懺悔隨喜勸
請發願三時讀經及作曼荼羅三時
歸依受戒三時護身如是作法定得
成就或由放逸致有闕少即應以部
母明持誦二十一遍便成滿足若闕
此法成就亦闕或若有闕更須念誦
一十万遍復應作此曼荼羅補前闕
少然後方作成就其曼荼羅方四角
安四門如前所說分布界道東面置
佛右邊置佛毫左邊置佛鑠底右邊
置佛慈左邊置佛眼右邊置輪王佛
頂左邊置白傘佛頂右邊置帝殊羅
尸左邊置最勝佛頂右邊置超越佛
頂左邊置須菩提右邊置阿難於西
南角置鉢於西北角置錫杖門外右
邊置訶利帝母左邊置無能勝於曼
荼羅外置能辦諸事中央置輪於上
置其所成就物或置本尊外院置八
方神門兩邊置難陁及拔難陁龍王
各以本真言請或以部心明都請依
法供養然後護摩其諸尊等或置其
印或置其座以本真言成淨火巳趣

摩酥密一百八遍又以酪飯及用胡
麻各以本真言護摩百遍其事畢已
復誦百遍此是秘密補愆過法所供
養物皆須香美其所獻食用嗚那羅
供及粆糖和酪作此法者諸尊皆得
充游歡喜得成就非但補闕亦應半
月半月或於節日或復每日作此曼
荼羅供養諸尊皆得充滋遠與成就
若不辦時隨力而作如前所說佛部
曼荼羅法此蓮花部法亦皆同彼唯
改匣作其曼隨意東西置觀自在右
邊置馬頭明王左邊置毗首嚕波右
邊置二目左邊置四臂右邊置六臂
左邊置十二臂右邊置能滿諸願又
右邊置耶輸末底左邊置大吉祥右
邊置多羅左邊置戰捺羅(二合)近門右
邊置濕吠多(二合)左邊置半拏羅縛悉寧
中央置蓮花曼荼羅外置本部能辦
諸事此是蓮花部補闕曼荼羅法如
前所說佛部曼荼羅此金剛部亦復
如是然須方作其曼隨意東面置軌
金剛右邊置明王左邊置忙莽計右
邊置軍荼利忿怒左邊置金剛鉤右

邊置棒左邊置大力右邊置拳左邊
置遜婆右邊置提陀伽左邊置鉢那
寧乞墊(二合)政右邊置忿怒火右邊近
門置金剛可畏眼右邊近門置金剛
無能勝曼荼羅外置本部能辦諸事
諸餘外院及供養法皆如前說此是
金剛部補闕之法如是供養畢已求
得好夢晨朝澡浴著白淨衣以稻穀
花及青俱蘘草香美白花供養所作
曼荼羅地然後以牛糞遍塗掃却復
作三嶽多護摩右邊置俱蘘草柴酥
蜜胡麻及飯所有護摩之物皆置於
右左邊置閼伽器罇酥杓及罇諸物
杓置於當前融酥次置杓前用成辦
諸事真言灑其物等請部主尊安置
供養用本真言以閼伽請其本尊亦
復安置自身前置酥酥前置火酥火
中間置成就物最初自身次酥次物
次火次亦持尊及部主尊如前五種
之物置次應知部主左邊置帝闍寧
明右邊置成辦諸事如前所說護摩
法中次第安置先敷青俱蘘草置和
酪飯散稻穀花獻莎縛(二合)悉底(二合)供

以好美香供養然後依法作護摩事
所成就物置於全器或銀熟銅石商
佉螺木𤗼胡迦土器等數阿說他樹
葉於上置器或數有乳樹葉或閼伽
樹葉或芭蕉樹葉或蓮花葉或新淨
白氎隨取數之又葉五重先敷地上
置成就物復以葉五重而覆其物或
可是纖或種種衣或諸雜物次第應
知所盛之器然後以不散乱心作三
燉多法以心光明其物及散灑之手
執杓繼犂其酥置其物上誦本真言
至其莎(去)字即瀉爐中呼其訶(去)字
還觸其物却至酥器如是來去三處
觸物不得斷絕是名三燉多護摩法
經一千遍或一百遍或觀真言廣略
或復成就上下輕重乃至護摩二十
一遍此名都說遍數之限三燉多時
以杓遍霑其物令皆潤膩初置物時
先以水灑次按持誦次以眼看次獻
供養護摩畢已還須如是於成就曼
荼羅所說三種成就之相作此法時
若有相現即須禁之應知不久即得
成就其物若大置於右邊應右手執

蘇悉地經卷下　第十三張　詩丹

者置於左邊而三燉多之若成有情
之物作其形像杓觸於頭而作護摩
若成自身以杓觸頂而作護摩若為
他故作三燉多者但稱其名而作護
摩其成就物復有三種差別一但稱
名二以物蓋隱之三但露現眼所觀
見如是皆用其酥而作護摩若不獲
酥當用牛乳或酥和乳或用三甜或
觀成就差別應當用酪或如本所說
而用護摩或以麻油護摩器仗若成
吠多羅者應用堅木香心護摩或用
蘇合等諸餘汁香或觀其物差別及
與成就差別當取諸類香物與法相
應者而作護摩若或大肉還用彼脂
諸餘肉類亦復如是其成就物或盡
置於前以此所三燉多法說或如前
說護摩之法當應廣作三燉多法護
摩其物如是作巳速得成就三燉多
巳洗灌令淨然後如法灌頂灌頂畢
巳供養護持置本尊前更加種種飲
食供養本尊及當祭祀八方護世亦
須如法供養護摩之地然後以諸澡
豆及阿摩羅以自如法澡浴於其午

蘇悉地經卷下　第十四張　詩丹

時手按其物而加念誦又更別辯其
線依前如法持誦臂劍衣灰白芥子
水一一皆須如前持誦欲作成就之
時如是護身之物先須持誦擬充後
用如是念誦護身諸物成就之時有
所用處皆即有驗是故應須預先作
誦備擬花等供養之物亦須加法持
誦置於側近次則依作曼荼羅如法
供養而作成就用能辯諸事真言持
誦五色界道線纏四橛上以軍荼利
真言持誦瓶置外門前所纏之線兩
頭俱繫瓶項稍令寬縱每出入時思
念軍荼利舉線而入其線若以軍荼
利真言持誦亦得或取本法真言持
誦亦得如是所說辟除難法先淨其
處然後作法其時於外祭祀八方護
世大神并諸眷屬於其瓶上置跋折
羅或置有果枝條其瓶及線或當部
明王持誦或用部心或用部母持誦
以護其處或於當部所有契印各於
本方而安置之以辟諸難其橛以金
剛杵真言持誦百遍其橛上一頭作
三鈷杵形或一鈷形如是作巳於淨

蘇悉地經卷下　第十五張　詩丹

室外四角釘之若作曼荼羅於界道
角釘之此名金剛橛法能縛諸事其
曼荼羅或用乾𢇁彩色或用種種香
𢇁或以濕色用牛毛筆畫於諸角外
畫三鈷杵其諸界道遍作三鈷杵形
還用金剛橛真言持誦復於其界杵
形之中更復橫置一杵遍應如是則
名金剛鉤欄還用金剛鉤欄真言持
誦如是作已無有能壞是故於中作
成就法於諸門中及門外由各置跋
折羅其成就法或於淨室中作或於
露地作曼荼羅其量五肘或七或八
觀其所成就事隨事大小而作於諸
門中置跋折羅於諸角上置瓶於外
門前置能辦諸事瓶於內東面置法
輪印右邊置佛眼左邊置佛毫右置
牙印左置鑠底印右置五種佛頂次
第左右安置於佛部中所有諸尊隨
意次第左右安置最後兩邊置阿難
及須菩提次下近門置無能勝次於
外院東面置悉達多明王北面置大
勢至尊南面置妙吉祥尊西面置軍
熱羅尊東面右置梵天及與色界諸

天左置因陀羅上至他化自在乃至
地居天神於東南方置火神與諸仙
人以為眷屬於南方置焰摩王與毗
舍遮布單那諸魔怛羅而為眷屬於
西南方置泥哩帝神與諸羅剎而為
眷屬於西面門南置嚩嚕拏神與諸
龍衆而為眷屬門北置地神與諸阿
脩羅而為眷屬於西北方置風神與
諸伽樓拏而為眷屬於北方置多聞
天王與諸藥叉而為眷屬於東北方
置伊舍那神與諸鳩槃茶而為眷屬
復於東面一所之處置日天子及與
曜等復於西面一所之處置月天子
與宿圍遶於西門曲兩邊置難陀拔
難陀龍王於佛部中所有使者等類
真言及明於其外院四面隨意安置
然後依法啓請次第供養護摩念誦
於最中央置其本尊或成就物如於
曼荼羅法所說護身等事此亦如是
次第應行此是佛部成諸物曼荼羅
一切諸難無能得便於中作法速得
成就一切諸尊增加衛護如前以五
彩色作曼荼羅唯改圓作方於其內

院東面處中置蓮花印右置七多羅
明左置七吉祥明次左右置六大明
王右置半拏嚩悉寧左置耶輸末底
近門兩邊置一髻明妃及馬頭明王
於外門前置能辦諸事瓶於門及角
置拔折羅中置蓮花於其外院置其
梵天及因陀羅摩醯首羅等淨居諸
天及無垢行菩薩光瓔菩薩莊嚴菩
薩無邊龍王難陀及優波難陀龍王
及商佉持明仙王與諸持明仙俱如
前諸方護世於此部中所有使者諸
類真言及明隨意安置如前所說安
置次第此亦如是一切諸難無能得
便應當此中作成就法如前方作如
所界道於內院東面置蘇悉地羯羅
右置天尸金剛明妃左置金剛拳明
妃右置遜婆明王左置計利枳里明
王右置拔折羅尊左置拔折羅但吒
右置金剛畝特伽羅鍵左置金剛商
羯羅右置金剛鉤明妃左置忙莽計
明妃於其外院東邊置勝慧使者金
剛慈使者摩醯首羅及妃多聞天王
及諸藥叉於其門前置辦諸事瓶於

金剛部中所有使者真言及明部多畋舍遮軋闥婆摩候羅伽及持明仙八方護世各於外院次第安置然後啓請如法供養護摩念誦起首成就其所啓請諸尊應用明王真言或用部母明請於曼荼羅所有諸尊各為置瓶如前曼荼羅所有諸法各為置瓶如前曼荼羅所有諸法此成就法亦皆如是若於此等曼荼羅中作成就者纔不具足護身之法亦得悉地為彼諸尊自有其誓若請我等赴曼荼羅者以虔誠心如法供養我等當與彼所求願是故於此應知無難必為加護若用部心真言及以部母或用明妃能辦諸事真言并及內護身真言而用啓請護身諸界速得成就此是三部祕密之法

復次更說通三部祕密曼荼羅如法界道置跋折羅中央置本部主印其前置本真言主或如前置羯羅尸瓶其物盛於器等之中置其瓶上內院東面置如來印北面置觀自在印南面置金剛印西面右邊置嚕達羅左邊置多聞天王如前所說明王曼荼羅此亦如是次第安置右邊置部母明左置辦事明蓮花金剛二部左右亦尒西面右置嘺(宜喬反)唎左置落乞灑弥東面兩角置鉢及支伐羅北面兩角置但拏棒及軍持瓶南面兩角置跋折羅及母娑伽羅西面兩角置輸羅及寶瓶於外門前別立置處所置無能勝東面門前置訶利帝母南面門前置句吒枳刚迦北面門前置醫迦契吒於其外院隨意遍置諸印如法啓請供養此是祕密部曼荼羅於中所作成就諸物皆得悉地頂行於此尚不得便何況諸餘毗那夜迦以諸美香花燈種種飲食持誦光顯然供養如於念誦及於曼荼羅所說供養法此亦如是應作若於淨室中作亦復如是其曼荼羅主種種供養應加四倍此是秘密之法供養畢已次應於外如法祭祀以酥燃燈其灶辦淨供養本尊一一之物皆須奉獻閼伽若如是作法速得有驗以明王真言持誦白芥子或用能辦諸事真言或用先持有功真言持誦近置成就物邊用辟諸難便即退散又用本部主印置於左邊或但持誦大刀置於左邊於其八方所各置丈夫初於東方其人作帝釋裝束手執跋折羅形色一如帝釋於南方其人作焰摩裝束手執但拏棒於西方其人作龍王裝束手執羂索於北方其人作毗沙門裝束手執伽陁棒於東北方其人作伊舍那裝束手執三鈷叉於東南方其人作火神裝束狀如仙人手執軍持及數珠於西南方其人作羅剎王裝束手執橫刀於西北方其人作風神裝束手執幢旗帝釋白色焰摩黑色龍王紅色毗沙門金色伊舍那白色帶黃火神火色羅剎王淺黑雲色風神青色其所著衣皆亦如是其人皆須受戒極令清淨有大勝勇善作護身之法形色端正盛年肥壯所執器仗皆須持誦於頭兩肩交絡花鬘備白芥子善知難相若有難至即散白芥子而用打之或擲花鬘或若其難衆多現大怖畏當以所執器

仗而遏擬之彼若相逼以器仗擊散
白芥子及擲花鬘以器仗擬及擊時
不得移動本處若移本處當得便是
故應須不動本處於本藏中所有護
身之印難摧伏者持誦供養置已身
邊若有極大猛害難來應自用彼諸
印以擲打之或比來持誦有功真言
誦白芥子散擊難者必若不止即應
出外以好飲食加以豐多如法祭祀
彼諸難衆一切護法惣有九種謂辟
除諸難結地界結虛空界結曼荼羅
界結方所結金剛牆結金剛鉤欄護
物護身以除諸難作成就時如斯等
法皆須憶念或若不辦前護方人應
當置其當方器仗此亦不辦於諸方
所置那遏遮器仗或張弓攙箭置諸
方所或與助成就人明解藏法有智
方便持誦有功戒行清潔立在門中
助辦諸事辟除諸難乃至內院外院
彼皆應助所有一切諸事至於暮聞
皆須辦足日纔沒已即起首成就中
間困時出曼荼羅外含水漱口以軍
荼利真言用持誦水而飲三掬或以

本尊心真言持誦少許蘇而用飲之
所有疲極當得除愈復以塗和草按
用佛部母明持誦以塗其眼惛沉難
起即便除愈先以誠心面向東立觀
察諸尊歸命啓請於三種吉祥瑞應
於中隨得好相以歡喜心而作成就
隨見先瑞成就亦尒是故行者應觀
先瑞先當須臾觀察蘇悉地羯囉明
王次則右遶辦諸事瓶入曼荼羅時
隨所逢瓶皆右遶過到已頂礼諸尊
及以遍觀各各以本真言而奉閼伽
或以部心真言奉獻所請諸真言主
當以明王真言請召所請明王當以
明妃請召請已各示本印及誦本真
言明等或但都示一印誦其真言及
明若如是作速得悉地其成就物有
置閼伽器中或置瓶上或掬合手內
或但心念或置鉢羅(二合)弭迦器或置
蒸上迫置於內本尊之前所成諸器
皆以牛黃塗之次用白芥子作護次
持誦摩鞞底花供養其物牛黃塗故
便成禁住用其芥子便成作護以花
供養故便成光顯此三種法次第應作

不得廢闕於本尊前置成就物於中
不得餘物間隔成就之物用兩種法
為作護一謂手印二白芥子令成就
物速有驗故數獻閼伽花香等具及
酪數應供養其助成就之人護其物
故常在其處如是安置供養物已然
後以手按之或以眼觀以其不散心
徐徐持誦中間數數光顯其物如是
相續竟夜持誦勿令間斷其夜三時
以閼伽等次第供養若須出外漱口
令助人替坐物前續次念誦其持誦
人有所慶念其所助人皆須補闕持
誦之時若大難至助成之人應拒其
難如不能禁行者應自散白芥子以
辟其難助成之人持誦其物於時東
方有是難現謂大雨電應知帝釋之
難於東南方有是難現謂火色大人
或如晝日應知即是火天之難於其
南方有是難現謂死尸形甚可怖畏
高聲叫唤手執大刀皆悉劓鼻手執
髑髏盛人血飲頭上火燃應知即是
焰摩之難於西南方有是難現謂雨
其屎尿穢曼荼羅及種種形甚可怖

畏應知即是涅利羿難於其西方有是難現謂雨雷電霹靂雹等應知即是龍王之難於西北方有是難現謂有大黑風起應知即是風神之難於其北方有是難現謂大藥叉及女藥叉惱亂行者應知即是多聞天王難於東北方有是難現爲象頭猪頭狗頭異形各持大山應知即是伊舍那難於其上方有諸天現具大威德應知即是上方天難下方之難地動及裂應知即是阿脩羅難作上成就方現斯難如是等難於中夜現凡上成就難相還大中及下成准此應知於夜三時是其上中下相與時應即是成就時不相應即非成就其三種相謂煗氣煙光如是三相應次第現若上成就即具三相若中成就具前二相若下成就唯現初相或若持誦處誠於初夜時三相次第現者即以部母明禁住其光或以明王心禁住其相及以持誦牛黃塗灑或以手按或酥灑或以散花或白芥子或但灑水禁住其相便即受用亦果其願或若

蘇悉地羯羅經卷下　第二十五張　神舟

初夜即成便作禁住念誦至其本時方可受用其中成就准此應知於其初夜下悉地成於其中夜獲中成就明相動時獲上成就其中成就中夜成就者如法禁已縱至明曉受用亦得其下成就准此應知各於本時其成者若不受用不亦爲者其物縱成不即用又不禁住至其平曉亦不受用其物猶若萎花亦如穢食無所堪用以念誦故請啓真言入其物中時既過已其驗亦失又成就物雖初相現然不成就當時若禁其相已後還作光顯等法及諸節日供養灌頂便作成就經於三年若不成者當知此物不可得成上成就法限至三年若中成就至第六月若下成就不限其時複成就法亦復如是

蘇悉地羯囉經被偷成物却徵法品第三十七

我今當說被偷之物却徵之法其物成已或作成就之時其物被偷偷物之時或見其形或似失物不見偷者於時不擇日宿亦不斷食發起瞋怒現前速應作此曼荼羅法用燒尸灰

蘇悉地羯羅經卷下　第二十六張　神舟

三角而作唯開西門於外門前置其本尊内院東角置蘇悉地羯羅明王若置金剛忿左置大怒右置金剛拳左置金剛鉤右置金剛計利者羅左置毗摩右置熱吒左置寳蘗羅右置阿設寧左置商羯羅右置微若耶門右置迦（引）利門左置難地目佉左置金剛軍右置蘇摩呼及置諸餘大忿怒等爲成就故次第安置如法啓請以赤色花及赤食等次第供養如前所說阿毗遮嚕迦法於此應作門外所置本尊應以美妙花等如法供養於其外院置八方神及置本部諸餘使者等尊亦須如是供養於其中央作護摩法其爐三角一一如前以七枚鐵橛地羅以已身血塗而用護摩或用苦練木或用燒尸殘柴而用護摩火著已後以燒尸灰和已身血而用護摩及以毒藥已身之血芥子油及赤芥子四種相和而用護摩復取四種物作偷物者形而坐其上以左手片片割折而取護摩若其能伏瞋者及明法者應作此法其偷物者憚

蘇悉地羯羅經卷下　第二十七張　神舟

惶恐怖懼持覩付行者便應施彼無
畏於時與彼作扇底迦法若不作者
彼便命終或所將物更復加添密置
尊前
又成就物盜將日久若欲追取即應
作此通三部成辦諸事曼荼羅四方
而作中央安置蘇悉地羯羅明王印
內院南面置金剛忿怒大忿怒杜蕃鉢
金剛鈎食金剛拳金剛火金剛母特
伽羅金剛怖畏金剛商羯羅鎖計利
者羅慧金剛無能勝及置諸大忿怒
及諸使者諸大威德真言主等於其
南面次第安置內院北面置能滿諸
願觀自在馬頭明王多面多手能現
多形耶輸末底大吉祥落乞澁(二合)弭
濕吠多半拏羅嚩悉寧(去)羅戰捺羅
末羅所有真言及明諸使者等各各
次第如法安置內院東面置金輪佛
頂等諸餘佛頂佛毫佛眼佛鑠底佛
牙佛慈及無能勝等自餘明主及能
辦事諸真言等諸餘真言及諸使者
於其東面各各次第如法安置近門
兩邊及門外者亦復如前依法安置

於其外院八方神西門南邊置梵天
王及與眷屬西門北邊置摩醯首羅
及妃言那鉢底等諸眷屬俱及七杜
怛羅母及八龍王并諸眷屬阿脩羅
王與諸眷屬歸依佛者大威德神於
其外院各各如法次第安置至誠啓
請次第供養於外西面置護摩爐以
爐作其盜物者形置撒其中依阿毗
遮嚕法啓請祭祀供養護摩次以刀
割其形而作護摩或依本部所說阿
毗遮嚕法依彼而作或本尊自盜及
不與成亦如是作從黑月五日至十
四日來中間作法說為勝達其形復
以杖鞭及以火炙種種猛法打棒以
末但那刺依金剛撅法用刺身分以
黑芥子油和鹽遍塗其身隨意苦楚
而致害之復以蓋尸之衣而覆其形
以赤線纏縛赤色花持誦自眼努目
視之於真言中置訶責句每日打之
若將物來即當休止中夜應作是猛
利法用俱徵那木塗黑芥油而作護
摩又以毒藥及已身血芥油鹽及黑
芥子怒與相和稱盜物者名而作護

摩經八百遍或但用已身血和鹽而
和護摩如是苦治若不還物即應更
作至死猛法於阿毗遮嚕法中所說
然法遍作其法於真言置其殺句若
將物來即止其法從乞歡喜彼若已
用其物將餘物替亦止其事或已用
其物復無物替但來悔謝亦止其事
施彼歡喜彼或損失及分與他隨殘
所有持來還者亦止其事施彼歡喜
應當以金剛徵那羅真言而作護摩
或用大怒或用不淨忿怒而作護摩
或於當部所說却追失物真言而作
護摩然此三種真言通三部用真言
曰
囊(上)謨羅怛囊(合上三)怛羅(二合)夜也囊(上)
莽室戰拏嚩日羅(二合)戰儜(上)曳莽賀
藥乞沙(二合)細那曩鉢多(上)曳唵賀羅
賀羅嚩日羅(二合)莽他莽他(上)嚩日羅
(二合)度曩度曩(上)嚩日羅(二合)賀曩賀曩
嚩日羅(二合)鉢者鉢者嚩日羅(二合)捺羅
捺羅嚩日羅(二合)那羅野那羅也嚩日
羅(二合)那羅野尾那羅也嚩日羅(二合)瞋
(去)那瞋(去)那嚩日羅(二合)頻(去)那頻(去)

那嚩曰囉二合餅洋吒二合
得其物已或得替已即護其物兼及
護身當於節日次第而作光顯等法
其中成就物及下成就一分應奉世
尊一分應奉於阿闍梨出曼荼羅外
取其一分奉先成就者一分當與同
伴等人取第五分而自受用或作兩
分一分自用一分奉四處諸有末物
法皆如是先以閼伽奉獻尊等後取
本分其先成就者分以閼伽供養陪
其價直自取受用其價直者供養是
也其阿闍梨若不在時其分還酬價
直而自受用其愧直者心生慚愧即
是價直出曼荼羅外奉先成就者時
應作是言諸先成者受取本分手執
閼伽第二第三應如是唱若無取者
即當持與同伴之人勿懷疑慮彼等
以虔誠心故以供養故堅持戒故侍
行人故即是先成之人是故其分彼
等應受三唱之時彼同伴者應如是
報我等即是先成就者行人自分其
物與同伴等其物若少不可分者即
安善那及牛黃等不可分也應當以

蘇悉地經卷下　第二十一張

心作其分量而自受用有如是物准
一人用不可分者輪刀等是隨於本
法所說成就應如是作其性使等亦
不可分於本法中成就之物其量纔
少任加本量而作成就與伴同等或
依先成之人物量而作成就縱減其
半亦得成就或於本法所說分量皆
須依行行人分物與同伴時應處分
言汝等隨我種種驅使彼然諾已後
當與之或若一身成就利益餘人依
此藏教或餘法中並皆通許分與同
伴等時隨其功勞節限分物不應偏
儻物成就已先應供養本尊深生慚
愧慇懃再請然後可分一切諸部法
皆如是中下成就准此應知深生慚
愧恭敬供養及施財物所得進止依
其處分以如是事酬還物價物成就
已先獻閼伽如法分與誦本真言及
作手印以心觀念本尊及誦明王妃
真言乃至觀念然後受用其物隨意
昇空至衆仙所彼無能壞及以輕蔑
縱有忿心亦無能損彼成就者常念
本尊不應廢忘其成就物常須心念

蘇悉地經卷下　第二十二張

或以眼視為持誦明王真言故諸仙
恭敬持妃明故無諸怖畏作三摩耶
印及作部印及眼視物皆不應與
仙相見應先起敬而問評言善來安
樂復從何至彼若所問善言而答遊
行空時不應於神廟上過及獨一樹
并四衢道諸仙居處及以城郭祭祀
之壇婆羅門集會處假使邪法仙衆
所居之處不應過增上慢故經彼等
過必當墮落為放逸故而墮落者即
應持誦明王真言及以思惟若已墮
落及欲墮時便得本位虛空雖無形
色天眼見道譬如成者起心即至如
亦在定不動而至是故遊彼先成就
路以福力故自然衣服隨意宮殿用
花林園觀種種諸鳥天女遊戲歌舞
妓樂種種欲樂熾然光明如意劫樹
能滿諸願為居止故寶石為座下流
渠水耎草布地種種瓔珞及嚴身具
并娛樂諸吉祥樹有甘露果乃至隨
所意樂憶念之處皆現其前縱如是
已常須護身不應廢忘應住清淨園
林及諸山頂并海州島江河灘渚以

蘇悉地經卷下　第二十三張

遊戲故應住其處於彼便有如前勝境或與先成仙衆共住又如前所說具足而作悉地之法其物不成者如法葉住護持藏弃如前更作先念誦法乃至還作成就之法如是作已若不成者重加精進又更念誦作成就法如是經滿七遍猶不成者當作此法決定成就所謂乞食精勤念誦發大恭敬巡八聖迹礼拜行道或復轉讀大般若經經七遍或一百或持勝物奉施僧伽或於入海河邊或於海島應作一肘窣覩波數滿一百於一一窣覩波前如法念誦滿一千遍最後第一百塔若放光者當知作法決定成就後作一千窣覩波於一一前念誦千遍假使無間罪其數滿已不須作法自然成就又一切真言念誦一俱胝决定成就若作時念誦者經十二年縱有重罪亦皆成就假使法不具足皆得成就又念遍數及時滿已即當應作增益護摩或復作此成辦諸事曼茶羅於中而作四種護摩或於山頂或於牛群先所住處或恒

河渚平治其地作曼茶羅量一百八肘置一百八瓶於其四門立柱為門各於門前建立寶臺種種裝嚴以名花枝條作鬘繫其門柱及角幢上遍遶其處以酥燃燈滿一百八布曼茶羅及一百八香爐燒諸名香亦置其處內院一面其量七肘外院一面三肘餘是中央所有啓請及供養等皆悉如前准護摩法次當别說於中以本真言置羯攞舍瓶其瓶四面作護摩法於其內院東面遍置佛部諸尊其北面遍置蓮花部中諸尊於其南面遍置金剛部中諸尊於西面置嚕達羅神及多聞天王各并眷屬如前所說使者等尊內院若不容受當置外院其護方神與諸眷屬各置本位方其三部主及嚕達羅多聞天王先置本處次復各置明王明妃辦事真言主等并諸使者次第安置於外門前置軍荼利尊及置無能勝尊如是依法作曼茶羅成已用本部心而作啓請次第供養即於四方而作念誦然後其瓶四面所置之爐各依彼部中

作護摩法是名增益諸真護摩其供養食用烏那羅獻作此法已一切諸尊便成增益如是念誦作護摩已更以部母真言而護摩酥次以本尊真言乳粥酥和而作護摩更以部母真言胡麻和三甜而作護摩又以部母真言用酥護摩作此法已一切尊即便充足及成增益圓滿具足悉皆歡喜速與成就若作此曼茶羅乃至七度决定成就如前念誦及巡塔乃至七遍作此曼茶羅若不成者即以阿毗遮嚕迦法苦治本尊以蠟作其形象取其真言而念誦之先誦部母及明王真言中間置本尊真言以阿毗遮嚕迦法護摩用芥子油塗其形像便著壯熱若伏他者遍身皆痛以瞋鞭打及以花打用前二真言以其瞋心而作供養譬如治罰鬼魅治罰本尊法亦如是如斯之法依教而作不得自專輒其尊即來現前與其成就滿午願已止其前事作扇底迦法或以毒藥已身血胡麻油鹽赤芥子揔相和竟夜護摩本尊於時諱煌唱言

止止莫莫與成就如是作法經三日已亦復不來與成就者又加勇猛以無畏心便割已肉護摩三遍本尊即來乞彼歡喜心所求願即與成就若有闕過一一而説假使犯五無間經於九夜割肉護摩決定而來與其成就此是與真言鬪爭之法以無畏心如法護身方可而作必不空過得成就已即應當速作扇底迦法若説忿過即須補闕於諸成就事中此曼茶羅為最於中作三種事得三種果於中應作一切諸事及以護摩治罰本尊如治鬼魅每時供養皆用新物護摩之物亦復如是此法不應放逸澡浴清淨如法護身不應輕慢明解藏教方以此法治罰本尊若違此者即使自損

蘇悉地羯羅經卷下

右經國本同宋丹本偏具檢無所據不敢去取而雙存之以待賢哲此則丹本也

乙巳歲高麗國大藏都監奉
勅彫造

蘇悉地經卷下　第二十七張　[illegible]

蘇悉地羯囉經卷下　校勘記

一　底本，麗藏本。

一　八一七頁中一五行第一一字「迦」，石無。

一　八一七頁下一八行第三字「七」，石作「求」。

一　八二〇頁中一三行第三字「二」，石作「三」。

蘇悉地羯羅經卷第一　克七

唐中天竺三藏法師輸迦波羅譯

請問品第一

爾時忿怒軍荼利菩薩合掌恭敬頂禮尊者執金剛足發如是問我曾往昔於尊者所聞諸明王曼荼羅法及以次第復聞明王并諸眷屬神驗之德願爲未來諸有情故惟願尊者廣爲解說以何法則持誦眞言次第速得成就其誦眞言法雖有一體所成就事其數無量云何眞言相云何阿闍梨云何成就諸弟子云何方所爲勝處云何眞言速成就云何調伏相云何誦眞言方便及次第云何華供養云何用塗香云何食供養復燒何等香云何然燈相云何扇底迦云何增益相云何降伏怨於是二種中各成何等事云何上中下次第成就相云何法請召云何供養之云何作護身云何廣持誦何偈得眞言云何作灌頂眞言之儀式云何當受付云何字得滿云何得增益云何作護摩及以次第法復用何物等能令速成就云何成藥相云何淨持藥云何藥量分云何諸藥相云何成就諸物相云何而受諸物相云何能淨諸物法云何物量及多少彼諸物等并相貌惟願尊者具大慈悲一一分明當爲我說云何護諸成就物及以分別爲分數云何受用成就物惟願慈悲分別說云何失物令却得云何被破却令著彼云何先知作障礙相云何成就曼荼羅云何事相曼荼羅云何灌頂曼荼羅如上所問隨其要者惟願尊者大慈悲爲衆生故惟願慈悲分別廣說

眞言相分第二

爾時吉祥莊嚴一切持明王大聖供養者執金剛告彼大精進忿怒菩薩言善哉善哉大忿怒能於我所發如斯問應當一心諦聽最上甚深祕密妙法此蘇悉地經五種莊嚴一謂大精進二謂明王三能除障四能成就諸勇猛事五能成就一切眞言此蘇悉地經若有持誦餘眞言法不成就者當今兼持此經根本眞言卽當速成諸眞言之法於三部中此經爲主亦能成辦一切事所謂護身結界召請供養相助決罰教授等事一切眞言一一次第能令得成復次或諸心眞言中三虎𤙖字者亦能成辦如上所說一切法事謂三虎𤙖字心眞言曰

曩(上聲)謨(上聲)囉怛曩怛囉(二合)夜也曩莽室戰(二合)拏嚩日囉(二合)皷儜(上聲)曳莽訶(上聲)也乞沙(二合)細曩鉢多(上聲)曳唵蘇地也(二合)悉地也(二合)娑去大也蘇悉地羯囉𤙖𤙖𤙖柹吒(二合)柹吒(二合)柹吒

復次上中下成就法如別經中說願等成就者應解眞言上中下法此蘇悉地經總通攝三部所作曼荼羅法佛部眞言扇底迦蓮華部眞言補瑟徵迦金剛部眞言阿毗遮嚕迦從腰至頂爲上從齊至腰爲中從足至齊爲下於眞言中亦應分別三種成就於此三部各分爲三善解了別於其三部諸眞言中明王眞言是上成就諸餘使者制吒制徵等眞言是下成就三事法者一扇底迦二補瑟徵迦三阿毗遮嚕迦如是三事於三部中各皆有三種應須善知次第之相

佛部之中用佛母號爲佛眼用此眞言爲扇

底迦佛母真言曰
那(上聲)謨婆(去聲)伽(輕聲)嚩帝嗚瑟膩(二合)沙也唵嚕
嚕娑普(二合)嚕若嚩(二合)里底(丁以切)瑟咤(二合)悉馱
路者寧(去聲)薩囉嚩(二合引)囉他娑(去聲)馱寧(上聲)娑
(去聲)嚩訶
此是佛部母真言佛眼是也蓮華部中觀音
母號爲半拏囉嚩悉寧用此真言爲扇底迦
觀音母真言曰
那囉舍(二合)曩(上聲)娑莽嘌(二合)囉舍曩便(去聲)室囉
(二合)嚩娑莽(二合)囉妳曩(上聲)者寫莽舍(二合)薩囉嚩
(二合)薩怛嚩(二合引)難(去聲)薩囉嚩(二合)微也(二合)地指
枳瑳(上聲)迦唵微迦鹼迦吒微迦吒迦楨(吒應切)
迦鹼婆(去聲)伽(輕呼)嚩底(丁以切)微若曳莎(去聲)嚩訶
此是蓮華部母真言半拏囉嚩私寧是也金
剛部中用執金剛母號爲忙莽鷄用此真言
爲扇底迦金剛部母真言曰
那(上聲)謨(上聲)囉怛曩(上聲二合)怛囉(二合)夜也那(上聲)莽
室戰(二合)拏嚩曰囉皺儜(上聲)曳莽訶藥乞沙(二合)
細曩鉢多(上聲)曳唵俱(上聲)蘭達哩滿馱滿馱吽
抳吒(二合)

(三遍此是金剛母真言忙莽鷄是也)
復次佛部中用明王真言明王號爲最勝佛
頂用此真言爲補瑟徵迦明王真言曰
曩(上聲)莽三曼多母馱難(去聲)唵悖論(引)曩莽
蓮華部中亦用(克七)明王號曰訶野(四)吃利嚩用此
真言爲補瑟徵迦明王真言曰
唵闍没嘌(二合)妬婆(上聲二合)嚩曩(上聲)莽莎(去聲)嚩訶
金剛部中亦用明王號曰蘇嚩用此真言爲
補瑟徵迦真言曰
曩(上聲)謨囉怛曩(上聲二合)怛囉(二合)夜也曩(上聲)莽室
戰(二合)拏嚩曰囉(二合)皺儜(上聲)曳莽訶(去聲)藥乞沙
(二合)細曩鉢多(上聲)曳唵素唵(二合)婆(上聲)寧(上聲)素唵
(二合)吽蘗嘌(二合)恨儜(二合)蘗嘌恨儜(二合)吽蘗嘌(二合)
恨儜吽阿(去聲)曩也護薄伽(輕聲)嚩尾你夜(二合)囉
(引)若吽抳吒(二合)曩(上聲)莽
又佛母部中用大忿怒號曰阿鉢囉氏多用
此真言爲阿毗遮嚕迦真言曰
吽抳吒(二合)地迦(輕聲)地迦地迦爾曩悉爾迦
吽抳吒(二合)
蓮華部中大忿怒號曰施嚩(去聲)嚩訶用此真

言爲阿毗遮嚕迦真言曰
吽抳吒(二合)阿唎(二合)吽抳吒(二合)
金剛部中大忿怒號曰軍荼利用此真言爲
阿毗遮嚕迦真言曰
曩(上聲)謨(上聲)囉(克七)怛曩(上聲)怛囉(二合)夜(五)也曩(上聲)莽室
戰拏嚩曰囉(二合)皺儜(上聲)曳莽訶藥乞沙(二合)細
曩鉢多曳唵闍没嘌(二合)多軍(去聲)拏里佉佉却
醯却醯底瑟吒(二合)底瑟吒(二合)滿馱滿馱賀曩
賀曩(二合)微娑鋪(二合)吒也微娑鋪(二合)吒也薩囉
嚩(二合)尾近曩(上聲)微曩也迦(引)莽訶(去聲)言(上聲)儜
(上聲)鉢底(丁以切)餌尾旦多羯囉(引)也吽抳吒(二合)
復次或有真言不入三部隨彼真言文字而
辨扇底迦等三種法事其真言中若有扇底
迦嚕字莎悉底句嚕字閦莽字鉢囉(二合)閦莽
字烏波閦莽字莎(去聲)訶(去聲)字者當知即是扇
底迦真言
若有補瑟徵句嚕字落乞澁民(彌寅切二合)那那
字烏(去聲)乳字麼羅字嚩嘌(二合)地字嚕波字咩
馱字但曩但寧(上聲)也(二合)字醯里寧(上聲)也字蘗
囉(引)莽字曩蘗囉字囉(引)瑟吒(二合)字囉尒閻

(二合)那那字曩(上聲)荼曩(上聲)莽字者當知即是瑟徵迦眞言

若有缾字賀曩(上聲)字拨吒(二合)字莽他(二合)字畔若字囉也吒也字烏瑳(去聲)那也字戍沙(上聲)也忙囉也字却(引)那也字鴉攞也字齒曳(二合)那也字娑(去聲)悉哞(二合)句嚕字者當知即是阿毗遮嚕迦眞言

復有眞言句義慈善當知即入扇底迦用若有眞言句義猛怒當知即入阿毗遮嚕迦用若有眞言非猛當知即入補瑟徵迦用復次若欲速成扇底迦者當用佛部眞言若欲速成補瑟徵迦者當用蓮華部眞言若欲速成阿毗遮嚕迦者當用金剛部眞言復次此經深妙如天中天亦有眞言上中下若依此法一切諸事無不成就此經雖屬第三金剛下部以奉佛勅許通成故亦能成就上二部法譬如國王勅許依行此法亦爾准義應知若有眞言字數雖多初有唵字後有莎訶字當知此眞言速能成就扇底迦法或有眞言初有缾字後有拨吒字或有㘈音字此是詞聲有如上字者眞言速得成就阿毗遮嚕迦法或有眞言初無唵字後無莎訶字又無缾字亦無拨吒字及無㘈音等字者當知此等眞言速能成就補瑟徵迦法若復有人欲求攝伏諸餘鬼神及阿毗舍當用使者及制吒迦等所說眞言速得成就若有異部眞言說能成就一切事者但能成就本部所說不通餘部猶有經演彼有眞言爲除毒病故說不能除諸餘苦當即知其通一切用善知其部善識眞言所應用處亦應須知眞言功力復須善解修眞言法隨所求事隨稱彼法眞言之相誦彼眞言即得成就

分別阿闍梨相品第三

復次我今當說阿闍梨相一切眞言由彼而得是故明知闍梨者最爲根本其相者何謂支分圓滿福德莊嚴善解一切世出世法恒依法住不行非法具大慈悲憐愍有情貴勝生長調伏柔輭隨所共住皆獲安樂聰明智慧辯才無礙能懷忍辱亦無我慢常樂大乘及解妙義復深信樂祕密之門縱有小罪猶懷大怖身口意業善須調柔常樂轉讀大乘經典復依法教勤誦眞言而不間斷所求悉地皆悉成就復須善解畫曼荼羅常具四攝爲求大故不樂小緣求離慳悋曾入大曼荼羅而受灌頂復爲先師而歎德者汝從今往堪授灌頂爲阿闍梨獲斯印可方合自手造曼荼羅須依次第亦合授與弟子眞言若依此者所受眞言速得成就不可懷疑不於如上阿闍梨處擅誦眞言徒用功勞終不獲果弟子之法視阿闍梨猶如三寶及菩薩等爲能授與歸依之處於諸善事而爲因首現世安樂當來獲果爲依阿闍梨故不久而得無上勝事所爲菩提以是義故比之如佛以爲弟子承事闍梨無有懈怠勤持不闕所授明王及明王妃當得悉地必無疑也

分別持誦眞言相品第四

復次我今演說持誦眞言速獲成就法相三業清淨心不散亂曾無間斷常修智慧能行一法成就衆事復離慳貪所出言辭無有滯礙處衆無畏所作速辦常行忍辱離諸謟佞

無諸疾病常行實語解善法事年歲少壯諸根身分皆悉圓滿於三寶處常起信心修習大乘微妙經典諸善功德無懷退心如此之人速得成就於諸菩薩及以眞言常起恭敬於諸有情起大慈悲如此之人速得成就常樂寂靜不處衆嬈恒行實語作意護淨如此之人速得成就若聞金剛威力身得自在即以諦信心生歡喜如此之人速得成就若人少欲及以知足誦持眞言念所求事晝夜不絕如此之人速得成就若人初聞眞言法則身毛皆竪心懷踊躍歡喜如此之人成就法器若人夢中自見悉地如經所說心樂寂靜不與衆居如此之人速得成就若復有人於阿闍黎所敬重如佛如此之人速得成就若人持誦眞言久無效驗不可棄捨倍增廣願轉加精進以成爲限如此之人速得成就

分別同伴相品第五

復次當說其同伴相福德貴族生者常樂正法不行非法復懷深信離諸恐怖精進不退奉持尊教常作實語諸根支分皆悉圓滿身無疾病不過極長復不極短不過極肥亦不極瘦不用太黑亦不極白離如此過福德同伴能忍諸苦善解眞言及曼荼羅法供養次第諸餘法則常修梵行能順諸事出言柔輭令人樂聞離諸我慢强記不忘有所奉行不相推托多聞智慧復有慈悲常念布施善解分別明王眞言常須念誦所持眞言與尊行同兼明結界護身等法如是之伴當速得成就三業調善曾於師所入曼荼羅歸依佛教不習邪法善知尊者所須次第不待言教隨有所求知時即送具如此者爲勝同伴身意賢善心無憂惱決定堅固終無退心得如是伴當速成就於多財利不生貪著具如是德說爲勝伴復於行者處心無捨離若欲成就諸餘藥等爲作强緣不應捨離自然聖戒具如是德說爲勝伴於行者處無所規求未得悉地成就以來終不捨離縱淹年歲復無悉地終不懷於捨離之心假有大苦及餘難事逼切身心亦不應捨具如是德說爲勝伴若有如前種種德行堪能成就最上勝事縱無前德但明眞言成就法則并復善解諸曼荼羅智慧高明復加精進勝持誦者如是之伴亦能成就最上勝事爲願成就最上勝事故其福德伴半月半月與持誦者而作灌頂及以護摩隨時所辦香華然燈諸餘次第擁護揀擇隨所有爲並須助作非直助修如前尊事若持誦者有所虧失其福德伴依於經法以理教誨勿令有闕乃至廣爲開示因緣具如是者最爲勝伴行者每日持誦之時及所行事時有忘失其福德伴隨所見處相助作之便令周備若欲成就藥法之時須常以手而按其藥或以草幹而用按之念誦作法事務雖多修行之者持誦不得廢忘欲了之時具伴當須側近而立看彼尊者念誦旣勞或恐忘作發遣神法置數珠法及餘法等見忘作處應助作之其伴常須持誦供養所作諸事而生福德並皆迴向持眞言者滿所求願有所指受惟共伴語旣欲成就最勝事故更許一伴展轉合語不得參差其伴所食與尊者同非但同食亦令持者所食錯者如依法

制具如是者堪爲最上勝事同伴第二同伴第三同伴亦然一如前說

揀擇處所品第六

復次演說持誦眞言成就處所於住何方速得成就佛成道降四魔處如是之處最爲勝上速得成就尼連禪河於彼岸側無諸難故其地方所速得悉地縱有諸難不能爲障所求之事無不悉地如是之處速得成就或於佛所轉法輪處或於拘尸那城佛涅槃處或於迦毗羅城佛所生處如上四處最爲上勝無障嬈故三種悉地決定成就又於諸佛所說勝處復有菩薩所說勝處八大塔處或於名山多諸林木復多果實泉水交流如是之處說爲勝處或於蘭若多諸華果復有水流人所愛樂如是之處說爲勝處復有蘭若多諸麞鹿無人採捕復無羆熊虎狼等獸如是之處說爲勝處或無苦寒復無大熱其處宜人心所樂者如是之處說爲勝處或於山傍或於山峯頂或獨高臺或於山腹彼復有水如是之處說爲勝處復有勝處青草遍地多諸華樹中有其木堪作護摩如是之處說爲勝處或於安置舍利塔前或於山中安舍利處或四河邊或有蘭若種種林木而爲嚴飾無多人處或於寒林煙不絕處或大河岸或於曾有多牛居處或於迥獨大樹之下神靈所依日影不轉或多聚落一切祠祀處或於十字大路之邊或龍池邊如是之處說爲勝處或佛經行所至之國如是之方速得成就但有國土諸人民衆深信三寶弘揚正法如是之處速得成就復有國土多諸人衆并具慈悲如是之處速復成就既得如是上妙處所應須揀擇地中穢惡瓦石等物曼荼羅品中一一廣明如悉地法善須分別三部處所復須分別扇底迦法補瑟徵迦阿毗遮嚕迦如是三法復須分別上中下或即於是處隨心所置應塗灑掃作諸事業速得成就悉地之法

分別戒法品第七

復次廣說制戒持眞言法則若依此戒不久當獲成就若有智者持諸眞言先斷於瞋乃至天神不應生忿復於餘持眞言者復不懷瞋於諸眞言不應擅意乃至功能及諸法則而分別之應於諸眞言及以法則深生敬重於諸惡人善須將護何以故能障大事及壞彼故於阿闍梨所縱見愆過身等三業猶不生於憍慢之意亦口不談種種是非心意終不分別愆過之想有過尚然況依法耶縱懷大怒終不應以自所持眞言縛他明王及生損害并苦治罰亦復不應作降怨法未曾於阿闍梨處而受眞言者不應與彼許與受之於三寶處不生恭敬復是外道雖於阿闍梨所受得眞言亦不可與彼及至手印及以眞言并功能法及普行法並不得與未曾經入曼荼羅者亦不授與不應跳驀一切有情兩足之類乃至多足亦復如是又不應踐驀諸地印過所謂鎚輪棓杵螺拔折羅等及以素成並不應踐驀諸餘藥草根莖枝葉及以華實亦不應踐驀亦不棄於不淨之中若樂成就眞言法者應須依制不應詰難大乘正義若聞菩薩甚深希有不思議行應生諦信不

懷疑心持真言者不應與彼別持誦人更相試驗若緣小過者不應作降伏之法樂成就者不應歌詠共人調戲又爲嚴身塗香莊飾及帶華鬘亦不跳行不應河中浮戲而樂其身諸戲調笑皆不應作三業不善能不應作所謂虛誑語染[克七]汙心語離間和合[十三]惡口罵詈所作對答不假多言無益言談終不習學亦復不與外道同住及以難詰旃荼羅類皆不與語不應與於諸人談話惟除同伴當念誦時縱是同伴亦不與語持誦餘時自非所須不與伴語亦不以油塗身又不應喫五辛慈葱蘿蔔油麻及餘一切諸菜茹米粉豆餅并餘豍豆及油麻餅并作團食皆不應喫一切毗那夜迦所愛之食及供養殘食油麻粳豆粥及以乳粥皆不應食一切車乘若有因緣許乘車騎乘不許及以鞍皆不乘騎所被蓋食并被觸食一切嚴身之具所謂鏡華并以粉藥傘蓋非因緣事不應以手揩手以脚揩脚不應一切水中及側近水大小便利不但以手承食而食亦不用鎚銅器食諸葉不翻

盛食不應卧大小牀榻不得共人同卧欲卧之時安心寂靜清淨而卧不覆面卧亦不仰卧如師子王右脇而卧當卧之時不得張目而睡一日一食不得再食不應斷食不應多食不應全少於食有疑不須食之一切調戲及多人叢聚乃至女人皆應入中亦不得看他身口意等所愛好房及好飲食皆不應樂者應受惡房及惡飲食皆不應棄不應著紫色衣裳及不應著故破之衣及垢穢之衣念誦之時應著內衣亦不自謙有多愆犯無由得成就悉地復不可言宿世之業身嬰諸疾終應違闕念誦之業阿闍梨邊所受真言終不應棄於其夢中或於虛空有聲告言汝不應持是真言法亦不捨棄復不瞋彼何以故並是魔故惟須精進不應退轉心不惡思攀緣諸境縱放[克七]諸根恒常護淨而[十四]念誦之若求大成就自所持真言不應攝伏魍魎鬼魅亦不應用護自他身亦不救難及禁諸毒所持真言諸餘真言亦不應作所有隨用真言真言皆不應頻頻而作念誦亦不共人競鬪效

驗若欲求悉地當須三時持誦洗淨之時非但空水和真言水而洗淨之

持誦淨水真言曰

唵鉡　賀囊(上聲)嚩囉(二合)嚩日嚟儜(上聲)賀

澡浴之時應用淨土遍身塗洗應用真言土誦經七遍土真言曰

唵嚩囉(二合)賀囉鉡

水土之中多有障難毗那夜迦先須發遣然後用之誦此真言而赫遣出於水土中[illegible]

真言曰

囊(上聲)謨(上聲)嚩囉(引)也鉡賀囊(上聲)廣囊(上聲)莽他尾特嚕(二合)娑瑜瑳(去聲)囉也撥吒(二合)

又先取水以手和攪誦真言訖而用洗浴真言曰

囊(上聲)謨(上聲)囉怛[克七]囊(上聲)(二合)怛囉(二合)夜[十五]也那(上聲)莽室戰(二合)拏嚩日囉(二合)擻儜(上聲)曳摩訶藥乞沙(二合)細囊鉢多(上聲)曳那(上聲)謨(上聲)嚩日囉(二合)句嚕馱也鉢囉(二合)若嚩(二合)里多你(去聲)鉢多(去聲)(二合)能(去聲)毖吒咾(二合)得迦(二合)吒娑(上聲)也珮囉嚩(去聲)也阿徙母(輕呼)娑囉嚩日囉鉢羅輸擻捨賀娑婆

(去聲二合)也怛你也(二合)唵闇没嘌(二合)多軍(去聲)拏里佉佉佉佉囊佉囊(上聲)佉囊佉囊(上聲)佉(去聲)那佉(去聲)那佉(去聲)那那佉四佉(去聲)四佉(去聲)四佉呬底(丁以切下同)瑟吒(二合)底瑟吒(二合)賀賀囊囊(上聲)挪賀挪賀鉢者鉢者蘖嘌(二合)恨儜蘖嘌恨儜(二合)滿馱滿馱蘖囉若(二合)蘖囉若(二合)怛囉若(二合)怛囉若(二合)微娑鋪(二合)吒也微娑鋪(二合)吒也娑伽梵囊(上聲)没嘌(二合)多軍拏里慕(引輕)囉彈難(二合)多(上聲)拏(上聲)也嚩日囉(二合)儜(上聲)薩囉嚩(二合)尾近近囊(上聲)微囊也劒(引)寧(上聲)嚩(去聲)囉也摩訶(去聲)言(上聲)儜(上聲)鉢底餌尾旦多迦囉(去聲)也鉡鉡拂(二合)句喏馱(引)囊(上聲)囊(上聲二合)曳娑嚩訶(去聲)

三遍用此真言水隨意洗浴之時不應談話洗浴未已來當須心念次下心真言浴時心真言曰

唵闇没(二合)帝鉡拂吒(二合)

洗浴既了應以兩手掬水一掬用前心真言真言之經七遍用灌其頂如是三度應結頂髮亦誦真言經餘七遍當頂作髮若是出家應以右手而作爲拳置於頂上如前遍數同結頂髮真言曰

唵蘇悉地羯哩莎(去聲)訶

次應洗手取水三度潄口然後洗自本尊用本真言誦經七遍誦潄口真言遍身五處真言曰

唵枳里枳里 克七 嚩日囉(二合)鉡拂吒(二合)十六

洗浴都了想浴本尊復於其處當誦所持真言住誦多少然後可往常念誦處乃至末到彼所已來應離一切貪癡等隨不善業一心清淨敬想本尊而徐徐往堅持禁戒如前所制既到彼所即應如法作諸法事而念誦之常浴摩曼荼羅所念誦疲困當轉讀大乘經典或作制多諸餘善事常不廢忘應三時歸依三寶三度懺悔諸餘罪業三時發菩提心三時發願願成勝事若如是作速得成就爲除罪故應常以香泥造俱胝像塔燒香散華讚歎供養作諸善業常行惠施具大慈悲於諸法教不生慳悋常懷忍辱精進堅固不退六念在心所聞經典諦思其義常須轉讀真言功能常須供養真言法經依經善盡妙曼荼羅應須念念發大菩提先令諦信比丘僧入次比丘尼次優婆塞次優婆夷隨次第而入並皆堅固發菩提心決定正見既入曼荼羅畢已應當授與結手印法及真言等明藏法則復應廣爲宣說一切真言法則或十四日或月八日及月盡日或十一日十五日如 克七 十七 是日倍加供養香華食等一切供具及以持誦并作護摩加持禁戒常須憶念倍加諸事真言成就作護摩時常須以手執持拔折羅誦真言之經餘千遍辦事金剛真言曰

唵度囊(上聲)嚩日囉賀

欲作辦事諸業跋折羅者應用天火所燒之木或苦楝木或取燒尸殘火糟木或紫檀木隨取一木作跋折羅應施三服護摩之時及念誦時常以右手而執持之能成諸事故號拔折羅能成諸事若執所有一切毗那夜迦及餘作障悉皆恐怖馳散而去紫檀香塗其拔折羅置本尊前所說真言持誦華香而供養之其諸事業金剛祕密微細奇能成就諸餘事等作諸事時常須右臂手常以真言索

繼帶右手持珠索以香臂以香而塗持誦眞言或一百遍或一千遍罥索眞言曰

唵句蘭達哩滿馱滿馱許泮吒(半音)

此明王大印號忙莽鷄能成一切明王眞言亦能增益及能滿足眞言字句亦能成就諸餘法事乃至護身清淨等事非但是諸明王母亦是金剛之母若金剛部索用一嗚嚕(二合)捺囉(二合)又穿於索中心而作爲結准金剛部作索之法應知二部用蓮子等而作爲結佛部索者應用佛母眞言若蓮華部索應用半拏囉嚩斯泥眞言如前帶持此等索者毗那夜迦不能爲障佛部索者應用佛母眞言其眞言號爲佛眼眞言如前若蓮華部索應用半拏羅嚩斯泥眞言如前帶持此等索者毗那夜迦不能(克七)爲障身得清淨速得(十八)成就滿所求願又作法時當用茅草而作指釧著於右手無名指上應當部三字半心眞言或經百遍或千遍後安指上

佛部心眞言曰

介囊(一)介迦(輕呼)

蓮華部心眞言曰

阿去路力迦(輕呼)

金剛部心眞言曰

嚩囉地嘞(二合)迦(輕呼)

若供養之時持誦之時護摩之時應著草釧以著此草鐶故罪障除滅手得清淨所作皆成復取白氎絲及以麻縷令童女染而紅色或鬱金色合令作線取結爲眞言索持誦七遍而作一結一一如是乃至七結置本尊前以眞言持經一千遍或持誦時及護摩時欲臥之時應以繫腰夜臥之時不失精穢(亡八)應須經持索眞言曰

唵賀囉賀囉滿馱滿馱訖囉(二合)馱囉尼(上聲)悉馱囉贊(二合)莎嚩訶(去聲)

念誦之時及護摩(克七)時須上下著(十九)衣偏袒右肩若以臥時洗淨及浴之時不在此制所著上衣應眞言之若大小便應著木履若於本尊前及和尚阿闍梨前并餘尊宿前不應著之於諸著之於諸尊處用身口意而供養之若樂悉地速得成者見制多及以比丘常應禮敬若遇外天形像之前但應合掌或誦伽他若見尊者亦應致禮若聞妙法深生敬信若聞菩薩不思議事或聞眞言所成就諸事皆應以歡喜心懷踊躍若欲速成常應精進不生懈怠如前所制常須思念若不如是當違制戒獲大重罪悉地不成身等諸根恒須護念不應貪愛復應常行如前所制不可廢忘若晨朝時造諸惡業至於暮間即作懺悔若於夜中造諸惡業至晨朝時誠心懺悔復須清淨念誦眞言及諸事等如依本戒應須如是不應遣度時日當於明王戒中常須作意不久住於悉地之中

供養華品第八

復次分別說三品法扇底迦法補瑟徵迦法阿毗遮嚕迦法及餘諸法是爲三品三部各有三等眞言所謂聖者說諸天說諸地居天說是爲三部聖者謂佛菩薩聲聞緣覺說者是爲聖者眞言諸天說者從淨居天乃至三十三天諸天所說是爲諸天眞言地居天說者從夜叉羅剎阿脩羅龍迦樓羅乾闥婆緊

那羅摩睺羅部多畢舍遮鳩槃茶等所說是
爲地居天眞言若作扇底迦法者應用聖者
眞言若作補瑟徵迦法者應用諸天眞言若
作阿毗遮嚕迦法者應用地居天眞言若求
上成就者應用聖者眞言若求中成就者應
用諸天眞言若求克七下成就者應用二十地居天眞
言如是三部各有三種成就作三種法中俱
當等用水陸所生諸種色華各色差別各依
本部善分別之以眞言華當奉獻之發是願
言此華清淨生處復淨我今奉獻願垂納受
當賜成就獻華眞言曰
唵 阿歌囉 阿歌囉 薩嚩悉地耶 馱
囉布尒底 莎婆訶
用此眞言眞言華三部供養若獻佛華當用
白華香者而供養之若獻觀音應用水中所
生白華而供養之若獻金剛應以種種香華
而供養之若獻地居天隨時所取種種諸華
而供獻之應獻華者忙攞底華皺吒羅華蓮
華瞻蔔迦華龍蘂華以毋縛句藍華俱勿頭
華婆羅樹末利華舉亦迦華破理迦華句嚕

嚩劒華迦淡聞華末度擯抳迦華恒嘌拏華
彥陀補濕波華本曩言華那縛忙里迦華阿
輪劒華毋注捃難華那莽難華注多曼折利
通九種不得互用諸華如作法時求不得者
隨所得華亦通供養若以華供獻應用當部
華眞言華獻克七若無華獻應用蘇囉二十一三枝葉或
莽嚕閦華灘敦葉躭忙羅葉訖嘌瑟拏末利
迦葉忙靚持伽葉閼羅惹迦葉及蘭香等葉
而贊獻之如無此等枝葉應用嚩洛迦根甘
松香根卷栢牛膝根及諸香藥根香果根等
亦通供養所謂丁香荳蔻肉荳蔻甘蒲萄諸
香果等亦通贊華用供養之若無如上華葉
根果獻者曾聞獻供養華或自曾獻華隨所
應令運想供養最爲勝上供養尊法雖有如
前華果等獻若能至心虔恭合掌頂奉供養
本尊華果如是心意供養最上更無過者常
應作致如是供養勿懷疑惑則得成就
塗香藥品第九
復次今說三部塗香藥法隨諸眞言供養者
能成就衆福其香藥名曰香附子 句吒

曩吒青木香 嚩洛迦 烏施囉 舍哩嚩
煎香沉香鬱金香 白檀香 紫檀香 嚩
囉拏肥嚕鉢羅拏劒 娑囉獻云五玄私淡比嘞
迦鉢持莽劒云栢木帶囉鉢嘌抳迦利也劒或丑
里而囉云里佛剁子丁香 娑羅門 桂皮天木鉢孕
瞿閦乳難爍囉盆泥 訶細羅 縛嚕劒迦
畢貪咤達囉訖囉毋劒頗里迦聹曩里迦始
嚩擔臂蘇嚩嘌拏賒迦藍忙靚持伽并皮多
利三薄娑但嘌拏忙斯云甘松香那莽難莽嚕閦
毋羅計施䑶云水蘇忙羅本曩言醫羅米夜傑
囉曩却設瘿羅嚩利嚩濕比迦但胡蘱你閣
設多補濕波云茴香訶蝝蹝蹄草 拏迦脚
云白荳蔻句藍若底都以切云肉荳蔻頗羅諸囉 劒劫
泮藍 娑縮你閣 地夜莽 劒戰茶都嚕
云蘇合香瑟劒鉢羅娑但婆嚩 計薩藍等類及
膠汁所謂龍腦香克七 言陀羅娑娑二十二 遮囉娑
安悉香薰陸香 設落翅勢縛婆娑華勿勸
鴿殷羅華迦宅嚂華逮折那藍華擯抳劒華
優鉢羅華得蘖嚂華捃難華迦羅末華等於
林邑蘭若水陸所生如上等應須善知三部

三品等用華供養用忙攞底華得蘖藍華捃
難華末理迦華榆底迦華那龍藥華如上等
華佛部供獻用優鉢羅華俱勿頭華蓮華婆
羅樹華勢破理羅闍底迦迦本那言華得蘖
嚂華如上等華觀音部中供養爲勝用青蓮
華鉢孕衢華蕤枝條餘不說者等通金剛部
中供獻如上華中白色者作扇底迦法黃色
者作補瑟徵迦法紫色者作阿毗遮嚕迦法
如是華中味甘者作扇底迦法味辛者作阿
毗遮嚕迦法味淡者作補瑟徵迦法或有淨
處所生枝華或始生牙茅草或小草華或中
樹華大樹華種種諸華隨類當用其闍底蘇
末那華惟通獻佛若紅蓮華惟通獻觀音若
青蓮華惟通獻金剛各說爲上佛部中作扇
底迦法用闍底蘇末那華作補瑟徵迦法用
紅蓮華作阿毗遮嚕迦法用青蓮華餘二部
中類此作之上色香華下色香華隨事分用
或華條或用隨華以獻天后說爲上勝紫白
二色羯羅末羅華用獻忿怒尊主及諸使者
說爲上勝向吒惹華底洛迦華婆羅華迦栗

雁迦羅華阿娑曩拏嚕莽華尾螺華迦侘嚂
華等隨取眞言一遍通三障而供養之及上
中下除災等三復以種種諸華合成爲鬘或
以種種華聚供養遍通九種用諸華中惟除
臭華刺樹生華苦辛味華不堪供養前廣列
華無名之者亦不應用又木莖華訃得劒華
阿地目得迦華瞢句藍華佞皺華等亦不應
用長時供養通九種者紅華閼弭華鉢羅孕
句華嚕路草等及稻穀華油麻相和供養如
上所說種種華等供養最爲勝上如無此類
諸華獻者但用白粳米擇碎揀者而供養亦
迦等及餘有膠樹香者並隨本部善須合和
用諸草香根汁香華等三物合和爲塗香佛
部供養又諸香樹皮及白栴檀香沉水香天
木香煎香等類并以香果如前分別合爲塗
香蓮華部用又諸香草根華果葉等和合爲
塗香金剛部用或有塗香具諸根果先人所
合香氣勝者亦通三部或惟沉水香和少龍
腦香以爲塗香佛部供養或惟白檀香和少
龍腦香以爲塗香蓮華部用或惟鬱金香和

少龍腦香以爲塗香金剛部用又紫檀以爲
塗香通於一切金剛等用肉荳蔻腳白羅惹
底蘇末那或濕沙蜜蘇濕咩羅鉢孕瞿等以
爲塗香用獻一切如使者天又甘松香濕沙
蜜肉荳蔻以爲塗香用獻明王妃后又白檀
沉水鬱金以爲塗香用獻明王又諸香樹皮
以爲塗香用獻諸使者又隨所得香以爲塗
者獻地居天或單用沉水香以爲塗香通於
三部九種法等及明王妃一切處用若有別
作扇底迦法用白色香若補瑟徵迦法用黃
色香若阿毗遮嚕迦法用紫色無氣之香若
欲成大悉地者用前汁香及以香果若欲中
悉地者用堅木香及以華若欲下悉地者用
根皮香華果以爲塗香而供養之和合香分
不應用於有情身分香謂甲麝紫欽等香及
以酒酢或過分者世所不應用供養之又四
種香謂塗香末香顆香丸香隨用一香晝壇
爲華日別供養欲獻之時誓如是言此香芬
馥如天妙香清淨護持我今奉獻惟垂納受
令頗圓滿塗香眞言曰

阿歌羅阿歌羅一薩嚩苾地二耶馱羅三布
介紙四莎嚩訶
誦此眞言塗香復誦所持眞言淨持如法奉
獻於尊若求諸香而不能得隨取塗香而眞
言之復用本部塗香眞言香巳奉獻本尊

分別燒香品第十

復次今說三部燒香法謂沉水白檀鬱金香
等隨其次第而取供養或三種香和通三部
或取一香隨通部自列香名曰
室唎吠瑟吒　劒汁娑折云沙羅膝　囉娑乾陀羅
素香　安息香　娑落翅香　龍腦香　薰
陸香　語苫地夜曰劒　祇哩惹蜜　訶梨
勒　砂糖香附子　蘇合香　沉水香　縛
落劒　白檀香　紫檀香五葉松木香　天木
香　囊里　迦鉢哩閉攞縛烏施藍　石蜜
甘松香及香果等若欲成就三部眞言法者
應合和香室唎吠瑟吒迦樹汁香遍通三部
及通獻諸天安息香通獻藥叉薰陸香通獻
諸天天女娑折羅娑香獻地居天娑落翅香
獻女使者乾陀羅娑香獻男使者龍腦香乾
陀羅娑香娑折囉娑香薰陸香安息香薩落
翅香室唎吠瑟吒迦香此七膠香和以燒之
遍通九種說此七香最爲勝上膠香爲上堅
木香爲中餘華葉根等爲下蘇合沉水鬱金
等香和爲第一又加白檀砂糖爲第二香又
加安息香薰陸爲第三香如是三種和香隨
用其一遍通諸事又地居天等及以護衛應
用薩折羅沙砂糖訶梨勒以和爲香供養彼
等又有五香所謂砂糖勢麗翼迦薩折羅娑
訶梨勒石蜜和合爲香通於三部一切事用
或有一香遍通諸事如上好香衆人所貴妙
和香如無是香隨所得者亦通三部諸餘事
用如上所說合和香法香法善須分別應其
所用根葉華果合時持獻又有四種香應須
知之所謂自性香籌丸香塵末香作丸香亦
須要知應用之處若扇底迦法用籌丸香處
若阿毗遮盧迦法用塵末香若補瑟徵迦法
用作丸香攝通一切用自性合籌丸香置以
砂糖和塵末香樹膠香應用好蜜合和丸香
或以酥乳砂糖及蜜和香自性香上應著少
酥如求當部所燒之香若不得者隨所有香
先通當部先誦此部香眞言香呪然後誦所
持眞言合和香法不置甲麝紫欽等香亦不
應用末你也等而和合香亦不過分致令惡
氣而無香氣以此林野樹香膠香能轉一切
諸人意願諸天常食我今將獻哀愍垂受燒
香眞言
阿歌羅阿歌羅　薩嚩　苾地耶　馱羅
布介紙　莎嚩訶
誦此眞言眞言香須誦所持眞言眞言香燒
如法獻故

蘇悉地羯羅經卷第一

音釋

蔌卓皆切　閟初六切　咩迷爾切　鴳烏澗切　跳驀跳他弔切躍也驀莫白切越也　鎚直垂切與椎同　棓步項切與棒同　鎡諸仍切　蹕必迷切旦名也　趂丑刃切逐也　歌盧我苦嫁二切　据居運切　挊盧貢切弄　閼烏葛切　聹乃頂切　苫舒贍切

蘇悉地羯羅經卷第一

校勘記

一　底本，清藏本。

一　八三〇頁上一行「卷第一」，資、磧、南作「卷上」。

一　八三〇頁上二行「唐中天竺」，資作「唐天竺」。以下各卷同。

一　八三〇頁上七行「願爲」，資作「唯願尊者廣」。

一　八三〇頁上九行第四字「誦」，資、磧、南作「請」。

一　八三〇頁上一三行「食供養」，資作「供養食」。

一　八三〇頁上一五行「二種」，資作「三種」。

一　八三〇頁上一七行第一一字「偈」，資作「相」。

一　八三〇頁中一一行品名上，磧、南冠以經名「蘇悉地羯羅經」，下同此例。

一　八三〇頁中一六行末字至一七行首字「諸勇」，資作「一切」。

一　八三一頁中一行小註「三遍……是也」，資作正文。

一　八三一頁中末行「蓮華……嚩訶」，資無。

一　八三二頁上一行末字「瑟」，經作「琴」。

一　八三二頁中一三行品名上，資冠以經名「蘇悉地羯羅經」，下同此例。

一　八三四頁中九行「正法」，磧作「王法」。

一　八三四頁中一〇行末字「具」，南作「其」。

一　八三四頁中一一行「速復」，經作「速得」。

一　八三四頁下一四行「跳驀」，資作「跳陌」。

一　八三四頁下一五行及一七行，一八行「踐驀」，資作「陌」。

一　八三四頁下一六行第二字「印」，經作「應」。

一　八三四頁下一六行第八字「梧」，資無。

一　八三四頁下一九行「應須依制不」，資無。

一　八三五頁上二行第七字「者」，資作「亦」。

一　八三五頁上一六行末字「驀」，資作「陌」。

一　八三五頁中末行第三字「不」，資無。

一　八三五頁中末行「頻頻」，資作「頞頻」。

一　八三六頁中八行第二字「住」，資作「任」。

一　八三六頁下一四行第一二字「服」，資、南作「股」。

一　八三七頁上八行正文第一三字「准」，磧、南作「惟」。

一　八三七頁上一一行「真言」，資、磧、南作「真言曰」。

一　八三七頁上一一行「如前」，資、磧、南作夾註。

一　八三七頁中七行第一一字「令」，南作「今」。
一　八三七頁中一六行「此制」，磧、南作「此門」。
一　八三七頁下一四行第一二字「法」，資、磧、南無。
一　八三八頁上七行第九字「種」，磧、南作「等」。
一　八四〇頁上七行第三字「今」，資、磧、南作「令」。
一　八四〇頁下卷末經名，資、磧、南無。末换卷。

蘇悉地羯羅經卷第二　克八

唐中天竺三藏法師輸迦波羅譯

然燈法品第十一

復次當說三品然燈法以依法故令諸天仙歡喜成就以金以銀以熟銅或以瓷瓦而作燈盞此五種中隨法取用本神歡喜作燈炷白氎華作或新氎布作或耨句羅樹皮絲作或新淨布作用用上香油衆所樂者或用諸香酥油其扇底迦法用上香油補瑟徵迦法用次香油阿毗遮嚕迦法用下香油若諸香木油扇底迦用若油麻油補瑟徵迦用若白芥子油阿毗遮嚕迦用阿怛娑果油眞言妃后用及諸女仙用若諸果油眞言主用若樹果油諸天用及摩阿迦羅用若魚脂祀鬼用若諸畜生脂祀藥叉用若拔羅得雞油麻子油祀下類天用及四姊妹遮門荼等用若寒林中起吠多羅者用犬肉脂諸油之中犛牛酥上釋通三部又白牛酥扇底迦用黃牛酥補瑟徵迦用烏牛酥阿毗遮嚕迦用若有本部別分別之亦依彼用若諸藥中所生油補瑟徵迦用若諸香中所生油扇底迦用若惡香氣油阿毗遮嚕迦用如上略說燈法則善自觀之縱此不說當審用之雖有燈油不依部者以本部眞言而眞言之亦通供養燈能却障然淨除昏我今奉獻哀愍垂受燈眞言

唵　阿路迦野　阿路迦野　薩縛悉地耶馱囉布你羝　莎縛訶

誦此眞言已次誦本持眞言而眞言之復作淨法除諸過故如前品說准持修故

獻食品第十二

復次我說應獻食法令諸天仙悉皆歡喜速得成就略說獻食應用圓根長根諸果酥餅油餅諸羹臛等或種種粥及諸飲食此四種食通獻諸部末惹布囉迦果普通三部又以石榴果注那果亦通三部示其次第各通一部若味甘甜扇底迦用若味甘酢補瑟徵迦用若味辛淡阿毗遮嚕迦用若多羅樹果耶子果尾羅果你跛羅果及餘臭果衆所不樂亦不應獻或有上味果世復多饒而復最貴獻如此果獲上成就或有諸果其味次美世復易求價無所貴獻如此果獲中成就或有諸果其味苦辛淡等世復豐足價復最賤獻如此果獲下成就若欲加意奉獻應取女名所謂柿子杏子桃子等果以獻女天諸樹生果無苦味者獻眞言妃后室利泮羅果通獻三部一切忿怒縛拏果惟獻一切藥叉劫比貪果獻室利天鉢夜攞樹生果獻鉢囉使迦如是諸果更有多種諸有異名隨觀其味而用獻之或於村側或蘭若清淨處有諸草根其味甘美取之奉獻亦得成就徵那唎根通一切用復有奇美味草根枝葉亦通奉獻非天神人中亦用若山中所生根美味者佛部供獻又熟芋根亦通佛部又迦契嚕努根徵那唎縛也賜根俱舉知根及餘圓根從水生者蓮華部用又一切藥圓根味苦辛淡及多種生芋金剛部用又色白香味極甘美如是圓根佛部供獻又色黃香味不太酸亦不太甘如是圓根蓮華部用又赤色香味苦辛淡氣臭不甘如是圓根金剛部用如是三部扇底迦法等及上中下並同通用略說圓根善

隨其部依上中下而用獻之如是分别速得
成就斯圖根長根生長及所用如法類如是
葱蒜韮根及餅吐極臭辛苦等不應用獻莎
悉底食烏路比迦食布波食縛拏迦食及餘
粉食或作種種胡麻團食或作種種白糖食
歡喜團食莽度失食毗拏迦食儐抳拏句擇
迦食阿輸迦縛侈也食揹室羅食餅食遏羅
比瑟吒迦食賒句雜也食鉢吒食布剌拏食
莽沙布波食徵諾鐸迦食補沙縛多食羅縛
抳迦食蘖部迦囉迦食俱矩知食囉莽迦食
桁娑食昔底迦食鉢嘌香指里迦食室利布
羅迦食吠瑟徵迦食瞋諾迦食叱那羅迦食
遇拏補羅迦食質但羅布波食却若羅食遇
拏鉢鉢吒失蔆伽吒迦食竭多食種種蘖多
儐拏布波食囉若桁娑食娑若迦食竭嘌多
布羅迦食劫謨徵迦食句娑里迦食三補吒
食捨拏縛食訶哩儜釋句曩食弭曩食種種
鉢羅抳悙嘌瑟吒迦食地比迦食若羅訶悉
底你闍食羯羯羅儐拏迦食縛羅伽多食縛
底徵迦食吒乞濕底迦食伽若羯哩抳迦食

等如上等或用砂糖作或以酥油或以油然
和作如其本部隨法而用依法奉獻速得成
就米粉食佛部作扇底迦及上成就若一切
麥麨食蓮華部作補瑟徵迦及中成就若油
麻豆子食金剛部作阿毗遮盧迦及下成就
等用一切諸食味中以白糖而所莊者佛部
之中常當用獻若室利吠瑟吒迦食蓮華部
用若歡喜團食金剛部用若布波迦食藥叉
用若女名食眞言妃后用女名食者翎謨里
食鉢鉢徵食是諸食中最復美者求上成就
而用奉獻如其次味餘二部用此中不具隨
所作食八部等用獻食之時先敷巾果葉而
爲莊嚴先置莎悉底迦食路比迦食布波食
如是先作三部共用復如本部所須飲食隨
力獻之以秔米飯六十日熟秔米飯大麥乳
飯不種自生秔米飯粟米飯應須獻者作法
獻之及諸香味奇美羹臛并諸豆臛而奉獻
之乳煑大麥飯及不種自生秔米飯求上成
就秔米及飯六十日熟秔米飯求中成就粟
米及飯求下成就扇底迦法爲上成就補瑟

徵迦法爲中成就阿毗遮盧迦法爲下成就
供養飯食根果飯粥依上中下而奉獻之扇
底迦法上佛部補瑟徵迦法中蓮華部阿毗
遮嚕迦法下金剛部最上悉地及與中下善
須依法隨類應知羹臛之中味甘甜者扇底
迦用味酢甜者補瑟徵迦法用味苦辛淡者
阿毗遮嚕迦用乳粥扇底迦用石榴粥酪粥
等補瑟徵迦用訖娑囉粥謂胡麻秔米豆子
等阿毗遮嚕迦用如前各說諸食味等或隨
方所種種有異觀上中下而奉獻之或有諸
味衆所稱讚或自愛者應持獻佛或有本部
眞言所說獻食次第宜當依之若異彼者不
得成就食中顯者及以惡香金剛部用前說
塗香燈食等各依本部扇底迦等當品依之
觀眞言性爲喜爲怒
次復觀之然成何等事復細尋察滿何等願
既觀知已前所獻食隨力獻之於獻法中見
有用迦弭迦食者應獻莎悉底食烏路比迦
食及餘力所辦食沙糖酪飯根果乳粥等是
也此迦弭迦食通獻一切惟除阿毗遮嚕迦

於獻法中見有用微質覩路食者應以迦弭
迦食中加三兩種上異飲食是也於獻法中
見有烏肥嚕食者以前迦弭迦食倍加多置
是也於獻法中見有用三白食者應以乳酪
酥飯是也復見有三甜食者酥蜜乳飯是也
於獻法中見有薩縛薄底迦食者娑也里迦
食陵柢里迦食簷没棃耶食底羅比瑟吒麨
食酪飯相果於一前所說食中隨取一兩味
置之稻穀華諸華及葉盛以大器置水滿中
遠持誦處而棄是也於獻法中見有扇底迦
食者當用莎悉底乳粥稻穀華酥蜜乳及乳
煎大麥飯微若布羅等食決然除災無懷疑
也於獻法中見有補瑟徵迦食者應用酪飯
酪粥歡喜團烏路比迦沙糖室唎吠瑟吒迦
等食決能滿願無懷疑也於獻法中見有阿亢八
毗遮盧迦食者應用赤秫米飯或用句捺囉六
縛子或染作赤色飯或油麻餅娑布跛迦簷
没棃也訖娑羅粥等決能降魔無疑也若持
藥叉真言無獻食法者應依此法而奉獻之
當用赤稉米飯根果蜜水及蜜沙糖米粉餅

等是也持女天真言等應獻羹飯豆子臛等
諸甜漿水鉢囉拏鉢哩瑟吒迦夌葉味等及
諸果子一切女天應獻是食也欲求上成就
本部獻法者應依此獻有諸飲食根果者等
衆所共談其味美者多而復貴如此上味求
上成就而奉獻之如上略說諸獻食法各隨
本部所求事法皆以略陳或於餘方飲食味
異觀其色味隨類獻之欲獻食時先淨塗地
香水遍灑淨洗諸葉復以蓮葉鉢羅勢葉諸
乳樹葉或新氎布等敷設其上復下諸餚饍
依用此葉扇底迦用水生諸葉及餘奇樹葉
等或芭蕉等又補瑟徵迦用拔羅得計樹葉
闕伽樹葉或隨時得者又阿毗遮嚕迦用雌
樹名葉謂芭蕉始生葉或蓮葉及苦樹葉等
又女仙真言用鉢隸迦使乾樹葉又地居天
等以草用之求上中下法善須知解先塗灑亢八七
地復敷諸葉當淨洗手漱口嚥水次須下食
先下沙悉底迦食次下圓根長根果次下諸
粥次下羹臛次下乳酪隨本法依此下之若
作曼荼羅及擬成就諸事得諸境界者應當

倍加奉獻清淨飲食華果等類初持誦時隨
其所辦隨所得味依彼本法而奉獻之若白
黑二月八日十四日十五日日月蝕時地動
時廣加供養若護摩時所須之物先辦置於
本尊主前若持誦人每欲食時先出分食亦
同致尊前如先作護摩而後食者應預作食
而出置之先設供養所辦食已然後應當起
首念誦獻諸華藥及諸飲食常須念之不應
廢忘仍依本法若言一時念誦一時供養諸
根果食若言二時念誦二時供養若言三時
念誦三時供養如是依法當速成就持誦之
人不獻飲食違本部者其人乃著魔障身無
精光風燥飢渴恒惡思想不能成就本尊真
言皆由不獻本尊果食應當依前白黑二月
等廣設供養奉獻本尊并諸眷屬初持誦時
於前等日作扇底迦食遠持誦處四方棄之
於此不說或本部不通縱有所通以諸下味
而求上成及所制食臭惡之類皆不應用常
獻酪飯其諸部中求上中下扇底迦等并通
諸天真言等者應如是供養若無本所制食

隨其所得以本部眞言而眞言之此藥香美堪本尊主我今奉獻垂哀愍受治食眞言曰

阿歌羅阿歌羅　薩縛　苾地耶　馱羅布爾羝　莎縛訶

此眞言遍通三部眞言食後誦所持眞言食而奉獻之

分別成就品第十六（此各藏本内原脱前三品）

我今復說三部悉地成就乘空自在而進此爲最上藏形隱跡爲中成就世間諸事三種成就隨上中下更分別之三部上成就法得持明仙乘空遊行成就五通又多種成或得諸漏斷盡或得辟支佛地或證菩薩位地或知解一切事或辯才多聞或成吠路羅尸或成藥叉尼或得眞陀摩尼或得無盡伏藏具上等事名上中上成就之法三部中成就法藏跡於身得大勢力先來懈怠而得精進勤入脩羅宮得長壽藥成鉢𠰒史迦天使或能使鬼或能成就娑羅坌爾迦樹神或成多聞未經所聞悟深義理或合藥或纔塗足頂即遠所涉無有疲乏如上所說悉名上成就之法三部下成就法令衆喜見或攝伏衆人或能徵罰惡人降諸怨衆及餘下事名下中下成就之法若欲成就藥物等者有三種成光燄爲上烟氣爲中熅煖爲下復次聖者眞言爲上成就諸天所說爲中成就世天眞言爲下成就復次佛部眞言爲上悉地蓮華部眞言爲中悉地金剛部眞言爲下悉地若欲以上眞言欲求下成就者得下成就或以下眞言祈求上者得上成就或以中眞言成上下者亦等成就眞言之中具此四德當知即悉上中下分能成大果謂令成滿辟支佛位謂令成滿菩薩十地乃至成佛爲大果報復成大德行謂多諸眷屬前後圍繞滿如是願者爲大德行復能久住位謂得王處轉輪王處長壽仙處滿如是願者爲久住形儀廣大威光遠照敎修廣大具此四德者雖是下品眞言能成上品若上品中不具此德雖是上品眞言下品用也諸佛菩薩所說眞言如是轉次多佛菩薩所說之者雖屬下品亦能成就上品等事或尊等所說眞言之中惟具一事者謂扇底迦法補瑟徵迦法阿毗遮嚧迦法雖具一事於中各有上中下品豈有下品眞言能成上事猶若青泥出妙蓮華固無疑也豈有上品慈善眞言能成忿怒下品成就如白檀木其性清涼若風擊相揩自然火起非無因緣也如是差互雖非次第諸餘悉地皆勿疑慮身分悉地爲上品成諸藥悉地品爲中品成富饒悉地爲下品成若復有人久至持誦下品眞言縱自無力於本尊邊轉求上品自成若於上品眞言之中心懷猶豫念持供養復不精誠雖於上品眞言由彼誦念心輕致招下品成就故知持誦皆由心意且如諸天之中亦有貧者諸鬼部内亦有富强此彼知然眞言亦爾一一眞言皆具三悉地謂上中下誠心念誦皆獲悉地

奉請品第十七

復次若欲入本尊室先覲尊顏合十指爪當小低頭復次器盛淨水隨所作事置本獻華復置塗香依於本法而作閼伽燒香熏之應誦眞言閼伽七遍則當奉請已依法供養盛

閼伽器當用金或用銅或以石作或以土木或取螺作或用東底或用荷葉以綴作器或乳樹葉如上所說閼伽器等當用之時須知次第若扇底迦當用白器補瑟徵迦當用黃器阿毗遮盧迦當用黑器作上中下悉地成就類前所說應可用之作扇底迦所用閼伽置少小麥補瑟徵迦應著胡麻阿毗遮嚕迦當致粟米又扇底迦置乳補瑟徵迦置酪阿毗嚕迦應置牛尿或著自血遍通用者應著稻華塗香及華胡麻茅草環用熟銅器盛以閼伽若無此器隨所得者亦遍通用請召之時應用當部明王真言及慕捺羅若有本法已說請召真言應當取用無取別者先請當部尊次請明王妃三部之中皆應如是本法若無請召真言應用明王等真言而請召之本法雖說請召真言是下豈合請於部主若以本法真言請召當速成就不應生難也本法若有請召真言及發遣者當請之時此真言主至部主所請云今有某甲為某事奉請若發遣時亦復如是所作事已願尊證知隨意而去明王妃真言用請女仙等明王真言請諸真言主或有真言主不受明王真言所請要以明王妃真言然可依請如別部說致閼伽時應誦真言大者一遍中者三遍下者七遍極小者二十一遍如上所說閼伽法則先兩膝著地應須手著淨茅草環捧閼伽燒香熏之作如是請仰惟尊者以本願故降赴道場願垂哀愍受此閼伽及微獻供有真言主名曰獨勝奇加忿怒不受諸餘真言召請用彼所說真言然降所請彼諸眷屬亦不受於餘真言請不應用彼眷屬真言而請召之但緣用心真言或說根本或明王妃所說真言而用請召部心真言遍通三部彼請召當應降赴加醫醯字此更秘密速滿其願當請之時誠心作禮再三啓白大慈悲者請依本願來降道場若不誠心徒多念誦乃至真言亦皆慇懃以兩手捧閼伽器頂戴供養為上悉地置於心間為中悉地置於臍間為下悉地先觀本尊畫像其像若立持呪之人亦應立請畫像若坐亦應坐請又觀彼像曲躬立勢亦應斆之而奉請之當請之時先觀本尊所止之方而面彼請然便迴身置閼伽於尊像前復有祕觀所作扇底迦等諸餘方所而請召之或於餘時得諸華果稱本尊意應須奉請然可獻之當請之時合手爪指隨於本方但至誠心奉請或以兩手捧諸閼伽器而請召之然後數獻所得之物若欲成就上中下事及扇底迦第皆須加以真言及慕捺囉而作請召作成諸事等或有障起或魔嬈或病者加當爾之時事緣既速不可當待辦閼伽器便即用心啓請本尊作除遣法如上所說隨其大小擬欲成就閼伽請之急難等之事誠心請之若復有人欲得歸仰諸部尊者應當常作召請法則持誦之人速得成就

供養品第十八

復次奉請尊已欲依部類或諸事業觀其大小依法則而供養之既奉請已作如是言善來尊者慇我等故降臨道場復垂哀慇當就此座坐受微獻供復起誠心頻與作禮而白尊言大悲垂慇成本願故而見降臨非我所

能啓請本尊如是三時皆應依此如前已說
應須辦供先獻塗香次施華等復獻燒香次
獻飲食次乃然燈如其次第用忿怒王眞言
此等供物悉令清淨善悅人心各用本色眞
言而眞言獻塗香已各列其名如依前說即
奉閼伽如是華香及飲食等皆亦准此若塗
香燒香華及飲食無可獻者但誦本色眞言
及此手印以此獻之表云供物無可求得但
納眞心後作閼伽以眞心故速滿其願離此
之外有四供養遍通諸部一切處用一謂合
掌二以閼伽三用眞言及慕捺羅四但運心
此善品中隨力應作或復長時供養中置無
過運心如世尊說諸法行中心爲其首若能
標心而供養者滿一切願若成就諸餘事者
應當發遣諸爲障者若不遣除後恐傷及所
以先須作遣除法誦忿怒眞言或用當部成
就諸事眞言遣除障已次應誦本部尊眞言
而眞言水遍請護摩及輪手印
佛部請火天眞言
歛寫合寫　縛歌　曩野　莎嚩訶

誦此眞言三遍請召火天燒食供養
護摩眞言
唵阿那曳　歛寫合　縛歌曩野揖奴立切　比
揖比你跋野　莎縛訶
次持牛酥以此眞言一眞言一燒滿於三遍
供養火天
金剛部忿怒金剛眞言
唵枳里枳里　跋日羅　矩嚕馱吽㧊
以此眞言一眞言食一燒火食作法除遣地
中作諸障者又此眞言或同部尊遍灑華等
復用吉利枳羅忿怒眞言并印當誦眞言左
手作印遍印塗香燒香飲食華等作淨除穢
爲自身淨故應以右手掬持香水目觀香水
誦心眞言灌自身頂作淨除穢復用一切事
眞言并忿怒眞言爲淨座故眞言香水灑潔
於座又誦七遍灑地方界能除諸穢而得清
淨吉利枳羅眞言
唵枳里枳里跋日羅跋日里部訥畔陀畔馱
虎吽泮
此上眞言護地方訖結虛空界應同次下蘇

悉地眞言燒香執持當誦眞言翕馥空中除
諸穢惡便得清淨蘇悉地眞言
唵素悉地迦䕶入縛里鞞難那牟謨羅鞞曳
入嚩囉入縛攞畔䮧馱歌那歌那虎吽㧊
此金剛部蘇悉地眞言遍通諸事結空界用
佛部結空界眞言
唵入縛攞　虎吽
此佛部結空界眞言惟通當部
蓮華部結空界眞言
唵鉢頭弭你皤伽縛底慕歌野慕歌野若蘖
暮歌𪖌　莎縛訶
此蓮華部結空界眞言惟當部次應當用部
心眞言香水散灑諸方復以明王根本眞言
或心眞言或眞言王使者心眞言隨取其一
用結方界或以此諸心眞言而作結界所結
之處如置垣牆當部仙天常當護衛無能作
障若諸部事有爲法者應依甘露軍荼利法
而除遣之
又有五種護衛法則常於道場室內作之謂
金剛牆金剛城金剛橛忿怒吉利枳羅忿怒

甘露軍荼利部母金剛牆眞言
唵縒囉縒囉跛日羅跛羅迦羅虎吽抳
金剛城眞言
唵弭塞　普囉　捺囉　訖灑跛日囉半惹
羅虎吽泮
金剛橛眞言
唵吠日囉枳羅虎吽泮
忿怒吉利枳羅眞言
唵　枳里枳里　跛日囉　虎𤙖泮
忿怒甘露軍荼利眞言
怛羅那野　那謨跛日羅　矩嚕馱野　摩
訶縛攞跛囉訖囉摩野　菩𡀔弭趉那毗那
舍曩耶　唵　虎嚕虎嚕底瑟侘底瑟侘畔
馱畔馱歌那歌那　阿蜜㗚羝　虎吽抳
若本法中有如是等金剛牆眞言應重結之
諸事既了次應持誦持誦之時先誦當部母
眞言佛部母眞言
入縛囉　底瑟侘　悉馱路者泥　薩縛剌
訖　娑馱顊莎縛訶
蓮華部母眞言

唵迦制弭迦制迦𪊺迦制　迦縿弭迦縿
迦𪊺迦制𪇆伽縛底弭惹曳　莎縛訶
金剛部母眞言
那謨露　迦馱　室利曳　那莫商迦蘇扇
底迦蘇綖緌綖綖綖抳伽觶野　綖置搖
充八　十六
莎縛訶
先誦此母眞言能衛本尊能蠲衆罪除諸災
障與悉地門而得相應但誦佛部忙莽鷄眞
言亦通二部初後持誦諸天增衛若於本法
而已說者持誦之時先念此者應隨本法而
念誦之或於本法有獨勝眞言亦應先誦無
繁別者如上所說供養次第乃至除穢護淨
結界一切等事初持誦時及作法時扇底迦
等所作事時皆應作之若以本部尊主眞言
或以本部心眞言或以一切眞言王眞言或
以蘇悉地法王眞言或以一切事眞言此五
種眞言三部遍有隨作諸事各於本部應取
其一而用作之所謂自護及護同伴請召灑
水潔淨結界以法相活其言不具爲增力故
爲治罰眞言故爲發覺故及餘諸事所不述

者亦以當部母五眞言中隨取其一而以用
之當得悉地部心眞言能護本尊及護己身
護身之時應誦三遍或復七遍結其頂髮而
作一髻若出家人結袈裟角或結線索持繫
護身或眞言頭指遍點五處亦成護身所謂
充八　十七
頂額兩髆咽下心上或以牛黄或白芥子或
閼伽水隨取其一而用護身若阿毗遮嚕迦
法應用部尊主眞言而眞言而護自身若作
扇底迦法應用忿怒金剛眞言護之若作補
瑟徵迦法應用部尊主眞言及忿怒金剛眞
言兼而護之若眞言主現時持誦人怖者應
用部尊王用護自身但作諸事之時常用二
眞言而護自身爲部尊主及忿怒眞言念誦
了時應當發遣發遣之時護彼眞言主或部
尊主眞言或用部母或以部心亦護自身而
作隨意若於穢處不淨等處緣事須往先誦
烏樞沙摩眞言作印印持五處任意而往仍
須常誦眞言不得廢忘澡浴之時先誦伏部
眞言護身乃至浴了不應廢忘伏部眞言者
忿怒甘露軍荼利也喫食之時用部尊主眞

言護身念持欲卧之時用部母眞言護身若作諸法遂乃忘作護持法則令使魔與欲除魔故速應誦持當部明王眞言將護自身一切魔部不得其便如上備作護身結界及餘法已然後攝心安庠念誦念誦之人所坐之座以青茅草而作其座座高四指闊二磔手長十六指如此之座初念誦時及持誦時皆應受用或用迦勢草或用餘青草等或隨部法取乳樹木最爲要妙用作牀座量亦如上而淨剗治或用諸葉或以枝莖如上而制隨親事法取枝葉用爲座座上結加趺坐作扇底迦上成就法中加趺坐作補瑟徵迦中成就法垂兩足坐作阿毗遮嚕迦下成就法供養旣了應起誠心讚歎於佛次法次僧次歎觀自在次歎亢八明王大威金剛伽陀十八曰

大慈救世尊　善導一切衆　福持功德海
我今稽首禮　眞如捨魔法　能淨貪瞋毒
善除諸惡趣　我今稽首禮　得法解脫僧
善住諸學地　勝上福德因　我今稽首禮
大悲觀自在　一切佛讚歎　能生種種福
我今稽首禮　大力忿怒身　善哉明持王
降伏難伏者　我今稽首禮

作是虔誠讚佛菩薩又復合掌起慇重心讚餘諸佛菩薩相好功德其讚歎文應用諸佛菩薩所說歎偈不應自作讚歎旣已起至誠心懺悔諸罪我歸命十方世界諸佛世尊羅漢聖僧及諸菩薩證知我等自從過去及以今生煩惱覆心久流生死貪瞋癡覆造諸惡業或於佛法菩薩聖僧父母尊處一切衆生有德無德於如上處所造諸惡一切罪業自作教他見作隨喜身口意業廣聚諸罪今對諸佛菩薩志心懺悔所造衆罪如諸佛知並皆懺悔起志誠心盡形歸命佛法僧寶涅槃正路爲除衆生一切苦故歸命三寶如是歸依頭頂禮已亢八歡喜踊躍發菩提心求於勝上解脫甘露悉地佛果世間衆生十九無量諸苦我當救度令離惡趣除諸煩惱令得解脫所有衆苦種種煎迫令起大悲發菩提心爲衆生而歸依無主衆生爲作歸主失路衆生爲作導師恐怖衆生爲作無畏苦惱衆生得安樂故衆生煩惱我爲除滅我從過現未來所發勝事心修諸善業六波羅蜜一切功德盡皆迴向施一切衆生歸於正路同昇妙果速成佛道乃至菩提不生懈怠發菩提心悲念衆生起大慈心彼有衆苦何時除滅爲淨心故常持六念心注一境而不散亂不應我執又如過現諸佛發願應如發願生諸淨業願與衆生成就諸德復願過現所生功德願與一切衆生獲無盡財復能捨施增益智慧成大忍辱常修善品識宿命智心懷大悲願諸生類所生之處具如上事次應合掌頂禮本部尊主憶念明王次依法則作諸事業先以右手而取數珠置左手中合掌捧之思念明王數珠而誦眞言

佛部淨珠眞言

唵遏部粗弭惹曳　悉睇悉馱刺拂莎縛訶

蓮華部淨珠眞言

唵　阿蜜栗譜　伽迷室唎曳　室唎摩里抳　莎縛訶

金剛部淨珠眞言

唵　枳里枳里　嘮曬嚗　莎縛訶
以右手大指捻無名指頭直舒中指小指微
屈以頭指壓中指上節側左手亦然右手掐
念珠通一切用若阿毗遮嚕迦豎其母指捻
數珠印菩提子珠佛部用蓮華子珠觀音部
用嚕挪囉叉[克八]子珠金剛部用三部[二十]各用此等
數珠最爲勝上一切念誦應當執持或用木
槵子或多羅樹子或用土珠或用螺珠或用
水精或用眞珠或用牙珠或用赤珠或諸摩
尼珠或用咽珠或餘草子各隨於部觀色類
應取念持若作阿毗遮嚕迦法應用諸首而
作數珠速成故復爲護持增驗故
佛部持珠眞言
唵　那謨皤伽縛底　悉䏶　悉䏶　娑馱
野悉馱　剌拂　莎縛訶
蓮華部持珠眞言
唵　素麼　底底室唎曳　鉢頭麼理抳
莎縛訶
金剛部持珠眞言
唵　跋日羅　介旦　惹曳　莎縛訶

用前件珠印各依部中而念誦之念誦之時
珠置當心不得高下捧數珠時微小低頭以
至誠心頂禮三寶次八大菩薩次禮明王眷
屬次應持誦眞言想眞言如對目前如是傾
誠不應散亂心緣別境但諸眞言[二十一]初有唵字
及囊塞迦藍[克八]字者應靜心中作扇底迦念誦
補瑟徵迦念誦皆應緩誦或心念誦或有眞
言後有𤙖拂吒字者當知皆應殺作急聲作
阿毗遮嚕念誦及餘忿怒念誦三部眞言應
看字數多少字有十五應誦十五洛叉遍字
有三十二者應誦三洛叉過此數者應誦十
千遍已上初誦之時滿如上數觀其部類或
上中下或三種事或觀聖者說爲天所說爲
地居天所說細觀部類當誦持之乃至成就
如是初誦若不先誦遍滿念持所求下法尚
不得成況求上中悉地成就以是義故作勝
上心而先念誦但諸眞言初持誦時已如前
說誦持遍數分爲十分然後念誦既滿祈請
眞言主悉地因緣初而無相貌復從頭作第
二第三祈請若有相貌即當依法念誦眞言

若無境界棄不應誦祈請法則與請召法同
祈請之時於其夢中見眞言王背面而去或
不與語當應更須起首念誦如是再三若於
夢中見眞言主與語當知此人不久成就若
無境界不應誦持若強念持恐與人禍初持
誦時於淨密處起首誦持從初日誦持乃至
疲極遍數多少一須依定不應加減先說三
時念誦法者晝初分後分於此二時應當持
誦中分之時加以澡浴造諸善業於夜三時
亦同於上中分之間消息之事於夜中時持
誦作阿毗遮嚕迦法安坦馱囊法起來多羅
法於夜分作說爲勝上若晝念誦夜作護摩
若夜持誦晝作護摩多具諸藥念誦之前而
作護摩持誦了後復作護摩若能如是最爲
其上如前先出所說團食應作護摩無問前
後恒依此法念誦護摩或[克八]於法中但[二十二]作護摩
而得成者當知亦須念誦眞言若如是者諸
明歡喜法驗易成
持誦之人不生瞋怒不求欲樂不應自下伴
不勤勞苦生怨不過勤求不生輕慢念誦之

時不作異語身雖疲極不縱放之制諸惡氣世間談話皆不思念不捨本尊縱見奇相而不怪之念誦之時亦不分別種種之相持誦了時應誦部尊主眞言或誦部母眞言誦此眞言當得衛護無違部法依於本法念誦了或過本數亦無所畏應起誠心作祈請云我依本法念誦數滿惟願尊者領受爲證於其夢中爲授教誨正念誦時若有謦欬昏佪欠呿忌眞言字即起就水作灑淨法縱掐數珠欠一欲帀有斯病至灑淨已還從首念被所障隔爲須一一皆從始念念掐數珠將畢之時伸禮一拜終而復始又伸一禮於畫像前或於塔前或於座所隨念誦處數珠一帀一覲尊顏而作一禮念誦了已安心淨慮或想眞言及其尊主三時念誦但初中後夜誠心作意遍數多少皆一例一類不增不減三時澡浴三時塗地獻華香水種種供養除去萎華應具三衣又內衣一日三時浣濯其衣乾燥香熏灑淨一一時中隨聽作一別置睡衣及以澡衣於此二時替換內衣日別一洗其

衣乾燥聽以熏灑獻尊鉢器三時洗挑既除萎華續致新者三時常誦大乘般若等經及作制多塗曼荼羅先誦承事眞言既了請祈未得於中不廢闕一時二時乃至一鄉應當念誦不得間斷若魔障者病嬰身心則不精誠便常放逸身心疲勞違於時節不依法則或時不浴作持念誦及以護摩不應作數攝心用行依法念誦其此數者應記爲數作護摩時念誦之時請召之時此三事中所有眞言遍數一一皆須依法滿數縱欲數滿欠一未了而有障起更從頭數若不依法作皆不成若有依作曼荼羅時或日月蝕時於此二時加法念誦其福增高不久成就無有疑也若於八大靈塔或於過去諸佛菩薩行處最爲勝上或於正月十五日時亦爲勝時或於師主處受眞言先經承事便當念持不久速成於夢中見眞言主而指授者依彼法則亦速成就彼念誦人供養僧伽處所尊勝或當時分加精誠其數未滿惟此勝故眞言主悅而賜成就當知此法悉地雖速不久當壞以

是義故先承事了而所得者說爲堅固先承事時應當廣供養於日月蝕時八日十五日復加獻供諸神仙衆如餘部說前等日加諸事業齋戒等事是日復加獻供本明眞言主瓶盛香水插垂華枝或取閼伽器用甘露軍荼利眞言之自灌其頂能除魔障或於其日獻諸飲食塗曼荼羅及以護摩然燈等供並須加之或有法中但說持誦自然驗見者前所幢像舍利塔等忽然搖動或光燄出當知不久速得成就得成就時有何相貌所謂身輕病苦永除增益勝慧以無畏身威光現建夜夢常見清淨實事心恒安泰於誦念時及諸事業不生疲倦身出奇於惠施欽敬尊德於眞言主應生敬仰成就之時如現上事當知即是成就相貌先承事了依於法則供養本尊應加獻供及以護摩先承事法依數既了次應復作悉地念誦復先求願於其夢中而希境界作先承事法則所念誦處作悉地念誦不應移處有諸難事依前念誦應作持罰取部主尊眞言誦一千遍或持念誦本持

眞言經十萬遍若離此者還如前說知作承
事正念誦時忽然錯誤誦餘眞言旣知錯誤
誠心懺悔過由放逸故致斯誤頂尊捨過便
伸頂禮復須從始而念誦之忽於穢處心放
逸故誦本眞言便自覺已應須治罰至持誦
處誦部尊主眞言七遍半月一日不食次服
五淨眞言經百八遍然後服之服此五淨半
月之中所食穢惡之食當得清淨眞言增力
佛部五淨眞言曰
那謨皤伽縛底烏瑟膩沙野弭秫　睇弭羅
制始米　扇底伽嚄　莎縛訶
蓮華部五淨眞言曰
那謨剌怛那　怛囉耶野　那莫阿利耶
縛嚧枳底濕縛囉耶　菩提薩埵野　摩訶
迦嚕抳迦耶　唵野輸制　娑婆訶
金剛部五淨眞言
那謨剌怛那　怛囉耶野　那謨室戰拏跋
日囉播拏曳摩訶藥叉㗖栖那播韗曳
唵　始棄始棄臙麼黎鉢羅胜　鉢羅皤莎
縛黎諦制諦饒縛底鉢羅皤縛底　莎縛訶

取黃牛乳酪酥糞尿各別眞言經百八遍和
置一處復百八遍以波羅捨中盛之或諸乳
樹葉或閼伽器以茅草攪誦眞言經百八遍
後面向東蹲踞而坐頓服三合如是度如藥
合升合當服之時不應致語念誦之時像現
聲語先應簡敵即誦部尊主眞言及印若是
魔作自然而退或出語言與本法異當知魔
作或出語言勸作惡事亦魔作若見惡夢即
須先誦部母眞言經一百八遍若不先誦部
母眞言不可念誦若念誦時其數減少不應
休止若增無過如上所說念誦次第皆須依
之若異此法欲求悉地不可得也

蘇悉地羯羅經卷第二

音釋

瓷才資切瓦器也　犛莫交切長髦牛也　臛黑各切　熅於云切　斅胡孝切　歁呼盍切　馚馥馚符分切馥房六切馚馥香氣也　戇陟降切　欠呿呿丘據切欠呿張口運氣也　曏許亮切前時也

蘇悉地羯羅經卷第二

校勘記

一　底本，清藏本。
一　八四三頁上一行經名，二行譯者，[資]、[磧]、[南]無，未換卷。
一　八四三頁上三行、一〇行品名上，[資]、[磧]、[南]冠以經名「蘇悉地羯羅經」。
一　八四三頁上一七行「犬肉」，[資]、[磧]、[南]作「大肉」。
一　八四三頁下八行第九字「諸」，[徑]作「樹」。
一　八四五頁中四行第一六字「者」，[磧]、[南]、[徑]作「香」。
一　八四五頁中一五行第一四字「又」，[磧]、[南]作「人」。
一　八四六頁上六行末字「之」，至此[資]、[磧]、[南]卷上終，並開始換卷爲卷中。又於「卷中」下有夾註「此卷首元落却三品」。
一　八四六頁上七行品名下夾註

「此……三品」，資、磧、南無。

一八四六頁下一二行「致招」，徑作「招致」。

一八四六頁下一六行品名上，資、磧、南冠以經名「蘇悉地羯羅經」，下同。

一八四九頁上一行第六字「部」，磧作「金」。

一八四九頁上三行第三字「城」，資作「域」。

一八四九頁下三行第六字「誦」，徑作「作」。

一八四九頁下一二行第四字「王」，資作「主」。

一八四九頁末行第一六字「主」，磧作「王」。

一八五〇頁中一〇行「上處」，資作「立處」。

一八五一頁下二行第一二字「王」，磧、南、徑作「主」。

一八五一頁下九行第六字「加」，資作「如」。

一八五二頁中五行「病嬰」，資作「病癭」。

一八五二頁下九行「幀像」，資作「幀像」。

一八五三頁上三行第七字「放」，資作「於」。

一八五三頁中末行經名，資、磧、南無。未換卷。

蘇悉地羯羅經卷第三　克九

唐中天竺三藏法師輸迦波羅譯

光顯品第十九

復次今說增益神威令使歡喜所持眞言而速成就先具香水澡浴身手於上時日加諸供養復取蘇摩那華一百八枚取一一華誦眞言經二十一遍或經七遍或時三遍先觀眞言字數多少而念誦之奉獻本尊次獻塗香及以燒香奇香氣者復獻飲食如先陳說加以沙糖及酪復作護摩燒木一百八橛木不過量次用乳酪和蜜護摩一百八遍次用酥酪和秔米飯百八遍而作護摩此三護摩經三七日或復五日或復三日此三日既了應取乳粥和以牛酥一百八遍復作護摩此既終取閼伽器誦以眞言經一百八遍傾致少水而作護摩作此等法眞言增威謂異眞言截斷其威自得增益或眞言損益或被羅㘕眞言不行或被繫縛眞言遞相交雜或眞言字增加如上等患盡皆除云而得增威諸護摩中所說藥草隨取其一經一百夜而作護摩眞言歡喜而得增威復取諸香和作香泥作本尊形獻忙攞底華燒膠樹香或堅木香一日三時誦以眞言一百八遍眞言歡喜而得增威作此尊形置荷葉上或芭蕉葉或乳樹葉或諸草葉非直盡日夜亦獻之法事了時如法發遣送致大河如上次第依此法則作者本尊歡喜速賜悉地

本尊灌頂品第二十

復次先承事了若欲眞言主增加威德故應灌之取以金瓶或銀銅等或新瓦瓶盛滿香水置於五寶華葉果香五種穀子種種塗香或堅諸香末以新綵帛繫其瓶項揷諸韠樹枝或乳樹枝用部尊主眞言或用部母眞言一百八遍然後灌其眞言生頂應用金作或以沉檀而作其形置於座上而灌頂之灌頂既了復當獻華香等物或諸瓔珞種種供養具而供養之及作護摩并加念誦如是作者能令本尊增加威力速得悉地先承事者作念誦時應灌本尊取閼伽器標相本尊而灌頂之或自浴了時復應想念本眞言主三度七度而灌頂之先承事時不應廢忘或時用酥或時用蜜盛滿瓶中內置七寶如法執持灌本尊頂所祈之願速得滿足

祈請品第二十一

復次廣說祈請法則於白黑二月八日十四日十五日或日月蝕時一日不食或經七日澡浴清淨著新淨衣離此晨日而祈請者應用白月誦勇底迦眞言而祈請之復於暮間以諸湯水及用眞言澡浴清淨除諸垢穢灑霑五處如法供養本眞言主復獻閼伽加誦眞言一百八遍用閼梨華粖大開者灑栴檀香水持奉獻之又廣獻食名烏那棃食食中加酪以忙攞底華作鬘供養先取牛酥而作護摩一百八遍次用娑護摩一百八遍用白氎縷或布線縷令童女合索一眞言一結當結七結復眞言七遍繫在臂肘上左脅而卧思念眞言主得進止已隨意而住安置房座上散華想念尊形於其夢中見自部主或見眞言主或見明王當知此相成就之相或見三寶或見諸菩薩或見四衆或見供養者悉

地之相或見自身誦持眞言作諸事等或見身著白淨衣服或見他來恭敬供養當知勝上悉地纔近或見發山峯或見乘象或見度山河海或見昇果樹上或見乘師子或乘牛鹿與諸餘等或乘飛鵝孔雀一切飛禽或見美女身被瓔珞手持華瓶或香華蓋圍繞行道或見受得象馬車乘諸寶物等見是等相悉地之相或夢得華果根牛酥乳酪稻華等物所成就藥悉地之相先承事時夢示成就藥及得數珠得是相者當知即須更作持誦法或見熏馥自身或見澡浴清淨或見身帶瓔珞見是相已便作持誦當速悉地作持誦法取闍底華一百八枚用部母眞言兼本眞言和誦一百八遍而供養之復取白檀香眞言百八遍知是祈請隨意臥夢本眞言門當現相又取烏施羅藥擣和作眞言形像以弭烏里迦蟻土和作其器滿盛牛乳置象乳中或用酥乳蜜和置像於中誦一百八遍三時供養如是供養本尊歡喜速得相現復於白黑二月八日十四日十五日或日月蝕日不食持齋廣作供養以七膠香及五堅香等二香等一誦眞言一作護摩數滿一千二百遍已所祈之願速見前相祈請範則若依法作速得成就見其相貌不有疑也

受眞言品第二十二

復次廣說受眞言法雙膝著地先於尊者阿闍棃處廣作布施手捧妙華發殷重心於闍棃處三遍口受眞言多者受誦不得應用紙葉牛黃寫之受取隨意誦之先入曼茶羅已後於餘時受眞言於良日時於尊者阿闍棃處廣作奉施如前受之知是正受眞言速得成就縱不先作承事之法便持誦者亦不得成就復以新瓶離諸病者置葉七寶五穀一一如法惟不著水作至誠心廣作供養阿闍棃先取紙葉書寫諸眞言主名置於瓶中莊嚴供養如灌頂法作此時或經一日或經三日不食齋戒於日暮間則以牛黃抄諸眞言名號置於瓶中獻以塗香華香燈食并以本眞言作護摩法一百八遍廣作勤求聖衆諦聽諦聽三日令其弟子洗浴身體香馥手著吉祥茅草指環以用眞言誦一百八遍眞言其瓶并以香熏飲心作禮令取一葉已復重頂禮如是受者速得悉地若更別誦諸餘眞言所受眞言退失悉地若於弟子處心生歡喜授與自所持悉地眞言應依軌則如法受之爲先誦持故弟子不失當得悉地先於眞言主處啓請陳表授此眞言與斯弟子願作加被速賜悉地手捧香華誦一百八遍或一千遍便呼弟子來受授與之復作是言我於今時迴本本明主授與弟子惟願照知爲作悉地弟子應言我於今時巳受明主誓從今日乃至菩提而不廢忘如上所說師主弟子受眞言法當得成就離此受者不得悉地如此受得悉地眞言於中決定成就無疑申先悉地不先承事眞言既爾悉地等受藥法亦然或復有人先承事已次合念持依於法則迴授與人所受得者不先承事但作念持便得成就受眞言者爲悉地故先於師主處廣作奉施華果諸根名衣上服金銀摩尼諸雜寶物種種穀麥酥蜜乳酪男女童僕種種卧

具奇妙華䍸嚴身之具已成就藥象馬牛犢諸餘乘等乃至自身亦將奉施爲僕所使久經承事不憚劬勞合掌虔誠珍重奉施如是行施速得悉地應說如上種種之物先須奉施阿闍梨已然後於眞言妙句

滿足眞言品第二十三

復次持誦之人於其夢中見眞言主身諸支分加者應知眞言字加若支分減少者應知眞言字少委是相已作滿足法或見眞言與受持者異或加減字數不用心便生疑應依法作滿足之先以紙葉牛黃稱寫所錯眞言如法供養明王眞言及衞護已置眞言主座復取乳木並依本法但用空酥爲求明王而加助故應作護摩布茅草鋪先禮部尊主次禮部母次禮諸佛作如是啓惟願諸佛及諸聖衆加助衞如是啓已於茅草上頭向東卧於其夢中本尊示相牛黃所寫紙葉之上有減本尊牛黃題注字數滿足乃至加減點畫亦皆指定眞言不錯但云不錯或於夢中指受滿足依此作法衞護爲除魔故

增力品第二十四

復次謂欲增加威力應作護摩或用酥蜜或時用乳各各別作或用油麻護摩或用膠香和酥護摩或用蓮華和酥護摩或時空用娑闍羅娑或於山間常服五淨不食餘食取本部華滿十萬枚二眞言奉獻本尊妙好塗香及以香華然燈食等各誦眞言經一百八遍一日三時經於三日如是供養增加威力或用堅木然以爲燈一日三時經於七日能令眞言增加威力或時供養加弭迦食亦增威力如上所說念誦護摩供養法則亦後能令增加威力

護摩品第二十五

復次廣說護摩法則令持誦者速得悉地於尊像前作護摩爐頂方一肘四面安椽量深半肘若作圓爐其惟然念誦之處若在房室應出於外望見尊形而穿作爐隨其事業依法作之乳木等物及以香華置於右邊護摩器皿置於左邊用護事眞言灑諸物等坐茅草座攝心靜慮捧持閼伽啓請明王傾閼伽水少灑爐中復以一華一誦眞言獻眞言主爲除穢故應誦計利吉里眞言并作手印爲衞護故軍茶利眞言水灑作淨然乳木火既燒火已先請火天我今奉請火天之首天中之仙梵行宗敬降臨此處受納護摩次誦請召火天眞言同上名火天已先以閼伽水三度灑淨取五穀酥酪等物誦以眞言三遍護摩奉祀火天眞言同上祀火天食一心標想遶送火天置於本座復誦計利吉里眞言并作手印復淨其火一切護摩皆應如是次請本尊先誦本尊眞言一遍安住本座依法供養頗尊垂護摩之食所護摩木謂鉢羅輸木烏曇摩攞木鉢攞訖沙木尼俱陀木佉陀羅木閼伽木吠官訖那木閼伽没羅木迦濕没羅也木閃弭阿鍜麽麽嘌伽木閼說賛那木此十二種木取枝量長兩指一析皆須濕潤新採得者通於一切護摩法用條端直者觀其上下一面置之香水淨洗細頭向外麤頭向身酥揾兩頭擲於爐內作扇底迦等二法時各依本法先出摶食而護摩如是軌模遍

通一切每日作食之時先出一分之食置在尊前待護摩時先應取用如念誦時置於兩手在雙膝間護摩之時亦應如是以沉香木量長四指麤如頭指搵蘇合香百八護摩此妙益眞言威加如是作時遍通諸部或用安息香和酥護摩復以一百八遍時空用薩闍羅娑而作護摩一百八遍皆能增益眞言威力爲欲成就眞言法故作諸護摩先請部尊主次請本尊然後依法作護摩爲欲成就眞言法故作護摩先用部母眞言護衛本尊次護自身然後依法乃作護摩爲欲成就眞言故作護摩若法了時爲加增益眞言力故應當念誦部心眞言爲欲成就護眞言故故作護摩初時皆須大杓酌施欲了之時亦用大杓在其中間應用小杓爲欲成就眞言法故作諸護摩若法了時用部心眞言眞言閼伽而供養之如曼拏羅法中所護護摩次第法作亦應如是先作阿毗遮嚕迦法次作補瑟徵迦法次作扇底迦法護摩了已用本持眞言眞言淨水以手還巡散灑爐中如是三度護摩都了復啓火天重受八餘供如法退還發遣列願如請召法去降臨字置退還字所殘餘穀酥蜜酪等並和一處用祀火天眞言三遍而作護摩復觀本眞言字數多少而念誦之復作供養護衛本尊并護己身如法發遣

備物品第二十六

復次廣說諸成就支分謂欲成就諸眞言故先當備辦諸雜物分然後應作先承事法若已先承事者次應念誦所謂諸雜塗香雜燒香五種堅香謂沉水香白檀香紫檀香娑羅羅香天木香七膠香者謂乾陀羅娑香薩闍羅娑香安息香蘇合香薰陸香設落翅香室唎吠瑟吒迦香白芥子毒藥鹽黑芥子胡麻油牛酥銅瓶銅椀五穀謂大麥小麥稻穀小豆胡麻五寶謂金銀眞珠螺貝赤珠五藥謂乾託迦哩藥勿哩訶底藥娑訶藥娑訶提娑藥稅多擬里疙里迦藥蜜五色線謂青黃赤白黑童子合線金剛杵燈炷燈盞瓦椀五種彩色佉陀羅木櫁乳木杓牛黃鑌鐵紫檀護淨線浴衣黑鹿皮鉢孚瞿華稻穀華木屐冒鉺草大茅草設多布澀波迴香是採華筐綠飲食所須酥蜜沙糖石蜜等物穀珠如上所說種種諸物皆預備之然後應當作先承事及廣念誦

成諸相品第二十七

復次我今說成就物依是三部眞言悉地所謂眞陀摩尼寶瓶雨寶伏藏輪雌黃刀此等七物上中之上能令種種悉地成就增益福德乃至成滿法王之法況餘世事佛部蓮華部金剛部三部眞言皆有如是勝上成就於三部中隨受持者具獲五通爲上悉地言七物者若欲成就眞陀摩尼者法驗成已當作金臺量長一肘或用銀作莊嚴精細臺頭置摩尼珠其珠用紅玻瓈光淨無翳或好水精如法圓飾成此寶者應念誦作臺圖樣此樣不具載若欲成就雨寶法者法驗成已但當誠心五由旬內能雨金銀種種雜寶若欲成就伏藏發起金銀諸珍濟給貧乏種種費用其藏無盡若欲成就輪仙法者鑌鐵作輪量圓兩指一磔輪安六輪輞椽銛利如是作法

速速得悉地若欲成就雌黃法者取光雌黃如日初出色光亦如融金色光是爲上好若成就刀法者取好鑌鐵刀量長兩肘以小指齊闊四指無諸瑕病其色紺青如枏施鳥翎若欲成就佛頂法者當以金作佛頂猶如畫印安置臺上其臺樺用薩頗胝迦寶若欲成就蓮華法者以金作八葉蓮華如兩指一搩手量或用銀作或熟銅作或白檀木作若欲成就拔折羅法者以好鑌鐵作拔折羅長十六指兩頭各作三股或紫檀木作或三寶作所謂金銀熟銅若欲成就雄黃法者當取雄黃色如融金塊成分析復上有光如是雄黃能成上事若欲成就牛黃法者當取黃牛牛黃爲上若欲成就刈哩迦藥者當取其藥色若金錢華者上好若欲成就素嚕多安膳那藥者如蚯蟮糞者上好若欲成就白氎布者取細軟者擇去毛髮以鬱金香染之若欲成就護身線者取白氎縷細細三合爲股復三股合索童女合撚皆須右合或縷金合若欲成就華鬘法者取闍底華作鬘若欲成就牛糞灰法者取蘭若所淨牛糞燒作白灰和龍腦香用若欲作成就木屐法者取室利鉢嚛尼木作木屐上安置其蓋若欲成就傘蓋法者當以孔雀尾作以新端竹而作其華若欲成就弓箭槍矟獨股叉棓及諸器仗隨世用者隨意而作若欲成就世間鞍馬車乘牛羊一切鳥獸諸餘物等隨世人輩共將爲上隨意樂作或依本法如是制作若欲成就吠多羅者應取族姓家生盛年無病卒死體無瘢跡猶未脹壞諸根具足取如是屍而作成就隨意所作上中下法所取之物亦復如是心無怖畏方作此法

取物品第二十八

復次我今說取物法白黑二月八日十四日十五日日蝕時地動時其日於其干前而取其物於念誦時得境界已而取諸物或澡浴清淨不食持齋求善境界而取諸物所說須物隨方處所有是物者而成就貴貨不酧價直而取諸物或時自覺增加威力堪忍飢寒種種異相當爾之時而取諸物其所諸物各依本性上中下品皆取好者如法得已應加精進作成就法

淨物品第二十九

復次令說淨諸物法用五淨洗不應洗者五淨灑之觀諸物量五淨和末雌黃和乳作末朱砂和牛屎作末牛黃和酥作末彩色和乳調和之惟安膳那藥空治作末刀輪等物用牛糞水洗之餘所說者應洗物等先牛尿洗次香水洗諸餘物等世所稱用應水洗之或香水洗已次用諸事眞言水灑淨次用部心眞言水灑淨次用部母眞言水灑淨但應洗者先五淨洗次胡麻水洗次香水洗如所應淨皆應如是

物量品第三十

復次廣說成就物者謂身莊嚴具諸器仗種種衣服如世常法所用量數治研細粖作成就法若欲成就雌黃法者五兩爲上法三兩爲中法一兩爲下法若欲成牛黃法者一兩爲上法半兩爲中法一分爲下法若欲成就安膳那法者三分爲上法二分爲中法一分

爲下法若欲成就酥法者七兩爲上五兩爲中三兩爲下法若欲成就灰法者五兩爲上法三兩爲中二兩爲下若欲成就鬱金香法者量比雌黃於安怛陀那法說種種丸藥成就者其數須作二十一丸爲上法十五丸爲中法七丸爲下法於本法中諸物量少應加其數或依都量或如本法或世所貴量數多少亦可依之應觀念誦功力及觀同伴多少應當具備如本尊恩眷屬境界許多任可成就悉地之法有上中下諸物數量亦復如是

灌頂壇品第三十一

復次廣說成就諸物祕密妙法令速悉地若欲起成就法者先應備辦護悉地具以護摩法加威本尊眞言及自灌頂作灌頂曼荼羅如法供養作灌頂已然後起首作成就法若作大灌頂曼荼羅者能得成就一切諸事如前所說明王曼荼羅淨地等法皆應如是其曼荼羅須方四角安置四門其量八肘或七肘或五肘惟開界道五色如法畫飾如其台量次外減半次外惟然於此西面四肘之外復作一曼荼羅其量五肘或四或三惟開東門或如根本大曼荼羅灌頂處所減半而作凡曼荼羅地勢皆北下卸說爲吉祥但曼荼羅地勢北下卸者說爲最勝或用一種彩色畫之於四角外作三肘拔折羅於中台內如法畫作八葉蓮華諸曼荼羅亦應如是蓮華葉外周帀畫作吉祥妙印於四門畫拔折羅復於諸角安吉祥瓶於外灌頂曼荼羅亦如是作凡欲灌頂必須四種所致瓶處並衢界角隨所持誦眞言及與明等於其台內畫本尊印并置一瓶所持眞言隨其部類畫本尊主印所謂佛頂蓮華金剛應知此法置爲祕密所持眞言不識名號及部不貫者應安一瓶名辦諸事或安成就義利之瓶或安一瓶名請眞言次外東面畫佛頂印右邊部母印印邊部心印次右鑠底印次左互印次右阿難次左須菩提諸餘眞言及明等印左右安置乃至兩角次於北面畫觀自在菩薩印右邊部母印左邊部心印次右落瀃彌印次左多羅印次右成就義菩薩印次左大勢至菩薩印諸餘眞言及明等印左右安置乃至兩角次於南面畫金剛印右邊部母印左邊部心印次右金剛拳印次左食金剛印次右拔折羅印次左金剛棓印諸餘眞言及明等功左右安置乃至兩角次於西面門南畫梵王印及梵吉祥明王并諸眷屬乃至南角門北畫嚕達羅神印及妃印并諸眷屬及至北角次第三曼荼羅門畫八方神各與眷屬令滿其位於第二曼荼羅門外右邊畫孫難陀龍王左邊拔難陀龍王於第三曼荼羅門外右邊畫孫陀龍王左邊優孫陀龍王曼荼羅外畫甘露瓶印如是作曼荼羅法供養者應如法作三種護摩爲欲遣除毗那夜迦故應作阿毗遮嚕迦事爲自利益故應作補瑟徵迦事爲息諸災邪故應作扇底迦事應以當部成辦諸事眞言作阿毗遮嚕迦事或用甘露瓶眞言通三部用應以當部心明作補徵迦事應以當部母明作扇底迦事於曼荼羅所集聖者一切諸天各各以本眞言而作三種護摩或以成辦一切事眞言而作護摩其護摩

處曼荼羅南門東作如護摩法酥等諸物以三事眞言各禮百遍或其數爲欲加威諸眞言故應作如是三種護摩次第爲三部諸眞言等各祀七遍其三部主應加數祀或但三部各祀百遍如不辦者七遍三遍亦得滿足所持眞言主於台曼荼羅內部尊足下安置於曼荼羅外東面別安訶利底母南面安置輸利尼西面安置醫迦熱吒北面安置句吒盤利隨彼所樂而當奉獻如法供養諸眞言已及護摩已前之安瓶隨所爲者誦彼眞言而用加被於本尊前所安之瓶還用彼眞言而加被之其台內瓶應用明王眞言而作加被當門爲軍荼利所安置瓶亦須用彼眞言加被於台曼荼羅東西角所安置瓶東北角者以部心眞言東南角者用部母眞言西北角者用能辦諸眞言西南角者用一切眞言如是加被此上瓶已及供養已次應右繞如前說灌頂法此亦如是安置吉祥瓶所謂穀實藥草華果香樹枝葉華鬘及寶置於瓶內新帛繒綵用纏其頭諸灌頂法皆應如是即令同伴灌行者頂其同伴者皆須持誦如法清淨或求阿闍棃配與灌頂爲欲除遣諸作障故先用軍荼利瓶而用灌頂第四應用所持眞言瓶而用灌頂其餘二瓶隨意而用如是畢已應以丸九牛黃塗香熏香芥子線釧衣服皆應受用作灌頂已後爲息諸障十六應作護摩已便即發遣或於淨處但一彩色作小曼荼羅極令方正其量二肘安置三障大印西面槃印如前安置淨瓶如法灌頂能令離諸障本尊歡喜不久速成此祕密最勝悉地

光物品第三十二

復次如法灌頂畢已應作護摩經三七日或一七日或經一月或隨其成就相應於本法所說每日三時用酥蜜略和以胡麻或依本法祀乳粥或祀酪飯所成就物每日三時以香熏之以香水灑以眞言加被觀視其物以吉祥環貫置指上搵按其物以牛黃水或白芥子灑物上及餘節日加諸供具奉獻彼物若白月成者取十日若黑月成者取十四日如斯作法光顯其物皆用部母眞言復重加諸華香華鬘等物供養以香塗手置茅草環按所成物畢夜持誦於夜三時誦一百八遍如斯光顯成就之物從始至終皆應如是若具如此法速得成就

佛部光顯眞言

唵諦惹塞僧乙切丸九毘你　悉睇娑馱十七野虎吽泮

蓮華部光顯眞言

唵挹奴立切比并也切　挹比你跛野摩訶室利曳

莎縛訶

金剛部光顯眞言

唵入縛羅入縛攞野畔度哩　娑縛訶

於三部法皆用赤羯囉微囉華以眞言持誦散灑其物或用忙洛底華或用白芥子首尾中間皆應如是散露其物或有境界及見異相亦如是散臨欲成就亦如是散便成光顯若欲成就酥等之物眞言香水用灑其物便成光顯以如是法而光顯物縱不成者不應間斷曼荼羅以爲光顯如前淨地用五種色作曼荼羅其量四肘而開一門內院東面先置輪印東北角置鉢印東南角置袈裟印次

於北面置蓮華印於西北角置灘拏梏印於
東北角置軍持瓶印次於南面置拔折羅印
於東南角置蘗那梏印於西南角置羯羅賒
瓶印於西面置金剛鉤印金剛拳印於西南
角置計利吉羅印於西北角置遜婆印復於
東面輪右邊置佛眼部母印又於北面蓮華
印右邊置半拏囉縛里寧部母印於南面置
拔折羅印右邊置忙莽計部母印次於曼荼
羅門外如前所說置能摧諸難軍荼利印依
前供養復於北面置六臂印馬頭印多羅印
戰荼捺羅印及諸當部所有眷屬次第安置
其形皆白復於東面置如來鑠底印帝殊羅
施印無能勝明王印無能勝妃印復於南面
於當部內所有眷屬次第安之然於西面隨
意安置三部諸印次於外院置俱尾羅等八（十八）
方大神於其空處（克九）任意置三部內成就諸事
真言主等次於中台置竹持部主印所成就
物隨於本部法所說置於其中安置其部主
中台上其物車邊置真言本所持印其物西
邊安護摩爐次於西邊持誦人坐各各以本

真言依法召請如前供養畢以三部母明次
第護摩光顯其物然後以本真言護摩而作
光顯於諸光顯法中護摩為最凡初護摩先
以部母明持誦香水灑淨其物護摩既畢亦
如是灑或用忙莽計心明或用四字明王真
言通三部護摩而作光顯隨其所用真言為
護摩者初但誦其真言次誦求請之句復中
間誦其真言復誦求請之句後亦誦其真言
還安求請之句如是真言之中三處上中下
分安置求請之句最後安其虎吽柹吒莎呵
字所請句
闍縛攞（放光）闍縛攞也（令光）悉地（成）娑馱也（令成）
你馳（威耀）你跛耶你跛路南（諸威光）帝闍（潤澤）按馱
也（令增長）忙尾覽摩（莫近遲）阿尾賖（遍入）囉乞沙（護持）
散你甜（令稱現前）（克九）俱嚕（最）吽泮吒（十九）莎嚩訶
以如是等求請之句光顯其物前後中間種
種重說亦無所妨護摩畢已次應持誦白羯
囉華散其物上而作光顯或持誦赤羯囉尾
囉華或用白芥子或用蘇摩那華而作光顯
先用塗香塗手以按其物次以諸華持誦而

散白芥子次然香熏之次後持誦香水而灑
之應如如是次第初中後夜三時以本藏主
真言持誦香水真言而灑次誦本持真言而
灑畢已如前護摩念誦乃至日出具此法者
速得成就如是光顯諸物及光已身決定速
得成就於物其物縱少亦獲大驗具此法者
其物增多及得清淨是故應作光顯之法此
名一切成就祕密之法於諸節日應作如是
光顯之法餘日隨時而作光顯念誦遍數滿
已欲作成就法時先應初夜具作光顯之法
然後成就

分別悉地時分品第三十三

復次我今解說吉祥成就時節行者知已尋
求悉地謂時節者八月臘月正月二月四月
此等五月白十五日應作上成就其四月時
必有雨難其二月時必有風難於正月時必
有種種難惟有臘月無諸難事於八月時有
雪雹霹靂之難如上所說之難皆成就相此
五箇月但令求作成就法事亦當應作扇底
迦事即此五月黑月十五日應作中下二成

就法亦當應作補瑟徵迦事阿毗遮嚕迦事於月蝕時成就最上之物於日蝕時通上中下成就之物或月一日三日五日七日或十三日應作成就諸一切事若作最上成就應取上宿曜時等或與三種事法相應其所成就亦依三事而作或如本法所說或依本尊指授然十二月一日至十五日於其中間應一切成就及事或取本尊指日或諸月中黑白十三日亦得成就七月八月是雨時後節應於此時作扇底迦法九月十月是冬初節應於此時作補瑟徵迦法三月四月是春後節應於此時作阿毗遮嚕迦法正月二月是春初節應於此時通一切事五月六月是雨初節要欲成作者下悉地如是春冬及雨後節亦應成就三種悉地此中九品分別隨類分配於初夜分下成就時於中夜分中成就時於後夜分上成就時於初夜分是作扇底迦事時於中夜分是作阿毗遮嚕迦事時於後分是作補瑟徵迦事時於此三事九品分別隨類相應知其時節於其時分所現之相辨上中下然於日月蝕時即當作法不觀時分凡猛利成就及阿毗遮嚕迦事日月蝕時最是相應凡起首成就三日二日一日斷食上中下事類日應知

圓備成就品第三十四

復次當說本法闕少成就支旦若恐身力不濟勿須斷食念誦遍數滿已欲起成就更須念誦護摩華香供養種種讃歎觀念本尊取白氈縷童女合繩如前作法繫作七結誦明七百遍於晨朝時以繫其腰夢不失精佛部真言索俱摩囉真言

唵蕤曳俱摩囉傖訖羅畔馱竊頻莎嚩訶

蓮華部真言索短嚨儗抳真言

唵嚕訖釤　矩嚕矩嚨儗抳　莎嚩訶

金剛部真言索忙莽鷄真言

唵句爛馱囉畔馱畔馱　虎鈝泮

初中後分間誦求請句若自本法無求請句應取安之然此三明當部用之其持誦繩每日繫持作法光顯若作曼茶羅時念誦之時於節日時皆須繫持令除難障又合眼藥蘇嚕多安膳那濕沙蜜龍腦香華茇丁香皮得伽羅香白生石蜜各取等分擣篩爲末以馬口沫相和篩搗研復以此明持誦百八遍成就之時數數洗面以藥塗眼除去懈怠及所惛沉有諸難起夢預敬見

佛部合眼藥真言

唵　入嚩攞路者泥　莎嚩訶

蓮華部合眼藥真言

唵　弭路枳頻莎嚩訶

金剛部合眼藥真言

唵畔度囉揖跛羝莎嚩訶

此三真言本部持用合眼藥或單呪水數洗面眼亦得除於惛沉睡障若成就時念誦疲乏白檀香和水用部心明持誦七遍而飲三掬欲成就時先以水灑身應取善相方欲成就具善相者謂高結輪鉤魚右旋印白蓮華幢涉悉底迦印滿瓶萬字印金剛杵華鬘或見端正婦人瓔珞嚴身或見懷妊婦人或擎衣物或見歡喜童女或見淨行婆羅門著新白衣或見乘車象馬根藥及果或見奇事或

聞雷聲或聞誦吠陀聲或聞吹螺角諸音樂聲或聞孔雀鸚鵡鸜鵒鶴吉祥鳥聲或聞善言慰諭之音謂起首安樂成就可意之言或見慶雲閃電微風細雨或雨天華或有好香及見暈蝕於此相中天所降者爲上成就於空現者是中成就於地現者爲下成就於此三相九品分別如上所現皆是吉祥及此不見者即不成就見此相巳深生歡喜以如是心後方便作成就事法

蘇悉地羯羅經卷第三

音釋

析先的切分也　疙魚乞切　栟牙葛切　樸抽庾切斜柱也　稍色角切牙屬　齧倪結切　暈王問切日月傍氣也

蘇悉地羯羅經卷第三

校勘記

一　底本，清藏本。

一　八五五頁上一行經名，二行譯者，資、磧、南無，未換卷。

一　八五五頁上三行品名上，資、磧、南冠以經名「蘇悉地羯羅經」。以下除第三十三品外，其他各品例同。

一　八五五頁上一九行「除云」，資、磧、南、徑作「除去」。

一　八五五頁中一四行第一一字「生」，資、磧、南、徑作「主」。

一　八五六頁上四行首字「山」，資、磧、南作「大」。

一　八五七頁中一一行第一五字「後」，資、磧、南、徑作「復」。

一　八五八頁上末行「淨水以手還巡」，資、磧、南作「淨水以手遶巡」；徑作「淨水以水還巡」。

一　八五八頁下一五行第一一字「誦」，資作「誦」。

一　八五九頁上四行「栟施鳥翎」，資作「橾施鳥毿」；磧、南作「栟施鳥毿」。

一　八五九頁上六行第八字「樸」，資作「幀」。

一　八五九頁中一五行第一四字「千」，資、磧、南、徑作「午」。

一　八六〇頁中一六行「互印」，資作「五印」。

一　八六〇頁下四行末字「功」，磧作「印」。

一　八六一頁下一〇行「真言」，資、磧、南作「真言曰」。

一　八六二頁中八行第八字「求」，徑作「其」。

一　八六二頁下一一行末字「就」，至此資、磧、南「卷中」終，並開始換卷爲卷下。

一　八六三頁中一〇行「七百」，磧作「三百」。

一　八六三頁下一六行「真言」，資、磧、南作「真言曰」。

一　八六四頁上末行經名卷次，資、磧、南無，因未換卷。

蘇悉地羯羅經卷第四　克十

唐中天竺三藏法師輸迦波羅譯

奉請成就品第三十五

次說奉請成就之法如前所說時節星曜及瑞相等於作曼荼羅法中及成就法中廣已陳說若不善相現時即以部母明護摩牛酥經一百八遍然後作法亦得成就悉地前所分別曼荼羅地亦應依彼而作成就若上成就於山上作若中成就於池邊作下成就隨處而作或與眞言相應處作若不於此處作成就稍遲於有舍利骨制底之中作一切內法眞言皆得成就佛生處等八大制底成就之中而最爲上然於菩提道場無一切難能與成就相應魔王尚於彼處不爲其難況餘諸類是故一切眞言決定成就凡是猛利成就於塚間作或於空室或於一神獨居之廟或迥獨樹下或於河邊當作成就若欲成就女藥叉者於林間作若欲成就龍王法者於泉邊作若欲成就富貴法者於屋上作若欲成就使者法時於諸人民集會處作若欲成就入諸穴法於窟中作此是祕密分別成就之處揀擇地定已先應斷食如曼荼羅淨地之法或如念誦室法應淨其地處所清潔速得靈驗初以成就辦諸事眞言或用軍荼利眞言持誦白芥子等物散打其地辟除諸難以佉達羅木爲橛四枚其量二指折藏纖剗一頭如一股杵以紫檀香泥塗其橛上復以緋線纏之以跋折羅橛印作拳執之以此眞言持誦一百八遍釘於四角橛頭少現作一白播於曼荼羅東面懸長竹竿上以金剛牆眞言持誦鐵末百遍作三股跋折羅頭皆相接圍繞曼荼羅爲金剛牆復以金剛鉤欄眞言持誦鐵末百遍亦作三股拔折羅各橫置於豎拔折羅上繞曼荼羅爲金剛鉤欄外曼荼羅門以軍荼利眞言以拔折羅印而護其門第二重門以訶梨帝母而護其門中台院門以無能勝而護其門此等護門三部通用或其一通護三門此三聖者皆摧諸邪無有能壞此是祕密護成就物其台中心埋五寶物若於人民集會之處作曼荼羅時其五寶物不應埋之但置所成物下不若於中庭及與室內或佛堂中作曼荼羅時亦復如是以上五處但持誦香水灑即便成淨不假掘地若於本念誦室中作此法速得成就於諸窟中不合作成就法於壞室中亦不合作欲作曼荼羅時七日已前於黃昏時以敬仰心觀念諸尊如對目前而奉請言於三部內一切諸尊及於本藏中諸尊與眷屬等我已久時念誦護摩堅持戒行以此眞言如供養諸尊願後七日降赴道場哀愍我故受此微供以大慈悲令我成就如是乃至滿其七日依時啓請然後作法又閼伽華香飲食及讚歎等每日暮時別供養一方護世神乃至三方皆應如是又以香塗手持誦其手以按其物而奉請之復以燒香熏物奉請又復斷食取好時日略作曼荼羅用奉請物或但用一色作圓曼荼羅惟開一門中置八葉蓮華其量二肘次餘外院隨意大小而作先於內院置三部主西門北置摩醯首羅及妃佛右邊置摩帝殊嚕施左邊置佛眼次觀自在右邊置摩

室利左邊置六臂次金剛右邊置忙莽鷄左邊置明王心西邊門南置吉里利忿怒及金剛鉤如上所說皆於內院安置次於外院置八方神及置能辦諸事眞言主等內外二院心所敬重眞言主等樂皆應安致外門北邊置軍荼利門南置無能勝各以心眞言而請供養於蓮華上置成就物而供養之或於蓮華上置滿迦羅賖瓶於上置其成就之物或於蓮華上置合子於中盛物或蓮華上置其瓦器於中盛物其或於華胎中盛置蓮華上以手按持誦其物千遍或一百遍次後持誦華以擲物上次復以酥和安息香而燒熏上次復香水微灑物上次復以部母明王持誦其物於曼荼羅所有諸尊各以彼等眞言持誦其物次復以牛酥護摩或用牛乳或以酥蜜胡麻和作護摩後以啓飲護摩於本法中所說諸物皆應護摩各以曼荼羅內所有眞言遍作護摩各以眞言持誦香水而灑其物如前所說光顯物法此亦如是持誦自眼用看其物心誦眞言如是作法其法物即成奉請凡一切物作奉請法速得成就或於本法所有一切供養及祭祀法一一皆應具作此奉請法曼荼羅中亦通受持其物亦通光顯其物於中若作成就諸作障者亦不得便亦通淨物依灌頂法亦通灌頂其物亦通灌頂自身此是祕密能辦諸事勝曼荼羅若作此法無不得成

補闕少法品第三十六

我今當說補闕少法從受持物已每日三時澡浴三時供養及作護摩手按其物三時換衣節日斷食供養等法皆須增加三時禮拜懺悔隨喜勸請發願三時讀經及作曼荼羅三時歸依受戒三時護身如是作法定得成就或由放逸致有闕少即應部母明持誦二十一遍便成滿足若闕此法成就亦闕或若有闕更須念誦一十萬遍復應作此曼荼羅補前闕少然後方作成就其曼荼羅方四角安四門如前所說分布界道東西置佛右邊置佛毫左邊置佛鑠底右邊置佛慈左邊置佛眼右邊置佛輪王佛頂左邊置白傘蓋佛頂右邊置帝殊羅詩左邊置勝佛頂右邊置超越佛頂左邊置須菩提右邊置阿難於西南角致鉢於西北角置錫杖右邊置訶利底母左邊置無能勝於曼荼羅外置能辦諸事中央置輪於上置其所成就物或置本尊外院置八方神門兩邊置難陀及跋難陀龍王各以本眞言請或以部心明都請依法供養然後護摩其諸尊等或置其印或致其座以本眞言成淨火已護摩酥蜜一百八遍又以酪餅及用胡麻各以本眞言護摩百遍其事畢已復誦百遍此是祕密補愆過法所供養物皆須香美其所獻食用烏那羅供獻及砂糖和酪作此法者諸尊皆得滋充歡喜速得成就非但補闕亦應半月半月或於節日或復每日作此曼荼羅供養諸尊皆得滋充速與成就若不辦時隨力而作如前所說佛部曼荼羅法此蓮華部法亦皆同彼惟改圓作方其量隨意東西置觀音自在右邊置馬頭明王左邊置毗首嚕波右邊置三目左邊置四臂右邊置六臂左邊置十二臂右邊置能

滿諸願又右邊置耶輪末底左邊置大吉祥右邊置多羅左邊置戰捺羅近門右邊置濕吠多左邊置車拏羅縛悉顊中央置蓮華曼荼羅外置本部能辦諸事此是蓮華部補闕曼荼羅法如前所說佛部曼荼羅此金剛部亦復如是然須方作其量隨意東西面置執金剛右邊置明王左邊置忙莽雞右邊置軍荼利忿怒左邊置金剛鉤左邊置棓左邊置大力右邊置拳右邊置遜婆左邊置提防伽右邊置鉢娜顊乞差跋左邊置忿怒火頭右邊近門置金剛可畏眼左邊近門置金剛無能勝曼荼羅外置本部能辦諸事諸餘外院及供養法皆如前說此是金剛部補闕之法如是供養畢已求得好夢晨朝澡浴著白淨衣以稻穀華及青俱蘘草香美白華供養所作曼荼羅地然後以牛糞遍塗掃却復作三皺多護摩右邊置酪俱蘘草酥蜜胡麻及餘所有護摩之物皆置於右左置閼伽器鑾酥杓當置於前隔酥次置杓前用成辦諸事眞言灑其物等諸部主尊安置供養用本眞言

以閼伽請其本尊亦復安置自身前置酥酥前置火酥火中間置成就物置初自身次酥次物火次本持尊及部主尊如前五種之物置次應知部主左邊置帝闍寧明右邊置成辦諸事如前所說謂護摩法中次第安置初敷青俱蘘草置和酪餠散稻穀華獻縛悉底供以好美香供養然後依法作護摩事所成就物置於金器或銀熟銅石商佉螺木縛弭迦土器等敷阿說他樹葉於上置器或敷有乳樹葉或閼伽樹葉或芭蕉樹葉或蓮華蓮葉或新淨白氎隨取敷之又葉五重先敷地上置成就物復以葉五重而覆其物或可是散或種種衣或諸雜物次第應知所盛之器然後以不散亂心作皺多法以心光明其物及散灑之手執杓緩鑾其酥置其物上誦本眞言至其莎字即瀉爐中呼其訶字還觸其物却至酥器如是去來三處觸物不得斷絕是名三皺多護摩法經一千遍或一百遍或觀眞言廣略或復成就上下動重乃至護摩二十一遍此名都說遍數之限三皺多時以

杓遍霑其物皆令潤膩初置物時先以水灑次按持誦次復看次獻供養護摩畢已還須如是於成就曼荼羅所說三種成就之相作此法時若有相見即須禁之應知不久即得成就其物若大置於右邊應左手執者置左邊而三皺多之若成有情之物作其形像杓觸於頭而作護摩若欲成自身以杓觸頂而作護摩若爲他故作之皺多者但稱其名作護摩其成就物復有三種差別一但稱名二以物蓋隔之三但露現眼所觀見如是皆用其酥而作護摩若不獲酥當用牛乳或酥和乳或用三甜或觀成就差別應當用酪如本所說而用護摩或以油麻護摩器仗若成吠多羅者應用堅木香心護摩或用蘇合等護餘計香或觀其物差別及與成就差別當取諸類香物與法相應者而作護摩若成犬肉還用彼脂諸餘肉類彼復如是其成就物或盡置於前以此所三皺多法說護摩之法當應廣作三皺多法護摩其物如是作已速得成就三皺多已洗灌令淨然後如法灌頂畢

已供養護持置本尊前更加種種飲食供養本尊及當祭祀八方護世亦須如法供養護摩之地然後以諸澡豆及阿摩羅八日如法澡浴於其午時手按其物而加念誦又更別辦其線依前如法持誦臂釧衣灰芥子水一一皆須如前持誦欲作成就之時如是護身之物先須持誦擬充後用如是念誦護身諸物成就之時有所用處皆即有驗是故應須預先持誦備擬華等供養之物亦須如法持誦置於側近次則依作曼荼羅如法供養而作成就用能辦諸事眞言持誦五色界道線纏四橛上以上軍荼利眞言持誦瓶置外門前所纏之線兩頭俱繫瓶項稍令寬縱每出入時思念軍荼利舉線而入其線若以軍荼利眞言持誦亦得或取本法眞言持誦亦得如前所說辟除難法先淨其處然後作法其時於外祭祀八方護世天神并諸眷屬於其瓶上置拔折羅或置有果枝條其瓶及線或用當部明王持誦或用部心或部母持誦以護其處或於當部所有契印各於本方而安置之以辟諸難其橛以金剛橛眞言持誦百遍其橛上一頭作三股杵形或一股形如是作已於淨室外四角釘之若曼荼羅於界道角釘之此名金剛橛法能辦諸事其曼荼羅或用乾末彩色或用種種香末或以濕色用牛毛筆畫於諸角外畫三股杵其諸界道遍作三股杵形還用金剛牆眞言持誦復於其界杵形之中更復橫置一杵遍應如是側名金剛鉤欄還用金剛鉤欄眞言持誦如是作已無有能壞是故於中作成就法於諸門中及門外各置拔折羅其成就法或於淨室中作或於露地作曼荼羅其量五肘或七或八或觀其所成就事隨事大小而作諸門當中置拔折羅於諸角上置瓶於外門前置能辦諸事瓶於內東西置法輪印右邊置佛眼印左邊置毫相印右置牙印左邊鑠底印右置五種佛頂次第左右安置於佛部中所有諸尊隨意次第左右安置最後兩邊置阿難及須菩提次下近門置無能勝次於外院東面置悉達多明王北面置大勢至尊南面置妙吉祥尊西面置軍熱羅尊東面右置梵天及與色界諸天左置因陀羅上至他化自在王乃至地居天神於東南方置火神與諸仙人以爲眷屬於南方置焰摩王與毗舍遮布單那諸魔怛羅而爲眷屬於西南方置泥唎帝神與諸羅刹而爲眷屬於西面門置縛嚕拏神與諸龍衆而爲眷屬門北置地神與諸阿脩羅而爲眷屬於西北方置風神與諸伽嚕拏而爲眷屬於北方置多聞天王與諸藥叉而爲眷屬於東北方置伊舍那神與諸鳩槃荼而爲眷屬復於西面一所之處置日天子及與曜等復於西面一所之處置月天子與宿圍繞於西門曲兩邊置難陀拔難陀龍王於佛部中所有使者等類眞言及明於其外院四面隨意安置然後依法啓請次第供養護摩念誦於最中央安其本尊或成就物如於曼荼羅法所說護身等事此亦如是次第應行此是佛部成就諸物曼荼羅法一切諸難無能得便於中作法速得成就一切諸尊增加衛護前以五彩色作曼荼羅惟改圓作

方於其内院東面處中置蓮華印右置七多羅明左置七吉祥明次左右置六大明王右置半拏羅縛悉顊左置邪輸末底近門兩邊置一髮明妃及馬頭明王於外門前置能辦諸事瓶於門及角置拔折羅中置蓮華於其外院置眞梵天及因陀羅摩醯首羅等淨居諸天及無垢行菩薩光鬘菩薩莊嚴菩薩無邊龍王菩薩遜陀羅及優波遜陀龍王及商結持明仙王與諸持明仙俱如前諸方護世於此部中所有使者諸類眞言及明隨意安置如前所說安置次第此亦如是一切諸難無能得便應當此中作成就法如前方作如前所界道於内院東面置蘇悉地羯羅右置吞金剛明妃左置金剛泰明妃右置遜婆明王左置計唎枳里明王右置拔折羅尊左置跋折羅但吒右置金剛母特伽羅鎚左置金剛商羯羅右置金剛鉤明妃左置忙莽鷄明妃於其外院東邊置勝慧使者金剛慧使者摩醯首羅及妃多聞天王及諸藥叉其於外門前置辦諸事瓶於金剛部中所有使者眞

言及明部多毗舍遮乾闥婆摩睺羅伽及持明仙八方護世各於院次第安置然後啓請如法供養護摩念誦起首成就其所啓請諸尊應用明王眞言或用部母明請於曼荼羅所有諸尊名爲置瓶如前曼荼羅所有堪法此成就法亦皆如是若於此等曼荼羅中作成就者縱不具足護身之法亦得悉地爲彼諸尊自有誓願若請我等赴曼荼羅者以虔誠心如法供養我等當與彼所求願是故於此應知無難必爲加護若用部心眞言及以部母或用明妃能辦諸事眞言并及部内護身眞言而用啓請護身諸界速得成就此是三部祕密之法復次說通三部祕密曼荼羅如法界道置拔折羅中央置本部主印其前置本眞言主或如前置羯羅詩瓶其物盛於器等之中置其瓶上内院東面置如來印北面置觀自在印南面置金剛印西面右邊置嚕達羅左邊置多聞天王如前所說明王曼荼羅此亦如是次第安置右邊置部母明左邊辦事明蓮華金剛二部左右亦爾西面右

面嬌唎右置洛乞灑彌東西兩角置鉢及支伐羅北面兩角置但拏柱及軍持瓶南面兩角置拔折羅及持伽羅西面角置輪羅及寶瓶於外門前別立置處所置無能勝東面門前置訶利帝母南面門前置勾吒祇唎迦北面門前置翳迦契吒於其外院隨意遍置諸印如法啓請供養此是祕密都曼荼羅於中所作成就諸物皆得悉地頂行於此尚不得便何況諸餘毗那夜迦以諸美香華燈種種飲食持誦光顯然後供養如於念誦及於曼荼羅所說供養此亦如是應作若於淨室中作亦復如是其曼荼羅主種種供養應加四倍此是祕密之法供養畢已次應於外如法祭祀以酥然燈其炷鮮淨供養本尊一一之物皆須奉獻閼伽若是作法本尊速得有驗以明王眞言持誦白芥子或用能辦諸事眞言或用先持有功眞言持誦近致成就物邊用辟諸難便即退散又用本印主印置於左邊或但持誦大力置於左邊於其八方所各置丈夫初於東方其人作帝釋裝束手執拔

折羅形色一如帝釋於南方其人作餤摩裝束手執但拏棓於西方其人作龍王裝束手執絹索於北方其人作毗沙門裝束手執伽陁棓於東北方其人作伊舍那裝束手執二股叉於東南方其人作大神裝束狀如仙人手執軍持及數珠於西南方其人作羅刹王裝束手執橫刀於西北方其人作風神裝束手執幢旗帝釋白色餤摩黑色龍王紅色毗沙門金色伊舍那白色火神火色羅刹王淺黑雲色風神青色其所著衣皆亦如是其人皆須受戒極令清淨有大膽勇善作護身之法形色端正盛年肥壯所執器仗皆須持誦於頸兩肩交絡華鬘備白芥子善知難相若有難至即散白芥子而用打之或擲華鬘或難衆多現大怖畏當以所執器仗而遥擬之彼若相逼以器仗擊散白芥子及擲華鬘以器仗擬及擊之時不得移動本處若移本處彼當得便是故應當須不動本處於本藏中所有護身之印難摧伏者持誦供養置已身邊若有極大猛害邪來應自用彼諸印以擲打之或以前來持誦有功眞言誦白芥子散擊邪者必若不止即應出外以好飲食加以豐多如法祭祀彼諸難衆一切護法總有九種謂辟除諸難結地界結虛空界結曼荼羅界結方界所結金剛牆結金剛鉤欄護物護身以除諸邪作成就時如斯等法皆須憶念或若不辦前護方人應當置其當方器仗此亦不辦於諸方所置那邏遮器仗或張弓揣箭置諸方所或與助成就人明解藏法有智方便持誦有功戒行清潔立在門中助辦諸事辟除諸邪乃至內院外院彼皆應助所有一切諸事至於暮間皆須辦足日纔沒已即起首作成就之法中間困時出曼荼羅外舍水漱口軍荼利眞言用持誦三掬或以本尊心眞言持誦少許牛酥而用飲之所有疲極當得除愈復以蜜和和華茇用佛部母明持誦以塗其眼昏沉難起即便除愈先以誠心面向東立觀察諸尊歸命啓請於其三種吉祥瑞應於中隨得好相以歡喜心而作成就隨見先瑞成就亦爾是故行者應觀先瑞先當須更觀察蘇悉地羯羅明王次則右繞辦諸事瓶入曼荼羅時隨所逢瓶皆右繞過到已頂禮尊及以遍觀各各以本眞言而奉閼伽或以部心眞言奉獻所請諸眞言主當以明王眞言請召所請明主當以明妃請召已視本印及請本眞言明等或但都視一印誦其眞言及明若如是作速得悉地其成就物有置閼伽器中或致瓶上或總合手內或但心念或致縛羅弭迦器或致葉上或致於內本尊之前所成諸器皆以牛黃塗之次用白芥子作護次持誦摩⿰車辛底華供養其物牛黃塗故便成禁住用其芥子便成作護以華供養須成光顯此三種法次第應作不得廢闕於本尊前置成就物於中不得餘物間隔成就之物用兩種法以爲作護一謂手印二白芥子令成就物速有驗故數數獻閼伽華香等具及酪數應供養其助成就之人護其物故常在其處如是安置供養物已然後以手按之或以眼觀以其不散心徐徐持誦中間數數光顯其物如是相續竟夜持誦勿令間斷

其夜三時以閼伽等次第供養若須出外漱口令助成人替坐物前續次念誦其持誦人有所廢忘其所助人皆須補闕持誦之時若大邪至助成之人應拒其邪如不能禁行者應自散白芥子以辟、其難助成之人持誦其物于時東方有是邪現謂大雷電應知帝釋之邪於東南方有是難現謂火色大人或如日盡應知即是火天之難於其南方有是邪現謂死屍形甚可怖畏高聲叫喚手執大刀皆悉剠鼻手執髑髏盛人血飲頭上火然應知即是餤摩之邪於西南方有是難現謂雨其屎尿穢曼荼羅及種種形甚可怖畏應知即是泥唎羝難於其西方有是難現謂雨雷電霹靂雹等應知即是龍王之難於西北方有是難現謂有大黑風起應知即是風神之難於其北方有是難現謂大藥叉及女藥叉惱亂行者應知即是多聞天王難於東北方有是難現謂象頭豬頭狗頭異形各持火山應知即是伊舍那難於其上方有諸天現具大威德應知即是上方天邪下方之難地動及裂應知即是阿脩羅邪作上成就方現斯邪如是等邪於中夜現凡上成就邪相還大中下成就准此應知於夜三時是其上中下相與時相應即是不相應即非成就其三種相謂煖相氣相光相如是三相應次第現若上成就即具三相若中成就具前二相若下成就惟現初相或若持讀虔誠於初夜時三相次第現者即以部母明禁住其光以明王心禁住其相及以持誦牛黃塗灑或以手按或用酥灑或以散華或散白芥子或但灑水禁住其相便即受用亦果其願或若初夜或即便禁住但作念誦至其本時方可受用其中成就准此應知於其初夜下悉地成於其中夜獲中成就於明相動時獲上成就其中成就中夜成者如法禁已縱至明曉受用亦得其下成就准此應知各於本時其助成者若不受用亦不爲吉其物縱成不即受用又不禁住至其平曉亦不受用其物猶若萎華亦如穢食無所堪用以念誦故啓請眞言入其物中時既過已其驗亦失又成就物雖初相現然不成就當時若禁其相以後還作光顯等法及諸節日供養灌頂便作成就經於三年若不成者當知此物不可得成上成就法限至三年若中成就至第六月若下成就不限其時損成就法亦復如是

被偷成就物却徵法品第三十七

我今當說被偷之物却徵之法其物成已或作成就之時其物被偷偷物之時或見其形或但失物不見偷者于時不擇日宿亦不斷食發起瞋怒現前速應作此曼荼羅法用燒屍灰三角而作惟開西門於外門前置其本尊內院東角置蘇悉地羯羅明王右置金剛忿怒左置大怒左置金剛拳左置金剛鉤右置金剛計利吉羅左置毗摩右置熱吒左置賓蘗羅右置阿設寗左置商羯羅右置微若耶右門置迦利左門置難地目佉左置金剛軍右置蘇摩呼及置諸餘大忿怒等爲成就故次第安置如法啓請以赤色華及赤食等次第供養如前所說阿毗遮嚕迦法於此應作門外所置本尊應以美妙華等如法供養

於其外院置八方神及置本部諸餘使者等尊亦須如是供養於中央作護摩法其爐三角一一如前以牧織佉陀羅以已身血塗而用護摩或用苦楝木或用燒屍殘柴而用護摩火著已後以燒屍灰和已身血而用護摩及以毒藥已身之血芥子油及赤芥子四種相和而用護摩復取此四種物作偷物者形而坐其上以左手片片割析而作護摩若有能伏瞋者及明法者應作此法其偷物者憧惶恐怖賫持親付行者便應施彼無畏于時與彼作扇底迦法若不作者彼便命終或所將物更復加添密置尊前又成就物盜將日久若欲追取即應作此通三部成辦諸事曼荼羅四方而作中央安置蘇悉地羯羅明王印內院南面置金剛忿怒大忿忙莽雞金剛鉤食金剛拳克十金剛火金剛母特十八伽羅金剛怖畏金剛商羯鎖計利吉羅慧金剛無能勝及置諸大忿怒及諸使者諸大威德眞言王等於其南西次第安置內院北面置能滿諸願觀自在馬頭明王多面多手能現多形耶輸

末底大吉祥洛乞濕弭濕吠多半拏羅縛悉顯路羅戰捺囉末羅所有眞言及明諸使者等各各次第如法安置內院東面置金輪佛頂等諸餘佛頂佛毫佛眼佛鑠底佛牙佛慈及無能勝等自餘明王及能辦諸事眞言等諸餘眞言及諸使者於其東面各各次第如法安置近門外者亦復如前依法安置於其外院八方神西門邊置梵天王及與眷屬西門北邊置摩醯首羅及妃言那鉢底等諸眷屬俱及七忙怛羅母及八龍王并諸眷屬阿脩羅等與諸眷屬歸依佛者大威德神於其外院各如法次第安置至誠啓請次第供養於外西面置護摩遮以蠟作其盜物者形置箕中依阿毗遮嚧迦法啓請祭祀供養護摩次以刀割其形而作護摩或依本部所說阿毗遮嚕迦法克十依彼而作或本尊自十九盜及不與成亦如是非從黑月五日至十四日來中間作法說爲勝吉其形復以杖鞭及以火然種種猛法打棓以末但那剌依金剛橛法用剌身分血黑芥子油和鹽遍塗其身隨意苦楚

而置害之復以蓋屍之衣而覆其形以赤線纏獻赤色華持誦自服努目視之於眞言中置訶責句每日打之若將物來即當休止中夜應作是猛利法用俱微那羅來塗黑芥油而作護摩又以毒藥及已身血芥子油鹽及黑芥子總與相和稱盜物者而作護摩經八百遍或但用已身血和鹽而和護摩如是苦持若不還物即應更作至死猛法於阿毗遮嚕迦法中所說殺法遍作其法於眞言置其殺句若將物來即止其法從乞歡喜彼若已用其物將餘物替亦止其事或已用其物復無物替但來悔謝亦止其事施彼歡喜彼或損失及分與他隨殘所有持來還者亦止其事施彼歡喜應當以金剛微那羅眞言而作護摩或用大怒或用不淨忿怒而作護摩或於當部所說却追失物眞言而作護摩然此三種眞言通三部眞言

唵　阿趫奇乙切　那曳歖寫　縛吹曩野莎縛訶

訶火天已持圓食一明一燒滿三圓食供養

火天
又護摩眞言
唵　阿趉那曳　歆寫　合寫縛歌曩野揖
比揖比你跛野　莎縛訶
又持酥一明一燒亦滿三遍供養火天
金剛部瞋怒金剛眞言
唵　枳里　枳里　跋日囉　矩嚕馱吽泮
以此眞言一明燒火食作法
成就護摩法眞言
那謨剌怛　娜怛羅耶野　那莫室戰拏
跋日囉播拏曳　摩訶藥叉栖那播鞞曳
唵　歌囉歌囉跋日羅摩訖　跋日囉度曩
度曩　跋日囉馱歌馱歌　跋日囉播者播
者　跋日囉娜囉娜囉　跋日囉娜囉耶娜
囉耶　跋日囉弭那囉耶弭那囉耶　跋日
囉瞋娜瞋那　跋日囉頻娜頻娜　跋日囉
虎吽泮
誦此眞言作護摩法速得成就若得其物或得替物即護其物兼及護身當於節日次第而作光顯等法其中成就物下成就物皆以一分奉施世尊一分奉施阿闍梨處一分奉施先成就者一分奉施同伴等人一分自取分作兩分一分自用一分奉施比丘比丘尼鄔波索迦鄔波斯迦等諸有末物法皆如是先以閼伽奉獻尊等後取本分其先成就者分以閼伽供養倍其價直自取受用其價直者供養是也其阿闍梨若不在時其分還酧直而自受用其價直者心生慚愧即是價直出曼荼羅外奉先成就者時應作是言先成者受取本分手執閼伽第二第三應如是唱若無取者即當持與同伴之人勿懷疑慮彼等以虔誠心故以供養故堅持戒故侍行人故即是先成之人是故其分彼等應受三唱之彼同伴者應如是報我等即是先成就者行人自分其物與同伴等其物若少不可分者即安膳那及牛黃等不可分也應當以心作其分量而自受用有如是物惟一人用不可分者輪刀等是隨其本法所說成就應如是作其幢像等亦不可分於本法成就之物其量縱少任意加本量而作成就與同伴等成依先成依之人物量而作成就縱減其半亦得成就或於本法所說分量皆須依行人分物與同伴時應處分言汝等隨我種種驅使彼然諾已後當與之或若一身成就利益餘人依此藏教或餘法中若皆通許分與同伴等時隨其功勞節限分物不應偏黨物成就已先應供養本尊深生慚愧慇懃再請然後可分一切諸部法皆如是中下成就准此應知深生慚愧恭敬供養及施財物所得進止依其處分以如是事酧還物價物成就已先獻閼伽如法分與誦本眞言及作手印以心觀念本尊及誦明王明妃眞言及至觀念然後受用其物隨意昇空至衆仙所彼無能壞及以輕懱縱有怨敵亦無能損彼成就者常念本尊不應廢忘其成就物常須心念或以眼視爲持明王眞言法故諸仙恭敬持明王妃故無諸怖畏作三摩耶印及作部印及明視物皆不應廢與仙相見應先起敬而問訊言善來安樂復後何至有所慰問善言而答遊行空時不應於神廟上過及獨一樹

并四衢道諸仙居處及以城郭祭祀之壇婆羅門集會處邪法仙衆所居之處亦不應過增上慢故經彼等過必當墮落爲放逸故而墮落者應持誦明王眞言及以思惟若已墮落及欲墮時便得本位虛空雖易形色天眼見道譬如聖者起心即至如亦在定不動即至是故遊彼先成就路以福力故自然衣服隨意宮殿用華林園觀種種諸鳥天女遊戲歌舞妓樂種種欲樂熾然光明猶如劫初如意寶樹能滿諸願爲居止故寶石爲座下流渠水輭草布地種種瓔珞發身娛樂具諸吉祥樹有甘露果乃至隨意樂憶念之處皆現其前縱如此已常須護身不應廢忘應住清淨園林及諸山頂并海洲島江河潬渚以遊戲故應住其處於彼便有如前勝境或與光成仙衆共住

成就具支法品第三十八

我今復說具足作悉地法其物不成者如法禁住護持藏棄如前更作先念誦法乃至還作成就之法如是作已若不成者重加精進又更念誦作成就法如是經滿七遍猶不成者當作此法決定成就所謂乞食精勤念誦發大恭敬巡八聖跡禮拜行道或復轉讀大般若經七遍或持勝物奉施僧伽或於入海河邊或於海島應作一窣堵波數滿一百於一一窣堵波前如法念誦滿一千遍最後第一百塔若放光者當知作法決定成就復作一千窣堵波於一一前念誦一一遍假使造無間罪其數滿已不須作法自然成就又一切眞言念誦一俱胝決定成就若作時念誦者經十二年縱有重罪亦皆成就假使法不具足皆得成就又念誦遍數及時滿已即當應作增益護摩或復作成辦諸事曼荼羅於中而四種護摩或於山頂或於牛羣先所住處或恒河渚平治其地作曼荼羅量百八肘置一百瓶於其四門立柱爲門各於門前建立寶臺種種莊嚴以作名華枝條作鬘繫其門柱及角幢上遍圍其處以酥然燈滿百八盞布曼荼羅及一百八香爐燒諸名香亦置其處內院一面其量七肘外院一面三肘餘是中央所有啓請及供養等皆悉如前准護摩法次當別說於中以本眞言置羯羅舍金瓶其瓶四面作護摩法於其內院東面遍置佛部諸尊其北面遍置蓮華部中諸尊於其南面遍置金剛部中諸尊於西面置嚕達囉神及多聞天王并眷屬如前所說使者等尊內院若不容受當置外院其護方神與諸眷屬各置本方位其三部主及嚕達羅多聞天王先置本處次復各置明王明妃辦事眞言等并諸使者次第安置於外門前置軍荼利尊及置無能勝尊如是依法作曼荼羅或已用本部心而作啓請次第供養即於四方而作念誦然後其瓶四面所置之爐各依彼部中作護摩法是名增益諸尊護摩其供養食用那羅獻作法已一切諸尊便成增益如是念誦護摩已更以部母眞言而護摩酥次佛本尊眞言乳糜和酥而作護摩更以部母眞言胡麻和三甜而作護摩又以部母眞言用酥護摩作此法已得一切尊即便充足及成就增益圓滿具足悉皆歡喜速與成就若作

此曼荼羅乃至七度決定成就如前念誦及巡八塔乃至七遍作此曼荼羅若不成者即以阿毗遮嚕迦法苦治本尊以蠟作其形像取其眞言而念誦之先誦部母及明王眞言中間置本尊眞[克十]言阿毗遮嚕迦[二十五]法護摩用芥子油塗其形像便著忙熱若伏他著遍身皆痛以瞋鞭打及以華打用前二眞言以其瞋心而作供養譬如治罰鬼魅治罰本尊法亦如是如斯之法依教而作不得自專若尊來見與其成就滿本願已則止前事作扇底迦法或以毒藥自已身血胡麻油鹽赤芥子總相和竟中夜護摩本尊于時慞惶唱言止止莫爲即與成就如是作法經三日已亦復不來與成就者又加勇猛以無畏心便割已肉護摩三遍本尊即來乞彼歡喜心所求願即與成就若有闕過一一而說假使犯五無間經於九夜割肉護摩決定而來與其成就此是與眞言鬬諍之法以無畏心如法護身方可而作必不空過得成就已即應速作扇底迦法若說愆過即須補闕於諸成就事中此曼荼羅爲最於中作三種事得三種果於中應作一切諸事及以護摩治罰本尊如治鬼魅每時供養皆用新物護摩之物亦復如是此法不應放逸澡浴清淨如法護身不應輕慢明解藏教方以此法治罰本尊若違此者即便自損

蘇悉地羯羅經卷第四

音釋

纖七廉切　剗初諫切削也　𤓰切又音團　菱蒲撥切　鞞郎葛切　劓魚器切截鼻也　䰜九萬切量也　皸補過切　揣初委切　髑髏髑徒木切髏盧侯切髑髏頂骨也　析先的切　柝與析同

蘇悉地羯羅經卷第四

校勘記

一　底本，清藏本。

一　八六五頁上一行經名、二行譯者，資、磧、南無，未換卷。

一　八六五頁上三行品名上資、磧、南冠以經名「蘇悉地羯羅經」，以下各品同。

一　八六五頁下一三行首字「每」，磧作「等」。

一　八六六頁上一行「忙莽鷄」，資、磧、南作「忙莽計」，下同。

一　八六六頁上六行第二字「軍」，資、磧、南無。

一　八六七頁上三行首字「吠」，磧作「大」。

一　八六七頁上一七行第八字「酩」，資、磧、南作「酪」。

一　八六七頁上一八行「右左」，經作「左右」。

一　八六七頁上一八行第一三字「胼」，

資、磧、南作「過」。

一八六七頁上一八行第一六字「𢍰」，資、資作「率」。

一八六七頁中一行第二字「䏲」，資、磧、南作「頝」。

一八六七頁中九行「敷阿說他」，資無。

一八六八頁中二行「形或一股形」，資無。

一八六九頁上六行第四字「真」，磧作「其」。

一八六九頁上一四行第一〇字「秦」，磧作「拳」。

一八七〇頁上四行末字「二」，資、磧、南、徑作「三」。

一八七〇頁中一三行第一〇字「困」，磧、南作「因」。

一八七〇頁下八行第一二字「總」，資作「掬」。

一八七一頁下一三行第一二字「左」，資、徑作「右」。

一八七二頁上一八行第一六字「王」，資作「主」。

一八七二頁中五行第九字「王」，資、磧作「主」。

一八七二頁中一三行第八字「遮」，資作「爐」。

一八七二頁中一七行「是非」，資作「是作」。

一八七三頁上二行及九行「真言」，資、磧、南作「真言曰」。

一八七三頁上八行第七字「燒」，資作「一燒」。

一八七四頁中八行「一一遍」，資作「一千遍」。

一八七五頁中末行「卷第四」，資、磧、南作「卷下」。

觀自在菩薩授記

唐南天竺執師子國三藏不空譯

（存目缺經）

七佛八菩薩所說大陀羅尼神呪經卷第一　讃

晉代譯失三藏名今附東晉錄

第一維衛佛說有一万八千病以一
呪悉已治之此陀羅尼名穌盧都可(登音覺音定)
支波晝支波晝　呼奴波晝呼奴波晝
浮流波晝浮流波晝　支波晝支波晝
阿若波晝阿若波晝　都呼郁波晝
奢摩奴波晝　胡修帝郁波晝　蜜耆
呼郁波晝伊呼帝郁波晝弥梨耆帝
郁波晝　沙若帝帝郁波晝　蜜若奴
帝郁波晝　犛遮兜帝郁波晝莎呵
誦呪三遍黃色縷結作十四結一遍
一結繫項此陀羅尼力悉能摧伏移
山斷流軋竭大海摧碎諸山猶如微
塵若日月失度能使正行悉能禳災
風雨失時能使時節穀米不登能使
豐熟隣國侵境悉能禳却大臣謀反
惡心即滅疾病劫起悉能禳之疫鬼
入國能驅遣之刀兵劫起能摧滅之
此陀羅尼力禳災消怪无量無邊若
廣說者窮劫不盡此陀羅尼句七十
二億諸佛所說神呪
第二式佛所說陀羅尼名胡穌多(音)(陰一切賢…)此陀羅尼句七十二億諸佛
所說神呪
陀摩帝郁　遮波兜帝郁　奢副奢副
帝郁　烏穌多烏穌多帝郁　浮浮奢浮
浮奢帝郁阿輸帝阿輸帝郁　尼梨
遮尼梨遮帝郁　支波晝支波晝帝郁
穌呵兜穌呵兜帝郁　耶無奢耶無奢
帝郁　奢波不帝郁　遏奢不帝郁
穌奢不帝郁　奢破不帝郁　莎阿
誦呪三遍縷黃色結作三結繫項
此陀羅尼神力能使三千大千世界
六種震動山河石壁頹峨涌沒其中
衆生悉發無上菩提之心能除七千
億劫生死重罪衆生一切病苦消滅
無餘其中衆生書寫誦讀此陀羅尼
一句名者百千万億恒河沙世重罪
業鄣摧滅無餘
第三隨葉佛所說神呪名蜜耆兜(音)
(金鼓)衆生所有業障報障垢重煩惱障
悉能摧滅無餘
浮律帝郁　若無兜醯郁　安耆兜醯
郁　若無兜醯郁　遮浮浮醯郁　若
無兜醯郁　烏奢浮浮醯郁　若无兜

醯郁　眱波咻咻醯郁
究梨吒咻咻醯郁　支波都醯郁　若無
晝郁醯郁　烏奢咻醯郁　遮兜梨郁
醯郁莎呵
誦呪七遍黃色縷結作四結繫項
此陀羅尼句恒河沙等諸佛所說其
有書寫讀誦此陀羅尼者此人恒河
沙等劫所有重惡極重報障及與五
逆一闡提罪悉滅無餘及餘衆生所
有重罪障道罪垢及以業垢聞其所
說悉滅無餘其有書寫讀誦之者所
至到處國邑聚落山林丘墓其中衆
生得聞此陀羅尼名一經耳者命終已
後皆得往生阿閦佛國乃至成佛不
墮三塗行此呪法於四月十六日在
東向塔內一日遶塔八十帀於塔西
壁下東向立誦呪二十四遍乃至七
日七夜不得眠睡須胡麻油燈七枚
女置四角頭淨潔洗浴著新淨衣不
食酒肉五辛一日一夜我於尒時當
現在其人前放大光明以金色手摩
其頂上即與授決此人所有業障罪
垢悉滅无餘
第四拘留秦佛所說大陀羅尼名金

剛幢三昧并能療治三界五濁衆生
諸惡煩惱瘡疣重病一切業障及以報
障諸垢煩惱障悉能除滅禪鄉兜醯
吒（晋言救衆生苦） 今出愛欲淤泥聞者
脱三垢貪欲瞋恚愓
阿若鄉醯晝 伊鄉波梨帝鄉醯晝
耆菩阿若帝鄉醯晝 波奢醯晝
遮富磨醯晝 阿若鄉醯晝 若無不
醯晝 烏耆飲磨醯晝 耆浮磨醯晝
遮兜梨鄉醯晝 浮梨鄉醯晝 阿呼
呼若醯晝 浮梨帝鄉醯晝 莎呵
禪吒牟梨帝（晋言大智慧光）
耆浮牟尼咻 拘吒牟尼咻 牟梨羌
浮浮咻 婆若兜浮浮咻 支不波浮
浮咻 鴦耆奴浮浮咻 不梨帝鄉浮
浮咻 莎呵
誦呪一遍黄色線結作十三結繫項
上來所説陁羅尼句及我所説悉是
過去九十九億諸佛所説其有讀誦
書寫之者現身當得金剛幢三昧所
有結使摧滅無餘拔衆生苦如上所
説神力自在不可限量
第五拘鄉含牟尼佛欲説大陁羅尼
名畢者阿羌（晋言驚振十方） 莫不
帰伏覺悟衆生猶如雷震无明衆生

令得慧眼此陁羅尼句乃是過去七
十七億諸佛所説我今説之
禪鄉羅帝鄉 阿囊耆阿囊 烏耆
耆阿囊 陁羌耆阿囊 不利帝耆哥囊
又耶囊耆呵囊 欽婆羅帝囊耆阿囊
蜜耆帝囊耆阿囊 阿蘭耆帝囊
毗阿囊 呼婆帝囊耆蘭囊 蜜耆
兜帝囊 若無阿帝囊 烏烏烏呵
帝囊 支不波破帝囊 莎呵
誦呪三遍黄色縷結作三結痛處繫
此陁羅尼力能令三千大千世界六
反震動其中所有一切衆生得聞説
此陁羅尼句一經耳者百千万億姟
刧所有重罪誹謗五逆悉滅無餘其
有衆生修行讀誦七日七夜減省睡
眠其人現身得師子王定三昧百千
諸佛現前授記又其國土隣國強敵
欲來侵陵國王尒時與諸群臣淨潔洗
浴著新淨衣於高樓上隨其方面先
礼十方諸佛然後礼我拘鄉含牟尼佛
三稱我名燒香散花尒時即説陁羅
尼句以此陁羅尼威神力故大梵天
王帝釋四天大王於虚空中悉雨刀
劍四面大黑風起令其兵衆皆悉不

得見日月光諸夜叉衆吸其精氣應
無免者自然退散大陁羅尼威神之
力能如是
第六迦葉佛欲説大陁羅尼名初摩
梨帝（晋言拯濟群生） 出生死苦
阿若提婆梨帝 遮富摩提婆梨帝
烏奢鄉提婆梨帝 沙丘羅帝提婆
梨帝 呼沙都波羅帝 提婆梨帝
鄉呼波羅帝提婆梨帝 鄉支富羅波
羅帝提婆梨帝 鄉呼多羅帝提婆
梨帝波若婆羅帝提婆梨帝 鄉波
都羅帝提婆梨帝 奢若蜜都鄉
帝提婆梨帝 莎呵
誦呪七遍黄色線結作六結痛處繫
此陁羅尼句乃是過去七十七億諸佛
所説此陁羅尼力能令百億佛世界
六種震動所有山河石壁皆悉摧碎
猶如微塵通為一佛世界其中所有
一切万物皆作金色浩汗滉瀁悉不
復現唯見金色更無餘色此陁羅尼
力故能令百佛世界衆生宿業重罪
及三塗苦悉滅無餘其中衆生修行
讀誦此陁羅尼者未發無上菩提心
者皆使發心至不退轉先巳發心

耆脩行此陀羅尼者超過七住乃至十
住此陀羅尼金剛三昧大空解脱門
菩薩從初發心脩行此三昧直至道
場菩提樹下入金剛定莫不由是一
第七釋迦牟尼佛欲説大陀羅尼名
烏穌耆畫膩多 消除三
界衆生幽冥隱滯拔其危難此陀羅
尼句乃是過去九十九億諸佛所説
我今説之
耆路不帝鄱置 畢耆帝鄱置 烏穌
呼帝鄱置 耆牟多帝鄱置 若不都
帝鄱置 阿若波兜帝鄱置 若波都
帝鄱置 耆牟波若帝鄱置 烏耆副
帝鄱置 塞耆穌帝鄱置 耶塞耆帝
鄱置 破奴弥帝鄱置 畢利帝吒帝
鄱置 莎訶
誦此呪十四遍黄色縷結作十四結痛
處繫此陀羅尼力能令三千大千世
界六種震動其中衆生宿命罪垢纏
裹縛束處在幽隱聞此陀羅尼一音
經耳悉得往生忉利天上有諸行人
受持讀誦書寫此陀羅尼者未發心者
咸使發心到堅固地先發心者入法流

七佛神呪經卷第一卷 第七張 讃

水中八住齊階疾至佛地以此陀羅尼
力故一踴超過菩提樹下乃至佛地
坐於道場此三昧名金光明王定覺
悟群生踴出三界拔衆厄難超衆
群聖疾成佛道若有衆生欲脩行此
陀羅尼者欲得現身四沙門果欲除
過去億百千刧障道五逆犯四重禁
現世除滅令無遺餘應當脩行此陀
羅尼三七二十一日護持禁戒猶如明
珠一日一夜六時行道懺悔十方淨潔
洗浴著新淨衣用七色華三種名香供
養奉散釋迦牟尼佛於舍利塔前五
體投地悔過自責尒時當誦此陀羅
尼句八十一遍日日常尒乃至七日一七
日不得復至二七日乃至三七日億百
姟刧所有重罪悉滅無餘十方諸佛
放大光明来觸其身是人尒時心意
熙怡猶如比丘得第三禪尒時當有
大梵天王釋提桓因四天大王即時
授與四沙門果大集中去莊嚴大乘
瓔珞有四戒定慧無上陀羅尼是故
我當好持戒戒能生定定能生慧
第一文殊師利菩薩所説陀羅尼名

七佛神呪經卷第一卷 第八張 讃

閻浮摩兜 現在病苦悉得
消除能却障道拔三毒箭九十八使
漸漸消滅度三有流現身得道
支富多奈帝 穌車不
支奈帝 祝耆不支奈帝 烏穌多支
奈帝 婆遮不支奈帝 閻摩賴長支
奈帝 阿怒波賴長支奈帝 如波帝
支奈帝 莎呵
誦呪三遍縷五色結作二結繫項
此陀羅尼四十二億諸佛所説若諸
行人有能書寫讀誦此陀羅尼者現
世當為千佛所護此人命終以後不墮
悪道當生兜率天上面覲弥勒又有衆
生能脩行此陀羅尼者斷食七日純服
牛乳中時一食更无雜食一日一夜六
時懺悔礼十方佛悔所作罪億千姟刧
所有重罪一時都盡分部破戒亦悉都
盡五逆殃悪及一闡提殺重悔過悉亦
滅除於六時中一時十遍空閑靜室
若在塔中此人心若淳厚我於尒時
當往其所此人以見我故心轉淳厚
心淳厚故得見千佛手摩其頭即與
授記宿罪殃悪永滅無餘
第二我虚空藏菩薩欲説大陀羅尼

七佛神呪經卷第一卷 第九張 讃

名阿鞞耆晝寧晉言救衆生苦三界
特達無比若有衆生迴波六趣無能
救者我以救之令得脱難
阿鞞耆晝穌　不利帝鞞耆晝穌　若波
耆晝穌　昇利帝鞞耆晝穌　破奴
波羌耆晝穌烏奢帝鞞　耆晝穌若波
晝耆晝穌　阿若浮婆耆晝穌　莎阿
誦呪五遍縷五色結作十四結繫兩手
此陁羅尼句乃是過去七十二億諸
佛所説我今已説欲護正法故度衆生
故成諸行人得從万行故諸聲聞人未
證果者令得果故令緣覺人度十二因
緣大河拯濟群生故令諸菩薩從初發
心乃至十地願果成故説此陁羅尼又
此陁羅尼力能令三千大千世界其
中衆生處在幽隱及三塗苦聞此陁
羅尼一經耳處得宿命智乃至十四生
悉得解脱若有善男子善女人欲脩
行此陁羅尼者應當三七日淨自洗
浴著新淨衣若於刹中若清淨地於
夜後分明星出時語此大明星爲我
語虛空藏菩薩如是三説除我根本
罪如是三説除我障道罪如是三説
與我四沙門果如是三説我於尒時

即往其所住其人前授與四沙門果
我揞當與如是三説燒沉水香若夢
得阿摩勒果若得呵梨勒果若得頻
婆勒果若得毗醯勒果若杏等尒時
當勤精進若鷄子等若拳等尒時即
於明星出時誦呪七遍若心好時復
誦七遍虛空藏菩薩常遊諸國爲諸
行人得從万行
第三我觀世音菩薩欲説大陁羅尼
名阿鞞耆不智究梨智鞞晉言大如海
普及十方無邊衆生
烏奢帝鞞　耆鞞知帝鞞　不迦兜帝鞞
鞞殊不梨帝鞞　阿摩殊不梨帝鞞
烏奢鞞吒帝鞞　耆浮浮帝鞞
耆都晝帝鞞　若波暮鞞賴帝鞞
漚究鞞賴帝鞞　支波富鞞賴帝鞞
閻浮浮賴帝鞞　莎呵
誦呪五遍縷五色結作二十四結繫項
此陁羅尼句乃是過去九十九億諸
佛所説諸佛爲諸行人脩行六度者
未發心者若諸聲聞人未證果者若
三千大千世界内諸神仙人未發無
上菩提心者皆使發心有諸凡夫未
得信心我以種子令生法芽以此陁

羅尼威神力故及我方便力故令其
所脩悉得成辦及三千大千世界内
幽隱黑闇滞㝵及三塗衆生又聞我
此陁羅尼者皆得拔苦
又諸菩薩未階初住者令得初住次
第令得乃至十住已得階級十住池
者已得此陁羅尼勢力故於一念頃
直至佛地三十二相八十種好自然
成熟若聲聞人聞此陁羅尼一經耳者
讀誦書寫脩行此陁羅尼以質直心
如法而住四沙門果不求而得以此
陁羅尼力故三千大千世界山河石
壁四大海水能令涌沸須弥山及鐵
圍山令如微塵其中衆生悉發无
上菩提之心有諸菩薩聲聞脩行
之者障道滞㝵患苦嬰身我悉救
之令得脱難令其所脩悉得成辦
若有衆生現世求所願者脩行陁
羅尼者於三七二十一日淨持戒
地一日一夜六時行道燒衆名香散
五色華懺悔十方自責罪咎從生死
除至生死際自責慚愧尒時三稱我
觀世音菩薩燒香散花叩頭求哀悔
過自責億百千劫所有重罪於一念

頌皆得消滅淨身口意尒時當誦此
陁羅尼三七二十一遍日夜六時從
初一日乃至七日乃至三七二十一
日其鈍根者未得初果者我於尒時
授與初果第二第三乃至第四果隨
其利鈍階差所應若諸菩薩欲趣證
地滯㝵不進如法行者即得證地如
前法網我今說此陁羅尼句三千大
千世界內其中諸佛諸菩薩釋梵四
天王諸仙人及諸龍王皆悉證知大
揩成就願果不虛真實如是
第四我救脫菩薩欲說大陁羅尼名
阿鞞耆知羅（晉言救諸病）消眾毒藥
拔濟眾生出於生死未度者度未安
者安未得涅槃者令得涅槃此陁羅
尼句乃是過去七十七億諸佛所說
我欲說之
阿摩賴帝　阿鞞婆賴帝　究支鞞帝
耆摩鞞帝　究吒婆賴多帝　阿耆摩
梨難帝　婆若不梨鞞帝　烏耆鉤帝
婆吒羅耆帝　烏穌鞞賴帝　陁摩
賴帝　莎呵
誦呪三遍五色縷結作六結繫兩肩
我今說此陁羅尼句時三千大千世

界其中所有一切眾生所有罪垢殃
惡重病以我法音聲震三千散入一
切眾生毛孔六情諸根現在病苦讎
𤍠毒氣及過去業諸結惱熱一切消
盡令無遺餘又諸行人猒離三界欲
求出要而不能得我當為設無量方
便令其所求各得成辦如其國土有
諸隣敵欲来侵陵我當救之令得脫
難尒時國王應當慚愧悔過自責歸
謝万民淨潔洗浴著新淨衣若高樓
上若宮殿中燒香散花礼十方佛尒
時當三稱我名救脫菩薩我今歸依
如是三說尒時即當誦此陁羅尼三
七二十一遍隨其方面有賊来處尒
時當有八部鬼神雨沙礫石放大黑
風雷震霹靂猶如天崩震動天地尒
時怨賊自然退散我救脫菩薩拔濟
眾生神力如是
第五我跋陁和菩薩欲說大陁羅尼
此陁羅尼句乃是過去七十七億諸
佛所說我今欲說育陁羅尼名阿鞞
耆置盧（晉言度脫衆生）老病死苦及三
塗苦眾生現在病苦悉皆拯濟
阿鞞支波晝　求守羅波晝　支富盧

波晝　阿鞞穌呵兜波晝　烏奢欽波
羅迦波晝　耆復鞞波晝呵若呼帝奴
婆晝耆摩浮梨帝鞞波晝烏穌帝樓
波晝耆波嘗波晝阿婆羅帝鞞波晝
呼婆都波晝耆摩梨帝鞞波晝莎呵
誦呪五遍六色縷結作五結痛處繫
此呪能令地作水相水作地相風作
火相火作風相三千世界作微塵相
色作虛空相虛空作色相下至金剛
際上至淨居天變為非色相若三千
大千世界內有諸行人四大不調行
道滯㝵不調適我以金色手摩其頂
上授與湯藥令其所患消滅無餘行
道得進四大輕便有諸眾生為宿業罪
垢纏裹縛束在三界獄無復出要我
時當以智慧火及禪定水燒燃洗淨
令出三界以薩婆若膏潰潤令濕
令生法芽拔其毒鏃咸使令發無上
菩提道心若諸眾生於今現身欲求
所願者欲求尊貴欲求聰明欲求揔
持欲求智慧欲求見十方諸佛面對
共語得受記別欲見我跋陁和菩薩
授與四沙門果欲得命終生兜率天上
見弥勒欲生他方淨佛國土現在佛

前當書寫讀誦修行此陁羅尼當少
欲知足淨持戒地常當慙愧修質直
行於一日一夜六時之中精進不闕
五辛酒肉不得過口如是精進一百
一十四日內外明徹面對十方諸佛
面覩受記善男子汝過如是若干劫
數當得作佛國土如是弟子衆數壽
命如是若聲聞人欲求四果者亦當
如是修行此陁羅尼功用正等無異
隨根利鈍所證差別我跋陁和菩薩
所說陁羅尼句神力如是誠諦不虛
第六我大勢至菩薩欲說大陁羅尼
名阿鄃耆置盧 晉言拔諸病著 斷諸疑
網拔四倒毒箭令出三界
耆富咤鄃帝　阿輸波羅帝　耆晝盧
波羅帝　阿輸多波羅帝　烏鄃呼波
羅帝　若牟耶波羅帝　畜故晝波
羅帝　若牟耶波羅帝　莎呵
誦呪三遍纏三色結作三結繫項
此陁羅尼呪七十七億諸佛所說我
今說竟此陁羅尼力能令三千大千
世界地皆震裂其中衆生自然踴出
我時即以智慧力一時接取安置一
處即以禪定清涼法水洗濯塵垢摩

拭拂拭安慰其心辟如比丘入第三
禪然後我當隨根利鈍應得阿耨多
羅三藐三菩提者隨其階次悉皆給
與若聲聞人應得四沙門果者次第
給與令滿其願有諸行人書寫讀誦
此陁羅尼句現在身中四百四病破戒
五逆及障道罪宿世微殃悉皆消滅
無有遺餘我大勢至菩薩威神力故
令此行人所修轉勝悉得成辦有諸
行人在所生處得宿命智百生千生
百千万億生通達無㝵如觀掌中阿
摩勒果欲得聞持旋持揔持欲得四辯
說法無㝵欲得佛十力四無所畏欲得
修佛三十二相八十種好速得成辦欲
得金剛三昧越過十地入佛正位應當
書寫讀誦修行此陁羅尼晝夜六時
曾不廢忘淨持戒地五辛酒肉悉不
食之少欲知足修質直行修行此陁
羅尼故無有非人能觸惱者我時當
與釋梵四天王往詣是人所住之處安
慰其心令其所修日日增廣
第七我得大勢菩薩欲說大陁羅尼
名烏蘇波置樓 晉言救諸病著 拯濟
群生出於三界令諸行人得從万行

阿鄃耆置樓　波羅帝鄃耆罝泜
若摩陁羅耆置樓　阿輸陁羅尼耆置
樓烏蘇波置鄃耆置樓　胡盧波置鄃
耆置樓　遮波副波置樓　若無糅置
波置樓　浮浮呼梨置波置樓　若無阿
遮不梨帝樓　莎呵
誦呪五遍纏三色結作三結繫咽
此陁羅尼句乃是過去四十億恒河
沙等諸佛所說我今已說此陁羅尼
力能令十佛世界六種震動其中所
有一切衆生以此陁羅尼法音光明
入其毛孔塵勞垢習一時消除以我
得大勢威神力故及此陁羅尼威神
力故此諸衆生命終已後悉得往生
兜率天上面見弥勒若諸行人欲求解
脫而為業障之所滯㝵懈怠嬾惰三
業不勤我時即以智慧火禪定水燒
燃洗濯業垢障道令其惺悟皆使令
發菩提之心有諸行人四大不調病
苦嬰身有能讀誦此陁羅尼者我時
當與八部鬼神四天大王往是人所
即時授與阿伽陁藥如意寶珠令無
所乏是善男子善女人以我神力及
陁羅尼力轉倍精進故即得大果

第八我堅勇菩薩欲說大陁羅尼名
阿鄰者置樓音嵌生六數濟 出生死苦拯
濟三界貧窮衆生如寶掌菩薩亦
如國王髻中明珠施與貧窮猶如
慈父示子寶藏此陁羅尼勇亦復如是
若無呼波置樓 烏穌多置樓 若無
者置樓 烏穌呼鄰者置樓 若物珠
置樓 毗剎帝鄰置樓 烏奢欽置樓
遮不呼穌多置樓 若無蜜多置樓阿
支不置樓 毗梨帝鄰置樓 莎呵
誦呪三遍縷三色結作七結痛處繫
此陁羅尼句乃是過去七十七億諸
佛所說我今說之有諸國王其國土
境水旱不調穀米不登尒時應當誦
此陁羅尼七十七遍三稱我名堅勇菩
薩我時當勑阿耨大龍娑伽羅龍使諸
小龍給足其水令國豐實若其國內
疫病流行有諸衆生病苦嬰身我時
當往詣是人所隨其偏發療治救濟
有諸衆生乏於財物我當給施令無
所乏若諸國王欲求所願應當修行
此陁羅尼若在塔中若空閑地淨潔
洗浴著新淨衣七日七夜受持八戒
六時行道於一一時中七遍誦此陁

羅尼若其國王心淳厚者三日三夜即
得如願極到七日無不剋果燒黑沉
水白栴檀香散五色花燃胡麻油燈
於月八日十四日十五日是時三稱我
名堅勇菩薩我時當與天龍八部往
是人所與其所願是人若於夢中若
惺悟心或得珎寶或見白烏或得果
實尒時當知即得所願[illegible]
名支波晝 毗尼波晝 烏穌波晝
此呪有能正東向坐誦此普賢菩薩
呪若利根者即見普賢菩薩若鈍根
者即得消一切障
南無阿梨鈍娑路翅堤舍波羅鈍菩
提薩埵婆摩訶薩埵婆 多擲他
闍婆毗時 賓頭毗時 弥樓毗時 薩婆
迦摩叉陁 毗時識叉娑婆呵 多擲他
向摩智 婆羅摩智 涅摩智 婆羅智
散波羅畢叉智 伊末尼 至末尼
鐵利尼 阿盧阿尼 盧呵尼 陁羅尼
叹波尼 阿婆羅尼 散婆羅尼 散婆
羅尼 尼婆羅尼 尼婆羅尼 阿婆

羅尼 散婆羅尼 利婆尼 阿利波尼
鄰鄰叵鄰叵鄰叵尼 囊茶 囊鄰茶
茶茶尼 散蜜擲 兜他羅囊 莎呵
南無阿利也 婆路翅提 舍婆羅寫
菩提薩埵寫也摩訶薩埵寫
行此之法於閑靜處若阿練若處於
觀世音像前經行誦之一日一夜即
見觀世音
南無觀世音菩薩救護世間者我某
甲今誠歸依欲求所願恙得當與我
若欲坐禪讀誦欲多聞義欲為人說
法教化邪見欲求衣食供養一切所
願必得若能一日一夜不食淨洗浴
著淨衣獨處經行誦此陁羅尼所願
必得即說陁羅尼句
南無觀世音師子無畏音大慈柔軟
音大梵清淨音大光普照音天人丈
夫音能施衆生樂濟度生死岸
觀世音菩薩陁羅尼 南無觀世音
菩薩 多擲哆丘梨丘梨頭吒頭吒
婆度斯摩弥 婆羅呵囉哆 莎呵
此陁羅尼晨朝三遍誦之一切吉祥
樂虛空藏陁羅尼 南無佛兜佛多

摩訶日健達莎多擲哆　倚利吉利
弥和㖿利　薩婆伽倚弥利薩婆伽
弥利莎呵（此呪十二行第二卷第五張亦有之 晋本缺中宗無今以宣音補中除之）
此陁羅尼要月十四十五日明星出時
誦之八百遍燒好沉水香香烟不絶
要用黃花八百枚令人得福若善男
子現身安隱求心中所願無不獲得
若是女人化成男子能至心一日一
夜六時行道誦持之者却三劫之罪
永不入惡趣要用春秋涼時三月八
月四月九月餘時不如
虛空藏菩薩陁羅尼　多㩳哆
阿弥闍　阿弥闍　迦留尼迦　遮羅
遮羅　散遮羅　㖿遮羅　迦留尼迦
羅茂羅茂羅　㖿迦陁㘋　摩摩去複
奢摩鄰　迦留尼迦　真多摩尼
冨羅移　迦留尼迦　薩坮舍摩多婆
陁阿若陁梨破窮留提㖿脾迦窮
持栗踊㖿脾迦迦窮迦留尼迦　迦留
尼迦　冨梨陁兜摩阿含　薩埵波利
波遮阿軻迦提　莎呵
若有衆生種種諸病逼切其身其心
散乱聾盲瘖瘂諸根不具支節各異

將有死相如是等事一向稱虛空藏
菩薩陁羅尼
我釋摩男菩薩今欲說大神呪擁護
諸衆生國土虛弱事刀兵及疫賊疫
病悉皆消滅所說大神呪功力如是
曇無呼鮮兜流　曇蜜耆兜流
曇蜜畢梨兜流　耆副都兜流　莎呵
誦呪三遍纏八色結作四結繫兩脚
此神呪力能令百閻浮提千閻浮提
万閻浮提六返震動一佛境界悉能
為之其中諸王統理民物不以節度
故使隣國刀兵競起天龍恚怒水旱
不調國王尒時責己脩德慈恵天下
寬縱民物徹善捨惡寬餘衆生懺悔
慚愧與民更始從此日夜万惡都息
衆善普集天龍歡喜雨澤以時五穀
熟成疫氣消滅王於尒時日日三時
應當讀誦此陁羅尼所願成就真實
不虛我釋摩男菩薩所說如是勸
囑諸國王事阿難比丘所說神呪
名支冨敷胡（晋言仙呪長欲令得攝播）烏啄支冨
敷胡（晋言衆生五欲樂淵中除遏捩令出）畢梨帝𧅾支
冨敷胡（晋言衆生為熱所食訖𨁝魚淵中長令撥出）

此陁羅尼力能令衆生心得解脫
畢竟一乘不墮小乘畢竟清淨圓滿
具足有諸衆生迷於大乘以呪力故
還得決定猶如濁水置諸神珠以珠
力故水則湛清此陁羅尼勢分所及
衆生蒙祐悉得解脫此陁羅尼呪三
千世界須弥山王皆悉動摇不安其
所帝釋天王驚怖出宮是誰神變乃
至如是諸龍王宮皆悉震動惱惱不
安如動花樹諸龍驚走逊竄孔穴諸
神仙人心迷悶轉山山相博不安其
所四大海水爲之湧沸魚鼈黿鼉藏
竄孔穴此大神呪神力如是其有讀
誦書寫竹帛此人現得佛光三昧能
除七百七十億劫生死重罪悉滅無
餘阿難比丘說此陁羅尼呪竟真實
如是
普賢菩薩所說大陁羅尼神呪經名
支波啄（晋言妝嚴）㖿尼波啄（晋言嚴飾）
烏鮮波啄（晋言金寶）此呪能令衆
生心得解脫滅三毒病却障道罪他
方怨賊悉皆摧滅境內所有怨家盜

賊悉能禳之若行曠野惡獸毒虫聞
此陁羅尼神呪口則閇塞不能為害
此陁羅尼呪乃是過去四十億諸佛
所說我今說之其有脩行此陁羅尼
者願果不虛今故略說
大悲觀世音菩薩摩訶薩說大陁羅
尼神呪
南無勒囊利虵虵　南無阿利虵
婆路吉拪舍伏羅虵　菩提薩埵虵
摩訶薩埵虵　摩訶薩埵虵　伊睜
多崩　婆羅婆叉弥
佛婆禪摩　北至窒士躭薩埵
南無勒囊利虵虵　南無阿利虵
婆路吉拪舍伏羅虵　菩提薩埵虵
摩訶薩埵虵　多擲哆脩目佉晀目佉
伏流脩目流晀脩目流　輸鄰淳　比輪
郍淳　摩訶思多婆兜　摩首羅兜
摩富拪婆婆拪多　婆首沙兜　莎呵
此陁羅尼若人癩病若白癩若赤癩
若黃癩病若狂猗嚙若身惡瘡若被
箭射刀稍傷破以此陁羅尼呪呪土三
七二十一遍以塗瘡上即得差愈眞
實如是

十五觀世音菩薩願果
南無勤囊利虵虵　南無阿利虵婆路
吉坘舍伏羅虵　菩提薩埵虵　摩訶薩
埵虵　多擲哆　南無摩訶迦留尼迦
南無薩婆薩埵　布多兇劒畀淳
南無薩婆薩埵囊　弥多羅質多多
虵　南無薩婆脾虵　散郁木又迦羅虵
南无薩婆槃怛路陁迦羅迦羅　南无
薩婆婆虵　睒摩囊迦羅虵　南无薩
婆比虵　耶木又迦羅虵　南無薩婆薩
埵涅槃波羅耶舍迦羅虵　南無摩訶
菩提薩埵摩吉埵囊伊睜呵利虵
婆路吉坘舍伏羅虵希力提虵　摩拔
提霜弥　薩婆羯磨力陁莎陁羅尼
薩婆比虵虵　波羅慕羼尼多擲哆秀
留秀留秀留　兜流兜流兜流　希利
希利弥利弥利思利思利　提利提利
闍梨闍梨闍梨闍梨　淳郁勤利目
勒利　摩訶迦斯具利　軋陁犨陁羅
邺地摩登祈福迦羅斯　豆離豆離豆
離　曇弥曇弥曇弥淳　種拪種多
摩耶斯目帝　晀目俤折移肥折移肥
湖利　佋跡力弥　希利弥富豆淳

跋慕拪侞賴斯闍弥律拪闍弥　律多
婆多婆怛坭難提難提目佉　旃陁離
栴陁羅目佉　鉢陁哆半陁莽目侖侞陁
迦絺侞利虵　波羅沙脾侞利虵賴世
弥婆迦婆律　挻婆羅嵛哆婆羅纈
因羅因坘羅伽羅侈　婆移阿賴振
闍弥坘摩訶波騰脾乇豆蒱莎離
摩豆沙離摩豆沙離　薩婆薩埵
阿兇劒婆陁虵　婆陁虵婆陁虵　佛馱
摩兇沫羅傾曇摩摩　耨沫羅希
僧伽摩耨沫羅希　佛陁虵佛陁
虵　希蟄提虵　摩耨沫羅希菩提虵
菩提薩埵　薩婆羯摩　莎呵　阿婆羅
陁虵　莎呵　迦留尼迦虵　莎呵　羯摩
哆莎呵　莎陁虵　莎呵　南無阿利虵
婆路吉拪舍伏羅虵　悉緾兜基陁羅
鉢陁　莎呵
行此呪法於二月十五日以牛屎塗
地以瓦器新好者盛香十一瓦器盛
乳須一燈須燒好香華貫鬘三日斷
食一日三時澡浴應布草於地於七
日中誦呪八百遍應觀世音像前應
著新淨衣燒黑堅沉水香三時誦此
呪必得吉祥隨心所願必得不虛若

呪水若呪土若結縷若呪芥子燒之若呪草隨意所便用治身病要於食前呪之衆病除愈此呪隨心所願應七日七夜中行之亦使上來所説能得行之者是呪是隨心自在呪是觀世音菩薩摩訶薩大悲故説諸欲所求悉得如願是呪能滅一切怖畏能除一切病痛能解一切繫縛能除一切怨害能除一切蠱道毒藥能滅一切熱病能降伏一切魔怨能除一切顛狂鬼病若欲遠行當誦此呪自結衣角能除一切衆惡若結淥色縷繫病人身無不除愈若以水漬灑若以黒縷結之能自護身并護他人能令至墮地獄悉蒙解脫此觀世音菩薩摩訶薩本所誓願拔度一切廣救衆生真實如是誠諦不虛

七佛八菩薩所説大陀羅尼神呪經卷第一

辛丑歲高麗國大藏都監奉
勅雕造

七佛神呪經第一卷　第二八張　請

七佛八菩薩所説大陀羅尼神咒經
卷第一
校勘記

一　底本，麗藏本。
一　八七八頁上一行經名，[石]作「七佛十一菩薩説大陁羅尼神咒經卷第一」；[磧]、[徑]、[清]作「七佛所説神咒經卷第一」。以下各卷同。
一　八七八頁上一行「卷第一」後，[徑]、[清]有夾註「一名廣濟衆生神咒」。
一　八七八頁上二行譯者，[石]作「失譯人名附東晉録」；[磧]、[徑]、[清]作「失譯師名開元附東晉録」。[磧]、[徑]、[清]以下各卷同。
一　八七八頁上三行「維衛」，[石]、[磧]、[徑]、[清]作「惟越」。
一　八七八頁上一三行「黄色縷」，[石]作「縷黄色線」。
一　八七八頁上一三行末字「遍」，[磧]、[徑]、[清]作「句」。
一　八七八頁上一六行第一三字及一八行第九字、一九行第一一字「穰」，[石]、[磧]、[徑]、[清]作「禳」。
一　八七八頁上一九行第五字「疾」，[磧]、[徑]、[清]作「疫」。
一　八七八頁上二一行第五字「力」，[磧]、[徑]、[清]作「力能」。
一　八七八頁上二二行第八字至二三行末字「此陁羅尼句七十二億諸佛所説神咒」，[石]無。
一　八七八頁中一〇行「縷黄色」，[磧]、[徑]、[清]作「黄色縷」。
一　八七八頁中一三行末字「千」，[石]、[磧]、[徑]、[清]作「十二」。
一　八七八頁中一四行「消滅」，[石]作「悉皆消滅」；[磧]、[徑]、[清]作「悉能消滅」。
一　八七八頁中一五行及二〇行「無餘」，[石]、[磧]、[徑]、[清]作「無有遺餘」。
一　八七八頁中一七行「業障」，[石]、[磧]、[徑]、[清]作「惡業」。
一　八七八頁下八行「惡極重報障及與」，[石]、[磧]、[徑]、[清]作「罪惡業殷重

悔過報障業障及以」。
一　八七八頁下一〇行第三字「罪」，石、磧、徑、清作「病」。
一　八七八頁下一一行第六字「其」，磧、徑、清作「其中」。
一　八七八頁下一八行「眠睡」，石、磧、徑、清作「睡眠」。
一　八七八頁下一八行末字「枚」，磧、徑、清作「枝」。
一　八七八頁下一九行第三字「四」，石、磧、徑、清作「塔四」。
一　八七八頁下二〇行「一日一夜」，石作「遺中一食」；磧、徑、清作「禺中一食」。
一　八七八頁下二一行第二字「在」，石、磧、徑、清無。
一　八七九頁上一行「三昧」，石無。
一　八七九頁上一行第一二字「濁」，磧、徑、清作「滓」。
一　八七九頁上二行第八字「病」，磧、徑、清作「罪」。
一　八七九頁上三行「障悉能除滅」，石、磧、徑、清作「悉能消除」。
一　八七九頁上二三行第九字「欲」，磧、徑、清作「所」。
一　八七九頁上二四行「者阿」，石、磧、徑、清作「多耆訶」。
一　八七九頁中二行第二字「七」，石、磧、徑、清作「二」。
一　八七九頁中一〇行「痛處繫」，磧、徑、清作「繫痛處」，下同。
一　八七九頁中一三行第一三字「億」，石、磧、徑、清作「億巨億」。
一　八七九頁下二行「無免者」，石、磧、徑、清作「死者死」。
一　八七九頁下三行第二字「能」，石、磧、徑、清作「乃至」。
一　八七九頁下五行末字「苦」，石、磧、徑、清作「苦一切痛處悉能消滅」。
一　八七九頁下一六行第一一字「億」，磧、徑、清無。
一　八七九頁下二二行「悉滅無餘」，磧、徑、清作「悉皆除滅無有遺餘」。
一　八八〇頁上一四行末字「一」，石、磧、徑、清無。
一　八八〇頁上六行正文第七字「消」，石、磧、徑、清無。
一　八八〇頁上七行第一〇字「危」，磧、徑、清作「厄」。
一　八八〇頁上一七行「此呪十四」，石、磧、徑、清作「呪四」。
一　八八〇頁上一七行第九字「縷」，石作「線」；磧、徑、清作「綖」。
一　八八〇頁中二行第四字「踴」，磧、徑、清作「誦」。
一　八八〇頁中五行第三字「疾」，磧、徑、清作「自」。
一　八八〇頁中一二行「奉散」，石、磧、徑、清作「恭敬」。
一　八八〇頁中一四行「七日」，磧、徑、清作「如是」。
一　八八〇頁中一九行「四天大王」，磧、徑、清作「四大天王」，下同。
一　八八〇頁中二〇行第七字至末行第二字「大集中……第一」，石作

「我」。

一　八八〇頁中二〇行第九字「中」，磧、徑、清無。

一　八八〇頁中二二行首字「我」，磧、徑、清無。

一　八八〇頁中二二行第七字「能」，磧、徑、清作「淨」。

一　八八〇頁下一行第二字「浮」，石、磧、徑、清無。

一　八八〇頁下九行「縷五色」，磧、徑、清作「五色縷」。

一　八八〇頁下一二行第二字「當」，磧、徑、清作「常」。

一　八八〇頁下一六行「所作罪」，石、磧、徑、清作「先所作」。

一　八八〇頁下一八行末字至一九行第二字「亦滅除」，石、磧、徑、清作「得除滅」。

一　八八〇頁下一九行第一三字「靜」，磧、徑作「淨」。

一　八八〇頁下二三行「永滅」，石作「悉滅」。

一　八八〇頁下末行「第二」，石無。以下分段序數「第三」、「第四」乃至「第八」均同。

一　八八一頁上二行第二字「達」，石、磧、徑、清作「挺」。

一　八八一頁上九行第五字「句」，石、磧、徑、清無。

一　八八一頁上一〇行第一三字「度」，磧、徑、清作「欲度」。

一　八八一頁上一三行第七字「生」，石、磧、徑、清作「萌」。

一　八八一頁上一九行第一一字「日」，石、磧、徑、清作「二十一日」。

一　八八一頁上二一行第一三字「爲」，磧、徑、清作「謂」。

一　八八一頁中六行首字「於」，磧、徑、清無。

一　八八一頁中七行第四字「虛」，磧、徑、清作「我虛」。

一　八八一頁中七行第一二字「國」，石、磧、徑、清作「國土」。

一　八八一頁中二〇行第三字「說」，石、磧、徑、清作「說九十九億」。

一　八八一頁下一一行第一一字「力」，磧、徑、清作「威神力」。

一　八八一頁下九行第二字「熱」，石、磧、徑、清作「就」。

一　八八二頁上一行第二字「皆」，石、磧、徑、清作「悉」。

一　八八二頁上一行第九字「意」，石、磧、徑、清作「已」。

一　八八二頁上二行「日夜」，石作「日日」。

一　八八二頁上三行「乃至七日」，石、磧、徑、清無。

一　八八二頁上九行「菩薩」，石、磧、徑、清作「大菩薩」。

一　八八二頁上一〇行第三字「諸」，石、磧、徑、清作「諸神」。

一　八八二頁上一五行第四字「得」，磧、徑、清無。

一　八八二頁上一七行第二字「欲」，磧、徑、清作「今」。

一　八八二頁上二三行末字「肩」，磧、

經、清作「臂」。

一 八八二頁中一六行「天地」，磧、經、清作「大地」。

一 八八二頁中二二行正文第四字「老」，磧、經、清作「生老」。

一 八八二頁下八行「三千」，磧、經、清作「三千大千」。

一 八八二頁下九行第三字、第六字「虛」，磧、經、清無。

一 八八二頁下一六行末字「淨」，磧、經、清作「澤」。

一 八八二頁下二二行「受記」，磧、經、清作「授記」。

一 八八二頁下末行「彌勒」，磧、經、清作「彌勒者」。

一 八八二頁下末行「國土」，石、磧、經、清作「國土者」。

一 八八三頁上六行「面覩受記」，石作「面對受記」；磧、經、清作「面前授記」。

一 八八三頁上一四行第四字「倒」，石、磧、經、清無。

一 八八三頁上二二行第一三字「踴」，磧、經、清作「涌」。

一 八八三頁上二三行「智慧」，石作「大智」；磧、經、清作「大智慧」。

一 八八三頁上末行及本頁下一八行「洗濯」，磧、經、清作「洗澤」。

一 八八三頁中一一行「百千」，石無。

一 八八三頁中一七行「曾不」，磧、經、清作「不曾」。

一 八八三頁下一二行「垢習一時」，磧、經、清作「垢集一切」。

一 八八三頁下一五行第六字「見」，石、磧、經、清作「覩」。

一 八八三頁下一八行「惺悟」，磧、經、清作「醒悟」，下同。

一 八八三頁下末行第九字「故」，磧、經、清作「以精進故」。

一 八八四頁上四行「貧窮」，石、磧、經、清作「貧人」。

一 八八四頁上一六行「時當」，磧、經、清無。

一 八八四頁中二行末字至三行首字「沉水」，磧、經、清作「堅沉水香」。

一 八八四頁中八行夾註首字至次頁中二行末字「此中……陀羅尼」，石、磧、經、清無。

一 八八五頁中一二行第一一字「恚」，石作「悉」。

一 八八五頁中一四行第一〇字「餘」，石、磧、經、清作「饒」。

一 八八五頁中一九行第三字「我」，磧、經、清無。

一 八八五頁中二一行「數胡」，磧、經、清作「敎胡」，下同。

一 八八五頁中二一字夾註「長眠」，磧、經、清作「長夜」。

一 八八五頁下九行「憺憺」，磧、經、清作「懍懍」。

一 八八五頁下一一行第一一字「愽」，磧、經、清作「搏」。

一 八八五頁下一二行末字至一三行首字「藏竄」，石作「龜藏竄」；磧、經、清作「飛藏」。

一 八八五頁下一五行「七百」，石無。

一　八八五頁下一六行第一三字至一七行第二字「真實如是」，石無。

一　八八五頁下一八行「神呪」，石作「大神呪」。

一　八八五頁下末行第五字「皆」，磧、徑、清作「得」。

一　八八六頁上一行「禳之」，磧、徑、清作「攘之」。

一　八八六頁上三行第五字「呪」，磧、徑、清作「神呪」。

一　八八六頁中一行「十五」，石無；磧、徑、清作上文夾註。

一　八八六頁下一八行末字「塗」，石、磧、徑、清作「泥塗」。

一　八八六頁下二〇行第一一字「鬘」，磧、徑、清作「髮」。

一　八八七頁上五行第七字「是」，磧、徑、清無。

一　八八七頁上一〇行第五字「降」，磧、徑、清作「除」。

一　八八七頁上一一行第一三字「自」，磧、徑、清作「若自」。

一　八八七頁上一三行第一一字「漬」，磧、徑、清作「噴」。

一　八八七頁上末行經名、石、磧、徑、清無，未換卷。

七佛所説神呪經卷第二　讃

晉代譯失三藏名今附東晉錄

佛説曠野鬼神阿吒婆拘呪經除衆生苦患諸疾尒時鬼神即説呪曰

頭留弥頭留弥　陁咩多陁咩　頭留咩頭留咩　頭留咩　吟尼利尼利郁羅郁羅尼利尼利尼利尼利郁羅毙富尼利豆茶淳摩訶豆茶淳豆茶淳究吒淳摩訶究吒淳摩訶究吒淳　宂吒淳多吒淳　摩訶多吒淳多吒淳　吒吒吒吒吒吒摩訶吒吒　阿眣阿眣摩訶阿眣阿眣利呵眣眣利摩訶阿眣利　阿眣阿婆　阿眣阿婆阿眣阿婆　阿眣阿婆阿徙阿徙　摩訶阿徙阿徙利尼利尼　摩訶利尼利尼首婁首婁摩訶首婁首婁仇婁　摩訶仇婁仇婁茂留仇牟優仇牟　婁仇牟仇摩仇摩仇摩　希利希利希利希利希利伊持伊持伊持伊持比持比持比持呵囉呵囉呵囉呵囉　希利希利希利希利希利　休尼休尼休尼休尼休尼　訶郁訶郁訶郁訶郁　牟尼牟尼牟尼牟尼牟尼　摩訶牟尼牟尼婆羅婆蘭尼利師知路迦庶利耶時郁時郁時郁時郁　賴沙婆時郁時郁時郁時郁　賴沙婆　郁暮虵修竭多牟尼郁暮虵　修竭多牟尼迦羅摩闍竭提多虵　舍摩陁摩舍摩陁摩　舍摩陁摩目多咩提郁比時多弥羅　留師多弥牟尼郁弥闍弥郁弥　修竭都多摩牟郁比闍郁弥

世尊此陁羅尼句為四部衆令得安隱離諸惱患衆魔惡鬼盜賊水火旋風惡風羅刹惡鬼熱病冷病風病等分諸病家業衰耗所向不利惡將卒暴急誦此呪一切解脫今當重説陁羅尼呪

阿車阿睒牟尼　摩訶牟尼牟尼奥尼休休　摩郁力迦休休　闍迦郁吒呵吒阿迦郁吒阿多郁　知阿多波吒阿吒郁吒郁吒流豆流休休豆　希尼希尼希尼希尼　烏仇摩烏仇摩烏仇摩烏仇摩希利希利　尼利尼利　摩訶尼利莎訶

令為某甲等在所作護若有諸鬼食人精氣者若損人資産者耗人財物者如是一切諸怖畏等悉為某甲等作無量救護即説呪曰

流摩流摩流摩流摩　希利希利希利希利　仇鄉仇鄉仇鄉仇鄉　仇兇仇兇仇兇仇兇　仇留仇留仇留仇留　休婁休婁休婁休婁　父利暮　休暮休暮休暮休暮休　暮希利暮希利暮希利暮希利　休休休伞休摩休咩泯岷　摩咩思　摩訶提尼羅咩吼莎呵

如上所説莫令某甲有王賊水火風日月星辰鬼神等畏或飢餓惡知識心懐惡害者令其自遇灾禍苦惱不越此界不犯此呪者一切阿修羅夜叉羅刹諸龍等惡人非人不能為害

尒時四衆聞説此呪歡喜奉行

虚空藏菩薩陁羅尼

南無佛兜佛多　摩訶目乹連莎多擲(輕)他(勅賀)　歃利　吉利弥蹴利薩婆伽歃利弥利　薩婆伽弥利　莎呵

此陁羅尼要月十四日十五日明星出時誦之八百遍燒好沉水香香烟不絶要用黄花八百枚令人得福若善男子現身安隱求心中所願無不獲得若是女人化成男子能至心一日一夜六時行道誦持之者却三劫之罪永不入惡趣要用春秋凉時三月四月八月九月

集法悦捨苦陁羅尼經

南無佛陁虵　南無達摩虵　南无僧伽虵　南無眠首陁遮虵　南無阿伽竭浮遮虵　南無摩呵薩婆婆伽利虵多擲(輕)哆(勅賀)林弥利　婆歎婆弥　留遮呵檀摩陁鄉鄉闍鄉唏(希)知泯(底)利婆居婆　遮虵鄉虵波羅薩婆(摩訶)唏知泯(底)利殃求知利　黙求知利比婆薩婆虵鄉　比林婆闍呵　陁舍虵　輸薩婆娑羅　三曷(無律)鉢泯波波利　摩訶阿鄉　莎呵

尒時佛告諸大衆言吾本無數劫中處於凡夫時字遮他陁在加偷邏國作於商客販賣治葉虚妄无實造諸惡行不可稱計婬荒无道不可具説是時愚癡害父愛母經數年中舉國人民一皆知之稱聲唱言是遮他陁害父愛母逕今數年吾時思念與六畜无異更无人事時於加偷邏國跳城奔走趣於深澤時此國王名毗闍告令國中人民此遮他陁婬荒無道致為此事其有能得此人者當重賜賀物時此國人各各愛慕欲捕吾身是時驚怖即出國作沙門在於他國修行十善坐禪學道晝夜泣涙逕三十七年以五逆罪障故心不定憂悲叵處以三十七年中在於山窟常舉聲泣苦哉苦哉當以何心去此苦也悲歎下窟乞食時道中地得一大鉢中有一函經更無餘經唯有集法悦捨苦陁羅尼説過去恒河沙諸佛泥洹時常在毗悦羅國説此陁羅尼付諸大菩薩後有人得聞此陁羅尼者此人過去世時修持五戒十善當令得聞有人雖聞而不在心不修集者是名无縁此陁羅尼能除去百億劫生死五逆大罪若有人受持讀誦者終不墮於三塗地獄餓鬼畜生何以故過去諸佛以欲泥洹時會當説之尊重歎仰稱其功徳不可計量付諸

菩薩後有衆生得聞此陁羅尼者修習者心福報難計猶如須弥寶海凡夫不能得量若有人作諸惡行竊聞此陁羅尼名不及修習一用在懐墮於地獄一切地獄中蒙此人恩苦痛不行有人能行現身精勤修習得者覩見百千万佛刹土得福無量不可具說唯有諸佛與諸菩薩乃能究盡聲聞二乘人者不能得知何以故此陁羅尼非一佛二佛所說過去恒河沙諸佛所說是時吾得此經即不乞食歡喜向窟到於窟中燒香礼拜悲涤讃仰於窟中修習讃誦逕一年始得以罪業障故不能得入心懐是時吾即以秋月夜洗浴修行逕一七日如童子初學憒憒者不少便更行於七日亦如是憒憒無異心中愁惱不知云何意中恬思此陁羅尼字逕於數爻心中忽定我時欣悦如人地得百千斤金人无知者内欣不止吾時亦然修行數年飛行無导覩見十方三世諸佛後有行者如法行之

我文殊師利今欲說神呪拔濟諸衆

生除其婬欲本有呪名烏蘇吒晋言除婬欲却我慢

句梨句梨帝鄉　憂拙憂拙帝鄉
度呼度呼帝鄉　究吒究吒帝鄉
若蜜都若蜜都帝鄉　究吒呼究吒呼
帝鄉憂守憂守帝鄉　耶蜜若耶蜜
若鄉　度呼吒究吒多莎呵

誦呪三遍結縷作七結繫脚

是呪能令諸失心者還得正念滅婬欲火心得清凉除其我慢滅結使火三毒垢障悉得消除若諸女人及善男子精神處在無明重㳙下久處於生死不能得出要迴波生死流沒溺婬欲海莫不覺之者莫知求出而鳴呼其可傷若善男子善女人心得惺悟還猒婬欲應當與此陁羅尼呪令其讀誦婬欲之火漸消滅婬欲滅巳慢心自滅慢心滅巳其心則定其心定巳結使都滅結使滅巳心得解脫心解脫巳即得道果是則名為大神呪力誠諦不虛神力如是斷酒五辛七七四十九日諸不淨肉悉不得食若男子行者九九八十一日若女人

行者七七四十九日復晝夜六時勤心讀誦燒黑沉水白栴檀香散花供養十方諸佛六時讀誦曾不廢忘日數足巳結使即滅其心泰然無復婬欲

我文殊師利菩薩今欲說大神呪名消諸精魅鬼弄及娍邪蠱道有呪名漚帝兜囊晋言消衆生病淨其五藏六府三焦以禪定水洗澤令淨

胡摩若帝晝　胡蘇摩帝晝　烏殊
界梨帝晝　貝殊蜜帝晝　烏舍弥
帝晝　闍眠若帝晝　烏睒弥帝晝
蜜闍都帝晝　貝若烏蘇多帝晝
唯涤蜜闍都烏蘇多帝晝　眠梨帝
囊帝晝　莎呵

誦呪七遍縷作七結繫脚

此大神呪能令行人心得清淨離諸疾病心得解脫慧得解脫消衆毒藥无衆惱患衆邪妖魅悉皆消滅如為一人衆多亦然應當讀誦極令通利在在處處我為閻浮提諸衆生故結此神呪治諸蠱魅消衆毒藥當令流布遍閻浮提末法衆生薄福所致莫

不為此衆邪所惱勤教讀誦普使令知
我定自在王菩薩今從妙樂世界来
為此娑婆世界五濁衆生故為除禪
定障抜其無明闇開其慧眼賜其禪
定水蕩滌心垢障種以菩提牙漸漸
欝茂長開闡三乘門示其果實相有
呪名求稚兜晉言名招明刧黒闇罪
除慧眼垢
若蜜帝都　烏殊椰帝都　具若帝
都　故摩樓帝都　烏桊弥帝都
胡蘇冨多帝都　烏耆弥帝都
胡耆椰帝都　烏輸求提帝都
莎呵
誦呪三遍縷五色結作三結繫脚
此大神呪勢分所及遍閻浮提若諸
行人欲修禪定或為天魔衆邪蠱魅
之所惱者以魔惱故衆𡡉事起外悪
知識競来侵嬈以侵嬈故内悪復起
求名利養諂曲嫉妬憍慢貢高来集
其心行人尒時應當自責我為不善
為魔所縛慚愧自責低頭愧耻諸佛
及以衆聖我於往刧墮大地獄畜生
餓鬼迴波六趣數受生死今得人身

鈍根少智欲修禪定而不能得為諸
結使之所覆蔽我今寧當碎身如塵
終不為此結使所蔽作是誓已五體
投地歸命十方現在諸佛多陁阿伽
度阿羅訶三藐三佛陁救我㦬各滅
除我罪洗我慧眼令得明淨以慈悲
水蕩滌心垢明照我心内外清徹作
是悔已復更投地如是三返復起叩
頭悔已却坐淨身口已誦此神呪二
十一遍尒時當三稱我名定自在王
菩薩悔過㦬各如是三説一心禪思
於一一時悔過自責隨根利鈍億百
姟刧重悪之業障道黒闇衆邪蠱魅
天魔罪垢悉皆消滅无有遺餘我時
當與大菩薩衆往是人所隨根利鈍
示其證相我定自在王菩薩所説神
呪誠諦不虗神力如是
我妙眼菩薩今從日月燈明王佛國
来到此娑婆世界為大阿羅漢欲得
初禪三明六通今欲説神呪令其速
成辦除其習結垢并及微薄障淨其
天眼通宿命智習氣他心智明了未
来一切事國土之名号及以弟子衆

壽命刧多少及諸神通事耳根通徹
聽百佛世界事身通能飛行石山無
罣㝵以滅受想行漏盡令説竟有神
呪名漚闍波置盧晉言衆累都盡具
足三明及六神通八解脱
民若婆呵啼盧　烏蘇吒帝盧　耶蜜
帝盧　烏晝帝盧　波支呵帝盧　婆蘇
呵帝盧　究晝帝盧　烏若蜜帝盧
究晝帝盧　莎呵
誦呪三遍縷三色作六結繫項
此大神呪能令行人斷除習氣及障
道垢洗澤三明六通令淨應當諷誦
極令通利我功德相嚴菩薩今從阿
弥陁佛國来今欲勸助速成菩薩教
化巧妙方便百福德令速得初住具
諸相好故以美妙方便教令行之何
等美妙一者其福弘廣普慈衆生二
者蔭覆一切如毋愛子不見其過三
者積徳行善不計其勞四者精勤修
習捨慧精進轉以化人五者行十善
行轉教衆生六者持戒淨潔猶如明
珠内外明徹無有瑕塵七者身口意
業所出言教以慈悲為本八者所作

事業拯濟為先九者常以微妙方便為衆說法和顏悅色不違其意十者常遊諸國為大國師荷負衆生苞含一切心無疲惓是名菩薩欲登初住始發心時十大妙行如是十十是名百福成一相好我今略說今欲說呪令速成辦有呪名陁摩盧具位晉言成就相好莊嚴功德斷除習氣滅障道罪

阿提陁摩盧　具多陁摩盧　支富陁摩盧　波晝陁摩盧　烏奢陁摩盧　闍蜜陁摩盧　烏吒陁摩盧　若㳽陁摩盧　烏晝陁摩盧　胡闍㳽佉陁摩盧　波守波守帝陁摩盧　漚周漚帝帝陁摩盧　波瘦波瘦帝陁摩盧　余滦比余滦比阿陁摩盧　闍毗兜闍毗兜陁摩盧　莎呵

誦呪五遍纏綪緑二色結作三結繫腰是呪能令行人莊嚴功德具諸相好必登初住勤心讀誦拯令通利晝夜諷誦心莫暫捨轉教行人

我善名稱菩薩今從北方善寂月音王佛國來此娑婆世界佛法欲滅人

多造惡貪著利養更相是非無有君臣父子之義亦無師徒弟子之礼五濁鼎沸三毒熾盛皆是前世不修德行積習衆惡今得此身雖受人身心似畜生羅剎鬼心人身畜心示同人類哀哉大苦千載欲未其中或有若一若兩行錯衆生墮在下流為當愍此諸衆生耳今欲說呪以救接之令其本行還得如初有呪名雲若蜜兜晉言拔諸行人罪垢根本摩洗拂拭令得鮮白

烏富波羅帝鄃　殊求波羅帝鄃　瑜若蜜波帝鄃　烏瘦都　支波都　耶蜜都　具若都　究吒都　究吒都　舒波都　莎呵

誦呪三遍纏黃白二色結作三結繫項此大神呪猶如大蓋蔭覆一切亦如大雨潤澤一切亦如橋舩運度一切三界群萌無不蒙賴道俗殊異稟味是一蒼生万品會歸一空菩薩所以權方適化為諸群品度脫之耳今說此呪為行人故救濟拯拔令其速得三乘聖果勸請行人勤心讀誦誠諦

不虛必當得道

寶月光明菩薩今欲說神呪除諸禪定罪及去諸垢障五蔭四大病一切皆除卻衆生无量劫不得修禪定是故久流轉没在生死海迴波生死流莫能覺之者我愍此等故今欲說神呪除其三毒垢拔其愚癡足照以智慧鏡賜其禪定水生長菩提牙令到涅槃岸有呪名烏闍晉言除禪定垢卻障道罪諸魔邪鬼悉能滅之

闍摩帝晝　烏帝晝　具若帝晝　奢帝晝　耶蜜帝晝　烏囊帝晝　具闍帝晝　莎呵

誦呪三遍纏黃紫二色結作八結繫痛處

是呪能令諸失心者還得正念億百姟劫所有重罪悉能摧滅无有遺餘若有衆生欲修禪定心乱黑闇不見境界煩惱數起睡眠所覆是人尒時應作是念我為宿罪陰蓋所覆應當慚愧懺悔自責然燈續明燒香散華供養諸佛供養佛已別復供養我寶月光明菩薩然七枝燈燒沉水香色

日七夜減省睡眠晝夜六時深自剋責說悔先罪多陁阿伽度阿羅呵三藐三佛陁知人見人明見弟子所犯罪相及十方佛諸大菩薩釋梵四天王悉皆證知明見我所犯罪相我今懺悔亦悉證知願滅我罪令无遺餘於一時中懺悔已竟誦此神呪七遍乃止誦七遍已嘿然而坐一心禪思如是罪垢漸漸當除其心轉定境界明了其根利者三日四日乃至七日即得見我寶月光明菩薩除障滅罪授果與之其根鈍者二七三七極鈍根者七七四十九日有得心定有得果者終不虛過此大神呪其力如是

我北辰菩薩名曰妙見今欲說神呪擁護諸國土所作甚奇特故名曰妙見處於閻浮提衆星中最勝神仙中之仙菩薩之大將光目諸菩薩曠濟諸群生有大神呪名胡特波晉言擁護國土佐諸國王消災却敵莫不由之

具佉帝屠蘇吒　阿若蜜吒　烏都吒　具闍吒　波賴帝吒　耶弥若吒　烏都吒　洶羅帝吒　闍摩吒　莎呵

誦呪五遍七色縷結作三結痛處繫此大神呪乃是過去四十恒河沙諸佛所說我於過去從諸佛所得聞說此大神呪力從是已來經七百劫住閻浮提為大國師領四天下衆星中王得最自在四天下中一切國事我悉當之若諸人王不以正法用任臣下心無慚愧暴虐濁乱縱諸群臣酷虐百姓我能退之徵召賢能代其王位若能慚愧改悪修善若能任善退諸悪人其心弘廣普慈一切容受極濟猶如橋舡苞含民物猶如父母國有賢能當徵召之敬賢尊聖如視父母王自躬身臨朝斷事不枉民物猶如明鏡若其國王能修是德改往修來悔先作罪慚愧自責鄙悼悠咎自悔責已當修三德一者恭敬三尊二者憐愍貧窮國土孤老當撫恤之三者於慈親中心常平等斷理慈枉不負民物若能修行上來諸德我當率諸大天王諸天帝釋伺命都尉天曹都尉除死定生滅罪增福益筭延壽白諸天曹差諸善神一千七百邏衛

國界守護國土除其災患滅其姧悪風雨順時穀米豊熟疫氣消除无諸強敵人民安樂稱王之德是王若能兼行讀誦此陁羅尼辟如轉輪聖王得如意寶珠是珠神氣消伏災禍我今以此大神呪力上來諸德悉能辨之滅消災悪亦復如是當知是此大神呪力如王明珠亦復如是

我太白仙人今欲說神呪我是五通仙人本修菩薩行五星中最勝我於神仙中神通光明勝統領四天下及諸人天事國土災害變壽命延縮短陰陽及運變圖書讖記等姧僞箕真事穰災消姧悪所應蠱緇者悉是我所知我愍諸衆生今欲說神呪并護其國土有呪名阿鄰呼吒盧晉言欲護國土及閻浮提一方衆生故

波吒呼婆盧　閻摩呼婆盧　焰摩兜呼婆盧　烏闍鄰呼婆盧　焰弥呼婆盧　烏晝呼婆盧　具闍呵　呼婆盧　胡若兜呼婆盧　莎呵

誦呪三遍縷二色黃白結作二結繫項此大神呪乃是過去三恒河沙諸佛

所說我於過去從諸佛所得聞是呪
從是以来已逕百刧所修功德於神
仙中無能及者内秘菩薩大乘戒行
外現神仙清淨法身菩薩六度諸波
羅蜜具足修竟外現方便處神仙中
雖共和光不同其塵是名菩薩鳥和
拘舍羅方便處身若閻浮提諸國王
等前身薄福處在末法微末善根得
為人王身无福力心闇少智復值五
滓鈍濁衆生辟如癡人破車逢牛欲
過險道甚難可過我見此以慈心憐
愍為度没溺勤苦衆生為欲携將
令得出難并濟其王逢牛之厄故我
今日說此神呪若其國王聞此語已
心生慙愧自知薄福敗往修来發弘
廣心慈悲愍覆愍苦衆生忍惡修善
不枉民物建護正法任賢用智徵善
退惡與民更始其王若能修是諸德
能讀誦此陁羅尼晝夜專念心不廢
忘王心尒時轉當聰辯志性和柔不
念諸惡諸天善神漸来親附增其智
慧益其神力以天護故轉當精進以
精進故我等諸大日月五星二十八

宿咸来擁護求願與願遣諸龍王給
其雨澤穀米豊熟疫氣消除諸灾消
滅善徵日生當知悉是大神呪力
我熒惑他人令欲說神呪擁護國土
拔濟群生除其我慯心消滅諸非姧
猒鎮諸毒藥一切諸非法无不消伏
者我是五通仙消伏諸姧鬼一切國
土事世間之灾祥兵刀及疫氣飢饉
豊儉等隣國惡心生大臣欲謀反如
是諸灾禍我皆悉知之天子褻忌事
隱没及盖善藏筭及增壽悉是我所
知欲得消灾者我亦能辦之却敵及
非姧我亦能猒之除却灾祥變一切
皆由我我於五星中聰明利智勝健
疾機閑辯神通猛利勝於四天下中神通
機疾勝我於四天下無能及我者是
故我今日欲說大神呪名具叱呼盧
兜晉言擁護國土濟拔諸王難消伏
諸姧非療治衆生病猒禱及毒氣
呼都帝晝盧　阿支不帝晝盧
閻摩帝晝盧　不利帝褻帝晝盧
烏蘇兜帝晝盧　具帝帝晝盧
耶摩塞闍帝晝盧　烏耆不利帝晝盧

究守波帝晝盧　莎呵
誦呪三遍縷一色緋結作七結痛處繫
此大神呪能令諸國王并及諸國土
悉皆安隱消災禳禍莫不由是一切
行人及疾病者悉應讀誦皆令通利
若欲修行此陁羅尼者一者斷酒二
者斷肉三者斷辛於三七日中香湯
澡浴著新淨衣若於塔中若空靜處
安置佛像燒香散花離衆憒閙於六
時中勤心讀誦懺悔十方慙愧自責
淨身口已應當讀誦於一一時中三
七二十一遍誦已默然專心念我熒
惑仙人五住菩薩我今歸依如是三
說如是說已嘿然而坐我於尒時當
往其所令其所求皆得成辦亦當擬
與如意寶珠藏結使大國土灾祥豊
儉疫氣悉皆禳之當知是此大神
呪力
我大梵天王欲說大陁羅尼以護衆
生有陁羅尼名呼盧鉢都晉言治衆
生病覆育三界濟諸貧窮
閻無呼蘇都　伊波都　閻摩呼蘇都
闍摩塞呼蘇都　憂波帝揶啼蘇都

莎呵
誦呪三遍縷二色績綠作七結繫兩乳此大神呪乃是過去諸佛所說我今愍念諸衆生故為令解脫拔濟三界勤苦本故為欲弘廣佛正法故普慈衆生猶如慈父此陁羅尼神力盡一日月所照之處四天下中无不賴此陁羅尼力能使四海踴沸須弥山碎如微塵及十寶山四大海水江河海濟入一毛孔四天下中悉能為之若諸國土疫病刧起其王尒時應當精進七日七夜受持八戒應當淨心六時行道為万民故調伏其心勑其境內一切人民以慈悲心勸令行善其王尒時於宮殿內然百千燈以救民命請召十方諸大菩薩梵釋四天王三自歸依叩頭求哀十方諸佛大菩薩衆釋梵四天王諸來大士救我民命如是三說如是說已當誦此陁羅尼三七二十一遍誦此陁羅尼已王與群臣夫人綵女嘿然而坐禪思一心我大梵天王尒時當與梵衆釋衆四天大王諸大龍王八部鬼神飲其

毒氣悉得消除王於尒時於禪思中得見我身大梵天王釋提桓因四天大王以見我故倍復精進以精進故其國土境舊住鬼神惱民人者我又當遣四天大王駈令出界以我大梵天王慈悲力故其國土境悉得安隱
我大自在天王今欲說神呪有陁羅尼名呵梨樓晉言拔衆生苦濟衆厄難
阿若婆梨樓　毗梨帝　郍婆梨樓
遮波晝婆梨樓弥梨帝郍婆梨樓
殊呵兜支波晝　卅莎呵
誦呪三遍一色縷綠結作四結繫項是呪乃是過去十万億諸佛所說此陁羅尼威神力故四天下中盡一日月所照之處能為光明貧窮者能施寶藏盲冥衆生施其慧眼病苦之者與法藥療治若諸衆生欲求三乘聖果者我能佐助令得成辦若在幽隱受三塗苦以此陁羅尼力三塗命終生忉利天若諸行人書寫讀誦此陁羅尼者得宿命智憶十四生事來今往古如現目前欲修禪定者蔭盖所

覆者當誦此陁羅尼其心則定睡眠遣除欲修學問者其心散乱不能專一觸事滯㝵不得義味當修行此陁羅尼欲得聞持者當修行此陁羅尼欲得十方諸佛所說諸大菩薩所說諸大天王所說一聞歷耳揔持不忘即得義理百千義理自然現前持而不忘應當讀誦此陁羅尼晝夜六時恒不廢忘精勤修習助佛道法是人尒時當於夢中即得見我大自在天王坐白蓮花臺住是人所其人以見我故心大歡喜我時授與如意寶珠以珠力故所願自在百千諸佛常隨護助此大陁羅尼神力如是
我化樂天王欲說大陁羅尼名阿郍闍富盧晉言法忍柔順法忍堪住荷負三界衆生辟如大海其量難知我天王心亦復如是悉能救接溺流衆生出三界海
郍闍富盧　憂多羅富盧　龍若呼富盧
憂禆叉富盧　陁摩闍富盧　毗梨帝
郍富盧　烏珠知富盧　莎呵
誦呪三遍五色縷結作一結繫項

此大神呪乃是過去百千万億諸佛所説愍念衆生故今欲説之此大神呪勢分所及三天下中惟辯單越獨不得聞力所至處其中衆生三種毒箭自然拔出得音響忍法音光明入毛孔中所有辯蒸三垢重罪自然踊出此諸衆生命絶巳後悉得往忉利天上若諸行人三垢覆蔽久處生死纒綿難解爲業垢河之所漂流我時當乘大乘法舡牢接救拔以智慧火燒其結使以禪定水洗澤令淨以爲和拘舍羅拂拭揩摩教以六度布以四禪令出三界若諸行人欲得今身欲得音響忍欲得柔順忍欲得无生忍當修行此陁羅尼淨持戒地減省睡眠忍辱柔和少諸縁務心意質直見修功德者讃歎其徳見貧窮者及疾病者慈心憐愍如巳無異如是修行調其心巳復欲增上果所願者當於三七二十一日連中一食一日一食蘇酪得食若鮮潔處若在塔中六時行道於一一時中礼十方佛懺悔宿罪燒衆名香散花供養栴檀熏陸諸

雜花香三稱我名化樂天王我是五住菩薩尒時於一一時中誦此陁羅尼二十一遍從初一日乃至七日極鈍根者三七二十一日我於尒時往是人所隨根利鈍授與法忍應得音響忍者授與音響忍應得柔順忍者授與柔順忍應得無生法忍者授與無生法忍悉授與之眞實不虚

兜率陁天王我欲説大陁羅尼名耆蜜蘇兜晉言救諸病苦拯給貧窮令諸行人速得三乘聖果如天降雨令諸農夫多収果實

支畢度蘇兜　民若度蘇兜　畢梨帝郍度蘇兜　阿支都郍度蘇兜　究吒呼奴度蘇兜　若富郍度蘇兜烏兜莎呼　兜度蘇兜　蜜若無度蘇兜莎呵（誦呪六遍五色縷結作三結繫兩手）

此大神呪力能令此閻浮提所有地種碎如微塵弗婆提瞿耶尼悉能爲之海水枯涸須弥山崩令如微塵頃能還復如本无異令諸行人諸結重病塵勞垢習爲渇愛河之所瀾流沒溺生死无能覺者我今以此大神呪

力牢接救拔令出三界以大乘河滅結使火以禪定膏油潤漬令濕種植无上菩提根牙令諸衆生収諸果實此陁羅尼力亦復如是若諸衆生現身欲修此陁羅尼得宿命智齊四百生未来世事亦四百生悉能知之現在世事知他人心所縁境界天文地理圖書讖記知識衆生死此生彼至四百生悉能知之應當受持讀誦此陁羅尼應當精進淨持戒地少欲知足修質直心晝夜六時少其睡眠精進修之節食少語乃至六年安得剋果先得宿命智次得无生智後得他心智来今往古未然之事靡不通達得此命智巳陁羅尼力故所得智慧如五住菩薩等无有異

我焰摩天王今欲説大神呪名求伍胡蘇多晉言美妙音聲

波置呼盧多　烏吒句呼盧多　郍無呼盧多　不梨帝郍呼盧多　烏耆副呼盧多　莎呵

誦呪三遍纏五色結作五結繫項

是名畢法性海美妙音聲此大神呪

乃是過去十恒河沙等諸佛所説是
呪能令小千世界悉皆震動其中衆
生以大神力故三毒病惱纒勞垢習
自然湧出法音光明從毛孔入鬱蒸
熱惱自然清凉小千世界其中衆生
聞此陁羅尼美妙音聲和雅柔軟有
得音響忍者有得柔順忍者有得大
無生法忍者能堪任久住度衆生者
有得畢法性海四辯无㝵者有得大
揔持神通自在常遊諸國以美妙音
聲而為衆生演説法要悉是大神呪
威神力故能辦此事
我忉利天王愍念衆生故欲説大神
呪名胡穌兜郁晉言去除垢穢慈悲
拯濟拔衆生
若支不帝梨郁　阿支不帝梨郁
弥闍帝梨郁　烏穌帝郁　若副多帝
梨郁　駈穌帝梨郁　莎呵
誦呪三遍白縷結作六結繫項
此大神呪乃是過去十恒河沙諸佛
所説我忉利天王以此大神呪力於
四天下中得大神力觸事无㝵盡一
日月所照之處悉能為之衆生壽命

帝王暴虐兵刀殺賊飢饉疾疫大臣
宰相佞諂不忠國家衰忌星宿失度
雨澤不時晩雨早霜比丘懈怠三業
不勤故使世界三災並起若其國王
放逸著樂縱諸群臣貪濁自恣多取
民物枉煞無辜民怨天怒故使國界
兵刀競起有諍奪之心行此惡行欲
求長生終不可得若其國王心生慚
愧悔過自責虚貢万民空頓不及謙
下自畀惠下利民退惡任善尊聖敬
德拯濟貧窮如其國王改往修來遵
修此德可得長生延年益壽復能讀
誦此陁羅尼修行信順上來所説諸
惡災怪悉得消滅無有遺餘

七佛所説神呪經卷第二

七佛所説神咒經卷第二

校勘記

一　底本，金藏廣勝寺本。
一　八九二頁中一行經名，石、磧、徑、清無，未换卷。
一　八九二頁中四行第五字「疾」，石、磧、徑、清作「㾦」。
一　八九二頁下一三行首字「風」，石、磧、徑、清、麗作「嵐」。
一　八九二頁下一四行第一三字「將」，石、磧、徑、清、麗作「獸」。
一　八九三頁上一行首字「今」，清作「令」。
一　八九三頁上三行第六字「諸」，石作「衆」。
一　八九三頁上四行第三字「量」，石作「年」。
一　八九三頁上一二行第八字「甲」，磧、徑、清作「甲等」。
一　八九三頁上一二行「王賊水火風」，石、磧、徑、清作「王畏賊畏水畏火

畏風畏」。

一　八九三頁上一三行「飢餓」，石、磧、徑、清、麗作「有餘」。

一　八九三頁上一四行第五字至第一三字「者……惱」，石、磧、徑、清作「悉皆愚闇癡𠻘迷悶忘失」。

一　八九三頁上一五行第八字「者」，石、磧、徑、清、麗無。

一　八九三頁上一五行「一切」，石、磧、徑、清作「一切天龍」。

一　八九三頁上一六行「非人」，磧、徑、清、麗作「非人等」。

一　八九三頁上一七行「四衆」，石、磧、徑、清作「四部衆」。

一　八九三頁上一七行「奉行」，石、磧、徑、清至此卷一終。

一　八九三頁上一七行「奉行」後，麗有夾註「宋本此中有虛空藏菩薩真言十二行檢之即上第一卷二十二幅所出今此中除之」。

一　八九三頁上一八行至本頁中六行「虛空藏……九月」，麗無。

一　八九三頁上一八行至次頁上二二行「虛空藏……如法行之」，石、磧、徑、清無。

一　八九三頁中七行末字「經」後，麗有夾註「此呪丹本中無」。

一　八九四頁上末行首字「我」起，石、磧、徑、清換卷，爲卷第二。卷二譯者，石作「晉錄失譯」。

一　八九四頁上末行第一三字「諸」，磧、徑、清無。

一　八九四頁中一行至二行「晉言除婬欲却我慢」，磧、徑、清作夾註，麗僅「晉言」二字作夾註，下同。其中「晉言」，徑、清作「此言」，下同。

一　八九四頁中八行第七字「作」，磧、徑、清無。

一　八九四頁中一三行「迴波」，麗作「洄波」，下同。

一　八九四頁中一四行第五字「不」，磧、徑、清、麗作「能」。

一　八九四頁中一四行第一三字「而」，石、磧、徑、清、麗作「要」。

一　八九四頁中一五行第二字「其」，石、磧、徑、清、麗作「甚」。

一　八九四頁中一六行第一三字「呪」，磧、徑、清無。

一　八九四頁中一七行第八字「漸」，石、磧、徑、清、麗作「漸漸」。

一　八九四頁中二一行第一二字「酒」，磧、徑、清作「酒肉」。

一　八九四頁中末行「男子」，磧、徑、清作「善男子」。

一　八九四頁下二行「沉水」，磧、徑、清作「沉水香」。

一　八九四頁下五行與六行之間，磧、徑、清有一行呪文「名支波晝毗尼波晝　烏蘇波晝」。

一　八九四頁下六行末字「名」，磧、徑、清無。

一　八九四頁下八行至九行「晉言……令淨」，磧、徑、清作夾註。

一　八九四頁下九行第一〇字「澤」後，麗有夾註「澤丹濯」。

一　八九四頁下一六行第五字「縷」，磧、經、清作「縷結」。

一　八九四頁下一六行末字「脚」，石、磧、經、清作「膝」；麗於其後有夾註「丹作膝」。

一　八九四頁下一七行第一二字「淨」，磧、經、清作「涼」。

一　八九四頁下二一行「衆生」，磧、經、清作「衆生讀誦極令通利在在處處我爲閻浮提諸衆生」。

一　八九四頁下末行「所致」，經、清作「所置」。

一　八九五頁上三行第八字「濁」，磧、經、清作「滓」。

一　八九五頁上四行第一一字「眼」，磧、經、清作「眼目」。

一　八九五頁上七行至八行「昏言名招明……眼垢」，磧、經、清作夾註。其中「招」字，磧、經、清作「照」。

一　八九五頁上一二行「以衆聖」，磧、經、清、麗作「衆賢聖」。

一　八九五頁上一二行第一〇字「大」，石作「入」。

一　八九五頁中二行第一一字「碎」，磧、經、清作「破」。

一　八九五頁中九行首字「頭」，石作「頭叩頭」。

一　八九五頁中一二行第四字「時」，石作「時中」。

一　八九五頁中一三行第一〇字「闇」，磧、經、清、麗作「闇」。

一　八九五頁下三行第四字「滅」，磧、經、清作「滅度」。

一　八九五頁下三行第一〇字「今」，經、清作「令」。

一　八九五頁下四行第四字「闇」，石作「者」。

一　八九五頁下四行至五行「昏言……及六神通八解脫」，磧、經、清作夾註。其中「及」字，石作「得」；「八」字，磧、經、清作「及八」。

一　八九五頁下一〇行「縷三色」，石作「三色縷結」；磧、經、清作「縷三色結」。

一　八九五頁下一二行第四字「澤」，石、麗作「濯」。

一　八九五頁下一四行末字「教」，磧、經、清作「行教」。

一　八九五頁下一五行首字「化」，石、磧、經、清、麗作「以」。

一　八九五頁下一五行「百福」，磧、經、清作「遂成百福」。

一　八九五頁下一六行「美妙」，石作「微妙」。

一　八九五頁下一七行第七字「福」，石、磧、經、清作「德」。

一　八九六頁上五行「十十」，磧、經、清作「十行」。

一　八九六頁上七行第二字「咒」，石作「大神咒」。

一　八九六頁上七行第四字「速」，石作「速得」。

一　八九六頁上八行至九行「昏言……斷除習氣滅障道罪」，磧、經、清作夾註。其中「氣」字，石、磧、經、

清作「結」；「罪」字，磧、徑、清作「垢」。

一八九六頁上一八行「縷綪緑二色」，石作「青緑二色縷」；磧、徑、清、麗作「縷青緑二色結」。

一八九六頁上二一行「行人」，石、磧、徑、清作「他人」。

一八九六頁上末行第四字「來」，石、磧、徑、清作「来到」。

一八九六頁中六行第九字「未」，石、磧、徑、清、麗作「末」。

一八九六頁中九行第二字「本」，磧、徑、清作「奉」。

一八九六頁中一〇行至一一行「昝言……鮮白」，磧、徑、清作夾註。其中「昝言」，磧、徑、清作「昝言返之」。

一八九六頁中一六行「縷黃白二色」，石作「黃白二色縷」。

一八九六頁中二〇行末字「以」，磧、徑、清作「以示」。

一八九六頁中二一行第六字「諸」，石、磧、徑、清作「於」。

一八九六頁中末行「勸請」，石、麗作「勑諸」；磧、徑、清作「勸諸」。

一八九六頁下一行末字「道」，磧、徑、清作「之」。

一八九六頁下九行第八字「闍」，磧、徑、清作「耆帝」。

一八九六頁下九行至一〇行「昝言……滅之」，磧、徑、清作夾註。

一八九六頁下一四行「縷黃紫二色」，石作「二色黃紫線」。

一八九七頁上七行第二字「一」，石、磧、徑、清、麗作「一一」。

一八九七頁上一〇行「根利」，磧、徑、清作「利根」。

一八九七頁上一二行「根鈍」，磧、徑、清作「鈍根」。

一八九七頁上一二行「三七」，磧、徑、清作「三七日」。

一八九七頁上一八行第一三字「曠」，石作「廣」。

一八九七頁上一九行「胡特」，磧、徑、清作「胡捺」；麗作「故奈」。

一八九七頁上一九行至二〇行「昝言……由之」，磧、徑、清作夾註。

一八九七頁中一行「七色縷」，磧、徑、清作「縷七色」。

一八九七頁中一行及次頁下二行「痛處繫」，磧、徑、清作「繫痛處」。

一八九七頁中二行「四十」，磧、徑、清作「四十億」。

一八九七頁中七行「用任」，石、磧、徑、清、麗作「任用」。

一八九七頁中一四行第七字「朝」，磧、徑、清作「政」。

一八九七頁中一六行「作罪」，石、磧、徑、清作「所作」。

一八九七頁中一八行「國土」，石、麗作「國有」。

一八九七頁中二〇行首字「負」，石、磧、徑、清、麗作「枉」。

一八九七頁中二〇行第一三字「當」，石、磧、徑、清、麗作「時當」。

一八九七頁中二二行第七字「滅」，

石、磧、經、清作「滅」。

一八九七頁下六行第三字「此」，石無。

一八九七頁下七行「滅消災惡」，石、磧、經、清作「消災滅惡」。

一八九七頁下七行第一二字「是」，石無。

一八九七頁下一〇行「人本」，石、磧、經、清作「本」；麗作「人」。

一八九七頁下一二行「災害變」，磧、經、清作「災變異」。

一八九七頁下一四行首字「穰」，石、磧、經、清作「攘」，下同。

一八九七頁下一六行至一七行「晉言……一方衆生故」，磧、經、清作夾註。其中「一」字，磧、經、清作「十」。

一八九七頁下二二行第一〇字「結」，石無。

一八九八頁上二行第六字「迳」，石、磧、經、清、麗作「經」。

一八九八頁上四行「清淨」，石、磧、經、清作「淨妙」。

一八九八頁上八行第九字「法」，石作「刼」。

一八九八頁上一〇行首字「滓」，石作「渾」。

一八九八頁上一一行「慈心」，石作「心生」。

一八九八頁上一六行第一二字「惡」，石作「辱」。

一八九八頁上一七行第五字「建」，經、清作「逮」。

一八九八頁上一七行第一三字「徵」，磧、經、清作「賞」。

一八九八頁上一九行首字「能」，磧、經、清、麗作「復能」。

一八九八頁上末行第七字「大」，磧、經、清、麗作「天」。

一八九八頁中四行「國土」，石、磧、經、清、麗作「諸國土」。

一八九八頁中五行「群生」，石、磧、經、清、麗作「諸群生」。

一八九八頁中六行首字「敃」，石、麗作「䙴」，下同。

一八九八頁中七行第一一字「鬼」，磧、經、清作「宄」。

一八九八頁中八行「灾祥」，磧、經、清作「災殃」，下同。

一八九八頁中九行第三字「等」，石作「事」。

一八九八頁中一一行「盖善」，石、磧、經、清、麗作「覆蓋」。

一八九八頁中一三行「非奸」，石、磧、經、清、麗作「奸非」。

一八九八頁中一四行末字「健」，磧、經、清、麗作「捷」。

一八九八頁中一五行第三字「閑」，磧、經、清、麗作「關」。

一八九八頁中一六行「機疾」，石、磧、經、清、麗作「捷疾」。

一八九八頁中一八行至一九行「晉言……毒氣」，磧、經、清作夾註。

一八九八頁下三行第一〇字「并」，石、磧、經、清作「等」。

一八九八頁下八行第一三字「静」，

磧、徑、清作「淨」。

一　八九八頁下一六行第九字「大」，石、磧、徑、清、麗作「火」。

一　八九八頁下一七行「是此」，磧、清作「此是」；徑作「此」。

一　八九八頁下一九行第一二字「以」，石作「救」。

一　八九八頁下二〇行至二一行「昏言……貧窮」，磧、徑、清作夾註。

一　八九九頁上二行「縷二色」，石作「二色縷」。

一　八九九頁上二行第八字「綪」，石、磧、徑、清、麗作「青」，下同。

一　八九九頁上二行第一〇字「作」，磧、徑、清作「結作」。

一　八九九頁上七行第一三字「賴」，石、磧、徑、清作「蒙賴」。

一　八九九頁上八行第九字「踴」，石、磧、徑、清、麗作「湧」。

一　八九九頁上八行末字「碎」，石、磧、徑、清、麗作「崩碎」。

一　八九九頁上九行末字「海」，石、磧、徑、清、麗作「淮」。

一　八九九頁中五行「四天大王」，磧、徑、清作「四大天王」。

一　八九九頁中八行至九行「昏言……厄難」，磧、徑、清作夾註。

一　八九九頁中一三行「綖綠」，磧、徑、清作「綠綖」。

一　八九九頁下二行首字「遣」，石作「運」；磧、徑、清作「速」。

一　八九九頁下一三行第一三字「常」，徑、清作「當」。

一　八九九頁下一六行首字「闇」，石、磧、徑、清作「者」。

一　八九九頁下一六行「昏言法忍柔順法忍」，磧、徑、清作夾註。其中「柔順法忍」，磧、徑、清作「柔順忍」。

一　八九九頁下一六行第一三字「住」，磧、徑、清、麗作「任」。

一　八九九頁下一八行第一二字「澍」，石、磧、徑、清、麗作「漂」，下同。

一　九〇〇頁上五行「法音」，磧、徑、清作「法意」。

一　九〇〇頁上六行末字「踴」，石、磧、徑、清、麗作「涌」。

一　九〇〇頁上七行第七字「絶」，石、磧、徑、清、麗作「終」。

一　九〇〇頁上七行第一二字「往」，磧、徑、清、麗作「往生」。

一　九〇〇頁上一一行「洗澤」，石、磧、徑、清作「洒澤」；麗作「洗濯」。

一　九〇〇頁上二〇行第七字「連」，石、麗作「遭」。

一　九〇〇頁上二〇行「一日一食」，石、麗作「白食」；磧、徑、清作「白飯」。

一　九〇〇頁中六行第六字「音」，磧、徑、清作「諸音」。

一　九〇〇頁中九行首字「兜」，磧、徑、清作「我兜」。

一　九〇〇頁中九行末字「者」，麗作「者」。

一　九〇〇頁中一〇行首字「蜜」，石、磧、徑、清「蜜屠」。

一　九〇〇頁中一〇行「眢言救諸病苦」，磧、經、清作夾註。

一　九〇〇頁中一〇行第一〇字「拯」，磧、經、清、麗作「賑」。

一　九〇〇頁中一七行小字「誦呪六遍五色縷……兩手」，石、磧、經、清、麗作正文。其中「五色縷」，磧、經、清作「縷五色」。

一　九〇〇頁中二〇行末字「頃」，石、麗作「復」；經、清作「須」。

一　九〇〇頁中二二行首字「病」，石、麗作「罪」。

一　九〇〇頁下二行第四字「以」，磧、經、清無。

一　九〇〇頁下七行第七字「心」，石、磧、經、清作「心智」。

一　九〇〇頁下八行第七字「識」，石、磧、經、清、麗作「諸」。

一　九〇〇頁下一一行第一〇字「少」，磧、經、清作「省」。

一　九〇〇頁下一二行「修之」，磧、經、清作「修定」。

一　九〇〇頁下一二行「安得」，石、麗作「畢得」；磧、經、清作「必得」。

一　九〇〇頁下一五行第三字「命」，石、磧、經、清、麗作「宿命」。

一　九〇〇頁下一八行「眢言美妙音聲」，磧、經、清作夾註。

一　九〇〇頁下二二行「縷五色」，石作「五色縷」。

一　九〇一頁上二行「悉皆」，石作「悉能」。

一　九〇一頁上三行「大神力」，石、磧、經、清、麗作「大神呪威神力」。

一　九〇一頁上八行第六字「能」，石、磧、經、清、麗作「有能」。

一　九〇一頁上一四行至一五行「眢言……衆生」，磧、經、清作夾註。其中「衆生」二字，磧、經、清、麗作「衆生苦」。

一　九〇一頁上一九行第五字「白」，磧、經、清作「白色」。

一　九〇一頁中一行「疾疫」，石作「疾病」；磧、經、清作「疫疾」。

一　九〇一頁中一四行第五字「得」，石作「能」。

七佛所說神呪經卷第三　　讃

晉代譯失三藏名今附東晉錄

我摩醯首羅天王今欲說神呪慈念諸衆生為除苦本除其我慢心令修忍辱行有呪名句多吒晉言慈忍摩殊呼多一烏耆多二句多吒三烏穌蜜多四提梨帝吒五若蜜殊吒六句喻吒七烏穌蜜耆吒八句那吒九耶蜜耆吒十烏穌帝梨吒十一莎呵十二

誦呪五遍縷一色績結作十二結繫兩手

此大神呪乃是過去七恒河沙諸佛所說又我過去從諸佛所得聞說此大神呪名從是已來神通自在遍領三千大千世界一切鬼王皆悉屬我我有神力悉能摧伏我今說此陁羅尼呪如王解髻明珠與人辟如強力轉輪聖王威勢自在无有前敵未摧伏者力能摧伏已調伏者增加守護所須之物令无所乏時轉輪王威伏百姓復能養育增加守護猶如慈父等無有異我今大摩醯首羅天王神

力自在亦復如是典領三千大千世界鬼神諸王養育守護亦復如是摧伏外道及諸邪見悉令靡伏安住正法復以神通遊騰十方遊諸佛國佐佛揚化守護正法亦復如是我今以此大神呪力六道化身度脫衆生現作鬼王降伏諸鬼摧滅邪見内修菩薩清淨戒行久已得處法流水中八住齊階功勳成就當知皆是大神呪力其諸行人欲得現世離衆患難欲護正法欲得安隱欲得國土無諸災疫豊實安樂其王應當勤心讀誦研精修習此陁羅尼亦當勸勵右妃婇女諸王子等勤心修習晝夜讀誦極令通利於月八日十四日十五日離常住處在空靜地淨潔洗浴妙香塗身著新淨衣於夜後分明星出時燒香散五色妙花三種名香供養十方佛已然後三稱我名摩醯首羅大天王滿我所願如是三說令我所求皆得吉祥作是願已默然而坐我於尒時當往其所王於尒時即當誦此陁羅尼呪二十一遍嘿然而坐其王尒

時若於夢中若惺悟心得見我身在虛空中處白蓮花臺放大光明照觸王身王見光已即得清淨解脫無垢光三昧得是三昧已心大歡喜心歡喜故所須悉得我時當遣八部鬼神守護國土國界清夷無諸灾横當知是此大神呪力

我八辟鄔羅延今欲說神呪名阿波盧耆兜帝梨置晉言護助佛法消諸奸惡摧滅邪見建立法幢

度呵兜一支波兜二若勿兜三波羅帝兜四度阿兜五究吒兜六阿若勿兜七耶鋡兜八究吒兜九度呵兜十莎呵十一

誦呪五遍縷績一色結作四結繫項此大神呪乃是過去八恒河沙諸佛所說我於過去從諸佛所聞是神呪是故今日得此奇特威猶德力神通無㝵三界奇健人無等雙移山住流手轉日月能接須弥擲置他方還置本處令此四天王帝釋諸天都不覺知令此須弥入芥子中四天王宮忉利諸天悉皆不知已之所入令四天下洲合為一洲各還本處如本无異

其中衆生不知往来神通自在遊勝十方歷事諸佛守護正法當知皆是大陁羅尼力若諸國土諸人王等欲護已身及國土者是王應當建立佛法當修十德何等為十一者以慈悲心養育民物二者慇親平等心无憎愛三者治國正法不枉民物四者退惡任善識賢別愚五者讓下自卑不輕賢士六者有来求者不違其意隨其所求悉皆給與七者於三寶所其心純厚八者拯濟貧窮愍諸孤老九者國有賢士當徵召之十者普慈人民捨恨念舊猶如慈父愛念其子温潤清流若諸人王能行是德當知是王諸佛所護我等諸天亦護是王不令隣敵来侵其界有諸善人福德賢士皆集其國雨澤順時不被灾霜人民安樂悪龍攝毒無病苦者是王若能修是十德復能兼誦此陁羅尼專念在心而不廢忘常於月八日十四日十五日於正殿上若高樓上香湯沐浴著新淨衣正東而坐日未出時燒香散花供養十方諸佛然後礼我

八辟鄔羅延天王神力自在令我所求皆得如願尒時即誦此陁羅尼二七遍已嘿然而坐至一食頃我於尒時當往其所住處空中身出光明照觸王身其王尒時見光明已轉復精進以精進故所求皆得隨其所願無不剋獲當知皆是大神呪力

我大功德天女今欲說神呪名兜樓呼帝盧晉言護助正法愍苦衆生

耆摩羅呼帝盧一烏晝呼帝盧二句吒鄔呼帝盧三若蜜耆帝盧四莎呵五

誦呪三遍縷六色結作六結繫項是大神呪乃是過去七恒河沙諸佛所說我於過去從諸佛所得此神呪今得此身端正殊妙光明照曜諸天中勝神智通達靡所不知得他心智釆今往古如在目前得宿命通具足三明八解脫事亦悉備足功德備舉如初住菩薩等無有異為度衆生現作天女見諸衆生迴波六趣没溺苦海無能覺者我今愍此諸衆生故以此神呪欲擁護之若諸行人欲求所

願病者求差貧者求富賤者求貴若
諸國王惡賊侵境雨澤不時所種不
収疫病流行尒時應當勤心讀誦修
行此陁羅尼七日七夜六時不廢燒
香散花供養十方諸佛供養佛已為
我大功德天敷好妙坐以三種妙花
莊嚴此坐赤白紫色三種妙漿蒲桃
石蜜安石留漿以待於我若在塔中
若於靜室於一一時中勤心讀誦此
大神呪七遍乃止嘿然而坐我時當
與天衆龍衆往是人所受其供養受
供養已與其所願是人尒時若於夢
中若惺悟心即得見我大功德天威
顏相貌光明挺特見已歡喜轉復精
進以精進故所求皆得當知是此大
神呪力
我難陁龍王欲說一頭陁羅尼名耆
郁膩置晉言護諸衆生拔其四毒箭
若不帝梨郁一伊帝帝梨郁二伊無
帝梨郁三若晝尒帝梨郁四伊不帝
梨郁五耆呼叱帝郁六莎呵七
誦呪五遍黃羊毛縷結作六結繫項
此大神呪乃是過去十恒河沙諸佛

所說我難陁龍王以得大神呪力故
常遊諸國十方佛前神通自在無有
罣㝵諸佛所說悉能揔持為衆生說
如聞而行拔其毒鏃補智慧膏以薩
婆若水洗除垢穢拂拭揩磨令心調
淨我難陁龍王常遊諸國觀察衆生
有病苦者隨其偏發療治救濟令得
脫難乃至於王後宮變為女身為諸
女人演說法要女人姿態多諸過惡
皆使令發菩提之心猒惡女身皆因
此大神呪力得階十地六道和光現
龍王身雖示龍身不同其塵當知悉
是大神呪力曰誦七遍煩惱結使悉
得消除現在病苦悉得消滅欲得如
上所說大智慧方便自利利人勤修
讀誦此大神呪誠諦不虛
我婆難陁龍王欲說一頭陁羅尼名
陁摩羅提晉言守護國土滿衆生願
阿支不陁摩羅提一烏穌兜郁陁摩羅
提二破殊呵陁摩羅提三烏穌兜郁陁
摩羅提四若蜜耆陁摩羅提五烏穌
阿陁摩羅提六置耆呼奴陁摩羅提
七支兜梨郁陁摩羅提八莎呵九

誦呪七遍縷七色結作十四結繫項
此大神呪乃是過去九十九億諸佛
所說我於過去值遇諸佛從諸佛所
得此陁羅尼有大神力神通自在常
遊諸國度脫衆生在所國土若諸國
王欲以正法治國土者以天位治世
不枉人物欲得國家無諸災禍欲得
隣敵不生惡念國王尒時應當深心
敬重三寶恩惠貧窮謙敬仁義恩德
普覆尊聖敬德還惡在善謙敬理信
如其國王行此德者十方諸佛常隨
護念釋梵四天王等龍王當隨護助
為消災害滿其所願求願與願不違
其意是王尒時欲滿願故應當讀誦
此陁羅尼於宮殿內若正殿上於月
八日十四日十五日日未出時正南
而坐香湯澡浴著淨潔衣於其國內
諸人民等及諸隣敵起慈悲心憐愍
之心尒時應當誦此陁羅尼二十一
遍燒殊妙香栴檀沉水及熏陸香散
七色花先當供養十方諸佛釋迦如
來應正遍知諸大菩薩天龍八部然
後三稱我名婆難陁龍王燒香供養

滿我所願如是三說我時當與人天龍八部隨其所願即當與之是王尒時即滿所願云何當知得果其願若於夢中若惺悟時見白龍為及白蓮花在虛空中當前而住當知尒時即得所願

我娑伽羅龍王今欲說神呪名阿那耆置盧晉言普雨法雨於四天下中無不蒙潤除諸衆生欝蒸熱惱諸渴乏者令得豊足

烏奢都波利那一耆摩都呼那二穌耆蜜都呼那三阿支尒奴都呼那四烏啄呵呼那五昇梨帝那都呼那六温耆不都呼那七莎呵

誦呪三遍駞毛縷結作八結繫項

是大神呪乃是過去十恒河沙諸佛所說我娑伽羅龍王於七百阿僧祇刧巳来常修行此陁羅尼以是之故於諸龍王㝡上㝡勝端正殊妙神通自在能以神力聲振三千極佛境界無不蒙益一四天下小千世界四天下中三千大千世界無不蒙潤慈悲普覆等雨法雨能令衆生增長擁育

菩提根牙若諸衆生處在三惡三垢覆蔽為開慧眼令覩光明若諸國王渴乏須雨我能給足令其豊實四天下中普皆令等而其國王欲得豊實無他怨賊欲来侵境於其國内熾然王法恩慧普覆斷理怨枉賑諸貧窮有孤老者生憐愍心若其國王能行是德十方諸佛諸大菩薩釋梵四大天王龍鬼神常隨護助求願與願無不獲果王於尒時應當修行此陁羅尼於淨潔處離大憒内於七日中不食酒肉五辛白淨素食穌酪聽食香湯沐浴著白淨衣七日七夜受持八戒燒衆名香栴檀沉水及熏陸香散五色花供養十方諸佛我釋迦如来應正遍知尒時應當三稱我名娑伽羅龍王即便誦呪二七遍於六時中從初一日國王尒時心轉淳厚一日二日乃至七日便見我身在其前住若白龍為若轉輪聖王像隨其所求能滿其願為除宿罪令得道果

我和修吉龍王今欲說神呪名支富提梨那晉言慈若衆生令出三界

憂波支兜那一如波帝支兜那二蜜若兜支兜那三提梨帝那支兜那四烏斯欽帝支兜那五莎呵六

誦呪十四遍報歷毛縷結作十四結繫項

此大神呪乃是過去八恒河沙諸佛所說我於過去從諸佛所得此陁羅尼何不與諸龍同其事業常遊諸國修菩薩行面覩諸佛諮受教誨愍念衆生佐佛化愚當以正法攝持守護於生死海拔濟令出身為大船口為法橋心為大海出慈悲水溉灌衆生枯槁福田悉令生長菩提根牙我所饒益其喻如是若諸國王欲求所願欲令其國豊實安樂欲令無有他方怨賊欲使國土無諸疫病怨家讎對自然殄滅衆官承法不復惱人其王尒時於其國内熾然正法率諸群臣以正法教温良恭儉孝養父母慈悲憐愍孤窮衆生躬自迴駕供養三寶於三寶所不生疑悔生父母師長想朋友知識想於身命財不生堅想我及國土如幻如化愍傷衆生如視赤

子若其國王能修是德復能讀誦此陁羅尼於月八日十四日十五日淨潔洗浴著新淨衣於正殿上若高樓上正東而坐日未出時散三色花三種名香栴檀沉水熏陸香等供養十方佛已應當為我和修吉龍王敷置法座正南而坐以青疊覆我坐上三種花三種漿蒲桃石蜜安石榴漿燒黒沉水以付於我其王尒時正東而坐叉手合掌誦此陁羅尼二十一遍誦呪已訖其王即出與諸群臣嘿然而坐我和修吉龍王當與諸天龍神八部八万四千到是王所於虛空中嘿然而受其王供養王於尒時若於夢中若惺悟心得見我身如轉輪聖王七寶侍從見已歡喜轉更精進以精進故我及天龍八部鬼神便當勤心守其國土求願與願不違其意真誠如是

我德叉迦龍王今欲說神呪度脫諸衆生有呪名穌富羅

阿佉帝耆晝一支富唇穌羅若蜜耆晝二烏晡都呵晝三畀梨郁耆毗若蜜烏都晝四莎呵五

誦呪五遍縷紫白二色結作十二結繫項

是大神呪乃是過去七恒河沙諸佛所說是呪能令諸失心者還得正念度五逆津獲諸神通具足三明超出三界獨步无畏我於往古從諸佛所得聞讀誦此大神呪雖現龍身而無龍業遊諸佛國修菩薩行遊騰十方度脫衆生出生死海洄波六趣悉能救接扶持携將到涅槃岸又我過去於閻浮提作國王女王於尒時國土褊狹人民單索恒畏怨敵來侵其境又復薄福水旱不調穀米勇貴人民飢饉我於尒時在宮殿內父王尒時愁憂不樂語諸群臣當設何計令國豊實人民還復群臣尒時嘿無荅者我時見父愁憂如是我念過去曾從諸佛受持讀誦此大神呪是神呪力辟如大蓋能覆三千況此一國普雨法雨無不蒙益枯木石山皆能生花強者能伏弱者能佐作是念已即詣王所札覲問訊問王所憂王時荅我

非汝所知我時荅王有智慧者不問男女行之則是王時歡喜言說之我時荅王我念過去九十九億諸佛所說大神呪王設其功力如上所說王於尒時躬自讀誦精誠剋勵七日七夜受持八戒六時不廢於一一時中懺悔十方散五色花燒三種名香一一時三七遍誦王於尒時悔過自責薄福不肖謬得為王孤負天下慚愧自責已慚愧故十方諸佛大菩薩衆釋梵四天王八部鬼神諸大龍王風伯雨師皆悉來集至其國界雨大法雨枯木石山枯涸河井悉皆盈滿先逬人民還其本土他國人民聞國豊實亦來投歸尒時隣敵悉來歸伏拜為大王八方靡伏遂置太平我念往古大神呪力神通自在乃置如是若諸人王欲求所願皆應如是修此功德

我阿那婆達多龍王今欲說神呪名婆差盧晉言美音讃歎三寶長衆生信擁護正法震大法雷生長衆生善提根牙掬育成就令得成辦悉皆令

得無上佛果
支波晝提梨郍一阿若盧波晝提梨郍
二和婆盧波晝提棃郍三阿郍盧波晝
提棃郍四阿支不提梨郍五若蜜耆
耶兜提梨郍六胡酥波吒兜提梨郍七
酥副蜜耆郍阿支副烏奢支八莎呵九
誦呪三遍縷青黃二色結作六結繫項
此大神呪乃是過去七十七億諸佛
所説是呪能令諸失心者還得正念
無智慧者令得智慧無辯才者令得
辯才得陁羅尼者令得陁羅尼狂者
得正瘂者呪其舌根乃至七日還得
能語盲瞎者呪其眼根三七二十一
日日初出時病者東向坐心念口言
令我眼根隨日而生呪師尒時日日
呪之一日三呪日初出時日正中時
日欲入時乃至三七二十一日眼根
還生即還得眼若諸衆生手脚𤸎躄
呪已還復如本无異有諸比丘懈怠
不勤觸事滞㝵闇鈍𧄼瞢為諸罪垢
之所覆蔽當知是人曾於過去或殺
父母或煞和上阿闍梨或煞發心菩
薩真人阿羅漢或煞時君國政破塔

壊僧此人或曾於大衆中作大妄語
輕毀衆僧或時在俗輕稱小斗欺刧
百姓見孤窮者輕毀陵蔑為子不孝
為臣不忠見人行善輕毀憎嫉見諸
悪人防護佐助造此衆悪自纒其身
其人命終入阿鼻地獄動經刧數罪
畢乃出還得為人諸根暗鈍示同人
類如是罪人若得值遇善知識者得
聞説此陁羅尼一經耳者復能讀誦
脩行通利慚愧自責悔先罪咎謙敬
自卑敬諸比丘孝順父母恭敬師長
耆舊宿長生謙敬心愛語和順鄙悼
自卑慚愧低頭或時人請施與飲食
當持此食色香美味施與諸佛和上
阿闍梨我之鄙悪不消此食餘殘滓
悪我能敢受施衣裳湯藥亦復如是
不敢自高身卑下他人恒自改悔無
數刧罪勤心讀誦此陁羅尼於四十
八日在空閑處六時行道供養礼拜
十方諸佛於一一時中七遍誦此陁
羅尼精誠改悔莫生疲猒散五色花
三種名香栴檀沉水及熏陸香滿四
十八日已罪垢滅盡无有遺餘隨其

前世根有利鈍其利根者即得道果
第二第三終不能得阿羅漢果其根
鈍者正得滅罪不墮地獄我今所説
饒益衆生分別罪福令其惺悟善悪
報應是名護法美妙功德今已説竟
我摩郍斯龍王今欲説呪名陁摩叉
帝晉言為護法故拯濟群萌拔生死
苦令得脱難
陁无梨陁尼帝一阿支晝尼梨帝二
毗帝郍尼梨帝三烏支晝尼梨帝四
胡梨帝郍五尼梨帝六莎呵七
誦呪三遍白疊縷結作七結繫項
是大神呪乃是過去七恒河沙諸佛
所説我於往昔在閻浮提作大國王
十六小國皆悉屬我我有威猛大策
謀内降伏諸國三十六國悉皆屬我
我時得病命垂欲終薄福少兒正有
二子家大太子闇鈍少智中者尫弱
其家小者聰明勇喆博學多聞策謀
威勇見我欲終悉皆来集万大臣
亦悉来集一万夫人亦悉来集王時
欲終語諸群臣言我三子中誰中為
王諸群臣言任大王意一時咨言不

應任我我去之後治國之法霸王之事汝曹當知云何任我諸臣啓言善哉大王慈悲臨覆心無憎愛一万大臣同聲唱言第三王子堪任為王一万大臣言已辞退時王正殿身體疲懈語諸子言我今欲卧第三王子抱父王頭中者捉脚第一王子捉父王手時王仰卧即便命終群臣聞之號哭来集一万夫人亦悉號哭舉身投地第三王子見父背喪呼咷懊惱自投於地良久乃穌第一太子嘿然不哭第二王子坐啼脚頭諸群臣言諸王子等相貌有異有一大臣是王叔父大王在時恒以國事付此大臣宰相念言大王在時恒以國事付囑於我今此王子意志有異我宜問之即前問言今王背喪諸群臣等皆悉已集人子之情不應如是嘿然而坐而不涕泣王子荅言我與父王都無因緣第三王子獨是王子我等二人猶如賓客暫来相過大臣荅言不應如是國是汝有非兄則弟第三王子呼咷宛轉前抱兄足我小幼稚不應為

王願兄臨顧紹父王位兄時荅言父王臨終告勑於汝我徒先生不見告勑是父王過非汝愆各我等二人且當入山精誠尅厲求神仙道言已即去精誠不久獲得五通移山住流手挽日月第三王子埀送父訖得紹王位統領諸國四十八年其後漸漸貪濁心起人民猒賤諸小國王及諸群臣咸皆思念山中神仙無貪之性乃得為仙我等往昔咸皆愚癡聰聖王子以為愚癡貪濁王子以為賢聖作是念已咸相謂言我等諸人當共入山勸請神仙以為大王兼有神化威伏諸國作是念已一万大臣皆共入山推覔求索會遇見之一万大臣拜覲問訊神仙尊者我等頑愚不識正真為此貪王之所荒乱人民迸进國將空虛唯願尊仙垂顧留眄慈悲普覆令國還伏仙人荅言我无是事諸臣荅言實不得止仙人荅言我寧此死終不戀國還為人王一万大臣咸相謂言我若返國亦皆當死貪王所煞不如住此求道神仙飲水食果清

閑寂寞精誠不久皆獲五通飛騰清虛靡不周遍尒時貪王心生慙愧即捨王位出家學道開父王庫藏欲大布施見一金櫃七處印印之以手開櫃得陁羅尼是過去諸佛所說如前無異得陁羅尼已開父王庫藏者四衢道頭恣其人民揹負而去我於尒時得此陁羅尼已即入淨室七日七夜精勤修習漏盡意解即獲五通尒時國王福德少故隣國侵境風雨不時人民飢餓是時國王即請比丘以為國師共我治化比丘是時即受其請愍衆生故為作國師教其國王治化正法不貪為本慈悲為性賞善罰惡尊敬道德慈愍人民如親赤子尒時教王此陁羅尼句王於尒時精誠至故七日七夜精進不懈已精進故十方諸佛諸大菩薩釋梵四天王二十八部諸大鬼神諸大龍王擁護國土集其國界雨澤時節穀米豐熟人民安樂已安樂故諸小國土皆悉歸屬當知皆是大神呪力威神乃尒若諸國王於釋迦牟尼佛千載末頭欲

求所願亦應如是古昔國王亦無有異

我漚波羅龍王今欲說神呪名伊提姤摩晋言稱衆生心不遠其意辟如大海七珎具足取者皆得其不取者非龍王咎

烏都胡盧郁一波支都二宿佉都三耆摩都四烏吒都五若蜜者都六畢梨帝郁都七烏蘇都八莎呵九

誦呪三遍縷紅白二色結作八結繫項此大神呪乃是過去二十恒河沙諸佛所說我從諸佛得此陁羅尼從是已來百阿僧祇劫有大神力神通自在遊騰十方歷事諸佛常以愛語軟語利益同事調伏衆生於諸衆生猶如慈父心意寬弘猶如大海含受衆生無所不苞堪任荷負无量重擔慜苦衆生施其安隱若諸衆生來求索者從其所願不逆其意求官職者令得職爵求大富者施其寶藏疾病者施其安隱若諸國王欲求所願我悉與之不遠其意求長壽與長壽欲令國土無諸災害雨澤時節不旱不莠

正得其中無諸災霜穀米豐熟人民安樂疫毒不行滿其所願終不違意是王尒時復能讀誦上來所說陁羅尼句兼以十善化諸人民如我上說所修功德其王亦應如是修行修行得已兼復讀誦此陁羅尼曩劫所作極重惡業皆悉消滅无有遺餘是王尒時罪垢滅已其心泰然无衆惱恚怨憎平等无有親愛常以月八日十四日十五日沐浴受齋於清旦日未出時若正殿上若高樓上正東而坐七遍誦此陁羅尼呪燒白梅檀及沉水香散七色花供養十方佛已尒時應當三稱我名漚波羅龍王滿我所願如是三說即尋誦此陁羅尼句七遍乃止是王尒時以精誠故十方諸佛諸大菩薩釋梵四天王八大龍王我漚波羅龍王以慈悲蓋覆其國土以甘露水灑其國界令其疾病疫毒惡氣悉得消滅是名大神呪力滿願不虛

七佛所說神呪經卷第三

七佛所說神呪經卷第三

校勘記

一　底本，金藏廣勝寺本。九一二頁中及九一四頁上兩版，原版殘缺，以麗藏本換。

一　九〇八頁中二行譯者，南作「失譯師名開元附東晋録」。卷四同。

一　九〇八頁中五行第九字「吒」，磧、南、徑、清作「吒呪」。

一　九〇八頁中五行「晋言慈忍辱」，磧、南、徑作夾註。麗僅「晉言」二字作夾註。其中「晋言」，清作「此言」，下同；「慈」字，磧、南、徑、清作「慈悲」。

一　九〇八頁中一〇行第八字「精」，石、磧、南、徑、清、麗作「青」，下同。

一　九〇八頁中末行第六字「令」，磧、南、徑、清無。

一　九〇八頁下四行第六字「遊」，磧、南、徑、清作「飛」。

一　九〇八頁下一〇行「其諸行人」，

石、麗作「其諸人王及諸行人」。
一九〇八頁下一六行第六字「静」，磧、南、清作「淨」。
一九〇九頁上三行末字「拓」，石、磧、南、徑、清、麗作「垢」。
一九〇九頁上五行第二字「故」，磧、南、徑、清作「已」。第四字「須」，石、磧、南、徑、清、麗作「願」。
一九〇九頁上七行「是此」，磧、南、徑、清作「此是」。
一九〇九頁上八行首字「我」，磧、南、徑、清無。
一九〇九頁上九行至一〇行「晋言護助佛法……建立法幢」，磧、南、徑、清作夾註；麗僅「晋言護助佛法」六字作夾註。其中「立」，徑作「大」。
一九〇九頁上一八行第六字「健」，石、麗作「挺」；磧、南、徑、清作「特」。第一三字「住」，石、磧、南、徑、清、麗作「駐」。
一九〇九頁中一六行第六字「其」，磧、南、徑、清作「是」。
一九〇九頁下四行第七字「處」，石、磧、南、徑、清、麗作「虚」。
一九〇九頁下九行「晋言……衆生」，磧、南、徑、清作夾註。麗僅「晋言」二字作夾註，下同。
一九一〇頁上一八行「晋言……毒箭」，磧、南、徑、清作夾註。
一九一〇頁中一行第九字「得」，麗作「得此」。
一九一〇頁中七行第七字「偏」，磧、南、徑、清作「徧」。
一九一〇頁中八行「脱難」，磧、南、徑、清作「解脱」。
一九一〇頁中一八行「晋言……願」，磧、南、徑、清作夾註。
一九一〇頁下一行第三字「七」，磧、南、徑、清作「五」。
一九一〇頁下四行「陁羅尼」，磧、南、徑、清作「大陁羅尼」。
一九一〇頁下一二行第八字「等」，麗作「我等」。
一九一〇頁下二〇行第一〇字「及」，磧、南、徑、清無。
一九一一頁上一行第一三字「人」，石、磧、南、徑、清、麗無。
一九一一頁上八行「晋言普雨法雨」，磧、南、徑、清作夾註。
一九一一頁上末行第一三字「掬」，磧、南、徑、清作「採」。
一九一一頁中八行末字「大」，磧、南、徑、清無。
一九一一頁中九行第三字「龍」，石、磧、南、徑、清、麗作「天龍」。
一九一一頁中一二行第六字「白」，磧、南、徑、清作「食白」。
一九一一頁中一三行第二字「沐」，石作「洗」。
一九一一頁中二〇行第四字「爲」，磧、南、徑、清作「象像」。
一九一一頁中末行「晋言……三界」，磧、南、徑、清作夾註。
一九一一頁下四行「十四遍」，磧、南、徑、清作「三遍」。

一　九一一頁下四行第七字「歷」，石、磧、南、徑、清作「壢」。

一　九一一頁下五行第二字「項」，磧、南、徑、清、麗作「頊」。

一　九一一頁下八行第二字「伺」，石、磧、南、徑、清、麗作「句」。

一　九一一頁下一〇行第九字「正」，磧、南、徑、清作「王」。

一　九一一頁下一九行第一〇字「養」，徑作「讓」。

一　九一一頁下二二行「不生堅想」，磧、南、徑、清、麗作「生不堅想」。

一　九一二頁上七行第九字「疊」，石、磧、南、徑、清作「氎」，下同。

一　九一二頁上一八行第三字「其」，磧、南、徑、清作「護」。

一　九一二頁中一〇行第九字「迴」，磧、南、徑、清作「廻」。

一　九一二頁中一四行第一一字「勇」，磧、南、清作「踊」；徑作「涌」。

一　九一二頁中二二行「是念已」，磧、南、徑、清作「如是念」。

一　九一二頁下二行第一一字「言」，磧、南、徑、清作「而言」；麗作「答言」。

一　九一二頁下八行「時三七」，磧、南、徑、清作「時二七」；麗作「時中三七」。

一　九一二頁下八行第六字「誦」，麗作「誦呪」。

一　九一二頁下一三行第七字「涸」，磧、南、徑、清作「泉」。

一　九一二頁下一六行第九字及一七行第一一字「置」，麗作「致」。

一　九一二頁下一八行第一二字至一九行第二字「修此功德」，磧、南、徑、清作「修行此德」。

一　九一二頁下二〇行首字「我」，磧、南、徑、清無。

一　九一二頁下「昝言……三寶」，磧、南、徑、清作夾註。

一　九一三頁上一八行第一三字「⿺辶䜌」，磧、南、徑、清作「癵」。

一　九一三頁中三行「陵蔑」，磧、南、徑、清作「凌侮」。

一　九一三頁中六行第八字「地」，磧、南、徑、清無。

一　九一三頁下三行第三字「正」，磧、南、徑、清作「止」。

一　九一三頁下七行至八行「昝言……難」，磧、南、徑、清作夾註。

一　九一三頁下一九行第四字「者」，石、磧、南、徑、清作「子」。

一　九一四頁上二行第一二字「啓」，磧、南、徑、清作「咸」。

一　九一四頁上一〇行「呼咷」，磧、南、徑、清作「號咷」。

一　九一四頁上二二行末字至末行首字「呼咷」，石作「呼叫」；磧、南、徑、清作「號咷」。

一　九一四頁中二行「徒先生」，磧、南、徑、清作「父先王」。

一　九一四頁中四行第七字「厲」，磧、南、徑、清、麗作「勵」。

一　九一四頁中五行第一二字「住」，磧、南、徑、清、麗作「駐」。

一九一四頁中末行「道神仙」，麗作「神仙道」。

一九一四頁下三行第一一字及六行第一一字「庫」，石、磧、南、徑、清無。

一九一四頁下四行「印印」，麗作「印」。

一九一四頁下五行第六字「是」，麗作「乃是」。

一九一四頁下八行第一〇字「淨」，磧、南、徑、清作「静」。

一九一四頁下一〇行第五字「德」，磧、南、徑、清作「力」。

一九一四頁下一二行末字「其」，磧、南、徑、清作「王」。

一九一四頁下一七行第二字「故」，磧、南、徑、清作「固」。

一九一五頁上一行「古昔」，磧、南、徑、清作「古者」。

一九一五頁上一行第一二字「亦」，磧、南、徑、清作「等」。

一九一五頁上四行「晋言……不其意」，磧、南、徑、清作夾註。其中「逵」字，石、磧、南、徑、清、麗作「達」，下同。

一九一五頁上六行第四字「各」，石、磧、南、徑、清、麗作「咎」。

一九一五頁上一六行第一二字「含」，磧、南、徑、清作「容」。

一九一五頁上一九行第二字「從」，磧、南、徑、清、麗作「隨」。

一九一五頁上二二行第一〇字「與」，磧、南、徑、清作「得」。

一九一五頁中二行「終不違」，磧、南、徑、清作「不違其」。

一九一五頁中六行第一一字「曩」，磧、南、徑、清作「億」。

一九一五頁中一〇行末字至一一行第三字「日未出時」，磧、南作「時日王未出」；徑、清作「時日光未出」。

一九一五頁中一八行第一一字「蓋」，磧、南、徑、清作「善」。

七佛所說神呪經卷第四　　讚

晉代譯失三藏名今附東晉錄

文殊師利菩薩我欲樂說有四弘誓何等為四一者覆育一切衆生猶如橋船度人無惓二者苞含万物猶如太虛三者願使我身猶如藥樹其有聞者患苦悉除四者願我當來得成佛時所度衆生如恒河沙是為菩薩曠濟之心

虛空藏菩薩我欲樂說菩薩摩訶薩修行淨土清淨妙行有四事何等為四一者損已利人拯濟群生二者利衰毀譽不生憂慼三者貞絜不婬戒行清淨如白蓮華四者我當來世得作佛時國土所有一切衆生妙行成就人天無別是為菩薩莊嚴淨土清淨妙行

觀世音菩薩復欲樂說菩薩有四攝法何等為四一者菩薩修行六波羅蜜兼以化人拯濟一切二者生慈悲心育養群生三者自利利人彼我兼利四者有病苦者共心憐愍如視赤子是為菩薩四攝法攝取衆生是為菩薩廣利衆生攝取淨土妙善功德救脫菩薩復欲樂說有四弘誓不與聲聞辟支佛共何等為四一者願使我心猶如大地一切草木藥林萌牙因之增長地無憎愛二者願使我心猶如橋船運度衆生无有疲猒三者願使我心猶如大海容受一切百川衆流投之不溢四者願使我身猶如虛空苞含万物猶如法性是為菩薩四大弘誓不與聲聞辟支佛共

跋陁和菩薩我欲樂說菩薩妙行有八事何等為八一者菩薩處於五滓世界拔濟衆生不生疲猒二者見諸衆生興起福事營護佐助不生譏心三者見人為惡教誨訶諫令得捨離四者有厄難者拯濟憐愍如母愛子五者有来求者不惜身命六者有厄難處扶持携接令得脫難七者見邪見人憐愍教喻令得正見八者鞠育衆生猶如赤子所有功德悉持施與共用迴向無上菩提是為菩薩八事利益无量衆生

七佛神呪經卷第四　第二張　讚字号

大勢至菩薩復欲樂說菩薩有四事利益衆生心无疲惓何等為四一者菩薩摩訶薩自捨己樂施與衆生見他受苦如己无異慈心流惻痛徹骨髓二者菩薩摩訶薩於沒溺處設大橋船運度衆生无有疲猒三者菩薩摩訶薩於生死海中衆生迴覆自手牢捉令達彼岸四者知諸衆生往古来今猶如幻化雖達此理度人無猒是為菩薩四事利益拯濟群生

得大勢菩薩復欲樂說誰能於釋迦牟尼佛遺法之中作佛事者我等八人常當擁護略說有四事何等為四一者憶無量苦見衆生苦如我無異二者我等所持戒功徳悉捨施與衆生共用迴向無上菩提三者能忍苦事荷負一切衆生到於彼岸四者發舉一切衆心猶如慈父念子無異是為菩薩自利利人清淨妙行

堅勇菩薩復欲樂說菩薩妙行有四事何等為四一者願我常生無佛世界喻如日月行閻浮提為其除冥二者如以金錍决其眼瞙令覩光明三

者作大藥樹一切衆生得聞香者病苦消除四者常演說法如澍法雨萠牙生長成就果實悉發无上菩提之心是為菩薩四大弘擅

我文殊師利　今欲說妙偈　令此經流布
衆生無疑心　七佛菩薩衆　所說深妙法
諸天龍王神　言辭甚奇特　能說妙行呪
護國及行人　書寫讀誦者　必共千佛會

虚空藏菩薩　今欲說兩偈　美歎書寫者
書寫讀誦者　上来賢聖衆　稱揚轉教人
言辭琥約美　妙好無窮盡　猶如大海水
深廣巨窮盡　此人之功徳　巨億過於彼

我文殊師利　今欲說一偈半
一切衆生類　迴彼婬鬼界　無能覺之者
唯我能救拔　永斷生死本　普處寂滅樂

梵天王所說一偈
我常修行四無量　今来至此聞妙言
濟拔衆生生死苦　求以無復憂惱患

兜率天王今欲說一偈半
我於往昔值諸佛　得昇兜率為天王
今以得聽一妙言　决了心瞙開慧眼
其有衆生一經耳　不墮三塗昇梵天

他化自在天王欲說一偈半

聞此閻浮提　諸大菩薩等　演說微妙義
我心大歡喜　永拔生死種　得昇泹洹堂

化樂天王所說二偈半
我聞閻浮提　菩薩大士等　各各說妙行
四攝及弘誓　我聞此句已　心眼矐然開
願使諸天衆　得此淨眼根　永斷生死流
普得昇泹洹

焰摩天王欲說一偈如意珠
我等久處於天宫　猒離三界生死苦
何時如蛇脫故皮　永得寂滅涅槃樂

忉利天王欲說一偈半
久處於生死　猒離欲淤泥　興起大慈悲
濟拔生死苦　永脫生死苦　得入涅槃城

提頭賴吒天王欲說四偈
四大天王中　我最為第一　我雖作天王
不脫鬼神苦　我作鬼神王　已經五百歲
東西常馳騁　濟度諸群生　哀哉過去世
曽作人中王　治化不以理　今作鬼王身
有願諸國王　正治於國事　莫作貪濁行
復受鬼神身

毗樓博叉天王欲說一偈半
我念過去世　生於閻浮提　豪富得自在
謟曲不端直　今雖作鬼王　獨受鬼神苦

毗樓勒叉天王欲說三偈
我今作鬼王　得離三塗苦　涉歷四天下
救諸病苦者　憶念過去世　曾作人中王
放逸著五欲　今受鬼王身　又願人中王
謹慎莫放逸　度脫諸衆生　普得涅槃樂
毗沙門天王欲說一偈半
我於往昔修善提　為衆生故作鬼王
衆生久處無明闇　我以金鎞開其眼
慧眼既開度生死　生死既脫昇涅洹
難陁龍王欲說二偈半
我現處龍宮　欲度諸龍衆　聞諸菩薩衆
各各說妙行　諸天龍神等　咸皆側耳聽
天衆及龍衆　歡喜不自勝　我及諸眷從
得脫諸龍身
婆難陁龍王今欲說一偈半
我處於龍宮　猶如蠶處繭　願得智慧力
壞此無明暗　濟拔衆厄難　超度生死流
娑伽羅龍王欲說二偈
我念過去世　曾作人中王　慳惜於寶藏
今受龍王身　又願諸國王　慈悲普救濟
治化以正法　莫復受龍身
和修吉龍王欲說二偈半
我雖受龍身　不受熱沙苦　又於過去世

曾作人中王　貪濁著世樂　今受龍王身
又願諸國王　厭離於世樂　如囚厭於獄
超出三界門
德叉迦龍王欲說二偈半
又我於過去　曾作人中王　妻子及奴婢
悉皆用布施　坐以一瞋故　今受龍王身
又願諸國王　謙敬以仁義　莫復自豪貴
後受龍王身
阿耨婆達多龍王欲說四偈
我念過去世　生於閻浮提　曾作國王女
端正無等雙　父王甚愛重　名曰白蓮花
嫁與隣國王　不得適其意　瞋恚自害死
經歷三塗苦　今受龍王身　又願諸女人
暴惡女姿態　莫復懷妬忌　後受毒龍苦
難得脫苦時
摩那斯龍王今欲說二偈半
久處於龍宮　厭患諸龍臭　腥臊如溷猪
處廁不覺苦　三界諸人天　皆亦復如是
樂在三界獄　如猪不厭廁　哀哉甚可傷
不知求解脫
漚波羅龍王今欲說五偈半
我於過去世　曾於閻浮提　婆羅門家生
聰明甚黠慧　時有隣國王　送女以娉我

此女不貞良　私共外人通　我時伺捕得
斬之於市　我時惡賊彼　送之歸本國
思惟懲惡　出家行正道　復遇惡知識
不值好同學　引貢諸婬女　我時悅歡恨
持刀自刎死　經歷三塗苦　從是受龍身
甚苦不可言
胡蘊伍羅龍王今欲白二偈
我於閻浮提　典主十六國　餘國皆易化
唯此國難教　群臣皆諂偽　貪濁多奸詭
畢滂不平均　莫不由此事
金剛藏菩薩所說衆生有五種不信
一者疑佛二者疑法三者疑僧四者
疑諸法不實五者所有正法生疑不
信衆生五種信根能得阿羅漢道一
者信佛決定正覺二者信正法實決
定無疑三者信比丘僧良厚福田四者
所有正行戒定智慧不生疑惑五者
見世諦事不生著心此五信根者能
拔五疑能得寶幢三昧現身得道
第一放光三昧能斷地獄有無垢三
昧能斷餓鬼有燋惱三昧能斷畜生
有難伏三昧能斷阿修羅有光明三
昧能斷弗婆提有焰幻三昧能斷閻

浮提有白色三昧能斷俱耶尼有青色三昧能斷鬱單曰有黄色三昧能斷四天王有黒色三昧能斷忉利天有赤色三昧能斷焰摩天有妙善三昧能斷兜率天有得長三昧能斷化樂天有音聲三昧能斷他化自在天有妙善三昧能斷初禪有得樂三昧能斷二禪有白色三昧能斷三禪有雷音三昧能斷四禪有妙善三昧能斷阿那含天有空三昧能斷空處有无分别三昧能斷識處有響化三昧能斷不用處有寳積三昧能斷非想處有此是二十五大三昧示衆生遊居涉歷之處賢聖猒患三乘聖衆莫不由是法花三昧光目童子涅槃三昧迦葉童子文殊師利童子首楞嚴三昧蜜善童子放光三昧妙眼童子花嚴三昧善才童子維摩詰三昧惟無童子大集三昧佛寳童子金光明三昧滅罪童子佛藏三昧覺垢童子花首三昧障罪根童子金剛藏三昧慧明童子菩薩藏三昧洪濤童子妙達童子善住童子妙眼童子善覆童

子烏耆波童子蜜善童子周羅童子法住童子阿蜜耆童子婆嗌羅童子奢覆卑童子頗卑都童子此十二童子主衆生命釋迦牟尼佛出世時度一万八千九十四國人第一說法在他化自在天第二說法在波羅㮈國第三說法在王舍城第四說法在竭耆國度七千羅漢第五說法在舍衛國第六說法在王舍城度女人憍曇弥第七說法在迦惟羅衛國度白淨王第八說法在王舍城三乘雜教第九說法在摩竭提國度洴沙王第十說法在拘尸那竭國度百千万億無量无邊不可稱計

建者菜生萌牙陰陽亦長除者代謝稱譯之體滿者神祇受供无復盈平者陽氣凝住无增減定者鬼神交會惡氣不行執者陰氣偏多陽氣少破者陰陽交解說破之議危者天窓開地户閉成者陽氣足陰氣並故名成収者陽氣流行陰平萌牙生故言収開者陰性閑陽氣出故名開閉者天窓地户翕然閉塞万神不行故名閉

此五戒神名

煞戒有五神　波吒羅　摩那斯　波睺那

呼奴吒　頗羅吒

盗戒五神　法善　佛奴　僧喜　廣頞　慈善

婬戒五神　自潔　無欲　淨潔　無染　蕩滌

欺戒五神　美音　實語　質直　直答　誓語

酒戒五神　清素　不醉　不乱　無失　護戒

三歸九神名　歸佛有三神　陁摩斯那

陁摩婆羅　那陁摩流支

歸法三神　法寳　呵嘖　辯慧

歸僧三神　僧寳　護衆　安隱

護僧伽藍神斯有十八人各各有別名

一名美音　二名梵音　三名天皷

四名巧妙　五名歎美　六名廣妙

七名雷音　八名師子音　九名妙美

十名梵響　十一名人音　十二名佛奴

十三名歎得　十四名廣目　十五名妙眼

十六名徹聽　十七名徹視　十八名遍觀

毗卑律梟是大鬼神王四天王所說

大神呪經

赤下鬼名羅單那一　加羅富單那二

波都耆三　摩訶波都耆四　莎呵五

誦呪三遍三色縷黄赤緑作二十一

結先繫脚後繫腰繫手
白下鬼名　浮流一摩訶浮流二烏摩
勒呵暮多三毗摩呵慕多四波吒羅呵
暮多五浮浮呵暮多六莎呵七
呪二色縷白黒結作十四結繫項
失瘖鬼名瑱浮流一睺睺摩二波吒
羅睺睺摩三波吒羅睺睺摩四毗摩
勃睺睺摩五漢吒奴睺睺摩六莎可七
呪縷黄赤緑結作七結繫項
謪語鬼名
甲多羅一波波浮二波波浮三烏摩
勒波波浮四莎呵五
呪水七遍洗面洗左耳嗽口喺之各
三過
蔽人目鬼名支富羅一支富破二呼奴
支富破三波吒羅四支富破五莎呵六
呪水七遍喺目
瞋鬼名破波羅一破波羅睺二破波羅
睺三破波睺烏奴四破波羅睺五烏吐睺
六莎呵七　七遍呪之
食吐鬼名都睺兜睺一烏奴破兜睺烏
奴破二兜睺烏奴破三莎呵四　一七遍呪
羅秉鬼名阿鄉波鄉嵬一阿鄉皮鄉嵬

二毗摩波鄉嵬三莎呵四　一七遍呪
障善根鬼名浮流浮流一睺睺摩浮
流二阿鄉毗鄉睺睺摩浮流三支嵬鄉
毗摩睺睺鄉浮流四浮阿鄉毗摩睺睺
流五莎呵六　七遍呪水喺之亦七遍
燋渇鬼名　波波睺一浮奴多波波睺二
阿鄉毗鄉呼奴多波波睺三浮律多波
波睺四莎呵五
呪二十一遍五色縷青黄赤白黒結
作三七結痛處
眼上白完鬼名　阿富鄉一破多奴阿富
鄉二毗摩破多奴阿富鄉三浮婆阿富
鄉四莎呵五
呪三七遍呪鬱金青黛水常使病人
向東方日月淨明得佛懺悔洗目至
七日
不禁鬼名　脩脩羅一波波摩睺脩脩
羅二阿鄉波鄉脩脩羅三　毗摩呵鄉
脩脩羅四莎呵五
用水三升雞子黄許鹽和三遍呪常
使病人向北方得内豊嚴王佛三礼然
後服之一升餘者印以脩脩羅字
侳鬼名　胡嵬羅一阿尼鄉胡嵬羅二

阿波浮胡嵬羅三阿波置胡嵬羅四
阿波波呼鄉胡嵬羅五耶无多胡嵬
羅六莎呵七
須七色縷結作二十一結先繫項次
繫兩手復繫腰繫腕
直下鬼名舍波帝一阿波睺睺奢波
帝二毗摩睺睺奢波帝三浮律多睺
睺奢波帝四阿摩奴睺睺　奢波
帝五莎呵六
須五色疊縷青黄赤白紫結作三七
二十一結繫脚次繫腰復繫手復繫項
惡瘡鬼名破波羅一睺睺奴破波羅二
烏吐浮律多破波羅三阿奢嵬破波
羅四阿奢呼浮嵬破波羅五莎訶六
呪五升水三遍著半雞子黄許鹽糅
上鏖釜底黒鏖墨各一掌煑七迴三
遍呪煑竟亦三遍呪於日初出時七
遍洗瘡七遍呪
不得食下鬼名　胡魔嵬一烏奢睺睺
胡摩嵬二阿嵬鵋甲胡摩嵬三破波
羅胡摩嵬四莎呵五
呪水七遍與病人飲之
腰脚痛鬼名　呼盧嵬一波吒羅　呼盧

鬼二眦摩羅呼盧鬼三孫梨耆梨畢
呼盧鬼四莎呵五
呪三色縷青黃綠結作七結繫脚腕
次繫髀後繫腰
頭痛鬼名胡摩鬼摩訶迦毗羅一眦
摩迦毗羅二呼呼羅迦毗羅三伊呼迦毗羅四
伊末迦知迦毗羅五娑阿七遍呪楊枝打三七下
闍筮鬼名呼毛毛一浮律置呼毛毛二
阿支拏呼毛毛三浮律置支呼毛毛四
伊呼破羅支呼毛毛五和蜜鬼伊呼
支破羅六莎呵七三七遍呪七日日三遍呪
耳痛鬼名眦臓波一阿㨖置眦臓波二
呼臓置眦臓波三伊呼支臓置眦臓波四
耆摩臓置眦臓波五莎呵六
於月生一日設使左耳痛南向坐右
耳痛北向坐東向門痛人門内坐呪
師門外坐水亦門外呪二七遍三噀之
淋鬼名破波羅一浮棃浮梨置破波羅二
車慕鄰破波羅三呼呼羅車波羅四迦
波置車波羅五莎訶六
五七遍呪水以葦桶拄陰上以水從
桶中七遍呪一噀之末後以一掬水
坒面潑之

小便不通鬼名烏都羅一呼若耆梨毛
烏都羅二呵若時律呪烏都羅呵拏
時律毛烏都羅三莎呵四
取釜下炊湯二升半雞子黃許白蜜
和與病人服之正南而坐念日月燈
明王佛作四拜礼七過吸半雞子已噀
乎得心腹痛鬼名蜜耆羅一阿毛臓毛蜜
耆羅二支波副尼耆耆羅三呼呼鄰尼耆
羅四阿不梨知鄰知尼耆羅五支波置
尼耆羅六莎呵七
呪水三七遍先噀之三過餘者三叉
瘧病鬼名
須蜜多一阿臓毛二迦知臓毛三烏呼鄰
須蜜多四支波呼眽須蜜多五伊知臓
毛須蜜多六莎呵七
須五色縷呪作七結痛從頭下先繫項
繫脚繫手設之大惡呪水三遍噀之
瘂病鬼名究水水羅一阿知鄰知水水羅
二嗚呼毛水水羅三阿知拏知水水羅四
莎呵五
須一斤艾一斗水煑取三升呪三遍
病人東向坐服之日服一升三日服
黃病鬼名呼都盧一阿知鄰知支波破

阿鄰耆首支波破三呼梨毛支鄰毛支波
破四伊耆鄰知支波破五莎呵六
三七枚瓜蔕二七枚杏子一斗水煎
得三升呪七遍日取一升目中著一
墮鼻中二墮餘者服之日三服之黃
白縱結作七結先繫頭次繫兩耳繫
項繫兩肘後繫手七遍呪
食人腦髓及心肝鬼名
句羅帝一阿毛拏支知二阿若耆遮知三
阿耆涅遮知四阿奴多遮知五若不鄰帝
遮知六阿多尼遮知七阿眽眽眽眽遮
知八阿副副副副遮知九莎呵十
三斛熱湯一升白粉和之洗浴一栝
飲之呪三七遍日用一斛五升先從
頭淋之吉
乎得旋風頭玄腦轉鬼名　美音呪一名
阿眽耆鄰二不不不眽耆鄰三阿若若
若不耆鄰四莎呵五　呪水二十一遍三噀之
嗜酒鬼名　阿羅鬼一烏鄰呵烏鄰呵
二呼律多呼律多三若不呵若不呵四
舍摩呵舍摩呵五莎呵六
若十四日十五日取七井水三粒鹽
呪三遍三淋頂三噀耳鼻餘水飲之

此人北向坐七枚楊枝東西南北安置瓮上呪竟以此水四方灑之三噀面三過飲
不嗜食鬼名　安多睺一瀨捺卑瀨捺
卑安多睺二嗚睺睺睺安多睺三波羅
和鬼若安多睺四遮捺迦知安多睺五阿
若羅知安多睺六莎呵七線二色白黑呪作十四結十遍呪水與使飲
食少而吐多鬼名
耆多睺一阿若摩若多捺知二跋羅知
那知三郫知若知那知四阿若奴摩知那知五
阿嗜那知六莎呵七
呪水七遍噀面三過水飲之作麻繩
常於朝時以用搽項使病人面東向
坐一日不差乃至七日
聾鬼名　胡樓鬼一睺睺睺睺胡樓鬼
二阿呵呵那胡樓鬼三阿若若若若胡
樓鬼四阿吒吒胡樓鬼五莎呵六
須三升小豆一斗水煎得三升蜜安
半升蘸得二升　接取清七七遍呪
呪於晨朝時滋其頭安綿揭耳七遍
一一掤鬼名
健瞻鬼名　浮流鬼一阿吒臟知浮流
鬼二睺睺睺睺若浮流鬼三蘸摩帝
浮流鬼四呼呼呼呼吒那浮流鬼五
莎呵六　三遍呪水噀病人面

支鬼那是土公鬼名
副梨副梨支鬼那一阿呵呵那支鬼那二
胡律鬼支鬼那三呼呼呼呼阿若支
鬼那四莎呵五
病人東向坐三遍呪一瓮水七枚楊枝
東西南北安置瓮上呪竟以此水四
方灑之三噀三過飲
注鬼凡二十五種
破梨吒一破破破破梨吒二烏呼呼呼呼破梨
吒三阿睺睺睺睺破梨吒四阿鷄鷄鷄鷄破梨
吒五迦梨吒支休那破梨吒六莎呵
呪水七遍噀之五色綖結作七結繫項
一切毒蚫鬼名　阿那耆一若帝囊阿那
耆二机梨帝囊阿那耆三阿若帝那
阿那耆四莎呵五
呪水二七遍噀五情根及以噀瘡并
澆瘡三遍
鏇頼鬼名　摩卑一隨羅那帝摩卑二
奢若隨摩卑三阿不梨多隨捺卑
四莎訶五
呪水七遍噀五情根并以洗瘡
蝦蟇毒鬼名　波奢㞐一烏睺流鬼
修波奢㞐二若波耆波舍㞐三阿呰梨

知波舍㞐四莎呵五
呪水三遍噀五情根并洗瘡餘水飲
之吉
霤鬼名　破知那一流流鬼破知那二
車那鬼車那鬼破知那三阿摩耆鬼
破知那四阿呼梨鬼破知那五莎呵六
三升水一掌白粉和之七遍呪吸三口
餘者洗瘡水至三日用
猷故鬼名　睺睺一奴吒兔睺睺二㞐多
那睺睺三阿若鬼睺睺四阿吒兔睺睺
五毗律多睺睺六奴吒兔睺睺七莎呵八
楊枝從攅安上呪三七遍用竟棄之
三升水銅瓮咸以白練副上以七枚
廁中
鼠漏鬼名　遮吒㞐一波頼帝遮吒㞐二
阿若帝遍吒㞐三摩頼帝遮吒㞐四
阿摩頼帝遮吒㞐五莎呵六
用三束葱白五寸縷束之一升擲一
斗水煎得一升呪三七遍接取一升
飲者洗瘡
赤眼鬼名　烏奴多一阿若兔兔奴吒
烏奴多二牟律帝那烏奴多三若耆兔
多烏奴多四耆摩帝　烏奴多五莎呵六

取三外麴一斗水煎得三外接取
三外呪二七遍日取一盞用醫之亦
洗眼二七日
嚨鼻鬼名 遮波晝一阿若鬼遮波晝
二浮律多旦遮波晝三浮波律多旦遮
波晝四阿若多旦遮波晝五波律多旦
遮波晝六莎呵七
一外苦酒二外水煎得二外呪三七
遍日用二盞灌鼻三十一日用
腋臭鬼名若多奴知一睺睺睺睺多奴
知二浮流流流流流多奴知三摩賴帝
多奴知四阿鄉鄉鄉多奴知五莎呵六
石灰三外苦酒三外煠上和呪三七
遍搏之男先安左腋女先安右腋下
瞅樓勒叉天王所說呪水䐔鬼名
胡樓鬼寧一奴律奴帝胡樓鬼寧二
阿睺睺睺睺胡樓鬼寧三若呼胡樓
鬼寧四波晝寧胡樓鬼寧五莎呵六
用三斛水三外鹽煎得一斛五外呪
三十五遍封以鬼名曰服一外
癀鬼名
波置樓一阿旦鬼樓吒 波置樓二若
無吒波置樓三阿奴梨 吒鬼波置

樓四阿若梨吒 奴波置樓五莎呵六
用八外水小豆二外一外鹽呪二七一遍
煎得五外接取清曰服二盞餘下
稠者用作餅大如掌用上向斑之
清盲鬼名鵂鶹荼阿若鬼一副梨帝
阿若鬼二耆蜜帝阿若鬼三摩賴帝
阿若鬼四阿𨁝帝阿若鬼五傷耆帝
阿若鬼六莎呵七
用胡桃安石榴子細辛人參董末小
豆麻子各一銖末和石蜜漿若蒲
桃漿日呪七遍乃至七日用作餅大
如錢許用搭眼上以水從額後淋之
疥蟲鬼名休由一波帝鄉休由二耆摩
帝鄉休由三阿若頻鄉休由四牟律帝
鄉休由五莎呵六
用一斛水者五外鹽呪二七遍煮七
遍用洗瘡
辟鑄鬼名睺牟樓帝一瞅摩多睺牟
樓帝二阿若鬼旦睺牟樓帝三浮律
多旦睺牟樓帝四莎呵五
用三斛水三斗芰煮七遍呪二七遍
灑四壁及以屋間
鼠鬼名不利鬼一呪呪呪呪不利鬼

二妃妃妃妃不利鬼三守守守守不利
鬼四牛牛牛牛不利鬼五餓餓餓餓
不利鬼六莎呵七
呪灰七遍當孔前呪水七遍寫孔中
乃至三日
猫鬼名 支鼻帝一烏耆支鼻帝二
具吒睺支鼻帝三鄉蜜若支鼻帝四
烏吒呼支鼻帝五莎呵六
黃腫鬼名 耶牟烏都一婆副波烏
都二具耆殊烏都三耶牟𣲘烏都四
阿非破羅帝烏都五莎呵六
以三外鬱金水七遍呪飲
赤腫鬼名 阿鬼鄉一攝區都阿鬼鄉
二閻摩卑阿鬼鄉三若富摩阿鬼鄉四
究吒鬼阿鬼鄉五莎呵六取方七罽二七遍呪赤處搭之
白腫鬼名 耆蜜卑一波羅帝耆蜜卑二
具殊呵帝 耆蜜卑三烏豕若耆蜜
卑四呼婆鬼耆蜜卑五莎呵六
取一外水半鷄子許白粉呪三七遍
乃至七日
丁腫鬼名 卑任一呵柔卑柔卑任二
呵蜜耆牟卑胵三攞瘦呼丘卑任四具
耆呵蜜卑任五莎呵六

誦此呪鬼箭拔出一呪二十一遍三
日呪
匿齒鬼名胡殊鬼一烏𠿝鄁胡殊鬼
二耶鏊毘胡殊鬼三莎呵四
取井花水呪七遍三喒𧿹地歲月久
者著麝香喒水𧿹地竟以麝香塗之
猫鬼方道猒蠱毒藥和東毘閻牟丁
蕪安日鬼觸樓毘受虛牵外夘移伐鬼
引猫微芭糟毒扶殊呵毗毘帝呪水
奢蜜不烏吒由耆暮帝奢波吒莎
三遍呪水水𧿹之吉
頻婆索盧鳩睺茶王字
呼羅都波羅帝一烏蕪多奢富殊二
具耆呵具呼鄁支富殊三莎呵四
是呪能令鳩槃茶王及其兵衆碎如
微塵諸有牟得熱渴心痛及其頭痛
手脚煩熱疼痛得聞是呪尋得清涼
呪水三遍以𧿹痛處
毗沙門父字婆難陁母字蘇富
提頭賴吒父字難陁母字蜜耆盧
博叉天王父字婆伽羅母字漚季毘
毗樓勒叉父字和修吉母字漚婆帝
鬼子母夫字得叉伽鬼母大兒字唯

奢文中者字散脂大將小者字摩尼
拔陁耆首鄁拔陁女字功德天
膢鬼名
叹波弥誰波羅一叹波弥鞞波羅帝鄁
二烏晝若叹波弥鞞波羅帝鄁三莎呵四
須黒石蜜漿呪七遍二遍一吸一彈指
舐膢鬼名
阿富具梨帝一具具梨帝二具梨帝三莎呵四
唯疵鬼名
阿富車一呵蜜阿富二阿蜜阿富車三阿
蜜阿富車四莎呵五
我鬼子母字鄁衆毘今當說神呪擁
護衆生除其邪見令得正見費損家
財設餚饍餸此世間魍魎鬼不如祀
狗用脩守我今為汝說正真但用花
香酥乳糜致意恭敬下天神令其所
求悉皆得
數宿波數宿波一阿注波阿注波二究
吒波究吒波三莎呵
鬼子母所說神呪能令衆生拔邪救
濟危厄盜賊王難無不得脫所求男
女皆悉端正聟娶産生惡家債主悉
得解脫无不安隱

𢬵至鬼一波羅帝婁𢬵至鬼二烏晝
𢬵至鬼三莎呵四
能令諸鼠散走諸方悉滅無餘三遍
𨾴刀吟掀作緋紫字
大毗樓勒叉天王所說神呪
賔頭樓守一賔頭樓守二摩訶賔頭
樓守三

七佛所說神呪經卷第四

七佛所說神咒經卷第四

校勘記

一 底本，金藏廣勝寺本。

一 九一九頁中三行第九字「樂」，磧、南、徑、清作「爲」。

一 九一九頁中九行第一字「曠」，石、磧、南、徑、清作「廣」。

一 九一九頁中一三行第七字「感」，磧、南、徑、清作「喜」。

一 九一九頁下一行末二字「是爲」，磧、南、徑、清無。

一 九二〇頁上二行第八字「惓」，磧、南、徑、清、麗作「厭」。

一 九二〇頁上七行「迴覆」，磧、南、徑、清、麗作「迴澓」。

一 九二〇頁上八行「牢捉」，石作「攜接」；磧、南、徑、清作「撈接」。

一 九二〇頁上一八行「衆心」，石、磧、南、徑、清、麗作「衆生心」。

一 九二〇頁上末行第六字「決」，南、徑、清作「抉」。

一 九二〇頁中二行第三字「消」，石、磧、南、徑、清作「悉」。

一 九二〇頁中二行「如澍」，磧、南、徑、清作「澍雨」。

一 九二〇頁中五行偈頌「我文殊師利 今欲說妙偈」，磧、南、徑、清、麗作通文，不作偈頌。

一 九二〇頁中五行第一一字「令」，磧、南、徑作「今」。

一 九二〇頁中九行偈頌「虛空藏菩薩 今欲說兩偈」，石、磧、南、徑、清、麗作通文，且其中「兩偈」二字作「二偈半」。

一 九二〇頁中一一行第三字「琬」，石、磧、南、徑、清、麗作「婉」。

一 九二〇頁中一一行第七字「好」，石、磧、南、徑、清、麗作「善」。

一 九二〇頁中一四行第七字「彼」，磧、南、徑、清作「波」。

一 九二〇頁中一八行第八字「求」，磧、南、徑、清、麗作「永」。

一 九二〇頁中二一行第八字「決」，南、徑、清作「抉」。

一 九二〇頁中二一行第一一字「瞙」，石作「膜」。

一 九二〇頁下一行第一〇字「等」，磧、南、徑、清作「衆」。

一 九二〇頁下六行第九字「眼」，徑作「妙」。

一 九二〇頁下九行「天宮」，磧、南、徑、清作「生死」。

一 九二〇頁下一三行第七字「脫」，磧、南、徑、清作「離」。

一 九二〇頁下一八行第一二字「作」，磧、南、徑、清作「受」。

一 九二〇頁下一九行首字「有」，磧、南、徑、清、麗作「又」。

一 九二〇頁下末行第一一字「獨」，石、磧、南、徑、清、麗作「猶」。

一 九二一頁上五行第三字「莫」，石、磧、南、徑、清作「不」。

一 九二一頁上九行第一一字「脫」，磧、南、徑、清、麗作「度」。

一 九二一頁上一一行末字「衆」，石

磧、南、經、清作「等」。

一　九二一頁上二〇行「慈慧普」，磧、南、經、清作「普慈惠」。

一　九二一頁中一四行首字「暴」，石、磧、南、經、清、麗作「厭」。

一　九二一頁中一四行第一〇字「忌」，石作「恚」。

一　九二一頁中一七行首字「久」，磧、南、經、清作「我」。

一　九二一頁中一八行「皆亦」，磧、南、經、清作「亦皆」。

一　九二一頁下一行「真長」，石、磧、南、經、清、麗作「貞良」。

一　九二一頁下一行第六字「私」，磧、南、經、清作「思」。

一　九二一頁下一行第一三字「伺」，磧作「同」。

一　九二一頁下二行第四字「者」，石、磧、南、經、清、麗作「都」。

一　九二一頁下三行第九字「正」，石、磧、南、經、清作「學」。

一　九二一頁下九行末字「詭」，磧、南、經、清作「宄」。

一　九二一頁下一四行「五種」，磧、南、經、清、麗作「有五種」。

一　九二一頁下一五行第一一字「正」，磧、南、經、清無。

一　九二一頁下一八行「信根者」，磧、南、經、清作「根」。

一　九二二頁上一行第五字及二行首字、八行第七字「色」，磧、南、經、清作「光」。

一　九二二頁上二行第八字「曰」，磧、南、經、清作「越」。

一　九二二頁上一二行第七字「寶」，磧、南、經、清作「貫」。

一　九二二頁上一三行第二字「有」，石無。

一　九二二頁上一三行「大三昧示」，磧、南、經、清作「三昧之王」。

一　九二二頁上一四行「厭患」，磧、南、經、清作「患厭」。

一　九二二頁上一六行第九字「利」，磧、南、經、清作「利等」。

一　九二二頁上二〇行第四字「罪」，磧、南、經、清作「罪性」。

一　九二二頁中三行「十二」，磧、南、經、清作「二十六」。

一　九二二頁中一〇行「迦惟」，磧、南、經、清作「維」。

一　九二二頁中一四行末字「計」後，麗有小註「此下建者菜生至故名閉丹本即無」。

一　九二二頁中一五行至末行「建者……名閉」，石無。

一　九二二頁中一五行「菜生」，磧、南、經、清作「生氣」。

一　九二二頁中一六行「稱譯」，磧、南、經、清作「移易」。

一　九二二頁中一七行第五字「住」，磧、南、經、清作「澍」。

一　九二二頁中末行「喻今」，磧、南、經、清作「儼」；麗作「喻儼」。

一　九二二頁下二行至三行「波吒羅……頗羅吒」、四行「法善……慈善」、五行「貞潔……蕩滌」，六

行「美音……和合語」、七行「清素……護戒」，石、磧、南、徑、清於各神名上分別冠以「一名」、「二名」、「三名」、「四名」、「五名」。

一　九二二頁下四行及五行、六行、七行「五神」，石、磧、南、徑、清作「有五神」。

一　九二二頁下七行第六字「素」，磧、南、徑、清作「潔」。

一　九二二頁下八行「九神名」，石、磧、南、徑、清作「有九神名」。

一　九二二頁下八行至九行「陁摩斯那……那陁摩流支」、一〇行「法寶……辯慧」、一一行「僧寶……安隱」，石、磧、南、徑、清於各神名上分別冠以「一名」、「二名」、「三名」。

一　九二二頁下一〇行、一一行「三神」，石、磧、南、徑、清作「有三神」。

一　九二二頁下一二行第五字「神」，磧、南、徑、清無。

一　九二二頁下一五行末字「美」，磧、南、徑、清作「歎」。

一　九二二頁下一九行第四字「鬼」，石、磧、南、徑、清、麗作「兜」，下同。

一　九二三頁上一行「繫手」，石、磧、南、徑、清、麗作「却繫手」。

一　九二三頁上九行第八字「七」，石、磧、南、徑、清作「三七」。

一　九二三頁上一四行第二字及次頁中六行第九字、一一行第一〇字「過」，磧、南、徑、清作「遍」。

一　九二三頁上一五行首字「蔽」，磧、南、徑、清作「翳」。

一　九二三頁上二〇行「七遍咒之」，石作「一七遍咒」。

一　九二三頁中五行「七遍呪水」，磧、南、徑、清作「一七遍呪水」。

一　九二三頁中一〇行「痛處繫」，磧、南、徑、清無。

一　九二三頁中一一行第四字「完」，石、磧、南、徑、清作「睆」；麗作「浣」。

一　九二三頁中二一行第七字「得」，石、磧、南、徑、清、麗作「禮得」。

一　九二三頁中末行首字「俓」，石、磧、南、徑、清、麗作「矬」。

一　九二三頁下四行第一三字「項」，清作「頂」。

一　九二三頁下一一行末字「項」，磧作「頂」。

一　九二三頁下一六行第一〇字「掌」，石、磧、南、徑、清、麗作「掌許」。

一　九二三頁下一九行「食下」，石、磧、南、徑、清、麗作「下食」。

一　九二四頁上四行第三字「膍」，石、麗作「脾」。

一　九二四頁上一六行第三字「比」，石、磧、南、徑、清、麗作「北」。

一　九二四頁上一六行第九字「痛」，石、磧、南、徑、清、麗作「病」。

一　九二四頁上二一行第八字及二二行首字「桶」，磧、南、徑、清作「筩」。

一　九二四頁上二二行第五字「呪」，石、麗作「呪水」。

一　九二四頁中一行「小便」，石無。

一　九二四頁中六行「七過」，磧、南、徑、清作「七遍」。

一　九二四頁中六行末字「唾」，石、麗作「唾之」。

一　九二四頁中一六行第九字「痛」，磧、南、徑、清無。

一　九二四頁中一七行第一一字「三」，磧、南、徑、清作「七」。

一　九二四頁下五行「日三」，石、磧、南、徑、清、麗作「三日」。

一　九二四頁下七行第二字「繫」，磧、南、徑、清無。

一　九二四頁下一三行第六字及一四行第一二字「升」，磧、南、徑、清作「斗」。

一　九二四頁下一六行「玄腦」，磧、南、徑、清作「眩」；麗作「眩腦」。

一　九二四頁下二二行第一〇字「井」，徑、清作「升」。

一　九二四頁下末行「三遍」，麗作「二遍」。

一　九二四頁下末行第一〇字「鼻」，磧、南、徑、清作「三唾鼻」。

一　九二四頁下末行第一二字「水」，磧、南、徑、清作「者」。

一　九二五頁上一行夾註「七枚……三過飲」，石作正文；磧、南、徑、清無。

一　九二五頁上五行夾註「縷……飲」，石、磧、南、徑、清、麗作正文。

一　九二五頁上一〇行「三過水」，石、麗作「三過殘水」；磧、南、徑、清作「三遍殘水」。

一　九二五頁上一一行第七字「摞」，石、麗作「絞」。

一　九二五頁上一六行「蜜安」，石作「酥蜜各」。

一　九二五頁上一七行「蘇得」，石作「煎得」；磧、南、徑、清、麗作「酥煎得」。

一　九二五頁上一八行首字「呪」，石、磧、南、徑、清無。

一　九二五頁上一八行「其頭」，磧、南、徑、清作「其豆」。

一　九二五頁中五行第一二字「七」，石作「以七」。

一　九二五頁中七行第五字「嗏」，石、磧、南、徑、清、麗作「嗏面」。

一　九二五頁中八行「注鬼凡」，石作「痊鬼凡有」；磧、南、徑、清作「注鬼名凡」。

一　九二五頁中一八行第二字「賴」，磧、南、徑、清作「⿱刺齒」。

一　九二五頁下三行第二字「吉」，磧、南、徑、清無。

一　九二五頁下四行首字「雷」，磧、南作「竈」；徑、清作「竈」。

一　九二五頁下一三行第九字「七」，清作「十」。

一　九二五頁下一九行第一一字「接」，磧、南、徑、清無。

一　九二五頁下二〇行第二字「者」，石、磧、南、徑、清、麗作「餘者」。

一　九二六頁上二行「三升」，石、磧、南、徑、清、麗作「二升」。

一　九二六頁上四行首字「臁」，磧、

南、徑、清、麗作「鼉」。

一　九二六頁上八行「一升」，磧、南、徑、清作「一斗」。

一　九二六頁上八行「二升」，磧、南、徑、清作「三斗」。

一　九二六頁上一三行第一一字「和」，磧、南、徑、清、麗作「和之」。

一　九二六頁上一四行第二字「搏」，磧、南、徑、清作「搏」。

一　九二六頁上一五行第九字「呪」，石、磧、南、清作「神呪」。

一　九二六頁上一九行第六字及一三字、本頁中二行第三字、第八字「升」，石、磧、南、徑、清作「斗」。

一　九二六頁上二一行首字「⿸疒責」，磧、南、徑、清、麗作「頹」。

一　九二六頁中二行「一升鹽」，磧、南、徑、清無。

一　九二六頁中四行第一二字「斑」，磧、南、徑、清作「班」。

一　九二六頁中一二行第一一字「頼」，磧、南、徑、清作「頭」。

一　九二六頁中一六行第五字「着」，磧、南、徑、清無。

一　九二六頁中一七行首字及二一行第一〇字「迴」，石、麗作「遍」；磧、南、徑、清作「徧」。

一　九二六頁中一八行「辟蟠」，石、磧、南、徑、清、麗作「壁蝨」。

一　九二六頁下四行第一二字「寫」，磧、南、徑、清作「瀉」。

一　九二六頁下五行末字「日」，徑作「日能令諸鼠逃走他方悉滅無餘三遍唾刀吟灰作緋紫字」。

一　九二六頁下一二行末字「飲」，石、磧、南、徑、清、麗作「飲之」。

一　九二六頁下一五行夾註「取方七罽……搭之」，石作正文。其中「七罽」，石作「赤罽」；磧、南、徑、清作「寸氈」；麗作「赤罽」。

一　九二六頁下一九行首字「取」，磧、南、徑、清、麗無。

一　九二六頁下一九行第八字「許」，磧、南、徑、清無。

一　九二七頁上一行「二十一」，石、磧、南、徑、清、麗作「三七二十一」。

一　九二七頁上一行末字至二行第二字「三日呪」，石、磧、南、徑、清、麗作「日三呪」。

一　九二七頁上三行首字「匿」，磧、南、徑、清作「⿱匿土」。

一　九二七頁上六行第三字及一一字「⿸厂⿰石寸」，磧、南、徑、清作「石」。

一　九二七頁上八行第四字「鬼」，磧、南、徑、清無。

一　九二七頁上八行第一一字「升」，石、磧、南、徑、清、麗作「斗」。

一　九二七頁上八行第一四字「伐」，磧、南、徑、清作「代」。

一　九二七頁上一一行第五字「水」，磧、南、徑、清、麗無。

一　九二七頁上一一行末字「吉」，石、磧、南、徑、清、麗作「大吉」。

一　九二七頁上一二行「索盧」，磧、南、徑、清作「娑索羅」。

一　九二七頁上二二行第一三字「⿰忄叚」，

磧、南、清無；石、徑、麗作「波」。

一　九二七頁上末行第九字「鬼」，石、磧、南、徑、清、麗作「鬼子」。

一　九二七頁中一行第二字「文」，石、磧、南、徑、清、麗作「叉」。

一　九二七頁中三行首字「腰」，石、磧、南、徑、清、麗作「瘦」。

一　九二七頁中六行「二遍」，磧、南、徑、清作「一遍」。

一　九二七頁中九行第二字「疵」，石、磧、南、徑、清、麗作「痺」。

一　九二七頁中一三行第八字「令」，石作「今」。

一　九二七頁中一四行第四字「饍」，石、磧、南、徑、清作「供」。

一　九二七頁中一四行末字「祀」，磧、南、徑、清作「飼」。

一　九二七頁中一五行第一二字「但」，磧、南、徑、清作「俱」。

一　九二七頁中一七行末字「得」，石、磧、南、徑、清作「得之」。

一　九二七頁中二一行「得脱」，石、磧、南、徑、清、麗作「解脱」。

一　九二七頁下三行至四行「能令……紫字」，徑無。

一　九二七頁下三行第七字「諸」，石、磧、南、清、麗作「他」。

一　九二七頁下三行末字「過」，磧、南、清作「遍」。

一　九二七頁下四行「吟扳」，石、徑、麗作「哈灰」；磧、南作「吟灰」；清作「呪灰」。

一　九二七頁下五行首字「大」，磧、南、徑、清無。

大吉義神呪經卷第一　讚

元魏昭玄統沙門釋曇曜譯

南無諸佛衆生眞濟於一切法得自
在者七佛眞濟毗婆尸尸棄比睐婆
阜訖羅迦孫陁迦那迦牟尼迦葉釋
師子兩足之尊有大名稱弥勒在兜
率天上與大衆圍遶我至心念過去
一切諸佛未来一切諸佛現在一切
諸佛無上法王如是一切三世諸佛
我皆歸命我悉歸依歸依於法而此
法者一切所敬歸依僧衆此衆僧者
名勝福田若少布施獲大果報是諸
如来及諸聲聞今皆歸依又復歸命
住色究竟摩醯首羅歸命首陁會天
諸阿那含天歸命梵天王世間之祖
歸命他化自在天王歸命化樂天王
歸命兜率陁天王歸命須耶門天王
歸命天帝釋歸命四方護世大王歸
命諸依地者一切鬼神歸命一切龍
乾闥婆欲界中諸王因陁樓炎羅婆
薩嵬那素摩波羅墮闍仙波闍波提
如此等今皆歸命二仙那羅達鉢婆
力令說一切義吉成呪結甘露不死
界能作五百事能使一切所為事吉
能斷一切蠱道惡呪能擁護一切世間
能令一切諸惡鬼神皆令退散一切
侵害人者盡能除滅能令一切所作
悉皆吉善能使惡者慷於怖懼
諸欲誦呪者當誠心以妙香花塗
香末香寶蓋幢幡作唱伎樂微妙之
音供養於彼滅結世尊如来清淨斷
諸煩惱斂心在定不曾馳散行四弘
誓救護一切出妙梵音雷聲遠震如
迦陵頻伽人所樂聞唯願受我㝡上
供養南無過去未来現在一切諸佛
南無毗婆尸佛尸棄佛毗舍婆佛迦羅
那迦孫陁佛迦那含牟尼佛迦葉佛
釋迦師子弥勒上首十方世界如恒
沙數多陁阿伽度阿羅呵三藐三佛
陁為諸衆生作大救護若有災患能
使善吉審如是者我今至誠運香供
養願此香氣至諸佛所即說呪曰
達遲　陁遲　阿遲　阿遲　寐遲
阿遲　那遲　弥遲
說是呪已燒諸名香蘇合香等供養

三世一切諸佛人中師子常當憶念
福祐於我復次至心燒衆名香薩闍
賴闍香等運心供養摩醯首羅天王
願此香氣至彼天宮即說呪曰
那那　那那那那　囉囉　囉囉囉囉
呵梨　阿梨帝嚟　侯羅帝　嚟帝
斯帝
復次誠心燒衆名香遍伕香等運心
供養欲界魔王有大勢力欲界之主
願此香氣達彼王所即說呪曰
豆豆　豆豆　豆豆　豆尼　豆尼
豆尼　披那　訶哆　呵尼　陁遲
摩尼　嚟帝
復次誠心燒衆名香弗迦香等運心
供養化樂天王幷化樂諸天願此香
氣達彼王所若不憶念我當頭破作
七分即說呪曰
尼梨　尼黎　尼梨　寐梨　寐黎
寐黎　脂餘　脂餘　弥脂餘　弥脂餘
復次誠心燒衆名香運心供養他化
天王願此香氣達彼王所當憶念我
即說呪曰
迦餘　婆餘那餘　呵餘　毗那餘

毗舍鵌　訶羅弥帝莎呵
復次我今誠心燒衆名香運心供養
兜率陁天王願此香氣達彼王所當
受我供即説呪曰
摩私　摩私　摩私　摩摩私
娑羅摩私　摩郍私　呵羅尼
呵冨呵　波羅尼　賀梨　寐帝
乹途　娑賀羅　莎呵
復次我今燒衆名香運心供養須耶
門天王輔相將從願此香氣達彼王
所即説呪曰
佉㢮　佉尼㢮　佉稚毗尼　薩盲遲
薩持遈地茶　㜲㜲利　乹頭婆賀羅
莎呵
復次燒衆名香運心供養帝釋三十
三天王願此香氣達彼王所即説呪曰
賀羅　賀羅　摩梨尼　遮羅私利毗
羅私利
復次燒衆名香運心供養東方提頭
頼吒天王輔相眷屬願此香氣達彼
王所即説呪曰
阿夷　婆夷　郍稚夷　郍耶尼　郍郍
郙波帝尼　波帝波羅尼　莎呵

復次燒衆名香運心供養南方毗留
勒叉天王輔相眷屬願此香氣達彼
王所即説呪曰
毗利私　毗利私　盲利私　寐利私
寐尼利私
復次燒衆名香運心供養西方毗留
愽叉天王輔相眷屬願此香氣達彼
王所即説呪曰
豆囉　鼻豆囉　鼻吟　吟寐呵吟寐
寐寐利　至寐利　至寐利帝　呵羅帝
莎呵
復次燒衆名香運心供養北方毗沙
門天王輔相眷屬願此香氣達彼王
所即説呪曰
佉稚　佉稚　佉佉稚　佉佉稚　摩稚
摩稚私　摩茶呵梨膩
復次燒衆名香運心供養大海渚中
楞伽城内羅刹之主毗沙拏願此香
氣達於彼所即説呪曰
遮利　遮利　周利　周利　帝利
帝利　婆羅尼利　婆羅呵帝尼
呵羅蜜帝　莎呵
復次燒衆名香運心供養毗摩質多

羅阿脩羅王居在海邊願此香氣達
彼王所即説呪曰
伊支　毗支　毗遮支　遮吒鵌　摩吒鵌
摩摩吒　阿羅蜜帝　莎呵
復次燒衆名香運心供養伽羅龍王
居在海中願此香氣達龍王所即説
呪曰
迦利　迦迦迦利迦　羅尼利　迦羅婆
梨尼　毗梨私利　呵羅蜜帝　莎婆呵
復次燒衆名香運心供養地神願此
香氣達於彼所即説呪曰
毗陳地㗚　毗婆陳提㗚　遮隣提梨
舍囉　摩㗚遲　摩摩囉囉遲
阿羅弥帝　莎呵
若不信我呪心裂作七分血從面門
出若不聽佛所説善法終無吉利為
病所煞身壞命終當墮地獄天阿脩
羅共相鬪戰是時帝釋軍敗退還既
入城已即作是念我今當詣婆伽婆
所求索擁護於天人中佛為最勝慈
悲救濟一切衆生不害一切常為擁
護尒時世尊在憂婆難陁山常所樂
處與大比丘衆五百人俱菩薩千郍

由他月十五日布薩之時時兩足尊
人天中上四衆圍遶如世明燈釋提
桓因與其將從百千那由他三十三
天来詣佛所頂礼佛足却坐一面一
心合掌而說偈曰
大聖世雄天人尊　常以慈心愍一切
善哉一切智導師　世間黒闇作照明
一切諸天所不達　唯有瞿曇獨知之
今我歸命大慈悲　唯願為我作擁護
尒時世尊聞此偈已告帝釋言天帝
我佛法中有結呪界法能為人天作
大擁護若有聞是結呪界法若自持
若教人持至心讀誦如說修行以呪
力故刀不能傷毒火不害能却怨敵
百由旬内無諸災患天阿修羅一切
鬼神無能越此呪界而作衰害是故
天帝應當受持是結呪法至心讀誦
不得忘失即說呪曰
闍絲　闍梨尼　摩闍絲　摩呵闍絲
摩何闍羅婆帝　阿闍利　阿者利
闍羅者利　闍㕧絲　摩絲　㕧摩
摩絲　闍囉帝　遮囉婆囉帝
者羅帝　者囉闍囉帝　郁囉帝

婆囉闍絲　伊梨　伊囉婆帝　寐梨
寐羅婆帝　合鞞唎　合鞞嘍毗利合子
翅由唎　摩呵翅由　囉婆帝
摩佉唎　摩呵　摩佉唎　呵羅
私唎　婆闍梨　婆伽踰唎　鍮囉
婆唎　婆囉婆私唎　毗私唎
私唎　私唎　私唎膩
以此實呪擁護帝主衆患都除我今
慈彼提頭頼吒龍王禋羅婆尼龍王
毗留博叉黒瞿曇龍王如意珠龍王
婆脩翅龍王檀茶波陁龍王滿賢龍
王難陁龍王名色威力身體倶大住
須弥山天阿修羅鬪時常佐帝釋而
為擁護阿那婆達多龍王阿樓泥龍
王般闍摩翅龍王得叉迦龍王阿難
提那龍王婆蔓翅龍王阿婆囉闍等
龍王大自在意龍王自在意龍王那
茶黔龍王阿波羅羅龍王等沙弥勒
迦龍王酪首龍王復有如意龍王分
陁利龍王方主龍王迦駒吒翅龍王
黔婆羅龍王阿尸婆多羅龍王如是
龍王等我皆生慈心婆翅羅龍王黔
毗羅龍王毛針龍王憂囉伽羯那龍

王牛王龍王如是等龍王我亦皆生
慈心奮耳龍王車龍王聚積龍王善
歡喜龍王猜子龍王伊羅鉢龍王禋
濫拔唎龍王如是龍王我皆生慈心
如是一頭二頭龍等我於彼所都生
慈心一切世界有足無足二足四足
多足皆於彼所生於慈心尒無足二
足四足多足諸龍夜叉及諸依地動
以不動并根生者皆莫害我以諸佛
力及正法威勢阿羅漢使我吉安即
說呪曰
郁企目企摩企　摩呵摩企　郁佉摩佉
婆囉帝　婆囉婆帝　地唎　地羅
婆帝　守婆地利　守婆那梨　那囉
婆唎那囉地毗提利叔可般茶唎
迦茶翅　迦茶脾　迦羅茶脾翅由唎
叔羅婆鼓　叔羅婆鼓　婆那鼓
婆羅婆那鼓　阿施　阿賒施　阿那
囉脾　婆羅婆囉泥　者囉　者梨尼
毗者羅涅唎　婆陁地　阿婆陁地
伊吒陁地　阿吒吒唎　阿那吒囉咃
吒齡　伊吒齡　者齡　毗茶脾　毗羅
婆囉陁　摩呵囉涅唎　婆囉陁唎

波囉陁唎波伽陁利　跛那跛那
尼吒利尼寐
說是大呪王時而此大地周遍俱時
六返震動一切鬼神阿修羅等皆大
驚怖自相謂言恠哉瞿曇大名稱者
為諸天衆說是神呪而使諸天得於
自在尒時佛告釋提桓因言假使呪
師誦持是呪結於呪界遍滿三界動
不動等無能越者四道天王有大威
力名曰摩醯首羅處在阿那舍聖果
若有不順越此呪界無有是處大梵
天王有大威德千世界主有自在力
若能不順越此呪界亦無是處魔王
波旬欲界之主欲越呪界亦無是處
他化自在天王化樂天王欲越此呪
界亦無是處僧兜率天王炎摩天王
欲越此呪界亦無是處帝釋千眼含
脂之夫欲越此呪界亦無是處護世
四天王駒毗羅提頭賴吒毗番博叉
毗留勒等欲越此呪界亦无是處復
有四王威力熾盛鳩那羅伽蘭茶毗
勒駒摑訶笠欲越此呪界亦無是處
復有四王於欲界中冢得自在帝釋

閻羅王拔留那兇羅闍波闍波提欲
過此呪界亦無是處復有四王有大威
力算尼毗呵呪帝婆留闍提呵婆帝
奢欲過此呪界亦無是處有八龍王
住於大海有大威德阿那婆達多龍
王拔留那龍王毗留勒龍王修鉢羅
龍王檄絺都龍王難陁龍王優波難
陁龍王沙伽羅龍王等有大神變如
是等龍王欲越此呪界亦無是處有
八阿修羅王毗摩質多囉阿修羅王
修質多羅阿修羅王遏花阿修羅王
苫波唎阿修羅王鉢羅度阿修羅王
茂至連達囉那阿修羅王經豆盧那
曜阿修羅王等若能不順此呪欲過
此呪界亦無是處有乹闥婆王質多
羅斯那那厨囉闍捺闍捺沙婆毗毗尸
婆塞多羅尸褰遲提婆婆七頭摩嘷
囉般者尸企乹闥婆鉢浮嘍守梵達
囉迦摩勢絺栴檀那提乹闥婆等有
大神力顏貌端正兼有名聞欲越呪
界亦無是處佛告天帝此呪何故有
是威力此呪乃是八十四億那由他
百千恒河沙數諸佛神口之所共說

我今現在亦復宣說如是呪王復告
天帝諦聽諦聽善思念之此呪之力
能為衆生作大擁護遮諸鬼神不令
嬈近所以擁護此諸人道者人道之
中能為生天作其種子能出一切諸
天勝報此處出佛此處出生聲聞弟
子此處出生諸大德仙此處出於沙
門及婆羅門此處能出鬼神若有惱
乱於衆生者能遮惡鬼不令加害故
出此呪即說呪曰
阿囉池　毗囉池　婆囉池　婆那池
婆囉毗囉毗　曇脾　曇脾　一智
毗吒智　毗囉吒智　首慧首慧　首呵
毋茶唎迦囉池　翅由唎　緊頭摩帝
陁羅　陁唎　陁囉囉遲　陁陁婆毗
達陁昌帝　囉婆阿竭囉婆帝
頻頭伽唎　囉多那闍利
說此呪時大地大海悉皆六返震動
諸鬼神等咸發大聲唱曰苦哉諸羅
剎等亦復如是共相謂言今者說呪
我等大苦欲無生路如是猛呪諸佛
所說尒時世尊復告天帝言汝今應
當護此呪界由我護念此呪緣故一

切人天無能越者復告四道面天王有大名稱住淨居天阿鄉舍慶名摩醯首羅及其眷屬輔相大臣汝等宜應擁護此呪五阿鄉舍天神通威德色身名稱悉皆具足汝等眷屬亦應擁護如是明呪尒時大梵天王從蓮花生娑婆界主眷屬輔相汝等亦當擁護此呪四禪諸天乃至梵身神通色貌名聞具足及其眷屬輔相大臣亦應擁護如是神呪欲界之主魔王波旬眷屬輔相應護斯呪他化自在天王及其眷屬輔相大臣應護此呪化樂天王及其眷屬輔相大臣應護斯呪炎魔天王眷屬輔相應護此呪兜率天王眷屬輔相應護此呪帝釋千眼舍脂之夫眷屬輔相應護斯呪

大吉義神呪經卷第一

壬寅歲高麗國大藏都監奉

勅雕造

大吉義神呪經卷第一　第十三張　讃

大吉義神呪經卷第一

校勘記

一　底本，麗藏本。

一　此經金藏及麗藏本分爲四卷，石、資、磧、南、徑、清分爲二卷。

一　九三四頁上一行經名前右下方，石有「天慶八年」四字一行。

一　九三四頁上一行「第一」，諸本（不包括普）無。下同。

一　九三四頁上二行「昭玄統」，資無，下同。

一　九三四頁上四行第一三字「賖」，石、資、磧、南、徑、清作「賒」。

一　九三四頁上一六行第五字「自」，資、磧、南、徑、清作「大自」。

一　九三四頁上一八行第一二字「大」，資、磧、南、徑、清作「天」。

一　九三四頁中一行第八字「成」，資、磧、南、徑、清作「神」。

一　九三四頁中八行第九字「唱」，資、磧、南、清作「倡」。

一　九三四頁中一四行第九字「佛」，資、磧、南、徑、清無。

一　九三四頁下一四行第九字「弗」，資、磧、南、徑、清作「佛」。

一　九三五頁上四行第三字「供」，資、磧、南、徑、清作「供養」。

一　九三五頁下二〇行「天人」，資、磧、南、徑、清作「人天」。

一　九三六頁中八行第三字「實」，資、磧、南、徑、清作「寶」。

一　九三六頁中九行第一二字「尼」，資、磧、南、徑、清作「尸」。

一　九三六頁下四行第二字「拔」，資、磧、南、徑、清作「伏」。

一　九三七頁上一九行第一二字「亞」，資、磧、南、徑、清作「陵」。

一　九三七頁中一行第三字「王」，磧、南、徑、清作「主」。

一　九三七頁中三行第一三字「娑」，資、磧、南、徑、清作「婆」。

一　九三七頁中一一行第一〇字「花」，徑、清作「睺」。

一　九三七頁中一六行第八字「捺」，磧、南、徑、清無。

一　九三七頁中一六行末二字及一七行首二字「毗尸婆塞」，資、磧、南、徑、清作「尸婆蜜」。

一　九三七頁中一八行第二字「般」，石作「那」。

一　九三七頁中一八行第九字「鉢」，資、磧、南、徑、清作「鉌」。

一　九三七頁中一九行第九字「提」，資、磧、南、徑、清作「是」。

一　九三七頁中二二行第七字「是」，資、磧、南、徑、清作「有」。

一　九三七頁下四行首字「嬈」，資作「繞」。

一　九三七頁下一九行「曰苦」，資、磧、南作「曰善」；徑、清作「言苦」。

一　九三八頁上一四行「炎魔」，資、磧、南、徑、清作「焰魔」。

一　九三八頁上一六行末字「呪」，此處諸本不分卷。

大吉義神呪經卷第二　讃

元魏昭玄統沙門釋曇曜譯

護世四王典領四方提頭賴吒領乹闥婆衆有九十一子皆名曰帝娑貇端正有大威力眷屬輔相應護此呪毗留博叉領究槃荼衆九十一子皆名曰帝娑貇端正亦有威力眷屬輔相應護斯呪毗留勒王領諸龍衆九十一子皆名曰帝眷屬輔相應護此呪毗沙門王領夜叉衆九十一子同名曰帝眷屬輔相應護斯呪此四天王合三百六十四子能護十方復有天帝名因達羅次名盤羅婆嘍郁穌摩婆羅沓婆闍波闍波提夜叉鬼衆汝等皆應擁護斯呪有八龍王阿郁婆達多龍王拔留郁龍王毗留勒龍王修鉢羅龍王擮絺都龍王難陀龍王優鉢難陀龍王娑伽羅龍王等眷屬輔相應護此呪有八阿修羅王毗摩質多羅阿修羅王修質多羅阿修羅王羅睺阿修羅王苦婆利阿修羅王鉢羅度阿修羅王茂至連達羅阿修羅王郁緾豆盧阿修羅王郁荼阿修羅王等眷屬輔相應護此呪有釋提桓因典領四維大梵天王典領上方質多羅斯郁乹闥婆王等晝夜歸勤無有懈惓擁護呪界夜叉主將摩尼跋達羅弗郁跋達羅長辟長髮曠野鬼善意財富般闍迦與法護法酪首般至于含羅盧摩及大面等闍尼沙迦如是諸鬼神通色力名稱具足眷屬輔相咸皆擁護持呪之人即說呪曰

闍羅眺翅　摩訶娑他咩　首婆岐
鉢羅拔唎絺帝　涅闍私帝　阿三
弥埱柢　阿霜柢　敳弥比不鵌

說是呪時大地震動鬼神之衆唱苦状諸羅剎等咸作是唱各相謂言今此呪力破壞我等將無活路如此猶呪三佛陁說若在村落若在城邑若在田野諸鬼神皆無住處況復得食佛告帝釋過去無量无數阿僧祇刧我於尒時初發菩提心當於尒時北方有香山我於彼山在南面住作世俗仙名善音我於尒時巳得離欲獲

得五通當於尒時結此神呪朝結此
呪終日安隱若復夕結竟夜安泰尒
時彼心往至他所由不結呪有百千
夜叉羅刹鳩槃茶富單那毗舍闍等
又有一羅刹身體長大滿千由旬面
廣百由旬牙長五十由旬眼二十由
旬吐舌滿十由旬身如黑雲猶如大
山一出入息傷害數百千人唯為殘
殺都無慈心遥見仙人修於苦行敢
食菓根闍萵羅果而飲泉水不食餘
食清淨行意欲往加害斷其命根然
彼仙人有大威德膽勇成就尋憶此
呪而彼羅刹不敢加害佛告阿難欲
知彼時仙人豈異人乎我身是也佛
告帝釋汝應受持是神呪王讀誦憶
念若有沙門婆羅門若天若魔若梵
一切世間為呪所護而有衆惡來侵
擾者無有是處若天若龍若乹闥婆
阿修羅鬼神鳩槃茶緊那羅迦樓羅
餓鬼夜叉羅刹金肩狂顛鬼阿鉢私
摩羅富單那辟舍支摩樓多月星灾
熱病極熱病如是諸惡欲伺其便求
其過患欲侵害者无有是處若被繫

閇應死之者誦讀此呪降伏謫罸自
此已下乃至鞭杖瞋責由誦呪故盡
有差降佛告釋提桓因以是之故應
自擁護若護於他應當受持如是神
呪即說呪曰
三蔓尼喇槃摩呵牌祇　摩呵嚧祇
摩呵他弥　摩呵者咩　阿周離
阿周羅者咩　阿周浮那陁　囉散足
說是猛勇呪已鬼神夜叉衆皆出大
聲咸作是言怯哉大苦羅刹亦然我
等之衆將無生路諸鬼神等尚不得
住況復飲食
毗婆尸佛在無憂樹下尸棄佛在分
陁利樹下毗舍善佛在娑羅樹下迦
羅迦孫佛在尸利沙樹下迦那迦牟
尼佛在欝曇婆樹下迦葉佛在尼居
陁樹下釋迦世雄在畢鉢羅樹下是
諸如来依此諸樹成等正覺七佛世
尊有大神力長夜擁護是持呪者使
常安吉於逐常曰并諸宿會都无凶
患等同於吉一切諸佛有大威德一
切羅漢皆盡諸漏不受後有如是諸
聖我今歸依以此實語擁護帝主延

祚無窮即說呪曰
闍摩泥　闍摩泥　摩尼咩　摩尼咩
質致唎尼蜜利　蜜唎　尼離
摩羅　質致唎　摩羅伽唎呼
離呵離　蜜離　蜜離　蜜梨斯
寐寐　梨祢　阿訖羅　摩泥
摩訖囉泥　悉地　悉喇　悉喇
呵呵喇　者岐者岐尼　呵私呵唎
私尤咩　無咩　北迦尤咩　北迦尤
弥離　弥離　陁囉弥離　陁囉拏
陁唎　毗質泥　質多羅　摩離摩
指祢　頻頭摩支　那支那支離
多多祢　毗摩祢摩羅摩羅陁
舍昌羅企　合羅者離者囉摩羅支
說是呪已大地震動依地諸鬼悉皆
駭怖一切諸龍一切乹闥婆及放逸
天持花鬘天曲脚天宮殿天四大天
王三十三天及帝釋焰摩天兜率陁
天化樂天他化自在天梵音天梵淨
天淨居天果實天不煩天不熱天善
見天善現天色究竟天悉皆震動首
陁會天亦皆震動摩醯首羅有大威
德共五淨居阿那含天俱至佛所頭

面礼足却住一面而說偈言
歸命佛世雄　正覺兩足尊　瞿曇所知見
諸天所不逹
如来善說結呪之界猶如甘露我今
亦樂助佛說呪我所說呪威猛極惡
擁護一切世間衆生柔伏一切諸惡
鬼等我今頂礼於世尊足唯願導師
慈愍於我哀受我呪世間之災能作
種種無量衆形能作怖畏能作種種
衆多恐怖能使世人心意倒錯亦使
顛狂使諸男女驚怖惶悸噏其精氣
我今為欲制此諸惡故說此呪讁罰
夜叉及諸鬼神諸惡徒衆使不害人
即說呪曰
涅唎泥　涅㘑拏波帝　尼婆唎
鄁呼呵唎嵇　婆者唎嵇　者羅婆羅嵇
毗唎毗　唎毗迦　毗囉　迦囉　迦囉婆迦
迦畢羅　憂兌羅　欝多囉泥　憂鉢
囉泥　憂兌囉尼　憂兌莎唎　憂仙
伽呼　郁負達唎　憂囉婆唎　憂囉
者唎　阿兌頼斯　憂羅婆唎
憂婆支　憂負提　憂尤離　憂陁地
憂伽池　憂婁斯　憂羅岐　憂呵泥

憂輸唎　負負唎　憂兌負唎　毗囉
婆唎　尸囉鄁斯尸羅婆囉嵇膩
憂尤離　牟侯離　者羅斯　毗者四
斯鄁斯毗鄁斯　者伽尼　伽囉婆尼
伽囉沮唎伽鄁婆　鄁嵇唎　嵇羅婆
唎拏
當說是呪時三千大千世界六種震
動一切鬼神亦皆駭怖盡生猒惡咸
出大聲稱言怯𢦏苦𢦏羅刹亦尒夜
叉夜叉女緊鄁羅建陁羅摩陁顛狂
鬼阿修羅摩留陁龍并諸一切能害
物者悉皆驚動鬼衆悉壞咸作是言
摩醯首羅說是惡呪使我等无有生
路若持是呪所在城邑聚落一切惡
鬼悉皆捨走出百由旬外能為帝主
作大擁護禳諸災患衆善盈集應於
四十里中結作呪界人天鬼神無能
越者此呪亦是諸佛所說越此呪者
必獲衰惱當有沸血從面門出心當
燋熱而得病遂至於死身壞命終墮
阿鼻地獄由違呪故此呪真實无有
虛妄尒時有梵衆梵中尊與色界万
七千梵圍遶来至佛所礼佛足已在

一面坐所說偈言
我今歸依讚大智　能證寂勝甘露法
滅結寂上大正覺　如是瞿曇我今礼
善說此經三佛陁　功德具足護一切
廣濟衆苦與安樂　一切鬼神皆摧伏
我於世間為宗主　我寂能滅諸鬼神
我於衆生為其父　於千世界得自在
我今助佛欲說呪　諸天世間共印封
我今印封無能越　正覺垂矜憶念我
即說呪曰
憂佛褅　毗佛褅　佛褅　佛褅利
鄁囉也離　鄁摩也　摩離摩離
摩摩泥　摩羅斯　南茂斯　南無
呵泥　鄁者梨　摩鄁者梨　摩可
也梨　摩囉婆梨　摩躭地梨泥
問地梨　尸梨摸阿足梨　毗無可足離
毗達羅　斯毗曷達囉斯
脎陁離　婆囉達帝達羅尼　摸可尼
勿達囉可尼　毗勿地梨尼　佛呵娑梨
娑囉娑離　鉢囉娑離波囉拏娑離
羅婆伽囉娑帝　弗梨尼離　弗唎
弗利　尼離鉀尼囉鉀　含囉羅脵

羅毗離　毗羅毗梨毗囉利　毗呵那唎
旃達囉尼唎　尼囉　羅陸　羅婆喋
那囉地　那囉捺地　那羅斯
說是呪已三千世界六返震動夜叉
羅剎乾闥婆須拔拏那鵄富單那毗
舍闍餓鬼建達羅阿脩羅摩樓多聚
那羅究槃茶等阿跋摩羅之所為災
恐怖之事此諸鬼神揚聲大叫作是
唱言今聞此呪鬼神之衆即自散壞
是諸人等皆以梵王印印此住處大
梵天願發此呪此呪住處諸鬼神等
悉不得住一切人身猶如金剛此呪
經者名為梵天所說諸鬼聞已於諸
方面各自散走此呪若於所在城邑
官府住處諸惡鬼等皆不得住不能
伺求得其便也況復加害以此呪力
願令帝主獲大擁護使得無上安善
利吉以此呪界若一由旬二三四五
由旬一十二十五十一百至千由旬
隨於日月所照之處久近時節結於
呪界隨所住處周帀十方若有能越
此呪者頭破作七分心自劈裂我等
諸梵所作呪界今已訖竟第六魔王

波旬將無數魔天往至佛所頂礼佛
足在一面坐衆坐以定合掌向佛而
說偈言
我今歸命大道首　兩足之尊寂勝覺
諸寂滅中為第一　是故我今稽首礼
說是偈已即白佛言世尊諸梵佐佛
說呪界經我今欲助佛說呪為欲饒
益一切世界擁護人天故說斯呪若
聞於我說是呪者夜叉羅剎悉皆遠
走百由旬外我於昔来初未曾更以
清淨心至佛邊我今為礼人中師
子說結界經故至佛所我於欲界行
住動中并及人天為自在主其餘衆
生住欲界者及餘鬼神種種別類夜
叉羅剎令一切駈使遠避我今以胡
芥子白胡芥子擲著火中能使鬼神
都如火然當說此呪極為大驗即說
呪曰
什婆利　什婆利都是婆利　鉢羅
什婆利　什婆羅　什婆羅　什婆羅
私唎　什婆羅尼利離　呵什婆羅尼
欝婆頭婆離　阿那婆沙波婆離
什婆離帝　什婆離尼尼　什婆離帝

什婆羅帝　摩什婆梨柰尼　憂利肌
憂梨迦達唎　郁六迦目企　什婆羅
目企　什婆羅舍婆唎　闍羅膩阿其
尼羅　尤唎　什婆唎　槌茶波離
尤弥離　什婆離　什婆羅　什婆囉離
那羅離　什婆梨尼　什婆羅斯
子史緇　什婆䖍　那史鯔　什婆盧
迦羅婆什婆離　軸迦什婆離
欝豆娑迦羅什婆離　摩離什婆
摩離摩呵什婆離　那摩什婆梨私
說是呪時夜叉羅剎皆大火然一切
鬼神咸皆火然各出大聲唱言苦哉
舉聲啼哭此諸鬼等於十方面悉皆
迸走盡受大苦猶墮地獄諸鬼神等
咸作是言今說是呪斷滅我等尒時
魔王語諸鬼言速出我界汝若出界
身體安樂無諸患苦若有此呪處若
城邑聚落及諸官府皆不得住若越
此界身即火然此魔所說呪結界經
欲說呪時當言魔所說呪以結於界
結此呪界乃至日月都盡此界乃盡
於十方面各結呪界隨所結處鬼神
羅剎身盡火然令為帝主為作大救

護為作守　視得無上安隱諸有日月
之灾諸天之灾夜叉羅刹諸鬼等灾
盡使除去
尒時化樂自在天與諸天眷屬来至
佛所頂礼佛足却坐一面說偈讚佛
歸命上大夫　具足大智尊　解脱諸煩惱
憐愍衆生故　說甘露呪界　摧伏諸鬼神
擁護有命者　我亦欲助佛　宣說大猛呪
唯願三佛陁　哀愍憶念我
即說呪曰
私離　毗私離　毗私羅　婆尼畀離
弥離睺茶羅婆帝　婆囉羅帝
囉羅私　毗羅私　郍羅郍私　郍羅
闍摩離呵羅唎郍囉離毗囉離
闍羅尼離呼　羅郍離　波羅賜
波㒓多畀　多畀尼　毗婆羅離
大尼大尼陁羅婆地唎婆囉　賜郍
羅賜　多郍利畀　多呵唎尼
唎致唎致　伊到伊弥味　羅弥致
伊羅呵致　吒吒　吒唎尼
說是呪時大地震動夜叉羅刹諸鬼
神等出大音聲唱言大苦時他化自
在天而作是言呪之住處若城邑聚

落以此呪勢汝等鬼神皆不得住況
其飲食此大猛呪能断汝等又是一
切鬼神所牢閉處能滅一切諸為患
者若違此呪汝等便為墮於地獄以
此呪力擁護帝主使得善利能遮力
杖解諸灾患日月將食而得解脱復
有他化天王將無數諸天来至佛所
頂礼佛足在一面坐合掌向佛而說
偈言
我今歸命讚　堅實大精進　寂勝不思議
是故今敬礼
佛已說是結界大呪經已饒益世間
及諸天人我今亦欲助佛讚說結界
呪經決定熾㦸勇猛可畏為擁護一
切諸衆生故摧伏一切諸悪鬼故諸
鬼神等聞是呪已不復能害於諸衆
生即說呪曰
呵㗚呵㗚呵㗚　毗㗚毗㗚　毗郍賜
呵呵呵　尤尤　呼呼㗚　者㗚者㗚
者羅尼　呵郍泥　毗離尼離　毗㧊池
迦池迦池　迦茶脾　迦茶迦茶脾
毗茶茶　大大離　伽離　舊唎　摩摩
茂唎　毗尼㧊提　婆羅　頼提陁陁羅

婆囉婆羅郍唎呼唎　毗闍毗視
㧊唎　婆羅㧊帝頼思比頼私　毗郍
羅私　毗脂　者至尼阿郍支婆郍支尼
優婆利尼迦利　摩利　摩尼　摩梨
摩訶呵唎　摩郍呵利尼　賓伽利迦
畀利畀利
說是呪已大地震動夜叉羅刹衆拘
睺茶富單郍等亦皆狂顛死建大遶
神龍及金翅阿脩羅等出大音聲時
他化天而作是言若諸城邑聚落并
及官府呪所集處一切鬼神皆不得
住而復不得有所侵惱於諸衆生若
有侵惱諸衆生者為呪所縛受諸衰
惱若有違失此神呪者血從面出苦
惱而死墮於地獄善樂率陁天王有
大名稱及其眷屬一切諸天往至佛
所頂礼佛足退坐一面合掌向佛而
說偈言
歸命讚歎世所供　歸命無上世大師
歸命斷結世勇猛　能拔一切諸毒箭
寂勝寂滅解脱尊　能解一切諸纏縛
世尊說是寂上呪界我今亦欲助佛
說呪佛說呪界人天之中無與等者

億數諸天聞說是呪者各皆隨喜威　大吉義神呪經卷第二　第十五張　讃字号
光熾盛故說斯呪若聞於我說是呪
者夜叉羅剎悉皆避走百由旬外呪
所住處若城邑聚落國土方面夜叉
羅剎鬼神之衆不能惱害彼持呪者
無能伺求令得其便先所憶經我今
欲說決定必能擁護一切即說呪曰
遮難　喝唎　茂唎　茂唎　毗唎
毗呼唎　呼唎　呼唎　呼唎　旱利
旱利　舊旱利　舊旱利　舊嘍
奮嘍　尤嘍　尤嘍　波帝　波帝
郁帝　郁帝尼唎　尼利　伽利
伽利　舊利　舊利　者盲　者盲
者利　者利　尸唎　尸唎　摩帝
摩帝　尤婁　尤婁　婁婁　負婁
負婁　他利　他利　輸利　輸利　頗唎
頗唎　頗唎　頗唎　副副唎尼　也帝
也帝　郁絺郁絺　私唎　私唎　婆唎
婆唎　伊嚌　伊嚌　蜜齭　蜜齭　毗齭
毗齭　叱唎　叱唎　叱齭　叱齭　味咩
味咩　毗齭　毗齭　負味負味　郁羅
郁羅　羅斯　羅斯　界唎　界唎
其齭其齭　不齭　不齭　尼企　尼企
企尼　企尼　毗企　毗企　羅視囉視　大吉義神呪經卷第二　第十六張　讃字号
婆唎尼
說此呪已大地震動百千夜叉出大
音聲一切鬼神依樹依地及城郭中
聞是威猛呪已極大恐怖舉聲號哭
各自散走結此呪界處若城邑聚落
尚不得住況復飮食聞此滅結之呪
設有違者得於逆罪以此呪力能護
帝主為作歸依除其衰患

大吉義神呪經卷第二

大吉義神呪經卷第二

校勘記

一　底本，金藏廣勝寺本。

一　九四〇頁中一三行第三字「名」，石、資、磧、南、徑、清作「名曰」。

一　九四〇頁中一五行第四字「應」，資、磧、南、徑、清無。

一　九四〇頁中二一行第九字「苦」，石、資、徑、清、麗作「苦」。

一　九四〇頁下四行末字「歸」，石、資、磧、南、徑、清作「般」；麗作「愍」。

一　九四〇頁下七行第七字「般」，石作「那」。

一　九四〇頁下七行末字「酪」，資、磧、南、徑、清作「略」。

一　九四〇頁下一五行第一三字「唱」，石、資、磧、南、徑、清、麗作「唱言」。

一　九四〇頁下一七行末字「猛」，石、資、磧、南、徑、清、麗作「猛」，下同。

一　九四〇頁下一八行第八字「村」，石、資、磧、南、徑、清作「聚」。

一　九四〇頁下一九行「鬼神」，石、資、磧、南、徑、清、麗作「鬼神等」。

一　九四一頁上三行第三字「心」，資、磧、南、徑、清、麗作「仙」。

一　九四一頁上一〇行第五字「蓄」，資、磧、南、徑、清作「婆」。

一　九四一頁上一一行「清淨」，資、

磧、南、徑、清作「修清淨」。

一　九四一頁上一二行第八字「膽」，石、資、磧、南、徑、清、麗作「膽」。

一　九四一頁上一七行第一二字「惡」，資、磧、南、徑、清、麗作「恐」。

一　九四一頁上二二行第九字「惡」，資、磧、南、徑、清作「怨」。

一　九四一頁中一一行第一一字「伏」，資、磧、南、徑、清作「受」。

一　九四一頁中一四行第八字「佛」，麗作「薩」。

一　九四一頁中一九行第一〇字「是」，資、磧、南、徑、清作「見」。

一　九四一頁中二〇行第五字「還」，資、磧、南、徑、清作「經」。

一　九四二頁中一〇行第一〇字「羅」，資、磧、南、徑、清作「究」。

一　九四二頁中一三行第九字「使」，資、磧、南、徑、清、麗作「使於」。

一　九四二頁中二〇行第五字「病」，石、資、磧、南、徑、清、麗作「重病」。

一　九四二頁下一行第四字「所」，石、資、磧、南、徑、清、麗作「而」。

一　九四三頁上四行「三千」，石、資、磧、南、徑、清作「三千大千」。

一　九四三頁上八行第九字「楊」，資、磧、南、徑、清、麗作「揚」。

一　九四三頁上二二行第二字「呪」，資、磧、南、徑、清作「呪界」。

一　九四三頁上末行第四字「作」，資、磧、南、徑、清作「住」。第九字「訖」，資、磧、南、徑、清作「說」。

一　九四三頁中四行第六字「道」，資、磧、南、徑、清作「導」。

一　九四三頁中七行第六字「今」，資、磧、南、徑、清、麗作「今亦」。

一　九四三頁中一五行第四字「今」，磧、南、徑、清作「令」。

一　九四三頁中一五行末字至一六行第二字「胡芥子」，石、麗無。

一　九四三頁下末行第一一字「爲」，資、磧、南、徑、清無。

一　九四四頁中五行第七字「主」，資、磧、南、徑、清作「王」。

一　九四四頁中五行末字「力」，石、資、磧、南、徑、清、麗作「刀」。

一　九四四頁中六行「將食」，徑、清作「薄蝕」；麗作「將蝕」。

一　九四四頁中一三行末字至一四行第二字「界呪」，資、磧、南、徑、清作「呪界」。

一　九四四頁下一四行第一二字「面」，磧、麗作「面門」。

一　九四五頁中七行末字「呪」，資、磧、南、徑、清作「呪說」。

一　九四五頁中九行第九字「衰」，資、磧、南、徑、清作「災」。

一　九四五頁中末行「卷第二」，石、資、磧、南、徑、清作「卷上」。且資於其後有夾註「舊元釋教錄載四卷今此藏只分作二卷」；磧於其後有夾註「舊作四卷今作三卷」。按「三卷」係「二卷」之誤刻。

大吉義神呪經卷第三　讃

元魏昭玄統沙門釋曇曜譯

尒時焰摩天王及其眷屬往至佛所頂礼佛足在一面坐合掌向佛即說偈言

歸命於大智　堅實功德聚　牟尼天人尊
無上法中王　瞿曇世大師　故我今敬礼

三佛陁說能與持呪之人作大利益我今亦欲說是神呪唯願世尊憶念於我為欲擁護一切衆生柔伏一切諸鬼神等即說呪曰

者利斯　毗者利斯　婆鞞斯　毗鞞斯
波波梨　波波斯　鞞鞞嚟　鞞鞞斯
毗者支　者羅支　摩摩支　摩羅支
摩大七　陁者囄　目呵囄　毗呵囄
呵囉離　毗羅囄　毗婆離　多羅離
多羅斯　毗多離　多利尼　吟唎吟
言唎吟　寐唎寐　波羅寐　唎私唎
呵鞞唎　呵鞞唎　婆羅婆遮　婆羅
毕遮　婆囉者唎　婆羅拏私
婆羅呵私　毗離尼唎　毗囄言言
婆囉舍施　婆羅拏施

說是呪時大地震動神鬼之衆皆大驚怖出聲大叫皆言大苦甚可猒惡若城邑聚落國土有此呪處一切鬼神尚不得住況復飲食此大猛呪是焰摩天王之所宣說如此呪典諸佛世尊之所顯說此結呪經所住之處都無鬼神能為衰害作大擁護百由旬内除諸怖畏及以鬪諍口舌讒嫌乃至兩陣共戰之時交刃相向由此呪力使不害身一切怖畏悉得消滅如佛世尊永離怖畏帝主亦尒以呪力故離諸恐懼

尒時帝釋為三十三天作自在主與其眷屬往詣佛所即整衣服為佛作礼合掌向佛而說偈言

我今歸命聖實尊　法王智光照世間
能以正法導一切　大慈大悲救三界
濟度一切諸衆生　大聖瞿曇我今礼

善說此經而此經者是諸正覺之所顯現我今亦欲助佛說呪唯願世尊憶念於我我所說呪能遮諸鬼我當禁制諸鬼神等使不惱害一切世人呪所住處使諸鬼等不得其便即說

呪曰

毗遮毗　毗遮毗　鞞荼毗　鞞荼毗
毗利遮　毗利遮　婆鞞遮　婆鞞遮
呵呵呵　吁吁吁吁　尤尤尤尤　尤嘍
尤嘍　尤羅脾　毗羅脾　婆羅羅尼
羅羅羅尼　羅者支　婆離　鞞陁羅尼
陁羅池　羅羅池　毗頗利私　婆陁利私
寐利私利　婆羅遮斯　鞞羅婆離
尤寐離　跛羅呵離　跛陁呵離　毗陁
呵離　毗婆呵離　嘍嘍咤離　負嘍
咤離　婆羅咤離咤離　鞞羅荼離
鞞鞞荼離　投投荼離　嘍細荼離
阿鞞荼離　尤嘍荼離　荼拏羅地
毗舍羅池者摩羅荼離

說是呪時大地震動巨海波蕩出大惡風日月星辰凝住不行興雲注雨鬼神之衆皆大驚怖迸走四散聞此呪者一切鬼神皆無活路諸鬼神等自相謂言釋提桓因說是明呪章句若國邑聚落我等都無住處諸鬼至處身皆火然其所到處受大苦惱辟如地獄若有越是天王呪者身壞命終當墮阿鼻若越此呪而不隨順如

違佛語等無有異如佛辯欲能越此呪而此神呪是過去諸佛之所顯現擁護帝主利益安隱諸衰災患悉皆除滅若有災害鬬是呪名皆生驚怖百由旬内消滅無餘日所行處所有鬼神皆不能得侵害世人
尒時毗沙門天王與諸鬼衆前後圍遶往至佛所頭面礼已右遶而坐合掌說偈
歸命大聖智光明　離諸三有正導師
分别諸有及涅槃　是故歸命真實尊
我今亦欲助佛說　願當憐愍憶念我
有諸夜叉羅剎鬼等作種種形師子爲虎鹿馬牛驢駝羊等形或作大頭其身瘦小或作青形或時腹赤一頭兩面或有三面或時四面鹿毛竪鬃如師子毛或復二頭或復剪頭或時一目鋸齒長出扈脣下垂或復嶫鼻或復耽耳或復蹙項以此異形爲世作畏或持矛戟并三奇叉或時捉劒或捉鐵椎或捉刀杖揚聲大叫甚可怖懼力能動地曠野鬼神如是之等百千種形阿羅迦夜叉在彼國住爲彼

國王是故名爲曠野之主於彼曠野國中有善化處凡有二十夜叉鬼母彼諸子夜叉等身形姝大甚有大力能令見者生大驚懼普皆怖畏又復能使見者錯乱迷醉失守猖狂放逸飲人精氣爲諸人民作此患者今當說彼鬼母名字
跋達郍　跋達囉婆帝　郍多　阿嘍郍
婆嘍郍　難陁波頭摩　婆頭摩婆帝
絁賒呵帝耶賒　婆娑婆　但郍達多
婆達囉　達多婆私多　婆私目企
郍多　婆郍多　蔭郍多　羅婆
郍提囉　郍軸富佉羅
說是名已彼鬼母等來至佛所毗沙門王白佛言世尊是鬼神等是我眷屬皆礼瞿曇是等夜叉以此呪力謫罰禁制使不惱害即說呪曰
佛呵邏邏郍　尤尤嘍他　阿斯　摩迦斯
郍郍離　婆囉　伽泥　婆羅　伽泥
伽羅泥　伽羅呵離　迦疋離　疋羅
摩袛　摩摩伽羅　摩摩羅羅離
呵郍囉佉泥　丘嘍光嘍　婆吒求離
伽郍羅斯絺毗　絺毗摩呵　娑囉剎

優嘍剎　毗嘍剎　栴荼利　達囉毗
頭郍囉郍　舍離　羅私利　殺囉羅
私利　呵利私剎　婆陁伞剎　大囉郍
羅帝婆郍賒羅郍利　羅囉　嘍嘍
剎剎　囉羅　離離　多嘍　多嘍
帝帝帝帝　摩摩摩摩　寐寐寐寐
其嘍　其嘍　其嘍　其嘍　者者者者
吉吉吉吉　摩帝摩帝　佉佉佉佉
棄棄棄棄　丘丘丘丘　佛利佛利
佛剎
說是呪已大地震動時諸夜叉鬼神之衆悉皆驚動自相謂言今說此呪我等鬼神將無活路由毗沙門說是明呪所住之處國邑聚落百由旬内一切鬼神不得其便以此呪力擁護帝主使諸災患皆自消滅天神之災人非人災悉得解脫
尒時提頭賴吒天王有大名稱與九十億郍由他乹闥婆眷屬圍遶來詣佛所頭面礼已右遶而坐以偈讚曰
寂滅無爲最上尊　調伏諸根志清淨
自得解脫亦脫彼　解脫一切生死輪
已自得度亦度他　能度生老及病死

寂上調伏諸外道　今礼二足天人尊
時諸天世界梵世界乾闥婆世界人
世界動不動世界如是諸界一切無
能與佛等者能說如是大呪界經安
樂利益一切世間我亦隨喜亦欲說
呪使諸夜叉羅刹鬼等咸皆遠走百
由旬外今當助佛說此呪經擁護一
切摧伏一切諸惡鬼神唯願世尊憶
念於我即說呪曰
羅池　羅羅池　摩摩遐毗　離毗
黎尼　毗羅毗　毗尼那地　瀰瀰蘭地
佉勢　摩佉勢　摩摩佉勢　佉那地
那茶企　摩佉池　摩呵摩佉池
佉私唎　佉那　私利　尼毗　婆羅毗
唎毗　毗利疋疋　疋唎利疋那唎
跋囉婆池　遮佉池　吒佉齬　吒佉
吒囉　佉羅毗　辛視利視利　嘍受
嘍闍　毗闍　那闍囉泥　闍摩那　是
婆闍囉婆闍　呵唎呵闍　那闍婆
闍唎
說是呪已三千大千世界猶振寶器
相觸作聲一切鬼神乾闥婆羅刹日
月五星一切世間能為灾者皆大戰

大吉義神呪經卷第二　第七張　讀

恐諸大天王咸言快哉大呪之王結
無上呪為寂上呪呪所住處城邑聚
落官府之處百由旬內都無衰患諸
惡徒衆盡不得住而此呪經即是四
大天王之所供養能為人天作大擁
護又為帝主能作無上大獲吉利
尒時毗留勒天王領諸究槃茶與九
十二那由他究槃茶衆眷屬圍遶來
至佛所礼人中尊右遶而坐合掌向
佛而說偈言
救濟一切世間苦　能與无量衆生樂
今礼如是滅結尊　能歸佛者得无畏
歸命世雄能度世　我今敬礼人中尊
鬼神之衆究槃茶　一切世人及非人
諸能惱害如是衆　今為禁制願佛念
諸非人等皆應聽　今我為世作擁護
即說呪曰
迦滯婆地　阿羅祇　毗羅祇　阿遮
羅報　阿遮建提　婆闍蓮兮　阿羅
伽泥　婆羅伽泥　伊帝弥知細　阿邏
婆羅賖泥　波帝度帝　弥知帝　皮知
弥細　阿遮伽賖　阿遮伽賖　波遮伽賖
阿斯目推　阿斯目地　阿牟羅細

大吉義神呪經卷第二　第八張　讀

遮茶　娑黎泥　遮遮攴賖
說是呪已大地震動百千夜叉出大
音聲而作是言快哉善說大呪諸呪
中上善能和合結此呪界摧伏諸鬼
護諸衆生此呪住處若國邑聚落官
府之處諸惡鬼等無能惱害亦无伺
求得其便者是故應當受持讀誦此
呪為擁護故應當秘藏世間及天應
當結界百千由旬內此大呪王若有
鬼神越此界者其心破裂當為七分
此鬼面門當沸血出身壞命終墮阿
鼻獄
尒時毗留博叉諸龍之王有大力勢
與八十那由他龍來詣佛所礼佛足
已在一面坐合掌說偈
歸命於佛善說者　如來善導諸衆生
能與一切衆眼目　滅結大師我今礼
善說此經度衆苦　無上法王衆中尊
能護一切諸世間　能遮一切諸惡鬼
我今亦欲助說呪　唯願世尊憶念我
即說呪曰
阿斯　阿婆斯　陁斯　陁婆斯隱
阿那斯　阿衆賖　婆羅羅細　遮羅遮

大吉義神呪經卷第二　第九張　讀

旃陁羅鄉　鄉支鉌　鄉鄉支鉌　遮羅
羅遮　鄉遮泥　鄉鄉遮泥　毗睞遮鉌
毗婆遮鉌　陁羅尼　遮羅泥婆鉌
婆鄉鄉婆鉌　婆鄉鄉鉌　呵羅細
毗羅細　陁細　摩細　鄉栖鉌　私呵
栖鉌　遮遮羅遮羅　鄉羅鄉
說是呪時大地震動巨海波蕩周遍
俱時六種震動一切鬼神咸皆驚怖
失聲大叫聞此事已天王歡喜一切
諸鬼皆從坐起而作是言嗚呼大呪
遍千世界結是大呪諸天鬼神無能
越者
尒時毗浮沙羅剎王與九十鄉由他
羅剎眷屬圍繞來詣佛所此羅剎面
如大雲五色斑駮其鬚强硬如師子
尾麁脣促鼻牙齒參差如是醜惡極
大可畏其眼正黃如似獼猴耳長如
驢復有躭耳發大音聲哮吼可畏齊
聲唱叫能動大地各各皆能於須臾
頃殘害百人但食人髓噏其精氣如
是惡衆共至佛所即礼佛足合掌說偈
世尊大慈拔毒箭　如是寂勝我今礼
能導世間諸衆生　法王妙法如甘露

善說此經護一切　今我歸命讃世雄
我亦助佛欲說呪　唯願世尊憶念我
巨海邊際有大住處名曰善化多有
金銀真珠馬瑙水精琉璃并有頗梨
及毗琉璃我等所居有此好寶而於
彼處有六十羅剎長鬚黑鬚極惡大
音無畏人天不驚於外速得能得願
佛念我其名曰
頗闍拔闍　波頭摩　鄉闍鄉羅闍
難途䟣摩　難提賖　鉢摩波地
難提羅婆　拔達鄉　難提拔達鄉
尼沙　尼沙翅沙　盧陁羅婆帝
富鄉羅　阿提尼沙　難徒多羅
遮延地　遮闍鉢　毗鄉沙　毗闍延大
毗羅婆　崟陁泰　脩鉢羅提摩
脩羅多　須多　婆羅多　賀邏多鄉邏
毗羅闍　毗蘭陁羅　栴陁邏曰　阿樓
婆鄉　婆婁鄉　婆邏　優婆羅　伽地
鄉荼羅　羅閻羅　婆羅羅闍　栴陁
羅婆　優羅婆　脩羅　脩羅提陛
優婆提陛　婆羅羅闍　脩羅提陛
提毗羅　郁伽羅羅　郁伽剎羅
郁伽羅　牟邏　婆羅大　婆羅婆帝

恭光大　阿光鄉大　阿邏陁聚
阿車邏　阿婆邏　阿鄉闍
是等羅剎一一各有一億夜叉以為
眷屬皆有自然飲食天人阿脩羅不及
彼鬼所有之女我有如是眷屬今礼
於佛我當禁制惡衆勇猛進止與其
謫罰使不害人即說呪曰
呵呵呵呵　拔羅　拔羅　拔羅　多多
多多　鄉鄉鄉鄉　㖿㖿㖿㖿　弥弥鉌
弊鉌弥鉌　目帝　毗目帝　阿地鄉地
優尤鉌　牟尤鉌　求烋鉌　弊弊鉌
頗羅憄　頗鄉羅細　婆婆鉌　毗呵
婆鉌　婆刪陁乾地　伽邏鄉邏
鄉鄉邏　婆羅婆羅　囉囉囉囉囉
囉囉囉　羽盧　羽盧　羽盧　羽盧捎
羽盧鄉　婁泥　羽盧羅細　羽盧　羽盧
羽盧　羽盧細　羽敷鉌　于摩鉌　拘地
拘地　頗佉槃　伽羅億　伽羅　阿伽憄
阿羅億　摩羅伽槃　摩鄉伽伽鉌
摩鄉　伽槃摩摩伽槃　施離弥鉌
說是呪已一切羅剎皆大驚怖發大
音聲咸作是言我等於今為此神呪
禁制所持都不得動不得自在无有

住處我羅剎王今者遣諸羅剎女衆
皆使速去諸方鬼神皆悉不得侵惱
世人
尒時毗摩質多羅阿脩羅王有大威
力與六十六億阿脩羅等而自圍遶
至于佛所札人中尊合掌說偈
稽首大精進　世間之真濟　能放智光明
照於世間闇　阿脩羅不了　如來悉通達
亦欲助佛說　唯願憶念我　為護諸衆生
力能禁制鬼
即說呪曰
摩帝摩帝　摩摩帝　地帝　陁多
阿郍陁𧿹摩腜脾　居帝　郍帝
究多帝毗帝　娑羅羅　郍羅婆尼
婆羅婆泥　阿帝　羅帝𧿹　羅浮
巻泥　尤迷尤迷　休休迷　豆迷
豆迷　頭頭迷　譚膣　譚婆伽𢚩　遮弥
遮弥遮弥　摩摩羅歧　毗細　丘細
河泥　河郍細　毗佉泥　毗羅泥　質多
羅波帝　摩郍羅巻　呵遮賜　遮遮
羅賜
說是呪時大地震動諸鬼神等悉皆
驚怖失聲大叫而作是言佐我大苦

佐我大苦阿脩羅摩囊多鬼神夜叉
諸星宿單郍等亦尒此經所住之處
若國邑聚落諸惡鬼神不得中住不
得飲食無有能得伺求其便百由旬
內無諸衰患毗摩質多說是明呪

大吉義神呪經卷第三

辛丑歲高麗國大藏都監奉
勑雕造

大吉義神呪經卷第三

校勘記

一　底本，麗藏本。
一　九四七頁上一行「卷第三」，石、資、磧、南、徑、清作「卷下」。
一　九四七頁上四行第五字「在」，資、磧、南、徑、清作「住」。
一　九四七頁中一六行第五字「聖」，磧、南、徑、清作「堅」。
一　九四八頁上三行第四字「主」，資、磧、南、徑、清作「王」。
一　九四八頁上三行第一二字「患」，資、磧、南、徑、清作「害」。
一　九四八頁上一五行「作青」，資、磧、南、徑、清作「青赤」。
一　九四八頁上一九行第六字「聳」，資、磧、南、徑、清作「促」。
一　九四八頁上二〇行「奇叉」，資、磧、南、徑、清作「歧戈」。
一　九四八頁中一〇行第三字「呵」，資、磧、南、徑、清作「阿」。

一九四八頁中一〇行第五字「耶」，資、磧、南、徑、清作「那」。

一九四八頁中一二行末字「娑」，資、磧、南、徑、清作「婆」。

一九四八頁中一三行第五字「軸」，資、磧、南、徑、清作「轉」。

一九四八頁中一五行第二字「王」，資、磧、南、徑、清作「天」。

一九四九頁中六行第五字「主」，石、資、磧、南、徑、清作「王」。

一九四九頁中六行第一一字「獲」，資、磧、南、徑、清作「護」。

一九四九頁中七行第五字「勒」，資、磧、南、徑、清作「勒叉」。

一九四九頁下七行第五字「者」，資、磧、南、徑、清作「者也」。

一九四九頁下九行第五字「千」，磧、南、徑、清無。

一九五〇頁上一一行「是大」，磧作「大是」。

一九五〇頁上一八行第四字「躭」，資、磧、南、徑、清作「瞻」。

一九五〇頁中一二行第三字及一三行第六字「尼」，資、磧、南、徑、清作「尸」。

一九五〇頁中一四行「遮闍鉢」，石、資、磧、南、徑、清作「遮闍鉢婆」。

一九五〇頁中一五行第三字及二〇行第二字、二一行第五字「娑」，資、磧、南、徑、清作「婆」。

一九五〇頁中一七行第一一字「曰」，石、資、磧、南、徑、清作「目」。

一九五〇頁中一八行第一字「婆」，資、磧、南、徑、清作「沙」。

一九五一頁上五行第九字「羅」，資、磧、南、徑、清作「羅王」。

一九五一頁中二行第二字「星」，資、磧、南、徑、清作「貌」。

一九五一頁中末行經名，石、資、磧、南、徑、清無，未換卷。

大吉義神呪經卷第四

元魏昭玄統沙門釋曇曜譯

時娑伽羅龍王與九十一子及諸龍
圍遶往詣佛所頭面礼足瞻仰尊顔
一心合掌以偈讚曰
歸命世所讚　㝡上無與等　三界大導師
能示正道者　成就大威德　永滅煩惱結
人中之勝龍　一切衆生父　於无量刧中
具真實功徳　力能摧衆魔　魔軍悉退散
所證無上道　難可得思議　能轉妙法輪
顯現四真諦　演斯真要法　解脫衆苦縛
說大結界經　利益諸天人　諸惡鬼神等
聞佛說呪經　悉皆遠逃避　百百由旬外
說是偈已復白佛言世尊我今亦欲
助佛說呪摧伏鬼神除諸灾患即說
呪曰
鄉地鄉地　鄉地婆鉢　婆羅羅地
質多羅睇　鼻多羅睇　毗鄉摑鉢
檘隨鉢　闍駃　摩登祇瞿利　虬隨利
婆尸利　摩訶婆尸利　婆尸羅隨　隨羅
婆尸　隨鄉狸鉢　阿帝　阿叱帝　吒吒
吒吒　姤姤姤姤　智智智智　毗知智

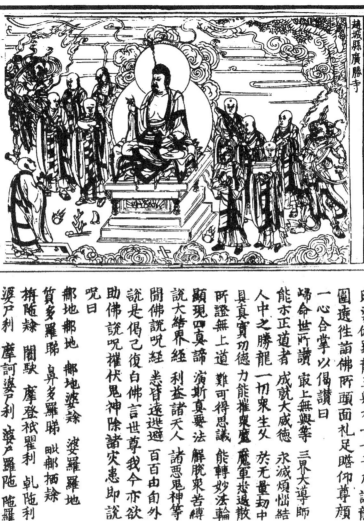

吒摑弥　弥摑弥　弥智弥智　羽黎羽黎
毗羽黎　鄉羅鄉雉　鄉隨隨鉢　鉢鉢
說是呪曰大地諸山三千世界六種
震動一切諸天皆悉歡喜三佛隨顯
現此經城邑聚落官府諸處此經所
在百由旬内不得中住如此猛呪過
去諸佛之所顯現使為帝主作大擁
護無諸灾害作一切吉祥一切衆患
悉皆消除
尒時地神往至佛所頂礼佛足說偈
讚曰
我今歸命大悲慜　能盡一切諸苦際
能救衆生令解脫　能與一切諸安樂
誰得聞此善妙說　而當不生歡喜心
是深妙說為天阿脩羅之所供養我
今亦當助佛說是明呪勇猛必行即
說呪曰
度弥度弥　度度弥　度弥　護弥護弥
呼呼呼呼弥　呵羅沙鉢　呵達茶
呵呵邏娑隨鄉娑邏　支隨隨鉢
質埵婆羅泥　婆滞婆他婆帝
婆泥　婆婆婆泥呵羅婆帝　遮鉢
羅睇　鉢羅昇賜　奴羅　㳂㲉婁賜

毗陁婆帝　陁婆尼迦　婁昇尼
摩陁泥　摩訶摩陁尼　斯斯細　奇細
說是呪已大地諸山并及大海恙皆
震動夜叉鬼神衆號呼失聲唱言嗚
呼嗚呼怪哉怪哉羅刹亦尒此經所
在國邑聚落官府諸處百由旬内我
等不得住在其中結呪界周帀千由
旬内尒時佛放眉間光明光名感悟
大光遍照三千大千世界一切衆生
覩斯光者盡皆感悟如来所說諸園
菀神諸井泉黄池神根神果神地神
龍神阿修羅放逸天持花鬘天曲脚
天乗空夜叉乹闥婆羅刹鬼神究槃
荼毗舍闍富單那餓鬼緊那羅陸生
龍曠野神揵陁神顛鬼狂鬼癎鬼日
月星辰護世四天王三十三天焰摩
天兜率天化樂天他化自在天魔天
魔眷屬天梵輔天大梵天少光天無
量光天光音天少淨天遍淨天無量
淨天不廣身天不熱天善現天色究
竟天摩醯首羅天此等諸天過斯光
已皆自見身盡被五縛以佛神力令
諸天衆一切同時飛来向佛礼世尊

足在一面坐如来尒時即變大地化
成金剛一切世間無能壞者復化十
方恙皆火起尒時世尊即以佛眼觀
此三千大千世界誰有不来集在會
者諦觀察已見此世界無有一人而
不来者即說呪曰
闍𨾏　摩𨾏　闍羅摩𨾏　摩𨾏泥
伊𨾏　難𨾏　阿難　摩難　鄰難
鄰羅鄰難　鄰難𨾏　難婆𨾏　敷羅
鞞𨾏　鞞鞞𨾏　𣲷梨　𣲷鄰　𣲷泥
髀鄰婆伽𨾏　婆伽𨾏　昇泥頗栖
頗羅頗栖　頗求迷　頗羅頗羅　頗求
迷求𣲷𨾏　頗𨾏鞞　頗羅地　賀羅羅
地穌羅帝毗　穌羅地　優浮地
涅浮地　浮梨浮地　婆羅泥𨾏
泥梨羅弥𨾏　摩訶羅𨾏　摩訶鄰𨾏
嗚羅闍泥𨾏　泥泥羅𨾏　牟𨾏月帝
阿羅羅億　毗羅億　羅羅億　羅闍
羅億　羅闍頗𨾏
說此呪已天龍阿修羅夜叉羅刹皆
大驚怖生於猒患身毛皆竪不樂聽
是結大呪界欲陷形去地如金剛不
得陷入周帀火然猶如地獄此諸大

衆皆住空中一心聽呪即說呪曰
郁去　目去　郁去郁去　去郁去郁佉去
駈弥𨾏　駈弥細　駈駈弥細　駈步
駈步路　步去　步佉步　佉郁佉步
佉雷　駈羅細　丘摩摩泥　駈駈摩泥
跋跋摩𨾏　跋跋𨾏　佉羅佉　跋𨾏
佉郁佉泥𨾏　佉婆婆佉梨泥　毗佉地
佉陁婆億　婆婆嘆　婆郁佉膩
嘆泥𨾏　嘆栖𨾏　嘆嘆栖𨾏　髀嘆嘆
栖𨾏
說是呪已而此大地動遍動等遍動
摇遍摇等遍摇六返震動諸鬼神等
見是事已皆失聲大嗷唱言嗚呼怪
哉自相謂言是等天王共說此呪我
等今者无有生路斷絶一切諸鬼神等
尒時摩醯首羅白佛言世尊如来所
說結呪界經若自能持若教人持若
有讀者一切皆應離於婬欲修於梵
行不食五物一黒石蜜二油三蜜四
魚五肉終身不食若誦是呪諸夜叉
羅刹恒伺其便為作惱害或時輕蔑
為遮鬼敌於五種味斷而不食若有
外道邪見之人不信此呪詐偽誦讀

者必損其壽如來為欲護四衆故說
是呪經我今亦欲助佛說呪即說呪曰
盧頭娑細　盧頭娑帝　盧呵𦁃
羅婆婆羅泥　盧遮𦁃　盧陁遮𦁃
嗚呵羅地　盧細　盧栖泥　盧盧栖泥
盧池羅呵泥　盧陁羅呵𦁃　盧盧
呧泥　盧盧呵𦁃
盧多邪　佉盧　浤路浤路
牟郍浤路　牟賀可邪
牟陁遮𦁃　遮遮𦁃　餘利餘利
遮遮𦁃　毗遮帝
說是呪已空中諸天其心調伏還下
在地寂然聽法尒時世尊為諸天衆
說諸法要亦教利喜聞是經時無量
郍由他衆生遠塵離垢得法眼淨諸
有夜叉羅刹究槃茶毗舍闍於佛法
中不生信者為驚動故如來尒時即
出右脇亦大地獄見地獄中燒炙責
爛而命不絕諸此罪人惡業未盡命
則不斷佛告大衆如斯地獄楚毒無
量是以汝等不應作惡諸鬼神等見
大地獄心生驚怖身毛皆竪五體投
地而白佛言世尊我等從今已往當

受五戒復白佛言佛涅槃後正法滅
時若持如此結呪界經夜叉羅刹來
輕蔑者當使其心劈裂七分者有大
沸血從面門出命終當墮無間地獄
不可救濟佛告阿難汝當受持讀誦
是結呪界經恭敬礼拜汝等天人當
知過去諸佛亦說是呪未來諸佛亦
說是呪現在十方諸佛亦說是呪界
經我今復說是大結界神呪之經即
說呪曰
奚奚迷　奚奚迷　弥梨迷　摩訶弥
梨迷呵羅𦁃　呵羅𦁃　呵羅𦁃
般遮炎　𦁃波遮羅遮　囉囉　奚羅遮
遮羅遮羅摩遮吒羅　摩吒羅郍
摩訶因陁羅牟羅郍牟羅郍邏
遮陁婆邏　婆邏郍　闍大囉䭾阿迦細
郍迦細　郍細　郍羅郍細毗婆　郍細
奚利𦁃速𦁃　毗陁𦁃
說是呪已十方火焰悉皆變滅一切
大地還伏如故諸天大衆皆悉右遶
礼佛而退佛說經已諸比丘比丘尼
及大菩薩阿難等歡喜頂受
佛告阿難若有讀誦此經者當常食

乳淨自洗浴著鮮潔衣於一切人不
生嫌心於諸衆生當生慈心於佛像
前作諸天龍王像及餘鬼神皆畫形
像以牛糞塗地作七重界場中央
著諸花鬘燒百一種香為佛燒穌合
香薩闍賴闍香與摩醯首天咄迦香
與梵天遮迦香與魔王多迦羅香與
化樂天阿具婁香他化自在天婆羅
娑香與兜率陁天脩冨婁香與焰摩
天牛王香與帝釋勝香與四天王零
陵香與伽羅龍王熏陸香與毗摩質
多阿脩羅王郍賴娑香與毗浮沙羅
刹王多利婆香與地神甲香與地夜
叉神毗羅貳香與放逸天郍賴陁香
與十方鬼神
如是等燒百一種香各各於彼天像
前燒誦此呪者右膝著地一百八過
燒香於天前各塗地作七處呪場在
此場上發大誓願捨自己身與三世
佛有夜叉羅刹不信於佛欲害呪者
滅結界經為遮惡故應當捨身與佛
願諸如來憶念於我當令明者身如
金剛一切世間無能壞者五體投地

頂礼佛巳應誦是呪應向四方散胡麻子當誦此呪一百七遍當誦呪時淨居善現天當現身在其人前身真金色彼天安慰誦呪之人彼誦呪人應當驚悚彼諸天等各入已形像之中慰喻呪人而告之言善哉善哉汝之所誦結呪界經今得吉成我等為汝隨汝所作汝於我前不應驚怖以金色身立呪者前安慰之言善哉善我能誦此呪我等今者為汝僕使為汝所役此是結界勸成就相誦此呪時應以月十五日及月滿時夜誦令利隨意所樂若園菀若宮殿若大池若河邊若有餘食若乘騎衣服花鬘諸香等物皆毗首羯摩天之所化作在誦呪人前若求雨時燒霍香供養婆伽羅龍王呪四枚石有龍住處呪石擲中天即降雨若族姓子族姓女隨其所須雨之時節乂近能稱其意若有欲得如意寶珠於佛前向娑伽羅龍王像應詣生藕華池應所燒香供養龍王七遍誦是結呪界經應於池所呪場之中佛形像前作五種音

樂而為莊嚴

尒時娑伽羅王即於佛前與如意珠得此珠巳能雨珎寶尒時四方應有火起尒時應以穌和娑利沙子寘於火中應誦魔王呪若欲闘戰求勝敵者應七遍燒香以七色縷結為七結七遍誦呪當應以此結繫幢頭設有刀箭欲來向身自然墮落終不傷害欲結界者諸天王所燒香供養在香烟上七遍誦呪復燒香以十色縷結作七結以娑利沙擲寘火中諸夜叉羅剎咸自見身自然火然界內有樹以此呪縷繫於樹上若復欲使日月住者此呪神力亦能住之終不能得越此呪界若欲得烏乘馬乘駱駝乘於塚間作諸呪具應以脒香供養毗沙門誦此呪經尒時便得種種隨意所乘若欲使夜叉羅剎於月二十九日在塚間著白淨衣以香烟供養四大天王若欲動地應著白淨衣不嫌恨意於一切衆生心生平等應上車輪上以多利娑香供養地神誦此呪經大地震動若欲使火不損起把箭誦呪

誦呪巳竟即以此箭向四方所射火即不起若為毒箭所中應誦此呪水以所呪水飲之洗浴毒即消除若欲隱形應以香供養摩醯首羅天王以七色縷繫作七結七遍誦呪以結繫頭置之頂上即得隱形若欲飛行應百遍誦此結呪界經呪娑羅幾子以置頂上燒香供養念佛地功德若此神呪實是恒沙諸佛之所說者願我飛行即能飛行諸佛憶念護持力故若欲使諸王大臣沙門婆羅門歡喜憶念得自在者應燒香供養四大天王當呪於油以此油塗四王像口一切見者皆生歡喜而得自在若欲見一切鬼神夜叉提婆利沙油塗巳眼燒香供養四大天王日日誦念此結界經以四色縷結以四結繫著頂上得如意見若往到處處天所與諸天等相娛樂者應自洗浴以香塗身著白淨衣上車輪上於諸衆生無嫌恨意燒一切香讀誦此經欲界天王自來現身在其人前即將其人詣諸天前以天莊嚴之具而莊嚴之以天音樂

而娛樂之者為一切鬼神所著所捉
者喻人精氣者應以十色縱七過燒
種種香七遍誦經繫縱作七結摩醯
首羅天王梵衆之主釋提桓因四大
天王還益其精氣除造逆罪及謗正
法謗毀賢聖者若彼惡鬼毀誦呪者
當墮無間泥犂受苦一劫不可救濟
若欲入火火不燒者應七遍燒香燒
一切香七遍誦此呪經以五色縷繫
作百結以呪縷繫著咽下入大火中
火不能燒欲得斷除獸道媚蠱及毗
陁羅呪應以香供養魔王誦此呪經
以酥婆利沙燒擲火中誦魔王呪一
切獸蠱蠱道毗陁羅呪消滅如灰令
彼諸惡無有力勢呪詛之患自然不
行欲止惡風暴雨者當駈鳥令去燒
烏操窟以香供養毗浮沙羅利王誦
此呪經止惡風雨一切鬼神夜叉羅
刹究槃荼金翅鳥毗舍闍若欲禁制
遮一切惡立一切善當誦讀是大結
呪界經以赤縷繫作百結以香供養
諸天諸天等當集在一處為其說法
佛言我涅槃後諸天集會誦此呪能

使鬼神皆受五戒若誦持此經者於
諸衆生應慈心平等不害一切恒修
實語終不虛誑見此結呪界經一切
諸天世間皆應恭敬礼拜不生疑惑
歸依供養佛告阿難汝於此經呪界
不應生疑此經如實終無虛妄若懷
疑者當墮無間地獄受苦一劫不可
救濟所以者何此結呪界經是一切
諸佛之所宣說阿難若有受持讀誦
此經者以曾供養諸佛殖諸善根諸
佛護故此經自然來在手中此人即
是受經真器持此經者天人世間皆
應礼拜供養恭敬此持經者即是天
人世間塔寺阿難若為菩提族姓男
女於此經中能讀一四句偈受持讀
誦若教他說如彈指頃心生隨喜當
知此人必定當得菩提之道若求辟
支佛若求聲聞乗能信解者於現在
世得止諸漏若在家於三乗未有決
定得此經者得於决定若有能持是
經典者當知供養過去諸佛深種善
根無量世中當作轉輪聖王若求帝
釋無量世中當得帝釋若求梵王無

量世中當得梵王我以决定記上四
種人若有讀誦經人所於彈指頃生
惡念者此愚癡人名為遠離一切諸
佛於三乗中即無種子此人當墮地
獄阿難若有善男子善女人信解是
呪界經使他讀誦作此經器者此人
即成就梵福若不信此經者諸天即
隱此經何以故此人必生不信疑惑
之心當生惡道墮地獄中首陁會天
當奪此經礼拜香花供養若能供養
此經即為供養恒沙諸佛阿難汝以
是故應當受持此經為於安樂利益
擁護四衆阿修羅及諸弟子聞佛所
說歡喜奉行

大吉義神呪經卷第四

大吉義神呪經卷第四

校勘記

一　底本，金藏廣勝寺本。

一　九五三頁中一行經名、二行譯者，石、資、磧、南、徑、清無，未換卷。

一　九五三頁中三行「九十一子及」，石、資、磧、南、徑、清作「九千億那由他」。

一　九五三頁中一三行「百百」，石、資、磧、南、徑、清、麗作「至百」。

一　九五三頁下三行第四字「曰」，石、資、磧、南、徑、清、麗作「已」。

一　九五三頁下一三行第一三字「安」，資、磧、南、徑、清作「快」。

一　九五四頁上四行第八字「號」，資、磧、南、徑、清作「叫」。

一　九五四頁上四行末字至五行第七字「嗚呼嗚呼怪哉怪哉」，石、資、磧、南、徑、清作「嗚呼怪哉嗚呼怪哉」。

一　九五四頁上一一行第六字「黄」，磧、南、徑、清、麗作「潢」。

一　九五四頁上一二行第五字「羅」，石、資、磧、南、徑、清、麗作「羅神」。

一　九五四頁上一八行第五字「梵」，資、磧、南、徑、清作「梵衆天梵」。

一　九五四頁中末行末字「大」，資、磧、南、徑、清、麗作「天」。

一　九五四頁下末行「詐偽誦讀」，資、磧、南、徑、清作「詐爲讀誦」。

一　九五五頁上一五行「塵離」，徑、清作「離塵」。

一　九五五頁中三行第一二字「者」，資、磧、南、徑、清、麗無。

一　九五五頁中八行第一三字「呪」，資、磧、南、徑、清作「呪結」。

一　九五五頁中二〇行「大地」，磧、南、徑、清作「天地」。

一　九五五頁中二〇行第四字「伏」，資、磧、南、徑、清作「復」。

一　九五五頁下五行第一一字「佛」，資、磧、南、徑、清無。

一　九五五頁下六行第一〇字「首」，石、麗作「首羅」。

一　九五五頁下七行第四字「遍」，石、麗作「遮」。

一　九五五頁下八行第五字「具」，資、磧、南、徑、清作「貝」。

一　九五五頁下八行第八字「他」，石、資、磧、南、徑、清、麗作「與他」。

一　九五五頁下一一行第四字「伽」，資、磧、南、徑、麗作「娑伽」。

一　九五五頁下一二行第八字「娑」，磧、南、徑、清作「婆」。

一　九五五頁下一七行末字「過」，石、資、磧、南、徑、清、麗作「遍」。

一　九五五頁下一八行第四字「天」，磧、南、徑、清作「天像」。

一　九五五頁下二二行第一一字「明」，石、資、磧、南、徑、清、麗作「呪」。

一　九五六頁上二行第九字「七」，石、麗作「八」。

一　九五六頁上一四行第六字「餘」，石、資、磧、南、徑、清、麗作「飲」。

一　九五六頁上二〇行第九字「於」，

資、磧、南、徑、清、麗作「應於」。

一　九五六頁上二一行第一一字「應」，資、磧、南、徑、清、麗作「河」。

一　九五六頁中四行「沙子」，石作「沙婆子」；資、磧、南、徑、清作「娑婆子」。

一　九五六頁中四行第一三字「寘」，石、資、磧、南、徑、清、麗作「置」。

一　九五六頁中一五行第一三字「於」，石、資、磧、南、徑、清、麗作「應於」。

一　九五六頁中二二行第四字「娑」，石、資、磧、南、徑、清、麗作「婆」。

一　九五六頁下一行第一〇字「四」，資、磧、南、徑、清無。

一　九五六頁下二行第一二字「呪」，石、資、磧、南、徑、清、麗作「呪呪」。

一　九五六頁下六行第三字「頂」，資、磧、南、徑、清、麗作「項」。

一　九五六頁下一五行第七字「婆」，資、磧、南、徑、清作「娑」。

一　九五六頁下一七行第七字「以」，石、資、磧、南、徑、清、麗作「作」。

一　九五六頁下一七行第一二字「頂」，資、磧、南、徑、清作「項」。

一　九五七頁上四行第一三字至五行第二字「四大天王」，石、資、磧、南、徑、清作「四天大王」。

一　九五七頁上一〇行第五字「呪」，石、資、磧、南、徑、清、麗作「此呪」。

一　九五七頁上一一行「厭道媚蠱」，資、磧、南、徑、清作「厭魅蠱道」；麗作「厭道魅蠱」。

一　九五七頁上一三行第二字「穌」，資作「蘇」，磧、南、徑、清作「酥」；麗作「穌」。

一　九五七頁上一四行「蛊蛊」，資、磧、南、徑、清作「魅蠱」。

一　九五七頁上一五行第九字「咀」，石作「詛」。

一　九五七頁上一七行第二字「摷」，資、磧、南、徑、清、麗作「巢」。

一　九五七頁上一七行第一二字「利」，資、磧、南、徑、清、麗作「剎」。

一　九五七頁上二二行第四字「天」，資、磧、南、徑、清作「天王」。

一　九五七頁中五行「此經呪界」，資、磧、南、徑、清作「此結呪界經」。

一　九五七頁中六行第一〇字「無」，資、磧、南、徑、清作「不」。

一　九五七頁中一二行第三字「經」，資、磧、南、徑、清作「持」。

一　九五七頁中一三行「此持」，石、資、磧、南、徑、清作「持此」。

一　九五七頁下一三行「修羅」，石、資、磧、南、徑、清、麗作「難」。

一　九五七頁下末行「卷第四」，石、資、磧、南、徑、清作「卷下」。

佛說文殊師利法寶藏陁羅尼經　讃
大唐南印度三藏菩提流志譯
如是我聞一時婆伽梵在淨居天宮
與大菩薩摩訶薩衆及無量淨居天
子前後圍遶供養恭敬尊重讃歎瞻
仰如来是時世尊正於衆中為諸大
衆說陁羅尼無量妙法復為利益未
来世中薄福諸衆生故便入三昧名
曰演光於其頂上放無量種種光明
其光旋環照無量无邊諸佛世界照
已却来遶文殊師利童子便入於頂
其光從頂入已文殊師利即入三昧
名曰陁羅尼自在王入此三昧即從
口中出無量種種色相光明其光出
已便入金剛密迹主菩薩頂中尒時
金剛密迹主菩薩即從座起偏袒右
肩右膝著地向佛合掌恭敬頂礼瞻
仰尊顔而白佛言世尊往昔為我說
如是言我法滅後於贍部洲惡世之
時文殊師利廣能利益無量衆生當
作佛事唯願世尊為我分別演說於
何處住復於何方而能行利益矜愍
擁護諸衆生故願為說之
尒時世尊告金剛密迹主菩薩言善
男子乃能為諸有情發問於我善哉
善哉汝今諦聽諦聽善思念之我今
為汝分別演說是時金剛密迹主菩
薩聞佛語已歡喜踊躍整理衣服一
心受聽
尒時世尊復告金剛密迹主菩薩言
我滅度後於此贍部洲東北方有國
名大振那其國中有山号曰五頂文
殊師利童子遊行居住為諸衆生於
中說法及有無量諸天龍神夜叉羅
刹緊那羅摩睺羅伽人非人等圍遶
供養恭敬於是世尊復告金剛密迹
主言是文殊師利童子有如是等无
量威德神通變化自在裝嚴廣能饒
益一切有情成就圓滿福德之力不
可思議復告金剛密迹主言文殊師
利有陁羅尼㝡勝極秘密心真言并
畫像及湯拏羅印法於後末世佛法
滅時惡法增長諸灾興起如此之時
於當来世贍部洲中薄福少智諸衆
生輩惡業增長五行失序陰陽交錯

風雨不調惡星變怪天人修羅鬬戰
競起天人減少修羅增長種種諸災
如此之時流行於世惡鬼下降變為
女形與諸衆生作種種病所謂喉閉
疔瘡疥癩腹痛瘧病或一日二日三
日四日乃至七日一發或患風黃痰
癊或三病俱起頭痛瘡腫眼痛大
小便澀諸雜等病其惡鬼神或變身
為豺狼虎豹師子之身種種諸狩於
世間中攝諸衆生噉諸精氣威失力
羸如此之時贍部洲中無量衆生橫
遭枉死縱有諸醫不能救療如此世
時一日之間有三十尾末囉數是故
金剛我今令汝轉與衆生說此陁羅
尼法使展轉受持何以故此贍部洲
所有衆生常發菩提大善願心我輩
何日能得離此煩惱苦海無明愛獄
是故令汝常教化廣為流布令於佛
塔及三寶處發正信心修學善業勿
赴非法孝順父母尊重師長於諸賢
善生奇特想恒以花香百味甘膳供
養恭敬尊重讚嘆誦此冣勝陁羅尼
七日七夜每日授八關齋戒此諸陁

羅尼亦須念誦尒時如來大悲愍念
即說是廣深智雷音王如來陁羅
尼曰
曩謨尾補攞没地儞鼻囉蘗哩耳哆
邏惹(子攞反)野怛他誐哆野　怛你也(二合)他
尾補攞蘗耳　帝尾補攞娑嚩(二合)𡄷
尾補攞踰你勢阿曩攞細　阿曩攞
娑誐底孕(二合)誐帝娑嚩(二合)訶
次說除一切障如來陁羅尼
曩莫薩嚩你(引)嚩羅拏尾惡劒(二合)
毗儞哆他誐跛野　怛你也(二合)他係冥
係冥係莽係娑嚩訶
次說阿弥陁如來陁羅尼
曩謨弭哆婆(去)野怛他蘗哆野　怛你
也(二合)他阿蜜哩都納婆(二合)吠(微閉反)阿弭
哆三(去)婆(去)吠(亦如前)阿弭哆尾訖𠻮(二合)
帝娑嚩(二合)賀
次說功德處如來陁羅尼
曩謨虞(上)拏(引)迦囉(引)野怛他蘗哆野
怛你也(二合)他誐誐曩(引)𡄷誐誐曩(三去)
婆(去)吠誐誐曩吉底(丁以反)羯𡄷娑嚩
(二合)賀
次說遍覆香如來陁羅尼

曩莫三(去)滿多彦(上)馱(引)野怛他蘗哆
野怛你也(二合)他(引)三(去)麼(引)三銘　娑
嚩(二合)賀
次說難勝行如來陁羅尼
曩莫阿跛囉(引)尒多尾訖囉(二合)麼
麼蘗尒多誐(引)弭甯怛他(引)蘗路野
怛你也(二合)他麼麼銘娑嚩(二合)賀
次說除愓如來陁羅尼
曩謨麼曩娑播(二合)娑(去)(引)野怛他蘗
哆野怛你也(二合)他麼拏(鼻聲)尾舜(入)遮
麼拏(鼻聲)尾戍(引)陁寧娑嚩(二合)賀
次說斷一切障如來陁羅尼
曩莫薩嚩没馱冒地薩怛嚩南曩
莫薩嚩窣𦬇(引)嚩(十)囉拏尾史劒毗
捉怛他蘗多夜囉賀帝　三藐三(去)
毋馱野　怛你也(二合)他　濕吠帝迦囉陛
入嚩(二合)里底曳娑嚩賀　漸婆寧娑
播婆寧謨賀寧娑嚩賀報(引)拏
哩(引)迦(引)野娑嚩賀護銘達摩達麼
進哆曳娑嚩賀達𡄷尾達𡄷迦羅尾
孕迦噌哆曳娑嚩賀扇帝詰(上)寧
祢(入)嚩(引)跛捉娑嚩賀杜噌杜噌
尾杜噌地曳娑嚩賀鉢納麼娑嚩

𠸪鉢納麼三婆吠枳迦𠸪呬單迦哩
引曳娑嚩二合賀
次說月光菩薩陁羅尼
曩莫薩嚩沒馱冐地薩怛嚩南怛
你也二合他戰捺囉鉢囉陛戰娜曩主
囉拏剡邏娑嚩底薩嚩沒馱地瑟
耻跢拏謨你泥以反帝娑嚩二合賀
次說文殊師利菩薩陁羅尼
曩謨阿引去哩夜二合曷祖祖皆反室哩曳冐
地薩怛嚩二合野怛你也二合他惹子札反戓惹
曳惹野臘吠惹野摩賀麼娑嚩二合賀
次說觀自在菩薩陁羅尼
曩謨阿引哩夜二合嚩路枳帝濕嚩二合
囉引野冐地薩怛嚩野怛你也二合他
誐誐曩引滞誐誐曩三母蘖帝誐
誐曩尾訖囒帝曀尒銘尒麼惹銘
尒娑嚩二合賀
次說普賢菩薩陁羅尼
曩謨阿去哩野二合三去滿多跛捺囉二合
野冐地薩怛嚩二合野怛你也二合他係
跛𠸪二合摩賀跛捺𠸪二合阿底跛捺𠸪
二合尾誐多囉引惹子擽反細摩賀尾誐多
囉引惹細係縻嚩底羯麼引嚩囉拏

鼻聲尾戍引陁寧娑嚩二合賀
次說弥勒菩薩陁羅尼
曩謨阿引哩野二合昧怛哩二合夜野冐地
薩怛二合嚩野怛你也二合他昧怛哩二合
昧怛哩二合怛囉麼引曩細娑嚩二合賀
次說虛空藏菩薩陁羅尼
曩莫阿引哩野二合乞灑二合野摩多𧙓
冐地薩怛嚩二合野怛你也二合他阿引乞灑
二合𧙓普阿乞灑二合曳普阿乞灑二合野羯
麼尾戍引陁寧普娑嚩二合賀
次說無盡意菩薩陁羅尼
曩莫阿引哩野二合乞灑二合野摩多𧙓
冐地薩怛嚩二合野怛你也二合他阿引乞
灑二合𧙓普阿乞灑二合曳普阿乞灑二合曳普
阿乞灑野羯麼尾戍引陁寧普娑嚩賀
次說維摩詰菩薩陁羅尼
曩莫阿引哩夜二合尾摩攞吉多曳冐地
薩怛嚩二合野怛你也二合他引吉底跢薩
嚩尒乃囉底吉底跢薩嚩尒嚩曰囉
二合迦𠸪嚩曰囉二合娑跛嚩曰囉二合陛娜
迦𠸪娑嚩二合賀
次說除一切障菩薩陁羅尼
曩莫薩嚩頓引嚩囉拏鼻聲尾瑟劒

鼻捉尼貞反冐地薩怛嚩二合野怛你也二合
他引薩嚩引嚩囉拏鼻聲尾瑟劒鼻聲
孃娑嚩二合賀馱覩尾迦孃娑嚩二合賀
迷伽重尾娑普吒泥娑嚩二合賀阿去嚩
止多迦引曳娑嚩二合賀麼攞捺娜渥
娑嚩二合賀冐地孕誐娜娜渥娑嚩二合
賀羯麼你寧逸反嚩引比多迦曳娑嚩二合
賀瞻迦引囉引麼引曳娑嚩二合賀庾去
誐佐引曳娑嚩二合賀薩嚩沒馱毗色
訖多引曳娑嚩二合賀沒囉憾銘跛麌矣
上荼引去曳娑嚩二合賀薩嚩達摩鼻
色訖多引曳娑嚩二合賀薩嚩沒馱
鼻瑟跓跢曳娑嚩二合賀瞻迦失唱
誐引曳娑嚩二合賀阿失陵誐引曳娑
嚩二合賀阿步引路曳娑嚩二合賀阿
三去步引路曳娑嚩二合賀薩嚩𦖋驅
去引鉢捨滿泹娑嚩二合賀
次說月光童子陁羅尼
曩莫戰捺囉二合鉢囉二合婆去引野矩麼
引囉步路野怛你也二合他鉢囉二合陛
鉢囉二合婆去引嚩底達摩尾舜入地
婆𪘂上覩銘娑嚩二合賀引
尒時佛告金剛密迹主菩薩言若有

善男子善女人念誦此十八大陀羅
尼者七日七受彼人所有過去現世
三業等罪乃至一切諸障悉皆消滅
身心清淨所有世間風黄痰病及諸
餘病患悉得除差一切鬼神布單那
鬼顛狂鬼夜叉羅刹執鬼毗舍閣鬼
拏枳你鬼并喻人精氣諸餘一切鬼
神常去此人十二由旬及飢荒疫病
并他病風雷閃電霹靂之患不相損
害若男子女人身有灾厄當於宅内安
置舍利塔并佛形像畫文殊師利童
子像燒種種香沉水香白膠等香然
燈散花上妙果瓜衆味珍羞每日供
養七比丘食書寫授持讀誦此經依
法修行勤心念誦遶塔行道所有諸
患及餘灾厄悉當除滅尒時世尊復
告金剛密迹主菩薩言此文殊師利法
藏中有真實法最殊勝法無有比法
能為衆生作如意寶能令所在國土十
善勤化若國王行十善者國王所作
悉皆圓滿此八字大威德陀羅尼者
乃往過去无量百千恒河沙諸佛所
說為擁護一切行十善國王令得如

意壽命長遠福德果報无比逾勝諸方
兵甲悉皆休息國土安寧王之所有
常得增長此陀羅尼能利益隣慼一
切有情諸衆生故能斷三惡道能作
一切安穩法如佛現在處世无異此
是文殊師利菩薩身為利益衆生故
現是身為呪神像能圓滿一切意樂
等事若人能專時聞憶念此陀羅尼
即能滅四重五逆等罪何况常念誦
之尒時世尊說此語已金剛菩薩復
白佛言世尊向者如来所說八字大
威德陀羅尼何者是唯願說之尒時
世尊告金剛密迹主菩薩言汝今諦
聽諦聽我當為汝說此八字名大威
德秘密心陀羅尼如佛住世一无異
也能與一切衆生於黒暗中作大明
燈尒時如来即說陀羅尼曰
曩莫阿䟦哩弭跢庾枳孃二合曩尾
額失者二合野囉引惹子礼反捺囉引二合
野怛他去蘖多野曩謨曼租子眷反失
哩二合曳矩麼引囉步多野怛你也
二合他唵惡引聲尾引囉吽引佉上佐上嗒
於是世尊告金剛密迹主言是八字

㝡勝大威德心真言者所住之處如
佛在世無有異也能現諸佛種種神
力不可思議亦能作大神通變化我
今略讚此陀羅尼少分功能我若具
說无量俱胝那庾多百千大劫說不
可盡金剛密迹主此陀羅尼若男子
女人不能辨作承事供養法者在家
迫迮作種種家業但能憶持不忘依
時念誦隨分不闕供養少多亦得成
就除不至心不正信心不發大乘菩
提之心興行誹謗於三寶所起不善
心行諸惡業此等之人一切小法猶
不成就况復大法能成就之
尒時佛告金剛密迹主言若有善男
子善女人能念誦此陀羅尼一遍即能
自護兩遍能護同伴三遍即大擁護
住十地菩薩不能越過何况諸小類
衆生若誦四遍即得擁護合家大小
五遍即能擁護一切眷屬六遍即能
擁護一切城邑村坊等誦七遍即能
擁護一切衆生若欲著衣裳時當加
持七遍能除一切惡毒及諸灾難若
洗手面時當加持水七遍能令衆人

生貴仰心所有諸惡鬼神見者悉當
降伏一切諸人皆復敬重降彼惡心
生歡喜心若人患身體支節疼痛加
持煖水一百八遍洗浴即得除愈若
每日早起以水一掬加持七遍飲之
在身所有正報悉得消滅何況無災
厄者及諸三業亦得消蕩并得壽命
長遠若加持飲食七遍喫者一切諸
毒不能為害若見惡人及見怨家當
須念誦此真言所有怨家起惡心者
當自降伏除攝瞋心慈心相向有恐怖
處當至心念此真言即得除怖若
欲卧時誦此真言一百八遍即得好
夢知善惡事若有人患諸瘡病其持
誦人視患瘡人面切誦八字真言一
千八遍即得除愈若欲入陣時當以
牛黃書此真言紙素上帶著身上一
切刀杖弓箭鉾斧不能為害若入陣
時畫文殊師利童子像及真言於烏
馬上置安軍前先引諸軍賊等不能為
害自然退散其畫像作童子相皃乘
騎金色孔雀諸賊見者悉皆退散若
常念誦所有五逆四重等罪悉得消

滅常得面覩文殊菩薩行住坐卧常
須念誦憶持不忘每誦一百八遍勿
令斷絕常得一切衆生歸伏若加持
鬚髮七遍一切衆生見者悉皆降伏
惡人退散若能每日三時念誦一時
一百八遍所作稱意所求如意諸願
悉得隨心一切皆得圓滿具足得大
富貴所行自在臨命終時得普門三
昧及得親見文殊師利菩薩尒時佛
告金剛密迹主菩薩言善男子此文
殊師利陁羅尼若有國王王子妃后
公主及諸官貴能書寫於宅中著者
得大富貴所有諸災悉皆消滅所求
諸願皆得圓滿常得善神圍遶加護
不令鬼魔來相嬈惱尒時佛復告密
迹主言此秘密陁羅尼不可思議諸
佛威德亦不可思議尒時釋迦牟尼
如來復告金剛密迹主言此八字秘
密威德大陁羅尼復有畫像法利益
一切諸修行十善國王者說若有善
男子善女人持此陁羅尼用少功夫
得大覆護復能擁護諸王子妃后宮
人婇女百寮輔相及諸士女并之國

土一切人民所有田宅如此之類悉
皆安樂凡此畫像若有人但能所在
處安置者於中有王賊水火刀兵劫
賊及諸災難並得除息乃至非時疫
病旱澇不調蟲霜損害咸當除滅常
得依時龍王降雨苗稼豐熟國人康
悅無諸災難
尒時金剛密迹主菩薩摩訶薩白佛
言世尊向者所說廣大畫像等法當
云何作唯願說之尒時世尊告言善
男子凡欲畫像先覓上妙細白疊次
須簡擇白月吉宿良曜太白直次刻
分吉祥時善然後畫像於清淨處以
香湯掃灑取衢摩夷而塗其地懸諸
幡蓋燒龍腦等香珎饌供養其疊須
闊八肘長十二肘先於中畫釋迦牟
尼佛坐七寶蓮花座如說法勢於佛
右邊畫文殊師利如童子相皃頂戴
寶冠項著瓔珞種種莊嚴身如欝金
色面皃熙怡瞻仰如來次右邊畫觀
自在菩薩次畫普賢菩薩虛空藏菩
薩無盡意菩薩次於釋迦牟尼如來
左邊畫弥勒菩薩次畫無垢稱菩薩

次畫除一切障菩薩次畫月光童子次畫金剛藏菩薩已上菩薩等各於七寶蓮華座上皆須畫本形乃至手執並依本法畫之勿使漏脱復於釋迦如来上畫七佛所謂廣大智甚深雷音王如来除一切障如来阿弥陁如来功德處如来普香如来難勝勇雷音行如来心不動如来此七佛皆須次第畫之其身皆作金色各如說法相其畫像上兩角各畫一天仙頂戴花鬘各一手執花一手散花半身隱於雲中形皃端正種種七寶以為瓔珞莊飾其身其釋迦牟尼佛蓮花下畫二龍王一名難陁二名憂波難陁其二龍王並於無熱惱池中出半身以手托共執釋迦如来所坐蓮花並作珎重用力勢其龍王並作人面頭上各畫七箇虵頭頭皆白色身作人形種種雜寶以為嚴身皆仰瞻視目覩如来文殊師利下畫野湯德迦忿怒王仰覩文殊菩薩如授教勢弥勒菩薩下畫持明人以本相皃手執香爐跽跪而坐瞻視世尊如聽法勢畫像四邊散

畫龍花及諸妙花下左邊畫梵天王魔醯首羅天四天王天次畫四箇阿素羅王次畫四箇執鬼神曜王右邊畫那羅延天帝釋天四天王天次畫四素羅王次畫四箇執神王已上各依本形皃皆須執持器仗不得差錯次畫九箇執神其身半隱合掌向佛觀如来相說此像已尒時如来便以讃頌而說偈言

此妙畫像法　最殊勝功德　往昔諸如来
廣讃不思議　我今言少分　說是不思議
經於無量劫　輪轉受諸苦　若遇此畫像
發起菩提心　忻樂蹔瞻視　或少刹那頃
情懷不散乱　一心而觀仰　此諸惡業輩
一切皆當滅　獲果福無量　何況行善業
能修清淨果　復有妙相好　具足菩薩行
廣為諸有情　善行勤精進　尊重生恭敬
若有諸智者　能起一念心　依法畫此像
獲福德無量　供養生恭敬　所有俱胝劫
四重五逆等　極深諸惡業　念此像功力
刹那即得滅　世間中所有　諸惡趣衆生
不信有三寶　常修破戒行　謗毀諸佛法
不懼一切罪　墮於生死中　住黑暗泥梨

過去所有佛　及現在未来　能於俱胝劫
一心廣供養　誦此陁羅尼　及畫像之人
彼等獲果報　其福不可說　恒河所有沙
應得知其數　此諸福德力　不可知其數
彼等沙數佛　聲聞及緣覺　并諸菩薩衆
賢聖及八部　勤供養多劫　若覩此畫像
其福過於彼　若受持此經　或當恭敬礼
勸歎供養者　及勸諸餘人　乃至生隨喜
常當不廢忘　是人於諸法　及諸陁羅尼
決定皆成就　縱使世真言　并諸餘部法
若於此像前　一心不異念　瞻仰生恭敬
悉地無有疑

尒時世尊復告金剛密迹主言此八字大威德陁羅尼法中有秘密最勝不可思議壇於諸法中最殊勝若有善男子善女人能依法受持讀誦書寫修行者現世成就一切吉祥諸事圓滿願不唐捐壽命延長衆人恭敬生愛重心命終生諸佛前若生天人中尊貴豪富大族家生尒時金剛密迹主菩薩復白佛言世尊向者所說於此法中有秘密漫拏羅法其事云何惟願如来為我廣及未来衆生依

此修行出離塵勞尒時世尊告金剛
密迹主菩薩言善哉善哉善男子汝
今諦聽當為汝說若有善男子善女
人等發敬重心欲作此曼拏羅法者
先須簡擇殊勝清淨成就之地當
於彼處深掘其地除去瓦礫沙石荊
棘毛髮灰炭諸雜惡不淨等物然後
方可量取其地滿於八肘或四肘作
之取好淨土堅築令平取牛糞香等
依法塗治其曼拏羅作三重界院皆
須五色畫之令鮮好明淨勿使闇晦
闊狹得所凡畫壇法一切先從東面
起首畫五頂印次畫憂鉢羅花印次
畫牙印次畫文殊面印次畫朔印此
等印曼拏羅內東面畫之訖次畫蓮
花印次畫憂鉢羅花印次畫幢印次
幡印次傘蓋印次畫烏頭門次車輅
印次白烏次馬次峯牛次水牛次迦半拏娑
縛吉祥印次孔雀印次羖羊次白羊
次人次童男其已上印等皆須門外
次第分明畫之如是三重曼拏羅外
外院更畫藥叉將
東摩尼拔娜羅二合大將号寶賢南布拏

滿賢拔娜囉二合大將次畫尾嚕博乞叉
西方神微愍囉嚩拏梵名北方神
一切諸天神日月七星二十八宿及
佛侍者訶哩底母神梵名
此曼拏羅法若為囉惹作者於宅
內作之若欲求象即於象坊作之若
欲求馬於馬坊作之若被毒虵所螫
於大池邊或知有龍處作之若患瘧
病一日二日三日乃至七日當於所
住村坊舍宅處近南作之若被鬼魅
羅叉所著當於空室或尸陁林邊作
之若毗舍闍鬼所著當於萆麻樹下
作之若一切鬼神及諸執鬼所著當
於死人室中或於新生孩子室中作
之若被諸毒所害者當誦此八字真
言加持水七遍與飲其毒即除若有
畜生被疫病所著當於果樹下作之
若欲得苗稼好者當於園苑中作之
若有婦人患諸惡病或被鬼神迦樓
羅乾達婆等翕吸其身飲其精氣
成諸病瘵當於河邊或於山頂作之
或著一切病及拏枳你鬼於空閑淨
處或有流水處作之此等法則當須

日中或夜半作之欲除曼拏羅之時
當誦前八字真言除之其曼拏羅內
物當送水中散施或施貧兒即所求
諸事並得圓滿尒時世尊即說偈言
此大陁羅尼　威力不可說　若人常受持
能除一切病　所作諸餘事　一切皆圓滿
及得壽命長　若得見此壇　諸罪悉當滅
若求世間樂　富貴自在力　或能猒世間
欲求出生死　超過於苦海　學者菩提行
摧伏諸魔軍　若入此壇者　必獲如是福
此大秘密法　為信法國王　執政行平等
當須廣為說　若無信惡人　假使得珎寶
其價直大千　或以三千界　於中所有寶
亦不得為說
尒時釋迦牟尼佛復告金剛密迹主
菩薩言此八字陁羅尼印名大精進
能速圓滿一切意樂能增長一切吉
祥事事成就金剛密迹主白佛言世
尊其印云何唯願如來為我宣說
尒時世尊告金剛密迹主言凡欲作
印先須淨水洗手用白檀鬱金龍腦
沉水及諸上妙好香石上以水磨之
相和以塗其手指令入肉香熏然即

廣發其願頂礼諸佛　而作是言
敬礼娑羅王佛梵名娑引礼捺囉囉引惹
敬礼開敷花王佛梵名三矩蘇上弭多
敬礼寶幢佛梵名羅怛曩計都
敬礼阿弥陁佛梵名阿弭跢婆去野
敬礼無量壽智佛梵名阿弭跢庾枳孃曩
敬礼山王佛梵名勢礼捺囉惹
敬礼作日光佛梵名你嚩去迦囉
敬礼極安隱佛梵名蘇上乞史麽
敬礼善眼佛梵名蘇上寧怛囉
敬礼法幢佛梵名達麽計都
敬礼光鬘佛梵名不囉婆去麽引里
此等諸佛最大殊勝及無量諸佛並
當頂礼念誦了便結大精進手印其
印合兩手八指反相叉皆在掌內以
二大母指少屈相並押二頭指上此
名大精進印其印是一切諸佛所說
其真言是八字次說如意寶印
以合兩手相叉竪二頭指少曲頭相
柱其二大母指入掌內相叉右押左
此名大精進如意寶印即說大精進
如意寶真言曰
唵帝祖子曾反入嚩二合羅薩嚩囉他吝

娑引去陁迦悉地也二合悉地也二合進跢
麽据囉怛曩二合吽
若誦此真言及結其印能廣作一切
事業若欲莊嚴身上著衣之時加持
衣七遍著之即得護身常得衆人
恭敬若欲入陣戰鬪之時所有器仗
並皆加持一千八遍隨身將入即得
降伏其賊自然退散若欲降伏一切
怨敵以真言加持衣著之即得降伏
又法取珠珍或鞊鞨或金銀或諸雜
寶以加持一百八遍刻作童子形安
置幢上或安身上或於馬上將入軍
陣三軍前行彼賊遥見自然降伏如
是等法無量无邊不可稱數其二印
者常須依教清潔持用得長命報能
除一切病破一切魔及頻那夜迦及
諸惡人亦不能作諸障難常得一切
聖衆呪神現前所求意願疾得悉地
常得一切諸佛菩薩與文殊師利童
子冝加護助相逐作伴乃至不退轉
地速證菩提尒時金剛藏菩薩偏袒
右肩右膝著地合掌曲躬向釋迦如
来作如是言善哉希有甚奇特如是

大陁羅尼法藏今於贍部洲中廣行
流通為諸國主及小王大臣并諸人
民廣說利益世尊此陁羅尼有何功
力能作何事若有善男子善女人能
受持讀誦書寫思惟為他說獲何福
德唯願如来為我宣說
尒時世尊告金剛密迹主菩薩言若
有善男子善女人及國王王子并一切
有情聞此陁羅尼法要能受持讀誦
書寫憶念或自作或勸他或生隨喜
或能廣為他歎頌功德如此說聽之
人決定速證阿耨多羅三藐三菩提
於其中間不復退轉此陁羅尼所行
之處當知文殊師利菩薩在於彼處
流傳斯法及有菩薩聲聞緣覺菩行
大仙并持明仙等及天龍夜叉乹闥
婆阿修羅緊那羅摩呼洛伽人非人
等於中止住常當圍遶讃嘆供養恭
敬尊重此經密迹主此陁羅尼經名
如来法藏若有善男子善女人受持
讀誦書寫尊重讃歎及以種種香花
塗香末香傘蓋幢幡鍾鼓螺磬種種
諸雜微妙音聲歌詠讃唄及上妙衣

供養恭敬者當知此人現世獲得十
種果報何等為十所謂一者國中永
不為他方怨賊来相侵嬈二者不為
日月星辰二十八宿諸惡變恠而起
灾患三者不為國中有大灾橫惡鬼
神等而行疫障四者不為風火等難
五者永不為一切怨家而得其便六
者不為諸病所逼七者不為撗死著
身八者不為非時卒風暴雨所損九
者不為旱澇不調十者不為虎狼虫
獸諸惡雜毒有所損害善男子此經
若所在處及有人念誦處當獲如上
十種果報

尒時世尊為諸大衆重說偈言

供養救世者　此法藏寂勝　受持及讀誦
此中文殊說　彼等隨意滿　大富貴饒財
名稱遍十方　圓滿福具足　若人於此經
取一真言誦　即得不空果　吉祥諸願滿
若有諸國王　統師欲鬪戰　書此陁羅尼
於頂上安置　一心常憶念　不為怨敵害
一切諸刀杖　亦不著其身　若入軍陣中
畫此文殊勝　乘騎孔雀上　安置於旗上
或使人執行　諸賊遥望見　自然當退散

或以金銀等　造作童子像　種種妙莊嚴
置之旗幡上　將入戰陣中　三軍前引行
諸賊遥望見　應時悉退散　或悉失本心
歸欵白降伏　人主人非人　諸天仙等類
夜叉及羅刹　乹闥婆槃羅　布單曩羯咤
鬼毋及龍神　虫狼與虎豹　師子諸禽類
一切惡毒等　見之盡歸伏

尒時世尊告金剛密迹主菩薩言善
男子諸佛威德及諸菩薩神通變化
如是威力不可思議此法寶藏亦不
可思議是故金剛常須精勤恭敬憶
念乃至國王人民百官苾蒭苾蒭尼
烏波索迦烏波私迦并諸法師常須
憶念深生難遇此陁羅尼法寶功德
不可思議此法與一切衆生廣行流
通從國至國乃至村坊有人住處遍
相傳受於大衆中必須供養恭敬尊
重為他演說及教他人展轉令人受
持讀誦若能如是獲福無量說不可
盡乃至他國聞有國王并善人愛樂
大乘修行善事亦須往彼勸令依法
受持書寫讀誦若擁護結界一切諸
處亦須應用此陁羅尼若有法師受

持讀誦此陁羅尼經者常須恭敬當
知敬佛無有異意所須衣服卧具飲
食湯藥乃至四事勿令乏少悉皆充
足於法師處生大尊重珍敬之心當
興廣大不思議意密迹主若有人聞
此寶藏經不能受持讀誦書寫為他
演說及不流傳使他人知復不恭敬
供養持此陁羅尼法師亦不敬阿闍
梨亦不能發無上菩提之心又復生
疑不信之者如此人輩當獲大罪如
犯四重五逆罪等無有異也一切諸
佛及諸菩薩常當捨離難為救護密
迹主於後末世若有善男子善女人
誹謗是經及出麁語言此經非法非
佛所說當知是人佛法中怨命終已
後决定墮阿毗地獄一切諸佛菩薩
悉當遠離

尒時金剛密迹主菩薩摩訶薩聞佛
說是陁羅尼法已即於佛前歡喜
踊躍頂礼世尊以偈讃佛

廣饒益有情　說此寂勝法　亦為利益我
亦利諸衆生　令獲大安樂　如来寂勝尊
稱歎諸佛德　一切真言義　能勤修行者

希有未曾有　說法利衆生　我今當頂礼　文殊法寶藏經　第三十六張　讀字号
寂勝大菩薩　如教頂戴行
尒時釋迦如來告金剛密迹主菩薩言善哉善哉汝今已能攝諸有情作大利益密迹主我今此法付囑文殊師利法王子手令後末世於贍部洲廣為有情宣傳流布尒時文殊師利童子即於佛前歡喜踊躍熈怡含笑而白佛言世尊今蒙如來於大衆中付囑於我我當受持世尊如來入涅槃後我於未來世令諸衆生依教受持廣行流布當不斷絶於是世尊說是法時無量无邊諸衆生等聞此法故皆得離諸憂苦無量衆生發阿耨多羅三藐三菩提心
尒時世尊說此經已文殊師利菩薩及金剛密迹主菩薩并諸天等龍神八部一切大衆同聲讚歎未曾有也頂礼佛足歡喜踊躍一心奉行

佛說文殊師利法寶藏陁羅尼經

佛說文殊師利法寶藏陀羅尼經

校勘記

一　底本，金藏廣勝寺本。

一　此經與石經本、麗藏本相近，而與其餘校本出入頗大。茲以清藏本為別本，附載於後，並校以磧、南、徑。

一　九六三頁上二行第六字「受」，麗作「夜」。

一　九六五頁中五行第二字「素」，麗作「阿素」。

一　九六五頁中一二行首字至一七行末字「經於……恭敬」與一八行首字至末行末字「若有……泥棃」，此兩段麗前後倒置。

一　九六六頁上一四行「文殊」，石、麗作「文殊童子」。

一　九六六頁上一四行第一二字「朔」，石、麗作「槊」。

一　九六八頁上二二行第五字「劵」，石、麗作「像」。

一　九六八頁下二行首字「知」，麗作「如」。

一　九六八頁下一三行第五字「未」，石、麗作「末」。

文殊師利寶藏陀羅尼經

亦名文殊師利菩薩八字三昧法 羊五

唐天竺三藏法師菩提流志譯

如是我聞一時婆伽婆在淨居天宮與大菩薩摩訶薩衆及無量淨居天子前後圍繞供養恭敬尊重讚歎瞻仰如來是時世尊正於衆中爲諸大衆說陀羅尼無量妙法復爲利益未來世中薄福諸衆生等便入三昧名曰演光於其頂上放無量種種光明其光旋環照無量無邊諸佛世界照已却來繞文殊師利童子便入於頂其光從頂入已文殊師利即入三昧名曰陀羅尼自在王入此三昧已文殊師利從於口中出無量種種色相光明其光出已便入金剛密迹主菩薩頂中爾時金剛密迹主菩薩即從座起偏袒右肩右膝著地向佛合掌恭敬頂禮瞻仰尊顏而白佛言世尊往昔爲我說如是言我法滅後於贍部洲惡世之時文殊師利廣能利益無量衆生當作佛事唯願世尊爲我分別演說於何處住復何方而能行利益矜愍擁護諸衆生故願爲說之爾時世尊告金剛密迹主言善男子乃能爲諸有情發問於我善哉善哉汝今諦聽諦聽善思念之我今爲汝分別演說是時金剛密迹主菩薩聞佛語已歡喜踴躍整衣服一心受聽爾時世尊復告金剛密迹主菩薩言我滅度後於此贍部洲東北方有國名大振那其國中間有山號爲五頂文殊師利童子遊行居住爲諸衆生於中說法及有無量無數諸天龍神藥叉羅刹緊那羅摩睺羅伽人非人等圍繞供養恭敬於是世尊復告金剛密迹主言是文殊師利童子有如是等無量威德神通變化自在莊嚴廣能饒益一切有情成就圓滿福德之力不可思議復告金剛密迹言文殊師利有陀羅尼最極祕密心呪幷畫像壇印等法於後末世佛法滅時惡法增長諸災與盛如此之時於當來世贍部洲中薄福少智諸衆生輩惡業增長五行失序陰陽交錯風雨不調惡星變怪天阿脩羅鬪戰競起天人減少脩羅增長種種諸災如此之時流行於世惡鬼下降變爲女身與諸衆生作種種病所謂喉閉疔瘡疥癩腹痛癨病或一日二日三日四日乃至七日一發或患風黃痰病或頭痛瘡腫眼痛大小便利諸雜等病其惡鬼神變身爲蟲狼虎豹師子種種獸身於世間中攝諸衆生噉其精氣威失力衰如此之時此贍部洲無量衆生橫遭枉死縱有諸醫不能救療如是世時一日之時有三十毗末囉數是故金剛密迹主我今令汝轉與此陀羅尼法令使衆生展轉受持何以故此贍部洲所有衆生一念發菩提大善願心我輩衆類何日能得離此煩惱苦海無明愛獄如是善男子善女人汝當擁護教化使益善根廣爲流布此陀羅尼勿令斷絶常於三寶及佛塔形像處發正信心虔誠頂禮時時勿闕勤修善根學菩薩行莫起非法孝順父母尊重師長於諸賢善生奇特想常以香華百味甘膳朝夕供養勿令猒息尊重讚歎若解法人處珍重請法若得陀羅尼呪已於七日七夜每日受八關齋戒誦此陀羅尼爾時世尊大悲愍念即說廣深智雷音如來陀羅尼即說呪曰

南謨上聲微補羅勃地嚴避囉孽嘌介多囉去聲
社野怛他上聲孽多上聲野怛侄他上聲微補羅孽
囉介諦微補羅莎去聲𠿒微補羅瑜寧上聲勢阿
囊上聲攞細阿囊上聲攞娑孽底孕孽多莎訶
次說除一切障如來陀羅尼曰
南麼薩沫寧去聲嚩囉儜微色匆毗㜸上聲怛他
去聲孽多去聲野怛侄他去聲醯袂醯袂摩醯莎訶
次說阿彌陀如來陀羅尼曰
南謨阿上聲弭多去聲婆去聲野怛他去聲孽多去聲野
怛侄他去聲阿弭多去聲那婆上聲吠阿弭多三婆
上聲吠阿弭多微乞㘓諦莎訶
次說功德處如來陀羅尼曰
南謨上聲愚上聲儜羯囉引野怛他去聲孽多去聲野
怛侄去聲他伽輕呼伽囊上聲羯𠿒伽伽囊上聲三婆
上聲吠伽伽囊上聲枳嘌底羯𠿒莎訶
次說徧覆香如來陀羅尼曰
南麼三曼多言上聲馱野怛他去聲孽多去聲野怛
侄去聲他三莽糝袂莎訶
次說難勝行如來陀羅尼曰
南麼阿鉢囉引介多微乞囉莽孽嘌介多縒

丑何切弭寧去聲怛他去聲孽多去聲野怛侄他去聲麼
麼袂莎訶
次說除慢如來陀羅尼曰
南謨上聲忙囊上聲娑駞囊野怛他去聲孽多去聲野
怛侄他去聲莽怒輕呼微輸上聲悌莽囊微戍誕寧
去聲莎訶
次說斷一切障如來陀羅尼曰
南麼薩麼勃馱菩提薩怛嚩引難引南麼薩
沫寧去聲嚩囉儜上聲微色匆避㜸去聲怛他去聲孽
多去聲夜阿囉訶諦三藐三勃馱野怛侄他去聲
契諦羯囉陛入嚩里陛莎去聲訶涂而鬬切拔寧
去聲娑擔拔寧上聲謨訶寧上聲莎去聲訶去聲莽去聲拏
上聲唎迦引野莎訶去聲護袂達嘌摩達嘌摩質
多去聲曳莎訶去聲達𠿒微達𠿒羯羅微孕羯嚕
多去聲曳莎訶去聲扇諦詰寧去聲嘌嚩引粹㜸去聲
莎訶去聲杜嚕杜嚕地曳莎訶去聲鉢特忙娑去聲
𠿒鉢特忙三婆上聲吠枳羯𠿒訶蹬羯唎曳莎
訶
次說月光菩薩陀羅尼曰
南麼薩嘌嚩勃馱菩提薩怛嚩引難怛侄他

去聲戰捺𠿒鉢囉陛栴娜囊上聲注嘌㜸去聲罽羅
娑嚩底薩囉嚩勃馱地瑟恥多去聲南謨上聲弭
諦莎訶
次說文殊師利菩薩陀羅尼曰
南謨上聲痾去聲哩也曼殊室哩曳菩提薩怛嚩
引野怛侄他去聲若而也切下同曳若曳若野臘悌
若野摩訶去聲摩醯莎訶
次說觀世音菩薩陀羅尼曰
南謨上聲痾去聲哩夜嚩路枳諦濕嚩囉引野菩
地薩怛嚩引野怛侄他去聲伽輕呼下同伽囊務伽
伽囊上聲糝謨上聲榾孽諦伽伽囊上聲微訖㘓多
微訖㘓多曀介袂介波若袂介莎訶
次說普賢菩薩陀羅尼曰
南謨上聲痾去聲哩也三曼多拔捺囉引野菩地
薩怛嚩引野怛侄他去聲醯拔捺𠿒摩訶去聲拔
捺𠿒阿底以下切拔捺𠿒微孽多囉若細摩訶
去聲微孽多囉若細醯莽嚩底羯嘌忙嚩囉寧
微戍誕寧去聲莎訶
次說彌勒菩薩陀羅尼曰
南謨上聲痾去聲哩也昧怛𠿒野菩地薩怛嚩引

野怛他(去聲)他(去聲)昧怛𠼝昧怛囉忙曩(上聲)細莎
訶
次說虛空藏菩薩陀羅尼曰
南麼痾(去聲)哩夜迦(去聲)賖蘖㗚娑(去聲)野菩地薩
怛嚩(引)野怛他(去聲)他蘖㗚陛蘖㗚陛微戍誕
寧(去聲)莎訶
次說無盡意菩薩陀羅尼曰
南麼痾(去聲)哩夜訖灑野沫底菩地薩怛嚩(引)
野怛他(去聲)他惡訖灑曳護惡訖灑曳護惡訖
灑野羯㗚忙微戍誕寧(去聲)護莎訶
次說維摩詰菩薩陀羅尼曰(又云無垢稱菩薩)
南麼痾(去聲)哩也微沫羅枳(去聲)㗚多(上聲)曳菩地
薩怛嚩野怛他(去聲)枳(去聲)㗚底多(去聲)薩囉麼
尒寧(去聲)囉底多(去聲)薩囉麼尒寧(去聲)嚩日囉羯
𠼝嚩日囉三婆(上聲)(十五)吠嚩日囉(引)(六)陛諾迦𠼝莎
訶
次說除一切障菩薩陀羅尼曰
南麼薩囉麼寧(去聲)嚩囉儜(上聲)微色劍避孃(平聲)
薩菩地薩怛嚩(引)野怛他(去聲)他薩囉摩嚩囉
儜(上聲)微色劍避孃(平聲)莎訶馱覩微羯囉孃(平聲)

莎訶(去聲)誕寧(去聲)莎訶阿嚩㗚尒多迦(引)曳莎
訶(去聲)沫羅娜那寧(去聲)娑訶(去聲)菩地孕伽娜那
寧(去聲)莎訶(去聲)闍囉忙涅㗚嚩嚩(引)比多迦(引)
曳莎訶(去聲)瞪迦(引)囉(引)忙曳莎訶(去聲)瑜伽椓
囉(引)曳莎訶(去聲)薩囉麼勃馱毗色訖多(去聲)曳
莎訶(去聲)没囉訶謨跛麌訶(去聲)曳莎訶(去聲)薩㗚
麼達囉忙毗色訖多(去聲)曳莎訶(去聲)薩囉麼勃
馱毗數多(去聲)曳莎(去聲)訶噎迦室唆伽(引)曳莎
訶(去聲)河部多(去聲)曳莎訶(去聲)阿摻部多(去聲)曳莎
訶薩㗚麼耨區(去聲)鉢悶滿寧(去聲)莎訶
次說月光童子陀羅尼曰
南麼戰捺囉鉢囉婆(去聲)野矩忙囉部多(去聲)野
怛他(去聲)他鉢囉陛鉢囉婆(去聲)嚩底達㗚忙微
輸(上聲)地㗚婆鍐覩秧莎訶
爾時佛告金剛密迹主菩薩言若有善男子
善女人念誦此十八(十七)大陀羅尼者(七)七日七夜
彼人所有過去及現在世三業等罪乃至一
切諸障悉皆消滅身心清淨所有世間風痰
冷熱諸餘病等悉得除瘥一切鬼神布單那
鬼癲狂鬼藥叉羅剎執畐那鬼毗舍闍者鬼

荼枳你鬼并吸人精氣諸餘一切鬼神常去
此人十二由旬及飢荒疫病閃雹霹靂之患
不相損害若男子女人身有灾厄當於宅内
安置舍利塔并佛形像畫文殊師利童子像
燒種種香沉香白膠等香然燈散華上妙果
蘇百味飯食每日供養書寫受持讀誦此經
依法修行勤加念誦繞塔行道所有諸患及
餘灾厄悉當除滅爾時世尊復告金剛菩薩
言此文殊師利法藏中有眞實法最上殊勝
無可比法能爲衆生作如意寶能令所在國
土人民皆發十善若國王勤化十善所作悉
皆圓滿此八字大威德陀羅尼者乃往過去
無量百千恒河沙諸佛所說爲擁護一切行
十善國王令得如意壽命長遠福德果報無
比最勝諸方兵甲悉皆休息國土安寧王之
所願常得增長此陀羅尼能大利益怜愍一
切有情諸衆生故能斷諸三惡道能爲一切
作法如佛現在處世無異此是文殊師利菩
薩自身爲利諸衆生故自變其身爲八字呪
神像能滿一切有情意樂等事若人能暫聞
憶念此陀羅尼者即能滅四重五逆等罪何

憶念此陀羅尼者即能滅四重五逆等罪何況常念誦者設使一切諸天有大福德及十地一生補處於中二大威力人亦不能奪其福德所作事業不能爲障持八字人福何況餘小天人及無威德龍神鬼而作障難設我住世恒沙億劫說文殊師利童子菩薩八字陀羅尼爲諸有情除罪生福成就事業具滿一切衆生諸願之法非口所宣能盡其福勤心念誦證者乃知於今略說汝金剛菩薩於我滅後以汝神力於贍部洲廣宣流布使薄福衆生持此八字陀羅尼同汝神力令速超於三界加功不退勿就餘法日夜精勤作法念誦不計日月畢見文殊童子爲現其童子身悉了一切事斷一切苦果於現身中超入六地具六波羅蜜即能悉捨一切進修不退速入八地任運自在分身百億隨類教化衆生悉滿其願見身獲報如是爾時世尊說此語已黙然而住顧視金剛菩薩時金剛菩薩即於會中從座而起踊躍歡喜繞佛三帀胡跪合掌瞻仰世尊復白佛言向者如來所說大聖文殊師利童子八字大威德陀羅尼名

大聖文殊師利童子八字大威德陀羅尼名字句義何者是也八部之類願皆樂聞唯願說之我亦欲聞聞已受持持已常當益後末來一切有情令離三癡八苦十纏爾時世尊告金剛菩薩言汝今諦聽諦聽當爲汝說此大威德八字祕密心陀羅尼若有聞者如從佛口稟受此陀羅尼句義亦如佛住世無有異耳能與衆生於黑闇中作大明燈爾時如來即爲大衆而說呪曰

南麼　阿鉢哩弭多一　壤囊微寧濕嚩囉引

喈捺囉野怛他去聲蘖多去聲野南謨上聲曼殊室

哩曳矩忙囉部多去聲野怛侘去聲他去聲唵痾去聲

末囉鈝却淅囉

爾時世尊告金剛菩薩言是八字最勝威德心陀羅尼我今重復告汝一切大衆心勿有疑若見聞之者如佛在世亦見文殊師利童子無有異也能見諸佛神力不可思議亦能作大神通變化自在我今略讚此陀羅尼少分功能若具說無量俱胝那庾多百千大劫不可說盡如前已釋金剛菩薩若男女人於

此陀羅尼發心念誦者不能廣辦供養在家種種迫迮不可具依法則但能禁其身三口四制勤三癡如上十惡永絕其源者即念誦此陀羅尼憶持不忘依時隨分不闕多少供養漸漸亦得成就除不正心不發大乘菩提之心於三寶處起不善心行惡業之人一切小法尚不成就何況佛之大法文殊聖者軌儀而能成就爾時佛重告金剛菩薩言善男子若有男子女人發心能憶誦此陀羅尼一徧者即能擁護自身兩徧能護同伴三徧即能大擁護國王住十地菩薩亦不能越過此陀羅尼力者何況諸小天魔龍神鬼類惡衆生等而能障礙若誦四徧即能擁護妻妾男女若誦五徧擁護一切眷屬若誦六徧能護一切城邑村坊若誦七徧能護一切衆生若欲著衣之時當呪衣七徧能除一切內外惡毒及諸灾難若洗手面時當呪水七徧能令一切衆人生貴重心所有諸惡人見者悉當降伏自當敬重日夜憶念見即歡喜心無捨離若人患身體支節疼痛呪煖水一百八徧

洗浴即得除愈若每日早朝以水一掬呪七徧飲之在身所有惡報悉得消滅何況無災厄者及諸三業者亦得除愈并得壽命長遠若呪飲食喫者一切諸毒不能爲損若見惡人及有怨家當須念誦此呪所有怨家起惡心者當自降伏惡心即滅慈心相向有恐怖處當須攝心念誦此呪即得除怖若欲卧時當誦此呪一百八徧即得好夢善知吉凶若人或患瘧病持此呪者視患瘧人面切誦此呪一千八徧其患即除若欲入陣當取牛黄書寫此呪帶於身上一切刀仗弓箭鉾槊不能爲害若入陣時畫文殊師利童子像安於象馬上當於三軍前先頭而行引諸軍衆彼兇惡賊自然退散畫像之法須作童子相貌乘騎金色孔雀若有一切衆生見畫像者所有四重五逆等罪悉得消滅常得面覩文殊聖者童子親爲教授即得究竟解脱乃至佛果於其中間不被三界煩惱癡心相應是故勸念一切有情行住坐卧當須念呪憶持不忘時時每誦一百八徧勿令斷絶常得一切

衆生見者皆來歸伏惡人自當退散若能每日三時念誦各一百八徧所作稱意所求諸願悉得隨心一切皆得圓滿具足得大富貴所遊無障自在恣情受諸快樂設臨命終即得聖者文殊師利童子親現靈儀爲説大乘深妙法藏聞法心大歡喜即得普門三昧得此三昧已於煩惱生死當來隔别即與文殊聖者及大菩薩同爲眷屬位階三地進修不退住文殊聖者之位同得佛智慧三摩地門爾時佛告金剛菩薩言善男子此文殊師利童子八字大威德力陀羅尼若有國王王子妃后公主及諸宰輔并凡庶類等能書寫此呪安於宅中其家即得大富貴饒財常富皃女聰明利智辯才巧計相貌端嚴具好人所愛樂所出言音衆人所奉施行無違象馬畜類悉盛成群奴婢寶貨受用無盡宅中災禍自然消滅善神護宅人福強盛鬼神無嬈設有鬼神皆是有福之鬼皆護其人不求人短爾時世尊復告金剛菩薩言善男子此祕密陀羅尼不可思議諸佛威德亦不可思議若

有人能誦此八字大威德陀羅尼者復有畫像之法能建此像爲益一切諸修行十善國王設能於此陀羅尼用少功力得大覆護諸王王子妃后宫人婇女百官宰相及諸士女并諸國土一切人民所有田宅悉皆擁護凡此畫像已有人但能所在處安置於中土境皆得安寧設有惡賊水火刀兵劫賊之横並得除滅乃至非時疫病旱澇不調蟲霜損害亦悉除滅常得依時龍王降雨苗稼茂盛國土豐熟無諸災難爾時金剛菩薩摩訶薩白佛言世尊向者所説廣畫像法當云何作唯願説之爾時世尊告金剛菩薩善男子凡欲畫像先看上好細氈須揀擇日月吉宿善曜太白直次好時刻分吉祥善時然後畫像於清淨處掃灑巳牛糞塗地懸諸旛幢香華供養燒龍腦香其氈須闊八肘長十二肘於中先畫釋迦牟尼佛坐七寶蓮華座作説法勢佛右邊畫文殊師利童子像身佩瓔珞頭挂胭珠種種妙服莊嚴其身童子色相如鬱金色胡跪合掌瞻仰如來作請法勢次畫觀音

像觀音右邊畫普賢菩薩次普賢右邊畫虛空藏菩薩次虛空藏右邊畫無盡意菩薩又釋迦牟尼佛左邊畫彌勒菩薩彌勒左邊畫無垢稱菩薩無垢稱左邊畫除一切障菩薩次除一切障左邊畫月光童子次月光左邊畫金剛菩薩（已上十菩薩兩邊各五位侍佛側）各處其位坐七寶蓮華上皆畫本形乃至手執並依本法又於釋迦牟尼佛上空中更畫七佛所謂廣大智甚深雷音王如來除一切障如來第三阿彌陀如來功德處如來普香佛難勝勇雷音行佛心不動佛此之七佛皆須次第畫之其身皆作金色各如作說法像其畫像上兩邊空處各畫一天仙頭戴華冠各手捧華槃一手散華現於半身於雲中形貌端正種種嚴飾其體其釋迦牟尼佛所坐蓮華出水池內池中復現二龍王一名難陀二名憂波難陀其二龍王於其池中現出半身人身蛇首具有七頭並皆白色種種雜寶莊嚴其身左邊難陀龍王以右手託佛華莖瞻仰如來以左手竪其五指以大毋指指於額上作歸依勢右邊龍王一如左邊其文殊師利童子下畫野曼德迦瞋怒王仰觀文殊師利童子作悚懼曲躬受教勢於彌勒菩薩下畫持法人勿失本相手執香鑪胡跪而坐瞻視世尊如聽法勢畫像四邊散畫龍王次畫蓮華及諸妙華諸華等下畫梵天摩醯首羅天四天王天等次畫四箇阿脩羅王次畫四箇執鬼神曜王（已上左邊侍從也）右邊畫那羅延天王帝釋天王四天王次畫四箇阿脩羅王次畫四箇執鬼神王（已上右邊侍從也）各依本相貌畫其身形皆須手執器仗不得差錯次畫九箇執鬼神現出半身合掌向佛觀如來像說此畫像法已爾時如來便以讚誦即說偈言

此妙畫像法　最勝殊功德　三世一切佛
同讚不思議　我今演少分　文殊童子德
若有諸智者　能起壹念心　依法畫此像
獲福德無量　供養生恭敬　所有俱胝劫
四重五逆罪　極苦諸惡業　觀敬童子像
報障皆當滅　世間中所有　諸惡類衆生
不信有三寶　放逸破戒行　不懼一切罪
墮於泥犁中　楚毒湯火惱　輪轉受諸苦
經於無量劫　若遇此畫像　能發一念心
忻樂暫瞻視　或少刹那頃　須臾不散亂
內發歡喜心　此諸惡業輩　一切皆當滅
獲果福無量　何況行善業　能修清淨因
後得妙好相　具足菩薩身　四衆常瞻仰
常行勤精進　愍念惡趣衆　於中常饒益
趍走爲給使　和光不同塵　教化令生信
引之脫苦縛　過去有諸佛　及現未來佛
無量俱胝劫　皆行菩薩道　數具與娛樂
象馬諸珍寶　頭目髓腦等　於諸三世中
上至於有頂　下極風輪界　橫括諸十方
六趣四生類　有情之含識　一心徧供養
事事無空過　皆令給足之　使得心歡喜
令發菩提心　速證無漏果　或超三賢行
越階初地位　其福不可量　神力無比類
雖有如是德　誦此陀羅尼　能畫文殊像
彼人獲果報　其福不可說　十方恒河沙
尚有知其數　畫像福德力　無能知其邊
若天及人王　供養恒沙佛　并諸菩薩衆

聲聞及緣覺　大威八部衆　劫劫恒供養
其福不可筭　若覩文殊像　或能持此經
晝夜不癈忘　取華香旛蓋　果味諸飲食
及持上七寶　并數妙衣服　不計年月歲
日夜六時中　虔誠不忘念　以施設上供
文殊童子像　并持八字呪　復於時時中
常於畫像前　禮懺諸愆罪　及讃大聖德
求願諸悉地　金剛三昧門　及佛菩提果
乞證六神通　速悟七辯才　願如文殊等
演法無窮極　導引群生類　令達於彼岸
願我久住世　似如大聖類　不願取佛果
於苦衆生中　同共一處生　不計劫長遠
恒持秘密藏　八字陀羅尼　轉轉相囑授
悉皆令受持　并諸別部呪　皆於文殊像
於前而作法　速超佛地果　轉勸諸餘人
一念生隨喜　八字陀羅尼　願證深法門
一切三摩地　由如文殊等　一切諸天人
持於本部呪　不獲悉地願　瞻仰童子像
賫持一華果　或以一塗香　捧持遏伽水
胡跪而供養　至心恭敬禮　期求心中願
悉獲無有疑　攝心依本願　我今重告汝
聲聞及天人　龍王阿脩羅　金烏王眷屬
摩睺羅伽等　鬼毋及族類　羅刹并藥叉
人主及小王　群臣凡庶衆　速發大弘願
願踐文殊跡　行業速超齊　上中下悉地
願願令成就　一切諸有情　願皆同我願
令使諸衆生　習氣皆頓滅　願登佛寶山
內外悉圓滿　證常妙法身　見真佛性珠
如掌金剛寶　永寂入無餘

爾時世尊復告金剛菩薩言此八字大威德陀羅尼法中有秘密最勝不可思議壇印軌則於諸法中最廣殊勝若有比丘比丘尼善男子善女人依法受持讀誦書寫修行現世成就一切吉祥諸事圓滿壽命長遠衆人愛敬生珍重心命終之後得生天上受樂無量或生王宮處尊重位受富快樂身無病苦得宿命智薄貪恚癡善知因果寶重佛法雖紹貴位心無憍慢宿因力強習讀大乘慈念一切心無勝負心常利有情若下流生於諸人中貴豪英俊宣言辯利人所愛樂壽命長遠中無災橫所於求願事與心規者無人違信

爾時金剛菩薩白佛言世尊向者所說於此法中有秘密壇法其事云何唯願如來當爲廣說爾時世尊告金剛言善哉善男子善女人等發信敬心作壇法者先須揀擇清淨殊勝上地當得地已皆須深掘除去瓦礫塼石荆棘毛髮灰糠糞等穢除去不淨物已取好淨土堅築令平量取其地東西南北正取八肘或四肘取於香水塗其地上使令明淨然後取其牛糞以香水和復塗地面使令三徧然後復取稠香水以灑壇地即取白繩量取八肘東西南北以等度其地以粉點定長短分布壇院以作三重四面開門量定位界勿使闊狹不等方始五色粉下於界位凡位畫壇之法及以器仗印契皆從東面起首先畫五頂印次畫優鉢羅華印次畫牙印次畫文殊童子面印次畫槊印（已上五印壇內東面畫之）次畫蓮華印次畫優鉢羅華印次畫幢印次畫旛印次畫傘蓋次畫烏頭門次畫車路車印次畫迦半悉婆縛吉祥印次畫孔雀印次畫白象

次畫馬次畫犎牛次畫水牛次畫羖羊次畫白羊次畫人次畫童子（已上中央皆須門外次第分明畫之）如是三種壇壇外院更畫藥叉將梵名摩尼跋羅東方次畫藥叉將梵名布拏跋陀羅南方次畫藥叉將梵名毗嚧波叉西方次畫藥叉將梵名毗沙門王北方如上四將各住本方掌壇四面領諸鬼神護其方界次畫日月次畫七星次畫二十八宿次畫訶唎底母神鬼子母是如上所說壇外所畫形像器仗印契等悉皆如法畫之勿使雜亂差錯皆用色彩畫法如是今已釋訖修行之人依此軌儀進功修業必獲稱心無虛謬耳

又法若為羅闍作者於淨宅內修耳若欲求於白象者往象坊作之必獲本願若欲求馬者於馬坊作法必獲本願若蛇螫者於大池有龍之處作法即可若患瘧病一日乃至七日當於本住村坊舍宅處近南邊作法即愈若鬼魅及羅剎所著者當於空室或屍陀林處作法其患即得除愈若毗舍闍鬼所著者當於蓖麻樹下作法其患即得除愈若一切鬼神及諸熱鬼所著者當於死人室中或於新生孩子室中作之若被諸毒所中者誦此八字呪呪水七徧與飲即得除愈若有畜生疫病所著者當於果樹下作法其疫即除若欲得田疇苗稼茂盛豐熟實者當於園苑之內作之即得如願若有婦人患諸惡病或被鬼神迦樓羅乾闥婆等吸人精氣成病疥者當於河邊或於山頂上作之其鬼神等悉當遠離身體平復於後無諸難厄若被一切荼枳你鬼於空閑淨處或流水邊作法其鬼即離其人無諸疥咎此等法則於盛日中或夜半作之事將畢已欲除壇時當誦八字呪其壇內物當送水中或施貧者於後所求諸事並得圓滿爾時世尊而說偈言

此大陀羅尼　威力不可說　若人常受持
能除一切病　所作諸事業　一切皆圓滿
及得壽命長　若得見此壇　諸罪悉皆滅
若求世間樂　富貴自在力　或能猒世間
欲求出生死　超過諸苦海　學習菩提行
摧伏諸魔軍　若入此壇者　必獲大威力
此大祕密法　為信法國王　執正行平等
當須廣為說　若無信惡人　假使得重寶
滿於三千界　其價不可量　當奉上是寶
欲聞此法藏　祕密陀羅尼　八字真言義
亦不合為說　何以法如此　久遠修善根
廣達三乘法　信根尚無退　猶未合得聞
已入十住位　由未達其原　八字陀羅尼
印壇壇軌則　瑜伽相應法　何況諸惡人
合聞如是義　八字真言門　呼召設大法
現身而證事　三部聖者法　具含八字中
菩薩及金剛　諸天呪祕藏　皆屬八字攝
過去一切佛　現在及未來　一切諸菩薩
修行此法門　悉證菩提果　文殊大菩薩
不捨大悲願　變身為真童　或冠或露體
或處小兒叢　遊戲邑聚落　或作貧窮人
衰形為老狀　示現飢寒苦　巡行坊市鄽
求乞衣財寶　令人發一施　與滿一切願
令使發信心　信心已發已　為說六度法
領萬諸菩薩　居於五頂山　放億衆光明
人天咸悉覩　罪垢皆消滅　或得聞持法

一切陀羅尼　祕密深藏門　修行證實法
究竟佛果願　具空三昧門　習盡泥洹路
文殊大願力　與佛同境界　豈況輕心人
欲聞此法門　而能修行者　設使欲修行
或遭王難起　或不值良伴　魔官嬈心神
惡鬼得其便　誑說非法語　國土之豐儉
自身受刑害　皆由不信故　現報招此殃
謗毀祕密藏　八字陀羅尼　當來正苦報
具受阿鼻獄　經於無量劫　始乃當得出
受於餓鬼苦　經於千萬劫　復墮傍生中
負重常受苦　於後得人身　六根不具足
常處貧窮家　衣服不蓋形　飢飡麤澀味
常受飢渴苦　復饒多疾病　無人救療治
斯人受苦報　不可說窮盡　謗斯陀羅尼
眞祕之要門　具受斯苦報　諸天八部衆
一切咸應知　勿生一念謗　於此陀羅尼
若生少分疑　一念不信者　同獲如前罪
必定無有疑

爾時釋迦牟尼佛復告金剛菩薩言汝當受持八字陀羅尼并契印法囑付傳受出家在家大悲淳厚行菩薩行具四無量慈愍一切不捨衆生心者如是大士乃可囑受與之聲聞凡夫未發大意不能堪受此法門故亦不勝菩薩慈悲重擔小器之類豈能饒益有情唯有大人能建大事堪可受持此陀羅尼祕密之藏印信法門能持佛法久久不絕宣流徧布一切有情令使受持證法實性彼自不退善男子汝之神力魔官外道幻惑之人無能與汝雜者假汝威力令法久住盲聾凡衆聞法見道令漸修學至三乘路善男子此八字法中有印名曰精進能滿一切持誦人願作法之時先結此印其事速成一切吉祥日夜增長與心規者皆得就手恣情快樂受用無窮金剛菩薩白佛言世尊結印之法軌則云何佛爲我說我今樂聞祕要之法乃至證佛菩提以將此法宣布教化一切有情令使速悟佛祕藏門得大威力如我無異還以神通折伏天魔外道徒輩使入大乘佛正法門今見道跡昇超彼岸爾時世尊告金剛菩薩言善男子凡欲念誦此八字陀羅尼欲作結印法時淨洗其兩手取白檀鬱金龍腦沉水等上妙好香石上和水磨之於後以用香泥塗於兩手熟揩使遣香氣入肉即於佛前胡跪合掌廣發大願頂禮諸佛而作是言

敬禮娑羅王佛梵名娑引禮捺囉囉引惹　敬禮開敷華王佛梵名三矩蘇上聲弭多　敬禮寶幢佛梵名羅怛曩計都　敬禮阿彌陀佛梵名阿弭路婆去聲野　敬禮無量壽智佛梵名阿弭路庾枳孃曩　敬禮山王佛梵名勢禮捺囉惹　敬禮作日光佛梵名你崩去聲迦囉　敬禮極安隱佛梵名蘇乞史麼　敬禮善眼佛梵名蘇上聲寗怛囉　敬禮法幢佛梵名達麼計都　敬禮光鬘佛梵名不叱婆去聲麼引里

已上十一佛名至心稱念運心頂禮想本師釋迦牟尼佛及文殊五髻童子像請乞加被便結其大精進印印曰兩手合掌八指相叉皆屈掌內以二大指少屈相並壓著二頭指屈節上名曰大精進印此是一切佛所說欲念誦結印之時呪用八字陀羅尼呪曰

唵　阿味羅吽却哳囉

次說如意寶印印曰以兩手相叉二頭指相拄屈其大母指入於掌內相叉此印亦名大精進如意寶印即說呪曰

唵　帝儞(二合)嚩羅薩婆邏吒(二合)娑陀迦悉地耶　悉地也眞多摩呢囉多娜吽

若持誦八字陀羅尼人皆須用前兩印誦前陀羅尼然後結印此印能廣作一切事悉得成就若欲身上莊嚴冠帶之時皆須呪衣七徧然後著之即得擁護自身常得一切人恭敬若欲入陣戰鬪去時所有器仗並呪一千單八徧隨身將入御敵其賊恐怖無敢當鋒自然退散無停足者又法若欲降伏一切怨敵惡人者緣身所著衣服呪一千八徧著於身上以就怨敵其兇惡人並來降伏又法以取珠珍或瑠璃諸雜寶等呪一千八徧安幢上或置軍將身或安馬象之上隨入戰陣於前而行彼賊遥見自然降伏如是等法無量無邊不可稱數其前二印常須依清淨結用以護其身得長命報能除一切病破一切毗那夜迦惡魔外道及諸惡人不能作障如法用印一切呪神時時現身持誦之人速得悉地亦得十方一切諸佛遥讃歎之勑菩薩金剛并八部等隨逐擁護爲助其力文殊師利童子日夜隨逐爲伴不捨其側現種種身同行事業爲說勝法不令修此法人退菩提果其二印功能爲衆生除罪獲福唯佛能知非凡測度所明達處作法之人用心勤功日夜不住意勿餘緣自當有證爾時金剛菩薩復從座起頂禮佛足右遶三帀右膝著地合掌向佛瞻仰如來作如是言妙法希聞善哉甚奇殊特難思我今得聞秘密大威德陀羅尼法藏力故使我福德神通倍加增盛魔宮震動光明殄滅娑婆世界此贍部洲國王大臣八部群輩福盛威增無諸痛惱壽命延長人民和安惡賊寇擊之類各居本境侵娆情息敬佛信法請僧求福以陀羅尼福力令我威神使諸天及人獲如是益願此法門於閻浮提廣行流布利益一切未來衆生唯願世尊說此陀羅尼功能利益現在未來若有衆生發心受持能成何事獲福云何唯願如來爲我具說爾時世尊告金剛菩薩言善哉善男子汝於此陀羅尼往昔曾經少分聞故一念隨喜而受持故於今號汝爲金剛忿怒大力上至有頂下極風輪橫及十方一切魔王并諸眷屬常於四生及六趣內惑亂衆生能使有情不猒五欲唯汝金剛忿怒之力閉六趣門淨五欲境建佛道場天人詣至見法實性摧魔癡欲依汝取正汝曾往昔暫一聞故隨喜誦念尚獲如是大威神力何況菩薩及諸緣覺聲聞之人并及有情聞此陀羅尼八字神呪并二印受持讀誦書寫憶念或能自作及勸人受持此法決定速證阿耨多羅三藐三菩提果善男子此陀羅尼所流布處當知皆是文殊師利童子威力得聞此法若有國土城邑有此法處菩薩辟支聲聞之輩若行大仙及呪仙等天龍脩羅金翅鳥王乃至人非人等於中正住常當圍繞讃歎供養守護此經金剛菩薩善男子此陀羅尼八字容藏是如來法藏出佛身經亦名文殊童子變身八字呪經若有善男子善女人我滅度後法

欲滅時受持此法讀誦書寫尊重讚歎種種香華塗香抹香傘蓋幢旛鍾鼓磬鐸微妙音聲歌詠讚頌及上妙衣服恭敬供養者當知此人現世獲十種果報何等爲十一者國中無有他兵怨賊侵境相嬈二者不爲日月五星二十八宿諸惡變怪而起災患三者國中無有惡鬼神等行諸疫疾善神衛國萬民安樂四者國中無諸風火霜雹霹靂等難五者國土一切人民不爲怨家而得其便六者國中一切人等不爲諸魔所逼七者國中人民無諸横死者著身八者不值惡王行諸虐苦無非時風暴損苗稼五穀熟成甘果豐足九者善龍八境及時降雨非時不雨名華藥木悉皆茂盛天人仙類時時下現無有旱澇不調之名十者國中人民不爲虎狼兕獸諸惡雜毒之所損害金剛菩薩善男子此八字陀羅尼祕密藏門所在之處有人迴心一念恭敬供養者獲前十種果報何況有人正意發心受持念誦勤苦不退日夜坐禪觀此文殊師利童子形像供養無虧不闕時時行道稱念其名不爲現身滿其願者無有是處爾時世尊爲諸大衆重說偈言

供養救世者　祕密藏殊勝　此法文殊說
若人能受持　稱彼前人願　圓滿福具足
大富貴饒財　名聞徧十方　若人於此經
隨喜一念善　持一陀羅尼　或誦八字呪
其福不空過　速獲大吉祥　顏貌悉端嚴
由如天童像　身形稱十六　具足七辯才
常受大富貴　世世恣情樂　無諸疾病苦
文殊悲願力　令諸有情類　現世獲安隱
若有諸國王　欲往他方國　入陣擬鬭戰
書此陀羅尼　八字眞言句　頂帶及身上
心常懷憶念　不爲怨家害　刀仗不及身
復有殊勝法　能伏他兵力　更畫文殊像
五髻童子身　騎乘於孔雀　安置於幢頭
或遣人手執　使令軍前行　諸賊遥望見
自然皆退散　或取金銀等　造作童子像
種種妙莊嚴　置於旛幢上　將入戰陣中
三軍悉勇健　鉀甲器仗等　威光炎熾盛
諸賊惡愚等　應時尋退散　或迷失本心
歸款自降伏　國主人非人　諸人仙類等
藥叉及羅刹　乾闥緊那羅　布單羯吒等
鬼母及龍神　蟲狼與虎豹　師子諸象類
如上諸惡毒　見幢悉歸心　我今重告汝
一切諸菩薩　緣覺及聲聞　金剛眷屬等
諸天龍神類　脩羅金鳥衆　乾闥緊那羅
一切摩睺羅　羯吒布單那　鬼母并男女
阿婆娑摩羅　人王及非人　今當復諦聽
我今復重說　文殊悲願行　一切諸世界
有佛國土處　大乘所流布　皆是文殊力
十方國土中　菩薩及聲聞　得登地位者
皆是文殊力　九十五種輩　修仙苦行業
得生非想者　皆是文殊力　生餘諸天者
受持五欲樂　壽命得長存　皆由文殊力
諸脩羅王等　遊行周四海　威力勇難當
皆是文殊力　天帝共脩羅　於其大海上
鬭戰無恐怖　皆是文殊力　諸龍無怖難
不懼金鳥食　解脱還死憂　皆是文殊力
諸小薄福龍　不被熱沙惱　身體得清涼
皆是文殊力　大威金翅鳥　能噉諸珍寶

入腹悉消化　皆是文殊力　梵王大自在
下至四天王　救護諸人民　皆是文殊力
功德大天女　能滿貧窮者　衣那雜七寶
皆是文殊力　文殊童子願　一切十方佛
尚不知其邊　何況凡夫類　測度知原際
設欲與心測　恒沙乃可筭　文殊童子願
不知毛頭分　文殊童子慧　唯除等妙覺
初地至十地　無能知塵分　何況聲聞衆
辟支佛等類　而知文殊慧　文殊四辯才
皆說究竟法　聞者皆解脱　至於佛彼岸
我今重重讚　文殊妙慧行　志願深極廣
能滿一切衆　菩薩第一樂　十方佛亦讚
童子行悲願　汝諸菩薩衆　緣覺及聲聞
并諸八部衆　勿以輕慢心　文殊童眞子
常須恭敬禮　取上妙香華　并修香甘味
飲食諸果子　供養童眞子　一切諸菩薩
金剛眷屬衆　八部諸龍神　人王凡庶類
雖聞餘菩薩　神通不思議　由故不如畫
五髻童子像　及持陀羅尼　八字眞言句
作法不懈息　速超佛地果　畢定無有疑

爾時世尊告金剛菩薩言善男子諸佛威德及諸菩薩神通變化亦不可思議此法寶藏亦不可思議是故金剛汝常精勤憶念恭敬乃至國王人民百官比丘比丘尼清信士女并諸法師能常憶念此陀羅尼法寶功能不可思議此法與一切衆生廣行流通從國至國乃至村坊有人住處遞相傳受於諸大衆流布不絕令人受持得福無量乃至他國聞有善人及國王等愛樂大乘尋訪善友即須往彼國令彼國王及諸人民令使受持書寫讀誦敬信無疑若欲擁護結界應用此陀羅尼一切諸處皆通用之若有法師樂持此法者亦傳受與之其法師得此法已常須恭敬此陀羅尼如佛無異若人於此法師處生大尊重心金剛菩薩善男子若人聞此法寶藏經不能受持讀誦書寫供養不爲他人廣説利益不傳與人此陀羅尼者此等諸人亦不能發衆生無上菩提之心如此人輩當獲大罪如犯四重五逆等罪無有異也一切諸佛及諸菩薩常當遠離佛告金剛菩薩言善男子於後末世若有善男子女人等誹謗是經及出麤語云此經法非佛所説當知是一切諸佛怨於阿鼻地獄千劫受於大苦劫盡更生餘地獄中受諸苦惱未可窮盡爾時金剛菩薩聞佛説是法已即於佛前歡喜踴躍以偈讚佛

廣饒益有情　說此陀羅尼　并宣最勝經
亦爲利益我　亦利諸衆生　令獲大安樂
由如佛世尊　稱歎諸佛德　一切諸呪義
能修勤行者　希有未曾有　說利衆生故
我今當頂禮　最勝大菩薩　文殊童子像
如教頂戴行

爾時釋迦如來告金剛菩薩言善哉善哉汝今能攝一切諸有情故發是大心廣能修行大利益事善男子我今此法付囑文殊師利法王子手令後世中於贍部洲廣爲衆生宣傳流布文殊師利童子即於佛前歡喜踴躍熙怡含笑而白佛言世尊今蒙如來於大衆前付囑我此陀羅尼法藏經我當擁護我當受持世尊涅槃後於惡世中令諸衆生依法受持廣行流布常不斷絕於是世尊說斯法

受持廣行流布常不斷絕於是世尊說斯法時無量無邊諸衆生等聞此法者皆得離憂惱無量衆生發阿耨多羅三藐三菩提心爾時世尊說此經已文殊師利童子及金剛菩薩諸天龍神八部衆類同聲讚歎釋迦如來能說此法善哉希有所未曾聞頂禮佛足歡喜踊躍一心奉行

文殊師利寶藏陀羅尼經

音釋

疔音丁 孽並魚列切 嘌力貲切 筵你也切 嚟郎計切 攞來可切 儜女耕切 嬭奴蟹切 囒落干切 糝桑感切 料博管切 蹬徒亘切 娜奴可切 豸直尔切 榾音骨 曀於計切 閼烏葛切 麌五矩切 唛音陵 鋑亡犯切 癲都年切狂病也 蓏郎果切草實曰蓏 噬音誓 廿五 鈝五感切 鉾槊鉾莫浮切鉤兵也槊所角切矛屬 三十 悚息拱切怖也 犎府容切牛名 螫施隻切蟲行毒也 航井切航号麻也 跢得何切 哳陟鎋切 玏瑒玏盧則切石次玉也瑒居謁切

佛說文殊師利法寶藏陀羅尼經

校勘記

一　底本，清藏本。

一　九七〇頁上一行夾註「亦名……三昧法」，南作「出文殊師利根本儀軌經」。

一　九七〇頁中一一行第一二字「在」，磧作「有」。

一　九七四頁上八行第四字「呪」，磧、南作「凡」。

一　九七四頁下一五行第八字「翼」，磧、南、徑作「冀」。

一　九七六頁下一行「所於」，磧作「於所」。

一　九七七頁上一四行末字「馬」，磧、南作「馬之」。

一　九八〇頁上七行首字「無」，徑作「此」。

金剛光焰止風雨陀羅尼經

大唐南印土三藏菩提流志譯

如是我聞一時薄伽梵與其大衆前後圍遶遊摩伽陀國行在中路遇大黑雲䨴𩆜弥溥嵐颵悪風雷電霹靂驟澍雹雨語具壽慶喜言汝當取一新淨甕子滿中盛水真言攝逐如是婆修吉龍王及諸毒龍惱乱世間壞諸苗稼花果子實作災害者皆應攝逐俱入甕內止斯風雲雨雹霹靂便禁禦之汝受如是真言法等依法作治

介時如来說示東方止雨真言

怛地(寧也反)他(去一句)㖶㖶㖶㖶(二句)跛(北沒)嚩(反下同)囉(凡囉字口傍作者彈舌呼之下例同音二合)弭捨(書栢反下同音)塞(桑乙反)民禁(俱禁反下同音)尾(二合王)醯(去三句)補哩(凡哩字口傍作者彈舌呼下同)摩焰你(奴抧反)始(四句)瓶(去)儼(去聲彈舌呼之)論陁(上)弭(弥井反五句)莎(二合)縛訶(无可反下同音六句)

南方止雨真言

努(輕呼下同)努努努米伽(上一句)滿陁(上)滿陁(上)滿陁(上二句)栜(奴礼反三句)跛(二合)囉弭舍(書柘反)塞(同上)民(四句)禁(同上)尾(二合)醯(去五句)諾乞使拏焰你(奴抧反)始(六句)瓶(去)儼(去聲彈舌呼之)論陁(上)弭(同上七句)莎(二合)縛訶(八句)

西方止雨真言

止止止止(一句)跛(同上二合)囉跛(同上二合)囉跛(同上二合)囉跛(同上二合)囉耳舍(同上)塞(同上)民(三句)禁(同上)尾(二合)醯(去四句)播室止摩焰你始(五句)瓶(去)儼(去聲彈舌呼之)論陁(上)弭(同上六句)莎(二合)縛訶(七句)

北方止雨真言

瓶迷瓶迷(一句)虎虎虎虎(二句)暑(輸去反)暑暑暑(一句)㖶㖶㖶㖶(四句)跛(同上二合)囉弭舍(同上)塞(同上)民禁(同上)尾(二合)醯(去五句)縊(去)娑婆(下同)娑(無何反下同)跢(多箇反下同)娑(去)迷伽(魚伽反)娑(去)縛(上无可反下同)哩灑(蹤駕反七句)娑(去)弭窒(丁聿反下同)縊蘖惹(八句)縊捨辭(奴頂反下同九句)縊塞(藕寻反)養(寧養反十句)縊麼攞婆(同上)歌娜(十一句)娑(去)瓶(去)誐(銀迦反又音迦字斤攞反)建養(寧養反十二句)嗢(烏骨反)跢囉焰你始(十三句)瓶(去)儼論(去聲)陁(彈舌呼之)上弭(同上十四句)莎(二合)縛訶(十五句)

十方止雨真言

怛地(寧也反)他(去一句)羯(二合)囉攞羯(二合)囉攞羯(二合)囉攞羯(二合)囉攞(三句)僧(去)羯(二合)

囉莽僧去羯二合囉莽四句僧去羯
二合攞莽僧去羯二合囉莽五句曝鄉去
誐同上邏惹六句遏塞同上二合民禁同上尾二合
醯去七句縒婆同上路同上縒迷伽八句同上婆去
縛同上哩灑同上九句娑去塞峦同上娑去蘖
二合喇惹十句娑上捨聹娑細野十一句同上娑去
縛攞皤歌娜十二句娑去鄉去誐同上達養
同上十三句跋同上二合囉弭捨跋同上二合囉弭捨十四句
曝鄉誐同上邏惹十五句遏塞同上民禁同上
尾二合一醯去十六句勃陁上薩底二合曳曩十七句
底瑟詫反龜價僧去楸反盧骨度枲十八句摩
者攞十九句莎二合縛訶二十句

尒時如来說此真言已語具壽慶喜言汝先佛前及迴路地各淨塗飾二肘漫拏羅先置水甕佛前壇上執持楊枝内水甕中奮聲緊擲誦此真言調旋攪水攝取婆蘇吉龍王及諸毒龍盡入甕中二十一遍當以水甕露地壇中口到合地則使非時灾害瀑雨雷雹霹靂一時皆止慶喜復有真言止諸灾障熱風冷風旋嵐惡風能護一切苗稼花果子實滋味

東方止風真言

怛地反寧也他去一歌攞歌攞二句滿陁上布
哩麽焰你始三句訥瑟吒上只路同上四句弭
醯去佗反魑鴉一乾五句鄉健鄉去誐同上
婆同上旦六句米引伽同上婆同上旦七句縛同上
哩灑同上婆同上旦八句蜜峦同上婆同上旦九句蘖
喇惹婆同上旦十句旖反烏笛捨聹婆同上
旦十一句細養同上婆攞婆同上旦十二句婆去建
養同上婆同上旦十三句莎二合縛訶十四句

南方止風真言

虎嚕虎嚕一句滿陁上諾訖使拏平焰
你始二句訥瑟吒上只路三句弭醯去佗魑鴛
反乾四句鄉去健鄉去誐同上婆同上旦五句米引
伽同上婆同上旦六句縛哩灑同上婆同上旦七句蜜
峦同上婆同上旦八句蘖二合喇惹婆同上旦九句
旖捨聹婆同上旦十句細養同上婆同上攞婆同上
旦十一句建養同上婆同上旦十二句莎二合縛訶上十三句

西方止風真言

抧理抧理抧理抧理一句滿陁上鉢室止
麽焰你始二句訥瑟吒上只路三句弭醯去佗
同上乾四句鄉去健鄉去誐同上婆同上旦五句米
引伽同上婆同上旦六句縛哩灑同上婆同上旦七句
蜜峦婆同上旦八句蘖二合喇惹婆同上旦九句
旖捨聹婆同上旦十句細養同上婆同上

攞婆同上旦十一句建養同上婆同上旦十二句莎二合
縛訶十三句

北方止風真言

弭理弭理弭理弭理一句滿陁上唱同上
路邏焰你始二句訥瑟吒上只路三句弭
醯同上佗同上乾引四句健鄉去誐同上婆同上
旦五句米伽同上婆同上旦六句縛哩灑同上婆
同上旦七句蜜峦婆同上旦八句蘖二合喇惹婆
同上旦九句旖捨聹婆同上旦十句細養同上婆
同上攞婆同上旦十一句建養同上婆同上旦十二句莎
二合縛訶十三句

具壽慶喜當以此等四方真言如前作法則令一切災障惡風壞苗子者皆悉止之

具壽慶喜復有真言能止一切惡龍毒氣卒風雹雨灾苗子者止卆風雷雹瀑雨真言

吒上吒上囉吒上囉一句抧理抧理抧理二句皤
攞皤囉皤攞三句弭理弭理四句者者
者者五句底瑟詫同上僧去楸同上度枲
六句莎二合縛訶七句

禁禦毒龍真言

度度度度一句摩訶度度邏曳二句莎二合

縛訶三句嚕嚕秋同上度臬曝半娜誐四句
縒婆同上跢同上縒迷伽上五句娑去婆同上
哩灑同上六句縒蜜窒同上娑去藥二合喇若七句
娑去旖捨聹八句縒塞蘇𡾰反養九句同上婆同上
攞皤歌娜十句娑去鄹同上誐達養同上十一句
莎二合縛訶十二句
具壽慶喜若欲修治此諸真言三昧
耶者先於十方佛像尊前以衆香水
團圓塗飾二肘湯拏羅復於露處淨
地塗潔二肘湯拏羅取一新淨一㪷
甕子滿盛淨水置佛前壇上當以
隨時香花供養惟以沉香白栴檀香
熏陸香燒焯供養手執楊枝內水甕
中奮聲緊捷誦是真言攝諸毒龍
惡風瀑雨灾害毒氣盡入甕內禁禦
止之二十一遍加持水甕禁禦切勑
持斯水甕露地壇上口到合地待風
雨止穿淨晴明乃除去甕
具壽慶喜復有飲光真言
鄹謨勃陁上野楊可反下同一句娜謨達摩野二句
娜謨僧伽野三句怛地寧也反他去四句唵近與字音
攞聲呼五句歌囉歌攞六句歌囉歌囉七句歌
歌歌歌八句歌歌歌歌九句納莫迦介遍反始野

播野十句𩍐都可反訖誐諺同上野十一句旖
囉歌羝三去藐三去勃陁上野十二句悉
殿都十三句湯怛囉播鄹數皆反十四句莎縛訶十五句
具壽慶喜若有惡龍聯緜降下惡霖
雨時露地塗潔護摩燒處隨時採取
衆妙香花一千八十朶獻供佛已便
以此花於其露地面西趺坐奮聲緊
捷一誦斯真言加持此花一護摩燒
一千八十遍即能制止十方一切惡
龍毒氣灾瀑霖雨灾障惡風一時晴
止除諸有情飢饉灾厄護益一切苗
稼花果子實滋味具足成熟若不晴
者倍前加法一設二設乃至五設必
定晴止持真言者沐潔身服斷諸
語論以大慈心如法治法而得成就
具壽慶喜復有真言力能遮止一切
惡龍諸惡虫獸食苗子者亦能除遣
一切鬼神吸人精氣者悉皆馳散能
與世間一切有情作大安樂苗稼果
實而常滋盛得大豐熟根本滅諸
災害真言
娜莫薩縛无可反𩍐都可反下同音吒他可反誐銀迦七六又
音迦字亣羅反下同諦馱畋遍反一句旖烏箇反囉凡囉字口傍作者皆

彈舌呼之嘆弊畋藥反二句三去藐三去勃悌弊同上
三句娜謨皤誐縛諦四句舍時拓反枳野揚可反下同
母娜曳五句𩍐訖誐跢多箇反下同音野六句唵
近與音喉中攞聲引呼入縛二合攞入縛二合攞七句祇
亂戈反哩皤縛娜八句揖寧立反跛北沒反𧿹米
倪九句摩訶戰拏十句娜去誐紇恒沒反二合哩
娜野十一句播𠰍去你十二句虎嚕虎嚕十三句
歌曩呼輕陁上歌十四句播者播者十五句播者
野播者野十六句薩縛薩寫息箇反下同音聹十七句
鄹捨野鄹捨野十八句薩縛訥瑟吒上鄹
去誐矩攞崩扇十九句縛囉跛同上二合囉縛
囉二十句戰拏謎倪二十一句摩訶縛攞播邏
羯二合囉迷二十二句塞衆邑反怖哩跢二十三句滂
反彈舌呼捺二合囉薄无約反訖得都乞反二合𩍐二十四句
麼訖麼訖二十五句入縛无何反羅麼羅陁上
哩拯二十六句戰拏上廢無計反誐縛底二十七句鉢
二合囉縛囉弭麼曩二十八句馱哩拯𣍬
𣍬二十九句縛攞縛底三十句廢同上伽魚迦反縛底
三十一句娑去囉娑去囉三十二句弭娑去羅弭娑
去囉三十三句跛二合囉娑去攔彈舌呼覩三十四句薩
縛薩寫同上趺丁吉反二合哩拏上三十五句婆同上娜
塞同上播跢耶揚可反三十六句補澀跛亘攞二十七句
鉢怛二合囉散陁上囉拯三十八句旖播薩

半覩(三十九句)薩縛鄃誐訥瑟乇(二合上 四十句)薩
縛嚕縛娜(四十一句)弭誐路米誐縛底鉡
鉡拂(蒱未反 四十二句)鄃(去)誐弭陁(上)囉抯拂(四十三句)
入婆(同上)理聹拂(四十四句)入婆攞磨理聹拂
拂拂(四十五句)
介時如來說此真言時世間一切諸
惡毒龍宮殿火起是諸毒龍為火所
燒皆悉頭痛身膚爛壞擧節疼痛
一時惶懼往詣佛前頭面礼足合掌
恭敬一時同聲白言世尊如来今者
說此真言令諸龍輩極大怖惱世尊
我諸龍等無有過罪常為惡持真言
法者每皆惱乱我諸龍等或縛或打
或禁或逐我等眷屬令出本宫由斯
我皆生大瞋怒則便非時起大惡風
弆暴惡雨雷雹霹靂世尊以斯苦
縁損壞一切苗稼花果子實滋味皆
令減少世尊是故持真言者常於六
趣一切有情起大慈悲利樂之心世
尊以此起大慈悲威力則令一切灾
害疫毒惡風惡雨悉皆消滅世尊我
諸龍等今於佛前各立誓言若此真
言所在方處有受持者更不灾壞一

切苗稼花果子實若有常如法書寫
如是真言受持讀誦依法結界護諸
苗稼花果子味我諸龍輩則當往中
而皆守護風雨順時一切苗稼花果
子實皆令具足滋味甘甜永不施行
一切非時惡風暴雨雷雹霹靂霜
霧毒氣而作灾害我及遮止一切惡
賊諸惡鬼神種種虫獸不令侵暴一
切衆生一切苗稼花果子實我諸龍
輩各相勑語不令損壞作諸灾事是
時如来告諸龍言善哉善哉汝等諸
龍應當如是種種守護贍部洲界一
切有情獲大安樂尒時如来復謂具
壽慶喜言如是真言後末世時能作
護持一切苗稼花果子味復能除遣
一切疫毒疾病灾難若有惡龍數數
弆起灾氣惡風雷雹暴雨於是之時
應當往詣高山頂上或詣田中當作
四肘方湯拏羅香水黃土瞿摩夷如
法塗飾摽郭界位開廓四門以欝金
香泥四面四角中央圖畫八葉開敷
蓮華以粳米粉染分五色撚飾界道
四門莊采赤擯子新瞿摩夷和白麺

溲如法素揑五龍王等當壇東面三
頭龍王頭上出三虵龍頭南面五頭
龍王頭上出五虵龍頭西面七頭龍
王頭上出七虵龍頭北面九頭龍王
頭上出九虵龍頭中央一頭龍王頭
上出一虵龍頭是等龍王身量十二
指面目形容狀如天神皆半加坐八
葉蓮上種種衣服如法莊嚴四門四
角置香水甕一一龍前置於香爐罯
七種三白飲食盤浄磁甕子盛乳酪
酥盛粳米麨於五龍前如法敷獻種
種時花散布供養以沉水香酥合香
燒焯啓獻加持稻穀花白芥子溥散
壇上五金剛橛四是佉陁羅木一是
鑌鐵量等四指如是五橛真言加持
一百八遍金剛木橛釘四面鄃伽質
多金剛鐵橛釘中央鄃伽質多壇四角
堅十六肘竿幢素絹帛上寫是真言
繫四幢頭誦斯真言二十一遍加持
四幢而竪置之面畏心悅觀視十方
奮聲揵利誦斯真言三十五遍眼眄
及處則成結界護祐十方田野園苑一
切苗稼花果子實乃至未除壇幢已

米常得擁護一切苗稼花果子實不為一切蝗虫諸惡鳥獸惡風暴雨雷雹霹靂諸惡毒龍而作災害殃壞損傷令得國中所有一切五穀苗稼花果子實悉皆豊熟一切龍王而皆擁護又以真言加持淨沙一百八遍田中園苑皆遍散撒一切苗稼花果樹上如是加持亦當不為一切蝗虫二足多足種種虫獸而作災暴食敢苗稼花果子實又法當處田中園中隨其大小如法塗治護摩方壇取權木檻木本末端直兩把量截加持然火當以大麥油麻粳米白芥子酥日別三時一誦真言加持一燒一百八遍如是相續至滿七日則便除遣一切惡龍藥叉羅剎諸惡鬼神所遊世間行諸災者悉皆馳散及得一切蝗虫鳥獸食人苗稼花果子者亦皆除滅又法春二月三月秋七月八月高山頂上或於田中高勝壁處或仰天樓上七日七夜如法清潔塗飾八肘漫壇四面面別竪一竿幢四幢頭上繫懸一丈六尺素帛長幡於幡掌面各畫

釋迦牟尼如來形像佛右畫執金剛祕密主菩薩左畫阿伽悉底仙人幡掌向下寫斯真言經文紫檀木金剛橛四枚長三把量真言加持二十一遍釘四幢下幖結方界以時衆妙花香飲食果子數獻丑時夘時辰時巳時未時申時酉時亥時觀視十方田野苗稼燒香啓請十方一切諸佛諸大菩薩一切天仙龍神八部降會加被誦斯真言一百八遍如是作治滿七日夜則得除滅一切惡風暴雨雷雹災障復得除滅二足四足多足蝗虫鳥獸食敢苗稼花果子者盡皆馳散復得除遣一切毒虵虎狼等難一切災障悉皆消滅

具壽慶喜復有根本心真言

郍謨勃陁上野一句唵近奧字音長四呼中擧聲引呼口以反里弭里二句戰制星例反弭哩理三句戰制同上戰栝蔓擁繁反陁上野四句莎二合縛訶五句

具壽慶喜此心真言若有人能信解受持高山頂上以此真言加持石擂杖一千八十遍右手執杖左手結龍坐印隨十方面觀視天地田野苗稼

奮怒大聲一誦真言一杖擬擊期剋止禦方別一千八十遍則令一切惡毒龍輩身毛悚竪戰怖不安毒心消滅而便止除一切惡風惡雨毒氣雷雹霹靂又法三月一日八日於其曠野高勝壁處淨潔治地作四肘漫拏羅香水黃土瞿摩夷精潔塗飾白栴檀香沉香遍塗飾幖列界道開郭四門紫檀木金剛橛八枚一時加持二十一遍釘置四角四門為界新箭五隻加持七遍布插四面鑌鐵三叉戟壇心竪置五色線索加持七遍四面圍遶而為外界四角中央置閼伽白栴檀香鬱金香水甕口插諸枝花葉四門中央各置香爐五盤種種三白飲食四門中央如法敷獻而復散布時諸香花安悉香蘇合香沉水香白栴檀香薰陸香燒焯供養稻穀花白芥子如法加持獻散壇上白芥子水加持七遍散薩十方以為結界於七日中六時時別觀視十方田野苗稼奮聲誦心真言一千八十遍滿七日夜則得却後八箇月中周遍十方

一踰膳那則無一切藥叉羅刹鬼神
諸惡垂類食噉苗稼花果實者皆悉
除散持真言者當淨洗浴以香塗身
著淨衣服如法修習西門跪坐真言
加持石榴杖一百八遍右手把杖左
手結龍坐印左大拇指攅屈掌中以
中指無名指屈押大拇指上頭指直
伸微屈小拇指直伸是真言者遶壇
八方立誦真言各一七遍即便面向
雲雨起處一誦真言加持手杖一發
擊敲惡風雲雨遣大山谷而下落之
如是發遣一千八遍彼諸惡龍息滅
毒心風雨止之若不止者又應准前
倍復加法彼諸惡龍悉皆頭痛心痛
身痛熱沙著身如刀割切身肢所苦
是諸惡龍生大怖懼慶喜以此法故
贍部洲界一切惡龍八箇月中依法
而住降大甘雨若有熱風冷風暴雨
雷雹霹靂數數亂起作災害者紫檀
木金剛橛一枚量長四把真言加持
一千八十遍當壇心上一真言加持
一釘一百八遍沒入橛盡惡風惡雨
雷雹霹靂一時禁止若須雨者當拔

橛去又以新淨劒真言加持二十一
遍右手執劒左手結龍坐印當正立
之觀視雲雨所起之處一真言劒一
擬擊敲惡雲惡雨所起之處則令彼
諸惡毒龍華皆見火焰遍徹虛空
是諸惡龍悉皆怖懼戰慄不安惡毒
心息又加持鬱金香泥劒兩面上畫
大身蘖嚕荼王便加持劒一千八十
遍右手執劒左手結龍坐印面向八
方方別輪劒奮怒大聲誦心真言一
百八遍彼諸惡龍自官殿中皆見大
身蘖嚕荼王搏逐於身出自官殿一
時馳走更不非時起諸惡風雷雹暴
雨當壇南面作護摩爐加持擲躅花
白芥子蘸如法護摩一千八十遍十
二箇月不起非時惡風雷雹雨雪灾
障順真言者遣雨則雨又加持蠟素
担三頭龍王狀若天神身量八指頭
上出三虵龍頭著諸衣服周遍身上
純金莊嚴復當如法塗飾三肘湧拏
羅淨羅摩夷香水黃土精潔泥飾白
粉界道唯開西門香花香水三白飲
食數置供養一𣁽淨甕真言加持二

十一遍置壇心上根本真言心真言
加持龍王一千八十遍置龍甕內淨
帛四尺真言七遍蓋甕口上結龍坐
印二手合腕磔開十指如蓮開敷二
大指二小指並相著二頭指相去四
寸一加持印一印甕口上一百八遍
稻穀花白芥子真言七遍散置壇上
燒諸名香啓召供養右手把石榴杖
一誦心真言一稱摩那斯龍王名一
加持杖按甕口上一千八十遍當便
與此龍王受名摩那斯龍王主諸毒
龍當誓願言攝禦禁止一切灾風惡
雲惡雨雷雹霹靂諸惡毒龍一時順
伏摩那斯龍王俱來入甕則斷禁止
灾惡毒氣如是修治則得一切諸惡
毒龍災風毒氣惡雲惡雨雷雹霹靂
一時順伏而皆止之作斯法已時真
言者誦心真言一一遍後當稱摩那
斯龍王名滿三落叉（梵言落叉唐云十万）則得摩那
斯龍王領諸眷屬一時變形為婆羅
門身現真言者前是時當以閼伽香
水供獻讚歎說諸佛名種種功德聞
已歡喜龍言仁者有何相須便告龍

金剛止雨經　第十八張　讚字号

言贍部洲中多為諸惡毒龍毒氣惡
風惡雲暴雨雷電霹靂災壞一切苗
稼花果子實滋味由是相須龍言隨
意若作法時我即隨至任為所使降
澤甘雨
尒時復有大身蘖嚕荼王從坐而起
合掌恭敬一心向佛曲躬而立白言
世尊我有金剛黹光焰睒電真言如
是真言神力威猛能燒能壞諸惡毒
龍身心膚內亦能禁止一切災害惡
風暴雨雷電霹靂亦能增長大地一
切卉木藥草苗稼花果子實滋味亦
能禁伏諸毒重類今欲佛前於大衆
中廣為利樂一切有情心滿足故說
惟願如來慈哀加被尒時如來便告
大身蘖嚕荼王言我已加被汝金剛
黹光焰睒電真言現在十方殑伽沙
俱胝郝庾多百千如來應正等覺亦
已加被汝大身蘖嚕荼王當速說之
為得治罰諸惡毒龍故尒時大身蘖
嚕荼王得佛勑已即說金剛黹光焰
睒電真言
郝謨囉怛(二合)娜怛(合)一囉(凡囉字口傍作者皆彈舌呼之下

金剛止雨經　第十九張　讚字号

例同音)耶野(揚可反下同音一句)郝莫室戰拏(上)跋馹
囉(二合)播拏曳(二句)摩訶藥苊(二合)叉(上)細
郝播跢(多箇反下同音)曳(三句)郝莫塞(桑乙反下同音)跌(丁吉
反二合)𡃤路枳(經也二合)耶地播跢曳(四句)郝麼室
者咄秋(盧骨反)諵(尼感反五句)摩訶囉腎(詩振反二合)
誹(如占反六句)唵(近奧字音喉中擡聲引呼之七句)跋馹囉(二合)頡
制(尼例反八句)頡制(同上)頡制(同二九句)摩訶頡制(同上句)
覩置覩置(上)跋馹囉始佉(去)囉頡制(同上)
(十二句)麼抳迦(介攞反下同音)娜迦弭質怛(二合)邏皤
囉拏(上十三句)弭步使路舍哩𡃤(十四句)𤙖𤙖𤙖
(十五句)抺抺抺(十六句)郝識(銀迦反又音迦字介攞反下同音)邏惹
弭捺(二合)邏縛(无可反下同音)抳(十七句)紇(恒没反二合)哩娜
焰弭塞抺乇(上)野(十八句)跋馹囉(二合)頡制
(同上)曩(十九句)𤙖𤙖𤙖𤙖(二十句)抺抺抺抺
抺(二十一句)入縛理路跋馹囉(二合)頡制(同上)曩
(二十二句)吹娜吹郝(二十三句)識(同上)嚕拏(平)博迄灑(蘇寶
反)你播諦曩(二十四句)皤塞弭矩嚕(二十五句)訥瑟
乇(上)郝(去)健(二十六句)𤙖𤙖𤙖𤙖(二十七句)抺抺
抺抺抺(二十八句)暴暴(二十九句)半娜倪(魚枳反下同音)捺
(二合)囉(三十句)薩(桑邑反)抺乇(上)薩(同上)抺乇(上三十一句)
薩(同上)抺乇(知輮反)覩(三十二句)郝識廢(无計反)喇
麼抳(三十三句)矩路陁(上)邏惹(三十四句)摩訶縛
攞播囉訖(二合)囉麼(三十五句)入縛(二合)攞入縛

金剛止雨經　第二十張　讚字号

(二合)攞(三十六句)跛(北没反二合)囉(二合)入縛(二合)攞跛囉(二合)
入縛(二合)攞(三十七句)𤙖𤙖𤙖𤙖(三十八句)抺抺
抺抺抺(三十九句)暴暴(四十句)識嚕拏(上)邏惹
(四十一句)跋馹囉(二合)頡拏(四十二句)素(蘇故反)瓛(二合)喇
拏博迄(二合)灑(同上四十三句)摩訶縛攞(四十四句)麼
抳迦娜迦(四十五句)弭質怛(二合)囉耄理陁(上)
囉(四十六句)薄乞灑(同上)野暴(四十七句)訥瑟乇(上)郝
(去)健(四十八句)比嚩暴比嚩暴(四十九句)婆(无何反下同)庚
縛羅吹乾(五十句)𤙖𤙖抺(五十一句)輸灑(同上)野
輸灑(同上)野(五十二句)暴始路婆羅吹乾(五十三句)
識嚕拏(平)鄔(烏古反二合)喇弭拏(五十四句)𤙖𤙖
抺(五十五句)暴暴(五十六句)半娜娜倪(同上)捺(二合)邏
(五十七句)跋馹囉(二合)頡拏(五十八句)弭注喇拏野(五十九句)
弭寗(丁耕反)入縛(二合)攞(六十句)𤙖𤙖抺(六十一句)滿
惹野滿惹野(六十二句)薩播捨哩邏抳(六十三句)
摩底羯(二合)囉麼梟鉿(牟含反六十四句)暴半
曩(輕呼)倪捺(二合)邏(六十五句)摩底跋馹囉(二合)頡
制娜(六十六句)母(二合)喇陁(上)南(如金反六十七句)塞(桑訖反)抺
乇(上)夜弭(六十八句)吹囉吹囉(六十九句)跛(二合)囉吹
囉吹囉吹囉(七十句)𤙖𤙖抺(七十一句)摩詫摩
詫(七十二句)薩縛郝(去)健(七十三句)𤙖𤙖抺(七十四句)鞞
詫識(同上)路婆者娜(七十五句)摩惄塞(同上)麼
囉(上七十六句)𤙖𤙖抺(七十七句)跋馹囉(二合)播抳(七十八句)

娑(去)麼野(七十九句)摩努播攞野(八十句)鉡鉡抪(八十一句)跢(丁吉反下同音二合)𧏙路枳(同上二合)耶地播底(八十二句)娑者娜(八十三句)摩努播攞野(八十四句)鉡鉡抪(八十五句)娑(去)囉娑(去)嚩(八十六句)塞(同上)麼攞塞(同上)麼攞(八十七句)娑(去)麼野摩努播攞野(八十八句)跢哩喇怛娜薩底(二合)曳䍐(輕呼八十九句)鉡鉡抪(九十句)莎縛訶(九十一句)紇(同上)哩(二合)跋駟攞(二合)頻拏(上九十二句)薩縛鄉(去)誐弭捺(一)邏縛拏迦(斤邏反)邏(九十三句)鉡鉡抪(九十四句)莎縛訶(九十五句)跢(二合)哩(二合)喇怛娜摩怒播攞野(九十六句)鉡鉡抪(九十七句)莎縛訶(九十八句)没囉吹麼怛拏訶跢野(九十九句)鉡鉡抪(一百句)莎縛訶(一百一句)弭瑟努斫羯(二合)囉吹跢野(二句)鉡鉡抪(三句)莎縛訶(四句)摩醯濕縛囉(五句)跢(二合)哩戍攞吹跢野(六句)鉡鉡抪(七句)莎縛訶(八句)誐(同上)噌拏諦惹吹跢野(九句)鉡鉡抪(十句)莎縛訶(十一句)誐(同上)噌拏弭羯(二合)攞麼(十二句)吹跢野(十三句)鉡鉡抪(十四句)莎縛訶(十五句)鄉(去)誐矩攞(十六句)鄉(去)舍鄉(去)野(十七句)鉡鉡抪(十八句)莎縛訶(十九句)薩縛捨你瞎(寧吉反)喇馱播迦(同上)野(二十句)鉡鉡抪(二十一句)莎縛訶(二十二句)薩縛婆庚三(去)薄乞灑(同上)迦野(二十三句)鉡鉡抪(二十四句)莎縛訶(二十五句)薩迦攞

米伽(魚伽反)捨你(二十六句)你摩囉拏野(二十七句)鉡鉡抪(二十八句)莎縛訶(二十九句)摩訶跋駟攞(二合三十句)入縛攞野(三十一句)莎縛訶(三十二句)薩縛訥瑟乇(上)弭鄉(去)捨迦野(三十三句)莎縛訶(三十四句)誐噌拏紇(同上二合)哩娜耶野(三十五句)莎縛訶(三十六句)誐噌拏頻拏野(三十七句)莎縛訶(三十八句)素鉢(二合)喇拏博乞灑(同上三十九句)你播跢野(四十句)莎縛訶(四十一句)唵(近奧字音喉中擡聲引呼四十二句)度噌度噌(四十三句)莎縛訶(四十四句)唵(同上呼四十五句)母噌母噌(四十六句)莎縛訶(四十七句)唵(同上呼之四十八句)覩噌覩噌(四十九句)莎縛訶(五十句)唵(同上呼五十一句)哩哩哩哩(五十二句)虎虎虎虎(五十三句)抪抪抪抪(五十四句)莎縛訶(一百五十五句)

尒時大身蘖噌荼王說是真言時乃有八十俱胝鄉庚多百千惡毒龍王一時為火所燒悶絶躃轉于地遍體流汗憧惶戰慄俱時奔走投如来前同聲唱言苦哉苦哉苦痛若斯白言世尊我等龍輩聞此真言悉皆身肢為火所燒受大苦惱心識憧惶餘命無付惟願善逝救脫我等熱惱苦痛世尊今此龍衆更不惱乱贍部洲中一切有情一切苗稼花果子實終

不損壞世尊若此真言所在方處有能書寫受持讀誦如法修治恭敬供養者我此龍輩一時往中恭敬供養同於如来舍利制多尒時世尊告諸龍言汝等勿怖應當常依此真言行更勿惱乱贍部洲界一切有情一切苗稼花果子實所有滋味莫令减滅所有非時毒氣悪風霜雹瀑雨雷電霹靂更勿為之汝諸龍等則得長夜獲大安隱無諸苦惱亦不憧惶尒時如来復告大身蘖嚕荼王汝當又說此真言法尒時大身蘖嚕荼王承佛告已則便合掌白言世尊如是真言獨一能護諸有情界一切苗稼花果子實藥草滋味皆令增長世尊贍部洲中若有非時悪風悪雨雷雹霹靂灾害起者持真言者高山頂上或仰天樓上或阿蘭若或諸城邑一切村落高勝望處觀視十方一切苗稼花果子實山谷湫河奮怒大聲誦此真言方別七遍眼所及處所有非時一切悪障熱風冷風颲風暴雨霜雹霹靂悉皆止之不壞苗稼花果子實藥草

滋味白月八日高勝埊處淨治於地
隨其大小如法塗地作湧拏羅香水
黃土瞿摩夷精飾摩塗幖郭界院開
廓四門新箭五隻加持七遍插豎四
門壇中心上紫檀木金剛橛四枚五
色線索纏繫四橛一時加持二十一
遍釘壇四角加持香爐置壇心上以
安悉香蘓合香燒焯供養加持稻穀
花散布壇上四門當心敷置新淨種
種三白飲食獻設供養加持白芥子
香水五遍溥散十方以為結界東門
趺坐顏畏心愉奮聲緊揵誦此真言
一百八遍復坐門門如是各誦二十
一遍日日如是至十五日周圓十方
一踰膳那所有一切惡毒龍輩欲起
非時諸惡毒氣熱風冷風颲風暴雨
霜雹霹靂者則便禁止并及一切藥
叉羅刹諸惡鬼神行諸疫病災害障
者悉皆馳散亦及一切守宮百足蜈
蚣蚰蜒蝣颵颵鼠毒虫之類一切蝗
虫食人苗稼花果子實者亦皆散滅
乃至未解壇界巳來常得依時降澍
甘雨一切苗稼花果子實皆當茂盛

滋味增長如是真言者作諸法誦持
七遍法即成就又持蠟摸捏大身蘖
嚕茶王結加趺坐身量八指兩翅股
開首戴花鬘面狀神面觜狀鷹觜右
手把九頭四足虵龍王左手執三頭
四足虵龍王純金莊嚴彩色間飾身
諸衣服如天衣服復隨大小作湧拏
羅精潔塗飾衆妙繒帛作方座縟敷
置壇上坐置大身蘖嚕茶王像時諸
花香三白飲食敷列供養持真言者
出入淨浴以香塗身著淨衣服食三
白食像前每日六時時別結加趺坐
大身蘖嚕茶王觀燒安悉香誦念金
剛觜光焰睒電真言二十一遍四面
面別八盞油燈時真言者常不出壇
晝夜像前宵息睡眠如是修習滿三
七日或七七日則得大身蘖嚕茶王
夢中現身一一教語種種事法所求
諸願為皆滿足任真言者種種命事
是像淨處安置供養若天旱時即啓
持像往龍湫所居於岸涘隨心如法
精飾塗摩湧拏羅置像壇上以諸花
香如法供養壇前加持白芥子七遍

乃一加持一散湫中一百八遍隨時
降雨若不雨者倍前加法時諸龍等
則自宮內十方方面見大火起復見
无量蘖嚕茶王来入宮中復見熱沙
從空雨下復見湫水而欲枯竭此諸
龍王皆大怖畏或降甘雨或走離湫
若有非時熱風冷風颲風暴雨霜雹
霹靂不晴止者右手持大身蘖嚕茶
王像觀視雲雨雷雹起處觀置是像
請現大身蘖嚕茶王飛空騰往搏逐
一切作諸惡風暴雨霜雹雷電霹靂
者面畏心恍奮怒大聲誦斯真言一
百八遍得周十方七踰膳那禁止一
切惡風暴雨雷雹霹靂災害等障若
數數有大卒惡風災殃起者持蘖嚕
茶王像城門樓上或內門樓上觀置
像現騰往搏逐奮怒大聲誦斯真言
一百八遍一切諸毒惡龍神等悉皆
馳走世尊若修治者常能晨朝日初
出時誦此真言三七遍者是人則得
一切諸法最勝成就尒時復有大梵
天王那羅延天王摩醯首羅天王及
四天王一時合掌從坐而起詣如来

前右遶三匝於一面立一時齊聲白
言世尊我等諸天亦有如是金剛雹
鎚焰真言能摧一切惡毒龍王及龍
種族亦摧非時一切惡風灾水暴雨
霜雹霹靂種種灾厲成熟一切苗稼
花果子實滋味我等天王當為利益
一切有情令如來前廣演說之惟願
如來加被我等尒時世尊告諸天言
我已加被汝諸天王我為利益一切有
情獲大安樂汝等當說
尒時諸天王衆得佛勅已一時同聲
即說金剛雹鎚焰真言
娜謨囉(二合)怛娜怛(二合)囉耶(餘茵反)野(楊可反下同音)
(一句)鄃謨皤識(魚迦反又音迦字介攞反下同音)縛(无可反下同音)諦
舍枳(經也反)野毋娜曳(二句)鞞詫識跢(多箇反下同音)
野(三句)娜麽室戰拏跋馹囉(二合)播拏曳
(四句)摩訶藥迄灑(踈賈反下同音)細鄃播跢曳(五句)
摩訶縛攞播邏羯(二合)囉麽野(六句)鄃麽
塞(乘乙反二合)跌(丁吉反下同音)𡄔路枳(同上)野(七句)毋喇
怛曳(八句)鄃麽室者咄秫(盧骨反下同音)諵(且感反九句)
摩訶囉臂(二合)(詩振反)諵(知占反十句)鄃謨跋馹
攞(二合)捨你士(句)入縛(二合)理跢澇(盧教反)捺(二合)
攞吒(上)吹娑(去)野(十一句)唵(近與字音聲中撞聲引呼十三力)

麽詫麽詫(句)跛(十四 北浸反二合)囉麽詫跛(同上二合)
囉麽詫(十五句)入縛(二合)理跢(十六句)弭訖(二合)哩
跢(十七句)縛訖得(登乙反二合)囉(十八句)惹野惹野
(十九句)摩訶縛囉(二十句)弭哩野(二十一句)播邏羯(二合)
囉麽(二十二句)矩嚕陁(上)邏惹(二十三句)沒(二合)囉
歌迷(二十四句)素(蘇古反)沒(二合)囉歌迷(二十五句)沒(二合)
囉歌麽莎縛𡄔(二十六句)暴鄃(去)識地鉢羅(二十七句)
弭縒(乘哥反)羅弭縒羅(二十八句)摩底沒(二合)囉
歌麽但制(丑例反)娜(二十九句)暮喇馱南(奴金反三十句)播
吒(上)野弭(三十一句)鉡鉡𢫫(三十二句)歌囉(上)歌囉
(上三十三句)弭瑟努斫羯(二合)囉歌跢(三十四句)暴半
娜倪(魚枳反)捺(二合)囉(三十五句)摩底羯(二合)囉
麽(三十六句)麽底弭瑟努(知舛反)斫羯𡄔拏
(三十七句)姶囉瞋陁(上)弭(弥井反三十八句)覩置覩置
(三十九句)理理理理理(四十句)鉡鉡𢫫(四十一句)毋虎
毋虎(四十二句)毋吅(呼以反)演覩(四十三句)薩縛訥瑟
吒(上)鄃(去)健(四十四句)塞(同上)破吒(上)野(四十五句)紇
(恒沒反二合)哩娜焰(四十六句)摩醯濕(二合)縛攞入縛
(二合)理跢(四十七句)跌(二合)哩戍攞陁(上)囉(四十八句)歌
鄃歌鄃(四十九句)鉡鉡𢫫(五十句)旖止毋止覩置
(五十一句)皤縛皤縛(五十二句)屈(俱蠻反)數(踈古反)扭屈(同上)數
(同上五十三句)折咄(二合)秫諵(同上五十四句)摩訶邏臂(諸振)
(二合)(又二)諵(五十五句)入縛(二合)理跢(五十六句)鑠訖底(五十七句)陁

(上)囉陁(上)囉(五十八句)鉡鉡𢫫(五十九句)塞(同上)怖囉
塞怖囉(六十句)弭塞(同上)怖囉弭塞怖囉
(六十一句)譏(二合)喇者譏喇者(六十二句)鄃捨野薩
縛訥瑟吒(上)鄃健(六十三句)紇(同上二合)哩娜焰
塞(同上)怖吒(上)野(六十四句)鉡鉡𢫫(六十五句)僧(去)歌
囉僧(去)歌囉(六十六句)訥瑟吒(上二合)捨揖(寧立反六十七句)
婆(同上)跢米健(六十八句)施跢尾(微吉反)窋(丁聿反六十九句)
入縛攔跛塞(乘邑反)弭矩嚕(七十句)矩嚕矩
嚕(七十一句)鉡鉡𢫫(七十二句)莎(二合)縛訶(七十三句)婆麽
野麽努塞麽囉(七十四句)暴鄃(去)識他(去)
播鞞(七十五句)弭馹憹(呼之二合彈舌)皤野弭馹憹(同上)
皤野(七十六句)暴暴(七十七句)覩置覩置(七十八句)鉡鉡
𢫫(七十九句)莎縛訶(八十句)跛馹囉(二合)捨揖(同上)
鄃捨野(八十一句)鉡鉡𢫫(八十二句)莎縛訶(八十三句)
薩縛鄃(同上)識紇(同上二合)哩娜野(八十四句)弭塞
(同上)怖吒(上)迦(介攞反)野(八十五句)鉡鉡𢫫(八十六句)莎
縛訶(八十七句)勃陁(上)弭路枳跢野(八十八句)莎(二合)
縛訶(八十九句)沒(二合)囉歌麽拏(上)野(九十句)莎
(二合)縛訶(九十一句)弭瑟拏(知舛反)暮喇曳(九十二句)莎
(二合)縛訶(九十三句)摩醯濕縛囉(九十四句)入縛(二合)理
跢(九十五句)跌(二合)哩戍囉野(九十六句)莎(二合)縛訶(九十
七句)折咄秫摩訶羅惹(九十八句)縵麽野陁
(上)囉野(九十九句)莎縛訶(一百句)步惹識野(一句)

莎(二合)縛訶(二合)揶(去)誐地播跛曳(三句)莎(二合)
縛訶(四句)唵(同上呼五句)地利地利(六句)莎(二合)
縛訶(七句)入縛理路薄(无約)訖怛(二合)羅
野(八句)莎(二合)縛訶(九句)曾麼歌哩(二合)灑(同上)
拏野(十句)莎(二合)縛訶(十一句)毋置毋置(十二句)
跛(同上)囉毋置(十三句)莎(二合)縛訶(十四句)拂拂
拂拂拂(十五句)莎(二合)縛訶(一百一十六句)
尒時諸天王等說此真言時一切諸
惡毒龍神等一時熱惱踠轉于地身
膚爛壞肢節疼痛悉皆惶怖投如來
前俱時唱言苦哉苦哉重苦若斯白
言世尊我斯龍衆今為世間諸天天
王毀壞我身斷我識命形體甚惡著
是大衆惟願如來救護我苦世尊我
輩龍衆從斯已去搘不惱乱贍部洲
界一切有情不作灾害尒時如來告
諸龍言汝等勿怖汝諸龍衆隨此真
言理教行門贍部洲界一切有情更
勿惱乱汝諸龍衆則得安隱永无惱苦
尒時諸天王等復白佛言世尊此金
剛雹錐焰真言若當有人暫能信
解受持讀誦一七二七三七遍者則
令一切諸惡毒龍舉體熱惱肢節疼

痛若每日時高迥望處加持白芥子
二十一遍散撒十方則得周圓七踰
膳那不使諸惡毒龍神等起諸惡風
暴雨霜雹又得一切惡毒龍輩并及
種族悉皆降伏若有非時一切惡風
暴雨霜雹雷電霹靂灾害起者加持
金剛杵一百八遍輪擲儛杵擊撥一
切灾風暴雨霜雹雷電於大山谷而
降下之若每晨朝居淨室中面東趺
坐左手結龍坐印誦此真言四十九
遍不間斷者則得方圓七踰膳那常
无一切諸惡毒龍起灾惡風霜雹霹
靂作諸灾難加持鍾磬二十一遍觀
視風雨雷雹起時又一切持一打鍾磬
一百八遍乃至二三百遍則得一切
惡毒龍輩身肢熱惱悉皆墜落尒時
如來高聲告讃諸天王言善哉善哉
汝諸天王能為利益贍部洲界現在
未來一切有情得大安樂
尒時如來說此語已具壽慶喜一切
天人藥叉羅剎乾闥婆阿素洛蘖
嚕荼緊那羅莫呼羅伽人非人等聞
佛所說皆大歡喜信受奉行

金剛光焰止風雨陀羅尼經一卷

金剛光焰止風雨陀羅尼經

校勘記

一　底本，金藏廣勝寺本。

一　九八三頁中一行末字「經」，石作「經一卷」。

一　九八三頁中二行「大唐南印土三藏」，石作「大唐南印度三藏」；資、磧、南、徑、清作「唐南(「南」、資無)天竺三藏法師」。

一　九八三頁中一三行末字「言」，石、資、磧、南、徑、清、麗作「言曰」。

一　九八四頁上一三行第一〇字「語」，石、資、磧、南、徑、清作「告」。

一　九八四頁上一四行第三字「先」，資、磧、南、徑、清作「先於」。

一　九八四頁上一七行第二字「調」，磧、南、徑、清作「周」。

一　九八四頁上一九行第一〇字「使」，石、資、磧、南、徑、清作「使一切」。

一　九八四頁上二〇行第一〇字「止」，石、資、磧、南、徑、清作「止具壽」。

一　九八四頁下一六行「卒風雹雨災」，石、麗作「卒風雹雨壞」；資、磧、南、徑、清作「猝風雷雹暴(「暴」，資作「瀑」)雨壞」。

一　九八四頁下一六行第一三字「卒」，石、資、磧、南、徑、清作「猝」。

一　九八四頁下一七行第三字「瀑」，徑、清作「暴」。

一　九八五頁上九行「露處」，資、磧、南、徑、清作「路地」，下同。

一　九八五頁上一三行第三字「香」，石、資、磧、南、徑、清、麗作「香等」。

一　九八五頁上一四行「奮聲」，資、磧、南、徑、清作「高聲」。

一　九八五頁上一六行「加持」，磧、南、清作「却得」。

一　九八五頁中四行首字「具」至五行第四字「地」，石、資、磧、南、徑、清作「佛告阿難若有惡龍降下霖雨多時不晴於其路地」。

一　九八五頁中六行「獻供佛已」，石、資、磧、南、徑、清作「持用獻佛獻佛已訖」；麗作「持用獻佛獻供佛已」。

一　九八五頁中八行「一誦」至九行「一切」，石、資、磧、南、徑、清作「一誦真言加持一華持用護摩盡此華已一切」；麗作「一誦真言加持一花持用護摩燒一千八十遍即能制止十方一切」。

一　九八五頁中一〇行第五字「瀑」，石、資、磧、南、徑、清、麗作「害」。

一　九八五頁中一〇行「災障惡風」，石、資、磧、南、徑、清作「惡風等障」。

一　九八五頁中一二行「成熟」，石、資、磧、南、徑、清作「成就」。

一　九八五頁中一三行第四字「加」，石、資、磧、南、徑、清作「如」。

一　九八五頁中一六行「具壽慶喜」，石、資、磧、南、徑、清作「佛告阿難」。

一　九八六頁上一五行第八字「便」，磧、南、徑、清作「使」。

一　九八六頁上二二行第一一字「言」，石、資、磧、南、徑、清作「願」。

一　九八六頁上末行第一二字「災」，石、資、磧、南、徑、清作「損」。

一　九八六頁中一行第一〇字「常」，石、資、磧、南、徑、清、麗作「常能」。

一　九八六頁中七行「我及」，石、資、磧、南、徑、清、麗作「及能」。

一　九八六頁中一〇行第一三字「事」，石、資、磧、南、徑、清、麗作「害」。

一　九八六頁中一一行第一二字至一二行首字「汝等諸龍」，石、資、磧、南、徑、清作「汝諸龍等」。

一　九八六頁中一六行第六字「病」，石作「痛」。

一　九八六頁中一八行第八字「土」，石、資、磧、南、徑、清、麗作「上」。
一　九八六頁中二一行第一〇字「盡」，資、磧、南、徑、清作「畫」。末字「敕」，石、資、磧、南、徑、清、麗作「數」。
一　九八六頁下一行第九字「等」，資、磧、南、徑、清作「身」。
一　九八六頁下八行第二字「蓮」，資、磧、南、徑、清作「蓮華」。
一　九八六頁下一一行第八字「龍」，石、資、磧、南、徑、清作「龍王」。
一　九八六頁下二〇行第一〇字「悅」，南、徑、清作「怳」。
一　九八七頁上三行首字「雹」，資、磧、南、徑、清作「電」。
一　九八七頁上四行第三字「得」，磧、南、徑、清作「彼」。
一　九八七頁上一八行「果子」，石、資、磧、南、徑、清作「果子實」。
一　九八七頁上二二行「面面」，資、磧、南、徑、清作「面」。
一　九八七頁中六行第八字「丑」，資、磧、南、徑、清作「寅」。
一　九八七頁中一三行第一一字「者」，石、資、磧、南、徑、清作「實」。
一　九八七頁中一五行第六字「消」，石、資、磧、南、徑、清作「除」。
一　九八七頁中二〇行「具壽慶喜」，石、資、磧、南、徑、清作「佛告阿難」。
一　九八七頁下三行第三字「華」，石、資、磧、南、徑、清作「等」。
一　九八七頁下四行首字「消」，石、資、磧、南、徑、清作「息」。
一　九八七頁下七行「精潔」，石、資、磧、南、徑、清作「淨潔」。
一　九八七頁下八行第五字「香」，石、資、磧、南、徑、清、麗作「重」。
一　九八七頁下二〇行第七字「薩」，磧、南、徑、清作「撒」。
一　九八八頁上二行第一〇字「果」，石、資、磧、南、徑、清作「果子」。
一　九八八頁上三行第三字「持」，資、磧、南、清作「時」。
一　九八八頁上六行第六字「左」，資、磧、南、徑、清作「左手」。
一　九八八頁上一〇行末字「發」，石、資、磧、南、徑、清作「撥」。
一　九八八頁上一二行第七字「八」，資、磧、南、徑、清作「八十」。
一　九八八頁中一三行末字「暴」，石作「瀑」。
一　九八八頁中一四行第一二字「擲」，資、磧、南、徑、清、麗作「躑」。
一　九八八頁中一七行末字至一八行首字「素担」，資、磧、南、徑、清作「捏作」。
一　九八八頁中二一行第三字「羅」，石、資、磧、南、徑、清、麗作「瞿」。
一　九八八頁下二行第一一字「龍」，資、磧、南、徑、清無。
一　九八八頁下四行第一一字「蓮」，石、資、磧、南、徑、清作「蓮華」。
一　九八八頁下一一行第二字「此」，石、麗作「此毒」；資、磧、南、徑、

清作「此素」。

一九八八頁下一九行夾註，石、資、磧、南、徑、清作「唐云(徑、清作「此云」)三十萬」。

一九八八頁下二一行第七字「前」，資、磧、南、徑、清作「佛前」。

一九八九頁上一行「毒龍」，資、磧、南、徑、清無。

一九八九頁上五行首字「澤」，磧、南、徑、清作「澍」。

一九八九頁上一〇行第五字「內」，石、資、磧、南、徑、清作「肉」。

一九九〇頁中二一行第三字「忖」，資、磧、南、徑、清作「恃」。

一九九〇頁下二行第一一字「治」，資、磧、南、徑、清作「行」。

一九九〇頁下三行「我此龍輩」，石作「我諸龍等」；資、磧、南、徑、清作「我諸龍輩」。

一九九〇頁下四行「舍利制多」，石、資、磧、南、徑、清作「設利羅塔」。

一九九〇頁下七行末字「滅」，石、資、磧、南、徑、清、麗作「少」。

一九九〇頁下一一行「汝當又說」，石、磧、南、徑、清作「汝今當說」。

一九九〇頁下一五行第一二字「尊」，徑作「界」。

一九九〇頁下一七行第八字「者」，石、資、磧、南、徑、清作「人往」。

一九九〇頁下一九行「觀視」，石、資、磧、南、徑、清作「遍觀」。

一九九〇頁下二一行「非時一切」，石、資、磧、南、徑、清作「一切非時」。

一九九〇頁下末行第四字「之」，石、資、磧、南、徑、清、麗作「息」。

一九九一頁上二行第一一字「拏」，石、資、磧、南、徑、清、麗作「荼」。

一九九一頁上三行第二字「土」，石、資、磧、南、徑、清、麗作「土和」。「飾摩塗慓」，石、資、磧、南、徑、清作「細塗飾標」，麗作「細摩塗慓」。

一九九一頁上八行第八字「焯」，資、磧、南、徑、清作「以」。

一九九一頁上九行末字至一〇行首字「種種」，資、磧、南、徑、清無。

一九九一頁上一〇行「獻設」，石、資、磧、南、徑、清作「持用」。

一九九一頁上一二行第六字「愉」，資、磧、南、徑、清作「悅」。

一九九一頁上一二行「奮聲緊揵」，資、磧、南、徑、清作「怒聲緊捷」。

一九九一頁上一五行第一二字「輩」，石、磧、南、清作「等」。

一九九一頁上一七行第五字「者」，石、資、磧、南、徑、清作「等」。

一九九一頁上一八行「疫病」，石、資、磧、南、徑、清作「疾疫」。

一九九一頁上一九行第六字「亦」，資、磧、南、徑、清無。

一九九一頁上二〇行「蝣鼶鼷鼠」，資、磧、南、徑、清無。

一九九一頁上二一行第一一字「亦」，資、磧、南、徑、清作「悉」。

一九九一頁中七行末字「拏」，石、磧、南、徑、清作「荼」。

一　九九一頁中九行第一三字「時」，資、麗作「持」。

一　九九一頁中一三行首字「大」，磧、南、徑、清作「作大」。

一　九九一頁中一八行第八字「語」，資、磧、南、徑、清作「是」。

一　九九一頁中一九行第三字「爲」，石、資、磧、南、徑、清、麗作「悉」。

一　九九一頁中二〇行首字「是」，石、資、磧、南、徑、清作「其」。

一　九九一頁中二一行第三字「往」，資、磧、南、徑、清作「住」。

一　九九一頁下五行第三字「雨」，石作「雨」。第九字「雨」，石作「雨自」。

一　九九二頁上七行第五字「今」，石、資、磧、南、徑、清、麗作「欲」。

一　九九三頁上一〇行首字「膚」，石、資、磧、南、徑、清作「體」。

一　九九三頁上一二行第五字「斯」，石、資、磧、南、徑、清作「諸」。

一　九九三頁上一二行「天天」，石作「天」。同行末字及一三行首字「天王」，資、磧、南、徑、清作「王等」。

一　九九三頁上一五行首字「輩」，石、資、磧、南、徑、清作「諸」。第五字「斯」，石、資、磧、南、徑、清作「今」。

一　九九三頁中四行第一二字「輩」，石作「等」；資、磧、南、徑、清作「神等」。

一　九九三頁中一四行「一切持」，石、資、磧、南、徑、清、麗作「一加持」。

一　九九三頁中一八行第一三字至一九行第二字「現在未來」，石、資、磧、南、徑、清無。

一　九九三頁下一行「一卷」，資、磧、南、徑、清、麗無。

中華大藏經(漢文部分)

校勘凡例

一　《中華大藏經(漢文部分)》的底本以《趙城金藏》爲主；《趙城金藏》缺佚，則以《高麗藏》等作底本。各卷所用底本的名稱及涉及底本的其他問題，均在校勘記的第一條中說明。

一　《中華大藏經(漢文部分)》選用的參校本共八種，即《房山雲居寺石經》(石)、宋《資福藏》(資)、《影印宋磧砂藏》(磧)、元《普寧藏》(普)、明《永樂南藏》(南)、明《徑山藏》(徑)、《清藏》(清)、《高麗藏》(麗)。

一　校勘記中的「諸本」，若底本爲金藏，即包括石、資、磧、普、南、徑、清、麗全部八種校本；若底本爲麗藏，則包括石、資、磧、普、南、徑、清全部七種校本。其他情況若用「諸本」，校勘記中則另加說明。

一　校勘採用底本與校本逐字對校的办法，只勘出經文中的異同及字句錯落，一般不加評注。參校本若有缺卷，或有殘缺、漫漶等字迹無可辨認者，則略去不校，校勘記亦不作記録。

一　一經多卷，經名、譯者、品名出現同樣性質的問題，一般只在第一卷出校，並注明以下各卷同；分卷不同時，以底本爲主出校。

一　古今字、異體字、正俗字、通假字及同義字，一般不出校。如：

古今字：宍(肉)；猗(倚)；距(跛)；鉾(矛)；誼(義)等。

異體字：⿰月采(槃)；剎(刹)；皃(貌)；惱(悩)；㝵(碍、礙、閡)等。

正俗字：怪(恠)；滴(渧)；體(躰)；刺(刾)；閑(閒)等。

通假字：惟(唯)；嫉(疾)；嚬(嚬、顰)；揣(摶)；尟(鮮)等。

同義字：言(曰)；如(若)；弗(不)等。